4., vollständig überarbeitete Auflage

Reiseziele und Routen
Traveltipps von A bis Z
Land und Leute
Guatemala-Stadt
Antigua
Westliches Hochland
Nordwestliches Hochland
Zentrales Guatemala
Der Norden
Das karibische Tiefland
Der Osten und Copán (Honduras)
Das pazifische Tiefland
Anhang

Frank Herrmann

GUATEMALA

STEFAN LOOSE
TRAVEL HANDBÜCHER

GUATEMALA
Die Highlights

1 Vulkan Pacaya

Einmalige Gelegenheit, einem Vulkan aus nächster Nähe bei der „Arbeit“ zuzuschauen – wenn er nicht gerade streikt. S. 192

2 Antigua

Die Kolonialstadt verzaubert mit mildem Klima, drei Vulkanen, Kaffeeplantagen, Kirchen und Klöstern. S. 200

3 Osterprozessionen

Die Osterfeierlichkeiten werden besonders in Antigua mit Inbrunst und sehr viel Aufwand begangen. S. 202

4 Chichicastenango

Der Markt begeistert mit einer riesigen Auswahl an Obst, Gemüse und traditionellem Kunsthandwerk. S. 238

5 Atitlán-See

Spektakulärer Bergsee, umrahmt von drei Vulkanen und vielen traditionellen Indígena-Dörfern. Ideal für Sportler und Genießer gleichermaßen. S. 246

6 Mirador Cuchumatanes

Ein wunderschöner Aussichtspunkt am Rand eines kargen Hochplateaus, das sich bestens zum Wandern eignet. S. 313

7 Todos Santos Cuchumatán

Farbenfrohe Trachten und die traditionelle Lebensweise der Mam-Indígenas lohnen einen Besuch in diesem entlegenen Winkel. S. 314

8 Der Nationalvogel Quetzal

Der wunderschöne Vogel zeigt sich wieder öfters in den Nebelwäldern der Verapaces. S. 341

9 Semuc Champey

Grandioses Naturwunder, das man sich nicht entgehen lassen darf. Badesachen nicht vergessen! S. 355

10 Laguna Lachuá

Kristallklare Lagune mit Badewannentemperatur, umgeben von dichtem Regenwald. S. 361

11 Flores und Petén Itzá-See

Von der Insel im Petén Itzá-See lassen sich tolle Sonnenauf- und untergänge beobachten. S. 375

12 Tikal

Eine magische Atmosphäre liegt über der Ruinenstätte. Von riesigen Maya-Tempeln schweift der Blick über endlos erscheinende Regenwälder. S. 391

13 Río Dulce und Lago de Izabal

Eine abwechslungsreiche Bootsfahrt auf dem breiten Fluss, der den schönen Izabal-See mit der Karibikküste verbindet. S. 411

14 Livingston

Viel Musik und ein buntes Völkergemisch, darunter die Garifunas – Nachfahren entflohener Sklaven – sorgen für eine tropisch-karibische Atmosphäre. S. 418

15 **Quiriguá**

Die höchsten Stelen der Maya-Welt stehen inmitten einer Bananenplantage.
S. 432

16 Die Maya-Ruinen von Copán

Nicht nur für Maya-Liebhaber ein Muss: die sehenswerte Anlage auf honduranischer Seite mit Tunnelgängen, Stelen und einer Hieroglyphen-Steintreppe. S. 451

17 Monterrico

Großartige Brandung an den schwarzen Sandstränden des Pazifiks. Ideal zum Surfen und Relaxen – oder um eine Bootstour in die Mangrovenwälder zu unternehmen. S. 468

Inhalt

Highlights 2
Reiseziele und Routen 23
Klima und Reisezeiten 30
Reisekosten 32

Traveltipps von A bis Z 33

Anreise 34
Botschaften und Konsulate 35
Einkaufen 36
Essen und Trinken 38
Fair Reisen 42
Feste und Feiertage 43
Frauen unterwegs 45
Geld 45
Gepäck 49
Gesundheit 49
Homosexualität 51
Informationen 51
Internet 53
Jobben in Guatemala 54
Kinder 54
Maße und Elektrizität 55
Medien 56
Öffnungszeiten 57
Post 57
Reisende mit Behinderungen 57
Sicherheit 58
Sport und Aktivitäten 59
Steuern 64
Telefon 65
Transport 66
Trinkgeld 72
Übernachtung 72
Unterhaltung 74
Verhaltenstipps 74
Versicherungen 77
Visa 79
Weiterreise 79
Zeit 80
Zoll 80

Land und Leute 81

Geografie 82
Flora und Fauna 84
Umwelt- und Naturschutz 93
Bevölkerung 101
Geschichte 105
Staat und Politik 124
Wirtschaft 126
Kultur 139
Die christliche Kirche 153
Die Hochkultur der Maya 156

Guatemala-Stadt 163

Zone 2 168
Zone 1 (Centro histórico) 169
Zone 3 173
Zone 4 173
Zone 9 174
Zone 10 174
Zone 13 175
Zone 14 175
Universidad San Carlos 176
Kaminaljuyú 177
Südlich von Guatemala-Stadt 191
Parque Naciones Unidos 191
Der Amatitlán-See 192
Vulkan Pacaya 192
Palín 196
Westlich und nördlich von Guatemala-Stadt 196
San Lucas Sacatepéquez und Santiago Sacatepéquez 196

San Pedro Sacatepéquez und San Juan Sacatepéquez 196
Mixco Viejo 196
Von Mixco Viejo nach Pachalum und in den Quiché 198
Chinautla und San Pedro Ayampuc 198

Antigua 199

Antigua 200
Sehenswürdigkeiten 203
Die Umgebung von Antigua 226
San Felipe de Jesús und Jocotenango 226
El Hato 226
Ciudad Vieja und San Antonio Aguas Calientes 227
San Juan del Obispo und Santa María de Jesús 227
Vulkanbesteigungen 228
Von Antigua Richtung Chimaltenango 229
Provinz Chimaltenango 231
Provinzhauptstadt Chimaltenango 231
Die Umgebung von Chimaltenango 232
Comalapa 232

Westliches Hochland 233

Tecpán 235
Iximché 235
Von Tecpán nach Chichicastenango 237
Chichicastenango 238
Von Los Encuentros zum Atitlán-See 245
Sololá 245
Die Umgebung von Sololá 246
Der Atitlán-See 246
Panajachel 251
San Jorge La Laguna 259
Santa Cruz La Laguna 260
Jaibalito 260
Tzununá 261
San Marcos La Laguna 261
San Pablo La Laguna 263
Santa Clara La Laguna und Santa María Visitación 264
San Juan La Laguna 264
San Pedro La Laguna 265
Santiago Atitlán 270
Cerro de Oro 274
San Lucas Tolimán 274
Von San Lucas Tolimán nach Panajachel 277
Santa Catarina Palopó 277
San Antonio Palopó 278
Von Los Encuentros nach Cuatro Caminos 279
Nahualá 279
Von Nahualá bis Cuatro Caminos 279
Quetzaltenango 281
Geschichte 281
Sehenswürdigkeiten 282
Nördlich von Quetzaltenango 290
Südöstlich von Quetzaltenango 292
Westlich von Quetzaltenango 294
Vulkan Santa María, Vulkan Santiaguito und El Palmar Viejo 295
Provinz San Marcos 297
San Marcos und San Pedro Sacatepéquez 298
Zu den Vulkanen Tajumulco und Tacaná 299
Zur mexikanischen Grenze 299

Nordwestliches Hochland 301

Provinz Totonicapán 302
Totonicapán 302
Die Umgebung von Totonicapán 305
Momostenango 305

Von Cuatro Caminos nach Huehuetenango 306
Provinz Huehuetenango 307
Huehuetenango 307
Die Ruinen von Zaculeu 311
Von Huehuetenango in die Cuchumatanes-Berge 312
Todos Santos Cuchumatán 314
Wandern in der Umgebung von Todos Santos 318
Von Todos Santos nach Jacaltenango 319
Nentón und Gracias a Dios 320
Von Huehuetenango nach Barillas und Playa Grande 320
Von Huehuetenango zur mexikanischen Grenze 321
Von Huehuetenango nach Osten in den Quiché 321
Provinz Quiché 322
Santa Cruz del Quiché 322
Ruinen von Utatlán (Q'umarkaaj) 323
Von Santa Cruz del Quiché nach Rabinal 324
Sacapulas 324
Von Sacapulas ins Ixil-Dreieck 325
Nebaj 327
Die Umgebung von Nebaj 331
Von Nebaj in die Provinzen Alta und Baja Verapaz 332

Zentrales Guatemala 335

Baja Verapaz 337
Salamá 338
San Jerónimo 339
Rabinal 339
Cubulco 340
Chilascó 340
Quetzal-Biotop 341
Cueva Chicoy 343
Alta Verapaz 343
Tactic 344
San Cristóbal Verapaz 345
Cobán 347
Die Umgebung von Cobán 353
Sebol und Umgebung 354
Lanquín und Semuc Champey 355
Durch das Polochic-Tal zum Izabal-See 357
Chisec und Umgebung 358
Nationalpark Laguna Lachuá 361
Von Playa Grande zur mexikanischen Grenze 364

Der Norden 365

Sayaxché 368
El Ceibal 369
Laguna Petexbatún 371
Aguateca 372
Dos Pilas 372
La Amelia und Altar de los Sacrificios 373
Am Río Usumacinta und Río San Pedro 373
Frontera Corozal (Mexiko) 373
Yaxchilán (Mexiko) 374
Piedras Negras 374
Von La Libertad nach El Naranjo 375
Flores und Petén Itzá-See 375
Nach El Mirador 385
Biotopo El Zotz – San Miguel – La Pelotada 387
El Perú 388
Von Flores nach Tikal 388
El Remate 388
Tikal 391
Uaxactún 400
Yaxhá 402
Topoxté 404
Nakum 405
Melchor de Mencos 405
Von Flores zum Río Dulce 407
Poptún 407
San Luís 408

Das karibische Tiefland 409

Río Dulce und Lago de Izabal 411
Vom Río Dulce nach El Estor 414
El Estor 415
Auf dem Río Dulce nach Livingston 417
Livingston 418
Die Umgebung von Livingston 425
Puerto Barrios 425
Naturschutzgebiet Cerro San Gil 429
Von Puerto Barrios nach Quiriguá 429
Nach Quiriguá 431
Die Ruinen von Quiriguá 432

Der Osten und Copán (Honduras) 435

Von Quiriguá nach Río Hondo 438
Von Río Hondo nach Guatemala-Stadt 438
Von Río Hondo nach Chiquimula 440
Von Chiquimula nach Esquipulas 443
Esquipulas 443
Von Vado Hondo nach Honduras 446
Copán Ruinas 449
Die Ruinen von Copán 451
Die Umgebung von Copán 457
Ipala 458
Von Ipala nach Jalapa 459
Jalapa 459
Jutiapa 461
Cuilapa 461
Von Cuilapa nach El Salvador 462
Von Cuilapa nach Guatemala-Stadt 462

Das pazifische Tiefland 463

Von El Salvador nach Escuintla 466
Las Lisas 466
Chiquimulilla 466
Taxisco 467
Monterrico 468
Hawaii 472
Escuintla 472
Puerto San José 472
Iztapa 473
Von Escuintla nach Retalhuleu 474
La Democracia 474
Sipacate 474
Santa Lucía Cotzumalguapa 474
Provinz Suchitepéquez 477
Retalhuleu 478
Champerico 480
Von Retalhuleu zur mexikanischen Grenze 480
Takalik Abaj 480
Coatepeque 482
Tilapa 482
Tecún Umán 482

Anhang 483

Sprachführer Spanisch 484
Glossar 492
Bücher 493
Reisemedizin zum Nachschlagen 496
Index 501
Bildnachweis 510
Impressum 511
Kartenverzeichnis 512

Nasenbären kann man z. B. in Tikal antreffen.

Themen

Vulkane	82
Kahlschlag zum Fest	97
Hunger in Guatemala?	103
Guatemaltekische Geschichte im Überblick	106
Mesoamerika	108
Die Menschenrechtsverletzungen im Bürgerkrieg	123
Wahlkampf auf Guatemaltekisch	124
Der amerikanische (Alb)traum	135
Das Gütesiegel „Great Green Deal"	138
Maya-Sprachen in Guatemala	142
Miguel Ángel Asturias (1899–1974)	152
Charismatische Erneuerung – ein Erfolgsmodell der katholischen Kirche	154
Das Jahr 2000 in der Langen Zählung	160
Straßenkinder in Guatemala-Stadt	168
El Torre del Reformador	172
Huelga de Dolores – der „Streik der Schmerzen"	176
San Simón – Helfer in allen Lebenslagen	230
Der Xocomil	249
Die SS Quetzal, ein deutsches Dampfschiff auf dem Atitlán-See	251
Von Mais und Menschen	296
Die Agave	315
Allerheiligen in Todos Santos	318
Radio Ixil	328
Rigoberta Menchú Tum	333
Der Quetzal	342
Das Geburtsritual ch'up	345
Kardamom	350
Bartolomé de las Casas (1474–1566)	359
Das Massaker von Xamán	361
Franja Transversal del Norte	363
Deutscher Diplomat gegen Exxon	370
Aus Chicle macht man Kaugummi	389
Die Entdeckung und Restaurierung Tikals	394
Das Wandgemälde von San Bartolo	402
Dauerspannung: Guatemala – Belize	406
Rohstoffgier am Izabal-See	415
Manatis	419
Die Corozopalme	429
Die Geschichte der United Fruit Company	431
Bananen	432
Erdbeben	441
Guatemaltekischer Kaffee	460
Schwere Zeiten für Meeresschildkröten	470
Mangroven	472

Reiseziele und Routen

Reiseziele

Guatemala hat für jeden Geschmack etwas zu bieten. Wer den beschriebenen Hauptrouten folgt, sieht die wichtigsten Höhepunkte und bekommt einen guten Eindruck davon, wie Guatemala „tickt". Je nach verfügbarer Zeit und Abenteuerlust lohnen sich aber auch Erkundungstouren auf wenig bekannten Strecken. Auf diesen Nebenrouten offenbart sich dem Reisenden ein anderes, ursprünglicheres Guatemala, mit vielen kleinen lohnenswerten Details, die helfen das Bild des Landes abzurunden. Guatemala ist ein kleines Land, das sich inzwischen dank eines verbesserten Straßennetzes immer einfacher und schneller bereisen lässt. In rund zwei Stunden Fahrtzeit ist man von der Hauptstadt aus am Pazifik, zum Atlantik sind es ca. fünf Stunden. Die längste Strecke des Landes in die Provinz Petén im Norden lässt sich in rund zehn Stunden bewältigen. Mit dem Flugzeug sind es gerade einmal 30 bis 40 Minuten. Langsamer reist es sich im guatemaltekischen Hochland, was wegen der topografischen Gegebenheiten und vielen Kurven nicht sonderlich überrascht. Dennoch kann man mit dem öffentlichen Bus bei frühem Start an einem Reisetag von der Hauptstadt in so entlegene Winkel wie Todos Santos in den Cuchumatanes-Bergen im Nordwesten des Landes oder in das Ixil-Dreieck in der Provinz Quiché gelangen.

Archäologische Fundstätten

Guatemala ist das Herz der Maya-Welt. Dementsprechend groß ist die Anzahl archäologischer Stätten, die sich vorwiegend im Norden des Landes in der Provinz Petén befinden. Viele von ihnen sind allerdings noch nicht ausgegraben und von dichtem Dschungel überwuchert. Bevor man **Tikal** (S. 391), den Höhepunkt aller guatemaltekischen Maya-Stätten, genießt, sollte man es nicht versäumen, sich einige kleinere Stätten anzuschauen. Gut auf einem Tagesausflug von Flores aus sind die teilrestaurierten Ruinen von **Yaxhá** (S. 402) zu erreichen, die an einer wunderschönen Lagune liegen. Dort befindet sich auch die auf einer Halbinsel gelegene Maya-Stätte **Topoxté** (S. 404).

Wer einen mehrtägigen, abenteuerlichen Dschungeltrip mit einer Ruinenbesichtigung kombinieren möchte, sollte **El Mirador** einen Besuch abstatten (S. 385). Die riesige archäologische Stätte, an der zurzeit Ausgrabungsarbeiten stattfinden, liegt nur wenige Kilometer von der mexikanischen Grenze entfernt nördlich von Carmelita.

Südwestlich von Flores ist der kleine Ort Sayaxché Ausgangspunkt für den Besuch weiterer Ruinenstätten der Region. Besonders interessant sind **El Ceibal** (S. 369) und **Aguateca** (S. 372), die beide von Sayaxché oder Flores aus per Boot (El Ceibal auch mit dem Auto) zu erreichen sind. Obwohl in Aguateca keine Gebäude ausgegraben wurden, fasziniert die Anlage durch eine tiefe Schlucht, die begangen werden kann. Um die schönen Stelen von **Dos Pilas** (S. 372) zu sehen, muss man entweder einen anstrengenden Dschungeltrip zu Fuß oder auf dem Rücken eines Maultiers absolvieren oder ein teures Allradfahrzeug mieten. Weiter südlich im Petén lohnt eine Bootsfahrt zur Ruinenstätte **Cancuén** (S. 360) bei Raxrujá, einem bedeutenden Handelszentrum am Río de la Pasión.

In der Provinz Izabal sind die höchsten Stelen der Maya-Welt in **Quiriguá** ein „Muss" (S. 432). Nur 12 km östlich der guatemaltekischen Grenze El Florido liegt das bereits zu Honduras gehörende **Copán** (S. 451), das „Paris" der Maya-Welt.

Im Hochland Guatemalas stehen die Überreste indianischer Festungen, die zumeist von den Spaniern zerstört wurden. Die Anlagen waren um einiges einfacher konstruiert als die Bauwerke des Tieflands. Heute sieht man in der Regel nur noch grasüberwucherte Hügel oder Mauerreste. Da der indianischen Bevölkerung die Stätten heilig sind, werden in vielen von ihnen auch heute noch religiöse Maya-Zeremonien veranstaltet. Die schönsten Überreste des ehemaligen Handelszentrums **Kaminaljuyú** in Guatemala-Stadt befinden sich im angegliederten Museum (S. 177). Sehenswerte Hochlandfestungen sind **Mixco Viejo** (S. 196) im Norden und **Iximché** im Westen (S. 235). Den Reiz von **Utatlán (Q'umarkaaj)** (S. 323) in der Nähe von Santa Cruz del Quiché macht ein geheimnisvoller unterirdischer Gang aus. Dagegen verleiht eine sterile Betonschicht den Ruinen von **Zaculeu** (S. 311) bei Huehuetenango etwas Künstliches.

Schon früh wurde die guatemaltekische Pazifikküste besiedelt. Dies bezeugt eine Vielzahl von Ausgrabungsstätten, von denen einige zu besichtigen sind. In **Takalik Abaj** (S. 480), nordwestlich von Retalhuleu, kann man Tempelplattformen und Steinskulpturen mit olmekischem Einfluss besichtigen. Im Gebiet um Santa Lucía Cotzumalguapa hat man verschiedene Skulpturen und Stelen gefunden. Sie sind auf der **Finca El Baúl**, der **Finca Las Ilusiones** und etwas weiter östlich in **La Democracia** ausgestellt (S. 474).

Guatemala für Aktive

Es ist schwer sich in Guatemala zu langweilen: Ein Überblick darüber, wo man wandern, Vulkane besteigen, mountainbiken, raften, Kajak fahren, paragliden, Kaffeefincas besuchen, von Baumwipfel zu Baumwipfel gleiten, Höhlen erkunden, surfen, reiten, tauchen, baden, Salsa tanzen, traditionell weben, Vögel beobachten oder Spanisch lernen kann, findet sich bei den Traveltipps von A bis Z unter Sport und Aktivitäten (S. 59).

Kirchen, Kolonialbauten und neoklassizistische Gebäude

Um Kirchen und koloniale Gebäude zu sehen, braucht man nicht weit zu fahren. Bereits in **Guatemala-Stadt** lohnt sich ein Besuch der Zone 1 (S. 169), in der einige koloniale Kirchen Erdbeben und politische Umwälzungen überstanden haben. Das Herz der Freunde kolonialer Architektur schlägt dann in **Antigua Guatemala** (S. 199) höher, der ehemaligen Hauptstadt des Landes. Sie ist nur eine Autostunde von Guatemala-Stadt entfernt. In der Stadt wimmelt es nur so von alten Kirchen, Klöstern und Kolonialgebäuden, die wohl auch den anspruchsvollsten Besucher zufriedenstellen. Nach Antigua ist eine Steigerung nicht mehr möglich.

Aber auch und gerade im Hochland wartet eine Vielzahl von Orten mit sehenswerten kolonialen Kirchen und neoklassizistischen Gebäuden darauf, entdeckt zu werden. Dazu gehören z. B. **Quetzaltenango** (S. 281), **Totonicapán** (S. 302) und **Chichicastenango** (S. 238). Die bunteste Kirchenfassade des Landes hat **San Andrés Xecul** in der Nähe der Kreuzung Cuatro Caminos zu bieten (S. 290). Im Osten des Landes steht die **Basilika von Esquipulas**, die größte Kirche des Landes (S. 444). Sie ist der bekannteste Wallfahrtsort Guatemalas und besonders am 15. Januar Ziel unzähliger Pilger. Die besten **Museen** befinden sich in der Hauptstadt und Antigua.

Freiwilligenarbeit

Immer mehr Touristen möchten in ihrem Urlaub etwas Sinnvolles tun. Besonders im armen Guatemala ist Hilfe jederzeit willkommen.
Die Angebote reichen von der Arbeit mit Straßenkindern bis hin zur Pflege von verletzten Wildtieren, die Dauer von einer Woche bis zu einem Jahr. Während man bei vielen Langzeiteinsätzen Unterkunft und Verpflegung gestellt bekommt, müssen diese bei anderen Stellen selbst übernommen werden. Die Anlaufstellen für Freiwilligenarbeit sind Antigua (S. 222) und Quetzaltenango (S. 286). Infos unter 💻 www.promosaico.org, 💻 www.casasito.org und 💻 www.xelapages.com/Volt.htm.

Märkte und Feste

Die Märkte und Feste in Guatemala gehören mit zu den beeindruckendsten Erlebnissen bei einer Reise durch das Land. Zu den traditionellsten Märkten des Hochlands zählen **Chichicastenango** (S. 239), **San Francisco El Alto** (S. 305) und **Sololá** (S. 245).

Die meisten **Feste** sind religiös motiviert und werden mit viel Inbrunst und Hingabe begangen. Am 15. Januar pilgern Tausende Zentralamerikaner nach **Esquipulas**, um dem schwarzen Christus zu huldigen (S. 444). Unter den christlichen Festen ragt die Osterwoche heraus, die in **Antigua** besonders aufwendig gefeiert wird (S. 202). Lohnenswert sind die Osterfeierlichkeiten auch in **Santiago Atitlán** (S. 270). Ein Spektakel der besonderen Art ist das bizarre Pferderennen in **Todos Santos Cuchumatanes** am 1. November (S. 318). An diesem Tag steigen in **Santiago Sacatepéquez** (S. 196) und **Sumpango** (S. 197) riesige Papierdrachen zum Himmel auf. Auch zur Weihnachtszeit gibt es jede Menge Festivitäten im ganzen Land mit viel Feuerwerk.

Weitere Informationen zu Märkten und was man dort kaufen kann im Kapitel Traveltipps von A bis Z unter Einkaufen (S. 38). Mehr zu Festen und Feiertagen s. S. 43.

Reiserouten

Die nachfolgend beschriebenen Reiserouten können unterschiedlich lang bereist werden. Daher wird nur die empfohlene Mindestreisedauer (mit öffentlichen Verkehrsmitteln) angegeben, deren Unterschreitung zu argem Reisestress und wenig bleibenden Eindrücken führen würde.

Hauptrouten

Märkte, Maya und Vulkane – Das Hochland

Die meisten Touristen übernachten nicht in der hektischen Hauptstadt Guatemala-Stadt, sondern im sympathischen Kolonialstädtchen Antigua – nur rund 45 km entfernt. Daher wurde Antigua für die beiden nachfolgend beschriebenen Hochlandtouren als Ausgangspunkt gewählt.

A: Für Leute mit wenig Zeit: Antigua – Atitlán-See – Chichicastenango

- Minimum 2 Tage

Diese klassische Dreiecksroute führt zunächst von Antigua an den spektakulären **Atitlán-See** (S. 246), der mit kleinen Indígena-Dörfern gesprenkelt und von drei mächtigen Vulkanen umgeben ist. Hier heißt es wandern, baden, relaxen. Vom See aus besucht man wahlweise den Markt von **Sololá** (S. 245, Markttag Di oder Fr) oder den weitaus bekannteren Markt in **Chichicastenango** (S. 239, Markttag Do und So), nur rund 90 Minuten vom Atitlán-See entfernt.

Auf dem Rückweg nach Antigua können noch die bei Tecpán gelegenen Ruinen von **Iximché** (S. 235) und der San Simón von **San Andrés Itzapa** (S. 229) besichtigt werden. Die Route kann auch in umgekehrter Richtung bereist werden.

B: Hochland intensiv: Antigua – Atitlán-See – Chichicastenango – Nebaj – Huehuetenango – Todos Santos Cuchumatán – Quetzaltenango

- Minimum 8–10 Tage

Zunächst führt die Route erneut an den **Atitlán-See** (s. Route A). Von dort fährt man über **Chichicastenango** weiter Richtung Norden nach **Nebaj**, der Hauptstadt des sogenannten Ixil-Dreiecks, die inzwischen über eine Asphaltstraße zu erreichen ist (S. 327). Dort lädt eine wunderschöne Landschaft zum Wandern ein und ermöglicht Einblicke in die traditionell geprägte Lebensweise der dort lebenden Ixil-Indígenas. Von Nebaj aus gelangt man wahlweise zu Fuß nach Todos Santos (s. u.), über die Nebenroute (s. u.) nach Cobán oder in die etwas langweilige Kleinstadt **Huehuetenango**. Sie ist der Ausgangspunkt für Ausflüge in die gewaltigen **Cuchumatanes-Berge**.

Die meisten Touristen machen einen Abstecher nach **Todos Santos Cuchumatán**, wo selbst die Männer Trachten tragen. Von dort geht es zurück nach Huehuetenango und entweder Richtung Mexiko oder weiter nach **Quetzaltenango**, der zweitgrößten Stadt Guatemalas. Unterwegs lohnt ein Besuch des größten indianischen Hochlandmarkts in **San Francisco El Alto**. Von Quetzaltenango aus lassen sich zahlreiche Ausflüge zu heißen Quellen, kalten Vulkangipfeln, Kaffeekooperativen und Kraterlagunen, Märkten und Maya unternehmen.

Wahlweise kann man über die Interamericana oder die Pazifikküstenstraße nach Antigua zurückkehren.

Maya-Stelen, Karibik und Regenwald – Von Guatemala-Stadt nach Belize

C: Guatemala-Stadt – Puerto Barrios – Livingston – Río Dulce – Flores – Yaxhá – Belize

- Minimum 5 Tage

Von Guatemala-Stadt aus führt diese Route zunächst durch das heiße Motagua-Tal zum Karibikhafen **Puerto Barrios** (S. 425). Unterwegs sollte man es nicht versäumen, die höchsten Stelen der Mayawelt in **Quiriguá** – inmitten einer Bananenplantage – zu besuchen (S. 432).

Mit einer kurzen Bootsfahrt gelangt man von Puerto Barrios nach **Livingston** an der Mündung des Río Dulce. Das nur auf dem Wasserweg erreichbare Karibikstädtchen (S. 418) wird von einem bunten Völkergemisch aus Karibikschwarzen (Garifunas), Kekchí-Indianern, Ladinos und ein paar Asiaten sowie Weißen bewohnt.

Eine tolle Bootsfahrt flussaufwärts auf dem **Río Dulce** (S. 412) bringt einen zur großen Brücke über den Río Dulce, einem Verkehrsknotenpunkt, Naturparadies und beliebten Jachthafen (S. 411). Weiter geht es per Bus in das Tiefland des Departamento Petén ganz im Norden und die auf einer Insel im Petén Itzá-See gelegene Provinzhauptstadt **Flores** (S. 375). Das relaxte Städtchen ist der Ausgangspunkt für Regenwaldabenteuer und Ausflüge zu Maya-Stätten aller Art. Neben Tikal (s. nächste Route) lohnt ein Besuch der teilrestaurierten Maya-Ruinen von **Yaxhá** (S. 402). Kurz darauf ist bei Melchor de Mencos (S. 405) die Grenze zu Belize erreicht. Von Flores aus besteht die Möglichkeit, über die nachfolgend beschriebene Reiseroute in umgekehrter Reihenfolge via Cobán nach Guatemala-Stadt zurückzukehren.

Kardamom, Höhlen und Maya-Tempel – Von Guatemala-Stadt nach Tikal

D: Guatemala-Stadt – Cobán – Semuc Champey/Lanquín – Candelaria-Höhlen – Sayaxché – Flores – Tikal

- Minimum 6 Tage

Mit dem Bus fährt man zunächst in das nördlich der Hauptstadt gelegene **Cobán**, Sitz von Kaffeepflanzern und Kardamombauern (S. 347). Wer Zeit hat, kann unterwegs den Wasserfall **Chilascó** (S. 340) und das **Quetzal-Biotop** (S. 341) besuchen.

In den Nebelwäldern der Provinz Verapaz kann man zahlreiche Höhlen erkunden und den Nationalvogel Quetzal beobachten. Ein beliebter Ausflug führt von Cobán zum Naturwunder **Semuc Champey** (S. 355) und den **Lanquín-Höhlen** (Grutas de Lanquín, S. 355). Nördlich von Cobán führt die Asphaltstraße an den spektakulären **Candelaria-Höhlen** (S. 360) vorbei. Die grünen Karsthügel gehen allmählich in die Tiefebene des Petén über und am breiten Río de la Pasión wird das kleine Städtchen **Sayaxché** erreicht (S. 368). Von hier aus kann man interessante Mayaruinen wie **Aguateca**, **El Ceibal** oder **Dos Pilas** besuchen (S. 369), bevor man über **Flores** (S. 375) und **El Remate** (S. 388) am Ostufer des Petén Itzá-Sees die gewaltigen Mayatempel des Nationalparks **Tikal** erreicht (S. 391).

Wer Lust hat, kann noch weiter in den Regenwald vordringen und weitere Ruinen wie **Uaxactún** (S. 400) oder **Yaxhá** besichtigen (S. 402). Von Flores kann man weiter nach Belize reisen oder die vorher beschriebene Route via Río Dulce in umgekehrter Richtung bereisen, um nach Guatemala-Stadt zurückzukommen.

Cowboys, Zigarren und Maya-Tunnel – Von Guatemala-Stadt nach Copán (Honduras)

E: Guatemala-Stadt – Chiquimula – Copán (Honduras)

- Minimum 3–4 Tage

Von Guatemala-Stadt verläuft die Strecke in östlicher Richtung durch das Motagua-Tal und dann südlich nach **Chiquimula** (S. 441), einem von Ladinos dominierten Handelszentrum, in dessen

HAUPTREISEROUTEN

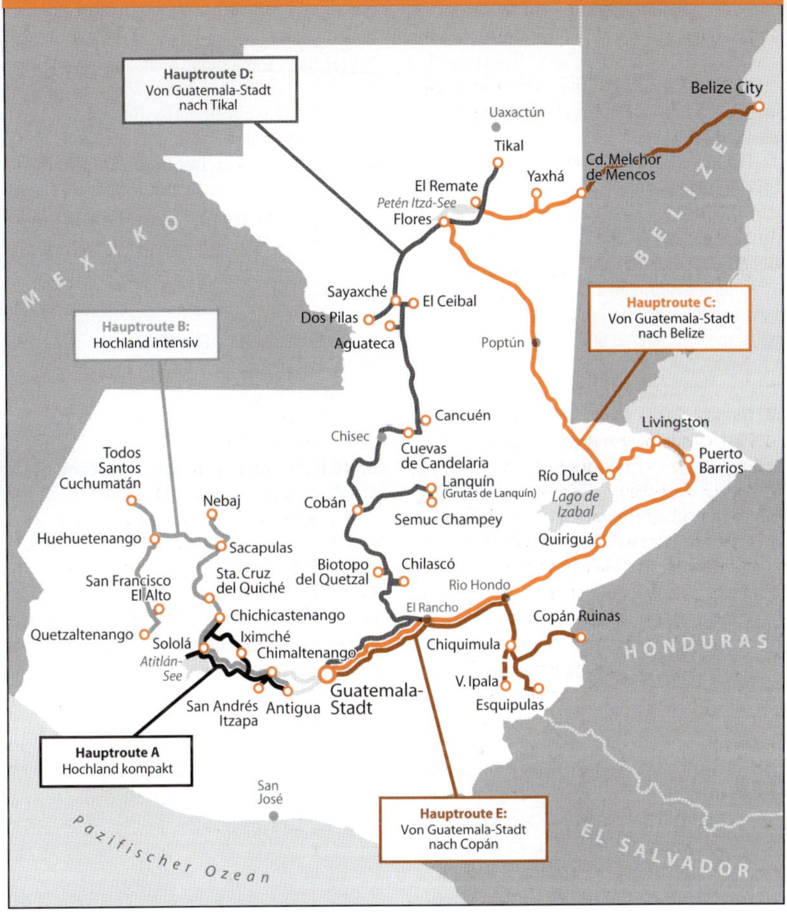

Umgebung Viehzucht betrieben und Tabak angebaut wird. Mit genügend Zeit lohnt sich von dort eine Tageswanderung zum **Vulkan Ipala** (S. 458) oder ein Abstecher zum schwarzen Christus nach **Esquipulas** (S. 444).

Von Chiquimula ist es nicht mehr weit zur Grenze mit Honduras, einer Region, die überwiegend von Chortí-Indianern bewohnt wird. Kurz hinter der Grenze wird der sympathische Ort **Copán Ruinas** erreicht (S. 449). Er liegt ganz in der Nähe der Maya-Ruinenstätte **Copán** (S. 451), die mit ihren dreidimensionalen Steinreliefs, der überdimensionalen Hieroglyphentreppe und den unterirdischen Tunnelgängen besticht.

Von Copán aus gelangt man problemlos an die honduranische Karibikküste und zur Landeshauptstadt Tegucigalpa. Über Puerto Cortés ist es möglich, zurück nach Guatemala zu reisen.

Nebenrouten

Die nachfolgend beschriebenen Routen führen überwiegend durch entlegene Regionen, die absolut sehenswert, aber nicht frei von Risiken sind. Wer sich (besonders allein!) entschließt in diesen Gegenden zu reisen, sollte sich darüber im Klaren sein, dass er im Zweifelsfall auf sich alleine gestellt ist.

Die touristische Infrastruktur ist bescheiden bzw. inexistent und die medizinische Versorgung ist auf ein Minimum beschränkt. Gute Spanisch-Sprachkenntnisse sind für ein Bereisen dieser Gebiete unerlässlich.

Zudem sollte man sich immer vor Aufbruch bei den Einheimischen über die aktuelle Sicherheitslage informieren und möglichst mindestens zu zweit reisen.

A: Nebaj – Cobán – Laguna Lachuá – Playa Grande – Palenque (Mexiko)

- Minimum 4 Tage

Von **Nebaj** (S. 327) führt eine fast durchgängig asphaltierte Straße durch eindrucksvolle Hochlandlandschaft nach **Cobán** (S. 451). Nordwestlich von Cobán liegt der spektakuläre Nationalpark **Laguna Lachuá**, ein im dichten Regenwald liegender See (S. 361).

Von hier aus erreicht man in wenigen Kilometern die „Frontiertown" **Playa Grande** (S. 364), von der aus man an einen Grenzübergang nach Mexiko gelangt. Auf mexikanischer Seite kann man problemlos zur Maya-Stätte Palenque weiterreisen.

B: Chichicastenango – Santa Cruz del Quiché – Joyabaj – Pachalum – Rabinal – Salamá – La Cumbre

- Minimum 3 Tage

Diese nur äußerst selten von Touristen bereiste Route ermöglicht interessante Einblicke in das tägliche Leben der indianischen Hochlandbevölkerung. Sie führt auf einer wenig befahrenen Strecke durch reizvolle Landschaften. Zunächst erreicht man nach kurzer, serpentinenreicher Fahrt **Santa Cruz**, die geschäftige Hauptstadt des Departamentos Quiché (S. 322).

Ein Abstecher zu der Ruinenstätte **Utatlán** (S. 323) lohnt durchaus. Richtung Osten zweigt eine asphaltierte Straße nach **Joyabaj** (S. 324) mit seinem interessanten und völlig untouristischen Sonntagsmarkt ab. Von dort geht es weiter nach **Pachalum** (Abstecher von dort zu den Pokomam-Ruinen Mixco Viejo, S. 196, und Rückkehrmöglichkeit nach Guatemala-Stadt) und über El Chol weiter nach **Rabinal** (S. 339) in der Provinz Verapaz. Der Ort ist für sein Kunsthandwerk bekannt.

Über die langweilige Provinzhauptstadt **Salamá** (S. 338) lässt sich die Gabelung **La Cumbre** (S. 338) erreichen, von der aus man nach Cobán oder nach Guatemala-Stadt fahren kann.

C: Quetzaltenango – San Marcos – Vulkan Tajumulco – Vulkan Tacaná

- Minimum 4–5 Tage (inkl. Vulkanbesteigungen)

Diese Hochlandroute richtet sich überwiegend an Wanderer, die auf die beiden höchsten Gipfel des Landes steigen möchten. Die Landschaft ist spektakulär, das Klima kalt und die Menschen herzlich. **San Marcos** (S. 297) hat nicht sonderlich viel zu bieten, ist aber Umsteigeort für diejenigen Trekker, die die Besteigung der **Vulkane Tajumulco** (S. 299) und **Tacaná** (S. 299) auf eigene Faust in Angriff nehmen möchten.

D: Antigua – Escuintla – Santa Lucía Cotzumalguapa – Retalhuleu – Takalik Abaj – Tapachula (Mexiko)

- Minimum 3–4 Tage

Die Route richtet sich vorwiegend an archäologisch Interessierte und folgt dem Verlauf der Pazifikküstenstraße Richtung Mexiko.

Sehenswert sind das Museum und die Steinskulpturen an der Plaza in **La Democracia** (S. 474), die archäologischen Fundstücke in der Umgebung von **Santa Lucía Cotzumalguapa** (S. 474) und die stark olmekisch geprägte Ausgrabungsstätte **Takalik Abaj** bei Retalhuleu (S. 480). Von dort kann man an einen Pazifikstrand oder nach **Tapachula** in Mexiko reisen (S. 482).

NEBENROUTEN

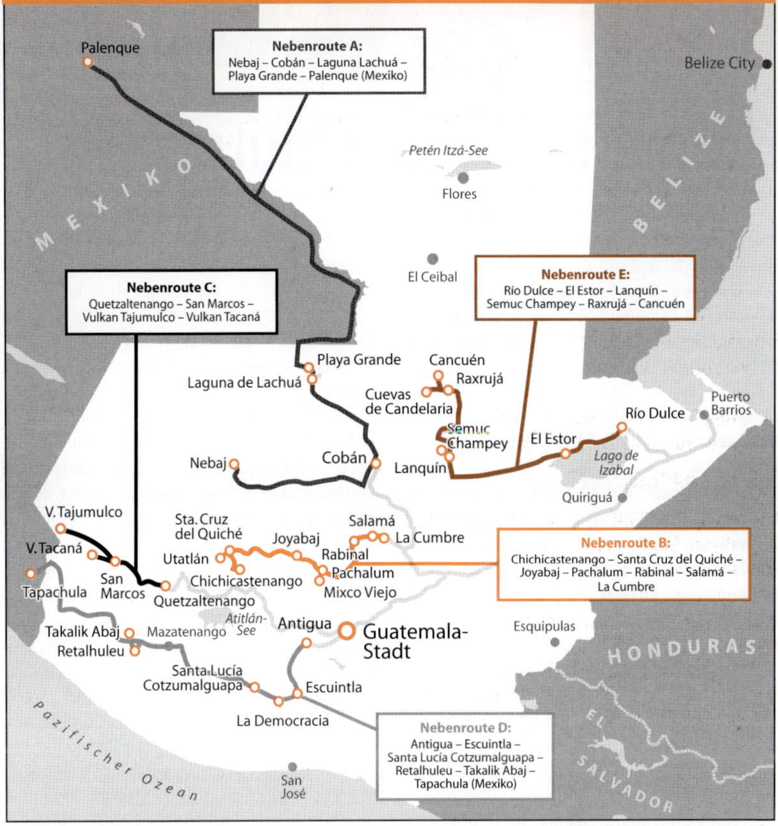

E: Río Dulce – El Estor – Lanquín – Semuc Champey – Raxrujá – Cancuén

- Minimum 4 Tage

Diese ungewöhnliche Route durch die beiden saftig grünen Provinzen Izabal und Alta Verapaz beginnt am **Río Dulce** (S. 411) und führt zunächst nach **El Estor** (tiefer Canyon, Badegelegenheit, Tierbeobachtung, S. 415) am Nordwestufer des Izabal-Sees. Von dort erreicht man über Cahabón den kleinen Ort **Lanquín** (Rafting, Höhlentour, S. 355) und von dort das Naturwunder **Semuc Champey**, wo es sich herrlich baden lässt (S. 355).

Zurück in Lanquín fährt man über Pajal nach Sebol und weiter nach **Raxrujá** (S. 354). Von dort aus lassen sich die spektakulären **Candelaria-Höhlen** (S. 360) oder die am Río de la Pasión gelegene Maya-Stätte **Cancuén** besuchen (S. 360).

Von Raxrujá bestehen Anschlussmöglichkeiten nach Norden Richtung Flores, nach Westen Richtung Laguna Lachuá oder nach Süden Richtung Cobán (s. dazu auch: Von Guatemala-Stadt nach Tikal und die Nebenroute A)

Klima und Reisezeiten

Ein viel bemühter Slogan in Reisekatalogen lautet: „Guatemala, Land des ewigen Frühlings". Die Wahrheit ist wie immer etwas komplexer: Obwohl das Land ganzjährig zu bereisen ist, so hat doch jede geografische Region ihre klimatischen Besonderheiten. Nicht grundlos unterscheidet die offizielle Klimakarte des Nationalen Geographischen Instituts (IGN) mehr als 25 Klimazonen. So erreichen z. B. die Temperaturen an den Küsten und im Tiefland fast immer Tageswerte um 25–30 °C oder darüber, wohingegen die Temperaturen auf den höchsten Gipfeln der Vulkane (3700–4200 m) in klaren Nächten deutlich unter den Gefrierpunkt sinken. Während es im karibischen Tiefland und in den angrenzenden Gebieten des Petén das ganze Jahr über regnen kann, gibt es im restlichen Land nur ca. sechs bis sieben niederschlagsreiche Monate. Der Grund hierfür ist der Nordwestpassat, der vom Atlantik her Feuchtigkeit mitführt, die vorwiegend über den östlichen Landesteilen abregnet. Da die Temperaturen eng mit der Höhe zusammenhängen, verschafft folgende Einteilung einen Überblick:

Heißes Land *(tierra caliente):* 0–800 m; Durchschnittstemp.: 25 °C (Pazifisches Tiefland, El Petén im Norden, Karibikküste und Provinz Izabal)

Gemäßigtes Land *(tierra templada):* 800–2000 m; Durchschnittstemp.: 17 °C (Boca Costa; Antigua, Atitlán-See, Guatemala-Stadt, Alta und Baja Verapaz, Oriente)

Kaltes Land *(tierra fria):* über 2000 m; Durchschnittstemp.: unter 10 °C (Quetzaltenango, Cuchumatanes-Berge, Vulkane westlich der Hauptstadt)

In Guatemala werden zwei Jahreszeiten unterschieden, die **Regenzeit** (Mai bis Oktober/November) wird von den Einheimischen als *invierno* (Winter) bezeichnet. In der Regel regnet es nachmittags und nachts. Tagelange starke Niederschläge sind sehr selten. Auch an der Karibikküste, wo über 5000 mm Niederschläge pro Jahr fallen können, beschränken sich die heftigen Regengüsse meist auf wenige Stunden. Die regenreichsten Monate sind Juni und September. Im Juli/August legt die Regenzeit im Hochland eine zwei- bis dreiwöchige Verschnaufpause ein, die *canícula* genannt wird. Während die Regenzeit relativ konstant im Mai beginnt, ist das Ende schwer zu bestimmen. In den vergangenen Jahren regnete es sogar noch im November. Die Schäden der Hurrikane Mitch, Stan und Agatha, die Guatemala Anfang November 1998 bzw. im Oktober 2005 und Mai 2010 heimsuchten, wurden weniger durch heftige Winde als durch tagelange, schwere Regenfälle hervorgerufen.

In der **Trockenzeit** (November bis April) kommt es vor allem im Hochland zu größeren Temperaturschwankungen als während der Regenzeit. Dort kann die Temperatur in sternenklaren Nächten auf unter 0 °C absinken. Dezember und Januar sind allgemein die kältesten Monate. Ab Februar steigen die Temperaturen erneut an und erreichen im April/Mai ihren Höchststand. Guatemalteken nennen die Monate von November bis April *verano* (Sommer).

Reisezeiten

Aufgrund vieler unterschiedlicher Klimazonen und Höhenlagen gibt es keine ideale Reisezeit. Jede Jahreszeit hat ihre Vor- und Nachteile. Touristische **Hauptsaison** sind die Monate Dezember bis April sowie Juli/August:

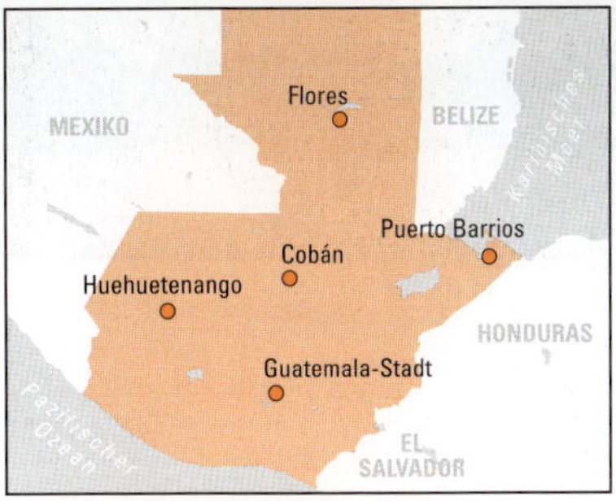

Cobán (1323 m)

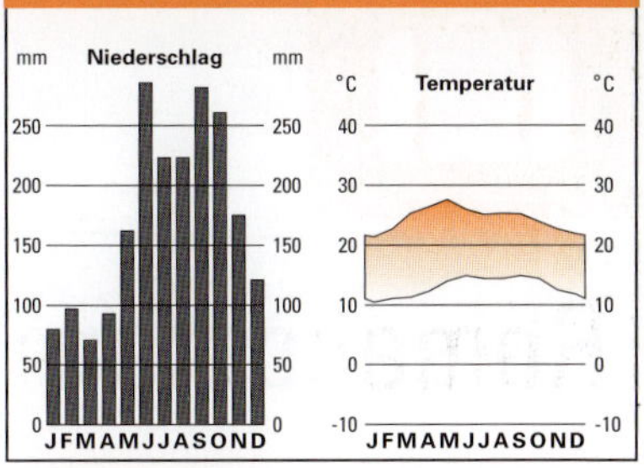

Flores (127 m)

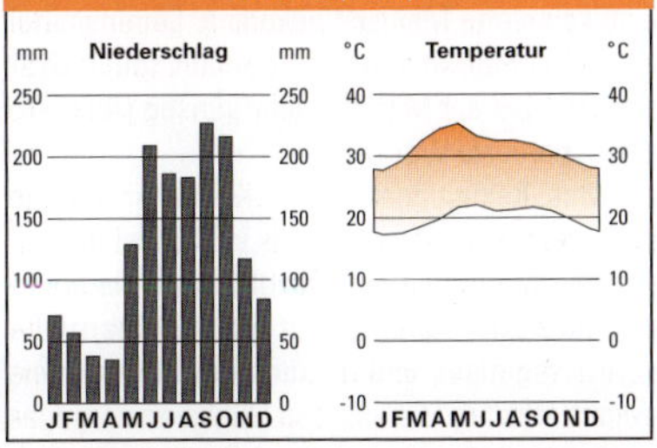

Guatemala-Stadt (1502 m)

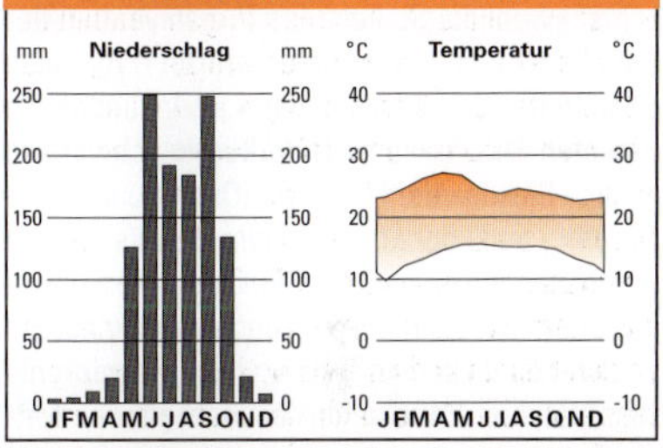

Huehuetenango (1901 m)

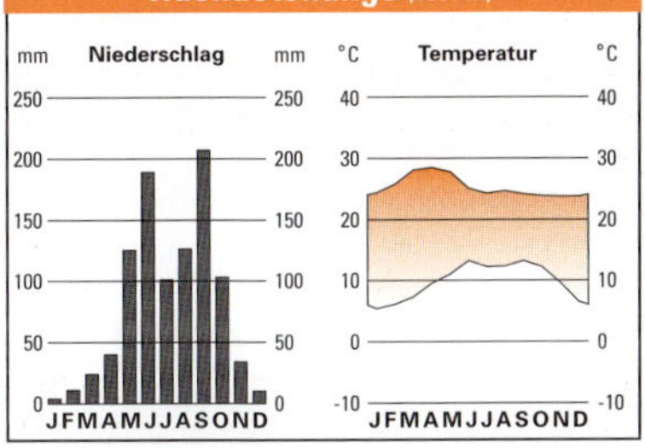

Puerto Barrios (3 m)

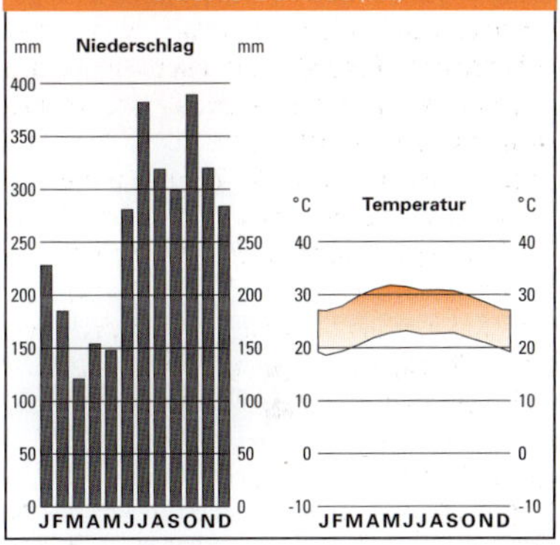

Dezember und Januar Kalte, klare Nächte; die Landschaft im Hochland beginnt wieder auszutrocknen; Beginn der Kaffeeernte im Hochland; angenehmste Reisezeit für die heißen Regionen; Weihnachtsfeierlichkeiten; Weihnachtsferien der Guatemalteken in der zweiten Dezemberhälfte.

Februar bis April Steigende Temperaturen; besonders heiß an den Küsten und im Petén; im Hochland überwiegen Brauntöne; die Maisfelder sind abgeerntet; aufwirbelnder Staub und vom Pazifik herüberwehende Salzpartikel machen die Luft diesig; die Kaffeeernte ist im April beendet; Osterfeierlichkeiten.

Mai bis Juni Im Mai und Juni weiterhin heiß; Beginn der Regenzeit und der Aussaat für Bohnen und Mais, Auswahl an exotischen Früchten.

Juli und August Zwei- bis dreiwöchiges Zwischenhoch, das die Regenzeit unterbricht.

September bis November Hohe Niederschläge und Hurrikangefahr; im Oktober/November windig; Beginn der Zuckerrohrernte im pazifischen Tiefland und der Kaffeeernte in niedrigen Lagen.

Reisekosten

Je nach Region können die Reisekosten deutlich schwanken. So liegt das Preisniveau in der Hauptstadt und den Touristenzentren – vor allem in Antigua – z. T. deutlich höher als in ländlichen Gebieten. Die Preise für **Unterkünfte** schwanken je nach Saison oder Ferienzeit (Ostern und Weihnachten) und können an einigen Orten selbst an Wochenenden ansteigen (z. B. an der Pazifikküste). Während das Frühstück noch vergleichsweise teuer ist, bekommt man in vielen Restaurants zum gleichen Preis schon ein sättigendes Mittagsmenü. Abends wird es in guten Restaurants kostspieliger. Um vieles günstiger isst man dagegen auf lokalen Märkten, wo man für wenig Geld eine komplette Mahlzeit bekommt. Lebensmittel in großen Supermärkten sind relativ teuer, Obst und Gemüse auf Märkten sehr günstig (Ausnahme: importierte Ware).

Filme, Reinigungsmittel für Kontaktlinsen und Sonnencremes sind teurer als in Deutschland.

Ein **internationaler Studentenausweis** bringt in Guatemala bei Eintritten oftmals finanzielle Vergünstigungen und ist auch bei Flügen interessant. Wichtig: die von den Fluglinien vorgegebene Altersgrenze beachten! Sie liegt je nach Fluglinie bei 30–35 Jahren.

Was kostet wie viel?

1 l Wasser	ca. 0,60 €	**Landtransport**, Camioneta (2. Kl.)	
1 l Milch	ca. 1 €	Antigua – Guatem.-Stadt, 45 km	0,80 €
1 kleine Flasche Cola/Fanta im Laden	0,60 €	Guatem.-Stadt – Flores (Petén), 506 km	10 €
im Restaurant	1,50 €	**Landtransport**, Shuttle-Busse	
1 kleine Flasche Bier im Laden	0,80 €	Antigua – Guatemala-Stadt, 45 km	3–7,20 €
im Restaurant	1,50–2,50 €	Antigua – Panajachel (Atitlán-See), 80 km	ca. 8 €
Tasse Kaffee in Antigua im Café	1–1,50 €	**Kleiner Mietwagen**	
Frühstück	2–3 €	pro Tag	35–45 €
Mittagessen: Menü/à la carte	2–3/2,50–6 €	1 l Diesel/Normal/Super	0,60/0,75/0,80 €
Abendessen: einfach/teuer	3–7/ab 7 €	**Mototaxi**	
Billigunterkunft DZ mit Gemeinsch.-bad	5–10 €	(TucTuc) in Antigua	1 €, nachts 1,50 €
Mittelklassehotel DZ mit Privatbad	10–30 €	**Taxi** in Antigua	2,50 €, nachts 3 €
Gehobener Standard DZ	30–70 €	Antigua – Guatemala-Stadt (Flughafen)	ca. 25 €
Luxusklasse	ab ca. 70 €	**Flug**	
Familienunterkunft während Sprach-		Guatemala – Flores, einfach	ca. 90–100
unterricht, pro Woche	60–70 €	mit Rückflug	150–180 €
		Boot	
Landtransport, Pullman (1. Kl.)		Puerto Barrios – Livingston	1,50–3,20
Guatem.-Stadt – Flores (Petén), 506 km	ab 16 €	Livingston – Brücke Río Dulce	9 €
Guatem.-Stadt – Quetzaltenango, 203 km	5,50 €	Atitlán-See: Panajachel – San Pedro	2,50 €

Traveltipps von A bis Z

Anreise S. 34
Botschaften und Konsulate S. 35
Einkaufen S. 36
Essen und Trinken S. 38
Fair Reisen S. 42
Feste und Feiertage S. 43
Frauen unterwegs S. 45
Geld S. 45
Gepäck S. 49
Gesundheit S. 49
Homosexualität S. 51
Informationen S. 51
Internet S. 53
Jobben in Guatemala S. 54
Kinder S. 54
Maße und Elektrizität S. 55
Medien S. 56
Öffnungszeiten S. 57
Post S. 57
Reisende mit Behinderungen S. 57
Sicherheit S. 58
Sport und Aktivitäten S. 59
Steuern S. 64
Telefon S. 65
Transport S. 66
Trinkgeld S. 72
Übernachtung S. 72
Unterhaltung S. 74
Verhaltenstipps S. 74
Versicherungen S. 77
Visa S. 79
Weiterreise S. 79
Zeit S. 80
Zoll S. 80

Anreise

Aus Europa

Zurzeit gibt es keine Direktflüge von Deutschland, der Schweiz oder Österreich nach Guatemala. Lufthansa fliegt ab Frankfurt in Verbindung mit Continental Airlines über Houston nach Guatemala (Österreich: Austrian Airlines; Schweiz: Swiss International). Iberia fliegt ab Madrid direkt nach Guatemala-Stadt (Rückflug ab Guatemala mit Zwischenstopp in Panama-Stadt), KLM fliegt mit Zubringer aus Deutschland ab Amsterdam über Houston (ab dort mit Copa), Air France fliegt über Paris und ab Houston weiter mit Continental Airlines, British Airways fliegt ab Frankfurt über London und Miami (ab dort weiter mit American Airlines), Delta Airlines fliegt ab Frankfurt über Atlanta, United Airlines ab Frankfurt über Los Angeles (auch Washington und San Francisco), American Airlines ab Frankfurt über Miami oder Dallas, Continental Airlines ab Frankfurt über Houston. Die Preise liegen je nach Saison und Airline bei 850–1200 € (Studenten fliegen günstiger). Die reine Flugdauer beträgt etwa 11–13 Stunden.

Eine weitere Möglichkeit sind (Charter)-Flüge bis Mexiko-Stadt, Cancún (Mexiko), Costa Rica oder Kuba und von dort weiter mit einer Partner-Fluglinie vor Ort. Nach **Mexiko-Stadt** fliegen alle oben genannten Airlines und auch die Lufthansa. Von Mexiko-Stadt nach Guatemala-Stadt gelangt man unter anderem mit Taca. Günstiger ist es einen Inlandsflug von Mexiko-Stadt nach Tapachula zu buchen und von dort mit dem Bus nach Guatemala einzureisen.

Nonstop-Flüge nach **Cancún** sind ab Deutschland mit LTU, Condor, Air Ambar und Taesa (mexikanische Chartergesellschaft) buchbar, ab der Schweiz mit Air Ambar und ab Österreich mit Lauda Air, Air Ambar und Caribbean Airways, ab Amsterdam mit Martinair. In der Nebensaison (Mai, Juni) sind günstige Preise bei reduziertem Angebot möglich. Im europäischen Winter gleichen sich Charter- und Linienflugpreise an. Direktflüge von Cancún nach Guatemala-Stadt oder Flüge via Flores bietet Inter (eine Tochter der Taca-Gruppe) an. Nach Costa Rica fliegen zahlreiche Linien- und Charterflieger. Von dort kann man Guatemala per Flugzeug oder mit dem Bus (ca. zwei Tage) erreichen.

Nach einem Flug mit Cubana, Iberia oder Air France nach **Havanna** (Kuba) geht es weiter mit Taca oder Cubana nach Guatemala-Stadt. Eine weitere Variante ist ein Flug ab Frankfurt nach Fort Lauderdale in den USA und von dort weiter mit dem Billigflieger Spirit Airlines, der 1x tgl. von dort nach Guatemala fliegt.

Weniger fliegen – länger bleiben! Reisen und Klimawandel

Der Klimawandel ist vielleicht das dringlichste Thema, mit dem wir uns in Zukunft befassen müssen. Wer reist, erzeugt auch CO_2: Der Flugverkehr trägt mit einem Anteil von bis zu 10 % zur globalen Erwärmung bei.

Wir sehen das Reisen dennoch als Bereicherung: Es verbindet Menschen und Kulturen und kann einen wichtigen Beitrag für die wirtschaftliche Entwicklung eines Landes leisten. Reisen bringt aber auch eine Verantwortung mit sich. Dazu gehört darüber nachzudenken, wie oft wir fliegen und was wir tun können, um die Umweltschäden auszugleichen, die wir mit unseren Reisen verursachen.

Wir können insgesamt weniger reisen – oder weniger fliegen und länger bleiben, den Zug nehmen (wenn es einen gibt), Nachtflüge meiden (da sie mehr Schaden verursachen). Und wir können einen Beitrag an ein Ausgleichsprogramm wie **www.atmosfair.de** leisten.

Dabei ermittelt ein Emissionsrechner, wie viel CO_2 der Flug produziert und was es kostet, eine vergleichbare Menge Klimagase einzusparen. Mit dem Betrag werden Projekte in Entwicklungsländern unterstützt, die den Ausstoß von Klimagasen verringern helfen.

nachdenken • klimabewusst reisen

atmosfair

Vermeiden sollte man kombinierte Flüge mit verschiedenen Airlines, die keine Abkommen miteinander haben, denn das Gepäck wird in der Regel nicht durchgecheckt und man läuft Gefahr, bei Verspätungen den Anschlussflug zu verpassen.

Auch in Zeiten elektronischer Tickets sollte der Rückflug bis spätestens 72 Stunden vor der Abreise bestätigt werden. Nicht alle Airlines informieren ihre Kunden über geänderte Flugzeiten! Wer Zeit hat und/oder noch weitere Länder in Mittel- bzw. Südamerika besuchen möchte, sollte über einen Gabelflug oder ein Rundflugticket nachdenken.

Die Reise per **Frachtschiff** ab Hamburg ist schwierig zu organisieren, außerdem lang und teurer als ein Flug. Die Preise liegen bei ungefähr 80–100 € pro Tag und Person in der Doppelkabine. Die Fahrtdauer beträgt je nach Route 10–20 Tage pro Richtung.

Die **Kreuzfahrtschiffe** folgender Reedereien laufen Guatemala auf der Atlantikseite (Puerto Santo Tomás de Castilla) oder auf der Pazifikseite (Puerto Quetzal) an: Holland America Line, Norwegian Cruise Line, Radisson Seven Seas und Siversea Cruises.

Flugbuchung im Internet

Um Flüge online zu buchen, muss man kein Reiseexperte sein. Am besten beschränkt man sich bei der Suche auf einige der etablierten Reiseportale. Auch die Seiten der Fluggesellschaften lohnen einen Blick, da es hier oft besondere Online-Tarife gibt. Grundsätzlich sollte man darauf achten, dass Kreditkartendaten verschlüsselt übertragen werden.

In den endlosen, verwirrenden Listen Hunderter Anbieter sind günstige Offerten eher selten. Auch der Service lässt zu wünschen übrig, sodass sich die Seiten vor allem zum Recherchieren eignen.

Wer dann weiß, welche Airline zu welchem Preis die günstigste Route fliegt und zudem noch Plätze verfügbar hat, kann diesen Preis als Obergrenze nehmen und in Reisebüros nach günstigeren Angeboten fahnden. Zudem hat das Reisebüro den Vorteil, dass es dort einen Ansprechpartner gibt, der bei Problemen kontaktiert werden kann.

Wer flexibel ist oder schon bald losfahren möchte, findet auch Last-Minute-Angebote oder Sondertarife für Flüge, Hotelzimmer oder Tickets, die teils nur im Netz von Veranstaltern, Hotels oder Airlines offeriert werden.

In verschiedenen Tests schnitten die folgenden Reiseportale gut ab:

💻 www.weg.de
💻 www.opodo.de
💻 www.travelchannel.de
💻 www.expedia.de
💻 www.flyloco.de

Botschaften und Konsulate

Vertretungen Guatemalas in Europa

Botschaft in Deutschland

Joachim-Karnatz-Allee 47, 10557 Berlin
✆ 030-2064363, 📠 643659
🕒 Mo–Fr 9–16 Uhr
✉ embaguate.alemania@t-online.de
💻 www.botschaft-guatemala.de

Konsulate

Esplanade 6, 20354 Hamburg
✆ 040-35017239, 📠 35017240
🕒 Di, Mi, Fr 9.30–12.30 Uhr

Grafinger Str. 2, 81671 München
✆ 089-406214, 📠 4132200
🕒 Di, Mi, Fr 9.30–12.30 Uhr

Grafenberger Allee 277–287, Eingang C
40237 Düsseldorf
✆ 0211-67064590, 📠 67064599
🕒 Di, Do 9.30–12.30 Uhr

Botschaft in Österreich

Landstrasser Hauptstraße 21/Top 9
1030 Wien
✆ 01-7143570, 📠 7143570-15
✉ embaustria@minex.gob.gt
🕒 Mo–Fr 9–12.30 Uhr

Generalkonsulat in der Schweiz

Rue du Vieux-Collège 1204, 10 Bis Genève
1211 Genève 3
022-3119945, 3117459

Vertretungen Guatemalas in den Nachbarländern

Botschaft in Mexiko

Explanada 1025, Colonia Lomas de Chapultepec
11000 México, D.F., +52-55407520,
55825378, embaguatemx@minex.gob.gt

Konsulat in Mexiko

3a. Calle Oriente 73, C.P. 30700 Tapachula
/ +52962-6261252,
fcardenas@minex.gob.gt

Botschaft in Belize

8 "A" Street King's Park, POX 1771, Belice C.A.
+501-2233150, 2235140,
embbelice1@minex.gob.gt

Botschaft in El Salvador

15 Av. Norte No. 135, San Salvador
entre Calle Arce y 1. Calle Poniente
+503-22712225, 22213019,
embelsalvador@minex.gob.gt

Botschaft in Honduras

Calle Arturo López Rodezno 2421 Colonia
Las Minitas, Tegucigalpa
+504-2325018, 2321580,
embhonduras@minex.gob.gt

Konsulat in Honduras

12. C. y 24. Av., S.O., Casa No. 165, Colonia Trejo
San Pedro Sula, +504-55695508, 5569551,
conssanpedsula@minex.gob.gt

Ausländische Vertretungen in Guatemala

Deutsche Botschaft (Embajada Alemana)

Avenida Reforma 9–55, Zona 10
Edificio Reforma, 10. Stock
01010 Guatemala-Stadt
23646700, 23652270
Notfallnummer 57095004
Mo–Fr 9–12 Uhr, geschlossen an deutschen Feiertagen, Gründonnerstag, 15. September.
embalemana@intelnet.net.gt
www.guatemala.diplo.de
Die deutsche Botschaft in Guatemala ist auch für das Nachbarland Belize zuständig.

Österreichische Botschaft (Embajada de Austria)

Keine Vertretung mehr in Guatemala.
Zuständig ist die Botschaft in Mexiko:
Sierra Tarahumara 420
Colonia Lomas de Chapultepec
11000 Mexico D.F.
+52-55-52510806, 52450198
www.bmeia.gv.at/botschaft/mexiko.html
Mo–Fr 9–12 Uhr, geschlossen am 26. Oktober (Nationalfeiertag), Notdienst an Feiertagen.

Schweizer Botschaft (Embajada de Suiza)

16 Calle 0-55, Zona 10
Torre Internacional, Nivel 14
01010 Guatemala-Stadt
23675520, 23675811
www.admin.ch/guatemala
Mo–Fr 9–11.30 Uhr, geschlossen am 1. August (Nationalfeiertag) und an guatemaltekischen Feiertagen.

Vertretungen der Nachbarländer s. S. 79, Weiterreise. Die Adressen weiterer Botschaften finden sich in www.minex.gob.gt, unter „Directorios" und „Embajadas Acreditadas Ante El Gobierno De La República De Guatemala".

Einkaufen

Filigran bestickte Blusen, Wollteppiche in allen Größen, traditionelle Holzmasken – die vielen bunten Märkte laden geradezu zum Kauf ein. Handeln ist hier Pflicht, aber bevor man sich in den Trubel stürzt, sind ein paar Dinge zu berücksichtigen. Wer sich bereits ein paar Wochen im

Land aufhält, kennt sich besser mit der Preisstruktur aus und weiß, was wo für wie viel Geld zu haben ist. Dem Rucksackreisenden erspart das späte Kaufen Platz- und Gewichtsprobleme bzw. unnötige Ausgaben, denn Pakete zu verschicken ist kostspielig.

Zwischenhändler verteuern das Produkt, das sie vorher in großen Mengen günstig erworben haben, oftmals unnötig. Daher sollte man versuchen, direkt beim Erzeuger zu kaufen. Dies bedeutet allerdings, sich abseits der touristischen Trampelpfade umzuschauen und Werk- und Produktionsstätten aufzusuchen, wobei sich Vorteile für Produzent und Käufer ergeben. Zum einen erfährt man etwas über die Herstellung des Produkts und das Kunsthandwerk an sich. Zum anderen hat man, selbst wenn der Kaufpreis gleich hoch wie der beim Händler sein sollte, immerhin die Gewissheit, dass der Produzent einen deutlich höheren Gewinn erzielt. Produktionskooperativen mit Direktverkauf gibt es in vielen Dörfern des Hochlands, z. B. in San Juan la Laguna am Atitlán-See oder in Zunil bei Quetzaltenango. In den meisten Fällen freuen sich die Menschen sehr, wenn man Interesse an ihrer Arbeit bekundet und sie vor Ort besucht.

Handeln – aber wie?

Über den Preis wird auf guatemaltekischen Märkten bei allen Waren verhandelt – Lebensmittel machen da keine Ausnahme. Aber wie kommt man zu einem Preis, mit dem beide Parteien leben können? Man möchte ja schließlich nicht übers Ohr gehauen werden, aber trotzdem einen fairen Preis zahlen. Tatsache ist, dass viele Indígenas ihre Arbeiten aufgrund der starken Konkurrenz zu einem viel zu niedrigen Preis anbieten. Lohnkosten werden dabei völlig unzureichend oder überhaupt nicht berücksichtigt. Dies wird leider immer wieder von Touristen ausgenutzt, die die Preise bis unter die Schmerzgrenze drücken.

Ratsam ist es, sich zunächst bei verschiedenen Händlern nach dem Preis für das gewünschte Objekt zu erkundigen. Den vom Anbieter genannten Preis gilt es dann um ca. 30–40 % zu unterbieten (bei Lebensmitteln auf dem Markt etwa 10–20 %), um sich so dem für beide Parteien akzeptablen Endpreis anzunähern. Einfühlungsvermögen und eine Prise Humor können hierbei sicher nicht schaden. Hat man die Ware langwierig auf einen günstigen Preis heruntergehandelt, dann sollte man sie auch nehmen. Andernfalls ist der Verkäufer nicht zu Unrecht verärgert.

Die wichtigsten Kunsthandwerkszentren

Guatemala-Stadt

In der Hauptstadt finden sich Kunsthandwerksmärkte mit einer großen Auswahl sowie Edelboutiquen.

Hochland

Antigua bietet offene Märkte mit indianischen Textilien und anderen Souvenirs, einen überdachten Kunsthandwerksmarkt und exklusive Geschäfte, in denen man ein breites Angebot an kunsthandwerklichen Erzeugnissen findet, darunter: Jadeschmuck, Silberschmuck, Produkte aus Naturbaumwolle, Arbeiten aus Kupfer und Bronze, Holzarbeiten und Antiquitäten. Direkt an der Straße kann man Landschaftsmalereien kaufen. In **San Felipe de Jesús** befindet sich eine bekannte Silberwerkstatt. Im selben Ort wird auch Glasurkeramik produziert. **San Antonio Aguas Calientes** ist für die Qualität seiner Webereierzeugnisse bekannt. In **Pastores** bekommt man Cowboystiefel aus Leder. Traditionelle Musikinstrumente werden in Jocotenango verkauft.

Viele Dörfer am **Atitlán-See** produzieren hervorragendes indianisches Kunsthandwerk. In San Antonio bekommt man Textilien und Haarbänder, die Bewohner von Santiago Atitlán haben sich auf Holz- und Webarbeiten sowie naive Malerei spezialisiert, die auch in San Pedro erhältlich ist. In San Juan la Laguna gibt es eine von Frauen organisierte Weberei-Kooperative, die von Hängematten bis zu Kleidungsstücken gut sortiert ist.

In **Cantel** existiert eine bekannte Kooperative, die immer raffiniertere Glasprodukte aus Altglas herstellt. In **Chichicastenango** wird (Do und So) der bekannteste Markt des Landes mit allem, was das Herz begehrt, veranstaltet. Besonders groß ist die Auswahl an Holzmasken und Weihrauch.

Das Beste, was die naive indianische Malerei zu bieten hat, findet man in **Comalapa** und am **Atitlán-See**. Das Touristenzentrum **Panajachel** hat mehr Masse als Klasse und ist ein Tummelplatz der Großhändler. Hier findet man von allem etwas, auch Lederwaren (Gürtel, Taschen und Sandalen) in großer Auswahl. In **San Francisco El Alto** findet freitags ein sehr traditioneller indianischer Markt mit dem besten Angebot an Wollteppichen statt. Diese stammen in der Regel aus **Momostenango**.

In **Totonicapán** werden u. a. Keramik, Wachsfiguren, Leder, Holzmöbel und Textilien produziert, in **Todos Santos Cuchumatán** traditionelle Textilien sowie Kopfbedeckungen, Taschen und Lederrucksäcke. **Huehuetenango** bietet eine große Auswahl an Teppichen, Taschen und Ponchos aus Wolle.

Alta und Baja Verapaz

In **Cobán** und im **benachbarten San Pedro Carchá** gibt es Silberschmuck. In Rabinal und den Nachbarorten werden handbemalte Kalebassen gefertigt.

EL Petén

Die Kooperative von **El Remate** verarbeitet tropisches Restholz zu einer Vielzahl von Gebrauchsgegenständen und Kunsthandwerk.

Karibik

In **Livingston** sind traditionelle Küchenutensilien aus Holz, handgefertigte Holztrommeln und Kalebassen im Angebot.

Essen und Trinken

Obwohl die einheimische Küche keine allzu große Vielfalt bietet, kann man in Guatemala hervorragend essen. Daran sind nicht unmaßgeblich die dort lebenden Ausländer beteiligt, die das ansonsten etwas eintönige Speiseangebot mit Restaurants aller Geschmacksrichtungen bereichern. Dies trifft allerdings nur auf die größeren Städte zu. In weiten Teilen des Landes muss man mit Hähnchen, Maisfladen, schwarzen Bohnen und Eiern vorliebnehmen. Das Essen ist selten scharf, aber eine pikant bis höllisch scharfe Soße aus Chilischoten steht auf jedem Tisch. An beiden Küsten bekommt man leckere Meeresfrüchte aller Art, die aber nicht ganz billig sind.

Vegetarier sind trotz einer fleischlastigen Speisekarte in Guatemala gut aufgehoben, denn das Obst- und Gemüseangebot ist reichhaltig. Das **Frühstück** in Guatemala ist herzhaft: Serviert werden Eier in allen Variationen, Bohnen, gebratene Kochbananen, Sauerrahm, Weichkäse und gelegentlich ein Stück Fleisch. Dazu wird manchmal eine milde Tomatensoße *(chirmol)* gereicht. Ein beliebtes Sparfrühstück ist Haferbrei mit einer Prise Zimt *(mosh)*.

Mittags wird die Hauptmahlzeit in Form eines Zwei- bis Drei-Gänge-Menüs eingenommen. Fast alle Restaurants in der Hauptstadt (ansonsten eher selten) bieten diese sehr günstigen *almuerzos* oder *comidas corridas* an. Angebote solcher Art gibt es beim **Abendessen** leider nur sehr selten, so wird dies leicht zur teuersten Mahlzeit des Tages. Zu allen Mahlzeiten werden gebackene Maisfladen *(tortillas)* gereicht, die je nach Maissorte auch mal grünlich oder gar fast schwarz sein können. In touristischen Gegenden bekommt man allerdings immer öfter Weißbrot zum Essen. Wer Tortillas bevorzugt, sollte dies der Bedienung mitteilen.

Wo kann ich guten Kaffee kaufen?

Da guatemaltekischer Kaffee zu den besten der Welt gehört, liegt es nahe, das eine oder andere Päckchen als Souvenir oder für den Eigenverbrauch mit nach Hause zu nehmen.
Gute Gelegenheiten hierfür bieten sich in Eine-Welt-Läden in Guatemala-Stadt (s. S. 184), Quetzaltenango (s. S. 288) und Chichicastenango (s. S. 244). Ein Kauftipp ist der leckere und preiswerte **Bio-Kaffee Mundo Verde**, der von Bäuerinnen in El Palmar und Colomba (Provinz Quetzaltenango) produziert wird.
Ihn bekommt man gemahlen oder als ganze Bohne im Supermarkt Bodegona in Antigua (s. S. 219).

Wo essen?

In Guatemala unterscheidet man zwischen *Restaurantes* und *Comedores*. Als Restaurant bezeichnen sich so gut wie alle öffentlichen Speiselokale in größeren Orten. Comedores sind sehr einfache Essplätze auf dem Lande und auf Märkten. Sie offerieren meist nur wenige Gerichte, die in großen Töpfen vor sich hin brodeln. Man sollte sich das Angebot ruhig zeigen lassen. Eine Speisekarte wird man in den Comedores ohnehin vergebens suchen.

In Städten finden sich die bekanntesten Fastfood-Ketten, die sich krebsgeschwürartig auszubreiten scheinen. Ihre örtliche Variante heißt Pollo Campero. Die Kette betreibt zudem dank der vielen Auslandsguatemalteken inzwischen bereits 30 Filialen in den USA. Viele Restaurants und Cafés servieren Frühstück, und Cafeterias haben Snacks, kleine Mahlzeiten und ein billiges Mittagsmenü im Angebot. *Cantinas* haben nichts mit einer deutschen Kantine gemein: Außer Alkohol bekommt man hier höchstens Zigaretten und Knabberzeug. Viele kleine Stände und Imbissbuden beleben zur Mittagszeit und am frühen Abend das Bild der größeren Städte. Wer sparen möchte, kann sich dort mit kleinen Snacks billig satt essen.

Was essen?

Drei Stilrichtungen dominieren die einheimische Küche. Es gibt Gemeinsamkeiten, aber jede Variante hat ihre charakteristischen Merkmale.

Ladino-Küche

Die Ladino-Küche ist eine fleischlastige Mischung aus mexikanischen, europäischen und nordamerikanischen Einflüssen. Ein großes Stück gegrilltes Rindfleisch *(lomito)* mit Reis oder Pommes frites ist noch immer eines der beliebtesten Gerichte. Geschnetzeltes Rind- oder Hühnerfleisch nennt man *fajitas*, aber auch Schnitzel *(carne empanizada)* sind in Guatemala bekannt. Die vielen deutschen Einwanderer und deren Nachkommen sind sicherlich einer der Gründe für die gute Auswahl an Nahrungsmitteln aus Schweinefleisch, die als *chorizo* (würzige Paprikawurst), *salchicha* (eine Art Frankfurter), *jamón* (Schinken) oder einfach als Hot Dog gegessen werden. Tacos, Burritos und Enchiladas (Mais- oder Weizenmehltortillas mit unterschiedlichen Fleischfüllungen) sind mexikanische Anleihen, aber ebenso gern werden Hamburger und Grillhähnchen verzehrt.

An der Pazifikküste wird *ceviche* (roher Fisch oder Garnelen in einer würzigen Zwiebel-Limonen-Marinade) und gegrillter, frittierter oder gebratener Fisch gegessen. Für die Fisch- und Meeresfrüchtespezialitäten auf der Atlantikseite s. Garífuna-Küche.

Es gibt eine Unmenge von Kuchen, Torten und süßen Stückchen, von denen man vermuten könnte, dass sie in einen Zuckertopf gefallen sind. Probieren sollte man unbedingt Bananenbrot *(pan de banano)*. Europäisches Brot ist selten und nur in der Hauptstadt und Antigua zu bekommen. Weit verbreitet ist *pan francés*, ein Weißbrot aus Weizenmehl, das noch am gleichen Tag verzehrt werden sollte.

Essen und Trinken (Spanisch/Deutsch)

Ein kulinarisches Wörterbuch findet sich im Anhang auf S. 489.

Indígena-Küche

Die Hauptbestandteile dieser traditionell vegetarischen Küche sind Mais-Tortillas, schwarze Bohnen, Chilischoten und Kürbisse. Mais ist für die Nachfahren der Maya mehr als nur ein Nahrungsmittel (s. S. 296) und überdies vielseitiger, als er auf den ersten Blick erscheinen mag. Neben Tortillas (auf einem Blech gebackene dünne Maisfladen) lassen sich noch viele andere leckere Dinge aus Mais zubereiten. Hauptsächlich während der Fiestas und zu Weihnachten gibt es *tamales* (längliche Maisklöße mit Hühnchenfüllung, in Mais- oder andere Blätter gewickelt). Deren kleinere Geschwister nennen sich *chuchitos* (die Füllung kann aus schwarzen Bohnen, Kräutern, Tomaten oder etwas Chili bestehen). Sie sind auf langen Busfahrten als Zwischenmahlzeit beliebt. Fast das ganze Jahr über bekommt man an kleinen Ständen gegrillte oder gekochte Maiskolben *(elotes)*. Ein *atól*

(s. Getränke) besteht bei den Indígenas ebenfalls häufig aus Mais.

Schwarze Bohnen *(frijoles)* werden auf zwei unterschiedliche Arten serviert: *volteados* (püriert) oder *parados* (ganze Bohnen mit etwas Zwiebeln und Kräutern gekocht). Chilis sind ein unverzichtbarer Bestandteil der indianischen Küche. Die scharfen Schoten regen den Speichelfluss an und helfen auf diese Weise den Indígenas, Unmengen der etwas fade schmeckenden Tortillas zu vertilgen. Als *salsa picante* findet man Chilis zu jedem Essen auf dem Tisch. Achtung: Erst einmal vorsichtig probieren!

Kürbisse *(ayote* und *güicoy)* werden in verschiedenen Varianten oft als Mischkultur zusammen mit Mais und Bohnen angepflanzt. Sie werden überwiegend als Gemüse gegessen. Im Hochland liegen am Straßenrand oftmals Riesenkürbisse *(chilacayotes),* die Wassermelonen ähneln. Sie werden zu Süßspeisen und Getränken verarbeitet. Aber auch Avocados, Papayas und Tomaten sind Gemüse- und Obstsorten, die schon von den Vorfahren der heutigen Maya angebaut wurden.

Im ganzen Hochland bekommt man eine große Auswahl an Suppen und Eintöpfen *(caldos*), und am Atitlán-See genießt man einen kleinen, grätenreichen Süßwasserbarsch *(mojarra del lago).*

Garífuna-Küche

Die isoliert an der Karibikküste Guatemalas lebenden Garífuna (s. S. 419) besitzen eine eigene Küche, die afrikanische und karibische Kochkunst miteinander verbindet. Hauptelemente dabei sind Kochbananen, Maniok, Kokosnüsse und Meeresfrüchte. Kochbananen *(plátanos)* sind mittlerweile im ganzen Land beliebt. Nur noch selten wird das aufwendig herzustellende Maniok-Brot *(cassava)* gebacken, aber das Fruchtfleisch der Kokosnuss taucht als Bestandteil im Reis, dem berühmten Meeresfrüchte-Eintopf *(tapado)* und sogar im Brot auf.

Avocadoland

Nicht entgehen lassen sollte man sich das leckere Avocadopüree (Guacamole), mit Salz, Kräutern, Limettensaft und manchmal auch mit Zwiebeln, das in vielen Restaurants auf der Speisekarte steht.

Guten Kaffee trinken und helfen

Wer auch in Deutschland fair gehandelten guatemaltekischen Bio-Kaffee trinken und gleichzeitig indianische Kaffeebauern unterstützen möchte, sollte sich auf der Webseite 🖳 www.mocino.de umschauen.

Getränke

Warme Getränke

Obwohl in Guatemala **Kaffee** in großen Mengen angebaut wird, fragen sich viele, warum der einheimische Kaffee oftmals so schlecht ist. Die Antwort ist simpel: Die beste Qualität wird ins Ausland exportiert, minderwertige Ware ist für den heimischen Markt bestimmt. Gerade auf dem Land sollte man sich auf eine dünne, gezuckerte Brühe einstellen. In Großstädten und touristischen Gegenden hingegen gibt es inzwischen zahlreiche Cafés, in denen italienische Espressomaschinen und frisch geröstete und gemahlene Hochlandkaffees zusammengefunden haben.

Schwarzen **Tee** *(té negro)* bekommt man überall in Teebeuteln (wer in entlegene Gebiete reist, sollte vorsichtshalber ein paar mitnehmen). Der bei Cobán angebaute Té Chirepeco ist ein sehr aromatischer schwarzer Tee, nach dessen Genuss man ohne Probleme schlafen kann. Weit verbreitet sind außerdem Hibiskus- *(rosa de jamaica),* Kamillen- *(manzanilla)* und Lindenblütentee *(tilo),* die man oft sogar als frischen Aufguss bekommt. Sehr lecker ist der Pericón-Tee *(té de pericón),* der im Geschmack unserem Fencheltee ähnelt. Die Indígenas im Hochland kochen außerdem die verschiedensten Kräutertees.

Heiße **Schokolade** wird oft mit Wasser zubereitet. *Tascalate* nennt man ein Getränk aus Reis und Schokolade. Im Hochland bekommt man gelegentlich einen *atól,* ein heißes Getränk aus Mais oder Reis, mit Zucker und Zimt verfeinert.

Zur Weihnachtszeit trinken die Guatemalteken einen heißen *ponche de frutas* (Fruchtpunsch ohne Alkohol). Auf Maya-Festen bekommen die Besucher heiße Schokolade in Kürbisschalen serviert, die Rezepte variieren und schließen Kardamom, Vanille, Gewürznelke und Zimt ein.

Kalte Getränke

Wasser sollte auf keinen Fall aus der Leitung oder aus Flüssen getrunken werden. Auf Touristen eingestellte Restaurants und Kneipen benutzen zur Herstellung ihrer Getränke versiegeltes Wasser. Man bekommt es abgefüllt in Plastikflaschen *(agua pura)* oder als Mineralwasser *(agua mineral)*. Wer keine Eiswürfel *(hielo)* möchte, bestellt seine *Getränke „sin hielo"*. Reine **Fruchtsäfte** nennen sich *jugo*, mit Wasser oder Milch *(leche)* vermischt werden sie *licuados* genannt. Ein aus kaltem Tee oder Fruchtsirup hergestelltes Getränk heißt *refresco*. Eine *horchata* wird aus gesüßtem Reis gemacht, *pinol* aus geröstetem Maispulver und *agua de canela* aus gekochtem Zimt und Zucker.

Softdrinks haben in Guatemala auch den allerletzten Winkel des Landes erobert und werden allgemein als *aguas* bezeichnet. *Cola* heißt wörtlich übersetzt „Schwanz", daher sollte man besser eine *Coca* bestellen. Einige einheimische Produkte wie Orange Crush oder India Quiché sind grellbunt, sehr süß und schmecken nach purer Chemie. Wer unterwegs ist, bekommt seine Softdrinks zum Mitnehmen in der Plastiktüte mit Strohhalm.

Alkoholische Getränke

Bierbrauen hat in Guatemala eine mehr als hundertjährige Tradition. Deutsche Braumeister stellen hier einen sehr guten Gerstensaft her. **Bier** wird gerne und viel getrunken. Aus der Hauptstadt stammen die landesweit vertriebenen Sorten Gallo und Dorada. Brahva wird in Teculután produziert, aber ebenfalls landesweit vertrieben. In Quetzaltenango braut man die Biersorte Cabra, die man außerhalb dieser Region eher selten bekommt. Eine erfrischende Abwechslung ist das dunkle Moza, ein malzhaltiges Bockbier.

Früchtevielfalt, so weit das Auge reicht

Mit Monte Carlo gibt es inzwischen auch ein gutes Pils. Fassbier gibt es nur in wenigen Kneipen, und auch ausländische Marken sind selten auf der Getränkekarte zu finden. Bier gibt es in Pfandflaschen mit 0,33 l oder 1 l.

Liebhaber stärkerer Alkoholika sind in Guatemala gut versorgt. Das Haupterzeugnis sind Zuckerrohrschnaps und **Rum** *(ron)* in allen Variationen und Preisklassen. Das Vorzeigeprodukt ist der Zacapa Centenario (s. S. 438), ein langjährig gereifter Rum, der bereits mehrfach ausgezeichnet wurde und der sich bestens als Mitbringsel eignet. Gute Qualität in einer niedrigeren Preisklasse bietet der Ron Botran Añejo. Bei den meisten Feiern und in den Cantinas trinkt man die billigen Venado especial, Venado XL und Quetzalteca, Zuckerrohrschnäpse mit verheerender Wirkung. Noch stärker ist illegal gebrannter **Zuckerrohrschnaps** *(cusha)*, der vorwiegend in indianischen Gebieten hergestellt wird. Auf allen indianischen Festen spielt Zuckerrohrschnaps eine zentrale Rolle. In der Regel braucht man für guatemaltekischen **Wein** kein Geld auszugeben, da es sich hierbei nur um klebrig-süße, likörhaltige Getränke handelt. Angenehme Ausnahme ist der Wein des ersten guatemaltekischen Weinguts bei Antigua (s. S. 228). Ansonsten können Weinliebhaber in den Supermärkten oder Fachgeschäften auf importierte Weine aus Chile, Argentinien oder Kalifornien zurückgreifen.

In Salcajá bei Quetzaltenango wird **Eierlikör** *(rompopo)* und eine Art Rumtopf *(caldo de frutas)* hergestellt. **Cocktails** wie Margarita, Piña Colada oder Campari Orange bekommt man nur in den großen Touristenzentren.

Fair Reisen

Wer reist, der verschmutzt. Das fängt beim Flug an und hört bei der Nutzung lokaler Ressourcen auf, die Touristen meist in weit größerer Menge verbrauchen als die Einheimischen. Es ist beklemmend zu sehen, wenn in einem armen Land wie Guatemala riesige Wassermengen für die Bewässerung von Golfplätzen oder die Rasenflächen betuchter Ausländer und Guatemalteken verschwendet werden, gleichzeitig aber Familien aus armen Stadtvierteln für teures Geld mit brackigem Wasser aus Tanklastwagen versorgt werden. Touristen verbrauchen durchschnittlich mehr Strom und produzieren mehr CO_2 und Müll als die Einheimischen. Viele Lebensmittel, die Touristen im Ausland verbrauchen, müssen aufwendig und umweltschädlich importiert werden.

Ökologisch und fair – einige Tipps

Einrichtungen, die sich durch einen umweltfreundlichen und sozial verantwortlichen Tourismus auszeichnen, sind in diesem Buch mit einem Baum gekennzeichnet. Sie verwenden z. B. Solarenergie, verzichten auf Energiefresser, sind auf harmonische und verträgliche Weise in die soziale wie natürliche Umwelt integriert und stellen Besuchern Informationen für umweltverträgliches und sozial verantwortliches Verhalten bereit. Auch Unternehmen, die das touristische Gütesiegel Great Green Deal (s. S. 138) tragen, sind auf diese Art gekennzeichnet.

Natürlich hat der Tourismus auch gute Seiten. Er hat vielen Menschen einen Weg aus der Armut gezeigt, ihnen ermöglicht, einen Beruf zu ergreifen und sich weiterzubilden. Er stimuliert lokale Investitionen, verbindet Kulturen und trägt zur Gleichberechtigung der Geschlechter in Guatemala bei. Außerdem hat er vielerorts Naturreservate geschützt, die ohne Touristen den Kettensägen oder Baggern zum Opfer gefallen wären.

Als bewusst reisender Tourist kann man heutzutage vieles bewirken. Wer die Atmosphäre schonen möchte, kann beispielsweise für seinen Flug eine freiwillige CO_2-Klimasteuer bezahlen (s. Kasten S. 34). Wer wissen möchte, wie er vor Ort umweltfreundlich und sozial verantwortlich reisen kann, findet im Kapitel Umwelt und Naturschutz (s. S. 93) zahlreiche Anregungen. Darüber hinaus werden einige besonders empfehlenswerte Tourismusunternehmen und -initiativen wie das touristische Ökosiegel Great Green Deal (s. S. 138) in diesem Reiseführer vorgestellt.

Zudem bekommt man in vielen Orten Produkte von Kleinbauern, die ökologisch und/oder nach Kriterien des Fairen Handels erzeugt wurden. Infos im Reiseteil.

Feste und Feiertage

Eine der zahlreichen Fiestas mitzuerleben, ist sicherlich ein besonderes Erlebnis, das zu einer Guatemala-Reise ebenso gehört wie das Probieren von schwarzen Bohnen und Tortillas. Gelegenheit, einem Fest beizuwohnen, gibt es reichlich, vor allem in den Monaten November bis Januar, März/April sowie Juli/August. Die meisten Feierlichkeiten haben einen religiösen Hintergrund. **Das Heiligen- oder Patronatsfest** *(fiesta)* einer Stadt oder eines Dorfes wird mit einer Prozession des Schutzpatrons, viel Böllerei und Weihrauch gefeiert. Das Fest dauert in der Regel mehrere Tage und wird von der zuständigen Bruderschaft *(cofradía)* (s. S. 143) ausgerichtet. Schon Tage zuvor wird die Kirche gesäubert und geschmückt sowie der Dorfheilige neu eingekleidet. Im gesamten Zeitraum der mehrtägigen Fiesta gleicht das Dorfzentrum einer Kirmes mit Fahrgeräten, Essständen und Jahrmarktbuden aller Art. Ein fester Bestandteil vieler Patronatsfeste sind Musik, Feuerwerk und die Aufführung von traditionellen Maskentänzen (mehr dazu im Kapitel Kultur, S. 144).

Christliche Feste werden in Guatemala mit besonderer Inbrunst und Hingebung begangen, wobei die **Osterfeierlichkeiten** (Semana Santa) besonders herausragen. Fantastisch bunte Teppiche aus Blumen und Sägemehl werden auf den Boden gezaubert (um später von der Menge zu Staub zertrampelt zu werden). Vor allem die Kolonialstadt Antigua verwandelt sich zu Ostern für eine Woche in das landesweite Mekka der Gläubigen und Touristen. Wer etwas auf sich hält und finanziell dazu in der Lage ist, zahlt kräftig dafür, in einem lila oder schwarzen Büßergewand einen der riesengroßen Altäre durch die Straßen tragen zu dürfen. Wer die Prozessionen während der Osterwoche verpasst, kann sich mit den Feierlichkeiten während der Fastenzeit, den Feiern zu Fronleichnam und den Adventssonntagen trösten, die ähnlich, aber längst nicht so ausschweifend wie das Osterfest begangen werden.

Die katholisch-religiösen Osterfeierlichkeiten haben für die Indígenas eine besonders tiefe Bedeutung, da die Zeit in der Regel mit der beginnenden Aussaat des Mais, ihres Hauptnahrungsmittels, zusammentrifft. Überall im Hochland werden dann Fruchtbarkeitsriten abgehalten, mit der Bitte um gute Ernten und ausreichend Regen.

Die **Fiesta de la Cruz** am 3. Mai vermischt ebenso alte wie neue Glaubenselemente. Das Kreuz war den Maya schon lange vor der Ankunft der Spanier als Symbol der vier Himmelsrichtungen, der Winde und der Weltenachse bekannt.

Ein besonderes Ritual findet am 1. November zu **Allerheiligen** (Todos los Santos) statt: Die Menschen ziehen in großen Scharen auf die bunt geschmückten Friedhöfe. Ganze Großfamilien gedenken ihrer Toten, indem sie ihnen Geschenke und Essen darbringen. Die Stimmung ist fast immer heiter und ausgelassen. In Santiago Sacatepéquez und Sumpango steigen an diesem Tag riesige Papierdrachen zum Himmel auf, während in Todos Santos ein berühmtes Pferderennen stattfindet.

Die **Weihnachtszeit** (Navidad) beginnt am 7. Dezember mit der Teufelsverbrennung *(quema del diablo)*. Die Häuser werden geputzt und so symbolisch von allem Bösen befreit. Nach ernsten Apellen an die Bevölkerung ist die Menge alten Mülls, der bei dieser Gelegenheit verbrannt wird, stark zurückgegangen. Stattdessen werden Strohpuppen und Piñata-Teufel verbrannt. Ab dem 16. Dezember finden Posadas statt, bei denen Josef- und Maria-Figuren durch die Stadtviertel getragen werden und ein Dach über dem Kopf suchen. Bei vorher bestimmten Familien erhalten sie Einlass und eine kleine Stärkung. Hierbei wird der traditionelle Weihnachtspunsch ausgeschenkt, ein heißer Fruchtdrink, der gegen die Dezemberkälte hilft. Traditionell gibt es Heiligabend um Mitternacht ein großes Feuerwerk. Es besteht weniger aus bunten Raketen als aus lauten Knallkörpern. Die Feiern des Dreikönigsfests beenden in Guatemala offiziell die Weihnachtszeit. Während der Fiestas und an Markttagen trinken vor allem guatemaltekische Männer jede Menge Alkohol. An Schnapsleichen auf den Straßen sollten sich Besucher daher gewöhnen – und sich nicht wundern, selbst in entlegenen Gegenden eine Zweigstelle der Anonymen Alkoholiker vorzufinden. Rituelles Trinken ist oft nur der Einstieg zur Droge Alkohol, die in Guatemala zu einem tief greifenden sozialen Problem geworden ist.

Die wichtigsten Heiligenfeste und weitere kulturelle Aktivitäten

Datum, Ort, Heiliger/Aktivität

Januar
15.: Esquipulas, Christo Negro
15.: Flores, Christo Negro
25.: Rabinal, San Pablo Apóstol

Februar
Variabel, Mazatenango, Carnaval

März/April
Osterprozessionen im ganzen Land, besonders sehenswert in Antigua, Guatemala-Stadt und Santiago Atitlán
März variabel, Totonicapán, Folklorefestival mit traditionellen Tänzen

Mai
2.–5.: Jalapa, La Santa Cruz
8.–14.: Puerto Barrios, San Isidro Labrador

Juni
26.–30.: El Estor, San Pedro Apóstol
Feiern zu Fronleichnam im ganzen Land, z. B. in Patzún, Provinz Chimaltenango, mit Prozessionen und Blumenbögen

Juli
16.: Huehuetenango, Señora del Carmen
25.: Momostenango, Santiago Apóstol
25.: Santiago Atitlán, Santiago Apóstol
25.: Antigua, Santiago Apóstol

August
Variabel, Cobán, Anfang des Monats findet in Cobán das traditionelle Folklorefestival statt
15.: Nebaj, Virgen del Tránsito
15.: Sololá, Virgen de la Asunción
18.: Santa Cruz del Quiché, Santa Elena de la Cruz

September
15.: Unabhängigkeit von Spanien 1821 (Día de la Independencia), am Vorabend finden im ganzen Land Fackelläufe statt, dazu gibt es Paraden
29.: Totonicapán, San Miguel Arcángel

Oktober
4.: Panajachel, San Francisco de Asis
6.: Quetzaltenango, Virgen del Rosario

November
1.: Todos Santos Cuchumatán, Todos los Santos, Pferderennen
1.: Santiago Sacatepéquez und Sumpango, Todos Santos, Drachensteigenlassen

Dezember
8.: Escuintla, Virgen de Concepción
21.: Chichicastenango, Santo Tomás
24.–31.: Livingston, Niño Dios

Gesetzliche Feiertage in Guatemala

1. Januar
Neujahr (Año Nuevo)

Ostern
Osterwoche (Semana Santa); von Gründonnerstag und Karfreitag (Jueves y Viernes Santo) bis einschließlich Ostersonntag

1. Mai
Tag der Arbeit (Día del Trabajo)

30. Juni
Tag der Armee (Día del Ejercito)

15. August
Himmelfahrt (Nuestra Señora de la Asunción), nur in Guatemala-Stadt

15. September
Unabhängigkeit von Spanien im Jahr 1821 (Día de la Independencia)

20. Oktober
Tag der Revolution von 1944 (Día de la Revolución)

1. November
Allerheiligen (Día de Todos los Santos)

24. Dezember
Heiligabend, ab Mittag (Nochebuena)

25. Dezember
Weihnachten (Navidad)

Frauen unterwegs

Von Gleichberechtigung ist die guatemaltekische Gesellschaft noch sehr weit entfernt, und auch Ansätze feministischer Bewegungen – vornehmlich in der Hauptstadt – haben daran noch nicht viel ändern können.

Dennoch können Frauen in Guatemala sicherlich um einiges stressfreier reisen als z. B. in Mexiko. Gelegentliches Zurufen und Pfeifen sollte keine Frau aus der Ruhe bringen, im Gegenteil: Einheimische Frauen freuen sich darüber oder ignorieren es schlichtweg. Indessen spielt die Kleidung eine nicht unerhebliche Rolle, wenn es darum geht, sich Männer „vom Leib" zu halten. Aufreizende Kleidung kann leicht als Aufforderung zum Flirt interpretiert werden. Wer die Knie bedeckt hält und einen BH unter der Kleidung trägt, vermeidet viele unangenehme Situationen. In großen Touristenorten wie z. B. Antigua sind die Einheimischen hingegen an freizügigere Kleidung gewöhnt.

Mit spanischen Sprachkenntnissen lassen sich potenziell unangenehme Begegnungen weiter entschärfen, da ein Hinweis auf den Freund, Ehemann oder Bruder aufdringliche Männer zum Rückzug veranlasst. Auch ein paar klare Worte in der Landessprache, die deutlich machen, dass man in Ruhe gelassen werden möchte, verfehlen selten ihre Wirkung. So kann sich Frau verbal wehren: *Déjeme en paz!* (Lassen Sie mich in Frieden!), *vayase!* (Hauen Sie ab!), *no me moleste!* (Belästigen Sie mich nicht!), *no me toque!* (Fassen Sie mich nicht an!).

Die Ladino-dominierten Gebiete des Landes (im Osten und an der Pazifikküste) sind, was Belästigungen angeht, sehr strapaziös. Zurückhaltender sind hingegen die Indígena-Männer im Hochland Guatemalas. Meist ist es eher Neugier oder echtes Interesse als Anmache, sodass diese Region für allein reisende Frauen sicherlich besonders zu empfehlen ist.

Geld

In allen größeren Städten und auch zunehmend in kleineren Orten kann man Geld bequem an Geldautomaten abheben, die in aller Regel Visa, Mastercard und etwas seltener die ec-Karte akzeptieren. Zudem sollte man US-Dollar in bar und zur Sicherheit einige Reiseschecks (vorzugsweise American Express) dabeihaben. Euros tauschen ist außerhalb der Hauptstadt, Antigua und der Flughäfen in Guatemala-Stadt und Flores/Santa Elena so gut wie unmöglich – und falls doch, dann nur zu einem miserablen Kurs.

Landeswährung

Der guatemaltekische **Quetzal** (Q) ist nach dem Wappenvogel des Landes benannt worden. Jahrzehntelang war die Währung an den US-Dollar gekoppelt. Mit der Freigabe Anfang der 1980er-Jahre setzte eine langsame, aber stetige Entwertung ein. Der Umtauschkurs des Quetzals zum Euro hängt somit auch vom Dollar/Euro-Kurs ab. Unterteilt ist der Quetzal in 100 Centavos. Scheine gibt es in den Stückelungen 200 (seit 2010), 100, 50, 20, 10, 5, 1, Münzen mit einem Wert von 1 Quetzal sowie 50, 25, 10, 5 und 1 Centavo.

Bargeld

Trotz Diebstahl- und Verlustrisiko sollte man immer einen kleinen Bargeldbetrag sowohl in US$ als auch in Quetzales bei sich haben. Kleine Scheine der Landeswährung können besonders in ländlichen Gegenden hilfreich sein, da Wechselgeld knapp ist. Wenn möglich, keine stark abgegriffenen oder beschädigten Scheine (dies gilt besonders für US$) annehmen, da man sie schwer wieder loswird. Bei Banken muss man den Reisepass vorzeigen, wenn man Bargeld in Landeswährung tauscht.

Reiseschecks (Travellers Cheques)

In Guatemala akzeptieren viele Banken Reiseschecks in US$ von **American Express**. Reiseschecks von **Thomas Cook** werden hingegen seltener akzeptiert. Eine weitere Gebühr fällt dabei in der Regel nicht an. Wer Schecks tauscht, sollte seinen Reisepass griffbereit haben. Die zweite Unterschrifft **nur** in Gegenwart des Bankangestellten leisten, sie muss mit der ersten identisch sein! Außerdem empfiehlt es sich, Kaufquittung und Schecks getrennt voneinander aufzubewahren. Reiseschecks werden inzwischen immer mehr von Kreditkarten und Geldautomaten verdrängt und es gibt immer mehr Probleme beim Eintauschen. Bei Verlust kann man sich an folgende Stelle wenden: American Express, Clark Tours, 7. Av. 14-76, Zona 9, Plaza Clark, Guatemala-Stadt, ✆ 24124700, 💻 www.clarktours.com.gt.

Wechselkurse

1 €	= 10,96 Q	10 Q = 0,91 €
1 sFr	= 8,34 Q	10 Q = 1,20 sFr
1 US$	= 7,65 Q	10 Q = 1,30 US$

Aktuelle Wechselkurse unter 💻 www.oanda.com

Kreditkarten und Geldautomaten

Kreditkarten sind in Guatemala inzwischen weitverbreitet. Ebenso wächst das Netz der Geldautomaten *(cajeros automáticos)*, an denen man mit ihnen Geld abheben kann. Dennoch sollte man sich nicht ausschließlich auf seine Plastikkarte verlassen, denn kleine Geschäfte akzeptieren sie oft gar nicht oder nur gegen einen kräftigen Aufschlag.

Geldautomaten können defekt oder leer sein, und wenn der Magnetstreifen der Karte beschädigt ist, geht nichts mehr. Dennoch ist eine Kreditkarte überaus hilfreich. Alle Autovermietungen fordern sie als Sicherheit, und auch Privatkliniken nehmen Patienten oftmals nur gegen Vorlage einer Kreditkarte auf.

Die gängigsten Karten in Guatemala sind Visa und Master-/Eurocard. American Express und Diners Club werden deutlich seltener akzeptiert. **Bargeld** mit Kreditkarte bekommt man in vielen Banken (Visa: Banco Industrial, Banco del Occidente, Master-/Eurocard: BAM, Banco G&T).

Je nach Kreditkarte gibt es verschiedene Systeme (Master-/Eurocard: Pronto und Sistema 5B, Visa: Bancared und BI-Credit). Inzwischen akzeptieren viele Geldautomaten alle der gängigsten Karten. An 5B-Geldautomaten kann man allerdings nicht mit der ec-Karte abheben.

Wer seine Rechnungen mit Kreditkarte begleicht, zahlt zusätzlich 1 % des Rechnungsbetrags, außerdem erheben oftmals Tourismusunternehmen, bei denen man mit Karte zahlt, zusätzliche Gebühren von 5–10 %. Das Abheben von Bargeld mit Kreditkarte in einer Bank (4 %) oder am Automaten (3 %) ist bei Mastercard und Visa gleich teuer. Die Gebühr für das Abheben mit der **ec-Karte** liegt etwa bei 4–4,50 €.

Am Geldautomaten lassen sich meist nur geringe Beträge abheben (bis zu 200–300 €). Dafür kann meist mehrmals hintereinander abgehoben werden, wofür aber jedesmal Gebühren anfallen. Ein größerer Betrag lässt sich am Schalter in der Bank abheben (z. B. bei der Banco Industrial bis 1500 €). Hierzu den Reisepass mitbringen!

Karten sperren

Visa und **Master-/Eurocard**, **Maestro-Karte**:
Deutschland ✆ +49-116116;
💻 www.sperr-notruf.de;
Österreich ✆ +43-1-717014500 (Master-/Eurocard und Visa);
Schweiz ✆ +41-58-9588383.

In Guatemala kann man seine Kreditkarte (Visa, Mastercard oder American Express) über Credomatic, 7. Av. 6-26, Zona 9, Edificio El Roble, 1er Nivel, ✆ 23610909, sperren lassen („Quiero bloquear mi tarjeta de crédito").

Die **ec-/Maestro**-Karte:
Deutschland ✆ +49-1805-021021;
Österreich ✆ +43-1-2048800;
Schweiz ✆ +41-1-2712230.

American Express ✆ +49-69-97971000.

Banken

Banken findet man inzwischen auch in kleineren Städten Guatemalas. Zu den größten Banken gehören die Banco Industrial und die Banco G&T. Das größte Filialnetz auf dem Land besitzt Banrural.

Die Öffnungszeiten der Banken variieren erheblich. Während z. B. einige Banken Montag bis Freitag von 9–15.30 Uhr öffnen und samstags geschlossen haben, öffnen andere Banken Montag bis Freitag von 9–18 Uhr, manche auch bis 20 Uhr und Samstag vormittags bis 12 oder 13 Uhr. Alle Banken haben über Mittag geöffnet. Sonntags haben die Bankfilialen im Flughafen von Guatemala-Stadt geöffnet (Uhrzeiten s. S. 190).

Auch in Chichicastenango öffnen die Banken sonntags zu den Marktzeiten. In Guatemala, Quetzaltenango und Cobán findet man in Malls tgl. von 9–20 Uhr geöffnete Banken.

Sicheres Abheben

Da es wiederholt vorgekommen ist, dass Geldautomaten Geldbeträge abrechnen, aber nicht auszahlen, sollte man Geldautomaten immer zu den Öffnungszeiten der Bank nutzen. So kann man direkt in der Bank Bescheid geben, die man am besten um eine schriftliche Bestätigung des Vorfalls bittet. Zudem sollte man sich die Uhrzeit, das Datum und den Betrag der misslungenen Transaktion notieren und umgehend seine Bank in Deutschland von dem Vorfall unterrichten.
In der Regel wird das Geld recht schnell und unbürokratisch wieder dem Konto in Deutschland gutgeschrieben.

Geldwechsel

Geld wird in Guatemala fast ausschließlich in der Bank gewechselt. Wechselstuben sind unbekannt. Zur Monatsmitte und zum Monatsende, vor Feiertagen und langen Wochenenden bilden sich allerdings lange Schlangen vor den Banken, da einfache Arbeiter und Angestellte dann ihre Lohnschecks zu Bargeld machen.

Restaurants, Hotels sowie größere Geschäfte tauschen US-Dollars und auch schon mal Euros zu Kursen, die meist deutlich unter denen der Banken liegen.

Konten und Überweisungen

Wer sich längere Zeit im Land aufhält, kann bei einer einheimischen Bank ein Konto in US-Dollar oder Quetzales eröffnen. Dazu werden in aller Regel ein Referenzschreiben und eine Stromrechnung (als Nachweis des Wohnsitzes) benötigt.

Wer dringend Bargeld benötigt, kann sich dies zeitnah über Western Union oder Moneygram anweisen lassen. Infos zu den Stellen und den Gebühren auf den jeweiligen Webseiten.
Western Union, 💻 www.westernunion.de.
Moneygram, 💻 www.moneygram.de.

Gepäck-Check

Mit einem Sternchen* gekennzeichnete Gegenstände sind in Guatemala preiswerter zu erwerben.

Kleidung:

- ☐ **Feste Schuhe** mit gutem Profil (wer viel wandert, sollte knöchelhohe Schuhe bevorzugen)
- ☐ **Sandalen**
- ☐ **Gummisandalen*** (zum Duschen und am Strand)
- ☐ **Hose** bzw. **Röcke** aus Baumwolle, die angenehm sitzen
- ☐ **Kurze Hosen**
- ☐ **Hemden** oder **Blusen***
- ☐ **T-Shirts*/Polo-Shirts*** mit Kragen (zum Schnorcheln)
- ☐ (Wasserdichte) **Jacke** (für die An- und Abreise, kühle Nächte in den Bergen und Busse mit Klimaanlagen)
- ☐ **(Fleece-)Pullover** (für Bergtouren und Busse mit Klimaanlage)
- ☐ **Hut, Kappe*** (Sonnenschutz)
- ☐ **Socken** (für den Abend dichte, nicht allzu kurze Socken als Moskitoschutz, robuste Trekkingsocken für alle, die viel wandern)
- ☐ **Unterwäsche, BH** (Baumwolle)
- ☐ **Badehose, Badeanzug** (Bikini nur in touristischen Gebieten)

Hygiene und Pflege:

- ☐ **Zahnbürste, Zahnpasta** (in stabiler Tube)
- ☐ **Shampoo**
- ☐ **Nagelschere und -feile**
- ☐ **Rasierzeug** (in abgelegen Gebieten ist die Nassrasur zu bevorzugen)
- ☐ **Kosmetika** und **Hautpflegemittel**
- ☐ **Tampons** (in allen größeren Orten erhältlich)
- ☐ **Plastiktüten** (als Nässeschutz)
- ☐ **Kleine Baumwolltasche** (für schmutzige Wäsche oder zum Einkaufen)
- ☐ **Nähzeug**
- ☐ **Toilettenpapier** (vor allem auf dem Land)

Sonstiges:

- ☐ **Regenschirm*** (nur für Aufenthalte während der Regenzeit)
- ☐ **Adapter** (für Flachstecker, 110 V)
- ☐ **Ersatz- u. Sonnenbrille** (in unzerbrechlicher Box)
- ☐ **Reisewecker** (oder Uhr mit eingebautem Wecker)
- ☐ **Reiseapotheke**
- ☐ **Wasserflasche**
- ☐ **Kleine Taschenlampe**
- ☐ **Taschenmesser**
- ☐ **Notizbuch*** und **Stifte***
- ☐ **Adressbuch** und E-Mail-Adressen
- ☐ **Reisepass** (evtl. intern. Studentenausweis)
- ☐ **Impfpass**
- ☐ **Geld** (Bargeld, Reiseschecks, Abrechnung über Reiseschecks, Kreditkarte)
- ☐ **Flugtickets**
- ☐ **Kopien aller Dokumente** (Kopie des Reisepasses und Kopie des Einreisestempels)
- ☐ **Reiseführer**
- ☐ **Landkarte(n)**
- ☐ **Reiselektüre**
- ☐ **Fotoapparat** und evtl. -tasche
- ☐ **Kompass, Höhenmesser** (für Wanderer)
- ☐ **Fernglas**
- ☐ **Kleine Geschenke** (statt Bonbons Stifte, Postkarten, Münzen, Briefmarken von zu Hause … für weitere Anregungen sind wir dankbar)

Zusätzlich empfohlene Ausrüstung für einfache Unterkünfte:

- ☐ **Seife*** in bruchsicherer Dose
- ☐ **Dünnes Handtuch***, das schnell trocknet (in den meisten Hotels vorhanden)
- ☐ **Waschmittel***
- ☐ **Plastikbürste** (zum Reinigen von Wäsche und Schuhen)
- ☐ **Kordel** (als Wäscheleine)
- ☐ **Klebeband** (zum Packen, Löcherstopfen, um Pflaster zu befestigen etc.)
- ☐ **Vorhängeschloss*** u. kleine Schlösser fürs Gepäck*
- ☐ **Moskitonetze*** (für mückenreiche Gebiete, Baumwollnetze sind schwerer, aber stabiler als Plastiknetze)
- ☐ **Schlafsack** (für heiße Regionen dünner Leinenschlafsack)
- ☐ **Hängematte*** (für Dschungeltouren unerlässlich)

Gepäck

Bei einer längeren Aufenthaltsdauer, die Wanderungen mit Gepäck mit einschließt, empfiehlt sich ein Rucksack ohne Tragegestell plus Tagesrucksack. Wer das Land nur kurz besucht, kann auch mit einer leichten, kleinen Tasche reisen. Sehr praktisch sind Koffer-Rucksäcke, die einfach zu packen sind.

Bei fast allen Busfahrten liegt das Gepäck oben auf dem Bus und ist Wind, Wetter und dem rauen Umgang durch das Buspersonal ausgesetzt. Empfehlenswert ist daher ein **Rucksackschutz** in Form eines Seesacks oder einer stabilen Plastiktüte. Manche dieser Schutzhüllen sind zudem abschließbar, was zusätzlich vor Diebstahl schützt.

Den **Reisepass** und das **Flugticket** zu Hause einscannen und die Datei an die eigene E-Mail Adresse schicken – so hat man immer Zugriff auf die Kopie, falls ein Dokument abhanden kommt.

Wertsachen wie Geld, Pässe, Schecks und Flugtickets sollte man immer dicht am Körper aufbewahren. Ideal hierfür ist ein Hüftgurt aus Baumwolle, den man unauffällig unter Hosen und Kleidern tragen kann. Wichtig: Wertsachen zusätzlich durch eine Plastikhülle gegen Feuchtigkeit schützen!

Gepäckliste s. S. 48.

Gesundheit

Obwohl Guatemala zu den sogenannten Entwicklungsländern zählt, sind die Standards im Bereich Hygiene und Gesundheit vor allem in der Hauptstadt und in touristischen Gebieten relativ hoch. Ratsam ist, gesundheitliche Risiken zu minimieren und nur versiegeltes oder lang genug abgekochtes Wasser zu trinken, Obst zu schälen, auf rohe bzw. nicht ausreichend gekochte oder gebratene Speisen zu verzichten und sich vor Mückenstichen zu schützen. Zudem sollte man seinen gesunden Menschenverstand walten lassen und angetaute Eiscreme, Pommes im Uraltfett und übel riechende Speisen liegen lassen. Ein Restrisiko bleibt. Wer jedoch ständig darüber grübelt, was man sich alles einfangen kann, vermiest sich seinen Urlaub nicht unerheblich. Schließlich lernt man ein neues Land und dessen Kultur auch über die Geschmackssinne kennen. Weitere Infos zum Thema Gesundheit im Anhang S. 496, Reisemedizin zum Nachschlagen.

Impfungen

Zurzeit gibt es keine Impfvorschriften für Guatemala. Jeder Reisende sollte aber seine Impfungen gegen Tetanus (Wundstarrkrampf), Polio und Diphterie auffrischen. Empfohlen werden

Tropenmedizinische Institute

Deutschland
Berlin, Spandauer Damm 130, Haus 10, 14050, ☏ 030-301 166, 💻 www. charite.de/tropenmedizin
Dresden, Friedrichstr. 39, 01067, ☏ 0351-480 3800
Düsseldorf, Moorenstr. 5, 40225, ☏ 0211-811 7031
Hamburg, Bernhard-Nocht-Str. 74, 20359, ☏ 040-428 180, 💻 www.bni.uni-hamburg.de, www.gesundes-reisen.de
Heidelberg, Im Neuenheimer Feld 324, 69120, ☏ 06221-562 905, 💻 www.tropenmedizin-heidelberg.de
Leipzig, Philipp-Rosenthal-Str. 27, 04129, ☏ 0341-972 4971
München, Leopoldstr. 5, 80802, ☏ 089-2180 13500, 💻 www.fit-for-travel.de
Rostock, Ernst-Heydemann-Str. 6, 18057, ☏ 0381-494 7511, 💻 tropen.med.uni-rostock.de
Tübingen, Keplerstr. 15, 72074, ☏ 07071-298 2365, 💻 www.medizin.uni-tuebingen.de/tropenmedizin

Österreich
Wien, Zimmermanngasse 1a, 1090, ☏ 01-403 8343, 💻 www.reisemed.at.

Schweiz
Basel, Socinstr. 57, 4051, ☏ 061-284 8111, 💻 www.sti.ch.
Reiseberatung ☏ 0900-575 131 (2,69 sFr/Min.)

darüber hinaus Impfungen gegen Hepatitis A und Gelbfieber (wer aus einem Gelbfiebergebiet einreist, muss eine Impfung nachweisen).

Man sollte sich spätestens vier bis sechs Wochen vor Reiseantritt von den zuständigen Stellen (Tropeninstitute bzw. Fachärzte) beraten und ggf. impfen lassen (Impfpass auf die Reise mitnehmen!).

Medizinische Versorgung in Guatemala

Apotheken und Medikamente

Apotheken *(farmacias)* gibt es in Guatemala wie Sand am Meer. In entlegenen Gegenden ist die Auswahl an Medikamenten allerdings begrenzt. In der Hauptstadt haben manche Apotheken 24 Stunden geöffnet und bieten einen Lieferdienst frei Haus. Bei leichteren Gesundheitsproblemen sind sie die erste Anlaufstelle. Man sollte sich möglichst vom Besitzer oder Geschäftsführer bedienen lassen, da diese über besseres Fachwissen als die nicht selten unqualifizierten Angestellten verfügen. Die Chance, dass sie ein paar Brocken Englisch sprechen oder einen guten Arzt empfehlen können, ist ebenfalls deutlich höher.

Im Allgemeinen sind gängige Arzneimittel, wie z. B. Schmerztabletten, um einiges billiger als in Deutschland, wogegen selten verkaufte Mittel und auch Antibiotika recht teuer sein können. (Wer spezielle Medikamente benötigt, sollte diese in ausreichender Menge für seine Reise

Vorschlag für eine Reiseapotheke

Von allen regelmäßig benötigten Medikamenten sollte man einen ausreichenden Vorrat mitnehmen. Nicht zu empfehlen sind Zäpfchen oder andere hitzeempfindliche Medikamente.

Basisausstattung

- ☐ Verbandzeug (Besonders tropengeeignet: Sprühverband. Weniger ideal: Heftpflaster, Leukoplast, Blasenpflaster. Auch empfehlenswert: Mullbinden, elastische Binde, sterile Kompressen, Verbandpäckchen, Dreiecktuch, Pinzette)
- ☐ Alkoholtupfer
- ☐ Desinfektionsmittel (Betaisadona Lösung, Kodan Tinktur)
- ☐ Mückenschutz (für Kinder: Zanzarin)
- ☐ Sonnenschutz mit UVA- und UVB-Filter

Schmerzen und Fieber

- ☐ Fieberthermometer
- ☐ Paracetamol, Dolormin (keine acetylsalicylsäurehaltigen Medikamente)
- ☐ Buscopan (gegen krampfartige Schmerzen)

Magen- und Darmerkrankungen

- ☐ Jodoclorina (in Guatemala erhältlich) desinfiziert den Darminhalt wirkungsvoll (nicht rezeptpflichtig)
- ☐ Perenterol
- ☐ Imodium (bei Durchfall, nur im Notfall einnehmen)
- ☐ Elotrans (zur Rückführung von Mineralien)
- ☐ Talcid, Riopan (gegen Sodbrennen)

Hauterkrankungen

- ☐ Antibiotische Salbe für infizierte oder infektionsgefährdete Wunden (Nebacetin RP)
- ☐ Mittel gegen Juckreiz nach Insektenstichen und Allergien (Soventol Gel, Azaron Stift, Fenistil Tropfen, Teldane Tabletten)
- ☐ Cortison-Creme für starken Juckreiz oder stärkere Entzündung (Soventol Hydrocortison Creme, Ebenol Creme, Systralsalbe)
- ☐ Wund- & Heilsalbe (Bepanthen)
- ☐ Fungizid ratio, Canesten (bei Pilzinfektionen)
- ☐ Augentropfen bei Bindehautentzündungen (Berberil, Yxin)

Reisekrankheit

- ☐ Superpep Kaugummis, Vomex

Bitte bei den Medikamenten Gegenanzeigen und Wechselwirkungen beachten und sich vom Arzt oder Apotheker beraten lassen. (rezeptpflichtig in Deutschland).*

von zu Hause mitbringen.) Beim Kauf auf das Verfallsdatum und die Unversehrtheit der Packung achten und den Inhalt auf Vollständigkeit prüfen. Gute Apotheken machen dies allerdings von sich aus.

Ärzte und Krankenhäuser

Wenn möglich, sollte man sich bei einem Notfall in der Hauptstadt behandeln lassen. Hier gibt es ausgezeichnete Privatkliniken und viele in den USA ausgebildete Ärzte. Der Standard ist im privaten Bereich durchaus auf deutschem Niveau. Die deutsche Botschaft in **Guatemala-Stadt** verfügt über eine Ärzteliste. Auch in den Touristenzentren wie **Antigua**, **Panajachel**, **Flores** und in größeren Städten ist die medizinische Versorgungslage noch zufriedenstellend.

In entlegeneren Gebieten täuschen Provinzkrankenhäuser und Gesundheitsstationen *(puestos de salud)* über die prekäre Situation des Gesundheitswesens auf dem Lande hinweg. Oftmals fehlt es sogar an Verbandszeug oder Spritzen. Privatpraxen werden hier von z. T. dubiosen Quacksalbern geführt, denen der eigene Geldbeutel wichtiger als die Gesundheit ihrer Patienten ist. Zahnärzte auf dem Land sollte man nur in absoluten Notfällen aufsuchen, da sie außer Zähneziehen nicht allzu viel können. Bei Durchfall, Parasitenbefall, Malaria oder Entzündungen ist es ratsam, einheimische Ärzte aufzusuchen, da diese die lokalen Krankheiten am besten erkennen und heilen können.

Die Bezahlung erfolgt direkt. Man sollte sich eine Bestätigung mit genauer Auflistung der Leistungen geben lassen. Für einen Krankenhausaufenthalt in einer Privatklinik empfiehlt sich eine Kreditkarte, ohne die man möglicherweise nicht aufgenommen wird. Adressen von Ärzten und Kliniken finden sich im Reiseteil des jeweiligen Ortes.

Homosexualität

Guatemala ist sicher kein ideales Reiseziel für Homosexuelle: Vorurteile und schroffe Ablehnung prägen weiterhin das Bild in der Bevölkerung. Daher findet Homosexualität nur hinter verschlossenen Türen statt, ansonsten kommt es leider immer noch zu Repressalien seitens der Polizei. Homosexualität ist aber ab 18 Jahren nicht verboten.

In der Hauptstadt existiert eine kleine Schwulen- und Lesbenszene. Unter 💻 www.gayguatemala.com tauscht die Szene News auf Englisch und Spanisch aus.

Informationen

Fremdenverkehrsämter

Das guatemaltekische Tourismusinstitut **INGUAT** (Instituto Guatemalteco de Turismo) unterhält eine Zweigstelle in der Berliner Botschaft. Dort kann man Prospektmaterial, eine Hotelliste oder Informationen lokaler Reiseveranstalter anfordern.

Guatemaltekisches Fremdenverkehrsamt in Deutschland
Joachim-Karnatz-Allee 47, 10557 Berlin
📞 030-20058770, 📠 20058890
✉ guatemala-trade@t-online.de
Die Zentrale des INGUAT befindet sich in Guatemala-Stadt. Ableger gibt es darüber hinaus in allen größeren Touristenzentren (Antigua, Panajachel, Flores usw.).

INGUAT-Hauptstelle in Guatemala
7. Avenida 1-17, Centro Cívico, Zona 4
📞 24212800, ✉ info@inguat.gob.gt
💻 www.visitguatemala.com

Sonstige Organisationen

Auswärtiges Amt
Werderscher Markt 1, 10117 Berlin
📞 Bürgerservice 030/1817-2000
✉ buergerservice@auswaertiges-amt.de
💻 www.auswaertiges-amt.de
Länderinformationen und Sicherheitshinweise.

¡Fíjate!
Am Bahnhof 6, 78315 Radolfzell,
✉ fijate@web.de

14-tägig erscheinendes Nachrichtenheft zu Guatemala in deutscher Sprache, das vom Verein Solidarität mit Guatemala e.V. herausgegeben wird und per Abonnement (auch als E-Newsletter) zu beziehen ist. Unter 💻 www.guatemala.de/Fijate/Archiv/ hat man Zugriff auf alte Ausgaben des Fijate.

Informationsstelle Lateinamerika
Heerstr. 205, 53111 Bonn
📞 0228-658613, ✉ ila@ila-bonn.de,
💻 www.ila-bonn.de
Herausgeber der Zeitschrift *ila*, die 10x jährlich Berichte aus ganz Lateinamerika enthält.

GIGA Institut für Lateinamerika-Studien
Neuer Jungfernstieg 21, 20354 Hamburg
📞 040-42825-561
✉ ilas@giga-hamburg.de
💻 www.giga-hamburg.de/ilas
Dem German Institute for Global and Area Studies angeschlossene Einrichtung, die Analysen, Daten und Dokumentationen zu Lateinamerika bereitstellt.

GIZ GmbH
Deutsche Gesellschaft für Internationale Zusammenarbeit
Friedrich-Ebert-Allee 40, 53113 Bonn
📞 0228-4460-0, 💻 www.giz.de
Die GIZ ist die neue Dachorganisation der deutschen Entwicklungszusammenarbeit. Länderinformationen zu Guatemala finden sich unter 💻 http://liportal.inwent.org.
Die GIZ ist auch Herausgeberin der Zeitschrift *Entwicklung und Zusammenarbeit*,
💻 www.inwent.org/ez/index.de.shtml.

Lateinamerikanachrichten
Im Mehringhof, Gneisenaustr. 2a, 10961 Berlin
📞 030-6946100, ✉ redaktion@LN-Berlin.de
💻 www.lateinamerikanachrichten.de
Zeitschrift, die 12x jährlich erscheint. Im Internet kostenlose Suche im Archiv möglich (Suchbegriff: Guatemala).

Nachrichtenpool Lateinamerika e.V. (poonal)
Köpenicker Str. 187/188, 10997 Berlin
📞 030-78991361, ✉ poonal@npla.de
💻 www.npla.de/poonal
Poonal (Pool de Nuevas Agencias de América Latina) ist ein wöchentlicher Pressedienst lateinamerikanischer Presseagenturen. Jeden Dienstag veröffentlichen sie aktuelle Nachrichten und Hintergrundberichte aus Lateinamerika in deutscher Sprache.

Österreichisches Lateinamerika-Institut
Schlickgasse 1, 1090 Wien
📞 01-3107465, 📠 310746521
✉ office@lai.at, 💻 www.lai.at
Veröffentlicht Publikationen zu Lateinamerika und besitzt die einzige Dokumentationsstelle Österreichs, die auf Lateinamerika spezialisiert ist.

Informationsgruppe Lateinamerika (IGLA)
Währingerstr. 59, 1090 Wien
📞/📠 01-4034755
Die Gruppe will die soziale Wirklichkeit und politische Entwicklung Lateinamerikas der Öffentlichkeit verständlich machen.

Guatemala im Internet

Allgemeines

💻 www.inwent.org/v-ez/lis/gtm/index.htm
Sehr ausführliche, deutschsprachige Webseite von InWent mit vielen Infos und Links zu allem, was mit Guatemala zu tun hat.

💻 www.guatemala.de
Webauftritt der deutschsprachigen Guatemala Solidarität, Länderinfos, Kartenmaterial und eine ausführliche Linkliste.

💻 http://lanic.utexas.edu/la/ca/guatemala
Webseite des Latin American Network Information Center (LANIC) der Universität Texas, sehr umfangreiche Infos über Guatemala und Lateinamerika auf Englisch.

Fotos

💻 www.guate360.com
Webseite mit vielen guten Fotos und guten Links (spanisch).

Hotels

www.guatemalastory.com
Guter Überblick mit vielen Detailinfos über Hotels unterschiedlicher Preisklassen in den wichtigsten Orten.

Karten

www.larutamayaonline.com/guatemala/maps/
Verschiedene Übersichtskarten und Stadtpläne von Guatemala-Stadt, Antigua, Quetzaltenango und Totonicapán (englisch).
www.mapasdeguatemala.com
Touristengerecht aufbereitete Karten der wichtigsten Gegenden Guatemalas, die man sich herunterladen oder ausdrucken kann. Außerdem Links zu Tourismus in Guatemala.

Maya

www.mesoweb.com
Umfangreiche Informationen zu mesoamerikanischen Kulturen und gute Links auf Englisch.

Medien

www.zonalatina.com/Zlpapers.htm
Listet u. a. die Internetseiten guatemaltekischer Tageszeitungen, ansonsten auch im Kapitel Medien auf S. 56.
www.prensalibre.com
Empfehlenswert ist die Online-Version von *Prensa Libre,* wo per Suchfenster alle Artikel seit dem Jahr 2000 abrufbar sind (nur auf Spanisch).

Sprachschulen

www.guatemala365.com
Sehr guter und informativer Überblick über Guatemalas Sprachschulen.
www.larutamayaonline.com

Stefan Loose

www.stefan-loose.de
Portal der orangenen Travelhandbücher mit Globetrotter-Forum und Länder-Updates, die auch im PDF-Format gespeichert werden können.

Tourismus

www.guatemalastory.com
Einfach zu navigierende Reiseplanung.
www.visitguatemala.com
Die offizielle, etwas unübersichtliche Seite des guatemaltekischen Tourismusinstituts (INGUAT).

Wetter

www.wetteronline.de, www.wetter.de und www.wunderground.com

Landkarten

Die beste Übersichtskarte gibt International Travel Maps (Vancouver) heraus. Ihre Guatemalakarte hat den Maßstab 1:500 000 und ist unter der ISBN 1-55341-231-1 in Deutschland bestellbar. Sie ist auch in gut sortierten Buchhandlungen in Antigua oder in der Hauptstadt erhältlich.

Inzwischen veraltet ist die Mapa Turístico des guatemaltekischen Tourismusinstituts INGUAT im Maßstab 1:1 Mio. Auf der Rückseite der Karte befinden sich die Pläne wichtiger Städte und der Ruinenstätte Tikal. Die Karte bekommt man bei INGUAT, an den Postkartenständen vor der Hauptpost (Zona 1) in Guatemala-Stadt und in einigen Buchläden. Detailkarten in unterschiedlichen Maßstäben sind beim **Instituto Geográfico Nacional**, Av. Las Américas 5-76, Zona 13, 22488100, www.ign.gob.gt, in der Hauptstadt erhältlich, Mo–Fr 9–16.45 Uhr.

Unter www.mapasdeguatemala.com kann man sich touristengerecht aufbereitete Karten der wichtigsten Gegenden ausdrucken. Die Druckversion ist meist an Infostellen in den jeweiligen Gegenden erhältlich. **Mapas de Guatemala**, 1. Av. A 1-70, Zona 1, 22321850.

Eine sehr gute Option sind die Stadtpläne unter **www.google.com/mapmaker** (Guatemala im Suchfenster eingeben). Man kann Satellitenbilder hinzuschalten.

Internet

Internetcafés sind inzwischen weitverbreitet und die Tarife mit 0,50–1 € pro Std. moderat. In den besseren Läden kann man auch per Internet telefonieren oder seinen Laptop anschließen. Viele Sprachschulen, die online sind, bieten ihren Studenten einen Internetzugang an, oft kostenlos. In Touristenorten verfügen immer mehr Hotels, Restaurants und Cafés über kostenloses WLAN. Je weiter man sich von Guatemala-Stadt und Antigua entfernt, desto langsamer und teurer wird der Internetspaß. So kann z. B. dieselbe Stunde vor dem Computer, die in Antigua für Q5 zu haben ist, am Río Dulce Q20 kosten. Viele Internetcafés haben sich zu elektronischen Service-Centern entwickelt, in denen man auch CDs brennen und digitale Fotos herunterladen kann. In jedem besseren Foto- oder Handygeschäft kann man ein Funk-Modem von TIGO erstehen, das man per USB in den Laptop steckt. Abgerechnet wird über eine Prepaid-Karte pro Tag, Woche oder Monat. Funktioniert nicht landesweit, daher vor dem Kauf nach der aktuellen Reichweite erkundigen.

Jobben in Guatemala

Wer nicht von einer deutschen Firma oder Organisation mit einem Arbeitsvertrag nach Guatemala geschickt wird, bekommt nur schwer einen bezahlten Job. Aufgrund des niedrigen Lohnniveaus darf man an die Vergütung keine hohen Erwartungen stellen. Am ehesten bekommt man noch einen Job als Bedienung in einem Restaurant oder einer Kneipe, die von Ausländern frequentiert wird. Deutschunterricht zu geben, ist am ehesten in der Hauptstadt und Antigua möglich.

Am einfachsten findet man eine Stelle in der ehrenamtlichen Freiwilligenarbeit (s. S. 24). Die Chance, bei einer Entwicklungshilfeorganisation vor Ort arbeiten zu können, ist relativ gering.

Jobangebote enthält neben der Tageszeitung *Prensa Libre* gelegentlich die englischsprachige Zeitschrift *The Revue,* die in Antigua verlegt wird und monatlich erscheint. Gute Spanischkenntnisse sind für alle Tätigkeiten ein Muss.

Kinder

Eine Reise nach Guatemala mit Kindern kann zu einem sehr schönen Erlebnis werden, sofern man sich entsprechend vorbereitet und einige Einschränkungen in Kauf nimmt. Guatemala hat eine der höchsten Geburtenraten der Welt, und Kinder sind immer und überall zu sehen. Die Einheimischen sind Kindern gegenüber sehr tolerant eingestellt; sie werden so gut wie nie als störend empfunden. Oftmals kommt man durch die eigenen Kinder mit einheimischen Eltern ins Gespräch, und auch die Kinder finden leicht Kontakt.

Gepäck

Wer mit Kindern reist, hat beim Gepäck oft die Qual der Wahl. Flasche, Milchpulver, Windeln und Wäsche brauchen viel Platz. Eine solide Kindertrage mit Hüftgurt, die auf den Rücken geschnallt wird, ist einem Kinderwagen vorzuziehen. Babyflaschen und Milchpulver gibt es vor Ort, Babynahrung aus Gläsern und Wegwerfwindeln bekommt man dagegen nur in den großen Städten und Tourismuszentren. Reinigungsmittel wie z. B. die Flaschenbürste nimmt man am besten von zu Hause mit.

Kinderkleidung kann oft unterwegs gekauft werden (auf reine Baumwolle achten!). Eine gute Idee ist ein eigener kleiner Spielzeugrucksack, den die Kinder selber packen und tragen können. Außerdem kleine Bücher und Spiele, Walkman und Kassetten sowie ein paar Fotos von Daheimgebliebenen gegen Heimweh.

Nicht vergessen darf man den Reisepass, Impfbuch und SOS-Anhänger mit allen wichtigen Daten, Sonnenhut und Sonnencreme mit hohem Lichtschutzfaktor – und natürlich das allerliebste Kuscheltier (Tipp: reiseerprobte Kinder beugen vor, indem sie das zweitliebste mitnehmen).

Die Anreise mit dem Flugzeug

Der lange Flug und die Zeitverschiebung kann für die Familie zur ersten Belastungsprobe der Reise werden. Wenn man aber Wartezeiten auf den Flughäfen geschickt nutzt, kann man sich während des Fluges eine Menge Stress sparen. In den Wasch- bzw. Mutter/Kind-Ruheräumen können die Kinder gewaschen und umgezogen werden und ihre Zähne putzen. Kinder sind froh, wenn sie unter Aufsicht auf dem Flughafen herumrennen und sich austoben dürfen. Renommierte Fluggesellschaften behandeln Familien mit Säuglingen oder kleinen Kindern im Gegensatz zu Billiganbietern bevorzugt. Sie lassen Familien vor den übrigen Passagieren ein- und aussteigen, verteilen Kinderbettchen für Säuglinge und servieren Kinder-Menüs, bevor die übrigen Passagiere bedient werden. Auch mit Spielen und Bastelmaterial wird den Kleinen der lange Flug verkürzt. Eine möglichst frühzeitige Kontaktaufnahme mit dem Flugpersonal ist empfehlenswert. Im Fall einer Verspätung oder eines verpassten Anschlussflugs sollte man eine „Notausrüstung" mit Windeln, Babynahrung und Wäsche zum Wechseln mit sich führen.

Im Land

Nach der Ankunft benötigen Kinder genügend Zeit, um sich an die neue Umgebung zu gewöhnen. Dafür ist z. B. ein Besuch im Zoo oder im Museo del Niño, beide in Flughafennähe, geeignet. Wenn die Kinder nicht hitzeempfindlich sind, können sie alle Gegenden Guatemalas besuchen. Gut geeignete Orte für Familien mit Kindern sind **Antigua**, der **Atitlán-See**, der **Izabal-See** und **Atlantik-** bzw. **Pazifiküste**. Wichtig ist, die Kinder nach dem Baden ausgiebig zu duschen, Wunden sorgfältig zu desinfizieren und sie vor Mückenstichen zu bewahren.

Wer mit Kindern reist, muss nicht unbedingt in teuren Nobelherbergen absteigen. Viele Mittelklassehotels sind sauber, gepflegt und haben ausreichend große Zimmer. Gegen einen geringen Aufpreis wird ein zusätzliches Bett im Zimmer aufgestellt. Ein Zimmer im Erdgeschoss mit Zugang zum Innenhof ist sicherlich angenehmer als eines im zweiten Stock.

Guatemaltekisches Essen ist normalerweise nicht scharf und die Auswahl zumindest in den Touristenzentren ausreichend. Obst und Fruchtsäfte gibt es reichlich, und viele Restaurants bereiten den Kleinen auch gern etwas außerhalb der Speisekarte zu.

Sorgen wegen der Tischmanieren sind unbegründet, denn selbst Tischnachbarn ohne Kinder zeigen sehr viel Nachsicht. Wer nicht ständig im Restaurant essen gehen möchte, kann die Kleinen mit einem Picknick begeistern. Natürlich sollten sie auch zum Einkaufen mitgenommen werden. Bei Feierlichkeiten in größeren Städten gehen viele Guatemalteken mit ihren Kindern am frühen Abend auf die Straße und vergnügen sich an Imbissbuden und Fahrgeräten. Der Kontakt ist garantiert.

Größere Kneipen- oder Discotouren bleiben den Eltern allerdings verwehrt – es sei denn, sie finden einen vertrauenswürdigen Babysitter. Ideal wäre eine befreundete Familie mit Kindern. Selbstverständlich sollte sein, die Kinder so weit wie möglich ins Urlaubsgeschehen mit einzubeziehen. Das beginnt bei der Reiseplanung zu Hause und endet mit der Ausflugsplanung vor Ort.

Maße und Elektrizität

Maße und Gewichte

In Guatemala wird das metrische System verwendet. Einige spanische und nordamerikanische Maße sind aber weiterhin gebräuchlich.

Länge/Gewicht/Volumen/Fläche			
Länge	una pulgada	=	2,54 cm
	un pie	=	30,48 cm (Fuß)
	una vara	=	83,8 cm (Elle)
	una yarda	=	91,4 cm
	una legua	=	5,57 km
Gewicht	un gramo	=	1 g
	una onza	=	28,35 g
	una libra	=	453,6 g
	un quintal	=	45,36 kg
	una arroba	=	11,5 kg
Volumen	un vaso	=	0,25 l
	un litro	=	1 l
	un galón	=	3,785 l
Fläche	una vara	=	ca. 0,7 m2
	una caballería	=	45,12 ha
	una cuerda	=	ca. 716 m2
	una manzana	=	0,74 ha

Elektrizität

Die Stromspannung beträgt wie in den USA 110 Volt. Mitgebrachte elektrische Geräte benötigen zweipolige Flachstecker und einen Adapter. Nur große Hotels sind mit 220 Volt ausgestattet. Stromausfälle sind vor allem auf dem Land keine Seltenheit in Guatemala. Dort und in sehr entlegenen Gegenden sollte man abends daher immer eine kleine Taschenlampe mitnehmen.

Medien

Durch die Verbesserungen der ländlichen Infrastruktur sind die Medien selbst in entlegene Bergregionen vorgedrungen. Nachdem Sendemasten errichtet wurden, verbreiteten sich Fernsehen und Radio schnell auf dem Lande, wogegen Printmedien vorwiegend in der Hauptstadt, in Provinzhauptstädten und touristischen Gegenden verkauft werden. Nimmt man die allgemeinen Statistiken als Anhaltspunkt, ist die mediale Versorgung der Bevölkerung dennoch weiterhin unzureichend: Zur Jahrtausendwende besaß lediglich jeder zehnte Einwohner einen Fernseher, rund jeder achte ein Radio. Zeitungen werden von weniger als 5 % aller Guatemalteken gelesen und nur 15–20 % aller Guatemalteken nutzen das Internet. Das Stadt-Land-Gefälle in Bezug auf die Verfügbarkeit aller Medien ist beträchtlich.

Presse

Von Pressefreiheit kann in Guatemala auch nach Beendigung des Bürgerkrieges keine Rede sein. Journalisten werden weiterhin bedroht und in ihrer Arbeit behindert. Dennoch sind die Printmedien kritischer und mutiger geworden. Wer sich aber umfassend über das Tagesgeschehen informieren möchte, sollte weitere Quellen, wie z. B. das Internet, hinzuziehen.

Die wichtigste **Tageszeitung** bleibt unangefochten *Prensa Libre,* 13. C. 9-31, Zona 1, ✆ 22305096, 💻 www.prensalibre.com, mit einer Tagesauflage von rund 120 000 Exemplaren. Das täglich erscheinende Blatt *Nuestro Diario,* 15. Av. 24-27, Zona 13, ✆ 23791650, erreicht zwar eine höhere Auflage, ist aber deutlich dünner und enthält überwiegend Klatsch- und Sensationsgeschichten.

Von den kleineren Tageszeitungen wie *Al Día, Siglo Veintiuno,* 💻 www.sigloxxi.com, oder *La Hora,* 💻 www.lahora.com.gt, hebt sich lediglich *El Periódico,* 15. Av. 24-51, Zona 13, ✆ 23854473, mit tiefer gehenden Berichten und informativen Reportagen ab.

Alle Webadressen der guatemaltekischen Tageszeitungen findet man unter 💻 www.zonalatina.com.

Einen Überblick über das Geschehen in Zentralamerika und dem Rest des Kontinents verschafft in spanischer Sprache die **Wochenzeitung** *Tiempos del Mundo,* 💻 www.tdm.com. In der Hauptstadt und allen Touristenzentren liegt die in englischer Sprache erscheinende Zeitschrift *Revue,* 💻 www.revuemag.com, aus. Das kostenlose Heft enthält neben kommerziellen und privaten Anzeigen auf Touristen zugeschnittene Beiträge und Veranstaltungshinweise. Inzwischen ist auch *Qué pasa* in Touristenzentren kostenlos erhältlich, 💻 www.grupoquepasa.com. Die alle zwei Monate erscheindende Zeitschrift enthält gute Stadtpläne.

Fernsehen

Vier Kanäle des guatemaltekischen Fernsehens werden vom mexikanischen Medienmogul Angel González über guatemaltekische Mittelsmänner beherrscht. Mit der gesteuerten Vergabe von Redezeit für Kandidaten nimmt er starken Einfluss auf den Ausgang von Präsidentschaftswahlen. Kanal 39 (Guatevision) gehört der Tageszeitung *Prensa Libre*, und auch Kanal 29 (Canal Antigua) ist rein guatemaltekisch.

Gewöhnungsbedürftig sind die gelegentlichen staatlichen Eingriffe in den Fernsehbetrieb. Bei offiziellen Ansprachen und wichtigen Ereignissen wird das laufende Programm auf allen Kanälen unterbrochen. Wohl dem, der dann Kabelprogramme hat und unter mehreren Dutzend Kanälen, darunter **Deutsche Welle-TV**, wählen kann.

Radio

Mehrere hundert Radiosender teilen sich auf Ultrakurz- und Mittelwelle die knapp gewordenen Frequenzen. Der Informationsgehalt ist bei allen ziemlich dürftig; Musik und Werbung überwiegen. Die **Deutsche Welle** (DW-Radio) sendet für Mittelamerika und die Karibik von 0–2 Uhr auf 9545 und 9655 kHz, von 10–12 Uhr auf 5905 kHz und von 22–23.55 Uhr auf 11865 kHz (Mo–Fr). Weitere Informationen unter 💻 www.dwelle.de.

Öffnungszeiten

Es gibt keine offiziellen Ladenschlusszeiten. Die meisten Geschäfte öffnen Mo–Fr von 9–19 und Sa von 9–13 Uhr. Einige Läden schließen über Mittag. Supermärkte in Guatemala-Stadt und Antigua sowie die meisten Geschäfte in Tourismuszentren haben auch sonntags geöffnet. Banken öffnen Mo–Fr von 9–18, einige sogar bis 20, Sa von 9–12 oder 13 Uhr. Die Post ist Mo–Fr von 8.30–17.30 Uhr geöffnet. Behördengänge sollten so früh am Tag wie möglich erledigt werden. Beamte trifft man Mo–Fr von 8–16 Uhr an. Viele Museen haben montags geschlossen.

Post

Seit die guatemaltekische Post, 💻 www.elcorreo.com.gt, privatisiert wurde, ist sie viel zuverlässiger geworden. **Briefe und Postkarten** nach Europa brauchen durchschnittlich 10–14 Tage und kosten zurzeit Q8 (bis 20 g), Einschreiben plus Q11. Auch wenn sie heutzutage stets im Flugzeug befördert werden, sollte man der Sendung den Vermerk *correo aéreo* (Luftpost) hinzufügen.

Auf keinen Fall sollte man Bargeld, Schecks oder Dokumente per Post schicken oder sich schicken lassen. Wertvolles sendet man besser mit einem privaten Kurierdienst (z. B. DHL).

Briefe und Postkarten sollten immer auf der Post eingeworfen werden und nicht in einen der ohnehin raren Briefkästen.

In vielen Hotels nimmt die Rezeption Post an, wobei ein Restrisiko bleibt.

Post nach Guatemala, die an ein Postamt geschickt wird, muss den Vermerk *lista de correos* tragen. An den Umgang mit postlagernden Sendungen ist man in touristischen Orten wie Panajachel oder Antigua gewöhnt. Dort kann man eine täglich erneuerte Liste einsehen. Da beim Sortieren der Post Fehler unterlaufen können, sollte man unter dem Anfangsbuchstaben des Vor- und des Nachnamens nachschauen. In der Regel wird die Post drei Monate aufbewahrt.

Eine weiter Möglichkeit, postlagernde Sendungen (nur Briefe) zu empfangen, bietet die Deutsche Botschaft an (Adresse S. 36).

Wer viel eingekauft hat, kann einiges per **Päckchen oder Paket** nach Europa vorausschicken. Obwohl die **privaten Kurierdienste** etwas teurer sind als die Post, ist die Abwicklung bei ihnen schneller und weniger kompliziert. Da bei der Post der Inhalt jedes Pakets überprüft und das Paket dann erst geschlossen und versiegelt wird, sollte man Pakete offen mit zur Poststelle nehmen. Die Preise für Luftfracht sind deutlich höher als der Versand auf dem Seeweg. Die Posttarife für bis zu 500 g liegen bei Q150, bis zu 1 kg bei Q180, per Einschreiben plus Q11.

Reisende mit Behinderungen

Guatemala ist als Reiseziel für Behinderte (vor allem Rollstuhlfahrer) derzeit nur bedingt zu empfehlen, obwohl das soziale Bewusstsein gegenüber behinderten Menschen wächst. Aufgrund von Geldmangel können aber viele praktische Hilfsmaßnahmen nicht realisiert werden. Obwohl die Guatemalteken sehr hilfsbereit sind, darf man sich nicht darauf verlassen, jederzeit Unterstützung zu finden. Unbedingt anzuraten ist die Begleitung durch einen Nichtbehinderten.

Die **Nationale Koordinationsstelle Tourismus für Alle** (NatKo), Fleher Str. 317 a, 40223 Düsseldorf, 💻 www.natko.de, der acht deutsche Behindertenverbände angehören, berät Anbieter bei der Verwirklichung behindertengerechter

Unterkünfte, Programme usw. und nennt Behinderten hilfreiche Adressen für die Reiseplanung, die sich auch in einer von der NatKo herausgegebenen Broschüre finden. Dem Verband gehören u. a. die folgenden beiden Vereine an:

Bundesarbeitsgemeinschaft Hilfe für Behinderte e. V.
Kirchfeldstr. 149
40215 Düsseldorf
✆ 0211-310060, 💻 www.bag-selbsthilfe.de

Bundesverband Selbsthilfe Körperbehinderter e. V.
Altkrautheimer Str. 20
74238 Krautheim
✆ 06294-42810, 💻 www.bsk-ev.org

Sicherheit

Wie in vergleichbaren Ländern der sogenannten Dritten Welt wächst auch in Guatemala die Kriminalitätsrate. Die Ursachen hierfür sind u. a. in der Armut, der Gewaltbereitschaft als Altlast des Bürgerkriegs und dem korrupten, von verschiedenen Interessengruppen eingeschüchterten Justizapparat zu suchen. Wer jedoch einige grundlegende Sicherheitsregeln beachtet und wachsam durch das Land reist, wird kaum Probleme bekommen. 99 % aller Touristen reisen sicher und unbehelligt durch Guatemala.

Ratsam ist, möglichst nicht nachts zu reisen, entlegene Gebiete nicht alleine aufzusuchen und sich vor Ort über die aktuellen Gegebenheiten zu informieren.

Sicherheitshinweise Auswärtiges Amt

Auswärtiges Amt
💻 www.auswaertiges-amt.de, s. unter Reise- und Sicherheitshinweise

Eidgenössisches Department für auswärtige Angelegenheiten
💻 www.eda.admin.ch/eda/de/home/reps/zameri/vgtm/rhgua.html

Österreichisches Außenministerium
💻 www.bmeia.gv.at, Auswahl Land: Guatemala; Auswahl Thema: Reiseinformation

Wer sich länger im Land aufhält, sollte sich bei seiner Botschaft registrieren lassen.

Diebstahl und Überfälle

Echten Schmuck und ähnlich wertvolle Dinge lässt man am besten zu Hause. Auf Geld, Reisepass und Flugticket ist ein besonderes Augenmerk zu richten. Sie lassen sich in einem Bauchgurt verstauen, der unter der Kleidung getragen wird (Kopien getrennt aufbewahren!).

Die meisten Delikte werden in Guatemala-Stadt begangen. **Diebstahl** ist ein Problem in der Zona 1 (vor allem in der Umgebung des Parque Central und der 18. Calle) und der Zona 4 (La Terminal) der Hauptstadt. Oft sind es mehrere Täter, die ihr Opfer geschickt mit einfallsreichen Tricks ablenken (beliebt ist das vermeintlich unbeabsichtigte Bekleckern des Opfers mit Ketchup oder Ähnlichem).

In den Stadtbussen sollte man besonders während der Rushhour seinen Tagesrucksack nach vorne nehmen und keine Wertsachen in den Hosentaschen aufbewahren. Dies gilt ebenso für Menschenansammlungen und Märkte. Ganz vermeiden sollte man den Besuch von Slums *(barrios marginados)*. Wertsachen liegen am sichersten im Hotelsafe (Bargeld zählen und sich den Betrag quittieren lassen!).

Wer mit einem Pkw unterwegs ist, sollte sich immer einen bewachten Parkplatz suchen und keine Wertgegenstände im Auto liegen lassen. Gepäck wird auf den Überlandbussen meist auf dem Dach transportiert, wo es sehr sicher ist. In einfachen Unterkünften machen sich kleine Vorhängeschlösser für Gepäck und Zimmertür bezahlt.

Bewaffnete **Überfälle** auf Touristen sind selten, können aber nicht ausgeschlossen werden. Auf keinen Fall versuchen, den Helden zu spielen, sondern den Forderungen der Täter nachkommen, um Schlimmeres zu vermeiden. Wer bestohlen oder überfallen wird, sollte dies der Polizei melden, da viele Versicherungen u. a. einen Polizeibericht fordern, bevor sie den Schaden ersetzen. Dies kann ein zeitraubender Prozess sein, besonders bei sprachlichen Verständigungsschwierigkeiten.

Immer weiterhelfen kann das sehr freundliche Personal der **Touristenpolizei** in Antigua, das Englisch spricht und unter der Rufnummer ✆ 55552918 (ASISTUR) zu erreichen ist. Weitere Infonummern des guatemaltekischen Tourismusinstituts INGUAT sind ✆ 1500 oder 24212810.

Drogen

Bei Drogen verstehen Polizei und Behörden absolut keinen Spaß. Selbst wer kleine Mengen vergleichsweise harmloser Substanzen bei sich hat, setzt sich dem Risiko aus, mit guatemaltekischen Gefängnissen Bekanntschaft zu schließen. Guatemala hat sich in den letzten Jahren zu einer internationalen Drehscheibe des Drogenhandels entwickelt, und die Gesetze sind dementsprechend hart. Wer in solchen Fällen auf die Hilfe der deutschen Botschaft setzt, hofft vergebens. In der Regel vermittelt sie allenfalls einen deutschsprachigen Anwalt. Auf keinen Fall sollte man Fremden einen Gefallen tun und für sie Umschläge oder kleine Päckchen über die Grenze mitnehmen. Enthalten sie Drogen, kann dies das rasche Ende des Urlaubs bedeuten.

Umgang mit der Polizei

Jeder noch so einfache Landpolizist ist stolz auf seine Uniform und erwartet Respekt. Diesen sollte man ihm daher auch unbedingt erweisen und stets höflich bleiben, auch wenn er seinen Dienst gelegentlich mit Übereifer versehen sollte. Ärger erspart sich, wer stets den Reisepass oder eine Kopie bei sich trägt, um sich jederzeit ausweisen zu können. Das Gleiche gilt für Wagenpapiere und Führerschein.

Wenn die Dokumente in Ordnung sind, bietet man den Gesetzeshütern bei einer Kontrolle kaum die Möglichkeit, eine *mordida* („Biss" = Schmiergeld, Bestechung) zu „erwirtschaften". In einigen Fällen werden die chronisch unterbezahlten Polizisten dennoch versuchen, ihr schmales Einkommen mit einer angeblich von Ausländern begangenen Rechtswidrigkeit (meist im Straßenverkehr) aufzubessern. In diesen Fällen sollte man sich nicht einschüchtern lassen und die Zahlung verweigern.

Wer Sprachkenntnisse mitbringt, hat hier natürlich einen erheblichen Vorteil.

Die gefährlichsten Gegenden

Guatemala-Stadt: Zona 1, Zona 4, Vorort Villa Nueva (Diebstahl- und Überfallgefahr); soweit möglich Stadtbusse meiden.
Parque Naciónes Unidas (Nähe Amatitlán): Überfallgefahr, im Dunkeln ganz meiden.
Vulkan Pacaya: Kaum noch Überfallgefahr, dennoch Wertsachen im Hotel lassen.
Antigua: Cerro de la Cruz, nicht alleine in Außenbezirken herumspazieren und schlecht beleuchtete Gegenden meiden. Nach Mitternacht nicht alleine nach Hause gehen. Erhöhte Diebstahlgefahr in den Bussen Richtung Hauptstadt und Chimaltenango.
Vulkan Agua: Erhöhte Überfallgefahr, bis auf Weiteres meiden und auf Vulkan Acatenango ausweichen.
Atitlán-See: Wanderungen vorzugsweise mit Guide unternehmen.
Vulkan Atitlán: Nur mit Guide gehen.
Chichicastenango und San Francisco el Alto (Märkte): Diebstahlgefahr.
Vulkan Santa Maria: Geringe Überfallgefahr; mit Guide und Gruppe gehen.

Sport und Aktivitäten

Baden

Der Sand an der gesamten **Pazifikküste** Guatemalas ist vulkanischen Ursprungs und daher dunkel. Beim Schwimmen ist aufgrund der hohen Wellen und insbesondere der starken Strömung höchste Vorsicht geboten. Viele Badeorte sind an Wochenenden und besonders zu Ostern überfüllt. Der von ausländische Touristen am meisten besuchte Badeort ist **Monterrico**.

Wesentlich ruhiger geht es auf der **Karibikseite** zu. Westlich von Livingston und an der Punta Manabique findet man einige brauchbare

Sandstrände. Von Livingston gelangt man mit Charterbooten in rund zwei Bootsstunden zu den **Cayos von Belize**. Die kleinen Tropeneilande bestehen nur aus Palmen und weißem Sandstrand.

Im Hochland findet man am **Atitlán-See** außerhalb von Ortschaften genügend Badegelegenheiten. Im gesamten Hochland, aber besonders in der Gegend um **Quetzaltenango**, befinden sich zahlreiche heiße Quellen. Die bekanntesten sind die **Fuentes Georginas**.

Die Provinzen Alta Verapaz und Izabal sind Badeparadiese. Die **Laguna Lachuá** in der Nähe von Playa Grande ist ein unvergessliches Erlebnis. Ein Bad in den Naturpools von **Semuc Champey** sollte auf einer Guatemala-Reise ebenso wenig fehlen wie ein Sprung in den **Izabal-See**. Auch in der Gegend um **El Estor** gibt es zahlreiche saubere Flüsse. Wer im **Petén Itzá-See** schwimmen möchte, sollte sich eine ruhige Stelle an der Nordostseite suchen. In der sauberen **Laguna Yaxhá** tummelt sich noch das eine oder andere Krokodil. Ganz Mutige gehen dort trotzdem baden. Wer an der Grenze zu Belize in der Hitze warten muss, sollte die Gelegenheit wahrnehmen, sich im **Río Mopán** etwas abzukühlen. Weitere Infos im Reiseteil.

Canopy-Touren

Sich wie Tarzan in großer Höhe an einem Drahtseil von Baumkrone zu Baumkrone zu schwingen, wird auch in Guatemala immer beliebter. Leider rückt die ursprüngliche Absicht der Fortbewegung in den Baumkronen zur Beobachtung der dort vorkommenden Fauna und Flora völlig in den Hintergrund zugunsten einer adrenalinintensiven Actiontour. Inzwischen ist es bei einigen Veranstaltern zu Unfällen gekommen, da die Anlagen oftmals nur ungenügend gewartet werden und es so etwas wie einen technischen TÜV nicht gibt.

Canopy-Touren werden unter anderem in **Antigua**, am **Atitlán-See**, am **Río Dulce**, bei **Retalhuleu**, in **Copán** (Honduras) und in der Nähe von **Flores** im Petén veranstaltet. Weitere Infos im Reiseteil.

Höhlenwandern

Vor allem in den Provinzen **Petén** und **Alta Verapaz** kann man zahlreiche Höhlen besichtigen. Die interessantesten sind im Péten **die Grutas de Actun Can** (bei Flores) und die **Cuevas de**

Viele Flüsse in Guatemala bieten ausgezeichnete Voraussetzungen für Wildwasserfahrten.

Poptún (Finca Ixobel, Poptún), **Naj Tunich** (mit Felszeichnungen, Poptún) sowie in Alta Verapaz die **Grutas de Candelaria** (bei Raxrujá), **Grutas de Lanquín** (Lanquín), **Grutas B'ombìl Pek** (Nähe Chisec), **Grutas de Can-Ba** (Semuc Champey), **Grutas Rey Marcos** (San Juan Chamelco, Cobán) und die **Cueva Chicoy** (KM 169, Straße Guatemala – Cobán). Weitere Infos im Reiseteil.

Kaffee-Touren

In Guatemala wird einer der weltbesten Kaffees produziert. Doch über den langen Weg, den die Kaffeekirsche nimmt, bis sie als Bohne in der Tasse landet, wissen die meisten Besucher nur sehr wenig. Inzwischen kann man Kaffeefarmen, Kaffeemuseen und Kooperativen von Kleinbauern besichtigen und sogar bei der Ernte helfen.

Angeboten werden solche Touren unter anderem in der Umgebung von **Antigua**, am **Atitlán-See**, in **Cobán**, in **Quetzaltenango** und in der Nähe von **Retalhuleu**. Kaffeeplantagen sind auch bei Vogelbeobachtern aufgrund der hohen Artendichte beliebt. Weitere Infos finden sich im Reiseteil.

Kajak

Die besten Regionen für Kajaktouren sind die Provinz Alta Verapaz (Río Lanquín, Río Cahabón; beste Zeit Juni–Dez, Klasse 3–4) und die Pazifikküste (folgende Flüsse: Cabuz, Naranjo, Ocosito, Nahualate, Coyolate, María Linda und Esclavos; beste Zeit Juni–Okt, Klasse 4–5). Kajaktouren lassen sich über die Raftingveranstalter (s. Rafting) organisieren.

Kajaks können auch am **Atitlán-See**, am **Río Dulce** und in **Flores** gemietet werden. Organisierte Touren am Atitlán-See unter 💻 www.kayakguatemala.com; Touren am Río Dulce oder in Monterrico unter 💻 www.adventureguatemala.com.

Gute Informationen bekommen erfahrene Kajaker (keine Anfänger!) bei Greg Schwendinger, ✉ gregschwendinger@yahoo.com.

Die besten Flüsse zum Raften

Fluss	Lage	Saison	Grad*
Coyolate	Pazifik	Juni/Nov	II–III
Motagua	Izabal	Juli/Okt	II–III
Naranjo	Pazifik	Juni/Nov	III+
Esclavos	Pazifik	Juli/Okt	III–IV
Cahabón	Alta Verapaz	ganzjährig	III–IV

*Grad = Schwierigkeitsgrad

Mountainbiken

Das guatemaltekische Hochland bietet auch anspruchsvollsten Mountainbikern lohnenswerte Routen, vor allem um **Antigua** und den **Atitlán-See**. Wie beim Wandern ist es auch hier sinnvoll in Begleitung zu fahren. In Antigua bieten verschiedene Veranstalter organisierte Mountainbiketouren mit guten Rädern an, s. S. 221.

Paragliding und Windsurfen

Beides wird am **Atitlán-See** angeboten. Adressen s. S. 256.

Rafting

Die vielen Flüsse des Landes bieten ideale Voraussetzungen für diesen nicht ganz billigen Wassersport. Bis auf eine Ausnahme beschränken sich die Rafting-Touren auf die Regenzeit. Während der Trockenzeit ist der Wasserpegel oftmals zu niedrig. Die bekanntesten Anbieter sind 💻 www.mayaexpeditions.com und 💻 www.guatemalarafting.com. Adressen im Serviceteil Guatemala-Stadt, S. 185.

Reiten

Reiten ist als Sport in Guatemala nur den Allerreichsten vorbehalten. Ein paar Anbieter haben sich auf die Interessen ausländischer Besucher eingestellt und bieten Reittouren an. Auf akzeptablen Pferden kann man in **Antigua**, am **Atitlán-See**, in der **Sierra de Cuchumatanes**, an der **La-**

Das besondere Reiterlebnis

Die Pferdefarm **Unicornio Azul**, www.unicornioazul.com, veranstaltet professionelle Reitausflüge auf guten Pferden in den landschaftlich reizvollen Cuchumatanes-Bergen, s. S. 314.

guna Yaxhá und auf der **Finca Ixobel** bei **Poptún** reiten. An den drei zuletzt genannten Orten bieten die Veranstalter auch Mehrtagestouren an.

Segeln

Ausflüge per Segelboot werden auf dem **Río Dulce** und zu den **Cayos de Belize** angeboten. An der Brücke über den Río Dulce liegt eine große Anzahl Segeljachten. Es handelt sich in der Regel um nordamerikanische Boote, die zum Überwintern nach Guatemala kommen. Mehr Informationen zum Segeln am Río Dulce s. S. 412. Auch am Atitlán-See ist Segeln möglich.

Sprachkurse

Guatemala ist bekannt für seine guten und preiswerten Sprachschulen. Es gibt sie in den meisten touristischen Orten, aber auch in einigen entlegeneren Landesteilen (s. u.). Viele Schulen vermitteln auch ein Spezialvokabular für einzelne Berufsgruppen. Hinweise zu den einzelnen Schulen und Adressen finden sich in den jeweiligen Ortskapiteln. Einen guten Überblick bekommt man unter www.guatemala365.com.

Wer eine der wichtigsten Maya-Sprachen (Quiché, Cakchiquel) lernen möchte, sollte sich an die **Akademie der Maya-Sprachen** ALMG, 3. C.00-11, Zona 10, Guatemala-Stadt, 23391199, oder die Sprachschule **Proyecto Lingüístico Francisco Marroquín** in Antigua, www.langlink.com/mayan-languages-and-books, wenden.

Die wichtigsten Sprachschulorte in Guatemala

Antigua: große Auswahl, beliebtester Sprachschulort, s. S. 224
Cobán: kleine Auswahl, familiäres Ambiente, s. S. 352
Flores: eine Schule, heißes Klima, s. S. 383
Guatemala-Stadt: wenig Auswahl, hektische Großstadt, s. S. 187
Huehuetenango: eine gute Schule, ruhiges Städtchen, s. S. 310
Monterrico: eine Schule, schwül-heißes Pazifikklima, s. S. 471
Nebaj: eine Schule, entlegen, landschaftlich reizvoll, s. S. 329
Panajachel: zwei Schulen, angenehmes Klima, s. S. 258
Quetzaltenango: nach Antigua wichtigster Standort, s. S. 288
San Andrés: zwei Schulen, Lago Petén Itzá, heißes Klima, s. S. 283
San Cristóbal Verapaz: eine Schule, kaum Touristen, s. S. 347
San Pedro La Laguna: wachsendes Angebot, günstig, s. S. 269
San José: zwei Schulen, Lago Petén Itzá, heißes Klima, s. S. 383
San Marcos La Laguna: Unterricht ohne Familienunterbringung, s. S. 263
Todos Santos Cuchumatanes: sehr entlegen, eine Schule, s. S. 317

Surfen

Die hohe Pazifikbrandung eignet sich sehr gut zum Surfen. Beliebte Surfspots sind **Sipacate** (s. S. 474) und **Monterrico** (s. S. 468). Verschiedene Veranstalter bieten Touren an.

Eine gute Informationsquelle in Antigua ist www.globalsurfguatemala.com.

Tauchen

Wer die Unterwasserwelt erkunden oder sogar einen Tauchschein erwerben möchte, hat dazu in Guatemala eine günstige Gelegenheit. Allerdings kann das Angebot nicht mit den Korallenriffs von Belize oder Honduras mithalten. Tauchmöglichkeiten werden am **Atitlán-See** (s. S. 246) und den kleineren **Karibikinseln** (Cayos), die bereits zu Belize gehören, angeboten (s. S. 425).

Tanzen

Wer in Guatemala abends in der Disco eine gute Figur abgeben möchte, sollte ein wenig Salsa, Merengue und Reggaeton tanzen können.

Viele Sprachschulen in Antigua und Quetzaltenango haben Tanzkurse inzwischen in ihr Freizeitangebot übernommen. Hinzu kommen Tanzschulen und einzelne Lehrer, die Privatunterricht anbieten.

Einige Discos veranstalten regelmäßige Salsa-Vorführungen und Probetanzen, mit denen wieder neue Schüler geworben werden sollen.

Wer eine Tanzschule sucht, braucht nur nachmittags durch Antigua zu spazieren und auf die entsprechende Musik lauschen.

Trekking

Guatemala eignet sich gut zum Trekken, wobei auch das Thema Sicherheit – vor allem im **Hochland** – zu berücksichtigen ist. Dort laden zahlreiche Wege zu ausgedehnten Wanderungen ein. Hierzu sollte man jedoch vorzugsweise in einheimischer Begleitung, auf keinen Fall aber allein aufbrechen. Guides lassen sich in den meisten Ausgangsorten problemlos anheuern.

Im Regenwald des **Petén** lässt sich ein mehrtägiges Trekking mit dem Besuch verschiedener Maya-Stätten kombinieren. Beliebte Wandergebiete sind:

Hochland

Der **Atitlán-See** kann fast vollständig zu Fuß umrundet werden. **Von Quetzaltenango zum Atitlán-See** geht es auf einer dreitägigen Wanderung mit Zeltübernachtung, die von Quetzaltrekkers in Quetzaltenango angeboten wird.

Auch Adrenalina Tours bieten eine Vielzahl guter Wanderungen an, 💻 www.caminandoguatemala.com.

Sierra de los Cuchumatanes: Besonders in der Umgebung von Todos Santos Cuchumatán lässt es sich gut wandern. (Wanderung von dort in das Ixil-Dreieck möglich).

Im **Ixil-Dreieck** eröffnen unzählige Pfade vielfältige Wanderoptionen (längere Touren auf jeden Fall in einheimischer Begleitung und mit Kartenmaterial; Wanderung von dort in die Cuchumatanes-Berge möglich).

Osten

Sierra de las Minas: Zum Wandern im schönsten Nebelwald des Landes benötigt man eine Erlaubnis von der Naturschutzorganisation Defensores de la Naturaleza. Ein weiterer Zugang befindet sich in der Provinz Baja Verapaz beim **Wasserfall Chilascó**.

Alta Verapaz

Kleinere Wanderungen können im **Biotopo del Quetzal** in der Provinz Baja Verapaz und dem Nationalpark **Laguna Lachuá** durchgeführt werden. Veranstalter in **Cobán** bieten mehrtägige Touren an, die in die Nebelwälder der Umgebung führen. Übernachtet wird in einfachen Unterkünften bei Kekchí-Familien.

Empfehlenswert ist die Wanderung von **Cobán** nach **Semuc Champey**, die über die Nebelwaldgebiete von Chicacnab und Chelemha (s. S. 351) und quer durch Kaffeefincas direkt nach Semuc Champey führt. Die viertägige Wanderung wird von 💻 www.guatemalastory.com angeboten.

Petén

In den Nationalparks und Biotopen nördlich von **Flores** bieten sich zahlreiche Tourvarianten, von kurzen Ausflügen in den Regenwald bis hin zu einwöchigen Trekkingtouren.

Hervorzuheben ist das fünftägige Trekking nach El Mirador und wieder zurück, ein echtes Dschungelabenteuer zu den größten Mayapyramiden Guatemalas. Lohnenswert ist auch die dreitägige Wanderung von El Zotz nach Tikal auf alten Gummisammlerpfaden. **Finca Ixobel bei Poptún**: Kleinere Wanderungen in der Umgebung.

Vogelbeobachtung

Das Beobachten von Vögeln – Birdwatching oder auf Spanisch *Observación de aves* genannt – erfreut sich zunehmender Beliebtheit. Guatemala bietet Vogelliebhabern mit mehr als 720 Arten, darunter 35 endemischen und weite-

Vulkanbesteigungen (* = aktiver Vulkan)

Ein besonderes Erlebnis, das man sich auf keinen Fall entgehen lassen sollte, ist das Besteigen eines Vulkans.
Während einige Vulkane problemlos an einem Tag bestiegen werden können, benötigt man für andere zwei Tage. Zelt und Schlafsack kann man bei Spezialveranstaltern in Antigua und Quetzaltenango mieten. Da es mehr als 35 Vulkane gibt, hat man die Qual der Wahl.
Im Folgenden eine Auflistung, die als Entscheidungshilfe dienen soll. Detaillierte Infos in den Reisekapiteln.

Vulkan	Höhe	Provinz	Aufstieg/Abstieg	Schwierigkeitsgrad
Acatenango	3976 m	Sacatepéquez	6–7 / 3–4 Std.	schwer
Agua	3766 m	Sacatepéquez	4–5 / 3 Std.	mittelschwer
Atitlán	3537 m	Sololá	6–8 / 4–5 Std.	schwer
Chicabal	2900 m	Quetzaltenango	2–3 / 1 1/2 Std.	leicht (Kratersee)
*Fuego	3763 m	Sacatepéquez	8–10 / 6–7 Std.	schwer (gefährlich!)
Ipala	1650 m	Chiquimula	2 / 1 Std.	leicht (Kratersee)
*Pacaya	2552 m	Guatemala	2 / 1 Std.	leicht (gefährlich!)
San Pedro	3020 m	Sololá	4–5 / 3 Std.	mittelschwer
Santa María	3772 m	Quetzaltenango	4–5 / 3 Std.	mittelschwer
Tacaná	4093 m	San Marcos	8–10 / 5–6 Std.	mittelschwer
Tajumulco	4220 m	San Marcos	4–5 / 3 Std.	mittelschwer

ren 40 Arten, die nur in Zentralamerika vorkommen, beste Voraussetzungen.

Zu den beliebtesten Regionen für Vogelbeobachter zählen: die Wälder um **Antigua** und der **Cerro Alux**, die **Vulkane San Pedro** und **Atitlán**, **Monterrico**, die **Provinz Alta Verapaz**, die **Sierra de las Minas**, der **Cerro San Gil**, der **Río Dulce** und das **Refugio Silvestre Bocas de Polochic** in der Provinz Izabal sowie der nördliche Petén mit dem Highlight **Tikal**. Auf vielen Kaffeefincas gibt es eine große Vielfalt an Vogelarten. Informationen im Internet und Buchen organisierter Vogelbeobachtungstouren unter 💻 www.cayaya-birding.com und 💻 www.birdwatchingguatemala.com.

Fünf ungewöhnliche Vögel und wo man sie beobachten kann

Hellroter Ara *(Ara macao)*,
Laguna del Tigre (s. S. 375), < 600 m
Zapfenguan *(Oreophasis derbianus)*,
Finca Los Tarrales (s. S. 277), > 1000 m
Pfauentruthuhn *(Meleagris ocellata)*,
Tikal (s. S. 391), < 300 m
Quetzal *(Pharomachrus moccino)*,
Chelemha und Chicacnab (s. S. 351), < 2000 m
Fischertukan *(Ramphastos sulfuratus)*,
Tikal (s. S. 391), < 1000 m

Webkurse

Die indianischen Trachten Guatemalas ziehen mit ihren tollen Farben und ausdrucksstarken Motiven so gut wie alle Besucher in ihren Bann. Das Interesse an der Herstellung dieser Kleidungsstücke ist in den letzten Jahren stark angestiegen. Inzwischen werden in einigen Touristenorten des Hochlands wie Antigua (z. B. 💻 www.artguat.org) oder Quetzaltenango (z. B. 💻 www.tramatextiles.org) Webkurse angeboten.

Steuern

Alle offiziell registrierten Hotels müssen eine Steuer in Höhe von 22 % abführen. Diese setzt sich aus 12 % Mehrwert- und Verbrauchssteuer – kurz I.V.A. genannt – und 10 % Tourismussteuer zusammen, die in aller Regel bereits im

Übernachtungspreis enthalten ist. Kleinere Hotels berechnen diese Steuer oftmals nicht. Bei allen in diesem Buch angegebenen Preiskategorien für Hotels ist sie bereits berücksichtigt.

Beim Verlassen des Landes mit dem Flugzeug ist eine **Abflugsteuer** von zurzeit US$30 (nur Bargeld, wahlweise in Quetzales) zu zahlen, die inzwischen in so gut wie allen Tickets enthalten ist. Am Flughafen in Guatemala-Stadt zahlt man daher meist nur eine Flughafengebühr von Q20. Bei der **Ausreise mit dem Boot** sind US$10 und **über Land** Q10 an der Grenze zu entrichten.

Telefon

Inlandsgespräche Festnetz

Die Anschlüsse auf dem Land sind weiter rar, und das Hauptstadtnetz ist regelmäßig überlastet. Doch in jedem noch so kleinen Dorf gibt es zumindest ein öffentliches Telefon *(teléfono publico)*, in entlegenen Gegenden über Satellit. Manche Geschäfte oder Familien bieten ihr Telefon ebenfalls für Inlandsgespräche an.

Inlandsgespräche sind von einen Festnetzanschluss aus und mit Telefonkarten sehr preisgünstig. In der Regel kostet ein Inlandsgespräch 0,10 € pro Minute.

Mobiltelefone

Handys heißen in Guatemala *celulares*. Sie haben sich in den letzten Jahren explosionsartig verbreitet. Ihre Anzahl übertrifft inzwischen sogar die Einwohnerzahl Guatemalas.

Notruf und Auskunft

Polizei (Policia Nacional Civil)	✆ 112 oder 120
Krankenwagen (Ambulancia)	✆ 128
Rotes Kreuz (Cruz Roja)	✆ 125
Feuerwehr (Bomberos voluntarios)	✆ 122 oder 123
Telefonauskunft	✆ 23331524
Vermittlung (international)	✆ 147120

Vorwahlen

Von D/AU/CH nach Guatemala:
00502, anschließend die achtstellige Nummer (es gibt keine Ortsvorwahlen im Land)

Von Guatemala nach

Deutschland	✆ 0049
Österreich	✆ 0043
Schweiz	✆ 0041
R-Gespräch von Guatemala nach D/AU/CH:	✆ 147120

Für Reisende, die länger in Guatemala bleiben, lohnt die Anschaffung eines Handys (*celular*). Die Marke TIGO bietet die beste Reichweite auch im ländlichen Guatemala. Aber auch CLARO und MOVISTAR sind empfehlenswert. Ein neues Handy kostet weniger als 15 € und bringt Freiminuten mit.

Europäische Handys funktionieren, man muss aber den Chip vor Ort auswechseln oder zahlt hohe Gesprächsgebühren für Auslandsgespräche.

Auslandsgespräche

Telefongespräche sind von den Filialen der ehemals staatlichen Telefongesellschaft Telgua mit Telefonkarten möglich. Diese erhält man dort oder in vielen Geschäften bzw. Tankstellen. Mit den Telefonkarten von Telgua sind internationale Gespräche von jeder Telefonzelle aus möglich.

Günstiger sind die vielen privaten Anbieter, die man vor allem in touristischen Orten antrifft. Meist handelt es sich um Internetcafés, die sehr günstige Tarife anbieten (s. Serviceteil der jeweiligen Kapitel).

Für ein Gespräch nach Europa sind ca. 0,20–0,50 € pro Minute zu veranschlagen. Günstige Nacht- und Wochenendtarife bestehen für das Festnetz. Am teuersten telefoniert man vom Hotel aus. R-Gespräche nach Europa sind möglich (s. Kasten „Vorwahlen").

Es gibt mittlerweile verschiedene Anbieter für Ferngespräche, die z. T. erheblich billiger sind als Telgua. Ihre dreistelligen Nummern, z. B. 130, 139 oder 147, werden der regulären Vorwahl vorangestellt (z. B. nach Deutschland 134-0049).

Die beste Alternative ist es, sich vor der Abreise ein Skype-Konto einzurichten. Skype-Anrufe aufs Festnetz in Mitteleuropa kosten von Guatemala aus 0,10 € pro Minute. Viele Internetcafés haben inzwischen Kopfhörer mit Mikrofon zum „Skypen". Hat der Angerufene auch ein Skype-Konto, ist das Gespräch einschließlich Bild umsonst. Man zahlt lediglich für die Nutzung des Internets.

Telefonbuch

Für das ganze Land gibt es nur zwei Verzeichnisse *(guía telefónica)*. Das eine listet alle Nummern außerhalb von Guatemala-Stadt auf, das andere enthält alle Nummern der Hauptstadt inklusive der Gelben Seiten (*páginas amarillas*, 💻 www.paginasamarillas.com). Letzteres ist in verschiedenfarbige Sektionen unterteilt, die Nummernverzeichnisse des öffentlichen Bereichs, der diplomatischen Vertretungen und internationaler Organisationen enthalten. Extra gelistet sind auch Anwälte und Ärzte.

Fax

Ein Fax schickt man am günstigsten von einem der privaten Anbieter, die in jedem Touristenort für ihre Dienste werben. Berechnet wird in der Regel pro Seite und nicht die Dauer der Übertragung. Noch preiswerter sind einige Internetcafés. Hier kann man manchmal sein Fax auf dem Computer schreiben und direkt versenden. Viele der teureren Hotels bieten ihren Gästen ebenfalls einen Fax-Service an.

Transport

Das Hauptverkehrsmittel in Guatemala ist der Bus, obwohl auch die Zahl der Privatwagen in den letzten Jahren rapide gestiegen ist. Dennoch bleibt das eigene Fahrzeug für die meisten Einheimischen ein unerreichbarer Luxus. Zwar wurde das asphaltierte Straßennetz im letzten Jahrzehnt stark erweitert, wer sich aber abseits der Hauptrouten bewegen möchte, kommt um schlechte Straßen und langsame Fortbewegungsmittel nicht herum. Der Autoverkehr in der Hauptstadt verwandelt sich langsam, aber sicher in einen Dauerstau. Der Eisenbahnverkehr ist im Land bereits Anfang der 1990er-Jahre zum Erliegen gekommen.

Überlandbusse (Pullman und Camioneta)

Mit dem Bus gelangt man in Guatemala auch in den hintersten Winkel des Landes. Er ist das motorisierte Fortbewegungsmittel Nummer eins, das Menschen, Tiere und Waren über ein weit verzweigtes Straßennetz befördert. Dabei verkehren die **Busse erster Klasse** (Pullmans) meist nur auf den asphaltierten Hauptrouten zwischen Guatemala-Stadt und den Provinzhauptstädten bzw. den Landesgrenzen, während die deutlich unbequemeren **Busse zweiter Klasse** (Camionetas) zusätzlich die Nebenrouten bedienen (s. Kasten). Pullman-Busse fahren in der Regel von eigenen Terminals mit Wartehallen ab. Sie verkehren nach einem festen Fahrplan, sind schneller als die Camionetas, und ihre Sitzplätze können reserviert werden. Standard und Qualität der Fahrzeuge variieren dennoch stark.

Luxusversionen mit Klimaanlage, Fernsehen und Service an Bord bedienen die längsten Inlandstrecken (z. B. in den Petén) sowie die Route nach San Salvador. Wer möchte, kann in diesen Bussen sogar über El Savador, Honduras, Nicaragua und Costa Rica bis Panama reisen. Die Bequemlichkeit hat natürlich ihren Preis. Normale Pullman-Busse können bis zu 50 % teurer sein als die Camionetas. Der Preis der Luxusbusse kann sogar um mehr als das Doppelte über den Preisen der zweiten Klasse liegen. So kann man für 10 €, aber auch für 16 € von Guatemala-Stadt nach Flores im Petén gelangen. Im Allgemeinen sind die Buspreise so niedrig, dass sie im Regionalteil nicht gesondert aufgeführt werden (Preisbeispiele s. Kapitel Reiseziele, S. 32). Da die Busse erster Klasse oft ausgebucht sind, empfiehlt sich eine Reservierung bis spätestens am Vortag der Reise.

Lust und Frust im „Chickenbus"

Eine Reise in einem Bus zweiter Klasse, auch liebevoll „Hühnerbus" genannt, gehört zu jedem Guatemala-Aufenthalt dazu. Obwohl die Fahrt interessante Einblicke in den Reisealltag sowie Kontakte mit der Bevölkerung ermöglicht, sollte man sich der bevorstehenden Strapazen bewusst sein: Bei den Vehikeln handelt es sich fast immer um ausrangierte Schulbusse aus den USA, die, bunt lackiert und frisch getunt, noch einmal mehrere hunderttausend Kilometer Dienst auf kurvigen Hochlandpisten absolvieren. Voll besetzt sind diese Gefährte eigentlich erst dann, wenn der für das Geldeinsammeln zuständige *ayudante* über die Sitzgeländer klettert oder sich außen an den Fenstern entlanghangelt – während der Fahrt wohlgemerkt! Um bei den niedrigen Fahrpreisen überhaupt etwas Gewinn zu erwirtschaften, fahren viele Camionetas erst dann los, wenn das Dach mit Waren aller Art beladen und der Innenraum mit Menschen und Kleingetier vollgepfercht ist.

Langweilig wird es mit Sicherheit nicht. Dafür sorgt schon der Busfahrer mit seiner rasant-gefährlichen Fahrweise. Die Kreuze am Wegesrand sprechen für sich.

Doch wer Guatemala wirklich kennenlernen möchte, hat keine großen Alternativen zu diesen rußenden Ungetümen, in denen die Luft stickig ist und oftmals laute Musik dröhnt. Die Camionetas fahren meist von den Busterminals in Marktnähe los und halten für jeden, der am Wegesrand steht. Bezahlt wird an Bord. Um nicht beim Fahrpreis übers Ohr gehauen zu werden, sollte man schauen, was die Einheimischen bezahlen oder sich direkt bei ihnen erkundigen.

Das Fahrtziel steht oberhalb der Windschutzscheibe angeschrieben. Viele der leseunkundigen einheimischen Fahrgäste erkennen den richtigen Bus allein an seinen Farben. An größeren Terminals wird man vom Personal der Buslinie zum jeweils richtigen Fahrzeug gebracht.

Sehr aufmerksam sollte man das Verladen des Gepäcks beobachten: Große Rucksäcke dürfen normalerweise nicht mit in den Sitzraum genommen werden. Sie werden auf das Dach gelegt und sind somit Staub und Regen ausgesetzt, denn nicht alle Busse verfügen über eine stabile Plane. Für Vielfahrer ist daher ein abschließbarer Packsack oder ein stabiler Plastiksack, *costal* genannt, ratsam. Letzteren gibt es spottbillig auf allen Märkten (beim Kauf darauf achten, dass er auch innen sauber ist). Die Anschriften der Busgesellschaften finden sich im Länderteil bei den jeweiligen Orten.

Traveltipps von A bis Z

Entfernungen (in km)

	Agua Caliente / Grenze Honduras	Anguiatú / Grenze El Salvador	Antigua Guatemala	Belmopán, Belize	Belize (puerto)	Ciudad Pedro de Alvarado / Grenze El Salvador	Ciudad Tecún Umán / Grenze Mexiko	Coatepeque	Cobán	Cuilapa	Champerico (puerto)	Chichicastenango	Chimaltenango	Chiquimula	El Carmen / Grenze Mexiko	El Florido / Grenze Honduras	El Progreso Provinzhauptstadt	Esquintla	Esquipulas	Flores	Ciudad de Guatemala	Huehuetenango	Jalapa	Jutiapa	La Mesilla / Grenze Mexiko	Mazatenango	Panajachel	Puerto Barrios	Quetzaltenango	Retalhuleu	Salamá	San Cristóbal / Grenze El Salvador	Santa Cruz del Quiché	San José (puerto)	San Marcos	Sayaxché	Sololá	Tikal	Totonicapán	Valle Nuevo / Grenze El Salvador
Anguiatú / Grenze El Salvador	47																																							
Antigua Guatemala	278	273																																						
Belmopán, Belize	581	576	665																																					
Belize (puerto)	661	656	745	80																																				
Ciudad Pedro de Alvarado / Grenze El Salvador	398	393	191	785	865																																			
Ciudad Tecún Umán / Grenze Mexiko	481	476	250	868	948	299																																		
Coatepeque	453	449	216	840	920	265	34																																	
Cobán	273	268	258	660	740	378	461	427																																
Cuilapa	295	290	107	682	762	84	289	255	275																															
Champerico (puerto)	462	457	231	849	929	280	121	87	442	270																														
Chichicastenango	377	372	108	764	844	272	209	175	357	206	190																													
Chimaltenango	288	283	19	675	755	220	231	197	268	117	212	89																												
Chiquimula	64	59	214	517	597	334	417	386	209	231	398	313	224																											
El Carmen / Grenze Mexiko	508	503	277	895	975	326	39	61	488	316	148	236	258	444																										
El Florido / Grenze Honduras	106	101	272	575	655	392	475	441	267	289	456	371	282	58	502																									
El Progreso Provinzhauptstadt	159	154	119	548	628	239	322	288	142	136	303	218	129	97	349	155																								
Esquintla	290	285	102	677	757	108	191	157	270	98	172	164	112	226	218	284	130																							
Esquipulas	11	36	267	570	650	387	470	436	262	284	451	366	277	53	497	95	150	279																						
Flores	449	444	533	142	222	653	736	702	528	550	717	632	543	385	763	443	416	545	438																					
Ciudad de Guatemala	233	228	45	620	700	165	248	214	213	62	229	144	55	169	275	227	74	57	222	488																				
Huehuetenango	499	494	230	886	966	431	205	171	479	328	186	154	211	435	232	493	340	286	488	754	266																			
Jalapa	400	395	212	787	867	189	394	360	380	105	375	311	222	336	421	394	241	203	389	655	167	433																		
Jutiapa	349	344	161	736	816	138	343	309	329	54	324	260	171	285	370	343	190	152	338	604	116	382	51																	
La Mesilla / Grenze Mexiko	575	570	318	963	1042	510	302	268	559	407	275	240	290	510	285	564	419	346	564	821	345	84	510	461																
Mazatenango	393	388	162	780	860	211	88	54	373	201	69	153	143	329	115	387	234	103	382	648	160	153	306	255	246															
Panajachel	349	344	80	736	816	235	204	170	329	178	185	37	61	285	231	343	190	127	338	640	116	159	283	232	241	116														
Puerto Barrios	256	251	340	423	503	460	543	509	335	357	524	439	350	192	570	250	223	352	245	291	295	561	462	411	644	455	411													
Quetzaltenango	439	434	170	826	906	288	129	95	419	258	110	94	151	375	156	433	280	180	428	694	206	90	373	322	170	77	99	501												
Retalhuleu	419	414	188	806	886	237	78	44	399	227	38	147	169	355	105	413	260	139	408	674	186	143	332	281	236	26	142	481	67											
Salamá	385	380	196	598	678	316	399	365	98	213	380	295	206	147	426	205	80	208	200	466	151	417	318	267	497	311	267	273	357	337										
San Cristóbal / Grenze El Salvador	398	393	210	785	865	187	392	358	378	103	373	309	220	334	419	392	239	201	387	653	165	431	80	49	510	304	281	460	371	330	316									
Santa Cruz del Quiché	396	391	127	783	863	291	228	194	376	225	209	19	108	332	255	390	237	183	385	651	163	173	330	279	259	172	56	458	113	166	314	316								
San José (puerto)	341	336	153	728	808	159	242	208	321	149	223	209	163	277	269	335	182	51	330	596	108	307	254	203	397	154	178	403	231	180	259	252	228							
San Marcos	486	481	217	873	953	335	176	142	466	315	157	141	198	422	203	480	327	227	475	741	253	137	420	369	218	124	146	548	40	114	404	418	160	278						
Sayaxché	513	508	597	206	286	717	800	766	592	614	781	696	607	449	827	507	480	609	502	64	553	818	719	668	885	712	668	355	758	738	530	717	715	660	805					
Sololá	358	353	89	745	825	244	213	179	338	187	185	28	70	294	240	352	199	136	347	613	125	150	292	241	232	125	9	420	90	151	276	290	47	187	137	677				
Tikal	509	504	593	149	229	713	796	762	583	610	777	692	603	445	823	503	476	605	498	65	548	814	715	664	890	708	664	351	754	734	526	713	711	656	801	129	673			
Totonicapán	439	434	170	826	906	304	145	111	419	268	126	94	151	375	172	433	280	226	428	694	206	90	373	322	168	93	99	501	30	83	357	371	113	247	77	758	90	754		
Valle Nuevo / Grenze El Salvador	355	342	167	742	822	144	349	315	335	60	330	266	177	391	376	349	196	158	344	610	122	388	141	90	464	261	238	417	328	287	273	139	285	209	375	675	247	670	328	
Zacapa	81	82	193	496	576	313	396	362	188	210	377	292	203	23	423	81	76	205	76	364	148	414	315	264	490	308	264	171	354	334	126	131	311	256	401	428	273	424	354	270

Shuttle-Busse

In den letzten Jahren haben sich Shuttle-Busse als sinnvolles, aber auch teureres Transportmittel auf den touristischen Hauptrouten etabliert. In der Regel handelt es sich um einen Kleinbus, der Touristen ohne Zwischenstopps zum gewünschten Fahrtziel befördert. Die Preise variieren ständig wegen der harten Konkurrenz und abhängig von der Auslastung der Routen. Mittlerweile vermitteln fast alle Reiseagenturen einen Shuttle-Service. Sehr praktisch und viel genutzt ist der Shuttle-Service von Antigua zum Flughafen in Guatemala-Stadt. Shuttle-Routen und Preise s. Antigua, S. 225 und Panajachel S. 258. Da alle Mitfahrer in der Regel von ihren Hotels abgeholt werden, dreht man oftmals die eine oder andere „Ehrenrunde". Dieser mögliche Zeitverlust sollte besonders bei Fahrten zum Flughafen berücksichtigt werden.

Pick-ups

Auf vielen Nebenstrecken konkurrieren die Camionetas mit Pick-ups. Dieser in Guatemala sehr beliebte Pkw hat hinten eine offene Ladefläche, auf der erstaunlich viele Menschen Platz finden. In sehr entlegenen Gegenden und auf schwierigem Gelände sind Pick-ups oft das einzige motorisierte Fortbewegungsmittel. Die Fahrer halten bereitwillig, da sie oft auf diese Weise ihren Lebensunterhalt verdienen. Auch wenn diese Art des Reisens wegen der frischen Luft und des ungehinderten Blicks auf die Landschaft sehr verführerisch klingen mag, ist sie nicht ungefährlich. Es hat schon viele Tote und Verletzte bei Unfällen mit Pick-ups gegeben, da man sich oftmals nirgendwo festhalten und schon bei einer kleinen, abrupten Bremsaktion vom Wagen fallen kann. Auf asphaltieren Straßen sollte man diese Fahrzeuge meiden.

Auto und Verkehr

Autofahren in Guatemala folgt eigenen **Regeln** und Gesetzen und könnte als anarchisch-chaotisch bezeichnet werden. Man muss auf Überraschungen jeglicher Art gefasst sein: Kühe auf der Straße, ein Laster mit Tempo 25 auf der eigenen Spur, tiefste Schlaglöcher und betrunkene Fahrer gehören zum Verkehrsalltag. Gefahren wird dort, wo Platz ist; überholt wird nach Lust und Laune, und Hupen ist nie verkehrt. Ein Großteil der Fahrzeuge befindet sich in einem jämmerlichen Zustand, da es keine Pflichtinspektionen gibt. Licht- und Signalanlagen funktionieren bei diesen Fahrzeugen daher nur unzureichend oder gar nicht. Seinen ernsthaften Willen abzubiegen untermauert ein guatemaltekischer Fahrer, indem er den Arm aus dem Fenster hält. Wohin er fährt, sieht man dann ja. Wer eine Panne hat, legt ein paar Zweige auf die Straße, Warndreiecke sind – obwohl vorgeschrieben – selten. Jeder fährt, so schnell er kann, Geschwindigkeitsbegrenzungen werden ignoriert, Radarkontrollen sind auf die Hauptstadt beschränkt, Alkoholtests selten. Mit größter Vorsicht sind die rücksichtslos fahrenden Busse zu genießen. Man lässt ihnen besser die Vorfahrt.

Je weiter man sich von der Hauptstadt und den Hauptrouten durch das Land entfernt, desto mehr entspannt sich die Verkehrslage, weil die Zahl der Fahrzeuge abnimmt. Dieser Vorteil wird aber durch den schlechten **Straßenzustand** wieder ausgeglichen. Dennoch muss man der guatemaltekischen Regierung deutliche Verbesserungen im Straßenbau zugutehalten. Insgesamt verfügt Guatemala zurzeit über ein Straßennetz von ca. 5000 km asphaltierten und ca. 14 000 km nicht asphaltierten Straßen.

Wer in Guatemala mit dem Pkw unterwegs ist, sollte stets gültige Fahrzeug- und Ausweispapiere mit sich führen. Die Zivile Nationalpolizei (PNC) behandelt Autofahrer höflich und respektvoll, und die Korruption auf der Straße ist deutlich zurückgegangen.

Vorsicht beim **Parken**: In Guatemala-Stadt und Antigua hat sich die Policía Municipal del Tránsito (PMT) mit ihrem harten Durchgreifen vor allem gegen Parksünder Respekt erworben. Aus diesem Grund und um höchstmögliche Sicherheit vor Diebstählen zu gewährleisten, sollte man seinen Wagen immer auf einem der zahlreichen bewachten Parkplätze abstellen und keine Wertsachen sichtbar im Wageninneren liegen lassen. Wer in einen Unfall verwickelt wird, sollte auf jeden Fall die deutsche Botschaft einschalten. Ein kleiner Blechschaden lässt sich dagegen meist ohne ihre Hilfe und das Einschalten der Polizei direkt regeln.

Benzin ist in Guatemala trotz Preiserhöhungen in den letzten Jahren mit ca. 0,80 € pro Liter Superbenzin immer noch vergleichsweise günstig. Der Preis wird in US-Gallonen angezeigt (1 US-Gallone = 3,78 l). Modernste Tankstellen schießen im ganzen Land wie Pilze aus dem Boden – selbst in entlegenen Gebieten. Auf entlegenen Strecken ist es ratsam, seinen Tank aufzufüllen, wann immer das möglich ist.

Ein hilfreicher Mechaniker findet sich überall, aber Ersatzteile sind auf dem Land für manche Automodelle schwierig zu bekommen. **Reifenpannen** gehören zum Alltag, doch Werkstätten mit der Aufschrift „pinchazo" oder „vulcanizadora" finden sich überall. Erkennungszeichen ist meist ein aufgestellter Reifen vor der Werkstatt. Die Mitnahme eines Reserverads versteht sich bei den Straßenverhältnissen von selbst. Einen Pannendienst gibt es in Guatemala nicht.

Empfehlung: Wer auf wenig befahrenen Strecken unterwegs ist, sollte neben etwas Werkzeug auch Trinkwasser/Essen nicht vergessen.

Mietwagen

Mietautos sind angesichts der stark verbesserten Hauptrouten eine überlegenswerte Alternative, besonders wenn man mit mehreren Personen unterwegs ist oder wenig Zeit hat. Einige Sehenswürdigkeiten sind auf diese Weise überhaupt erst erreichbar. Alle der bekanntesten touristischen Ziele Guatemalas sind inzwischen auf Asphaltstraßen zu erreichen.

Am Flughafen in Guatemala-Stadt befinden sich über ein Dutzend Mietwagenfirmen. Der bekannteste und zuverlässigste nationale Anbieter ist Tabarini, der auch mit dem besten Filialnetz im Land aufwarten kann. Mietautos bekommt man normalerweise nur in Guatemala-Stadt, Antigua und Flores. Tabarini bietet darüber hinaus auch Fahrzeuge in Quetzaltenango und Cobán an.

Alle Vermieter verlangen vor Vertragsabschluss eine Kreditkarte. Mieter müssen mind. 25 Jahre alt und im Besitz eines gültigen nationalen oder internationalen Führerscheins sein. In der Regel beinhaltet der Mietpreis unbegrenzte Kilometer und eine Insassenversicherung. Die ebenfalls eingeschlossene Unfall- und Diebstahlversicherung umfasst oft nur einen geringen Schadensersatz bei einer hohen Selbstbeteiligung.

Vor Abfahrt ist eine gründliche Kontrolle (Ersatzrad, Wagenheber etc.) des Wagens einschließlich Probefahrt ratsam. Selbst kleine Lackschäden sollten auf der Mängelliste erfasst sein. Geländewagen sind um rund 50 % teurer als normale Pkw.

Es gibt Spezialwochenendtarife und Vergünstigungen ab einer Woche Mietzeit. Ein kleiner Pkw kostet rund 35–45 € pro Tag. Ein Geländewagen ist ab ca. 50 € pro Tag zu haben.

Eine Liste der Vermieter findet sich im Serviceteil Guatemala-Stadt, S. 185.

Motorräder

Motorrad fahren ist eine gefährliche Angelegenheit in Guatemala. Auch wenn atemberaubende Landschaften und wohlig warme Temperaturen locken, sollten nur Fahrer mit viel Erfahrung das Land auf diese Art und Weise bereisen. Ähnlich wie Radfahrer sind Motorradfahrer für viele guatemaltekische Autofahrer einfach nicht vorhanden. Zu mieten sind Motorräder in Antigua und Panajachel (s. dort). Eine gründliche Inspektion des zu mietenden Motorrads sowie ein Helm und feste Kleidung helfen, unangenehmen Situationen vorzubeugen.

Fahrräder

Fahrräder kann man in Antigua, Panajachel und Quetzaltenango mieten. Meist handelt es sich um einheimische, sehr kleine und wenig verkehrssichere Modelle. Einen Tagesausflug überstehen sie wahrscheinlich noch, aber wer längere Touren plant, sollte sein eigenes Fahrrad mitbringen oder sich eines vor Ort kaufen. Eine Alternative sind Anbieter von Fahrradtouren in Antigua. Ihre lohnenswerten Ausflüge sind gut organisiert, und die Fahrräder befinden sich in einem akzeptablen Zustand. Wer möchte, bekommt bei ihnen auch günstige Gebrauchträder.

Die Eisenbahn auf dem Abstellgleis

Als das erste Teilstück der Eisenbahn von Escuintla zum Pazifikhafen San José 1880 mit viel Enthusiasmus offiziell eingeweiht wurde, ahnte wohl niemand, dass nur 110 Jahre später die Räder wieder stillstehen würden. Die guatemaltekische Eisenbahn war immer schon mehr ein Frachtunternehmen als ein Personenbeförderungsmittel. Die Hauptexportprodukte des Landes – Kaffee und Bananen – mussten zu den Häfen gebracht werden, der Menschentransport war zweitrangig.

Weitestgehend unter US-amerikanischer Kontrolle wurde die Eisenbahn 1968 unter dem Namen FEGUA (Ferrocarriles de Guatemala) verstaatlicht. Das Geschäft entgleiste jedoch und endete verschuldet, vernachlässigt und vergessen. Das Interesse der Politiker an der Eisenbahn nahm in dem Maße ab, in dem das Transportvolumen per Lastwagen zunahm. Heute rosten die Lokomotiven vor sich hin, der Bahnhof in Guatemala-Stadt brannte 1995 völlig aus, die Arbeiter wurden entlassen oder gingen in den vorzeitigen Ruhestand. 1998 erhielt zwar ein US-amerikanisches Unternehmen eine 50-jährige Konzession für den Betrieb der Eisenbahnlinien des Landes, geschehen ist seitdem jedoch wenig. Zurzeit wird das Schienennetz in bescheidenem Umfang erneut für den Güterverkehr genutzt, und der alte Bahnhof in der Zona 1 ist in ein Museum umgewandelt worden. Vielleicht kann der Tourismus die schon totgesagte guatemaltekische Eisenbahn wieder zum Leben erwecken. Informationen unter ✆ 22329272, ✉ museodelferrocarrilgt@hotmail.com.

Höchste Vorsicht ist beim Verlassen von Ortschaften geboten, da die Straßen oft recht schmal sind, und der Verkehr auf Fahrradfahrer kaum Rücksicht nimmt. Nahezu selbstmörderisch ist das Fahren auf Hauptstraßen wie der Interamericana (CA1) sowie der Pazifikstraße (CA2).

Flüge

Regelmäßige Inlandsflüge finden momentan nur zwischen Guatemala-Stadt und Flores statt. Sie werden von den Airlines Taca und TAG bedient, die morgens und nachmittags fliegen. Der Flug dauert 30–40 Min., während man mit dem Bus nach Flores mit 10–12 Std. rechnen muss. Der offizielle Flugpreis für die Strecke beträgt ca. 90 €, rund 160 € für Hin- und Rückflug (evtl. billiger bei Reisebüros vor Ort). Adressen der Fluglinien im Serviceteil Guatemala-Stadt, S. 191. Flughafensteuer S. 65, Steuern.

Boote

Die Hauptverkehrswege der Maya waren die Flüsse, zumal der Weg zu Fuß durch die Berge oder durch die endlosen Regenwälder lang und beschwerlich war und man Tragetiere in diesem Teil Amerikas nicht kannte. Auch heute werden in schwer zu erreichenden Gebieten des Petén Menschen und Waren über die Flüsse transportiert. Für Touristen bietet Guatemala ebenfalls viele Möglichkeiten, sich auf dem Wasser fortzubewegen.

In folgenden Gebieten gibt es zurzeit regelmäßigen Bootsverkehr: An der **Karibikküste** zwischen Puerto Barrios und Livingston, Livingston und Río Dulce, Livingston und Punta Gorda in Belize. Die Fähre auf dem Izabal-See von Mariscos nach El Estor hat ihren Dienst eingestellt (Überfahrt momentan nur per Charterboot möglich).

Im **Petén** auf dem Río Usumacinta (ab Bethel von/bis Mexiko), Río de la Pasión per selten verkehrendem Handelsboot (ab Sayaxché mit Charterboot Richtung El Ceibal, Laguna Petexbatún), Charterboote auf dem Petén Itzá-See.

An der **Pazifikküste** per Charterboot auf dem Chiquimulilla-Kanal, außerdem verkehren hier Fähren zu allen Badeorten sowie eine Autofähre nach Monterrico.

Im **Hochland** auf dem Atitlán-See und dem Amatitlán-See (Charterboote). Wagemutige können auf verschiedenen Flüssen des Landes Rafting-Touren unternehmen (Adressen im Serviceteil Guatemala-Stadt, S. 185).

Nahverkehr

Nur in der Hauptstadt und in einigen größeren Provinzhauptstädten gibt es einen organisierten öffentlichen Nahverkehr. Dieser spielt sich oberirdisch ab, da die vielen Erdbeben alle Hoffnungen auf eine U-Bahn für die Hauptstadt zunichte machten. Busse, Kleinbusse *(ruleteros)* und Taxis kämpfen um Passagiere, verpesten die Luft und verstopfen die Stadt.

Die Buspreise sind extrem niedrig (Q1 pro Fahrt), der Komfort mehr als bescheiden. Weitere Infos s. Guatemala-Stadt, S. 187.

Taxis

Taxis findet man an allen größeren Plätzen und vor den Nobelhotels. Fahrzeuge mit Taxameter sind nur gelegentlich in der Hauptstadt anzutreffen. Üblich ist es, den Fahrpreis zu Beginn der Fahrt auszuhandeln und sich außerdem (wenn möglich) bei den Einheimischen vorher über die Fahrpreise zu informieren. Die Fahrer offiziell zugelassener Taxis besitzen einen Taxischein mit Foto. In vielen Städten haben inzwischen dreirädrige Mototaxis (TucTuc) die vierrädrigen Taxis verdrängt.

Trinkgeld

Die Löhne in Serviceberufen und besonders im Tourismus sind sehr niedrig. Dementsprechend ist für die meisten Angestellten das Trinkgeld ein wichtiges Zubrot. Üblicherweise lässt man 10 % des Rechnungsbetrags als Trinkgeld liegen. Diesen Betrag addieren viele Restaurants und Cafés inzwischen ohnehin als *servicio*. Auch in einfachen Unterkünften und Comedores freut sich das Personal über eine kleine Aufmerksamkeit.

Übernachtung

Hotels

In Guatemala gibt es Unterkünfte *(alojamiento)* für jeden Geschmack und in allen Preisklassen. Man findet *hoteles* (Hotels), *pensiones* (Pensionen), *posadas* (Gasthöfe), *casas de huéspedes* (Gästehäuser) und *hospedajes* (Herbergen). Die Vielfalt der Bezeichnungen sagt nicht unbedingt etwas über den Standard der jeweiligen Unterkunft aus. In der Regel sind jedoch die Pensiones und Hospedajes schlichter als die Häuser in den drei anderen Kategorien. Besonders in Gegenden auf dem Land mit wenig Tourismus nimmt die Qualität der Zimmer stark ab. Dennoch sind die meisten Zimmer und hygienischen Einrichtungen sauber.

Die billigsten Übernachtungen beginnen bei ca. 5–8 € für ein DZ mit Bad. Für diesen Preis findet man im ganzen Land, ausgenommen Guatemala-Stadt, ein sehr einfaches Hotelzimmer mit Gemeinschaftsbad. Wer in einer kleinen Gruppe reist, kann durch das Belegen von Mehrbettzimmern Geld sparen. In vielen Touristenorten bieten Hotels günstige Schlafsäle *(dormitorios)* an.

So gut wie alle Hotelzimmer sind bei der Tourismusbehörde INGUAT registriert, die auch die maximalen Preise festsetzt. Letztere sind einem Aushang im Zimmer oder an der Rezeption zu entnehmen. Der zulässige Endpreis ergibt sich, wenn man 22 % Steuern (12 % Mehrwertsteuer und 10 % für das INGUAT) addiert. Darauf sollte man im Zweifelsfall verweisen und nicht mehr bezahlen. Viele Hotels unterschreiten die Preisvorgaben von INGUAT aus Wettbewerbsgründen. Man sollte daher vor allem in der Nebensaison über den Zimmerpreis verhandeln.

Preiskategorien

Die Hotels sind in zehn Kategorien eingeteilt. Die Angaben gelten für ein Doppelzimmer.

❶	bis Q50
❷	bis Q100
❸	bis Q150
❹	bis Q200
❺	bis Q250
❻	bis Q300
❼	bis Q400
❽	bis Q500
❾	bis Q700
❿	über Q700

Wem das gezeigte Zimmer nicht gefällt, der sollte sich Alternativen zeigen lassen. Immer prüfen, ob das Wasser im Bad funktioniert! Viele Hotels verfügen über Elektroduschen, bei denen die Wassertemperatur von der durchlaufenden Wassermenge abhängt. Je schwächer der Wasserstrahl, desto heißer das Wasser. In einigen einfacheren Hotels gibt es nur zu bestimmten Zeiten warmes Wasser. Außer in den Billigunterkünften sind Handtuch und Seife meist im Preis enthalten, man erhält sie allerdings bisweilen erst auf Nachfrage. Da die Toiletten aufgrund der engen Abflussrohre und des geringen Wasserdrucks schnell verstopfen, empfiehlt es sich, Toilettenpapier, Tampons etc. immer in die bereitgestellten Abfalleimer zu werfen. Ein im Preis enthaltenes Frühstück ist selbst bei besseren Hotels eine Seltenheit.

Ventilator oder Klimaanlage sind eigentlich nur am Pazifik, der Karibik und der Provinz Petén nötig. Zimmer mit Klimaanlage sind deutlich teurer. Bessere Hotels bieten ihren Gästen in diesen Regionen Moskitonetze an. Die Anschaffung eines eigenen Moskitonetzes lohnt sich für diejenigen, die bevorzugt in Billigunterkünften übernachten und mehrtägige Touren im Regenwald unternehmen.

Schwierigkeiten bei der Zimmersuche kann es während der Osterwoche (Semana Santa), der Weihnachtszeit (Navidad) sowie an Feiertagen und Fiestas geben, an der Pazifikküste auch an Wochenenden. Bevorzugte Reiseziele der Einheimischen während diesen Zeiten sind außer der Pazifikküste der Atitlán-See, Antigua, die Karibik und der Petén, wo die Preise dann Rekordhöhen erreichen. Es empfiehlt sich für diese Zeiträume, rechtzeitig ein Zimmer zu reservieren.

Weitere Übernachtungsmöglichkeiten

Jugendherbergen

Jugendherbergen sind in Guatemala unbekannt. In einigen touristischen Orten ist das bekannte Jugendherbergssymbol mit der Aufschrift „Hostelling International" zwar zu sehen, meist verbirgt sich dahinter aber nur eine einfache Unterkunft mit Etagenbetten ohne jeden Preisnachlass für Karteninhaber.

Zimmer mit Familienanschluss

Überall dort, wo es Sprachschulen gibt, hat man die Möglichkeit, für wenig Geld bei einer einheimischen Familie zu übernachten. Dies ist allerdings nicht immer ohne die Teilnahme an einem Sprachkurs möglich. Die Kosten liegen in Antigua bei ca. 60–70 € pro Woche für Unterkunft und drei Mahlzeiten täglich (außer sonntags). Die Zimmer sind aber meist sehr klein und laut, und in den bekannteren Orten kann von Familienanschluss nicht mehr die Rede sein. Besonders in Antigua verdienen viele Familien sich auf diese Weise ein Zubrot: Mit der Unterbringung von Studenten und Reisenden nehmen sie oft sogar mehr ein als mit ihrer eigentlichen Berufstätigkeit. In vielen Fällen sind mehrere Studenten gleichzeitig bei einer Familie untergebracht und essen auch zusammen. Die Familie lässt sich fast nur noch zum Abkassieren blicken. Als Faustregel gilt: Je entlegener der Ort der Sprachschule, desto enger der Familienanschluss. Informationen über ein Zimmer mit Familienanschluss bekommt man bei allen Sprachschulen.

Apartments

Wer sich längere Zeit an einem größeren Ort aufhält, kann dort günstig möblierte Apartments oder Zimmer mieten. Minimum hierfür sind vier Wochen. Von einer Kaution und einem formalen Mietvertrag wird oft abgesehen. Infos darüber findet man in allen Aushängen und Notiztafeln, in Sprachschulen oder den örtlichen Veranstaltungsmagazinen. In Tageszeitungen offerierte Zimmer bzw. Apartments werden meist formaler und langfristiger vermietet.

Camping

Zelten ist eher unüblich in Guatemala, dementsprechend dünn gesät sind Campingplätze. Schöne Zeltplätze gibt es in Tikal, Panajachel, Poptún (Finca Ixobel), El Remate und an der Lagune Yaxhá. In den meisten Nationalparks ist das Zelten gestattet, aber in einigen privaten Schutzgebieten (z. B. Biotopo del Quetzal) ist eine Erlaubnis erforderlich (Näheres dazu im jeweiligen Kapitel). Wer im Hochland wandert und/oder mehrere Vulkane besteigen möchte, sollte darüber nachdenken, ein eigenes Zelt mitzunehmen.

Man kann eine Camping-Ausrüstung aber auch in Antigua und Quetzaltenango mieten (Adressen in den jeweiligen Regionalkapiteln).

Dringend abzuraten ist im Allgemeinen von wildem Camping, da das Risiko, überfallen zu werden, einfach zu groß ist.

Bei Wanderungen im Hochland sollte man sich ein Plätzchen in der Nähe einer Gemeinde suchen, diese aber vorher um Erlaubnis fragen. Man kann auch fragen, ob man im Schulgebäude oder dem Gebäude der Stadtverwaltung *(municipalidad)* übernachten darf. Zeltübernachtungen auf Vulkanen sind ziemlich sicher, besonders an Wochenenden, wenn auch Einheimische dort oben campen. Ansonsten empfiehlt es sich, in einer kleinen Gruppe zu campen. Praktisch sind die von einigen örtlichen Veranstaltern angebotenen Wandertouren und Vulkanbesteigungen. Die geliehene Ausrüstung ist in den meisten Fällen im Gesamtpreis enthalten.

Unterhaltung

Auch wenn es in Lateinamerika vielleicht temperamentvollere Länder als Guatemala gibt, kann man dennoch gut „abfeiern". Während die Einheimischen außer an Feiertagen nur am Wochenende ausgehen, ist in den Touristenorten auch unter der Woche was los. Die Partyhochburgen sind Antigua, Panajachel und San Pedro am Atitlán-See. An Wochenenden geht es auch in Livingston an der Karibikküste, Monterrico am Pazifik und Quetzaltenango hoch her. Leider ist der offizielle Teil um 1 Uhr morgens zu Ende, wenn die gesetzliche Sperrstunde *(ley seca)* zum Schließen von Lokalen und Disctheken verpflichtet (in Antigua seit 2010 bereits um Mitternacht!). Dennoch wird hinter verschlossener Tür auf den sogenannten „Afterpartys" weitergefeiert. Wo diese stattfinden, spricht sich rum oder man erfährt es vom Barkeeper.

Guatemalteken tanzen gerne und viel. Auf vielen Familienfeiern spielen Live-Bands und auch in Discos steht man nicht lange rum, bevor getanzt wird. Dabei ist eine Aufforderung zum Tanzen nicht gleich als „Anmache" zu verstehen. Auch die einheimischen Männer tanzen gerne. In Touristenorten wird Salsa-Unterricht angeboten und in den entsprechenden Discos kann man zeigen, was man gelernt hat. Live-Konzerte finden überwiegend in Antigua und der Hauptstadt statt. In Guatemala-Stadt gibt es eine kleine Jazzszene und einige sehenswerte Liedermacher, die hier Trovadores genannt werden. Zu einer meist akustischen Gitarre singen sie Lieder mit sozialkritischen Texten. Im guatemaltekischen Hochland (Ausnahme: Atitlán-See und Quetzaltenango) geht es beschaulicher zu. Gefeiert werden meist nur Heiligenfeste und religiöse Feiertage (s. S. 43), die oftmals in Besäufnissen enden.

Fußball ist Volkssport Nummer eins in Guatemala. Für Fußballbegeisterte lohnt sicher ein Spiel der Primera División, wie die erste Liga hier genannt wird. Vor allem im Ladino-geprägten Osten des Landes kann man auf einigen Dorffesten Stierkämpfe miterleben, die unblutig verlaufen. Auch Hahnenkämpfe ziehen eine große Anzahl Zuschauer an. Einmal jährlich findet die Vuelta de Guatemala statt, ein mehrtägiges Radrennen durch das Landesinnere.

Verhaltenstipps

Andere Länder, andere Sitten: Diese so oft gebrauchte Floskel ist noch immer gültig – trotz internationaler Hotelketten, der Verbreitung von Fast Food und der globalen Vernetzung. Wer in ferne Länder reist, tut dies in der Regel mit der Absicht, fremde Kulturen und die dort lebenden Menschen kennenzulernen. Wie es dann allerdings mit der Umsetzung dieser Absicht vor Ort aussieht, ist eine andere Frage: Viele Traveller wollen die Reize des Gastlandes kennenlernen, aber zugleich nicht auf westlichen Komfort verzichten. So bewegen sie sich stets innerhalb einer austauschbaren touristischen Scheinwelt, ohne das eigentliche Guatemala zu erleben. Man reist von Ort zu Ort, bleibt unter seinesgleichen und hat immer eine warme Dusche und ein kaltes Bier zur Hand. Die Gespräche von Reisenden, die auf diesem „Gringo-Trail" unterwegs sind, kreisen oft nur um billige Unterkünfte und Szene-Kneipen.

Die Kontakte mit Einheimischen bleiben im wahrsten Sinne des Wortes auf der Strecke. Dabei sind es gerade diese kleinen Begegnungen, die im Gedächtnis haften bleiben und die den eigentlichen Reiz der Reise ausmachen. Wer sich auf dem Indígena-Markt eine ruhige Ecke zum Beobachten sucht, wer einem Heiligenfest in einem Dorf abseits der großen Routen beiwohnt, wer wandert, statt nur im Bus zu sitzen, wird das Land mit anderen Augen sehen.

Guatemalteken sind meist offene, unkomplizierte und sehr hilfsbereite Menschen. Jeder redet mit jedem, und Kontakte sind ganz schnell geknüpft. Wer als Tourist hilflos mit einem Straßenplan an einer Kreuzung steht, wird schnell angesprochen. Des Öfteren bekommt man dann Empfehlungen wie *recto* (geradeaus) oder *a la vuelta* (um die Ecke) zu hören, die oftmals nur bedingt weiterhelfen. Wer nach Entfernungen und zeitlichen Distanzen fragt, wird bei drei Fragen drei verschiedene Antworten erhalten. Gesicht wahren heißt die Devise der Einheimischen und dazu gehören kleine oder größere Notlügen, wenn man die korrekte Antwort nicht weiß. Zurückhaltender sind die Menschen in entlegenen Gebieten vor allem dort, wo der Bürgerkrieg seine Spuren hinterlassen hat. Aufgrund der schlechten Erfahrungen und vieler Entbehrungen sind Dorfbewohner oft zu Recht misstrauisch und vorsichtig geworden.

Betteln

Gebettelt wird an Orten, wo Reich und Arm aufeinanderprallen, also verstärkt in der Hauptstadt und in allen touristischen Zentren. Überwiegend sind es Kinder, die zum Teil von ihren Eltern zum Betteln angehalten werden. Kindern sollten auf keinen Fall Geld, Süßigkeiten oder Ähnliches gegeben werden. Sie gewöhnen sich sehr schnell an diese Gaben und schwänzen dann die Schule. Wer Kindern wirklich helfen möchte, sollte sich an entsprechende Organisationen wenden. Dazu zählt z. B. Unicef, das Kinderhilfswerk der Vereinten Nationen, oder das Freiwilligennetzwerk Proyecto Mosaico Antigua. Aufgrund fehlender sozialer Netze bilden gerade Ältere und Behinderte Randgruppen, denen oft nichts anderes übrig bleibt, als zu betteln. Eine kleine Spende tut in diesen Fällen niemandem weh und hilft diesen Menschen, ein menschenwürdigeres Dasein zu führen.

Einladungen

Höhepunkt einer Reise ist sicherlich eine private Einladung einer guatemaltekischen Familie. Saubere, ordentliche Kleidung versteht sich bei einem solchen Ereignis von selbst. Wer auf dem Land bei einer indianischen Familie eingeladen ist, sollte den Gastgebern etwas zum Essen als Geschenk mitbringen. Eine gute Idee sind außerdem ein paar Mitbringsel von zu Hause (Münzen, Postkarten und private Fotos). So etwas lockert die Atmosphäre und bietet eine Menge Gesprächsstoff. In allen Fällen freut sich die Hausherrin über ein paar Blumen. In jedem Fall aber wird der Gast mit Essen und Trinken bewirtet.

Ehe und Familie

Nach außen gilt die Familie immer noch unangefochten als wichtigster Sozialverband in der guatemaltekischen Gesellschaft. Ein Freundeskreis, falls er existiert, rangiert in seiner Bedeutung immer unter der Familie. Die Rollen sind in allen Gesellschaftsschichten klar verteilt: Der Mann ist Beschützer und Ernährer seiner Familie, während die Frau sich weitestgehend allein um Haushalt und Kinder kümmert. Nachwuchs wird als Gabe Gottes betrachtet; viele Kinder zu haben, heißt, sehr fruchtbar zu sein, und verschafft daher Anerkennung. Familien mit fünf Kindern und mehr sind besonders auf dem Land keine Seltenheit. Es ist nicht ungewöhnlich, dass Kinder auch noch nach der Heirat bei den Eltern wohnen. Von der Frau wird erwartet, dass sie jungfräulich in die Ehe geht.

Geheiratet wird besonders unter den Indígenas sehr jung. Es kommt nicht selten vor, dass das Brautpaar bei der Hochzeit noch nicht volljährig ist. In vielen indianischen Ehegemeinschaften hat auch der Mann vor der Heirat noch keine sexuelle Erfahrung. Ladino-Männer greifen hierfür eher auf Prostituierte zurück, vor allem in der Hauptstadt. Prostitution ist zwar offiziell verboten, wird aber geduldet.

Die Scheidungsrate ist außer bei indianischen Paaren sehr hoch. Viele Frauen haben die Rolle alleinerziehender Mütter, die aber nur selten von den Vätern der Kinder unterstützt werden. Kindesmissbrauch und Gewalt in der Ehe sind trauriger Alltag, werden aber von der Gesellschaft tabuisiert.

Fotografieren

Das Fotografieren von Personen ist ein heikles Thema, über das man sich Gedanken machen sollte. Wer wird schon selbst gern ohne Einwilligung von einer fremden Person aus nächster Nähe beim Autowaschen oder Beten in der Kirche abgelichtet? Wegen eines guten Schnappschusses religiöse Zeremonien zu stören, Menschen aus allernächster Nähe ohne deren Zustimmung zu fotografieren, ist respektlos. Auch ohne Sprachkenntnisse sollte man Blickkontakt mit den Menschen aufnehmen, die man fotografieren möchte – und ein Nein akzeptieren. Jeder Einheimische hat das Recht, für ein Foto Geld zu verlangen. Posieren ist eine Dienstleistung, aber mit dem Kauf von ein paar Bananen erwirbt man sich nicht automatisch das Recht, die Verkäuferin abzulichten. Jeder muss dann für sich entscheiden, ob ihm das Foto den geforderten Preis wert ist. Wenn es eine Möglichkeit dazu gibt, sollte man Adressen notieren und den jeweiligen Personen Abzüge der Fotos schicken. Dies ist zwar aufwändig, aber eine nette Geste.

Gäste in einem fremden Land

Wer in Guatemala reist, sollte versuchen, sich auf die fremde Mentalität einzulassen und nicht nur Vergleiche zu ziehen. Natürlich ist in Deutschland alles anders, aber ob es deswegen besser ist, bleibt dahingestellt. Respekt, Toleranz und Zurückhaltung sind die wichtigsten Tugenden eines Reisenden auf fremdem Terrain. Man kann nicht erwarten, in ein paar Wochen oder Monaten komplexe Verhaltensmuster der Einheimischen zu erfassen und zu verstehen. Viele Dinge heißt es, so zu akzeptieren wie sie sind, auch wenn man fest davon überzeugt ist, dass sie nicht sinnvoll sind. Direkte Kritik ist in Guatemala unüblich, selbst wenn sie aus unserer Sicht angebracht wäre. In diesem Punkt reagieren Guatemalteken sehr sensibel. Zurückhaltung ist angebracht, denn wer anfängt zu brüllen oder beleidigend zu werden, erreicht oft nur das Gegenteil. Dies gilt besonders für Kontakte mit der Staatsgewalt und mit öffentlichen Angestellten. Höflichkeit, und sei sie auch nur vorgeschoben, ist ein wichtiger Aspekt menschlichen Zusammenlebens in Guatemala. Händeschütteln bei Begrüßung und Verabschiedung ist allgemein üblich.

Gringo

Ursprünglich waren damit die verhassten nordamerikanischen Soldaten gemeint, die im 19. Jh. in ihren grünen Uniformen zu Mexiko gehörende Gebiete annektierten. Aus dem Ausruf „Green go!" der Bewohner dieser Gebiete wurde dann im Laufe der Zeit *Gringo*. Für die Guatemalteken sind alle hellhäutigen Touristen zunächst einmal Gringos. Dieser nicht unbedingt abwertend gebrauchte Begriff hat eher die allgemeine Bedeutung „Fremder", kann aber bei entsprechender Betonung auch zum Schimpfwort werden. Oft rufen die Kinder fremden Besuchern diesen Begriff hinterher. Es schadet daher nicht, sich als Deutscher zu erkennen zu geben. Wenn sich dann die darauf folgenden Bemerkungen um die nationalsozialistische Vergangenheit, Fußball und die Frage, ob Deutschland wirklich wiedervereinigt sei, drehen sollten, ist Gelassenheit geboten. Es stecken gewöhnlich keine bösen Absichten dahinter.

Kleidung

In Guatemala achtet man sehr auf ein gepflegtes äußeres Erscheinungsbild. Selbst in den einfacheren Bevölkerungsschichten trägt man ordentliche, saubere Kleidung. Unverständnis bis hin zu Verachtung ernten Reisende, die in abgewetzter, löchriger Kleidung oder gar barfuß umherlaufen. Für die meisten Guatemalteken ist es nicht nachvollziehbar, wenn ein ausländischer Besucher, der sich einen teuren Flug leisten konnte, in schäbiger Kleidung auftritt. Richtiggehend lächerlich macht sich, wer indianische Kleidung trägt.

Generell hat sich die Kleiderordnung etwas gelockert. Es ist nicht ungewöhnlich, in touristischen Orten oder am Strand mit kurzer Hose, Rock oder Träger-Shirt zu flanieren. Frauen sollten jedoch immer einen BH unter ihrer Kleidung tragen und sich der Anziehungskraft kurzer Kleidungsstücke auf die einheimische Männerwelt bewusst sein. Außerhalb der Touristenhochburgen und besonders im Hochland gelten strengere Regeln: Die Kleidung ist wesentlich konservativer, hier sind ein langer Rock bzw. lange Hosen angebracht. Nacktbaden ist in Guatemala unbekannt, und dies sollte auf jeden Fall respektiert werden. Selbst ein Bikini ist bei einheimischen Frauen selten zu sehen. Viele von ihnen tragen über dem Badeanzug noch ein T-Shirt.

Religion

In Guatemala spielt die Religion (s. S. 153) traditionell eine große Rolle im Leben der Bevölkerung. Wie auch immer man zu den einzelnen Glaubensrichtungen eingestellt sein mag: Das oberste Gebot heißt Zurückhaltung. Wer Kirchen betritt, sollte sich dementsprechend kleiden und sich ruhig und unauffällig verhalten. Einem eventuellen Fotografierverbot an heiligen Stätten ist unbedingt Folge zu leisten.

Sprachkenntnisse

Die Sprache ist der Schlüssel zu fremden Kulturen. Je besser man eine fremde Sprache spricht und versteht, desto intensiver ist der Kontakt zur einheimischen Bevölkerung. Während man sich in der Hauptstadt und den Touristenorten, besonders in größeren Hotels und Restaurants, noch mit Englisch durchschlagen kann, ist bei Reisen abseits der ausgetretenen Pfade ein kleiner Spanischwortschatz unerlässlich. Ein paar Begrüßungs- und Höflichkeitsfloskeln in Spanisch kann sich auch der Unbegabteste aneignen.

Allein dies zeugt von Respekt vor der Bevölkerung des Gastlandes, und der gute Wille allein wird von jedem Einheimischen honoriert.

Gerade Guatemala ist bekannt für seine große Anzahl von Spanisch-Sprachschulen. In vielen Gegenden des guatemaltekischen Hochlands wird vorwiegend eine indianische Sprache gebraucht, gerade Frauen sprechen dort oft sehr wenig Spanisch. Wer sich zusätzlich ein paar Brocken solch einer Indígena-Sprache aneignet, erleichtert sich den Zugang zur jeweiligen ethnischen Gruppe. Deutsch ist kaum verbreitet: Obwohl es viele Guatemalteken deutscher Abstammung gibt, sprechen die meisten von ihnen in der vierten oder fünften Generation kein Deutsch mehr. Spanisch lernen in Guatemala s. S. 62.

Zeitbegriff

In Guatemala gehen die Uhren anders als in Europa. Was heute nicht geht, geht vielleicht morgen. Warten gehört zum Alltag. Lange Schlangen vor Banken und staatlichen Einrichtungen sind Routine; man erträgt sie stoisch bis gelassen (Vordrängeln ist aber beliebt). Da die meisten Busse keine festen Fahrpläne haben, stellt man sich einfach an die Straße und wartet, bis einer kommt. Auch in Restaurants geht es oft durchaus gemächlich zu: Bestellen, Essen, Zahlen kann eine geraume Weile dauern. Am besten passt man sich diesem Rhythmus an. Wer langsam reist, sieht mehr!

Versicherungen

Reisekrankenversicherung

Wichtig ist eine ausreichende Reisekrankenversicherung. Nur wenige private Krankenkassen bieten weltweiten Schutz im Krankheitsfall, d.h. jeder muss für seine Reise in die Karibik eine Auslandskrankenversicherung abschließen.

Die meisten Reisebüros und einige Kreditkartenorganisationen bieten derartige Versicherungen an. Bei Krankheit – speziell Krankenhausaufenthalten – kann sehr schnell eine erhebliche Summe zusammenkommen, die aus eigener Tasche bezahlt werden müsste.

Ist man versichert, kann man die Kosten gegen Vorlage der Rechnungen zu Hause geltend machen.

Einschränkungen gibt es natürlich auch hier, besonders bezüglich Zahnbehandlungen (nur Notfallbehandlung) und chronischen Krankheiten (Bedingungen durchlesen).

Die später bei der Versicherung einzureichende Rechnung sollte folgende Angaben enthalten:

- Name, Vorname, Geburtsdatum
- Behandlungsort und -datum
- Diagnose
- erbrachte Leistungen in detaillierter Aufstellung (Beratung, Untersuchungen, Behandlungen, Medikamente, Injektionen, Laborkosten, Krankenhausaufenthalt)
- Unterschrift des behandelnden Arztes, Stempel

Wer im Ausland schwer erkrankt, wird zu Lasten der Versicherung heimgeholt, wenn er plausibel darlegen kann, dass am Urlaubsort keine ausreichende Versorgung gewährleistet ist. Dann geht es mit Linienmaschinen oder auch mit eigens losgeschickten Ambulanzflugzeugen nach Hause.

Reiserücktrittsversicherung

Bei einer pauschal gebuchten Reise ist die Reiserücktrittsversicherung meist im Preis inbegriffen. Es empfiehlt sich zur Sicherheit nachzufragen. Eine individuelle Reise kann ebenfalls versichert werden. Manche Reisebüros vermitteln derartige Versicherungen.

Eine Reiserücktrittsversicherung muss kurz nach Buchung (in der Regel spätestens 14 Tage danach) abgeschlossen werden. Bei Krankheit oder Tod eines Familienmitglieds oder Reisepartners ersetzt die Versicherung in der Regel die anfallenden Stornokosten der Reise. Bei Reiseunfähigkeit wegen Krankheit ist ein ärztliches Attest vorzuweisen. Die Kosten der Versicherung richten sich nach dem Preis der Reise und der damit verbundenen Höhe der Stornogebühren, meist zwischen 15 und 90 € p. P., z. T. mit Selbstbeteiligung.

Reisegepäckversicherung

Viele Versicherungen bieten auch eine Absicherung des Gepäcks. Die Bedingungen für den Ersatz der verlorenen Gegenstände sind immer sehr eng gefasst. Daher sollten die Versicherungsbedingungen genau gelesen werden und das eigene Verhalten den Bedingungen angepasst werden.

Gepäck darf z. B. nicht unbewacht in abgestellten Kraftfahrzeugen zurückgelassen werden und Kameras und Fotoapparate müssen, um vor Straßenräubern sicher zu sein, quer über der Brust und nicht nur über der Schulter getragen werden. Bargeld ist nie versichert und auch bei Schmuck und Foto- und Videogeräten wird meist nur ein Bruchteil des Wertes ersetzt.

Wer sich für eine Reisegepäckversicherung entscheidet, sollte darauf achten, dass diese Weltgeltung besitzt und die Reisedauer in ausreichender Höhe absichert. Bei einem Schadensfall muss der Verlust bei der Polizei gemeldet werden. Hilfreich ist hierbei eine vorher angefertigte **Checkliste**, auf der alle Wertgegenstände verzeichnet und beschrieben sind. Alle wichtigen Gegenstände im Handgepäck befördern. Eine Reisegepäckversicherung mit einer Deckung von etwa 2000 € kostet für 24 Tage ca. 30 €, ein Jahresvertrag 60–70 €.

Fotoversicherung

Da Foto- und Videogeräte selten ganz abgesichert sind, bietet sich bei der Mitnahme einer guten Kamera eine zusätzliche Fotoapparate-Versicherung an. Diese ist relativ teuer, die Gebühr richtet sich nach dem Wert der Ausrüstung oder der angesetzten Versicherungssumme.

Visa

Bürger aus Mitgliedstaaten der Europäischen Union sowie der Schweiz können sich ohne Visum mit einem mind. sechs Monate gültigen Reisepass maximal 90 Tage im Land aufhalten. Dieser Zeitraum ist um drei Monate verlängerbar. Mit einigem Aufwand lassen sich die Formalitäten bei der Dirección General de Migración, 6. Av. 3-11, Zona 4, ✆ 24112411, Anschluss 2006, in der Hauptstadt abwickeln (s. u.).

Wer die genehmigte Aufenthaltsdauer überschreitet, muss bei der Migración eine Strafe von Q10 pro Tag entrichten, sonst wird die Ausreise verweigert. Wichtig: Die Strafe kann nicht am Flughafen bezahlt werden!

Aufenthaltsverlängerung

Um die Aufenthaltsdauer von 90 Tagen zu verlängern, gibt es zwei Möglichkeiten. Zum einen die Ausreise in ein Nachbarland – vorzugsweise Mexiko oder Belize, da Honduras, El Salvador und Nicaragua zusammen mit Guatemala inzwischen eine Zollunion bilden und man erst in Costa Rica bzw. bei der Rückkehr nach Nicaragua wieder einen Stempel erhält. Nach 72 Stunden kann man erneut nach Guatemala einreisen (gegen ein Trinkgeld oftmals am selben Tag noch) und bekommt erneut 90 Tage Aufenthaltsgenehmigung.

In der Zweigstelle der Einwanderungsbehörde (Migración) in Guatemala-Stadt kann man einmalig eine Aufenthaltsverlängerung von 90 Tagen beantragen. Dazu muss man eine komplette Kopie des Reisepasses und die Kopie einer Kreditkarte (Vorder- und Rückseite) abgeben und die Originalkarte (sollte noch drei Monate gültig sein) oder ein Flugticket vorzeigen. Außerdem muss die Eidesstattliche Erklärung eines einheimischen Garanten und dessen letzter Bankauszug, der mind. Q3000 belegen muss, vorgezeigt werden, s. 💻 www.migracion.gob.gt.

Die Kosten für die Verlängerung betragen Q250, die der Eidesstattlichen Erklärung nochmals etwa Q250. Nach 2–3 Tagen Bearbeitungszeit kann man sich seinen Pass wieder abholen (sicherheitshalber vorher anrufen!).

Weiterreise

Mexiko

Nach Mexiko gelangt man per Bus oder Pkw über die Pazifikküste nach Tapachula in der mexikanischen Provinz Chiapas (**Grenzübergänge El Carmen** und weiter südlich **Tecún Umán**). Von hier geht es weiter ab Tapachula per Flugzeug oder in 24 Stunden im Bus nach Mexiko-Stadt. Weiter nördlich über Huehuetenango kommt man zum Grenzort **La Mesilla**, von wo aus man nach San Cristóbal de las Casas und Tuxtla Gutiérrez gelangt. Außerdem kann man über die Provinz Petén mit Bus und Boot nach Mexiko einreisen. Dabei muss in jedem Fall der Grenzfluss Usumacinta überquert werden.

Ziel ist in fast allen Fällen die Maya-Stadt Palenque, die über drei verschiedene Routen zu erreichen ist: Von **El Naranjo** über den Río San Pedro und Tenosique (Mexiko), über **Bethel** und Frontera Corozal (Mexiko) oder **Sayxaché** und Benemérito (Mexiko). Nur sehr selten werden die Grenzübergänge bei **Gracias a Dios** (Provinz Huehuetenango) und nördlich von **Playa Grande** (Provinz Quiché) genutzt. Von Flores aus gibt es zudem Direktbusse durch Belize bis nach Chetumal in der mexikanischen Provinz Quintana Roo. Von hier aus erreicht man in kurzer Zeit Tulum, Playa del Carmen oder Cancún. Direktflüge gibt es nur nach Mexiko-Stadt oder mit Zwischenstopp in Flores nach Cancún. Für die Einreise ist ein sechs Monate gültiger Reisepass erforderlich.

Botschaft von Mexiko
2. Av. 7-57, Zona 10, Guatemala-Stadt
✆ 24203400, 📠 24203410,
✉ embamexguate@itelgua.com

Belize

Von Flores in der Provinz Petén gelangt man über die **Grenzstation Melchor de Mencos** nach San Ignacio, Belize-City und zu den vorgelagerten Koralleninseln (z. B. Caye Caulker). Nur per Boot ist Punta Gorda im Süden Belizes von **Livingston** oder **Puerto Barrios** aus zu erreichen. Von

Punta Gorda aus erreicht man Placencia, das Jaguarreservat und die Hauptstadt Belmopán. Flüge gibt es lediglich von Guatemala-Stadt über Flores nach Belize-City, Einreise mit sechs Monate gültigem Reisepass. Aufenthaltsdauer max. 30 Tage (Verlängerung bis zu drei Monaten möglich). Schweizer benötigen vor der Einreise nach Belize ein Visum. Dies bekommt man im Konsulat von Belize in Genf, rue du Mont Blanc 7, 1201 Genève 17, ✆ 022-9068428, 📠 9068429.

Botschaft von Belize
5. Av. 5-55, Zona 14, Edif. Euro Plaza Torre 2
Of. 1502, Guatemala-Stadt
✆ 23673883, 📠 23673884,
✉ embelguat@yahoo.com

El Salvador

Zur Hauptstadt San Salvador verkehren täglich von Guatemala-Stadt aus mehrere Direktbusse (Näheres s. dort). Auf guten Straßen passiert man die Grenze auf der CA2 bei **Ciudad Pedro de Alvarado**, auf der CA8 bei **Valle Nuevo** und auf der CA1 (Interamericana) bei **San Cristóbal**. Vom Grenzübergang Anguiatú weiter nordöstlich ist San Salvador via Metapán zu erreichen. Zudem gibt es Direktflüge. Für die Einreise benötigt man einen sechs Monate gültigen Reisepass.

Botschaft El Salvadors
Av. Las Americas 16-46, Zona 13
Guatemala-Stadt
✆ 22457272, 📠 23321228,
✉ emsalva@intelnet.net.gt

Honduras

Einreisemöglichkeiten nach Santa Rosa de Copán und Gracias Lempira (Nationalpark Celaque) bestehen über Esquipulas und den Grenzort **Agua Caliente**. Wer zur Maya-Stätte Copán will, nimmt den Grenzübergang bei **El Florido**. Von Puerto Barrios ist die Grenzüberschreitung Richtung Omoa und Puerto Cortés bei **Corinto** in Honduras möglich. Flüge von Guatemala-Stadt nach Tegucigalpa und San Pedro Sula legen oftmals einen Zwischenstopp in El Salvador ein. Einreise mit sechs Monate gültigem Reisepass.

Botschaft von Honduras
19 Av. "A" 20-19, Zona 10
Guatemala-Stadt
✆ 23665640, 📠 23635593,
✉ embhond@intelnet.net.gt

Zeit

Guatemala liegt 7 Stunden hinter unserer Zeit zurück (während der Sommerzeit minus 8 Std.), ist es z. B. in Deutschland 15 Uhr, ist es in Guatemala 8 bzw. 7 Uhr morgens.

Zoll

Bei der **Einreise** nach Guatemala per Flugzeug werden selten stichprobenartig Zollkontrollen durchgeführt. Offiziell dürfen zollfrei eingeführt werden: zehn Foto- oder Diafilme, 3 l Alkohol und 400 g Tabakwaren. Auf Drogenschmuggel stehen auch für kleinste Mengen hohe Strafen. Bei Flügen aus Südamerika, besonders aus Kolumbien, warten Spürhunde auf die Ankommenden. Die **Ausfuhr** von archäologischen Fundstücken und Orchideen ist streng untersagt. Die Ausfuhr landestypischer Webarbeiten ist bis zu einer Menge von 10 kg gestattet. Weitere Informationen erhält man bei der Zollbehörde:

Aduana Central
Einfuhr auf dem Landweg:
KM 8.5 Carretera al Atlántico, Zona 18
Guatemala-Stadt
✆ 22550333, G Mo–Fr 8.30–18 Uhr
Einfuhr auf dem Luftweg:
Flughafen La Aurora, Zona 13
Guatemala-Stadt
✆ 22613299

Land und Leute

Geografie S. 82
Flora und Fauna S. 84
Umwelt- und Naturschutz S. 93
Bevölkerung S. 101
Geschichte S. 105
Staat und Politik S. 124
Wirtschaft S. 126
Kultur S. 139
Die christliche Kirche S. 153
Die Hochkultur der Maya S. 156

Geografie

Steile Vulkane ragen aus der waldigen Hochebene in den Himmel, tiefe Täler durchschneiden die Gebirgsketten, ein Flickenteppich aus bewirtschafteten Feldern erstreckt sich über das Land – doch dies ist nur eine von zahlreichen Facetten, die Guatemalas Landschaften charakterisieren. Auf einer Fläche von 108 889 km^2, die etwa der Größe der fünf neuen Bundesländer entspricht, wird das Land von einer enormen Vielfalt an Landschaftsräumen und Klimazonen geprägt. Guatemala liegt zwischen dem nördlichen Wendekreis und dem Äquator auf einer Breite von 13°44' bis 18°30' und einer Länge von 87°24' bis 92°14'. Im Süden grenzt es an El Salvador, im Osten an Honduras, im Nordosten an Belize und im Norden und Westen an Mexiko.

Von Mexiko aus reichen die Ausläufer von Gebirgszügen in das Land und bilden den Altiplano, das guatemaltekische Hochland. Es sind zum einen die **Cuchumatanes-Berge**, die Höhen von 3800 m erreichen und die Provinzen im Nordwesten des Landes von West nach Ost durchziehen. Zum anderen erstreckt sich weiter südlich die **Sierra Madre**. Sie wird von einer Kette aus 33 Vulkanen begrenzt, die parallel zur Pazifikküste von Mexiko bis El Salvador verläuft. Der Vulkan **Tajumulco** ist mit 4220 m nicht nur die höchste Erhebung Guatemalas, sondern ganz Zentralamerikas. 43 % der Landesfläche liegen auf einer Höhe über 1500 m und 20 % sogar über 3000 m. Im Norden fällt das Hochland zum Kalksteinplateau der Halbinsel **Yucatán** und im Osten zur Karibikküste ab.

Der pazifische Küstengürtel – Costa Sur

Von Nordwest bis Südost erstreckt sich ein 250 km langer und nur 50 bis 80 km breiter Landstreifen zwischen der Vulkankette und dem Pazifik, der sich in zwei geografische und klimatische Zonen unterteilen lässt. An den westlichen Vulkanabhängen oberhalb der pazifischen Tiefebene verläuft auf Höhen von ca. 500 bis 1000 m die **Bocacosta**, die sich durch ein gemäßigtes, regenreiches Klima auszeichnet. Der sandige Vulkanboden ist ideal für den Anbau von Kaffee, weshalb diese Region auch als Kaffeegürtel Guatemalas bezeichnet wird. Viele enge und steile Flussläufe durchschneiden die Bocacosta und verbreitern sich erst weiter unten im **pazifischen Tiefland**, wo sie regelmäßig Überschwemmungen hervorrufen. Diese landschaftlich uniforme Ebene gehört aufgrund vulkanischer Ablagerungen zu den fruchtbarsten Gebieten des Landes.

Vulkane

Zu den landschaftlichen Schönheiten Guatemalas zählt die Vulkankette, die das Land von Westen nach Südosten durchzieht. Die höchsten Vulkane, der **Tajumulco** (4220 m) und der **Tacaná** (4093 m), erheben sich an der Grenze zu Mexiko, während die Vulkane im Osten des Landes lediglich Höhen von 1000 bis 1800 m erreichen.

Die meisten von ihnen sind sogenannte Stratovulkane (Schichtvulkane) mit einer beinahe perfekten Kegelform.

Von den insgesamt 37 Vulkanen sind zurzeit drei aktiv, der Vulkan **Fuego** bei Antigua, der Vulkan **Pacaya** in der Nähe der Hauptstadt und der Vulkan **Santiaguito** bei Quetzaltenango, der 1922 bei einer Eruption des Vulkans **Santa María** entstanden ist.

Wer gern wandert, sollte es nicht versäumen, eine Nacht auf einem der schlafenden Riesen zu verbringen, um beim Sonnenaufgang die Gipfel der Vulkankette zu bewundern.

Relativ einfach zu erreichen und zu besteigen sind die Vulkane **Agua** und **Acatenango** (Nähe Antigua), **Pacaya** (Nähe Hauptstadt), **San Pedro** (Atitlán-See), **Santa María** (Nähe Quetzaltenango) und **Tajumulco** (Nähe San Marcos). Die Vulkane **Chicabal** (Umgebung Quetzaltenango) und **Ipala** (Provinz Chiquimula) sind wegen ihrer sehenswerten Kraterseen einen Ausflug wert.

Mehr zu den Besteigungen in den jeweiligen Regionalkapiteln und im Abschnitt Trekking auf S. 63.

VEGETATIONSZONEN

Neben Viehzucht sowie dem Anbau von tropischen Früchten und Naturkautschuk ist die Küstenregion das Hauptanbaugebiet von Zuckerrohr und Ölpalmen. Den Übergang zum Pazifischen Ozean bilden Süßwasserlagunen, Mangrovenwälder und schwarzer Sandstrand.

Das Hochland – El Altiplano

Zwischen den beiden zentralen Gebirgsketten – der Sierra de los Cuchumatanes und der Sierra Madre – erstreckt sich im Westen und in der Mitte des Landes das guatemaltekische Hochland. Die zum Teil schwer zugängliche Region ist dicht besiedelt und Hauptlebensraum der indigenen Bevölkerung. In den großen breiten Tälern des zentralen Teils befinden sich mit **Guatemala-Stadt** und **Quetzaltenango** die größten Ansiedlungen des Landes. Da die Böden fast ausnahmslos nur zur Forstwirtschaft geeignet sind, hat intensive Kleinbauernwirtschaft zu ökologischen Problemen, wie Erosion oder Überdüngung, geführt.

Große tägliche Temperaturunterschiede charakterisieren das Klima im Altiplano. Im Osten bzw. Norden der beiden großen Gebirgsketten erreichen kleinere Ausläufer in den Provinzen **Alta und Baja Verapaz** nur noch geringe Höhen. Das Klima ist hier etwas milder und regenreicher. Während sich die landwirtschaftliche Produktion im zentralen und westlichen Hochland hauptsächlich auf Grundnahrungsmittel wie Mais, Bohnen und einige Gemüsesorten beschränkt, wird in den Verapaces hauptsächlich Kaffee und Kardamom angebaut.

Vom Osten zur Karibikküste

Der Osten des Landes, **El Oriente** genannt, umfasst das Gebiet östlich der Hauptstadt bis zu den Grenzen von Honduras und El Salvador. Die Region wird durch die Ausläufer der Sierra Madre und der Sierra de los Cuchumatanes im Norden sowie den niedrigeren Teil der guatemaltekischen Vulkankette im Süden geografisch begrenzt. Es ist ein hügeliges, trockenes Gebiet; fruchtbare Anbaugebiete finden sich nur in gut bewässerten Flusstälern. Der Fluss **Motagua**, auch **Río Grande** genannt, ist mit ca. 400 km der längste Strom in diesem Landesteil. Eingebettet zwischen den Gebirgszügen der **Sierra de las Minas** und der **Sierra del Merendón** mündet sein Lauf bei der **Bucht von Omoa** in den **Golf von Honduras**. Je mehr man sich der Küstenregion nähert, desto tropischer wird die Landschaft. Hier liegt der **Izabal-See**, mit 590 km^2 der größte See des Landes, der über den breiten, aber nur 30 km langen **Río Dulce** bei **Livingston** in die Karibik mündet. Neben dem Motagua und dem Río Dulce ist auch der karibische Grenzfluss zwischen Belize und Guatemala, der **Río Sarstún**, schiffbar.

Der Petén

Tropischer Regenwald und unzählige Flussläufe prägen das Bild des nördlichen Landesteils. Der Petén, der etwa ein Drittel der gesamten Landesfläche einnimmt, besteht fast ausschließlich aus einer welligen Kalkplatte, die sich nördlich der **Sierra de Chamá** erstreckt und weiter bis nach **Yucatán** reicht. Ausläufer der **Maya-Berge** bilden im Gebiet bei **Poptún** eine Erhebung (etwa 500 m). Im Osten mündet der **Río Mopán** bei **Belize-Stadt** in das Karibische Meer, im Nordwesten der **Río San Pedro** und der **Río de la Pasión** in den größten Fluss Mittelamerikas, den **Rio Usumacinta**. Er markiert die Grenze zwischen Mexiko und Guatemala. Von seiner Gesamtlänge von ca. 1100 km sind etwa 530 km das ganze Jahr schiffbar. Das größte stehende Gewässer des Petén ist mit rund 99 km^2 Fläche der **Petén Itzá-See**.

Flora und Fauna

Die mittelamerikanische Landbrücke verbindet nord- und südamerikanische Flora und Fauna. In Verbindung mit unterschiedlichen Klima- und Bodenfaktoren hat sie eine enorme Artenvielfalt hervorgebracht. Allein in Guatemala gibt es 14 verschiedene Naturräume, die von Meereshöhe bis auf über 4000 m Höhe reichen. Das Land bietet über 7000 Pflanzen-, 700 Baum- und mehr als 600 Orchideenarten (davon kommen ca. 200 nur hier vor). Auch die Tierwelt hat einige Superlative zu bieten: 251 Säugetier-, mehr als 700 Vogel-, (davon 220 Wandervogelarten), 214 Reptilien-, 112 Amphibien- und 453 Fischarten bevölkern das kleine Land.

Wegen seiner außergewöhnlichen Artenvielfalt hat die Uno Guatemala 2010 in den exklusiven Kreis der megadiversen Länder aufgenommen, einer Gruppe von 19 Staaten, die sich durch eine besonders hohe Biodiversität auszeichnen.

Flora

Ursprünglich war Guatemala ganz mit Wald bedeckt. Doch Brandrodung, illegaler Holzeinschlag, Viehzucht, Plantagenwirtschaft und die Ausdehnung urbaner Flächen haben besonders in den letzten Jahrzehnten dazu geführt, dass der Baumbestand drastisch reduziert wurde. Zurzeit sind nur noch ca. 35 % der Landesfläche mit Wald bedeckt, davon nimmt der tropische Regenwald mit rund 60 % den größten Teil ein. Der Rest setzt sich aus Sekundär- und Strauch-

Charakteristische Baumarten

Deutscher Name	Spanischer Name	Verwendung
Tropenwald		
Mahagoni	Caoba	Edelholzart
Baumwollbaum	Ceiba	Baumwolle, Nationalbaum
Brotnussbaum	Ramón	Essbare Nüsse
Sapodillbaum	Chicozapote	Chicle (Kaugummi), Bauholz
Copalharzbaum	Copal	Weihrauch aus Harz
Kautschukbaum	Palo de hule	Latexprodukte, Spielball der Maya
Mexikanische Zeder	Cedro	Edelholzart
Cohunepalme	Corozo	Speise-, Schmieröl, essbare Nüsse
Campecheholz	Palo de Tinta	Farbstoff, Bauholz
Nelkenpfeffer	Pimienta	Gewürz, Parfüm, medizinische Verwendung
Xate Palme	Xate	Zierpflanze
Palmetto-Palme	Guano	Fasern liefern Hüte, Säcke, Seile etc.
Flamboyant	Malinche	Zierbaum, Bauholz, Farbstoff, Harz
Mexikanische Feige	Amate	Papier aus der Rinde (Maya-Codices)
Rosa Trompetenbaum	Matilisguate	Zierbaum, Bauholz, medizinische Verwendung
Elefantenohr	Conacaste	Bauholz, Schmuck aus Samen
Jacaranda	Jacaranda	Zierbaum, Holzkohle, Baumaterial
Kalebassenbaum	Morro, Jícaro	Gefäße, medizinische Verwendung
Guajakbaum	Guyacán	Hartholz, med. Verwendung, Kunsthandwerk
Berg- und Nebelwald		
Zypresse	Cipres	Brenn- und Bauholz, medizinische Verwendung
Ocote-Kiefer	Pino de Ocote	Harz
Weißföhre	Pino Blanco	Harz, Brennholz
Eiche	Encino, Roble	Brennholz, Gerbstoffe
Süssgummi	Liquidambar	Brennholz, Kosmetik
Tanne	Pinabete	Weihnachtsbaum, Brennholz, Harz
Baumfarn	Chipe	Töpfe für Orchideen, Zierpflanze
Wilder Avocadobaum	Aguacatillo	Lieblingsfrucht des Quetzals
Louisiana-Moos	Barba de viejo	Zierpflanze
Weiße Nonne	Monja Blanca	Orchidee, Nationalblume
Bromelie	Bromelia	Zierpflanze
Agave	Maguey	Seile, Taschen, Netze, Hängematten

wäldern, Misch-, Nadel- und Mangrovenwäldern zusammen. Höhenunterschiede, Niederschlagsmengen sowie Bodenbeschaffenheit haben Wälder mit unterschiedlichen Charakteristika und Pflanzenwuchs hervorgebracht.

Tropenwald

Trotz starker Abholzung in den vergangenen Jahrzehnten (im Durchschnitt 90 000 ha pro Jahr bei einer jährlichen Wiederaufforstung von nur rund 1500 ha) besitzt Guatemala besonders in der Provinz Petén immer noch große Tropenwaldgebiete (ca. 21 000 km^2). Die dünne Humusschicht über dem wasserdurchlässigen Kalkboden ist hier äußerst nährstoffarm, sodass abgestorbene Pflanzenteile schnell verwertet und in den natürlichen Nahrungskreislauf eingebunden werden. Der Lebensraum des Tropenwalds erstreckt sich auf der Pazifikseite in Höhenlagen zwischen 0 und 800 m bzw. 0 und 600 m auf der Karibikseite.

TOPOGRAFISCHES PROFIL

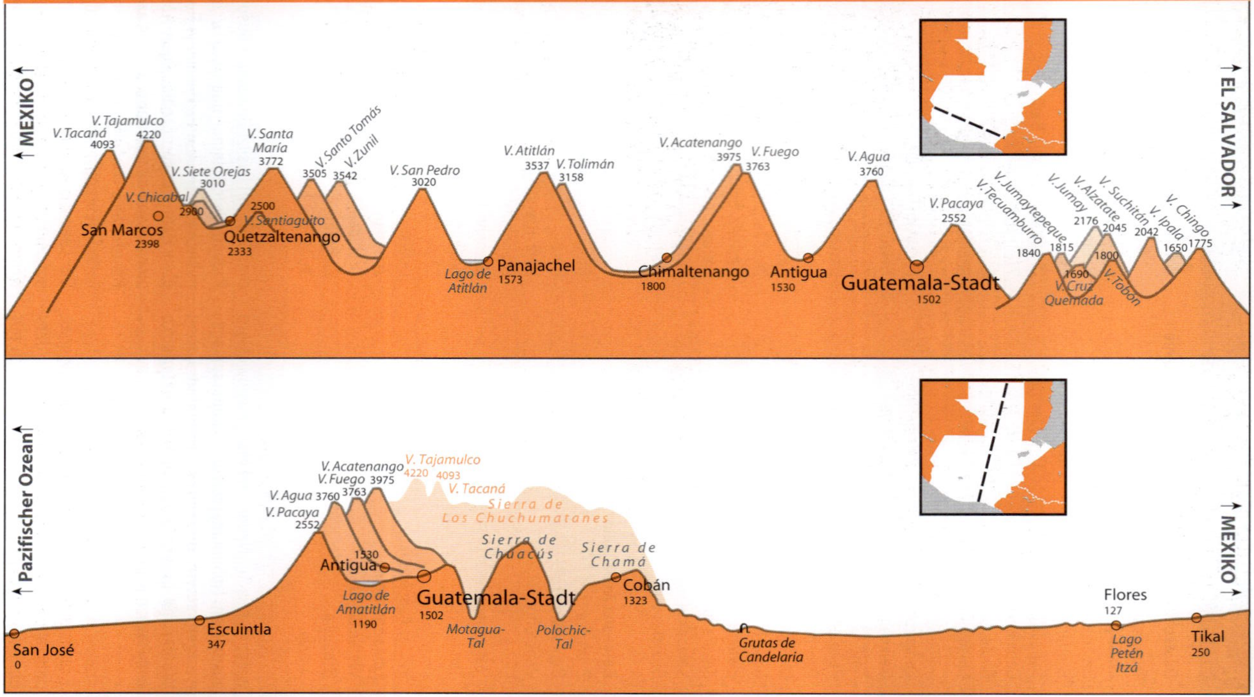

Freie Entfaltung für Exoten im Tropenwald: eine Heliconia

Subtropenwald

Diese Waldart befindet sich auf Höhen von 700 bis 1400 m. Sie umfasst neben großen Trockengebieten auch die regenreichsten Zonen des Landes. Man findet Subtropenwald in den Provinzen Huehuetenango, Alta Verapaz, San Marcos, Quiché, bei Poptún in der Provinz Petén, an der Grenze zu Honduras und den südlichen Vulkanabhängen.

Mangrovenwald

Die Kinderstube für Fische, Muscheln, Krebse, Garnelen, etc. findet sich an den Küsten Guatemalas (s. S. 472)

Tropische Pflanzen und Früchte

Viele uns bekannte Früchte und Pflanzen haben ihren Ursprung in Mittelamerika, einige davon sogar direkt in Guatemala. Zu ihnen zählen unter anderem Mais, Bohnen, Maniok, Chilis, Kakao und Avocados. Hinzu kommt eine beträchtliche Anzahl von Obst- und Gemüsesorten (s. S. 38, Essen und Trinken).

Bergwald

Er kommt in Höhenbereichen von 1400 bis 2400 m vor. Kerngebiet ist das guatemaltekische Hochland.

Hochgebirgswald

Die beiden zu dieser Waldart gehörenden Zonen liegen auf Höhen von 3000 bis 4000 m. Sein Lebensraum ist das Plateau der Cuchumatanes-Berge und die oberen Vulkankegel.

Fauna

Tiere haben im Leben und in der Mythologie der Maya schon immer eine wichtige Rolle gespielt. Darstellungen von Jaguar, Eule, Affe, Papagei, Hirsch oder Krokodil sind auf Tempeln, Keramiken und Papierrollen als Zeichen für Macht, Tod, Sonne, Hexerei oder Anderes verarbeitet. Tiere wurden gejagt, aber auch verehrt. Der Nahual, der Schutzgeist in Tiergestalt, begleitet noch heute die Indígenas ihr ganzes Leben lang. Doch

Mangroven sind die Kinderstube vieler Muschel-, Fisch- und Vogelarten

mit den Wäldern verschwindet auch die einzigartige Fauna Guatemalas. Viele Tierarten sind vom Aussterben bedroht. Die besten Chancen Tiere zu beobachten bieten sich in den Naturschutzgebieten des Petén, dem Nationalpark Tikal, den Nebelwäldern der Provinz Alta Verapaz und den Naturschutzgebieten der Provinz Izabal.

Säugetiere

In Guatemala gibt es zwei Affenarten. Der lauteste Vertreter seiner Art ist der **Brüllaffe** *(mono saraguate* oder *mono aullador)*. Sein raubtierähnliches Brüllen hat schon manchen Touristen um den Schlaf gebracht. Die Männchen der vegetarisch lebenden Kleingruppen nutzen ihre Stimmgewalt zur Kommunikation, um ihr Territorium zu markieren, als Antwort auf Lärm, Menschen, Donner oder aber um den neuen Tag zu begrüßen. Dagegen nehmen sich die helleren Schreie der **Klammer- oder Spinnenaffen** *(mono araña)* ziemlich harmlos aus. Sie sind aber dank ihres langen Schwanzes die Klettermeister im Regenwald. Wenn sie von Menschen gereizt werden, werfen sie gelegentlich Äste und urinieren aus dem Baumgeflecht auf die Eindringlinge herab.

Das **Agouti Paca** *(tepezcuintle)* ist ein bis zu 10 kg schwerer nachtaktiver Nager. Sein weiß gepunktetes, braunes Fell ist eine gute Tarnung. Dennoch ist das Nagetier aufgrund seines schmackhaften Fleisches vom Aussterben bedroht.

Der **Ameisenbär** *(oso hormiguero, tamandua)* ist ein Einzelgänger, der Termiten und Ameisen bevorzugt und selbst Killerbienen nicht verschmäht. Mit seinen scharfen Klauen klettert er auf Bäume, bricht Nester auf und verteidigt sich.

Die **Fledermaus** *(murciélago)* stellt mit fast 100 Arten in Mittelamerika die größte Familie unter den Säugetieren dar. Ihr Lebensraum ist auf warme und gemäßigte Klimazonen beschränkt; oberhalb der Baumgrenze existieren keine Fledermäuse mehr. Sie sind nachtaktiv und bevorzugen daher Höhlen oder abgestorbene Baumstämme. Man unterscheidet Fledermäuse anhand ihrer Nahrung, die von Insekten über Pflanzennektar bis Fleisch oder Fisch reicht. Die mystifizierten Vampirfledermäuse lecken Blut aus kleinen Wunden, die sie ihren Opfern – Wild- oder Haustieren – zufügen. Dabei können sie Tollwut übertragen.

Das **Gürteltier** *(armadillo)* ist mit übereinanderliegenden Hornplatten gegen Feinde geschützt. Bei Gefahr rollt sich das nur ca. 40 cm große Tier zusammen oder sprintet in das Unterholz. Dank seines ausgezeichneten Geruchssinns kann es Insekten unter der Erde riechen. Dort lebt es auch selbst in einem geräumigen Bau mit mehreren Ausgängen.

Die **Seekuh** *(manatí)* kommt in Guatemala am Río Dulce und in den Mangrovenwäldern der Karibikküste vor. Mehr zu diesem scheuen Säugetier auf S. 419.

Der **Nasenbär** *(pizote)*, ein sympathischer Verwandter des Waschbären mit einer länglich platten Schnauze, ist eine der wenigen Säugetierarten, die man noch relativ oft, vor allem in Tikal, zu Gesicht bekommt. Die Allesfresser durchstreifen in Gruppen von bis zu 60 Tieren die Wälder und ruhen nur während der heißesten Stunden des Tages.

Der **Tapir** *(danta)*, mit bis zu 300 kg das größte Landsäugetier Zentralamerikas, steht ganz oben auf der Liste der bedrohten Tierarten. Seine natürlichen Feinde sind alle großen Wildkatzen. Auf der Flucht mäht der kurzsichtige Tapir bisweilen sogar kleinere Bäume nieder. Ein sehr widerstandsfähiges Gebiss ermöglicht es dem schweren Tapir, Samen und Nüsse mit einem Druck von bis zu 250 kg zu zermalmen. Blätter und junge Zweige ergänzen seine Diät. Am wohlsten fühlt sich der Tapir, wenn er ein Schlammloch in der Nähe hat.

Der scheue **Weißwedelhirsch** *(venado cola blanca)* war früher weit verbreitet, ist heute in Guatemala aber nur noch in den Wäldern der Provinzen Quiché, Alta Verapaz und Petén anzutreffen. Er ernährt sich von Fallobst, Blättern und Rinde, die er wiederkäut. Sein Fleisch ist als Delikatesse sehr geschätzt.

Fünf verschiedene Arten von Wildkatzen durchstreifen die schwindenden Wälder Guatemalas. Mit ihrem Lebensraum ist auch ihre Existenz bedroht.

Der König der Fleischfresser Amerikas ist der **Jaguar** *(jaguar)*, von den Einheimischen auch *tigre* genannt. Viele Legenden und Vorurteile ranken sich um ihn. Tatsächlich ist er aber eher scheu, geht Menschen aus dem Weg, solange er nicht provoziert wird, und an Rindern vergeht er sich meist nur, wenn er verletzt – oftmals angeschossen – oder alt ist. Außer dem Krokodil kennt er keine natürlichen Feinde. Während er tagsüber ruht und bestenfalls sein Territorium durch Kratzspuren markiert, geht er nachts auf die Jagd. Seine bevorzugte Beute sind Wildschweine, aber zur Not tun es auch Eidechsen, Fische oder sogar Aas. Nur große, zusammenhängende Naturschutzgebiete können das Überleben dieses wunderschönen Tieres gewährleisten. Ein Jaguarpärchen benötigt einen Lebensraum von ca. 14 000 ha Wald. Ähnlich stellt sich die Situation des **Pumas** dar, der von den Einheimischen auch Löwe *(león)* genannt wird. Ebenso ungefleckt wie das Fell des Pumas ist das des **Yaguarundi**, einer seltenen Wildkatzenart. Zwei kleinere Wildkatzenarten – das **Ozelot** *(tigrillo)* und die **Tigerkatze** *(margay)* – werden wegen ihres ähnlichen schwarzgepunkteten, hellen Fells oft verwechselt. Dabei ist die Tigerkatze kleiner als das Ozelot und ähnelt von der Größe her eher einer Hauskatze.

Zwei Arten von **Pekaris** *(coche de monte)* leben in den Wäldern Guatemalas. Während *Tayassu tajacu* einen weißen Halsring besitzt, schmückt *Tayassu pecari* ein heller Fleck an der Unterlippe. Ihre schlechte Sicht und das nur mäßige Gehör gleichen diese Wildschweine durch einen hervorragenden Geruchssinn aus. Beide Arten sind gesellige Tiere, die in großen Gruppen unterwegs sind. Einer Wildschweinherde sollte man immer aus dem Weg gehen. Die Tiere können recht aggressiv werden und schnell laufen. Einziges Gegenmittel bei einer Attacke: rauf auf den nächsten Baum!

Vögel

Vogelliebhaber finden in Guatemala ein ideales Revier. Mehr als 720 Vogelarten sind bisher identifiziert worden, darunter 35 endemische. Mehr als die Hälfte aller in Guatemala vorkommenden Vogelarten sind im Petén beheimatet. Mittlerweile sind für einige Regionen sogar Vogellisten

Vogelbeobachtung

Die besten Orte, um Vögel in Guatemala zu beobachten, finden sich im Kapitel Traveltipps von A bis Z auf Seite 63.

erhältlich und lokale Veranstalter bieten professionelle Ausflüge mit spezialisierten Guides an. Viele Vogelarten leben im Regen- bzw. Nebelwald und sind daher nur schwer zu beobachten. Ein Fernglas, Geduld und die richtige Uhrzeit sind unerlässlich. Die meisten Tiere sind während des Morgengrauens und der Dämmerung aktiv. Tagsüber, wenn die Hitze am größten ist, tut sich nicht viel in den Wäldern. Das runde Drittel der Wandervogelarten kommt zum Überwintern aus Nordamerika und bleibt vorrangig in den Feuchtgebieten des Petén sowie in den mexikanischen Provinzen Chiapas und Yucatán. Wissenschaftliche Berechnungen haben eine Zahl von 2 bis 5 Mrd. Wandervögeln ergeben.

Geier *(zopilote;* Familie *Cathartidae)* werden von niemandem geliebt, sind aber unerlässlich. Dank überfahrener Hunde und reichlich vorhandener Müllkippen haben die Geier in Guatemala ausgesorgt. Von den drei in Guatemala vorkommenden Arten ist der Königsgeier *(Sarcoramphus papa)* die größte, farbenprächtigste, aber auch seltenste Art. Er lebt in tropischen Gefilden. Etwas häufiger ist der Truthahngeier *(Cathartes aura)*, während der schwarze Rabengeier *(Coragyps atratus)* die zahlenmäßig größte Gruppe der Geierarten stellt.

Die **Harpyie** *(aguila arpía;* lateinischer Name *Harpia harpyja)* ist der König der Raubvögel in den tropischen Wäldern Mittel- und Südamerikas. Das größere Weibchen kann bis zu 3 m Flügelspannweite erreichen. Sie ist ein Affenjäger, kann unter das Kronendach der Regenwälder tauchen, um sich dort auch schon mal im Rückenflug einen Primaten vom Ast zu greifen. Man nimmt an, dass die Harpyie in Guatemala inzwischen ausgestorben ist.

Der **Jabiru-Storch** *(jabirú;* lateinischer Name *Jabiru mycteria)*, der größte Vogel der westlichen Hemisphäre, ist eine echte Rarität. Sein Lebensraum sind offene Sumpf- und Seenlandschaften des Petén und der Pazifikküste, in denen er sich an Fischen, Reptilien und kleinen Säugetieren gütlich tut. Der bis zu 1,60 m große Vogel kann eine Flügelspannweite von über 3 m erreichen. Er ist leicht zu erkennen an seinem schwarzen Kopf und Schnabel sowie dem weißen Federkleid. Den Sommer verbringen Jabirus in Mexiko. Sie kommen im November/Dezember nach Guatemala und Belize, um mit dem Nestbau zu beginnen.

Kolibris *(colibrí, chupaflor;* Familie *Trochilidae)* schaffen Flugbewegungen in alle Richtungen dank ihrer 50 bis 80 Flügelschläge pro Sekunde in Form einer Acht. Dabei erreichen sie Geschwindigkeiten von bis zu 100 km/h. Aufgrund des hohen Energieverbrauchs müssen Kolibris täglich mehr als ihr eigenes Körpergewicht an Nahrung zu sich nehmen. Sie bevorzugen Nektar, den sie mit ihren langen Schnäbeln aus der Blüte saugen. Dabei bestäuben sie die Pflanze. Auch Insekten stehen gelegentlich auf ihrem Speiseplan. Wegen ihrer Beweglichkeit und Schnelligkeit haben Kolibris außer Bienen so gut wie keine natürlichen Feinde. Untereinander können sie sich jedoch wilde Kämpfe ums Territorium liefern. In Guatemala gibt es rund 40 Arten. Außer in tropischen Gefilden bekommt man Kolibris häufig am Atitlán-See zu sehen.

Der **Montezuma-Stirnvogel** *(oropéndula;* lateinischer Name *Gymnostinops montezuma)* ist leicht an den Gluckslauten der männlichen Balzgesänge und den gelben äußeren Schwanzfedern zu erkennen. Oropendulas leben in großen Gruppen und bauen ihre hängenden Nester in hohen Bäumen. Oropendulas sind im Tikal-Nationalpark zu sehen.

Der **Petén-Truthahn** *(pavo del Petén, pavo dorado, pavo ocelado;* lateinischer Name *Meleagris ocellata)* ist ein bis zu 5 kg schwerer Tieflandvogel, der offene Wälder bevorzugt. Dort lebt er in den Bäumen, obwohl er sich am Boden ernährt. Da er leicht zu erlegen und sehr schmackhaft ist, sieht man ihn nur noch in Naturschutzgebieten des nördlichen Guatemala (z. B. im Tikal-Nationalpark).

Erst vor ein paar Jahren wurde der **Zapfenguan** *(pavo del cacho;* lateinischer Name *Oreophasis derbianus)* entdeckt – eine wilde Truthahnart mit schwarzweißem Federkleid und rotem Horn auf dem Kopf.

Rote Riesenaras: Die Pärchen bleiben einander ein Leben lang treu.

Der **Quetzal** *(quetzal;* lateinischer Name *Pharomacrus mocinno)* ist der spektakulärste Vertreter der Trogon-Familie, außerdem der Nationalvogel und Namensgeber der guatemaltekischen Währung. Die langen grünen Schwanzfedern des Männchens waren der Kopfschmuck der herrschenden Maya-Eliten und ein begehrtes Handelsgut (mehr zum Quetzal s. S. 342).

Der **Fischertukan** *(tucán de pico multicolor;* lateinischer Name *Ramphastos sulfuratus)* ist der Nationalvogel von Belize und sicherlich eine der auffälligsten Vogelarten Amerikas. Charakteristisch sind sein großer, bunter Schnabel, leicht und scharf zugleich, sowie die vielen Farben seines Körpers, von denen sich besonders die gelbe Brust und die blauen Beine abheben. Tukane fliegen oft in kleinen Gruppen umher, begleitet von ihren kleineren Verwandten, den **Arakaris** *(tucancillo collarejo;* lateinischer Name *Pteroglossus torquatus).* Beide Arten ernähren sich von Früchten, Insekten, Schlangen und auch Eiern anderer Vögel. Man findet Tukane in allen Tieflandregionen der Provinzen Quiché, Izabal, Alta Verapaz und Petén.

Der **Rote Riesenara** *(guacamaya roja;* lateinischer Name *Ara macao)* ist weitaus öfter in Gefangenschaft als in freier Natur zu beobachten, denn er ist stark vom Aussterben bedroht. Sein scharlachrotes Federkleid mit den gelben und blauen Ausläufern sowie den langen Schwanzfedern ist ein unvergesslicher Anblick. Ara-Paare legen ihre Eier in hohle Baumstämme oder verlassene Termitennester. In Guatemala soll es nur noch rund 300 der einander lebenslang treu bleibenden Pärchen geben. In der Nähe der im Nationalpark Laguna del Tigre gelegenen Estación Biológica Las Guacamayas kann man Riesenaras beobachten.

Häufig an beiden Küsten zu sehende Vogelarten sind **Pelikane** *(pelícano),* **Kormorane** *(cormorán)* und verschiedene **Reiherarten** *(garza).* In vielen Stadtparks hört und sieht man **Zanates** (lateinischer Name *Quiscalus mexicanus).* Der schwarze, amselähnliche Vogel veranstaltet früh morgens und spät abends ein lärmendes Spektakel. Entlang von Flüssen und Seen fallen die **Eisvögel** *(martín pescador)* auf. **Zwergpapageien** *(perico)* fliegen auf der Suche nach

Nahrung von der Pazifikküste ins Hochland. An der Lagune Petexbatún lassen sich **Fischadler** *(águila pescador)* beobachten. Der *gavilán chapulinero* ist ein **Habicht**, der sich gern auf Telefonleitungen entlang der Straßen ausruht. Der bunt gefiederte **Motmot** *(momotu común)* ist leicht an seinem doppelpendelartigen Schwanz zu erkennen. Der guatemaltekische **Waldspecht** *(carpintero real)* hat einen grellroten Kopf und schwarzen Körper mit zwei weißen Streifen.

Reptilien, Amphibien und Fische

Wer den Begriff Reptilien hört, denkt zuerst an die gefährlichen Vertreter dieser Gattung. Die meisten Tiere sind jedoch harmlos, sogar die giftigen vermeiden den Kontakt zum Menschen. Ganz weit oben in der Nahrungskette befinden sich die drei **Krokodilarten** *(cocodrilo moreleti, cocodrilo acutus* und *caimán)*. Sie sind heutzutage nur noch höchst selten in den Nationalparks im Petén anzutreffen. Auf tropischen Flüssen und Seen in den Provinzen Petén, Izabal und im Unterlauf des Río Polochic trifft man des Öfteren **Wasserschildkröten** *(tortuga del río)* an. Sie können bis zu 25 kg Gewicht erreichen. Fünf verschiedene Arten von **Meeresschildkröten** *(tortuga del mar)* besuchen die Strände Guatemalas und legen in den Sommermonaten im Sand ihre Eier ab (mehr hierzu auf S. 470).

Der grüne **Leguan** *(iguana verde)* braucht ein schattiges Versteck und ein Plätzchen zum Sonnen. Dieses Territorium verteidigt er gegen seinesgleichen mit aufgeregtem Kopfnicken. Der schnelle **Basilisk** *(basilisco)*, ein Vertreter der Leguanfamilie, richtet sich zum Laufen auf seine beiden Hinterbeine auf und überquert so Wasserflächen. Dies hat ihm den Spitznamen „Jesusläufer" eingebracht. Die **Eidechsenart** *Heloderma horridum (escorpión* – nicht zu verwechseln mit Skorpionen, die in der Regel *alacrán* genannt werden) ist giftig und lebt im Motagua-Tal. 13 **Salamanderarten** leben in Guatemala. Sie werden *niño dormido* oder *salamanquesa* genannt.

Von den 119 guatemaltekischen Schlangenarten sind lediglich 18 giftig. Die gefährlichste von allen ist die **Lanzenotter** *(barba amarilla, terciopelo)*. Das nachtaktive Tier, das zu den Vipern gehört, kann über 2 m lang werden und besitzt eines der gefährlichsten Schlangengifte überhaupt.

Die einzige Vertreterin der **Klapperschlangen** in Guatemala ist die *cascabel*, die fast so groß wie die Lanzenotter werden kann. Das bunt geringelte Kleid der kleinen, hochgiftigen **Korallenschlange** *(coral)* ist von vielen nicht giftigen Schlangen imitiert worden und vom Original nur schwer zu unterscheiden. Harmlos ist die **Boa constrictor** *(mazacuata)*. Die Würgeschlange kann trotz ihrer Größe von bis zu 4 m einem Menschen nicht viel anhaben.

Frösche gibt es in vielen Varianten. Gerade von den kleinen Arten sind jedoch viele giftig. Bekannt sind die **Giftpfeilfrösche**, deren Gift bei Kontakt mit Blut einen Menschen in kürzester Zeit töten kann. Sie zeigen sich nur selten, da sie fast ihr ganzes Leben in Trichterbromelien auf den Ästen größerer Bäume verbringen.

Viele der 220 **Süßwasserfischarten** sind durch Wasserverschmutzung und Überfischung bedroht. Guten Fisch bekommt man am Atitlán-See, dem Petén Itzá-See und am Río Dulce. Beliebte Arten sind *mojarra, blanco* und *tilapa*. Unter den **Meeresfischen** werden die *corvina* und der *róbalo* zum Verzehr bevorzugt.

Insekten

Die Hälfte der Biomasse aller Insekten besteht aus Ameisen. Von den vielen Arten sind sicherlich die **Blattschneideameisen** *(zompopos)* die auffälligsten. Auf richtigen „Autobahnen" transportieren sie Unmengen von Blättern in ihren Bau, wo diese dann zerkaut werden. Die so gewonnene Substanz dient den Ameisen zum Aufbau von Pilzkulturen, von denen sie sich ernähren. Die Ameisen dienen als eine Art Müllabfuhr und erzeugen viel organische Masse, die den Boden düngt. **Termiten** *(termitas)* leben in kompliziert angelegten Bauten an Baumstämmen oder Ästen und ernähren sich von Holz. Die Wärme liebenden, lichtscheuen Tiere legen Tunnelgänge an, um zu ihren Futterquellen zu gelangen.

Stechmücken *(zancudos, mosquitos)* sind nicht so häufig wie vielfach angenommen. Dennoch sollte beim Besuch der Regenwälder ein Mückenmittel nicht fehlen. In schillerndem Blau leuchtet der große **Morpho-Schmetterling**. Die vielen Spinnenarten sind zumeist harmlos. Die haarige **Vogelspinne** *(araña de caballo)* beißt nur in Notwehr. Ihr Gift ist schmerzhaft, aber nicht lebensbedrohlich. Gleiches gilt für die verschiedenen **Skorpion-Arten** *(alacrán)*. **Zikaden** *(chicharras)* bilden die Hintergrundmusik eines jeden Dschungelbesuchs. Je heißer und trockener es ist, desto lauter ihr Konzert.

Umwelt- und Naturschutz

Nationalparks und Naturschutzgebiete

Bereits 1955 wurden in Guatemala ausgewählte Gebiete als Nationalparks ausgewiesen. Um archäologische Stätten und Ökosysteme zu schützen, wurden in den darauf folgenden Jahrzehnten weitere Schutzzonen eingerichtet. Der ständig zunehmende Druck auf die natürlichen Ressourcen des Landes führte vor allem in den letzten zehn Jahren zu vermehrten Anstrengungen in diesem Bereich.

1990 richtete die Regierung das **Maya-Biosphärenreservat** in der Provinz Petén ein, mit 1 844 900 ha die größte Schutzzone des Landes. Die staatliche Naturschutzbehörde CONAMA besitzt die Oberhoheit über die unter dem Kürzel SIGAP (Sistema Guatemalteco de Areas Silvestres Protegidas) zusammengefassten Schutzgebiete. Ein Teil der Naturparks wird von privaten Organisationen, dem Institut für Anthropologie und Geschichte (IDAEH), dem Nationalen Waldinstitut (INAB) und dem Zentrum für Umweltstudien der Universität San Carlos betreut. Insgesamt stehen in Guatemala rund 29 % der Landesfläche unter Naturschutz (121 Schutzgebiete).

Allein die Nationalparks und Biosphärenreservate machen etwas mehr als 80 % der Schutzfläche aus. Allerdings enthalten die gesamten Schutzflächen nur einen Kernzonenanteil von 37,4 %. In der Kernzone sind Eingriffe jeglicher Art strikt verboten. Um den Kernbereich herum liegen Zonen mit Mehrfachnutzung – Gebiete, in denen Waldprodukte geerntet werden, in denen der Wald aber nicht abgeholzt werden darf – und Pufferzonen, in denen Siedlungen bestehen und nachhaltige Landwirtschaft propagiert wird. Eine kleine Fläche dient der Regeneration von Ökosystemen. Den größten Anteil an allen Schutzgebieten hat der Petén mit 70 %, was wiederum rund 70 % der Fläche des Departamentos entspricht. Die 33 Vulkane des Landes stehen ebenfalls unter Naturschutz. Bis auf den Vulkan Pacaya (Nationalpark) haben sie den Status einer Zone mit absolutem Jagdverbot (Zona de Veda Definitiva). Folgende Schutzflächen sind für den Tourismus von Bedeutung:

Biosphärenreservate (Reservas de Biósfera)

Reserva de la Biósfera Maya (1 844 900 ha)

Es umfasst den gesamten nördlichen Teil der Provinz Petén und ist Guatemalas größtes zusammenhängendes Naturschutzgebiet. In den immensen Regenwäldern des Reservats liegen verschiedene Biotope und Nationalparks – darunter Tikal, Uaxactún und El Mirador – sowie Hunderte archäologische Fundstätten (s. S. 368). Leider ist der Westteil dieses Reservats inzwischen von illegalen Siedlern und Viehbaronen weitgehend abgeholzt worden, wovon man sich bei Google Earth mühelos überzeugen kann.

Reserva de la Biósfera de Sierra de las Minas (146 007 ha)

Dieses Nebelwaldgebiet liegt im Osten des Landes, eingerahmt von den Verapaces sowie den Provinzen Zacapa und Izabal. Hier leben 70 % aller in Guatemala heimischen Wirbeltierarten. Viele vom Aussterben bedrohte Tiere – darunter der Quetzal – finden Zuflucht in dem 130 km langen und 10 bis 30 km breiten Korridor.

Wer die Sierra de las Minas besuchen möchte, muss eine Genehmigung bei der privaten Organisation Defensores de la Naturaleza einholen (s. S. 439).

Nationalparks (Parques Nacionales)

Volcán Pacaya (2000 ha)

Aufgrund seiner ständigen Aktivität ist der Besuch des Feuer spuckenden, 2552 m hohen Berges nicht jederzeit möglich. Der Nationalpark

NATURSCHUTZGEBIETE UND VULKANE

liegt rund 50 km von der Hauptstadt entfernt, wird aber in der Regel von Antigua aus besucht (s. S. 221).

Río Dulce (7200 ha)

Der gesamte Verlauf des Río Dulce vom Verlassen des Izabal-Sees bis zu seiner Mündung in den Golf von Honduras wurde bereits 1955 unter Naturschutz gestellt. Das Gebiet ist inzwischen durch illegale Besiedlung entlang der Ufer und durch zunehmenden Bootsverkehr stark gefährdet. Spektakulär sind die letzten Kilometer vor der Mündung, wenn der Fluss durch einen üppig bewachsenen Canyon mäandert (s. S. 411).

Tikal (55 005 ha)

Dieser Park ist der meistbesuchte des Landes. Er wurde von den Vereinten Nationen gleichzeitig zum Natur- und Kulturdenkmal erklärt. Innerhalb des 576 km² großen Areals liegen die größte Anzahl ausgegrabener Maya-Ruinen sowie ein fantastisches Regenwaldgebiet. Außerdem gibt es ausgezeichnete Möglichkeiten, wilde Tiere zu beobachten (s. S. 391).

Laguna de Lachuá (14 500 ha)

Dieser Nationalpark ist nicht leicht zu erreichen, aber die Mühe lohnt sich. Im Zentrum eines intakten Regenwaldgebietes befindet sich eine kristallklare Lagune, in der man herrlich baden kann. Der Park, der im Nordosten der Provinz Alta Verapaz liegt, verfügt inzwischen über eine ausgezeichnete Infrastruktur (s. S. 361).

Geschützte Biotope (Biotopos Protegidos)

Biotopo del Quetzal (1022 ha)

Dieses Biotop wurde zum Schutz des Quetzals und seines Lebensraumes eingerichtet. Leider sieht man den Nationalvogel dort nur noch sehr selten. Das Nebelwald-Schutzgebiet befindet sich in der Provinz Baja Verapaz und verfügt über ausgebaute Wanderwege (s. S. 341).

Cerro Cahuí (555 ha)

Mit etwas Glück kann man in diesem subtropischen Waldgebiet am Nordostufer des Petén Itzá-Sees bedrohte Tierarten wie den Petén-Truthahn, Hirsche, Wildschweine oder Affen beobachten. Auf angelegten Wegen gelangt man zu einem schönen Aussichtspunkt mit Blick über den Petén Itzá-See. Am Ufer des Sees befindet sich eine zum Schutzgebiet gehörende hölzerne Plattform, die zu einem erfrischenden Bad einlädt (s. S. 388).

Chocón-Machacas (6265 ha)

Dieses Naturschutzgebiet, das nur mit dem Boot zu erreichen ist, wurde eingerichtet, um den Lebensraum der vom Aussterben bedrohten Seekuh zu schützen. Es liegt an einer Ausweitung des Río Dulce und besteht aus einem Land- und einem Wasserteil (s. S. 418).

Monterrico-Hawaii (2800 ha)

Das Gebiet schützt einen Mangrovenwald mit Kanälen und Lagunen, und südlich davon einen schmalen Gürtel des akut bedrohten pazifischen Trockenwaldes. Der schwarze Strand ist Eiablageort für Meeresschildkröten. Das Biotop befindet sich an der Pazifikküste ca. 20 km südlich von Taxisco (s. S. 468). Garnelenzuchten und Hotelbauten haben einen Teil des Schutzgebietes inzwischen zerstört.

Wildreservate (Refugios de Vida Silvestre)

Bocas del Polochic (23 104 ha)

Dieses Tiefland-Feuchtgebiet wurde 1996 zum Naturschutzgebiet erklärt. Es befindet sich im unteren Delta des Polochic-Flusses (Mündung in den Izabal-See) und schützt 251 Vogel- und 53 Fischarten. Das Gebiet ist nur mit dem Boot und einer Genehmigung von Defensores de la Naturaleza zu erreichen (s. S. 358).

Cerro San Gil (19 335 ha)

Der grüne Hügel trennt den Río Dulce von der Bucht von Amatique am Atlantik. Als einer der regenreichsten Orte des Landes beherbergt das Wildreservat neben anderen Tieren mehr als 350 Vogelarten. Das Gebiet wird von der Naturschutzorganisation FUNDAECO verwaltet, über die man das Reservat besuchen kann (s. S. 429).

Petexbatún (4044 ha)

In der Nähe der Lagune, die südlich von Sayaxché im Petén liegt, befinden sich mehrere kleinere Ruinenstätten. Auf dem See können Fischadler beobachtet werden (s. S. 371).

Regionalparks (Parques Regionales)

Volcán y Laguna de Ipala (2012 ha)

Der 1650 m hohe Vulkan, der leicht zu besteigen ist, besitzt einen wunderschönen Kratersee, an dem auch gezeltet werden kann. In dem subtropischen Feuchtwald auf der Ostseite ist eine reichhaltige Flora und Fauna beheimatet. Das Reservat befindet sich an der Grenze der Provinzen Chiquimula und Jutiapa im Osten des Landes (s. S. 458).

Private Naturreservate (Reservas Naturales Privadas)

In der 1998 gegründeten Asociación de Reservas Naturales Privadas de Guatemala sind mehr als 55 kleine private Schutzgebiete vereinigt, wie beispielsweise die Sierra Yalijux in der Nähe von Cobán.

Das rund 7000 ha große Nebelwald-Schutzgebiet wird zum Teil von Kekchí-Gemeinden gemanagt und beherbergt den Nationalvogel Quetzal.

Umweltprobleme

Das Thema Umwelt hat in Guatemala nur eine sehr kleine Lobby. Schönen Worten der Politiker, Funktionäre und Wirtschaftsbosse zum Umweltschutz folgen nur selten Taten. Die kleine, oft unverstandene Fraktion der Umweltschützer hat einen schweren Stand in Guatemala. Das verwundert allerdings nicht, sind doch ihre Gegenspieler mächtige Großgrundbesitzer, hochrangige Militärs, Politiker und leider sehr oft auch aus Ignoranz und Unwissenheit der kleine Mann von der Straße.

Über tausend Jahre nach dem Niedergang der Maya-Kultur befindet sich Guatemala erneut am Scheideweg. Schon im 8. Jh. n. Chr. verbrauchte die Bevölkerung mehr Ressourcen, als die Natur ihr ersetzen konnte. Immer mehr Menschen laugten die Böden aus, holzten die Wälder ab und verbrauchten zu viel Wasser. Das Ergebnis: geringere Ernten, Hunger und Kriege. Mit Beginn des 21. Jhs. scheint sich die Geschichte zu wiederholen. Guatemala hat inzwischen 14 Mio. Einwohner. Die Probleme von damals werden somit auch die Probleme der Zukunft sein.

Die Zerstörung der Wälder

Der Name Guatemala bedeutet so viel wie „Waldland". Doch von den Wäldern, die das Land noch zu Kolonialzeiten flächendeckend überzogen, ist leider nicht mehr viel übrig. Jedes Jahr fallen rund 90 000 weitere Hektar den Motorsägen zum Opfer. 2009 wurden weitere 5800 km^2 durch oftmals absichtlich gelegte Waldbrände vernichtet.

Ursachen gibt es viele: zum einen der Heißhunger der Ersten Welt auf Edelholz, ein lukratives Geschäft, in das angeblich unter anderem guatemaltekische Militärs und mexikanische Händler verwickelt sind. Aber auch die Armut, die viele Menschen mangels Alternativen zum Abholzen zwingt, denn nur so können sie ihren Lebensmittel- und Brennstoffbedarf decken. Viele dieser einfachen Campesinos verlassen das dicht besiedelte Hochland oder den entwaldeten Osten des Landes, um in den Regenwäldern des Nordens Brandrodung zu betreiben. Einige haben in Naturschutzgebieten illegal Land besetzt, da die Regierung bei der im Friedensabkommen versprochenen Landvergabe schleppend und umständlich agiert.

Ein weiterer Grund für die Abholzung ist die Rindfleischproduktion: Riesige Waldflächen werden für Weideland geopfert, auf dem dann nur noch Kühe grasen. 60 % des Rindfleisches landet in den Herden der großen Fastfood-Ketten der USA. An der Pazifikküste fallen die ökologisch besonders wertvollen Mangrovenwälder der Garnelenzucht zum Opfer, und die verbliebenen Regenwälder werden in Zuckerrohr- und Palmölplantagen verwandelt. Ölexploration, illegale Jagd und Tierhandel, unzureichende Wiederaufforstung, mangelnde Bewachung der Naturschutzgebiete tun ihr Übriges ...

Die Liste der Vergehen gegen den Wald ist lang. Einigen Prognosen zufolge wird der guatemaltekische Wald in 20 bis 30 Jahren auf wenige Prozent der Landesfläche zusammengeschrumpft sein. Wird Guatemala dann seinen Namen ändern müssen?

Ökologische Folgen der Landwirtschaft

Die Landwirtschaft ist immer noch ein wichtiges wirtschaftliches Standbein Guatemalas. Eingriffe in die Umwelt haben aber auch hier zu einer bedenklichen Situation geführt. Während in Deutschland für Chemiefirmen strenge Vorschriften bei der Produktion von Pestiziden und Düngemitteln gelten, produzieren und vertreiben Filialen dieser Unternehmen in Guatemala immer noch Schädlingsbekämpfungsmittel, die in Europa oder den USA unzulässige Schadstoffmengen überschreiten. Die US-Drogenbehörde DEA, die der guatemaltekischen Regierung im Kampf gegen Rauschgifte aller Art kräftig unter die Arme greift, hat viele ländliche Gegenden mit Unkrautvernichtern wie Malathion oder Round-Up besprüht, um Mohn- und Marihuanafelder zu zerstören. Doch um das hierdurch verseuchte Land, Ernteverluste oder Krankheiten bei Mensch und Tier kümmert sich niemand. Jahrzehntelanger übertriebener Einsatz von Kunstdünger und Schädlingsbekämpfungsmitteln hat viele Böden unfruchtbar gemacht und große Mengen an Schadstoffen in Flüsse und Seen gespült. Der traditionelle Anbau von Mais auf dafür wenig geeigneten Waldflächen laugt die Böden innerhalb

Kahlschlag zum Fest

Alle Jahre wieder bietet sich in der guatemaltekischen Hauptstadt dasselbe Bild. Zwischen Hochhäusern und Blechkarawanen verkaufen Händler Weihnachtsbäume: schlank, grün und kerzengerade, also geradezu perfekt. Kein Wunder, werden doch meist einzelne Zweige mit Nagel und Draht zu einem täuschend echt aussehenden Christbaum zusammengebastelt. Die grünen Zweige stammen ausschließlich von der *pinabete* (lat. *Abies guatemalensis*). Diese seltene Fichtenart wächst nur im Hochland Guatemalas. Seit 1979 steht der bis zu 45 m hohe Baum auf der internationalen Liste der vom Aussterben bedrohten Arten. Grund ist seine Beliebtheit als Festschmuck, da er unter allen subtropischen Hölzern einem Weihnachtsbaum in Aussehen, Haltbarkeit und Duft noch am ehesten ähnelt. Die letzten größeren Wälder der *pinabete* stehen in der Provinz Totonicapán im Westen des Landes in Höhenlagen von 2700 bis 3600 m. Gerade zur Weihnachtszeit sind die Bestände von Axt und Säge bedroht.

Aber das schnelle Saisongeschäft hat schlimme Folgen für Natur und Menschen der Region. Ohne Wälder rutschen die Hänge und wird das Trinkwasser knapp.

Besonders dramatisch: Gerade zur Weihnachtszeit reifen die Zapfen. Erst durch sie kann sich der Baum auf natürliche Weise verbreiten. Es gab also genügend Gründe für die Bewohner der Provinz Totonicapán, etwas zum Schutz ihrer Wälder zu unternehmen.

1997 schlossen sich 63 Gemeinden, die örtliche Umweltbehörde, Armee, Polizei sowie internationale Organisationen wie Greenpeace und Helvetas zusammen, um einen Aktionsplan umzusetzen. Seitdem durchstreifen Hunderte Dorfbewohner von November bis Januar rund um die Uhr die Wälder. Sie bewachen die wichtigsten Straßen und kontrollieren jeden, der sich den grünen Oasen nähert. Der Erfolg gibt ihren Bemühungen Recht: Der illegale Holzeinschlag in der Provinz hat sich seitdem um rund 70 % verringert.

weniger Jahre aus. Mittlerweile muss Guatemala große Mengen dieses Grundnahrungsmittels importieren.

Ökologischer Landbau erfolgt bisher nur in begrenztem Umfang und ist überwiegend für den Export vorgesehen. Wie sich der zunehmende Anbau von genmanipulierten Produkten auf Ernährung und Gesundheit auswirkt, bleibt offen.

Eine positive Entwicklung hingegen bedeuten hochwertige Kaffee-, Kakao-, Kardamom- und Zierpflanzenplantagen. Qualitätsanbau in Bioqualität setzt sich hier mehr und mehr durch, und die Plantagen sind zu immer größeren Teilen in der Hand von Kleinbauern, die von internationalen Abnehmern und Entwicklungsorganisationen gefördert werden.

Umweltschäden durch Berg- und Tagebau

Obwohl Guatemala reich an Bodenschätzen ist, sind die Vorkommen im Vergleich zu anderen lateinamerikanischen Staaten erst zu einem geringen Teil ausgebeutet worden. Doch inzwischen haben sowohl die Anzahl der Schürfgenehmigungen als auch die Investitionen stark zugenommen. Nach Angaben der Naturschutzorganisation FUNDAECO wurden viele Konzessionen allerdings ohne vorherige Konsultierung der Umweltschutzbehörden erteilt. Viele der Schürfareale befinden sich zudem in Naturschutzgebieten. Umweltschützer befürchten daher schwere ökologische Auswirkungen auf die Luft-, Wasser- und Bodenqualität. Besonders im Tagebau gewonnene Materialien wie Marmor, Sand oder Kies belasten die Umwelt; von den optischen Schäden an der Landschaft ganz zu schweigen. Kleinbauern in ganz Guatemala wehren sich inzwischen vehement gegen neue Schürfvorhaben. Informationen zur Erdölproduktion in Guatemala und den Folgen (s. S. 134).

Die Umweltprobleme von Guatemala-Stadt

Lebten um 1950 nur rund 300 000 Menschen in der Landeshauptstadt, so sind es heute in ihrem Großraum bereits rund 3 Mio. Das explosions-

Tipps für umweltbewusstes und sozial verantwortliches Reisen

Beim Umweltschutz ist jeder Einzelne gefordert, umso mehr in einem Land, wo die Versuchung, sich als Gast wie die oftmals wenig umweltbewusste Bevölkerung zu verhalten, ziemlich groß ist. Das Argument, die Einheimischen machen das doch auch, ist wenig überzeugend. Besser ist es, mit gutem Beispiel voranzugehen und die zwei goldenen Regeln anzuwenden:

a) Verlasse alle Plätze so, wie Du sie selber gern vorfinden würdest
b) Take nothing but pictures, leave nothing but footprints

Nachfolgend weitere Empfehlungen für umweltbewusstes und sozial verantwortliches Reisen:

An-/Abreise, Transport im Land

- Den durch die An- bzw. Abreise verursachten CO_2-Ausstoß mit Hilfe des Kompensationsprogramms einer nachweislich korrekt agierenden Klimaagentur (z. B. www.atmosfair.org oder www.myclimate.ch) neutralisieren.
- Kurze Inlandsflüge vermeiden und auf andere Verkehrsmittel ausweichen.
- Klimaanlagen vermeiden.
- Busfahrer bitten, bei längeren Aufenthalten den Motor auszustellen.

Vor Ort umweltbewusst reisen

- Keine Souvenirs aus bedrohten Pflanzen oder Tieren kaufen! Das Washingtoner Artenschutzabkommen verbietet deren Import nach Europa. In Guatemala ist die Ausfuhr von archäologischen Fundstücken streng untersagt.
- Hotels, Fluglinien, Urlaubsorte, Reiseveranstalter etc. auf Umweltschutzmaßnahmen hinweisen.
- Pfandflaschen kaufen, Trinkflaschen benutzen und mit mehreren Leuten größere Wasserkanister kaufen, um den Plastikverbrauch zu reduzieren; Softdrinks nicht in kleine Plastiktüten umfüllen lassen!
- In vielen Gegenden Guatemalas ist das Wasser knapp. Unnötiger Verbrauch sollte daher vermieden werden.
- Statt mit Batterien mit aufladbaren Akkus reisen, ansonsten die Batterien wieder mit nach Hause nehmen – in Guatemala werden sie garantiert nicht vernünftig entsorgt!
- Toilettenpapier und andere Hygieneartikel nicht in die Toilette, sondern in die daneben stehenden Eimer werfen!

artige Wachstum hat Guatemala-Stadt zahlreiche, nur schwer zu lösende Umweltprobleme beschert: zu wenig Trinkwasser und Energie, zu viel Müll und zu hohe Luftverschmutzung. Zentrale Probleme sind auch die Wasserversorgung und Abwasserentsorgung. Viele Stadtviertel müssen bereits mit Tankwagen versorgt werden. Wer Leitungswasser trinkt, riskiert krank zu werden. Die Abwässer von Industrie und Haushalten fließen ungeklärt in die ohnehin schon biologisch toten Flüsse oder in den bereits umgekippten Amatitlán-See, den die zunehmenden Ablagerungen aus den Einleitungen zunehmend verlanden lassen.

Inzwischen hat die Regierung zwar ein Programm zur Rettung des Sees gestartet, es bleibt allerdings abzuwarten, inwieweit die Maßnahmen greifen werden.

Ein ganz anderes Problem stellen alte Abwasserkanäle dar, die in der ersten Hälfte des vorigen Jahrhunderts etwa 60 m unter der Stadt gegraben wurden. Starke Regenfälle haben diese Tunnel enorm erweitert. Die Folge sind kreisrunde Einsturztrichter, in denen schon ganze Häuser verschwunden sind.

Auch der Verkehr stellt Guatemala-Stadt vor große Herausforderungen. Täglich stauen sich mehr als 950 000 Fahrzeuge in einer Stadt, die nur auf rund die Hälfte ausgelegt ist und in der Ende der 1970er-Jahre nur rund 75 000 Fahrzeuge unterwegs waren. Die Ausweitung des Straßennetzes hinkt dem rapiden jährlichen Wachstum von rund 50 000 Fahrzeugen stark hinterher. Zusammen mit unzähligen Fabrikschloten (68 % der Industrieunternehmen Guatemalas befinden sich in der Hauptstadt) erzeugt der ausufernde

Vor Ort sozial verantwortlich reisen

- Auf respektvollen Umgang mit der Bevölkerung achten und ggf. auch Mitreisende oder den Touristenführer darauf hinweisen.
- Den persönlichen Wohlstand nicht zur Schau stellen. Bettelnden Kindern kein Geld geben. Wirksamer ist es einer lokalen Kinderorganisation Geld zu spenden.
- Der informelle Sektor ist für viele Menschen die einzige Möglichkeit, sich den Lebensunterhalt zu verdienen. Leider ist auch oft eine ganze Familie vom Einkommen ihrer Kinder abhängig. Deshalb ist es in Ordnung, sich auf der Straße die Schuhe putzen zu lassen.
- Kleinen lokalen Hotels, Restaurants, Reiseveranstaltern, Guides etc. großen nationalen und internationalen Ketten gegenüber den Vorzug geben – das erhöht die Chance, zu lokalen Einkommen beizutragen.
- Wer immer nur die billigsten touristischen Angebote wahrnimmt, trägt oftmals zur Ausbeutung lokaler Arbeitskräfte bei. Konkret nachfragen, was ein Guide, Busfahrer, Hotelangestellter etc. verdient und fragen, ob er einen festen Arbeitsvertrag hat.
- Kunsthandwerk, so möglich, direkt beim Produzenten kaufen, Zwischenhändler umgehen.
- Landwirtschaftlichen Produkten aus der Umgebung den Vorzug vor importierten Waren geben.
- Sich vor Ort erkundigen, wo es Bioprodukte und Erzeugnisse aus Fairem Handel zu kaufen gibt.

Trekking

- Darauf achten, dass der ökologische Fußabdruck minimiert wird: Plastikmüll vermeiden, organischen Müll vergraben, nichtorganischen mit in die nächste größere Stadt nehmen sowie Flora und Fauna weitestgehend ungestört lassen.
- Ehrgeizige Reisende sammeln den herumliegenden Müll auf einer Trekkingroute auf – eine schöne Art Mitreisende und die lokale Bevölkerung für das Thema zu sensibilisieren.
- Beim Buchen eines Treks darauf achten, dass die Agentur ihren Mitarbeitern (Guides, Träger, Köche etc.) gesetzliche Arbeitnehmeransprüche wie Mindestlohn, Ausrüstung, Fortbildung etc. garantiert.
- Beim Buchen eines Treks in ländlichen Gebieten nachfragen, ob die lokale Bevölkerung von dem Besuch profitiert. Darauf achten, dass ein gerechter Lohn bezahlt wird.

Hauptstadtverkehr eine braungelbe Dunstglocke. Aus vielen alten Fahrzeugen – vornehmlich aus Bussen und Lkw – treten schwarze Rußwolken aus, die Fußgänger einhüllen, wobei Kinder und ältere Menschen am meisten leiden.

Nicht zuletzt erstickt die Stadt an ihren Müllbergen. Wer sich im Gebiet um die Zone 3 bewegt, kann die größte Müllkippe des Landes bereits von Weitem riechen: Von dichten Rauchschwaden umgeben, durchstöbern hier ganze Heerscharen von Menschen die Abfälle; etwa 1500 t werden täglich angekarrt. Schon mehrfach geriet der Müllhaufen in Brand und hüllte die Hauptstadt tagelang in eine stinkende Wolke. Obwohl bereits im Jahr 2000 eine moderne Müllbeseitigungsanlage in den Außenbezirken der Hauptstadt geplant wurde, hat sich bis heute nichts an der prekären Situation geändert. Die Nachricht über eine eventuelle Verlegung konnte die Müllsammler auf der alten Müllkippe ohnehin wenig begeistern: Sie würden ihr Einkommen aus dem „schmutzigen" Geschäft verlieren.

Umweltschutzmaßnahmen

Die zunehmenden ökologischen Probleme riefen in den 1980er- und 1990er-Jahren eine Umweltbewegung auf den Plan. Studenten, Lehrer und Professoren gründeten Basisbewegungen, knüpften internationale Kontakte und veranstalteten Protestaktionen in kleinerem Umfang. Das Thema Umwelt war salonfähig und modisch geworden, ohne jedoch große Teile der Bevölkerung zu interessieren. Ende der 1980er-Jahre wurde die nationale Umweltkommission CONAMA gegründet. Ihr Hauptverdienst war die zunehmende Einrichtung von Schutzgebieten, mit der sie die fortschreitende Abholzung etwas bremste. Internationale Geldgeber kanalisierten Gelder für Naturprojekte, in die auch die vor Ort lebende Bevölkerung eingebunden wurde.

Mittlerweile bestehen regelmäßige Exportkontakte für sich regenerierende Regenwaldprodukte wie den Kaugummirohstoff Chicle, der Xate-Palme, Nelkenpfeffer oder Palmherzen. Auch landwirtschaftliche Techniken, die bereits die Maya nutzten, wie z. B. der Terrassenfeldbau, kommen wieder in Mode. In einigen Teilen der Bocacosta und des Hochlands wird der Kaffee organisch angebaut und über den Fairen Handel vermarktet. Nach der Ernte werden die Kaffee-Kirschen in geschlossenen Wasserkreisläufen vom Fruchtfleisch befreit. Mehrere Organisationen versuchen, den hohen Brennholzverbrauch bei der Nahrungszubereitung mit speziell konstruierten Herden zu reduzieren. Am Atitlán-See veranstalten private Organisationen einmal pro Jahr eine Unterwasser-Müllsammelaktion. Doch Müll ist für die meisten Guatemalteken zum Wegwerfen da: Immer noch kann man bei jeder Busfahrt Zeuge werden, wie Dosen, Flaschen und Plastiktüten gedankenlos auf die Straße geworfen werden. Umweltschutz bedarf der Erziehung, und die wiederum benötigt finanzielle Mittel. An beidem fehlt es in Guatemala.

Umweltorganisationen in Guatemala

Einige der unten aufgeführten Organisationen verwalten Naturschutzgebiete. Um diese besuchen zu können, muss man Kontakt mit der zuständigen Organisation aufnehmen. Manche Organisationen veranstalten auch umweltbewusste Reisen, die für Individualtouristen sehr interessant sein können. Darauf wird im Länderteil näher eingegangen.

Öko-Tipp

Einrichtungen, die sich durch ein starkes ökologisches oder soziales Engagement auszeichnen, sind in diesem Buch mit einem Baumsymbol gekennzeichnet. Sie verwenden z. B. Solarenergie, sind auf harmonische und verträgliche Weise in die Umwelt integriert oder setzen sich in besonderem Maße für die Bevölkerung ein.

ARCAS, km 30, Calle Hillary, Lote 6, Casa Villa Conchita, San Lucas Sacatepéquez, ✆ 78301374, www.arcasguatemala.com. Diese Privatorganisation unterhält Stationen, wo geschützte Tierarten gepflegt und ausgewildert werden; mit Freiwilligenprogramm.

Centro de Información y Documentación Forestal (CINFOR), 7. Av. 6-80, Zona 13, Guatemala-Stadt, ✆ 24753102, (E) cinfor@inab.gob.gt, Informationszentrum des INAB (s. u.).

Consejo Nacional de Areas Protegidas (CONAP), 5. Av. 6-06, Zona 1, Guatemala-Stadt, ✆ 24226700, www.conap.gob.gt, Nationalrat der Schutzgebiete, staatliche Organisation, die übergeordnet alle Naturschutzgebiete betreut.

Fundación Defensores de la Naturaleza, 7. Av. 7-09, Zona 13, Guatemala-Stadt, ✆ 24408138, www.defensores.org.gt, Privatorganisation, verwaltet u.a. die Schutzgebiete Río Polochic und Sierra de las Minas; Vogellisten verfügbar.

FUNDAECO, 25. C. 2-39, Zona 1, ✆ 22534991, www.fundaeco.org.gt, private Organisation, verwaltet das Naturschutzgebiet Cerro San Gil.

Instituto Nacional de Bosques (INAB), 7. Av. 12-90, Zona 13, ✆ 23212626, www.inab.gob.gt, nationales Waldinstitut, das durch Förderung großflächiger privater Aufforstungen die Waldbilanz Guatemalas signifikant verbessert hat.

Ministerio de Ambiente y Recursos Naturales, 20 C. 28-58, Zona 10, ✆ 55122914, www.marn.gob.gt, Ministerium für Umwelt/nat. Ressourcen.

PROPETEN, Calle Central, Flores, Petén, ✆ 78675296, www.propeten.org, mit US-Geldern unterstützte Organisation, die Umweltprogramme im Petén betreibt.

Proeval Raxmu, Aldea Chicoc, Cobán, ✆ 79523762, www.proeval-raxmu.org, private Organisation, die Regenwälder mit einem Schutzgürtel aus Obstbäumen schützt.

Rainforest Alliance, 8. Av., 15-62, Zona 10, ✆ 23835757, www.rainforest-alliance.org/locations/guatemala.html. Weltweit agierende Umweltschutzorganisation, fördert auch nachhaltigen Tourismus/Zertifizierungsprogramme.

Sellos Verde, Carretera a El Salvador KM 14.5, Los Olmos II, Oficina 4, Zona 8 Santa Catarina Pinula, ✆ 42110000, www.sellosverdes.com, zentralamerikanisches Zertifizierungsprogramm für Tourismusunternehmen.

Bevölkerung

Einwohner: rund 14,3 Mio.,
davon Hauptstadt (Großraum) rund 3 Mio.
Bevölkerungswachstum: 2,4 % jährlich
Durchschnittliche Bevölkerungsdichte:
ca. 132 Einw./km^2
Durchschnittliche Lebenserwartung:
70 Jahre
Bevölkerungszusammensetzung:
Indígenas (21 Ethnien) ca. 50–55 %
Ladinos (Mestizen) ca. 40–45 %
Sonstige ca. 5 %

Demografische Daten

In den vergangenen Jahrzehnten ist die Bevölkerungszahl Guatemalas rasant gestiegen – von ehemals 3,3 Mio. im Jahr 1940 auf mehr als 14 Mio. im Jahr 2010.

Bleibt es bei der vergleichsweise sehr hohen Wachstumsrate von beinahe 2,4 %, so wird sich die Bevölkerung bis ca. 2035 verdoppelt haben. Die Alterspyramide bietet das klassische Bild: Rund 50 % der Bevölkerung sind 18 Jahre oder jünger, und nur 4 % werden 65 Jahre oder älter. Die durchschnittliche Lebenserwartung liegt bei ca. 70,4 Jahren (Frauen 73,9; Männer 66,9), die Werte der indianischen Bevölkerung liegen deutlich darunter. Der überwiegende Anteil der Bevölkerung lebt immer noch auf dem Land (etwa 65 %). Doch immer mehr Menschen ziehen in die Hauptstadt. Die Bevölkerungsdichte variiert extrem: Während sie in der Hauptstadt Werte von über 1100 Einwohnern/km^2 erreicht, ist die größte Provinz – der Petén – im Norden des Landes mit ca. 12 Einwohnern/km^2 extrem dünn besiedelt. Der Großteil der guatemaltekischen Bevölkerung lebt im Hochland zwischen 1300 und 2300 m Höhe. Hier beträgt die Bevölkerungsdichte zwischen 80 und 350 Einwohner/km^2, wogegen sie im Landesdurchschnitt bei ca. 132 Einwohnern/km^2 liegt.

Zum Vergleich: In Deutschland beträgt die Bevölkerungsdichte ca. 230 Einwohner/km^2.

Noch immer sieht man im guatemaltekischen Hochland Männer in traditioneller Bekleidung.

Ethnische Zusammensetzung

Die guatemaltekische Bevölkerung ist äußerst heterogen zusammengesetzt. Mit **Ladinos** und **Indígenas** gibt es zwei Gruppen, die sich in allen Bereichen deutlich voneinander abgrenzen. **Ladinos** oder **Mestizen** – Mischlinge mit spanischem und indianischem Blut – galten noch bis weit in die Zeit nach der Unabhängigkeit von Spanien als Bürger zweiter Klasse. Erst in der Amtszeit von Präsident Barrios 1873–1885 wurden sie den **Kreolen** (in Amerika geborene Spanier) gleichgestellt. Obwohl Ladinos nur rund 45 % der Gesamtbevölkerung stellen, sind sie heute überproportional in allen öffentlichen Positionen vertreten. Sie bilden mittlerweile die Ober- und Mittelschicht, kleiden und geben sich westlich. In der Hauptstadt, dem Osten sowie an der Pazifikküste stellen sie den größten Bevölkerungsanteil.

Im Gegensatz zu den Ladinos sind viele Nachfahren der Maya – **Indígenas** genannt – in allen bedeutenden Bereichen des zivilen Lebens benachteiligt. Und dies, obwohl ihr Anteil an der Gesamtbevölkerung über 50 % beträgt. Aufgeteilt in 21 verschiedene Völker mit jeweils eigener Sprache, leben Indígenas vorwiegend im Hochland Guatemalas. Während der übergeordnete Begriff **Maya** eher in intellektuellen Kreisen und von Ausländern benutzt wird, hat für die Indígenas die Zugehörigkeit zu ihrer jeweiligen Volksgruppe vorrangige Bedeutung.

An der Karibikküste Guatemalas leben isoliert die **Garífuna**, Nachkommen schwarzer afrikanischer Sklaven und Karibikindianer. Ihr Bevölkerungsanteil liegt bei unter 0,1 %. Nur noch rund 16 000 Menschen zählen zu den **Xinca** im Südosten Guatemalas. Bei ihnen handelt es sich um einen indianischen Volksstamm, der nicht zu den Maya-Gruppen zählt. Die restlichen ca. 4–5 % der Bevölkerung setzen sich vorwiegend aus Weißen (inkl. Kreolen) und Asiaten zusammen.

Arm und Reich

Guatemala ist eine Dreiklassengesellschaft. Eine kleine Oberschicht von ca. 5 % Weißen und Ladinos erwirtschaftet einen Großteil des nationalen Einkommens. Ihre Interessen scheinen weniger auf die Entwicklung des gesamten Landes gerichtet als vielmehr darauf, ihren Besitzstand und somit den Status quo zu wahren. Man lebt abgeschottet in schwer bewachten Villenvierteln in der Hauptstadt, und viele Mitglieder dieser alteingesessenen Oligarchie kennen Miami besser als das Landesinnere Guatemalas.

Weitere 25 bis 30 % der guatemaltekischen Gesellschaft gehören einer kleinen Mittelschicht an. Zu ihr zählen überwiegend Ladinos, die als öffentliche Angestellte und im mittleren Management arbeiten oder denen ein eigenes kleines Geschäft gehört. Sie haben in aller Regel ein eigenes Fahrzeug, wohnen im Eigenheim und haben ein geregeltes Einkommen. Guatemala-Stadt ausgenommen, leben sie fast ausschließlich in den Provinzhauptstädten.

Die restlichen 65–70 %, d. h. rund 9–10 Mio. Guatemalteken, leben an oder unter der Armutsgrenze (die Statistiken der Regierung sind hoffnungslos geschönt; sie sprechen von rund 55 % Armen). Während ihr Anteil in der Hauptstadt bei „nur" rund 14 % liegt, beträgt der Wert in den Provinzen San Marcos, Quiché, Huehuetenango und Alta Verapaz bis zu 80 %. Selbst in den fruchtbaren Küstenregionen wird offiziell jeder zweite Bewohner des Landes als arm eingestuft. Von extremer Armut ist in Guatemala mehr als jeder fünfte Bewohner betroffen. Diese Gruppe – immerhin rund 2,3 Mio. Menschen – muss täglich mit weniger als 1 € auskommen.

Der überwiegende Teil der Armen sind Indígenas. Aufgrund ihrer unzureichenden Bildung bauen sie zur Eigenversorgung Kleinparzellen mit Mais, Bohnen und etwas Gemüse an, sodass sie meist nicht hungern (s. Kasten S. 103) und auch Vitaminmangel eher von Unwissen und falschen Ernährungsgewohnheiten stammt.

Über 300 000 landlose Bauern müssen, um zu überleben, auf den Fincas der Großgrundbesitzer für einen Hungerlohn schuften. Andere schlagen sich als Saisonarbeiter, fliegende Händler oder mit Gelegenheitsjobs durch, und nicht wenige von ihnen müssen mit 3–5 € pro Tag eine große Familie ernähren. Eine prekäre Wohnungssituation, der Bildungs- und Gesundheitsnotstand sowie Arbeitslosigkeit haben tiefe Spuren in der Gesellschaft hinterlassen.

Hunger in Guatemala?

Es will nicht so recht zusammenpassen: riesige Bananenplantagen, hochstehender Mais, prall gefüllte Märkte und ... hungernde Menschen. Doch Unter- und Mangelernährung sind das Schicksal von rund 2 Mio. Guatemalteken. Besonders betroffen ist die ländliche und indigene Bevölkerung, Erwachsene und Kinder gleichermaßen. Laut einer Unicef-Studie gehört Guatemala nach Afghanistan und Jemen mit 54 % weltweit zu den Ländern mit der schlimmsten Unternährung von Kindern. Im Jahr 2009 hatte eine Lebensmittelkrise 462 Tote, darunter 54 Kinder, gefordert. Die Regierung musste den Katastrophenzustand ausrufen. Neben einer ständigen Unterversorgung der Bevölkerung seit Kolonialzeiten, den Folgen des langen Bürgerkriegs, dem starken Preisanstieg bei Grundnahrungsmitteln im Jahre 2008, waren es in den letzten Jahren Wetterkapriolen, die die Situation drastisch verschärften. 2009 vernichtete eine Trockenperiode etwa 90 % der Nahrungsmittelproduktion des Landes. Nach Angaben des Büros des Ombudsmanns für Menschenrechte (PHD) starben 2010 mehr als 2000 Kinder an den Folgen von Unterernährung. Für 2011 wird nach der extrem niederschlagsreichen Regenzeit des Vorjahrs erneut mit Ernteausfällen gerechnet. Die Notvorräte der Regierung sind bereits aufgebraucht, die Bevölkerung ist somit gänzlich auf die eigenen Ernteerträge angewiesen. Prognostiziert wird eine Verschlimmerung der Situation. Die Finanzkrise des Landes und die Folgen des Klimawandels verhindern, dass die Lebensmittelspeicher wieder aufgefüllt werden können. Viele Menschen in Guatemala werden weiter unter Hunger und seinen Folgen leiden.

Die Folgen, vor allem in der Hauptstadt, sind Kriminalität, Alkoholismus, Kinderarbeit und Obdachlosigkeit.

Die Infrastrukturdaten sind ebenso wenig ermutigend: 10 % der Bevölkerung sind nicht an ein Trinkwassernetz angeschlossen, jeder fünfte Haushalt muss ohne Strom auskommen und nur 24 von 333 Landkreisen verfügen über eine Kläranlage.

Erziehung und Bildung

Die Minimalforderung lautet: Lesen und Schreiben für alle. Denn Guatemala hat eine der höchsten Analphabetenraten in Lateinamerika. In Guatemala konnte im Jahr 2010 jeder Vierte weder lesen noch schreiben. Doch dies ist nur ein Durchschnittswert. So beträgt beispielsweise die Analphabetenrate bei auf dem Lande lebenden Indígena-Frauen bis zu 80 %. Generell sind mehr als 50 % der Analphabeten Indígenas, zwei Drittel von ihnen leben auf dem Lande und mehr als die Hälfte sind Frauen. Am schlimmsten ist die Situation in den Provinzen Quiché und Alta Verapaz mit über 50 % Analphabeten. Aber selbst in der Hauptstadt können immer noch rund 15 % der Einwohner weder lesen noch schreiben.

Das Bildungs- und Erziehungswesen krankt an vielen Stellen. Die Staatsausgaben für Bildung liegen unter 2 % des BIP, von allen lateinamerikanischen Ländern investierte nur Haiti weniger. Die Lehrinhalte des Bildungssystems orientieren sich vorwiegend an der Lebensweise der städtischen Ladino-Bevölkerung, und gelehrt wird mit wenigen Ausnahmen nur auf Spanisch. Im Allgemeinen sind besonders die Grundschullehrer schlecht ausgebildet und mit 200 € pro Monat völlig unterbezahlt.

Immer noch ist der **bilinguale Unterricht** nicht überall die Regel. Obwohl die Bevölkerungsmehrheit in Guatemala eine indianische Sprache spricht und trotz der Existenz eines Amts für zweisprachige Erziehung, ist es nicht gelungen, einen flächendeckenden bilingualen Schulunterricht zu etablieren. Lediglich 22 % der indianischen Kinder erhalten bilingualen Unterricht.

Grundschule (Escuela primaria)

Mehr als 50 % der Bildungsausgaben fließen in die Grundschulen. Doch trotz allgemeiner Schulpflicht beträgt die Einschulungsrate nur 69 %

und beenden nur wenige Kinder die sechs Jahre dauernde Grundschule. Der durchschnittliche Schulbesuch liegt unter fünf Jahren, in Provinzen mit mehrheitlich indianischer Bevölkerung sogar noch weniger.

Die Gründe sind vielfältig: Viele Kinder müssen schon in jungen Jahren ihren Beitrag zum Überleben der Familie leisten. Sie helfen im Haushalt, passen auf ihre Geschwister auf oder müssen Futter für das Vieh holen. Während der Kaffee- und Zuckerrohrernte fahren sie mit ihren Eltern in die Erntegebiete, um auch dort mitzuhelfen. Paradoxerweise sind aber gerade auf dem Land die Klassen überfüllt, da es dort zu wenig Lehrer gibt. Oftmals unterrichtet ein Lehrer verschiedene Jahrgänge in einem Raum einer baufälligen Schule mit unzureichendem Lehrmaterial. Es ist daher nicht verwunderlich, wenn nur rund die Hälfte aller Schüler den Grundschulabschluss schafft. Aber auch selbst dann können viele von ihnen nicht ausreichend schreiben, lesen oder rechnen.

Weiterführende Schule (Escuela secundaria)

Weniger als 20 % aller Jugendlichen machen von den verschiedenen Angeboten einer weiterführenden Schule Gebrauch. Da die fast ausschließlich privaten Institutionen Gebühren erheben, ist der Besuch einer weiterführenden Schule für viele Jugendliche ein großes Privileg. Zusätzliche Ausgaben für Transport, Unterkunft und Verpflegung entstehen, wenn der Schulort nicht am Heimatort liegt. In der Hauptstadt sind Plätze in den teuren, ausländischen Eliteschulen sehr beliebt. Gute Adressen sind die Deutsche Schule (Colegio Alemán), 💻 www.dsguatemala.edu.gt, und die Österreichische Schule Guatemala, 💻 www.iagcovi.edu.gt.

Universitäten

Die erste öffentliche Anlaufstelle, um zu studieren, ist die San-Carlos-Universität (USAC) in Guatemala-Stadt. Die traditionsreiche Hochschule wurde bereits 1676 gegründet, ist seit 1945 autonom und bietet dank der geringen Studiengebühren und mehrerer Stipendienprogramme allen finanziell schwächer gestellten Guatemalteken die Möglichkeit zu studieren. Heutzutage sind an ihren zehn Fakultäten und Nebenstellen im Landesinneren rund 120 000 Studenten immatrikuliert.

Wer es sich leisten kann, schickt seinen Nachwuchs zum Studium in die USA oder an eine der elf privaten Universitäten in der Hauptstadt. Auch hier müssen viele Studenten ihr Studium mit einem Kredit finanzieren. Das Lehr- und Ausbildungsniveau ist jedoch höher als an der San-Carlos-Universität. Zu den bekanntesten Privathochschulen gehören die Universidad Rafael Landivar, die Universidad del Valle und die Universidad Francisco Marroquin mit insgesamt rund 30 000 Studenten.

Die qualitativ minderwertige Ausbildung in der Escuela primaria und secundaria ist mit dafür verantwortlich, dass die Anzahl der Absolventen guatemaltekischer Hochschulen mit 15 % sehr niedrig ist.

Das Gesundheitswesen

Die medizinische Versorgung in Guatemala ist von einem starken Stadt-Land-Gefälle geprägt. Obwohl nur jeder Vierte in der Hauptstadt lebt, konzentriert sich hier über die Hälfte der medizinischen Infrastruktur. Eine private Krankenversicherung kann sich nur die reiche Oberschicht leisten. Sie hat damit Zugang zu Privatkliniken, die qualitativ den internationalen Vergleich nicht zu scheuen brauchen.

Rund ein Viertel der arbeitenden Bevölkerung ist Mitglied im guatemaltekischen Sozialversicherungsinstitut (IGSS), die meisten davon in der Hauptstadt. Dennoch ist nicht zu beneiden, wer in den Kliniken des IGSS behandelt werden muss, da diese oftmals in einem schlechten Zustand sind. Der Rest der Großstadtbevölkerung ist auf die öffentlichen Krankenhäuser angewiesen, die chronisch überlastet und schlecht ausgestattet sind. Da es ihnen an finanziellen Mitteln mangelt, bitten sie ihre Patienten zunehmend, sich mehr oder weniger freiwillig an den Behandlungskosten zu beteiligen.

Außerhalb der Hauptstadt ist die medizinische Versorgung katastrophal. Kommen in der Hauptstadt noch durchschnittlich 430 Bewohner auf ein Krankenhausbett, so sind es auf dem

Land viermal so viele. Dabei ist das Gesundheitswesen in den mehrheitlich indianischen Provinzen am schlechtesten entwickelt. Hinzu kommt, dass die indianische Landbevölkerung häufig weit entfernt von Provinzkrankenhäusern und Gesundheitsposten lebt. Krankenwagen sind in weiten Teilen des Landes unbekannt. Ein Drittel der Gesundheitsposten sind nicht einsatzbereit, die übrigen nur unzureichend ausgestattet. Aus der nicht ganz unberechtigten Scheu vor unqualifizierter medizinischer Behandlung und aus Geldmangel verzichten viele Indígenas auf eine ärztliche Behandlung. Ohne die Hilfe vieler vom Ausland finanzierter Privatorganisationen gäbe es auf dem Land keine medizinische Versorgung mehr.

Besonders Kinder haben unter dieser Situation zu leiden. Noch immer sind acht bis zehn Kinder pro Familie keine Seltenheit; der landesweite Durchschnitt liegt bei fünf Kindern pro Familie. Noch immer sterben 33 Kinder unter fünf Jahren pro 100 000 Lebendgeburten, bei Indígenas liegt die Quote bei 51 Kindern.

Über Schwangerschaftsverhütung sowie Familienplanung wird nicht offen geredet, viele Paare können sich die teuren Verhütungsmittel ohnehin nicht leisten. Vom Ausland finanzierte Organisationen, die in diesem Bereich arbeiten (z. B. APROFAM), sind bisher kläglich gescheitert: Aus Angst, dass die Verhütungsmittel eine sterilisierende Wirkung haben könnten, bleiben viele Indígena-Frauen den Veranstaltungen fern. Von freiwilliger Sterilisierung wollen die Männer im Macho-Land Guatemala meist nichts wissen.

Information zum Thema Aids in Guatemala s. S. 496.

Geschichte

Proto- und Vorklassik (ca. 2000 v. Chr.–250 n. Chr.)

Erste Spuren von primitiven Nomadengruppen, die während der letzten Eiszeit über die zugefrorene Beringsee auf den amerikanischen Kontinent einwanderten, sind über 20 000 Jahre alt. In den folgenden Jahrtausenden gelang es den Menschen durch eine konstante Entwicklung der Landwirtschaft sesshaft zu werden. Um das Jahr 2000 v. Chr. existierten bereits auf dem gesamten amerikanischen Kontinent Dorfgemeinschaften, deren Überleben auf dem Anbau von Mais, Bohnen und Kürbissen basierte.

Erste Keramikfunde in Guatemala stammen aus dem Zeitraum um 1700 v. Chr. An der guatemaltekischen Pazifikküste und im nordwestlichen Hochland entstanden, beeinflusst von der Olmeken-Kultur im Norden, kleinere Regionalzentren. Der zunehmende Organisationsgrad innerhalb der Orte und die Bündelung von Handelsströmen führte um das Jahr 600 v. Chr. zum Bau der ersten größeren Stadtanlagen, die – wie beispielsweise **El Mirador** im Tiefland des Petén – enorme Ausmaße besaßen. Um 300–150 v. Chr. hatte El Mirador seine Blütezeit. Große Stuckmasken an den Gebäuden spiegelten die religiöse und weltliche Macht der Herrscher wider, die große Feste feierten und Opferzeremonien durchführten. Aber erst mit dem Auftauchen von Schriftzeichen ist es den Forschern gelungen, ein wenig Licht in die präklassische Phase der Maya-Kultur zu bringen. Inschriften auf Stelen in **El Baúl** und **Takalik Abaj** an der Pazifikküste stammen aus dem 1. Jh. vor unserer Zeitrechnung.

Noch ist nicht eindeutig geklärt, was die Aufgabe vieler Städte des Hoch- und Tieflands gegen Ende der Vorklassik ausgelöst hat. Die Theorien der Forscher reichen hier von Naturkatastrophen, die Handelsrouten unterbrachen, bis hin zu klimatischen Veränderungen und sozialen Konflikten innerhalb der jeweiligen Zentren. Während die Städte an der Pazifikküste wie Takalik Abaj oder El Baúl sowie **Kaminaljuyú** im guatemaltekischen Hochland gänzlich von der Bildfläche verschwanden, überwanden einige Stätten des Tieflands die Zeit des Niedergangs und entwickelten sich in der klassischen Periode erneut zu blühenden Zentren.

Klassische Phase der Maya-Kultur (250–900)

Diese Periode wird von mehreren, zeitlich parallel auftretenden Entwicklungen in verschiedenen Bereichen charakterisiert. Dazu gehört

Guatemaltekische Geschichte im Überblick

ca. 2000 v. Chr.–250 n. Chr. Proto- und Vorklassik: Besiedlung des guatemaltekischen Hochlands, erste feste Siedlungen und Hochkulturen.

250–900 Klassische Phase der Maya-Kultur: Entstehen großer Zeremonialzentren im Tiefland; Machtkämpfe und gegen Ende Auseinanderbrechen von Bündnissen; Kriege und Fluchtbewegungen in Richtung Hochland und Yucatán.

900–1523 Postklassik: Große Zentren in Yucatán, Quiché-Völker erobern das guatemaltekische Hochland.

1524 Die Spanier unter Pedro de Alvarado unterwerfen gewaltsam das Hochland; Beginn der spanischen Kolonialherrschaft in Guatemala.

1773 Das heutige Antigua, Hauptstadt des Generalkapitanats Guatemala, wird von einem Erdbeben völlig zerstört.

1821 Unabhängigkeit von Spanien.

1823 Zentralamerikanische Föderation; Machtkämpfe zwischen konservativen und liberalen Parteien.

1839–1865 Konservative Regierung unter José Rafael Carrera.

1871–1885 Liberale Reform unter Justo Rufino Barrios; Ausverkauf des Landes an europäische und nordamerikanische Investoren.

1898–1921 Terrorregime unter Manuel Estrada Cabrera.

1931–1944 Diktatur unter Jorge Ubico.

1944 Oktoberrevolution, Einführung demokratischer Rechte unter Präsident Juan José Arévalo und Agrarreform unter Präsident Jacobo Arbenz Guzmán.

1954 Von der amerikanischen CIA organisierter Sturz der Regierung Arbenz.

1954–1986 Militärdiktaturen; gegen die wachsende Guerillabewegung im Land geht das Militär mit zunehmender Härte vor; zu Beginn der 80er-Jahre nimmt der Staatsterror unter Führung der beiden Generäle Luca García (1978–1982) und Efraín Ríos Montt (1982–1983) brutalste Formen an.

1976 Ein schweres Erdbeben erschüttert das Land und hinterlässt rund 25 000 Tote und 1 Mio. Obdachlose.

1986–1991 Erste demokratische Wahlen nach über 40 Jahren; christdemokratische Regierung unter Vinicio Cerezo Arévalo.

1992 Verleihung des Friedensnobelpreises an Rigoberta Menchú Tum.

1993 Der 1991 demokratisch gewählte Präsident Jorge Serrano Elias setzt mit einem Putsch die

das Errichten von Stelen (Steinsäulen), die zu bestimmten Anlässen und zur Beendigung unterschiedlicher Zeitperioden aufgestellt wurden. So findet sich auf der Stele 29 aus Tikal das älteste uns bekannte Datum der Maya-Welt (292 n. Chr.). Zu den weiteren Errungenschaften dieser Epoche gehörten die Einführung der „langen Kalenderzählung“ (s. S. 159), der Glyphenschrift und des Maya-Bogens in der Architektur.

In der klassischen Phase entwickelten sich 25 bis 30 Kleinstaaten, die das gesamte Tiefland unter sich aufteilten. Aufgrund von Bündnissen, Kriegszügen und einer geschickten Heiratspolitik gelang es zwei dieser Staaten, die Kontrolle über alle anderen zu erlangen. **Tikal** im Norden des Petén und **Calakmul** im mexikanischen Bundesstaat Campeche hießen die beiden mächtigen Widersacher, die Konkurrenten zu Vasallenstaaten und Tributzahlern degradierten. Kriege wurden dabei nicht in der Absicht geführt, den Gegner zu vernichten, sondern möglichst viele hochrangige Gefangene zu machen, die man meist am Leben ließ. Sie konnten dann als neue Verbündete der Sieger an die Spitze ihrer eigenen Dynastien zurückkehren.

Im 6. Jh. kam es zum Zusammenbruch des einflussreichen **Teotihuacán**, einer großen Stadtanlage ca. 50 km nordöstlich von Mexiko-Stadt, die einst mehr als 100 000 Menschen beherbergte. Der Niedergang dieses wichtigen Verbündeten und Handelspartners von Tikal hatte negative Folgen für die ganze Maya-Welt, brachte er doch die Machtbalance durcheinander, die der des kalten Krieges im letzten Jahrhundert ähnelte. Zudem besiegte das verfeindete **Caracol** im Jahr 550 den großen Nachbarn Tikal und warf ihn damit in seiner glanzvollen Entwicklung zurück. So wurden in Tikal von 534

Verfassung außer Kraft und wird daraufhin gestürzt.
1993–1996 Übergangsregierung mit Ramiro de Léon Carpio an der Spitze.
1994 Rückkehr der ersten Bürgerkriegsflüchtlinge aus mexikanischen Lagern.
1996 Beendigung des Bürgerkriegs nach 36 Jahren mit dem Friedensschluss im Dezember.
1996–1999 Regierung unter Präsident Alvaro Arzú Irigoyen (PAN).
1998 Ermordung des Weihbischofs Juan José Gerardi kurz nach der Veröffentlichung eines Berichts über die Verletzung der Menschenrechte in Guatemala.
2000–2003 Die Regierung unter Präsident Alfonso Portillo (FRG) enttäuscht mit Korruptionsskandalen und Misswirtschaft. Präsident Portillo flieht zum Ende seiner Amtszeit ins benachbarte Mexiko.
2004–2007 Die Regierung unter Präsident Oscar Berger muss trotz leichtem wirtschaftlichen Aufschwung eine Zunahme der Menschenrechtsverletzungen verzeichnen.
2005 Das guatemaltekische Parlament ratifiziert das Freihandelsabkommen (TLC) mit den USA trotz heftiger Proteste in der Bevölkerung. Hurrikan „Stan" verwüstet weite Teile des guatemaltekischen Hochlands.
2007 Neuer Präsident des Landes wird der Sozialdemokrat Álvaro Colóm von der Partei der Nationalen Einheit (UNE). Im September nimmt die Internationale Kommission gegen Straflosigkeit (CICIG) ihre Arbeit in Guatemala auf.
2008 Präsident Álvaro Colóm führt ein kreditfinanziertes Hilfsprogramm für arme Familien mit Schulkindern ein.
2009 Die Ermordung des Anwalts Rodrigo Rosenberg bewirkt eine Regierungskrise. Rosenberg hatte seine eigene Ermordung in einem Video vorausgesagt und die Regierung im Vorfeld der Tat hierfür verantwortlicht gemacht (s. S. 124).
2010 Ex-Präsident Portillo wird wegen Veruntreuung von Staatsgeldern vor Gericht gestellt. Wirbelsturm Agatha ruft landesweit schwerste Zerstörungen hervor. Neuer Leiter der Internationalen Kommission gegen Straflosigkeit in Guatemala CICIG wird Francisco Dall'Anese Ruiz, bisheriger Generalstaatsanwalt von Costa Rica.
2011 Ende des Jahres sind Präsidentschaftswahlen vorgesehen.

bis 692 keine Stelen errichtet, die Bautätigkeit war stark eingeschränkt, und die Grabbeigaben fielen deutlich magerer aus.

Erst zu Beginn des 8. Jhs. begann die Kultur neu zu erblühen. Die Architekten, Astronomen und Künstler erreichten Fertigkeiten, wie sie noch keine andere vorkolumbianische Kultur besessen hatte. Doch die Zeichen standen auf Sturm: Tikal gelang die Gefangennahme des Herrschers von Calakmul und die Eroberung zweier mit Calakmul verbündeter Vasallenstaaten. Mit diesem Zug hatte sich Tikal jedoch übernommen. Das jahrhundertealte Machtgefüge war endgültig aus der Balance geraten. Dies wiederum nutzten kleinere Staaten, die sich ab 750 vom Joch der beiden Großdynastien befreiten. Wie eine Kettenreaktion breiteten sich Kleinkriege über das Land aus. Sie zwangen die Menschen, Verteidigungsanlagen zu errichten, statt zu säen und zu ernten. Ganze Landstriche wurden niedergebrannt, Städte zerstört und die Bewohner vertrieben. Hungersnöte waren die Folge. Sie wurden verschlimmert durch ein kollabierendes Ökosystem, das schon zuvor durch das starke Bevölkerungswachstum der vergangenen Jahrhunderte an die Grenzen seiner Belastbarkeit gelangt war.

Im Jahr 830 besaß Tikal nur noch ein Zehntel seiner ursprünglichen Bevölkerung. Große Zentren wie **Palenque** in Mexiko oder **Copán** in Honduras waren zu diesem Zeitpunkt bereits in die Bedeutungslosigkeit gesunken. In den folgenden Jahrzehnten wurden so gut wie alle Städte im Tiefland des Petén aufgegeben. In mehreren Wellen wanderten Flüchtlinge Richtung Norden zur Halbinsel Yucatán und in das guatemaltekische Hochland ab. Das letzte Datum auf einer Stele stammt aus dem Jahr 910 n. Chr.

Postklassik (900–1523)

Während der frühen Postklassik, von 900 bis 1250, entstanden auf der Halbinsel Yucatán neue Staatengebilde und mächtige Städte wie **Uxmal**, **Labná** oder **Kabáh**. Das Fürstengeschlecht der Itzá, das aus dem Petén geflohen war, gründete die berühmte Stadt **Chichén Itzá**, die einen von den Maya und später toltekisch geprägten Architekturstil aufweist. Nach dem Niedergang von Chichén Itzá konnte sich **Mayapán** von 1250 bis rund 1540 als Nachfolger in Yucatán etablieren. Die Itzá machten sich erneut auf die Wanderschaft und gründeten ihre neue Hauptstadt **Tayasal** auf einer Halbinsel des Petén Itzá-Sees. Hier trotzten sie allen Eroberungsversuchen und konnten erst 1697 als letztes Maya-Volk von den Spaniern besiegt werden.

Mesoamerika

Den Begriff Mesoamerika prägte der Schweizer Ethnologe Paul Kirchhoff 1943. Er bezeichnete mit Mesoamerika eine geografische Region, die das südliche Mexiko, die Halbinsel Yucatán, Guatemala, Belize, El Salvador und Teile von Honduras und Nicaragua sowie die Halbinsel Nicoya in Costa Rica umfasst. Die dort lebenden präkolumbianischen Völker hatten trotz vielfältiger kultureller Ausdrucksformen Gemeinsamkeiten, die das Gebiet als Einheit erscheinen ließ. Dazu gehörten insbesondere gemeinsame wirtschaftliche Grundlagen wie der Anbau von Mais, Bohnen, Kürbis, Tomaten, Kakao etc. und eine hoch entwickelte Töpferei. Übereinstimmungen fanden sich auch in der Weberei, bei der Baumwolle verwendet wurde, und bei der Herstellung von Papier. Allen Kulturen fehlte das Rad, die Töpferscheibe und Metallwerkzeug. Außer Hunden und Truthähnen hielten sie keine weiteren Haustiere. Weitere Gemeinsamkeiten ließen sich in der Religion (Götterpantheon), der Architektur (Tempelpyramiden und Ballspielplätze), der Astrologie (Verwendung von Kalendersystemen) und der gesellschaftlichen Schichtung (Priesterkaste, Adel oder Kriegerkaste, Handwerker, Bauern und Sklaven) feststellen.

Von den Flüchtlingen, die nach dem Zusammenbruch des klassischen Maya-Reichs in das guatemaltekische Hochland abwanderten, ist nach heutigem Stand vergleichsweise wenig bekannt. Da im Laufe der Jahrhunderte auch Völker aus dem Norden Mexikos ins Hochland gelangten, begannen die Stämme ihre offenen Siedlungen aufzugeben und auf dafür geeigneten Hügeln oder Plateaus Festungen zum Schutz gegen die Eindringlinge zu errichten. Diese Anlagen erreichten aber nie die Größe oder die architektonische Perfektion der Bauten des Tieflands.

Nachdem die Mam und die Pokomam ihre Festungsanlagen **Zaculeu** bzw. **Mixco Viejo** errichtet hatten, taten dies wenig später auch die Quiché und die Tzutujiles. Sie nannten ihre Bauten **Q'umarkaaj** bzw. **Chuitinamit**. Als Letzte errichteten die Cakchiqueles im Jahr 1470 ihre Hauptstadt **Iximché**. Wie schon in den Jahrhunderten zuvor versuchten die Fürstentümer, einander zu unterwerfen. Zunächst gewannen die Quiché die Oberhand. Sie drängten die Mam nach Nordwesten und die Cakchiqueles nach Süden ab. Erst gegen Ende des 15. Jhs. gelang es den Cakchiqueles, sich ein wenig vom Joch der bis dahin dominierenden Quichés zu befreien.

Conquista und Kolonialherrschaft (1524–1821)

Kolumbus landete zum ersten Mal auf seiner vierten Reise 1502 in Mittelamerika. Als die Spanier wenige Jahre später nach der Kolonisierung der Karibikinseln Hispaniola (heute Haiti) und Kuba zwischen 1517 und 1519 erste Expeditionen an der Küste Yucatáns unternahmen, waren die großen Maya-Stätten des Petén bereits über 700 Jahre verlassen und von Regenwald überwuchert. 1519 erreichte **Hernán Cortés** im Golf von Mexiko das heutige Veracruz und verbrannte als Zeichen seines Eroberungswillens die mitgebrachten Schiffe. Innerhalb von nur zwei Jahren gelang es ihm, das mächtige Aztekenreich zu unterwerfen. Er beauftragte seinen ihm treu ergebenen Oberleutnant **Pedro de Alvarado** mit der Eroberung Mittelamerikas.

Alvarado verließ die Azteken-Hauptstadt Tenochtitlán auf Befehl von Cortés am 6. Dezember 1523 in Begleitung von 420 Spaniern – davon 120 zu Pferde – und rund 300 Tlatzalteken (Angehörigen eines mexikanischen Indianervolkes). Seine Mission war anspruchsvoll und gefährlich zugleich, da er viele kleine Fürstentümer erobern musste, in denen die Macht nicht, wie bei den Azteken, zentralisiert war. Bei den Hochland-Maya gab es keine allmächtigen Herrscher, sondern die Macht war auf eine Führungsgruppe verteilt. Zuweilen lag die Entscheidungsgewalt sogar in den Händen einzelner Dörfer. Geschickt nutzte Alvarado die bestehenden Auseinandersetzungen unter den Hochland-Völkern aus und konnte – allerdings mit viel Blutvergießen – das guatemaltekische Hochland bis 1530 weitgehend erobern. Die Mission war dennoch nicht besonders erfolgreich für die Spanier, da die so heiß begehrten Edelmetalle wie Gold und Silber nur in geringen Mengen vorkamen. Somit erschlossen sie die zweite mögliche Einkommensquelle, indem sie die indigene Bevölkerung versklavten und ihnen Tributzahlungen abverlangten.

Doch auch hier ging die Rechnung der Eroberer nicht vollständig auf: Aus Europa eingeschleppte Krankheiten wie Pocken, Tuberkulose oder Grippe dezimierten die einheimische Bevölkerung beträchtlich. Massenfluchtbewegungen und Zwangsumsiedlungen sowie die oft sehr harten Lebensbedingungen der Unterworfenen taten ein Übriges. In vielen Regionen ging die Bevölkerung in der Zeit zwischen dem Beginn der spanischen Invasion und dem Jahr 1800 um rund 90 % zurück. Das Bevölkerungsdefizit und der daraus resultierende Arbeitskräftemangel zwangen die Spanier, rund 50 000 schwarze Sklaven aus Afrika und den westindischen Inseln zu „importieren".

Sofort nach der Eroberung begannen die Conquistadores und die ihnen schnell nachfolgende Kirche ihre neuen Kolonialgebiete abzustecken, aufzuteilen und die einheimische Bevölkerung systematisch auszubeuten. So konnte durch ein bestimmtes Verteilungssystem (**Repartimiento**) jeder männliche Indianer im Alter zwischen 14 und 50 Jahren zu Arbeiten an öffentlichen und privaten Gebäuden, in der Landwirtschaft und den Minen herangezogen werden. Die lokalen Behörden verteilten die Arbeitskräfte gegen Bezahlung auf Zeit an spanische Kolonisten. Von diesen lukrativen Geschäftspraktiken profitierte das Mutterland zunächst nicht. Erst ab 1550 übernahm die Krone schrittweise selbst die Kontrolle über die indianische Zwangsarbeit.

Eines der erfolgreichsten Kontroll-, Ausbeutungs- und Unterdrückungswerkzeuge, das erst um 1720 abgeschafft wurde, war das **Encomienda**-System. Als eine Art Belohnung für verdiente Eroberer wies die spanische Krone jedem Encomendero mehrere hundert (in seltenen Fällen sogar bis zu 2000) Indígenas zu, die er „schützen", zivilisieren und christianisieren sollte. Als Ausgleich hatte er Anspruch auf die kostenlose Arbeitskraft der ihm zugeteilten Personen, die obendrein noch Steuern zahlen mussten. Abgelöst wurde die Encomienda durch das Hacienda-Wesen. Die **Haciendas** waren aus staatlichen Landschenkungen, aus Zukauf und Inbesitznahme entstanden. Es handelte sich um landwirtschaftlichen Großgrundbesitz, auf dem der Besitzer (Hacendero) die Regierungsbefugnis innehatte. Somit konnte er frei über seine von ihm abhängigen Arbeitskräfte verfügen.

Zum Zweck der besseren politischen und religiösen Kontrolle bemühten sich staatliche und kirchliche Stellen um die Ansiedlung missionierter Indígenas in sogenannten **Reducciones**. Dabei handelte es sich um Dörfer, in denen sie in eingeschränkter Selbstverwaltung und wirtschaftlicher Unabhängigkeit der Kontrolle der spanischen Eroberer unterstanden. Dieses von den Jesuiten begründete System ähnelte stark den Modelldörfern, die vom guatemaltekischen Militär in den 80er-Jahren des 20. Jhs. angelegt wurden.

Von Guatemala aus wurde ganz Mittelamerika regiert (inkl. der mexikanischen Provinz Chiapas und dem heutigen Belize, nicht jedoch Panama). Aufgrund fehlender Kommunikation und Transportmöglichkeiten konnte allerdings von einer Einheit innerhalb des Generalkapitanats Guatemala nicht die Rede sein, und alle Provinzen führten ein eher selbstständiges Dasein. Zudem verbot die spanische Krone den Handel der Provinzen, aber auch der Kolonien untereinander. Somit mussten Waren, die von Guatemala nach Mexiko gebracht werden sollten, einen riesigen Umweg über spanische Häfen machen, wo natürlich Steuern kassiert wurden.

Im Erfinden von Abgaben kannte die Fantasie der spanischen Krone ohnehin keine Grenzen. Da Guatemala die geforderten Mengen an Gold und Silber nicht liefern konnte, musste die Kolonie hohe Steuern zahlen. Selbst wer einen öffentlichen Posten antreten wollte, musste dafür eine Abgabe leisten. Auch auf Guatemalas Hauptexportprodukte wurde eine hohe Steuer erhoben: während der Kolonialzeit besonders auf die Farbstoffe Indigo und Cochenille, auf Baumwolle, Tabak, Kakao und Zucker. Die Minen des Landes förderten in geringerem Umfang Gold, Silber, Marmor, Granit und Kupfer. Die spanische Krone verbot die Herstellung von Wein, Olivenöl oder Flachs – Waren, die bereits in ausreichender Menge im Mutterland produziert wurden. Rohstoffe durften in der Neuen Welt nicht verarbeitet werden, da sie Verarbeitungsbetriebe in Spanien gefährdeten.

Aber nicht nur unter wirtschaftlichen Gesichtspunkten hatte die spanische Krone ein nahezu perfektes Kontrollsystem aufgebaut: Selbst Pedro de Alvarado unterstand als Regierungschef des Generalkapitanats Guatemala der **Real Audiencia**, die später Audiencia de los Cofines genannt wurde. Sie war die höchste gerichtliche Instanz in Guatemala mit gesetzgebender und rechtsprechender Funktion. Darüber hinaus konnte jederzeit der *Visitador* des Königs auftauchen, dem über alle Vorfälle der Kolonie Rechenschaft abgelegt werden musste. Alle höheren öffentlichen Ämter mussten von Spaniern aus dem Mutterland bekleidet sein und blieben selbst den Kreolen – Kindern spanischer Eltern, die in den Kolonien zur Welt gekommen waren – vorenthalten. Nicht viel besser erging es dem Volk. Eine Anzahl von Gesetzen regulierte das tägliche Leben.

So war es z. B. Mestizen, Mulatten und Schwarzen bei Androhung von 100 Peitschenhieben und einem Jahr Verbannung in den Minen verboten, ein Pferd zu reiten. Der ständige Verlust an indianischer Arbeitskraft durch Krankheiten und Ausbeutung beunruhigte die Spanier derart, dass sie Indígenas, die in ihrer Ehe keine Kinder zeugten, mit 25 Peitschenhieben bestraften.

Das Leben in den Kolonien war für die meisten Menschen hart und entbehrungsreich, und vom oft beschriebenen Luxus und Glanz profitierten nur einige wenige auf Kosten anderer. Im Laufe der Zeit entwickelten sich unter den verschiedenen Volksgruppen und ihren Mischformen hierarchisch voneinander getrennte soziale Klassen, die in ähnlicher Form bis heute erhalten sind.

Ganz oben standen die spanischen Adligen *(chapetones)*, die höchste Ämter bekleideten. Ihnen folgten die Kreolen – in den Kolonien geborene Spanier. Nach ihnen kamen Künstler und Feinhandwerker, die aus Spanien stammten und aufgrund ihrer manuellen Fertigkeiten ein hohes Ansehen genossen. Mestizen *(Ladinos)* – Nachkommen aus Verbindungen von Spaniern und Indígenas – lebten zwar ohne Privilegien, blieben aber überwiegend von Diskriminierung unbehelligt. Anders die Mulatten (Nachkommen aus Verbindungen von Spaniern und Schwarzen) sowie Zambos (Nachkommen aus Verbindungen von Indianern und Schwarzen): Sie standen zusammen mit Schwarzen und Indígenas auf der untersten Stufe der Hierarchie.

Rund drei Jahrhunderte währte die spanische Herrschaft in Amerika. In diesem Zeitraum wurden ein riesiges Gebiet und dessen Bewohner ökonomisch ausgebeutet. Der lange Aderlass hat die Geschichte Lateinamerikas wie auch Europas nachhaltig beeinflusst. Die angehäuften Reichtümer bescherten Europa das notwendige Kapital, um sich industriell zu entwickeln. Mittelamerika hingegen erstarrte in hierarchischen Strukturen und konnte den wirtschaftlichen Vorsprung der Alten Welt bis heute nicht einholen.

Unabhängigkeit, Föderation und Diktatur (1821–1871)

Obwohl sich die Maya-Völker Guatemalas das eine oder andere Mal während der Kolonialherrschaft wenig erfolgreich gegen ihre Unterdrücker aufgelehnt hatten, waren es andere Kräfte, die dem Land die Unabhängigkeit brachten. Zu Beginn des 19. Jhs. nahm die bereits lange schwelende Unzufriedenheit der politisch, wirtschaftlich und sozial benachteiligten kreoli-

Gräueltaten der spanischen Eroberer während der Kolonialzeit

Schonungslose Darstellung

In seinem *Kurzgefassten Bericht von der Verwüstung der Westindischen Länder* (M. Sievernich, U. Kunzmann Hrsg., Insel Verlag 2005) beschreibt der Dominikanermönch Bartolomé de las Casas im 16. Jh. schonungslos die schlechte Behandlung der Ureinwohner Amerikas durch die spanischen Eroberer während der Kolonialzeit.

schen Händler und Großgrundbesitzer gegenüber den spanischen Besetzern drastisch zu und führte zu einer gesellschaftlichen Spaltung. Während konservative Kräfte an der Erhaltung des Status quo interessiert waren und Kirche sowie Königshaus unterstützten, waren die Anhänger der bürgerlich-liberalen Bewegung an einer neuen, moderneren Gesellschaftsordnung interessiert. Beide Richtungen hatten nur ein gemeinsames Ziel: die indianische Arbeitskraft weiter auszunutzen.

Die Liberalen wurden durch die Erfolge revolutionärer Bewegungen in Europa (Französische Revolution) und Südamerika ermutigt. Hier hatte **Simón Bolívar** Venezuela und Kolumbien vom spanischen Joch befreit. In Mexiko kam es bereits 1910 zum „Schrei nach Unabhängigkeit", und als schließlich die Truppen Napoleons Spanien besiegten, wurde den Menschen in Guatemala bewusst, dass Veränderungen bevorstanden.

Nachdem sich Mexiko von Spanien gelöst hatte, kam es kurz darauf in Guatemala am 15. September 1821 unter Führung der kreolischen Bürgerschaft zur Unterzeichnung der **Unabhängigkeitserklärung**, und zwar ohne Blutvergießen. Die guatemaltekische Unabhängigkeit von Spanien hatte jedoch, ähnlich wie in anderen Regionen Lateinamerikas, einen rein formalen und politischen Charakter: Eine neue Führungsschicht ersetzte die alte, doch der Machtwechsel löste keine sozialen Veränderungen aus.

Die neue Freiheit traf die Menschen unvorbereitet. Das Land befand sich in einem miserablen Zustand, litt unter Armut und einem erschreckend hohen Analphabetentum. Die Staatskassen waren leer, da die meisten Bürger Unabhängigkeit mit Aufhebung oder zumindest Herabsetzung der Steuern gleichsetzten. Die neuen Sieger hatten weder theoretisch noch praktisch Regierungserfahrung. Hinzu kamen abweichende Ambitionen der Provinzen und ihr Misstrauen der Hauptstadt gegenüber.

Diese Schwäche und Unsicherheit nutzte der selbst proklamierte Kaiser Mexikos, **Augustín de Iturbide**, um nur Monate später ganz Mittelamerika bis auf El Salvador zu annektieren. Doch schon kurze Zeit darauf kollabierte sein Reich, und am 1. Juli 1823 kam es zu einer zweiten Unabhängigkeitserklärung und dem Zusammenschluss ganz Mittelamerikas zu den **Vereinigten Provinzen von Zentralamerika**. Chaotische Zeiten mit blutigen Machtkämpfen zwischen Liberalen und Konservativen, Nationalisten und Föderalisten folgten. Die Wehen bis zur Gründung eines Nationalstaates sollten noch einige Jahrzehnte dauern.

1840, zum Ende der mittelamerikanischen Union, besiegte der 23-jährige Rebell **Rafael Carrera** (1814–1865) mit einem Indianerheer den Vater der Föderation und zweifachen Präsidenten **Francisco Morazán** (1792–1842), der heute in Honduras als Volksheld verehrt wird. Carrera blieb erfolgreich; es gelang ihm 1840, die zweijährigen Sezessionsbestrebungen dreier Hochlandprovinzen mit Waffengewalt zu beenden. Quetzaltenango, Totonicapán und Sololá hatten sich 1838 zum unabhängigen Estado de los Altos (Staat der Hochlandprovinzen) erklärt. Nun ruhten die Hoffnungen der fortschrittsfeindlichen Elite auf dem konservativ-klerikalen Diktator Carrera, der zunächst alle Gesetze der Föderation rückgängig machte. Diese hatten unter anderem religiöse Orden und die Todesstrafe abgeschafft sowie die Zivilehe und ein Schulsystem eingeführt.

Carreras Amtszeit der folgenden Jahre war bestimmt von Tyrannei und Ineffizienz. Unter seiner Regierung kam es zur offiziellen **Gründung der Republik Guatemala** am 21. März 1847, die alle föderativen Träume definitiv beendete. Mitte der 50er-Jahre kam es zu einem dramatischen Rückgang guatemaltekischer Exporte, hervorgerufen durch die Erfindung synthetischer Farbstoffe, die den Handel mit Indigo und

Cochenille lahmlegte. Auf seinem Totenbett bestimmte Carrera den Konservativen **Vincente Cerna** zum Präsidenten, der das Land bis 1871 regierte. Unter seiner Regierung kam es zu verschiedenen Revolten der Liberalen, die schließlich das Ende autoritärer und konservativer Strukturen einleiteten.

Liberale Reformen und weitere Diktaturen (1871–1944)

Am 30. Juni 1871 gelang es nach mehreren gescheiterten Aufständen einer kleinen Truppe Liberaler mit der Unterstützung breiter Volksteile in Guatemala-Stadt einzumarschieren und die Macht an sich zu reißen. Der erste liberale Präsident hieß **Miguel García Granados**. Bereits 1873 löste ihn sein Mitstreiter **Justo Rufino Barrios** (1835–1885) ab, da Granados die beabsichtigten Reformen zu zögerlich umsetzte. Barrios, der später „der Reformator" genannt wurde, modernisierte das Land systematisch, allerdings auf Kosten indianischer Volksgruppen. Mit dem von ihm säkularisierten Kirchenbesitz baute er öffentliche Gebäude, wie die Nationalbank und die Nationalbibliothek, er reformierte das Schulwesen und führte die Religionsfreiheit ein. Ihm gelang es auch, die schon lange schwelenden Grenzstreitigkeiten mit Mexiko beizulegen und die Infrastruktur des Landes mit dem Bau einer Eisenbahn und der Vergrößerung der Pazifikhäfen zu verbessern. Er erlaubte Ladinos den Besitz von Grundstücken und den Zugang zu öffentlichen Posten, womit er sie den Kreolen gleichstellte.

Schließlich öffnete er ausländischem Kapital die Türen und förderte den Kaffee-Anbau, der langsam aufzublühen begann. Mit einer Reihe von Vergünstigungen lockte er Immigranten nach Guatemala, in der Mehrheit Deutsche. Die einzigen, die von seiner Politik nicht profitierten, waren die Ureinwohner. Im Gegenteil: Da Anbau und Ernte von Kaffee viele Arbeitskräfte benötigten, verpflichtete er Indígenas per Gesetz zur Zwangsarbeit. Zusätzlich enteignete er den gesamten kommunalen Landbesitz der indianischen Völker ohne Entschädigung und verkaufte die Ländereien an deutsche und andere ausländische Investoren. Indianeraufstände wie in Momostenango oder Cantel wurden blutig vom Militär niedergeschlagen, auf dessen Loyalität sich Barrios Macht im Wesentlichen stützte.

Diese Maßnahmen zeigten das hässliche Gesicht des Liberalismus, der in seiner Essenz menschenverachtend und diskriminierend war. Hinzu kam, dass sich die Regierung in immer mehr Widersprüche verwickelte: Die Liberalen hatten z. B. eine transparentere Haushaltsführung nach der Machtergreifung angekündigt. Aber schon wenige Monate danach begann die Regierung, selbst ausländische Kredite in Anspruch zu nehmen und den freien Handel zu behindern. Aus dem idealistischen Weltverbesserer Barrios war ein machtgieriger Despot geworden, der seine „liberalen" Reformen rücksichtslos gegen die Interessen weiter Teile der Bevölkerung durchsetzte. Allerdings erhielt er hierfür den Segen des Parlaments: Dieses hatte ihn 1878 – im Gründungsjahr der Liberalen Partei – mit diktatorischen Vollmachten ausgestattet. Barrios Plan einer erneuten zentralamerikanischen Union wurde ihm zum Verhängnis: Er starb 1885 bei dem Versuch, seine Idee gewaltsam auf dem Schlachtfeld zu realisieren.

Seine Nachfolger führten die Politik der liberalen Diktatur fort und setzten weitere wirtschaftliche Reformen um. Gegen Ende des 19. Jhs. beginnt mit der Machtübernahme durch **Manuel Estrada Cabrera** (1857–1924) eines der bis dato dunkelsten Kapitel der guatemaltekischen Geschichte. Mit Hilfe eines perfekt organisierten Polizei- und Spitzelapparats errichtete Cabrera ein Terrorregime, dessen Brutalität und Gewalt selbst für guatemaltekische Verhältnisse ungewöhnlich waren. Zudem begann er den Ausverkauf der Nation unter dem Deckmäntelchen des Fortschritts. Er vergab 1901 die ersten Landkon-

Die Deutschen in Guatemala

Los Alemanes en Guatemala 1820–1944 ist eine mit vielen Details und Fotos versehene Dokumentation von Regina Wagner aus dem Jahr 1996 über die Geschichte der Deutschen in Guatemala, leider nur in spanischer Sprache erhältlich.

zessionen an die nordamerikanische **United Fruit Company (UFCO)**, damit diese Bananen anbauen konnte. Der Firma mit Sitz in Boston gelang es in kürzester Zeit, fast die gesamte Infrastruktur Guatemalas einschließlich Eisenbahnlinien, Häfen, Elektrizitätswerken, Schiffslinien und Post unter ihre Kontrolle zu bringen. Angesichts dieser gigantischen Konzentration von Land- und Kapitalbesitz in US-amerikanischen Händen erschien es nicht verwunderlich, dass die Funktionäre der nordamerikanischen Regierung, von denen viele in Geschäfte in Guatemala verwickelt waren, die massiven Menschenrechtsverletzungen durch Cabrera ignorierten.

Die lange Nacht unter dem despotischen Regime Cabreras endete erst 1920, als die Nationalversammlung ihn für unzurechnungsfähig erklärte und absetzte. Doch die Freude über den Sturz des Tyrannen währte nicht lange. Zu sehr befanden sich Politik und Wirtschaft in der Krise und im Würgegriff des mächtigen Nachbarn im Norden.

Sechs Präsidenten versuchten nach 1920 ihr Glück, bevor **Jorge Ubico Castañeda** 1931 mit 53 Jahren in den Nachwehen der Weltwirtschaftskrise durch Wahlbetrug an die Macht gelangte. Der Patensohn von Präsident Barrios und mit 23 Jahren jüngste Unterleutnant des Heeres war genau die starke Person, die sich die Landoligarchie Guatemalas in den wirtschaftlich unruhigen Zeiten der frühen 30er-Jahre als Präsident wünschte. Zu Beginn seiner Amtszeit konnte sich Ubico durch wirtschaftliche und infrastrukturelle Maßnahmen wie Straßenbau und die Straffung der bis dahin ineffizienten Bürokratie das Vertrauen des Volkes erwerben. Sein wahres Gesicht zeigte er allerdings 1934, als er einen angeblichen Attentatsplan gegen sich aufdeckte und in nur zwei Tagen 200 Regimegegner umbringen ließ. Ubico war besessen von der Erhaltung der öffentlichen Ordnung, des Arbeitsgeistes und der Regierungstreue im Volk. Um diese Konzepte der zunehmend unzufriedenen Bevölkerung aufzuzwingen, begann er die Opposition zu beseitigen und immer autoritärer zu regieren.

Der glühende Verehrer Napoleons fuhr häufig selber auf einem Motorrad ins Landesinnere, um sich vor Ort nach der aktuellen Situation zu erkundigen. Während er sich schamlos am Volkseigentum bereicherte, kürzte er die Ausgaben für das Bildungswesen, das er nicht als Instrument zur Weiterbildung, sondern als Exerzierplatz für die Disziplinierung der Bevölkerung verstand. Um die Großgrundbesitzer weiterhin mit billigen Arbeitskräften zu versorgen, wandelte er das unter Barrios eingeführte System der Schuldleibeigenschaft in ein Gesetz gegen das Vagabundentum um. Mit dieser Maßnahme wurden alle land- oder arbeitslosen Indígenas jährlich zu sechsmonatiger Zwangsarbeit auf Plantagen oder im Straßenbau verpflichtet, wo viele von ihnen an den miserablen Arbeitsbedingungen zugrundegingen. Ein weiteres Dekret gab Landbesitzern das Recht, kleinste Vergehen auf ihren Anwesen mit der Todesstrafe zu ahnden.

Doch wenn Ubico auf nationaler Ebene auch Angst und Schrecken verbreitete, so blieb er doch auf der internationalen Bühne lediglich eine Marionette der USA. Ohne zu zögern betrieb er den weiteren Ausverkauf nationalen Eigentums. 1936 unterzeichnete er einen neuen Vertrag mit der United Fruit Company. Darin sicherte er der UFCO Ländereien zum Anbau von Bananen an der Pazifikküste bei Tiquisate mit allen üblichen Vergünstigungen zu, unter anderem Steuerfreiheit für alle Exporte und zollfreie Einfuhr aller benötigten Güter. Gleichzeitig bestand er auf niedrigen Löhnen für die Bananenarbeiter, damit andere Branchen nicht mehr verlangen konnten. Die Kontakte mit den USA wurden im Vorfeld des Zweiten Weltkriegs immer enger, und 1940 gingen 90 % aller guatemaltekischen Exporte zum großen „Bruder" im Norden. Trotz seiner Sympathien für Hitler, Franco und Mussolini musste Ubico auf Druck der USA deutsche Landbesitzer enteignen.

Inzwischen wuchs der nationale Widerstand gegen den Diktator. Studenten und Lehrer brachten eine Streikwelle in Gang, die binnen kurzem auf weitere gesellschaftliche Sektoren übergriff und sich immer mehr ausweitete. Als Ubico sich des ganzen Ausmaßes der Unzufriedenheit des Volkes bewusst wurde, legte er am 30. Juni 1944 sein Amt nieder und verschwand ins Exil.

Sein Nachfolger General **Juan Frederico Ponce Viades** regierte nur noch 108 Tage, bevor sich der Zorn der Volksseele endgültig in der Revolution vom 20. Oktober 1944 entlud und die Ära Ubicos und der Liberalen in Guatemala endgültig beendete.

Politischer Frühling (1944–1954)

Die sogenannte „Bürgerliche Revolution", deren erste Anzeichen bereits 1941 mit Widerstand aus intellektuellen Kreisen gegen das Ubico-Regime zu erkennen waren, wurde von einem Triumvirat angeführt, das aus den Offizieren **Jacobo Arbenz** und **Francisco Javier Arana** sowie dem Zivilisten **Jorge Toriello** bestand.

Sie bereiteten den Weg für demokratische Wahlen, aus denen der Kandidat der Volksbefreiungsfront (FPL), **Juan José Arévalo Bermejo**, mit 85 % der Stimmen als klarer Sieger hervorging. Der Philosophie- und Pädagogikprofessor, der lange Zeit im Exil gelebt hatte, begann seine Regierungszeit mit einer neuen Verfassung, die der Grundstein für einen neuen Rechtsstaat sein sollte. Sie verbot unter anderem private Monopole, führte umfassende Rechte des Individuums ein und schränkte die Befugnisse des Staatspräsidenten ein, um eine erneute Diktatur zu vermeiden. Militärs war nunmehr die Bekleidung eines politischen Amts untersagt und Rassendiskriminierung wurde zum Verbrechen erklärt.

Eine Vielzahl dringend benötigter Reformen sollte das Land auf demokratische Art und Weise modernisieren. Dazu wurden zahlreiche Programme ins Leben gerufen, die vom Schul- und Krankenhausbau über Alphabetisierungs- und Impfkampagnen bis hin zur Abschaffung der indianischen Zwangsarbeit reichten. Ein neues Gesetz verkürzte die Arbeitsdauer, ermöglichte die Bildung von Gewerkschaften und begründete das Recht zu streiken.

Doch obwohl Arévalo in seiner Antrittsrede die Landwirtschaft neben dem öffentlichen Erziehungswesen als Stiefkind Guatemalas bezeichnete, zögerte er, eine Landreform durchzuführen. Die von ihm initiierte Umwandlung von enteignetem deutschen Grundbesitz in Kooperativen und die Verteilung brachliegenden Landbesitzes an landlose Campesinos hatte eher symbolischen als flächendeckenden Charakter. Arévalo verbrachte die letzten Jahre seiner Amtszeit, die er selber als „spirituellen Sozialismus" charakterisierte, mehr mit der Konsolidierung seiner Reformen als mit neuen Maßnahmen. Zusätzlich musste er sich gegen Angriffe der traditionellen Elite sowie gegen insgesamt 28 Putschversuche wehren. Für die Wahlen des Jahres 1950 ließen sich mit **Jacobo Arbenz** und **Francisco Javier Arana** zwei Mitglieder der Revolutionsjunta des Jahres 1944 als Kandidaten aufstellen. Da Arana 1949 auf mysteriöse Art und Weise ermordet wurde, war der Weg frei für seinen direkten Kontrahenten.

Arbenz gewann im ersten Wahldurchgang die absolute Mehrheit der Stimmen und trat 1951 sein Amt als Präsident Guatemalas an. Sein politischer Kurs war klar definiert: Ziel war es, eine unabhängige kapitalistische Nation zu schaffen, die wirtschaftliche Abhängigkeit zu beenden und den Lebensstandard der breiten Masse anzuheben. Dabei scheute er auch nicht die direkte Konfrontation mit den großen US-Firmen, deren Monopole er brechen wollte. So ließ er ein staatliches Wasserkraftwerk, eine Straße zur Karibik und einen neuen Hafen bei Puerto Barrios bauen. Bisher hatte sich die Stromerzeugung des Landes, die Eisenbahn zum Karibischen Meer und der dortige Hafen in den Händen der United Fruit Company befunden.

Im Gegensatz zu seinem Vorgänger rüttelte Arbenz auch an den Grundfesten des feudalen Großgrundbesitzes. 1952 verabschiedete seine Regierung das **Gesetz zur Agrarreform**, mit dem brachliegendes Land an landlose Bauern umverteilt wurde. In den Jahren 1953 und 1954 wurden rund 880 000 ha Land beschlagnahmt und an etwa 100 000 Bauern überschrieben. Damit erhielten rund 40 % aller landlosen Campesinos ein Stück Boden. Größter Verlierer der Landreform war die United Fruit Company, die mit rund 160 000 ha etwa die Hälfte ihres Landbesitzes gegen staatliche Schuldverschreibungen hergeben musste. Als Berechnungsgrundlage für den Grundstückswert dienten dabei die Steuerangaben, die von den Unternehmen selbst viel zu niedrig angesetzt worden waren, um Grundsteuer zu sparen. Wütende Proteste der USA waren die Folge, und Guatemala wurde sogleich als Brückenkopf des Kommunismus in Mittelamerika diffamiert. Zu Unrecht, denn die Regierung

Sorgfältig recherchiert

„Bananenkrieg. CIA-Putsch in Guatemala" ist der Titel eines akribisch recherchierten Buches, das die Machenschaften der United Fruit Company und der CIA in Guatemala schonungslos offenlegt.

unter Präsident Arbenz war niemals kommunistisch, auch wenn sie die kommunistische Partei 1951 in Guatemala legalisierte und einige ihrer Mitglieder in die Legislative gewählt wurden. Solche Details interessierten die kalten Krieger und Vorstandsvorsitzenden in den USA wenig, sahen sie doch in Guatemala ihre ureigensten wirtschaftlichen Interessen bedroht.

Der US-Diplomat **Spruille Braden**, der bei der Amtseinführung von Arbenz als Vertreter seiner Regierung noch wohlwollend erklärt hatte, dass „die Vereinigten Staaten sich glücklich schätzen zu sehen, dass Guatemala jetzt den hohen Rang einer der Demokratien dieser Hemisphäre einnimmt", hatte sich wenige Jahre später als Berater der United Fruit Company zu einem entschiedenen Gegner der guatemaltekischen Regierung gewandelt. Das Lobbyistennetz der Bananenfirma reichte bis in allerhöchste Kreise. Der Chef des US-Geheimdienstes CIA, Allen Dulles, saß selbst im Aufsichtsrat des Unternehmens, und sein Bruder, John Foster Dulles, war zum selben Zeitpunkt Außenminister der USA. Auf Druck der Vereinigten Staaten wurde 1954 auf der Interamerikanischen Konferenz in Caracas, Venezuela, eine Resolution verabschiedet, die jeglichen Einfluss des Kommunismus in der Hemisphäre untersagte. Die Botschaft war eindeutig, und es dauerte nicht mehr lange, bis US-Präsident Dwight Eisenhower die Genehmigung erteilte, die Regierung Arbenz zu stürzen.

Die **Operation Success** (Erfolg) lief an. Am 18. Juni 1954 warfen Flugzeuge Unmengen von Flugblättern über Guatemala-Stadt ab, auf denen der Rücktritt von Arbenz gefordert wurde. Der Präsident ahnte anscheinend, dass ihm seine Militärs im Falle einer Invasion nicht zur Seite stehen würden und hatte in einem Akt der Verzweiflung eine Schiffsladung mit tschechischen Gewehren für das Volk bestellt, die aber von den Nordamerikanern abgefangen wurde. Am Abend desselben Tages marschierte eine 250 Mann starke „Befreiungsarmee", die von der CIA gesponsert und von Kampfflugzeugen begleitet wurde, von Honduras nach Guatemala ein. Arbenz bezeichnete sie zwar nur als „heterogenes Fruit Company-Expeditionskorps", aber seine Tage waren gezählt. Als ein Großteil seiner Offiziere überlief, legte Arbenz am 27. Juni 1954 die Präsidentschaft nieder. Er überließ Oberst **Carlos Enrique Díaz** die Regierungsgeschäfte. Dessen Amtszeit dauerte allerdings nur eine Woche, denn am 3. Juli wurde der Wunschkandidat der Amerikaner, Oberstleutnant **Castillo Armas**, im Privatflugzeug des amerikanischen Botschafters John Peurifoy nach Guatemala-Stadt geflogen und zum neuen Präsidenten ernannt.

Aus der Regierungszeit von Armas ist nicht viel Gutes zu berichten. Sofort nach seinem Amtsantritt ließ er die Verfassung von 1944 außer Kraft setzen und die Agrarreform wieder rückgängig machen. Alle linken Parteien wurden geächtet, allen Analphabeten wurde das Wahlrecht entzogen, und eine große Zahl von Gewerkschaftern und Agrarreformern wurde einfach umgebracht. Armas verließ sich stark auf US-amerikanische Unterstützung, um das Land wirtschaftlich zu entwickeln, fand aber in der Armee nur wenig Freunde. 1957 ermordete ihn sein eigener Leibwächter.

36 Jahre Bürgerkrieg (1960–1996)

Mit dem Rechtsputsch von 1954 war das demokratische Experiment in Guatemala gescheitert. Das entstandene Machtvakuum wurde von den Militärs geschlossen, die von nun an bis 1986 das Sagen hatten und das Land wenige Jahre später in einen Bürgerkrieg verwickelten, der stellenweise die Ausmaße eines Genozids annahm. Hinter dem Militär kehrte die alte Oligarchie aus Kirchenführern, Großgrundbesitzern und Armeeoffizieren in die vertrauten Positionen zurück.

1958 gelangte nach einigen unruhigen Monaten **Ydígoras Fuentes** durch einen Staatsstreich an die Macht. Ydígoras' fünfjährige Regierungszeit war von Inkompetenz, Korruption, ausufernder Vetternwirtschaft und wirtschaftlichem Verfall des Landes geprägt. Der Präsident geriet in die Kritik, als bekannt wurde, dass er den Amerikanern Land als Operationsbasis gegen Fidel Castros Kuba zur Verfügung stellte. Am 13. November 1960 unternahm eine Gruppe unzufriedener Offiziere einen Staatsstreich, der aber mit Hilfe der USA niedergeschlagen wurde. Zwei der Rädelsführer, der junge Leutnant **Marco Antonio Yon Sosa** und der 19-jährige **Luis Turcios Lima** flohen ins benachbarte Ausland, wo sie eine Untergrundbewegung ins Leben riefen.

Der gescheiterte Putsch vom 13. November 1960 markierte den Beginn des Bürgerkriegs und die Bildung von Guatemalas moderner revolutionärer Bewegung. 1962 nahm die kleine, schlecht vorbereitete Guerillatruppe den bewaffneten Kampf auf, wurde aber von der Armee in die Berge zurückgedrängt. Dennoch: Studentenunruhen und Protestaktionen verschiedener Sektoren der Bevölkerung läuteten das Ende der Regierungszeit Ydígoras' ein. Der „Präventivcoup" seines Verteidigungsministers **Enrique Peralta Azurdia** im März 1963 hatte aber nicht das Ziel, die ausufernde Korruption in allen staatlichen Institutionen zu bekämpfen. Vielmehr sollte dadurch ein möglicher Wahlsieg von **Ex-Präsident Arévalo** verhindert werden, der in den Wahlen des Jahres 1964 beste Chancen gehabt hätte. Erneut hatten hinter den Kulissen die USA und die traditionelle Oligarchie die Fäden gezogen.

Die USA, weil sie durch eine drohende linksgerichtete Regierung ihren Einflussbereich in Guatemala schwinden sahen; Kirche und Großgrundbesitzer, weil sie ihren Besitzstand gefährdet sahen. Mit Unterstützung der US-Amerikaner wurde die guatemaltekische Gesellschaft nun von einem Militärapparat beherrscht, der zunehmend mächtiger wurde und sich keiner zivilen Autorität und Kontrolle mehr beugte. So musste der 1966 gewählte Zivilist **Julio Cesar Montenegro** vor Amtsantritt einen Pakt mit den Militärs unterzeichnen: Dieser zwang ihn, allen Befehlen der Armee zu gehorchen und dem Militär freie Hand in allen Fragen der nationalen Sicherheit zu geben.

Zwischen 1966 und 1968 kam es im Osten des Landes zu verstärkten Anti-Guerilla-Aktionen und Säuberungskampagnen der Armee. Diesen fielen zwischen 3000 und 8000 Menschen zum Opfer, zumeist unschuldige Zivilisten, die für demokratische Verhältnisse in Guatemala eingetreten waren. Dass zum Ende der 60er-Jahre die Polizei- und Militärhilfe durch die USA stark gewachsen war, rächte die Guerilla, indem sie amerikanische Militärberater ermordete. Aber auch ein deutscher Diplomat wurde Opfer der linken Gewalt. Der deutsche Botschafter **Graf von Spreti** wurde 1970 von der Guerilla entführt und kurz darauf getötet. Die guatemaltekische Regierung hatte sich zuvor geweigert, inhaftierte Guerillakämpfer im Austausch gegen Spreti freizulassen.

Aufgrund seiner „Erfolge" bei der Bekämpfung der Guerillabewegung wurde 1970 **Oberst Arana Osorio** zum neuen Machthaber gewählt. Rechtsgerichtete Terrorkommandos mit klangvollen Namen wie „Auge um Auge" verbreiteten zunehmend Angst und Schrecken unter der Bevölkerung, auch die Anzahl politisch motivierter Gewalttaten nahm drastisch zu. Durch Wahlbetrug gelangte 1974 der handverlesene Kandidat Osorios, General **Kjell Laugerud García**, an die Macht. Überraschenderweise begann Präsident Laugerud seine Amtszeit mit politischen und sozialen Reformen und löste Auseinandersetzungen mit Gewerkschaften durch Verhandlungen und nicht wie gewohnt mit Gewalt. Allerdings kamen die durchaus brauchbaren Ansätze seiner Regierung durch das schwere Erdbeben von 1976, bei dem rund 25 000 Tote zu beklagen waren, zu einem jähen Stillstand. Das Beben beeinflusste die Politik: Es erhöhte die Solidarität innerhalb des Volkes und stärkte die Oppositionskräfte, die nun selbstbewusster auftraten. Die Antwort der Regierung: selektive Ermordung von Gewerkschafts- und Arbeiterführern. Die zunehmenden Menschenrechtsverletzungen bewogen US-Präsident **Jimmy Carter** 1977, die Militärhilfe für Guatemala einzustellen.

Die Anzahl der Gräueltaten nahm auch unter Präsident **Romeo Lucas García** weiter zu. Der General hatte 1978 die Macht im Land übernommen und bekämpfte die wiedererstarkte Guerilla mit nie zuvor gekannter Brutalität. Akademiker, Oppositionelle, Journalisten, Anwälte oder Gewerkschafter: Niemand war vor den Schergen des Generals sicher. Eine Wirtschaftskrise, ausgelöst durch niedrige Kaffeepreise und ausbleibende Touristen, verschlechterte die Situation zusätzlich. Eine Gruppe Quiché- und Ixil-Indianer marschierte im Januar 1980 nach Guatemala-Stadt, um gegen die Entführung und Ermordung von neun Mitbürgern zu protestieren. Als die Regierung sie nicht anhörte, besetzten sie die spanische Botschaft, die daraufhin von Sicherheitskräften gestürmt und in Brand gesetzt wurde. 39 Menschen starben in den Flammen, Personal und Besetzer gleichermaßen.

Das Massaker in der spanischen Botschaft zeigte der Weltöffentlichkeit, dass die guatemaltekische Regierung vor nichts und niemandem zurückschreckte, um ihre Interessen durchzusetzen. Die vier Jahre des Regimes von Lucas Garcia waren die blutigsten des gesamten Bürgerkriegs. Rund 25 000 Guatemalteken verloren während seiner Regierungszeit ihr Leben.

Im Jahr 1982 kam es erneut zu einem Militärputsch junger Offiziere. Dieser brachte General **Efraín Ríos Montt** an die Spitze einer dreiköpfigen Junta. Dem Anhänger der evangelikalen Sekte El Verbo gelang es, die unruhige Situation auf dem Lande mit „ungewöhnlichen" Maßnahmen in den Griff zu bekommen: Seine „Politik der verbrannten Erde" bestand in einer groß angelegten Militäraktion, bei der Dutzende Indianerdörfer vernichtet und die dort lebenden Menschen vertrieben oder ermordet wurden. Ziel war es, der Guerilla die Unterstützung durch die Landbevölkerung zu entziehen. Der General kombinierte die Massaker an der Zivilbevölkerung mit hocheffizienten Formen der Bevölkerungskontrolle. Dazu gehörten Programme wie „Essen gegen Arbeit", militarisierte Modelldörfer, in denen Bürgerkriegsflüchtlinge zwangsweise angesiedelt wurden, und die Einführung von Zivilpatrouillen. Eine Menschenrechtsgruppe kommentierte die Maßnahmen der Militärregierung mit den Worten: „Sie (die Regierung) erzeugt Trostlosigkeit und Elend und nennt es Frieden."

Doch Mitte 1983 stand Ríos Montt immer mehr im Kreuzfeuer der öffentlichen Kritik. Der katholischen Kirche war der wachsende Einfluss evangelischer Sekten ein Dorn im Auge, Gerüchte über eine mögliche Agrarreform verstörten die Landbesitzer, und der Rest der Gesellschaft ärgerte sich über fehlende demokratische Reformen. Ein Staatsstreich brachte daher 1983 General **Oscar Humberto Mejía Víctores** an die Macht. Obwohl er den Kampf gegen die seit 1982 in der **URNG** (Unidad Revolucionaria Nacional Guatemalteca) vereinigte Guerilla weiterführte, war er offener für Veränderungen als sein Vorgänger. Es war Mejía, der das Land 1985 zu den ersten demokratischen Wahlen seit Beginn des Bürgerkriegs führte. Sieger dieser Wahl wurde der Kandidat der Christdemokraten, **Vinicio Cerezo Arévalo**.

Doch eine zivile Regierung hatte nicht automatisch den Machtverlust der Militärs zur Folge, vielmehr agierten diese weiterhin im Hintergrund und engten die Machtbefugnisse von Cerezo stark ein. Sie untersagten dem Präsidenten, Gespräche mit der Guerilla aufzunehmen. Cerezos Politik bestand denn auch eher darin, Konfrontationen zu vermeiden als Probleme zu lösen und Reformen in die Wege zu leiten. Er selbst betrachtete die Tatsache, überlebt zu haben, als größte Errungenschaft seiner Amtszeit. Obwohl die Anzahl politischer Gewaltverbrechen in den späten 80er-Jahren stark nachließ, konnten rechte Todesschwadronen noch immer frei operieren – der Krieg in entlegenen Gegenden des Hochlands ging unvermindert weiter. 1988 kamen bei einem von der Armee verübten Massaker im Dorf El Aguacate bei Chimaltenango 22 Indígenas ums Leben. Die Dekade endete mit einer Welle von Entführungen und Morden an Führern der Studentenorganisation (AEU) und Aktivisten eines Lehrerstreiks. Sie alle hatten Kontakte zur URNG unterhalten.

Der Gewinner der Wahlen von 1990, **Jorge Serrano Elías**, verdankte seinen Sieg der Tatsache, dass zwei seiner aussichtsreichsten Mitbewerber – die Ex-Staatschefs Cerezo und Montt – aus verfassungsrechtlichen Gründen nicht zu den Wahlen zugelassen wurden. Infolgedessen besaß Serrano Elías nur eine relativ geringe Akzeptanz in der Bevölkerung. Wirtschaftlich steckte das Land weiterhin in einer Krise, die von ständigen Preiserhöhungen bei gleichzeitigem Lohnstopp verschärft wurde. Immer noch besaßen nur rund 2 % der Großgrundbesitzer ca. 65 % des bebaubaren Landes, und 85 % der

Guatemalteken lebten in teils bitterer Armut. Doch die indianische Landbevölkerung wehrte sich. Diverse Basisorganisationen berichteten der Weltöffentlichkeit über die Gräueltaten des guatemaltekischen Militärs.

Nationales und internationales Aufsehen erregte dann 1992 die Verleihung des Friedensnobelpreises an **Rigoberta Menchú Tum**. Die Quiché-Maya (s. S. 333) kämpft bis heute für die Aufklärung der Menschenrechtsverletzungen des Bürgerkriegs, denen auch Mitglieder ihrer Familie zum Opfer fielen. Zudem kehrten die ersten Bürgerkriegsflüchtlinge aus mexikanischen Lagern zurück. Doch noch immer bekämpfte eine völlig aufgeblähte Armee von 45 000 Mann eine Guerillatruppe, die zwischen 1000 und 3000 Mitglieder zählte. Als Proteste gegen seine Regierung immer lauter wurden, setzte Präsident Serrano im Mai 1993 überraschend die Verfassung des Landes außer Kraft und entließ den Kongress sowie den obersten Gerichtshof. Er rechtfertigte seinen im Spanischen *autogolpe* genannten Schritt damit, dass eine Übernahme des Landes durch die Drogenmafia bevorstünde. Die wahre Absicht war jedoch die eigene Machterhaltung. Doch selbst die Armee wandte sich von ihm ab, und Anfang Juni wurde Serrano abgesetzt. Er floh nach Panama ins Exil und konnte noch nicht belangt werden, obwohl er sich während seiner Regierungszeit in schamloser Weise am Volksvermögen bereichert hatte.

Anstelle von Serrano übernahm der Menschenrechtsbeauftragte Guatemalas, **Ramiro de Léon Carpio**, interimsweise das Präsidentenamt. In seiner kurzen Amtszeit machte der beim Volk beliebte Carpio immer wieder auf das fehlende politische Gewissen des Landes und die Unfähigkeit zur Demokratie aufmerksam. So lautete sein dringlichstes Ziel Stabilität und die Fortsetzung der Verhandlungen mit der Guerilla. Obwohl er nicht viel unternahm, um der Armee die Flügel zu stutzen, einigten sich Regierung und Guerilla auf den Einsatz einer internationalen Untersuchungskommission der Vereinten Nationen. Aufgabe von MINUGUA (Misión de Verificación de las Naciones Unidas en Guatemala) war es, die Abkommen über Menschenrechte und Demilitarisierung zu überwachen. Der Friedensprozess machte unter dem Ende 1995 gewählten Großindustriellen **Alvarado Arzú** entscheidende Fortschritte, und am 29. Dezember 1996 konnte das **Friedensabkommen** zwischen Regierung und Guerilla unterzeichnet werden, das den 36-jährigen Bürgerkrieg in Guatemala beendete. Traurige Bilanz: rund 200 000 Tote und Vermisste sowie ca. 1 Mio. Vertriebene im eigenen Land.

Der Friedensvertrag und die Zeit danach (1996–1999)

Mit einem hauchdünnen Sieg im zweiten Wahldurchgang begann im Januar 1996 die Regierungszeit von **Alvaro Arzú**, dem ehemaligen Bürgermeister von Guatemala-Stadt. Seine neoliberale Partei des nationalen Fortschritts (PAN) repräsentierte dabei überwiegend die Mittel- und Oberschicht der Hauptstadt, während Arzús Bekanntheitsgrad abseits davon auf dem Lande äußerst gering war.

In den folgenden Jahren konnte die Regierung Arzú die großen Hoffnungen, die innen- und außenpolitisch auf sie gesetzt worden waren, teilweise erfüllen. Der Friedensvertrag schwemmte hunderte Millionen US$ der internationalen Staatengemeinschaft in das wirtschaftlich angeschlagene Land, und durch eine Erhöhung der Mehrwertsteuer füllten sich die Staatskassen zusätzlich. Ein Großteil der Gelder floss in dringend benötigte Infrastrukturmaßnahmen, Gesundheits- und Erziehungsprojekte. Rund 3000 Ex-Guerillakämpfer wurden friedlich demobilisiert, und indianische sowie frauenspezifische Themen fanden Eingang in die nationale Politik. Das Steuerrecht wurde reformiert und staatliche Behörden wie die vom Finanzministerium unabhängige Steuerbehörde SAT oder die Forstbehörde INAB (Instituto Nacional de Bosques) sowie zahlreiche Schulen auf dem Land geschaffen.

Zugutehalten muss man Arzú, dass er in seiner Amtszeit mehr Projekte umsetzte als sämtliche vorangegangenen Regierungen des 20. Jhs. zusammen. Anstatt sich wie viele seiner Vorgänger und Nachfolger ins Ausland abzusetzen, blieb er der Politik drei Wahlperioden lang als tatkräftiger Bürgermeister von Guatemala-Stadt erhalten. Arzús autokratischer Stil und

Wer ermordete Bischof Gerardi?

Das bislang nur auf Englisch erschienene Buch des guatemaltekischen Autors **Francisco Goldman** bringt neun Jahre später ein wenig Licht ins Dunkel des mysteriösen Mordfalls. Goldman sieht unter anderem den General und Präsidentschaftskandidaten Otto Pérez Molina als intellektuellen Mittäter. **The Art of political Murder: Who killed the Bishop?** (Grove Press, 2007, ISBN: 978-0-802-143853).
Wie ein Thriller liest sich das gut recherchierte **¿Quién mató al Obispo?** von Maite Rico und Bertrand de la Grange (Planeta 2004, ISBN: 978-9-706-906995), das nur auf Spanisch erhältlich ist.

seine reaktionäre Weltsicht schufen ihm andererseits viele Feinde. Ein Makel seiner Amtszeit bleibt sein Umgang mit den Medien. So grub Arzú der kritischen Zeitschrift *La Crónica* das Wasser ab, indem er großen Anzeigenkunden nahelegte, keine Anzeigen mehr zu schalten. Das Blatt ging ein. Weitere negative Ereignisse während der Amtszeit von Präsident Arzú machten deutlich, auf welch wackeligen Beinen das Gerüst des Friedens in Guatemala stand: Im April 1998 veröffentlichte die katholische Kirche einen Bericht mit dem Titel „Guatemala – Nie wieder", eine zusammenfassende Arbeit des Projekts zur „Wiedererlangung der historischen Erinnerung" (REMHI). In dem vierbändigen Report wurden Menschenrechtsverletzungen während des Bürgerkriegs im Detail aufgeführt.

Zwei Tage später wurde Weihbischof **Juan Gerardi**, der das Projekt geleitet hatte, von Unbekannten in seinem Haus erschlagen. Obwohl die Täter bis heute nicht gefasst wurden, deutet alles darauf hin, dass das guatemaltekische Militär in das Verbrechen verwickelt ist. Es ist in Guatemala allgemeine Auffassung, dass die Aufklärung der blutigen Ereignisse des Bürgerkriegs eine unverzichtbare Grundlage zur Versöhnung der am Konflikt Beteiligten ist und nur so eine Vertrauensbasis unter der gesamten Bevölkerung geschaffen werden kann. Ähnlich wie die Militärs weigerte sich auch die Regierung Arzú Empfehlungen zu berücksichtigen, die ihr die „Wahrheitskommission" (CEH) in einem Bericht im Februar 1999 gab.

Gegen Ende der Amtszeit des Präsidenten Arzú 1999 war eine steigende Unzufriedenheit im Volk zu spüren, die sich auf die Regierung und die konkreten Lebensumstände bezog. Die Regierungspartei hatte es nicht geschafft, den kleinen Mann auf der Straße – vor allem auf dem Land – mit sozialen Investitionen, verstärkter Polizeipräsenz und Versprechen von weniger Korruption zu überzeugen. Infrastrukturprojekte, vor allem im Straßenbau, täuschten nicht darüber hinweg, dass sich die persönliche wirtschaftliche Situation eines Großteils der Bevölkerung seit 1996 tendenziell sogar verschlechtert hatte. Die Lebenshaltungskosten und die Steuern waren ohne nennenswerten Ausgleich in diesen Jahren stark gestiegen; auch die Arbeitslosigkeit war unverändert hoch. Darüber hinaus wurde das Land nach dem Friedensschluss von einer Welle der Kriminalität überrollt, die ein Klima der Unsicherheit erzeugte, das vom ängstlichen und zögerlichen Auftreten der Justiz noch verstärkt wurde. Undurchsichtige Privatisierungen wie die der Telefongesellschaft Telgua ließen das Vertrauen in die Regierung weiter sinken. Wie von vielen erwartet, kam es bei den Wahlen Ende 1999 zu einem Regierungswechsel.

Guatemala im neuen Jahrtausend

Im zweiten Wahlgang am 26. Dezember 1999 erhielt der Kandidat der rechtsgerichteten Republikanischen Front Guatemala FRG, **Alfonso Portillo**, die Mehrheit und wurde mit 68 % aller Stimmen für die Amtszeit von 2000 bis 2004 zum neuen Präsidenten des Landes gewählt. Garant für den Wahlsieg der FRG war letztlich die Galionsfigur der Partei, **Efraín Ríos Montt**. Der General, der bereits 1982 mit Hilfe eines Putsches für ein Jahr an die Macht gelangt war, besitzt weiterhin einen großen Zuspruch in der Bevölkerung. Für viele Guatemalteken verkörpert Ríos Montt die harte Hand des Gesetzes – die viele für nötig halten. Zusätzliche Stimmen brachte dem Mitglied der großen evangelischen Sekte El Verbo der Trend, dass in Guatemala immer mehr Menschen zum evangelischen Glauben konvertieren. Ex-Präsident Montt wollte eigentlich selbst kandidieren, was ihm jedoch das Verfassungsgericht untersagte. Also nominierte die Partei Alfonso Portillo. Dessen Erfolg zeigt deutlich, dass es in der guatemaltekischen Parteienszene weniger um Ideologien und Überzeugungen geht als vielmehr um selbstbewusstes, populistisches Auftreten und die richtigen Beziehungen.

Zum Ende der Amtszeit Portillos zeichnete sich ein düsteres Panorama ab: Neben dem kompletten politischen Versagen der FRG und des Zweigestirns Portillo/Montt wurde ein Korruptionsskandal ungeahnten Ausmaßes aufgedeckt. Über den von Portillo später abgeschafften Präsidialen Generalstab (Estado Mayor Presidencial) bereicherten sich hohe Funktionäre, Militärs und wahrscheinlich auch der Präsident um Dutzende Millionen US-Dollar. Da verwunderte es niemanden, dass sich Portillo wenige Tage nach Beendigung seiner Amtszeit nach Mexiko absetzte. Bis heute aber ist Portillo, der sich inzwischen vor Gericht verantworten muss, wegen seiner großzügigen Geschenke von Wellblechdächern bei der Landbevölkerung beliebt.

Nachfolger Portillos wurde der zweimalige Bürgermeister der Hauptstadt **Oscar Berger**, der sich mit seinem Koalitionsbündnis Große Nationale Allianz (GANA) in einer Stichwahl knapp mit 54,13 % der Stimmen gegen seinen Konkurrenten Álvaro Colóm von der Partei Nationale Einheit der Hoffnung (UNE) durchsetzen konnte.

Die Amtszeit Bergers – Vertreter der guatemaltekischen Oligarchie – wird nur ein dünnes Kapitel in den Geschichtsbüchern füllen. Obwohl ihm die schwere Aufgabe zukam, den Scherbenhaufen, den Amtsvorgänger Portillo hinterlassen hatte, zu beseitigen, vollbrachte seine Regierung außer einigen Infrastrukturmaßnahmen keine nennenswerten Leistungen. Im Gegenteil: Die Zahl der Menschenrechtsverletzungen nahm erneut zu, die innere Sicherheitslage blieb prekär, bei der Umsetzung der Friedenverträge gab es kaum Fortschritte, und die Ratifizierung des Freihandelsabkommens (TLC) mit den USA wurde von tagelangen schweren Ausschreitungen mit Toten und Verletzen begleitet. Schwere Schäden in der Infrastruktur rief Hurrikan „Stan" hervor, der das guatemaltekische Hochland Anfang Oktober 2005 mit tagelangen Regenfällen buchstäblich „aufweichte". In den zahlreichen Erdrutschen und Schlammlawinen verloren offiziell 663 Menschen ihr Leben, 844 gelten als vermisst.

Im September 2007 setzte in Guatemala die Arbeit der von den Vereinten Nationen eingesetzten Internationalen Kommission gegen Straflosigkeit (CICIG) ein. Damit verfügt das Land über eine den Vereinten Nationen unterstellte Abteilung zur Bekämpfung des organisierten Verbrechens. Dies kam einer politischen Bankrotterklärung gleich, selbst für Sicherheit zu sorgen. Es war der erste Fall weltweit, in dem eine Demokratie eine internationale Staatsanwaltschaft akzeptierte.

Überraschend ließ sich die Friedensnobelpreisträgerin **Rigoberta Menchú** als Kandidatin für die Präsidentschaftswahlen 2007 nominieren. Sie und ihre Partei Encuentro por Guatemala (EG) landeten allerdings abgeschlagen mit 3,03 % der abgegebenen Stimmen auf dem 6. Platz.

Neuer Präsident Guatemalas wurde der Sozialdemokrat **Álvaro Colóm** der Partei der Nationalen Einheit (UNE). Er konnte sich allerdings erst in der Stichwahl vom 4. November 2007 mit rund 53 % der Stimmen gegen den rechtsgerichteten Ex-Militär Otto Pérez Molina von der Patriotischen Partei (PP) durchsetzen.

Colóm kann auf einen eindrucksvollen Lebenslauf als Staatsdiener für ländliche und Export-Entwicklungshilfe verweisen. Er selbst hat auch von der Export-Entwicklungshilfe profitiert und ist nun einer der großen Textilexporteure, deren Geschäft auf Billig-Lohnarbeit basiert („Maquilas"), in Guatemala kein Widerspruch zur Führerschaft einer linken Partei. Der Unternehmer **Khalil Musa** wurde im April 2009 im

Kinderarbeit in Guatemala

Rund 500 000 Kinder zwischen 7 und 14 Jahren müssen in Guatemala arbeiten. Und etwa 12 000 Fünf- bis Sechsjährige werden als Haushaltshilfen, bei der Herstellung von Feuerwerkskörpern, als Erntehelfer oder bei der Müllsortierung eingesetzt.

Die Menschenrechtsverletzungen im Bürgerkrieg

Die Missachtung der Menschenrechte hat in Guatemala eine lange Tradition. Die Vernichtung und Unterdrückung der indianischen Bevölkerung begann nachweislich mit der Eroberung durch die Spanier zu Beginn des 16. Jhs. und setzte sich 1821 nach der Unabhängigkeit von Spanien unter den Kreolen und später den Ladinos fort. Unter den wechselnden Diktaturen in der ersten Hälfte des 20. Jhs. litt der Großteil des Volkes gleichermaßen, obwohl sich die Indígenas neben politischen Repressalien auch noch der zum Teil unmenschlichen Behandlung auf den großen Fincas ausgesetzt sahen, auf denen sie für einen Hungerlohn Kaffee ernteten, Baumwolle pflückten oder Zuckerrohr schnitten.

Suche nach den Verantwortlichen

Nachdem erste Ansätze einer demokratischen Entwicklung des Landes 1954 mit Hilfe der USA zunichtegemacht wurden, steuerte das Land auf einen langen brutalen Bürgerkrieg zu, der vor allem unter der indigenen Bevölkerung Opfer forderte. In diesem 36-jährigen Konflikt standen sich **Armee** und **Guerilla** gegenüber. Die zwischen die Fronten geratene **Bevölkerung**, vor allem indianische Campesinos, wurden von den einen als subversive Kommunisten betrachtet, von den anderen dagegen als Hoffnungsträger eines bewaffneten Klassenkampfes.

Mehrere Untersuchungsgremien haben die guatemaltekischen Streitkräfte als die Hauptverantwortlichen für Menschenrechtsverletzungen während des Bürgerkriegs identifiziert. Im Bericht der **Wahrheitskommission (CEH)** aus dem Jahr 1999 werden dem Militär 85 % aller Unrechtstaten angelastet.

Hingegen macht die Wahrheitskommission die **Guerilla** für nur 3 % der Menschenrechtsverletzungen während des Bürgerkriegs verantwortlich. In der Mehrzahl der Fälle handelte es sich dabei um selektive Hinrichtungen, die der Abschreckung dienen sollten. Die Opfer waren in der Regel Militärberater und Kollaborateure der Armee – Ohren *(orejas)* genannt – sowie gelegentlich auch Verräter aus den eigenen Reihen. Ein weiteres Element der Kriegsführung der Guerilla war die Entführung von bekannten Personen der guatemaltekischen Oligarchie und zuweilen auch von Ausländern, mit denen politische Gefangene freigepresst oder Lösegeld erzielt werden sollten. Erst gegen Ende der 1980er-Jahre mehrten sich die Fälle, in denen die Guerilla von reichen Landbesitzern eine Kriegssteuer *(impuesto de guerra)* auf deren Anwesen eintrieb.

Auch den Anfang der 1980er-Jahre gegründeten **Patrouillen für zivile Selbstverteidigung** (Patrullas de Autodefensa Civil, PAC) werden mehrere Tausend Morde zur Last gelegt. Das Militär zwang rund 1 Mio. männliche Bewohner zwischen 15 und 60 Jahren, in einigen Fällen auch Kinder und Frauen, zum unfreiwilligen Dienst an der Waffe – auf diese Weise entstand die größte Zivilistenarmee der Welt. Die Zivilpatrouillen dienten den Militärs als verlängerter Arm in den Konfliktgebieten und halfen dabei, die Bewohner zu kontrollieren, verdächtige Bewegungen zu melden und unangenehme Aufgaben, z. B. das Ergreifen von Guerilla-Sympathisanten, zu erledigen. Daher mussten die Mitglieder der PAC jederzeit mit Vergeltungsmaßnahmen der Guerilla rechnen.

Nach zunehmenden Protesten aus den eigenen Reihen und auf politischen Druck von außen wurden die Zivilpatrouillen bis Mitte der 1990er-Jahre aufgelöst. Doch das Kapitel ist noch nicht ganz abgeschlossen. Noch immer stehen versprochene Entschädigungszahlungen an Mitglieder der Zivilpatrouillen aus und sorgen für politischen Sprengstoff.

Opfer: die Zivilbevölkerung

Guatemalas Zivilbevölkerung hatte unter dem Bürgerkrieg am meisten zu leiden. Aufgrund der Repressalien durch Armee oder Guerilla waren viele Menschen gezwungen, Partei für die eine oder andere Seite zu ergreifen – was fast immer eine Bestrafung durch die Gegenseite nach sich zog. Um dieser Situation aus dem Weg zu gehen, retteten sich viele Familien nach Mexiko, wo sie

jahrelang als Flüchtlinge lebten, oder sie bildeten in unwegsamen Waldgebieten sogenannte Dörfer im Widerstand (s. u.), um zu überleben.
Alle, die blieben, wurden Opfer unterschiedlicher „Entwicklungsprojekte" der Armee. Fast die gesamte männliche Bevölkerung musste unentgeltlich Dienst in sogenannten Zivilpatrouillen (PAC) leisten und ganze Ortschaften wurden in Entwicklungspolen und Modelldörfern zusammengefasst (s. u.). Selbst Programme wie „Nahrungsmittel gegen Arbeit" wurden in den Händen der Militärs zu Werkzeugen, die Bevölkerung zu kontrollieren. Die zunehmende Verletzung der Menschenrechte durch Regierung und Militär führte dazu, dass zahlreiche **zivile Basisbewegungen** – z. B. das **Comité de Unidad Campesina** (Komitee der Bauerneinheit, CUC), **Coordinadora Nacional de Viudas de Guatemala** (Nationale Witwenkoordination Guatemala, CONAVIGUA) oder die **Grupo de Apoyo Mutuo** (Gruppe zur gegenseitigen Unterstützung, GAM) – entstanden, die oftmals von indianischen Frauen gegründet und geprägt wurden. Viele dieser Organisationen sind auch heute noch aktiv.

Flucht nach Mexiko oder in den Regenwald

Aus Angst vor Gräueltaten der Armee flohen zu Beginn der 1980er-Jahre rund 100 000 Indígenas Richtung Norden, um in Mexiko Zuflucht zu suchen. 45 000 Menschen hat die UNO als Flüchtlinge anerkannt. Bis 1999 kehrten mehr als 40 000 Flüchtlinge *(retornados)* in ihr Heimatland zurück, wo sie jedoch mit großen Schwierigkeiten zu kämpfen hatten. Zerstörte Häuser, fehlende Nahrungsmittel und Probleme bei der Landzuteilung machten den fehlenden Willen der Regierung deutlich, die Abkommen zur Repatriierung umzusetzen. Über die Hälfte aller zurückgekehrten Flüchtlinge wurde in den Provinzen Petén, Quiché, Alta Verapaz und Huehuetenago angesiedelt.
Anders als die Mexiko-Flüchtlinge suchten rund 2000 indianische Familien nach der Zerstörung ihrer Dörfer im Jahr 1982 in Gebieten im Regenwald des Ixcán oder im Hochland der Provinz Quiché Zuflucht. Verfolgt vom Militär, mussten sie ihren Standort mehrfach wechseln und konnten daher nur eine sehr rudimentäre Infrastruktur aufbauen. Wachkomitees warnten rechtzeitig vor heranrückenden Soldaten. Dennoch starben viele Bauern an Krankheiten oder verhungerten schlichtweg.
Erschwert wurde die Situation der sogenannten **Dörfer im Widerstand** (Comunidades de Población en Resistencia, CPR), die vom Militär als verlängerter Arm der Guerilla betrachtet wurden, durch Bombenangriffe der Luftwaffe. Diesen fielen Tausende Indígenas zum Opfer. Erst ab 1990 wurde die unmenschliche Lage der CPR mit Hilfe von Menschenrechtsorganisationen ans Licht der Weltöffentlichkeit gebracht. In einem Teilabkommen des Friedensvertrags von 1996 wurden sie als Kriegsopfer mit Recht auf Wiedergutmachung anerkannt. Seitdem haben die meisten der rund 25 000 Indígenas, die in Widerstandsdörfern organisiert waren, vorwiegend an der Pazifikküste eine neue Heimat gefunden.

Modelldörfer entstehen

Nachdem das Militär Anfang der 1980er-Jahre Hunderte von Dörfern zerstört hatte, begann die Armee 1984 sogenannte **Entwicklungspole** (Polos de desarrollo) als Teil ihres Antiterrorismuskonzepts aufzubauen. Bei einem Entwicklungspol handelt es sich um ein vielschichtiges Konzept der Militärs, das mittels verschiedener Maßnahmen bezweckt, die Kontrolle über die in den Konfliktzonen in weit auseinanderliegenden Streusiedlungen lebende Zivilbevölkerung zu erhalten.
Ein wichtiges Element der Entwicklungspole stellten die **Modelldörfer** (Aldeas Modelo) dar. Sie wurden vorwiegend in der Provinz Quiché neben den verbrannten Dörfern errichtet. Die Straßen waren schachbrettartig angeordnet, und die Häuser glichen sich wie ein Ei dem anderen. Auch heute noch leben Menschen in den Modelldörfern von damals, allerdings unbehelligt von Militär und Regierung.

Wahlkampf auf Guatemaltekisch

Wer durch das Land fährt, dem fallen in Wahlkampfzeiten die vielen mit bunten Symbolen bemalten Steine und Felsen am Wegesrand auf. Dies ist die guatemaltekische Form der Wahlwerbung, denn viele Wähler – vor allem bei den Indígenas – sind Analphabeten, was die große Anzahl von Daumenabdrücken statt Unterschriften in den Wählerverzeichnissen eindrucksvoll belegt. Während des Wahlkampfs werden die Bürger per Autokorso Fähnchen schwenkend zu den Wahlkampfveranstaltungen gefahren, wo sie populistische Reden über sich ergehen lassen – wohl wissend, dass sich für sie wieder einmal kaum etwas ändern wird. Auch in der Hauptstadt arten die Veranstaltungen in mittelgroße Fiestas aus, und an großen Straßenkreuzungen der Hauptstadt winkt schon mal der Präsidentschaftskandidat der einen oder anderen Partei den vorüberfahrenden Autofahrern zu, die ihre Fahrzeuge mit Fähnchen und Aufklebern ihrer favorisierten Partei verziert haben.

Am Wahltag selbst besteht das größte Problem für viele Guatemalteken darin, ein Transportmittel zu finden, das sie zu ihrem Wahllokal bringt. Daher chartern die renommierten Parteien Hunderte von Bussen in der Hoffnung, damit die Gunst der Wähler beeinflussen zu können. Zum Stimmenfang wird auch die Armut vieler Guatemalteken ausgenutzt: Noch immer ist es im ländlichen Raum nicht ungewöhnlich, seine Stimme gegen ein T-Shirt, eine Kappe oder ein paar Quetzales einzutauschen. Viele Menschen, besonders Frauen und Kriegsflüchtlinge, sind nicht im Wählerverzeichnis eingetragen, und einige besitzen noch nicht einmal den dafür notwendigen Personalausweis. Denn die Fahrt in die nächste Kreishauptstadt zur Registrierung ist für viele zu zeitaufwendig und zu teuer. Somit geht in Guatemala ein enormes Stimmenpotenzial verloren. Dies wird dadurch dokumentiert, dass die Wahlbeteiligung regelmäßig unter 60 % liegt, bei Stichwahlen sogar noch deutlich darunter.

Zusammenhang mit seinem Amt als Vorstand der Bank BANRURAL ermordet. Die spätere Ermordung seines Anwalts **Rodrigo Rosenberg** bewirkte eine Regierungskrise, da dieser seine eigene Ermordung in einem Video vorausgesagt und der Regierung die Schuld gegeben hatte. CICIG, die Internationalen Kommission gegen Straflosigkeit, die sich des Falls bemächtigte, kam zu dem verwirrenden Doppelschluss, dass Rosenberg seinen eigenen Mord in Auftrag gegeben haben soll, dass die Mörder aber dieselben wie die von Musa seien.

Ex-Präsident Portillo wurde im Januar 2010 wegen Veruntreuung von Staatsgeldern als erster ehemaliger Amtsinhaber in Guatemala verhaftet und sitzt seitdem in Untersuchungshaft.

Ende Mai 2010 verwüstete der Wirbelsturm „Agatha" Teile des Landes. Traurige Bilanz: rund 165 Tote, 52 000 beschädigte Häuser, 100 000 betroffene Menschen und Schäden in Höhe von rund US$1 Mrd. Guatemala erlebte damals die schlimmste Regenzeit in 60 Jahren. Gleichzeitig brach der Vulkan Pacaya aus und überzog die Hauptstadt mit einer 7 cm hohen Ascheschicht.

Im Juni trat Carlos Castresana, Leiter der von der UN eingesetzten Internationalen Kommission gegen Straflosigkeit in Guatemala, CICIG, zurück. Nachfolger wurde Francisco Dall'Anese Ruiz, bisheriger Generalstaatsanwalt von Costa Rica.

Ende 2011 finden in Guatemala Wahlen statt. Neben Präsident und Vize werden auch 333 Bürgermeister, 158 Kongressabgeordnete und die 20 Abgeordneten des Zentralamerikanischen Parlaments (PARLACEN) neu bestimmt.

Staat und Politik

Staatsform und Parteiensystem

Nach der Verfassung von 1985 ist Guatemala eine Republik, die in 22 Provinzen (Departamentos) und 333 Landkreise (Municipios) gegliedert ist. Der vom Volk für vier Jahre gewählte Präsident ist gleichzeitig Regierungschef. Der für den gleichen Zeitraum gewählte Kongress besteht

PROVINZEN UND PROVINZHAUPTSTÄDTE

aus nur einer Kammer mit insgesamt 158 Abgeordneten. Der offizielle Staatsname des Landes lautet: **República de Guatemala**.

Bis zum Ende des Bürgerkriegs dienten politische Parteien der herrschenden Schicht dazu, die demokratische Fassade zu wahren und Macht, Einfluss und wirtschaftliche Dominanz zu erhalten. Jahrzehntelang rekrutierten sich Politiker aus einflussreichen Landbesitzern, Industriellen und Militärs. All zu viel hat sich daran bis heute nicht geändert. Wer einer der meist kurzlebigen Parteien beitritt, tut dies weniger seiner politischen Überzeugung willen, als in der Hoffnung den richtigen Kandidaten zu unterstützen. Denn im Fall eines Sieges zahlt sich die zweckgebundene Loyalität in Form von politischen Posten aus.

Völlig unzureichend ist die indigene Bevölkerung repräsentiert. So gibt es in der Regierung Colóm lediglich einen indianischen Minister (Kultuministerium) und unter den 158 Abgeordneten des guatemaltekischen Parlaments befinden sich nur 15 indianische Abgeordnete, darunter lediglich vier Frauen.

Wirtschaft

Bruttoinlandsprodukt: US$37,7 Mrd.
Jährliches Pro-Kopf-Einkommen: US$2662
Wirtschaftswachstum: 0,6 %
Inflationsrate: 1,9 %
Auslandsverschuldung: US$4,93 Mrd.

Obwohl volkswirtschaftliche Indikatoren wie Wirtschaftswachstum und Inflationsrate, über das letzte Jahrzehnt betrachtet, relativ günstige Werte aufweisen, profitiert der kleine Mann auf der Straße davon wenig. Die Lohnerhöhungen hinken seit Jahren der Inflationsrate hinterher, während die Preise für Grundnahrungsmittel kräftig steigen, und große Bevölkerungsteile sind – vorwiegend auf dem Land – nahezu vollständig vom internen Wirtschaftskreislauf ausgeschlossen. Sie leben überwiegend von Subsistenzwirtschaft und erwirtschaften nur minimale Einkommen.

Was Guatemala fehlt, ist ein wirtschaftlicher Strukturwandel in Form einer Binnenmarktentwicklung, von der die gesamte Bevölkerung profitieren würde.

Allerdings liegt dies nicht im Interesse des mächtigen konservativen Arbeitgeberverbands **CACIF** (Comité Coordinador de Asociaciónes Agrícolas, Comerciales, Industriales y Financieras). Er vereint alle Wirtschaftssektoren unter einem Dach, und seine Mitglieder erwirtschaften rund 80 % des Bruttoinlandsprodukts. Der CACIF ist auf Export ausgerichtet, und sein Einfluss auf die Wirtschaftspolitik ist enorm.

Allgemeine Wirtschaftsstruktur

In den Jahren nach dem Zweiten Weltkrieg konnte Guatemala seinen Agrarbereich dank starker Weltmarktnachfrage kräftig ausbauen. In den 1960er-Jahren wurde auch der Industriesektor verstärkt. Im gleichen Zeitraum erhöhten sich ausländische Investitionen, die zu 80 % aus den USA stammten, und auch das Handelsvolumen innerhalb der mittelamerikanischen Staaten, die untereinander einen gemeinsamen Markt, den Mercado Común Centroamericano (MCCA), gegründet hatten, nahm zu. Zu einem regelrechten Wirtschaftsboom kam es durch den Wiederaufbau nach dem Erdbeben von 1976, obwohl die positiven Effekte des Wachstums die unteren Bevölkerungsschichten nicht erreichten – ganz im Gegensatz zur alteingesessenen Oligarchie, den Militärs und internationalen Unternehmen, die kräftig profitierten. Guatemala ist nach Panama das Land in Lateinamerika, in dem die meisten transnationalen Unternehmen wirtschaftlich aktiv sind.

Nach 1976 stiegen die einst geringen Auslandsschulden sprunghaft an und vervielfachten sich bis 2010 auf rund US$5 Mrd. Mitte der 1980er-Jahre wurde die guatemaltekische Währung vom US-Dollar abgekoppelt; seitdem hat sie kontinuierlich an Wert verloren.

Der Bürgerkrieg in Guatemala und auch in anderen lateinamerikanischen Staaten führte schnell zu einem Investitionsrückgang und zu Kapitalflucht. Zusätzlich sorgte der Verfall der Weltmarktpreise für die guatemaltekischen Hauptexportprodukte zu Beginn der 1980er-Jahre für ein rückläufiges Wachstum in Industrie und Landwirtschaft. In dieser Phase bestimmte der Internationale Währungsfond (IWF) die Wirtschaftspolitik des Landes: Er hatte von der Regierung unter anderem eine Abwertung des Quetzal, eine Verringerung der im Umlauf befindlichen Geldmenge sowie Steuererhöhungen gefordert.

Etwas günstigere Wirtschaftsdaten wurden ab 1987 erzielt, und zwar bedingt durch ein steigendes Exportvolumen nicht traditioneller Produkte (z. B. Textilien, Zierpflanzen, Meeresfrüchte) sowie einer teilweisen Wiederöffnung des Mittelamerikanischen Marktes (MCCA). Dieser war 1960 gegründet worden, war aber aufgrund der Bürgerkriege in Nicaragua, El Salvador und Guatemala vorübergehend zum Erliegen gekommen. Das moderate Wachstum überstieg den

Buchtipp Kaffee

Wer sich für die Geschichte des guatemaltekischen Kaffees interessiert, sollte sich das Buch *The History of Guatemalan Coffee* von Regina Wagner, ISBN 9588156017, besorgen. Es ist auf Englisch und Spanisch erhältlich.

Nach dem Schälen werden die Kaffeekirschen getrocknet.

Bevölkerungszuwachs jedoch nur leicht und das Handelsbilanzdefizit vergrößerte sich. Die Inflation erreichte 1990 mit 60 % ihren Höchststand, bewegte sich aber ab Mitte der 1990er-Jahre gleichbleibend unter 10 %.

Der neoliberale Wirtschaftskurs in den späten 1990er-Jahren führte nicht zum erhofften Wachstum, obwohl er die nicht traditionellen Exporte förderte, die Staatsausgaben senkte sowie den Transport- und Kommunikationsbereich privatisierte. Im Gegenteil: Das Wachstum flaute von 5,1 % im Jahr 1998 auf 2,7 % im Jahr 2004 ab. Erst in den Folgejahren konnte wieder ein höheres Wachstum erzielt werden. Das beste Ergebnis des Jahrzehnts wurde 2007 mit 6,3 % erreicht.

Danach ging es infolge der Weltwirtschaftskrise erneut steil bergab (2009: 0,6 %). Außer einer Ausweitung des Warenangebots (z. B. Biersorten und Billigtankstellen) hat das Freihandelsabkommen DR-CAFTA mit den USA und Mexiko, das 2006 in Kraft trat, wenig Einfluss auf die guatemaltekische Wirtschaft gezeigt.

Die **Landwirtschaft**, einst Rückgrat der guatemaltekischen Wirtschaft, verliert weiter an Boden zugunsten anderer Sektoren. Doch obwohl ihr Anteil am Bruttoinlandsprodukt (BIP) nur noch rund 13 % beträgt, arbeiten weiterhin mehr als 30 % aller Erwerbstätigen in diesem Sektor.

Das wichtigste landwirtschaftliche Exporterzeugnis bleibt im traditionellen Sektor **Kaffee**, gefolgt von Zucker, Bananen, Kardamom und Rindfleisch. Nicht traditionelle Anbauprodukte (s. S. 133) verzeichnen in den letzten Jahren ein beständiges Wachstum.

Arbeitskräfte, deren Jobs aufgrund von Rationalisierungsmaßnahmen in der Landwirtschaft wegfallen, finden überwiegend im **Dienstleistungssektor** (23 % des BIP) oder im Handel (12 % des BIP) eine neue Beschäftigung. Zuwächse kann der **Industriesektor** verzeichnen, der rund 19 % des BIP erwirtschaftet. Ein wichtiges Standbein der Volkswirtschaft sind in zunehmendem Maße Geldüberweisungen von Guatemalteken, die im Ausland leben *(remesas familiares)*, S. 135, während die Einnahmen aus dem Tourismus rückläufig sind.

Obwohl die offizielle Arbeitslosenzahl mit nur rund 3,2 % angegeben wird, liegt sie in Wirklichkeit um einiges höher, da etwa die Hälfte aller Guatemalteken unterbeschäftigt ist und es sich bei vielen Tätigkeiten lediglich um Saisonjobs handelt.

Nur rund 20 % aller Erwerbstätigen sind fest angestellt (und zahlen Sozialversicherungsbeiträge), während etwa jeder zweite Guatemalteke sein Auskommen im informellen Sektor (s. S. 136) finden muss.

Landverteilung

Guatemala ist neben Brasilien das Land mit der ungerechtesten Landverteilung in Lateinamerika. Lediglich 2,5 % der Bevölkerung besitzen rund 65 % des Landes. Etwa 78 % aller Kleinbauern mit einem Grundbesitz von weniger als 7 ha müssen mit etwa 16 % der Anbauflächen auskommen. Zudem umfasst der gesamte Großgrundbesitz die fruchtbarsten Böden des Landes, während Kleinbauern zum Teil mit Flächen vorliebnehmen müssen, die keine langfristig sinnvolle landwirtschaftliche Produktion ermöglichen. Etwa 15 % des privaten Grundbesitzes ist Brachland, von dem wiederum 40 % als erstklassiges Ackerland eingestuft wird.

Seit eh und je ist die ungerechte Landverteilung Ursache zahlreicher Konflikte, die Guatemala in seiner Geschichte viel Blutvergießen beschert haben. Schon unter den Maya kam es zu erbitterten Auseinandersetzungen um das Land, die aber mit der spanischen Eroberung eine andere Dimension annahmen. Die spanische Krone konfiszierte alles Land und verteilte es an die Kirche und an die Conquistadores. Indianischen Gemeinden teilte sie lediglich etwas Gemeinschaftsland zur Grundversorgung mit Nahrungsmitteln zu.

Im Zuge der liberalen Revolution von 1871 wurde auch dieses Land weitestgehend beschlagnahmt, um Großplantagen für den Kaffee-Export anzulegen. Nachdem die Regierung Arbenz 1954 gewaltsam gestürzt worden war, machte Nachfolger Castillo Armas die 1952 begonnene Landreform sofort wieder rückgängig.

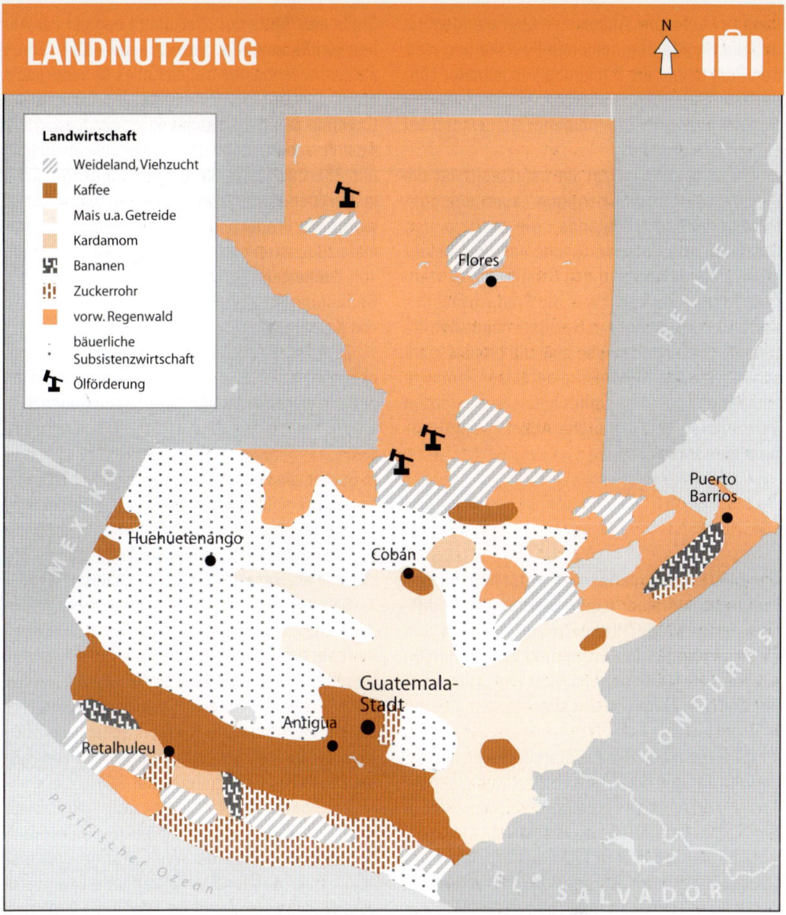

Im Laufe des Bürgerkriegs hat sich vor allem das Militär an Grund und Boden bereichert, während Soldaten gleichzeitig Zehntausende Bauern im Zuge der Aufstandsbekämpfung vertrieben. Doch es gab auch Widerstand: Indianische Basisbewegungen wie das CUC oder CONIC setzten sich in zunehmenden Maße für von Landraub betroffene Bauern ein und suchten juristische Lösungen.

Nach Beendigung des Bürgerkriegs hielten die Diskussionen um eine sinnvolle Lösung der Landfrage für alle Beteiligten an. Das Thema Landreform blieb auch während der Friedensverhandlungen ein Reizwort, an dem sich die Konfliktparteien rieben. Aufgrund der massiven Lobbyarbeit des CACIF wurde das Thema auch in den Friedensverträgen nur unzureichend behandelt. Im Abkommen über sozioökonomische Aspekte und die Agrarsituation verpflichtet sich die Regierung, einen Kataster zu erstellen und einen Treuhandfonds einzurichten, der es Bauern ermöglicht, mit Hilfe langfristiger Kredite

Land zu kaufen. Im Abkommen über die Identität und die Rechte der indigenen Bevölkerung werden Punkte wie die Rückgabe kommunaler Ländereien, Rechtsentschädigung und juristischer Schutz für die Rechte indigener Gemeinden bei Landfragen erwähnt.

Ein wichtiger Faktor im Landbesitz ist die Produktivität. In den bergigen Lagen des guatemaltekischen Hochlands, wie etwa in den Provinzen Alta Verapaz, Quiché und Huehuetenango, sind Kleinbauern den Großgrundbesitzern inzwischen überlegen, was die Produktivität des Kaffee-, Kardamom- und Gemüseanbaus betrifft. Denn für Familienbetriebe sind die oftmals stark schwankenden Handelspreise dieser Produkte immer noch attraktiv. Daher hat es in den letzten Jahrzehnten eine deutliche Abkehr vom Großgrundbesitz gegeben.

Landwirtschaft

Die guatemaltekische Landwirtschaft basiert zum einen auf einer exportorientierten Produktion auf ausgedehntem Großgrundbesitz und zum anderen auf der Erzeugung von Grundnahrungsmitteln (überwiegend Mais und Bohnen), in der Regel in Form von Subsistenzwirtschaft auf Kleinparzellen.

Zu Beginn der 1950er-Jahre initiierte die Regierung Arbenz eine Agrarreform, sodass mehr Grundnahrungsmittel produziert wurden. Doch in den Konfliktjahren entzog das Militär Kleinbauern, die pauschal der Zusammenarbeit mit der Guerilla bezichtigt wurden, die Unterstützung. Die Folge: Zwischen 1950 und 1980 stieg die Nahrungsmittelproduktion nur um bescheidene 3 % jährlich. In den 80er-Jahren stagnierte sie sogar. Da die Bevölkerung jedoch rasant anwuchs, sank die Nahrungsmittelproduktion pro Einwohner zunehmend, was wiederum zur Folge hatte, dass neben Reis Mais und Weizen eingeführt werden mussten.

Parallel dazu weitete der Exportsektor seine Produktionsmenge aus. Der Schwerpunkt im Agrarbereich lag weiterhin auf **Kaffee**, der auch heute noch unangefochten seine Spitzenposition bei den Exporterlösen behaupten kann (Ausnahme 2004, dort nahm Zucker zum ersten Mal diese Stelle ein). Mitte der 50er-Jahre begann der Anbau von **Baumwolle**, die sich in den 70er-Jahren als zweitwichtigstes traditionelles Anbauprodukt etablieren konnte. Zeitweise überstiegen die Gewinne aus dem Baumwollexport die aus der Ausfuhr von **Bananen**. Doch Preisschwankungen und Pflanzenkrankheiten ließen die Anbaufläche in den 80er-Jahren stark sinken, und inzwischen wurde die Produktion von Baumwolle in Guatemala zugunsten einer großflächigen Produktion von **Zuckerrohr** komplett eingestellt. Geringere Bedeutung für die Exportbilanz hat der Anbau von **Kardamom**.

Zu großen Ernteschäden kam es 2009 (Trockenheit) und 2010 durch Wirbelsturm „Agatha" und die extrem niederschlagsreiche Regenzeit.

Kaffee

In Guatemala wurde Kaffee etwa gegen 1760 von Jesuiten eingeführt. Wirtschaftliche Bedeutung erhielt die braune Bohne aber erst gegen Mitte des 19. Jhs., als sie die Farbstoffe Indigo und Cochenille als Hauptexportprodukt ablöste.

Gegen Ende des 19. Jhs. waren es vor allem deutsche Einwanderer, die einen Großteil des Kaffeeanbaus und -handels unter ihre Kontrolle brachten. Im 20. Jh. konnte Guatemala seinen Weltmarktanteil zunächst beständig ausbauen, bis die Internationale Kaffeeorganisation (ICO) 1989 ein Quotensystem einführte, das die guatemaltekische Exportmenge auf 3,26 % des weltweit produzierten Kaffees einschränkte. Doch noch immer gehört Guatemala zu den größten Kaffeeproduzenten der Welt. Kaffee war bislang immer das landwirtschaftliche Exportprodukt Nummer eins, wurde allerdings 2004 zum ersten Mal vom Zucker übertroffen. Rund die Hälfte des guatemaltekischen Kaffees wird in die USA exportiert, etwa 25 % erreichen Europa, 16 % gehen nach Japan. Die Kaffeeproduktion ist ein wichtiger Wirtschaftsfaktor, sie stellt rund 500 000 Arbeitsplätze. Große Sorgen bereitete den Kaffeeproduzenten der starke Preisverfall in den Jahren 2000 bis 2004, ausgelöst durch eine weltweite Überproduktion und leichten Nachfragerückgang. Teilweise lagen die Preise noch unter den Erzeugerkosten. Viele Kaffeeplantagen machten Pleite, die Arbeiter verloren ihre Jobs. Im Produktionsjahr 2004/2005 schien die Durststrecke überwunden zu sein, denn die Kaffeepreise zogen merklich an. Die Exporterlöse stiegen von US$315 Mio. im Produktionsjahr 2003/2004 auf US$561 Mio. im Produktionsjahr 2008/2009. Mehr zum guatemaltekischen Kaffee s. Kasten S. 460.

Zucker

Saccharum officinarum ist der lateinische Name für Zuckerrohr, ein Schilfgras, dessen Hauptprodukt Zucker ein immer wichtigerer Devisenbringer für Guatemala geworden ist. Doch die vielseitige Pflanze lässt sich auch noch anderweitig verwerten. So werden aus flüssiger Zuckerrohrmelasse nach dem Trocknen dunkle Klumpen, die als „schwarzer Honig" *(panela)* der Billigsüßstoff der Armen sind. Aus vergorener Melasse wird Rum destilliert. Und die scheinbar wertlosen Faserreste können nach dem Auspressen zur Stromgewinnung verfeuert werden. Zunehmende Bedeutung gewinnt die Herstellung von Biosprit aus Zuckerrohr (und afrikanischer Palme). Guatemala ist mit 265 Mio. l Ethanol und Alkohol der größte Lieferant der EU. Dafür wurde die Anbaufläche alleine zwischen 2005 und 2007 um rund 18 % ausgeweitet.

Kolumbus brachte Zuckerrohr Anfang des 16. Jhs. von Europa in die Dominikanische Republik, von wo aus es etwa 1530 nach Guatemala gelangte. Bereits 1590 betrieben Dominikaner eine Zuckerrohrpresse in der Provinz Baja Verapaz, von wo aus sie Zucker im Tausch gegen Gold und Silber bis nach Mexiko und Peru exportierten. Ein Jahrhundert später war aus dem Gras, das einen Zuckergehalt von mehr als 15 % erreichen kann, ein industrielles Agrarprodukt geworden, für dessen Anbau und Verarbeitung jedoch immer modernere Technologien eingesetzt wurden. In Guatemala begann sich Zuckerrohr vermehrt in den 80er-Jahren des 20. Jhs. im pazifischen Tiefland als Ersatz für Baumwolle auszubreiten.

Heute gehört Guatemala zu den sechs weltweit größten Zuckerproduzenten. Direkt und indirekt beschäftigt die Zuckerindustrie rund 350 000 Menschen. Auf einer Anbaufläche von knapp 200 000 ha (allein 72 % davon in der Provinz Escuintla) werden durchschnittlich über 40 Mio. t Zuckerrohr geerntet, aus denen in 17 Verarbeitungsanlagen *(ingenios)* rund 2,5 Mio. t Zucker (Ernte 2009/2010) gewonnen wurden. Die Devisenerlöse beliefen sich auf rund US$472 Mio. im Jahr 2009. Mehr als zwei Drittel der Produktion sind für den Export bestimmt. Hauptabnehmer sind Korea und China. Die Ernte findet jährlich von November bis Mai statt. In diesen Monaten rollen schwer beladene Zuckerrohrtransporter zu den Fabriken und sorgen regelmäßig für Staus und Unfälle auf der Pazifikstraße. Da die Qualität der Böden an der Pazifikküste nachlässt, investiert die Zuckerindustrie verstärkt in den Provinzen Alta Verapaz und Petén.

Bananen

Die Banane hatte eine lange Reise hinter sich, bevor sie von Südostasien über die Kanaren und Santo Domingo im 16. Jh. nach Lateinamerika gelangte. Es dauerte noch rund 400 Jahre, bis aus ihr ein Exportschlager wurde. Zu Beginn des 20. Jhs. war es die United Fruit Company (s. S. 431), die das Bananengeschäft dominierte und sich kräftig in das politische Geschehen Guatemalas einmischte.

Nach der Auflösung der United Fruit Company in den 60er-Jahren befindet sich die Produktion inzwischen in einheimischer Hand und wird von Firmen wie Bandegua oder Cobigua betrieben, die wiederum Lieferverträge mit den marktbeherrschenden Großunternehmen Chiquita Brands, Dole und Del Monte besitzen. In Guatemala trug der Bananenexport im Jahr 2009 mit rund US$494 Mio. zur Exportbilanz bei, und damit liegt die ursprünglich grüne Frucht auf Platz zwei. Der Großteil der Plantagen liegt auf der Karibikseite im fruchtbaren Motagua-Tal. EU-Quotenregelung, häufigere Wirbelstürme,

Wen macht die Banane krumm?

Wer sich vor Ort über die Arbeitsbedingungen der Bananenarbeiter informieren möchte, kann dies in Quiriguá tun (s. S. 432). Interessante Literatur zum Thema, wie Bananen das Schicksal Guatemalas beeinflussten, ist *Der grüne Papst* des guatemaltekischen Literaturnobelpreisträgers Miguel Ángel Asturias (s. Bücherliste im Anhang S. 494).

wachsende Probleme mit Gewerkschaften: Nichts ist im Bananengeschäft mehr, wie es einmal war. Seit die EU vor wenigen Jahren Quoten für die Einfuhr lateinamerikanischer Bananen festgelegt hat, kündigen die großen Drei immer öfter ihre Abkommen mit lokalen Produzenten, um dort zu kaufen, wo es gerade am billigsten ist. Besonders betroffen sind hiervon die Arbeiter: Entlassungen sind an der Tagesordnung. In Guatemala hängen rund 10 000 Arbeitsplätze direkt vom Bananengeschäft ab. Doch immer häufiger stehen die Bänder in den Verpackungsanlagen still, verfaulen Bananen an den Stauden.

Zusätzlich verschärfen Arbeitskonflikte die Situation. Obwohl Bananenarbeiter im Akkord über dem Durchschnittslohn eines Tagelöhners liegen, sind ihre Arbeitsbedingungen oft wenig erfreulich. Viele Arbeiter verletzen sich beim Ernten der Stauden durch die scharfen Macheten. Auch der massive Einsatz von Schädlingsbekämpfungsmitteln hat viele Arbeiter krank gemacht; nicht wenige sind durch den ungeschützten Umgang mit den Giften unfruchtbar geworden. Frauen, die in den Verpackungsanlagen im ständigen Kontakt mit Konservierungsmitteln arbeiten, leiden unter Allergien und Hauterkrankungen.

Kardamom

Mehr zum Kardamom-Anbau s. S. 350 im Kapitel „Zentrales Guatemala".

Rindfleisch

Die starke Ausdehnung privater Landflächen in den 60er-Jahren wurde häufig zur Rindfleischproduktion für nordamerikanische Fastfood-Ketten genutzt. Zwischen 1960 und 1978 stieg die Produktion in diesem Bereich enorm an. Leidtragende waren kleine Bauern, die von den Viehzüchtern in vielen Fällen gewaltsam vertrieben oder gar umgebracht wurden, wie am 29. Mai 1978 in Panzós, Alta Verapaz, als vermutlich Rinderbarone Dutzende Kekchí-Indianer

Am Band einer Bananen-Verpackungsanlage

durch die Armee ermorden ließen, weil diese gegen die Enteignung ihrer Grundstücke protestiert hatten. In den 90er-Jahren sank dann die Bedeutung der Rindfleischexporte kontinuierlich. Auf vielen Weideflächen werden heute Monokulturen wie Zuckerrohr, Bananen oder Ölpalmen angebaut.

Nicht traditionelle Exportgüter

Unter diesem Namen wird eine Vielzahl von Produkten zusammengefasst, deren Export oftmals erst im letzten Jahrzehnt größere wirtschaftliche Bedeutung erlangte. Die Erlöse in diesem Bereich haben sich von US$296 Mio. im Jahr 1990 auf rund US$2,35 Mrd. im Jahr 2009 vervielfacht. Damit sind diese Produkte auf dem besten Weg, den traditionellen Exportgütern den Rang abzulaufen. Daher hat auch der Einfluss der Interessenvertretung dieser Branche – der Vereinigung der nichttraditionellen Exporteure, AGEXPRONT – in den letzten Jahren an Bedeutung zugenommen.

Die Produktpalette in diesem Segment ist breit gefächert und reicht von Meeresfrüchten (z. B. Garnelen), Textilien, typischer Handarbeit und Holzprodukten über Gemüse (z. B. Brokkoli), Sesam, Naturkautschuk (z. B. Präservative) und Gewürzen bis hin zu Zierpflanzen (z. B. Palmen), Blumen (z. B. Rosen), Tabak und Früchten (z. B. Mangos).

Industrie

Zu einem nennenswerten Anstieg industrieller Aktivitäten kam es in Guatemala erst mit der Gründung des gemeinsamen zentralamerikanischen Marktes MCCA Anfang der 60er-Jahre. Bereits 1970 erwirtschaftete der Industriesektor immerhin 19 % des BIP; dieser Anteil hat sich bis heute nur unwesentlich verändert. Die 70er-Jahre waren durch den Zustrom ausländischen Kapitals in Form von Firmenkäufen oder Gründungen von Joint Ventures bzw. Zweigniederlassungen gekennzeichnet. Der überwiegende Teil der Investitionen stammte dabei aus den USA. Das Erdbeben von 1976 zog ein Wachstum durch Wiederaufbaumaßnahmen nach sich, die staatlich gefördert wurden. Doch eine verminderte Auslandsnachfrage und ein schwacher Inlandsmarkt schwächten in den 80er-Jahren viele Bereiche der Industrie. Erst zu Beginn der 90er-Jahre entspannte sich die Situation. Vor allem die Baubranche konnte sich über steigende Umsätze freuen.

Traditionell macht der Bereich der **Nahrungsmittel-, Getränke- und Tabakindustrie** fast die Hälfte der industriellen Aktivitäten aus. Zum Teil sind dabei im Laufe der Jahre monopolistische Strukturen entstanden, wie das Beispiel der Cerveceria Centroamericana deutlich macht. Die 3000 Mitarbeiter brauen und vertreiben nicht nur fast die gesamten 2 Mio. Hektoliter Bier, die pro Jahr in Guatemala getrunken werden, sondern sie stellen auch Softdrinks, Saft und Dosenbohnen her. Zum Unternehmen gehören des Weiteren eine Brauerei in Nicaragua, eine Zuckerverarbeitungsanlage, eine Bank und diverse finanzielle Beteiligungen. Weitere wichtige Industriebereiche sind moderne Zweige wie **Chemie-, Kunststoff- und Reifenproduktion**. Sie sind jedoch alle stark von ausländischen Investitionen abhängig.

Zugenommen hat in den letzten zwei Jahrzehnten die Produktion von **Textilien**, hauptsächlich für den US-Markt (s. auch Gewerkschaften). Zunehmende bürokratische Auflagen und wachsende Konkurrenz in El Salvador und Honduras hatten den Trend vorübergehend abgeschwächt und zu Schließungen von über 30 Betrieben in den Jahren 1999/2000 geführt. Betroffen waren davon über 6500 Arbeitsplätze. Doch die Textilindustrie konnte sich erholen und im Jahr 2009 Waren im Wert von US$1,3 Mrd. exportieren.

Energie und Rohstoffe

Der Energiebedarf des Landes wird zu mehr als der Hälfte mit Wasserkraft gedeckt. Die mit Abstand größte Anlage des Landes, Chixcoy (s. S. 345), produziert rund 50 % der gesamten Energie (in niederschlagsreichen Jahren können es sogar mehr als 70 % sein), gefolgt von Hidro Xacbal, einer 2010 eingeweihten Wasserkraftanlage nördlich des Ixil-Dreiecks, die rund 6 % zur Energiegewinnung beisteuert. Weitere ca. 30 % werden von Dieselkraftwerken erzeugt.

Den Rest (ca. 20 %) steuert die Zuckerindustrie mit der Verbrennung von Faserresten bei (s. S. 131).

Obwohl bereits seit den 1970er-Jahren an der Nutzung geothermischer Energie gearbeitet wird, kam es hier zu keinem Durchbruch. Unglücke wie der Erdrutsch im Jahr 1991, bei dem während Probebohrungen in Zunil bei Quetzaltenango über 20 Menschen den Tod fanden, erschütterten das Vertrauen in die Sicherheit dieser Energiequelle. Im Dezember 1999 erhielt jedoch die Firma Orzunil I die Genehmigung, eine geothermische Anlage mit einer Leistung von 24 Megawatt zu bauen.

Die Bodenschätze Guatemalas rücken immer stärker in den Blickpunkt internationaler Bergbauunternehmen. Größere Vorkommen werden für Kupfer, Antimon, Gips, Schwefel, Blei, Zink, Nickel, Gold und Silber vermutet. Die Anzahl der Konzessionen ist in den letzten Jahren ebenso wie die Summe der Investitionen stark gestiegen. Mit der gestiegenen Minenaktivität hat auch die Anzahl der Proteste der Gemeinden, die sich in unmittelbarer Umgebung von Minen befinden, stark zugenommen. Diese leiden unter der von den Minen verursachten Umweltverschmutzung. So konnte in Gutachten nachgewiesen werden, dass sich im Blut der im Umfeld von Goldminen lebenden Bevölkerung giftige Metallablagerungen fanden und das Wasser so stark mit Zyanid und Blei vergiftet war, dass es sich nicht mehr für den Konsum eignet. Auch in der Provinz Jutiapa formiert sich ziviler Widerstand gegen den geplanten Abbau von Edelmetallen im Grenzgebiet zu El Salvador.

Eine ebenfalls umstrittene Aktivität ist die **Erdölexploration** in der Provinz El Petén. Mitten im Maya-Biosphärenreservat, ganz in der Nähe der ökologisch sensiblen **Laguna del Tigre** in einem der wichtigsten Feuchtbiotope Mittelamerikas, fördern ausländische Unternehmen seit 1985 Erdöl. Da das Naturschutzgebiet erst 1990 geschaffen wurde, berufen sie sich auf die Gültigkeit der Bohrgenehmigung, die juristisch bestätigt wurde. Stein des Anstoßes ist eine Verlängerung der Förderkonzession für die französische Perenco Guatemala Limited um 15 Jahre durch Präsident Colóm im Juli 2010. Während sich breite Kreise der Bevölkerung, viele NRO, das Umweltministerium (MARN) und der Rat für Naturschutzgebiete (CONAP) gegen die Verlängerung aussprachen, verteidigte der Präsident seine Entscheidung mit der wirtschaftlichen Entwicklung der betroffenen Regionen. Die soll durch weitaus höhere Lizenzgebühren als bisher durch Perenco an den guatemaltekischen Staat gewährleistet sein. Wie sehr die Regierung um den reibungslosen Ablauf der Erdölförderung besorgt ist, zeigt die Investition von rund 3,7 Mio. € in den Bau und Betrieb von sechs neuen Militärbasen in der Region. Die wirtschaftlichen Interessen der Kapitalgeber stehen vor dem Naturschutz.

Die guatemaltekischen Ölreserven werden auf 3 Mrd. Barrel geschätzt. Die jährliche Fördermenge schwankt zwischen 4 und 9 Mio. Barrel. Aufgrund des hohen Anteils an Sedimenten handelt es sich dabei allerdings vorwiegend um Erdöl minderwertiger Qualität, aus der hauptsächlich Teer für Asphalt hergestellt wird. Daher und wegen unzureichender Raffineriekapazität muss Guatemala trotz der Erdölexporte Treibstoffe wie Benzin und Diesel teuer importieren.

Öffentlicher Sektor

Die Staatsausgaben haben sich in den letzten zehn Jahren vervielfacht. Lagen sie 1990 noch bei rund US$780 Mio., so sind für das Haushaltsjahr 2011 bereits rund US$6,6 Mrd. vorgesehen. Um das wachsende Steuerdefizit zu reduzieren, kürzte die Regierung unter anderem die Mittel für die Bereiche Gesundheit und Bildung. Während für den Schuldendienst und die öffentliche Verwaltung rund 50 % des Haushalts aufgewendet wurden, musste sich das Ressort Umweltschutz mit ca. 0,5 % der Gesamtausgaben zufriedengeben.

Von den rund 8,2 Mrd. Quetzales (rund 820 Mio. €), die der Staat 1998 durch die Privatisierung des Strom- und Telefonsektors eingenommen hatte, waren 2010 gerade einmal noch 13,9 Mio. Quetzales übrig. Rund 56 % der Gelder wurden alleine für den Schuldendienst benötigt. Am üppigsten bediente sich die Regierung Portillo (2000–2003): Sie verbrauchte rund 5,5 Mrd. Quetzales.

Der amerikanische (Alb)traum

Statt sich auf den einheimischen Kaffee- und Zuckerrohrplantagen ausbeuten zu lassen, wählen viele junge Guatemalteken den riskanten Weg in die USA, um sich dort ein Stück vom Wohlstandskuchen zu holen. Jahr für Jahr versuchen rund 150 000 Guatemalteken ohne Erlaubnis in die USA zu gelangen, doch nur ungefähr jedem Dritten von ihnen gelingt es.

Die meisten Guatemalteken reisen mit Hilfe von Schleppern *(coyotes)* illegal in die Vereinigten Staaten ein (Kosten: rund 4000 €, wo sie oftmals von einem sozialen Netz bereits dort lebender Guatemalteken aufgefangen werden. Sie arbeiten in der Regel für ein paar Jahre im Billiglohnsegment als Erntehelfer, Gärtner, Bauarbeiter, Hausmädchen oder Kellner, bevor viele von ihnen wieder zurückkehren. Schätzungen zufolge leben rund 1,5 Mio. Guatemalteken in den USA – etwa 60 % von ihnen illegal. Auch wenn ihre Lebensbedingungen ohne Aufenthaltsgenehmigung oftmals alles andere als angenehm sind, zweigen dennoch viele einen Teil ihres Einkommens für ihre Familien in Guatemala ab.

Infolgedessen gewinnen die Rimessen *(remesas familiares)* – Überweisungen von guatemaltekischen Gastarbeitern an ihre Familien – immer größere wirtschaftliche Bedeutung. Lag diese Form der privaten Unterstützung 1990 noch bei rund US$100 Mio., so erreichte sie 2008 mit US$4,3 Mrd. ihren vorläufigen Höhepunkt. Bedingt durch die weltweite Wirtschaftskrise gingen die Überweisungen 2009 auf US$3,9 Mrd. zurück. Rund 98 % des Geldes stammen aus den USA, der Rest aus Kanada und Mexiko. Zählt man die Geldbeträge durch private Überbringer hinzu, die in keiner Statistik auftauchen, so hat sich das Kapital aus den Rimessen mit einem Anteil von ca. 11 % des BIP zu einem der wichtigsten Wirtschaftsfaktoren Guatemalas entwickelt. Inzwischen lebt jeder zehnte Guatemalteke von den Familiendollars aus den USA. Gefahr droht dem „ökonomischen Sicherheitsventil“, wenn die US-Regierung ihre Ankündigung wahr machen und Tausende *indocumentados* (Guatemalteken ohne Aufenthaltserlaubnis) ausweisen wird. Bereits jetzt werden jährlich rund 30 000 Guatemalteken aus den USA und etwa 36 000 weitere aus Mexiko deportiert – Tendenz steigend.

Gerade bei den Älteren auf dem Land stößt die Arbeitssuche der Jungen in den USA auf wenig Gegenliebe. Obwohl mit den Dollars Grundstücke gekauft, Häuser gebaut und Schulbildung ermöglicht wird, beklagen sie sich über den Verlust kultureller Werte, wenn die Jugend ihre Trachten auszieht und *maleados* – verdorben – aus dem Norden mit Nike's und iPods zurückkehrt. Soziale Spannungen sind in vielen Dörfern ohnehin vorprogrammiert: Die „reichen“ Zurückkehrer beginnen die „armen“ Daheimgebliebenen als Menschen zweiter Klasse zu behandeln.

Eine alte Kinderkrankheit des öffentlichen Sektors ist das geringe Steueraufkommen, das zu den niedrigsten in ganz Lateinamerika gehört. Das Ziel einer Anhebung auf 12 % bis zum Jahr 2002, wie im Friedensvertrag beschlossen, ist trotz eines Fiskalpakts aller relevanten gesellschaftlichen Gruppen nicht erreicht worden. Die Erfüllung der Vorgaben ist aber Voraussetzung für das Freiwerden weiterer Entwicklungshilfegelder, die den Friedensprozess begleiten sollen.

Den Löwenanteil der Staatseinnahmen macht mit rund 51 % die Mehrwertsteuer (I.V.A.) aus, die 12 % beträgt. Weitaus weniger Bedeutung haben Einkommensteuer (ca. 14 %) und Zölle. Durch Betrug, Schmuggel und Unregelmäßigkeiten beim Zoll entgehen dem Staat jährlich rund US$700 Mio. an Steuereinnahmen.

Außenhandel

Um Deviseneinnahmen zu erzielen, bleibt Guatemala weiterhin stark von seinen Exporten abhängig. Da das Land aber deutlich mehr Waren importiert, als es Güter ausführt, war der Außenhandelssaldo nach 1970 stets negativ. Das Außenhandelsdefizit, das im Jahr 2007 auf US$6,7 Mrd. angestiegen war, ging zumindest auf US$4,3 Mrd. im Jahr 2009 zurück. Die wichtigsten Ausfuhrgüter sind Textilien/Bekleidung, chemische Erzeugnisse, Kaffee, Erdöl, Zucker und Bananen. Guatemala führt überwiegend Treibstoffe, landwirtschaftliche Maschinen, Dünger, Getreide, Elektronik, Metallwaren und Fahrzeuge ein.

Wichtigster Handelspartner Guatemalas bleiben die USA (40 %), gefolgt von den zentralamerikanischen Staaten (30 %). Innerhalb der EU ist Deutschland ein wichtiger Handelspartner Guatemalas. Neben Kaffee, Tabak, Gemüsen und Früchten exportiert Guatemala Textilien und Bekleidung im Wert von rund 70 Mio. € nach Deutschland. Von dort bezieht es vorwiegend Maschinen, chemische Erzeugnisse und Autos.

Löhne und Gehälter

Laut einer Erhebung des Nationalen Statistischen Instituts (INE) aus dem Jahr 2006 leben 16 % der Bevölkerung in extremer Armut (Jahreseinkommen unter 320 €) und weitere 35 % in Armut (Jahreseinkommen unter 650 €). Zudem weist das Lohnniveau ein starkes Stadt-Land-Gefälle auf, was sich auch bei den Konsumgütern widerspiegelt. Während in Guatemala-Stadt rund 85 % der Haushalte einen Fernseher besitzen, ist es auf dem Land nur jeder dritte. Bei Privatfahrzeugen beträgt das Stadt-Land-Verhältnis vier zu eins. Die Durchschnittsgehälter sind so niedrig, dass eine Durchschnittsfamilie rund 37 % des verfügbaren Einkommens allein für die Ernährung aufwenden muss.

Der überwiegende Teil der Menschen auf dem Lande erhält überhaupt keinen regelmäßigen Lohn, sondern schlägt sich als saisonaler Erntearbeiter und Subsistenzbauer durch. Am unteren Ende der Lohnskala stehen Frauen und Kinder, die noch nicht einmal den staatlichen Mindestlohn von umgerechnet rund 200 € (Q1953, Stand 2010) bekommen.

Als Kaffee-Pflücker erhalten sie – mengenabhängig – nicht mehr als 2–5 € pro Tag. Ein Arbeiter in der Landwirtschaft verdient selten mehr als 7,50 € pro Tag. Die Gehälter vieler einfacher Angestellter liegen in der Hauptstadt zwischen Q2000 und 3000 (ca. 200–300 € pro Monat).

Informeller Sektor

Ähnlich wie in den meisten Entwicklungsländern haben wirtschaftlicher Verfall, Arbeitslosigkeit, Landflucht und Armut einen wachsenden Teil der Bevölkerung gezwungen, sich Alternativen zum Überleben zu suchen, und zwar im informellen Sektor, auch „Schattenwirtschaft" oder „Überlebensökonomie" genannt.

In der Regel sind es Landflüchtlinge, die in den Elendsvierteln der Hauptstadt gelandet sind und sich und ihre Familien nun selbstständig mit einer Vielzahl von Tätigkeiten über Wasser halten. Männer, Frauen und Kinder verkaufen Obst, Socken, Scheibenwischer und Süßigkeiten oder mittlerweile auch modernere Waren wie beispielsweise Handyhalterungen für das Auto. Sie stehen an Kreuzungen, wo sie Autoscheiben und Schuhe putzen oder für ein paar Centavos Feuer schlucken. Sie arbeiten als Gärtner oder Hausmädchen, helfen gegen ein kleines Trinkgeld beim Einparken oder stehen bei Ämtern Schlange für andere. Die einen besitzen einen kleinen Stand, an dem alles von raubkopierten DVDs über Schmuck bis hin zu Vorhängeschlössern verkauft wird, während die anderen mit ihrer Ware – Besen, Tortillas oder angeblichen archäologischen Fundstücken – hausieren gehen oder ihr Verkaufsglück in den Stadtbussen versuchen.

Unzählige Autowerkstätten und Handwerksbetriebe gehören ebenfalls zum informellen Sektor *(sector informal)*, wie er in Guatemala genannt wird. Sie alle arbeiten viele Stunden, verdienen aber wenig. Niemand registriert sie oder will Steuern von ihnen. Was ihnen an sozialen Sicherheiten fehlt, müssen sie durch unternehmerische Initiative und Kreativität wieder ausgleichen. Schätzungen zufolge sind mehrere Millionen Menschen in diesem Bereich tätig.

Gewerkschaften

Seit 1944 besteht in Guatemala das Recht, sich gewerkschaftlich zu organisieren. Doch den Gewerkschaften waren nur zehn ruhige Jahre vergönnt, bevor sie während des Bürgerkriegs selbst Opfer staatlicher Gewalt wurden. Anfang der 80er-Jahre wurde die Gewerkschaftsbewegung, die unter der Regierung Lucas García auch für eine Demokratisierung eingetreten war, durch Ermordung fast aller Führungsmitglieder zum Schweigen gebracht. Davon hat sie sich bis heute noch nicht vollständig erholt. Schätzungen zufolge liegt der Organisationsgrad aller Arbeiter und Angestellten unter 5 %. Noch immer ist Gewerkschaftsarbeit ein gefährliches Unterfangen, das einen den Job oder sogar das Leben kosten kann.

Zudem ist die guatemaltekische Gewerkschaftsszene äußerst zersplittert. Über 1200 Einzelgewerkschaften (davon rund 50 % in der Landwirtschaft) konkurrieren um internationale Gelder. Zusammenschlüsse scheitern meist an internen Querelen.

Inzwischen arbeiten guatemaltekische Gewerkschaften und US-Gewerkschaften zusammen, denn man ist sich der Tatsache bewusst, dass die Ausbreitung globaler Wirtschaftsbeziehungen eine internationale Gewerkschaftsarbeit notwendig macht.

Profitiert haben hiervon Frauen in *maquilas*, Zulieferbetrieben der Textilindustrie, die für ihre ausbeuterischen Arbeitsbedingungen verrufen sind. Inzwischen konnten in einigen von ihnen Tarifabschlüsse erzielt werden.

Tourismus

Nachdem die Besucherzahlen zu Beginn der 1980er-Jahre, in der Phase der schlimmsten Menschenrechtsverletzungen, eingebrochen waren, erholten sie sich rasch bis zum Ende der Dekade.

Jährlich zweistellige Zuwachsraten waren die Regel, doch Anfang der 1990er-Jahre begannen sich die **Touristenzahlen** zwischen 500 000 und 600 000 ausländischen Besuchern pro Jahr einzupendeln. Zu einem Sprung kam es 1999, als die Gästezahlen von 636 000 im Jahr 1998 um 16 % auf rund 754 000 anstiegen. Im Jahr 2004 haben die offiziellen Besucherzahlen zum ersten Mal die 1-Mio.-Hürde übersprungen. Allerdings stammen die angeblichen Touristen überwiegend aus El Salvador und Honduras und nicht wenige von ihnen sind auf der Durchreise in die USA, um dort illegal zu arbeiten. Im Jahr 2009 verzeichnete das INGUAT daher wenig glaubhafte 1,8 Mio. Touristen, davon 10 % Europäer, und einen Devisengewinn von US$1,3 Mrd.

Der Tourismus gehört aber in jedem Fall zu den wichtigsten Devisenbringern des Landes. Der Anteil an den Gesamtdeviseneinnahmen macht zwischen 17 und 25 % aus. Allerdings sollte man nicht außer Acht lassen, dass guatemaltekische Touristen im Ausland etwa genauso viel Geld ausgeben, wie durch ausländische Besucher ins Land kommt, sodass die allgemeine Bilanz des Tourismus fast bilanzneutral ausfällt.

Der Anteil der Europäer betrug in den letzten Jahren durchschnittlich 10 % (US-Amerikaner ca. 25 %). Das Hauptkontingent kam aus Deutschland, Italien, Spanien, Frankreich und den Niederlanden. Die Besucherzahlen aus Deutschland verdreifachten sich annähernd in den letzten zehn Jahren und liegen gegenwärtig bei 20 000 bis 25 000 Touristen jährlich. Ein Großteil von ihnen besucht das Land im Rahmen einer Pauschalreise.

Obwohl der Tourismus dem Land wichtige Devisen einbringt, darf nicht übersehen werden, dass die Hauptprofiteure touristischer Aktivitäten **ausländische Unternehmen** sind. Viele lokale Agenturen, Hotels und Restaurants gehören Europäern oder US-Amerikanern. Auch die Gewinne aus Langstreckenflügen und Pauschalreisen fahren ebenfalls meist Nicht-Guatemalteken ein. Dessen ungeachtet hat der Tourismus eine große Anzahl von Stellen im Dienstleistungsgewerbe geschaffen. Das oftmals unterqualifizierte Personal wird allerdings in der Regel schlecht entlohnt und ist auf Trinkgelder angewiesen. Zudem arbeiten viele saisonal bedingt nur wenige Monate des Jahres im Tourismus.

Einen wenig überzeugenden Eindruck hinterlässt die Arbeit des staatlichen guatemaltekischen Tourismusinstituts **INGUAT**, dessen 10-Millionen-Dollar-Budget vorrangig von der aufgeblähten, aber wenig effizienten Bürokratie oder auf internationalen Tourismusmessen ver(sch)wendet wird. Ein Teil dieses Geldes stammt aus Steuereinnahmen, die das INGUAT von Hotelbesitzern kassiert.

Das Gütesiegel „Great Green Deal"

Seit einigen Jahren können sich guatemaltekische Tourismusunternehmen auf Herz und Nieren prüfen lassen. Erfüllen sie Vorgaben des Zertifizierungsprogramms „Great Green Deal", www.great-green-deal.com, wird ihnen das gleichnamige Gütesiegel verliehen. Es zeichnet Hotels, Restaurants oder Tourveranstalter als soziokulturell engagiert sowie qualitäts- und umweltbewusst aus. Das Programm ist Mitglied des „Sustainable Tourism Network of the Americas", www.certificationnetwork.org, und soll im Laufe des Jahres 2011 auch Mitglied der „Partnerschaft für Globale Kriterien eines Nachhaltigen Tourismus", www.gstcouncil.org, werden. Deren Kriterien sind auf Deutsch unter www.sustainabletourismcriteria.org einzusehen.

Nachfolgend eine Auswahl Great Green Deal-zertifizierter Tourismusunternehmen in dieser Ausgabe des Stefan Loose Travel Handbuchs Guatemala:

Name	Ort	Status	Seite
Adrenalina Tours	Quetzaltenango	zertifiziert	257
Eco Hotel Uxlabil	San Juan La Laguna	zertifiziert	265
Hotel Ajau	Guatemala-Stadt	Teilnahme am Programm	179
Las Cumbres	Zunil	zertifiziert	294
Posada de Don José	Retalhuleu	Teilnahme am Programm	479
Takalik Maya Lodge	Asintal (Pazifikküste)	zertifiziert	481

Noch wenig verbreitet sind touristische Unternehmen, die einen umweltfreundlichen und sozial verantwortlichen Tourismus ernsthaft umsetzen (s. Kasten Great Green Deal).

Entwicklungshilfe

Während des Bürgerkriegs stand vor allem für die USA die Bekämpfung der angeblichen kommunistischen Gefahr im Vordergrund. Von der üppigen Wirtschaftshilfe profitierten die Armen des Landes wenig. Auch die Welle der Hilfsbereitschaft nach dem schweren Erdbeben von 1976 war mehr auf die direkte Beseitigung der Schäden und die Erneuerung der Infrastruktur als auf eine strategisch geplante Verbesserung der Lebensumstände ausgerichtet.

Aufgrund der stärker werdenden Menschenrechtsverletzungen fror die deutsche Regierung ihre finanzielle Unterstützung Anfang der 1980er-Jahre ein und nahm sie erst mit den demokratischen Wahlen 1986 wieder auf.

Mit Unterzeichnung des Friedensvertrags im Jahr 1996 verbesserten sich die Rahmenbedingungen für die Entwicklungszusammenarbeit, doch wegen der schleppenden Umsetzung der Abkommen konnten viele der bereitliegenden Geldmittel noch nicht ausgezahlt werden. So fließt z. B. ein Teil der Finanzmittel erst, wenn das Land eine höhere Steuerquote vorweisen kann.

Rund drei Viertel der Entwicklungshilfegelder für Guatemala stammen aus multilateralen Geldquellen, der Rest von bilateralen Gebernationen wie den USA, Deutschland oder Japan. Die größten multilateralen Geldgeber sind die Inter-American Development Bank, die Central American Bank for Economic Integration (CABEI) und die Weltbank.

Die Hilfsgelder der EU stammen zu rund einem Drittel aus Deutschland.

In Guatemala sind neben vielen kleinen Gruppierungen auch die Deutsche Gesellschaft für Internationale Zusammenarbeit GIZ sowie die Parteienstiftungen und beide Kirchen aktiv. Schwerpunkte der Zusammenarbeit sind Ressourcenschutz, ländliche Entwicklung, Bildung und Ausbildung, Gesundheit, Trinkwasserversorgung/Abwasserentsorgung, Menschenrechte sowie soziale Investitionsfonds in Armuts- und ehemaligen Konfliktgebieten.

Kultur

Die innere Zerrissenheit der guatemaltekischen Gesellschaft zeigt sich auch in den Gepflogenheiten der beiden größten Volksgruppen. Während die Maya-Nachfahren um die Bewahrung ihrer traditionellen Lebensweise und damit um ihre kulturelle Identität kämpfen, pflegen die Ladinos einen wenig authentischen Lebensstil, der stark nordamerikanisch geprägt ist.

Kulturelle Gemeinsamkeiten haben Indígenas und Ladinos nur wenige; sie reduzieren sich auf so profane Dinge wie die Vorliebe für Süßigkeiten, Tortillas oder Fußball. Auch die gemeinsamen katholischen Feiertage und das Nationalinstrument Marimba können die tiefe Kluft nicht überwinden.

Die Begeisterung für kulturelle Ereignisse hält sich in Guatemala generell in Grenzen, und der Besuch der zudem seltenen und meist sehr teuren Veranstaltungen bleibt vor allem der betuchten Oberschicht und Botschaftskreisen vorbehalten. Die Frage, ob nun das geringe Angebot Folge des fehlenden Interesses ist oder umgekehrt, kommt der Frage nach der Henne und dem Ei gleich.

Wenig Interesse an der Kulturförderung zeigt die guatemaltekische Regierung, die das Kulturbudget regelmäßig zurückfährt. So müssen Einrichtungen wie das staatliche Sinfonieorchester, das Staatsballett oder das Nationaltheater 2011 mit rund 10 % weniger finanziellen Mitteln als im Vorjahr auskommen. Regelmäßig fallen Veranstaltungen aus, da Künstler, Musiker oder aber die Stromrechnung nicht bezahlt werden können.

Im Allgemeinen bevorzugt die breite Masse seichte Unterhaltung, sei es in Form von schmalzigen Seifenopern am Fernsehbildschirm *(telenovelas)*, deftigen Theaterkomödien oder Kinohits aus Hollywood.

Miss-Wahlen erfreuen sich großer Beliebtheit und dürfen auf keinem noch so unbedeutenden Dorffest fehlen.

Größere Menschenmassen mobilisiert der Volkssport Fußball. Selbst Sport zu treiben ist allerdings für die meisten Guatemalteken Luxus, den sie sich aus Zeit- und Geldgründen nicht leisten können.

Indígena-Kultur

Auf Hochglanzprospekten wirbt das guatemaltekische Tourismusinstitut INGUAT mit „dem Zauber alter Traditionen", „traumhaftem Kunstgewerbe" und „lebendigen Kulturen". Auf diese Art und Weise wird der indianische Teil der Bevölkerung präsentiert, der ansonsten im eigenen Land keine große Lobby hat. Denn gerade die Maya-Nachfahren sind Guatemalas wichtigster touristischer Anziehungspunkt, und ein Großteil der ausländischen Besucher kommt gerade der farbenfrohen Trachten, der Tänze, des traditionellen Brauchtums und der aufwendig zelebrierten *fiestas* wegen in das Land. Anhand des einseitigen Tourismus-Marketings offenbart sich aber einmal mehr der zwiespältige Umgang der Ladinos mit ihren indianischen Mitbürgern. Dabei liegt die Bewahrung ihrer Traditionen im Interesse aller Beteiligten. Zum einen, weil sie dringend benötigte Devisen ins Land bringt, zum anderen, weil sie den Indígenas als kultureller Schutzschild dient.

Doch die moderne Zeit hat auch vor den einfachen Hütten der Indígenas nicht Halt gemacht: Fernsehen, Globalisierung und Konsum gefährden die nach außen intakt wirkende indianische Kultur. Zusätzlich haben das massive Wirken evangelischer Religionsgemeinschaften, die latente Diskriminierung und die Armut viele Indígenas dazu gebracht, ihre traditionelle Lebensweise aufzugeben.

Viele, die in die Hauptstadt abwandern, legen ihre Tracht ab und versuchen, die Lebensart der Ladinos zu imitieren. Die damit verbundene Entfremdung wird im Spanischen *aculturacíon* genannt. Nicht selten hat sie zur Folge, dass sich gewohnte Denk- und Lebensweisen sowie traditionelle Werte verlieren.

Ethnisches Selbstverständnis und Selbstbewusstsein

Es waren Forscher und Archäologen, die im 19. Jh. den Begriff „Maya" prägten. Darunter fassten sie die Völker zusammen, die vor der spanischen Conquista in Mexiko und Guatemala lebten. Dabei sahen sich die Nachfahren dieser „untergegangenen" Kultur weniger als homogene Gruppe, vielmehr identifizierten sie sich regional (Atitecos, San Pedranos etc.) oder über ihre Zugehörigkeit zu einer Ethnie (Mam, Kekchí etc.). Von Außenstehenden wurden sie pejorativ als „Indios" oder *naturales* bezeichnet. Dies änderte sich erst in den 70er-Jahren des 20. Jhs., als eine kleine intellektuelle Schicht von Indígenas versuchte, eine neue kollektive Identität als Maya hervorzubringen. Diese Bemühungen wurden vom Bürgerkrieg zunichtegemacht, der Anfang der 80er-Jahre eskalierte. Aufgrund zunehmender Repressionen schlossen sich große Teile der indianischen Landbevölkerung in Basisbewegungen wie dem Comité de Unidad Campesina (CUC) zusammen.

Erst mit den Friedensverhandlungen zwischen Regierung und Guerilla kehrten viele Maya-Aktivisten in den 1990er-Jahren auf die politische Bühne zurück. Einen positiven Schub erhielt die junge Maya-Bewegung 1992 durch die Verleihung des Friedensnobelpreises an die Quiché-Maya Rigoberta Menchú (s. S. 333) und die Protestaktionen gegen die 500-Jahr-Feiern der „Entdeckung" Amerikas. Mit der Unterzeichnung des „Abkommens über Rechte und Identität der indigenen Bevölkerung" wurde 1995 das Fundament für die Wahrung der kulturellen Identität bei gleichzeitiger sozialer und wirtschaftlicher Entwicklung gelegt.

Heute definiert sich die Maya-Bewegung weniger über den systemkritischen Protest als vielmehr über die Besinnung auf die eigene ethnische Identität.

Doch das „neue" Selbstbewusstsein und der Stolz auf Vergangenheit und Kultur wirken noch nicht landesweit: Viele einfache Bauern können mit dem Schlagwort „Maya", das von einer Gruppe gut situierter, intellektueller Indígenas wiederbelebt wurde, wenig anfangen. Zudem ist die Bewegung in Hunderte von kleinen Organisationen, Gewerkschaften, Gruppierungen und Kooperativen zersplittert, deren Ziele durchaus unterschiedlich sind.

Die Zukunft der indianischen Aufbruchbewegung wird davon abhängen, ob sich die Lebensbedingungen der Indígenas nachhaltig verbessern. Dazu ist der politische Wille der dominierenden Ladino-Bevölkerung bei der Umsetzung von Abkommen und Vereinbarungen unbedingt erforderlich.

Sprache

In Guatemala ist Spanisch *(castellano)* offizielle Landessprache. Darüber hinaus gibt es 23 eigenständige Sprachen: 21 **Maya-Idiome** sowie Xinca und Garífuna, die andere Sprachwurzeln haben. Nur vier dieser Sprachen, **Quiché**, **Cakchiquel**, **Mam und Kekchí**, werden von mehr als 300 000 Guatemalteken gesprochen und haben den Status einer territorialen Sprache. Alle anderen sind als kommunale Sprachen eingestuft und werden in der Regel von nur wenigen tausenden Einwohnern gesprochen. Da nur noch jeweils einige hundert Personen **Itzá** und **Xinca** sprechen, sind dies vom Aussterben bedrohte Sprachen.

Die relativ große Anzahl von Maya-Idiomen auf einem geografisch kleinen Gebiet lässt sich auf die Aufsplitterung der Maya in viele Clans zurückführen. Sie alle hatten vor rund 4000 Jahren einmal die gleiche Sprache, das sogenannte **Protomaya**. Wanderbewegungen und die topografischen Gegebenheiten des Hochlands führten dazu, dass sie im Laufe der Jahrhunderte eigene Sprachen entwickelten, die zum Teil völlig unterschiedlich in Aussprache und Grammatik sind. So können sich z. B. ein Mam-Indígena aus dem Hochland und ein Mopán-Indígena aus dem Petén nur auf Spanisch verständigen. Hingegen ähneln sich die Indianersprachen Quiché und Cakchiquel wie Deutsch und Schweizerdeutsch. Hinzu kommen zahlreiche Dialekte der jeweiligen Maya-Sprache. So gibt es beispielsweise vom Cakchiquel rund zehn verschiedene Varianten.

Während der Kolonialzeit und nach der Erlangung der Unabhängigkeit hatten die herrschenden Klassen mit einigen Ausnahmen wenig Interesse daran, das indianische Sprachgut zu entwickeln und zu fördern. Lediglich katholische Missionare glaubten, ihre Chancen bei der Bekehrung der Indígenas zu steigern, indem sie ihre Sprache lernten. Auch viele der deutschen Einwanderer, die gegen Ende des 19. Jhs. nach Guatemala kamen, lernten mit der Zeit eine Indianersprache, da fast alle Arbeiter auf ihren Fincas indianischer Herkunft waren und einige Deutsche Indígena-Frauen heirateten.

Heute erleben die indigenen Sprachen eine Renaissance. Im Abkommen über die Rechte der Indígena-Völker im Rahmen des Friedenvertrags von 1996 wird der multikulturelle, multiethnische

SPRACHEN

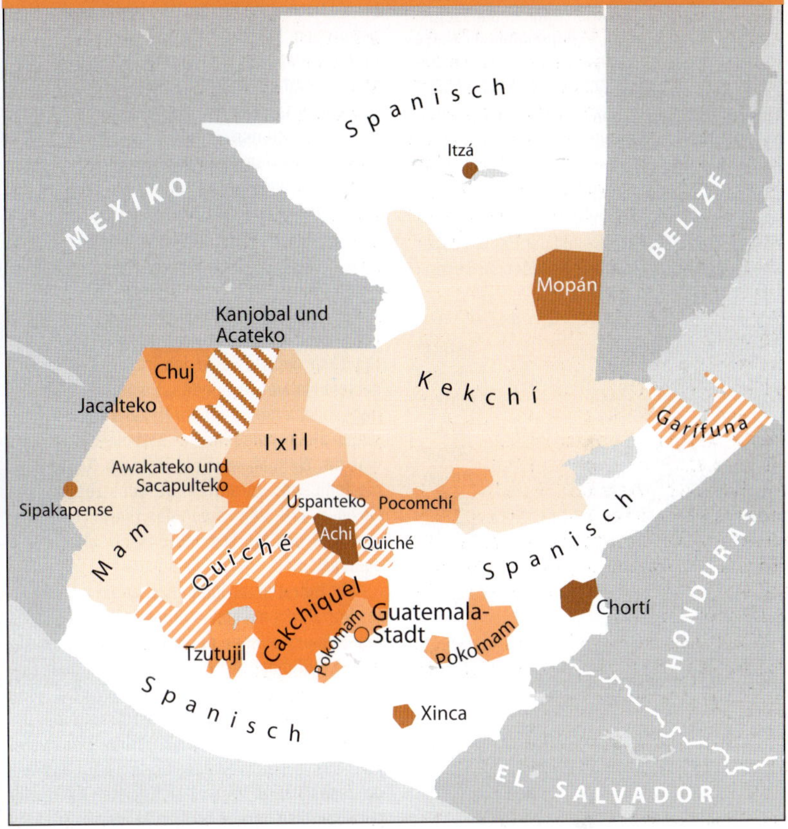

und vielsprachige Charakter der guatemaltekischen Nation betont.

Doch bisher werden die indianischen Sprachen gemäß den Artikeln 66 und 143 der Verfassung lediglich als förderungswürdiges kulturelles Erbe behandelt. So finden z. B. Gerichtsverfahren bislang in spanischer Sprache statt – unabhängig davon, ob dies die Muttersprache der Prozessbeteiligten ist.

Die nach dem Friedensschluss ins Leben gerufene **Kommission zur Offizialisierung indianischer Sprachen** kämpft um die gleichwertige legale Anerkennung aller in Guatemala gesprochenen Sprachen.

Da sich selbst die verschiedenen indianischen Völker über den Stellenwert der eigenen Sprache uneinig sind, werden Reformen verzögert. Die Proportionen sind verzerrt: So verteilen sich 84 % aller Indígenas auf die fünf am häufigsten gesprochenen indianischen Sprachen – Quiche, Cakchiquel, Mam, Kekchí und Pokomchí. Die restlichen 16 Sprachen werden aber von nur 16 % der indianischen Bevölkerung gesprochen. Hinzu kommt, dass viele Indígenas ihre eigene

Maya-Sprachen in Guatemala

Je nach Quelle weichen die Zahlen bezüglich der Anzahl der Sprecher einer indianischen Sprache beträchtlich voneinander ab. Hinzu kommt, dass bei Volkszählungen nicht alle Indígenas erfasst wurden, da einige von ihnen in schwer zugänglichen Gebieten leben und sie als Vertriebene oder als Bürgerkriegsflüchtlinge nicht gezählt wurden.
Die nachfolgend aufgeführten Zahlen beruhen auf gerundeten Angaben der Akademie für Maya-Sprachen (ALMG) und der Generaldirektion für bilinguale Erziehung (Dirección General de Educación Bilingue).

1.	Quiché	1 800 000
2.	Mam	1 100 000
3.	Cakchiquel	1 000 000
4.	Kekchí	710 000
5.	Pokomchí	260 000
6.	Kanjobal	210 000
7.	Tzutujil	160 000
8.	Pokomam	127 000
9.	Chuj	89 000
10.	Jacalteko	85 000
11.	Chortí	77 000
12.	Ixil	71 000
13.	Achí	58 000
14.	Sakapulteko	42 000
15.	Akateko	40 000
16.	Awakateko	34 000
17.	Uspanteko	22 000
18.	Mopán	13 000
19.	Sipakapense	6000
20.	Tektiteko	2500
21.	Itzá	1800

Sprache als Symbol für wirtschaftliche und soziale Benachteiligung ablehnen. So verzichten gerade junge Indígenas nicht nur bewusst auf ihre traditionelle Kleidung, sondern auch auf ihre Muttersprache.

Damit werden die Bemühungen von Regierung und indianischen Dachverbänden, die Sprachenvielfalt zu fördern, bisweilen von den Betroffenen selbst behindert.

Traditionelle Lebensweise

Rituale und Zeremonien bestimmen das gesamte Leben der Indígenas. Bereits bei der **Geburt** betet ein Schamane für das Wohlergehen des Neugeborenen, während die Hebamme die Mutter im *temascal,* dem traditionellen Dampfbad, reinigt. Die Nabelschnur (s. S. 345) wird getrocknet und einige Tage später unter feierlichen Worten eines Schamanen *(chujkajau)* begraben. Der oder die Vornamen des Neugeborenen stammen meist von den Vorfahren ab, werden aus dem Ritualkalender Tzolkin abgeleitet oder vom Namen des Heiligen am Geburtstag übernommen. Eine besondere Bedeutung im Leben der Maya besitzt der Nahual. Diesen Schutzgeist in Tiergestalt, so der Glaube, erhält jeder Indígena bei seiner Geburt für sein ganzes Leben. Das Schicksal und die Seele des Trägers sind eng mit seinem Nahual verbunden. Seine Identität wird geheimgehalten, denn ein Hexer könnte ihn mit einem Fluch belegen. Der katholischen Kirche war der Nahualismus ein Dorn im Auge, denn die Indígenas verehrten die Schutzgeister der Heiligen, z. B. den Löwen des Hieronymus oder den Stier des Markus, inbrünstiger als die Heiligen selbst.

Die **Heirat** unter Indígenas ist ein kompliziertes Verfahren, mit vielen ritualisierten Besuchen und Gegenbesuchen der beiden involvierten Familien. Auf diese Art und Weise lernt man sich näher kennen und verhandelt den in einigen Regionen noch immer üblichen Brautpreis. Die Familie des Bräutigams richtet die Hochzeitsfeier aus, ein aufwendiges Ereignis, für das lange gespart wird. Wer es sich leisten kann, lädt eine der nicht gerade billigen Marimba-Gruppen ein. Oftmals lebt das junge Paar für eine Weile gemeinsam mit den Eltern des Bräutigams unter einem Dach. Die Ehen werden heutzutage nur noch sehr selten vermittelt.

Kinder werden als Segen Gottes interpretiert; je mehr von ihnen, desto besser. Sie gelten immer noch als Beweis der Manneskraft und als Versorgungsgarantie im Alter. Die Aufgaben des Alltags sind klar verteilt: Während die Männer auf dem Feld arbeiten, kümmert sich die Frau um den Haushalt und die Kinder. Entscheidungen innerhalb der Dorfgemeinschaft werden so gut wie ausnahmslos von den Männern getroffen, die dazu in mehreren Komitees organisiert sind.

Der überwiegende Teil der indianischen Bevölkerung lebt von **Subsistenzwirtschaft**, d. h. dem Anbau von Grundnahrungsmitteln wie Mais, Bohnen, Kürbis und Chilis zur Eigenversorgung. Überschüsse werden auf Märkten verkauft. In einigen Regionen bessern die Bewohner ihr Einkommen mit der Produktion handwerklicher Erzeugnisse und der Anpflanzung von Exportprodukten wie Kaffee, Gemüse oder Blumen auf. Zum Überleben sind auch heutzutage immer noch Hunderttausende von Indígenas gezwungen, als Erntehelfer auf den Kaffee- und Zuckerrohrplantagen der Pazifikregion zu arbeiten.

Für die Indígenas bedeutet der **Tod** den Übergang in eine andere Daseinsform. Es ist üblich, den Verstorbenen im Kreise seiner Familie aufzubahren. Die Totenwache dauert die ganze Nacht, dabei werden alle Besucher von der Familie des Verstorbenen verköstigt. Im Gegenzug legen sie Geld auf einen Teller, um den Hinterbliebenen bei der Finanzierung der Bestattungskosten zu helfen. In einigen Regionen des Hochlands drehen die Träger den Sarg mehrmals um die eigene Achse, bevor er in das Grab gelegt wird. Dies soll den Toten verwirren, damit sein Geist nicht zurückkehrt und die Hinterbliebenen belästigt. Eine Trauerzeit ist nicht üblich. Die Indígenas glauben, dass die Seelen der Verstorbenen einmal im Jahr für kurze Zeit auf die Erde zurückkehren. An Allerheiligen besuchen die Familien dann ihre Toten auf dem Friedhof, um mit ihnen in Kontakt zu treten und ihnen Nahrung zu bringen.

Maya-Religion

Im Glauben der Indígenas ist die gesamte Umwelt von Geisterwesen beseelt. Da sich ihr Leben somit in der Hand übernatürlicher Kräfte befindet, sind die Götter mit Opfergaben und Ritualen gnädig zu stimmen. Dazu bedienen sich die Indígenas in vielen Fällen eines **Mittlers**, der ihren Wunsch oder ihre Bitte in gebührender Form an die Götter weiterleitet. Je nach Aufgabengebiet nennt man ihn Brujo (Hexer oder Zauberer), Shaman, Chujkajau (Priester, Wahrsager) oder Curandero (Heiler). Die Bezeichnungen können von Volksgruppe zu Volksgruppe und von Region zu Region variieren. Das Amt des Vermittlers wird in der Regel vom Vater auf denjenigen Sohn vererbt, der für die verantwortungsvolle Tätigkeit die besten Anlagen mitbringt. Auch Frauen bekleiden dieses Amt, allerdings nur selten.

Die Curanderos verfügen über ein umfangreiches Wissen, was Naturheilmittel angeht. Sie sind hervorragende Pflanzenkenner und nicht mit den Kurpfuschern zu verwechseln, die auf Märkten großspurig dubiose Tinkturen, Salben und Pillen anbieten. Bevor ein Indígena einen Ladino-Arzt aufsucht, wird er zunächst einen Heiler konsultieren.

Der Schamane ist Experte für Wahrsagungen und Prophezeiungen. Er deutet den komplizierten Maya-Kalender, bestimmt die Termine für die entsprechenden Feste und ist allgemeiner Ratgeber der Gemeinde. Zur Lösung zwischenmenschlicher Probleme wird ein Brujo beauftragt. Er kann dem ungeliebten Nachbarn auf Wunsch eine Kröte in den Bauch hexen oder ihn mit Hilfe einer mit Salz bestreuten Puppe schwer erkranken lassen. Um diesem Fluch vorzubeugen oder um ihn von sich abzuwenden, benötigt man einen Brujo, der auf Gutes spezialisiert ist.

Geeignete Plätze, um Opferrituale *(costumbres)* durchzuführen, gibt es zuhauf. Die animistische Überzeugung der Indígenas hat eine Vielzahl von Opferplätzen und Naturaltären entstehen lassen. Die Maya beten in den Ruinenstätten ihrer Vorfahren, vor Steinkreuzen auf Hügeln, in Höhlen sowie an Lagunen und Seen. Selbst auf dem über 3700 m hohen Vulkan Santa María schwelen kleine Feuer. Zu jeder Opferzeremonie gehören Kerzen, Weihrauch *(pom, copal)*, Schnaps *(aguardiente)* und Zigarren *(puros)*. Bei besonders wichtigen Anlässen wird zusätzlich das Blut eines frisch geköpften Hahns verbrannt.

Cofradías

Ursprünglich hatten spanische Missionare die Institution der Laienbruderschaften *(cofradías)* aus Europa mitgebracht. Sie sollte helfen, die Idee des Heiligenkults unter der indianischen Bevölkerung zu festigen. Im Laufe der Jahrhunderte wurde aus den Cofradías jedoch viel mehr: Sie etablierten sich als zentraler Bestandteil des dörflichen Lebens, indem sie katholische und traditionelle Glaubenselemente miteinander verbanden. Auch heute noch besitzen Cofradías in vielen indianischen Gemeinden einen hohen Stellenwert. Ihr Wirkungskreis reicht inzwischen über rein religiöse Tätigkeiten weit hinaus. Sie kümmern sich vorrangig um die Statue des Dorfheiligen, die in ihrer Obhut ist, richten aber auch Prozessionen und Fiestas aus und beschäftigen sich mit sozialpolitischen Themen innerhalb der Dorfgemeinschaft. Außerdem schlichten sie Konflikte und arbeiten eng mit dem offiziell gewählten Bürgermeister zusammen.

Die ehrenamtliche einjährige Tätigkeit *(cargo)*, die einen nicht unerheblichen zeitlichen und finanziellen Aufwand bedeutet, wird mit sozialem Prestige belohnt. Wer sich durch die starre Hierarchie der Cofradía hochgedient hat, gehört zu den angesehensten Mitgliedern innerhalb der Dorfgemeinschaft – er wird zu einem Hüter von Traditionen und Gebräuchen der Maya. Die Auswahl der neuen Mitglieder erfolgt innerhalb der Cofradía und ist nach außen geheim. Die Amtsübergabe ist ein wichtiges Ereignis, das entsprechend aufwendig begangen wird. Für Frauen existieren eigene Cofradías, deren Mitglieder sich Capitanas nennen (mehr zu den Cofradías im Kapitel Chichicastenango, S. 239).

Fiestas

Neben den katholischen Feiertagen und den Patronatsfesten werden in einigen traditionellen Gegenden des Hochlands rein indianische Fiestas veranstaltet, die den Jahresbeginn des Agrar- und Ritualkalenders Tzolkin bzw. des Sonnenjahres Haab (s. S. 159) feiern. Tausende von Indígenas strömen am „Tag der Acht Affen" *(guajxaquip batz)* nach Momostenango in der Provinz Totonicapán. Sie bitten mit Hilfe von Schamanen um ausreichenden Regen und gute Ernten. Ähnlich verlaufen die Feierlichkeiten zu Ehren des „Jahresträgers" *(cargador del año)* in Jacaltenango in der Provinz Huehuetenango. Dieser Tag ist einer wechselnden Gottheit des Sonnenkalenders gewidmet, unter deren Schutz das Folgejahr steht.

Tänze und Masken

Nach ihrer Ankunft in Guatemala stellten die Spanier fest, dass die Indígenas ihre religiösen Zeremonien und die Anbetung der Götterwelt mit viel Tanz und Musik begleiteten. Zwei der großen indianischen Chroniken – die Quiché-Bibel **Popol Vuh** (s. S. 157) und das Tanzdrama **Rabinal Achí** – belegen, dass die Maya bereits in vorspanischen Zeiten künstlerische Darbietungen mit Tiermasken von Hirschen, Jaguaren, Affen, Schlangen oder Vögeln aufführten.

Den Missionaren missfiel diese „Götzenverehrung", und so ersannen sie eine ihrer Auffassung nach kluge Strategie: Sie nutzten die reiche folkloristische Tradition der Hochland-Maya für ihre Zwecke und vermittelten ihre Ankunft in Amerika und den Kampf der Christen gegen das Heidentum bildlich mit Maskentänzen. Von da an tauchten schwarze Mohren, hellhäutige Spanier mit blonden, lockigen Haaren und später Mexikaner mit breiten Hüten und Schnauzbärten in den Darbietungen auf, die im Laufe der Jahrhunderte fester Bestandteil des folkloristischen Repertoires wurden.

So entstanden unter anderem die Tänze **Baile de Conquista** oder **Baile de Cristianos y Moros**, die die Eroberung Amerikas bzw. den Konflikt zwischen Christen und Mauren zum Inhalt haben.

Präkolumbianische wie auch spanisch beeinflusste Tänze sind immer noch ein wichtiger Bestandteil vieler indianischer Fiestas. Heutzutage sind aber besonders die von den Spaniern eingeführten Tänze als Parodie der Indígenas auf die damaligen Ereignisse zu interpretieren. Die dabei verwendeten Holzmasken werden weiterhin in Handarbeit hergestellt, hauptsächlich in Chichicastenango und Totonicapán. Bestanden präkolumbianische Masken zunächst aus sehr haltbaren, aber schweren Materialien wie Jade oder Alabaster, sieht man heute ausschließlich farbenfrohe Masken aus Holz und gelegentlich aus Plastik.

Neben den bereits erwähnten Tänzen gibt es noch eine Reihe weiterer beliebter Darbietungen, die man zum Patronatsfest in verschiedenen Ausprägungen in allen indianisch dominierten Provinzen zu sehen bekommt. Hierzu zählt der **Baile de los Toros**, auch Danza del Torito, der von einer Marimba begleitet wird. Bei manchen Festen, auf denen er aufgeführt wird, läuft ein Mann mit einem Gestell auf dem Rücken, das einen Stier symbolisiert und mit Feuerwerkskörpern bestückt ist, durch die Reihen johlender Zuschauer.

Der **Danza del Venado** ist vorspanischen Ursprungs und spielt die Hirschjagd nach. Die Tänzer tragen dabei Hörnermasken. Beliebt sind darüber hinaus der Baile de los Diablos (Teufelstanz), Baile de los Mexicanos (Tanz der Mexikaner) und der Palo Volador („Der fliegende Stamm"), der 2009 von der Unesco in das Kulturerbe der Menschheit aufgenommen wurde.

Seltener werden der aus prähispanischer Zeit stammende Baile de la Culebra (Schlangentanz) und Baile de los Gracejos (Tanz der Anmut) aufgeführt. Alle Rollen, einschließlich der Frauenparts, werden bei den traditionellen Tänzen von Männern eingenommen.

Wichtiger als die genaue Einhaltung einer Choreografie ist die Ausstattung der Tänzer mit prachtvollen Kostümen, Masken und Perücken. Diese Utensilien werden sorgfältig verwahrt und von sogenannten Morerías teuer an die Ausrichter der Fiestas verliehen. Die sorgfältig ausgewählten Tänzer müssen weniger über großes Talent als vielmehr über eine kräftige körperliche Konstitution, ausreichend Kondition und Geduld verfügen. Denn schließlich müssen sie nach tagelangen Proben in der Lage sein, ihren Tanz mit schweren Kostümen, ständigen Drehbewegungen und reichlich Alkoholgenuss mehrmals während der Fiesta vorzuführen.

In den letzten Jahren sind **Convites** immer beliebter geworden. Bei diesen Verkleidungstänzen, die oft zwischen Weihnachten und Neujahr auf offener Straße aufgeführt werden, tritt ein buntes Sammelsurium kostümierter Comic- und Fernsehhelden wie Batman, Micky Mouse oder Dick und Doof auf.

Masken im Museum

Wer keine Gelegenheit hat, die Masken im Rahmen einer indianischen Fiesta oder auf einem Markt zu bewundern, kann dies im Museo Ixchel in Guatemala-Stadt nachholen (s. S. 174).

Die Indígenas begleiten ihre religiösen Zeremonien mit Tiermasken, viel Tanz und Musik.

Eine große Bandbreite folkloristischer Tänze ist in Rabinal, Baja Verapaz, während des Patronatsfestes vom 17. bis 25. Januar und beim jährlich im März stattfindenden Festival de Danzas Tradicionales in Totonicapán zu sehen.

Musik und Instrumente

Feste, Rituale und heilige Zeremonien sind bei den Indígenas eng mit traditioneller Musik und ihren Instrumenten verbunden. Ähnlich wie bei der Religion lässt sich auch hier eine Vermischung von vorspanischen und kolonialen Elementen beobachten. Der fortschreitende Prozess der Entfremdung von traditionellen Werten hat auch im Bereich der Volksmusik zu kulturellen Verlusten geführt. Neben dem abnehmenden Interesse der jüngeren Generation an traditioneller Musik spielen inzwischen auch ökologische Faktoren eine wichtige Rolle. Aufgrund der Abholzung werden die für die Herstellung von bestimmten Musikinstrumenten benötigten Holzarten immer seltener und somit teurer. Starken Zuspruch finden in den letzten Jahrzehnten hingegen Musik und Gesang evangelischer Religionsgemeinschaften.

Musikinstrumente werden im indianischen Guatemala ausschließlich von Männern gespielt. Die **Marimba**, Guatemalas Nationalinstrument, wird von Indígenas wie Ladinos gleichermaßen geschätzt. Sie darf bei keinem größeren indianischen Geburtstags- oder Patronatsfest fehlen. Allerdings wird ihr Ursprung unter den Einheimischen heftig diskutiert. Obwohl es den Nationalstolz manch eines Guatemalteken angreift, steht inzwischen fest, dass die Marimba im 16. Jh. über schwarze Sklaven nach Guatemala gelangte. In ganz Afrika waren zuvor schon ähnliche Musikinstrumente bekannt. Allerdings wurde dieses einem überdimensionierten Xylophon ähnelnde Instrument erst in Guatemala perfektioniert.

In seiner einfachsten Form, der Marimba de Tecomates, besteht die Marimba aus Rosenholz- oder Palisanderlamellen, die parallel über Resonanzkörpern angebracht sind. Diese bestehen aus länglichen Kalebassen *(tecomates)*, die mit einer Membran aus Schweinsdarm ver-

Die Marimba des Hotels Posada Don Rodrigo in Antigua

sehen sind. Am weitesten verbreitet ist die Marimba Pura, deren Ursprung bis in das Ende des 19. Jhs. zurückreicht. Sie besitzt Klangkörper aus Kiefern- oder Zypressenholz und in einigen Fällen aus Bambus. Die Marimba wird in der Regel von mehreren Männern gleichzeitig gespielt.

Viele Prozessionen, Zeremonien der Bruderschaften und traditionelle Tänze im guatemaltekischen Hochland werden von Trommeln *(tambores)* und Flöten *(flautas)* begleitet. Die *tun* oder *tunkul* ist eine **Trommel**, die aus der postklassischen Periode stammt und aztekischen Einfluss aufweist. Der kräftige Ton wird durch das zylindrische Stück eines ausgehöhlten Baumstammes erzeugt, in den ein H-förmiger Schlitz geschnitten wurde. Die *tun* begleitet traditionelle prähispanische Aufführungen wie das Rabinal Achí oder den Tanz der Guacamayas. Die *adufa,* eine kleine, quadratische Trommel, die mit Hirsch- oder Ziegenleder überspannt ist, wird mit der Hand geschlagen. Sie ist bei religiösen Zeremonien im Quiché von einer Violine begleitet zu sehen und hören. *Raspadores* – Kalebassen mit Einritzungen, über die ein Stab oder ein Stück Hirschgeweih gleitet – werden von den Kekchí beim Tanz der Teufel *(danza de los diablos)* eingesetzt.

Flöten spielen in der indianischen Musik eine wichtige Rolle. In prähispanischen Zeiten imitierten die Maya Naturgeräusche wie z. B. Vogelstimmen mit Instrumenten aus Tapirknochen, Lehm, Stein und Jade. Heutzutage werden bevorzugt Schilfrohr, Holz und Metall verwendet. Flöten existieren in allen möglichen Ausführungen, von der Quer- bis zur Längsflöte. Die Schilfrohrflöte *tsijolaj* besitzt gewöhnlich drei Grifflöcher. Immer noch gebräuchlich sind Keramikpfeifen *(okarina)* und *chirimías,* eine primitive Ausgabe der Oboe. Das melancholisch klingende Instrument maurisch-arabischen Ursprungs ist regelmäßig in Chichicastenango an Markttagen zu hören.

Aus prähispanischen Zeiten stammt die Verwendung von Schildkrötenpanzern *(ayotl)* bei Tänzen und großen Tritonmuscheln *(caracol),* die früher zur Nachrichtenübermittlung dienten. Beide werden heute vorwiegend bei den Garífuna an der Karibikküste verwendet. Die von den Spaniern mitgebrachten **Saiteninstrumente** wie Geige, Violine und Harfe wurden von den Indígenas schnell übernommen und überwiegend bei katholischen Messen und Feiern eingesetzt. Heutzutage bereichern auch moderne Musikinstrumente wie Saxophon, Schlagzeug oder E-Gitarre traditionelle und religiöse Veranstaltungen. In der Osterwoche kommen große **Rätschen** *(matracas)* zum Einsatz.

Traditionelle Musik

Eine hervorragende Sammlung traditioneller Musikinstrumente gibt es im Museum der Finca La Azotea in Jocotenango bei Antigua. Dort kann man Musikinstrumente ansehen, ausprobieren und kaufen (s. S. 226).

Märkte

Märkte sind das Zentrum wirtschaftlicher Aktivität im ländlichen Guatemala und besonders in indianischen Gebieten unersetzlicher Bestandteil des sozialen Lebens. Sie finden in so gut wie allen Dörfern ein bis zweimal wöchentlich statt. Auf ihnen versammelt sich eine interessante Mischung aus Käufern und Verkäufern, die oftmals weite Strecken zurücklegen, um zum Marktplatz zu gelangen. Bereits im Morgengrauen werden die ersten Stände nach Waren sortiert aufgebaut. Während Obst und Gemüse, Blumen oder Gewürze in einem Bereich des Marktes angeboten werden, findet man Fleisch, Fisch, Kleidung und handwerkliche Produkte in einem anderen. Auf einigen Märkten, z. B. in San Francisco el Alto, werden Tiere angeboten. Zu jedem Markt gehören Garküchen, in denen Indígena-Frauen an großen brodelnden Töpfen stehen und über dem Feuer Maisbrei zu Tortillas verarbeiten.

Doch Kaufen und Verkaufen, Feilschen, Handeln und Tauschen sind nur die eine Facette eines turbulenten Indígena-Markts. Denn hier treffen sich auch Verwandte, nutzen junge Paare die Gelegenheit zum Flirt, versuchen Prediger die Massen im Schnelldurchlauf zu bekehren und

Interessantester Indianermarkt

Unbedingt den jeweils freitags in San Francisco el Alto (Nähe Quetzaltenango) stattfindenden Indianermarkt besuchen (s. S. 305).

bieten viele kleine Servicebetriebe ihre Dienste an: Schuhputzer, Eisverkäufer, Fotografen mit Uralt-Polaroidkameras, Scherenschleifer, Gepäckträger – sie alle profitieren vom regen Treiben. Doch die Atmosphäre ist trotz heftigem Gedränge und Geschubse friedlich und ruhig. Besonders hoch geht es während des Patronatsfestes her. Dann steigt neben dem allgemeinen Umsatz besonders der Alkoholkonsum.

Kunsthandwerk

Das indianische Kunsthandwerk ist so facettenreich wie die Landschaften Guatemalas. Auch heute noch stellen die Nachfahren der Maya besonders im Hochland manuell gearbeitete Produkte aller Art her. In den Stand eines Kunsthandwerks wurden viele Erzeugnisse allerdings erst erhoben, als sich die natürlichen Rohstoffe für die Herstellung verknappten, viele Produkte industriell billiger hergestellt wurden und jüngere Generationen weniger Interesse an traditionellen Erzeugnissen zeigten. Denn bei den meisten Objekten handelt es sich ursprünglich um Gebrauchsgegenstände und Dinge des täglichen Bedarfs. Das zunehmende Interesse ausländischer Besucher an kunsthandwerklichen Produkten hat einige Sektoren wie die traditionelle Weberei stark aufgewertet.

Zusätzliche Erlöse durch den Verkauf von Kunsthandwerk sind ein willkommenes Zubrot zum recht schmalen Einkommen vieler indianischer Familien. Doch nur wenigen von ihnen ist es gelungen, eine größere Produktion aufzubauen und ausschließlich vom Kunsthandwerk zu leben. Die meisten Waren werden in Familienbetrieben produziert und auf Märkten verkauft. Handelt es sich um größere Mengen, übernehmen Zwischenhändler die Vermarktung.

Agavenfasern: Aus den Fasern der Agave werden vor allem Gebrauchsgegenstände wie Seile, Netze, Taschen oder Hängematten hergestellt. Mehr zu dieser Allround-Pflanze s. S. 315.

Flechtarbeiten: Artikel aus Weidenruten, Binsen oder Schilfrohr findet man auf den Märkten in allen Formen und Größen. Ihre Verwendungsmöglichkeiten reichen dabei von der Markt-

Handgemachte Tonkeramik findet auch heute noch Verwendung.

tasche bis zur Babykrippe. Körbe *(canastos* ohne Henkel; *canastas* mit Henkel) dienen zum Transport von Brot, Gemüse oder Federvieh. Ein *cafetero* ist ein spezieller Weidenkorb, mit dem Kaffee gepflückt wird. Schilfmatten galten bei den klassischen Maya als Zeichen der Macht. Steinerne Darstellungen sich kreuzender Fasern sind in vielen Ruinenstätten zu sehen. Heute werden Schilfmatten vorwiegend als Matratze, Teppichersatz oder Wandbehang verwendet.

Holzarbeiten: Wurden aus Holz früher fast ausschließlich einfache Gebrauchsgegenstände und Möbel hergestellt, so orientiert sich die Produktion heutzutage stark an der Nachfrage durch Ladinos und Touristen. Beliebt sind neben Holzmasken und Kolonialmöbeln Holzschnitzereien von Tieren, Schmuckkästchen sowie glasierte Holzfrüchte.

Kalebassen: Die Früchte des *jicaro* oder *palo de morro* waren schon immer vielseitig verwendbar. Ausgehöhlt und zweigeteilt entstehen aus ihnen Schalen und Schöpfkellen. Männer nehmen die ganze Kalebasse als Trinkgefäß zur Feldarbeit mit. Bunte Kalebassenschalen *(guacales)*, die in einigen Fällen noch mit natürlichen Farbstoffen bemalt werden, findet man in Rabinal (Baja Verapaz). Dekorierte Schalen werden von den Indígenas für diverse Zeremonien, z. B. Allerheiligen für die Nahrung der Toten, benutzt.

Keramik: Bei den klassischen Maya erreichte die Verarbeitung von Ton bis heute unerreichte Standards. Nachdem die Spanier viele der kunstvollen Gefäße zerstört hatten, beschränkten sich die Nachfahren der Maya bis heute überwiegend auf die Herstellung einfacher Gebrauchsgegenstände. Handgeformte Keramik für den Hausgebrauch wird über dem offenen Feuer gebrannt und enthält meist keine Verzierungen. Allerdings verdrängen Plastikprodukte zunehmend das Tongeschirr und die schweren Wasserkrüge. Ähnlich ergeht es den flachen Tortillapfannen *(comal)* aus Ton, deren Konkurrenz aus Blech oder Eisen besteht. Aus Glasurkeramik, einer Technik aus der Kolonialzeit, werden unter anderem Tonfiguren und Vasen in Chinautla, Antigua und Rabinal hergestellt.

Malerei: Die Zentren der indianischen naiven Malerei, die inzwischen über die Landesgrenzen hinaus bekannt ist, befinden sich in Comalapa (s. S. 232) und in San Pedro La Laguna am Atitlán-See (s. S. 265).

Webarbeiten: Guatemalas traditionelle Textilerzeugnisse werden zu Recht zu den schönsten des Kontinents gezählt (mehr hierzu unter „Tracht").

Wollherstellung: Schafswolle wird vor allem in der Provinz Totonicapán zu Decken, Umhängen und Jacken verarbeitet, die landesweit verkauft werden.

Tracht

Eine der auffälligsten Ausdrucksweisen der Indígena-Kultur und wichtiger Bestandteil der kulturellen Identität sind die abwechslungsreichen, originellen Trachten. Besonders die aufwendig gewebten und gestickten Blusen der Frauen ziehen die Besucher in ihren Bann.

Während Indígena-Frauen ihre traditionellen Kleidungsstücke auch im Alltag tragen, hat sich die Tracht der Männer bis auf wenige ursprüngliche Regionen weitgehend verloren. Die Männer tragen inzwischen überwiegend einfache Hemden und Hosen westlichen Stils. Doch auch die bunte Trachtenvielfalt der Frauen ist bedroht: Viele Familien können sich die teuren Stoffe nicht mehr leisten und greifen auf billige Einheits- oder Importware zurück. Die fortschreitende „Ladinisierung" und die „Errungenschaften" der modernen Zeit haben ebenfalls ihre Spuren hinterlassen.

Die Bewohner eines jeden indianischen Dorfes unterscheiden sich traditionell durch ihre Trachten. Historiker glauben, dass die spanischen Eroberer die Indígenas zur Anfertigung unterschiedlicher Kleidung zwangen, um die Bewohner einem Dorf zuordnen zu können. Die Tracht ist in jedem Fall ein variables Produkt, das sich im Laufe der Zeit verändert hat. Die Einführung synthetischer Farbstoffe hatte darauf ebenso viel Einfluss wie modische Extras. Inzwischen ist aus der Tracht – dem *traje* – mehr als nur ein Erkennungsmerkmal geworden. Mit den eingewebten Mustern und ihrer Symbolik, mit der Qualität der Arbeit sowie dem benutzten Material erzählt ein traditionelles Kleidungsstück eine Geschichte über die Person, die es trägt, und verrät deren sozialen Status, Glauben und Stolz auf die Vorfahren.

Wissenswertes zu den Maya-Trachten

Auf der Webseite www.artemaya.com kann man sich Trachten und naive Malerei vom Atitlán-See anschauen. Ein Klassiker über die Bedeutung der Trachten im Leben der Maya ist das Buch *Maya of Guatemala – Life and Dress*, von Carmen L. Pettersen.

Die Weberei ist eine der ältesten Handwerkskünste der Maya. Schon in Abbildungen auf den Maya-Codices ist die junge Mondgöttin Ixchel beim Anfertigen von Kleidung mit dem Hüftwebstuhl zu sehen. In präkolumbianischen Zeiten hatte jede Farbe und jedes Symbol, das bei der Herstellung von Kleidung verwendet wurde, eine besondere Bedeutung.

Auch heute noch knien indianische Frauen am Wegesrand oder in ihren Häusern bei der Arbeit mit dem *telar de cintura*, dem traditionellen Gürtel- oder Hüftwebstuhl. Dieses leichte und praktische Arbeitsgerät, auf dem die schmalen Stoffbahnen gewebt werden, wird von den Frauen mit ihrem eigenen Körpergewicht gespannt. Sie benutzen es ein Leben lang, manchmal wird es sogar mit in das Grab gelegt. Mit dem *telar de cintura* stellen die Frauen ihre ausdrucksstarken Blusen *(huipiles)* her. Die Männer hingegen produzieren auf dem *telar de pie,* dem Trittwebstuhl, vorwiegend Röcke und Meterware.

Die Tracht der Frauen

Die beiden wichtigsten Kleidungsstücke der indianischen Frau sind der meist knöchellange Rock *(corte)* und die Bluse *(huipil)*.

Der eher unscheinbare **Rock** besteht aus mehreren Stoffbahnen, dabei liegt der kürzere *envuelto* eng an, während der längere *plegado* einem Faltenrock ähnelt. Ein dünner Wollgürtel *(faja)* hält den *corte* zusammen. Das Prunkstück der Tracht ist allerdings der Huipil. Sein Name stammt aus der Aztekensprache – dem Nahuatl – und bedeutet „meine Bedeckung".

Je nach Klimazone wird die **Bluse** aus dickerer oder dünnerer Baumwolle gewebt, in den Rock gesteckt oder darüber getragen. Sie besteht aus zwei oder drei kunstvoll zusammengenähten Stoffbahnen mit einer Öffnung für Kopf und Arme.

Je nach Qualität und Aufwand dauert die Herstellung eines Huipil mehrere Monate. Er hat sich inzwischen zu einem beliebten Sammel- und Kaufobjekt entwickelt. Wenn Frauen auf das Feld oder den Markt gehen, tragen sie ihre Huipiles oftmals umgekehrt, um sie so vor Sonne, Schmutz oder sogar vor lästigen Kaufangeboten zu schützen. Frauen aus San Antonio Aguas Calientes bei Antigua können sich diese Mühe sparen: Ihre Huipiles sind auf beiden Seiten gleichwertig gewebt. Nur an Festtagen tragen Frauen ihre besten und schönsten Huipiles.

Ergänzt werden Rock und Bluse durch eine Reihe nützlicher und modischer Accessoires. Besonders auffällig ist der **Kopfschmuck**, für den in manchen Regionen ein buntes Band *(cinta)* in die Haare geflochten wird. Nur in Santiago Atitlán wickeln sich die Frauen ein etwa 14 m langes rotes Band *(tocoyal)* um den Kopf, das geradezu den Eindruck eines Heiligenscheins erweckt.

In allen übrigen Gegenden benutzen die Frauen ein gewebtes Tuch als Kopfbedeckung, die *tzute* genannt wird. *Perrajes* hingegen sind größere **Tücher**, die Frauen als Babytragetuch *(reboso)* oder zum Einwickeln von Marktwaren *(servilleta)* verwenden.

Als **Schuhwerk** haben sich in allen Regionen einfache, billige Plastiksandalen durchgesetzt. Eine Ausnahme macht hier Quetzaltenango, wo indianische Frauen sich auch schon mal in hochhackigen Pumps zeigen. Modeschmuck in allen Variationen oder Ketten aus alten Münzen

gehören bei den meisten indianischen Frauen wie selbstverständlich zur Tracht.

Die Tracht der Männer

In einigen traditionell geprägten Gegenden rund um den Atitlán-See, in den Cuchumatanes-Bergen oder in Chichicastenango hat die Kleidung der Männer den Ansturm fremder Kulturen bisher überstanden.

In der Regel tragen Indígena-Männer bunte **Hosen** *(pantalones)* in unterschiedlichen Längen. Beliebt sind Hosen, die knapp unterhalb des Knies abschließen. Die dunkle Überhose der Männer aus Todos Santos, die zu handgewebten roten Hosen getragen wird, spielt wahrscheinlich auf den vorspanischen Lendenschurz *(maxtlatl)* an. Ein dunkler Wollrock *(rodillera)* wird manchmal auch ohne Hose getragen. Früher hielten oftmals dünne Schlingpflanzen *(bejucos)* die Hosen zusammen. Heute benutzt Mann hierfür Baumwoll- oder Ledergürtel *(cinchos)* sowie verzierte **Schärpen** *(bandas)*.

Die einfachen, maschinell hergestellten **Hemden** der Männer *(camisas)* gibt es mit oder ohne Kragen. In einigen Regionen wie Nahualá, San Antonio Palopó oder Todos Santos Cuchumatán haben sie ein buntes Streifenmuster. In Sololá hingegen zeigen sich die Männer in kurzen, verzierten **Jacken** *(chaquetas)*, die dem Schnitt spanischer Offiziersjacken nachempfunden sind.

Um sich vor der Kälte zu schützen, tragen die Männer in den Höhenlagen des Altiplanos einen *capixay*, einen braunen **Umhang** aus Schafswolle. Die traditionelle **Kopfbedeckung**, der *tzute*, wird fast ausschließlich bei zeremoniellen Veranstaltungen getragen. Das viereckige Tuch wird dabei diagonal gefaltet und auf dem Kopf im Nacken geknotet. Im Alltagsleben benutzen die meisten Indígena-Männer einen Strohhut. Sehr gebräuchlich sind grobe **Ledersandalen** *(caites)*. Sie werden inzwischen auch aus Reifenresten hergestellt. Kein Mann verlässt sein Haus ohne den breiten ledernen **Stirngurt** *(mecapal)*, mit dem schwere Lasten aller Art getragen werden.

Was bei den Touristen der Tagesrucksack ist, ist bei den indianischen Männern der *morral*, eine von ihnen selbst gestrickte wollene **Umhängetasche**. Zur Feldarbeit geht ein Mann nie ohne Hacke *(azadón)* und Machete.

Muster

Muster aus längst vergangenen Epochen enthalten oftmals Symbole, die Götter, Tiere oder Naturabbildungen darstellen. Häufig sind Sonne und Mond sowie die gefiederte Gottschlange (Kukulcán, Quetzalcoatl) zu sehen. Der doppelköpfige Adler, den manche Frauen weben, existierte bereits vor der Ankunft der Spanier und bringt die dualistische Weltanschauung der Maya zum Ausdruck. Andere Muster zeigen unter anderem die Ceiba – den heiligen Baum der Maya –, die vier Himmelsrichtungen, keimenden Mais, Blitze oder den Maya-Kosmos. Die beliebtesten Tierdarstellungen sind Truthahn, Kolibri, Hirsch, Reptil, Affe, Pfau, Jaguar, Fledermaus, Skorpion und Hahn.

Farben

Die Farben der Trachten sind von großer Bedeutung. Leider werden heutzutage fast nur noch synthetische Farbstoffe verwendet. Die dabei benutzten Chemikalien, die auch aus deutscher Produktion stammen, sind teilweise giftig, was schon zu Einfuhrstopps indianischer Weberzeugnisse in die Europäische Union führte. Derzeit versucht die EU zusammen mit dem Wirtschaftsministerium und einheimischen Organisationen die Herstellung natürlicher Farbstoffe zu fördern. Diese haben eine lange Tradition in Guatemala, die bis in präkolumbische Zeiten zurückreicht. In der Kolonialzeit zählten die Farbstoffe Indigo und Cochenille (Rotton) zum wichtigsten Exportprodukt des Landes. Natürliches Grün gewann man aus dem Arrayán-Baum, Gelb aus Eukalyptusbäumen und Schwarz aus Campecheholz.

Ladino-Kultur

Koloniale und postkoloniale Architektur

Nach der Eroberung Guatemalas durch die Spanier entfaltete sich im 17. und 18. Jh. vor allem in der damaligen Hauptstadt, dem heutigen Antigua, eine rege Bautätigkeit. Die koloniale Architektur dieser Epoche war von den Stilarten spanischer Prunkbauten geprägt, entwickelte aber ortsspezifische Besonderheiten. So finden sich an vielen Gebäuden Spuren der Renaissance-

Architektur und des maurisch-arabischen **Mudéjar-Stils**. Letzteren erkennt man an der strengen Geometrie seiner Ornamente, den verzierten Bogengängen und den Hexagonalfenstern. Im 18. Jh. setzte sich die barocke Bauweise zunehmend durch – der **Churriguerismus**, benannt nach seinem Erfinder, dem spanischen Bildhauer José Churriguera (1650–1723), drückte mit seinen üppigen Ornamenten und seinen gewundenen Säulen den Gebäuden seinen unverwechselbaren Stempel auf. In dieser Zeit entwickelte sich auch der „Erdbebenbarock": Um sich vor den ständigen Erschütterungen zu schützen, wurden Paläste, Kirchen und Konvente mit dicken Wänden und kompakten Säulen gebaut. Mit der Unabhängigkeit von Spanien wurde dann das barocke Zeitalter begraben, und fortan dominierte der **Neoklassizismus**. Er erreichte zu Beginn des 20. Jhs. in Quetzaltenango und Guatemala-Stadt seine schönsten Ausprägungen: Prächtige öffentliche Gebäude und Theater entstanden in Anlehnung an europäische Bauwerke aus jener Zeit. Heutzutage steht Funktionalität vor Optik. Eine pragmatische Bauweise, die Schutz vor Erdbeben bietet, und knappe Budgets lassen bei öffentlichen Gebäuden wenig Spielraum für künstlerische Kreativität.

Guatemaltekische Literatur

Die Geschichte der guatemaltekischen Literatur reicht bis in vorspanische Zeiten zurück. Leider fielen die meisten Schriftstücke der Zerstö-

Miguel Ángel Asturias (1899–1974)

Politisch und schriftstellerisch aktiv wurde Miguel Ángel Asturias in seinen frühen Studienjahren. Er beteiligte sich am Widerstand gegen den verhassten Diktator Cabrera, der Asturias Vater samt Familie für mehrere Jahre aufs Land verbannt hatte. In den 1920er-Jahren zog Asturias nach Paris, um an der Pariser Sorbonne Ethnologie zu studieren. Das politische Klima in Guatemala war für ihn zu gefährlich geworden.
Internationales Aufsehen erregte er erstmals 1930 mit einem seiner frühen Werke, den *Leyendas de Guatemala* (Legenden aus Guatemala). Die Diktatur unter Cabrera verarbeitete er in seinem Werk *El Señor Presidente* (Der Herr Präsident) aus dem Jahr 1946. In seinem 1949 erschienenen Roman *Hombres de Maíz* (Die Maismänner) setzte er den „magischen Realismus" am eindrucksvollsten um: Auf mystisch-verschlungene Weise erzählt er in methaphernreichen Bildern vom Kampf zwischen Stark und Schwach, zwischen mächtigen Landbesitzern und einfachen Maisbauern.
Bestürzt von der gewaltsamen Beendigung der zehnjährigen demokratischen Phase in Guatemala, verließ Asturias 1954 das Land und zog nach Europa, wo er für zwölf Jahre im Exil in Frankreich und Italien lebte. Die Erlebnisse des Umsturzes und die dunklen Machenschaften der United Fruit Company thematisierte er in den Werken *Weekend en Guatemala* (Weekend in Guatemala; 1957) und der *Trilogie Viento fuerte* (Sturm; 1950), *El papa verde* (Der grüne Papst; 1954) und *Los ojos de los enterrados* (Die Augen der Begrabenen; 1960).
1966 erhielt Asturias den Lenin-Preis und ein Jahr später den Literaturnobelpreis. Seine Tätigkeit in diesem Zeitraum als Botschafter Guatemalas in Paris unter der Zivilregierung Méndez Montenegro brachte ihm unter seinen Landsleuten Kritik ein, da dem Regime Menschenrechtsverletzungen zur Last gelegt wurden. Nach vier Jahren trat Asturias daher von seinem Amt als Botschafter zurück.
In den letzten Jahren vor seinem Tod veröffentlichte Asturias weitere Werke, darunter *Mulata de tal* (Eine gewisse Mulattin; 1963), *El espejo de Lida Sal* (Lida Sals Spiegel; 1967) und *Malandrón* (Der böse Schächer; 1969). Diese Bücher erreichten jedoch nicht den Bekanntheitsgrad seiner früheren Werke.
Miguel Ángel Asturias starb am 9. Juni 1974 in Madrid an Krebs und wurde in Paris begraben. Zu Ehren des Künstlers weihte die guatemaltekische Regierung im März 2000 eine Statue auf der Avenida La Reforma (Ecke 14. Calle) der Hauptstadt ein.

rungswut der spanischen Eroberer zum Opfer. Nur drei Dokumente – *Codices* genannt – blieben erhalten (s. S. 162). Sie gewähren uns heute interessante Einblicke in die astronomischen Berechnungen und das Kalendersystem der klassischen Maya. Erst Ende des 17. Jhs. entdeckte der Dominikaner **Francisco Ximénez** (1666–1729) in Chichicastenango das **Popol Vuh**, das heilige Buch der Quiché-Maya (s. S. 157). Das dreiteilige „Buch des Rates" berichtet von der Erschaffung der Welt, dem Kampf des göttlichen Zwillingspaares Hunahpú und Ixbalanque gegen die Mächte der Finsternis sowie von der Geschichte des Quiché-Stammes. Ximénez, der drei Maya-Sprachen beherrschte, übersetzte das Werk und veröffentlichte im Laufe der Jahre weitere kulturhistorische Arbeiten.

Die Geschichte der Kolonialepoche wurde von zahlreichen Chronisten dokumentiert. Zu den bedeutendsten ihrer Zeit gehörten neben Ximénez die Spanier **Bernal Díaz del Castillo** (ca. 1496–1584; bekanntestes Werk: *La verdadera y notable relación de la Nueva España y Guatemala)* und **Francisco Antonio de Fuentes y Guzmán** (1643–1700; bekanntestes Werk: *Recordación Florida*). Der bekannteste guatemaltekische Dichter ist **Rafael Landívar** (1731–1793). Der Jesuit veröffentlichte sein Meisterwerk *Rusticatio Mexicana* 1781. Darin preist er die Landschaften Guatemalas und Mexikos.

Nach der Unabhängigkeit von Spanien und der darauffolgenden Machtpolarisierung zwischen Konservativen und Republikanern war der Inhalt von Büchern, Schriftstücken und Dokumenten zunehmend politischer Natur. In dieser Zeit machte sich der Philologe und Grammatikexperte **Antonio José de Irisarri** (1786–1868) mit seinen schriftlichen Attacken gegen die Anhänger der Aufklärung einen Namen. Die Figur des Juan Chapín, des typischen Guatemalteken, charakterisierte der Literat und Historiker **José Milla y Vidaurre** (1822–1882) auf unnachahmliche Weise in seinem Werk *Un viaje al otro mundo*. Er starb während der Arbeit an einer geschichtlichen Enzyklopädie Zentralamerikas.

Die zweite Hälfte des 19. Jhs. war von neuen, weltoffenen Ideen und intellektuellen Strömungen bestimmt, in denen sich die lateinamerikanische Literatur erneuerte und eine Epoche einleitete, die Modernismo genannt wurde. Einer der Begründer dieser Bewegung war der Autor **Enrique Gómez Carrillo** (1873–1927). Ihm folgten **Augusto Monterroso** (geboren 1921), **Rafael Arévalo Martínez** (1884–1975) und nicht zuletzt der Träger des Literaturnobelpreises **Miguel Ángel Asturias** (1899–1974). Asturias thematisiert in seinen Werken unter anderem die Konflikte zwischen indianischen und europäischen Kulturen und setzte sich mit der Unterdrückung und dem Terror der einheimischen Diktaturen auseinander (s. S. 152, Kasten). Sein bevorzugtes Stilmittel, der Realismo mágico, vermischt Fantasie und Wirklichkeit. Als Vertreter der kreolischen Novelle wurde der Professor und spätere Botschafter **Flavio Herrera** (1895–1968) bekannt.

Bedeutende Werke der Gegenwartsliteratur Guatemalas sind die Gedichte von **Humberto Ak'ab'al** und die Novellen und Romane von **Rodrigo Rey Rosa**, z. B. der auf Deutsch erschienene Roman *Henker des Friedens* (Wagenbach, 2003, ISBN 978-3803124746). Beide Schriftsteller wurden 2003 bzw. 2004 mit dem guatemaltekischen Literaturpreis ausgezeichnet, der jährlich in Gedenken an Miguel Ángel Asturias vergeben wird. Der Maya-Quiché Ak'ab'al lehnte den Preis allerdings mit der Begründung ab, Asturias habe in einigen seiner Werke zu Rassismus beigetragen.

Die christliche Kirche

Obwohl Guatemala offiziell als katholisches Land gilt, hat sich das Bild in den letzten Jahrzehnten stark zugunsten evangelischer Religionsgemeinschaften (Anteil: 45–50 %) verändert. Früher waren rund 95 % der Guatemalteken katholisch, heute sind es gerade noch 50 %. Die Renaissance des traditionellen Maya-Glaubens hat das religiöse Spektrum zusätzlich erweitert.

Katholizismus

Jahrhundertelang dominierte die mächtige römisch-katholische Kirche das Land, diente den spanischen Eroberern als Rechtfertigung für die größtenteils gewaltsame Bekehrung der Einheimischen und bereicherte sich selbst an den Schätzen der Neuen Welt. Die Lage änderte sich 1871, als der Kirchenbesitz unter der liberalen Regierung von Präsident Barrios enteignet, das Erziehungswesen säkularisiert und evangelische Missionare in das Land gelassen wurden. Erst in den 1930er- und 40er-Jahren gelang der Kirche ein Comeback. Acción Católica nannte sich der Versuch der katholischen Kirche, die Maya-Bevölkerung mit Hilfe sozialer Projekte wie Schulen und Trinkwasser zu orthodoxen Katholiken zu machen.

In den 1950er-Jahren vertrat die Kirche einen deutlich antikommunistischen Standpunkt. Diesen sollten die vorwiegend ausländischen Priester und Missionare auf dem Land verbreiten. Vom Elend und der großen Armut betroffen, änderte sich jedoch die Sichtweise der klerikalen Basis in den 60er und 70er-Jahren. Die Priester unterstützten nun Bauernbewegungen und engagierten sich mehr für Entwicklungsprojekte als für die Bekehrung ihrer Schäfchen. Da sich der bewaffnete Konflikt verstärkte, hatte ihr Einsatz für die überwiegend indianische Landbevölkerung ernste Konsequenzen. Das Militär ermordete viele Priester, andere wurden ausgewiesen oder flohen vor der Gewalt ins Ausland.

Nach dem schweren Erdbeben von 1976 solidarisierte sich die katholische Kirche in einer gemeinsamen Erklärung ihrer Bischöfe mit der Zivilbevölkerung.

Die Absicht der Kirche, das Massenelend gewaltfrei zu beseitigen, stieß bei Regierung, Militär und Großgrundbesitzern auf Widerstand, und so nahmen Repressalien gegen Angehörige des Klerus zu. Selbst hochrangige Kirchenmänner wie **Juan Gerardi**, Bischof der Provinz Quiché, flüchteten ins Exil. Unter seiner Mitarbeit gründete sich 1980 in Costa Rica die Guatemaltekische Kirche im Exil. Das Schlagwort von der „Befreiungstheologie" machte in katholischen Kirchenkreisen die Runde. Im Kern umschrieb der Begriff die Notwendigkeit, das Bewusstsein der Armen zu wecken und die Landbevölkerung zu ermutigen, sich gegen unterdrückerische Strukturen zu wehren und zu organisieren. Die Märtyrer der Bewegung – allein in Guatemala neun Priester zwischen 1980 und 1981 und viele hundert Zivilisten – schienen die Position der Kirche zu stärken.

Doch in den am stärksten umkämpften Gebieten war es lebensgefährlich, sich als Katholik zu

Charismatische Erneuerung – ein Erfolgsmodell der katholischen Kirche

Die 1967 in den USA entstandene Charismatische Erneuerung (C.E.) hat sich in Guatemala weitestgehend unbemerkt zur erfolgreichsten und mitgliederstärksten Bewegung innerhalb der katholischen Kirche entwickelt. Einst als „Durchgangsstation" auf dem Weg zu protestantischen Pfingstkirchen milde belächelt, bietet die C.E. besonders den unteren Bevölkerungsschichten Lösungen für konkrete Alltagsprobleme wie Alkoholmissbrauch, Krankheit oder Gewalt in der Familie an. Gerade auf dem Land findet die C.E. enormen Zuspruch, stellt sie doch oftmals das einzige religiöse Angebot dar. Sehr gut kommen auch ihre Gebetsgruppen an, die als kleine Solidargemeinschaften funktionieren, in der jeder jeden kennt.

Die C.E. beruft sich stärker als die Amtskirche auf die Bibel und stellt die Kraft des Heiligen Geistes, der direkt auf das Individuum wirkt, in den Vordergrund. Dies erschüttert traditionelle Katholiken in ihren Grundfesten, macht es doch in letzter Instanz den Priester als Mittler zwischen Gott und den Menschen überflüssig und damit ebenso eingefleischte religiöse Rituale wie die Eucharistie oder die Beichte. Entgegen allen Integrationsbemühungen der Amtskirche wendet sich die C.E. gegen jede Art von Volksreligion, die nicht in Einklang mit der christlichen Lehre steht. Darunter fallen in Guatemala die Maya-Religion und ihre Vertreter.

Doch da die C.E. in Guatemala inzwischen zu einer Massenbewegung geworden ist, bemüht sich die traditionelle Kirche heute um mehr Integration nach dem Motto: Besser man gehört zur C.E. als zu einer protestantischen Religionsgemeinschaft.

demaskieren. Die Folge: Einige Bauern schlossen sich aus Sicherheitsgründen einer evangelischen Religionsgemeinschaft an.

1983 wurde der progressiv eingestellte **Próspero Penados del Barrio** zum Erzbischof ernannt. Er machte 1988 mit seinem Hirtenbrief *Clamor por la tierra* (Schrei nach Land) von sich reden. Darin prangerte er die ungerechte Landverteilung als Hauptursache für die sozialen Probleme des Landes an. Penados Forderung nach einem Schutz von Bauernorganisationen und einer Landreform brachte ihm heftige Kritik seitens der Oligarchie und diverse Morddrohungen ein. Die soziale Überzeugung der katholischen Kirche Guatemalas zeigte sich auch in den 1990er-Jahren: Das Büro des Erzbischofs diente in dieser Zeit als wichtige Anlaufstelle für Menschenrechtler. Auch die katholische Bischofskonferenz war ein wichtiger Motor der Friedensverhandlungen und setzte sich für die Rückkehr der Flüchtlinge ein. Im selben Zeitraum akzeptierte die Kirche verstärkt die religiösen Praktiken der Maya, die jahrhundertelang als heidnisch und blasphemisch abgetan worden waren.

Der katholische Klerus in Guatemala wird zahlenmäßig von Ausländern dominiert, aber immer mehr Indígenas nehmen heutzutage an den Priesterseminaren teil. Viele von ihnen verstehen ihren eigenen Glauben als komplementär zur katholischen Religion.

Selbst nach dem Friedensschluss im Jahr 1996 konnte der Einsatz für die Menschenrechte in Guatemala tödliche Folgen haben. Diesmal traf es mit dem bereits erwähnten Weihbischof Juan Gerardi einen hohen katholischen Würdenträger. Der 75-Jährige wurde am 26. April 1998 in seiner Wohnung brutal ermordet. Zwei Tage zuvor hatte Gerardi den Bericht *Guatemala: Nie wieder!* in der Kathedrale von Guatemala-Stadt öffentlich vorgestellt. In dem über 1000-seitigen Dokument im Rahmen des Projekts zur „Wiedererlangung des historischen Gedächtnisses" (REMHI) sind Zeugenaussagen zu mehr als 55 000 Bürgerkriegsverbrechen gesammelt. Sie werden in ihrer Mehrheit den Streitkräften zur Last gelegt. Obwohl viele Indizien dafür sprechen, dass die Täter aus Militärkreisen stammen, konnten die Drahtzieher des Verbrechens bislang nicht ermittelt werden. Im März wurden drei Militärs und der Priester Mario Orantes zu je 20 Jahren Freiheitsstrafe ohne Bewährung verurteilt. Damit gelten die drei Militärs, die ursprünglich als Mittäter angeklagt waren, nun nur noch als Komplizen.

Evangelische Religionsgemeinschaften

Rhythmisches Klatschen, das von einer dröhnenden Stimme unterbrochen wird; Gesänge, die sich hypnotisch wiederholen, und Menschen, die wie entrückt den Worten ihres Predigers lauschen – das ist das typische Abendprogramm einer evangelischen Kirche im Hochland von Guatemala. Mehr als ein Drittel der Bevölkerung singt, betet und frohlockt inzwischen in einer evangelischen Religionsgemeinschaft – in keinem anderen Land Lateinamerikas haben Presbyterianer, Nazarener, Pfingstkirchler, Methodisten und Lutheraner mehr Anhänger als in Guatemala.

In einigen Regionen, z. B. am Atitlán-See, streitet ein gutes Dutzend protestantischer Kirchen pro Dorf lautstark um die Gunst der Gläubigen. Aber auch in der betuchten Mittel- und Oberschicht finden sie reichlich Zuspruch.

Bis in die 1950er-Jahre des 20. Jhs. traten evangelische Religionsgemeinschaften aus den USA in Guatemala kaum in Erscheinung. Erst mit der Schwächung der katholischen Kirche, verursacht durch die politische Verfolgung ihrer Priester und Anhänger, bekam die Bewegung Aufschwung. Zwei weitere Ereignisse führten zu einem Anschwellen der protestantischen Anhängerschar: Zum einen das schwere Erdbeben von 1976, in dessen Folge eine große Anzahl evangelischer Pfarrer in das Land kam. Sie koordinierten die millionenschweren Hilfsmaßnahmen und koppelten dies mit missionarischer Tätigkeit. Auf diese Art und Weise entstand bei vielen Indígenas der Eindruck, dass der Protestantismus zu einem besseren Leben führe. Die einfache Landbevölkerung fand immer mehr Gefallen an den lebhaften Messen der wie Pilze aus dem Boden schießenden Kirchen.

Einen weiteren Schub erhielt die Bewegung durch den Putsch von Ríos Montt im Jahr 1982.

Der General, in dessen Regierungszeit unzählige Menschenrechtsverletzungen begangen wurden, ist Mitglied der evangelikalen Sekte El Verbo. Der charismatische Führer konnte nach seiner nur knapp anderthalbjährigen Amtszeit einen deutlichen Zuwachs der protestantischen Anhängerschar beobachten. Diesmal fühlte sich auch die Mittel- und Oberklasse der Hauptstadt angesprochen, die stark von der nordamerikanischen Konsumwelt beeinflusst war, sodass Experten für diese Form der Glaubensorientierung den Begriff „Theonomie" prägten: D. h. der eigene Erfolg, Gesundheit und Geld werden als gottgewollt angesehen und diejenigen, die nach eigener Anschauung schwach oder faul sind, verachtet.

Welchen Stellenwert die Religion in der Politik einnimmt, zeigte sich besonders deutlich bei den Präsidentschaftswahlen des Jahres 1990: Erneut lag Ríos Montt in allen Umfragen deutlich vorn. Seine Kampagne basierte auf angeblichen „protestantischen Werten" wie Ordnung, Sicherheit und Disziplin. Es gelang ihm tatsächlich, mit dieser Wahltaktik auch Menschen in Regionen, die wenige Jahre zuvor Opfer seiner Politik der verbrannten Erde geworden waren, zu überzeugen. Der oberste Gerichtshof verhinderte aber schließlich Montts Kandidatur – da sie verfassungswidrig sei – und ebnete so dem späteren Präsidenten Jorge Serrano Elías den Weg zur Macht. Er war unter allen übrig gebliebenen Kandidaten der einzige Protestant.

So groß die Anzahl evangelischer Sekten ist, so verschieden ist ihre Ausprägung. Die evangelikale Szene unterscheidet sich so stark nach Klasse, Ethnie, Geografie und politischer Meinung, dass Sachkundige statt evangelikal den Begriff „nicht römisch-katholisch" als Definition der Religionszugehörigkeit bevorzugen. Trotz der Popularität der protestantischen Religionsgemeinschaften in den vergangenen Jahren haben Beobachter eine Trendwende ausgemacht. Ihrer Meinung nach könnte der Protestantismus seinen Zenit in Guatemala bereits überschritten haben.

Da sich für viele Anhänger besonders unter der indianischen Landbevölkerung Versprechungen auf bessere Ernten und Reichtum nicht erfüllt haben, wendet sich mancher von ihnen der in Mode gekommenen traditionellen Maya-Religion (s. S. 143) zu. Zudem missfällt vielen die Atmosphäre des Misstrauens, der Spannung und der Zwietracht, die konkurrierende Religionen in einigen Dörfern erzeugt haben. Andere wechseln die Kirchen im Monatsrhythmus und wählen die Messen weniger nach inhaltlichen Kriterien als vielmehr nach deren Unterhaltungswert aus.

Die Hochkultur der Maya

Schon weit über 1500 Jahre vor der Ankunft der spanischen Eroberer in Mittelamerika entwickelte sich dort die einzigartige Hochkultur der Maya. Ihre Erschaffer waren nicht nur in der Lage, monumentale Bauwerke und großartige Kunstwerke hervorzubringen, sondern verblüffen die Experten bis heute auch mit hoch entwickelten wissenschaftlichen Standards in den Bereichen Astronomie und Mathematik. Sie erfanden die Null und schufen ein kompliziertes Kalendersystem, das an Präzision kaum zu überbieten ist. Ihre Geschichte hinterließen die Maya der Nachwelt in Form eines komplexen, in Stein gemeißelten Schriftsystems. Bei dem Versuch, die Maya von heute zu verstehen, ist ein Blick auf die Kultur ihrer Vorfahren unerlässlich (zur Geschichte der Maya s. S. 105).

Ballspiel

Das Ballspiel der Maya ist bis heute voller Rätsel geblieben. Obwohl Archäologen Hunderte von Ballspielplätzen entdeckt und Spieldarstellungen auf bemalter Keramik gefunden haben, wissen wir immer noch wenig über den genauen Verlauf des Spiels. So wie die Größe der Plätze variierten scheinbar auch Regeln und Spielweise von Region zu Region. Das Ballspiel diente weniger sportlichen Zwecken, sondern war vielmehr ritueller Natur. Es symbolisierte den ewigen Kampf des Lebens gegen den Tod sowie des Lichts gegen die Dunkelheit. Der schwere Kautschukball stellte dabei den Lauf der Sonne dar. Er durfte nach heutigen Erkenntnissen den Boden nicht berühren und musste von den mit Leder- oder

Holzschutz gepanzerten Spielern mit dem Knie, der Schulter, dem Ellbogen oder der Hüfte in der Luft gehalten werden. Zudem befanden sich auf dem seitlich von Mauern begrenzten Spielfeld Steine oder Ringe zur Treffermarkierung.

Bei besonderen Anlässen, z. B. nach einem erfolgreichen Kriegszug, wurde um Menschenleben gespielt. Eine Theorie besagt, dass die Führer der Besiegten durch ein gewonnenes Ballspiel vorübergehend ihre Freiheit wiedererlangen konnten. Verloren sie dagegen, wurden sie sofort getötet.

Das **Popol Vuh**, das heilige Buch der Quiché-Maya, berichtet von den mystischen Hintergründen des Ballspiels: Erzählt wird von den Zwillingsbrüdern Huhnapú und Ixbalanque, zwei listigen Ballspielern, die nach vielen bestandenen Proben die bösen Mächte der Finsternis besiegen.

Gesellschaft

Während steinerne Monumente Zeugnis von der Größe und der Macht der herrschenden Eliten ablegen, ist vom Leben des einfachen Mannes vor der spanischen Eroberung wenig bekannt. Deswegen haben Archäologen begonnen, auch kleinere Wohnkomplexe abseits der großen Zentren zu untersuchen. Diese bestanden meist aus einfachen Lehm-/Holzkonstruktionen mit Palmdächern, von denen heute so gut wie nichts übriggeblieben ist. An solchen Stellen fand man Überreste von Haushaltsutensilien, Keramik, Werkzeug, landwirtschaftlichem Arbeitsgerät und Knochen.

Die unterste Hierarchie der Maya war in Familienverbänden organisiert. Diese lebten überwiegend von der Landwirtschaft, sie jagten aber auch und sammelten Früchte und Nüsse. Der Großteil des Landes befand sich in gemeinschaftlichem Besitz und wurde von kleineren Gruppen gemeinsam bestellt. Teile der so erzeugten Nahrung wurden an die Oberschicht als eine Art Steuer abgegeben. Gelegentlich spezialisierten sich Familien auf die Herstellung von Kunsthandwerk oder auf Handel.

Ihre Toten bestatteten sie im Allgemeinen unter ihren Häusern. Die einfachen Bauern dienten darüber hinaus als Arbeitskräfte: Sie errichteten und unterhielten größere Tempelanlagen.

Popol Vuh auf Deutsch

Die heilige Schrift der Quiché-Maya ist als deutsche Übersetzung in Diederichs Gelber Reihe (Band 18), bei Traveldiary.de und zuletzt 2010 in der 3. Auflage bei docupoint erschienen.

Mit der Entwicklung immer gewaltigerer Stadtanlagen wuchs auch die Zahl der Handwerker, Bürokraten, Architekten, Händler und Krieger. Diese formten eine solide Mittelschicht, die in geringer Entfernung des Stadtzentrums angesiedelt war. Die Reicheren von ihnen besaßen Steinhäuser und hatten direkten Kontakt zur Oberschicht.

An der Spitze der gesellschaftlichen Pyramide befand sich während der klassischen Phase ein König oder Fürst. Dieser leitete seinen Regierungsanspruch aus der Zugehörigkeit zur herrschenden Dynastie ab. Die Macht wurde kontrolliert, indem der Thron vom Vater an den Sohn vererbt wurde. Im Umfeld des Königs, der auch gleichzeitig die Position des höchsten Priesters innehatte, befand sich die adlige Familie. Sie wohnte in palastartigen Steingebäuden mit allen Annehmlichkeiten im Stadtzentrum, in der Nähe der Zeremonialplätze. Als Gegenleistung für die erbrachten Tributleistungen seiner Untertanen kümmerte sich der Herrscher um deren Wohlergehen: Nur er und die Priesterkaste waren in der Lage, mit den Göttern in Kontakt zu treten und über Blutrituale die optimale Zeit für Aussaat, Ernte oder Kriege vorherzusagen.

Götter

Obwohl Sprachforscher bis heute einen Großteil aller Hieroglyphen auf Codices, Keramiken, Stelen oder Tempelanlagen entziffern konnten, ist es ihnen nicht gelungen, einen umfassenden Überblick über die komplizierte Götterwelt der Maya zu geben. Ein wissenschaftlicher Vergleich der drei Original-Codices (s. S. 162, Schriftdokumente) brachte dennoch ein interessantes Ergebnis: Die Darstellung von Göttern variiert in allen drei

Schriftstücken kaum. Somit scheint das Pantheon der Maya im gesamten Herrschaftsgebiet überwiegend einheitlich gewesen zu sein.

Schwierigkeiten bei der Interpretation der einzelnen Gottheiten bereitet die Tatsache, dass sie unterschiedliche Ausprägungen und Charakteristika besitzen. Sie können sowohl alt als auch jung, männlich oder auch weiblich sein; ein Gott kann sogar mehrfach in Erscheinung treten, so verkörpert z. B. ein Gott alle vier Himmelsrichtungen. Experten benutzen zur Identifikation der Götter Buchstaben. Nur in einigen Fällen haben die Wissenschaftler ihnen konkrete Namen zugeordnet. Nachfolgend ein kleiner Überblick:

Gott B: Chac, der Regengott

Seine lange, rüsselartige Nase macht ihn unverwechselbar im Maya-Pantheon. Häufig ist er mit einem Beil in der Hand zu sehen, das Donner und Hagel symbolisiert, denn Chac ist der Gott des Wassers und der Landwirtschaft. Er ist die am häufigsten dargestellte Gottheit der drei Maya-Codices und symbolisiert im Codex Dresdensis die vier Himmelsrichtungen mit unterschiedlichen Farben (Norden = weiß, Süden = gelb, Osten = rot, Westen = schwarz).

Gott D: Itzamná, der Schöpfergott

Sein Name, der so viel wie „Eidechsenhaus" bedeutet, beruht auf der Vorstellung der Maya, dass die Erde (= Haus) auf dem Rücken einer Echse ruht. Itzamná ist an seiner krummen Nase und dem zahnlosen Mund zu erkennen. Itzamná ist der Herr des Himmels und außerdem der Gott der Schreiber.

Gott E: Yum Kaax, der Maisgott

Der immer jung und lebendig dargestellte Gott trägt als herausragendes Merkmal einen Kopfputz in Form eines von Blättern umgebenen Maiskolbens. In einigen Darstellungen ist er nur als Maispflanze zu sehen.

Gott A: Ah Puch, der Todesgott

Seine Zuordnung ist eindeutig: Auf seinem Namensglyph ist ein Totenschädel zu erkennen, seine Gestalt besteht nur aus einem Skelett.

Göttin I: Ixchel, die Mondgöttin

Die wandelbare Dame mit den langen, schwarzen Haaren und der großen Brust soll angeblich die Frau von Itzamná gewesen sein. Sie kann in zahlreichen Ausprägungen auftreten: Einmal heilt die junge Mondgöttin Krankheiten, ein anderes Mal ist sie auch Göttin der Webkunst, des Handwerks und der Liebe.

Gott N: Pauahtuns, die Weltenträger

Die Männer mit den runzeligen Gesichtern hatten die Aufgabe, die vier Ecken der Welt zu halten. Ihre mit Muschelbrustschmuck behangenen Körper scheinen oftmals aus einer Riesenmuschel oder einem Schildkrötenpanzer hervor.

Yum Kaax

Ixchel

Kalendersystem

Ihre gute Kenntnis der Arithmetik und Astronomie versetzte die Maya in die Lage, ein Kalendersystem zu entwickeln, das an Genauigkeit seinesgleichen sucht. Besessen davon, die Zeit zu dominieren und den lebendigen Kosmos zu verstehen, schufen sie ein komplexes System der Zeitmessung. Doch das Wissen besaß nur eine kleine Oberschicht, die deswegen Macht und Autorität genoss. Der Zeitpunkt für Ernte, Krieg oder das Errichten von Stelen wurde anhand der Kalenderberechnungen festgelegt – nach dem Motto: Wer die Zeit kontrolliert, beherrscht seine Mitmenschen. Gottheiten symbolisierten die einzelnen Zahlen. Mythologie, Religion und Weltbild der Maya ergeben ein Geflecht, das zusammen mit praktischen Fragen – z. B. die Landwirtschaft betreffend – untrennbar mit drei Kalendern verwoben ist.

Im Gegensatz zu unserem Dezimalsystem beruht die Zählweise der Maya auf der Zahl 20 und ihren Vielfachen. Während wir in Dekaden und Jahrhunderten rechnen, taten die Maya dies in 20-Jahres-Zyklen, die sie *katun* nannten, und in 400-Jahres-Zyklen (20 x 20), die sie *baktun* nannten. Die nächst höheren Einheiten hießen *pictun* (8000 Jahre), *calabactun* (160 000 Jahre) und *kinchiltun* (3,2 Mio. Jahre). Die Grundeinheit – ein Tag – wurde *kin,* ein 20-tägiger Monat *uinal* genannt.

Der Ursprung dieses Vigesimalsystems wird in den zehn Fingern und zehn Zehen des menschlichen Körpers gesehen. Die Zahlen wurden dabei mit einer einfachen Strich-Punkt-Anordnung und einem Symbol für die Zahl Null ausgedrückt. Ein Punkt hat den Stellenwert eins, ein Querbalken stand für die Fünf und eine geschlossene Muschel für die Null. Auf diese einfache Art und Weise konnten die Ziffern 0 bis 19 mit drei Zeichen ausgedrückt werden.

Drei in sich verzahnte Kalendersysteme maßen die Zeit: Der Sonnenkalender Haab, der Ritualkalender Tzolkin, und die sogenannte Lange Zählung.

Der Tzolkin

Die wichtigste der drei Zeitmesseinheiten wird auch Ritualkalender oder heiliger Kalender genannt. Er ist eine wichtige Verbindung zwischen spiritueller und materieller Welt und repräsentiert in seiner Länge die Zeit einer menschlichen Schwangerschaft. Mit seiner Hilfe kann der Zeitpunkt für religiöse Zeremonien und Rituale, wie auch für Aussaat und Ernte bestimmt werden. Auch für Prophezeiungen wurde der Tzolkin herangezogen. Er basiert auf einer Einteilung in 13 Monate mit je 20 Tagen (= 260 Tage). Jedem der 20 Tage ist dabei eine Gottheit oder ein Tier mit eigenem Symbol zugeordnet, das alle an diesem Tag Geborenen stark beeinflusst. Ein Tag setzt sich also aus der Tageszahl und dem zugehörigen Zeichen zusammen. Der Tzolkin beginnt am ersten Tag des ersten Monats mit der Zahl 1 und dem Zeichen *imix.* Es folgen 2 *ik,* 3 *akbal* etc. Nach der Zahl 13, also am 13. Tag, springt der Zyklus wieder auf 1. Da die Anzahl der Symbole größer ist als 13, entspricht das Zeichen für die Zahl 1 nun *ix,* für die Zahl 2 *men* etc. Somit wiederholt sich das Anfangsdatum 1 *imix* erst nach 260 Tagen.

Die Hieroglyphen der 20 Tageszeichen sind im Bericht aus Yucatán (Relación de las cosas de Yucatán) von **Bischof Diego de Landa** aus dem Jahr 1566 überliefert. Der Tzolkin ist auch heute noch bei den Indígenas in Guatemala gebräuchlich. An seinem Anfangstag finden im ganzen Hochland Opferzeremonien und Rituale statt, das bekannteste in Momostenango.

> **Maya aktuell**
>
> Einen aktuellen Überblick über die Maya bekommt man im Buch *Maya. Gottkönige im Regenwald* des bekannten Maya-Forschers Nikolai Grube.

Der Haab

Der Sonnenkalender ähnelt unserem Kalendersystem und besteht aus 18 Monaten mit je 20 Tagen. Der letzte Monat – der *uayeb* – hat nur fünf Tage, die allesamt als Unglückstage galten. Da die Maya nur ganze Tage zählten, die endlos aufeinander folgten, machten sie keine Anpassungen an die 365,25 Tage des Sonnenumlaufs. Alle 18 Monate besaßen eigene Namen, die mit der jeweiligen Tageszahl gekoppelt waren. So

Das Jahr 2000 in der Langen Zählung

Der erste Januar des Jahres 2000 liest sich anhand der langen Zählung (12.19.6.15.0) folgendermaßen:

12 Baktun	= 12 x 144 000 Tage	= 1 728 000 Tage
19 Katun	= 19 x 7200 Tage	= 136 800 Tage
6 Tun	= 6 x 360 Tage	= 2160 Tage
15 Uinal	= 15 x 20 Tage	= 300 Tage
0 Kin	= 0 x 1 Tag	= 0 Tage
Total:		
(11.8. 3114 v. Chr. bis 1.1.2000)		= 1 867 260 Tage

hieß beispielsweise der achte Tag des dritten Monats 8 *zip*.

Die Kalenderrunde

Um die Identität der Tage im Ablauf der Zeit unverwechselbar zu machen, verbanden die Maya Tzolkin und Haab. In der Kombination beider Kalendersysteme dauerte es 52 Jahre, bis sich ein Datum wiederholte. Dieser bedeutsame Zeitabschnitt wurde als Kalenderrunde bezeichnet.

Die Lange Zählung

Mit dieser Erfindung konnten die Maya alle Tage von einem willkürlich festgelegten Datum an fortlaufend zählen. Bei diesem, dem 11. August 3114 v. Chr. (in einigen Berechnungen auch der 13. August) handelt es sich um einen nachträglich gewählten Zeitpunkt, der den mystischen Ursprung und somit den Beginn der Maya symbolisiert. Mit der Einstellung des Zeitpunktes 13.0.0.0.0, der diesem 11. bzw. 13. August 3114 v. Chr. entspricht und auf den *4 ahau* (aus dem Tzolkin) sowie *8 cumku* (aus dem Haab) fällt, war der Grundstein für eine ewige Zeitmessung geschaffen.

Nahrungsgrundlagen

Eine der größten Leistungen der Maya war ihre hoch entwickelte Landwirtschaft. Ohne diese solide Basis zur Erzeugung von Lebensmitteln und Tauschprodukten wäre es ihnen unmöglich gewesen, eine über viele Jahrhunderte stabile Hochkultur zu schaffen. Die unterschiedlichen geografischen Regionen ihres Herrschaftsgebiets, das beinahe eine halbe Mio. km^2 umfasste, zwangen sie zur Entwicklung unterschiedlicher landwirtschaftlicher Technologien.

Besonders beeindruckend ist dabei die Urbarmachung der Regenwälder im Norden Guatemalas. In einer Region, die heutzutage bereits mit einer Bevölkerung von einigen hunderttausend Bewohnern auf dem Weg in eine ökologische Katastrophe zu schlittern scheint, ernährten die Maya Millionen von Menschen. Dabei verfügten sie weder über Zugtiere noch über das Rad (obwohl es auf zahlreichen Abbildungen zu sehen ist, offenbar jedoch nur als Spielzeug genutzt wurde).

Damals wie heute betrieben die Maya Brandrodung, pflanzten Mais und Bohnen mit dem Grabstock an und ernteten die Früchte ihrer Arbeit von Hand. In hügeligem Gebiet wurden Terrassenfelder angelegt. Darüber hinaus verfügten die klassischen Maya über ein hoch entwickeltes Kanalsystem in den Sumpfgebieten des Regenwaldes: Sie häuften den fruchtbaren Schlamm zu Hochfeldern an, die periodisch überschwemmt wurden und so bis zu drei Ernten jährlich ermöglichten. Ergänzt wurden die Ernten durch Jagd, Fischfang und das Sammeln von Nüssen und Beeren.

Politische Organisation

Das Maya-Reich unterstand nie einer zentralen Gewalt, sondern war in Dutzende Stadtstaaten zersplittert. Diese waren wiederum von zahlreichen kleineren Orten und Siedlungen umgeben. Im Laufe der Jahrhunderte passten sich die einzelnen Stadtstaaten je nach Einfluss ihrerseits in ein Machtgefüge auf überregionaler Ebene ein.

Dabei kontrollierten große Zentren wie Tikal oder Caracol ausgedehnte Gebiete mit allen darin liegenden kleineren Orten. Durch eine Mischung aus sorgfältig auf den Lauf der Gestirne abgestimmten Feldzügen, taktischen Bündnissen und geschickter Heiratspolitik versuchten die Mächtigen, noch mächtiger zu werden. Anhand der Embleme, der Stadtwappen, kann die Bündnis- und Eroberungspolitik verfolgt werden: Die Wappen tauchen regelmäßig auf verschiedensten Inschriften auf. Die Namen kleinerer Städte werden auf Stelen und anderen steinernen Monumenten so gut wie immer im Zusammenhang mit den größeren Stadtstaaten erwähnt. Dies verdeutlicht ihre Abhängigkeit von den großen Zentren.

Religiöse Rituale

In der Mythologie der klassischen Maya spielte das Konzept der Kontinuität eine wichtige Rolle. Dies spiegelt sich ganz besonders im Lebenszyklus des Mais, der großen Metapher des Maya-Lebens, mit seinem regelmäßigen Ablauf von Aussaat und Ernte (Tod und Wiedergeburt). Zwischen Menschen und Göttern besteht eine gegenseitige Abhängigkeit, ebenso wie zwischen Mais und Menschen. Wie der Mais den Menschen zu seiner Verbreitung benötigt, so brauchen die Menschen das Wohlwollen der Götter zum Leben. Um sie gnädig zu stimmen, bedurfte es der Blutopfer. Diese bestanden aus dem Kostbarsten, was ein Mensch zu geben vermag – Blut. Dabei handelte es sich seltener um das Blut von Gefangenen, als vielmehr um königliches Blut. Dazu zapfte sich der Herrscher den roten Saft aus Zunge oder Penis ab, um mit der Geisterwelt Kontakt aufzunehmen. Das Blutopfer ermöglichte die Kommunikation mit Verstorbenen und Göttern.

An den Grundelementen der Maya-Rituale hat sich bis heute wenig geändert. Im Rahmen des Tzolkin, des rituellen 260-Tage-Kalenders, werden noch immer Opfer gebracht und alte Gottheiten um Fruchtbarkeit und gute Ernten gebeten. Wenn sich die Menschen dabei auch nicht selber zur Ader lassen, so fließt doch reichlich Hahnenblut, welches dann im Feuer verbrannt wird.

Schrift

Lange Zeit bissen sich die Forscher die Zähne an den Hieroglyphen der Maya aus. Noch 1950 schrieb der anerkannte Maya-Forscher J. Eric Thompson, er sei sicher, dass es sich bei den Inschriften auf den Stelen um eine religiös-fanatische Verehrung der Zeit handle. Im Vergleich zur immensen Ausdehnung der zeitlichen Dimension seien menschliche Details wie Heirat oder Krieg völlig unbedeutend.

Thompson irrte. Schon zwei Jahre später fand der russische Forscher Yuri Knorozov heraus, dass es sich bei den Zeichen um eine Wort-Silbenschrift handelte. Seine Theorie wurde erst Jahrzehnte später anerkannt; selbst **Tatiana Proskouriakoff**, eine russisch-amerikanische Maya-Expertin, glaubte zunächst nicht an Knorozovs Entschlüsselungstheorie. Ohne die Schriftzeichen lesen zu können, hatte sie 1960 an den Stelen von Piedras Negras durch vergleichende Datenanalyse den Beweis erbracht, dass es sich bei den Inschriften um die Daten der dort lebenden Herrscher handelte. Mit ihrer Entdeckung wurden aus den Maya Menschen aus Fleisch und Blut.

Inzwischen hat die Epigrafie enorme Fortschritte gemacht. Einen Großteil aller Maya-Texte können die Wissenschaftler mittlerweile entschlüsseln, d. h. sie verstehen ihre Bedeutung, obwohl sie die Zeichen nicht immer lesen können.

Maya-Glyphen – enträtselt

Spannend schildert Autor Michael D. Coe die lange Suche nach der Decodierung der Maya-Zeichen in seinem Werk *Das Geheimnis der Maya-Schrift. Ein Code wird entschlüsselt* (s. Bücher S. 495).

Land und Leute

Das gesamte Schriftsystem besteht aus einzelnen Silbenzeichen, Wortzeichen (Logogrammen) oder einer Kombination aus beiden. Insgesamt haben Experten bis heute rund 800 verschiedene Zeichen identifiziert, von denen aber nur rund 200 bis 300 im ständigen Gebrauch waren. Bei den übrigen handelt es sich zum Teil um archaische Herrschernamen, die nur einmalig benutzt wurden.

Die Schriftzeichen, auch Glyphen genannt, wurden von den Maya in quadratischen Feldern angeordnet. Ein Feld kann dabei mehrere Wörter oder Silben enthalten. Um Platz zu sparen, bestehen die Texte oftmals nicht aus ausformulierten Sätzen, sondern aus einer Aneinanderreihung wichtiger Stichworte. Die Lesart erfolgt zunächst paarweise von links nach rechts und dann senkrecht. Auf Stelen beginnen die Texte in aller Regel mit einem Einführungsglyph, auf den die Datumsangabe und der eigentliche Text folgen.

Auf vielen Darstellungen sind Emblem- bzw. Wappenglyphen zu sehen, die Aufschluss geben über die Zugehörigkeit des jeweiligen Herrschers zu einer bestimmten Dynastie. Inschriften findet man nicht nur auf Stelen oder in Codices, sondern auch auf Altären, Treppen, Holzbalken, Jade, Knochen, Muschelschalen oder Obsidian. Der Textinhalt bezieht sich fast ausschließlich auf geschichtliche Ereignisse, die die herrschende Elite betreffen, wie Geburt, Taufe, Tod, Ehe, Inthronisation, Krieg o. Ä. Obgleich das Schriftsystem der Maya seinen Herrschern überwiegend zur Selbstdarstellung diente, bleibt die Tatsache, dass es sich hierbei um die am höchsten entwickelte Schriftkultur ganz Amerikas handelt.

Schriftdokumente

Zum Zeitpunkt der spanischen Eroberung besaßen die Tiefland-Maya eine Vielzahl von Schriftdokumenten. So gut wie alle fielen im Jahr 1562 der Zerstörungswut des religiösen Eiferers **Bischof Diego de Landa** zum Opfer, der Unmengen von wertvollen Bildern und die wertvollen Manuskripte verbrennen ließ. Paradoxerweise war es aber wiederum Landa, der Jahre später in seinem Bericht aus Yucatan unter anderem detaillierte Aufzeichnungen über das Maya-Alphabet machte, die als der Grundstein für die spätere Entschlüsselung der Hieroglyphen angesehen werden. Nur drei, Codices genannte Kopien älterer Originaltexte blieben von Landa verschont und der Nachwelt bis heute erhalten.

Es handelt sich bei ihnen um den **Codex Dresdensis** (Sächsische Landesbibliothek, Dresden), den **Codex Peresianus** (Bibliotèque Nationale, Paris) und den **Codex Tro-Cortesianus** (Museo de América, Madrid). Sie wurden aus den Fasern der Rinde des Amatebaumes – einer Feigenart – hergestellt. Darüber zog man eine dünne Kalkschicht. Die rund 20 cm hohen und mehrere Meter langen Streifen, die man faltete, wurden beidseitig z. T. mehrfarbig bemalt und beschrieben. Der Inhalt der drei Codices beschäftigt sich mit religiösen und astronomischen Fragen und enthält u. a. Listen von Glücks- und Unglückstagen oder Tabellen zur Kalenderberechnung. Für die Archäologen und Sprachforscher hilfreich sind auch die mit Texten versehenen Wandmalereien oder Keramiken.

Alle weiteren überlieferten Texte stammen aus der Kolonialzeit. Sie wurden in spanischer oder lateinischer Sprache abgefasst und sind für ein Verständnis der vorspanischen Maya-Welt nur bedingt tauglich.

Weltbild

Für die klassischen Maya bestand die Welt aus drei Elementen: dem Himmel mit seinen 13 Ebenen, der Unterwelt *(xibalba)* mit ihren neun Ebenen und der Erde dazwischen, eine quadratische Fläche, die sich an den vier Himmelsrichtungen orientierte. Sie schwamm auf dem Urmeer und wird in Abbildungen oftmals durch den Rücken eines Kaimans oder einer Schildkröte dargestellt. Die zentrale Weltenachse, die durch die Ceiba, den heiligen Baum der Maya, symbolisiert wird, verband alle drei Ebenen. Das Leben der Erde drehte sich um den Lauf der Sonne auf ihrem täglichen Weg von Ost nach West. Jeder Himmelsrichtung war ein eigener Baum, ein Vogel, eine Farbe oder ein Gott mit speziellen Ritualen zugeordnet. In der Vorstellung der Maya gehört dem Osten der Platz ganz oben auf allen Karten – nicht dem Norden.

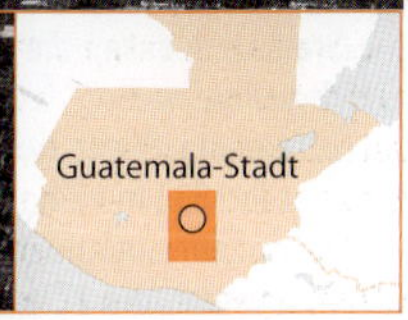

Guatemala-Stadt

Stefan Loose Traveltipps

Parque Minerva Die überdimensionale Reliefkarte bieten einen beeindruckenden Überblick über die Topografie des Landes. S. 169

Zone 1 Im historischen Zentrum der Stadt stehen die sehenswerten kolonialen Bauwerke und Kirchen. S. 169

Museo Nacional de Arqueología y Etnología, Museo Ixchel und Museo Popol Vuh
Drei hervorragende Museen, die tief in die einzigartige Kultur der Maya eintauchen. S. 174

1 **Vulkan Pacaya** Das Panorama von diesem Berg, einem der aktivsten Vulkane Mittelamerikas, ist grandios. S. 192

Mixco Viejo Die selten besuchte Ruinenstätte der Pokomam-Indianer liegt in himmlischer Ruhe in gebirgiger Umgebung. S. 196

Gewiss, La Capital – wie die Einheimischen sie nennen – ist nicht schön, obwohl rund 3 Mio. Guatemalteken (inkl. Einzugsgebiet) sie mehr oder weniger freiwillig zu ihrem Wohnsitz erkoren haben. Die Verkehrsadern im Zentrum sind täglich verstopft, die Lungen der Stadt sind durch Abgase von Bussen und Fabriken verrußt, und ihr zentrales Nervensystem ist durch übereifrige Bürokraten, skrupellose Kriminelle, ineffiziente Polizisten sowie korrupte Politiker gelähmt. Gleich vielen Hauptstädten der Dritten Welt kämpft auch Guatemala-Stadt täglich ums Überleben, ringt um Platz, Luft und sauberes Wasser. Und dennoch strömen jedes Jahr wieder Tausende landlose Bauern mit ihren Familien in der Hoffnung auf ein besseres Leben in die Stadt und lassen die Elendsviertel der Stadt anschwellen.

Guatemala-Stadt liegt in einem schönen Hochtal in 1502 m Höhe und besitzt das ganze Jahr über ein angenehmes Klima. Ihre spanischen Erbauer, die 1776 das Hochtal La Ermita als neue Hauptstadt nach der Zerstörung Antiguas auswählten, hätten sich wohl kaum träumen lassen, dass eines Tages Millionen Menschen und Zehntausende Gebäude dieses durch steile Schluchten begrenzte Plateau füllen könnten. Inzwischen ist die Stadt längst über die Hügelketten im Osten und Westen hinausgewachsen. Die besten Wohnlagen befinden sich nun an den Hängen oberhalb des Tals. Wer nichts besitzt, muss mit den Flanken der *barrancos* – den steilen Schluchten – im Tal vorliebnehmen, die das Hochplateau abgrenzen. Dort leben Zehntausende von Familien in engen Bretterbuden, dicht gedrängt und oft ohne Wasser und Strom.

Adressen finden in Guatemala-Stadt

Wichtig ist die jeweilige Zone zu kennen, da sich Straßennamen und Hausnummern wiederholen. Die Adresse 6. Avenida 12-47, Zona 9, beispielsweise bezeichnet die Hausnummer 47 der 6. Avenida, zwischen der 12. und 13. Straße der Zone 9. Kleinere Nebenstraßen erhalten gelegentlich den Zusatz "A". So liegt z. B. die 13. Calle A der Zone 1 zwischen der 13. und 14. Calle des Zentrums.

In der Regenzeit ist es gefährlich, hier zu leben, denn jedes Jahr drohen Erdrutsche, in denen man nicht nur Hab und Gut verlieren kann. Ein Großteil der Opfer, die der Hurrikan Mitch im November 1998 in Guatemala forderte, starb in den Elendsvierteln – den *barrios marginados* – der Hauptstadt. Über 2600 Familien mussten aus den Barrancos evakuiert und an den Stadtrand umgesiedelt werden.

Doch die Hauptstadt hat auch eine andere Seite: Es sind die weniger spektakulären Dinge, die Guatemala-Stadt besser als ihren Ruf machen: architektonische Kleinodien, Cafés in ruhigen Seitenstraßen, Museen und vor allem die hilfsbereiten, aufgeschlossenen Menschen.

Orientierung

Guatemala-Stadt ist in Zonen von 1–21 (nur eine Zone 20 existiert nicht) unterteilt. Das touristisch interessante Kerngebiet zieht sich wie ein länglicher Schlauch durch die Stadt und umfasst in Nord-Süd-Richtung die Zonen 2, 1, 4, 9, 10, 13 und 14 (in dieser Reihenfolge werden die Viertel im Text auch vorgestellt). Die Straßen sind schachbrettartig angelegt. Die von Ost nach West verlaufenden **Calles** werden von den **Avenidas** gekreuzt. Einzige Ausnahme sind die schräg zu diesem Straßensystem verlaufenden **Rutas** und **Vías** in der Zone 4.

Ganz im Norden der Stadt befindet sich die **Zone 2** mit der nach Osten (Karibik, Petén, Alta Verapaz, Honduras) abzweigenden Hauptraße Calle Martí. Die Zone 2 geht Richtung Süden über in die **Zone 1**, das historische Zentrum *(Centro histórico)*. Weiter südlich gelangt man zur **Zone 4**, dem Verwaltungszentrum *(Centro cívico)* und Abfahrtsort vieler Busse *(La Terminal)*. Hier beginnt die 2,5 km lange **Avenida La Reforma**, eine Prachtallee, die die Zonen 9 und 10 teilt und an deren Ende das Unabhängigkeitsdenkmal, der Obelisco steht. Hier liegen die wohlhabenderen Geschäfts- und Wohnviertel sowie die **Zona Viva**, ein Vergnügungsviertel mit Restaurants, Bars und Diskotheken. Von hier führt der östlich abzweigende Boulevard Los Próceres (18. Calle, Zona 10) nach El Salvador. Über den westlich verlaufenden Boulevard Liberación (Diagonal 12) gelangt man zum internationalen Flughafen La Aurora in der Zone 13 (s. S. 190, Transport) und

Guatemala-Stadt Übersicht

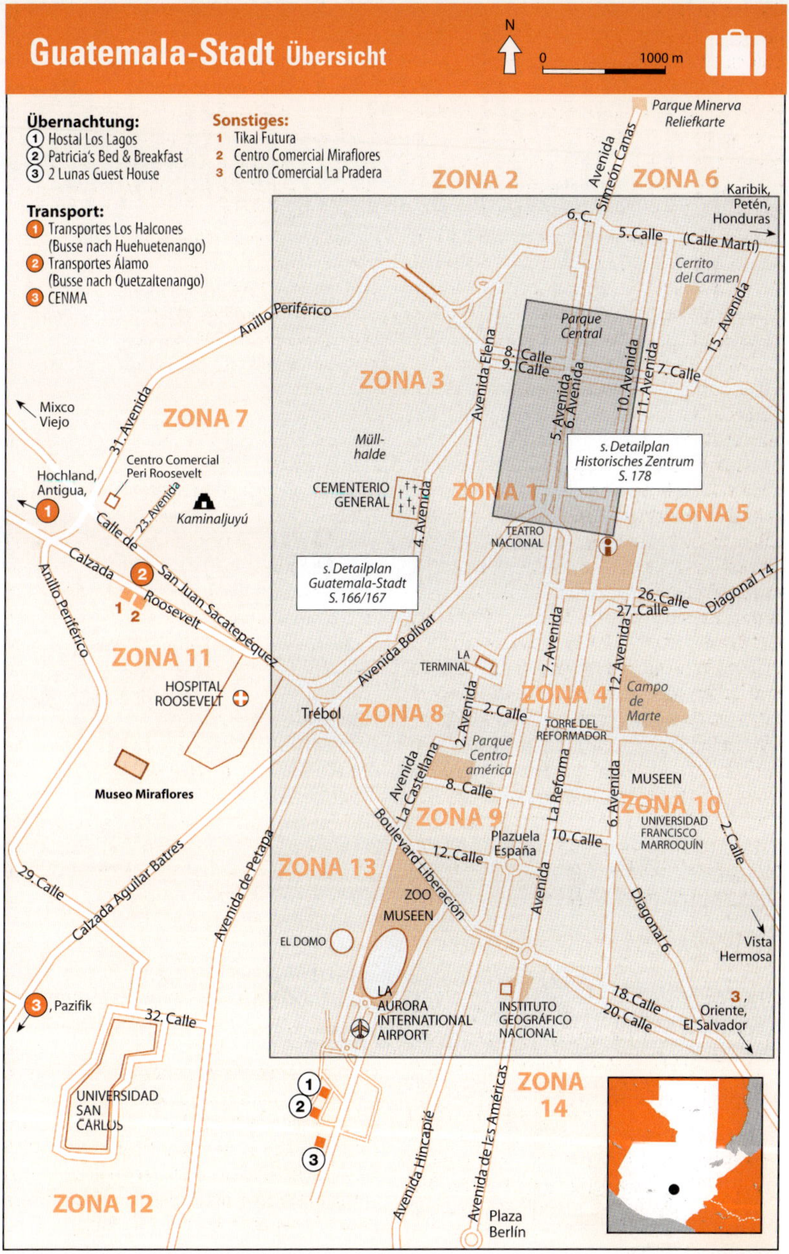

Guatemala-Stadt

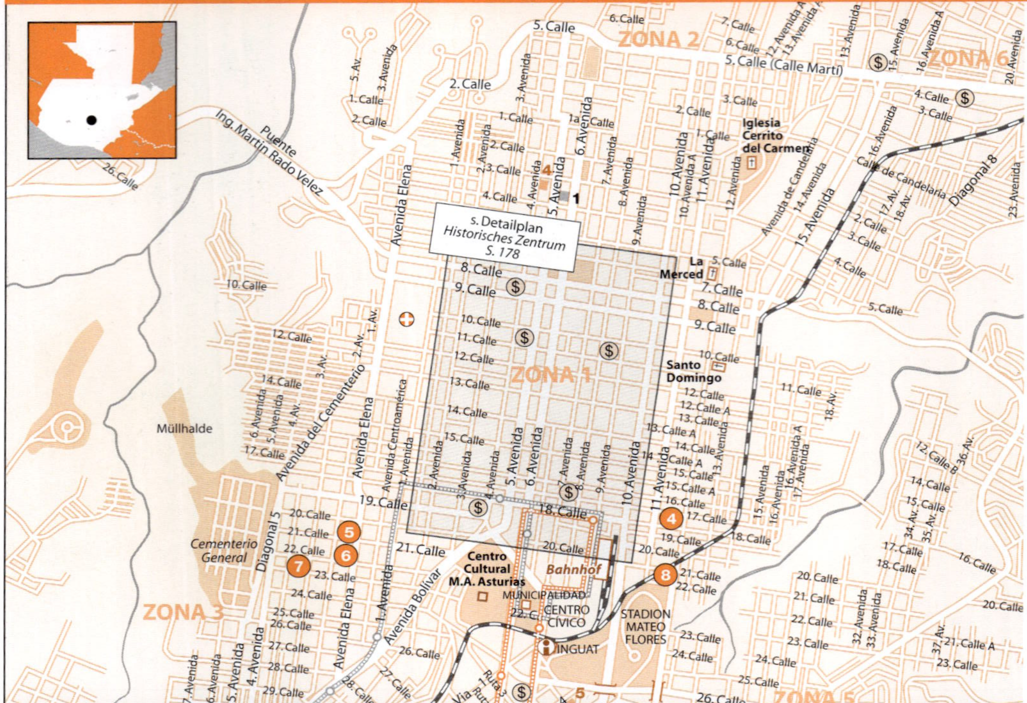

Übernachtung:

4 Hotel Plaza
5 Hotel del Istmo
6 Villa Española
7 Hotel Mayestic
8 otelito
9 Xamanek Student Inn
10 Hotel Mi Casa
11 Hotel Biltmore Express
12 Hotel Bresciani
13 Hotel Los Próceres
14 Hotel El Aeropuerto Guest House

Essen:

1 Arrin-Cuan
2 Trova Jazz
3 Pizzería Vesuvio
4 Alfredo di Roma
5 Nais Plaza
6 Café Los Alpes
7 Teppanyaki, Gauchos, Tamarindos
8 Tamarindos
9 Lai Lai
10 Los Cebollines
11 Passerelle
12 Kloster
13 Sophos, Cafebarista, Restaurante Equis
14 Cafetería Zürich
15 Di'Sacco
16 Donde Mikel
17 Ming Court
18 Kibo
19 El Establo
20 El Tamal Gourmet
21 Vegetariano El Arbol
22 Panadería Schubert
23 Teehaus Germania

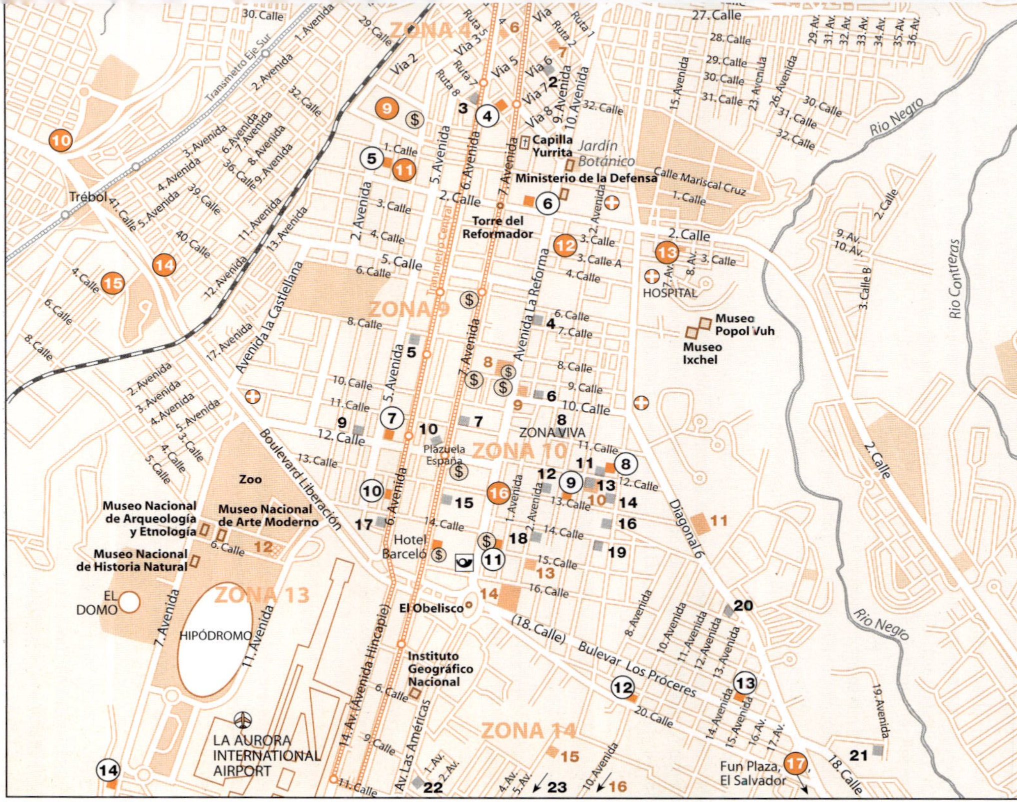

Sonstiges:

- 4 Chikach
- 5 Centro Cultural IGA
- 6 Einwanderungsbehörde (Dirección General de Migración)
- 7 Centro Cultural de España
- 8 Galerías Reforma
- 9 Deutsche Botschaft
- 10 Plaza Fontabella
- 11 Oakland Mall
- 12 Mercado de Artesanía
- 13 Ev.-Luth. Epiphanias-Gemeinde
- 14 Centro Comercial Los Próceres
- 15 Europlaza
- 16 Délica

Transport:

- 4 Busse nach Salamá, Rabinal und Cubulco
- 5 Transportes Rébuli (Busse nach Panajachel)
- 6 Busse nach San Marcos (Provinz San Marcos)
- 7 Antigua Bus Terminal
- 8 Rutas Orientales (Busse nach Esquipulas, Chiquimula)
- 9 La Terminal
- 10 Busse nach Antigua, Comalapa, Chimaltenango, Patzún
- 11 Melva Internacional und J. F. Pezzarossi (Busse nach El Salvador)
- 12 Hedman Alas (Bus n. Honduras)
- 13 Tabarini (Mietwagen)
- 14 2. Klasse-Busse (Camionetas) nach Santa Cruz del Quiché, Sololá, Quetzaltenango, Huehuetenango
- 15 Busse nach Santiago Atitlán
- 16 Pullmantur (Bus nach El Salvador)
- 17 Tica Bus, Confort Lines

Guatemala-Stadt

zum **Trébol**, einer der wichtigsten Kreuzungen der Stadt. Vom Trébol zweigt die Avenida Aguilar Batres Richtung Süden (Pazifikküste) ab. Über die westliche Ausfallstraße **Calzada Roosevelt** hingegen gelangt man in das guatemaltekische Hochland.

Geschichte

Die strategische Lage des Hochtals von Guatemala-Stadt als Handelsverbindung zwischen Pazifik, Hochland und Karibik nutzten bereits die Maya, und so entstand an der Stelle der späteren Hauptstadt um 400 v. Chr. das bedeutende Handelszentrum **Kaminaljuyú**. Nach dem Verfall der Stadt war die Region während vieler Jahrhunderte nur spärlich bewohnt.

Die Spanier hatten seit der Eroberung Guatemalas, die im Jahr 1524 begann, Probleme bei der Wahl eines Standorts für die Hauptstadt des Generalkapitanats Guatemala, und zwar nicht nur, weil die Ureinwohner Widerstand leisteten wie 1525 in Iximché, sondern auch aufgrund zweier Naturkatastrophen, einer Schlammlawine 1543 und eines Erdbebens 1773, die ihre damaligen Hauptstädte zerstörten. Im vierten Versuch wurde dann das kleine, 1620 gegründete Dorf **La Ermita** im **Valle de las Vacas** zum offiziellen Standort der Hauptstadt ausgewählt. Es lag im Gebiet der Pokomam-Indígenas und zählte ursprünglich 1600 Einwohner.

Am 23. Mai des Jahres 1776 wurde der Ort unter seinem neuen Namen **Nueva Guatemala de la Asunción** zur neuen Landeshauptstadt. Sie wuchs allerdings nur langsam und war vor allem nach der Unabhängigkeit von Spanien im Jahr 1821 Schauplatz politischer Unruhen und Epidemien. Erst mit der Machtübernahme der Liberalen unter Justo Rufino Barrios kehrte mehr Stabilität ein. Bis Ende des 19. Jhs. prägten Klassizismus und später französischer Stil das Stadtbild. Hundert Jahre nach der Gründung von 1776 war die Einwohnerzahl bereits auf 58 000 gestiegen. Aber auch die Hauptstadt blieb nicht von Naturkatastrophen verschont, schwere Beben beschädigten sie 1917 und 1918. Aufgrund der latenten Erdbebengefahr wurden nun Gebäude mit höchstens zwei Stockwerken errichtet.

In den 1930er- und 40er-Jahren kam es zu einer Phase reger Bautätigkeit, in der viele öffentliche Gebäude wie der Nationalpalast, das Polizei- und das Postgebäude errichtet wurden. Katastrophal wirkte sich das schwere Erdbeben von 1976 aus, das Hunderttausende obdachlos gewordene Menschen vom Land in die Stadt schwemmte. Guatemala-Stadt begann sich über die natürlichen geografischen Grenzen auszuweiten. In weniger als drei Jahrzehnten hat sich die Einwohnerzahl vervierfacht.

Die Gegensätze haben sich verschärft, moderne Hochhäuser und Elendsviertel liegen dicht beieinander. Um den Lebensraum der Zukunft zu schaffen, werden jetzt bereits 20 bis 30 km außerhalb der Kernzone der Stadt liegende Grundstücke – meist ehemalige Fincas – zu großen Wohnvierteln erschlossen.

Straßenkinder in Guatemala-Stadt

Rund 6000 Straßenkinder gibt es in Guatemala – Tendenz steigend. Die meisten von ihnen leben in der Hauptstadt. Ihr Schicksal ist in doppelter Hinsicht tragisch: Zum einen stammen sie aus zerrütteten Familien und kämpfen auf den Straßen der Großstadt ums Überleben. Was sie durch Diebstähle oder Überfälle erbeuten, wird dazu verwendet, das Elend für ein paar Stunden mit billigem Klebstoff oder Lösungsmitteln wegzuschnüffeln.
Zum anderen sind die Kinder den Angriffen staatlicher und privater Sicherheitskräfte so gut wie schutzlos ausgesetzt: Immer wieder kommt es vor, dass Uniformierte Kinder prügeln, Hunde auf sie hetzen, sie zwingen, Abwasser zu trinken oder Tüten mit Klebstoff zu schlucken. Die traurige Situation der obdachlosen Kinder spiegelt wider, wie sehr sich gesellschaftliche Not, Armut und Gewalt im ganzen Land verschärft haben.

Zone 2

Von tiefen Schluchten umgeben, bildet die Zone 2 das nördliche Ende des Hauptstadtkerns. Am äußersten Rand dieser von Wohnhäusern geprägten, wenig attraktiven Zone befindet sich die einzigartige **Mapa en Relieve**, 💻 www.

Catedral Metropolitana am Parque Central

mapaenrelieve.org. Diese 1800 m^2 große Freiluftkarte ist eine Meisterleistung des Ingenieurs Francisco Vela (1859–1909). Er stellte sie nach rund zweieinhalb Jahren im Jahr 1905 fertig. Sie bietet einen hervorragenden Überblick über die abwechslungsreiche guatemaltekische Topografie. Die 1999 restaurierte Karte hat einen Maßstab von 1 : 10 000, wobei die Vertikale etwas außer Proportion geraten ist, sodass die Vulkane steiler abgebildet werden, als sie in Wirklichkeit sind. Auf dem Gelände befinden sich zudem zwei Aussichtstürme, ein Stand mit Kunsthandwerk und ein kleines Besucherzentrum, ⌚ tgl. 9–17 Uhr, Q15.

Der Park, in dem sich die Reliefkarte befindet, wird **Parque Minerva** oder **Hipódromo del Norte** genannt. Hier stand ein Minervatempel, an dem sich der Diktator Estrada Cabrera (1857–1924), der Guatemala 22 Jahre regierte, jährlich von der Bevölkerung feiern ließ. Das in die Jahre gekommene Gebäude wurde 1953 gesprengt. Auch Pferderennen wurden im Park abgehalten. Die entsprechende Rennbahn ist jedoch inzwischen einem Baseball-Stadion gewichen. Der Park ist ein beliebtes Wochenend-Ausflugsziel guatemaltekischer Familien.

Zone 1 (Centro histórico)

Obwohl dies der älteste Teil der Stadt ist, stehen hier nur wenige Gebäude, die über hundert Jahre alt sind. Die Straßen in der Zone 1 sind eng, der Verkehr ist dicht und das Gedränge groß. Diese Gegend ist eine zweitklassige Büro- und Einkaufszone, das Reich der Straßenhändler, Bettler und Straßenkinder. Viele Busgesellschaften haben hier Terminals, um die sich Billighotels angesiedelt haben. Die Zone 1 ist nicht jedermanns Sache, aber obwohl sie laut, schmutzig und nicht ungefährlich ist, lässt sich hier der Puls der Großstadt am ursprünglichsten fühlen. Überdies befinden sich alle historischen Gebäude und Kirchen in dieser Zone, von denen einige – so der Plan der Stadtverwaltung – restauriert werden sollen. Eine besondere Art, das historische Zentrum kennenzulernen, ist eine Trolley Tour mit einer umgebauten historischen Straßenbahn (s. S. 185, Touren). Gute Infos und Fotos auch auf der spanischen Seite 💻 www.centrohistorico.net.

Auf dem Weg von Zone 2 in die Zone 1 überquert man zunächst die Hauptstraße Calle Martí. Sie ist der Ausläufer der Ringstraße *(anillo periférico)* und verlässt die Stadt nach Osten in Richtung Puerto Barrios, Flores und Cobán. An der 12. Avenida, Ecke 2. Calle liegt die Kapelle **Iglesia Cerrito del Carmen** auf dem gleichnamigen Hügel. In der angenehm ruhigen Atmosphäre des kleinen Parks lässt sich ein schöner Blick über die Stadt und auf die umliegenden Vulkane genießen. Die Kapelle wurde zu Ehren von Juan Corz errichtet, einem einfachen Mönch des Assisi-Ordens, der ein Bildnis der Jungfrau Maria aus Spanien nach Guatemala brachte. Der Baubeginn der Kapelle im Jahr 1620 fiel mit der baulichen Gründung der kleinen Siedlung La Ermita zusammen.

Ganz in der Nähe gelangt man in das **Candelaria-Viertel**. Hier wuchs Miguel Ángel Asturias (1899–1974) auf, der guatemaltekische Träger des Nobelpreises für Literatur (s. S. 152).

Von hier aus ist es nicht mehr weit bis zur sehenswerten **Iglesia de la Merced** an der 11. Avenida, Ecke 5. Calle. Die zum Teil mit Gold bedeckte, mosaikartige Kuppel der Kirche ist schon von Weitem zu sehen. Das neoklassizistische Bauwerk wurde 1813 fertiggestellt. Im barocken Innern der Kirche finden sich zahlreiche religiöse Kunstschätze, die zu einem beträchtlichen Teil aus Antigua stammen. Besonders sehenswert ist die Jesusfigur von Mateo de Zuñiga.

Ein Platz, um auszuruhen, Menschen zu beobachten oder einfach den Blick schweifen zu lassen, ist der **Parque Central**, das Zentrum der Stadt (5.–7. Av., 6.–8. C.). Hier, am Schauplatz von Revolutionen und Protestaktionen, Märkten und Messen, Paraden, Umzügen und Musikveranstaltungen, ist eigentlich immer etwas los. Besonders lebhaft geht es sonntags zu, wenn sich hier Scharen von indianischen Hausmädchen an ihrem freien Tag treffen, um für ein paar Stunden ihrem Alltag zu entfliehen. Der früher auch Plaza de Armas genannte Parque Central wird im Westen von der 6. Avenida begrenzt; der gegenüberliegende **Parque Centenario** gehörte ursprünglich mit zur Gesamtanlage.

Das auffälligste Gebäude ist der **Palacio Nacional de Cultura**. Das 1938–1943 unter der Regierung des Diktators Jorge Ubico errichtete Gebäude dominiert die Nordseite des Parque Central. Von hier aus werden alle Distanzen im ganzen Land berechnet. Der grüngraue Bau enthält neben 320 Zimmern, Säulengängen und Patios Kostbarkeiten wie Wandmalereien und bunte Fenster mit Szenen aus der guatemaltekischen Geschichte. Sehenswert sind außerdem die Empfangshalle mit dem 2 t schweren Kristallleuchter und der Bankettsaal mit Blick auf den Parque Central. Am 29. Dezember 1996 wurde im Nationalpalast der Friedensvertrag zwischen der Guerilla und der Regierung unterzeichnet. Eine Skulptur im Innenhof sowie eine ewige Flamme vor dem Palast gedenken der Ereignisse von damals. Der Palast wurde 1998 in ein Museum umgewandelt und wird seit 2001 vom Kulturministerium verwaltet, ✆ 22395200, 22395000, 🕓 Mo–Fr 9–17, Sa, So 9–13 Uhr, Eintritt Q40; wer möchte, kann an einer Führung auf Spanisch oder Englisch teilnehmen.

Etwas zurückgesetzt an der Westseite des Parque Centenario befindet sich die **Biblioteca Nacional** mit dem **Archivo General de Centro América**. Letzeres beherbergt über 100 000 Dokumente der postkolumbianischen Epoche. Die Unterlagen befinden sich zum Teil in einem bemitleidenswerten Zustand, und das Verwaltungssystem ist hoffnungslos veraltet. Auf der Südseite der Plaza befand sich früher noch vor dem **Portal de Comercio** – einem Arkadengang mit Geschäften – der *mercadito,* ein kleiner Markt, der für seine Auswahl an frischem Gemüse bekannt war. Das etwas verwahrloste Portal besitzt zwei Durchgänge, die zur 9. Calle führen. In der **Pasaje Rubio** wird Schmuck verkauft, während sich die **Pasaje Aycincena** mit ihren Cafés und Bars zu einem beliebten Szenetreff entwickelt hat.

An der Ostseite des Parque Central steht schließlich die **Catedral Metropolitana**. Die gewaltige Konstruktion mit zwei Glockentürmen wurde erst 1868 nach 86-jähriger Bauzeit ganz fertiggestellt. Sie enthält drei Schiffe mit länglichen Kuppeln, 16 zum Teil mit Blattgold überzogene Altäre und eine sehenswerte Basilika. Nach dem Beben von 1917 wurde die Kirche restauriert und 1937 mit einer aus Deutschland stammenden Orgel ausgestattet. Viele der wertvollen Kunstschätze stammen aus der Kathedrale von Antigua. An der Nordseite der Kirche befindet sich der **Palacio Episcopal** (Erzbischöflicher Palast), das Gebäude im Süden diente einst als Übungsraum für den Knabenchor.

Der hinter der Kathedrale, zwischen 6. und 8. Calle, gelegene **Mercado Central** (Zentralmarkt) fand in der Kolonialzeit noch unmittelbar auf der Plaza statt. Das nach dem Beben von 1976 erneuerte Gebäude bietet neben dem Verkauf von Obst und Gemüse auch eine komplette Souvenir-Etage. Zwar ist die Atmosphäre in dem einem Betonbunker ähnelnden Gebäude nicht besonders gemütlich, doch Preise und Auswahl sind durchaus akzeptabel. Wer hier guatemaltekische Küche probieren möchte, ist bei einem der vielen Comedores an der richtigen Adresse.

Südlich des Parque Central erstreckt sich bis zur 18. Calle der Kernbereich der Zone 1. Südöstlich des Parks befinden sich einige interessante Bauwerke. Zunächst passiert man an der 9. Calle 9-70 das **Museo Nacional de Historia**. Wer sich für guatemaltekische Geschichte interessiert, kann unter anderem Kleider, Porträts von Staatsmännern und Dokumente aus der Kolonialzeit sowie des 19. Jhs. begutachten. Sehenswert sind die Fotografien der Stadt von Eadweard Muybridge aus dem Jahr 1875, ✆ 22536149, ✉ museonh@starnet.net.gt, ⌚ Mo–Fr 9–17.30, Sa, So 9–12 und 13–16 Uhr, Eintritt Touristen Q50, Studenten Q5.

Zwei Blocks östlich gelangt man zur Kirche **Santo Domingo**, die nach einer langen Planungsphase Anfang des 19. Jhs. fertiggestellt wurde. Sie enthält wertvolle Kunstschätze wie die Silberkrone der beliebten Jungfrau des Rosenkranzes, in die Juwelen eingearbeitet wurden. Vor dem Eingang befindet sich ein Denkmal für den Dominikaner Bartolomé de las Casas (s. S. 359), der sich mit der friedlichen Christianisierung der Indígenas einen Namen machte. 1968 wurde die Kirche zum historischen Monument erklärt.

Aus dem Postgebäude in der Zone 1 soll ein Museum werden.

Zurück auf der 9. Avenida passiert man bei der Hausnummer 9-79 das ehemalige Gebäude der San Carlos Universität, in dem jetzt gelegentlich Kulturveranstaltungen stattfinden. Schräg gegenüber (9. Av. 9-58) befindet sich das Gebäude des **Nationalkongresses**. Nicht zu übersehen ist der Bogengang des im Kolonialstil restaurierten **Postgebäudes** (7. Av., Ecke 12. C.), das in näherer Zukunft in ein Museum umgestaltet werden soll. Den hier angesiedelten Banken machen illegale Geldwechsler Konkurrenz.

Entlang der Hauptgeschäftsstraße, der **6. Avenida**, haben die Straßenverkäufer ihre dicht gedrängten Stände aufgebaut. Menschenmassen schieben sich rechts und links an den Händlern vorbei. Der bunte Werbeschilderwald über ihnen verwirrt mehr, als dass er informiert. Niemand sitzt hier zu seinem Vergnügen, denn 10–12 Std. täglich müssen die Verkäufer Enge, Lärm und Schmutz ertragen. Reich dürfte wohl kaum einer mit dem Verkauf von Radios, Uhren oder T-Shirts werden, aber es fehlt an Alternativen. Somit ist die Anzahl der Straßenverkäufer auch immer ein Indikator für die wirtschaftliche Situation des Landes. Bemühungen der Stadtverwaltung, die Straßenverkäufer umzusiedeln, sind bisher an deren Widerstand gescheitert.

Zwischen der 13. und 14. Calle trifft man an der 6. Avenida auf das große Gelände der **Franziskanerkirche**. Die kreuzförmige Konstruktion aus dem Jahr 1851 wurde mit Zuckerrohrsirup, Kuhmilch und Eiweiß verstärkt. Dies half beim Erdbeben von 1917 allerdings wenig. Neben anderen Zerstörungen fiel auch ein großer Stützbogen von der Decke und enthüllte, dass die Priester auf dem Dachboden verbotene politische Bücher gehortet hatten.

Der früher so lebhafte, einladende **Parque Enrique Gómez Carrillo** in der 6. Avenida, zwischen 14. und 15. Calle, besser bekannt unter dem Namen **Parque Concordia**, musste mit seinem kompletten Baumbestand und seinen Imbissbuden einer Betonkonstruktion weichen. Damit begann eine neue Etappe in der unruhigen Geschichte dieses kleinen Areals. Die Stadtverwaltung plant, aus dem Park, der bereits 1825 angelegt wurde und zwischenzeitlich den Franziskanern als Friedhof diente, erneut eine Grünfläche werden zu lassen.

Wer von hier aus zur 8. Avenida 14-12, Zona 1, geht, kann die liebevoll restaurierte **Casa M.I.M.A.**, ✆ 22534020, ✉ casamima@hotmail.com, besichtigen. Es handelt sich um ein Museum, das einen Überblick über das Wohnambiente des 19. bis zur Mitte des 20. Jhs. gibt. Das ehemalige Wohnhaus wurde 1870 errichtet und 1920 vom späteren Architekten des Nationalpalasts, Don Rafael Pérez de León, umgebaut. Mit viel Liebe zum Detail hat die Stiftung Fundación Cultural La Luz Zimmer in den unterschiedlichsten Stilrichtungen eingerichtet. Eine kleine Sammlung kolonialer Bilder und Gegenstände

El Torre del Reformador

Wer auf der 7. Avenida der Hauptstadt von der Zone 9 in die Zone 4 fährt, reibt sich verwundert die Augen, erhebt sich doch über der Kreuzung mit der 2. Calle ein 75 m hohes Eisengerüst, das wie der Pariser Eiffelturm in Kleinformat aussieht. In der Tat hatten zwei frühere Staatspräsidenten eine Schwäche für französische Bauwerke. Bereits zu Beginn des 20. Jhs. ließ General Reyna Barrios die Avenida La Reforma als Kopie der französischen Champs-Élysées gestalten. Damit nicht genug: 1935 baute die United States Steel Products Company einen Mini-Eiffelturm für eine Messe in den USA. Guatemaltekische Staatsfunktionäre, die daran teilnahmen, ließen das Bauwerk im Auftrag des Diktators Ubico nach Guatemala bringen, wo es noch im selben Jahr zu Ehren des Reformators Justo Rufino Barrios eingeweiht wurde. Geld spielte keine Rolle – obwohl sich das Land in einer schweren wirtschaftlichen Krise befand, wurde das Eisengerüst für knapp US$50 000 aufgestellt.

Lange Zeit war der Turm das höchste Bauwerk des Landes, aber mit den vielen modernen Hochhäusern von heute kann er nicht mehr mithalten. Doch noch immer klettert der eine oder andere angetrunkene Student im Rahmen einer Wette bis zur Spitze und läutet die dort angebrachte Glocke als akustischen Beweis seines Wagemuts.

sowie prähispanischer Keramik runden die Ausstellung ab, ⌚ Mo–Sa 10–17 Uhr, Eintritt Q20, Studenten Q15.

Noch hektischer, lauter und chaotischer als in der übrigen Zone 1 geht es in der **18. Calle** zwischen 4. und 10. Avenida zu. Die Straße galt früher lange Zeit als Stadtgrenze. Hier verlässt man die engen Straßen des Zentrums, und das Stadtbild verändert sich. Im Gebiet um die 18. Calle haben viele Busgesellschaften einen Terminal, und Unmengen von Fastfood-Restaurants, Billighotels und Verkaufsständen prägen die Szene. Vorsicht vor Taschendieben!

An der Kreuzung zur 6. Avenida steht das leider etwas heruntergekommene Gebäude der **Tipografía Nacional**, der Staatsdruckerei. Weiter östlich auf der 18. Calle führt der Weg zum Holzgebäude des stillgelegten Hauptbahnhofs. Auf dem Platz vor dem Bahnhof fanden früher Stierkämpfe statt. Die **Estación Central**, 9. Av. 18-03, ✆ 22383929, wurde nach einem Brand wieder restauriert und beherbergt ein kleines Eisenbahnmuseum, das **Museo del Ferrocarril**. Einige der Akten, die hier beim Brand von 1995 verbrannten, hätten sicherlich Aufschluss über mögliche Korruptionsfälle bei der guatemaltekischen Eisenbahn geben können, ⌚ Mo–Fr 9–16.30, Sa, So 10–16.30 Uhr, Q2.

Zurück auf der 6. Avenida, fällt der Blick in Richtung Süden auf einen steilen Hügel mit einem futuristisch anmutenden Bauwerk, vor dem rechter Hand ein Marktgebäude liegt. Hier thront das moderne **Centro Cultural M. A. Asturias** mit dem Nationaltheater und einer Freilichtbühne. Das 1978 eingeweihte Gebäude befindet sich auf dem ehemaligen Gelände des **Cuartel San José**, von dem nur Mauerreste erhalten sind. Die Festung wurde während der Revolutionsgefechte 1944 zerstört und nicht wieder aufgebaut. Ein kleines Museum zeigt Waffen aus jener Zeit. Im Nationaltheater werden eine Vielzahl kultureller Veranstaltungen angeboten, Infos s. S. 182, Unterhaltung, oder in der Tagespresse.

Durchschnitten von der 7. Avenida, liegen gegenüber dem Kulturzentrum die Hochhäuser des Verwaltungsbereiches **Centro Cívico**. In diesem zubetonierten Stadtteil regiert die Funktionalität: Außer der Stadtverwaltung, der Banco de Guatemala, dem Justiz- und Finanzministerium befindet sich hier auch das blau-weiße Hochhaus des guatemaltekischen Tourismusinstituts INGUAT. Unterhalb des benachbarten Nationalen Instituts für Ausbildung und Produktivität INTECAP breitet sich die **Ciudad Olímpica** mit ihren verschiedenen Sportstätten aus, darunter auch das große **Fußballstadion Mateo Flores**.

Zone 3

Es gibt nur wenige Gründe, die Zone 3 zu besuchen. Zum einen befindet sich hier die größte Müllkippe *(basurero)* der Stadt, zum anderen der **Hauptfriedhof** *(cementerio general)*. Beiden Stätten ist gemeinsam, dass sie aus allen Nähten platzen. Der Friedhof ist durchaus einen Besuch wert, da hier viele berühmte Guatemalteken ihre letzte Ruhestätte gefunden haben. Ein Großteil der Bestatteten liegt neben- und übereinander in langen Mauerreihen. Die etwas Begüterten haben ihren Verblichenen dagegen kleine oder größere Mausoleen geschaffen. Auch nach dem Tod wird noch um die schönste Grabstätte gewetteifert. Weil die Gegend etwas unsicher ist, sollte man einen Bus (Abfahrt entlang der 18. Calle) oder ein Taxi nehmen.

Zone 4

Südlich des Centro Cívico beginnt die Zone 4, die einige Besonderheiten aufweist. Die Hauptachsen der Stadt – die 6. und 7. Avenida – durchziehen diese Zone. Die Straßen, die nur in diesem Bereich schräg dazu verlaufen, werden Rutas und Vías genannt. Tagsüber ist die Zone ein eher biederes Geschäfts- und Regierungsviertel mit mehrstöckigen Einkaufszentren, z. B. dem **Centro Comercial** an der 6. Avenida. Abends jedoch mutiert sie zu einem Vergnügungszentrum mit unzähligen Bars, Striptease-Lokalen und Nachtclubs. Hierzu zählt inzwischen leider auch 4 Grados Norte: Vor wenigen Jahren als vielversprechender Kultur- und Kreativtreffpukt zwischen der 7. und 9. Avenida gestartet, ist die Kultur einer immer größeren Anzahl von anrüchigen Trinklokalen gewichen. Außerdem befinden sich in der Zone 4 der einst größte Warenumschlagplatz und Busbahnhof des Landes, kurz **La Terminal** genannt. Das Gebiet umfasst den gesamten Bereich südlich der Ruta 8, westlich der 4. Avenida, nördlich der 1. Calle, Zone 9, und der Eisenbahnlinie. Im Jahr 2000 verlegte die Stadtverwaltung den gesamten Großhandel unter massiven Protesten in die Central de Mayoreo (CENMA) in der Zone 12. Doch La Terminal lebt weiter und bleibt weiterhin eine unübersichtliche und nicht ungefährliche Gegend, um die Touristen besser einen Bogen machen.

An der Ruta 6 liegt auf Höhe der Vía 8 die **Capilla Yurrita**, eine der kuriosesten Kirchen des ganzen Landes. Sie wurde von dem wohlhabenden Philantropen Felipe Yurrita Castañeda errichtet. Er bedankte sich mit dem Bau dafür, dass er den Ausbruch des Vulkans Santa María im Jahr 1902 überlebt hatte. Die kleine Kapelle weist außen wie innen die unterschiedlichsten Stilarten auf. In der Eingangstür befinden sich sehenswerte Schnitzereien von Kolonialgebäuden aus Antigua.

Zone 9

Eingeengt von den Zonen 10 und 8, bietet die Zone 9 nur wenige touristische Attraktionen. Sie wird heutzutage von Hotels, Banken, Restaurants und Geschäften dominiert, obwohl sie früher ein beliebtes Villenviertel war. Die wenigen Sehenswürdigkeiten liegen hintereinander an der 7. Avenida. Folgt man dieser aus der Zone 4 kommend Richtung Süden, ist schon von Weitem der **Torre del Reformador** an der Ecke der 2. Calle zu sehen. Die ausgefallene Stahlkonstruktion stellt die guatemaltekische Version des Eiffelturms dar (s. S. 172, Kasten).

Auf Höhe der 12. Calle trifft die 7. Avenida auf einen großen Platz mit Kreisverkehr. Mittelpunkt der **Plazuela España** ist der über zweihundert Jahre alte Brunnen. Dieser wurde 1789 zur Krönung Karls III. von Spanien eingeweiht und stand früher am Parque Central. Ein Beispiel für den wenig resprektvollen Umgang der Guatemalteken mit Kulturgütern sind die vier wunderschönen Kachelbänke an der Plazuela: Die auf ihren Fliesen dargestellten Kolonialszenen müssten dringend restauriert werden.

Zone 10

Immer noch finden sich hier die besten Adressen der Stadt, was Botschaften, Hotels, Banken oder Privatkliniken angeht. Zum Wohnen haben sich die Wohlhabenden allerdings in die ruhigere Zone 14 oder gleich an die Berghänge zurückgezogen. Die Hauptstraße der Zone 10 ist die prachtvolle **Avenida La Reforma**, der schönste Boulevard der Stadt. Die sechsspurige Allee erstreckt sich über 2,5 km von der Zone 4 bis zum Unabhängigkeitsdenkmal und bildet die Grenze zwischen den Zonen 9 und 10.

Wer sich vom Stress und der Hektik der Großstadt ein wenig erholen möchte, sollte dem an der Nordgrenze der Reforma in der Calle Mariscal Cruz 1-56 liegenden **Jardín Botánico** einen Besuch abstatten. Der Botanische Garten war bei seiner Gründung 1922 der erste seiner Art in ganz Mittelamerika und wird heute von der San Carlos Universität betrieben. Rund 1200 teils beschriftete Pflanzen und Bäume sind darin zu bewundern, ✆ 23346065, ⌚ Di–Fr 8–16, Sa 8.30–12.30 Uhr, Q10.

Auf demselben Gelände befindet sich auch das nicht besonders attraktive **Museo de Historia Natural de la USAC**, ⌚ Di–Sa 8.30–12.30 Uhr, Q10. Im weiteren Verlauf der Reforma passiert man das Gebäude des guatemaltekischen Verteidigungsministeriums, in dem vormals der Geheimdienst und danach eine Offiziersschule untergebracht waren. Ein Stück weiter südlich liegt das Botschaftsgebäude der USA, das an Wochentagen von Visasuchenden umlagert ist. Hier beginnt oder endet für viele der „amerikanische Traum", denn eine Einreiseerlaubnis zu erhalten ist nicht einfach. Etwas zurückgesetzt, auf dem Campus der **Privatuniversität Francisco Marroquín** (Calle 6 Final), befinden sich zwei der sehenswertesten Museen der Hauptstadt. Ein Muss für jeden Guatemala-Besucher ist das **Museo Ixchel del Traje Indígena**. Es wurde 1973 gegründet und 1993 an seinen jetzigen Standort verlegt. Das Privatmuseum besitzt eine Sammlung von über 6000 indianischen Trachten aus rund 140 indianischen Gemeinden. Einige der Trachten sind ausgestellt. Ixchel, die Namensgeberin des Museums, wurde bei den Maya als Göttin des Webens, des Mondes und der Fruchtbarkeit, verehrt. ✆ 23313622, www.museoixchel.org, Mo–Fr 9–17, Sa 9–13 Uhr, Q35, Studenten Q15.

Im gegenüberliegenden **Museo Popol Vuh** wird unter anderem die archäologische und koloniale Vergangenheit Guatemalas erforscht, bewahrt und der Öffentlichkeit zugänglich gemacht. Seinen Namen erhielt das Museum vom heiligen Buch der Quiché-Maya – dem Popol Vuh (s. S. 157). Das Gebäude umfasst acht Säle mit Ausstellungsstücken zu den jeweiligen Kulturepochen. Neben einer öffentlichen Bibliothek gibt es einen kleinen, gut sortierten Buchladen, 23612301, www.popolvuh.ufm.edu.gt, Mo–Fr 9–17, Sa 9–13 Uhr, Q35, Studenten Q15.

Wer nach so viel Kultur und Bildung etwas Unterhaltung braucht, ist in der **Zona Viva** bestens aufgehoben. Die guatemaltekische Vergnügungsmeile befindet sich zwischen 10. und 14. Calle. Nachts trifft sich hier die Schickeria der Stadt in unzähligen Bars, Restaurants und Diskotheken. Billig ist das Vergnügen allerdings nicht. Am südlichen Ende der Zone 10 befindet sich zwischen der 16. und 18. Calle das Einkaufszentrum **Centro Comercial Los Próceres**. Hier steht inmitten des Kreisverkehrs der **Plaza Obelisco** das Monumento a los Próceres de la Independencia, kurz **El Obelisco** genannt. Das Denkmal ist den Führern der Unabhängigkeitsbewegung von Spanien gewidmet.

Zone 13

Westlich der Plaza Obelisco verläuft der **Boulevard Liberación** (Diagonal 12), der die Zonen 9 und 13 begrenzt. Ihn begleiten parallel auf einigen hundert Metern die Überreste des kolonialen Aquädukts **La Culebra**, der früher Wasser aus dem Südosten in die Stadt brachte. Unmittelbar dahinter beginnt die Landebahn des **Flughafens La Aurora**.

Westlich des Flughafens erstreckt sich eine Gegend mit verschiedenen Ausflugsangeboten. Hier liegen drei staatliche Museen direkt nebeneinander (das Gelände ist auch unter dem Namen **Finca La Aurora** bekannt). Alle drei Di–Fr 9–16, Sa, So 9–12 und 13.30–16 Uhr. Am sehenswertesten ist sicherlich das **Museo Nacional de Arqueología y Etnología de Guatemala** im Gebäude Nr. 5 mit allem Wissenswerten zur Maya-Geschichte und mit archäologischen Fundstücken der Maya-Stätten Kaminaljuyú bis Piedras Negras. Darüber hinaus werden Stelen, Keramik, Masken und Trachten gezeigt. Eindrucksvoll sind der Jadesaal sowie ein Modell von Tikal, 24754399, www.munae.gob.gt, Jadesaal Sa und So geschl., Q60, Studenten Q5.

Gegenüber im Gebäude Nr. 6 befindet sich das **Museo Nacional de Arte Moderno**, 24720467, Q50, Studenten Q5. Die etwas vernachlässigte Ausstellung präsentiert Werke guatemaltekischer Künstler des 20. Jhs.

Das **Museo Nacional de Historia Natural**, 24720468, Q50, Studenten Q5, befindet sich im Gebäude Nr. 4 und präsentiert in der 1999 eingeweihten Sala de Ecosistemas einen Überblick über alle guatemaltekischen Naturräume. Im Übrigen sind nur noch ausgestopfte Tiere und ein paar Mineralien zu sehen. Auf dem ganz in der Nähe beheimateten **Mercado de Artesanía**, einem kleinen, etwas steril anmutenden Kunsthandwerkermarkt, kann man vor dem Abflug noch schnell ein paar Souvenirs kaufen.

Vor allem an Wochenenden stark von Familien frequentiert ist der **Parque Zoológico La Aurora** am Boulevard Juan Pablo II (Boulevard Liberación). Hier gibt es viele einheimische Tierarten zu sehen, die man leider in freier Wildbahn kaum noch zu Gesicht bekommt, 24750894, www.laurorazoo.com.gt, Di–So 9–17 Uhr, Q20, Kinder Q10. Etwas außerhalb des Zoos steht nordwestlich der Gehege das wenig interessante, aus Beton errichtete Monument des Indianerführers **Tecún Umán**. Westlich der Museen, entlang der 7. Avenida der Zone 13, steht **El Domo**, eine riesige überdachte Mehrzweckhalle, die häufig für internationale Konzerte genutzt wird, aber auch schon Austragungsort der Hallenfußball-Weltmeisterschaft war.

Zone 14

Dieses weitläufige, exklusive Wohn-, Geschäfts- und Botschaftsviertel mit teuren Hotels, Restaurants und Kinos bietet dem Reisenden wenig Sehenswertes. Die Hauptachse der Zone 14 und Grenze zur Zone 1 ist die **Avenida Las Américas**,

Huelga de Dolores – der „Streik der Schmerzen"

Bunt geschmückte Festwagen, laute Musik, farbenfrohe Kapuzenträger vor dem Nationalpalast und ausgelassene Stimmung – einmal im Jahr herrscht in Guatemala-Stadt Karnevalstimmung! Und zwar immer eine Woche vor Karfreitag. Dann findet in der Hauptstadt der traditionelle Umzug der Studenten, der *desfile bufo*, statt. Er ist Teil der Feiern zur *Huelga de Dolores*, dem „Streik der Schmerzen". Dabei verballhornen die Studenten mit provokanten Flugblättern und Pappmascheefiguren Politiker und Establishment, prangern Missstände an und kritisieren das System.

Die Geschichte der Huelga de Dolores ist bereits über hundert Jahre alt und begann 1898 mit der Machtübernahme des Diktators Estrada Cabrera. In den ersten Jahren war sie nur wenig mehr als eine organisierte Campusfeier der medizinischen und juristischen Fakultät der öffentlichen San Carlos Universität. Politischen Biss zeigte jedoch das im gleichen Jahr erschienene Satireblatt der Studenten *No nos tientes* („Führe uns nicht in Versuchung"). Es brachte Straffreiheit, Veruntreuungen und Korruption der herrschenden Regierung ans Licht.

1922 gingen die Studenten zum ersten Mal mit ihrem Protest auf die Straße, wobei vorneweg ein Skelett, *La Chabala*, tanzte – das Symbol der „Streikenden". Das offizielle Kampflied, *La Chalana*, entstand unter kräftiger Mitwirkung von Guatemalas Literaturlegende Miguel Ángel Asturias. Diktator Ubico gefiel dieser Protest nicht. Er beschlagnahmte die Zeitschrift *No nos tientes* und verbot die Huelga während seiner Amtszeit von 1931 bis 1944. Ab 1945 fanden erneut Paraden statt, bei denen die Fakultäten ihren Anführer, den *Rey Feo* – den „hässlichen König" –, präsentierten. Die Wahl des Rey Feo ist als Parodie auf die in Guatemala beliebten Schönheitswettbewerbe entstanden. Der Rey muss sich mit einem originellen Unterhaltungsprogramm auf dem Campus vor seinen Kommilitonen beweisen, bevor er gewählt wird.

Während des Bürgerkrieges trugen die Studenten Kapuzen, denn sie mussten Repressalien der Regierung fürchten. 1982 untersagte Präsident Lucas García den öffentlichen Umzug; die Feiern fanden in jenem Jahr nur innerhalb des Universitätsgeländes statt. 1992 kam es zu einem blutigen Zwischenfall: Eine Militärpatrouille erschoss bei den Vorbereitungen für die Parade einen Studenten. Sieben weitere wurden verletzt.

Aber auch die Studenten sorgten für negative Schlagzeilen. Viele von ihnen randalierten unter dem Schutz ihrer Kapuzen, belästigten Passanten, die keinen Solidaritätsobulus zahlen wollten, und verprügelten angebliche Delinquenten. Nach ernsthaften Appellen des Veranstaltungskomitees ist die Gewaltbereitschaft der Studenten spürbar gesunken. Inzwischen gleicht die Huelga de Dolores mehr einer Mischung aus Karnevalsumzug und Love Parade. Das Spektakel gehört wie die Osterprozessionen fest zum Straßenbild der Hauptstadt. Der Studentenprotest wird von Politikern und Militärs wenig geliebt, aber zähneknirschend geduldet. Denn als „Sprachrohr des Volkes" genießt die Huelga de Dolores die Unterstützung und die Solidarität des überwiegenden Teils der Bevölkerung.

die Verlängerung der Avenida La Reforma nach Süden hin. Hier stehen wenig auffallende Denkmäler unter anderem von Christoph Kolumbus und Papst Johannes Paul II.

Vorbei am **Instituto Geográfico Nacional** (s. „Karten" im Serviceteil), in dem man Detailkarten des Landes erhält, gelangt man schließlich zur **Plaza Berlin**. Die Neubauten der vergangenen Jahre versperren zunehmend den früher sehr schönen Ausblick auf den Amatitlán-See und den Vulkan Pacaya. An der **Avenida Hincapié** befindet sich die Zufahrt zum Terminal für Hubschrauberflüge.

Universidad San Carlos

Nach der Zerstörung Antiguas 1773 zog auch die dort gegründete San Carlos Universität mit nach Guatemala-Stadt. Aus Platzgründen musste sie später von der Zone 1 in die Zone 12 verlegt werden. Der riesige Campus der größten staatlichen Universität bietet über 110 000 Studenten ein breit gefächertes Studienangebot, 💻 www.usac.edu.gt.

Seit 1945 besitzt die Universität einen Autonomiestatus und hat einen gesetzlichen Anspruch auf 5 % des guatemaltekischen Staatshaushalts.

Kaminaljuyú

Weit im Nordwesten der Hauptstadt und größtenteils von den Wohnkolonien der Zone 7 überbaut, befinden sich die Überreste der einst florierenden 5 km² großen Stadt mit rund 50 000 Einwohnern. Bei **Ausgrabungen** im 20. Jh. wurden 200 Hügel und Pyramiden sowie 13 Ballspielplätze freigelegt. Die Erbauer der Stadt verwendeten damals Lehmziegel, die im Laufe der Jahre völlig verwitterten und die einstige Pracht und Größe nur noch schwer erahnen lassen.

Die Geschichte von Kaminaljuyú lässt sich in zwei wichtige Phasen unterteilen: Die Stadt erlebte in der späten Vorklassik bis zur frühen klassischen Phase im Zeitraum 400 v. Chr. bis 100 n. Chr. eine erste Blütezeit. Fundstücke aus dieser Epoche belegen, dass die Einwohner bereits lesen und schreiben konnten. Nach zwei Jahrhunderten eines ungeklärten Verfalls konnte Kaminaljuyú erst mit Hilfe von Einwanderern aus dem heutigen Mexiko an den alten Ruhm anknüpfen. Die Blütezeit des mexikanischen Teotihuacán färbte auch auf die Stadt ab: Sie wurde im 4. Jh. n. Chr. ein wichtiger Außenposten, dem eine Vermittlerrolle zwischen Teotihuacán und den Tiefland-Maya im Petén zukam.

Kaminaljuyú wurde zur größten Stadt des guatemaltekischen Hochlands und kontrollierte neben den Obsidianminen auch alle wichtigen Handelsrouten der Region. Zusammen mit Tikal bildeten Kaminaljuyú und Teotihuacán eine jahrhundertelange, erfolgreiche Allianz. Doch der Niedergang der beiden Partnerstädte besiegelte auch das Schicksal Kaminaljuyús. Besonders der Machtverlust Teotihuacáns im 6. Jh. schwächte die Stadt so sehr, dass sie sich nicht mehr erholte und verfiel. Heutzutage wird die Anlage meist von Einheimischen zum Picknick oder Fußballspiel an Wochenenden aufgesucht. Gelegentlich findet auch ein Treffen von Maya-Priestern an diesem für die Indígenas heiligen Ort statt. Rund 500 Fundstücke Kaminaljuyús sind auf 1200 m² Ausstellungsfläche im **Museo Miraflores**, 7. Calle 21-55, Zona 11, ausgestellt, ☏ 24703418 💻 www.museomiraflores.org, ⏲ Di–So 9–19 Uhr, Q40, Studenten Q10.

Übernachtung

Zone 1

Karte S. 178

In der Zone 1 befinden sich die günstigsten Hotels der Stadt. Die allerbilligsten Absteigen liegen zwischen der 8. und 9. Avenida und 15. und 18. Calle, jeweils in der Nähe der Busterminals. Der Standard ist überall gleich bescheiden – mehr als eine Nacht wird hier wohl kaum jemand freiwillig verbringen. Es gibt ein großes Angebot an guten Hotels der mittleren Preisklasse, und die Luxushotels der Zone 1 locken mit vergleichsweise günstigen Preisen. Zimmer zur Straße hin sind generell laut!

Hotel Monteleone, 18. C. 4-63, ☏ 53083800, ✉ monteleone@intelnet.net.gt. In einer sehr belebten Gegend des Zentrums gelegen, saubere und sichere Zimmer, Internetcafe. ❷

Pensión Meza, 10. C. 10-17, ☏ 22323177. Schon Fidel Castro und Che Guevara haben hier genächtigt. Recht dunkle, etwas heruntergekommene Zimmer, z. T. mit Du/WC, bei Travellern wegen der günstigen Preise dennoch beliebt. ❸ Ohne Bad ❷

Spring Hotel, 8. Av. 12-65, ☏ 22326637, 💻 www.hotelspring.com. Schöner Patio, große Zimmer im Kolonialstil. ❹ Mit Gemeinschaftsbad ❸

Hotel Chalet Suizo, 7. Av. 14-34, ☏ 22513786, ✉ chaletsuizo@gmail.com. Saubere und sichere Zimmer mit Bad, Kabel-TV, Internet. ❹ Mit Gemeinschaftsbad ❸

Hotel Octava Real, 8. Av. Ecke 15. Calle, ☏ 22324913. Renoviertes Hotel im Stil der 1930er-Jahre, nahe dem Busterminal nach Cobán. ❺ Mit Gemeinschaftsbad ❹

Hotel Excel, 9. Av. 15-12, ☏ 22532709, ✉ hotelexcel@hotmail.com. Moderne Zimmer mit Bad, TV. Internet, Wäscherei, Parkplatz, Café. ❺

Posada Belén, 13. C. "A" 10-30, ☏ 22534530, 💻 www.posadabelen.com. Wirkt wie ein

Guatemala-Stadt Historisches Zentrum

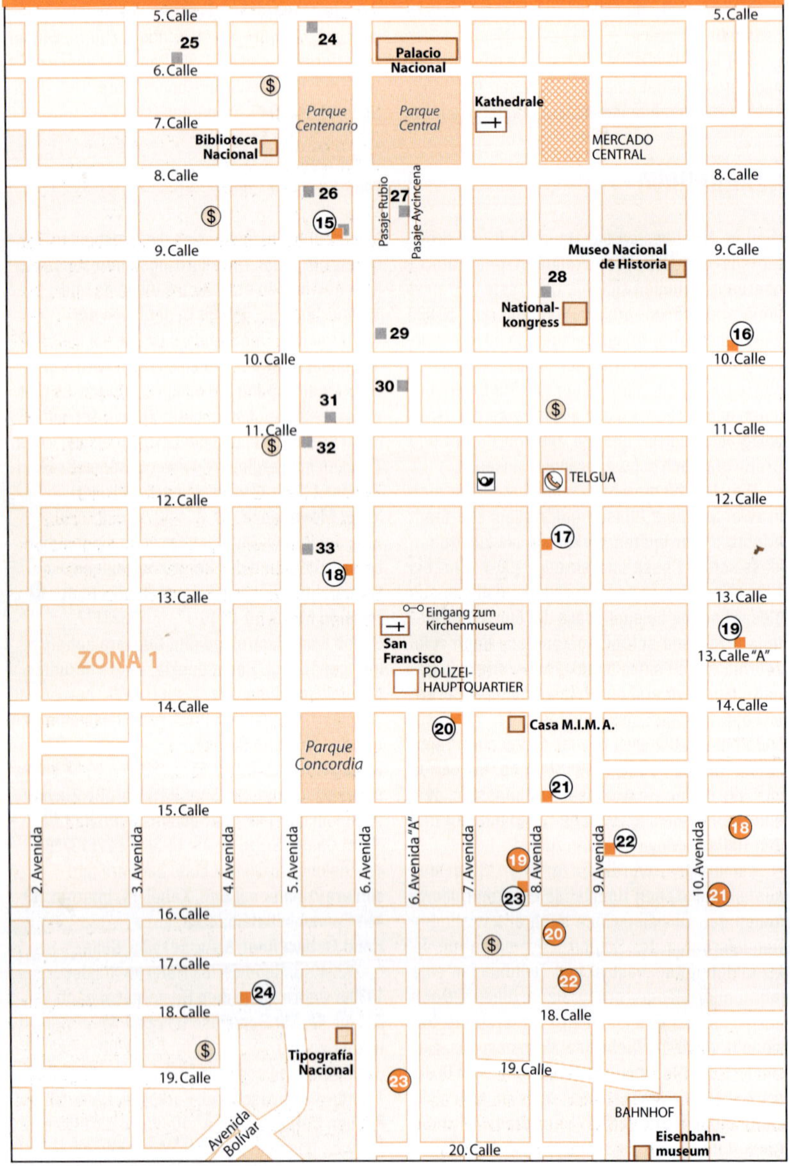

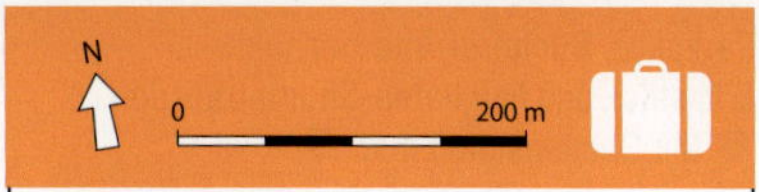

Übernachtung:
(15) Hotel Panamerican
(16) Pensión Meza
(17) Spring Hotel
(18) Hotel Best Western Royal Palace
(19) Posada Belén
(20) Hotel Chalet Suizo
(21) Hotel Octava Real
(22) Hotel Excel
(23) Hotel Ajau
(24) Hotel Monteleone

Essen:
24 La Casa de Cervantes
25 Café de Imeri
26 Rey Sol
27 El Portal
28 Café León
29 Los Cebollines
30 Los Canelones
31 Rey Sol
32 Europa Bar
33 Altuna

Transport:
(18) Transportes Litegua (Bus nach Puerto Barrios, Río Dulce)
(19) Monja Blanca (Bus nach Cobán)
(20) ADN (Bus nach Petén)
(21) Linea Dorada (Bus nach Petén, Quetzaltenango)
(22) Fuente del Norte (Bus nach Petén)
(23) Transportes Galgos (Bus nach Quetzaltenango)

Kolonialmuseum, ruhig gelegen, dennoch zentral, angenehmes Ambiente. Mit Restaurant und Komplettservice von Zimmersafe bis E-Mail und Flughafen-Abholservice. ❼

Hotel Panamerican, 9. C. 5-63, ✆ 22326807, ✉ panhot@terra.com.gt. Großes Hotel, sehr zentral, mit schönem Atrium, in dem sich ein gutes Restaurant befindet. Etwas kleine Zimmer. ❽

Hotel Best Western Royal Palace, 6. Av. 12-66, ✆ 24164400, 💻 www.hotelroyalpalace.com. Komplette Ausstattung, geräumige Zimmer, Restaurant, Bar, Fitnessraum, Sauna, Parkplatz, Internet, Frühstück inkl. ❽

Zone 4

Karte S. 166/167

Die meisten Hotels dieser Zone – oftmals Stundenhotels – liegen im Bereich des Marktes und Busbahnhofs. Das Gebiet von La Terminal sollte besonders nachts unbedingt gemieden werden.

Hotel Plaza, Vía 7, 6-16, ✆ 23316173, 💻 www.hotelplazaguate.com. Ordentliches Preis-Leistungs-Verhältnis, gute Lage zwischen der Zone 1 und der Zone 9. Pool, Bar, Restaurant, Internet gratis. ❽

Zone 9

Karte S. 166/167

Günstig in der Stadtmitte gelegene Zone.

Hotel Mayestic, 5. Av. 11-23, ✆ 23310824. Ruhige Lage, saubere Zimmer mit Kabel-TV, etwas ungemütlich, Taxiservice. ❹

Hotel del Istmo, 3. Av. 1-38, ✆ 23324389, im Terminalbereich der Buslinie von Melva, die nach El Salvador fährt. Die Zimmer sind als Garantie für Sauberkeit versiegelt, sodass sie nicht vorher besichtigt werden können, TV, Parkplatz. ❸

Villa Española, 2. C. 7-51, ✆ 23390190, 💻 www.hotelvillaespanola.com. Zimmer im Kolonialstil um einen Innenhof, der als Parkplatz dient und somit laut sein kann. Frühstück, Restaurant, Business-Center und WLAN. ❽

Hotel Mi Casa, 5. Av. "A", 13-51, Zona 9, ✆ 23392246, 23392247, 💻 www.hotelmicasa.com. B&B in guter Lage zum Flughafen und der Zone 10. Ordentliche Zimmer mit Bad, kleiner Garten, Internet, inkl. Frühstück und Flughafentransfer. ❽

Zone 10

Karte S. 166/167

Die teuerste Zone der Stadt, mit den besten und teuersten Unterkünften.

Xamanek Student Inn, 13 C. 3-57, ✆ 23608345, 💻 www.mayaworld.net/xamanek/. Günstiges B&B-Hotel direkt in der Zona Viva. Kleiner

Nicht nur umweltfreundlich

Das saubere **Hotel Ajau** in der 8. Av. 15-62, ✆ 22320488, liegt günstig direkt neben dem Cobán-Busterminal. Das Great Green Deal (s. S. 138) zertifizierte Hotel kann mit Recycling und Stromsparprogramm aufwarten. Außer einem angenehmen Ambiente verfügt es über Internetservice, Parkplatz und einen zuverlässigen Flughafen-Abholservice für US$10. ❹ Mit Gemeinschaftsbad ❸

Gartenbereich, Bar, Internet, Wäscherei. ❻ Schlafsaal US$15 p. P.
Hotel Los Próceres, 18. C. 14-53, Boulevard Los Próceres, ✆ 23682828, 💻 www.hotellosproceres.com. Gutes Preis-Leistungs-Verhältnis, etwas steriler Bau, aber exzellente Lage in puncto Flughafen, Zona Viva und Shopping Center. ❻
Hotel Bresciani, 10. Av. 19-87, ✆ 23828787, 💻 www.hotelbresciani.com.gt. Für das Gebotene preisgünstiges Hotel mit Restaurant, Bar, Fitnessraum, WLAN und erlesenen Möbeln. ❾
Hotel Biltmore Express, 15. C. 0-31, ✆ 24105000, 💻 www.biltmoreexpress.com.gt. Gediegen eingerichtet, sehr komfortabel, Frühstück und Flughafenabholung inkl. ❿ US$91
otelito, 12. C. 4-51, ✆ 23391811, 💻 www.otelito.com. Gemütlicher als die großen Luxushotels, Frühstück und Internet inkl. ❿ US$140

Zone 13

Karte S. 165
Empfiehlt sich für diejenigen, die in Flughafennähe übernachten wollen. Eine Reservierung ist in allen Hotels sinnvoll.
Patricia's B&B, 19. C, 10-65, Aurora II, ✆ 22614251, 💻 www.patriciashotel.com. Saubere, ruhige Zimmer. Holen Gäste vom Flughafen ab und bringen sie auch zum Bus. ❺ Mit Gemeinschaftsbad etwas günstiger.
2 Lunas Guest House, 21. C. 10-92, ✆ 22614248, 💻 www.hoteldoslunas.com. Beliebtes B&B-Hotel. Freundliche Atmosphäre, nützliche Informationsquelle, Shuttle-Transport nach Antigua. Der Preis schließt Frühstück und Flughafentransfer zu jeder Uhrzeit mit ein. ❻ Mit Gemeinschaftsbad ❺
Hotel El Aeropuerto Guest House, 15. C. "A" 7-32, Col. Aurora, Zona 13, ✆ 23858400, ✉ ricardorueda@mac.com, liegt dem internationalen Flughafenterminal am nächsten. Kostenloser Transfer, Internet und Frühstück inkl., Wäscherei, nicht ganz taufrische Zimmer. ❼ Mit Gemeinschaftsbad ❺
Hostal Los Lagos, 8. Av. 15-85, Z. 13, Aurora I, ✆ 22612809, 💻 www.loslagoshostal.com. Gutes B&B in unmittelbarer Flughafennähe. Kleiner Garten mit Hängematten, Tourservice, Parkplatz, Bücherei, Internet, inkl. Frühstück und Flughafen-Shuttletransport. ❼ Mit Gemeinschaftsbad ❻

Essen

Am günstigsten kann man sich in der **Zone 1** an Busterminals und auf Märkten verpflegen. Gerade zur Mittagszeit bieten die meisten Restaurants ein billiges Tagesgericht an, das in der Regel aus zwei Gängen und einem Getränk besteht.
Während **italienische** und **chinesische** Küche überall zu erhalten ist, beschränkt sich die Auswahl **vegetarischer** Restaurants auf einige wenige Lokalitäten. Doch erhält man in fast jedem Restaurant Gemüse, Bohnen und Reis. Die Auswahl an guten Restaurants und Küchen ist in den **Zonen 9 und 10** größer als in der Zone 1, aber dafür muss dort auch tiefer in die Tasche gegriffen werden. Wer ein ordentliches **Café** sucht, ist in der Zone 10 am besten aufgehoben (Ausnahme: Kaffeerösterei Café León in der Zone 1, s. S. 181).
Fast Food gibt es in unzähligen Varianten an jeder Straßenecke. Vorherrschend sind die großen Fast-Food-Ketten. Hinzu kommen einige einheimische Vertreter wie Pollo Campero oder Burger Shops. Daneben werden in kleinen Imbissbuden Hamburger, Grillfleisch (Churrasco) oder Hot Dogs angeboten.

Zone 1

Karte S. 178
Altuna, 5. Av. 12-31, auch in der 10. C. 0-45, Zona 10. Nettes, aber nicht ganz billiges Restaurant mit sehr guter spanischer Küche und Seafoodgerichten, Spezialität Paella. 🕒 12–21 Uhr, Mo geschl.
Arrin-Cuan, 5. Av. 3-27, außerdem in der Zona 10, 16. C. 4-32, 💻 www.arrincuan.com. Alteingesessenes, gut besuchtes guatemaltekisches Spezialitätenrestaurant. Insgesamt sehr fleischlastige Karte, inkl. bedrohter Wildtierarten. Spezialität *kak'Ik*, Truthahnsuppe aus der Provinz Alta Verapaz. 🕒 tgl.
Café de Imeri, 6. C. 3-34. Eines der wenigen Cafés der Zone 1, in dem man auch draußen sitzen kann; günstige Mittagsmenüs. 🕒 7–19 Uhr, So geschl.

El Portal, Szenecafé und Bar, versteckt hinter dem Portal de Comercio am Parque Central in der Pasaje Aycincena. ◷ So geschl.

Los Canelones, 6. Av. "A" 10-39. Exquisit zubereitetes guatemaltekisches Essen, etwas langsame Bedienung. ◷ Mo–Sa 12–16.30 Uhr.

Los Cebollines, 6. Av. 9-75. Mexikanisches Essen in einem für die Zone 1 angenehmen Ambiente, Frühstück, Filialen in der ganzen Stadt. ◷ tgl. 6.30–22 Uhr.

Hotel Panamerican, 9 C. 5-63. Ideal, wenn man im Trubel der Zone 1 ausspannen möchte. Gute guatemaltekische Küche (üppige Vorspeisen), serviert bei Klaviermusik.

Rey-Sol, 8. C. 5-36 und 11. C. 5-51. Vegetarisches Restaurant mit Mittagsbuffet. Da jede Beilage extra berechnet wird, ist der Gesamtpreis für eine Mahlzeit recht hoch. ◷ Mo–Sa 7–19 Uhr.

Zone 4

Karte S. 166/167

Im Café-Restaurant **Trova Jazz**, Vía 6, 3-55, 🖳 www.trovajazz.com, gibt es neben leckeren Käsehäppchen stimmungsvolle Livemusik. ◷ Mi–Sa 12–1 Uhr.

Leckerer Kaffee

In der Nähe des Mercado Central wurde 1938 eine Kaffeerösterei gegründet, deren Hausmischung die besten Hochlandkaffees vereint. Die Rösterei zog schließlich um, aber die feinen Kaffees kann man im **Café León** nach wie vor genießen. ◷ Mo–Fr 8–18, Sa 9–13 Uhr.

Pizzería Vesuvio, 6. Av. 6-42, gute Pizza, Zweigstelle Los Próceres 18. C. 3-36, Zona 10. ◷ Di–So 9.30–21 Uhr.

In der **Cafetería von INGUAT**, 7. Av. 1-17, direkt neben dem Hauptgebäude, Centro Cívico, gibt es gutes und billiges Mittagessen.

Zone 9

Karte S. 166/167

Di'Sacco, 7. Av. 13-24, Zona 9. Sehr günstiger und beliebter Italiener, italienischer Familienbetrieb, sehr gute Qualität. Hauptgericht Q35. Geheimtipp. ◷ Mo–Sa 7–17 Uhr.

Lai Lai, 12. C. 5-27. Günstiger und guter Chinese. Kaum Ambiente, dafür billige

Kachelbank an der Plazuela España

Vorspeisen. Eine Ente für 2 Pers. kostet Q85. ◷ tgl. 10–23 Uhr.

Los Cebollines, Plazuela España. Mexikanische Küche, ordentlich zubereitet, beliebt bei Büroangestellten. ◷ tgl. 6.30–23 Uhr.

Ming Court, 6. Av. 14-24, gute chinesische Küche, Bringdienst ✆ 23343959. ◷ tgl. 10.30–22.30 Uhr.

Nais Plaza, 8. C. 5-52, 💻 www.gruponais.com. Städtische Restaurantkette, gute Frühstücksauswahl und breit gefächertes Speisenangebot. Gehobenes Ambiente und dafür nicht zu teuer. ◷ tgl. 6–22 Uhr.

Teppanyaki, 7. Av. 10-65. Hervorragendes japanisches Restaurant, das Essen wird frisch vor dem Gast zubereitet. ◷ tgl. Mo–Do 11–15.30, 18–23, Fr–So 11–23 Uhr.

Zone 10

Karte S. 166/167

In der Zona Viva gibt es dicht an dicht jede Menge Restaurants und außerdem die besten Cafés der Stadt.

Alfredo di Roma, Av. la Reforma/Ecke 6. C., Edificio Guayacán. Exquisite italienische Küche für wenig Geld, Pizza Q60. ◷ tgl. 11–15, 19–22, Do 12–16 Uhr.

Cafetería Zürich, 6. Av. 12-52. Hervorragende Schokoladen, gute Kuchen und Pralinen. ◷ tgl. 7–19 Uhr.

Café Los Alpes, 10. C. 1-09. Von Schweizern geführtes Café mit gutem Kuchen (Apfelstrudel!) und Pralinen. ◷ tgl. geöffnet.

Donde Mikel, 6. Av. 13-32, ✆ 23633308. Kleines, gut besuchtes Szenerestaurant, spezialisiert auf Fleischgerichte und Meeresfrüchte. Reservierung sinnvoll oder früh kommen. ◷ So geschl.

El Tamal Gourmet, Plaza Diagonal 6, Local 12-86. Typisch guatemaltekische Snacks (Tamales, Tacos, Burritos, Tostadas), auch zum Mitnehmen. ◷ Mo–Fr 8–18, Sa 8–14 Uhr.

Kibo, 2. Av. 14-01. Innovative, exquisite und preiswerte japanische Küche in höhlenartigem Ambiente. ◷ Mo–Sa 12–15 und 18.30–23 Uhr.

Kloster, 13. C. 2-75 und 6. C., Ecke 6. Av., Zona 9, leckeres Käsefondue für ca. 12 €. ◷ tgl. 12–15 und 18.30–23 Uhr.

Im Einkaufszentrum **Oakland Mall**, Diagonal 6, 13-00, lohnen: das Erlebnisrestaurant **Nais Aquarium**, **Euro Deli**, Delikatessengeschäft (deutscher Schinken und Käse), und **Cafebarista**, In-Café mit Kaffeesorten aller Landesteile.

Passerelle, 12. C 5-53. Französisches Feinschmeckerlokal, schon die Speisekarte in Form einer Zeitung ist ein Genuss, viel Zeit mitbringen. ◷ Di–Sa 12–15, 19–23, So 12–16 Uhr.

Im Einkaufszentrum **Plaza Fontabella**, Ecke 12. C. und 4. Av., findet man das Büchercafé **Sophos**, s. unter „Bücher". Außerdem das **Restaurante Equis**, gelungene Gourmet-Version der guatemaltekischen Küche, fantasiereiche und reichhaltige Vorspeisenteller.

Restaurante Vegetariano El Árbol, 17 Calle "A" 19-60, Zona 10, versteckt gelegen! 💻 www.restaurantearboldelavida.com. Günstiges vegetarisches Essen, sehr gute Fruchtsäfte, Tagesmenü Q55. ◷ Mo–Fr 7–20.30, Sa 12–14, So 7–17 Uhr.

Zone 14

Karte S. 166/167

Tamarindos, 11. C. 2-19 "A". Teures Thai- und Fusion. ◷ Mo–Sa 13–15 und 19–24 Uhr.

Bäckerei Schubert, 9. C. 0-50, Plaza Bell. Deutsche Bäckerei, sogar mit Laugenbrötchen. ◷ Mo–Sa 6–18, So 6–17 Uhr.

Teehaus Germania, 5. Av. 15-88 "A". Kleiner, sehr nett eingerichteter Teeladen mit Außenterrasse und Buchverkauf. ◷ Mo–Sa 8–19.30 Uhr.

Unterhaltung

Bars, Kneipen, Discos und Nachtclubs

Obwohl in der Hauptstadt tagsüber das Leben brodelt, geht es abends ruhiger zu. Dennoch gibt es ein durchaus akzeptables Angebot an nächtlichen Aktivitäten, das sich aber auf einige wenige Zonen beschränkt. In der Zone 1 finden sich von Studenten und Künstlern aller Art frequentierte **Szenekneipen**.

Im Bereich um die 18. Calle und 9. Avenida gibt es einen kleinen **Rotlichtbezirk** mit heruntergekommenen Bars und schäbigen Nachtclubs. Die teuersten, aber auch besten **Diskotheken**

Kunst und Kultur heute

Trotz fehlender Unterstützung durch die Regierung haben sich in Guatemala-Stadt in den letzten Jahren zahlreiche Initiativen gegründet, die mit viel Kreativität und Engagement das Kulturleben der Hauptstadt bereichern. An den nachfolgend aufgeführten Orten finden Ausstellungen, Vortragsreihen und Konzerte statt:

Kultur

Alianza Francesa, 5. C. 10-55, Zona 13, ✆ 24402102, 🖳 www.alianzafrancesa.org.gt. ⏲ Mo 8.30–12.30, Di–Do 8–18, Fr 8–17, Sa 8.30–13.30 Uhr.

Colectivo Artesana, 2. C. 5-28, Zona 1, ✉ casaartesana2@gmail.com.

Centro Cultural de España CCE, Vía 5 1-23, Zona 4, ✆ 23859066, 🖳 www.cceguatemala.org.

Centro Cultural IGA (Instituto Guatemalteco Americano), Ruta 1, 4-05, Zona 4, ✆ 24225555, 🖳 www.iga.edu.

Centro Cultural Luiz Cardoza y Aragón (Kulturzentrum der Mexikanischen Botschaft), 2. Av. 7-57, Zona 10, ✆ 24203410, ✉ slopezj@sre.gob.mx.

Centro Cultural Metropolitano, 7. Av. 11-69, Zona 1, ✆ 22858950, 🖳 cultura.muniguate.com.

Centro Cultural Miguel Angel Asturias, 24. C. 3-81, Zona 1, ✆ 22324045, 🖳 www.teatronacional.com.gt.

ManifestaRte (Kunst-Kollektiv), 5. C. 5-18, Zona 1, Casa de Cervantes, ✆ 22325696, 🖳 manifestarteguate.blogspot.com.

Ministerio de Cultura y Deportes, 12. Av. 11-11, Zona 1, im Nationalpalast am Parque Central, ✆ 22380125, 🖳 www.mcd.gob.gt.

Kunstgalerien

Neben den öffentlichen Museen und Kulturzentren gibt es auch einige nette **private Galerien**, vor allem in der Zona 10:

Carlos Woods Arte, 10. Av. 5-49, Zona 10, ✆ 23666883, 🖳 www.carloswoodsarte.com, ständig wechselnde Ausstellungen. ⏲ Mo–Fr 10–12.30, 14–19, Sa 10–13 Uhr.

El Tunel, Blvd. Los Próceres 15-60, 2. Etage, Zona 10, ✆ 23634744. Besteht seit 1971 und fördert junge nationale Talente.

Galeria El Ático, 4. Av. 15-45, Zona 14, ✆ 23335138, moderne Kunst. ⏲ Mo–Fr 9–13, 15–19, Sa 9–13 Uhr.

Galeria Rocío Quiroa, 11. C. 3-36, Zona 10, ✆ 23602865, Acryl- und Ölbilder, Ausstellungen. ⏲ Mo–Fr 9–13, 14–18, Sa 10–13 Uhr.

Galería Sol del Río, 14. Av. 15-56, Zona 10, ✆ 23632169. Bilder, Skulpturen und Fotografien. ⏲ Mo–Fr 9–13, 14–17, Sa 9–13 Uhr.

Infos

In der Donnerstagsausgabe der Zeitung **El Periódico**, 🖳 www.elperiodico.com.gt, dem kostenlosen Monatsmagazin **Revue**, 🖳 www.revuemag.com (engl.), und der Agenda der **Cooperación Española**, 🖳 www.cceguatemala.com.

Recherchiert von Eva Vanneste und David Unger

und Bars befinden sich in der Zone 10. Sie sind besonders an den Wochenenden brechend voll. Besonders in der **Zona Viva** gibt es eine brauchbare Auswahl.

El Establo, 14. C. 5-08, Zona 10. Von einem Deutschen geführte Kneipe, in der fast immer 70er-Jahre-Musik läuft.

Europa Bar, 11. C. 5-16, Zona 1, Lokal 201. Beliebter Treffpunkt, Essen zu moderaten Preisen. ⏲ Mo–Sa 12–1 Uhr morgens.

Hooters, Av. La Reforma 16-01, Plaza Obelisco, Bar & Restaurant, Bedienungen in Hotpants und knappen T-Shirts.

Señor Tortuga, 8. Av. 18-56, Zona 10, witzige Bar mit Restaurant.

Weitere beliebte Bars und Clubs sind **La Casa Comal**, 1. Av. 10-41, Zona 1, **Shakespeare Pub**, 13. C., 1. Av., Zona 10, Edificio Santa Clara II, Nr. 5, ✆ 23312641, ⏲ Mo–Fr, 11–1, Sa 14–1 Uhr, und die Sportbar **Cheers**, 13. C. 0-40, Zona 10.

Kahlúa, 1. Av. 15-06, Zona 10. Wahrscheinlich die bekannteste Diskothek der Hauptstadt und angeblich die größte in Zentralamerika. ⏲ Do–Sa 20–1 Uhr.

Schwulen- und Lesbentreffs

Die Schwulenszene wird zusehends selbst- und öffentlichkeitsbewusster – was man leider nicht im gleichen Maße von den Lesben behaupten kann. Unter www.gayguatemala.com/guia/guiag.htm erfährt man Aktuelles aus der Szene. **Black&White**, 11. C. 2-54, Zona 1, 59041758, Bar. Mi–Sa 19–1 Uhr.
Café de la Ermita, 9. Av. 13-19, Zona 1, 22207992, Café. Mo–Fr 7–16.30, Sa 8–15 Uhr.
El Encuentro, 5. Av. 10-52, Zona 1, 22329235, Café-Restaurant. Mo–Sa.
Il Coliseum, 17 C. "A" 7-40, Zona 10, 23683584, Sauna und heiße Bäder. Mo–Sa 14–22, So 14–20 Uhr.

Kinos

Englischsprachige Filme laufen häufig in der Originalversion mit spanischen Untertiteln. Ein Kinobesuch kostet ca. Q30–40, billiger ist es montags, dienstags und donnerstags.
Cine Cápitol, 6. Av. 12-51, Zona 1, 22535634.
Cinemark, Calzada Roosevelt, KM 13,8, Mixco, 22507084, www.cinemarkca.com.
Cine Próceres, 18. C. 2-21, Zona 10, Centro Comercial Los Próceres, 23328507, www.cinepolis.com.gt.
Cinépolis Miraflores, 21. Av. 4-32, Zona 11, Centro Comercial Galerias Miraflores, 24708367.
Cinépolis Oakland Mall, Diagonal 6, 13-00, Zona 10, www.cinepolis.com.gt. VIP-Kino Q70.
Magic Place, Av. Las Américas 16-56, Zona 13, 23624321.
Cines Pradera, 20. C. 25-85, Zona 10, Centro Comercial La Pradera, 23292575.
Cine Tikal Futura, Calzada Roosevelt 22-43, 24403289.

Einkaufen

Gegenüber Westin Camino Real in der 14. Calle der Zone 10 gibt es ein paar Läden, die eine bunte Mischung an **Kunsthandwerk** anbieten. Der **Mercado Central** in der Zone 1 hinter der Kathedrale hat ein reichhaltiges Angebot an Kunsthandwerk und Nahrungsmitteln. Hier kann man sich sehr preiswert Ledereutis, Schuhe, Taschen etc. nach Vorbild fertigen lassen; auf dem Weg zum Flughafen kann man beim **Mercado de Artesania** in der Zone 13 halten. Mo–Sa 9–18, So 9–14 Uhr.
Lincanola, 5. C. 9-60, Zona 1. Riesenauswahl an Stoffen mit traditionellen bunten Mustern. Günstige maßgeschneiderte Kleidung, am besten am Urlaubsanfang in Auftrag geben.
Délica, 10 Av. 11-35, Zona 14, Comercial Las Conchas. Feinkostladen für Reisende, die mal wieder deutsches Brot, Käse, Würste und Schinken kosten wollen.
Große **Einkaufszentren** mit Kino und Fressmeile:
Centro Comercial Miraflores, Calzada Roosevelt, 21. Av. 4-32, Zona 11.
Centro Comercial La Pradera, 20. C. 25-85, Zona 10.
Centro Comercial Los Próceres, 18. C. 2-21, Zona 10.
Oakland Mall, Diagonal 6, 13-00, Zona 10.
Tikal Futura, Calzada Roosevelt, Av. 22-43, Zona 11.

Fair einkaufen in Guatemala-Stadt

La Casa de Cervantes/El Alhajadito, 5. C. 5-18, Zona 1, 22325696, www.lacasadecervantes.com, bietet fair gehandelte Produkte wie Kaffee, Honig, Kerzen, Webartikel, Kunsthandwerk, Marmeladen, Kosmetikartikel, Schokolade und Tee, die von Kleinproduzenten und Bauernkooperativen stammen. Im dazugehörigen Café Alhajadito kann man eine Tasse fair gehandelten Kaffee trinken und sich bei einem günstigen Mittagessen stärken. Mo–Fr 8–19, Sa 9–18 Uhr.
Chikach, 3. C. 4-24, Zona 1, 22327174, Café mit vegetarischen Snacks (z. B. Amaranth-Burger) und Bio-Kaffee. Der angeschlossene Laden verkauft fair gehandelte Pflanzenprodukte in Bioqualität, unter anderem Kosmetik, Shampoo, Seifen, Marmeladen, Honig und Palmherzen. Mo–Fr 9.30–18, Sa 9.30–13 Uhr, So geschl.

Touren

Folgende Veranstalter *(operadores de turismo)* und Reisebüros *(agencias de viaje)* sind eine zuverlässige Informationsquelle und arrangieren Ausflüge der unterschiedlichsten Art. Weitere Anbieter finden sich in den Gelben Seiten.

Reisebüros

Globotur, 0 Av. "A" 11-30, Zona 9, Plaza Tecun Local 70, ✆ 23391400, ✉ globotur6@hotmail.com.
Viajes Tivoli, Zentrale, 6. Av. 8-41, Zona 9, ✆ 23864200, 🖳 www.tivoli.com.gt, Filialen in Antigua und Quetzaltenango.
Lax Travel, 13. C. 1-51, Zona 10, Torre Santa Clara 2, Local 14, ✆ 23611627, und 4. C. 7-53, Zona 9, Edificio Torre Azul Local 101, ✆ 23606666, ✉ ventas@laxtravel-ltn.com. Verlässliches Reisebüro, Flüge in alle Welt.

Veranstalter

Maya Expeditions, 15. C. "A" 14-07, Zona 10, ✆ 23634965, 🖳 www.mayaexpeditions.com. Bekannter Spezialreiseveranstalter, der empfehlenswerte Raftingtouren im ganzen Land veranstaltet und als einziger Bungeejumping im Programm hat. Die freundlichen Mitarbeiter helfen auch bei anderen Wünschen weiter.
Expedición Panamundo, 6. Av. "A" 14-75, Zona 9, ✆ 23317588, ✉ info@expedicion-panamundo.com. Allroundveranstalter, hier wird auch Deutsch gesprochen.
Trolley Tour, 7. "A" 10-20, Zona 5, Mixco, ✆ 24373550. Rund 3-stündige Trolleybustour durch das historische Zentrum, Di–Sa 2x tgl., 10 und 13 Uhr, So 10 Uhr, US$25, im Internet US$22. Touren auch in Antigua.

Sonstiges

Autovermietungen

Alle Anbieter unterhalten Zweigstellen im Flughafengebäude. Neben den aufgeführten guatemaltekischen Autoverleihern sind auch die internationalen Anbieter Avis, Budget und Hertz vertreten.
Ahorrent, 13. C. 2-02, Zona 9, ✆ 23832800, am Flughafen ✆ 23858656, 🖳 www.ahorrent.com, Zweigstelle in Antigua.
Guatemala Renta Autos, Av. Petapa, 22-29, Zona 12, ✆ 23299000, am Flughafen 7. Av. 3-78, Zona 13, ✆ 23299010, ⌚ tgl. 5.30–21.30 Uhr, 🖳 www.guatemalarentacar.com. Auch in Antigua.
Tabarini, 2. C. "A" 7-30, Zona 10, ✆ 23312643, 🖳 www.tabarini.com. Zweigstellen am Flughafen, in Antigua, Flores (St. Elena), Quetzaltenango und Cobán. ⌚ tgl. 6–21 Uhr.

Bibliotheken

Biblioteca Nacional, 5. Av. 7-26, Zona 1, Westseite des Parque Centenario (gegenüber der Kathedrale), ✆ 22322443. ⌚ Mo–Fr 9–17.30 Uhr.
Englischsprachige Bücher bekommt man im **Instituto Guatemalteco Americano (IGA)**, Ruta 1, Ecke Vía 4, Zona 4.

Botschaften

Deutsche, Österreichische und Schweizer Botschaft, s. S. 36. Die Adressen weiterer Botschaften finden sich unter 🖳 www.minex.gob.gt, s. unter „Directorios".

Bücher

Sophos, Büchercafé, 12. C. 4. "A", Zona 10, Plaza Fontabella, Ebene 2, ✆ 24197070, 🖳 www.sophosenlinea.com. Gut sortierter Buchladen mit englischen und französischen Büchern sowie einem Café zum Draußensitzen. ⌚ Mo–Sa 9–21, So 10–19 Uhr.
Librería Marquense, 8. Av. 19-55, Zona 1, ✆ 22328537, 🖳 http://libreriamarquense.com. ⌚ Mo–Fr 8–18, Sa 8–13 Uhr.
Artemis Edinter, 12. C. 10-55, Zona 1, ✆ 22205052, 🖳 www.artemisedinter.com. Gut sortierte spanische Buchhandlung. ⌚ Mo–Fr 8.30–17.30, Sa 9–13 Uhr.
Secondhandbücher bekommt man in der **Europa Bar**, s. Unterhaltung.

Einwanderungsbehörde

Dirección General de Migración, 6. Av. 3-11, Zona 4, ✆ 24112411, 🖳 www.migracion.gob.gt. ⌚ Mo–Fr 8–16.30 Uhr.

Feste

Semana Santa, Osterprozessionen in der Zone 1. Nähere Informationen über deren Verlauf etc. erteilt INGUAT (s. S. 186).
Huelga de Dolores, ein traditioneller Studentenumzug, findet eine Woche vor Karfreitag statt (s. S. 176, Kasten).

Für Internetjunkies

In jedem besseren Foto- oder Handygeschäft kann man ein Funk-Modem von TIGO erstehen, das man per USB in den Laptop steckt. Abgerechnet wird über eine Prepaid-Karte pro Tag, pro Woche oder pro Monat. Funktioniert nicht landesweit, daher vor dem Kauf nach der aktuellen Reichweite erkundigen!

Das Patronatsfest zu Ehren der **Virgen de la Asunción** wird vom 14.–16. August gefeiert. Die Feierlichkeiten zu Weihnachten, **Navidad**, beginnen am 7. Dezember mit der „Teufelsverbrennung", der **Quema del diablo**.

Geld

Banken sind besonders häufig in der Zone 1 südlich des Parque Central sowie in den Zonen 9 und 10 zu finden. Automaten (in jedem Einkaufszentrum und an größeren Tankstellen vorhanden) von **Bancared** und **BI-Credit** können von Inhabern einer Visa-Kreditkarte, **Pronto Sistema** und **5B**-Automaten von Inhabern einer Euro-/Mastercard genutzt werden. Maestro-/Cirrus-Karten funktionieren in den Bankautomaten von BAC. Ferner haben die meisten Banken eine Kooperation mit Western Union, um Geld zu überweisen. Die nachstehenden Bankhauptfilialen haben landesweite Filialnetze:
BAC Guatemala, 7. Av. 6-26, Zona 9, Edificio Plaza El Roble, ✆ 21132161, 💻 www.baconline.com. Ansprechpartner für Mastercard, Visa und American Express.
Banco Agro Mercantil, Av. Reforma 8-60, Zona 9, im Edificio Galerias Reforma, hat einen ATM für Visa und Mastercard.
Banco Industrial, 7. Av. 5-10, Zona 4, Edificio Centro Financiero Torre I, 13. Stock. ✆ 24203000, 💻 www.bi.com.gt. Bank mit der größten Bilanzsumme. 🕓 Mo–Fr 6–20, Sa, So 6–18 Uhr.
Banrural, Av. La Reforma 9-30, Zona 9, ✆ 23398888, 💻 www.banrural.com. Die Bank unterhält das dichteste Filialnetz auf dem Land. Die Zentrale verfügt über einen Visa-Geldautomaten. 🕓 9–18, Sa 9–13 Uhr.
Citibank, 18. C. 5-56, Zona 10, Uni-Centro, bietet Euro-Konten an.
Im **Hotel Barceló**, 7. Av. 15-45, Zona 9, befindet sich ein Geldautomat für ec-Karten.

Informationen

Das guatemaltekische Tourismusinstitut **INGUAT** befindet sich in der 7. Av. 1-17, Zona 4, Centro Cívico, Servicetelefon ✆ 1500, ✆ 24212800, 💻 www.visitguatemala.com, 🕓 Mo–Fr 8–16 Uhr. Eine Zweigstelle gibt es in der Ankunftshalle des Flughafens La Aurora, 🕓 Mo–So 6–24 Uhr. Hier bekommt man Informationsmaterial sowie Tipps zu Unterkunft und Transport. Beschwerden bezüglich falscher Preise, fehlender Rechnung o. Ä. kann man unter ✉ quejas@inguat.gob.gt loswerden.

Internet

Internetcafés sind über die gesamte Hauptstadt verteilt mit relativ günstigen Tarifen (rund Q8/Std.). Fast jedes mittlere oder größere Hotel bietet seinen Kunden (kostenlosen) Internetzugang an. Darüber hinaus verfügen viele Restaurants, Cafés und Bars über WLAN.

Karten

INGUAT, 7. Av. 1-17, Zona 4, Centro Cívico, hat nur eine veraltete Touristenkarte zu bieten.
IGN (Instituto Geográfico Nacional), Av. Las Américas 5-76, Zona 13, ✆ 22488100, 💻 www.ign.gob.gt, verkauft z. T. veraltete Detail- und Übersichtskarten. 🕓 Mo–Fr 9–16.15 Uhr.
Eine gute Kartenübersicht findet man unter 💻 www.mapasdeguatemala.com.

Kirchengemeinde

Evangelisch-Lutherische Epiphanias-Gemeinde, 2. Av.15-31, Zone 10, ✆ 23680301, ✉ epiphaniasgemeinde@yahoo.com.
Die einzige deutschsprachige Kirche in Guatemala hat auch katholische und freikirchliche Mitglieder. Gottesdienst jeden Sonntag um 10 Uhr.

Medizinische Hilfe

Hospital Centro Médico, 6. Av. 3-47, Zona 10, ✆ 22794949, 💻 www.centromedico.com.gt, 24-Std.-Notaufnahme und einige Ärzte, die

Englisch sprechen. Eine Ärzteliste ist über die Deutsche Botschaft (s. S.36) erhältlich.
Hospital des las Americas, 10. C. 2-31, Zona 14, ✆ 23843535. Privatklinik, Behandlung nur nach Vorweisen der Kreditkarte.
Empfehlenswert ist der deutschsprachige Kinderarzt **Dr. Thomas Bunge**, 12. C. 1-25, Zona 10, Edificio Geminis Torre Norte, 4. Stock, Lokal 401, ✆ 23353431.

Notfälle

Krankenwagen, ✆ 23816565 (Rotes Kreuz), ✆ 24121224 (IGSS).
Feuerwehr, ✆ 122, 123.
Polizei, ✆ 110, 120.

Post / Telefon

Postämter *(correos)* befinden sich in der 7. Av., 12. C., Zona 1, in der Av. La Reforma, zwischen 8. und 9. C., Zona 10, und am Flughafen in der Ebene über der Ankunftshalle. ⌚ Mo–Fr 8.30–17.30, Sa 9–13 Uhr.
In vielen Internetcafés kann man auch kostengünstig telefonieren. Wer sich länger in Guatemala aufhält, für den lohnt sich die Anschaffung eines Handys, das es bereits für 13–15 € gibt; Anbieter s. S. 65. Wer sein eigenes Handy mitbringt, bekommt für Q25 einen Telefon-Chip.

Sprachunterricht

Für **Spanisch** ist Antigua die erste Wahl. Kurse bieten auch folgende Institute an: **IGA**, Ruta 1, 4-05, Zona 4, ✆ 24225555, 💻 www.iga.edu.
Acadamia Europea, 15. C. 2-64, Zona 10, ✆ 23635025, 💻 www.academia-europea.com.

Sicherheit

Auf Märkten und in Bussen sollte man besonders auf seine Sachen achten und nachts die Zonen 1 und 4 sowie Seitenstraßen meiden. Höchste Vorsicht vor Taschendieben ist in vollen Bussen geboten. Im Allgemeinen sollten Stadtbusse vermieden (Ausnahme: TransMetro) und Taxis genommen werden, die auch für Fahrten zum Flughafen und in Vororte zu bevorzugen sind.

ALMG (Academia de Lenguas Mayas de Guatemala), 3. C. 00-11, Zona 10, ✆ 23341850, ✉ almg@almg.org.gt, unterrichten Maya-Sprachen.

Trekkingkleidung und -ausrüstung

Mundo Extremo, 8. Av. 2-01, Zona 10, Centro Comercial Apolo, ✆ 23614147, 💻 www.mundoextremo.com. ⌚ Mo–Fr 10–22, Sa 10–16 Uhr.
North Face, Diagonal 6, 13-01, Zona 10, Oakland Mall, 2. St., ✆ 23366880.

Wäschereien

El Siglo, 7. Av. 3-50, Zona 4, ✆ 23318595. ⌚ Mo–Fr 7–18, Sa 7–15 Uhr.
Lav-o-Mat, 11. C. 1-11, Zona 9, ✆ 23319192. ⌚ Mo–Fr 7–18, Sa 7–13 Uhr.
Kristahl-Lavandería y Dry Cleaning, 17. Av. 8-80, Zona 14, ✆ 23859190. ⌚ Mo–Fr 8–17 Uhr.

Nahverkehr

Stadtbusse

Der öffentliche Nahverkehr der Hauptstadt ist im Umbruch. Zwar zeichnet sich ein Großteil der rund 3000 Stadtbusse der *Capital* weiterhin durch rußende Auspuffe, Diebstahlgefahr, fehlende Sitzbänke oder Fensterscheiben aus, aber mit der Inbetriebnahme des **TransMetro** (s. Kasten) hat ein neues Zeitalter begonnen.
An den meisten Bussen befinden sich Schilder mit der Busnummer und dem Fahrtziel. Zusätzlich rufen die Busbegleiter *(ayudantes)* die Fahrtziele aus. Es gibt feste Haltestellen *(paradas)*, aber mit ausgestrecktem Arm kann man Busse auch fast überall zum Anhalten bringen. Aufgrund von Bauarbeiten, Verkehrsstaus oder je nach Lust und Laune des Fahrers können sich sehr spontan Abweichungen vom normalen Routenverlauf ergeben. Abwarten heißt dann die Devise. Wer merkt, dass er im falschen Bus sitzt, sollte einfach aussteigen, denselben Bus in die Gegenrichtung nehmen oder einen anderen Bus probieren. Am besten immer wieder fragen – die Wartenden an den Bushaltestellen kennen sich bestens aus.
Fahrscheine: Eine Fahrt kostet momentan Q1, ca. 0,10 €. Der Fahrschein gilt für eine einfache Fahrt ohne Zeitlimit auf der Route, für die man

ihn gekauft hat. Wer umsteigt, muss einen neuen Fahrschein lösen. Kleingeld bereithalten und den Fahrschein sicherheitshalber bis zum Ende der Fahrt aufheben!
Fahrzeiten: Die meisten Busse operieren zwischen 5 und 21 Uhr. Bis ca. Mitternacht verkehren Kleinbusse, die *ruleteros*. Auch ohne festen Fahrplan wartet man selten länger als 10 Min. auf einen Bus.

Taxis

Taxis sind relativ teuer und haben nur selten ein Taxameter, sodass man den Preis immer vorher aushandeln sollte. Sie stehen an allen größeren Plätzen, Busterminals und zirkulieren. Anbieter sind u. a. **Amarillo Express**, ✆ 24701515 (Preis pro km Q4,50), und **Asociación de Taxis Las Américas**, ✆ 23620583.

Transport

Busse

Die meisten Busgesellschaften haben ihre eigenen Terminals, die über die Stadt verteilt sind. Ausnahme ist der recht neue Busbahnhof **CENMA** im Süden der Stadt, von dem aus Busse Richtung Pazifikküste und zur mexikanischen Grenze bzw. zur Grenze nach El Salvador fahren. Mit dem TransMetro (s. Kasten) erreicht man CENMA von der Zone 1 aus in 30 Min. Busverbindungen zu nachfolgend nicht genannten Orten finden sich im jeweiligen Ortskapitel.

Busse innerhalb Guatemalas

Pazifikküste und Grenze zu Mexiko / El Salvador

Abfahrtsort CENMA

AMATITLÁN (25 km, 30 Min.) über Villa Nueva, alle 5 Min.
AUTO SAFARI CHAPIN (88 km, 1 1/2 Std.) Safaripark, alle Busse Richtung Taxisco über Escuintla, z. B. die Busse nach Chiquimulilla, die stdl. fahren.
CHAMPERICO (229 km, 5 1/2 Std.), Abfahrt 13, 17 Uhr.
MONTERRICO (139 km, 3 Std.) über Iztapa, Abfahrt 11.25 und 14 Uhr. Alternativ einen Bus nach TAXISCO nehmen (ca. 2 Std., alle 30 Min. von 4.30–17 Uhr). Von dort weiter mit einem Pick-up nach La Avellana und weiter per Boot.
PUERTO SAN JOSÉ (88 km, 1 1/2 Std.) über Amatitlán, Palín, Escuintla. Abfahrten zwischen 5 und 18 Uhr alle 30 Min.
RETALHULEU (196 km, 4 Std.) über Escuintla, Mazatenango, alle 15 Min. von 4.30–19.15 Uhr.
SANTIAGO ATITLÁN (130 km, 4 Std.) über Escuintla, Cocales, San Lucas Tolimán. Alle 30 Min. von 4–17 Uhr.
SIPACATE (132 km, 4 Std.), alle 30 Min. von 5–17.30 Uhr.
TECÚN UMÁN (253 km, 4 1/2 Std.) mexikanische Grenze, Pullman-Busse von Rápidos del Sur, ✆ 22327025, fahren über die Pazifikstraße, stdl. von 6–18 Uhr.

Ins nahe westliche Hochland

Abfahrtsort Trébol

Zu den nachfolgend aufgeführten Reisezielen kann auch entlang der Calzada Roosevelt zugestiegen werden. Ein Sitzplatz ist dann aber oft nicht mehr zu haben.
ANTIGUA (45 km, 1 Std.) über San Lucas Sacatepéquez zwischen 6 und 21 Uhr alle 6 Min. Der Antigua-Terminal befindet sich an der Ecke 23. C. und 2. Av., Zona 3 (von der Zone 1 für Q25 mit dem Taxi zu erreichen).

Wohltuend anders – der TransMetro

Seit Kurzem verkehrt der Schnellbus **TransMetro** zwischen CENMA (Central de Mayoreo) im Süden der Stadt an der Straße Richtung Pazifik und der Zone 1 (18. Calle) entlang der Aguilar Batres/Avenida Bolívar (Eje Sur) und entlang der 6. Avenida der Zone 1 Richtung Flughafen (Eje Central). Der Bus verfügt über eigene Haltestellen mit Polizeischutz und eine eigene Fahrspur. In den folgenden Jahren soll dieses Schnellbusnetz ausgebaut werden, die Route Eje Norte von der Zone 1 bis zur Zone 6 ist in Planung. Mit dem TransMetro kommt man schnell und sicher in die Nähe der meisten im Buch genannten Museen, Geschäfte und Terminals (s. Stadtplan S. 176). Infos zu Haltestellen und Routenverlauf unter 💻 www.transmetroguatemala.com.

CHIMALTENANGO (55 km, 1 Std.), von 5–20 Uhr alle 7 Min.
MIXCO VIEJO (60 km, 2 Std.) über San Lucas Sacatepequez und weiter nach PACHALUM und JOYABAJ (QUICHE), Abfahrt um 5, 5.45, 6.45, 10.30, 12.30 und 16.30 Uhr.
TECPÁN (92 km, 2 Std.), alle 30 Min. von 5.30–19 Uhr.

Ins entferntere westliche Hochland
CHICHICASTENANGO (146 km, 3 Std.), 41. Calle, Zona 8 (Nähe Trébol) über Chimaltenango, Los Encuentros. Alle Busse, die nach Santa Cruz del Quiché fahren, halten in Chichicastenango. Alle 10 Min. von 5–17 Uhr.
HUEHUETENANGO (266 km, 5 1/2 Std.) über Los Encuentros, Cuatro Caminos.
Línea Dorada, 16. C. 10-03, Zona 1, ✆ 24158900, 💻 www.tikalmayanworld.com, tgl. 6.30, 17, 22.30 Uhr.
Los Halcones, Calzada Roosevelt 37-47, Zona 11, ✆ 24339180, tgl. 7, 10.15, 14, 17 Uhr.
LA MESILLA (345 km, 7 Std.), mexikanische Grenze, 41. Calle, Zona 8 (Nähe Trébol). Pullman-Busse um 14 und 17 Uhr.
MOMOSTENANGO (4 1/2 Std.), 41. Calle, Zona 8 (Nähe Trébol) alle 30 Min., 6–16 Uhr.
NEBAJ (6 Std.), 41. Calle, Zona 8 (Nähe Trébol), nur ein direkter Bus um 5 Uhr morgens, sonst Bus nach SANTA CRUZ DEL QUICHÉ nehmen, dort weiter um 11.30, 13.30, 15.30 und 16.30 Uhr.
PANAJACHEL (148 km, 3 Std.) über Los Encuentros, Sololá. Transportes Rébuli, 21. C. 1-34, Zona 1, ✆ 22302748, stdl. 6.30–15.50 Uhr.
QUETZALTENANGO (203 km, 4 Std.) über Los Encuentros, Cuatro Caminos.
Línea Dorada, Adresse s. Huehuetenango, tgl. 8, 15 Uhr.
Transportes Galgos, 7. Av., 19-44, Zona 1, ✆ 22200238, tgl. 8.30, 14.30 und 17 Uhr.
Transportes Alamo, Calzada Roosevelt, 12 Av. "A" 0-65, Zona 7, Colonia Quinta Samayoa, gegenüber Tikal Futura, ✆ 24718626, 6x tgl. von 6.15–17.30 Uhr.
SAN MARCOS (253 km, 5 1/2 Std.) über Cuatro Caminos, Quetzaltenango. Transportes Marquensita, 1. Av. 21-31, Zona 1, ✆ 22300067, 8x tgl. von 6.30–17 Uhr.
SAN PEDRO LA LAGUNA (4 Std.), 41. Calle, Zona 8 (Nähe Trébol), über Santa Clara, stdl. von 5–16 Uhr.
SANTA CRUZ DEL QUICHÉ (165 km, 3 1/2 Std.), 41. Calle, Zona 8 (Nähe Trébol), alle 10 Min. von 5–17 Uhr.

Sparen in der 1. Klasse

Einige der größeren 1. Klasse-Busunternehmen bieten Rabatte für den Kauf von Hin- und Rückfahrt an. Vor dem Kauf nachfragen!

Zentralguatemala
COBÁN (213 km, 4 1/2 Std.) über El Rancho, Biotopo del Quetzal, Tactic.
Transportes Monja Blanca, 8. Av. 15-16, Zona 1, ✆ 22381409, 💻 www.tmb.com.gt, alle 30 Min. von 2–17 Uhr.
Camionetas nach SALAMA und RABINAL fahren regelmäßig von der 17. C. 11-32, Zona 1.

Östliches Guatemala
ESQUIPULAS (222 km, 4 1/2 Std.) über Rio Hondo, Zacapa, Chiquimula.
Rutas Orientales, 21. C. 11-60, Zona 1, ✆ 22512160, alle 30 Min. von 4.30–18 Uhr.
Von **La Terminal** in der Zone 4 fahren Busse in den Landesosten (Jutiapa, Chiquimula, Esquipulas). Die Gegend um La Terminal ist chaotisch und nicht ungefährlich.

Karibikküste und Petén
FLORES/SANTA ELENA (506 km, 9–10 Std.) über Río Dulce, Poptún.
Fuente del Norte, 17. C. 8-46, Zona 1, ✆ 22383894, Abfahrt alle 3 Std.
Línea Dorada, 16. C. 10-03, Zona 1, ✆ 24158900, 💻 www.tikalmayanworld.com, 1. Klasse: 10, 22 Uhr, Luxusklasse 21 Uhr, US$19–24.
Autobuses Del Norte (ADN), 8. Av. 16-41, Zona 1, ✆ 22510610, 💻 www.adnautobuses delnorte.com. Doppeldecker-Luxusbusse mit AC, Bordpersonal, Snacks, tgl. 21 und 22 Uhr, Q150. Geplant sind auch Luxusbusse nach Cobán und Quetzaltenango.
PUERTO BARRIOS (307 km, 5 Std.) über Los Amates, Quiriguá.

Transportes Litegua, 15. C. 10-40, Zona 1, ✆ 22208840, 💻 www.litegua.com, alle 30 Min. von 4.30–19 Uhr, nur einige Direktbusse.
RÍO DULCE (277 km, ca. 4–5 Std.), alle Busse, die nach Flores/Sta. Elena fahren, halten am Río Dulce, außerdem fährt Litegua (s. Puerto Barrios) mehrmals tgl. Auch Shuttle-Service von Antigua aus.

Busse in die Nachbarländer

Belize-Stadt (700 km, 2 Tage) über Flores.
Línea Dorada, 16. C. 10-03, Zona 1, ✆ 24158900, ab 21 Uhr zunächst bis Flores, dort umsteigen und tgl. um 6 Uhr weiter nach Belize-Stadt über Melchor de Mencos, Orange Walk, Corozal, Ankunft 12 Uhr. Preis ab Guatemala-Stadt nach Flores Q200, von dort nach Belize-Stadt Q160.

Honduras
COPÁN (237 km, 5 Std.) über die Grenze El Florido.
Günstige Variante: bis Chiquimula (s. Busse nach Esquipulas) und dort umsteigen.
Hedman Alas, 2. Av. 8-73, Zona 10, ✆ 23625072, 💻 www.hedmanalas.com, tgl. um 5 und 9 Uhr, US$36. Der Bus fährt von Copán weiter nach SAN PEDRO SULA, US$45, wo man umsteigt und u. a. nach LA CEIBA (632 km, 12 Std.) sowie TEGUCIGALPA (699 km, 12 Std.), US$52, gelangt. Shuttle-Service nach Antigua tgl. um 19 Uhr, Aufpreis von US$7.
Tica Bus (s. El Salvador) fährt mit Umsteigen in San Salvador und 1x Übernachten nach SAN PEDRO SULA und TEGUCIGALPA.

Mexiko
CHETUMAL (880 km, 2 Tage) über Flores, s. Belize-Stadt.
TAPACHULA (293 km, 6–7 Std.) über Retalhuleu und EL CARMEN (278 km, 5–6 Std.)
Trans Galgos Inter, 7. Av. 19-44, Zona 1, ✆ 22323661, 💻 www.transgalgosinter.com.gt, 7.30, 14 Uhr. Einfache Fahrt Q205, zurück Q327.

El Salvador
SAN SALVADOR (268 km, 4 1/2–5 Std.)
Confort Lines, 18. Av. 1-96, Zona 15, Vista Hermosa II, ✆ 23690404, 💻 www.comfort premium.com. Quality Line (Doppeldecker, Frühstück inkl., tgl. 6.30 und 15,30 Uhr, US$33 Hinfahrt, Hin- und Rückfahrt US$56; Confort Line (einfacher Pullman-Bus) tgl. 8 und 14 Uhr, Hinfahrt US$26, Hin- und Rückfahrt US$48. Busse fahren weiter über NICARAGUA nach COSTA RICA.
J.F. Pezzarossi, 3. Av. 1-38, Zona 9, ✆ 23310874, stdl. von 5.30–16.30 Uhr, einfache Fahrt Q120.
Melva Internacional, 3. Av. 1-38, Zona 9, ✆ 23310874, im Büro von J.F. Pezzarossi, stdl. 5.15–16.15 Uhr, über CUILAPA, Grenzstation Valle Nuevo, US$12.
Pullmantur, Holiday Inn, 1. Av. 13-22, Zona 10, ✆ 23636240, 💻 www.pullmantur.com, Mo–Sa 6.45, 2.45, So 8.30, 13.30 Uhr, Hin- und Rückfahrt 2. Etage US$59, 1. Etage US$99.
Tica Bus, Calzada Aguilar Batres, 22-55 Zona 12, ✆ 24592848, 💻 www.ticabus.com, Abfahrt 5.30 und 13 Uhr (fährt weiter nach HONDURAS, NICARAGUA, COSTA RICA, PANAMA), US$34.

Flüge

Der im Dezember 2007 neu gestaltete und erweiterte Flughafen **Aéropuerto Internacional La Aurora**, Zona 13, 💻 www.dgacguate.com, ist der wichtigste Flughafen des Landes. Hier starten und landen alle internationalen Flüge. Bei der Ankunft warten bei den Gepäckbändern Umtauschmöglichkeiten, dann die Einwanderungsbehörde und danach der Zoll auf Ankommende. Dahinter befinden sich weitere Banken, eine Informationsstelle des guatemaltekischen Tourismusinstituts INGUAT und diverse Autovermieter. Beim Verlassen der

Geldwechseln am Flughafen

Die Filiale von **Banco Industrial** am Flughafen (noch vor der Passkontrolle!) tauscht Euros zu einem besseren Kurs als Banrural. 🕒 Mo–Fr von 6–20, am Wochenende von 6–18 Uhr.
Bei **Banrural** lassen sich Euros tauschen. Die Filiale im obersten Stock gibt dabei den besten Kurs. 🕒 Ankunftsgeschoss tgl. 6–24 Uhr, OG tgl. 4–18.30 Uhr. **Global Exchange**, je eine Filiale im Abfahrts- und im Ankunftsbereich, schlechte Kurse. Tauscht unter anderem Euro und Schweizer Franken. 🕒 tgl. rund um die Uhr.

Halle sollte man sein Gepäck und seine Wertsachen gut im Auge behalten.
Außerhalb der Ankunftshalle wartende **Taxis** fahren für Q80–100 in die Stadt, oder man nimmt einen **Shuttle-Bus** nach Antigua (je nach Auslastung und Uhrzeit ab US$10), der aber im Voraus bestellt werden muss (s. S. 225).
Ein Taxi nach Antigua sollte nicht mehr als Q250 kosten. Die **öffentlichen Busse** (Linie 83 mit der Aufschrift „Aurora") fahren vor dem Flughafengebäude ab. Auf dem Parkplatz gegenüber dem Flughafen liegen die Büros der meisten **Autoverleiher**, Telefonnummern s. Sonstiges/Autovermietungen.

Internationale Fluggesellschaften
Air France und **Alitalia**, Av. La Reforma 9-00, Zona 9, Plaza Interamericana, ✆ 23832900, 🖳 www.airfrance.com, www.alitalia.com.
American Airlines, 7. Av. 15-45, Zona 9, Hotel Barceló, ✆ 24220000, 🖳 www.aa.com. ⌚ Mo–Sa 8–12 und 14–18, So 12–18 Uhr.
Continental Airlines, 18. C. 5-56, Zona 10, Edificio Unicentro, 7. Nivel, ✆ 23859610, Flughafen ✆ 77651215, Hotel Barceló, 7. Av. 15-45, Zona 9, 🖳 www.continental.com.
Copa Airlines, 5 Av. 5-55, Zona 14, Edificio Europlaza Torre 3 Planta Baja, ✆ 23536555, Flughafen ✆ 23850658, 🖳 www.copaair.com.
Delta Airlines, 15. C. 3-20, Zona 10, Edificio Centro Ejecutivo, ✆ 22630600, 🖳 www.delta.com. ⌚ Mo–So 9–14 Uhr.
Iberia, Av. La Reforma 8-60, Zona 9, Ed. Galerias Reforma, local 507, ✆ 23320911, 📠 23343817, Flughafen ✆ 23327471, 🖳 www.iberia.com.
KLM, Av. La Reforma 9-00, Zona 9, Plaza Interamericana, ✆ 23832900, 🖳 www.klm.com.
Lufthansa, Info über Heidi Schiller, Travel Planet Lufthansa, Los Proceres 25-74, Zona 10, Comercial Pradera Local 6, oberhalb Banco Industrial, ✆ 23232800, 🖳 www.lufthansa.com, Beratung auf Deutsch.
Maya Island Air Regional, 18. C. 10-50, Zona 10, Plaza La Villa Lokal 214, ✆ 23633562, 🖳 www.mayaregional.com, fliegt 1x tgl. morgens nach San Pedro Sula, Honduras (US$185), und nach Belize-Stadt (US$288).
Taca, Av. Hincapié 12-22, Zona 13, ✆ 24708222, Flughafen ✆ 22798222, 🖳 www.taca.com.
Spirit Airlines, 🖳 www.spiritair.com, US-amerikanische Billiglinie, bietet die Flugstrecke Guatemala – Fort Lauderdale (Nähe Miami) an.

Nationale Fluggesellschaften
Inter (Grupo Taca), 6. C. 26-50, Zona 11, C.C. Villa Majada, Local 18, Paseo Miraflores, ✆ 24708222, 🖳 www.tacaregional.com/inter/. Flüge nach Flores, Cancún, Belice, San Pedro Sula, Tegucigalpa, Roatán, La Ceiba, Utila, Guanaja, Trujillo, San José, Panamá.
TAG (Transportes Aéreos Guatemaltecos), Av. Hincapié u. 18 C., Zona 13, ✆ 23809494, 🖳 www.tag.com.gt, fliegt 1x tgl. nach Flores um 6.30 Uhr (Rückflug um 17 Uhr).
Helicópteros de Guatemala, Av. Hincapié 18-05, Zona 13, Hangar I-3, ✆ 23347690, 🖳 www.helicopterosdeguatemala.com, Hubschrauber-Charterflüge.

Südlich von Guatemala-Stadt

Parque Naciones Unidos

Nach Süden verlässt man die Stadt über die Calzada Aguilar Batres, eine große Ausfallstraße, die in die Carretera Interoceánica CA 9 in Richtung Pazifikküste übergeht. Man passiert zunächst den zum sozialen Brennpunkt verkommenen Vorort **Villa Nueva**, in dessen Umfeld sich Industrie und auf dem Reißbrett geplante Wohnviertel abwechseln.

Bei KM 20 zweigt eine kleine Nebenstraße zum **Parque Naciones Unidas** ab, ⌚ Mo–So 8–17 Uhr, Q25. Von diesem Naherholungsgebiet aus hat man einen fantastischen Blick über den Amatitlán-See und das dahinter liegende Massiv des Vulkans Pacaya. Außer Picknickgelegenheiten und Miniaturmodellen landestypischer Gebäude hat der Park jedoch nicht viel zu bieten. Hier ist es schon gelegentlich zu Überfällen gekommen! Seit 2006 funktioniert wieder die kleine Gondelbahn *(teleférico)* hinab zum Seeufer in den **Parque Las Ninfas**, ⌚ nur Fr–So 10–17 Uhr, Q15.

Der Amatitlán-See

27 km von der Hauptstadt entfernt, liegt steil unterhalb des Parque Naciones Unidos der Amatitlán-See, benannt nach der gleichnamigen Ortschaft. Rein optisch sieht der See sauber aus, aber biologisch ist er tot, da er einen großen Teil der ungeklärten Abwässer der Hauptstadt aufnimmt. Durch die zunehmende Sedimentierung verlandet der See rapide, und in nicht allzu ferner Zukunft könnte er vollständig verschwunden sein. Dennoch ist das Gewässer, das von der stillgelegten Eisenbahnlinie Richtung Pazifik in zwei Teile geteilt wird, ein beliebtes Ausflugsziel. Besonders an Wochenenden füllt sich die Uferpromenade mit Familien, wird auf dem See gerudert oder in den zum Teil sehr luxuriösen Ferienhäusern genächtigt.

War es früher der Fischfang und die Cochenille-Laus, die zu einem natürlichen Farbstoff verarbeitet wurde, so lebt der in 1190 m Höhe liegende Ort **Amatitlán** heutzutage vom Lokaltourismus sowie den heißen Quellen und Thermalbädern, die er der beständigen Aktivität des nahe gelegenen Vulkans Pacaya zu verdanken hat. Ansonsten ist der Ort kaum sehenswert. Er wurde nach dem Amatle-Baum benannt, einer Ficusart, aus deren Rinde früher Papier hergestellt wurde. Lediglich am zweiten und dritten Mai eines jeden Jahres verwandelt sich das Städtchen in einen Pilgerort. Dann strömen Gläubige aus dem ganzen Land zusammen, um dem Niño de Atocha zu huldigen, einer angeblich Wunder wirkenden Figur des Jesuskindes.

Übernachtung

Casa de Huéspedes Karla, 3. Av. 2-74, Cantón la Cruz, ✆ 66333538. Einfache Zimmer ohne Bad, Mahlzeiten im dazugehörigen Comedor. ❷

Hotel y Restaurante El Rocarena, ✆ 66333522, am See gelegen. Luxuriöses Hotel mit eigenen Thermalquellen, Swimmingpool, Restaurant. ❸
Die Bäder des Rocarena sind auch für Nichtgäste geöffnet, 🕓 tgl. 8–17 Uhr, Q50, Kinder bis 10 Jahre Q25.

Transport

An der Hauptstraße kommen ständig **Busse** nach GUATEMALA-STADT vorbei.

10 HIGHLIGHT

Vulkan Pacaya

Bei KM 37 der CA 9 (Richtung Pazifik) wird entlang fruchtbarer Kaffeepflanzungen nach 7 km auf asphaltierter Straße das Dorf **San Vincente de Pacaya** erreicht. Vor dem Ort biegt eine schlechte, 5,5 km lange Straße zum Dorf **San Francisco de Sales** ab. Dort beginnt der Aufstieg zum Vulkan und dort liegen auch das Besucherzentrum mit Parkplatz und einfachen Toiletten, eine Übernachtungsmöglichkeit (s. S. 194) sowie der Eingang zum Nationalpark, der seit 1963 existiert.

Der 2552 m hohe Pacaya gehört zu den aktivsten Vulkanen Mittelamerikas. Bereits seit 1565 werden Ausbrüche registriert. Allein in den vergangenen Jahren hatte der Vulkan mehrere Dutzend starker Eruptionen. Zuletzt kam es Ende Mai 2010 zu einem größeren Ausbruch, bei dem der Pacaya seine Asche 4 km in die Luft schleuderte und die rund 50 km entfernte Hauptstadt mit einer 7 cm dicken Schicht bedeckte. Herabstürzende Steinbrocken erschlugen einen Journalisten eines Fernsehsenders und rund 2000 Menschen mussten in der Umgebung des Vulkans in Sicherheit gebracht werden. Vor allem die Dörfer an den Südwesthängen sind aufgrund der fast immer gleichen Windrichtung bei Ausbrüche betroffen. Ihre Bewohner haben schon oft Zuflucht in Notunterkünften suchen und Ernteschäden erleiden müssen.

Die Besteigung

Der Berg ist relativ einfach in 2–2 1/2 Stunden zu besteigen und bietet einen grandiosen Blick auf die Vulkankette Guatemalas. Am Nationalparkeingang, 🕓 7–17 Uhr, sind Q35 Eintritt zu entrichten.

Zunächst windet sich der markierte Weg mäßig steil durch ein Waldstück den Berghang hinauf. Danach gelangt man auf einem Grat in die schwarze Lavasandwüste des Pacaya, aus der sich Mutter Natur bis auf ein paar verkohlte Baumstämme vorerst zurückgezogen hat. Der Grat führt linker Hand um eine Vertiefung herum bis zum steilen und rutschigen letzten Abschnitt,

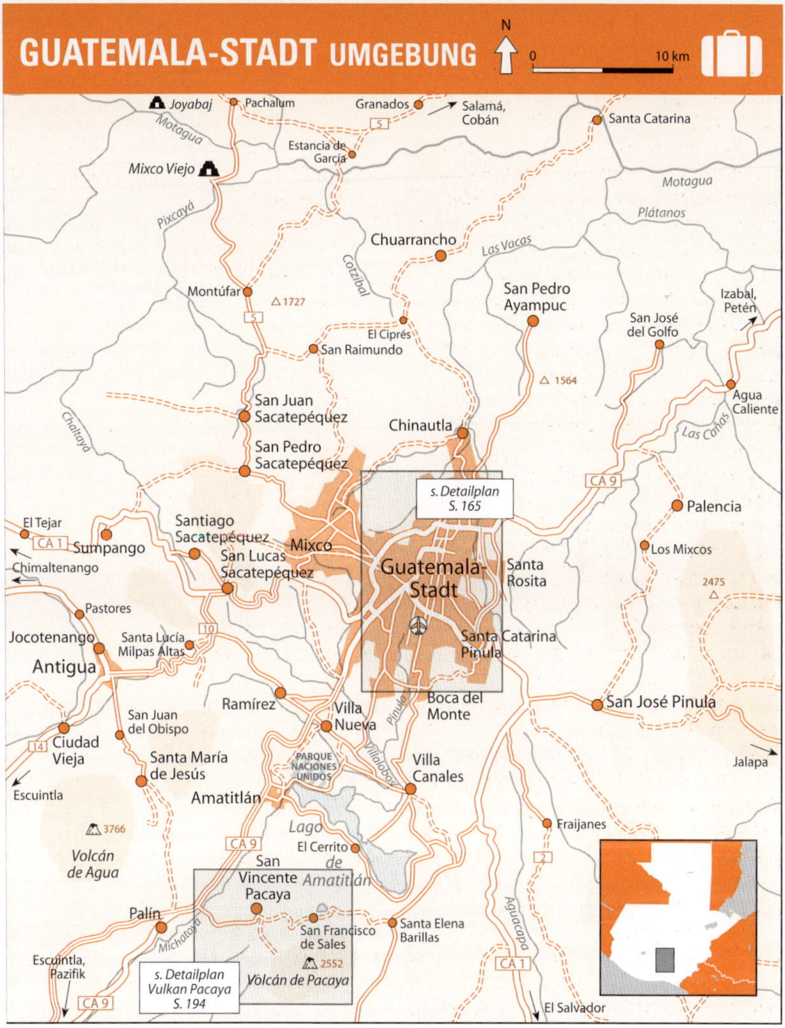

an dessen Ende man sich schon relativ nahe am Krater befindet.

Auf dem Vulkan kann es bitterkalt werden. Da die meisten Touren nachmittags beginnen und der Abstieg meist erst im Dunkeln erfolgt, sollte man warme Kleidung, eine Taschenlampe und ausreichend Wasser mitnehmen. Touren auf den Pacaya werden in der Regel nur von Antigua aus angeboten (s. Touren S. 220), können aber auch – deutlich teurer – über Reisebüros in Guatemala-Stadt organisiert werden. Achtung: Wer eine der Billigtouren zur Besteigung des Pacaya in Antigua bucht, sollte vorher abklären, ob der Parkeintritt bereits im Gesamtpreis enthalten ist. Wer auf eigene Faust unterwegs ist, bekommt im Dorf El Patrocinio einen Führer und Pferde. Der

VULKAN PACAYA

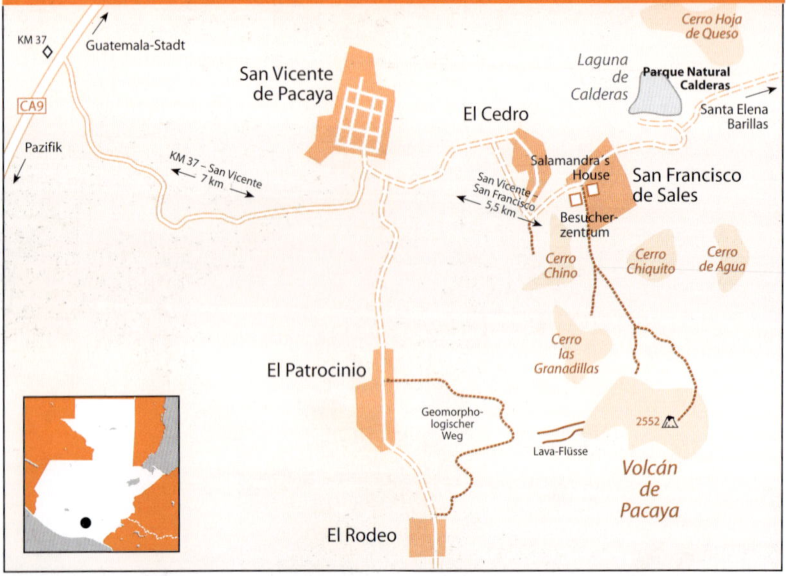

Lehrpfad „Sendero Geomorphológico" führt von dort zu den Lavaströmen des Pacaya.

Wer mehr Zeit hat, kann sich im ambitionierten Ökotourismusprojekt **Parque Natural Calderas** vergnügen, ✆ 23697318, 💻 www.parquecalderas.com.gt. Der Park liegt rund 3 km nördlich von San Vicente an der Laguna Calderas. Das Angebot von Outdoor-Aktivitäten ist groß und reicht vom Wandern, Reiten, Kajakfahren, Mountainbiken bis zu Canopy- und Klettertouren. Die Höhe des Eintritts liegt je nach Aktivität zwischen Q75 und 150. Zelten ist möglich, Q40.

Sicherheitshinweis

Der Vulkan Pacaya ist ein aktiver Vulkan und kann jederzeit urplötzlich ausbrechen. Bei einem Besuch des Pacaya ist daher den Anweisungen des Guides unbedingt Folge zu leisten. Giftige Gase und herabfallende Lavabrocken können selbst den allervorsichtigsten Wanderer treffen. Sollte die Kraterregion aus Sicherheitsgründen gesperrt sein, sollte dies respektiert werden!

Übernachtung und Essen

Salamandra's House, gegenüber dem Besucherzentrum, ✆ 52018649, ✉ salamandrashouse@gmail.com. Frisch renoviertes Hotel mit Restaurant und einfacher Sauna. ❺ Schlafsaal Q60 p. P.

In **San Francisco de Sales** gibt es sehr einfache Privatunterkünfte, nach denen man fragen muss. Auf dem Vulkan liegen mehrere wilde Zeltplätze ohne Infrastruktur (kein Wasser!). Außer ein paar einfachen Comedores in San Vincente und kleinen Kiosken in San Francisco (Kekse, Softdrinks, Wasser) bekommt man hier oben nichts weiter zu essen oder zu trinken.

Transport

Von GUATEMALA-STADT (ab La Terminal, Zona 4) verkehren alle 90 Min. **Busse** zwischen

Blick vom Vulkan Pacaya auf die Vulkankette des Hochlands

ca. 6 und 19 Uhr nach San Vincente de Pacaya (Fahrtzeit ca. 90 Min.) und in umgekehrter Richtung. Von dort nur sehr sporadischer Busverkehr nach San Francisco de Sales. Am stressfreiesten gelangt man im Rahmen einer begleiteten Tour von Antigua aus auf den Pacaya, s. S. 220.

Palín

Bei KM 40 gabelt sich beim Ort Palín die Hauptstraße. Beide Routen führen nach Escuintla. Während man rechter Hand auf eine mautpflichtige Autobahn in Topzustand und mit wenig Verkehr abbiegen kann, führt die linke Abzweigung auf die alte Straße nach Escuintla. Letztere ist kurvenreich, voller Schlaglöcher und von nervösen Bus- und Lastwagenfahrern bevölkert.

In Palín wurden Überlebende des Massakers der Spanier an den Pokomam in Mixco Viejo angesiedelt, und auch heute noch gehört der Ort zu den wenigen Gebieten, in denen Pokomam gesprochen wird. Sehenswert in Palín ist der große Baumwollbaum, unter dem der Markt abgehalten wird. Bei den Fronleichnamsfeiern und der Fiesta am 30. Juli werden traditionelle Tänze aufgeführt. Von Palín führt eine wenig befahrene Erdstraße über Santa María de Jesús nach Antigua.

Westlich und nördlich von Guatemala-Stadt

San Lucas Sacatepéquez und Santiago Sacatepéquez

Wer von der Hauptstadt aus in das guatemaltekische Hochland reisen will, benutzt in der Regel die **Calzada Roosevelt**. Entlang dieser sechsspurigen Ausfallstraße haben sich große Einkaufszentren, Restaurants und viele Tankstellen angesiedelt. Unübersehbar ist der wie ein Monolith aufragende moderne Bau des Hotels und Einkaufszentrums Tikal Futura. Nach rund 28 km auf der Interamericana CA 1 erreicht man den Ort **San Lucas Sacatepéquez**. An diesem Verkehrsknotenpunkt (Abzweigung nach Antigua) siedelten die Spanier früher zwangsweise Indígenas aus verschiedenen Landesteilen an. Heutzutage stellt die vorwiegend Cakchiquel sprechende indianische Bevölkerung Holzmöbel her und ernährt sich von der Landwirtschaft. An Wochenenden verpflegen zahlreiche Essstände hungrige Ausflügler aus der Hauptstadt.

San Pedro Sacatepéquez und San Juan Sacatepéquez

Über die **Calle San Juan** erreicht man entlang der Zonen 7 und 19 die Ruta Nacional 5, die sich einen steilen Berghang hinaufschlängelt. Bis etwa KM 22 reichen die armseligen Wellblechhütten der Hauptstadt, bevor nach weiteren 3 km auf einer Höhe von 2100 m das Dorf **San Pedro Sacatepéquez** (nicht zu verwechseln mit dem gleichnamigen Ort in der Provinz San Marcos) auftaucht. Einst eine wichtige Durchgangsstation auf dem Weg nach Cobán und bekannt für die farbenfrohen Huipiles der hier lebenden Indígena-Frauen, hat das Dorf gegenüber seinem 6 km entfernten Nachbarort **San Juan Sacatepéquez** heute an Bedeutung verloren. Dort haben sich die Cakchiqueles mit der Produktion von Keramik und Holzmöbeln sowie der Korbflechterei einen Namen gemacht. In mit schwarzen Plastikbahnen überzogenen Gewächshäusern werden Blumen für den Export gezüchtet. Die auffällig gelb-violetten Huipiles der Frauen sind gelegentlich mit Mustern von doppelköpfigen Adlern und Pferden verziert.

Alle Busse, die von Guatemala-Stadt nach Mixco Viejo und Pachalum fahren, passieren beide Dörfer.

Mixco Viejo

Folgt man dem weiteren Verlauf der Ruta Nacional 5, stößt man bei KM 45 auf eine Gabelung. Nach rechts zweigt die ungeteerte Straße in Richtung Rabinal und weiter nach Cobán ab. Geradeaus führt eine kurvenreiche Straße bei KM 57 über den Río Pixcayá. Kurz darauf folgt bei

Drachenfest in Santiago Sacatepéquez

Der interessanteste Zeitpunkt für einen Besuch des ansonsten beschaulichen Dorfes **Santiago Sacatepéquez**, wenige Kilometer nordwestlich von San Lucas Sacatepéquez, ist der 1. November. An diesem Tag schieben sich Menschenmassen durch den kleinen Ort. Sie alle wollen zum Drachenfestival – der Feria de Barriletes – auf dem Friedhof. Hier lässt die Bevölkerung große Papierdrachen steigen, die in monatelanger Handarbeit aus bunt bemaltem Papier und Bambus hergestellt werden. An Allerheiligen hofft man dann auf guten Wind, damit sich die 6–7 m großen Drachen (und viele kleinere) in die Lüfte schwingen können, um ihre eigentliche Aufgabe zu verrichten: böse Geister zu vertreiben und eine Kommunikation der Verstorbenen mit ihren Angehörigen zu ermöglichen. Dazu werden die Riesendrachen über den ganzen Friedhof gezogen, der nach dem Spektakel einem Schlachtfeld gleicht. 1999 wurde das Fest zum nationalen Kulturgut erklärt. An einem etwas ruhigeren Tag kann ein kleines Museum unterhalb der Plaza besichtigt werden, in dem unter anderem Keramikfundstücke aus der Umgebung ausgestellt sind.

Alle Busse, die von Guatemala-Stadt nach Antigua und umgekehrt fahren, halten in San Lucas (Fahrtzeit von Guatemala-Stadt ca. 45 Min.; von Antigua ca. 30 Min.). Von dort bestehen ständige Verbindungen ins nahe gelegene Santiago Sacatepéquez.

Alternativ lässt man auch im Dorf **Sumpango**, rund 15 km westlich von Santiago, an Allerheiligen Drachen steigen. Das Dorf liegt an der Interamericana und ist mit jedem beliebigen Hochlandbus erreichbar.

KM 59 zur Linken die Abzweigung zu den landschaftlich reizvoll gelegenen Ruinen von Mixco Viejo, die nach einem knappen Kilometer erreicht werden, 🕓 Mo–Sa 7–17, So 7–18 Uhr, Q50. Es gibt Erfrischungsgetränke, aber kein Essen zu kaufen.

Geschichte

Im 12. Jh. hatten die Pokomam begonnen, nördlich des heutigen Guatemala-Stadt eines der größten Zentren der Hochlandindianer zu errichten. Im Laufe der darauffolgenden Jahrhunderte modellierten sie aus einem Tafelberg eine Stadt, die als kulturelles Zentrum, gleichzeitig aber auch als Zufluchtsort vor verfeindeten Stämmen diente. Mixco Viejo wurde zwar nach heutigen Kenntnissen von Pokomam-Indianern erbaut, war aber nicht – wie einige Quellen behaupten – zum Zeitpunkt der spanischen Eroberung deren Hauptstadt, sondern wurde vielmehr von einer Cakchiquel-Splittergruppe mit Namen Chajom dominiert. Die Cakchiqueles hatten die ursprünglich hier lebenden Pokomam Richtung Südosten vertrieben, wo sie beim heutigen Chinautla ein Zentrum namens Belej bauten.

Als die Spanier das noch recht junge Mixco Viejo im Jahr 1525 erreichten, fanden sie eine praktisch uneinnehmbare Festung vor – umgeben von drei steilen Schluchten und nur über einen leicht zu verteidigenden Engpass zugänglich. Drei Monate lang rannten sie unter Pedro de Alvarado vergeblich gegen dieses Bollwerk an. Erst als Indianer aus dem benachbarten Chinautla Alvarado und seinen Männern einen geheimen Versorgungstunnel zeigten, konnten die Spanier den Widerstand der Cakchiqueles brechen. Ein furchtbares Gemetzel folgte, die Anlage wurde komplett niedergebrannt. Nachdem die Spanier auch die Pokomam bei Chinautla besiegt hatten, wurden die wenigen Überlebenden im heutigen **Mixco** – einem Vorort der Hauptstadt – angesiedelt.

Ausgrabungen

Insgesamt umfasst die in 980 m Höhe liegende Ruinenstätte 13 Gruppen mit über 120 zum Teil überbauten Gebäuden, darunter Altäre, Pyramiden, Tempel, Ballspielplätze und Wohnhäuser. Der gesamte Komplex bot Platz für rund 9000 Menschen, das Umland eingeschlossen. Am Fuß der steinernen Monumente fanden die Archäologen – einmalig im guatemaltekischen Hochland – große, teils polychrome Graburnen, was darauf hindeutet, dass die Pokomam ihre

Toten entgegen lokalen Gepflogenheiten einäscherten.

Die Anlage bietet keine spektakulären Bauwerke, die höchste Pyramide misst gerade einmal 7 m. Außer von Gras überwucherten Steinmauern ist nicht mehr allzu viel erhalten. (Ein verwittertes Modell der Anlage in der Nähe des Eingangs hilft der Fantasie des Besuchers ein wenig auf die Sprünge.) Wertvolle Gebäudeteile und Steinskulpturen wurden in die Museen nach Guatemala-Stadt gebracht. Doch ein Besuch der zur späten Postklassik gehörenden Ausgrabungsstätte lohnt sich allein schon ihrer Lage, der gebirgigen Umgebung und der himmlischen Ruhe wegen.

Transport

Die 60 km von der Hauptstadt nach Mixco Viejo sind mittlerweile durchgängig asphaltiert, was die Anreise auf etwa 2 Std. verkürzt hat. Vom Trébol fahren rund 6x tgl. **Busse** direkt an Mixco Viejo vorbei nach Pachalum und weiter in den Quiché. Aufgrund des spärlichen Verkehrs am Nachmittag, ist es möglich, dass man nicht mehr am gleichen Tag nach Guatemala-Stadt zurückgelangt. Das Zelten ist in Mixco Viejo leider nicht mehr erlaubt, sodass man gegebenenfalls eine Nacht in Pachalum verbringen muss (s. u.). Eine sinnvolle Alternative ist ein Mietauto.

Von Mixco Viejo nach Pachalum und in den Quiché

Nur wenige Kilometer von der Anlage Mixco Viejo entfernt mündet der Río Pixcayá in den Río Motagua, den größten Fluss auf der Karibikseite Guatemalas. Kurz vor der Brücke befinden sich rechts und links der Straße große Hühnerzuchtfarmen. Ein steiler Anstieg auf der anderen Flussseite führt in das kleine, 72 km von der Hauptstadt entfernte Dorf **Pachalum**. Von hier bestehen tägliche Busverbindungen auf einer teilweise asphaltierten Straße nach Joyabaj in der Provinz El Quiché mit Anschluss nach Santa Cruz del Quiché.

In Pachalum gibt es eine einfache Übernachtungsmöglichkeit am Parque Central. Im Gebäude der Municipalidad erhält man Informationen über Wanderausflüge in die schöne Landschaft rund um das Dorf. Hier befindet sich auch eine kleine Glasvitrine mit archäologischen Fundstücken aus der Region, darunter Keramik, Steinfiguren und Mineralien.

Chinautla und San Pedro Ayampuc

Die Gegend im Norden der Hauptstadt besteht zumeist aus Wohnvierteln, die mit zunehmender Entfernung immer ärmlicher werden. Zweigt man von der Calle Martí in die Zone 6 ab, erreicht man nach 12 km **Chinautla**. In diesem Pokomam-Dorf werden Keramikgegenstände aus lokalem rotem, schwarzem oder weißem Ton hergestellt. Außerdem verkaufen die Bewohner zur Weihnachtszeit Krippen, Kerzenhalter und religiöse Tonfiguren.

Spanischen Chronisten zufolge sind die Pokomam aus dem weiter nördlich gelegenen **San Pedro Ayampuc** einst aus dem heutigen El Salvador zugewandert. Bis zum Ende des 18. Jhs. bestand der Ort nur aus einer kleinen Hacienda. Heute ist San Pedro Ayampuc ein kleines beschauliches Dorf von wenig touristischem Interesse.

Beide Orte (Chinautla: 12 km, 30 Min.; San Pedro Ayampuc: 22 km, 1 Std.) sind mit regelmäßig verkehrenden Bussen vom Markt der Zone 6 an der Calle Martí ganz im Norden der Stadt zu erreichen.

Antigua

Stefan Loose Traveltipps

2 Antigua Imposante Klosterruinen, prächtige Kolonialhäuser und gemütliche Cafés, umrahmt von drei Vulkanen. S. 200

3 Osterprozessionen Die Osterfeierlichkeiten werden besonders in Antigua mit Inbrunst und sehr viel Aufwand begangen. S. 202

Cerro de la Cruz Von hier oben ist der Blick auf das Panchoy-Tal und die Vulkane am schönsten. S. 210

Jocotenango Die Casa K'ojom – das Haus der Musik – lässt indianische und spanische Musikinstrumente erklingen. S. 226

Vulkan Acatenango Der Sonnenaufgang am Kraterrand ist ein echtes Erlebnis. S. 228

Comalapa Der Ort ist die Geburtsstätte der naiven indianischen Malerei in Guatemala und besitzt zahlreiche Künstlergalerien. S. 232

Antigua

Prächtige Kolonialgebäude, gewaltige Klosterruinen und imposante Kirchenfassaden prägen das Stadtbild von Antigua. Der Touristenmagnet bietet daneben aber auch gute Sprachschulen, gemütliche Cafés und einladende Geschäfte. Und dies alles vor der Kulisse mächtiger Vulkane.

Es nicht schwer zu erraten, wann die Hauptstadt der Provinz Sacatepéquez im Panchoy-Tal erreicht ist, denn der Asphalt hört schlagartig auf und geht über in die engen gepflasterten Straßen von Antigua, der Vorzeige-Kolonialstadt des Landes. Auf einmal dreht sich das Rad der Geschichte um mehr als zweihundert Jahre zurück. Überreste religiöser Monumente und Kolonialgebäude wechseln sich mit schattigen Parks und grünen Alleen ab. Umrahmt ist diese prächtige Kulisse von den drei Vulkanen **Agua**, **Fuego** und **Acatenango**, die das in 1530 m Höhe liegende Städtchen um mehr als 2000 m überragen und zum Greifen nahe scheinen. Offiziell ist der Ort unter dem Namen **La Antigua Guatemala** – „das alte Guatemala" – bekannt, seit die Regierung drei Jahre nach dem Erdbeben von 1773 beschloss, den Sitz der Hauptstadt von hier in das heutige Guatemala-Stadt zu verlegen. Eine weise Entscheidung, denn da in der Folgezeit niemand mehr an einen Wiederaufbau dachte, wurden so die vielen kolonialen Ruinen vor der endgültigen Zerstörung bewahrt und der Ort konnte sich zu dem entwickeln, was er heute ist.

Inzwischen hat sich die ehemalige Hauptstadt in ein lebendes Museum der Kolonialzeit verwandelt, das aber mit allen Annehmlichkeiten der modernen Zeit aufwarten kann. Antigua ist weltoffen und kosmopolitisch, gleichzeitig jedoch traditionsbewusst und stolz auf seine Vergangenheit. Das beste Beispiel für diese einmalige Mischung sind die Osterfeierlichkeiten, die mit einem enormen Aufwand und Glanz jährlich Zehntausende von Besuchern anlocken (s. S. 202, Kasten).

Heute lebt ein bunt gemischtes Völkchen in der rund 40 000 Einwohner zählenden Stadt (im gesamten Panchoy-Tal leben etwa 100 000 Menschen). Antigua ist nicht nur bei (Langzeit)-Touristen, Rentnern und Sprachstudenten beliebt, sondern aufgrund des frühlingshaften Klimas sowie des gepflegten Stadtbildes auch bei einheimischen Künstlern und Guatemalteken aus der Hauptstadt, sei es als Wohnsitz oder nur für einen Wochenendausflug. Für die meisten Touristen ist Antigua eine Oase inmitten eines rauen Reisealltags, und nicht wenige verweilen hier länger als geplant. Der Ort ist ideal, um der hektischen Hauptstadt zu entfliehen oder nach Wochen des Reisens zu relaxen, gut zu essen und eventuell Spanisch zu lernen. Hierin liegt allerdings auch das Verführerische: Nach einigen Tagen in dieser fast heilen Welt könnte man beinahe vergessen, in Guatemala zu sein. Denn Antigua ist eine wohlhabende Enklave in einem bitterarmen Land.

Zu erreichen ist der 45 km von der Hauptstadt entfernte Ort über eine Abzweigung auf der Interamericana Richtung Hochland beim Ort San Lucas Sacatepéquez.

Geschichte

Als die kleine spanische Truppe unter ihrem Anführer **Pedro de Alvarado** 1524 von Mexiko aus nach Guatemala gelangte, ahnte niemand, wie schwierig es werden würde, in diesem gebirgigen Waldland eine Stadt zu gründen. Nicht nur die Ureinwohner kämpften mit aller Kraft gegen die europäischen Eindringlinge, sondern auch die Erde versuchte sich der feindlichen Besetzung mit Erdbeben und Vulkanausbrüchen zu widersetzen. Doch die Konquistadoren zeigten einen eisernen Willen, der sich hauptsächlich aus der Gier nach Gold und Silber speiste.

Den Eroberern kam die innere Zerstrittenheit der hier lebenden indianischen Völker zugute. Nachdem sie die Cakchiqueles, ihre ehemaligen Verbündeten, geschlagen und deren Hauptstadt Iximché niedergebrannt hatten, zogen Alvarado und seine Männer in das Almolonga-Tal am Fuße des Vulkans Agua. Hier gründeten sie im November 1527 Santiago de Goathemala, das heutige **Ciudad Vieja**. Der neue Ort sollte das Zentrum der kolonialen Macht in Mittelamerika werden, doch es kam anders: Pedro de Alvarado hatte zwischenzeitlich geheiratet und seine Frau **Doña Beatriz de la Cueva** von Spanien nach Guatema-

ANTIGUA UND UMGEBUNG

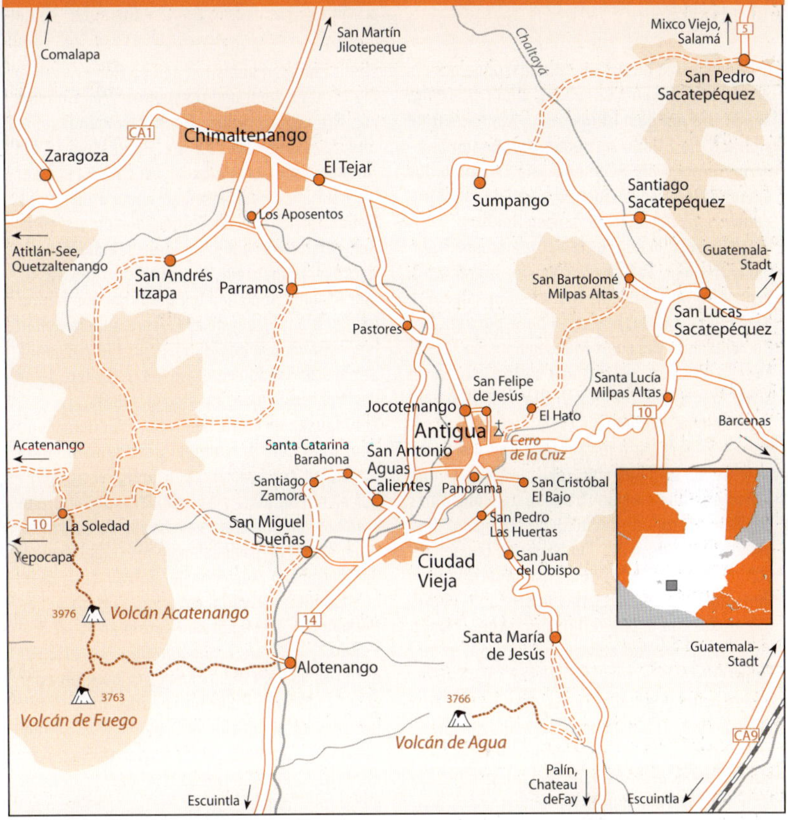

la gebracht. Kurz darauf starb er 1541 bei einem Beutezug im nördlichen Mexiko.

Der Stadtrat von Santiago übertrug Doña Beatriz als erster Frau in der neuen Welt die Regierungsgeschäfte. Ihre Amtszeit währte allerdings nur einen einzigen Tag, denn die Stadt wurde nach einem mehrtägigen Unwetter von Schlammlawinen förmlich weggespült. Doña Beatriz ertrank in den Fluten, und die Überlebenden des Unglücks beschlossen eine erneute Standortverlegung der Hauptstadt. Ihre Wahl fiel auf das nur wenige Kilometer entfernte Panchoy-Tal, in dem der Architekt **Juan Batista Antonelli** 1542 auf dem Reißbrett eine Stadt für 5000 Menschen an der Stelle des heutigen Antigua entwarf. Am 10. März 1543 wurde die bislang dritte guatemaltekische Hauptstadt offiziell gegründet. Diesmal schien die Lage gut gewählt zu sein, denn in den folgenden 230 Jahren entwickelte sich die einstmals kleine Siedlung zu einem politischen, wirtschaftlichen und kulturellen Zentrum, das anderen großen Kolonialstädten wie Lima oder Mexiko-Stadt in nichts nachstand. Philipp II. von Spanien adelte die Stadt im Jahr

3 HIGHLIGHT

Die Osterwoche in Antigua

Erbarmungslos brennt die Mittagssonne auf die wartenden Zuschauer nieder. Dicht gedrängt stehen sie auf dem Bürgersteig. Niemand traut sich auf die Straße zu treten: Dort liegen aneinandergereiht die *alfombras*, die Teppiche aus eingefärbten Sägespänen, Blumen und Kiefernnadeln – die Arbeit einer ganzen Nacht.

Plötzlich setzt in der Ferne ein monotoner Trommelwirbel ein. Während er immer lauter wird, kommt Unruhe in die Menge. Väter nehmen ihre Kinder auf die Schultern, andere packen ihre Kameras aus. Mit einem Mal beginnt eine Musikkapelle Trauermusik zu spielen. Wirklich schön klingt keines der zerbeulten Blechinstrumente. Immer dichter werden die Weihrauchschwaden. Schwerfällig, Schritt für Schritt, nähern sich die 80 in lila Büßergewänder Gekleideten, auf ihren Schultern das riesige Tragegestell mit einer überlebensgroßen Christusfigur. Langsam, fast lautlos zieht der *anda*, das hölzerne, blumengeschmückte Schiff, an den Zuschauern vorbei. Ihm folgen Frauen mit schwarzen Kopftüchern, die Josef- und Mariafiguren tragen. Nach ihnen kommen Verkäufer von Süßigkeiten und Luftballons.

Ostern in Antigua – eine Zeit, in der sich die Stadt in ein Freiluft-Theater verwandelt. Die komplette Leidensgeschichte Jesu wird nachgespielt, auch Details wie die Fußwaschung oder die Urteilsverkündung der Römer gegen Jesus werden nicht vergessen. Höhepunkt ist Karfreitag, wenn Pontius Pilatus mit seinen Römern durch die Straßen zieht und den verurteilten Christus zur Kreuzigung führt. Noch stimmungsvoller und feierlicher wirken die Prozessionen am Abend, wenn der *anda,* der bis zu 3,5 t schwer ist, mit Hilfe eines Dieselaggregats erhellt wird. Dabei verrichten die Träger, die *cucuruchos*, Schwerstarbeit. Auf jeder ihrer Schultern lastet durchschnittlich ein Gewicht von rund 43 kg. Vier Männer schieben die Plattform, ein fünfter wird gebraucht, um sie zu lenken. Andere halten lange Stangen in den Händen, um tief hängende Strom- und Telefonleitungen hochzuhalten, damit die Prozession nicht ins Stocken gerät.

Zehntausende von Gläubigen – Einheimische wie Touristen – wohnen dem einwöchigen Spektakel bei. Wer von den Antigueños etwas auf sich hält, führt eine vier Jahrhunderte alte Tradition fort und kreiert einen der vielen bunten Alfombras (Prozessionsteppiche). Dabei werden die Motive und Muster immer aufwendiger. Es ist auch nicht ungewöhnlich, wenn fünf bis sechs Personen in der Nacht zum Karfreitag 10–12 Std. arbeiten, um den schönsten Teppich präsentieren zu können. Alle Alfombras, ob groß oder klein, stellen ein Opfer für Christus dar und sollen alles Vergängliche im Leben symbolisieren. Denn ihre Lebensdauer ist begrenzt: Nachdem die Prozession über sie hinweggeschritten ist, liegen die Teppiche zu einem bunten Staubgemisch zertrampelt da.

1566, wodurch sie ihren vollständigen Namen erhielt: La Muy Noble y Leal Ciudad de Santiago de los Caballeros de Goathemala.

Pestepidemien, Ascheregen und Erdbeben schienen dem Ort nichts anhaben zu können, denn nach jedem Unglück erhob sie sich erneut wie Phönix aus der Asche, um in noch größerem Glanz zu erstrahlen. 70 tributpflichtige Indianerdörfer in der Umgebung wurden jedes Mal zum Wiederaufbau herangezogen. Auf dem Höhepunkt ihrer Macht Mitte des 18. Jhs. lebten über 50 000 Menschen in der Stadt. Sie besaß zu diesem Zeitpunkt über 50 Kirchen und Kapellen, eine Druckerpresse mit eigener Zeitung, mehrere Krankenhäuser und Schulen, 18 religiöse Orden sowie eine eigene Universität.

Doch 1773 begann die stets unruhige Erde erneut zu zittern, bis schließlich am 29. Juni 1773 die gesamte Region von einem kurzen, aber heftigen Erdbeben völlig zerstört wurde. Der Schock saß tief, und nur langsam machten sich die Menschen an den Wiederaufbau. Gegen

Am östlichen Ortseingang von Antigua

den Willen von Kirche und Bevölkerung befahl der Stadtrat erneut einen Umzug; diesmal in das 45 km entfernte Hochtal La Ermita, dem heutigen Guatemala-Stadt. Trotz mehrerer Dekrete ging der Umzug nur sehr zögerlich vonstatten, und der Schaden, den er an den Gebäuden Antiguas anrichtete, war kaum geringer als die Zerstörung durch das eigentliche Erdbeben. Offiziell wurde „La Nueva Guatemala de la Asunción" erst 1776 zur neuen Hauptstadt.

Antigua wurde indessen zu keiner Zeit vollständig verlassen, und nach der 1871 erfolgten Säkularisierung des Kirchenbesitzes begann mit dem Verkauf von Land an deutsche und nordamerikanische Investoren ein neues Kapitel in der Stadtgeschichte. Wie in anderen Regionen auch begann sich der Kaffee in Antigua als landwirtschaftliches Exportprodukt zu etablieren. Nachdem die Stadt 1944 zum Nationaldenkmal und 1965 zum Kulturerbe Amerikas erklärt worden war, zerstörte das Erdbeben von 1976 die Stadt erneut. Im Jahr 1979 nahm die Unesco Antigua in die Liste des Kulturerbes der Menschheit auf.

Orientierung

Die Avenidas (Av.) verlaufen von Nord *(Norte)* nach Süd *(Sur)*. Ein guter Orientierungspunkt ist der Vulkan Agua, der genau im Süden der Stadt liegt. Im Norden erhebt sich ein deutlich sichtbares Kreuz auf dem Cerro de la Cruz. Die quer zu den Avenidas verlaufenden Straßen heißen *Calles* (C.) und durchziehen die Stadt von West *(Poniente)* nach Ost *(Oriente)*. Die Vulkane Fuego und Acatenango befinden sich südwestlich der Stadt. Der von Guatemala-Stadt kommende Verkehr erreicht das Zentrum über die Einbahnstraße 3. Calle Oriente. An der Verlängerung der 4. Calle Poniente liegt der Markt und dahinter der Busbahnhof. Die 4. Calle Oriente führt in die Hauptstadt zurück.

Sehenswürdigkeiten

Antigua war das Zentrum staatlicher, religiöser und wirtschaftlicher Macht und Sitz der kolonialen Autorität Spaniens in Zentralamerika. Überall in der Stadt wurden Regierungsgebäude, Konvente, Kirchen und Privathäuser errichtet, wobei Stilrichtungen wie Barock, Churriguerismus oder Klassik zeitlich nicht eindeutig zuzuordnen sind. Nach jeder größeren Erdbebenkatastrophe wurde neu gebaut; die immer dickeren Wände kreierten den sogenannten „Erdbebenbarock". Um die Überreste der wichtigsten und interessantesten Gebäude zu besichtigen, sollte man mind. einen kompletten Tag einplanen.

Um den Parque Central

Das Herz aller kolonialen Städte ist der Parque Central, auch Plaza Mayor, Plaza Real oder Plaza de Armas genannt. Von hier aus war das typische gitterartige Stadtmuster der Avenidas und Calles angelegt. Dieser Platz – je nach Jahreszeit von Staub oder Schlamm bedeckt – war schon seit jeher Schauplatz vieler Ereignisse, von öffentlichen Hinrichtungen bis hin zu Pferderennen. Gepflastert wurde die Plaza von Antigua erst 1704, im Jahr 1739 kam der Sirenenbrunnen hinzu. Mehrmalige Umgestaltungen in den Jahren 1936 und 1993 haben das Bild des Parque Central erneut verändert. Heute ist er ein lebendiges Fleckchen Erde, auf dem man unter Jacarandas oder afrikanischen Tulpenbäumen ausruht, liest oder dem bunten Treiben auf der Straße zuschaut. Wer hier sitzt, wird rasch von einem der zahlreichen jungen Schuhputzer angesprochen oder von Indígena-Mädchen, die Kaugummi und Kunsthandwerk verkaufen.

An der Südseite der Plaza befindet sich der **Palacio de los Capitanes Generales**. Von hier aus wurde ganz Zentralamerika über 200 Jahre lang regiert. Die Vorderseite des rund 100 m langen und 1558 erbauten Gebäudes besteht aus einem zweistöckigen Arkadengang mit 27 Bögen, die erst wenige Jahre vor der Zerstörung Antiguas im Jahr 1773 restauriert worden waren. Inzwischen hat man erneut mit Restaurierungsarbeiten begonnen, die sich über mehrere Jahre hinziehen werden. Die dort ansässigen Institutionen (Touristeninfo, Polizei, Provinzverwaltung) sind vorübergehend an andere Standorte ausquartiert worden.

Gegenüber, an der Nordseite des Parks, erstreckt sich das ebenfalls zweistöckige Rathaus **Palacio del Noble Ayuntamiento**, auch **Real Cabildo** genannt. Es stammt aus dem Jahr 1770 und hat die verschiedenen Erdbeben aufgrund seiner soliden Bauweise weitgehend unbeschadet überstanden. Im Rathaus, das werktags von 8–16 Uhr besichtigt werden kann (kein Eintritt), befinden sich zwei Museen, 🕓 beide Di–Fr 9–16, Sa, So 9–12 und 14–16 Uhr.

Im **Museo de Armas de Santiago** kann man Waffen von Indígenas und Spaniern bewundern. Darüber hinaus werden koloniale Kunst, Silberschmuck, Möbel und Uniformen ausgestellt. An der Rückseite des Museums befindet sich ein kleiner Raum, der einst als Gefängnis diente, Q30, 🕓 tgl. 9–16, Sa, So 9–12, 14–16 Uhr. Das Schmuckstück des **Museo del Libro Antiguo** ist sicherlich eine Replik der ersten mittelamerikanischen Buchpresse. Das Original wurde 1660 vom mexikanischen Puebla nach Guatemala gebracht. Zunächst war es die Kirche, die von der Buchpresse regen Gebrauch machte. Später wurden hier das monatlich erscheinende Amtsblatt *Gazeta de Goathemala* und mehrere Bücher veröffentlicht, die zum Teil im Museum ausgestellt sind, Q30, 🕓 tgl. 9–16, Sa, So 9–12 und 14–16 Uhr.

An der Ostseite der Plaza liegt die **Catedral Metropolitana**. Ursprünglich bestand der Bau wegen Geldmangels nur aus Lehmziegeln und einem Strohdach. Erst mit dem Vermögen des hier bestatteten Alvarado und dessen Frau konnte eine größere Konstruktion begonnen werden, die aber so mangelhaft war, dass sie abgerissen und 1669 erneut aufgebaut werden musste. In den darauffolgenden elf Jahren entstand eines der prachtvollsten Bauwerke der Kolonialzeit, das auf einer Länge von 100 m 18 Kapellen in fünf Kirchenschiffen umfasste. Die Verwendung feinster Materialien und die Beteiligung renommierter Künstler der damaligen Zeit sorgten für einen prunkvollen Innenausbau. So bestand z. B. der Altar aus Edelhölzern und war mit komplizierten Mustern aus Perlmutt, Silber und Elfenbein verziert.

Nach den verheerenden Zerstörungen des Erdbebens von 1773 wurden nur zwei Kapellen und die Fassade der Kathedrale wieder aufgebaut. Heute dient der Bau als Pfarrkirche. Im Inneren befindet sich noch immer eine Christusfigur des 1595 gestorbenen Bildhauers Quirio

Cataño, der auch den berühmten schwarzen Christus von Esquipulas schnitzte. Hinter der Pfarrkirche kann man die Ruinen der alten Kathedrale besichtigen, ⌚ tgl. 9–17 Uhr, Q5. Nebenan befindet sich der **Palast des Erzbischofs**, in dem heute die **Casa de la Cultura** untergebracht ist. Hier residierte mit Francisco Marroquín (1499–1563) der erste Bischof Guatemalas. 1743 wurde Antigua, als höchste kirchliche Autorität Zentralamerikas, von Papst Benedikt XIV. zum Erzbistum erklärt. Gegenüber der Kathedrale und dem erzbischöflichen Palast ist auf der Westseite des Parque Central das **Portal de los Mercaderes** untergebracht, ein Arkadengang mit Banken, Geschäften und Cafés.

Klöster, Kirchen und Konvente

Die Kirche und ihre zahlreichen religiösen Orden fanden sehr schnell heraus, welches wirtschaftliche Potenzial die Neue Welt für sie barg. Für ihren spirituellen Beistand und die Bemühungen um die Christianisierung der einheimischen Bevölkerung bekamen sie von Bischof Marroquín riesige Ländereien *(repartimientos)* zugewiesen, durch die sie unentgeltlich über Tausende indianischer Arbeitskräfte verfügen konnten. Darüber hinaus wurden die Orden auch noch vom „Zehnten" befreit, einer Steuer, die alle Bewohner an den spanischen König zu zahlen hatten. Es ist daher nicht verwunderlich, dass viele mittellose spanische Immigranten in der Neuen Welt einem Orden beitraten, in dem sie sorglos leben konnten. Es war Tradition, dass der Zweitgeborene einer Familie Mitglied eines Ordens wurde, doch viele Eltern schickten mind. zwei Kinder in die Klöster.

So wuchs mit der Zahl der Orden und ihrer Mitglieder auch deren Macht und Einfluss, und im 18. Jh. prägten Mönche, Nonnen und Kleriker das Stadtbild Antiguas. In den letzten Jahrzehnten vor dem Erdbeben von 1773 nahm die Anzahl der Kirchen, Klöster und Konvente inflationäre Ausmaße an. Bis auf wenige Ausnahmen störte es die „Diener Gottes" dabei wenig, dass die prunkvollen Bauten von indianischen Sklaven errichtet wurden. Aus frommen Klöstern wurden Schatzkammern, und sowohl Skandale als auch Intrigen gehörten zum Alltag wie der Messwein und das Vaterunser. Nicht wenige sahen daher die Zerstörung der Stadt als Strafe Gottes für den liederlichen Lebenswandel der heiligen Brüder und Schwestern an.

Als 1609 das 30 Jahre zuvor erbaute Kloster Concepción aus allen Nähten zu platzen drohte, bekamen vier Nonnen die Erlaubnis, das Kloster **Santa Catalina Virgen y Mártir** zu gründen. Bald herrschte erneut Platzmangel, sodass man sich 1693 entschloss, das Gebäude auf das gegenüberliegende Grundstück auszuweiten und mit einem Bogengang zu verbinden. In diesem konnten die zeitweise über 100 Nonnen ungesehen hin und her wandern. Der Bogen überstand die schweren Erdbeben ohne größere Schäden und wurde später in der Mitte des 19. Jhs. restauriert. Heute sind in beiden Klosterteilen Hotels untergebracht. Der markante Bogen – Wahrzeichen und Orientierungspunkt – ist zusammen mit dem Vulkan Agua eines der meistfotografierten Objekte Antiguas.

200 Jahre benötigte der Mercedarier-Orden, der bereits 1534 nach Guatemala gekommen war, um die solide **Kirche und den Konvent La Merced** zu errichten. Die Gründe für die Verzögerung waren dauernde Erdbeben und unqualifizierte Baumeister. Doch dem Erdbeben von 1776 hielt auch der erst 1760 mit besonderer Sorgfalt fertiggestellte Gebäudekomplex nicht stand. Ein Besuch des teilweise restaurierten Konvents (nördlich des Klosters Santa Catalina) lohnt aber wegen des fantastischen Blicks auf die Vulkane und des riesigen Brunnens im Innenhof, der einst im Konvent der Franziskaner stand. Von hohem künstlerischem Wert ist die Fassade der Kirche, die im spätbarocken, churrigueresken Stil errichtet wurde. Die Charakteristika dieser nach dem spanischen Bildhauer José Churriguera (1650–1723) benannten Stilart sind Stuckreliefs aus Blumen, Girlanden und abstrakten Ornamenten. Das Längshaus der Kirche enthält an beiden Seiten Kapellen mit geschnitzten und vergoldeten Altären. Im La Merced finden des Öfteren Taufen und Hochzeiten statt. Außerhalb der Kirche befindet sich ein Steinkreuz, und an der Südseite hat man eine Büste zum Gedenken an den Dominikanermönch Fray Bartolomé de las Casas (s. S. 359) aufgestellt, ⌚ tgl. 8–17 Uhr, Q5.

Mit dem Bau des fünften und letzten **Frauenklosters Las Capuchinas** im Jahr 1726 sollte auch ärmeren Frauen die Möglichkeit gegeben werden, sich einem religiösen Orden anzuschließen. Aus diesem Grund durfte das Kloster beim Eintritt keine Mitgift erheben. Das Gelübde der mehr als 20 Kapuzinerinnen zur Armut, Buße und zum Fasten stand in starkem Kontrast zur Innenausstattung dieses luxuriösen Klosters. Architekt und Bischof Diego de Porres gestaltete mit eigenen Mitteln eine ungewöhnlich aufwendige Anlage, die über heiße Bäder, Toiletten und ein Abwassersystem verfügte.

Noch immer nicht eindeutig geklärt ist die Bedeutung des **Torre del retiro**, eines Turms mit 18 kreisförmig um einen Patio angelegten Zellen. Während einige Quellen behaupten, dass es sich um Räume handelte, in die Nonnen wie Novizinnen in Klausur gingen, sind andere überzeugt, dass die Schwestern hier gefoltert wurden. Weitere Rätsel geben nicht nur das große Kellergewölbe unter dem Turm auf, sondern auch unterirdische Gänge zu einem benachbarten Konvent und Knochenfunde Neugeborener auf dem Friedhof des Klosters. Während von der Kirche nicht mehr allzu viel erhalten ist, befindet sich das Klostergebäude aufgrund seiner gedrungenen, massiven Bauweise in einem sehr guten Zustand.

Im Eingang ist der Consejo Nacional para la Protección de la Antigua Guatemala untergebracht. Der 1969 ins Leben gerufene „Nationale Rat zum Schutz von Antigua" hat neben Restaurierungsarbeiten die Aufgabe, Normen und Regeln zu überwachen, die das Stadtbild Antiguas betreffen. Leider ignorieren viele Anwohner die geltenden Vorschriften und ziehen es vor, die viel zu niedrigen Strafgebühren (z. B. für das Bauen nicht genehmigter Stockwerke) zu zahlen, 🕒 tgl. 9–17 Uhr, Q30.

Damals wie heute ist der **Konvent Santo Domingo** östlich des Zentrums eines der prachtvollsten Gebäude der Stadt. Während das eindrucksvoll restaurierte Gebäude gegenwärtig ein Luxushotel beherbergt, in dem die High Society gern Hochzeiten veranstaltet, konnten sich auch schon die Mönche im 16. und 17. Jh. nicht über einen Mangel an Annehmlichkeiten beklagen. Verschiedene Gärten für Kräuter und Obst sowie riesige, mit Fliesen ausgekleidete Fischteiche samt Fontänen gehörten neben geräumigen Wohnbereichen zur Ausstattung. Zwischen Lima und Mexiko-Stadt soll es keine prunkvollere Kirche als das mit Silber überladene Gotteshaus der Dominikaner in Antigua gegeben haben.

Den Bekanntheitsgrad des Ordens, der 1528 von Spanien nach Guatemala gekommen war, steigerten sicherlich zwei berühmte Kirchenmänner, die schon zu Lebzeiten einen legendären Ruf genossen: Neben dem ersten Bischof Guatemalas, Francisco Marroquín, war es besonders Fray Bartolomé de las Casas, der mit der friedvollen Christianisierung der Indianer Berühmtheit erlangte. Heute kann man neben dem Hotel Casa Santo Domingo, 3. C. Oriente 28, ☏ 78320140, auch noch das **Centro Cultural de Casa Santa Domingo** und das **Museo de Arte Colonial y Museo de Arqueología** besuchen, 🕒 tgl. 9–18 Uhr, Q40.

LaInmaculada Concepción de María hieß der erste Frauenorden Guatemalas mit vollständigem Namen. Er war 1578 von drei Nonnen und einer Äbtissin gegründet worden und entwickelte sich im Laufe der Jahrhunderte zum reichsten Orden ganz Mittelamerikas. Er zählte über tausend Mitglieder, darunter Sklavinnen und Kinder, die den Schwestern zur Erziehung übergeben wurden. Der Reichtum des Ordens trieb seltsame Blüten: So ließ sich die Ordensschwester Juana de Maldonado von ihrem wohlhabenden Vater und einem lüsternen Bischof edle Privatquartiere bauen. Als der liebesblinde Bischof sie dann auch noch zur Äbtissin machen wollte, kam es zum Eklat. Der irische Dominikanermönch Thomas Gage, der über Tratsch und Klatsch im damaligen Antigua bestens informiert zu sein schien, berichtete von tumultartigen Szenen unter den Bürgern, die gegen die Pläne des Bischofs protestierten. Obgleich die schöne Juana schließlich nicht zur Äbtissin gewählt wurde, lassen die erhaltenen Ruinen ihrer Behausungen keinen Zweifel an ihrem ausschweifenden Lebensstil. Die **Kirchenruine** selbst (östlich des Zentrums) kann nur von außen besichtigt werden.

Die Klarissinnen, die für ihre Koch- und Backkünste berühmt waren, führten trotz aller Gelübde dank ihrer üppigen Mitgift ein angenehmes Leben. Sie waren 1699 aus Puebla in Mexiko gekommen und ließen sich im Laufe der Jahre das **Kloster Santa Clara** errichten, das neben Gärten

Übernachtung:

(1) Casa de las Fuentes
(2) Hotel Casa Santiago
(3) CasaSito
(4) Casa Santa Lucía I
(5) Casa de la Cruz de Piedra
(6) Posada La Merced
(7) Hotel Casa Santo Domingo
(8) Casa Santa Lucía IV
(9) Thelma Reyes
(10) Real Plaza Hotel Suite
(11) Hotel San Jorge
(12) Posada del Ángel
(13) Mesón Panza Verde
(14) Quinta las Flores

Essen:

1 Pizza Gourmet Christophe
2 Jardín Bavaria
3 Fernando´s Kaffee
4 Kloster
5 Café Barroco
6 Welten
7 Café No Sé
8 Café Le Jardin
9 Vivero y Café La Escalonia

Sonstiges:

1 La Azotea Cultural Center
2 Museo Tienda Casa del Tejido
3 Torero's
4 Nuevo Mercado de Artesanías
5 Café Sky
6 Guatemala Ventures
7 O. X. Outdoor Excursions

Transport:

1 Busterminal
2 Taxis
3 Busse nach Sta. María de Jesús, San Juan del Obispo, San Pedro las Huertas
4 Busse nach Escuintla, Cd. Vieja, Alotenango, San Miguel Dueñas

Palmen auf 1500 m Höhe – auch das ist Antigua.

und Zellen für 46 Nonnen über den größten Innenhof aller religiösen Bauten Antiguas und über einen Brunnen verfügte. Die sehenswerte Kirche und das Kloster waren so gebaut, dass die Nonnen ungesehen von einem in das andere Gebäude gelangen konnten, ⌚ tgl. 9–17 Uhr, Q40.

Der riesige Bau der **Kirche und des Konvent San Francisco** südöstlich des Zentrums, größer als die Kathedrale von Antigua, ist eine der wenigen kolonialen Ruinen, die zumindest teilweise wieder restauriert wurden. Dennoch war es nicht möglich, den Glanz der früheren Kirche zu imitieren, die wegen ihrer einmaligen geschnitzten Holzdecke und der wunderschönen Glasfenster schon von Zeitgenossen gerühmt wurde. In einer Kapelle liegt das Grab von Pedro de San José Bethancourt (1626–1667), das auch heute noch eine viel besuchte Pilgerstätte ist.

Der frühere Franziskaner zog sich 1654 aus dem Konvent zurück und begann auf eigene Faust Arme und Kranke zu pflegen. Später gelang es ihm, mit Spendengeldern ein Krankenhaus zu errichten. An seiner Grabstätte bezeugen Dankestafeln Geheilter den Glauben der Menschen an Bruder Pedro. Papst Clemens sprach ihn hundert Jahre nach seinem Tod heilig, und heute noch ist ein bekanntes Krankenhaus in Antigua nach ihm benannt. Grab von Hermano Pedro: ⌚ tgl. 8–17.30 Uhr; Museum Hermano Pedro und der Konvent: ☎ 78325268, ⌚ tgl. 9–16.30 Uhr, je Q5.

Im Süden der Stadt, in Richtung des Vulkans Agua, befindet sich zwischen der Kirche San Francisco und der **Kalvarienkapelle** (El Calvario) die **Via Crucis** (Calle de los Pasos) mit den zwölf Stationen des Kreuzweges, die Jesus Weg zur Kreuzigung symbolisieren. Früher standen Holzkreuze an diesen Stellen; sie wurden 1691 durch kleine Kapellen ersetzt. Die viel besuchte Kalvarienkirche – nach den Erdbeben stets wieder aufgebaut – befindet sich in recht gutem Zustand. Nicht ganz in das Bild passt der große Steinbrunnen, der vor der Kapelle in der Nähe einer kleinen schattigen Plaza steht. Die Instandhaltung der Via Crucis oblag den Franziskanern, die hier bis zum Erdbeben von 1773 traditionelle Karfreitagsprozessionen abhielten.

In mehreren Bauetappen gelang es den Jesuiten in Antigua die beeindruckende Kirche **La Compañía de Jesús** zu bauen. Nach ihrer Ankunft in Guatemala im Jahr 1582 mussten sie noch mit einer Strohhütte vorliebnehmen. Doch schon Mitte des 18. Jhs. gehörte die Kirche zu den spektakulärsten Bauten Antiguas. Auf dem Gelände befand sich das bekannte Colegio San Francisco de Borja, an dem Studenten einen Abschluss in Philosophie, Theologie, Grammatik und Rhetorik erwerben konnten. Einer der bekanntesten Absolventen war Rafael Landívar, Guatemalas bedeutendster Dichter. Er kehrte zusammen mit den Jesuiten, die auf Anordnung König Karls III. Guatemala 1767 verlassen mussten, seinem Heimatland den Rücken. Das Gebäude stand lange Zeit leer, bis sich dort 1865 eine Textilfabrik niederließ. Bis zum Erdbeben von 1976 befand sich im Inneren der Ruinen der Markt. In den Jahren 1997–1999 wurde der Komplex für 3 Mio. Quetzales von der Cooperación Española restauriert, um die Anlage für Ausstellungen und Messen zu nutzen, ⌚ tgl. 9–17 Uhr, Eintritt frei.

Nach beinahe 20-jähriger Bauzeit gelang es den Mercedariern erst im Jahr 1757, ihre lang ersehnte Klosterschule **Colegio de San Jerónimo** (Real Aduana) im Nordwesten der Stadt fertigzustellen. Die Freude währte allerdings nur vier Jahre: Da das Gebäude ohne königliche Baugenehmigung errichtet worden war, befahl Karl III. von Spanien seinen Abriss. Man besann sich jedoch rechtzeitig und wandelte das Gebäude in das königliche Zollhaus um. Es entstanden Wohn- und Arbeitsräume, Lagerplätze und Pferdeställe, die bis zur Zerstörung 1773 genutzt wurden.

Erst aufgrund eines königlichen Dekrets konnte der Bau des **Konvents La Recolección** im Jahr 1701 am nordwestlichen Stadtrand von Antigua gegen den Willen der Stadtverwaltung begonnen werden. Diese hatte geltend gemacht, in der Stadt gäbe es schon genügend religiöse Orden. Nach dem Beben von 1717 baute man den Konvent wieder auf, und die ebenfalls neu errichtete Kirche avancierte zu einer der größten Antiguas. Über Jahrhunderte blieb nach der Zerstörung im Jahr 1773 ein mächtiger Steinbogen inmitten von Schutt und Geröll stehen, Inspiration für unzählige Dichter und Maler. Er stürzte schließlich beim Erdbeben von 1776 ein, ⌚ 9–17 Uhr, Q40.

Die meisten anderen religiösen Ruinen der Stadt sind in einem völlig baufälligen Zustand und daher nur von außen zu besichtigen. Sicherlich erwähnenswert sind die filigranen Fassaden der Kirchen **El Carmen** und **San José el Viejo**. In den Ruinen des Karmeliterinnen-Klosters **Santa Teresa** im Norden des Zentrums ist das Männergefängnis untergebracht.

Kolonialhäuser

Pracht und Glanz vieler kolonialer Privathäuser bleiben oft ungesehen, denn sie liegen traditionell hinter hohen Mauern versteckt. Dies wiederum verleiht dem Straßenbild Antiguas eine gewisse Eintönigkeit, die jedoch durch die vielen Kletterpflanzen, beispielsweise die in satten Farben leuchtenden Bougainvilleen, aufgelockert wird. Hat man das Glück, ein Kolonialhaus zu besichtigen, findet man hinter den massiven Türen und vergitterten Fenstern der ein- bis zweistöckigen Gebäude Zimmer, die um einen geräumigen Innenhof (Patio) angelegt sind. Oft ziert ein kleines Glockentürmchen oder ein schmucker Rauchabzug das Haus. Ein eigener Brunnen stellt die Wasserversorgung sicher und wird gleichzeitig als Waschplatz genutzt.

Die **Casa de los Leones** („Haus der Löwen") verdankt ihren Namen den beiden Raubtieren, die wohl nachträglich am steinernen Portal des Eingangs zusammen mit zwei Säulen aus den Trümmern anderer Häuser hier angebracht worden sind. Wer einst in dem über 250 Jahre alten Haus lebte, ist nicht überliefert. Die heutigen Besitzer, die das Haus in die Posada Don Rodrigo umgewandelt haben, behaupten aber, es sei das älteste Hotel Mittelamerikas. Ein Abstecher zu dieser kolonialen Herberge mit Charme und Atmosphäre lohnt in jedem Fall.

Das koloniale Privatmuseum **Casa Popenoe** sollte man sich auf keinen Fall entgehen lassen. 1929 erwarb der US-Amerikaner Dr. Wilson Popenoe das völlig zerstörte Gebäude von 1640. Er benötigte beinahe zehn Jahre für die aufwendige Restauration. Heute wird man auf Wunsch durch die detailgetreu ausstaffierten Räume geführt. Beeindruckend ist die riesige Küche mit Tongeschirr und Kupfertöpfen aus der Kolonialzeit. Ein enger und niedriger Aufstieg führt über den Taubenschlag aufs Dach, von dem man einen fantastischen Blick auf Antigua hat. Ecke 1. Avenida Sur/5. Calle Oriente, ✆ 78323087. Die Casa Popenoe wurde zum Zeitpunkt der Recherche renoviert und soll ab Mitte 2011 wieder eröffnet werden.

Das Kolonialhaus **Casa del Conde**, das an der Plaza gegenüber der Kathedrale liegt, gehörte im 17. Jh. dem Conde de Gomero. Es ist wunderschön restauriert worden und beherbergt einen Buchladen sowie das gemütliche Café Condesa.

Ob der Waffengefährte von Hernán Cortés und Pedro de Alvarado wirklich in der **Casa Bernal Díaz Castillo** gelebt hat, weiß niemand. Fest steht lediglich, dass der 1496 geborene Díaz Castillo sein berühmtes Buch *La verdadera y notable relación de la conquista de la Nueva España y Guatemala* in Antigua geschrieben hat. Das 1632 zum ersten Mal gedruckte Werk verherrlichte nicht die Heldentaten der spanischen Eroberer, sondern betrachtete die Conquista kritischer aus der Sicht der Soldaten. Bis zu seinem Tod im Jahr 1583 lebte Díaz Castillo als Stadtrat in Antigua. Seine sterblichen Überreste wurden in der Kathedrale beigesetzt und sein angebliches Grundstück in der 5. Calle Oriente zwischen 1. und 2. Avenida Sur wurde später an die Jesuiten veräußert. Heute erinnert dort nur noch eine Gedenktafel an den Spanier.

Universidad San Carlos de Borromeo

Sowohl Rivalitäten zwischen den größten religiösen Orden der Stadt als auch die Gleichgültigkeit des spanischen Königs verhinderten lange Zeit die Gründung einer Universität in Antigua. Erst im Jahr 1678 bekam das Colegio de Santo Tomás de Aquino den Status einer Universität und nannte sich fortan La Pontifica y Real Universidad de San Carlos Borromeo. Drei Jahre später wurde der Lehrbetrieb von 70 Studenten in den Fächern Theologie, Philosophie, Recht, Medizin und der Indianersprache Cakchiquel aufgenommen. Von 1767 an konnten auch Söhne indianischer *caciques* in dem eigens für sie geschaffenen Colegio Tridentino studieren.

Obwohl das Gebäude das schwere Erdbeben von 1773 unbeschadet überstand, wurde die Universität 1776 nach Guatemala-Stadt verlegt. Seit 1936 ist in dem barocken Gebäude im spanisch-maurischen Mudéjar-Stil das **Museo de Arte Colonial** untergebracht. Zu sehen sind neben einer religiösen Kunstausstellung Skulpturen und Möbel aus der Kolonialzeit, ferner ein Gemälde mit einer Szene aus dem damaligen Campusleben sowie ein Stadtplan Antiguas des Historikers Antonio de Fuentes y Guzmán. Das Museum liegt in der 5. Calle Oriente 5, ganz in der Nähe des Parque Central, ✆ 78320429, 🕓 Di–Fr 9–16, Sa, So 9–12 und 14–16 Uhr, Q50.

Weitere Sehenswürdigkeiten

Das private **Museo Tienda Casa del Tejido**, ein Museum verschiedener indianischer Trachten mit Verkauf, wird von einer Indígena-Familie aus San Antonio Aguas Calientes geführt. 1. C. Poniente 51, 🕓 tgl. 9–17, Sa 9–16 Uhr, Q5.

In der Nähe seines Geburtsorts an der Calzada Santa Lucía, Ecke 5. C. Poniente, wurde zu Ehren des bekanntesten Dichters des Landes, Rafael Landívar (1731–1793), s. S. 209, ein **Monument** errichtet.

Der kleine Park **Tanque de la Unión** liegt an der 6. Calle Oriente zwischen der 2. und 3. Avenida Sur. Seine wunderschöne, koloniale Waschstelle aus dem Jahr 1853 wird auch heute noch von indianischen Frauen benutzt. Seinen Namen erhielt der Park 1920 zu Ehren der zentralamerikanischen Arbeiterbewegung. Hier wird inzwischen täglich Kunsthandwerk angeboten.

Der im Norden der Stadt hinter dem Candelaria-Viertel aufragende **Cerro de la Cruz** bietet den schönsten Blick auf die Stadt. Allerdings wurden dort oben regelmäßig Touristen überfallen, sodass ein Besuch aus Sicherheitsgründen nur tagsüber und vorzugsweise in Begleitung der Touristenpolizei zu empfehlen ist (nähere Informationen dazu auf S. 223, Polizei).

Übernachtung

Antigua hat die größte Hoteldichte des Landes und bietet Übernachtungsmöglichkeiten in allen Preisklassen. Viele der bekannteren Hotels sind allerdings oft ausgebucht oder mit Gruppen belegt, sodass ein Anruf im Vorfeld nützlich sein kann. Wer den Osterfeierlichkeiten in Antigua beiwohnen möchte, sollte seine Zimmer lange im Voraus buchen und auf einen kräftigen Preisanstieg vorbereitet sein. Einen guten Überblick mit Fotos und Lageplänen bietet 💻 www.guatemalastory.com.

Unterkünfte bis 20 €

Posada Ruiz II, 2. C. Poniente 25, ✆ 78323913, ✉ k.iba.wolf@hotmail.com. Billigste Travellerunterkunft in Antigua. Kleine, dunkle und sehr schlichte Zimmer mit Gemeinschaftsbad. ❶

Posada Refugio, 4. C. Poniente 30, gegenüber von McDonalds, ✆ 78327433. Sehr einfach, kleine Zimmer mit ebenso kleinem Bad. Gute Lage zu Markt und Bussen, Reisebüro. ❷

Posada Tienda Paty, Calzada St. Lucía Norte 23, ✆ 78324958. Einfache Zimmer mit Gemeinschaftsbad in Nähe des Busterminals. Doña Martita ist sehr nett und eine gute Infoquelle. ❷

Hotel Primavera, 3. C. Poniente 2, 2do Callejón, ✆ 51449163. In einer ruhigen Nebengasse gelegen, hellere Zimmer im 2. Stock. ❸ Mit Gemeinschaftsbad ❷

Casa Santa Lucía IV, 6. C. Poniente 58, ✆ 78325063. Die günstigste der Casa Santa Lucía-Unterkünfte, s. u. ❸ Mit Gemeinschaftsbad ❷

Mediterraneo Hostel&Café, 5. Av. Norte 39, in der Galería La Merced, ✆ 78329034, ✉ mediteraneohostelcafe@yahoo.com. Nur wenige Zimmer, alle mit Gemeinschaftsbad, Internet gratis. Café mit italienischer Küche. ❸

Hostal Jungle Party, 6. Av. Norte 20, ✆ 78320463, 💻 www.junglepartyhostal.com. Mehrere Schlafsäle mit Gemeinschaftsbad, Restaurant, Bar, Internet, Frühstück, Schließfach. ❸

Hostel Casa Jacaranda, 1. C. Poniente 37, ✆ 78325115, 💻 www.hostelcasajacaranda.com. Sauber, mit geräumigen Zimmern und großem Garten, Restaurant und WLAN. Morgens ist allerdings der Busverkehr zu hören. ❸

Black Cat Hostel, 6. Av. Norte 1 A, ✆ 78321229, 💻 www.blackcathostels.net. Beliebte Travellerabsteige mit hauseigener Bar. Einfache Schlafsäle oder DZ mit Gemeinschaftsbad, Frühstück inkl. ❸ Schlafsaal Q60 p. P.

Yellow House, 1. C. Poniente 24, ✆ 78326646, ✉ yellowhouseantigua@hotmail.com. Einfache Zimmer mit Gemeinschaftsbad (bessere Zimmer im 1. Stock). Trinkwasser, Frühstück und Internetservice inkl. ❸

Umma Gumma, 7. Av. Norte 34, ✆ 78324413, ✉ ummagummahostel@hotmail.com. Zimmer mit und ohne Bad, Gemeinschaftsküche, Internet inkl., freundlicher Service. ❹ Mit Gemeinschaftsbad ❸

Casa Santa Lucía I, 6. Av. Norte 43 A, ✆ 78321386. Ordentliche, saubere Zimmer in kolonialem Ambiente, oft ausgebucht. Parkplatz, Zimmer im Erdgeschoss etwas dunkel, Handtuch und Seife auf Anfrage, schöner Vulkanblick vom Dach. ❹

Ähnlich in Preis und Ausstattung sind **Casa Santa Lucía II**, Calzada St. Lucía Norte 21, ✆ 78327418, und **Casa St. Lucía III**, Calzada St. Lucía Norte 5, ✆ 78323302.

Unterkünfte bis 40 €

Hotel La Tatuana, 7. Av. Sur 3, ✆ 78321223, ✉ latatuana@hotmail.com. Kleines, ruhiges und preiswertes Hotel, liebevoll dekoriert. ❺

Black Cat Inn, 5. C. Poniente 11 A, ✆ 78320374, 💻 www.blackcathostels.net. Zentral gelegene Herberge mit Restaurant und Dachterrasse, WLAN. Auch einfache Schlafsäle mit Gemeinschaftsbad und Zimmer. DZ mit Bad und TV, Frühstück inkl. ❺ Schlafsaal Q60 p. P.

Hotel Posada San Vicente,6. Av. Sur 6, ✆ 78323311, 💻 www.posadasanvicente.com. Zentral gelegenes Hotel mit sauberen Zimmern, die sich auf zwei Stockwerken um einen Patio gruppieren, Shuttle-Service und Reisebüro. ❼

Casa de las Fuentes, Av. El Desengaño 26, ✆ 78322312, 💻 www.hotelcasadelasfuentes.com. Auf dem Weg Richtung Jocotenango gelegen. Modernes Hotel im Kolonialstil mit geräumigen Zimmern, Verandas und großem Garten, Restaurant, Parkmöglichkeit. ❼

Hotel Casa Santiago, 7. Av. Norte 67, ✆ 78320465. Empfehlenswertes Hotel im Kolonialstil, große Zimmer, kleines Frühstück inkl., Parkplatz, riesengroßer Obstgarten, gepflegtes Haus. ❼

Posada La Merced, 7. Av. Norte 43 A, ✆ 78323197, 💻 www.merced-landivar.com. Einfache, saubere Zimmer. Gute Gemeinschaftsküche, schöner Blick von der Dachterrasse. ❼

Antigua Zentrum

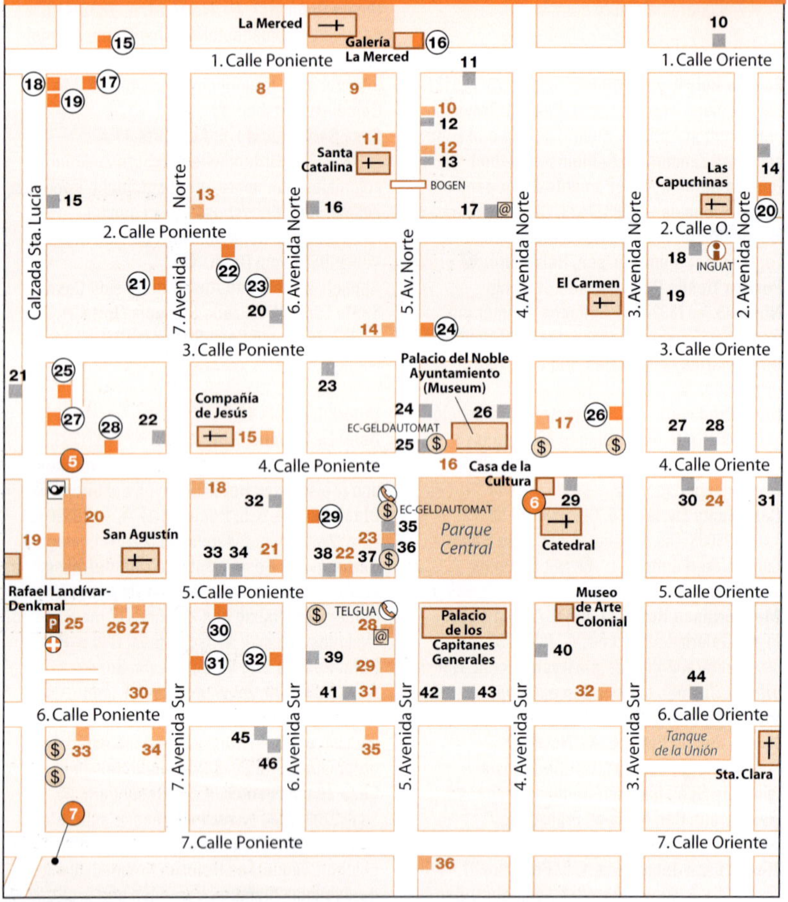

Unterkünfte bis 70 €

Posada San Sebastian, 3. Av. Norte 4, ✆ 40499056, 💻 www.posadasansebastian.info. Sehr zentral und dennoch sehr ruhig gelegen. Zimmer alle unterschiedlich (verschiedene zeigen lassen!) und jede Menge Kolonialmöbel. WLAN, Frühstück inkl. ❽

Hotel San Jorge, 4. Av. Sur 13, ✆ 78323132, 💻 www.visit-antigua.com/sanjorge.htm. Sehr ruhiges, sauberes, familiengeführtes Haus, ein kleines Frühstück ist im Preis inbegriffen. ❽

Real Plaza Hotel Suite, 9. C. Poniente 40 (C. Sucia), ✆ 78322240, 💻 www.hotelrealplaza.com. Neben schönen Zimmer gibt es auch WLAN, einen Swimmingpool, Sauna- und Massageangebot sowie ein Restaurant. ❾

Übernachtung:
- 15 Yellow House
- 16 Mediterraneo Hostel & Café
- 17 Hostel Casa Jacaranda
- 18 Posada Tienda Paty
- 19 Casa Santa Lucía III
- 20 Hotel Casa Capuchinas
- 21 Umma Gumma
- 22 Posada Ruiz II
- 23 Hostal Jungle Party
- 24 Posada de Don Rodrigo
- 25 Hotel Primavera
- 26 Posada San Sebastian
- 27 Casa Santa Lucía II
- 28 Posada Refugio
- 29 Black Cat Hostel
- 30 Black Cat Inn
- 31 Hotel La Tatuana
- 32 Hotel Posada San Vicente

Essen:
- 10 Café Tonita
- 11 Quesos y Vino
- 12 Gaia
- 13 Fridas
- 14 Siitz'
- 15 Pupusería Sapo y La Rana
- 16 Luna de Miel
- 17 La Cenicienta
- 18 La Cuevita de los Urquizú
- 19 Epicure deli & garden restaurant
- 20 El Viejo Café
- 21 Wiener
- 22 El Punto
- 23 La Fonda de la Calle Real
- 24 Tacontento
- 25 Cafebarista
- 26 La Escudilla (Ricki's Bar)
- 27 Doña Luisa Xicotencatl
- 28 La Fuente
- 29 Tartines
- 30 La Fusión
- 31 Bistrot Cinq
- 32 Kabuki
- 33 Bagel Barn II
- 34 D'Marta
- 35 Café El Portal
- 36 Café Condesa
- 37 Bagel Barn
- 38 Chez Christophe
- 39 Sabe Ríco
- 40 Café Flor
- 41 Travel Menu
- 42 Café Mediterraneo
- 43 Como como
- 44 The Refuge Coffee Bar
- 45 Toko Baru
- 46 La Vieja Cocina

Sonstiges:
- 8 Mundo Guatemala
- 9 Reds
- 10 Reilly's
- 11 La Casbah
- 12 Nim Po't
- 13 La Chimenea
- 14 Deliciosa
- 15 Centro Cultural Español
- 16 Chimino's
- 17 Ocelot
- 18 El Barco
- 19 Dispensa Familiar (Supermarkt)
- 20 La Bodegona (Supermarkt)
- 21 Café 2000
- 22 La Canoa
- 23 El Mercadito
- 24 Doña María Gordillo
- 25 Bewachter Parkplatz
- 26 Peña de Sol Latino
- 27 Proyecto Cultural El Sitio
- 28 Mono Loco
- 29 La Sin Ventura
- 30 Rainbow Café
- 31 Old Town Outfitters
- 32 Don Quijote Cruisers
- 33 Wäscherei
- 34 Cargo Room
- 35 La Sala
- 36 El Frijol Feliz

Transport:
- 5 Bus nach Panajachel
- 6 Taxis
- 7 Busse nach Guatemala-Stadt

Unterkünfte über 70 €

Hotel Casa Capuchinas, 2. Av. Norte 7, ✆ 78320121, www.casacapuchinas.com. Kleines, edles Hotel mit 8 individuell und gemütlich eingerichteten Räumen, alle mit Kamin. Freundlicher Garten. ⑩ Q760

Mesón Panza Verde, 5. Av. Sur 19, ✆ 78322925, www.panzaverde.com. Etwas außerhalb des Zentrums im Süden der Stadt gelegen und daher sehr ruhig. Das Kolonialgebäude mit seinen geschmackvoll eingerichteten Zimmern beherbergt ein sehr stilvolles, teures Restaurant. Regelmäßige Kunstausstellungen, Livemusik und Yogaunterricht. ⑩ US$165

Quinta las Flores, Calle del Hermano Pedro 6, ✆ 78323721, www.quintadelasflores.com. Familiengeführtes Hotel im ruhigen Süden Antiguas. Sehr stilvoll eingerichtete gemütliche Zimmer mit Bad und Kamin. Die Anlage verfügt über eine große Gartenanlage mit Pool und Vulkansicht. ⑩ Q760

Posada de Don Rodrigo, 5. Av. Norte 17, ✆ 78329858, www.posadadedonrodrigo.com. Hotel im Kolonialstil mit wunderschönen Innenhöfen in der ehemaligen Casa de los Leones; Zimmer haben unterschiedliche Größe. Restaurant und Bar, Live-Marimba, s. auch S. 209, Casa de los Leones unter Sehenswürdigkeiten. ⑩ US$122

Posada del Ángel, 4. Av. Sur 24 A, ✆ 78320260, www.posadadelangel.com. Die einfache Tür mit der abgeblätterten Farbe täuscht gewaltig: innen Luxus pur (tgl. frische Blumen, Bademantel etc.) im geschmackvollen Kolonialstil, Präsidentenabsteige. ⑩ ab US$175, an Wochenenden teurer, Suiten ab US$231

Hotel Casa Santo Domingo, 3. C. Oriente 28 A, ✆ 78201220, www.casasantodomingo.com.gt.

Langzeitaufenthalt in Antigua

Bei einem längeren Aufenthalt ist die Miete eines Zimmers oder Apartments in der Regel günstiger als ein Hotelzimmer. Gerade Sprachtouristen haben die Möglichkeit bei Familien zu wohnen, inkl. Verpflegung. Entsprechende Infos erhält man in den Sprachschulen, bei der Touristeninformation, an den überall hängenden schwarzen Brettern oder der Mietrubrik der kostenlosen Monatszeitschrift *Revue*.
Wer mind. eine Woche in Antigua bleibt, auf gute Küche steht und es wie bei „Muttern" haben möchte, sollte **Thelma Reyes**, Salida a Ciudad Vieja, No. 50 A, ✆ 78324772, kontaktieren. Sie vermietet wochenweise Zimmer für US$75 (tgl. drei Mahlzeiten inkl. von Mo–Fr, Sa nur Frühstück, Vegetarier willkommen). Die Zimmer haben ein Gemeinschaftsbad und verfügen über Kabel-TV und WLAN. Reservierung sinnvoll.
Ebenfalls empfehlenswert (mit ähnlicher Ausstattung wie bei Thelma Reyes) ist die **Casa de la Cruz de Piedra**, 1. A. Chajón Nr. 4, ✆ 78322473, Zimmer wochenweise US$80.
Eine ideale Unterkunft für einen Langzeitaufenthalt (Minimum 2 Wochen) ist auch die **CasaSito**, 7a Av. Norte 51, ✆ 78824680, 💻 www.casasito.org, deren Angebot sich vorwiegend an Teilnehmer von Freiwilligenarbeit richtet. Andere Langzeitgäste sind ebenfalls willkommen. Mit den Einnahmen werden soziale Projekte finanziert. Die Unterkunft (alle Zimmer mit Gemeinschaftsbad) kostet ab Q1300 pro Monat inkl. Küchenbenutzung und Internet.

Antigua

Mit viel Geschmack restauriertes Luxushotel im ehemaligen Dominikanerkonvent (s. S. 206) mit Tennisplätzen, Schwimmbad, Whirlpool, Sauna, Museum, Läden etc. Hier feiert die guatemaltekische Oberschicht prunkvolle Hochzeiten. ⑩ ab US$250

Essen

Viele der unzähligen Restaurants öffnen bereits morgens zum Frühstück, funktionieren tagsüber als Cafés und verwandeln sich abends in Bars. Alle Restaurants müssen inzwischen um 23 Uhr schließen!
Eine Übersicht über die Speisekarten vieler Restaurants gibt 💻 www.degustantigua.com.

Restaurants

Bagel Barn, 5. C. Poniente 2. Bagels, Sandwiches, Joghurt, WLAN, Filmvorführungen, s. Kino. 🕓 tgl. außer Di 7–19 Uhr.
In der **Bagel Barn II**, 5. C. Poniente 14, gibt es dasselbe Angebot ohne Filme. 🕓 tgl. außer Di 8.30–17 Uhr.
Café Flor, 4. Av. Sur 1. Thailändisch-asiatisch-indische Küche, nette Atmosphäre, Piano-Musik, Hauptgericht Q70. 🕓 tgl. 11–23 Uhr.
Café Mediterraneo, 6. C. Poniente 6 A. Italienisches Restaurant, das jeden Tag drei neue Pasta-Gerichte mit einer vegetarischen Option für Q70 zur Auswahl stellt. 🕓 tgl. außer Di.
El Punto, 7. Av. Norte 8 A. Guter Italiener mit authentischer Atmosphäre, nach Tagesspezialitäten fragen. 🕓 Mo geschl., Di–Do nur abends, So nur mittags geöffnet.
Epicure deli & garden restaurant, 3. Av. Norte 11 B. Internationale Küche. 🕓 tgl. ab 10, Di u. So bis 19, sonst bis 22 Uhr.
Fridas, 5. Av. Norte 29. Ambiente mit Bildern von Frida Kahlo, teure mexikanische Küche, Bar im 2. Stock, beliebter Treffpunkt. 🕓 tgl. geöffnet.
Gaia, 5. Av. 35 A. Populäres Restaurant mit arabischer Küche, guter Weinliste und Wasserpfeifen. 🕓 tgl. 12–24 Uhr, Do Livemusik, Fr und Sa Bauchtanz.
Jardín Bavaria, 7. Av. Norte 49. Bei Klaus gibt es einheimisches Bier vom Fass, deutsches Bier aus der Flasche, Weißwürste und Schweinebraten. 🕓 tgl. ab 19 Uhr, Mi geschl.
Kabuki, 6. Av. Norte 14 A. Japanisches Restaurant mit Sushi, günstige Hauptgerichte ab Q50. 🕓 tgl. 12–22 Uhr.
Kloster, 3. C. Oriente 24. Ableger einer Kette. Spezialität: Fondues in allen Varianten für Q80. 🕓 tgl. 12–23, So bis 20 Uhr.
La Escudilla, 4. Av. Norte 4. Restaurant mit sehr schönem Patio und einer Vielzahl vegetarischer Gerichte, günstigem Frühstück und preiswerten

Tagesmenüs, WLAN. 🕓 tgl. 8–24 Uhr. Im Gebäudekomplex befinden sich außerdem **Riki's Bar**, das griechische Restaurant **Helas** (Mo geschl.) die **Pizza Bar Paritá** sowie in der Nähe des Eingangs die **Cielos Lounge Bar**. Günstige Preise in sämtlichen Läden.

La Cuevita de los Urquizú, 2. C. Oriente 9 D. Gute Auswahl an lokaler Küche im Buffet-Stil. 🕓 tgl. 8–16, Mi, So bis 20 Uhr.

La Fonda de la Calle Real, 3. C. Poniente 7. Auch zweimal in der 5. Av. Norte vertreten. Beliebtes und teures guatemaltekisches Spezialitätenrestaurant, Mariachi-Musik. 🕓 tgl. geöffnet.

La Vieja Cocina, 6. Av. Sur 12 B. Günstige guatemaltekische Küche mit Pepián, Grillfleisch, Nachos, Käsetortillas, Suppe mit Meeresfrüchten, Hauptgericht Q40. 🕓 10–22 Uhr, Mo um 17 Uhr Salsaunterricht gratis.

Luna de Miel, 6. Av. Norte 19 A. Crêpes in allen Geschmacksrichtungen, um die Q25. 🕓 tgl. 8.30–20, Sa, So bis 21 Uhr.

Rainbow Café, 7. Av. Sur, Ecke 6. C. Poniente, beim Rainbow Travel Center. Beliebter Treffpunkt, Snacks, Crêpes, Spiele, Büchertausch, Internetservice, tgl. Livemusik. 🕓 tgl. 8–23 Uhr.

Chez Christophe, 5. C. Poniente 8, 📞 78322732. Pizzas, Pastas und andere italienische Gerichte. Ebenfalls in der Calle Ancha 27 (Richtung Jocotenango; TucTuc nehmen), dort mit Holzofen; Lieferservice. Hauptgericht Q85. 🕓 Mi–Mo 11–22 Uhr.

Quesos y Vino, 1. C. Poniente 1. Außer einer guten Käse- und Weinauswahl gibt es Pizzas, Pasta und Salate. 🕓 Di geschl.

Sabe Ríco, 6. Av. Sur 7. Leckeres guatemaltekisches Essen, teils aus ökologischem Anbau und vegetarisch, in einem hübschen Obstgärtchen. Außerdem Frühstück mit frischem Ziegenmilch-Joghurt und gute selbst gemachte Pralinen. 🕓 Mo, Mi 8–19, Di 11–15, Do–Sa 8–20, So 9–16 Uhr.

Wiener, Calzada St. Lucía, Portal de Comercio Nr. 8. Tagesmenü, Pasta, Sandwiches, Vegetarisches und Riesenschnitzel. Etwas verbaute Dachterrasse mit Vulkanblick. 🕓 tgl. 10–22 Uhr.

Gourmet-Restaurants

Bistrot Cinq, 4. C. Oriente 7, 💻 www.bistrotcinq.com. Vom amerikanischen Star-Koch Robin Haas gegründetes Restaurant mit riesigem Kronleuchter. 🕓 Mo–Fr nur Abendessen, Sa, So auch Mittagsessen.

Como como, 6. C. Poniente 6. Frisch zubereitetes, französisch-belgisches Gourmet-Essen. Man setzt sich mit anderen Gästen an

Günstig essen in Antigua

Am günstigsten isst man täglich für Q12 auf dem **Markt** beim Busterminal. Wenn man sich an das Essen von der Straße traut, kann man sich vor **La Merced** für Q20 an besten Guacamole-Tostadas oder gerösteten Maiskolben satt essen, ebenso am **Tanque de la Unión**, wo es allerdings weniger schattig und etwas staubiger ist.

Viele Restaurants im Zentrum bieten unter der Woche ein Mittagsmenü für Q20–25 an:

Café Tonita, 1. C. Oriente 22. Billige und gute guatemaltekische Küche, viel Auswahl, Hauptgericht Q25. Es gibt *Atol* (trinkbarer Maisbrei), *dobladas* (gefüllte Tortillas) und Sandwiches. Gut besucht von Einheimischen. 🕓 Di–So 16–21, Sa, So ab 12 Uhr.

D'Marta, 5. C. Poniente 12 D. Buffetartig präsentierte guatemaltekische Küche, große Auswahl, sehr sauber, Q25 pro Gericht, Reis, Salat, Tortillas und ein Getränk inbegriffen.

Pupusería Sapo y La Rana, Calzado Santa Lucía Norte 11, 📞 54204518. *Pupusas* (gefüllte und geschmorte Tortillas) für Q10. 🕓 tgl. 10–20 Uhr.

Tacontento, 5. Av. Norte 7. Gute Tacos ab Q20, gut besucht. 🕓 12–22 Uhr, Fr und Sa bis 1 Uhr morgens.

Toko Baru, 6. C. Poniente 21. Günstige Schnellgerichte, u. a. Falafel, Frühlingsrollen, indonesischer Reis, selbst gemachte Pommes mit Erdnusssoße, Q15–30. 🕓 tgl. 12–21 Uhr, Mo geschlossen.

Travel Menu, 6. C. Poniente 14 A. Kleine, aber gute Auswahl hauptsächlich vegetarischer Gerichte zu günstigen Preisen, Hauptgericht Q25. 🕓 tgl. außer Mo 12–21 Uhr.

einen großen Tisch, bestens umsorgt von den netten Gastgebern Suzanne und Eric. Hauptgericht Q120. ⏲ Sa, So auch Frühstück ab 9 Uhr. Mo geschl.

La Fusión, 4. C. Oriente 5 B. Guatemaltekische Küche, hausgemachte Bio-Pasta, Chili con Carne und Apfelstrudel. ⏲ tgl. 12–22 Uhr.

Siitz', 2. Av. Norte 11, im Hotel El Convento. Chef Arlene Meneses kredenzt z. B. Kürbisravioli in Lorocoblütensoße zu Bio-Salaten und hervorragende guatemaltekische Kaffees. Zudem vegetarisches Essen und Dachterrasse. ⏲ 6–22 Uhr. Gutes sonntägl. Frühstücksbuffet von 8–11 Uhr (Q95).

Tartines, 4. C. Oriente 1 C, Feinschmeckerlokal des französischen Chefs Jean François, Crêpes, Pasta, Steaks, Mousse und Mascarpone, Hauptgericht Q70–120.

Welten, 4. C. Oriente 21. Etwas überteuertes Restaurant mit edlem Ambiente am stilvoll beleuchteten Pool. Internationale Küche. Pasta, Brot und Eis werden selbst hergestellt. ⏲ tgl.

Cafés

Cafebarista, nordwestliche Ecke des Parque Central. Guatemaltekische Starbucks-Imitation, die einheimischen Kaffee serviert. Etwas teuer, aber gut besucht, WLAN.

Café Barroco, Callejón de la Concepción 2. Guter Kuchen. Aussicht auf einen luxuriösen Innenhof, Frühstück Q50. ⏲ tgl. 9–18 Uhr.

Café Condesa, 5. Av. Norte 4, im Hinterhof des Buchladens Casa Condesa am Parque Central. Koloniales Ambiente, etwas überteuert, sonntags Brunch. ⏲ tgl. 7–20 Uhr. Nebenan gibt es im **Condesa Express** Kaffee und Kuchen zum Mitnehmen.

Für Vegetarier

Ein rein vegetarisches Restaurant (Schwerpunkt Rohkost) ist das **Naked Veggies** (s. Fernando's Kaffee). Hochwertig Vegetarisches bekommt man im **Siitz'** (s. Gourmet-Restaurants). Gute vegetarische Optionen bieten **Wiener**, **La Escudilla** und **Sabe Rico** (s. Restaurants) sowie **Travel Menu** (s. Kasten „Günstig essen in Antigua").

Café El Portal, 5. Av. Norte 5. Gut besuchtes Junge-Leute-Café mit moderner Einrichtung und direktem Blick auf den Parque Central. ⏲ tgl. 6.30–21 Uhr.

Café Le Jardin, 9. C. Poniente, im Hotel Soleil. Professionell gestaltetes Café mit Bücherecke und WLAN, Bio-Kaffee der Finca Azotea, Crêpes, vegetarischen Sandwiches, Kuchen. ⏲ 10–22 Uhr.

Café No Sé, 1. Av. Sur 11 C. Café mit viel Livemusik und einer sehr gut sortierten Tequila-Bar, Büchern und Video-Kino (freier Eintritt), Sonntagsbrunch.

Doña Luisa Xicotencatl, 4. C. Oriente 12, ✆ 78322578. Beliebter Treffpunkt, Infobörse und Café. Die hauseigene Bäckerei macht sehr gutes Brot, Muffins, Naturjoghurt und Bananenbrot *(pan de banano)*. Der Kaffee ist allerdings bescheiden. ⏲ tgl. geöffnet.

El Viejo Café, 6. Av., Ecke 3. C. 12. Café mit französischer Bäckerei, Croissants, Baguette, Pain au chocolat, Kaffee wird selbst geröstet, auch Restaurant, preiswert. ⏲ tgl. 7–20, wochenends bis 22 Uhr.

Fernando's Kaffee, 7. Av. Norte 43 D, 💻 www.fernandoskaffee.us. Kleines Café mit nettem Hinterhof, freundliche Bedienung, WLAN. Sehr gute hausgemachte Pralinen. ⏲ tgl. 7–19 Uhr. Im selben Gebäude auch **Naked Veggies**, vegetarisches Essen, überwiegend Rohkost, ⏲ Do–Sa 18–22 Uhr. Samstag vormittags Verkauf von Bio-Gemüse.

La Cenicienta, 2. C. Poniente 2, gemütliches Café in freundlichem Innenhof. Gute Kuchenauswahl, Frühstücksangebote und Snacks, angeschlossen ist ein Internetcafé. ⏲ 7–20, wochenends bis 21 Uhr.

The Refuge Coffee Bar, 6. C. Oriente 10 A, kleines Café, das hervorragenden Kaffee serviert.

Unterhaltung

Besonders an Wochenenden ist viel los in Antigua, dann gesellen sich viele Hauptstadt-Guatemalteken zu den Touristen. Offiziell ist das Nachtleben mit der Sperrstunde *(ley seca)* aber für Bars und Diskotheken um Mitternacht zu Ende. Meist werden danach noch mehr oder weniger öffentliche After-Partys bis in den frühen Morgen veranstaltet – einfach die

In einer wunderschönen Gärtnerei

Vivero y Café La Escalonia, Ende 5. Av. Sur. Mitten in einer Gärtnerei gelegen. Leckere Fruchtsäfte und Kuchen, vegetarische Snacks und Verkauf von Bio-Produkten. ⏲ tgl. 8–18 Uhr.

Barkeeper fragen! Da es leider auf Nachtschwärmer spezialisierte Räuber gibt, sollte man nach Mitternacht auf keinen Fall mehr alleine auf die Straße gehen.

Livemusik

In Antigua ist musikalisch fast immer etwas los. Mittlerweile sind viele Musikrichtungen vertreten. Ob Marschmusik (an offiziellen Feiertagen), Trauermusik (bei Prozessionen, besonders in der Osterzeit) oder Marimbaklänge (das Nationalinstrument) – traditionelle Musik ist in Antigua gegenwärtig. Das Marimba-Orchester Antiguas probt gewöhnlich in seinen Clubräumen in der 6. Av. Norte, Ecke 1. C. Poniente (schräg gegenüber La Merced). Marimba wird an Wochenenden auch in der **Posada de Don Rodrigo** und im Restaurant **Encantada** um die Mittagszeit geboten. Doch auch klassische, jazzige, indianische oder rockige Musik ist in Antigua im Angebot. In vielen Bars und Restaurants werden kleine Konzerte abgehalten (z. B. Latinrock in **La Sala**, Do, Fr, Sa, und im **La Esquina**, oder Salsa im **La Sin Ventura**). Außerdem im **Cargo Room**, Ecke 6. C. Poniente und 7. Av Sur, in der **Peña de Sol Latino**, 5. C. Poniente (schräg gegenüber vom Supermarkt Bodegona; Andenmusik), im **Rainbow Café**, dem **Café No Sé**, **El Sitio**, im **Café Flor** (Pianomusik), im **Chimino's**, 4. C. Poniente 10, im **Ocelot**, 4. Av. Norte 3, im **Reds**, 1. C. Poniente 3, im **Café 2000**, 6. Av. Norte 2, (samstags) und im **Centrol Cultural Español** (6. Av. Norte zwischen der 3. und 4. C. Poniente).

Die diversen Ruinen Antiguas liefern die Kulisse für zumeist klassische Konzerte (das Kulturfestival Paíz findet alle zwei Jahre statt und bringt gute Interpreten und Orchester in die Stadt). In der Tagespresse, den kostenlosen Stadtmagazinen *Revue* und *Qué pasa*, in der **Touristeninfo** oder über Flyer kann man sich regelmäßig informieren.

Bars und Discos

Viele Bars, die heute „in“ sind, gibt es morgen schon nicht mehr. Allerdings gibt es einige Dauerbrenner, die nachfolgend aufgelistet sind.

Cargo Room, Ecke 6. C. Poniente und 7. Av. Sur. Pub mit Livemusik ab 20.30 Uhr, günstige Appetizer. ⏲ Di–Do 12–21, Fr–Sa 13–20, So 11–18 Uhr, Mo geschl.

La Canoa, 5. C. Poniente 6. Restaurant und Sportsbar (u. a. Billard, Schach, Backgammon, Tischtennis) mit Dachterrasse, WLAN. ⏲ tgl. 8–22 Uhr.

La Casbah, 5. Av. Norte 20. Der Klassiker unter den Diskotheken Antiguas mit breitem Musikprogramm; Salsa-Tage unter der Woche; am Wochenende v. a. von Hauptstadt-Guatemalteken frequentierte Disco in den Ruinen des Klosters Santa Catarina. ⏲ Di–So 12–24 Uhr.

La Chimenea, 7. Av. Norte, Ecke 2. C. Poniente 18. Beliebte Kneipe mit Billard, Ping-Pong, die am Wochenende auch als Disco fungiert. Billiges Tagesmenü für Q25. ⏲ tgl. 11–14, 17–24 Uhr, So geschl.

La Sala, 6. C. Poniente 9. Bar und einfaches Pizza-Restaurant, am Wochenende bisweilen rockige Livemusik. ⏲ tgl. 12–24 Uhr, Mo geschl.

La Sin Ventura, 5. Av. Sur 8. Die Salsa-Bar im Eingangsbereich des gleichnamigen Hotels. Hier wird der Salsa-Kurs in die Praxis umgesetzt. Freitag Ladies Night, Drinks umsonst für die Damen! ⏲ Di–Sa 16–24 Uhr.

Mono Loco, 5. Av. Sur 5, ✆ 78324235. Besonders beliebt bei US-Amerikanern, weil ständig der Satellitenfernseher mit American Sports läuft. Gute Nachos und Hamburger, 2. Stock zum Draußensitzen. ⏲ tgl. geöffnet.

Irgendwo ist immer „Ladies Night“

Verbilligte Getränke, freien Eintritt und/oder andere Specials bekommt **Frau** hier:
Mo: **Reds**, 1. C. Poniente 3; Di: **Mono Loco**, 5. Av. Sur 5, u. **La Casbah**, 5. Av. Norte 20; Mi: **Café 2000**, 6. Av. Norte 2; Do: **La Sala**, 6. C. Poniente 9; Fr: **La Sin Ventura**, 5. Av. Sur 8.

Über den Dächern von Antigua

Café Sky, 1. Av. Sur 15 (genau am Ende der 6. C. Oriente). Aussichtsterrasse mit sehr schönem 360-Grad-Blick, beliebter Treffpunkt zum Sonnenuntergang. Reichhaltiges Frühstücksangebot. ◷ tgl. 8–23 Uhr. Schöne Dachterrassen haben auch das **La Canoa**, 5. C. Poniente 6, und das **Ocelot**, 4. Av. Norte 3.

Reilly's, 5. Av. Norte 31. Eine Art Irish Pub mit überteuertem Guiness und einem gemischten, jungen Publikum. ◷ 12–24 Uhr.
Riki's Bar, 4. Av. Norte 4 (s. auch Restaurant La Escudilla). Szenekneipe, gute Stimmung und günstige Happy-Hour-Angebote. ◷ tgl. geöffnet.
Torero's, Av. de Recolección 6 (hinter dem Markt). Diskothek mit Merengue, Salsa und Hip-Hop. ◷ Fr, Sa 18–24 Uhr.

Kinos

Es gibt kein herkömmliches Kino in Antigua. Dafür zeigen Video-Cafés beliebte Filme in der Originalversion. Programminformationen erhält man an den schwarzen Brettern von Sprachschulen, Hotels und Restaurants.
Bagel Barn, 5. C. Poniente 2. Filmvorführungen auf großem Flachbildschirm, Programm s. 💻 www.movies.thebagelbarn.com.
Cinema La Sin Ventura, 5. Av. Sur 8, zeigt Videos, die auf eine Großleinwand projiziert werden. ◷ Di–So 16, 18 und 20 Uhr.

Mehr als „nur" Kultur

Im privat geförderten Kulturzentrum **Proyecto Cultural El Sitio**, 5. C. Poniente 15, ✆ 78323037, 💻 www.elsitiocultural.org, bekommt man neben gutem Kaffee, Sandwiches und Salaten ein vielfältiges Angebot an Ausstellungen, Konzerten, Theater bis zu Lesungen und Programm-Kino. El Sitio enthält auch eine kleine, aber gute Kunst- und Architekturbibliothek. Do 18 Uhr Programmkino (Q15), Fr und Sa 19 Uhr Konzerte und Theater, Q50. Bibliothek: Di, Fr 14–18 Uhr. Café Teatro El Sitio: Mo–Sa 11–15 und 18–23 Uhr, So geschl.

Café 2000, 6. Av. Norte 2, zeigt allabendlich kostenlos Videos.

Kunst und Kultur

La Antigua, 4. C. Oriente 15, ✆ 78322124, 💻 www.artintheamericas.com. Kunstgalerie mit Verkauf. ◷ Di–Sa 10–19, So 12–18 Uhr.
El Carmen, 3. Av. Norte 11 D, ✆ 78325620. Kunstgalerie und Verkauf u. a. der foto-impressionistischen Bilder von Carlos Cuxil. ◷ Di–So 9.30–18 Uhr.
Weitere Galerien sind entlang der 4. C. Oriente. Das Hotel und Restaurant **Panza Verde** veranstaltet regelmäßig niveauvolle Ausstellungen. Bilder weniger bekannter Künstler sind im **Soy Yo**, in der Galería La Merced, 5. Av. Norte 39, ausgestellt und käuflich zu erwerben. Zudem kann man dort original chinesische Teesorten probieren und kaufen.

Einkaufen

Auf dem Markt beim Busterminal bekommt man **indianisches Kunsthandwerk** und hinter dem Fastfood-Restaurant Pollo Campero, Calzada St. Lucía, Ecke 4. C. Poniente, befindet sich der überdachte **Nuevo Mercado de Artesanias**, etwas teurer als die anderen Märkte, aber gut sortiert. Alle aufgeführten Märkte und Läden haben – soweit nicht anders aufgeführt – ◷ tgl. von 9–18 Uhr geöffnet.
El Mercadito, 5. Av. Norte 5, am Parque Central zwischen den Cafés. Ein unscheinbarer Gang öffnet sich zu einer riesigen Halle mit Dutzenden Marktständen voller Kunsthandwerk, aber auch Billigkitsch.
Casa de los Gigantes, 7. C. Oriente 18 (gegenüber San Francisco). Neben Kunsthandwerk sind hier auch überlebensgroße Puppen für Straßentänze ausgestellt.
Nim Po't, Centro de Textiles Tradicionales, 5. Av. Norte 29, in der Nähe des Bogens, 💻 www.nimpot.com, hat eine enorme Auswahl an gebrauchten Trachten und traditionellem Kunsthandwerk, das sich aber von Jahr zu Jahr mehr ausländischem Geschmack anpasst. Man kann auch online kaufen. ◷ tgl. 9–21 Uhr.
Silberschmuck bekommt man in der **Plateria Tipica Maya**, 7. C. Oriente 9.

Für Leckermäuler

Der Klassiker unter den mittlerweile zahlreichen Süßwarenläden in Antigua ist **Doña María Gordillo** in der 4. C. Oriente 11. Seit rund 100 Jahren werden hier selbst gemachte Plätzchen, kandierte Früchte und andere Kalorienbomben verkauft. Am Wochenende heißt es Schlange stehen. ⏲ tgl. geöffnet.

Joyeria Del Angel, 4. C. Oriente 5 A, ✆ 78325334. Exklusives kleines Schmuckgeschäft, sehr schöner und teurer Designerschmuck aus aller Welt.
Mico, 4. C. Oriente 7, ✆ 78322061. Ein Spielzeuggeschäft mit schönem Holzspielzeug.
Tabacos y Vino, 5. Av. Norte 25. Große Auswahl an Zigarren, Weinen und Schokolade.

Lebensmittel

So gut wie alles bekommt man im überdachten Markt westlich der Calzada St. Lucía. Obst und Gemüse wird billiger dahinter im offenen Teil verkauft. Hauptmarkttage sind Mo, Do und Sa. **Bio-Gemüse** wird Samstag vormittags im Hinterhof von **Fernando's Kaffee** (s. Cafés) verkauft.
La Bodegona, zwischen Calzada St. Lucía und 7. Av., je ein Eingang in der 4. und 5. C. Poniente. Etwas chaotisch angeordneter Supermarkt, in dem man fast alles bekommt. ⏲ tgl. 8–20 Uhr.
Dispensa Familiar, Calzada St. Lucía 5. Kleinerer Supermarkt mit teilweise guten Angeboten.
Deliciosa, 3. C. Poniente 2. Delikatessengeschäft mit großem Angebot. ⏲ tgl. geöffnet.
Delicias Mar & Tierra, 7. Av. Sur 6 B (neben Café Rainbow). Kleiner Fischladen mit Minirestaurant und dem frischesten Fisch in Antigua.
Epicure deli & garden restaurant, 3. Av. Norte 11 B, ✆ 78325545. Internationale Küche und Verkauf von Sandwiches, Marmeladen, Süßspeisen, ⏲ s. Restaurants. Weitere Filiale (nur Laden) 6. Av. Norte 35 A, ✆ 78322273. ⏲ tgl. 9.30–14 Uhr.

Aktivitäten

Canopy Tours

Auf der **Finca Filadelfia** in **Jocotenango** (ca. 30 Min. Fahrtzeit bis zum Ausgangspunkt der Touren) bietet Antigua Canopy Tours, ✆ 77280811, 💻 www.antiguacanopytours.com, tgl. um 9, 11 und 14 Uhr unterschiedliche Routen (US$50 und US$75) an, inkl. Abholservice ab Antigua. Mehr zu Canopy-Touren s. S. 60, Traveltipps von A bis Z.

Fahrradfahren

Touren in die Umgebung sollte man mit Guide unternehmen, da man so definitiv mehr zu sehen bekommt, s. Touren. Wer alleine fahren möchte, findet auf dem Gelände der **Finca el Pilar**, s. Reiten, gute Trails.
Don Quijote Cruisers, 6. C. Oriente 8, ✆ 78329056, 💻 www.donquijotecruisers.com, u. a. geführte Biketouren durch eine Kaffeeplantage. US$25 pro Rad und Tag, ebensoviel für eine geführte Tour von 2 Std.
Guatemala Ventures, s. Touren/Outdoor-Veranstalter.

Golf

La Reunión Antigua Golf Resort, ✆ 78731440, 💻 www.lareunion.com.gt. Edler 18-Loch-Golfplatz am Fuß des Vulkans Fuego mit Blick auf die Südküste.

Kaffeetouren

Antigua ist umgeben von Kaffeeplantagen. Besichtigungsmöglichkeiten bieten
La Azotea Cultural Center, Jocotenango, ✆ 78321120, 💻 www.centroazotea.com

Jade

Antigua bietet die landesweit größte Auswahl an Jade. Der meist aus Steinbrüchen im Motagua-Tal stammende, weltweit seltene Jadeit wurde bereits von den Maya zu kunstvollen Stücken verarbeitet. Verkauf in Antigua in z. T. sehr edlen Läden, viele davon befinden sich in der 4. C. Oriente (in der Gegend von Doña Luisa); man kann sich auch die Produktion anschauen und erklären lassen. Preisvergleiche sind ratsam. **Jades Imperio Maya**, 3. Av., Ecke 5. C. (hinter der Kathedrale), ist wohl das Geschäft mit dem ausgefallensten Jadeschmuck. ⏲ tgl. geöffnet.

(Details, s. S. 226) und die **Finca Filadelfia**, San Felipe de Jesús, ✆ 77280812, 💻 www.rdaltoncoffee.com, 2-stündige Touren um 9, 11 u. 14 Uhr, US$18.

Kochen

El Frijol Feliz, 7. C. Poniente 11, ✆ 78824244, 💻 www.frijolfeliz.com. Antiguas einzige Kochschule.

Reiten

Ravencroft Riding Stables, 2. Av. Sur 3, San Juan del Obispo. Veranstaltet Touren für Anfänger und Fortgeschrittene, Infos hierzu im Hotel San Jorge, 4. Av. Sur 13, ✆ 78306669. Reiten kann man auch auf dem Gelände der **Finca Azotea**, s. S. 226, und der **Finca El Pilar**, San Cristóbal el Bajo, ✆ 78324937, ✉ fincaelpilar@live.com.

Schwimmen

Hotel Soleil, 9. C. Poniente, Ortsausgang Richtung Ciudad Vieja. Gegen eine Gebühr können der unbeheizte Hotelpool und die Fitnesseinrichtungen (Sauna, Kraftraum) des Hotels benutzt werden.
Die **Finca El Pilar**, s. Reiten, verfügt über große Pools mit kaltem Bergwasser.

Surfen

Global Surf Guatemala, 4. C. Poniente 16 A, ✆ 78321075, 💻 www.globalsurfguatemala.com. Antiguas einziger Surfladen. 🕓 tgl. 10–17 Uhr.

Tanzen

Viele Sprachschulen bieten Salsa- und Merengue-Kurse an. Die Szene ist sehr schnelllebig, weshalb nicht garantiert ist, dass immer an derselben Schule ein Tanzkurs läuft (meist nachmittags). Oder mal abends in der Tanzbar im **Hotel La Sin Ventura** wegen Tanzkursen vorbeischauen.

Vulkanbesteigungen

S. S. 228 und Touren.

Wellness

Gesundheit und Schönheit werden auch in Antigua immer größergeschrieben und inzwischen hat sich eine kleine, aber feine Szene etabliert.
Hotel Casa Madeleine, Calle del Espiritu Santo 69, ✆ 78329348, 💻 www.casamadeleine.com. Hotel mit Wellnessstudio, Dampfraum und Jacuzzi, Q120, Massagen Q230. 🕓 tgl. 7–17 Uhr.
Skin Deep Spa, Ecke 1. Av. Süd und 6. C., ✆ 78325836, 💻 www.skindeepantigua.com. Kosmetik-, Haar- und Wellnesssalon, heiße Mehrpersonenwanne Q105, Sauna Q80, Jacuzzi Q60, Massagen Q110, mit Garten zum Entspannen. 🕓 tgl. 9–18 Uhr.

Yoga

Im Hotel **Panza Verde** (s. Hotels) und im **Antigua Centre**, 7. Av. Poniente 11, werden von Mo–Sa Yogakurse zu unterschiedlichen Terminen veranstaltet, 💻 www.aroundantigua.com/todo/yoga.htm.

Touren

Antigua bietet eine große Auswahl an Veranstaltern. Preise vergleichen!

Kostenlose Touren der Tourismuspolizei

Die **Touristenpolizei** (s. Sonstiges/Polizei), ✆ 78824030, bietet tgl. um 10 und 15 Uhr kostenlose Führungen zum Cerro de la Cruz an. Auf jeden Fall vorher anrufen, ob Polizisten zur Verfügung stehen.

Stadtführungen

Die Deutsche **Iris Lohrengel**, ✆ 54088225, ✉ iris_lohrengel@hotmail.com, bietet eine rund 3 1/2-stündige Stadtführung durch Antigua an, die US$50 (1–5 Pers.) kostet, Eintritte extra. Ebenfalls sehr empfehlenswerte Stadtführungen auf Englisch mit unterschiedlichen Schwerpunkten bietet **Elizabeth Bell** an, ✆ 78322046. Darüber hinaus gibt es im Park jede Menge einheimischer Touristenführer. INGUAT-Registrierung vorzeigen lassen und immer vorher Preise verhandeln.

Outdoorveranstalter

Adventuras Naturales, ✆ 53816615, 💻 www.guatemalanbirds.com. Besitzer Adolfo Cruz veranstaltet Abenteuertouren, Familienausflüge und Touren zur Vogelbeobachtung.

Faire Tourismusprojekte

Mundo Guatemala, 1. C. Poniente 9/Ecke 6. Av. Norte, ✆ 78329017, 💻 www.mundo-guatemala.com. Deutschsprachiger Tour-Anbieter, spezialisiert auf sozial verantwortlichen und umweltverträglichen Tourismus. Dadurch werden Arbeitsplätze für die lokale Bevölkerung geschaffen und wird die kulturelle Identität gefestigt. Der Reisende erlebt Land und Leute kulturbewusst und authentisch. Der Gewinn kommt direkt der Einzelperson, der Gemeinde oder dem sozialen Projekt zugute.

El Barco, 7. Av. Norte 3, Antigua, ✆ 52102585, Pacaya-Spezialist, Q80 ohne Eintrittsgelder.
Guatemala Ventures, 1. Av. Sur 15, im Gebäude des Café Sky, ✆ 78323383, 💻 www.guatemalaventures.com. Wanderungen, Rafting, Reiten, Vogelbeobachtung, Vulkanbesteigungen und Mountainbiketouren.
Ico's Volcano Expeditions, kein Büro, ✆ 78327301, empfehlenswerte Agentur mit erfahrenem Guide für den Pacaya und die Vulkane Antiguas. Tagestrips oder Touren mit Übernachtungen, An- und Abreise in privaten Fahrzeugen.
Old Town Outfitters, 5. Av. Sur 12, ✆ 53990440, 💻 www.bikeguatemala.com, verleihen Bikes und organisieren teure Touren, u. a. Kombitour Mountainbike/Kajak/Wandern am Atitlán-See, Felsklettern, Vulkantouren. 🕓 tgl. 8–18 Uhr.
O.X. Outdoor Excursions, 1. Av. Sur 4 B, ✆ 78320074, 💻 www.oxexpeditions.com. Vulkantouren, Fahrradtouren, Survivalausbildung.
Wild Guatemala Expeditions, kein Büro, ✆ 55269110, ✉ guate.vertical@gmail.com. Besitzer Manuel Lapala bietet Trekking, Felsklettern, Vulkanbesteigungen und Mehrtagestouren an. Eine 2-tägige Tour auf die Vulkane Acatenango und Fuego kostet US$80 p. P.

Sonstiges

Autovermietungen

In der Hauptstadt gibt es eine weitaus größere Auswahl.
Tabarini, 6. Av. Sur 22, ✆ 78328107, 💻 www.tabarini.com. Die Autos können auch bei Sin Fronteras reserviert werden, s. Reisebüros. 🕓 Mo–Fr 8–18, Sa, So 8–13, 15–18 Uhr.
Alamo, 4. Av. Norte 4 C, ✆ 78320762, 💻 www.alamoguatemala.com. 🕓 tgl. 9–17 Uhr.
Ein **bewachter Parkplatz** findet sich in der Verlängerung der 5. C. Poniente, s. Karte Antigua Zentrum.

Bibliotheken

Centro de Investigaciónes Regionales de Mesoamerica (CIRMA), 5. Av. Oriente 5. Hier werden u. a. Dokumente von Organisationen archiviert, die lange Zeit aus Sicherheitsgründen von der Infostelle Guatemala in Bonn verwahrt wurden.
Centro Cultural Español, 6. Av. Norte, zwischen der 3. und 4. C. Poniente. Kleine, aber feine Bibliothek.

Bücher

Casa Condesa, 5. Av., an der Plaza, im Café Condesa. Gute Auswahl an Bildbänden, Maya-Literatur und englischen Büchern, sehr gute Auswahl an Literatur zum Spanischlernen. 🕓 9–19 Uhr.
Un poco de todo, ebenfalls an der Westseite der Plaza, verkauft außer spanischen Lernmaterialien und Wörterbüchern auch Secondhandbücher in deutscher Sprache.
Libreria El Pensativo, 5. Av. Norte 29. Beste Auswahl spanischsprachiger Bücher, gute Postkarten. 🕓 Do–So 10–18 Uhr, Mo–Mi geschl.
Rainbow Reading Room, 7. Av. Sur 8. Größte Auswahl an Secondhandbüchern (vorwiegend englischsprachig).

Feste

Schwerpunkt ist das **Osterfest** (s. S. 202). Wann und wo Prozessionen stattfinden, erfährt man in der Touristeninformation.
25. Juli, **Fiesta zu Ehren des Schutzpatrons** Santiago. 15. September, Umzüge und Fackelläufe zum **Nationalfeiertag**.

Fotoläden

An der Kreuzung 4. C. Poniente/6. Av. befinden sich Läden von **Fuji**, **Kodak** und **QuickFoto**. CDs mit seinen Digitalfotos kann man sich in vielen Internetcafés brennen lassen.

Antigua

Fracht

Außer der Post kann man Sendungen auch einem Kurierdienst anvertrauen, z. B. **DHL Express**, 6. C. Poniente, Ecke 6. Av. Sur 16, ✆ 78323718.

Freiwilligenarbeit

Proyecto Mosaico Guatemala PMG, Kontakt in Antigua: ✉ guatemala@promosaico.org, 💻 www.promosaico.org, koordiniert Freiwilligenprojekte in ganz Guatemala. Der Teilnehmerbeitrag beträgt zwischen 40 und 200 € – je nach Servicepaket (Infos s. Website). Teilnahme ist ab 1 Woche möglich, Mindestalter 18 Jahre. Auf die Vermittlung und die Unterbringung von Freiwilligen hat sich die gemeinnützige **CasaSito Association Guatemala** spezialisiert, 7. Av. Norte 51, ✆ 78824680, 💻 www.casasito.org (s. S. 214).

Geld

Viele Banken haben sich an der Plaza und in den anliegenden Straßen niedergelassen. Alle sind auf Touristen eingestellt und tauschen Bargeld (US$ und oft auch Euros) sowie Reiseschecks. In der Mitte und am Ende eines jeden Monats bilden sich lange Schlangen vor den Banken, wenn die Einheimischen ihre Lohnschecks gegen Bares tauschen. Die meisten Banken bieten zudem den Western-Union-Überweisungsservice an (hohe Gebühren). Viele Hotels und Geschäfte tauschen Bardollars. Der Kurs ist allerdings meist schlecht.

BAC Guatemala, 5. Av. 8 (Portal del Comercio) am Parque Central. Geldautomat auch für Maestro- und ec-Karten; tauschen AMEX-Schecks zu guten Kursen.

Banco Agromercantil (BAM), neben Cafebarista am Parque, tauscht Euros. ⌚ tgl. 9–19 Uhr.

Banco Industrial, 5. Av. Sur 4. Reisescheck-tausch und Bankomat für Visa- und Mastercard.

Banco Quetzal, an der Plaza, 5. Av. Norte, Ecke 4. C. Poniente. Geldautomat für ec-Karte und Mastercard, guter Wechselkurs, Tausch von AMEX-Schecks.

Citibank, 4. C. Oriente 10, Ecke 3. Av. Norte, tauscht Euros. ⌚ Mo–Fr 9–17, Sa 10–13 Uhr, So geschl.

G & T Continental, neben Café Condesa am Parque Central, Geldautomat 5B (Visa- und Mastercard). Die Bank tauscht auch Euros.

Weihnachten in Antigua

Das **Weihnachtsfest** wird in Antigua immer sehr traditionell begangen. Viele Kirchen und Familien stellen Krippen *(nacimientos)* auf. Zahlreiche Veranstaltungen lohnen den Aufenthalt:

15. bis 23.12. – Posadas, bei denen Kinder Josef- und Mariafiguren durch die Stadtviertel tragen und bei bestimmten Familien einkehren. Da es im Dezember oft recht kühl ist, wird ein heißer *ponche de frutas* (Fruchtpunsch) getrunken, gelegentlich auch mit Schnaps vermischt.

24.12. – Glockengeläut und Böller an allen Kirchen, Straßenparade der *gigantes* (überlebensgroße Puppen) und *cabezudos* (Riesenköpfe aus Pappmaschee), abends Prozession mit Ziel La Merced, Mitternachtsmessen in allen großen Kirchen. Um Mitternacht Böller und Feuerwerk.

25.12. – In Guatemala gibt es nur einen Weihnachtsfeiertag. Diverse Weihnachtsmessen in Antigua (Uhrzeiten und Veranstaltungsorte bei der Touristeninformation).

Informationen

Das Büro des guatemaltekischen Tourismusinstituts **INGUAT** befindet sich in der 2. C. Oriente 11, ✆ 78323782. ⌚ tgl. 8–17 Uhr.

Darüber hinaus erhält man in so gut wie allen **Reisebüros** Infomaterial.

Die meisten größeren Sprachschulen und Restaurants haben ein **schwarzes Brett**, an dem sich viele nützliche, aktuelle Informationen finden lassen.

Die **Internetseiten** 💻 www.aroundantigua.com, 💻 www.antiguadailyphoto.com und 💻 www.antiguacultural.com bieten ebenso aktuelle Informationen zur Stadt wie die kostenlosen Magazine *Revue* und *Qué pasa*, beide mit Veranstaltungskalender.

Internet

Viele Internetanbieter verschwinden genauso schnell, wie sie aufgetaucht sind. Dennoch gibt

es sie an jeder Ecke, und die Preise sind extrem niedrig (ca. Q5/Std.). Den umfangreichsten Service (Internet, WLAN, Telefon, Fax, Laptop-Verbindung, Kopien, Brennen von CDs) erhält man bei **Conexión**, 4. C. Oriente 14, hinten links im Centro Comercial **La Fuente**.
Wer einen Laptop mitgebracht hat, kann sich für Q325/Monat bei **Foto Gonzales** (s. Telefon) oder im Supermarkt **Bodegona** einen Prepaid-Internetstick von TIGO kaufen (s. auch S. 219).

Medizinische Hilfe

Die Grundversorgung ist gut. Bei ernsteren Erkrankungen sollte man nach Guatemala-Stadt ausweichen. Bei Notfällen wird man grundsätzlich ins öffentliche **Hospital Nacional** in San Felipe, ✆ 78311319, eingeliefert. Besser sind folgende Privatkliniken:
Casa de Salud Santa Lucía, Calzada St. Lucía 7, ✆ 78323122.
Hospital Privado Hermano Pedro, Av. La Recoleccion 4, ✆ 78321190.
Clinicas Ovalle y Asociados (Zahnklinik), 2. Av. Norte 3, ✆ 78320275, 💻 www.clinicasovalle.com. 🕒 Mo–Fr 9–12.30, 15–19, Sa 9–11.30 Uhr. Es wird auch Deutsch gesprochen.

Motorräder

CeibaRent, 6. C. Poniente 6 D, ✆ 78324168, 💻 www.ceibarent.com.

Polizei

Wer Hilfe benötigt, sollte sich an die sehr freundlichen, hilfsbereiten und teilweise auch Englisch sprechenden Mitarbeiter der **Touristenpolizei DISETUR** wenden, Rancho Nimajai, 6. C. Poniente Final, ein halber Häuserblock westlich der Calzada Santa Lucía, ✆ 78824030 (auch nachts und Wochenende), s. auch Touren.

Post

El Correo, Calzada St. Lucía, Ecke 4. C. Poniente. 🕒 Mo–Fr 8.30–17.30, Sa 9–13 Uhr.

Reisebüros

Adrenalina Tours, 3. C. Poniente 2 D, ✆ 78324147, 💻 www.adrenalinatours.com. Shuttle Service und Touren in ganz Guatemala, Schwerpunkt Quetzaltenango.

Gratis im Internet surfen

Hier kommt man mit dem eigenen Laptop kosten- und kabellos ins World Wide Web: Bagel Barn, Cafebarista, Café Le Jardín, Café de la Escalonia, Gaia, Fernando's Kaffee, La Canoa, La Escudilla, La Sala, Peña del Sol Latino, Rainbow Café, Reds.

Lax Travel, 3. C. Poniente 12, Ecke 6. Av. Norte, ✆ 78321621, ✉ laxantigua@intelnett.com, u. a. Hotelvermittlungen (3–5 Sterne) für die Hauptstadt mit z. T. erheblichen Discounts im Vergleich zu den offiziellen Preisen.
Rainbow Travel Center, 7. Av. Sur, Ecke 6. C. Poniente, ✆ 79317878, 💻 www.rainbowtravelcenter.com. Günstige Studententarife. 🕒 tgl. geöffnet.
Sin Fronteras, 5. Av. Norte 15 A, ✆ 77204400, 💻 www.sinfront.com. Allround-Agentur mit kompetenter Beratung. Hier können auch Rafting-Touren von Maya Expeditions (s. S. 185, Veranstalter Guatemala-Stadt) gebucht werden. Außerdem Tabarini-Autoverleih. 🕒 9–18.30 Uhr.
Transportes Turísticos Atitrans, 6a Av. Sur 7/8, ✆ 78310184, 💻 www.atitrans.net, Shuttle-Spezialist, 24-Std.-Service.
Viajes Tivoli, 4. C. Oriente 10 (El Jaulón), ✆ 78324287, ✉ antigua@tivoli.com.gt. Air-France-Agentur, landesweite Zweigstellen. 🕒 Mo–Fr 8–13 und 14.30–17.30, Sa 8–12.30 Uhr.

Sicherheit

Auf seinen Tagesrucksack sollte man jederzeit ein Auge haben. Das gilt besonders für Märkte und Busse, aber auch für Internetcafés und teure Restaurants! Oftmals arbeiten die Täter im Team. Dabei lenkt der eine die Aufmerksamkeit auf sich, während der andere die Taschen klaut. Wer in billigen Pensionen übernachtet, sollte beim Verlassen die Fenster schließen und ein eigenes Vorhängeschloss an der Tür anbringen. Auf dem Cerro de la Cruz ist es vereinzelt zu Überfällen gekommen. Wer den Hügel im Norden der Stadt besuchen möchte, sollte dies nur tagsüber tun; die Touristenpolizei organisiert Ausflüge, s. S. 220, Touren. Nachts sollte man den Stadtkern nicht allein verlassen und kleine, dunkle Gassen meiden. Frauen wird empfohlen, sich zu später Stunde nach Hause begleiten zu lassen oder ein Taxi zu nehmen. Mototaxis fahren nur bis 22 Uhr!

Sprachunterricht

Antigua ist weiterhin die wichtigste und beliebteste Anlaufstelle für alle, die in Guatemala Spanisch lernen wollen. Das sehr große Angebot von mehr als 30 Sprachschulen macht die Auswahl nicht leicht. Die Preise bekannter Schulen liegen bei rund US$150–260 pro Woche für 20 Std. Einzelunterricht und bei rund US$70

Sprachschulen in Antigua

Eine aktuelle Rangliste beliebter Spanischschulen findet sich auf der Webseite 💻 www.guatemala365.com.

Academia de Español Antigueña, 1a C. Poniente 10, ✆ 78327241, 44166998. 💻 www.spanishacademyantiguena.com. Hier geht hin, wer exzellente Lehrer und ernsthaftes Studium sucht.

Academia de Español PROBIGUA, 6. Av. Norte 41 B, ✆ 78320860, 💻 www.probigua.org. Ein Teil der Einnahmen fließt in den Unterhalt von Büchereien für bedürftige Guatemalteken.

Academia de Español Sevilla, 1. Av. Sur 8, ✆ 78325101, 💻 www.sevillantigua.com. Empfehlenswerte Schule mit einem kreativen Rahmenprogramm.

Don Pedro de Alvarado Spanish School, 6. Av. Norte 39, ✆ 78824575, 💻 www.donpedrospanishschool.com. Kleine, teure Schule in schönem Garten mit liebevoller Betreuung.

Escuela de Español Tecun Uman, 6. C. Poniente 34 A, ✆ 78322792, 💻 www.tecunumancentramerica.com. Eine der älteren Schulen in Antigua mit Tanz-, Koch- und Tourangeboten.

Escuela de Español San José el Viejo, 5. Av. Sur 34, ✆ 78323028, 💻 www.sanjoseelviejo.com. Im Garten der Ruinen von San José mit Unterkünften, Pool und Tennisplatz auf dem Schulgelände.

Proyecto Lingüístico Francisco Marroquín, 7. C. Poniente 31, ✆ 7322886, 💻 www.langlink.com/plfm. Alteingesessenes Kulturinstitut.

für einen wöchentlichen Familienaufenthalt (inkl. dreier Mahlzeiten, tgl. außer So). Je nach Saison kann der Preis variieren. Buchungen direkt vor Ort sind meist etwas günstiger. Der Familienaufenthalt kann helfen, das Gelernte in die Praxis umzusetzen, aber nicht jede Familie ist gesprächig; notfalls einfach wechseln.

Taxis

Findet man am Parque Central bei der Kathedrale und am Markt. Im Stadtbereich kostet eine Fahrt Q25. Günstiger sind die halboffenen **TucTucs**, Dreiradtaxis, Q10–15 pro Fahrt. Sie dürfen aber den Bereich um den Parque Central nicht anfahren und fahren nur bis 22 Uhr.

Telefon

Conexion, 4. C. Oriente 14, im Patio des Centro Comercial La Fuente.

Oasis, 5. Av. Sur, am Parque, im Hinterzimmer. Telefon und Internet.

Handys *(Celulares)*, s. S. 65, bekommt man bei **Fujifilm digital**, Kreuzung 4. C. Poniente/6. Av., bei **Foto Gonzales** an der Nordwestecke des Parque Central oder im Supermarkt **Bodegona**.

Trekkingausrüstung

Old Town Outfitters, 5. Av. Sur 12, ✆ 78324171, 💻 www.adventureguatemala.com. 🕓 tgl. 9–18.30 Uhr.

Wäschereien

Gibt es mittlerweile so gut wie an jeder Straßenecke. Siehe Karte Antigua Zentrum

Transport

Busse

Der **Busterminal** befindet sich hinter dem Hauptmarkt. Dort wird man schnell von Busschleppern zum richtigen Fahrzeug gebracht. Busse nach Guatemala-Stadt besteigt man entweder an der Ecke Calzada Santa Lucía und 7. Calle Poniente, am Busterminal, an jeder Kreuzung entlang der 7. C. oder am Ortsausgang von Antigua, am Ende der 4. C. Oriente (La Garita). Außer dem Bus nach Panajachel gibt es keine Direktverbindungen ins Hochland. Umsteigen in Chimaltenango oder einen Touristen-Shuttle nehmen.

Shuttle-Busse

Nicht immer kommt man mit den Minibussen, die Reisende direkt im Hotel abholen, schneller und bequemer ans Ziel. Obwohl die Preise aufgrund des scharfen Wettbewerbs in den letzten Jahren gesunken sind, kostet eine Fahrt im Shuttle-Bus immer einiges mehr als im öffentlichen Bus. Da alle Mitfahrer in der Regel von ihren Hotels abgeholt werden, dreht man oftmals die eine oder andere „Ehrenrunde". Dieser mögliche Zeitverlust sollte besonders bei Fahrten zum Flughafen berücksichtigt werden.

Achtung: Nach Flores werden keine regelmäßigen Shuttle-Busse angeboten. Man wird in der Regel nur im Shuttle nach Guatemala-Stadt zu einem Linienbus gebracht. Andere Reiseziele, z. B. Quetzaltenango, Río Dulce, Copán und San Pedro Sula (Honduras), Tapachula (Mexiko) oder San Salvador (El Salvador), werden auch in der Kombination Shuttle/Bus angeboten.

Anbieter

Von Antigua gelangt man mit dem Shuttle-Service, den nahezu alle Reisebüros offerieren, so gut wie überall hin. So wird z. B. der Pazifikbadeort Monterrico per Shuttle direkt angesteuert, während man im öffentlichen Bus umsteigen muss und deutlich länger unterwegs ist. Shuttlebusse zum Flughafen sind eine günstige Alternative zum Taxi. Shuttle-Anbieter sind u. a. **Atitrans** oder **Adrenalina Tours** (Adressen s. Reisebüros). Bei sehr günstigen Tarifen muss man allerdings mit sehr vollen und verspäteten Bussen rechnen. Vorher beim Veranstalter nachfragen, ob eine Mindestteilnehmerzahl für die Abfahrt erforderlich ist!

Preise und Routen

Die Preise variieren ständig. Ein Vergleich lohnt sich. Angeboten werden folgende Routen und die entsprechende Gegenrichtung:
Antigua – Flughafen (Guatemala-Stadt), ab 4 Uhr morgens, US$5–10.
Antigua – Chichicastenango, Do und So, US$7–15.
Antigua – Cobán und Semuc Champey, tgl. 8 und 14 Uhr, US$15–20.
Antigua – Copán (Honduras), tgl. US$8–10, Kombination Shuttle/Bus.
Antigua – Monterrico, tgl. 8 Uhr, US$10, Don Quijote, ✆ 56733435.
Antigua – Panajachel (Atitlán-See), mehrmals tgl., US$8–12.
Antigua – Quetzaltenango, tgl. 4–13 Uhr, US$12–25, Kombination Shuttle/Bus.
Antigua – Vulkan Pacaya, tgl. 6–13.30 Uhr, US$8–10.

GUATEMALA-STADT (45 km, ca. 1 1/4 Std.), alle 5 Min., 4–19 Uhr.
CHICHICASTENANGO, umsteigen in Chimaltenango, dort weiter u. a. mit Veloz Quichelense, Aracely, Xoyita, Quiroa, alle 10 Min. von 6–16 Uhr.
CHIMALTENANGO (19 km, 1 Std.), alle 15 Min. von 5–18.30 Uhr (mit Halt in Jocotenango, Pastores, Parramos, Abzweigung San Andrés Itzapa, Los Aposentos).
CIUDAD VIEJA (7 km, 15 Min.), ständig von 7–19 Uhr.
ESCUINTLA (39 km, 1 Std.), alle 15 Min. von 5–18 Uhr.
PANAJACHEL (80 km, 2 1/2–3 Std.), Rébuli, ✆ 53069917, fährt 1x tgl. um 7 Uhr direkt, Abfahrt 4. C. Poniente beim Supermarkt Bodegona. Sonst umsteigen in Chimaltenango. Der letzte Direktbus von Rébuli aus der Hauptstadt nach Panajachel kommt dort kurz vor 12 Uhr vorbei. Sonst mit Umsteigen in Los Encuentros und Sololá.
QUETZALTENANGO (ca. 3–3 1/2 Std.), umsteigen in Chimaltenango, dort weiter mit Galgos, Linea Dorada, Alamo, Marquensita, letzter Bus gegen 18 Uhr.
TECPÁN, umsteigen in Chimaltenango, Veloz Poaquileña, alle 30 Min. von 7–19.30 Uhr.
SAN ANDRÉS ITZAPA (ca. 1 Std.), alle 40 Min. von 7–18.45 Uhr.
SAN ANTONIO AGUAS CALIENTES, alle 15 Min. von 6–20.30 Uhr.
SAN MIGUEL DUEÑAS, alle 20 Min. von 7–19 Uhr.

SANTA MARÍA DE JESÚS (11 km, ca. 30 Min.), vorbei an San Juan del Obispo und San Pedro las Huertas, alle 30 Min. von 7–20 Uhr.
Busse können auch an der 7. C. Oriente, Ecke Calle del Hermano Pedro, bestiegen werden.

Die Umgebung von Antigua

Edle Villenviertel, Residenzen und einige kleinere Dörfer prägen die Gegend um Antigua, Übersichtskarte s. S. 201. Dazwischen liegen große Kaffeeplantagen, die oft hinter großen Mauern versteckt sind. Aufgrund der günstigen klimatischen Bedingungen und des Know-hows in der Weiterverarbeitung sind die Kaffeebohnen Antiguas eine weltweit begehrte Ware. Wer Zeit und Gelegenheit hat, sollte einen Spaziergang unternehmen und sich eines oder mehrere der Antigua umgebenden Dörfer genauer anschauen.

San Felipe de Jesús und Jocotenango

San Felipe erreicht man bequem zu Fuß. Wenn man in Antigua der 6. Avenida stadtauswärts folgt, erreicht man nach einem Kilometer den Ortskern. Das gotische Gotteshaus beherbergt den **Cristo Sepultado** oder Jesús Yacente, eine Holzfigur Christi, die während der Fasten- und Osterzeit Ziel vieler Pilger ist. Einmal jährlich findet eine Fiesta statt, die der Überführung der Figur im Jahr 1670 von San Juan el Perdido in der Provinz Escuintla nach San Felipe gedenkt. Auf der Plaza vor der Kirche verkaufen Händler Früchte aus Glasurkeramik, Süßigkeiten, Holzspielzeug und Webarbeiten. In einer Nebenstraße befindet sich die bekannte Silberwerkstätte **La Antigüeña**, Callejon Los Horcones 46, 🕓 9–18 Uhr, die auch Jadeschmuck anbietet.

Folgt man der Hauptstraße aus San Felipe Richtung Norden, erreicht man nach wenigen hundert Metern Jocotenango. Während der Kolonialzeit war der Ort das Tor nach Antigua, von dem aus offizielle Besucher in die Stadt begleitet wurden. Heutzutage wird in Jocotenango Kaffee weiterverarbeitet, und abgesehen von der Kirche und dem davor liegenden Brunnen gibt es nicht besonders viel zu sehen.

Die größte Attraktion des Ortes ist sicherlich das **La Azotea Cultural Center** mit drei Museen auf dem Gelände der Finca Azotea, ☎ 78311120, 💻 www.centroazotea.com: In der **Casa K'ojom** (dem Haus der Musik) sind traditionelle indianische und spanische Musikinstrumente sowie eine Darstellung der heidnischen Gottheit Maximón ausgestellt. Während eines Diavortrags werden die Originalklänge der Instrumente eingespielt. Im Souvenirladen kann man Musikinstrumente und CDs kaufen. Das **Museo del Café** gibt einen umfassenden Überblick über die Geschichte des Kaffees in Guatemala. Erklärt werden außerdem die Aufzucht und Weiterverarbeitung der Kaffeekirschen. Zum Ende der Tour kann man den Kaffee der Finca Azotea probieren und sich auf dem weitläufigen Gelände umsehen. Der **Rincón Sacatepéquez** zeigt Trachten, Sitten und Gebräuche der Provinz Sacatepéquez, darunter die Herstellung von Tortillas und Webtextilien sowie eine Markt- und Hochzeitsszene.

Neben dem Besuch der Museen kann man auf dem Gelände der Finca reiten (vorherige Anmeldung empfehlenswert) oder durch die Kaffeeplantage flanieren. Der Eingang zur Finca und den Museen befindet sich direkt neben dem Friedhof in Jocotenango, der wenige hundert Meter gegenüber der Kirche an der Plaza liegt. Alle Museen bieten Führungen an. 🕓 Mo–Fr 8.30–16.30, Sa 8.30–14.30 Uhr, Q50. Von Antigua aus fährt ein Shuttlebus am Parque vor der Kathedrale stdl. von 9–14 Uhr direkt zur Finca, im Eintrittspreis inbegriffen.

Nach San Felipe und Jocotenango fahren ständig Busse vom Terminal hinter dem Markt von Antigua ab.

El Hato

Das kleine Bergdorf liegt wenige Kilometer nordöstlich von Antigua in den Berghängen oberhalb Jocotenangos. Die Straße führt am Aussichtspunkt Cerro de la Cruz vorbei und ist bei Mountainbikern beliebt.

Wer genug vom hektischen Antigua hat, kann sich in der **Earth Lodge**, ✆ 56640713, 💻 www.earthlodgeguatemala.com, regenerieren. Auf dem großen Gelände mit tollen Ausblicken auf Antigua und seine Vulkane kann man in der Hängematte faulenzen, Spanisch lernen, wandern oder einen Saunagang einlegen. Die Unterbringung erfolgt in einfachen Holzbungalows ❸, einem Baumhaus ❹ oder dem Schlafsaal (Q35 p. P.). Zelten ist möglich für Q35 p. P., Mahlzeiten kosten Q15–40. Wer in der Earth Lodge als Freiwilliger arbeitet, zahlt für Unterkunft und Verpflegung nur die Hälfte. Um die Anreise zu organisieren, sollte man mit der Lodge telefonisch in Kontakt treten oder sich auf der Webseite informieren.

Ciudad Vieja und San Antonio Aguas Calientes

Besonders empfehlenswert ist ein Besuch von **Ciudad Vieja** südöstlich von Antigua während der Fiesta der Inmaculada Concepción am 8. Dezember. Dann findet neben vielen traditionellen Tänzen die sogenannte *quema de granadas* statt, bei der die bösen Geister mit Böllern vertrieben werden und der Jungfrau Maria für die Wohltätigkeiten des vergangenen Jahres gedankt wird. Ansonsten ist es ziemlich ruhig in dem Städtchen, das von 1527 bis 1541 Hauptstadt Guatemalas war, bis es von Regen, Schlamm und Geröll zerstört wurde. Ciudad Vieja liegt ca. 6 km südöstlich von Antigua und ist problemlos mit Bussen zu erreichen, die ständig vom Busterminal hinter dem Markt abfahren.

Das idyllisch in einem bewaldeten Tal gelegene **San Antonio Aguas Calientes** ist rund 14 km von Antigua entfernt und landesweit bekannt für die hervorragende Qualität der hier hergestellten Webarbeiten. Die Frauen weben die Muster ihrer *huipiles* doppelseitig, sodass ungeübte Augen Innen- bzw. Außenseite kaum voneinander unterscheiden können. Neben Textilien und der Herstellung von Holzmöbeln, Stoffpüppchen und Musikinstrumenten spielt auch die landwirtschaftliche Produktion eine wichtige Rolle.

In der großen Franziskanerkirche aus dem 17. Jh. befindet sich ein Bild des Heiligen San Antonio de Padua, dem zu Ehren die Fiesta am 13. Juni stattfindet.

Ein erfrischendes Bad kann man im **Balneario San Andrés**, wenige hundert Meter von der Kirche entfernt, nehmen. Busse verlassen alle 30 Min. von 6–20 Uhr den Busterminal in Antigua Richtung San Antonio.

Auf der Straße nach San Miguel Dueñas liegt bei KM 52,5 der Eingang zur **Finca Valhalla**, ✆ 78315799, 💻 www.exvalhalla.net, 🕓 8–16.30 Uhr, Eintritt frei, Spenden willkommen. Auf dieser Farm werden Macadamianüsse geerntet, die man bei einer geführten Tour, ebenso wie andere aus der edlen Nuss hergestellte Produkte, probieren kann. Zudem kann man dort frühstücken. Es ist gelegentlich zu Überfällen am Eingang und auf dem Gelände der Finca gekommen. Vor dem Besuch nach dem aktuellen Stand erkundigen!

San Juan del Obispo und Santa María de Jesús

Im Südosten Antiguas verlässt eine Straße die Stadt in Richtung Vulkan Agua. Nachdem man den kleinen Ort San Pedro Las Huertas passiert hat, erreicht man nach knapp 5 km **San Juan del Obispo**. An der Plaza steht der mächtige Bau des erzbischöflichen Palastes aus dem 16. Jh., den sich Francisco Marroquín, der erste Bischof Guatemalas, hier errichten ließ. Der renovierte Palast kann besucht werden und bietet neben einer schönen Sicht auf Antigua Einblicke in das kirchliche Leben während der Kolonialzeit. Auf ein Klopfen hin öffnen die Schwestern des Betania-Ordens und zeigen dem Besucher religiöse Kunstgegenstände, antike Möbel und eine Kapelle mit vergoldetem Altar, 🕓 9–12 und 14–16 Uhr. Ebenfalls in San Juan befinden sich die Ravencroft Riding Stables, s. Reiten S. 220.

Nach einem steilen Aufstieg erreicht man 6 km weiter das an der Ostflanke des **Vulkans Agua** liegende **Santa María de Jesús**. Das Cakchiquel-Dorf in 2070 m Höhe wurde früher *el aserradero* – das Sägewerk – genannt, da die Indígenas Holz aus den umliegenden Wäldern nach Antigua brachten. Hier beginnt der Aufstieg auf den Vulkan Agua. Wer früh starten oder eine Nacht in Santa María verbringen möchte, kann in der gemütlichen **Hospedaje El Oasis**, Alameda el Calvario 8, ✆ 78328585, absteigen, ❸–❹. Die asphaltierte Straße endet hier, aber auf einer unbefestigten Nebenstraße gelangt man in das rund 24 km entfernte Palín. Folgt man ihr rund 4 km, gelangt man zum **Chateau DeFay**, Guatemalas erster und einziger Winzerei, 💻 www.fincadefay.com. Auf dem Weingut werden Chardonnay, White Merlot (Rosé) und ein Dessertwein (Angie's Blend) produziert. Weinproben sind Sa, So von 10–16 Uhr und wochentags nach Anmeldung möglich.

Vulkanbesteigungen

Alle drei um Antigua liegenden Vulkane können bestiegen werden, der Aufstieg ist unterschiedlich schwierig. Auch ein Trip zum Vulkan Pacaya (s. S. 192) lässt sich bequem von Antigua aus organisieren, da fast alle Agenturen günstige Touren anbieten, die Transport, Guide und Begleitschutz einschließen. Für alle Vulkanbesteigungen ist warme Kleidung unabdingbar, da es auf den Gipfeln sehr kalt und windig sein kann. Wer dort oben übernachten will, sollte ein Zelt, einen guten Schlafsack und genügend Wasser mitbringen. Wichtig ist, niemals allein zu gehen und alle Wertsachen bis auf ein wenig Bargeld im Hotelsafe zu lassen. Für die Besteigung der Vulkane Fuego und Acatenango empfiehlt sich ein Führer. Veranstalter, die Vulkanwanderungen anbieten, finden sich auf S. 220, Touren/Outdoorveranstalter.

Vulkan Agua (3766 m)

Der Vulkan Agua ist nach dem Pacaya am leichtesten zu besteigen. Wegen der häufigen Überfälle sollte man allerdings nur mit Polizeischutz oder geführten Exkursionen gehen! Besonders an Wochenenden verbringen manchmal Dutzende meist einheimischer Besucher die Nacht auf dem Gipfel, um den Sonnenaufgang zu erleben. Der Aufstieg beginnt im Cakchiquel-Dorf **Santa María de Jesús**, das südlich von Antigua an der Ostflanke des Vulkans auf einer Höhe von 2070 m liegt. Der Weg führt rechts am Friedhof vorbei und ist ab dort deutlich sichtbar. Ob man dabei dem direkten, aber steileren Pfad oder der serpentinenartig verlaufenden Straße folgt, ist Geschmacks- bzw. Konditionssache. Kurz unterhalb der höchsten Stelle erreicht man den Kratergrund, in dem einige Besucher ihre Namen in Stein verewigt haben.

Von hier aus ist das Gipfelrund über die östliche oder die westliche Seite zu erreichen. Die zahlreichen Antennen dort oben dienen hauptsächlich der Telekommunikation. Die **Aufstiegszeit** beträgt etwa 4 Std. Wer am selben Tag hinauf- und wieder hinabsteigen möchte, sollte zwischen 5 und 6 Uhr morgens aufbrechen, da oftmals bereits gegen 10 Uhr Wolken am Berg aufziehen.

Acatenango (Hauptgipfel 3976 m, Yepocapa-Gipfel 3800 m)

Die Besteigung des Vulkans beginnt ungefähr 150 m oberhalb der Kreuzung **La Soledad** beim Friedhof. Der Einstieg ist gekennzeichnet. Nach rund 90 Min. passiert man eine zum Zelten geeignete Hochfläche, und auch auf halber Höhe – nach etwa 3 Std. Aufstieg – kann auf einem kleinen, ebenen Stück in einem Kiefernwäldchen gecampt werden. Der Anstieg ist steil und kann je nach Jahreszeit rutschig und zum Teil überwuchert sein. Erst in rund 3700 m Höhe hat man die Baumgrenze und wenig später den Nordgipfel Yepocapa erreicht. Von hier aus ist es noch eine weitere Stunde bis zum Hauptgipfel.

Vom Gipfel des Acatenango bietet sich ein fantastischer Blick über die guatemaltekische Vulkankette. Starke Winde können die ohnehin schon eisigen Temperaturen weiter absinken lassen. Von hier oben kann man in den Sattel *(La Horqueta)* zwischen Acatenango und Fuego absteigen. Das Wäldchen hier ist ein angenehmer Übernachtungsort. Der Abstieg aus dem Sattel Richtung **Alotenango** ist steil, zugewachsen und sehr lang. Besser ist es daher, wieder auf der Nordseite abzusteigen.

Um früh aufbrechen zu können, ist es sinnvoll, mit ein paar Gleichgesinnten in Antigua ein Taxi, Pick-up oder einen Minibus nach La Soledad zu chartern. Alternativ gelangt man mehrmals tgl. mit dem Bus Richtung San Pedro Yepocapa

Antigua mit allen drei Vulkanen

über San Miguel Dueñas zur Kreuzung La Soledad vom Terminal in Antigua (Abfahrtszeiten vor Ort erfragen). Da ein Hotel fehlt, kann man in La Soledad nur bei Privatpersonen übernachten. Im Ort besteht die letzte Möglichkeit, die Wasservorräte aufzufüllen. Für den Aufstieg sind rund 6 Std. einzuplanen.

Fuego (3763 m)

Da der Vulkan ständig aktiv ist, wird von einer Besteigung dringend abgeraten. Wer es dennoch nicht sein lassen kann, sollte sich vorher genauestens (z. B. bei der Touristeninformation) über die aktuelle Lage informieren. Ein ordentlicher Sicherheitsabstand zum Krater, besonders bei Gegenwind, kann einem das Leben retten. Die Giftgaswolken und Steinbrocken, die der Vulkan regelmäßig ausstößt, sind nicht zu unterschätzen. Am einfachsten lässt sich der Fuego über den Acatenango in einer Zwei-Tages-Tour besteigen. Die Alternativroute ab **Alotenango** ist extrem steil, unmarkiert und umfasst 2375 Höhenmeter, für die man aufgrund des schlechten Weges 8–10 Std. (nur für den Aufstieg!) benötigt.

Von Antigua Richtung Chimaltenango

Viele kleine Orte säumen die Straße nach Norden Richtung Chimaltenango. Nachdem man Jocotenango und Pastores passiert hat, windet sich die Straße aus dem Panchoy-Tal heraus und erreicht bei **Parramos** eine fruchtbare Hochebene, die für die Qualität der hier angebauten schwarzen Bohnen *(frijoles)* bekannt ist. Wenig später zweigt links eine asphaltierte Straße zum 3 km entfernten **San Andrés Itzapa** ab. Der Ort hat schwierige Zeiten hinter sich, denn nachdem er 1976 durch das große Erdbeben völlig zerstört worden war, wurde 1988 im nahe gelegenen Weiler El Aguacate ein Massaker an 22 Zivilisten verübt. Bis heute sind die Schuldigen noch nicht eindeutig identifiziert worden.

Der Hauptgrund, weshalb Touristen wie Einheimische den Ort aufsuchen, ist ein merkwürdiger Heiliger mit Namen San Simón, der angeblich über magische Kräfte verfügt (s. Kasten). Seine Kapelle ist tgl. von 7–17.30 Uhr geöffnet. Von und nach San Andrés fahren ständig Busse aus Antigua und Chimaltenango. Die letzten Bus-

San Simón – Helfer in allen Lebenslagen

Er besitzt eine eigene Kapelle in San Andrés Itzapa, und eine komplette Bruderschaft *(cofradía)* kümmert sich nur um ihn. Die katholische Kirche würde ihn am liebsten verbieten, dennoch suchen ihn täglich Dutzende von Menschen auf, um ihn um Fruchtbarkeit, Erfolg im Geschäft oder Gesundheit zu bitten. Steif und ausdruckslos sitzt San Simón, eine beinahe menschengroße Puppe mit Cowboyhut, Schnurrbart und schwarzem Anzug, auf seinem Stuhl und nimmt geduldig Opfergaben seiner Verehrer entgegen. Diese treten vor ihn, sprechen mit ihm und opfern ihm Schnaps, Zigarren, Weihrauch, Schmuck oder Geld, in der Hoffnung, dass er ihre Bitte erhören möge. Auf Wunsch vermitteln Schamanen zwischen den „Kunden" und der Gottheit: Sie zünden Kerzen an, spucken den Hilfesuchenden Alkohol ins Gesicht und schwenken Weihrauchgefäße. Alles entscheidend für eine wirksame Audienz beim Helfer in allen Lebenslagen ist jedoch die richtige Auswahl der Kerzen. Nur wenn die Farbe stimmt, ist gewährleistet, dass die Prozedur auch zum Erfolg führt. So benutzt derjenige, der Schutz für seine Kinder erbittet, weiße Kerzen, für die Gesundheit sind es rosafarbene und gegen Neider und Feinde schützt man sich mit schwarzen Kerzen. Der Erfolg scheint San Simón Recht zu geben. Unmengen von Dankestafeln an den Wänden seiner Kapelle sprechen für sich. Sein Ruf reicht mittlerweile sogar über die Landesgrenzen hinaus, und er ist bei Indígenas wie Ladinos gleichermaßen beliebt.

Viel weiß man nicht über die Herkunft des merkwürdigen Heiligen; er soll nicht viel älter als hundert Jahre sein, obwohl seine genaue Herkunft im Dunkeln bleibt. Für einige ist er die Verkörperung des christlichen Judas, andere sehen in ihm eine alte Maya-Gottheit. Wieder andere behaupten, dass er aus kommerziellem Interesse „erfunden" wurde. Wie dem auch sei, wenn die Heiligen der katholischen Kirche nicht mehr weiterhelfen, dann wendet man sich an San Simón, der unter den Namen **Maximón** oder Rilaj Mam auch in weiteren Dörfern des Hochlands existiert. Am bekanntesten sind die Figuren von Santiago Atitlán und Zunil. Im Gegensatz zu San Andrés, wo San Simón eine eigene Kapelle besitzt, wechselt die Holzpuppe in diesen Gemeinden jährlich ihren Standort, da sie im Haus eines Mitglieds der Cofradía untergebracht ist. Wer sie besuchen will, muss nach ihr fragen.

San Simón, alias Maximón, ist eine blendende Geschäftsidee, für die alle Besucher bereitwillig zahlen. Die Einheimischen, weil sie an seine magischen Kräfte glauben, und die Touristen aus Neugier. Der Souvenirhandel blüht, Fotos kosten extra. Der Gott kann sich daher Modebewusstsein leisten: In San Andrés wechselt er regelmäßig sein Outfit. Der Kleiderfundus der Cofradía reicht von edlen Seidensocken bis zur Generalsuniform. In Santiago Atitlán wird die Kleidung des Maximón regelmäßig gewaschen und das Wasser, das von der nassen Wäsche herabtropft, in Behälter abgefüllt. Besonders Händler und Ladenbesitzer sind scharf auf das heilige Nass, verspricht es doch demjenigen gute Geschäfte, der damit regelmäßig seinen Laden besprenkelt.

se verlassen den Ort nachmittags zwischen 16 und 17 Uhr. Zurück auf der Straße nach Chimaltenango führt der Weg am Familienausflugsziel **Los Aposentos** vorbei, einem kleinen Teich, der auch **Laguna de los Cisnes** genannt wird. Nach einer letzten Steigung passiert man eine Militärbasis und gelangt durch eine Zypressenallee nach Chimaltenango.

Provinz Chimaltenango

Von Antigua aus erreicht man nach 17 km wahlweise über Parramos oder eine neue Umgehungsstraße das Departamento Chimaltenango. In dem geschichtsträchtigen Gebiet gründeten die Spanier ihre erste Hauptstadt, ganz in der Nähe der Festung **Iximché** (s. S. 235), die von den Cakchiquel-Indianern erbaut wurde. Im äußersten Nordosten der Provinz befinden sich die Überreste der von den Pokomam im 12. Jh. gegründeten Festungsanlage **Mixco Viejo** (s. S. 196). 1839 wurde Chimaltenango als Provinz selbstständig. Die dunkelste Stunde erlebte die Region während des schweren Erdbebens von 1976, als einfache Lehmziegelbauten wie Kartenhäuser zusammenfielen und Tausende Menschen unter sich begruben.

Die Topografie des Departamento ist sehr abwechslungsreich und umfasst Höhen von 600 bis 3075 m. Während in den Hanglagen der Pazifikseite Zuckerrohr und Kaffee angebaut wird, konzentriert man sich auf der durch Schluchten stark zerfurchten Hochebene auf die exportorientierte Produktion von ertragreichen Gemüsesorten, z. B. Brokkoli oder Erbsen. In den Hochlagen bis 3000 m Höhe stehen immer noch große Kiefernwälder, deren Bestand aber durch ständige Abholzung bedroht ist. Die Provinz markiert die Wasserscheide des Landes: Große Flüsse wie der **Río Coyolate** oder der **Río Madre Vieja** fließen in Richtung Pazifik, der **Río Pixcayá** und der **Río Motagua** zum Atlantik.

Die Lebensader der Provinz ist heutzutage die Interamericana CA 1, die Chimaltenango von Ost nach West durchquert. Obwohl das Departamento nur knapp 2 % der Landesfläche umfasst, leben hier rund 4 % der Gesamtbevölkerung, die sich zu beinahe 80 % aus Cakchiquel-Indianern zusammensetzt. Neben der Landwirtschaft spielt auch das Kunsthandwerk eine wichtige Rolle: In den meisten Dörfern fertigen die Frauen *huipiles* (traditionelle Blusen) an, wobei diejenigen von San Martín Jilotepeque besonders schön sind. Korbflechterei, Töpferei, Lederverarbeitung und die Produktion von Feuerwerkskörpern sind weitere für die Region typische kunsthandwerkliche Tätigkeiten.

Provinzhauptstadt Chimaltenango

Die 1526 von den Spaniern gegründete Stadt platzt aus allen Nähten, denn das „Tor zum westlichen Hochland" liegt nur rund 55 km entfernt von Guatemala-Stadt und ist durch eine gute zweispurige Straße schnell zu erreichen. Das hat den Ort für Handel und Verkehr noch attraktiver gemacht, doch wer hier landet, will meist schnell weiter: Trist reihen sich billige Bars, Fressbuden, Reparaturwerkstätten und Tankstellen entlang der Interamericana aneinander.

Statt der früher üblichen schmucken Ziegeldächer dominiert hässliches Wellblechgrau. Ursprünglich befand sich an der Stelle des heutigen Ortes eine Festung der Cakchiquel-Indianer mit Namen Bocob. Der Name Chimaltenango bedeutet in der Indianersprache Cakchiquel soviel wie „Ort der Schilde" oder „Ort der Wappen". Lohnenswert ist ein Abstecher zur Webervereinigung **Aj Quen**, KM 56 der Interamericana, ✆ 78391725, 💻 www.ajquen.com, die eine Vielzahl fair gehandelter Produkte anbietet und mit einem kleinen Museum und einem netten Café aufwarten kann.

Da fast zu jeder Zeit Transportmittel zur Verfügung stehen, sollte man nach Antigua oder in die Hauptstadt weiterfahren. Die beste Stelle für einen Buswechsel ist an der Interamericana in der Nähe der Abzweigung nach Antigua (Busfahrer Bescheid geben). Von hier fahren Busse zu Zielen im gesamten Hochland. Camionetas fahren von hier viertelstündlich von 5.30 bis etwa 18.30 Uhr nach Antigua. Danach passiert aber immer noch der eine oder andere Pick-up oder Minibus die Haltestelle. Wer dennoch in Chimaltenango strandet, findet im **Hotel Los Alamos**, 2. Av. 2-32, Zona 1, ✆ 78391324, eine solide Unterkunft, ❹.

Die Umgebung von Chimaltenango

Ein paar Kilometer auf der Interamericana Richtung Hauptstadt sieht man rechts und links der Straße große Öfen stehen. In **El Tejar** werden noch immer traditionell Dachziegel und Backsteine von Hand hergestellt. Die dazu benötigten Lehmkuhlen befinden sich meist direkt neben den Produktionsstätten. Im Norden Chimaltenangos gelangt man nach rund 19 km zum kleinen Ort **San Martín Jilotepeque**, der vom Erdbeben des Jahres 1976 stark beschädigt wurde. Interessant ist der geschäftige Sonntagsmarkt, bei dem man die lila-roten Huipiles der Indígena-Frauen bewundern kann. Busse fahren stdl. vom Marktplatz in Chimaltenango nach San Martín; der letzte kehrt gegen 15 Uhr nach Chimaltenango zurück. Von San Martín ist die Weiterreise nach **Joyabaj** in der Provinz Quiché möglich.

Comalapa

Bei KM 64 zweigt die Interamericana rechts ab nach **Comalapa**, das nach rund 15 km über Zaragoza erreicht wird und auf einem Hochplateau liegt. Der Ort ist deshalb erwähnenswert, weil er der Geburtsort von **Andrés Curuchich** (1891–1969) und damit der naiven indianischen Malerei in Guatemala ist. Der Künstler hielt einfache Szenen des täglichen Lebens wie Fiestas, Begräbnisse und Hochzeiten, mit einer Klarheit fest, die bald auch über die Landesgrenzen hinaus Interesse weckten. Seine Werke wurden berühmt und in den USA ausgestellt. In Guatemala wurden seine Erfolge mit der höchsten nationalen Auszeichnung, dem Quetzal-Orden, gewürdigt.

Einige von Curuchichs Bildern sind im Museo Ixchel in der Hauptstadt zu besichtigen. Inzwischen gibt es entlang der Hauptstraße von Comalapa zahlreiche Galerien von Künstlern, die von Curuchich inspiriert wurden. Besonders hervorzuheben sind die Bilder von **Oscar Perén**, 4. C. 0-42, Zona 1, darunter das bekannte Gemälde, auf dem das Innenleben einer guatemaltekischen Camioneta dargestellt wird. Einer kleinen Gruppe von Frauen ist es gelungen, einen eigenen Malstil aus der Perspektive als Frau und Maya zu kreieren. Ihre Werke findet man verstreut im Ort. Die Türen der kleinen Ausstellungsräume sind oft geschlossen, daher sollte man klopfen. Wer es nicht bis Comalapa schafft, kann auch die kleine Galerie am Ortsausgang in Chimaltenango Richtung Hochland oder den Stand 51 von Oscar Perén auf dem Mercado de Artesanías in Antigua besuchen.

Comalapa hat aber noch eine weitere berühmte Persönlichkeit hervorgebracht, die mit einem kleinen Monument geehrt wird: Der hier gebürtige **Rafael Álvarez Ovalle** (1858–1946) hat die guatemaltekische Nationalhymne komponiert.

Lohnenswert ist der Besuch des Marktes von Comalapa am Dienstag, wo man besonders viele Frauen in ihren wunderschönen Huipiles zu sehen bekommt. Die Blusen wurden früher aus unbehandelter brauner Baumwolle und Seide hergestellt – Materialien, die heutzutage immer mehr durch normale Baumwolle und synthetische Fasern ersetzt werden. Auffällig sind die vielen geometrischen Muster sowie die eingewebten Pflanzen- und Tierdarstellungen.

Übernachtung und Essen

Hotel Pixcayá, an der Hauptstraße 0. Av. 1-82, Zona 1, ✆ 78498260. Zimmer mit Du/WC, TV, sauber. Recht lauter Parkplatz im Innenhof. ❸ Ohne Bad ❷

Das gemütliche **Café Adobe**, 0 Av. 2-38, Zona 1, fungiert auch als Bar.

Transport

Der Ort kann gut als Tagesausflug von Antigua aus besucht werden (keine Direktbusse, umsteigen in CHIMALTENANGO).

Nachmittags verlässt der letzte Bus Richtung Hauptstadt den Ort gegen 17 Uhr.

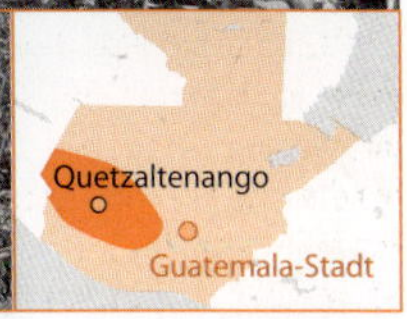

Westliches Hochland

Stefan Loose Traveltipps

4 **Chichicastenango** Der berühmteste Markt des Landes ist ideal, um traditionelles Kunsthandwerk einzukaufen. S. 238

5 **Lago de Atitlán** Den schönsten Blick auf den schönsten See Mittelamerikas bietet der Mirador Santa Catarina. S. 246

Santiago Atitlán In dem großen traditionellen Dorf kann ist ungewöhnliche Heiligen Maximón zu Hause. S. 270

San Andrés Xecul In knalligen Farben und reich verziert präsentiert sich die bunteste Kirchenfassade Guatemalas. S. 290

Vulkan Chicabal Am Ende der Wanderung auf den Vulkan wartet eine wunderschöne und geheimnisvolle Kraterlagune. S. 295

Santa María Der Aufstieg auf den mächtigen Vulkan ist bei Vollmond am spektakulärsten. S. 295

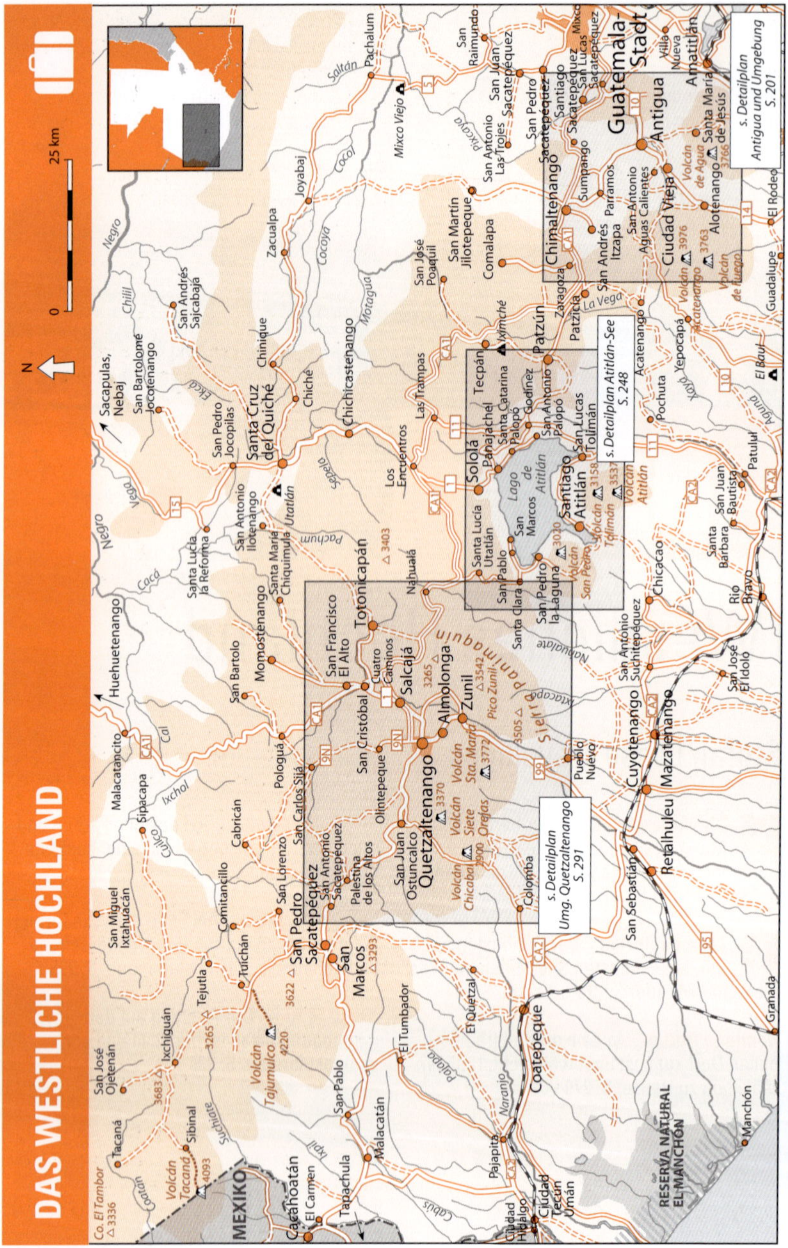
DAS WESTLICHE HOCHLAND
0
25 km
N
MEXIKO
Co. El Tambor
3336
Cacahoatán
El Carmen
Tapachula
Tacaná
Volcán Tacaná
4093
Sibinal
San José Ojetenán
Ixchiguán
3683
Tejutla
3265
Volcán Tajumulco
4220
San Miguel Ixtahuacán
Tuichán
Comitancillo
3622
San Pedro Sacatepéquez
San Marcos
3293
San Lorenzo
Cabricán
Sipacapa
Malacatancito
Huehuetenango
San Carlos Sijá
Pologuá
San Bartolo
Momostenango
San Antonio Sacatepéquez
Palestina de los Altos
San Juan Ostuncalco
Quetzaltenango
Olintepeque
San Cristóbal
San Francisco El Alto
Cuatro Caminos
Salcajá
Totonicapán
Almolonga
Zunil
Volcán Siete Orejas
Volcán Sta. María
3772
Volcán Chicabal
2900
3370
Pico Zunil
3542
3505
3265
Sierra Madre
s. Detailplan Umg. Quetzaltenango S. 291
Colomba
El Quetzal
El Tumbador
San Pablo
Malacatán
Pajapita
Ciudad Hidalgo
Ciudad Tecún Umán
Coatepeque
RESERVA NATURAL EL MANCHÓN
Manchón
Granada
San Sebastián
Retalhuleu
Cuyotenango
Mazatenango
Pueblo Nuevo
San Antonio Suchitepéquez
San José El Idoló
Río Bravo
Chicacao
Santa Bárbara
San Juan Bautista
Patulul
Santa Lucía la Reforma
San Antonio Ilotenango
Santa María Chiquimula
Utatlán
Santa Cruz del Quiché
San Pedro Jocopilas
San Bartolomé Jocotenango
Sacapulas, Nebaj
San Andrés Sajcabajá
Chinique
Chiché
Chichicastenango
Zacualpa
Joyabaj
Pachalum
Mixco Viejo
Los Encuentros
Las Trampas
Nahualá
3403
Santa Lucía Utatlán
San Pablo
Santa Clara
San Marcos
San Pedro la Laguna
Lago de Atitlán
Sololá
Panajachel
Santa Catarina Palopó
San Antonio Palopó
Godínez
Santiago Atitlán
San Lucas Tolimán
Volcán San Pedro
3020
Volcán Tolimán
3158
Volcán Atitlán
3537
s. Detailplan Atitlán-See S. 248
Tecpán
Iximché
Patzún
Patzicía
Zaragoza
San José Poaquil
San Martín Jilotepeque
Comalapa
Chimaltenango
San Andrés Itzapa
Parramos
Sumpango
San Antonio Aguas Calientes
Ciudad Vieja
Antigua
Alotenango
Volcán Acatenango
3976
Volcán de Fuego
3763
Volcán de Agua
3766
Santa María de Jesús
Acatenango
Yepocapa
Pochuta
El Baúl
El Rodeo
Guadalupe
San Antonio Las Trojes
San Juan Sacatepéquez
San Raimundo
San Pedro Sacatepéquez
Santiago Sacatepéquez
San Lucas Sacatepéquez
Mixco
Guatemala-Stadt
Villa Nueva
Amatitlán
s. Detailplan Antigua und Umgebung S. 201
Negro
Chixoy
Motagua
Pixcaya
Cocol
Saltán
Nahualate
Madre Vieja
Coyolate
Achiguate
Samalá
Ocosito
Naranjo
Suchiate
Coatán
Cabús
Ixchol
Cuilco
La Vega
CA1
CA2
1
5
9N
10
11
14
15
95
99

Tecpán

Auf dem Weg entlang der Interamericana Richtung Westen wird der Ort Tecpán passiert, der nur wenige Kilometer von der Ruinenstätte Iximché entfernt liegt. Haupterwerbszweig der Bevölkerung ist hier die Landwirtschaft. Neben einigen Getreidemühlen haben sich hier mehrere Sägewerke angesiedelt, die scheinbar den noch verbliebenen Wäldern den Garaus bereiten wollen.

Da entlang der Interamericana zahlreiche Restaurants eröffnet wurden, legen Einheimische wie Touristen in Tecpán gerne Rast ein. Die Fiesta zu Ehren des Heiligen Franz von Assisi findet am 4. Oktober statt. Erwähnenswert sind auch die Fronleichnamsfeiern und der große Sonntagsmarkt.

Nur wenige Kilometer von Tecpán entfernt, führt auf der gegenüberliegenden Straßenseite der Interamericana ein Weg zum kleinen Dorf **Santa Apolonia**. Neben Kalk, Früchten und Holzkohle ist der Ort für die Herstellung traditioneller Keramik bekannt, die von Hand gefertigt und in der Sonne getrocknet wird.

Übernachtung

Hotel Iximché, 1. Av. 1-38, Zona 2, ✆ 78403495. Zentral, preisgünstig, dementsprechend einfach. ❸ Mit Gemeinschaftsbad ❷

Hotel Mayans, 1. Av. 1-62, Zona 1, ✆ 78403040. Zentral, angenehme, helle Zimmer mit Bad und TV. ❸

Albergues de Tecpán, Carretera Interamericana KM 88, ✆ 78403042, 💻 www.alberguesdetecpan.net. Große, familienfreundliche Bungalowanlage mit Schwimmbad, Sauna, Grünflächen, Restaurant. ❽ Mit Kamin ❾, Bungalow für 4 Pers. Q735

Essen

Sehr gut guatemaltekisch essen kann man im rustikalen Landgasthaus **El Pedregal**, ✆ 78403055, von der Abzweigung an der Interamericana bei KM 90 in Richtung Santa Apolonia ca. 500 m. Das urige Restaurant serviert traditionelles Frühstück und Mittagessen. 🕓 tgl. 6–16 Uhr.

Transport

Vor der Kirche am Parque Central fahren **Busse** ungefähr alle 30 Min. zwischen 3 und 16.30 Uhr nach GUATEMALA-STADT ab, 2 1/2 Std.
Busse Richtung LOS ENCUENTROS bekommt man bei KM 88 der Interamericana, rund 1 km von Tecpán entfernt. Dorthin gelangt man zu Fuß, mit dem Mototaxi oder den gelben Stadtbussen.

Iximché

Rund 3 km südlich von Tecpán befindet sich auf einer Höhe von 2140 m die ehemalige Hauptstadt der Cakchiquel-Indianer. Die festungsartige Anlage wurde seinerzeit ähnlich wie Mixco Viejo oder Zaculeu auf einem von steilen Schluchten umgebenen Plateau mit nur einem schmalen Zugang angelegt. Der Name Iximché bedeutet übersetzt so viel wie „Maisbaum", eine Anspielung auf den Ramón-Baum *(Brosimium alicastrum)*, dessen Nüsse eine wichtige Nahrungsquelle darstellten. Die Indígenas nennen den Ort auch Ojertinamit, was sich mit „alte Stadt" übersetzen lässt.

Geschichte

Zu Beginn des 2. Jt. v. Chr. wanderten indianische Stämme aus dem heutigen Mexiko ins guatemaltekische Hochland ein und verschmolzen mit den dort lebenden Maya-Vorfahren. Aus dieser Verbindung entstanden rund 18 verschiedene Volksgruppen, die sich weniger ethnisch als sprachlich unterschieden. Die drei wichtigsten Völker – Quiché, Cakchiqueles und Tzutujiles – dominierten das Hochland über mehrere Jahrhunderte hinweg. Nach einem Streit zwischen Quichés und Cakchiqueles befahl ihr gemeinsamer Herrscher K'icab Letzteren, sich einen neuen Lebensraum zu suchen. Die Cakchiqueles machten sich auf die Suche und wählten 1470 den Berg Ratzamut als Standort für ihre neue Hauptstadt Iximché.

Als die Spanier 1524 unter Pedro de Alvarado nach Guatemala kamen, machten sie sich die Feindseligkeiten der Indianer untereinander geschickt zunutze. Die Cakchiqueles empfingen die Spanier nach deren Sieg über die Quiché zunächst friedlich und besiegten mit ihnen zusammen kurz darauf die Tzutujiles. Der blonde Pedro de Alvarado, von den Einheimischen Tonatiuh („Sohn der Sonne") genannt, entschloss sich, in Iximché zu bleiben. Seine tlaxaltekischen Söldner, die ihn begleiteten, gaben dem Ort den Namen **Tecpán Quauhtlemallán**, was so viel wie „Palast des Waldortes" heißt und der Ursprung des Namens Guatemala ist. Am 25. Juli 1524 gründete Alvarado die erste offizielle Hauptstadt des Landes unter dem Namen Santiago de Guatemala.

Die Allianz zwischen Spaniern und Cakchiqueles währte allerdings nur wenige Monate. Aufgrund zu hoher Tributforderungen und schlechter Behandlung durch die Spanier begannen die Indígenas zu rebellieren. Der daraus resultierende Konflikt dauerte mehrere Jahre, und auch nachdem die Spanier Iximché 1526 niedergebrannt hatten, leisteten die Cakchiqueles mehrere Jahre Widerstand im Untergrund. Die großen Schwierigkeiten der Spanier mit den rebellischen Bergvölkern veranlassten sie dazu, den Standort der Hauptstadt weiter westlich in das Almolonga-Tal zu verlegen. Viele der Ereignisse von damals sind in den Annalen der Cakchiqueles (Los Anales de los Cakchiqueles) aus dem 16. Jh. überliefert.

Ausgrabungsarbeiten

Da die Bauwerke ähnlich wie bei vergleichbaren Anlagen des Hochlands auf einem Steinfundament standen, auf dem Bauten aus vergänglichen Materialien wie Lehmziegeln, Holzbalken und Strohdächern errichtet wurden, sind auch in Iximché nur noch Grundrisse erhalten geblieben. Die Anlage, die aus vier Hauptgruppen und zwei Ballspielplätzen besteht, wurde von 1956 bis 1968 restauriert. Alle Gebäude und Plätze waren mit einer dreifachen weißen Stuckschicht überdeckt, auf der an einigen Stellen Wandmalereien zu sehen waren. Starb ein König, so wurde in der gesamten Stadt eine neue Schicht aufgetragen. Vor der höchsten Erhebung des Komplexes

Auf der alten Straße zum Atitlán-See

Nur wenige Kilometer westlich der Abzweigung nach Comalapa zweigt die alte Hauptstraße **Ruta Nacional 1** bei KM 69 linker Hand von der Interamericana ab und führt über Patzicía und Patzún zum Atitlán-See. **Patzicía**, das auf landwirtschaftliche Großproduktion ausgerichtet ist, liegt auf 2130 m Höhe. Im mehrheitlich von Cakchiquel-Indianern bewohnten Ort machte die Armee des Reformators und späteren Präsidenten Justo Rufino Barrios Halt. Bei dieser Gelegenheit legte Barrios zusammen mit seinen Gefolgsleuten in der Acta de Patzicía die Ziele der liberalen Revolution fest.

Eine asphaltierte Nebenstraße zweigt von Patzicía ab nach **Acatenango** am Fuße des gleichnamigen Vulkans. Hier gibt es einfache Unterkünfte und Transportmöglichkeiten zur 10 km entfernten Kreuzung **La Soledad**, von wo aus der Aufstieg auf den Vulkan Acatenango beginnt. Von Acatenango fahren zwischen 4 und 15.30 Uhr regelmäßig Busse nach Guatemala-Stadt.

Zurück auf der Ruta Nacional 1 erreicht man nach weiteren 14 km **Patzún**, wo ein hässliches Betonmonument an der Plaza der 172 Toten des Erdbebens von 1976 gedenkt. Mit besonderer Inbrunst begeht der Ort jedes Jahr die Fronleichnam-Feier. Der Weg der Prozession ist dabei mit Teppichen aus Blumen und Sägespänen sowie mit Holzbögen und Palmwedeln geschmückt.

In Patzún gibt es einfache Übernachtungsmöglichkeiten. Busse fahren regelmäßig von der Zone 4 (La Terminal) der Hauptstadt und halten unterwegs auch in Chimaltenango oder an der Abzweigung der Interamericana nach Patzicía.

Zum Atitlán-See windet sich die Straße durch ein lang gezogenes Tal, bis sie nach 17 km und in 2100 m Höhe das Dorf **Godínez** erreicht. Von dort sind es noch 13 landschaftlich spektakuläre Kilometer bergab nach Panajachel mit tollen Ausblicken auf den Atitlán-See.

Die Transportmöglichkeiten auf dem einsamen Teilstück zwischen Patzún und Godínez sind rar, außerdem wurden hier schon Touristen überfallen. Von Godínez fahren regelmäßig Busse und Pick-ups nach Panajachel.

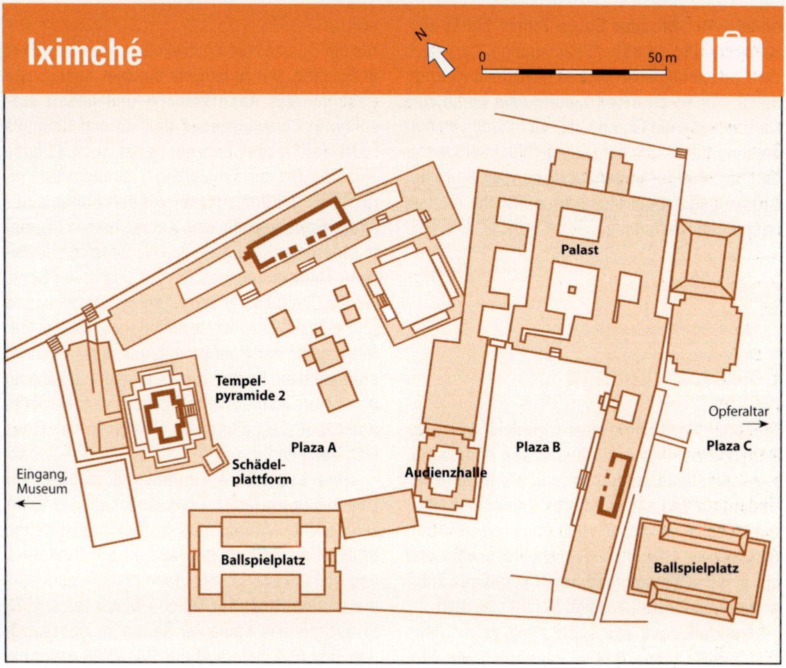

– Tempelpyramide 2, Plaza A – fand man einen konkav geformten Altar, der auf Menschenopfer schließen lässt. Wer auf einen der Hügel der Anlage steigt, kann bei guten Sichtverhältnissen bereits die Vulkane des Atitlán-Sees ausmachen.

Wer durch das kleine Kiefernwäldchen am Ende der Stätte geht, gelangt zu einem **Opferaltar**, der auch heute noch regelmäßig benutzt wird. Wer einer Maya-Zeremonie beiwohnt, sollte respektvoll Abstand halten.

Besuch der Ruinenstätte

Es empfiehlt sich Iximché unter der Woche zu besuchen, denn am Wochenende verwandelt sich die Anlage in einen großen Freizeitpark, wenn hier guatemaltekische Familien picknicken und Jugendliche Fußball spielen. Am Eingang der Anlage befindet sich im Besucherzentrum ein kleines **Museum** mit einem ansprechenden Modell von Iximché, archäologischen Fundstücken und Kunsthandwerk aus der Umgebung, 🕓 tgl. 9–16 Uhr. Zwischen 12 und 13 Uhr sind die Wärter aber meist beim Mittagessen, sodass das Museum für eine Stunde geschlossen bleibt, Q50.

Kleinbusse fahren regelmäßig ab dem Parque Central alle 20 Min. bis ca. 16 Uhr zu den rund 3 km von Tecpán entfernten Ruinen und wieder zurück, Q3. Alternativ nimmt man ein Mototaxi oder geht zu Fuß, indem man der asphaltierten Straße folgt.

Von Tecpán nach Chichicastenango

Hinter Tecpán wird die Strecke kurviger. Bei KM 126 zweigt an der Kreuzung Los Encuentros rechter Hand die Straße nach Chichicastenango ab. Es folgt ein fruchtbares Plateau, auf dem dank des milden Klimas Äpfel und Pfirsiche gedeihen. Am **Mirador Santo Tomás** bietet sich der erste Blick auf Chichicastenango. Kurz nach dem Aussichtspunkt winden sich steile Haarnadelkurven durch einen Kiefernwald hinab zum Oberlauf des Río Grande, der nicht weit von hier entspringt und sich tief in die Schlucht eingegraben hat. Auf der gegenüberliegenden Seite der Brücke beginnt der steile, kurvenreiche Anstieg nach Chichicastenango.

4 HIGHLIGHT

Chichicastenango

Touristen hin, Kommerz her – „Chichi" ist etwas Besonderes. Und das, obwohl das Kunsthandwerk hier gelegentlich teurer als in anderen Gegenden verkauft wird, das Zahlenverhältnis zwischen Einheimischen und Touristen an Markttagen schon einmal ausgeglichen sein kann und indianische Zeremonien durch ständiges Fotografieren ihrer Authenzitität beraubt werden.

Trotz alledem: *The show must go on*, denn Chichicastenango lebt in zunehmendem Maße vom Tourismus – Hotels, Händler und kleine Taschendiebe gleichermaßen. Der Trubel und Kommerz ist die Fassade des Ortes, die den einen anzieht und den anderen abstößt.

Was aber ist das Besondere an dem kleinen Städtchen, das 145 km entfernt von der Hauptstadt in einer Höhe von 2080 m liegt? Sind es die kleinen, engen, gepflasterten Gassen und die ziegelgedeckten Häuser? Ist es der Markt, der donnerstags und sonntags stattfindet und trotz vielem touristischen Blendwerk immer noch abwechslungsreich, traditionell und einen Bummel wert ist? Die weihrauchgeschwängerte Kirche Santo Tomás, auf deren Stufen Indígenas heidnische Götter anbeten, um kurz darauf im Kircheninneren kniend katholische Heilige zu verehren? Oder sind es etwa die Prozessionen der 14 Cofradías (Laienbruderschaften) und die Opferzeremonien der Schamanen, die sich seit Jahrhunderten kaum verändert haben? Vielleicht ist es auch einfach die Summe all dessen. Es lohnt sich aber auf jeden Fall, es selbst herauszufinden.

Geschichte

Als die Quichés die Kontrolle über das Hochland gewannen, vertrieben sie die hier ansässigen Cakchiqueles nach Iximché und ließen sich selbst in Chiavar nieder, das sie nun Chugüilá („Ort der Nesselpflanzen") oder auch Tziguán Tinamit („Ort der Schluchten") nannten. 1540 errichteten die Dominikaner auf den Stufen eines alten Maya-Tempels eine Kirche, und da die erste Messe der Kirche auf den Namenstag des heiligen Thomas fiel, hieß der Ort von da an Santo Tomás Chichicastenango. Die hier beheimatete Chichicaste ist eine Nesselpflanze, die bei Berührung mit der Haut brennt, aus deren Blättern aber auch ein Heiltee zubereitet werden kann. In Anlehnung an die zweite Silbe des Namens ihres Schutzpatrons nannten die Bewohner des Ortes sich Maxeños.

Eine besondere Entdeckung machte der Dominikanerpriester Francisco Ximénez während seines Aufenthalts in Chichicastenango in den Jahren 1701 bis 1703: In der Bibliothek des Dominikanerklosters fand er das Popol Vuh, die heilige Bibel der Quiché-Maya (s. S. 157). Er fertigte eine Kopie der Seiten an, übersetzte den Text und hinterließ der Nachwelt damit ein Dokument von unschätzbarem Wert, das uns von der Schöpfungsgeschichte, der Mythologie und der traditionellen Geschichte der Quichés berichtet.

Chichicastenango heute

Ebenso wie Sololá wird das Städtchen von einem Ladino- und einem Indígena-Bürgermeister regiert. Der Vertreter der Ladinos wird bei den Kommunalwahlen, die alle vier Jahre zusammen mit der Präsidentenwahl stattfinden, vom Volk gewählt. Er ist der offizielle Repräsentant der guatemaltekischen Regierung, wird für seine Arbeit bezahlt und leitet eine Art Stadtrat. Der Vertreter der Indígenas hingegen wird jährlich von den angesehensten indianischen Bürgern der Gemeinde sowie den Amts- und Ex-Amtsinhabern gewählt. Er stellt die oberste indianische Instanz des Ortes dar und wird von den meisten Indígenas als eigentliche lokale Zivilautorität betrachtet. Die ehrenamtliche Tätigkeit stellt einen nicht unerheblichen finanziellen und zeitlichen Aufwand dar. Doch nur so gewinnt man in

Markttag in Chichicastenango

Schon am Vorabend des sonntags und donnerstags stattfindenden Markts kann man beobachten, wie schwer bepackte Männer Plastikfolie sowie Metall- und Holzstangen auf dem **Marktplatz** abladen. Ganze Indígena-Familien kochen unter den Arkaden an der Plaza und bereiten sich auf eine Nacht unter freiem Himmel vor. Im Morgengrauen beginnt der Aufbau der Verkaufsstände, die mit billiger Plastikfolie abgedeckt werden, während immer mehr Indígenas aus dem Umland mit ihrer Ware ankommen. Es herrscht ein geschäftiges Treiben, aber alles läuft ruhig ab, ohne größeren Lärm, fast wie einstudiert. Die ersten Touristen zeigen sich zwischen 8 und 9 Uhr, und spätestens mittags läuft das Geschäft auf vollen Touren. Am frühen Nachmittag beginnt allmählich der Abbau, da viele Händler noch einen langen Heimweg vor sich haben. Zu dieser Zeit lassen sich noch einige Schnäppchen machen. Gegen 15 bis 16 Uhr ist die Schlacht geschlagen, und der Markt neigt sich seinem Ende zu. Der Kernbereich der Stände befindet sich auf der Plaza vor der Kirche, aber auch in allen Nebenstraßen wird fleißig gefeilscht und verhandelt. Im äußeren Bereich werden hauptsächlich kunsthandwerkliche Produkte, z. B. Holzmasken oder Stoffe, angeboten, während im Zentrum auf der Plaza überwiegend Dinge des täglichen Gebrauchs, Obst und Gemüse sowie Essen an kleinen Garküchen verkauft werden. Ein Augenschmaus ist der Gemüsemarkt im Centro Comercial an der Nordseite der Plaza. Vom zweiten Stock aus lässt sich der Trubel in aller Ruhe beobachten.

einer indianischen Gemeinde an Prestige; denn der soziale Aufstieg gelingt über das Bekleiden freiwilliger Ämter, die dem Gemeinwohl dienen. Eine solche Tätigkeit wird als Pflichterfüllung allen gegenüber gesehen, und die meisten Männer sind in der einen oder anderen Form daran beteiligt.

Die Cofradías von Chichicastenango

Neben der zivilen Hierarchie existiert in Chichicastenango auch eine religiöse Rangordnung in Form von 14 *cofradías* (Laienbruderschaften). Sie wachen jeweils über das Wohl einer Heiligenfigur, für die sie die Fiesta organisieren. Die Bruderschaften sind nach der Bedeutung des Heiligen hierarchisch geordnet und auch intern straff organisiert. Das prestigeträchtige Amt ist ebenfalls mit hohem Zeit- und Geldaufwand verbunden und wird nach einem Jahr weitergereicht. Besonders prachtvoll kleiden sich die sechs bis acht Mitglieder der Cofradías an den Festtagen. Dann zeigt man sich bei der Prozession des Heiligen in knielangen, an den Seiten eingeschlitzten schwarzen Hosen, in einer Wolljacke, die mit Ornamenten verziert ist, und mit einem roten *tzut*, der traditionellen Kopfbedeckung. Die Frauen tragen dazu eine bunt bestickte Bluse *(huipil)*, einen weiß und dunkelblau gestreiften Rock *(corte)* und ein buntes Kopftuch *(peraje)*. Leider können sich immer weniger Indígenas diese teure Kleidung leisten, und so wird die typische Tracht bei den Männern häufig durch einfache Hosen und Hemden ersetzt.

Feste in Chichicastenango

Die größte Fiesta Chichis findet vom 14. bis 21. Dezember zu Ehren von Santo Tomás statt, dem Schutzpatron der Stadt. Am Haupttag, dem 21. Dezember, platzt der Ort aus allen Nähten. Weihrauchwolken, traditionelle Musik, aufwendige Prozessionen und ohrenbetäubendes Feuerwerk sind die Grundelemente der Feier. Im Mittelpunkt der Aktivitäten steht eine kleine, hölzerne Reiterfigur, der *tsijolaj*. Während der Fiesta wird er mit Münzen behangen und tanzt, von einem Cofrade getragen, zu Trommel und Flöte durch die Menschenmenge. Der Tsijolaj ist der Schutzpatron der Feuerwerker und Symbol für eine ausgelassene Feier. Sein Entstehen soll auf die Anfänge der Kolonialzeit zurückgehen, als Feuerwaffen und Pferde den Indígenas noch neu waren und sie mächtig beeindruckten.

Aber auch andere traditionelle Tänze werden aufgeführt: Neben dem Baile de conquista, Baile de toritos und dem Baile de mexicanos, die alle historische Ereignisse persiflieren, lassen sich beim Palo volador einige an einem Seil hängende Wagemutige in langen, weiten Kreisen von einem rund 20 m hohen Stamm herab. Dabei wandeln die Flieger, die Engel *(ángeles)* genannt werden, auf den Spuren der Halbgötter Hunahpú und Ixbalanqué, den Zwillingen aus dem Popol Vuh. Diese nahmen den Weg in die Unterwelt, um mit den Fürsten des Todes zu kämpfen. Zu alldem werden Unmengen von Billigfusel getrunken, was die vielen Schnapsleichen auf den Straßen eindrucksvoll belegen.

Sehenswürdigkeiten

Das interessanteste Gebäude Chichis ist für Indígenas und Touristen gleichermaßen – wenn auch aus unterschiedlichen Motiven – die **Kirche Santo Tomás** an der Südostseite der Plaza. Die Tatsache, dass die Dominikaner sie auf den Stufen eines alten Maya-Tempels errichteten, wird unterschiedlich gedeutet. Zum einen war es der Kirche wichtig, ihre religiöse Dominanz zu untermauern und den Unterworfenen ihre Macht zu zeigen. Zum anderen wollten die Dominikaner die Indígenas natürlich auch bekehren. Da die *padres* bald merkten, wie stark die Indígenas in ihrem „heidnischen" Glauben verwurzelt waren, bestand der Kompromiss darin, sie zunächst auf den heiligen Stufen zu ihren alten Göttern beten zu lassen – mit dem Ziel, sie danach in die Kirche zu holen. Somit kam es in Chichicastenango wie auch im übrigen indianischen Guatemala zu einer Verschmelzung der Glaubensrichtungen, die auch heute noch das religiöse Leben der Indígenas bestimmt.

Auf den heiligen Stufen wird noch immer inmitten von Weihrauch und Kerzen der Beistand alter heidnischer Götter beschworen. Danach betreten die Indígenas das rußgeschwärzte Gotteshaus, dessen Boden mit Kiefernnadeln, Maiskörnern, Rosenblüten, Kerzen und kleinen Schnapsflaschen bedeckt ist. Sie knien vor einem der Altäre nieder, um einen Heiligen der katholischen Kirche anzubeten oder ihrer Ahnen zu gedenken. Um sich bei den Göttern Gehör zu verschaffen, bedienen sich viele eines Mittlers oder Schamanen *(chujkajau)*, der gegen ein kleines Entgelt die gewünschte Zeremonie *(costumbre)* durchführt. Touristen sollten die Kirche nur über den Seiteneingang im Inneren des nebenan liegenden Dominikanerklosters betreten. Der Haupteingang ist wichtigen religiösen Persönlichkeiten und den Schamanen vorbehalten. Die Indígenas glauben, dass am Eingang Geister stehen, die sie vor dem Betreten der Kirche um Erlaubnis bitten müssen. Im Inneren ist das Fotografieren streng untersagt!

Besuch des Friedhofs

Den etwas abseits gelegenen Friedhof sollte man nur in Begleitung Einheimischer besuchen. Es ist dort schon zu Überfällen gekommen.

In der **Capilla del Calvario** (Kalvarienkapelle), gegenüber der Kirche auf der Westseite der Plaza, befindet sich eine Christusfigur unter einem Glasdeckel, die an den Prozessionen der Osterwoche teilnimmt. Hierher kommen Indígenas vornehmlich zur Beichte. Außerhalb der Kapelle werden ebenfalls Costumbres durchgeführt.

Zwei Blocks unterhalb der Kalvarienkapelle, am Ende der 7. Calle, liegt der **Cementerio** (Friedhof) von Chichicastenango. Von hier aus hat man einen schönen Blick auf den Ort und die Umgebung. Angesichts der Grabstätten ist nicht schwer zu erraten, wer wohlhabend gestorben ist und wer nicht. Viele Gräber sind wie so oft in Guatemala bunt bemalt, und aus der Nähe betrachtet, entdeckt man kuriose Gedenkstätten. Auf frischen Gräbern kann man gelegentlich eine Flasche sehen, die in Höhe des Kopfes umgekehrt im Boden steckt. Es ist ein letzter Schluck für den Verstorbenen, der mit all seinem persönlichen Hab und Gut sowie etwas Nahrung beerdigt wird. Auch auf dem Friedhof führen Indígenas regelmäßig ihre traditionellen Bräuche durch.

Das **Museo Arqueológico Regional** ist im Arkadengang an der Südseite der Plaza untergebracht, 5. Av. 4-47, ✆ 41762087. Es zeigt die etwas verstaubte Sammlung präkolumbischer Stein-, Keramik- und Jadestücke des Priesters Ildefonso Rossbach, der von 1894 bis zu seinem Tod 1944 in Chichicastenango lebte. Sein Grab befindet sich auf dem Friedhof in einer eigenen kleinen Kapelle, 🕓 Di, Mi, Fr, Sa 8–12.30, 14–16.30, Do 8–16, So 8–14 Uhr, Mo geschl., Q5.

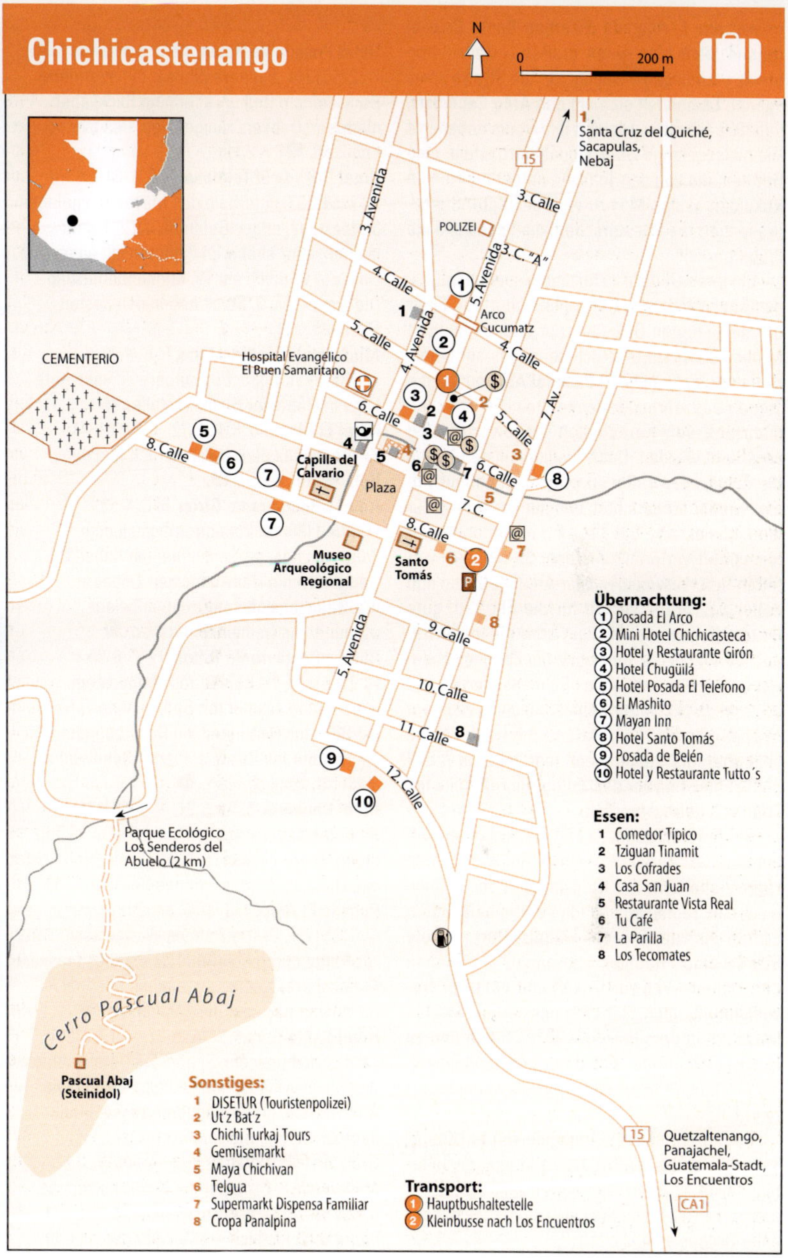
Chichicastenango
N
0
200 m
1,
Santa Cruz del Quiché,
Sacapulas,
Nebaj
15
3. Avenida
3. Calle
POLIZEI
3. C. "A"
4. Calle
5. Avenida
Arco
Cucumatz
5. Calle
4. Avenida
4. Calle
CEMENTERIO
Hospital Evangélico
El Buen Samaritano
6. Calle
5. Calle
7. Av.
8. Calle
Capilla del
Calvario
Plaza
6. Calle
7. C.
8. Calle
Museo
Arqueológico
Regional
Santo
Tomás
9. Calle
5. Avenida
10. Calle
11. Calle
12. Calle
Parque Ecológico
Los Senderos del
Abuelo (2 km)
Cerro Pascual Abaj
Pascual Abaj
(Steinidol)
15
Quetzaltenango,
Panajachel,
Guatemala-Stadt,
Los Encuentros
CA1
Übernachtung:
1 Posada El Arco
2 Mini Hotel Chichicasteca
3 Hotel y Restaurante Girón
4 Hotel Chugüilá
5 Hotel Posada El Telefono
6 El Mashito
7 Mayan Inn
8 Hotel Santo Tomás
9 Posada de Belén
10 Hotel y Restaurante Tutto´s
Essen:
1 Comedor Típico
2 Tziguan Tinamit
3 Los Cofrades
4 Casa San Juan
5 Restaurante Vista Real
6 Tu Café
7 La Parilla
8 Los Tecomates
Sonstiges:
1 DISETUR (Touristenpolizei)
2 Ut'z Bat'z
3 Chichi Turkaj Tours
4 Gemüsemarkt
5 Maya Chichivan
6 Telgua
7 Supermarkt Dispensa Familiar
8 Cropa Panalpina
Transport:
1 Hauptbushaltestelle
2 Kleinbusse nach Los Encuentros

Auf der 5. Avenida Richtung Santa Cruz el Quiché sieht man einen großen – inzwischen etwas baufälligen – Bogen, der die Straße überspannt. Es handelt sich um den **Arco Cucumatz**, der 1932 erbaut wurde. Auf ihm ist die gefiederte Himmelsschlange Quetzalcoatl dargestellt, eine Gottheit, die von den Tolteken unter dem Namen Kukulcán in das Maya-Reich gelangte. Sie repräsentiert die Priesterschaft, die Venus und die Fruchtbarkeit.

Um ihren Göttern zu huldigen, suchen Indígenas häufig Plätze in der freien Natur auf. Einer der bevorzugten Orte liegt nur wenige hundert Meter außerhalb Chichicastenangos auf einem kleinen Hügel und heißt **Pascual Abaj** oder auch Turqa'. Das jahrhundertealte Steinidol ist schon mehrfach von Katechisten umgeworfen und verbrannt worden. Doch Traditionalisten haben die inzwischen rußgeschwärzte Steinfigur immer wieder aufgerichtet, und der Ort scheint für die einheimische Bevölkerung nichts an Anziehungskraft verloren zu haben. So werden weiterhin Opferzeremonien aller Art abgehalten und dabei z. B. Fruchtbarkeit für die Ehefrau, gute Ernten, Regen oder Heilung erbeten. In der Regel überwacht ein Schamane die Zeremonie, deren Opfergaben von etwas Schnaps, Kerzen und Weihrauch bis hin zur Schlachtung von Hühnern reichen können. Respekt und Rücksichtnahme sind oberstes Gebot, wenn man hier ein Ritual beobachtet, und vor dem Fotografieren sollte um Erlaubnis gefragt werden.

Die Opferstätte ist zu Fuß in etwa einer halben Stunde über die 5. Avenida Richtung Süden zu erreichen. An der Kreuzung mit der 9. Calle biegt man rechts ab und folgt der unbefestigten Straße bis zum Fuß des Hügels. Dort, wo die Straße einen Rechtsknick macht, nimmt man den kleinen Weg zur Linken und geht der Beschilderung nach. Der Weg passiert ein kleines Museum, in dem Holzmasken zu sehen und zu kaufen sind, windet sich dann den Hang hinauf, bis er oben an einer Lichtung das Steinidol erreicht.

Gegen ein kleines Trinkgeld führen Kinder Touristen an diesen Ort. Da es in einigen seltenen Fällen zu Überfällen auf einzelne Touristen gekommen ist, sollte man sich sicherheitshalber einer Gruppe anschließen.

Übernachtung

Hotel Posada de Belén, 12. C. 5-55/Ende 6. Av., ✆ 77561244. Saubere Zimmer mit oder ohne Bad, kleinem Balkon, schönem Blick, aber niedrigen Decken, ruhige Lage. Besitzer spricht Englisch. ❷

Hotel Posada El Telefono, 8. C. 1-64, ✆ 77561197, unterhalb des Mayan Inn gelegen. 3-stöckiges, enges Gebäude mit z. T. sehr kleinen, aber sauberen Zimmern mit oder ohne Bad, auf Wunsch mit TV, Küchenbenutzung. Die Zimmer im 3. Stock haben den besten Blick. ❷

Mini Hotel Chichicasteca, 5. C. 4-42, ✆ 77562111. Einfache, saubere Zimmer, gute Lage in Nähe der Bushaltestelle. ❷

Hotel El Mashito, 8. C. 1-72, ✆ 77561343. Kleine, etwas dunkle Zimmer mit und ohne Bad. ❸ Ohne Bad ❷

Hotel y Restaurante Girón, 6. C. 4-52, ✆ 77561156. ✉ hotelgiron@gmail.com. Zentrale Lage, große Zimmer mit Kabel-TV, Bad ein wenig klein in einigen Zimmern, v. a. samstags oft von Gruppen belegt. 2 Zimmer mit Gemeinschaftsbad. ❸

Hotel y Restaurante Tuttos, 12. C. 6-29, ✆ 77561540, ✉ hoteltuttos@yahoo.com. Ordentliche Zimmer mit Bad, schöne Terrasse mit Blick ins Hinterland. Im Hotel befindet sich ein Restaurant, das u. a. Pizzas, Sandwiches und Frühstück serviert. ❹

Hotel Chugüilá, 5. Av. 5-24, ✆ 77561134, ✉ hotelchuguila@yahoo.com. Große, schon etwas ältere Zimmer, z. T. mit Kamin (Holz kostet extra). Gutes Preis-Leistungs-Verhältnis. ❹

Posada El Arco, 4. C. 4-36, am Cucumatz-Bogen, ✆ 77561255. Große Zimmer, Warmwasser wird zur Hälfte durch Solarenergie erzeugt, familiäre Atmosphäre, sauber, angenehm. Schöner Garten mit Blick auf die Schluchten. ❺

Hotel Santo Tomás, 7. Av. 5-32, ✆ 77561061, ✉ hst@itelgua.com. Schönstes Hotel in Chichi. Alle Zimmer mit Kamin, gediegene koloniale Atmosphäre, große Sonnenterrasse, Pool, Jacuzzi, Sauna, Bar und Restaurant, viele Gruppen. ❿ US$110

Mayan Inn, 8. C., hinter der Kalvarienkapelle, ✆ 77561176, 💻 www.mayaninn.com.gt. Alle der unterschiedlich großen Zimmer mit Kamin

Cofrade mit Reiterfigur Tsijolaj, einem wichtigen Symbol des Patronatsfests

und antiken Möbeln, gepflegter Garten, Restaurant, Bar, Parkplatz, Gruppenhotel. ⑩ US$134

Essen

Viele Restaurants haben montags und dienstags verkürzte Öffnungszeiten oder sogar ganz geschlossen.
Teuer isst man in den Restaurants der besseren Hotels, am günstigsten auf dem Markt, wo es sogar frischen Fisch von der Südküste gibt. Essenstände finden sich vor der Santo Tomás-Kirche; ansonsten ist die Speisekarte überall ziemlich ähnlich und auf ausländische Gaumen eingestellt.
Fast alle Restaurants bieten zumindest ein vegetarisches Gericht an.

Los Cofrades, 5. Av., Ecke 6. C., 2. Stock. Gemischte Küche, guter, prämierter Kaffee, auch zum Mitnehmen. ⌚ tgl. ab 9, Mo bis 14 Uhr.

La Parilla, Comercial Turkaj, 6. C. 5-37. Preiswertes und gelobtes Steak House. ⌚ tgl. 7–21 Uhr.

Los Tecomates, 8. Av. 10-63, Café-Bar mit Snacks. ⌚ tgl. 6–24 Uhr.

Tziguan Tinamit, 5. Av. 5-67. Von allem etwas, mittleres Preisniveau, mäßiger Kaffee. ⌚ Mo, Do, So ab 7, Mi, Fr, Sa ab 8, Di ab 10 Uhr.

Restaurante Vista Real, Centro Comercial Santo Tomás, 2. Stock, Nr. 34, an der Plaza. Gut, um dem Marktgewimmel zu entfliehen und um einen Blick von oben auf den Trubel zu werfen. Breit gefächertes Speisenangebot, vegetarische Mahlzeit Q33. ⌚ tgl. 7–20.30 Uhr.

Comedor Típico, 4. Av. 4-23. tgl. wechselnde Tagesgerichte, Frühstück zu moderaten Preisen, günstig, beliebt bei Einheimischen. ⌚ tgl. ab 7 Uhr.

Casa San Juan, Ecke 7. C./4. Av. Restaurant und Café, umfangreiche Speisekarte, geschmackvolle Dekoration mit einheimischen Gemälden, teuer. ⌚ Di, Mi, Fr, Sa 9.30–21, Do, So 7.30–22 Uhr, Mo geschl.

Tu Café, 5. Av., an der Hauptplaza. Das übliche Speisenangebot, aber günstig. ⌚ tgl. ab 7.30 Uhr.

Sonstiges

Abenteuerpark

Parque Ecológico „Los Senderos del Abuelo", 2 km auf der Ausfallstraße Richtung Südwesten gelegen, ✆ 77561233, 💻 www.senderosdelabuelo.com, bietet auf einem waldigen Gelände mit Flüsschen Badepools, Steilwandklettern, Hochschaukeln und Ziplines, eine Hängebrücke, Grillmöglichkeiten und Kinderspiele. Zelten ist möglich, aber teuer: Q80 p. P. inkl. Leihzelt und Parkplatz. Eintritt Q40, mit Abenteueroptionen Q105. ⌚ tgl. 8–18.30 Uhr.

Fairer Handel

Ut'z Bat'z, 5. Av. 5-24, Eingang durch Hotel Chugüilá, Miniplaza Lokal 21. Bietet Kunsthandwerk und Stickereien von lokalen Frauengruppen, schöne Kopfkissen mit naiven Motiven. ⌚ Mi 13–17, Do, So 9–17, Sa 10–17 Uhr.

Geld

Mehrere Banken sind in der 6. Calle zwischen 5. und 6. Avenida angesiedelt und haben auch sonntags geöffnet; an Markttagen oft lange Schlangen. Dort befinden sich auch mehrere Geldautomaten.

Guides

Tomás Macario Canil, 7. Av. 4. C., ✆ 77562277, spricht Englisch und macht Tagestouren durch Chichicastenango (wenn gewünscht mit Cerro Pascual Abaj) oder ins Umland für US$10 p. P. Unter 💻 www.chichicastenango.com.gt/pg027.html sind weitere offizielle Guides mit Telefonnummern aufgelistet.

Informationen

Touristische Information erhält man in der **Casa Cultural Gucumatz** im 2. Stock des Hotels Chugüilá, 5. Av. 5-24, ✆ 77562554, 💻 www.chichicastenango.com.gt. Hier gibt es wechselnde Ausstellungen von Gemälden, Maya-Trachten und lokalen Gebräuchen. Die Leiterin Shirley Taylor hat von ihrer amerikanischen Adoptivmutter Englisch gelernt und gibt touristische Informationen. Sie vermittelt auch vom INTECAP ausgebildete Führer (US$30 pro Tag und 1–2 Pers.) und ermöglicht gegen 10 % Aufschlag Kreditkartenzahlungen für den Markt von Chichicastenango. ⌚ Mo, Mi 8–12 und 14–16, Do, So 8–19 Uhr, Di und Fr geschl.

Internet

Es gibt inzwischen in fast jeder Straße ein Internetcafé, üblich sind Q5–8/Std.
Cybernetcafé (neben Tu Café).
Cafenet, Comercial Turkaj, 6. C. 5-37.
Punto Net, Erdgeschoss unter dem Restaurant Los Cofrades.

Lebensmittel

Supermarkt Dispensa Familiar, 7. Av., zwischen 7. und 8. C. ⌚ tgl. 7–19 Uhr.

Medizinische Versorgung

Hospital Evanglico El Buen Samaritano, 6. C. 3-60, ✆ 77561163. Rund um die Uhr Notaufnahme, Innere Medizin, Gynäkologie, Laboratorium.

Paketversand

Cropa Panalpina, 7. Av. 8-60, ✆ 77561012.

Parkplatz

Seinen Wagen stellt man am besten auf einem bewachten Parkplatz ab, z. B. in der 7. Av., neben dem Busterminal nach Los Encuentros, oder auf dem Parkplatz des Mayan Inn.

Polizei

Polizei und Touristenpolizei DISETUR teilen sich die Station. Sie liegt ca. 500 m hinter dem Arco Cucumatz am Ortsausgang Richtung Santa Cruz del Quiché, ✆ 77561365. Man kann Begleitung beantragen, z. B. für Wanderungen zum Cerro Pascual Abaj.

Post

4. Av., neben dem Restaurant Casa San Juan.

Reiseveranstalter

Chichi Turkaj Tours, Ecke 7. Av. und 6. C. ✆ 77421359, ✉ chichiturkajtours@yahoo.com. Geführte Tagestour durch Chichicastenango von 9–15 Uhr, Q200 pro Gruppe. Vermittelt Shuttles für Adrenalina Tours, Abfahrt um

14 Uhr nach Guatemala-Stadt, Antigua, Panajachel und Quetzaltenango.
Agencia Maya Chichivan, 6. C. 6-45, ✆ 77561008, bietet Shuttle-Busse in alle Richtungen an. Man benötigt ca. 4–5 Pers. oder mietet gleich das ganze Fahrzeug. Do und So um 14 Uhr fahren Shuttle-Busse nach Guate (US$22), Antigua (US$12) und Panajachel (US$7).

Telefon

Telgua, 6. C., nahe Ecke 5. Av., nur Kartentelefone. Sonst in den Internetcafés fragen.

Transport

Auch wenn fast überallhin Shuttles angeboten werden, sind diese oft teuer oder fahren nur an Markttagen. Daher empfiehlt es sich, nur nach Antigua Shuttles zu benutzen, denn Chichicastenango hat gute Busverbindungen. Alle **Busse** (Ausnahme Kleinbusse nach Los Encuentros) halten an oder in der Nähe der Kreuzung 5. Av. und 5. C. beim Arco Cucumatz. Busse Richtung Los Encuentros fahren an Markttagen gelegentlich ab der Kreuzung 7. Av. und 9. C.
GUATEMALA-STADT (145 km, 3 Std.), alle 15 Min. von 4–17.30 Uhr.
ANTIGUA (108 km, 3 1/2 Std.), keine Direktbusse, Bus nach Guatemala-Stadt nehmen und umsteigen in CHIMALTENANGO.
COBÁN (165 km, 6 Std.), s. USPANTAN, dort umsteigen. Kleinbusse nach Cobán fahren dort alle 30 Min. von 4.30–16 Uhr.
HUEHUETENANGO (2 1/2 Std.), nach SANTA CRUZ DEL QUICHÉ, dort umsteigen, Kleinbusse nach Huehue fahren dort alle 30 Min. von 5–17 Uhr.
LOS ENCUENTROS (16 km, 30 Min.), Kleinbusse ab der 6. Av., alle 15 Min.
NEBAJ (95 km, 2 1/2 Std.), Direktbusse passieren Chichi um 11, 13, 15, 16 Uhr.
PANAJACHEL (37 km, 90 Min.), stdl. von 7–14 Uhr.
QUETZALTENANGO (94 km, 3 Std.) alle 30 Min. von 4.30–13.30 Uhr.
SANTA CRUZ DEL QUICHÉ (19 km, 30 Min.), ständige Abfahrten.
USPANTAN (90 km, 3 Std.) nach SANTA CRUZ DEL QUICHÉ, dort umsteigen, weiter mit Kleinbussen nach Uspantán, alle 30 Min. von 6.30–20 Uhr.

An Markttagen kommen **Shuttle-Busse** aus Panajachel, Antigua und Quetzaltenango nach Chichi. Sie fahren in der Regel gegen 14 Uhr zurück. Bei Chichi Turkaj Tours oder Maya Chichivan (s. Reiseveranstalter) buchen.

Von Los Encuentros zum Atitlán-See

Folgt man der Interamericana von Los Encuentros in Richtung Westen, gelangt man nach wenigen Kilometern an die Gabelung **El Cuchillo**. Linker Hand liegt die Abzweigung nach Sololá, die an Mais- und Gemüsefeldern vorbei zum Atitlán-See führt. Nach 12 km erreicht man Sololá, die Hauptstadt der gleichnamigen Provinz.

Sololá

Die besondere geografische Lage zwischen Küste und Hochland machte den in 2113 m Höhe gelegenen Ort mit Namen Tzolohá („Holunderwasser") schon in präkolumbischen Zeiten zu einem wichtigen Handelsplatz. Auch nach der Ankunft der Spanier, die ihre 1547 gegründete Siedlung zunächst Tecpán Atitán nannten, behielt der **Markt** seine zentrale Bedeutung – ebenso wie heute, wenn sich die Plaza dienstags und freitags in ein farbenfrohes Durcheinander aus Menschen und Waren verwandelt. Ein Markttag in Sololá ist sehenswert. Seine Ursprünglichkeit hebt sich wohltuend vom Touristenmarkt in Chichicastenango ab. Rot und Blau sind die dominierenden Farben der lokalen Trachten, die auch noch von den Männern getragen werden. Ihre braune Überbekleidung, geschnitten im Stil spanischer Offiziersjacken, zeigt auf der Rückseite eine gestickte Fledermaus. Diese war das Symbol des Fürstentums der Xahil, der dominanten Cakchiquel-Gruppe zur Zeit der spanischen Eroberung.

Das rund 20 000 Einwohner zählende Sololá ist ein sehr traditionelles Städtchen, in dem der Anteil der Indígena-Bevölkerung bei über 90 % liegt. Wie auch in Chichicastenango gibt es hier einen Ladino- und einen Indígena-Bürgermeister (s. S. 238). Starken Einfluss im täglichen wie im religiösen Leben besitzen die zahlreichen Laienbruderschaften (Cofradías, S. 239), deren Mitglieder (Cofrades) sonntags morgens prachtvoll gekleidet an der katholischen Messe teilnehmen. Neben den *cofrades* kann man am 15. August während des Nim Ajij Solola (großer Tag von Sololá), zu Ehren der Virgen de la Asunción auch verschiedene traditionelle Tänze bewundern. An der Plaza steht die mächtige, aber schlichte **Franziskanerkirche** mit bunten Fenstern und interessanten Silberarbeiten im Inneren. Der **Torre Centroaméricana** schräg gegenüber wurde Anfang des 20. Jhs. unter Estrada Cabrera errichtet. Der frisch restaurierte Turm soll an die zentralamerikanische Einheit erinnern – ein ewiger Traum mittelamerikanischer Politiker, der von 1823 bis 1838 für kurze Zeit Wirklichkeit wurde.

Übernachtung

Am besten fährt man die kurze Strecke nach Panajachel, wo das Zimmerangebot besser und das Klima angenehmer ist als in Sololá.

Hotel Belén, 10. C. 4-36, Zona 1, in der Nähe des Markts, ✆ 77623105. Ordentliche Zimmer mit Bad und warmen Wasser, Kabel-TV. ❸

Villa del Angel, 5. C. 7-48, Zona 2, ✆ 77623294, 💻 www.hotelvilladelangel.com. Kleines Hotel in zentraler Lage, dessen 5 geräumige Zimmer alle blitzsauber sind. Das Hotel verfügt über WLAN und Parkplatz. Frühstück kostet extra und muss vorbestellt werden. ❼

Transport

Alle **Busse** zwischen LOS ENCUENTROS (Fahrtzeit ungefähr 20 Min.) und PANAJACHEL (etwa 20 Min.) fahren durch Sololá. Sie halten an der Plaza, von wo aus auch Minibusse ca. alle 15 Min. in beide Richtungen von 6–19 Uhr unterwegs sind. Regelmäßige Busse nach Guatemala-Stadt.

Die Umgebung von Sololá

Etwa 8 km nordöstlich von Sololá liegt **Concepción**, inmitten eines kleinen fruchtbaren Tals, in dem Obst und Gemüse angebaut werden. Auf dem Weg nach Concepción bieten sich immer wieder fantastische Ausblicke auf den See und die ihn umgebenden Steilhänge.

In westlicher Richtung führt eine raue, hügelige Hochlandpiste (sehr gut für Mountainbiker) über **San José Chacayá** in das 13 km entfernte traditionelle Hochlanddorf **Santa Lucía Utatlán**, das wesentlich einfacher über eine Abzweigung bei KM 148 der Interamericana zu erreichen ist.

Langsam und unter Ausnutzung der Motorbremse fahren die Camionetas die steilen 8 km von Sololá bis nach Panajachel am Atitlán-See hinunter. Dabei passieren sie zwei lohnende Aussichtspunkte, die Einfahrt zum Dorf **San Jorge La Laguna** und den **Wasserfall La Catarata**, auch Cascada de San Buenaventura genannt, der allerdings außerhalb der Regenzeit nur ein Rinnsal ist.

5 HIGHLIGHT

Der Atitlán-See

Höhe über dem Meeresspiegel: 1562 m
Max. Tiefe: 333 m
Ausdehnung: ca. 130 km^2
Wassertemperatur: 18–20 °C
Durchschnittstemperatur Luft: 19 °C
Niederschlagsmenge: 1000 mm/Jahr
Hauptregenmonate: Mai/Juni und Sep/Okt

Azurblau schimmernd und umrahmt von drei majestätischen Vulkanen: Das ist der Atitlán-See. Besonders eindrucksvoll ist der Blick auf den See an klaren Tagen von einem der zahlreichen Aussichtspunkte. Die besondere Atmosphäre dieses Kleinods haben schon berühmte Reisende wie Alexander von Humboldt oder Aldous Huxley gepriesen. Sie bezeichneten ihn als „den schönsten See der Welt", der er auch tatsächlich für viele ist.

Der See gehört vollständig zur Provinz Sololá, einem der kleineren Departamentos in Guatemala. Um ihn herum liegen rund 15 malerische Indianerdörfer, die fast durchweg nach Heiligen der katholischen Kirche benannt sind, z. B. San Juan la Laguna (hl. Johannes) oder San Antonio

Palopó (hl. Antonius). Die Orte haben sich ihren Charme und ihre Ursprünglichkeit weitgehend bewahren können – und das trotz des Bevölkerungswachstums und ständig steigender Touristenzahlen.

Der See ist umgeben von den drei Vulkanen Atitlán (3537 m), Tolimán (3158 m) und San Pedro (3020 m). Sie sind Teil des vulkanischen Rückens, der parallel zur Pazifikküste das ganze Land durchzieht. Vor dem Vulkan Tolimán erhebt sich der nur 1600 m hohe Vulkan Cerro de Oro. Alle drei Vulkane gelten als erloschen, auch der Atitlán, der zuletzt 1853 ausbrach. Vor ca. 85 000 Jahren schuf eine gewaltige Explosion den riesigen Kessel, der den See umgibt. Während mehrere Flüsse wie z. B. der Río Panajachel in den See münden, gibt es keine oberirdischen Abflüsse. Dennoch entweicht Wasser durch unterirdische Spalten oder durch den porösen vulkanischen Tuff.

Dies beeinflusst den Wasserspiegel, der bis zum großen Erdbeben 1976 anstieg, seitdem mehrere Jahre gesunken ist (seit 1980 ca. 10 m), und besonders nach der niederschlagsreichen Regenzeit 2010 wieder steigt.

Sicherheit

Wanderungen und Vulkanbesteigungen sollten vorzugsweise in Begleitung eines einheimischen Guides unternommen werden.

Guatemala-Reisende sollten genügend Zeit einplanen, um den See und seine traumhafte Umgebung zu erkunden. Das Angebot an Unternehmungen reicht von Motorboot- oder Kajaktouren, vom Besuch der Indianerdörfer mit ihren bunten Märkten über Wanderungen bis hin zu Reit- und Mountainbike-Touren. Auch alle, die das Abenteuer suchen, kommen auf ihre Kosten: Tauchen, Segeln, Canopy-Touren und Paragliding werden angeboten.

Klima und Reisezeit

Der Atitlán-See liegt – ebenso wie Antigua und die Hauptstadt – in rund 1500 m Höhe. Dementsprechend angenehm ist das Klima: Die Jahresdurchschnittstemperatur beträgt 19 °C. Es fallen jährlich ca. 1000 mm Niederschlag, vorwiegend in den Monaten Mai/Juni und September/Okto-

Blick von der seltener besuchten Südostseite des Atitlán-Sees auf die Vulkane Atitlán und Tolimán

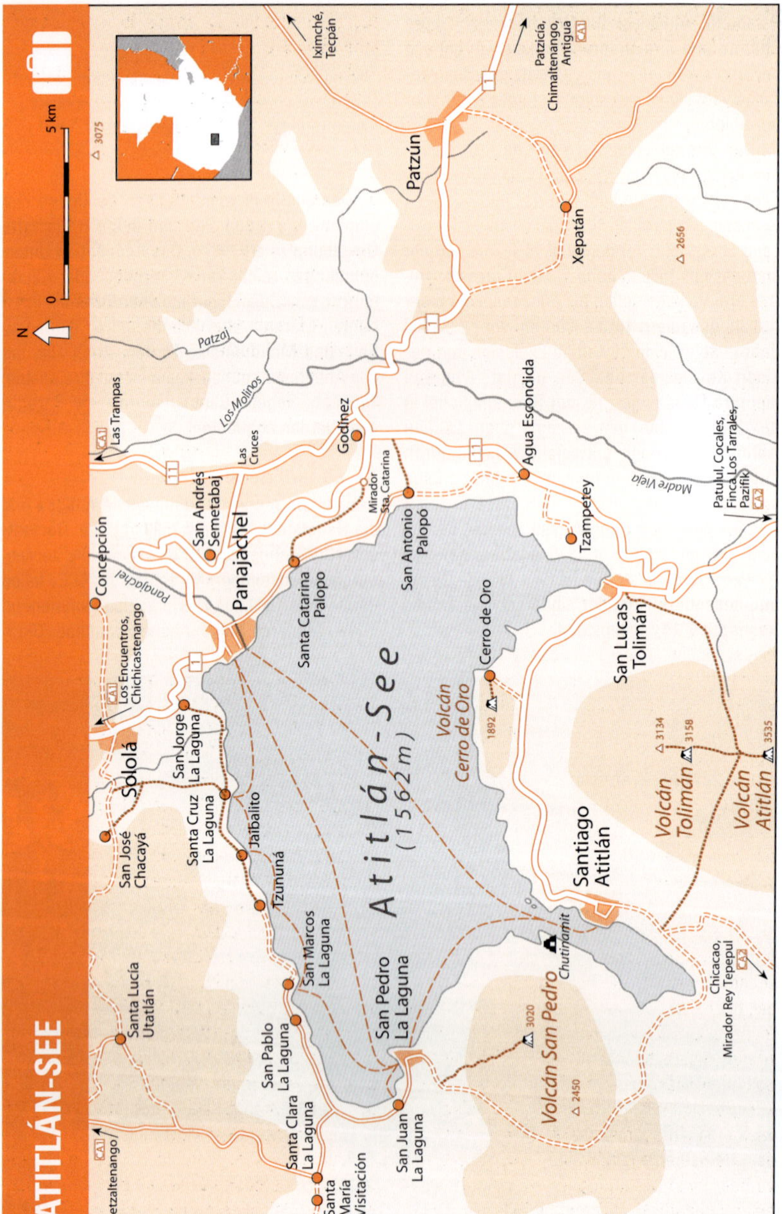

ATITLÁN-SEE
N
0
5 km
Atitlán-See
(1562 m)
Panajachel
Sololá
Patzún
Xepatán
Godínez
Las Cruces
San Andrés Semetabaj
Concepción
Los Encuentros, Chichicastenango
CA1
Las Trampas
Iximché, Tecpán
Patzicía, Chimaltenango, Antigua
Agua Escondida
Tzampetey
Mirador Sta. Catarina
San Antonio Palopó
Santa Catarina Palopo
Cerro de Oro
Volcán Cerro de Oro
1892
San Lucas Tolimán
Santiago Atitlán
Volcán Tolimán
3134
3158
Volcán Atitlán
3535
Patulul, Cocales, Finca Los Tarrales, Pazifik
CA2
Chicacao, Mirador Rey Tepepul
Chutinamit
Volcán San Pedro
3020
2450
San Juan La Laguna
San Pedro La Laguna
San Marcos La Laguna
Tzununá
Jaibalito
Santa Cruz La Laguna
San Jorge La Laguna
San José Chacayá
Santa Lucía Utatlán
San Pablo La Laguna
Santa Clara La Laguna
Santa María Visitación
Quetzaltenango
Patzaj
Los Molinos
Panajachel
Madre Vieja
3075
2656

Der Xocomil

Berüchtigt sind die Fallwinde des Sees, die oft am Nachmittag zu erhöhtem Wellengang führen. Dieser bereitet besonders den einheimischen Fischern in ihren kleinen Booten Probleme. Der bekannteste dieser Winde ist der Xocomil. Er entsteht beim Aufeinanderprallen von warmer Pazifikluft und kaltem Hochlandwind.
Der Name Xocomil stammt aus der Tzutuhil-Sprache und bedeutet so viel wie „die rasende Schnelligkeit der Dämonen". Auch für dieses Naturphänomen haben die Indígenas eine Erklärung: Einer Sage zufolge sind die Lüfte des Xocomil nichts weiter als die Seelen des Cakchiquel-Prinzen Utzil und seiner Geliebten, der Quiché-Prinzessin Zacar. Utzil stürzte sich in den See, nachdem Zacar, die er zuvor von den Quiché geraubt hatte, in ihrem Versteck von wilden Tieren zerfleischt worden war.

ber. In der übrigen Zeit ist der See meistens unbewölkt, da sich die feucht-heiße Luft der Pazifikküste an den Vulkanen staut. Nachmittags und besonders in den Monaten von Februar bis Mai ist das Panorama aufgrund der Brandrodungen der Mais- und Zuckerrohrbauern im Tiefland diesig. Die Hänge um den See präsentieren sich in diesen Monaten in eintönigem Braun, da die Felder abgeerntet und ausgetrocknet sind. Mit dem Einsetzen der ersten Regenfälle im Mai zeigt sich die Landschaft um den See schnell wieder in üppigstem Grün.

Geschichte und Gegenwart

Am Atitlán-See treffen die traditionellen Herrschaftsgebiete zweier Indianervölker aufeinander, die beide Nachfahren der Maya sind. Während die Cakchiqueles auf der Nord- und Ostseite zu Hause sind, beanspruchen die Tzutujiles die Süd- und Westseite des Sees für sich. Beide Königreiche waren schon immer Erzrivalen, was wiederum die Spanier geschickt ausnutzten, indem sie beide gegeneinander ausspielten. Weit verheerender als die Conquista und die damit einhergehende Versklavung wirkten sich aber die von den Spaniern eingeschleppten Seuchen aus, die im 16. und 17. Jh. 70–95 % der indianischen Bevölkerung dahinrafften.

Zu Beginn des 20. Jhs. führten die Indígenas am See ein traditionelles Leben in Abgeschiedenheit, dessen Grundlage Landwirtschaft und Fischfang waren. Das änderte sich jedoch in den 1930er-Jahren. Damals förderte Präsident Ubico den Ausbau der Infrastruktur; er schloss den See an das Straßennetz Guatemalas an und suggerierte damit Fortschritt. Mit den Straßenbauern kamen die Großgrundbesitzer in die Region, die begannen, in großem Stil Kaffee anzubauen. Die am See lebenden Indianer wurden als billige Arbeitskräfte ausgebeutet.

An der Lebensweise der Landbevölkerung hat sich mit dem neuen Jahrtausend einiges geändert. Zwar versucht ein großer Teil der Indígenas weiterhin Kunsthandwerk an Touristen zu verkaufen oder arbeitet für mäßige Löhne auf den Fincas. Ein Großteil der jungen Männer ist aber wie überall im westlichen Hochland in die USA und nach Kanada migriert (s. S. 135), wo sie ein Mehrfaches ihres hiesigen Lohns verdienen.

Wirtschaftsfaktoren am See

Traditionell werden am See wie auch im übrigen Hochland Mais und schwarze Bohnen angebaut. Große Bedeutung hat außerdem der Anbau von Kaffee als wichtige Einnahmequelle. Der Fischfang spielt nur eine Nebenrolle, die Bestände sind beinahe erschöpft. Der Anbau von Avocados und Kaffee in größerem Stil liegt in der Hand von Ladinos und Ausländern. Fast jedes Dorf hat jedoch ein typisches Anbauprodukt, das von Traditionen und geografischen Gegebenheiten geprägt ist. So werden z. B. auf den Terrassenfeldern *(tablones)* von **San Antonio Palopó** Zwiebeln und Anis angebaut. In **San Lucas Tolimán** werden kleine Boote *(cayucos)* für den Fischfang hergestellt. Die Bewohner von **Santiago Atitlán** sind wiederum Experten für die Mattenherstellung aus Schilf *(tule)*, während man in **San Pablo** und **San Marcos** ehemals Agavenfasern zu Seilen und Hängematten verarbeitete.

Durch den wachsenden Touristenstrom der letzten Jahre haben viele Einheimische zumindest eine Saisonarbeit im Hotel- und Gaststättengewerbe gefunden. Meistens arbeiten sie als

Küchenpersonal oder als Bedienung und werden dementsprechend schlecht entlohnt. Außerdem hat die wachsende Zahl ausländischer Besucher zu einer starken Ausweitung des Angebots an typischen Webarbeiten geführt. Leider werden viele dieser Produkte fast schon in industriellen Mengen produziert. Außer in **Panajachel**, wo so gut wie alles zu haben ist, gibt es sehenswertes Kunsthandwerk in **Santiago** (Holzarbeiten), **San Pedro** (naive indianische Malerei) und **San Antonio** (Keramik).

Fauna und Flora

Der Atitlán-See bildet eine geografische und klimatische Übergangszone zwischen der Pazifikküste und den Hochlagen des Altiplano. Aufgrund der unterschiedlichen Höhenlagen von 1560 bis 3500 m und der fruchtbaren Vulkanböden hat sich eine artenreiche Fauna und Flora herausgebildet. Hier koexistieren Pinien und Papayas, Eichen und Agaven, Kakteen und Orchideen.

Obwohl sich die Felder der Bauern immer weiter die Vulkanhänge hochfressen, sind derzeit immer noch fantastische Bergnebelwälder erhalten. Das günstige Klima am See lässt eine Vielzahl von Obstarten gedeihen. Einen besonders guten Ruf genießen neben Avocados, Orangen und Limonen die Jocote-Pflaumen. Die sich ausweitende Landwirtschaft hat allerdings den Lebensraum der Tierwelt verkleinert. Größere Säugetiere wie der Puma oder andere Wildkatzenarten sind nur noch mit sehr viel Glück zu beobachten.

Der See ist aber unbestreitbar ein Vogelparadies. Besonders auffällig sind die vielen Kolibris, die man sogar in Gartenrestaurants beim Naschen von Blütennektar antrifft. Auf dem See tummeln sich drei Entenarten. Leider existiert die endemische Poc-Ente *(Podylimbus gigas)* nicht mehr.

Tausende von Kleintierarten (Skorpione sind keine Insekten, sondern Spinnenverwandte) bevölkern den See. Neben den angenehmeren Vertretern wie Libellen und Schmetterlingen kann man auch durchaus mit dem kleinen schwarzen Skorpion Bekanntschaft machen.

Unter der Wasseroberfläche kann dagegen von Artenreichtum keine Rede mehr sein. Der in den 1950er-Jahren ausgesetzte Raubfisch Black

Umweltprobleme

Bevölkerungswachstum, Landwirtschaft und Touristenströme haben am und im See ihre Spuren hinterlassen. Das Wasser wird schmutziger, die Müllberge wachsen, die Abwässer fließen weiterhin ungeklärt in den See, Pestizide werden in den See gespült und die Wälder an den Vulkanhängen schwinden ebenso wie die Schilfgürtel.

Das Schwimmen ist nur noch außerhalb der Dörfer ohne größere Bedenken zu empfehlen – kurz: Der See droht umzukippen.

Kaum verwunderlich, dass es im Jahr 2009 zu einem ungewöhnlich starken Algenwachstum kam, ausgelöst durch den zu hohen Nährstoffgehalt des Wassers. In der Trockenzeit fingen die Algen aus Sauerstoffmangel an zu sterben und an die Oberfläche hochzudriften. Cyanobakterien produzierten nun eine nach faulen Eiern stinkende braungelbe Schicht, die große Teile des Sees bedeckte. Fischfang und Tourismus brachen massiv ein. „Der schönste See der Welt" wurde von der Umweltstiftung Global Nature Fund zum „Bedrohten See des Jahres 2009" erklärt.

Doch das Umweltbewusstsein der am See lebenden Menschen hält sich in Grenzen – ursächlich hierfür sind Armut und schlicht Unkenntnis. Auch Landknappheit gefährdet den See. Sie zwingt die Bauern, immer steilere Hänge zu roden. Infolge der Erosion werden neben der dünnen Erdschicht auch Schadstoffe aus der Landwirtschaft und Müll in den See gespült. Schnelle Besserung ist nicht in Sicht. Zwar bemühen sich diverse Umweltorganisationen wie etwa die Asociación Vivamos Mejor um den Erhalt des Sees. Doch ihre Mittel sind begrenzt. Sollte die guatemaltekische Regierung keine Gelder für Kläranlagen und ökologisch verträgliche Abfallbehandlung zur Verfügung stellen, wird der Algenteppich zurückkommen. Es ist fünf nach zwölf!

Die SS Quetzal, ein deutsches Dampfschiff auf dem Atitlán-See

Als der deutsche Juwelier und Uhrmacher Georg Rademann gegen Ende des 19. Jhs. an den Atitlán-See gelangte, beschloss er spontan, sich hier niederzulassen. Rasch fielen ihm die dürftigen Möglichkeiten auf, Waren zu transportieren. Der Verkehr auf dem See beschränkte sich damals auf große Einbäume, mit denen die Menschen über das Wasser paddelten. Rademann hatte ein Gespür für lukrative Geschäfte: Er ließ ein Dampfschiff aus Deutschland importieren. Die schweren Schiffsteile wurden am Pazifikhafen Champerico ausgeladen und per Eisenbahn nach San Antonio Suchitepéquez gebracht. Von dort gelangten Dampfmaschine, Schiffsrumpf und sonstiges Zubehör zum Atitlán-See – auf Ochsenkarren verstaut, mit Maultieren und auf den Rücken von Indianern. Monate später waren die Teile zusammengesetzt und Estrada Cabrera, der damalige Präsident, taufte das Wasserfahrzeug auf den Namen *SS Quetzal*. Das Schiff revolutionierte den Transport am See. Was vorher auf dem Rücken der Maultiere Tage benötigte, konnte jetzt in wenigen Stunden zum gegenüberliegenden Ufer gebracht werden. Dies begünstigte auch den aufblühenden Kaffeeanbau an den Vulkanhängen des Sees. Denn nun konnten Tausende indianische Tagelöhner aus dem Hinterland zu den Plantagen gelangen. Das Grundstück, das sich Rademann einst am Seeufer bei Panajachel gekauft hatte, existiert noch immer, und mit ihm das erste Gasthaus der Region, das Hotel Tzanjuyu.

Die *SS Quetzal* hingegen überquert das blaue Wasser schon lange nicht mehr: Das Schiff wurde einige Jahre später von der dieselgetriebenen *SS Sololá* abgelöst. Damit war die romantische Ära der dampfgetriebenen Wasserfahrzeuge auf dem Atitlán-See für immer beendet.

Bass hat die einheimischen Arten überwiegend verdrängt. Das „Massaker" überlebt hat die kleine, grätenreiche Mojarra. In Ufernähe werden kleine, aber schmackhafte Süßwasserkrebse gefangen.

Vulkanbesteigungen und Wandern am See

Der Atitlán-See ist ein Paradies für Naturliebhaber. Um den See in seiner ganzen Schönheit zu erleben, geht man am besten zu Fuß. Gerade der Besuch von weniger bekannten Gegenden oder Vulkanen eröffnet dem Reisenden interessante Einblicke abseits des „Gringo Trails". Obwohl der See in ca. vier bis fünf Tagen komplett zu Fuß umrundet werden kann, empfiehlt sich die Auswahl von Teilstücken. Diese können je nach Kondition fast beliebig kombiniert werden, da von fast allen Dörfern regelmäßig Boote ins Touristenzentrum Panajachel zurückfahren.

Um die drei Vulkane zu besteigen, sind gute Wanderschuhe, warme Kleidung (auf dem Gipfel kann es sehr kalt und windig werden) und eine solide Kondition unerlässlich. Informationen über Wanderrouten, Vulkanbesteigungen, Unterkunft, Verpflegung, Transport, Guides, Einkaufsmöglichkeiten etc. finden sich in den jeweiligen Ortskapiteln.

Panajachel

Es gibt kaum einen Besucher des Atitlán-Sees, der um Panajachel – kurz „Pana" – einen Bogen macht. Restaurants, Bars, Hotels, Geschäfte – hier gibt es alles, was das Touristenherz begehrt. Nicht zu vergessen der einmalige Blick über den See von der Uferpromenade aus

Schon vor Ankunft der Spanier wurde das Städtchen in den Annalen der Cakchiqueles erwähnt. Von Ahachel war damals die Rede, dem am See gelegenen Dorf. Der Name des Städtchens leitet sich vom Matasano-Baum *(casimiroa edulis)* = *ahaché* ab, einer hier häufig vorkommenden Baumart.

Den Spaniern gelang 1547 an diesem Ort ein wichtiger Sieg über die Tzutujiles. Im 17. Jh. wurde ein Franziskanerkonvent gegründet. Um 1690 zählte der Ort ca. 800 Einwohner. Sie gehörten alle dem Volk der Cakchiqueles an. Damals

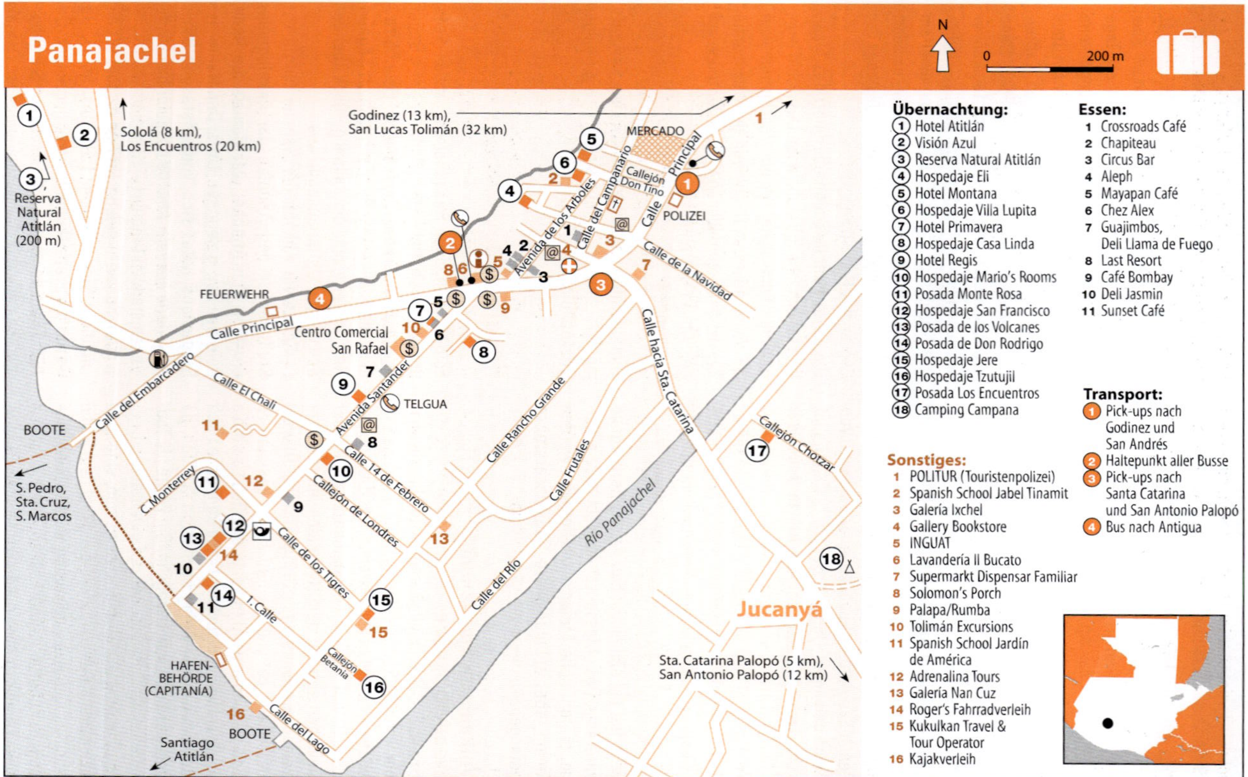
Panajachel
N
0
200 m
Sololá (8 km),
Los Encuentros (20 km)
Godinez (13 km),
San Lucas Tolimán (32 km)
Reserva Natural Atitlán (200 m)
MERCADO
POLIZEI
FEUERWEHR
TELGUA
Centro Comercial San Rafael
Calle Principal
Callejón Don Tino
Calle del Campanario
Avenida de los Arboles
Calle de la Navidad
Calle hacia Sta. Catarina
Avenida Santander
Calle del Embarcadero
Calle El Chali
Calle Rancho Grande
Calle Frutales
Calle 14 de Febrero
Callejón de Londres
Calle de los Tigres
Calle del Rio
Río Panajachel
C. Monterrey
1. Calle
Callejón Betania
Calle del Lago
Callejón Chotzar
Jucanyá
BOOTE
S. Pedro,
Sta. Cruz,
S. Marcos
HAFEN-
BEHÖRDE
(CAPITANÍA)
BOOTE
Santiago
Atitlán
Sta. Catarina Palopó (5 km),
San Antonio Palopó (12 km)
Übernachtung:
1 Hotel Atitlán
2 Visión Azul
3 Reserva Natural Atitlán
4 Hospedaje Eli
5 Hotel Montana
6 Hospedaje Villa Lupita
7 Hotel Primavera
8 Hospedaje Casa Linda
9 Hotel Regis
10 Hospedaje Mario's Rooms
11 Posada Monte Rosa
12 Hospedaje San Francisco
13 Posada de los Volcanes
14 Posada de Don Rodrigo
15 Hospedaje Jere
16 Hospedaje Tzutujil
17 Posada Los Encuentros
18 Camping Campana
Essen:
1 Crossroads Café
2 Chapiteau
3 Circus Bar
4 Aleph
5 Mayapan Café
6 Chez Alex
7 Guajimbos,
Deli Llama de Fuego
8 Last Resort
9 Café Bombay
10 Deli Jasmin
11 Sunset Café
Transport:
1 Pick-ups nach Godinez und San Andrés
2 Haltepunkt aller Busse
3 Pick-ups nach Santa Catarina und San Antonio Palopó
4 Bus nach Antigua
Sonstiges:
1 POLITUR (Touristenpolizei)
2 Spanish School Jabel Tinamit
3 Galería Ixchel
4 Gallery Bookstore
5 INGUAT
6 Lavandería Il Bucato
7 Supermarkt Dispensar Familiar
8 Solomon's Porch
9 Palapa/Rumba
10 Tolimán Excursions
11 Spanish School Jardín de América
12 Adrenalina Tours
13 Galería Nan Cuz
14 Roger's Fahrradverleih
15 Kukulkan Travel & Tour Operator
16 Kajakverleih

schon begeisterte der Ort die Reisenden. In den 1960er-Jahren wurde „Pana" von der internationalen Hippiegemeinde entdeckt und fester Anlaufpunkt für „Alternativreisende". Doch viele verließen den Ort wieder, als in den 1970er- und 1980er-Jahren der Bürgerkrieg auch den Atitlán-See nicht verschonte. Inzwischen hat sich die politische Lage stabilisiert, und Panajachel blüht mit seinen 15 000 Einwohnern zu *dem* Touristenzentrum am See auf. Der ständig steigende Touristenstrom hat dem Ort auch seinen Spitznamen „Gringotenango" eingebracht.

Das in 1573 m Höhe gelegene Panajachel bietet selbst keine Sehenswürdigkeiten, sondern ist ein buntes Gemisch aus Hotels, Läden, Restaurants und Souvenirständen. Die größte Attraktion des Ortes ist der See. Besonders schön präsentiert er sich früh morgens oder bei Sonnenuntergang von der Uferpromenade aus. Wer auf der Suche nach traditionellen Webarbeiten ist, kann in Panajachel unter Hunderten kleinen Läden wählen, die sich größtenteils an der **Avenida Santander** entlangziehen.

Zwischen Weihnachten und Silvester sowie während der Osterwoche verbringen vor allem einheimische Touristen, die mit viel Alkohol und lauter Musik auf sich aufmerksam machen, ihre Ferien am See. Der Ort hat inzwischen auch ein ernsthaftes Drogenproblem, und daran sind alle Nationalitäten beteiligt.

Wer an den Atitlán-See will, kann Panajachel nur schwer umgehen: Er ist die ideale Drehscheibe für Ausflüge rund um den See. Panajachel ist überschaubar geblieben, und man findet alles Notwendige auf den zwei Hauptstraßen des Städtchens, der Avenida Santander und der Calle Principal. Folgt man der Avenida Santander, gelangt man zur nach links abzweigenden **Uferpromenade**, die automatisch zur Hauptbootsanlegestelle führt. Die Calle Principal führt von der Kreuzung mit der Avenida Santander dorfeinwärts zur **Franziskanerkirche**, der Polizeistation und dem täglich stattfindenden Markt.

Im Innenhof der Posada de Don Rodrigo (s. Übernachtung) befindet sich das **Museo Lacustre Atitlán**, das über 100 Fundstücke aus der Unterwasserwelt des Sees in ansprechender Aufmachung präsentiert. Zu sehen sind Keramikgefäße der Maya aus der Zeit bis 1500 v. Chr. Sie wurden als Opfergaben in den See geworfen. Das Prunkstück des Museums ist ein ca. 1 m hohes Weihrauchgefäß. Erklärungen auf Spanisch und Englisch, ⌚ tgl. 8–18 Uhr, Q35, Studenten Q20.

Westlich des Ortes liegen einige Luxushotels und das Gelände der Finca San Buenaventura, aus dem die Besitzer einen 100 ha großen Naturpark, die **Reserva Natural Atitlán**, geschaffen haben. Neben einer Schmetterlingsfarm, angelegten Wanderwegen, einem Wasserfall und Hängebrücken gibt es ein kleines Besucherzentrum mit Restaurant am Eingang mit Infos zum Ökosystem des Atitlán-Sees. Die Hauptattraktion ist die Canopy-Tour Cables X-tremos, die über acht Kabel verfügt (Q190 p. P.), ✆ 77622565, 🖳 www.atitlanreserva.com, ⌚ tgl. 8–17 Uhr, Q45, Studenten Q25. Die Anlage verfügt auch über Unterkünfte. ❽–❾

In der Nähe des Naturparks befinden sich drei hässliche Hochhaustürme, die Ende der 1970er-Jahre errichtet wurden und lange Jahre leer standen. In zwei von ihnen werden momentan Luxusapartments verkauft. Die Anlage trägt den abschreckenden Namen Riviera de Atitlán.

Übernachtung

Großes Angebot an Low-Budget-Unterkünften, oft sehr einfache, familiengeführte Pensionen, die meisten mit Gemeinschaftsbad, sauberen Toiletten und warmer Dusche. An Wochenenden und Ferienwochen (Ostern und Weihnachten/Neujahr) empfiehlt sich eine vorherige Reservierung. In der Nebensaison Mai/Juni und Sep–Nov kann man über den Preis verhandeln.

Unterkünfte bis 20 €

Hospedaje Eli, Av. de los Arboles, am Ende des Callejón El Pozo. Einfach, sauber, nur mit Gemeinschaftsbad. Einige Zimmer etwas klein, Frühstück im Haus möglich, Wäscherei, Kochmöglichkeit. ❷

Hospedaje Casa Linda, C. de Capulín, kleine Nebenstraße schräg gegenüber des Hotels Primavera, zur Hospedaje ca. 150 m, ✆ 77620386, ✉ casalinda07@hotmail.com. Ordentliche Zimmer, ruhig gelegen, nur 2 Zimmer mit Privatbad. ❸ Mit Gemeinschaftsbad ❷

Hospedaje San Francisco, Av. Santander 5-25, ☎ 56419017. Sehr einfache Zimmer mit und ohne Bad, teils mit TV, im EG etwas dunkel. ❸ Mit Gemeinschaftsbad ❷

Hospedaje Villa Lupita, Callejón Don Tino, nahe der Kirche San Francisco, ☎ 55110541, in ruhiger Lage. Auf zwei Etagen Zimmer mit Gemeinschafts- und Privatbad (2. Stock besser). Die Zimmer sind klein, aber sauber, Trinkwasser und Kaffee gratis, kleiner Parkplatz. ❸ Mit Gemeinschaftsbad ❷

Hospedaje Jere, C. Rancho Grande, ca. 200 m vom Strand entfernt, ☎ 77622781, 💻 www.hoteljere.com. Geräumige Zimmer mit Bad, Kabel-TV, WLAN, Reiseagentur im Gebäude, überdachter Parkplatz. ❸

Hospedaje Mario's Rooms, Av. Santander, ☎ 77621313, 💻 www.mariosrooms.net. Gute Unterkunft mit etwas kleinen Zimmern, gute heiße Dusche, Internet und Trinkwasser gratis. Restaurant mit großer Frühstücksauswahl; nachmittags gibt es frisches Brot und *pan dulce* aus der hauseigenen Bäckerei. ❸

Posada Monte Rosa, C. de Monterrey, ☎ 77620055. Kleines Hotel, in einer Nebenstraße gelegen, ordentliche Zimmer mit Bad, Parkplatz. Sie akzeptieren keine telefonische Reservierung. ❹

Hospedaje Tzutujil, Calle Rancho Grande, am Ende des Callejon Betania, ☎ 77620102. Mehrstöckiges Gebäude, brauchbare Zimmer mit Bad und Kabel-TV, Wäscherei, WLAN, auf Wunsch Essen. ❹

Unterkünfte bis 40 €

Hotel Montana, Callejón Don Tino, nahe Kirche San Francisco, ☎ 77620326, 💻 www.atitlanhotelmontana.com. Sehr ruhig gelegenes Hotel mit 24 sauberen Zimmern mit TV auf drei Etagen. Sonnenterrasse mit schönem Blick, Parkplatz. ❺

Hotel Primavera, Av. Santander, nahe C. Principal, ☎ 77622052, 💻 www.primaveratitlan.com. Sehr saubere Zimmer mit kleinem Holzerker, Kabel-TV, fast alle zur Straße und damit etwas laut. Gemütlicher Innenhof und gutes Restaurant; Wäscherei. ❻

Posada de los Volcanes, Av. Santander 5-51, ☎ 77620244, 💻 www.posadadelosvolcanes.com. Einfach, aber geschmackvoll eingerichtet, sauber. Zimmer im 4. Stock mit Seeblick, Reiseagentur. ❼

Unterkünfte über 40 €

Posada Los Encuentros, Callejon Chotzar, 0-41, ☎ 77622093, 💻 www.losencuentros.com. Gemütliche Herberge mit luxuriöser Ausstattung: kleines Fitness Center, Sauna, Konferenzräume, Aussichtsturm, WLAN, Kunstgalerie und Garten mit Medizinalpflanzen. Tourangebote. ❼–❽

Hotel Regis, Av. Santander 3-47, ☎ 77621149, 📠 77621152, 💻 www.regishotelspa.com. Zentrale Lage, Parkplatz, Garten, Wäscheservice; Safe, 6 Zimmer mit Kamin, Kabelfernsehen, Frühstück inkl. Einziges Hotel mit Thermalquellen, Restaurant. ❾

Posada de Don Rodrigo, Ecke Av. Santander/C. de Buenas Nuevas, ☎ 77622326, 💻 www.posadadedonrodrigo.com, gehört den Besitzern des Originals in Antigua. Gute Lage direkt am See, gemütliche Zimmer mit Kamin im Kolonialstil. Ideal für Familien, Pool mit Wasserrutsche, Sonnendeck mit tollem Seeblick, großes Freizeitangebot: Squashcourt, Dampfbad, Tischtennis, Spielsalon, Konferenzräume, viele Gruppen. ❿ US$122, mit Seeblick US$134

Unbedingt anschauen!

Das **Hotel Atitlán**, Finca San Buenaventura, ☎ 77621441, 💻 www.hotelatitlan.com, ist in Pana sicherlich das Hotel-Highlight. Ein kleines Paradies mit 65 Zimmern im Kolonialstil, alle mit Seeblick, davon 7 Suiten mit Kamin. Das ganze Hotel gleicht einem Kolonialmuseum. Im sehr gepflegten Garten mit direktem Seezugang wurden zusammen mit den anliegenden Kaffeeplantagen ca. 60 Vogelarten gezählt. Pool, Sonnenterrasse, Restaurant, Bootstouren, Laden mit Kunsthandwerk, Sauna. Auch wer nicht plant, hier zu übernachten, sollte dieses einmalige Hotel auf einen Kaffee besuchen. Leider kostet der Besuch des Hotels Q40 Eintritt, der aber mit dem Konsum verrechnet wird. ❿ US$120

Camping

Campingbereich innerhalb des Hotels **Visión Azul**, vor dem Hotel Atitlán, ✆ 57597321, ✉ reservaciones@panavisionazul.com, der über Zugang zum See und Grasflächen zum Zelten verfügt. Q45 p. P.
Reserva Natural Atitlán, s. S. 253, Q75 p. P.
Camping Campana, ✆ 77622479, privater Zeltplatz an der Straße Richtung Santa Catarina, ca. 1,5 km vom Zentrum entfernt, ca. Q35 p. P.

Essen

Am günstigsten isst man an den Ständen, die sich an der Uferpromenade und der Avenida Santander entlangziehen. Hier ist aber ein widerstandsfähiger Magen gefordert. Etwas teurer, aber mit wunderschönem Blick auf den See, sind die vielen kleinen Restaurants um den Parkplatz bei der Bootsanlegestelle. Hier kann man Seefisch probieren, der aber z. T. sehr grätenreich ist. Aus vielen Restaurants werden zu vorgerückter Stunde Bars und Kneipen.
Café Bombay, Av. Santander. Große Auswahl an vegetarischen Gerichten, biologisch angebaute Salate, nettes Ambiente, günstige Preise. ◷ tgl. außer So 11–22 Uhr.
Chez Alex, Av. Santander, im Hotel Primavera. Teuer, aber gut. Europäisch geprägte Küche, u. a. Fondues, Forellen und Meeresfrüchte. ◷ tgl. ab 12 Uhr.
Circus Bar, C. de los Arboles, s. Kasten.
Crossroads Café, C. del Campanario 0-27, 💻 www.crossroadscafepana.com. Kleines Café mit dem besten Kaffee Panajachels. Der amerikanische Besitzer röstet seinen Kaffee selbst. ◷ Di–Sa 9–13, 15–19 Uhr, So und Mo geschl.
Deli Jasmin, Av. Santander, Ecke C. 1. Ruhiges Gartenrestaurant unter deutscher Leitung, mit klassischer Hintergrundmusik, reichhaltiges Menü mit guten vegetarischen Gerichten, gutes Frühstück, günstige Preise. ◷ tgl. 7–18 Uhr, Di Ruhetag.
Deli Llama de Fuego, Av. Santander, rund zweieinhalb Blocks oberhalb des Deli Jasmin. Gleiche Besitzer, ähnliche Karte, Ambiente nicht ganz so ruhig wie Deli Jasmin. ◷ tgl. außer Mi. 7–22 Uhr.

Die Mischung macht's

Die alteingesessene **Circus Bar** bietet eine große Auswahl an Gerichten aller Art, darunter ausgezeichnete Holzofenpizzas. Dazu eine Bar, eine gute Atmosphäre und jeden Tag Livemusik. Inzwischen kann man hier auch ab 7 Uhr frühstücken und an den umsatzschwächeren Tagen von So–Do beim kostenlosen Würfeln seine Drinks verdoppeln.

Guajimbos, direkt an der Av. Santander, neben dem Hotel Regis. Nationale und internationale Küche, sehr beliebt, zum Sehen und Gesehenwerden, Livemusik ab 19 Uhr. ◷ Mo–Sa 7–22 Uhr.
Last Resort, C. 14 de Febrero. Billiges Tagesmenü und Frühstück ab 7.30 Uhr.
Mayapan Café, Av. Santander, in der Nähe des Hotels Primavera. Teure, aber gute Bäckerei und Coffeeshop mit frischen Croissants, Brownies, Bagels, Bananenbrot und Vollkornbrot. ◷ tgl. 7–21 Uhr.
Sunset Café, an der Verlängerung der Av. Santander am See gelegen, s. Kasten Livemusik.

Unterhaltung

Livemusik

Aleph, bei der Circus Bar. An Wochenenden spielen manchmal einheimische Rockbands. ◷ Fr, Sa ab 19 Uhr.
Circus Bar, C. de los Arboles. ◷ tgl. ab ca. 19.30 Uhr, s. Kasten.

Discos und Bars

Alle Discos und die meisten Bars liegen nur wenige Meter voneinander entfernt in der Zona Viva Panajachels, entlang der C. de los Arboles (nahe C. Principal).
Chapiteau, gegenüber der Circus Bar, beliebt und manchmal brechend voll. Hier wird von Salsa bis Techno alles gespielt. ◷ Fr, Sa ab 19 Uhr, Sa Eintritt inkl. Getränk.
Palapa/Rumba, C. Principal, gegenüber der C. de los Arboles, ist auch Bar und Restaurant, brauchbare Alternative zum Chapiteau.

Treffpunkt zum Sonnenuntergang

Das schönste Plätzchen, um den Tag bei einem Cocktail und Livemusik ausklingen zu lassen, ist das **Sunset Café**, an der Verlängerung der Av. Santander gelegen. Es gibt vorwiegend mexikanisches Essen und einen tollen Seeblick gratis dazu. ⌚ tgl. ab 11 Uhr.

Kino/Video

Solomon's Porch, C. Principal, im Centro Comercial El Dorado. Großleinwand, private Filmauswahl möglich, auch Restaurant, Livemusik, WLAN. ⌚ tgl. 12–22 Uhr.

Kunst

Galería Nan Cuz, C. Rancho Grande, Ende C. 14 de Febrero, ✆ 77622432. Ständige Ausstellung von mehr als zehn Malern, ca. 1500 Bilder auf Lager. Außerdem viel antike Kunst aus Guatemala (Masken, Skulpturen, Ritualgegenstände). Sehr guter Cappuccino. ⌚ tgl. außer Di 9–12 und 14–18 Uhr.

Galería Ixchel, Callejón Los Anleu im oberen Ortszentrum, Casa de la Cultura Lokal 2-60. Ausstellung und Verkauf von Ölbildern lokaler Künstler. ⌚ 9–12 und 15–18 Uhr.

Einkaufen

Kunsthandwerk: Die Haupteinkaufszone ist die Av. Santander. Hier findet sich alles, was das Hochland an Kunsthandwerk produziert (nur bei Holzmasken bietet Chichicastenango eine größere Auswahl). Nicht wundern, wenn gleich nach der Menge des zu kaufenden Produkts gefragt wird: Hier sitzen viele Großhändler.

Lebensmittel: Frisches bekommt man auf dem tgl. stattfindenden Markt oben bei der Kirche; Hauptmarkttag ist der Sonntag. In der Calle hacia Sta. Catarina liegt der Supermarkt Dispensa Familiar. Zudem gibt es zahlreiche Läden.

Aktivitäten

Paragliding

Tandemflüge dauern etwa 20–45 Min., ca. US$80 p. P. Je nach Windrichtung wird von verschiedenen Punkten gestartet. Infos bei **Roger Lapointe**, einem Kanadier mit 8-jähriger Erfahrung, ✆ 55957732, 💻 www.paraglidingguatemala.com, und **Christian Behrenz**, Centro Comercial, San Rafael, Local 10, ✆ 56345699, 💻 www.realworldparagliding.jimdo.com.

Radfahren

Siehe Kasten Radeln ab/bis Panajachel, S. 257.

Reiten

Tolimán Excursions, Av. Santander 1-77, ✆ 54614499, ✉ toliexcu@yahoo.com.

Tauchen

ATI Divers, s. S. 260

Wandern

Infos S. 251, Umgebung des Atitlán-Sees, und s. u., Touren.

Wassersport

An der Strandpromenade in der Höhe des Callejón Buenas Nuevas findet sich alles von Kajaks, Tretbooten, Kanus, Wasserski bis zu Motorbooten inkl. Fahrer. Nebenan befindet sich eine Sandfläche, auf der gelegentlich Beachvolleyball gespielt wird.

Touren

Entlang der Av. Santander gibt es eine Menge Veranstalter, die mit ständig wechselnden Angeboten um die Dollars der Kundschaft kämpfen. Neben einem Shuttlebus-Service werden Standardausflüge zu den Märkten nach Chichicastenango und Sololá angeboten, außerdem Tagesausflüge zu den beliebtesten am See liegenden Dörfern. Dazu gehören Santiago, San Pedro, Santa Cruz und San Antonio. Die Agenturen arrangieren überdies Wanderungen und Vulkanbesteigungen.

Roger's Tours, Final Av. Santander, ✆ 77626060, 💻 www.rogerstours.com. Bieten Shuttles, Trekking, Vulkanbesteigungen, Kaffeetour, Canopy, Paragliding, Reiten, Kayaking, Bootstouren, Fahrradtouren, s. Kasten.

Radeln ab/bis Panajachel

Eine einfache Tour über asphaltierte Straßen mit kurzen Anstiegen führt von Panajachel über Santa Catarina nach San Antonio Palopó (einfache Fahrtstrecke ca. 10 km). Von San Antonio können trainierte Mountainbiker auf einer Erdstraße bis nach Agua Escondida radeln (ca. 5 km, 400 Höhenmeter). Von dort kann man auf welliger Asphaltstraße über San Lucas bis nach Santiago Atitlán radeln (ca. 15 km) und mit einem Boot nach Panajachel zurückkehren (letztes Boot gegen 17 Uhr).

Eine landschaftlich schöne Strecke führt von Panajachel über den Mirador St. Catalina nach Godínez, ca 13 km, 600 Höhenmeter. Von Godinez kann man über Agua Escondida (9 km überwiegend bergab) und San Antonio Palopó nach Panajachel zurückfahren (17 km, s. o.)

Fast nur bergab geht es vom KM 148 der Interamericana auf einer asphaltierten Straße nach Santa Clara La Laguna. Von dort führt eine Serpentinenstraße zum See hinunter. Unten angekommen, kann man linker Hand nach San Marcos und weiter nach Tzununá radeln (kein Asphalt), wo die Straße aufhört. Rechter Hand gelangt man über San Juan nach San Pedro. Von hier aus geht es mit dem Boot zurück nach Pana. Gute Mountainbiker können auf einer abwechslungsreichen Route über Sololá (8 km, 600 Höhenmeter) nach Santa Lucía Utatlán (ca. 15 km) radeln. Wer den steilen Anstieg von Panajachel nach Sololá vermeiden möchte, nimmt einfach den Bus. Von Sololá führt eine wellige, steinige Erdstraße nach Santa Lucía. Ein wenig außerhalb des Orts trifft man bei KM 148 auf die oben beschriebene Route zum See.

Warnung: Die Straße zwischen Santiago Atitlán und San Pedro sollte gemieden werden, da es dort gelegentlich zu Überfällen kommt!

Radmiete: Nicht alle Leihfahrräder befinden sich in gutem Zustand. Man sollte sie sich vorher gut anschauen. Die Preise liegen bei US$5 pro Std. und US$40 pro Tag inkl. Helm, Werkzeug und Karte. Eine geführte Tour kostet US$50, mind. 2 Pers. Ein Pfand (Bargeld oder Pass) ist erforderlich. Fahrradtouren mit und ohne Führer für Anfänger bis Fortgeschrittene bietet **Roger's Tours**, s. Touren, an. Sie verleihen auch Räder ohne Führer.

Kukulkan Travel & Tour Operator, C. Rancho Grande, im Hotel Jere, ✆ 77622781, 💻 www.kukulkantravel.com. Shuttles, Wandertouren und Tagesausflüge um den See, nach Chichi, Iximché, Pakete für ganz Guatemala.

Adrenalina Tours, Av. Santander 4-78, Zona 2, ✆ 77626236, 💻 www.adrenalinatours.com. Shuttle-Service, Wanderungen und Vulkanbesteigungen, Radtouren und Tourpakete für ganz Guatemala.

Sonstiges

Bücher

Gallery Bookstore, Centro Commercial El Pueblito, C. de Los Arboles. Große Auswahl an neuen und gebrauchten Büchern, meist auf Englisch, Büchertausch möglich. 🕓 So geschl.

Feste

Patronatsfest zu Ehren des heiligen Franz von Assisi am 4. Okt. Um dieses Datum herum finden verschiedene religiöse Aktivitäten und Paraden statt.

Fotoläden

Fuji, an der Kreuzung C. Principal und Av. Santander. **Quick Photo**, Av. Santander, Ecke C. 14 de Febrero. **Kodak**, neben der Post.

Geld

Mehrere Banken an der Kreuzung Av. Santander und C. Principal, Bargeld 🕓 Mo–Fr ab 9 Uhr, Sa bis mittags. Dort befinden sich auch zwei Geldautomaten (Visa und MC). Einen weiteren Geldautomaten (Visa) findet man bei der **Banco Industrial**, Kreuzung Av. Santander/ C. 14 de Febrero. Im Centro Comercial San Rafael befindet sich die Bank **BAC**, die einen Geldautomaten an der Avenida Santander hat. Zu etwas schlechteren Kursen kann darüber hinaus in fast allen größeren Hotels und Reisebüros Geld getauscht werden.

Informationen

INGUAT, C. Principal, ✆ 77621106. ⏲ tgl. 9–17 Uhr.
Die Websites 💻 www.panajachel.com und www.panajachel.info bieten Infos zu Hotels, Restaurants und Aktivitäten auf Englisch.

Internet

Teures Internet entlang der Av. Santander, rund Q8–10, u. a. **Mayanet**, schräg gegenüber vom Hotel Regis (Skype-Gespräche sind teurer). Billiges Internet im **Gallery Bookstore**, s. Bücher, Q4/Std. Gut und billig ist **Compunet**, Calle la Navidad. ⏲ tgl. 8–22 Uhr, Q5/Std.

Medizinische Hilfe

In Panajachel selbst gibt es kein Krankenhaus. Bei schwereren Fällen muss man in die Provinzhauptstadt Sololá fahren. Kleinere Verletzungen werden im **Centro de Salud**, ✆ 77621258, an der C. Principal behandelt. Apotheken gibt es massenweise über den ganzen Ort verteilt.

Notfälle

POLITUR, Edificio Albergue Las Manos, Av. Tzalá, Barrio Norte, Nähe Brücke nach Godinez, ✆ 55513982. Hier kann man schriftlich eine Tourbegleitung beantragen. An der C. Principal, schräg gegenüber der Kirche San Francisco, befindet sich eine **Polizeistation**, ✆ 77621120.
Freiwillige Feuerwehr (Bomberos Voluntarios), ✆ 77621123.

Post

Av. Santander, Ecke C. de los Tigres. Express- und Paketversand offerieren mehrere Anbieter entlang der Av. Santander.

Sprachunterricht

Spanish School Jabel Tinamit, am Eingang der C. Las Armonias, Nähe Ecke Av. de los Arboles, ✆ 77626056, 💻 www.jabeltinamit.com. Das einheimische Besitzerehepaar gibt selbst Unterricht, auch Online-Unterricht ist buchbar.
Spanish School Jardín de América, von der C. El Chali 200 m in eine Sackgasse, beschildert, ✆ 77622637, 💻 www.jardindeamerica.com.

Shuttles ab Panajachel im Überblick

Shuttles kann man in jedem Reisebüro buchen, am San Pedro-Pier und in der Ortsmitte an einem Kiosk Ecke C. Principal/Av. Santander.
GUATEMALA-STADT, 6, 9.30, 12, 16 Uhr, US$22
ANTIGUA, 6, 9.30, 12, 16 Uhr, US$12
CHICHICASTENANGO, Do, So, 8 Uhr, US$6; Mi, Sa, 12, 16 Uhr, US$12
LA MESILLA (mexikanische Grenze), 6 Uhr, US$30, und SAN CRISTOBAL (Mexiko), 6 Uhr, US$40
QUETZALTENANGO, 7, 16 Uhr, US$20
RIO DULCE, 6, 9.30 Uhr, US$35

Taxis

Eine Fahrt mit einem dreirädrigen Mototaxi (TucTuc) innerhalb der Ortsgrenzen kostet Q5.

Telefon/Fax

Telgua, Av. Santander, nahe Hotel Regis. Dort stehen einige Kartentelefone.
Anbieter internationale Telefonate finden sich entlang der Av. Santander und in einigen Internetcafés.

Wäschereien

In der **Lavandería Il Bucato**, Comercial El Dorado, C. Principal, kann man seine Wäsche abgeben oder selber waschen. ⏲ So geschl.

Transport

Busse

Wo nicht anders aufgeführt, ist der Abfahrtsort der Busse die Kreuzung der Calle Principal mit der Avenida Santander. Oftmals drehen die Busse noch die eine oder andere „Ehrenrunde" durch den Ort, um auch den letzten Platz zu besetzen.
GUATEMALA-STADT (147 km, 3 Std.), Rébuli fährt stdl. von 5–15 Uhr.
ANTIGUA (80 km, 3 Std.), mit Rébuli 1x tgl. gegen 10.45 Uhr (außer So); ansonsten bis Chimaltenango und dort umsteigen.
CHICHICASTENANGO (36 km, 90 Min.), mit Maxeña, Quiroa, Mendoza, stdl. von 7–15 Uhr.
COCALES an der Pazifikstraße (60 km, 2 1/2 Std.), Busse von Quiroa und Mendoza tgl.

von 6.30–15 Uhr (in Cocales umsteigen in einen Galgos-Bus nach El Carmen zur mexikanischen Grenze).
GODINEZ (13 km, 30 Min.), Pick-ups und Kleinbusse vom Markt. Von Godinez weiter mit Bus, Kleinbus oder Pick-up nach SAN LUCAS TOLMAN oder COCALES (Pazifikküste).
HUEHUETENANGO/LA MESILLA (140 km; 3 1/2 Std.), Bus nach Los Encuentros nehmen, dort in Bus nach Huehuetenango oder La Mesilla umsteigen. Alternativ mit einem Bus nach Quetzaltenango bis zur Kreuzung Cuatro Caminos und dort umsteigen.
LOS ENCUENTROS (20 km, 40 Min.), alle Busse nach Chichicastenango, Antigua und Guatemala-Stadt. Von Los Encuentros bestehen Umsteigemöglichkeiten in verschiedene Richtungen des Hochlands: (Quiché, Quetzaltenango, Huehuetenango, Antigua, Chimaltenango, Guatemala-Stadt).
QUETZALTENANGO (99 km, 2 Std.), Flor del Paisaje fährt stdl. von 5.30–13 Uhr. Von dort weiter mit Velasquez oder El Condor nach TECÚN UMÁN zur mexikanischen Grenze.
SAN ANDRÉS SEMETABAJ (5 km, 20 Min.), s. Godinez.
SAN ANTONIO PALOPÓ (12 km, 30 Min.), ständig von 6–19 Uhr mit Pick-ups ab der Kreuzung C. Principal/C. hacia Santa Catarina.
SAN LUCAS TOLIMÁN (32 km, 90 Min.), s. Godinez. Fährt der Bus nicht direkt nach San Lucas, an der Kreuzung Santa Alicia aussteigen und für die restlichen 1,5 km ein TucTuc nehmen.
SANTA CATARINA PALOPÓ (5 km, 20 Min.), s. San Antonio Palopó.
SOLOLÁ (8 km, 20 Min.), alle 10 Min. von 6–19 Uhr.

Wenig Zeit am See?

Naviera Santa Fe, ✆ 54880038, bietet eine Rundtour an, bei der San Pedro (Aufenthalt rund 90 Min.), Santiago (Aufenthalt rund 90 Min.) und San Antonio (Aufenthalt rund 45 Min.) angefahren werden. Abfahrt am Bootssteg nach Santiago um 8.30 und 9.30 Uhr, zurück in Panajachel ist man ungefähr um 15.30 bzw. 16.30 Uhr, Q90, Minimum 4 Pers.

Boote

Es fahren inzwischen fast ausschließlich kleine Boote *(tiburoneras)* über den See. Man sitzt oft unbequem und bei entsprechendem Wind, hohem Wellengang oder rasanter Fahrweise des Bootsführers wird man besonders bei offenen Booten trotz des Plastikschutzes klatschnass. Fahrräder können gegen Aufpreis mitgenommen werden. Die letzten Boote legen jeweils gegen 19 Uhr ab.
SANTIAGO ATITLÁN (40 Min.), regelmäßige Abfahrten vom Hauptsteg der Strandpromenade, Q25.
Die Dörfer an der nördlichen und westlichen Seeseite von SAN PEDRO bis SANTA CRUZ werden vom Bootsanlegesteg Tzanjuyú am Ende der C. del Embarcadero aus bedient. Vorher erkundigen, ob es sich um ein Direktboot nach San Pedro handelt oder auch andere Dörfer angefahren werden. Die Boote fahren, sobald sie voll sind, Q25. Fahrpreis für Teilstücke zwischen den Dörfern: Q10.
Nach San Lucas Tolimán sowie Santa Catarina und San Antonio besteht kein regelmäßiger Bootsverkehr.

San Jorge La Laguna

Das Dorf, das etwas südlich der Straße von Sololá nach Panajachel auf einem kleinen Plateau liegt, wird von der Provinzhauptstadt Sololá mitverwaltet. Überlebende des Erdbebens von 1773 aus Antigua sollen den Ort wenig später gegründet haben. Doch die erste Siedlung wurde von einem Erdrutsch zerstört, sodass man beschloss, den Ort etwas weiter nach oben an seinen heutigen Standort zu verlegen. Obwohl die Lage des Weilers und der Blick auf den See pittoresk anmuten, leben die Menschen hier in Armut. Die dürftigen Erträge aus dem Gemüseanbau und der Blumenzucht reichen nicht zum Überleben, und somit müssen viele Bauern mehrere Monate im Jahr als Erntehelfer auf den Kaffeeplantagen arbeiten. Ein Hauptproblem der Bewohner ist die zunehmende Landknappheit. Ähnlich wie in Santiago Atitlán gibt es in San Jorge einen Maximón, und in einer Höhle unterhalb des Dorfes werden Maya-Riten praktiziert.

Santa Cruz La Laguna

Die kleine, sympathische Bucht wird überwiegend per Boot angesteuert, da die steile Erdstraße nach Sololá nicht immer befahrbar ist. Während sich die Travellerszene am Seeufer niedergelassen hat, liegt das eigentliche Dorf, vor Überschwemmungen geschützt, ca. 100 m oberhalb des Sees. Doch hier gibt es außer einer Kirche aus dem 16. Jh. nicht viel zu sehen. Die meisten Besucher kommen zum Baden. Wer möchte, kann in 3–4 Std. nach Sololá wandern (s. S. 245) oder dem parallel zum Seeufer verlaufenden Weg nach San Marcos folgen (s. S. 261). Wer sich für die einheimische Bevölkerung engagieren möchte, sollte die Organisation **Amigos de Santa Cruz**, 💻 www.amigosdesantacruz.org, kontaktieren.

Übernachtung und Essen

Da sich Santa Cruz wegen seiner ruhigen Lage zunehmender Beliebtheit erfreut, die Bettenkapazität aber begrenzt ist, empfiehlt sich eine Reservierung.

Hotel y Restaurante Arca de Noe, direkt an der Bootsanlegestelle, ✆ 55153712, 💻 www.arcasantacruz.com, unter deutsch/österreichischer Leitung. Einfache Zimmer mit oder ohne Bad und kleine Bungalows. Restaurant (abends Menü), private Anlegestelle, breites Strandufer, kleines Fitnesscenter, Hängematten. ❺ Mit Gemeinschaftsbad ❸, Bungalows US$32 (für max. 3 Pers.)

La Iguana Perdida, an der Anlegestelle, ✆ 57064117, 💻 www.laiguanaperdida.com. Verwinkelt gebaute Anlage mit allem, von Doppelstockbetten bis Suiten, einige Zimmer sind an den Seiten offen. 3 Zimmer mit Privatbad, Restaurant, Sauna, Kajaks. Die Tauchschule ATI-Divers operiert von hier und bietet Kurse an. ❼ Mit Gemeinschaftsbad ❸ und ❷, Schlafsaal Q40 p. P.

Hotel y Restaurante La Casa Rosa, rechts von der Bootsanlegestelle, ✆ 58032531, 💻 www.atitlanlacasarosa.com. Zimmer mit oder ohne Bad, Bungalows und 2 komplett ausgestattete Apartments. Großer Restaurantbereich mit Kamin; Sauna, Yoga- und Spanischunterricht. ❻ Mit Gemeinschaftsbad ❹–❺, Bungalows für max. 4 Pers. US$55–65, Apartment pro Monat US$450.

Villa Sumaya Guest House, private Anlegestelle, ✆ 40261390, 💻 www.villasumaya.com. Teures Yoga- und Meditationszentrum mit Restaurant. ❾ Suiten US$134

Touren

Tours Atitlán, Santa Cruz, Bildergalerie Pedro Juan Solis nahe Ortseinfahrt, ✆ 53558849, 💻 www.pedrostoursinatitlan.wordpress.com. Pedro spricht Englisch und kennte den See wie seine Westentasche. Schöne Wanderungen, z. B. dienstags von Santa Cruz hoch zum Markt von Sololá. Mittwochs kombinierte Kajaktour und Rückwanderung nach Tzununá. Die Touren kosten zwischen US$20 und US$60 und können mit Spanischunterricht verbunden werden.

ATI Divers, im Hotel La Iguana Perdida in Santa Cruz, ✆ 57064117, 💻 www.laiguanaperdida.com. Für US$220 kann man bei ihnen seinen PADI-Tauchschein machen. Der Preis enthält vier Nächte in einem Schlafsaal. Ein Tauchgang US$30, zwei Tauchgänge US$50.

Transport

Santa Cruz wird von Touristen nur per **Boot** angefahren. Alternativ ist der Ort aber auch zu Fuß (ca. 9 km, 3 1/2 Std.) oder mit dem Pick-up von Sololá aus zu erreichen. So gut wie alle Boote von bzw. nach PANAJACHEL oder SAN PEDRO legen hier an. Man wartet selten länger als 15–20 Min.

Jaibalito

Etwa 30–40 Min. zu Fuß von Santa Cruz La Laguna entfernt, liegt inmitten von Kaffeesträuchern das Dörfchen Jaibalito, eines der ärmsten am See. Wer es noch ruhiger als in Santa Cruz mag, ist hier richtig. Nicht alle Boote halten in Jaibalito.

Übernachtung und Essen

Posada Jaibalito, ungefähr 100 m vom Seeufer entfernt, im Zentrum des Orts, ✆ 55981957, 💻 www.posada-jaibalito.com. Deutscher Besitzer, Zimmer mit Bad und eigener Küche.

Wanderung von Santa Cruz nach San Marcos

Bei der folgenden Route handelt es sich um eine Halbtageswanderung, vorzugsweise mit Guide (in der Nähe von San Marcos ist es zu Überfällen gekommen). Es empfiehlt sich, die Wanderung früh morgens oder am späten Nachmittag durchzuführen, da die gesamte Strecke in der Sonne liegt und nur wenig Schatten bietet. Eine Kopfbedeckung und ausreichend Trinkwasser nicht vergessen!

Streckenprofil: wellig mit kleineren, z. T. scharfen An- und Abstiegen, die jedoch 100 Höhenmeter nicht übersteigen.

Gehzeit: ca. 3–4 Std.

Wegbeschreibung: Die Wanderung beginnt an der Bootsanlegestelle in Santa Cruz. Von hier geht es links am Ufer entlang, bis zu einem Aufstieg am Ende der Bucht (markiert durch gelbe Punkte). Nach 30–40 Min. passiert man den Eingang zum Hotel La Casa del Mundo und erreicht wenige Minuten später das Dorf **Jaibalito**. Der Weg führt parallel zum Seeufer zur anderen Seite der Bucht, wo ein erneuter Anstieg zu bewältigen ist. Der schmale Pfad schlängelt sich nun am Hang entlang, bis man nach ca. 2–2 1/2 Std. im Dorf **Tzununá** angekommen ist. Auf diesem Teilstück wird die mit 1650 m höchste Stelle der Wanderung erklommen. Im weiteren Streckenverlauf führt der Weg auf einer befestigten Steinstraße durch Kaffeeplantagen. Am anderen Ende der Bucht angekommen, biegt man links ab und folgt der breiten Erdstraße rund 45 Min. nach San Marcos. Trifft man erneut auf eine Steinstraße, kann man linker Hand zur öffentlichen Bootsanlegestelle abbiegen oder rechter Hand zum Ort hinauf laufen. Ab San Marcos ist die Straße asphaltiert, aber wer Richtung San Juan oder San Pedro weiterwandern möchte, kann einige Teilstücke am Seeufer abseits der Straße zurücklegen.

An- und Weiterfahrt: Von allen genannten Orten aus gelangt man per Boot entweder nach Panajachel oder San Pedro. Die letzten Boote passieren die Dörfer gegen 16.30–17 Uhr. Von San Marcos aus gelangt man per Pick-up Richtung San Juan/ San Pedro oder nach Santa Clara und von dort weiter zum KM 149,5 der Interamericana.

❷, Schlafsaal Q35 p. P., oder voll ausgestattetes Haus Q1300/Monat

Vulcano Lodge, rund 200 m vom Seeufer entfernt, ✆ 54102237, 💻 www.vulcanolodge.com. Freundliche norwegische Besitzer, sehr sauber, sehr geräumige Zimmer, Restaurant, ruhig, inkl. Frühstück. ❻

La Casa del Mundo, sehr ruhige Lage außerhalb des Dorfes, ✆ 52185332, 💻 www.lacasadelmundo.com. Große, geschmackvoll eingerichtete Zimmer (ohne Bad kleiner), WLAN, Restaurant, Kajaks. Wochenends fast immer ausgebucht. Auf Wunsch kann man sich von den Linienbooten am hoteleigenen Anlegeplatz absetzen lassen. ❽ Mit Gemeinschaftsbad ❻

Tzununá

Der Ort, dessen Name übersetzt „Kolibri" bedeutet, liegt in einer kleinen Ebene am Seeufer und ist nicht nur per Boot, sondern auch mit dem Auto über eine schlechte Straße zu erreichen. Die Bewohner bauen hervorragende Zitrusfrüchte wie Limonen und Orangen an. Zudem gedeihen hier große Mengen Jocote-Pflaumen. Nobel übernachten lässt es sich im Hotel und Restaurant **Lomas de Tzununá**, steil oberhalb des rechten Piers (von Pana aus) gelegen, ✆ 52018272, 💻 www.lomasdetzununa.com. Alle Zimmer mit Bad und eigenem Balkon (guter Blick), Pool, ❾.

San Marcos La Laguna

Im 16. Jh. gelangten indianische Siedler aufgrund einer Fledermausplage von der Pazifikküste über San Lucas Tolimán an das Nordwestufer des Atitlán-Sees. Sie ließen sich 1666 im heutigen Jaibalito nieder. 1726 mussten sie die Gegend wegen starker Überschwemmungen verlassen und zogen daher weiter nach Westen zum heutigen Standort. Aufgrund ihrer schlechten Erfahrungen wurde das heutige San Marcos vorsichtshalber etwa 80 m oberhalb der Wasserlinie errichtet. Da den Bewohnern an den Steilhängen keine ausreichenden Anbauflächen zur Verfügung stehen, arbeiten viele während der Erntezeit auf den Kaffeefincas, und einige haben einfache Jobs in der aufblühenden Tourismusszene gefunden. Die Herstellung von Taschen aus Agavenfasern *(fibra de maguey)* und Schilfrohrmatten *(petates)* scheint indes der Vergangenheit anzugehören.

Der touristische Teil von San Marcos am Seeufer und in dessen Nähe hat sich in den letzten Jahren langsam, aber kontrolliert entwickelt und ist bekannt für sein spirituell angehauchtes Wellnessangebot (asiatische Meditationsformen, Reiki, Reflexzonenmassage, traditionelle Schwitzbäder, Aromatherapie etc.) und vegetarisches Essen. Die kleine Gruppe der hiesigen Hotelbesitzer hat sich darauf verständigt, aus San Marcos kein zweites San Pedro zu machen. Im Klartext heißt das: keine Drogen!

Leider hat es in der Umgebung von San Marcos Überfälle auf Wanderer und auch auf Gruppen gegeben. Man sollte sich daher auf den Ort selbst beschränken und Wanderungen nur mit professionellen Führern unternehmen, die über Reiseagenturen oder Hotels vermittelt wurden.

Übernachtung

Die Unterkünfte liegen versteckt zwischen Straße und Seeufer in den Kaffeeplantagen.

Hotel Unicornio, Lage s. Karte, ✆ 44718694. Kleine Hütten mit Gemeinschaftsbad und Gemeinschaftsküche, Massagen, Sauna, Gartenbereich, Reiseagentur. ❷

Eco-Hotel y Restaurante La Paz (auch als **Hotel la Paz** bekannt), Lage s. Karte, ✆ 57029168. ✉ lapazcolection@hotmail.com. Originelle Zimmer aus traditionellen Materialien, günstiges vegetarisches Restaurant, Sauna, Schlafsaal, Yogaunterricht, Massagen. ❸ Bungalows für 4 Pers. Q250

Hotel y Restaurant Quetzal, Lage s. Karte, ✆ 53065039. Unter guatemaltekisch-schweizerischer Leitung. Unterkünfte mit Holzboden und -decken ausgestattet, alle mit Gemeinschaftsbad, vegetarisches Restaurant. ❸ Mit Gemeinschaftsbad ❷

Hotel y Restaurante Paco Real, gleicher Weg wie zum Hotel La Paz, ✆ 40845974, 💻 www.hotelpacoreal.com. Frisch renovierte Holzbungalows in verschiedenen Größen, z. T. mit Palmdach, Camping möglich. Das dazugehörige Restaurant ist nicht ganz billig. Mit Sprachschule, s. Aktivitäten. ❹ Mit Gemeinschaftsbad ❸

Posada Schumann, am Seeufer, ✆ 52022216, 💻 www.posadaschumann.com. Deutsch-guatemaltekische Besitzer, sehr gepflegte, verwinkelt gebaute Anlage. Einige der rustikalen Steinbungalows sind mit Küche und Kühlschrank ausgestattet, eigener Bootssteg, Kajakvermietung, Restaurant (Mo Ruhetag), Sauna, toller Seeblick. Sehr unterschiedliche Zimmerpreise je nach Lage und Saison und z. T. inkl. Frühstück, Sauna und Kajak. ❹

Hotel Aaculaax, westl. der Anlegestelle, ✆ 52870521, 💻 www.aaculaax.com, unter deutscher Leitung. Kunstvoll in den Felshang gebaute Anlage, helle Zimmer und Suite mit Küche und Seeblick. Sauna, Massage, Workshops und Restaurant mit Terrasse (gutes Frühstück und Mittagessen). ❽ mit Seeblick, ❹ ohne Seeblick

Die etwas andere Unterkunft

Im Meditationszentrum **Centro de Meditación Las Pirámides del Ka** werden Besucher in pyramidenförmigen Bungalows untergebracht, es gibt gute vegetarische Küche (kein Abendessen, So geschl.), eine kleine Bibliothek, Sauna und einen Kräutergarten. Die Anlage verfügt über einen privaten Bootssteg. Der Preis versteht sich inkl. Meditationskurs (mit erwünschter Anwesenheit). ✆ 52057302, 💻 www.laspiramidesdelka.com. ❻ Pro Woche US$119, pro Monat US$480 p. P.

Essen

Die meisten Hotels haben eigene Restaurants oder bieten Küchenbenutzung an. Es überwiegt vegetarische Küche.

Blind Lemon, nördlich der Hauptstraße. Restaurant, Café, Internet, Billard, Fr ab 20 Uhr Livemusik, Filme Di–Fr, 🕒 ab 11 Uhr, So geschl.

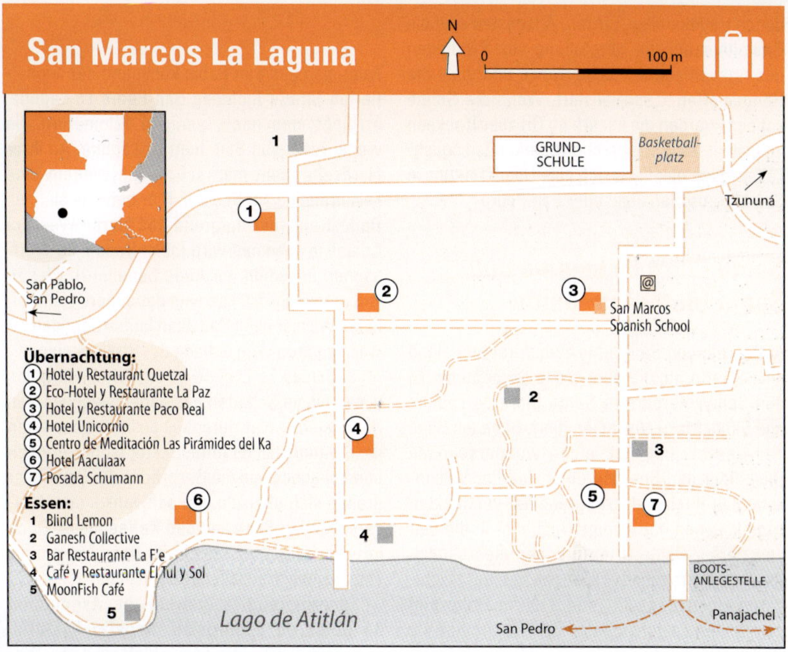

Café y Restaurante El Tul y Sol, westlich der Anlegestelle. Nationale und internationale Küche, große Portionen, schöne Terrasse mit Seeblick, ⌚ tgl. ab 8.30 Uhr. Besitzer Guy bietet auch Paragliding an, ✆ 58545365, ✉ eltulysol@yahoo.com.

MoonFish Café, westlich vom Hotel Aaculaax. Wartet mit gutem Soyakuchen (Tempeh), Hummus und Falafel auf. Bio-Küche, gutes Frühstück.

Bar Restaurante La F'e, schräg gegenüber der Pirámides del Ka. Vegetarische Gourmetküche, Sa Livemusik.

Beim **Ganesh Collective**, Lage s. Karte, gibt es neben Biogemüse und Gesundheitsprodukten ein tgl. wechselndes Speisenangebot und Fr, Sa Livemusik. ⌚ Der Laden hat tgl. von 7.30–22 Uhr geöffnet.

Aktivitäten

San Marcos Spanisch School, Ableger der San Pedro Spanish School im Hotel Paco Real, ✆ 40845974, 💻 www.sanmarcosspanishschool.com. Es wird nur Spanischunterricht ohne Gastfamilie angeboten, inkl. Nachmittags-Aktivitäten US$90 pro Woche. Unterbringung im Hotel Paco Real ist für US$70 pro Woche möglich, US$96 mit Frühstück.

Transport

Busse fahren frühmorgens über Santa Clara zur Interamericana, wo man Busse in Richtung GUATEMALA-STADT oder QUETZALTENANGO nehmen kann.

Pick-ups bedienen die Strecke nach San Pedro (umsteigen in San Pablo).

Regelmäßiger **Bootsverkehr** nach SAN PEDRO, Q10, und nach PANAJACHEL, Q25. Letzte Boote gegen 17 Uhr.

San Pablo La Laguna

Der Ort, in dem mehrheitlich Cakchiquel-Indígenas leben, feiert vom 22. bis 26. Januar (Hauptttag 25. Jan) eine ausgelassene Fiesta mit verschiedenen traditionellen Tänzen. Ansonsten sind die Bewohner auf die Herstellung von Produkten aus Agavenfasern – Seile, Netze und einfache Hängematten – spezialisiert. Wenn die Sonne scheint, werden die Fasern im Ort zum Trocknen ausgelegt. Es gibt einfache Unterkunftsmöglichkeiten, doch empfiehlt sich eine Übernachtung in San Marcos, San Juan oder San Pedro.

Santa Clara La Laguna und Santa María Visitación

Außerhalb von San Pablo zweigt rechter Hand eine Straße ab, die über steile Serpentinen zu den Schwesterdörfern Santa Clara La Laguna und Santa María Visitación führt. Oben am Rand des Kessels hat man einen wunderschönen Blick über den See und einen Teil der Vulkankette des Hochlands. Aufgrund der versteckten Lage kommen nur wenige Besucher in die beiden Dörfer. Beide Orte, in denen mehrheitlich Quiché gesprochen wird, liegen in einer fruchtbaren Hochebene in rund 2100 m Höhe und unterhalten sowohl mit den Dörfern am See als auch mit dem weiter nördlich gelegenen Santa Lucía Utatlán Handelsbeziehungen. Über einen schroffen Anstieg besteht eine asphaltierte Straßenverbindung zur rund 16 km entfernten Interamericana bei KM 148. Übernachten kann man in Santa Clara im einfachen **El Rosario Inn**, in Plaza-Nähe, ✆ 79271927, Zimmer mit und ohne Bad, einfaches Restaurant ❷. Von Santa Clara fahren Pick-ups bis zur Kreuzung an der Interamericana.

Abenteuer-Park

Zwischen Santa Clara und der Kreuzung mit der Interamericana liegt bei KM 154,5 der 10 ha große **Parque Regional Municipal Cerro Chuiraxamolo**, ein von Gemeinde Santa Clara verwalteter Naturpark, in dem man so ziemlich jeder Outdoor-Aktivität nachgehen und auch campen kann. Spektakulär ist die Canopy-Tour, deren längstes Kabel 400 m lang ist und bei dem man 200 m hoch in der Luft schwebt, ✆ 77675591, Eintritt Q30, Canopy Q80.

San Juan La Laguna

Folgt man aus San Pablo kommend der asphaltierten Straße Richtung San Pedro La Laguna, erreicht man nach wenigen Kilometern die weite Bucht von San Juan La Laguna. An ihrer Nordseite sieht man schon von Weitem eine Felsformation am Seeufer. Hier befindet sich ein Badestrand, der aufgrund des klaren Wassers Cristalinas genannt wird (beim Baden die Wertsachen unbedingt im Auge behalten!). Wer zu Fuß unterwegs ist, kann auf der anderen Felsseite am Wasser nach San Juan laufen oder den etwas längeren Weg entlang der Straße nehmen.

San Juan La Laguna ist ein Tzutujildorf, das ein wenig im Schatten des nahe gelegenen San Pedro steht – was durchaus positiv zu bewerten ist: Die touristische Infrastruktur ist bisher noch überschaubar, und die Gespräche der Bewohner drehen sich eher um den schwankenden Wasserstand des Sees und den Kaffeeanbau. Doch inzwischen gibt es ernsthafte Bemühungen für einen umweltfreundlichen Tourismus.

Federführend ist hierbei die **Asociación de Guías de Ecoturismo**, **Rupalaj K'istalin**, ✆ 59640040, 💻 www.sanjuanlalaguna.org. Diese professionell ausgebildete Gruppe von Führern stellt Kontakt zu einheimischen Fischern, Mais- und Kaffebauern, Malern, Weberinnen und Schamanen her oder organisiert Wanderungen zum „Rostro Maya" (2 Std.) und zum Parque Panán mit natürlichen Badepools (3 1/2 Std.).

San Juan liegt an den Ausläufern des Vulkans San Pedro und verfügt über Böden, die für die Produktion von Kaffee sehr gut geeignet sind. Dies ist unschwer an der großen Zahl von Kaffeepflanzungen zu erkennen, die das Dorf umgeben, wie auch an den vielen kleinen Schälmaschinen *(beneficios húmedos)* für die Kaffeekirschen.

Die Kleinbauernkooperative **La voz que clama en el desierto**, C. 00, Zona 1, ✆ 58505750, ✉ cooperativalavoz@hotmail.com, bietet zweistündige Kaffetouren auf Spanisch oder Englisch für Q75 p. P. an. Kontaktperson ist Lucas Bizarro Yojcom.

Übernachtung

In San Pedro (S. 266) ist die Auswahl erheblich größer.

Einkaufen beim Produzenten

Folgt man dem Weg von der Bootsanlegestelle hoch ins Dorf, sieht man links ein Schild, das den Weg zur **Asociación Artesanas de San Juan** weist. Diese Frauenselbsthilfegruppe produziert traditionelle Webarbeiten und färbt ihre Stoffe mit natürlichen Färbemitteln (Wurzeln, Blütenblätter etc.). Die Produktpalette reicht von Taschen über Kleidung bis zur Hängematte. ⏲ Mo–So 8–16 Uhr.

Estrella del Lago, nahe Bootsanleger, ✆ 42127444. Ordentliche Zimmer mit Warmwasser, Küche, günstig. ❷

Pa Muelle, Nähe Markt, 3 41410820, ✉ hotelpamuelle@live.com. Zimmer mit Kabel-TV, Bad, Warmwasser und schönem Seeblick. Spanischunterricht. ❸

Eco Hotel Uxlabil Atitlán, am Südende der Bucht gelegen, ✆ 23669555, 🖳 www.uxlabil.com. Große, urige Anlage mit großen Zimmern (Frühstück inkl.) oder Bungalows (ohne Frühstück), WLAN. Das Hotel propagiert einen umwelt- und sozialverträglichen Tourismus und wird gerade mit dem Öko-Siegel Great Green Deal zertifiziert (s. S. 138). Restaurant mit Garten, Jacuzzi und Sauna. Man kann Kajaks und Pferde mieten sowie Wanderungen unternehmen. ❽

Essen

Im **Comedor Elenita** hinter der Plaza gelegen, wird guatemaltekische Hausmannskost zu günstigen Preisen serviert.

Nick's Place, am Seeufer zwischen San Juan und San Pablo. Ableger des Restaurants in San Pedro, ähnliche Küche (Pizza, Spaghetti, Obst).

Transport

Alle **Boote** aus Richtung PANAJACHEL fahren zunächst nach SAN PEDRO. Wer nach SAN JUAN möchte, sollte dem Bootsführer Bescheid geben und wird dann in der Regel ohne Aufpreis dorthin gefahren. Alternativ verkehren auch regelmäßig **Pick-ups** zwischen beiden Orten, die nur 2 km voneinander entfernt sind. Fahrtzeit rund 10 Min.

San Pedro La Laguna

Den imposanten Vulkan San Pedro im Rücken, den See zu Füßen: Das Tzutujil-Dorf San Pedro La Laguna kann mit einer eindrucksvollen Kulisse aufwarten. Hinzu kommen ein angenehmes, mildes Seeklima und sehr niedrige Lebenshaltungskosten dank der billigsten Unterkünfte in ganz Guatemala. Fertig ist der Stoff, aus dem Backpackerträume sind. Apropos Stoff: Viele der vor allem jüngeren Touristen kommen auch wegen der leicht erhältlichen Drogen oder der bekannten Full Moon Rave Partys nach San Pedro. Dann wummern bis in die Morgenstunden Technoklänge über den See.

Nicht alle Bewohner sind davon begeistert. Viele von ihnen gehören einer von zahlreichen evangelischen Sekten an, die ein alkohol- und drogenfreies Leben propagieren. Nach anfänglichen Reibereien scheint man aber nunmehr ein für beide Seiten erträgliches Mittelmaß gefunden zu haben. Und eine erhöhte Polizeipräsenz verhindert Schlimmeres. Die geschäftstüchtigen Einwohner haben mittlerweile jede Menge Hotels und Restaurants eröffnet und profitieren von den steigenden Besucherzahlen.

Smarte Geschäftsleute und Händler waren die San Pedranos schon immer. Ob Kaffee oder Seife, Webarbeiten oder Fischfang, Avocados oder naive indianische Malerei – mit allem haben sie sich einen guten Ruf erworben. Von ihrem Landbesitz an der Pazifikküste bringen sie zusätzlich Baumwolle und Obst in das Hochland. Zum Wohlstand der Einwohner hat sicherlich auch die Tatsache beigetragen, dass einige von ihnen in den USA gearbeitet und die Ersparnisse in Häuser und Geschäfte in San Pedro investiert haben. Doch die konstante Präsenz evangelischer Sekten, die Rückkehrer aus den USA und die alternativen Touristen haben das Leben verändert: Viele Bewohner haben den traditionellen Lebensstil und ihre Trachten aufgegeben.

Die Hauptattraktion von San Pedro ist der gleichnamige Vulkan, um den ein Naturschutzgebiet, der **Parque Ecológico Volcán San Pedro**, eingerichtet worden ist (Besteigung des Vulkans, s. Kasten S. 266).

Außerhalb des Ortes finden sich in Richtung Süden einige hübsche Strände. Reitausflüge sind möglich. Das Patronatsfest findet vom 27.–30. Juni zu Ehren von San Pedro Apóstol statt. Das **Museo Maya Tz'utujil**, zwischen The Buddha und Tza'n Saqariba'l, präsentiert typische Trachten der umliegenden Dörfer, Bilder hiesiger Maler, und beherbergt eine kleine Bibliothek zur Geschichte der Maya, ⌚ tgl. 8–12 und 14–18 Uhr, Sa, So geschl., Q10. Im **Centro Cultural Comunitario Museo Tz'unun'ya**, gegenüber Zoola, ✆ 58461923, werden die geologische Geschichte des Atitlán-Sees und kulturelle Merkmale der Einheimischen erklärt (s. auch unter Touren), ⌚ Di–Fr von 8–12 und 14–18, Sa, So, 8–12 Uhr, Mo geschl.

Am nördlichen Rand des historischen Ortskerns befindet sich die neue **Iglesia Bautista**, ein evangelischer Tempel mit pompösen Verzierungen im Stil einer Hochzeitstorte. Darin untergebracht ist eine **Klinik**, in der spanische Ärzte arbeiten, ⌚ Mo–Fr vormittags.

Übernachtung

Obwohl das Preisniveau allmählich steigt, hat San Pedro immer noch die billigsten Unterkünfte am Atitlán-See. Zimmer mit Gemeinschaftsbad sind bereits ab Q15 p. P. zu haben, mit Privatbad ab Q25 p. P.

Hospedaje TiKaaj, ✆ 59214463, Nähe Santiago-Pier. Altgediente Travellerherberge, alle der schlichten Zimmer mit Gemeinschaftsbad, schöner Patio mit Hängematten. ❶

Hospedaje San Francisco, ✆ 54642353. Billig, sauber, genialer Seeblick, aber etwas laut. Spezielle Tarife für längeren Aufenthalt, kleine Privatterrassen und Hängematten, WLAN, Spanischunterricht. ❶ Mit Gemeinschaftsbad noch billiger

Hospedaje Casa Elena, 7. Av. 8-62, ✆ 44217810, hinter Nick's Place am Panajachel-Pier. Ruhig und günstig. ❷ Mit Gemeinschaftsbad ❶

Hotel Peneleu, ✆ 59250583. Gemütliches Hotel mit Innenhof (und einer Gemeinschaftsküche mit Kühlschrank), Parkplatz. Toller Seeblick von den oberen Stockwerken. Sehr billige Zimmer ohne Bad. ❶ Mit Gemeinschaftsbad ❷

Hospedaje Xocomil, oberhalb der Hospedaje Casa Elena, ✆ 41638878, ✉ xocomil333@hotmail.com. Sauber, kleiner Garten, Küche. ❷ Mit Gemeinschaftsbad ❶

Hospedaje Colibri, neben Hospedaje San Francisco, ✆ 49100671. Interessant ist das große Apartment im 3. Stock mit super Seeblick für 2 Pers.: pro Woche Q400, pro Monat Q900. Außerdem Kajakvermietung und Tourinformation. ❷

Hotel Nahual, 7. Av., 150 m östlich des Panajachel-Piers, ✆ 77218158. Sauberes, ruhiges und sehr günstiges Hotel mit Arkaden, Hängematten und Seeblick. Freundlich eingerichtete kleine Zimmer mit Bad, einheimische Besitzer. ❷

Besteigung des Vulkans San Pedro

Streckenprofil: steiler Anstieg, teilweisen auf natürlichen Kieswegen durch Bergnebelwald
Höhenunterschied: 1210 m von der Teerstraße, 1450 m vom Ort.
Gehzeit: Aufstieg ca. 3–4 Std.; Abstieg ca. 2–3 Std.
Eintritt: Die Besteigung kostet Q100, inkl. Guide.

Ausgangspunkt für diesen relativ einfach zu besteigenden Vulkan ist der Ort San Pedro La Laguna.

Empfehlenswert ist ein sehr früher Aufbruch (6 Uhr), denn sonst könnten möglicherweise die am späten Vormittag heranrückenden Wolken die Sicht versperren. Der Einstieg zum Vulkan liegt oberhalb des Dorfes entlang der Straße nach Santiago Atitlán. Dort befindet sich eine Kontrollstelle, an der man den Eintritt (s. o.) bezahlt. Hier sind Polizisten stationiert, die einen auf Wunsch begleiten, da es zu Überfällen auf Bergsteiger gekommen ist. Der Aufstieg ist stellenweise sehr steil. Nach ca. 1 Std. wird ein erster Aussichtspunkt erreicht, nach weiteren ca. 2–3 Std. ist ein kleiner Felsvorsprung unterhalb des Gipfels (3020 m) erreicht, der einen eindrucksvollen Ausblick auf den See ermöglicht. Nach weiteren 45 Min. durch dicht bewachsenen Wald gelangt man auf den eigentlichen Gipfel, der aber leider keine Sicht bietet.

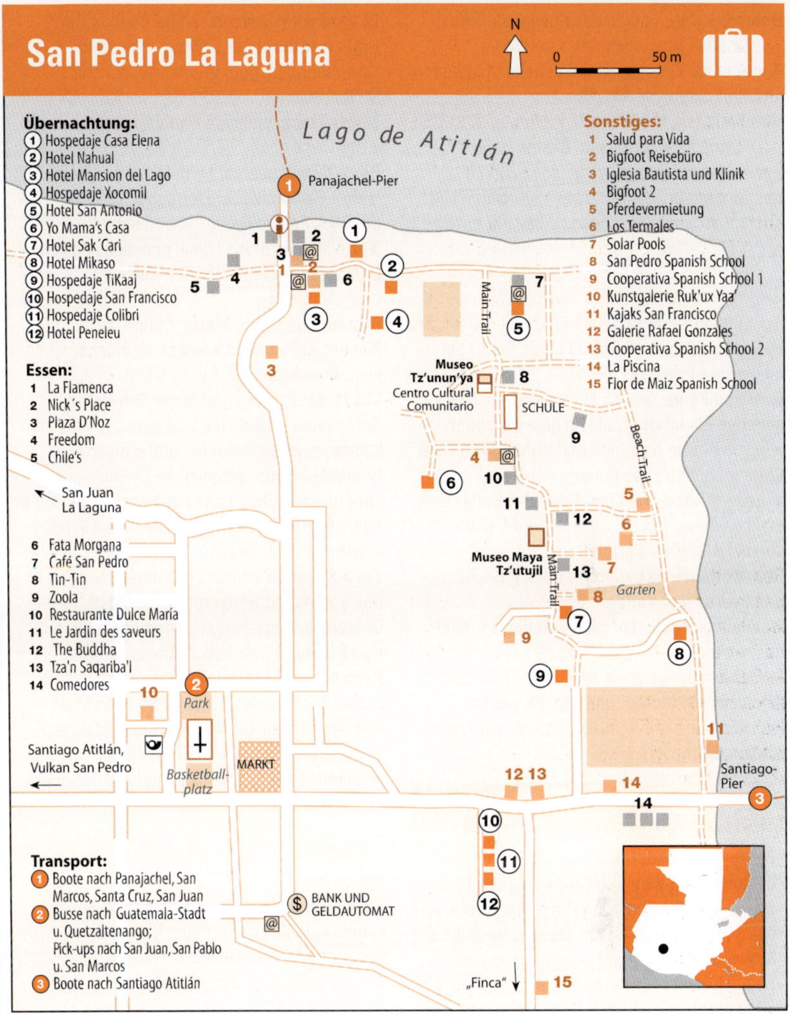

Hotel San Antonio, hinter dem Café San Pedro, ✆ 50739535. Kleines, 2-stöckiges Hotel mit Seeblick im 2. Stock. Zimmer mit Bad, Kabel-TV und WLAN. ❷

Yo Mama's Casa, ✆ 57554540. Etwas versteckt bei der Escuela Bethel gelegen. Beliebte und günstige Backpackerabsteige, alle Zimmer mit Gemeinschaftsbad oder wahlweise Schlafsaal. Netter Patio, Küchenbenutzung, abends oft Party, Filmvorführungen, kleines Frühstück inkl. ❸ Schlafsaal Q25 p. P.

Hotel Mansion del Lago, 4. Av., Zona 2, ✆ 77218124, 💻 www.hotelmansiondellago.com. 50 m vom Panajachel Pier. Mehrstöckiges Hotel mit Seeblick und Kabel-TV, WLAN, Safes, Jacuzzi, Kraftraum und Parkplatz. ❸

Hotel Sak'Cari, unweit der Hospedaje TiKaaj, ✆ 77218096 💻 www.hotelsakcari.com. Angenehme Zimmer mit gekachelten Fußböden und Bad, Seeblick. ❺–❻

Hotel Mikaso, Nähe Santiago-Pier, ✆ 77218356, 💻 www.mikasohotel.com. Bestes Hotel in San Pedro, ruhig, mit geräumigen Zimmern. Restaurant auf Dachterrasse mit mediterrane Küche und Seeblick, abends Filme. DZ mit Bad ❻, Suite US$60.

Essen und Unterhaltung

Am Santiago-Pier und am Markt gibt es mehrere kleine Comedores. Generell gutes Essen bei moderaten Preisen.

Café San Pedro, östlich vom Panajachel-Pier gelegen. Ein Internetcafé, in dem man auch wirklich Kaffee bekommt und frühstücken kann.

Chile's, westlich des Panajachel-Piers, günstiges Restaurant und Café (Bio-Kaffee) mit thailändischer Küche, abends wird Salsa getanzt (Unterricht gratis).

Fata Morgana, italienisches Café, gute Pizzas, Backwaren und Kaffee.

Freedom, beliebteste Disco San Pedros, auch Restaurant/Bar.

La Flamenca, ebenfalls am Panajachel-Pier; günstiges Restaurant und Bar, beliebt für Frühstück und Mittagessen, abends wird Salsa getanzt (Unterricht gratis).

Pedro aus San Pedro

Pedro Rafael Gonzales Chavajay ist einer der bekanntesten Maya-Künstler. Er malt bestechend lebhafte Szenen aus dem traditionellen Leben der Maya, z. B. der Kakaoernte, in einer Mischung aus bunten Mayafarben mit verhaltenen Rembrandt-Hintergründen. Als Junge musste er aus Not nach Guatemala-Stadt, um Geld zu verdienen. Sein Onkel, ein Straßenmaler, nahm ihn in die Lehre, und gemeinsam verkauften sie ihre Bilder vor Touristenhotels. Wer in der San Pedro Spanish School studiert, könnte in Pedros Familie als Gast landen. Seine Galerie, ✆ 77218181, 💻 www.artemaya.com/galpr.html, befindet sich links auf dem Weg vom Markt zum Santiago-Pier.

Le Jardín des saveurs, Nähe Buddha Bar. Unter französischer Leitung, mit nettem Gartenbereich, gute Weinkarte, günstig. Mi Ruhetag.

Nick's Place, günstige Menüs, Frühstück ab 7 Uhr.

Plaza D'Noz, oberhalb von Nick's am Panajachel-Pier. Beliebter Treffpunkt, Terrasse mit Blick auf die Felsformation Indian Nose, abends gratis Filme, günstiges Essen, Internetcafé, Leihbücherei, Spiele. 🕒 tgl. ab 9 Uhr.

Restaurante Dulce Maria, Main Trail. Einheimische und internationale Küche, kein Abendessen. 🕒 tgl. ab 6 Uhr.

The Buddha, Main Trail, nahe San-Pedro-Sprachschule. Beliebte und günstige Travellerkneipe, asiatische Küche, gratis Billard, Livemusik. 🕒 tgl. außer Di ab 12 Uhr.

Tin-Tin, Main Trail, nahe der Schule. Belgischer Koch, Gartenbereich, internationale Küche, günstig. 🕒 9–22 Uhr, So geschl.

Tza'n Saqariba'l, Main Trail, nähe Solar Pools, Restaurant und Bäckerei, ✆ 57705119. Guatemaltekische und internationale Küche, Vollkornbrot, Hörnchen. Mittagessen Q35. Auch Sauna, Massage (Q160).

Zoola (The Secret Garden), zwischen Main und Beach Trail. Lohnenswertes Restaurant/Lounge mit hebräischen Spezialitäten und schönem Garten, abends manchmal Livemusik. 🕒 tgl. ab 9 Uhr.

Sonstiges

Einkaufen

Salud para Vida, 💻 www.saludparavida.org, in der Nähe des Pana-Piers, Bio- und Gesundheitsprodukte.

Geld

Ein Geldautomat befindet sich oberhalb des Pana-Piers. Eine Filiale der **Banrural** mit Kartenautomat findet man auf der Höhe des Markts.

Internet

Reichlich Auswahl, ca. Q6/Std. WLAN, gibt es u. a. im Hotel Mikaso, in La Piscina und im Zoola.

Kunstgalerien

Galerie Ruk'ux Yaa', gegenüber der Polizei in Nähe der katholischen Kirche. Fundgrube für Maya-Ölbilder.

Pools

Etwas nördlich vom Hotel Sak'Cari befinden sich die **Solar Pools** und die **Thermal Waters (Los Termales)**, an denen mit Hilfe der starken Sonnenstrahlung Wasser erhitzt wird. Abends kann man dann mit Blick auf den See in den Becken relaxen, Q25. Thermal Waters bietet auch Sauna und Massage an (Q50 bzw. Q125 p. P.). Spezielle Gruppenpreise. ⏲ tgl. 8–24 Uhr.
La Piscina, nähe Santiago Dock, ✆ 59111481. Kleines Schwimmbad, Q20.

Post

Siehe Karte.

Reiten

Am Beach Trail und nahe des Santiago-Piers kann man für Q40 pro Stunde Pferde mieten.

Sprachunterricht

In San Pedro hat sich inzwischen eine Sprachschul-Szene von hoher Qualität entwickelt. Einen Überblick erhält man auf 💻 www.guatemala365.com. Preis bei allen Schulen US$150 pro Woche inkl. Unterbringung bei einer Gastfamilie.
Spanish School San Pedro, in der Mitte des Main Trail, ✆ 57154604, 💻 www.sanpedrospanishschool.org. Unterricht in einem wunderschönen Garten mit Seeblick. Die Schule unterhält eine Schule für arme Dorfkinder.
Flor de Maiz Spanish School, im Süden von San Pedro. ✆ 44077075, 💻 www.fdmspanishschool.org. Kleine Schule, die sich sehr um ihre Schüler kümmert, interessante Wanderungen anbietet und einen Biogarten betreibt.
Cooperativa Spanish School, zwei Schulorte, Nähe Santiago-Pier, ✆ 53986448, 💻 www.cooperativeschoolsanpedro.com. Einer der besten und größten Schulen San Pedros.

Taxis

Ein TucTuc kostet im Ort Q5, zum Vulkan San Pedro Q10.

Touren

Bigfoot, Nähe Panajachel-Pier, ✆ 77218203, organisiert Vulkanbesteigungen und Wanderungen, z. B. zur „Nariz del Indio", Kajaktouren, Reitausflüge und verleiht Fahrräder (Filiale Bigfoot 2 s. Karte).
Centro Cultural Comunitario Museo Tz'unun'ya, gegenüber Zoola, bietet verschiedene Touren an, u. a. Kräuterkunde, Kaffee, lokale Malerei oder Vulkanbesteigung.
Kajaks können auch bei Kajaks San Francisco am Ufer neben dem Santiago-Pier ausgeliehen werden.

Transport

Busse

Abfahrtsort ist vor der katholischen Kirche im Dorfzentrum.
GUATEMALA-STADT (4 Std.), Mo–Sa stdl. von 3–14 Uhr, So von 6–15 Uhr.
QUETZALTENANGO (2 1/2 Std.), um 6.30, 10.30, 11 und 11.30 Uhr.
SAN JUAN (15 Min.) und weiter nach SAN PABLO und SAN MARCOS, ca. alle 10 Min., 6–19 Uhr.
SANTIAGO ATITLÁN (1 Std.) und weiter nach MAZATENANGO (3 Std.), über SAN LUCAS TOLIMÁN, Abfahrt tgl. um 5 Uhr.
Die Landverbindung nach SANTIAGO ATITLÁN sollte von Selbstfahrern gemieden werden, da es vor allem an Wochenenden, Markttagen und in den Abendstunden zu Überfällen kommt!

Boote

Der Ort besitzt zwei Bootsanlegestellen.
Vom Bootssteg im Süden (Muelle Santiago, Santiago Dock oder Santiago Pier) fährt von 7–17 Uhr ein großes Boot stdl. nach SANTIAGO ATITLÁN, Q20.
Im Norden (Muelle Panajachel, Pana Dock oder Pana-Pier) legen alle 15 Min. die kleinen Schnellboote Richtung Panajachel ab, Q25, nur bis zum nächsten Ort Q10. Abchecken, ob das Boot direkt nach PANAJACHEL fährt oder die Dörfer des Nordufers abklappert! Letztes Boot nach Panajachel ungefähr um 17 Uhr.
SAN MARCOS wird stdl. vom Pana Dock angefahren, Q10 (Charterboot Q120).

Santiago Atitlán

Das mit rund 45 000 Einwohnern größte Dorf liegt an der Südseite des Atitlán-Sees gegenüber von Panajachel. Die große Bucht von Santiago befindet sich zwischen den drei Vulkanen Atitlán, Tolimán und San Pedro und bildet einen Korridor zwischen Küste und Hochland. Dieser natürliche Durchgang machte die Bucht bereits in vorkolumbianischer Zeit zu einem wichtigen Handelsplatz. Die hier lebenden Tzutujil-Indígenas waren als kriegerisch bekannt, wurden aber von Pedro de Alvarado mit Hilfe der Cakchiqueles vernichtend geschlagen. Er war es auch, der ihre Hauptstadt Chuitinamit, die in jener Zeit an den Hängen des Vulkans San Pedro lag, zerstörte. Wenige Jahre später wurden die Indígenas in einem Dorf zusammengezogen und unter Aufsicht der spanischen Krone gestellt. Dieser Ort wurde von mexikanischen Söldnern, die Alvarado begleiteten, *Atitán*, von den Einheimischen aber *Chiaa* genannt, was beides „Dorf, das nah am Wasser liegt" bedeutet. Aus der Verbindung mit dem Schutzheiligen entstand daraus später Santiago Atitlán.

Die vielen Jahrhunderte der Ausbeutung und Unterdrückung setzten sich auch während des 36-jährigen Bürgerkriegs fort. Die Armee richtete hier 1979 einen Stützpunkt ein, um die Guerilla zu bekämpfen, die von den Vulkanhängen aus operierte. Was folgte, waren elf lange Jahre der Kontrolle, Folter und Morde. Die Spannungen entluden sich im Januar 1990, als protestierende Bewohner vor das Militärquartier zogen, um die Herausgabe ihrer Söhne zu verlangen, die vom Militär zwangsrekrutiert worden waren. Die Soldaten schossen in die Menge und töteten 13 Indígenas aus Santiago Atitlán, darunter drei Kinder. 20 weitere Atitecos wurden verwundet. Eine Petition, die fast alle Dorfbewohner unterzeichneten, und starker internationaler Druck führten wenig später zur Auflösung des Militärpostens. Die **Gedenkstätte** für die Opfer des Massakers befindet sich ca. 500 m südlich der Posada de Santiago an der Straße nach San Pedro.

Heute ist es wieder ruhig geworden in Santiago. Nur wenn Boote mit Touristen ankommen, stürzen sich Horden von Kindern auf die Besucher und versuchen ihnen alles von Tonpfeifen bis zu Webarbeiten zu verkaufen. Hat man den ersten Ansturm unbeschadet überstanden und die Verkaufsstände am Seeufer hinter sich gelassen, gelangt man zur Hauptstraße Richtung Markt und Kirche. Hier bieten weitere Läden Stoffe, Holzschnitzereien oder auch naive indianische Gemälde an. Immer wieder posieren Kinder für ein Foto – gegen Cash, versteht sich. Der **Markt**, der freitags und sonntags stattfindet, ist relativ klein; außer den wunderschönen Trachten der Indígenas gibt es wenig Sehenswertes. Santiago Atitlán ist sehr traditionell, und so tragen auch viele Männer noch Trachten. Neben den Huipiles der Frauen, die mit Blumen und geometrischen Mustern bestickt sind, ist es ihr Kopfschmuck, der die Tracht so einmalig macht: Der *tocoyal* ist ein schmales, aber rund 12 m langes besticktes Band, das um den Kopf gewickelt wird. Es symbolisiert eine scheinende

Ostern mit Maximón

Unter den Fiestas des Tzutujildorfes ragen die Osterfeierlichkeiten heraus, die mit ähnlichem Aufwand wie in Antigua begangen, aber hier von indianischen Cofradías ausgerichtet werden. Eine Hauptrolle kommt dabei dem merkwürdigen Heiligen Maximón zu, der in Santiago Rilaj Maam – großer Ahne – genannt wird. Schon am Montag der Osterwoche beginnen die Zeremonien, wenn die Ehefrauen der *cofrades* nachts die Kleidung des Heiligen an einem geheimen Ort im See waschen. Am Dienstag wird er neu eingekleidet und am Mittwoch auf den Schultern des *telinel*, seines Aufpassers, durch die Straßen getragen. Danach bleibt er für zwei Tage in einer kleinen Kapelle, während am Donnerstag und Karfreitag Figuren von Jesus und Santiago, dem Schutzpatron des Ortes, im Mittelpunkt stehen. Erst am Nachmittag des Karfreitag kreuzt Maximón in einer Prozession den Weg des Trauerzugs mit der Jesusfigur und wird danach zu dem Haus gebracht, in dem er das nächste Jahr stehen wird. Wer ihn dort besuchen möchte, braucht nur auf der Straße zu fragen. Es empfiehlt sich, ein wenig Kleingeld, Zigaretten oder Schnaps bereitzuhalten, da Maximón seinen Tribut fordert – Fotos kosten extra.

Sonne. Leider tragen die Frauen diesen einzigartigen Kopfschmuck nur noch gelegentlich für Touristen oder an Feiertagen.

Interessant ist ein Besuch der **Kirche**, die um 1568 von den Franziskanern gebaut wurde. Sie enthält zahlreiche Heiligenfiguren, die inbrünstig verehrt werden. Auf der Holzkanzel befinden sich Schnitzarbeiten, die unter anderem einen Quetzal, der ein Buch liest, und den Maisgott der Maya – Yum-Kax – darstellen. Eine Tafel gedenkt des amerikanischen Priesters Stanley Rother, der 1981 von Todesschwadronen in Santiago ermordet wurde. Er verteidigte die Rechte der Indígenas auch noch in Zeiten, in denen es, wie er selber sagte, fast ein politisches Verbrechen war, einem Indígena die Hand zu schütteln.

Die katholische Kirche hat mittlerweile einen schweren Stand in Santiago, denn rund 30 evangelische Sekten und andere Religionsgemeinschaften liefern sich einen harten Wettbewerb im Seelenfang. Selbst die Mun-Sekte gründete hier einen Ableger. Fast unglaublich mutet in diesem Zusammenhang die Tatsache an, dass auch Mitglieder evangelikaler Religionsgemein-

Besteigung des Vulkans Atitlán (3535 m)

Dauer: 2 Tage
Ausrüstung: Zelt, guter Schlafsack (kann beides im Centro Pavarotti, s. Kasten S. 276, ausgeliehen werden), genügend Wasser (es gibt kein Wasser unterwegs)
Sicherheit: Mit einem einheimischen Führer gehen
Höhenunterschied: ca. 2000 m
Gehzeit: Aufstieg ca. 6–8 Std.; Abstieg ca. 4–5 Std.
Guides: Bekommt man im Centro Pavarotti (s. S. 276) oder bei Ijatz (s. Touren). Informationen auch bei der Agencia de Viajes Tolimán am Parque Central
Ausgangspunkt der Wanderung ist San Lucas Tolimán. Der breite Weg beginnt im Barrio Xechay, etwa 700 m südwestlich der Plaza (auf der 5. Av. Richtung Süden gehen; dort, wo das Pflaster endet, rechts der 9. C. zwei Blocks folgen und dann links abbiegen. Der Weg macht einen Rechtsknick und mündet in den Pfad, der auf den Vulkan führt). Nach etwa 3 1/2 Std. durch Felder ist der Sattel zwischen den Vulkanen Atitlán und Tolimán erreicht. An großen Abzweigungen gilt es, sich stets links zu halten. Wer spät gestartet ist, sollte im Sattel übernachten. Hier beginnt der Weg durch den eindrucksvollen Bergnebelwald mit zahlreichen Bromelien und Orchideen. Der Pfad wird steil und stellenweise rutschig. Nach weiteren 3 1/2 Std. hat man den Bereich unterhalb des Gipfels erreicht, wo es begrenzte Zeltmöglichkeiten gibt. Auf dem Gipfel selbst ist es sehr windig und kalt (nachts sind Temperaturen unter dem Gefrierpunkt möglich).
Abstieg: Auf dem gleichen Weg zum Sattel (ca. 2 Std.) zurück. Von dort kann man dann entweder auf dem gleichen Weg zurück nach San Lucas (ca. 2 1/2 Std.) oder aber westlich nach Santiago Atitlán (ca. 2 1/2 Std.) absteigen. Der Übergang im Sattel ist allerdings nicht leicht zu finden (die Guides vom Centro Pavarotti kennen den Übergang). Wer von Santiago aus aufsteigen möchte, sollte den Pfad nehmen, der an der Gedenkstätte für die Opfer des Bürgerkriegs Richtung Vulkan abzweigt.
Anmerkung: Vom Sattel aus kann natürlich auch der Vulkan Tolimán bestiegen werden. Da man aber von seinem mit hohem Gestrüpp bewachsenen Gipfel aus kaum etwas sieht, wird er nur selten erklommen.

schaften gelegentlich bei Maximón (s. Ostern in Santiago) vorbeischauen.

Ähnlich wie in anderen Dörfern des Sees sind die wirtschaftlichen Aktivitäten auch in Santiago breit gefächert. Neben dem Tourismus und dem Kunsthandwerk werden Einnahmen aus Kaffee und anderen landwirtschaftlichen Erzeugnissen wie Avocados und Mais erzielt. Die Atitecos sind bekannt für die Herstellung von Holzkanus *(cayucos)*. Der Fisch aus dem See ist eine wichtige Proteinquelle, spielt aber als Handelsware nur eine untergeordnete Rolle.

Übernachtung

Hospedaje Colonial Rosita (auf dem Türschild steht nur Hospedaje Colonial), an der Südseite der Kirche, ✆ 46761198, ✉ hospedajecolonialrosita@hotmail.com. Eine der billigsten Übernachtungsmöglichkeiten in Santiago. Sehr einfache Zimmer mit Gemeinschaftsbad und 2 Zimmer mit Bad. In der Cafetería bekommt man einfache Mahlzeiten. ❷

Hotel Chi Nim Ya, 200 m oberhalb der Hauptanlegestelle, ✆ 56290536. Einfach, günstig, sauber. Einige Zimmer mit Privatbad und Seeblick. Parkplatz, direkt nebenan liegt ein Internetcafé. ❷

Hotel Lago Atitlán, im Zentrum, ✆ 77217174. 5-stöckiges Gebäude mit tollem Blick auf den See. Sehr zu empfehlen sind die Eckzimmer Nr. 23 (mit Bad) und Nr. 27 (ohne Bad), Restaurant. ❹

Posada de Santiago, am Seeufer, 1 km südlich des Zentrums an der Straße nach San Pedro, ✆ 77217366, 💻 www.posadadesantiago.com. Bungalowanlage mit Stil, alle Hütten aus Vulkangestein mit Kamin, Restaurant, Solarpool, Jacuzzi, WLAN, gute Informationsquelle für Unternehmungen in die Umgebung, sie ver-

Junge Atitecas mit Tocoyal, der traditionellen Kopfbedeckung

mitteln auch Maya-Zeremonien. ❼, Bungalow für 4 Pers. ab US$60, Suiten ab US$85.
Hotel Bambú, an der Nordseite der Bucht, etwa 1 km vom Zentrum entfernt, ✆ 77217333, 💻 www.ecobambu.com. Gepflegte, ruhige Anlage mit eigenem Bootssteg, großem Garten und Pool. WLAN, Restaurant und Bar. ❽–❾

Essen

Am besten und teuersten isst man in der **Posada de Santiago** oder im **Hotel Bambú**. Einfache Comedores finden sich an der Bootsanlegestelle und um den Markt. Günstige einheimische Küche offeriert das Restaurant **El Gran Sol**. Sandwichs, Brot und Kuchen gibt es im **El Horno**. Das nebenan liegende Restaurant **Casa Ajachel** serviert günstige Mittagsmenüs. Deutlich teurer ist das Essen im Restaurant **El Pescador**, das gute Fischgerichte anbietet und bereits ab 7 Uhr geöffnet ist.

Aktivitäten

Bootsfahrten

An der Hauptbootsanlegestelle sowie an einigen Hotels lassen sich Kanus oder Kajaks mieten.

Reiten

Infos in der Posada de Santiago.

Schwimmen

Da alle Abwässer des Ortes ungeklärt in den See fließen und sich in der Bucht sammeln, sollte man hier besser nicht schwimmen!

Wandern

Von Santiago aus können alle drei Vulkane des Atitlán-Sees bestiegen werden. Auf den Vulkan San Pedro gelangt man allerdings schneller vom Ort San Pedro aus (s. S. 265).
An klaren Tagen lohnt der Weg früh morgens zum **Mirador Rey Tepepul** (dorthin kann man auch reiten). Mit etwas Glück kann man von dort gleichzeitig den See und den Pazifik sehen. Etwa 500 m südlich der Posada de Santiago

Mehr als nur ein Souvenir

Die **Asociación Q'NA'WAQ** (auf dem Schild steht: Children Artesans Store) nicht weit vom Bootsanleger, ✆ 57642409, ✉ diego_reanda@yahoo.com, ist eine lokale Organisation, die Kunsthandwerk aus Santiago verkauft, das von Kindern aus sehr armen Familien und deren Müttern produziert wird. Der sehr engagierte Leiter der Organisation heißt Diego Reanda Chiquival. Er ist meist persönlich anwesend und eine exzellente Informationsquelle. 🕒 9–18 Uhr.

zweigt eine Erdstraße links Richtung Chicacao ab. Auf ihr erreicht man nach 5,5 km den einsam gelegenen Aussichtspunkt. (Es soll dort oben schon zu Überfällen gekommen sein, daher Wertsachen vorsichtshalber im Hotel lassen!). Touren auf alle Vulkane und zu allen Umgebungszielen organisiert der auf Natur- und Kulturtourismus spezialisierte Guide Miguel Pablo Sicay, ✆ 54502381, ✉ milpastours@yahoo.es, oder über das Hotel Bambú.

Sonstiges

Die gesamte Infrastruktur mit **Post**, **Bank**, **Geldautomaten**, **Telefon** etc. befindet sich an der Plaza und ihrer unmittelbaren Umgebung. Gegenüber von Santiago Atitlán, auf der anderen Seite der Bucht, liegt die **Finca Yoga Mística** 🖳 schoolyogainstitute.com/guatemala/index.php, die bislang nur eine Ausbildung für Yogalehrer anbietet (3 Wochen/US$2000). In Zukunft sind weitere Kurse geplant. Boot zur Finca Q25.

Transport

Busse/Pick-ups

Alle Busse starten einen Block von der Plaza entfernt.

GUATEMALA-STADT (über San Lucas und Cocales), alle 30 Min. von 2.30–15 Uhr.

PANAJACHEL, keine Direktbusse (umsteigen in San Lucas). Das Boot ist schneller.

QUETZALTENANGO, via Mazatenango tgl. 3.30, 4.30 und 14 Uhr.

Nach SAN LUCAS TOLIMÁN mit allen Bussen, die nach Guatemala-Stadt fahren, oder mit einem der vielen Pick-ups (Abfahrtsort s. Karte).

Auf der einsamen und wenig befahrenen Erdstraße über Chicacao zur Pazifikküste verkehren gelegentlich Pick-ups, die in Plazanähe starten.

Von Santiago Atitlán nach San Pedro

Auf der Straße, die „hinter" dem Vulkan San Pedro von Santiago Atitlán nach **San Pedro** führt, kommt es regelmäßig zu Überfällen. Es gibt keinen regelmäßigen Busverkehr. Daher auf jeden Fall das Boot nehmen!

Boote

PANAJACHEL, mehrmals tgl., 7–16.30 Uhr, Q25.

SAN PEDRO LA LAGUNA, stdl. 7–17 Uhr, Q20 (Hin- und Rückfahrt am selben Tag Q30; hartnäckig bleiben!).

Cerro de Oro

Dieses kleine Cakchiquel-Dorf liegt ziemlich genau in der Mitte zwischen Santiago und San Lucas, 2 km unterhalb der Hauptstraße. Es wurde Ende des 19. Jhs. von Einwanderern aus Patzicía gegründet, die sich im Laufe der Jahre immer mehr an die Lebensweise der Tzutujiles anpassten und heute nur noch wenig Kontakt zu ihrem Ursprungsort pflegen. Neben der Landwirtschaft leben die Menschen hier vom Verkauf von Schilfmatten *(petates)*, die dank der großen Mengen an Schilf *(tul)* in großer Zahl angefertigt werden können.

In den letzten Jahrzehnten sind viele Grundstücke um Cerro de Oro von reichen Hauptstadt-Guatemalteken aufgekauft worden, die hier luxuriöse Wochenendhäuser unterhalten. In der Kirche befindet sich eine Wandmalerei, die Christus in weiß-lila gefärbten Trachtenhosen zeigt.

Hinter Cerro de Oro ragt der gleichnamige Hügel auf, ein Lavadom des Vulkans Tolimán, der eine Höhe von 1892 m erreicht und recht einfach vom Dorf aus bestiegen werden kann. Warum er Goldhügel heißt, ist nicht eindeutig geklärt. Angeblich soll in seinem Inneren der Schatz der Tzutujiles vergraben sein.

Zu erreichen ist der Ort über die asphaltierte Straße zwischen Santiago und San Lucas. Von der Abzweigung gelangt man nach rund 1,5 km ins Dorf.

San Lucas Tolimán

Am Rande einer kleinen Bucht liegt ganz im Südosten des Sees das Dorf San Lucas. Der Name des Ortes stammt aus der mexikanischen Nahuatl-Sprache und bezieht sich auf einen toltekischen Anführer namens Tolman. Ende des 19. Jhs. kam es mit der aufblühenden Kaffeewirtschaft zu einem starken Bevölke-

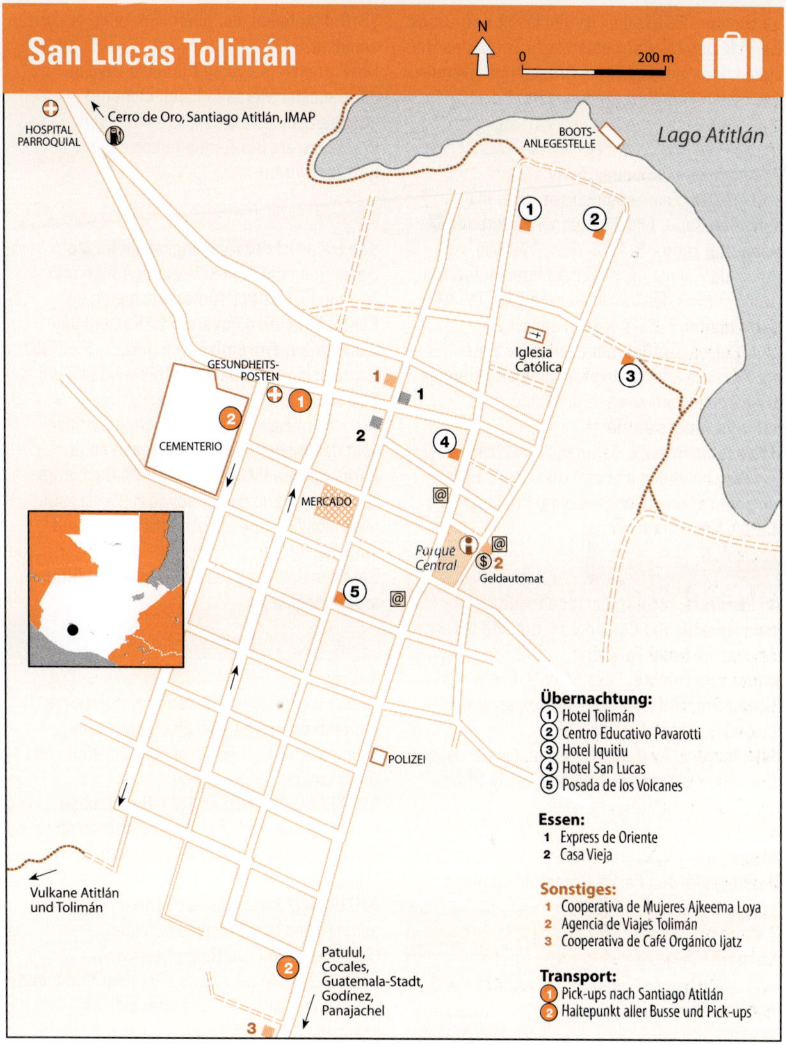

rungsanstieg. Kaffee ist auch heute das Hauptanbauprodukt der Gegend, und infolgedessen ist der Ort ein wichtiger landwirtschaftlicher Handelsplatz, der auch zunehmend von Ladinos bevölkert wird. Im Gegensatz zu den meisten Dörfern am See ist San Lucas kaum touristisch erschlossen.

Die große Franziskanerkirche steht nicht wie sonst üblich am Parque Central, sondern auf halbem Weg zwischen Plaza und See. Obwohl man es dem scheinbar klaren Wasser nicht ansieht, ist auch in der Bucht von San Lucas die Verschmutzung groß. Ein Beweis dafür sind die langsam, aber stetig wachsenden Algenteppiche.

Um den 18. Oktober ist viel los in San Lucas. Dann findet das Patronatsfest zu Ehren des Heiligen Lucas mit religiösem Brauchtum, Livemusik und vielen Verkaufsständen statt.

Übernachtung

Posada de los Volcanes, 5. Av 4-30, ✆ 77220186. Familiengeführtes Hotel mit schönem Patio. Alle Zimmer mit Privatbad. ❸

Hotel San Lucas, 6. Av. 3-17, ✆ 77220557. Rustikale Anlage mit schönem Innenhofgarten. Große, etwas dunkle Zimmer mit Bad, TV. ❹

Hotel Iquitiu, 1. C. "A", 7-51, Zona 1, ✆ 77220209. Großes, sehr sauberes Hotel mit Terrasse und Seeblick, in dem oft Gruppen der katholischen Kirchengemeinde untergebracht sind. ❹

Hotel Tolimán, nahe Seeufer, ✆ 77220459, www.hoteltoliman.com. Luxuriöses Hotel mit sehr schöner Gartenanlage, Pool und teurem Restaurant. ❼

Essen

An der Plaza und am Markt befinden sich mehrere einfache Comedores. Gut und teuer isst man im **Hotel Tolimán**.

Express de Oriente, Ecke 5. Av./3. C. Kleines Restaurant, einfache guatemaltekische Küche. ◷ tgl. 11–22 Uhr.

Casa Vieja, 5. Av. 3-13. Nette Bar, um den Abend ausklingen zu lassen. ◷ Mo–Sa ab 18 Uhr.

Sonstiges

Internet (mit Skype) für Q10/Std. gibt es an der Nordostseite des Parks. Dort steht auch ein 5B-**Geldautomat**, der allerdings keine ec-Karten annimmt.

Die Frauenvereinigung **Ajkeema Loya** in der Calle del Mercado bietet nicht nur handgemachte Textilien, sondern auch Webkurse an. Bio-Kaffee bekommt man bei **Ijatz** (s. Touren)

Centro Educativo Pavarotti

Von der Menchu-Stiftung geführte Schule, die sich mit den Einkünften aus einem alternativen Tourismusprojekts finanziert. Die Anlage verfügt über saubere, einfache Zimmer und ein Restaurant, Av. Pavarotti final, ✆ 77220234. Neben verschiedenen Tourismusprogrammen, die von lokalen Führern begleitet werden (z. B. die „Tour der Fischer"), kann man auch Spanisch und/oder die Indianersprache Cakchiquel lernen. ❸

Touren

San Lucas ist der Ausgangspunkt für die Besteigung der beiden Vulkane Atitlán und Tolimán (s. Kasten). Außerdem bieten der **Centro Educativo Pavarotti** (s. Kasten) und die **Kleinbauernvereinigung Ijatz**, ✆ 55591453, Kontakt: Inocente Jacinto, Touren in und um San Lucas an.

An der Straße Richtung Santiago de Atitlán liegt das **Instituto Mesoamericano de la Permacultura IMAP**, ✆ 59077678. Sie bieten Touren zur Permakultur sowie zu Heilkräutern an (freiwillige Spende; Anfahrt mit Pick-up oder TucTuc).

Bei allen drei Organisationen ist **Freiwilligenarbeit** möglich.

Transport

Busse

Es gibt weder einen Busterminal noch eine offizielle Bushaltestelle. Eine gute Zusteigemöglichkeit ist am Friedhof oder am südlichen Ortsausgang.

GUATEMALA-STADT (3 Std.), Direktbusse (aus Santiago Atitlán kommend) fahren stdl. bis etwa 15 Uhr über COCALES, danach mit Umsteigen in Cocales.

ANTIGUA (3 Std.), Bus nach Guatemala-Stadt nehmen und in Escuintla umsteigen.

COCALES (1 Std.), s. Guatemala-Stadt.

GODÍNEZ (45 Min.), regelmäßige Verbindungen mit Kleinbussen, Pick-ups oder stdl. ab Kreuzung Santa Alicia (ca. 1,5 km außerhalb, TucTuc zur Kreuzung Q3).

SANTIAGO ATITLÁN (30 Min.), ca. alle 15 Min. Pick-ups; Abfahrt in der Nähe des Gesundheitspostens (Centro de salud).

Busverbindungen gibt es in Richtung Pazifikküste (Cocales, Patulul) und PANAJACHEL (1 1/2 Std.) Keine Direktbusse, umsteigen in Godinez.

Nebenstraße von San Lucas Tolimán nach Cocales

Die reizvolle Ruta Nacional 11 verbindet den Atitlán-See mit der Pazifikküstenstraße CA2. Südlich von San Lucas Tolimán werden zunächst große Kaffeeplantagen durchquert. Viele Indígena-Familien leben hier direkt auf den Kaffee-Fincas. Ein Stück weiter passiert man an einer Texaco-Tankstelle die Milchfabrik Parma. Ein Laden bietet frisches Softeis, Joghurt und Käse an. Bei KM 164,2 befindet sich der Eingang zum privaten Schutzgebiet Tarrales, ✆ 51363410, 💻 www.tarrales.com, das ideal für Naturliebhaber und Vogelbeobachter ist. Unterkunft ❼–❾. Weiter unten im pazifischen Tiefland tauchen die ersten Zuckerrohrfelder auf. Nur wenige Kilometer südlich von Patulul wird bei Cocales die Pazifikküstenstraße CA2 erreicht. Geradeaus gelangt man zum Fischerdorf Tecojate, links geht es nach Guatemala-Stadt und rechts nach Retalhuleu (s. S. 478) und weiter zur mexikanischen Grenze.

QUETZALTENANGO (5–6 Std.), Direktbusse um 4, 8 und 14.30 Uhr.

Boote

Es gibt keinen regelmäßigen Bootsverkehr von und nach San Lucas. An den Marktagen Di, Fr und So verkehren Boote zwischen San Lucas und SAN ANTONIO PALOPÓ. Alternativ mit dem Pick-up nach SANTIAGO ATITLÁN und von dort mit dem Boot nach SAN PEDRO LA LAGUNA oder PANAJACHEL.

Von San Lucas Tolimán nach Panajachel

Die Landstraße 11, die von der Pazifikküste ins Hochland führt, verbindet San Lucas mit Godínez. Alle Dörfer an dieser Strecke liegen hoch über dem See und bieten zum Teil fantastische Ausblicke. Bei San Lucas steigt die Straße steil an, passiert zwei schöne Aussichtspunkte und bei KM 143,5 die Abzweigung zum kleinen Weiler Tzampetey, bevor das lang gezogene **Agua Escondida** erreicht wird. Hier haben sich gleichermaßen Ladinos aus Tecpán und Cakchiquel-Indígenas niedergelassen. Am Ortsausgang von Agua Escondida zweigt linker Hand eine Erdstraße nach San Antonio Palopó ab, auf der kein regelmäßiger Busverkehr existiert. Zu Fuß benötigt man etwa 1 Std. (5 km).

Hinter Agua Escondida steigt die landschaftlich sehr reizvolle Straße erneut an und erreicht in 2100 m Höhe bei **Godínez** ihre höchste Stelle.

In diesem Dorf, das durch seine offene Lage Wind und Wetter besonders stark ausgesetzt ist, trifft die Landstraße 11 auf die **Ruta Nacional 1**, die ehemalige Hauptstraße zum Atitlán-See (s. S. 236). Diese wunderschöne Panoramastrecke führt mit ständig wechselnden Ausblicken auf den See und die Vulkane in 13 km hinab nach Panajachel. Kurz hinter Godínez passiert man den spektakulären Aussichtspunkt **Mirador Santa Catarina**, von dem aus dem Besucher der ganze See zu Füßen liegt. Wenig später fährt man an **San Andrés Semetabaj** vorbei. An der Plaza dieses Cakchiquel-Dorfs steht die verfallene Ruine einer Kirche aus dem 16. Jh.

Übernachtung und Essen

Einen fantastischen Seeblick bietet das Restaurant **Chi-Swan** im Dorf Agua Escondida, direkt an der Hauptstraße gelegen. Es serviert schmackhafte einheimische Küche. 🕓 tgl. Hier und nebenan kann man in einfachen Zimmern mit Bad übernachten. ❸–❹

Santa Catarina Palopó

Von Panajachel führt eine kurvige asphaltierte Straße auf 5 km in südöstlicher Richtung nach Santa Catarina Palopó. In dem am Seeufer liegenden Cakchiquel-Dorf leuchten die Huipiles der Frauen in einem satten Türkisblau. Tagsüber sieht man viele von ihnen in den Straßen von Panajachel, wo sie ihre Webarbeiten Touristen anbieten. Wichtigste Einnahmequelle der Bewohner ist aber weiterhin die Landwirtschaft, die auf den terrassierten Anbau von Zwiebeln spezialisiert ist.

Zu schaffen macht den Einwohnern das hohe Bevölkerungswachstum, denn der Lebensraum ist begrenzt, und die einfachen, eng aneinander gebauten Lehmhäuser ziehen sich mittlerweile weit den Hang hinauf. Was von Weitem idyllisch aussieht, bedeutet im Alltag der Indígenas qualvolle Enge. Verschärft wird die Situation dadurch, dass viele der Bewohner ihre Grundstücke an reiche Guatemalteken oder Ausländer verkauft haben. Deren „Paläste", die meist von einem hohen Zaun umgeben sind, stehen im krassen Gegensatz zu den ärmlichen Hütten der Indígenas.

Übernachtung und Essen

Hospedaje 5–Ajpu, rund 50 m von der Kirche entfernt (Richtung San Antonio), ✆ 77622981. Einfache, saubere Unterkunft mit Gemeinschaftsbad, einige Zimmer mit Seeblick. ❷

Hotel Villa Santa Catarina, nahe Plaza Central, ✆ 77621291, 💻 www.villasdeguatemala.com. Recht luxuriöses Hotel einer Kette, Swimmingpool, Restaurant, viele Gruppen. ❿ US$120

Casa Palopó, KM 6,8, ✆ 77622270, 💻 www.casapalopo.com. Gemütliches Luxushotel mit allen Schikanen und tollen Blicken auf den See. ❿ ab US$ 275

Restaurant Laguna Azul, am Seeufer. Einheimische Küche zu günstigen Preisen. 🕒 tgl.

Einkaufen

Um das Hotel Villa Santa Catarina gibt es einige Verkaufsstände mit **Webarbeiten** zu überhöhten Preisen.

Galeria Dzunun, hinter der Kirche. Galerie des guatemaltekischen Künstlers David Ordoñez, der Bilder mit seiner speziellen Technik aus mit Acryllack überzogener Pappmaschee anbietet. Die Motive stellen fast ausschließlich die typischen Trachten der Indígenas dar. 🕒 Mi–Mo 8–13 und 14–17 Uhr.

Transport

Pick-ups verlassen den Ort regelmäßig Richtung PANAJACHEL und SAN ANTONIO. Der **Bootsverkehr** ist unregelmäßig und beschränkt sich meist auf Touristenboote.

San Antonio Palopó

Rund 10 km von Panajachel entfernt endet der Asphalt im traumhaft schön am Ostufer des Sees gelegenen Dorf San Antonio Palopó. Wer mit dem Boot ankommt, sieht oftmals als Erstes Frauen und Kinder am Ufer sitzen, die Zwiebeln waschen, sortieren und verpacken. Die wenigsten mögen es, bei ihrer Tätigkeit fotografiert zu werden. Auf dem Weg vom Anlegesteg zur kleinen, weiß getünchten Kirche wird man von einigen hartnäckigen Verkäuferinnen verfolgt, die Webarbeiten anbieten. Zu den Besonderheiten der hiesigen Tracht gehört ein dünnes Stoffband *(cinta)*, das die Frauen geschickt in ihr Haar einarbeiten. Zu ihrem blauen Rock und dem roten Huipil tragen sie gold- und silberfarbenen Modeschmuck.

Die Männer, die ebenfalls meist traditionell gekleidet sind, zeigen sich mit einer dunklen Wollschürze und Sandalen zu rotweiß gestreiften Hemden. Obwohl der Ort inzwischen regelmäßig von Touristenbooten angelaufen wird, lebt der Großteil der Bevölkerung weiterhin von der Landwirtschaft, die ähnlich wie in Santa Catarina auf Terrassenanbau setzt.

Übernachtung

Terrazas del Lago, an der Seeuferstraße, ✆ 77620157, 💻 www.hotelterrazasdellago.com, mit schönem Blick auf die Vulkane. Große Zimmer aus Vulkangestein, gemütliches Ambiente, Restaurant und Bootsservice. ❺

Hotel Nuestros Sueños, am Uferweg oberhalb des Bootsstegs, ✆ 50037901, 💻 www.hotelnuestrosueno.com. Große Zimmer z. T. mit TV, Jacuzzi, Kamin und Seeblick. Im Haus befindet sich das Restaurant Cessi's Place. ❼–❾ Suiten US$150

Hotel Santo Tomás Bella Vista, an der Straße zwischen San Antonio und Santa Catarina (ca. 7 km von Panajachel entfernt), ✆ 77621566. Großflächige Anlage mit einfachen Bungalows, z. T. mit Seeblick, sehr ruhig, Schwimmbad, Restaurant, Preis inkl. einfachem Frühstück. ❾

Einkaufen

Glasierte Tonkeramik bekommt man in der **Produktionsstätte Taller de Cerámica** (nach der Kirche) und dem Laden **Cerámica Palopó** beim Fußballplatz.

Transport

Der **Bootsverkehr** ist unregelmäßig und beschränkt sich meist auf Touristenboote. Di, Fr und So verkehren vormittags Boote zwischen SAN LUCAS TOLIMAN (Markt in San Lucas) und San Antonio.

Pick-ups verlassen den Ort regelmäßig Richtung PANAJACHEL über SANTA CATARINA. Nach AGUA ESCONDIDA (s. S. 277) führt eine Piste, die nur mit Allradfahrzeugen befahrbar ist. Alternativ kann man die 5 km auch zu Fuß zurücklegen. Es existiert kein regelmäßiger Verkehr auf dieser Strecke.

Von Los Encuentros nach Cuatro Caminos

Nahualá

Folgt man der Interamericana von der Kreuzung Los Encuentros aus Richtung Westen, passiert man zunächst bei KM 145 (El Novillero) das Ökotourismusprojekt **Corazón del Bosque** (💻 www.corazondelbosque.com) der dortigen Maya-Gemeinde. Wenig später kommt man bei KM 148 an der Abzweigung zur Westseite des Atitlán-Sees vorbei und erreicht kurz darauf Nahualá.

Der Ort liegt auf 2467 m im äußersten Nordwesten der Provinz Sololá beim KM 157 der Interamericana. Nahualá, das sich schon in den vergangenen Jahrhunderten den Einflüssen der Spanier und später der Ladinos erfolgreich widersetzt hat, wird selten von Touristen besucht. Die Quiché sprechenden Bewohner haben sich ihre typisch indianische Lebensweise weitestgehend bewahrt, was sie durch Trachten und Brauchtum demonstrieren.

Der Name Nahualá bedeutet so viel wie „Ort der Hexer" oder auch „magisches Wasser". Doch Wasser ist auch hier ein kostbares Gut geworden, nachdem die einst großen Kiefernwälder, die das Dorf umgaben, nahezu völlig abgeholzt worden sind.

Neben der traditionellen Landwirtschaft spielt das **Kunsthandwerk** eine bedeutende Rolle. Aus Granitgestein werden Mahlsteine *(metates)* gehauen, Männer stellen Umhängetaschen *(morrales)* aus Wolle her, bauen Marimbas und schnitzen Holzmöbel. Einen besonderen Ruf haben die alten Holzkisten aus Nahualá, die mit Tierschnitzereien verziert sind.

Der sehenswerte Markt findet jeweils sonntags statt. Die Fiesta zu Ehren der heiligen Katharina wird in Nahualá am 25. November gefeiert.

Die Unterkunftsmöglichkeiten sind bescheiden, aber wer sich an die Interamerica stellt, kann noch bis spät abends in beide Richtungen weiterreisen.

Von Nahualá bis Cuatro Caminos

Bei Nahualá beginnt die Interamericana anzusteigen und erreicht auf 3070 m ihren höchsten Punkt. Auf die windige und kalte Hochfläche, die zu Recht „Alaska" genannt wird, hat die Provinzregierung 1999 die Bewohner von **Santa Catarina Ixtahuacán**, dem Schwesterdorf Nahualás, umgesiedelt. Ihr ursprünglich tiefer gelegenes Dorf war wegen geologischer Gräben, die sich immer weiter öffneten, nicht mehr bewohnbar. Doch der trockene Boden in dieser Höhe eignet sich nicht zur Landwirtschaft und kann daher die Bevölkerung nicht ausreichend ernähren. Die Kälte und fehlende Infrastruktur haben die Situation der Menschen weiterhin verschlechtert.

Die Straße windet sich in weiten Bögen hinunter ins Tal und passiert Kleinparzellen der hier lebenden Bauern, die Mais und Weizen anpflanzen. In der Trockenzeit sieht man hier große Strohberge, die sich am Straßenrand türmen – gedroschene Weizenspreu, die als Füllmaterial für Matratzen verwendet wird. Bei KM 188 befindet sich die Kreuzung **Cuatro Caminos**. Die Straßenkreuzung „Vier Wege" ist ein lebhafter Umsteigeplatz, an dem abgasgeschwängertes Obst, Gebäck, kandierte Früchte und Zeitungen verkauft werden.

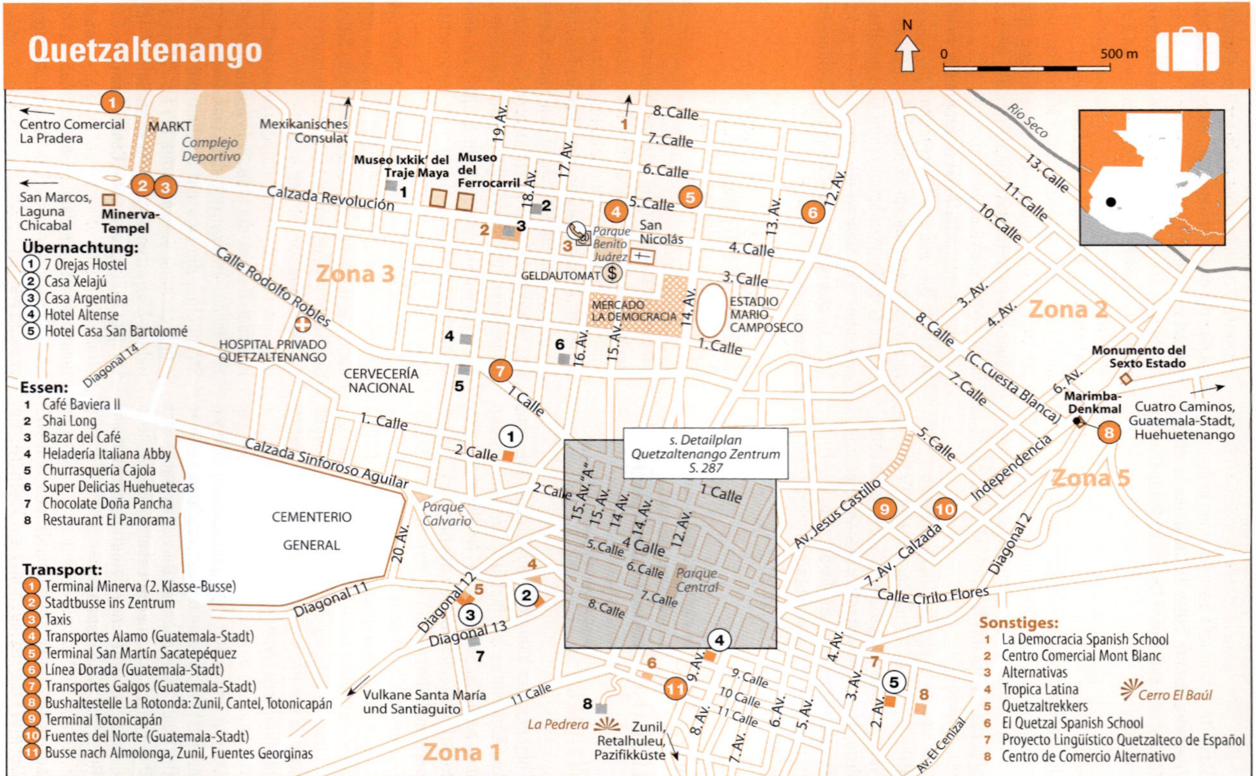
Quetzaltenango
N
0
500 m
Centro Comercial La Pradera
MARKT
Complejo Deportivo
Mexikanisches Consulat
San Marcos, Laguna Chicabal
Minerva-Tempel
Museo Ixkik' del Traje Maya
Museo del Ferrocarril
Calzada Revolución
Calle Rodolfo Robles
Zona 3
Parque Benito Juárez
San Nicolás
GELDAUTOMAT
MERCADO LA DEMOCRACIA
ESTADIO MARIO CAMPOSECO
HOSPITAL PRIVADO QUETZALTENANGO
CERVECERÍA NACIONAL
Calzada Sinforoso Aguilar
CEMENTERIO GENERAL
Parque Calvario
Diagonal 14
Diagonal 11
Diagonal 12
Diagonal 13
Diagonal 2
s. Detailplan Quetzaltenango Zentrum S. 287
Parque Central
Río Seco
Zona 2
Zona 5
Zona 1
8. Calle (C. Cuesta Blanca)
Monumento del Sexto Estado
Marimba-Denkmal
Cuatro Caminos, Guatemala-Stadt, Huehuetenango
Independencia
Av. Jesus Castillo
7. Av. Calzada
Calle Cirilo Flores
Av. El Cenizal
Vulkane Santa María und Santiaguito
La Pedrera
Zunil, Retalhuleu, Pazifikküste
Cerro El Baúl
8. Calle
7. Calle
6. Calle
5. Calle
4. Calle
3. Calle
1. Calle
2 Calle
9. Calle
10 Calle
11 Calle
13. Calle
11. Calle
10. Calle
19. Av.
18. Av.
17. Av.
16. Av.
15. Av.
14. Av.
13. Av.
12. Av.
15. Av. „A"
20. Av.
9. Av.
8. Av.
7. Av.
6. Av.
5. Av.
4. Av.
3. Av.
2. Av.
Übernachtung:
(1) 7 Orejas Hostel
(2) Casa Xelajú
(3) Casa Argentina
(4) Hotel Altense
(5) Hotel Casa San Bartolomé
Essen:
1 Café Baviera II
2 Shai Long
3 Bazar del Café
4 Heladería Italiana Abby
5 Churrasquería Cajola
6 Super Delicias Huehuetecas
7 Chocolate Doña Pancha
8 Restaurant El Panorama
Transport:
1 Terminal Minerva (2. Klasse-Busse)
2 Stadtbusse ins Zentrum
3 Taxis
4 Transportes Alamo (Guatemala-Stadt)
5 Terminal San Martín Sacatepéquez
6 Línea Dorada (Guatemala-Stadt)
7 Transportes Galgos (Guatemala-Stadt)
8 Bushaltestelle La Rotonda: Zunil, Cantel, Totonicapán
9 Terminal Totonicapán
10 Fuentes del Norte (Guatemala-Stadt)
11 Busse nach Almolonga, Zunil, Fuentes Georginas
Sonstiges:
1 La Democracia Spanish School
2 Centro Comercial Mont Blanc
3 Alternativas
4 Tropica Latina
5 Quetzaltrekkers
6 El Quetzal Spanish School
7 Proyecto Lingüístico Quetzalteco de Español
8 Centro de Comercio Alternativo

Wer hier links abbiegt, erreicht nach 13 km Quetzaltenango über Salcajá (s. S. 291). Inzwischen existiert auch eine neue Autobahn, die vor Cuatro Caminos bei KM 187 abzweigt und Salcajá umgeht. Nach rechts führt der Weg ins 12 km entfernte Totonicapán (s. S. 302) und geradeaus weiter nach Huehuetenango (82 km, s. S. 307) und zum Grenzort La Mesilla (154 km, s. S. 321).

Quetzaltenango

Wer auf der Hochebene Alaska den höchsten Punkt der Interamericana in Guatemala passiert hat, sieht kurz darauf das große Becken von Quetzaltenango, eines der größten Täler des guatemaltekischen Hochlands. Es erstreckt sich in einer Höhe von 2300 bis 2500 m und auf einer Länge von rund 27 km von **Olintepeque** im Westen bis nach **Totonicapán** (s. S. 302) im Osten. Der **Río Samalá** zerteilt das Becken und fließt über Zunil in Richtung Pazifik. Das fruchtbare Tal ist dicht besiedelt, und die Felder ziehen sich wie Flickenteppiche weit die Hänge hinauf. Im Süden überragt der 3772 m hohe **Vulkan Santa María** die Landschaft und bildet eine natürliche Grenze zur Bocacosta und zum Pazifikraum.

Die zweitgrößte Stadt des Landes versprüht einen eher spröden, konservativ-provinziellen Charme, der in starkem Kontrast zur chaotischen Hektik der Hauptstadt steht. In **Xela** (sprich: „Schela"), wie der Ort in Abkürzung seines alten indianischen Namens Xelajú auch genannt wird, gehen die Uhren langsamer als im 200 km entfernten Guatemala-Stadt. Wäre da nicht der ständige Autoverkehr, könnte man sich ein Jahrhundert zurückversetzt glauben. Der Tag beginnt gemächlich, da die Bewohner sehnsüchtig auf die ersten Strahlen der Sonne warten, die die Kälte vertreiben und die Menschen aus ihren Häusern hervorlocken. Quetzaltenango liegt in einer Höhe von 2333 m, und die Temperatur sinkt bisweilen unter den Gefrierpunkt.

Xela wirkt mit seinen braungrauen, eintönigen Gebäuden auf den ersten Blick nicht allzu einladend und ist auch nicht mit Sehenswürdigkeiten gesegnet. Dennoch übt die Stadt eine wachsende Anziehungskraft auf Touristen aus. Zum einen ist sie ein idealer Ausgangspunkt für Ausflüge in die abwechslungsreiche Umgebung. Die Palette reicht von interessanten Wanderungen, Vulkanbesteigungen, indianischen Märkten, über Kunsthandwerksbetriebe bis hin zu Kaffeeplantagen und heißen Quellen. Ein besonderes Erlebnis sind die Osterfeierlichkeiten, die in Xela mit großem Aufwand und indianischen Anklängen begangen werden. Zum anderen ist das Angebot an Tourangeboten, Restaurants und Kneipen in den letzten Jahren stark angestiegen. Hinzu kommt, dass sich in Xela inzwischen über 30 Sprachschulen niedergelassen haben, die die Stadt zum zweitwichtigsten Sprachzentrum des Landes machen.

Xela ist von seinem ländlich-indianischen Umland geprägt. In der Hochebene werden überwiegend Mais, Weizen und Gemüse angebaut, ergänzt von einer kleinen Industrie, die u. a. Nahrungsmittel, Glas, Leder und Holz verarbeitet. An den Vulkanhängen und in der pazifischen Tiefebene hingegen liegen große Kaffee- bzw. Zuckerrohrplantagen.

Die Quetzaltecos, darunter ein hoher Anteil Indígenas, sind bekannt für ihre förmliche Höflichkeit. Sie sind stolz auf ihre etwas provinzielle Kultiviertheit sowie auf das geistige und kulturelle Niveau der Stadt. Denn Quetzaltenango hat eine überdurchschnittlich hohe Zahl von Intellektuellen in verschiedenen Bereichen hervorgebracht.

Geschichte

Lange Zeit war das Gebiet von Quetzaltenango von Mam-Indianern besiedelt, die es Culahá nannten. Mitte des 15. Jhs. wurden sie allerdings von den Quichés Richtung Nordwesten vertrieben. Unter den Quichés erhielt der Ort den Namen Xelajú, was so viel wie „unter den Zehn" bedeutet. Ob damit die zehn Erhebungen gemeint waren, die den Ort umgeben, oder die Unterteilung der Quiché-Föderation in zehn Gruppen, ist nicht eindeutig geklärt. Noch heute wird die Stadt von vielen Leuten einfach **Xela** genannt. Die Spanier gaben dem Ort schließlich seinen heutigen Namen, der „Ort des Quetzal" bedeutet. Zuvor hatten sie im Februar 1524 im

Tal von Quetzaltenango die Quichés in einer großen Schlacht besiegt. Dabei tötete **Pedro de Alvarado**, der Anführer der Spanier, den Quiché-Häuptling **Tecún Umán**, der mit einem prächtigen Kopfschmuck voller grüner Quetzalfedern in den Kampf gezogen war.

Während der Kolonialzeit entwickelte sich Xela zu einem regen Handelszentrum, doch erst Ende des 19. Jhs. begann mit dem Zuzug deutscher, italienischer und österreichischer Einwanderer ein Wirtschaftsboom. Vor allem die Deutschen stiegen in den aufblühenden Kaffeehandel ein und gelangten zu Wohlstand und Ansehen. Im Oktober 1902 wurde die Stadt nach einem **Vulkanausbruch** des Santa María von einem vernichtenden Erdbeben heimgesucht, von dessen Folgen sie sich bis heute nicht vollständig erholt hat. Daran konnte auch die 1930 fertiggestellte **Eisenbahnlinie**, die Quetzaltenango mit dem Pazifikort Retalhuleu verband, nichts ändern. El Ferrocarril Electrico Nacional de los Altos war eine technische Meisterleistung, die aber nur drei Jahre später von Diktator Ubico nach Erdrutschen und defizitären Bilanzen geschlossen wurde. Noch heute stehen einige der Strommasten entlang der Strecke. Für die Quetzaltecos bedeutete dies einen erneuten wirtschaftlichen Rückschritt, der die Entwicklung des Hochlands beeinträchtigte.

Aus 28 000 Einwohnern im Jahr 1955 sind inzwischen rund 150 000 geworden. Auch wenn die goldenen Zeiten der Stadt vorbei sind, ist die Entwicklung dynamisch – in den vergangenen 20 Jahren hat sich die Stadtfläche verdoppelt.

Sehenswürdigkeiten

Wer von der Kreuzung Cuatro Caminos aus nach Quetzaltenango gelangt, passiert am Ortseingang das **Monumento del Sexto Estado**, einen Triumphbogen zu Ehren der Märtyrer der Unabhängigkeitsbewegung der Hochlandprovinzen im 19. Jh. Vorbei am **Marimba-Denkmal** (La Rotonda) erreicht man über die Calzada Independencia und die 5. Calle die Innenstadt.

Der beschauliche **Parque Centroamérica** ist das Zentrum der Stadt; die neoklassizistischen Gebäude aus Lavagestein, die ihn umgeben, erinnern an den europäischen Einfluss vergangener Zeiten. An der Nordseite steht das Gebäude der ältesten guatemaltekischen Bank, der Banco del Occidente. Sie wurde 1883 gegründet. Nicht weit davon befindet sich leicht zurückversetzt die Pensión Bonifaz, eines der ältesten Hotels der Stadt. Einen Blick lohnt der schöne Innenhof des **Rathauses** *(municipalidad)*, das neben der **Kathedrale Espíritu Santo** auf der Ostseite der Plaza steht. Deren Fassade von 1535 ist einer der letzten kolonialen Überreste der Stadt. Sie erhebt sich direkt vor der Rekonstruktion aus dem Jahr 1899. An der Südostseite der Plaza liegt der kleine Markt *(mercadito)* inzwischen im Schatten eines dreistöckigen Shopping-Centers, des **Centro Comercial Municipal**. Am ersten Sonntag eines jeden Monats findet am Parque Centroamérica ein Kunsthandwerksmarkt statt.

Die gesamte Südseite des Parque nimmt das wuchtige Gebäude der **Casa de la Cultura** ein. Hier sind die Touristeninformation, die Stadtbibliothek und ein Museum untergebracht. Letzteres zeigt auf zwei Stockwerken eine wilde Mischung aus geschichtlichen Dokumenten, Sporttrophäen, Maya-Keramik, alten Fotos der Stadt und naturkundlichen Ausstellungsstücken. ⌚ Mo–Fr 8–12 und 14–18 Uhr, Q6. An der Westseite des Parque fällt besonders die **Pasaje Enríquez** auf, eine überdachte Einkaufspassage, die zwei italienische Architekten Anfang des 20. Jhs. erbauten. Das heruntergekommene Gebäude mit seinen vielen architektonischen Details und Verzierungen wurde zur Hälfte renoviert.

Nur wenige Blocks vom Parque Centroamérica entfernt findet sich in der 1. Calle zwischen der 14. Avenida und der 14. Avenida "A" das **Teatro Municipal**. Das prunkvolle, neoklassizistische Bauwerk mit seiner beeindruckenden Fassade bietet über tausend Menschen Platz. Aufführungen sind allerdings selten geworden.

Folgt man der 14. Avenida "A" oder der 16. Avenida stadtauswärts, passiert man den **La Democracia-Markt**, der bereits in der Zone 3 liegt. Er ist voller Leben und dient gänzlich der Versorgung der einheimischen Bevölkerung. Nördlich des Marktes gelangt man zum wenig spektakulären **Parque Benito Juárez**. An der Ostseite des kleinen Parks steht die sehenswerte neogotische **Kirche San Nicolás**.

Etwas außerhalb am Stadtrand, Richtung San Marcos, befinden sich an der Calzada Revolución (4. Calle der Zone 3) ein **Minerva-Tempel** aus den Zeiten Estrada Cabreras, der **Hauptmarkt** und der **Busbahnhof**. Besonders der Busterminal, eine große Fläche unter freiem Himmel, ist extrem unübersichtlich. Doch viele engagierte Helfer bringen die Passagiere recht zügig zum richtigen Bus.

Ebenfalls an der Calzada Revolución in der Zone 3 liegen dicht nebeneinander das **Museo Ixkik' del Traje Maya**, 4. C. 19-24 Av., Zona 3, das indigene Trachten ausstellt, ✆ 55040810, ⌚ Mo–Fr 9–13 und 15–18 Uhr, Q25, und das **Museo del Ferrocarril**, das sich im Gebäude des alten Bahnhofs befindet. Es dokumentiert die kurze Eisenbahngeschichte Quetzaltenangos, die Anfang der 1930er-Jahre begann. Etwas außerhalb im Osten der Stadt liegt der **Cerro El Baúl**, von dem man einen sehr schönen Blick über die Stadt und das Tal hat. Da es hier schon zu Überfällen gekommen ist, sollte man ein Taxi nehmen und in einer kleinen Gruppe dorthin fahren.

Die größte Feier Xelas ist die Feria Centroamericana de Independencia, die jährlich vom 12. bis 18. September begangen wird. Das Patronatsfest zu Ehren der Jungfrau des Rosenkranzes *(virgen del rosario)* findet am 6. Oktober statt. Das Xela Music Festival findet Ende März/Anfang April statt.

Übernachtung

Hotels

Die meisten Hotels befinden sich unweit des Parque Centroamérica in der Zone 1.

Hotel Andina, 8. Av. 6-07, Zona 1, ✆ 77614012. Unscheinbar von außen, saubere Zimmer mit Bad, Parkplatz. ❷–❸

Hotel Altense, 9. C. 8-48, Zona 1, ✆ 77612811. Sauber, einfach, Parkplatz, gutes Preis-Leistungs-Verhältnis. ❸

Centro Cultural Los Chocoyos, 7. C. 15-20, Zona 1, ✆ 77616497, Hostel, Café und Fair-Trade-Laden. Zimmer mit Bad, Kabel-TV, WLAN, s. auch S. 288. ❸–❹

Casa Renaissance, 9. C. 11-26, Zona 1, ✆ 77618005. Geräumige Zimmer mit Kabel-TV und WLAN. Küchen-, Wohnzimmer- und Computerbenutzung, Breitleinwand-TV mit großer Filmauswahl. Preis inkl. Frühstück. ❹ Schlafsaal (5 Betten) Q45 p. P.

Hotel Kiktem-Ja, 13. Av. 7-18, Zona 1, ✆ 77614304. Geräumige Zimmer mit Kamin, günstige Lage, WLAN, Kabel-TV, Parkplatz. ❹

Black Cat Hostel, 13. Av. 3-33, ✆ 77612091. Zentral gelegene Unterkunft mit nettem Patio. Außerdem Bar und vegetarisches Restaurant, ordentliches Frühstück inkl. ❹–❺ Mit Gemeinschaftsbad ❹, Schlafsaal Q60 p. P.

7 Orejas Hostel, 2. C. 16-92, Zona 1, ✆ 77683218, 🖳 www.7orejas.com. Trendiges Hostel in einem witzig eingerichteten modernen Betonbau, preiswerte Zimmer mit WLAN, Kabel-TV und Safe, Frühstück inbegriffen. Bar mit schönem Blick über die Dächer. ❺ Monatlich Q1650

Hotel Flora Inn, 12. Av. 3-61, Zona 1, ✆ 77612326, 🖳 www.florainnhotel.com. Neues Hotel in smarten 1930er-Jahre-Retro-Stil, zentrale Lage. 8 große und saubere Zimmern, die auf einen Innenhof führen, WLAN und Kabel-TV. Frühstück Q25. ❻

Hotel Casa San Bartolomé, 2 Av. 7-17, Zona 1, Barrio San Bartolome, ✆ 77619511, 🖳 www.casasanbartolome.com.gt.
15 Gehminuten östlich vom Zentrum in ruhiger Lage. Wunderschönes neues Hotel in gepflegtem Kolonialstil mit einem Innenhof voller Blumen. Internet gratis, Kabel-TV, Restaurant, Frühstück inkl. ❻

Hotel Modelo, 14. Av. "A" 2-31, Zona 1, ✆ 77612529, 🖳 www.hotelmodelo1892.com. 1892 gegründetes Hotel mit etwas altmodischen Zimmern, dafür aber sehr freundlichem und fürsorglichem Personal. Kabel-TV, WLAN, Restaurant, Parkplatz. ❼

B&B Hotel Casa Mañen, 9. Av. 4-11, Zona 1, ✆ 77650786, 🖳 www.comeseeit.com. Kleines Hotel mit liebevoll eingerichteten Zimmern. Sehr gepflegt, Kamin, Dachterrasse, Frühstück inkl. ❽ Suiten teurer

Apartments

Wer länger in Xela bleiben möchte, für den ist es meist günstiger ein Apartment zu mieten. Das funktioniert ohne Formalitäten, man sollte aber auch fragen, ob Nebenkosten für Gas, Strom, Wasser, Kabelfernsehen im Preis enthalten sind, um unliebsame Überraschungen zu vermeiden.

Casa Jaguar, in der Pasaje Enriquez am Parque, 2. Stock (Eingang bei Adrenalina Tours), ✆ 41257402. Vermietet Zimmer mit Gemeinschaftsküche und Gemeinschaftsbad sowie unterschiedlich große, eingerichtete Apartments, Q1000–2000 pro Monat (inkl. Gas im ersten Monat)
Casa Xelajú, Callejon 15 Diagonal 13-02, Zona 1, ✆ 77615954, 💻 www.casaxelaju.com. Vermietet 7 möblierte Apartments im Zentrum von Quetzaltenango. DZ, Wohnzimmer mit Kabel-TV und WLAN, Küche und Balkon für US$430 pro Monat (1–2 Pers.).
Hostel Miel y Café, 3. C. 15-21, Zona 1, ✆ 77631136, 💻 www.mielycafe.com. Hostel im Besitz einer US-Amerikanerin, nettes Ambiente. Zimmer mit Kabel-TV und WLAN. Küchenbenutzung, Woche Q275, Monat Q1500 p. P.
Sabor de la India,15. Av. 3-64, Zona 1, ✆ 77652555. Möblierte Zimmer mit Küchenbenutzung, Kabel-TV (in der Küche), WLAN und Waschmaschine. Woche Q250, Monat Q800, zweite Person Q150/Q400
Señora Lidia de Mazariegos, 4. C. 15-34, Zona 1, ✆ 77612166. Komplett eingerichtete Apartments für Q1400 pro Monat (inkl. Gas im ersten Monat).
White Home Hostel, 15. Av. "A" 2-28, Zona 1. Zimmer inkl. Handtüchern, Seife, Trinkwasser. Mit WLAN und Küchenbenutzung. Woche Q300, Monat Q1000

Essen

Wie in anderen guatemaltekischen Städten bekommt man auf den Märkten landestypische Kost. Wem es nicht zu kalt ist, der kann neben der Kathedrale im Freien speisen (s. Kasten). In Bäckereien werden Anisbrötchen *(shecas)* angeboten.

Günstig essen in Quetzaltenango

Für Q15 bis Q30 inkl. Getränk kann man an nachfolgend aufgeführten Orten satt werden. Wer einen empfindlichen Magen hat, sollte auf die Beilage Kohlsalat verzichten. Durchfallgefahr!
Parque Central, am Südende werden ab 16 Uhr frisch frittierte Tortillas mit Hackfleisch oder anderen Zutaten angeboten *(garnachas)*, aber auch Maiskolben, Maisgetränke und Pommes frites etc.
Tacos Doña Berta, Ecke 10. Av. und 6. C., Zona 1, Tacos, natürliche Fruchtsäfte, Bier. Filiale in 3. C. zwischen. 14. Av. und 14. Av. "A".
Café Sagrado Corazón, 14. Av. 3-16, Zona 1. Herzhafte traditionelle quetzaltekische Küche, die Besitzerin bereitet Pepián (Kürbiskernsoße) frisch vom Mahlstein zu.
Churrasquería Cajola, C. Rodolfo Robles, Kreisverkehr Ecke 19. Av., Zona 1. Frisches und leckeres Grillfleisch.
Super Delicias Huehuetecas, C. Rodolfo Robles 16-26, Zona 3, ✆ 77613879. Eintopf, Grillfleisch, Fisch, alles frisch und billig.

Restaurants

In der Pasaje Enríquez an der Plaza befinden sich der **Salón Tecún** (gute Snacks und komplette Mahlzeiten), das Restaurant **El Pasaje** mit mediterranen Spezialitäten und das teure Texmex-Restaurant **Dos Tejanos**.
6to Estado, 4. C. 14-23, Zona 1. Guatemaltekisches Essen wie Pepián oder Tamales, guter Kuchen, preiswert. 🕒 Mo–Sa 7–19 Uhr.
Blue Angel Video Café, 7. C. 15-79, Zona 1, 💻 www.xelawho.com/?page_id=2482. Beliebte Kombination aus vegetarischem Restaurant, Videokneipe und Bücherei.
Casa Antigua, 12. Av. 3-26, Zona 1. Baguettes, Grillfleisch und Crêpes, Fenster zum Innenhof.
Casa Babylon II, 5. C. 12-54, Zona 1. Arabische Küche und viele vegetarische Gerichte (Falafel, Humus, Tofu), leckere Säfte und Milchshakes.
Casa Utz Hua 1 und 2, 12. Av. 3-02, Zona 1. Guatemaltekische Küche, Hauptgericht Q45. 🕒 Mo–Sa 7–20, So 7–16 Uhr.
El Café del Centro, 12. Av. 3-18, Zona 1. Beliebtes Café-Restaurant, nette Bedienung, ein dick belegter Bagel kostet Q35. 🕒 Mo–Mi 9–21, Do–Sa 9–24, So 12–18 Uhr.
El Infinito Veggy Lounge, 7. C. 15-18, Zona 1. Vegetarische Snacks wie Tofu und Sandwiches, Salate, Bier und Wein. 🕒 tgl. geöffnet.
Giuseppes' Gourmet Pizza, 15. Av. Ecke 4. C., Zona 1, ✆ 77612521. Gute Pizzas, Pastas, Wein und Kuchen, Lieferservice. 🕒 tgl. 11–21.30 Uhr.

La Genovese, 14. Av. "A" 3-38, Zona 1. Schlichte Einrichtung, gute Pastas von Chef Alfredo Trovatti. Mo geschl.
Lagartijas Restaurant, 15. Av. "A" 3-05, Zona 1. In einem geräumigen Privathaus warten Weine, Brotzeit mit Käse und Schinken, preiswerte guatemaltekische Häppchen. WLAN, Pokertisch, Brettspiele, Salsaunterricht, Fr 15–23.30 Uhr Livemusik. ⌚ Di–Fr 16–22.30, Sa, So ab 10 Uhr.
Ojalá, 15. Av. "A" 3-33, Zona 1, Café-Bar mit einigen spanisch-libanesichen Gerichten, Fr, Sa ab 18 Uhr Livemusik.
Restaurant El Panorama, oberhalb des Aussichtspunktes La Pedrera, rund 20 Min. zu Fuß vom Zentrum. Schweizer Küche, u. a. Raclette, und ein schöner Blick auf Xela. ⌚ Mi–Fr 17–22, Sa, So 13–22 Uhr.
Restaurante Cardinali, 14. Av. 3-25, Zona 1, bekannter Italiener mit guter Weinauswahl, nicht ganz billig. ⌚ tgl. 10–22 Uhr.
Royal Paris, 14. Av. "A", Ecke 3. C., Zona 1, 2. Stock. Französisches Spezialitätenrestaurant, nicht ganz billig, aber sehr empfohlen, Brettspiele, Fr, Sa um 20 Uhr Livemusik. ⌚ Mo 18–23, Di–So 12–22.30 Uhr.
Sabor de la India,15. Av. 3-64, Zona 1. Indisches Lokal mit großen Portionen, nicht ganz billig. ⌚ Di–So 12–22 Uhr.
Shai Long, 18. Av. 4-44, Zona 3. Pfiffige chinesische Küche, preiswert. ⌚ tgl. 11.30–22.30 Uhr.

Cafés

& Café, nordöstliche Ecke des Parque Central. Kaffee-Kette im Stil von Starbucks mit verschiedenen guatemaltekischen Hochlandkaffees.
Al-Natur, 13. Av. 8-34 "A", Zona 1, s. Fair einkaufen, S. 288
Bazar del Café, Centro Comercial Mont Blanc, Calzada Revolución, Zona 3, 3. St. Rösterei und Café, frisch gerösteter Kaffee zum Trinken und zum Mitnehmen, WLAN. ⌚ tgl. 9–20 Uhr.
Café Baviera, 5. C. 13-14, Zona 1. Xelas beliebtestes und bestes Café, schön mit alten Fotos dekoriert. Frühstück ab 7 Uhr. ⌚ tgl. 7–21 Uhr.
Café Baviera II, 22. Av. 4-49, Zona 3, ✆ 78322981. Guter Kaffee und großzügiges Frühstück in einem kolonialen Innenhof. ⌚ tgl. 8–20 Uhr.
Chocolate Doña Pancha, 10. C. 16-67, Zona 1, ✆ 77619700. Schokoladenfabrik und Café. Doña Pancha stellt Schokolade am Stiel her, die man in seinen Milchkaffee einrühren kann. ⌚ Mo–Sa 8.30–20, So 15–20 Uhr.
Café La Luna, 8. Av. 4-11, Zona 1. Serviert leckeren Kakao und Erdbeer-Sahnetorte. ⌚ Mo–Fr 9.30–21, Sa, So 16–21 Uhr.
El Cuartito Café, 13. Av. 7-09, Zona 1, Café-Taverne, die Frühstück, fair gehandelten Kaffee, Bagels und Snacks serviert. Wein, WLAN, an Wochenenden Livemusik und DJ's. ⌚ Mi–So 7–23 Uhr.
Heladería Italiana Abby, 19. Av. 0-43, Zona 3. Sehr gutes hausgemachtes italienisches Eis, preiswert. ⌚ tgl. 10.30–18 Uhr.
La Cafetera.net, 8. C. y 15 Av., Zona 1. Leckeres Frühstück, gute einheimische Snacks, herrliche Aussichtsterrasse, Sala-Tanzstunden tgl. 18–20 Uhr, WLAN.
La Vienesa, 6. C., Ecke 9. Av., Zona 1. Café und Bäckerei. Hier gehen die Quetzaltecos nach der Arbeit heiße Schokolade trinken. ⌚ Mo–Sa 7.30–19.30 Uhr.
Smoothies Rum, 7 C. 15-23, Zona 1. Smoothies (Milkshakes), Bagels, vegetarisches Essen in afrikanisch und indisch dekorierten Räumen. Sitzkissen und Shishas. ⌚ Di–So 16–23 Uhr.

Unterhaltung

Viele Kneipen und Discos liegen in der 14. und 15. Av. "A" zwischen dem Theater (1. Calle) und der 5. Calle. „In" sind in dieser Zone das **El Duende**, die Disco-Bar **Palalife Klish'e**, das **Coco Loco**, das **Sahara** und **La Fratta**.
Billard spielen und Bier trinken geht man im **Pool&Beer** in der 12. Av. 10-21, Zona 1. In der **Taberna de Don Rodrigo**, 14. Av., am Theater, trinken die Einheimischen Bier vom Fass und essen leckere Sandwiches.
Der **Salón Tecún**, Pasaje Enriquez am Parque, ist ein Dauerbrenner seit 1934. Livemusik (Trova) bekommt man Di–Sa in **La Fonda del Ché**, 15. Av. 7-43, zu hören.
Im **La Parranda**, 14. Av. 4-41, Zona 1, Mi gibt es gratis Salsaunterricht, Fr im **La Rumba**.

Westliches Hochland

Kinos/Video

Blue Angel Video Café, 7. C. 15-79, Zona 1. Tgl. Filme ab 20 Uhr, Eintritt Q10, Programm unter: http//:xelawho.com/?page_id=2482

Touren

Altiplano's Tour Operador, 12. Av. 3-35, Zona 1, 77669614, www.altiplanos.com.gt. Organisiert Touren zu den Vulkanen Santa Maria, Tajumulco und Chicabal.

Adrenalina Tours, 13. Av., 4-25, Zona 1, in der Pasaje Enriquez, 77614509, www.adrenalinatours.com, www.caminandoguatemala.com. Verlässlicher Shuttle-Service, Touren im Minibus in die Umgebung, maßgeschneiderte Wanderungen und Vulkanbesteigungen in ganz Guatemala, Reitausflüge, Fischen im Pazifik, Gepäckaufbewahrung und -transport. Adrenalina Tours hat für faires und nachhaltiges Wirtschaften das Tourismussiegel „Great Green Deal" (s. S. 138) verliehen bekommen.

Icaro Tours, 15. Av. 6-75, Zona 1, 77658205, www.icarotours.com. Vulkantouren, Pakete für ganz Guatemala.

Kaqchiquel Tours, 7. C. 15-36, Zona 1, 50104465, 45339202. Ausflüge, Wanderungen und Shuttle-Transfers.

The Bike House, 15. Av. 5-22, Zona 1, 77611021, www.thebikehouse.net. Sergio Valle ist ein erfahrener Führer, der für US$20–50 p. P. Tagestouren in Gebiete anbietet, die man ohne Führer nie finden würde (Gruppenrabatt!). Für Q40 pro Tag kann man Räder leihen.

Tranvía de Los Altos, Südwestecke des Parque, 57528369, www.tranviadelosaltos.com, 2-stündige geführte Stadtrundfahrten in Bussen, die als Eisenbahnwaggons ausgestattet wurden, tgl. 11 und 15 Uhr Abfahrt am Hauptplatz, Q50, Mindestteilnehmerzahl 4.

Trekken für einen guten Zweck

Der Non-Profit-Veranstalter **Quetzaltrekkers** im Hotel Casa Argentina, Diagonal 12, 8-37, Zona 1, 77655895, www.quetzaltrekkers.com, führt empfehlenswerte Wandertouren durch. Mit den Gewinnen wird die Escuela de la Calle (EDELAC), ein Projekt für Straßenkinder, unterstützt. **Tourbeispiele**: von Xela zum Atitlán-See (3 Tage, Q600), Vulkan Tajumulco (2 Tage, Q400), Vollmondwanderung Vulkan Santa María (Q150) und von Nebaj nach Todos Santos Cuchumatanes (6 Tage, Q1100), Transport, Guides, Ausrüstung, Essen inklusive. Der Veranstalter verleiht auch Trekkingausrüstung.

Sonstiges

Autovermietungen

Tabarini, 9. C. 9-21, Zona 1, 77630418, www.tabarini.com.

Xelarent, 8. C. 19A-26, Zona 1, 77613460.

Bücher

Vrisa Bookshop, 15. Av. 3-64, Zona 1, bietet auch neue und gebrauchte englische Bücher (u. a. Reiseführer) sowie touristische Informationen und Kartenmaterial.

El Libro Abierto, 15. Av. "A" 1-56, Zona 1, gute Auswahl spanischer und englischer Literatur, Bücher über Guatemala und die Maya; Reiseführer.

North+South Bookstore, 15. Av. 13-77, Zona 1, guatemaltekische Geschichte, Wörterbücher, Karten, Reiseführer, Spanisch-Lernmaterialien.

Fahrräder

The Bike House, 15. Av. 5-22, Zona 1, s. Touren.

Freiwilligenarbeit

Infos bei den Spanischschulen, die vielfach Hilfsprojekte unterstützen. Siehe auch die Internetseiten www.xelapages.com, www.entremundos.com und die Projekte von PMG in Antigua, www.promosaico.com.

Geld

Mehrere Banken und Geldautomaten (Mastercard, Visa) befinden sich um den Parque Central. **Bantrab**, 14. Av., zwischen 2. und 3. C, Zona 1, akzeptiert auch ec-Karten. Am Parque Benito Juárez gibt es weitere Geldautomaten.

Informationen

INGUAT, Casa de la Cultura, Südseite der Plaza, 77614931. Mo–Fr 9–17, Sa 9–12 Uhr.

Quetzaltenango Zentrum

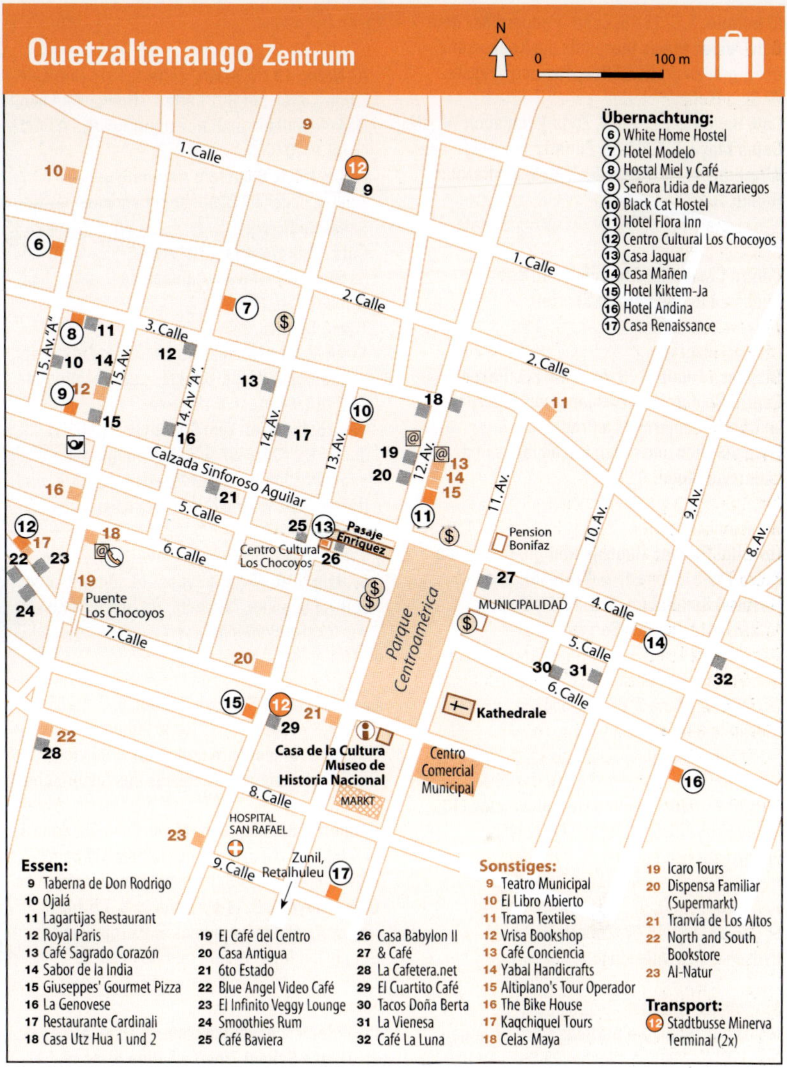

Die monatlichen Ausgaben der kostenlosen englischen Zeitschriften *XelaWho*, www.xelawho.com, und *Entre Mundos*, www.entremundos.org, enthalten viele Informationen zu Veranstaltungen, Restaurants, Bars, etc. Ein kompletter **Infoguide** findet sich in englischer Sprache im Internet unter www.xelapages.com.

Internet

Eine Preisschlacht hat zum Verfall der Preise geführt, die z. T. nur noch bei Q3–4 pro Std. liegen.

El Infinito, 7. C. 15-18, Zona 1, gegenüber dem Blue Angel, etwas teurer als die Konkurrenz, dafür gibt es gratis Kaffee, Tee und Wasser. ◷ So geschl.
Café Baviera, 5. C. 13-14, Zona 1, hat auch WLAN.
Celas Maya, 6. C. 14-55, Zona 1.
Alternativas, 16. Av. 3-35, Zona 3, am Parque Benito Juárez.

Kunsthandwerk

Centro Comercial Municipal, an der Südostseite des Parque Central.

Lebensmittel

Dispensa Familiar 13. Av. 6-94, Z.1, **Paíz** im Centro Comercial Montblanc und **Híperpaiz** im Centro Comercial La Pradera.
Frische Milch und guten Käse gibt es in den Läden von **Xelac**.

Medizinische Hilfe

Hospital Privado Quetzaltenango, C. Rodolfo Robles 23-51, Zona 1, ✆ 77614381, und **Hospital San Rafael**, 9. C. 10-41, Zona 1, ✆ 77614414, 24-Std.-Service.

Mexikanisches Konsulat

21. Av. 8-64, Zona 3, ✆ 77675542.
◷ Mo–Fr 8–11 Uhr.

Notfälle

Polizei, ✆ 77610042 und Notfallnummer 110.
Rotes Kreuz (Cruz Roja), ✆ 77612746.
Feuerwehr (Bomberos), ✆ 77612002.

Post/Paketversand

El Correo, 4. C. 15-07, Zona 1.
DHL, Plaza La Villa, Zona 3.

Sprachunterricht

Große Auswahl. Die offiziellen Preise liegen bei US$140–200 pro Woche (25 Std. Unterricht/Woche). Infos im Internet unter 🖳 www.guatemala365.com und 🖳 www.xelapages.com.
Proyecto Lingüístico Quetzalteco de Español, 5. C. 2-40, Zona 1, ✆ 77631061, 🖳 www.plqe.org. Eine sozial orientierte Schule mit exzellentem Unterricht und einer Filiale in einem Dorf an der Bocacosta.

Fair einkaufen in Quetzaltenango

Al-Natur, 13 Av. 8-34A, Zona 1, Café und Fair-Trade-Laden mit Bio-Kaffee, -Honig, Textilien, Naturkosmetik und Kunsthandwerk. WLAN. ◷ tgl. 9–20 Uhr.
Im **Centro de Comercio Alternativo**, 1. Av. 6-87, Zona 1, bekommt man fair gehandelten Kaffee, Schokolade etc.
Café Conciencia, 12 Av. 3-35, Zona 1, ✆ 58192282, 🖳 www.cafeconciencia.org, Fair-Trade-Kaffeeprojekt.
Trama Textiles, 3. C. 10-56, Zona 1, ✆ 77658564, 🖳 www.tramatextiles.org, ✉ trama.textiles@yahoo.com. Webprodukte der Vereinigung ASOTRAMA. Auch Webkurse.
Centro Cultural Los Chocoyos, 7. C. 15-20, Zona 1, ✆ 77616497, 🖳 www.centroculturalloschocoyos.com. Fair-Trade-Laden, Café und Hostel. Traditionelle Kissen, Taschen und andere Mitbringsel.
Yabal Handicrafts, 12. Av. 3-35, Zona 1, ✆ 41983615, 🖳 www.yabal-handicrafts.com. Fair gehandelte Taschen, Tücher und Kissen von lokalen Frauengruppen.

La Democracia Spanish School, 9. C. 15-05, Zona 3, ✆ 77670013, 🖳 www.lademocracia.net. Familiäre Atmosphäre und guter Unterricht. Die Schule liegt etwas abseits des historischen Zentrums.
El Quetzal Spanish School, 10. C. 10-29, Zona 1, ✆ 77651085, 🖳 s. www.guatemala365.com. Kleine, preiswerte Schule mit gutem Unterricht.
Celas Maya, 6. C. 14-55, Zona 1, ✆ 77614342, 🖳 www.celasmaya.edu.gt. Gut organisierte Schule mit Internetcafé und Reisebüro.

Tanzen

Viele Spanischschulen bieten Salsa-Tanzkurse an. **Dance School Tropica Latina**, Diagonal 11 7-79, Zona 1, ✆ 5183-8690, ✉ tropicalatina@xelawho.com, Salsa- und Merengue-Unterricht; privat oder in Kleingruppen.

Taxis

Findet man am Parque Centroamérica, am Busterminal und am Mercado La Democracia.

24-Std.-Taxiservice, **Taxis Blanco y Azul**, ✆ 77632285.

Telefon

El Infinito, 7. C. 15-18, Zona 1. ⏲ So geschl.
Telgua, 15. Av., Ecke 4. C., Zona 1, Kartentelefone.
Alternativas, 16. Av. 3-35, Zona 3, am Parque Benito Juárez.

Reisebüros

SAB, 1. C. 12-35, Zona 1, ✆ 77616402.
Viajes Tivoli, 4. C. 18-01, Zona 3, Centro Comercial Mont Blanc, ✆ 77611448.

Wäschereien

Rapi Servicio, 7. C. 13-25, Zona 1.
MiniMax, 14. Av., Ecke 1. C., Zona 1, ✆ 77612952, auch chemische Reinigung.

Nahverkehr

Bis auf den Minerva-Busterminal sind alle wichtigen Orte in Quetzaltenango in den Zonen 1 und 3 zu finden und somit bequem zu Fuß zu erreichen.
Zum Busbahnhof fahren alle **Stadtbusse**, die auf der 13. Av. zwischen der 4. und 8. C. der Zone 1 verkehren. Vom Busbahnhof erreicht man das Zentrum, indem man den Markt südlich des Terminals überquert und zur 4. C. geht. Alle Busse mit der Aufschrift „Parque" bringen einen von dort direkt zum Parque Centroamérica.

Transport

Von Quetzaltenango aus gelangt man in nahezu alle Orte des westlichen Hochlands und der Pazifikküste. Fast alle **Busse** starten vom Busbahnhof am Minerva-Park ganz im Nordwesten der Stadt. Dort heißt es gut auf sein Gepäck aufpassen! 1.-Klasse-Busse nach Guatemala-Stadt haben eigene Terminals (s. u.). Oftmals ist es günstiger, einen beliebigen Bus nach Cuatro Caminos zu nehmen und dort in die gewünschte Richtung umzusteigen. Ein guter Platz, einen Bus abzufangen, ist La Rotonda, ein großer Kreisverkehr an der Kreuzung der

Westliches Hochland

Die neoklassizistische Fassade des Theaters von Quetzaltenango

8. C./7. Av., Zona 2. Dorthin fahren einige der Stadtbusse, die an der Casa de la Cultura halten. Reisebüros bieten private **Shuttle-Busse** nach Antigua (US$25), Chichicastenango (US$15) sowie Guatemala-Stadt an (US$30).
GUATEMALA-STADT (206 km, 4 Std.), 1. Klasse, Pullmann-Busse – Linea Dorada, 12. Av. 5-13, Zona 3, ✆ 77675198, 🖳 www.lineadorada.info/index.html, tgl. 4 und 15.30 Uhr, Q70. Beste, aber auch teuerste Wahl.
Transportes Galgos, C. Rodolfo Robles 17-43, Zona 1, ✆ 77612248, tgl. 4, 8.30, 12.30 und 15 Uhr.
Transportes Alamo, 14. Av. 5-15, Zona 3, ✆ 77635044, 6x tgl. von 4.30–14.30 Uhr, Q60.
Fuente del Norte, 7. Av. 3-33, Zona 2, ✆ 77614587, Busse um 9.30 und 15.30 Uhr.
Zusätzlich zu den 1.-Klasse-Bussen verlassen Camionetas alle 30 Min. den Minerva-Terminal.
Vom **Busbahnhof Minerva** gelangt man außerdem direkt zu folgenden Orten:
ALMOLONGA (s. ganz unten)
CANTEL (30 Min.), am besten an der Rotonda zusteigen, Abfahrt ca. alle 15 Min. zwischen 6 und 18 Uhr.
CHICHICASTENANGO (94 km, 2 1/2 Std.), alle 30 Min. von 9–16 Uhr, sonst in Los Encuentros umsteigen.
CIUDAD TECÚN UMÁN (mexikanische Grenze, 129 km, 4 Std.), alle 30 Min. von 5.30–16.30 Uhr.
CUATRO CAMINOS (11 km, 30 Min.), alle Busse nach Guatemala, Huehuetenango, Momostenango oder San Francisco El Alto.
El CARMEN (mexikanische Grenze, 4 Std.), zuerst einen Bus nach Coatepeque nehmen (halbstündige Abfahrten) und dort in einen Direktbus zur Grenze umsteigen.
FUENTES GEORGINAS, erst nach Zunil (s. u.) bis zur Kirche, dann weiter mit Pick-ups oder über Tourveranstalter zu organisieren.
HUEHUETENANGO (90 km, 2 1/2 Std.), ständige Abfahrten von 4.30–18.30 Uhr.
LAGUNA CHICABAL, s. San Martin Sacatepéquez.
LA MESILLA (mexikanische Grenze, 170 km, 4 Std.), Abfahrten 5, 6, 7, 8, 13 und 14 Uhr. Oder Bus nach Huehuetenango nehmen und dort umsteigen.
MOMOSTENANGO (35 km, 90 Min.), alle 15 Min. von 6–19 Uhr.
PANAJACHEL (99 km, 3 Std.), mehrere Abfahrten zwischen 10 und 16.40 Uhr.
RETALHULEU (67 km, 1 1/2 Std.), ständige Abfahrten von 4.30–19 Uhr. Auf den Bussen steht in der Regel nur „Reu".
SAN ANDRES XECUL (1 Std.), Busse ca. alle 30 Min. von 6–18 Uhr, oder man nimmt einen beliebigen Bus Richtung Cuatro Caminos, steigt an der Abzweigung nach San Andres aus und fährt auf einem Pick-up mit.
SAN FRANCISCO EL ALTO (17 km, 1 Std.), freitags (Markttag) alle 15 Min. von 6–19 Uhr (Aufschrift Momostenango).
SAN MARCOS (40 km, 1 1/2 Std.), alle 20 Min. von 6–21 Uhr.
SAN MARTÍN SACATEPÉQUEZ (heißt auch SAN MARTIN CHILE VERDE) (22 km, 1 Std.), der Bus fährt ab, wenn er voll ist. Die Route wird auch von Kleinbussen bedient, von einem eigenen Terminal in der 15. Av. Ecke 5. C. Zona 3, Abfahrt alle 5 Min. von 6–18.40 Uhr.
SANTIAGO ATITLÁN (4 1/2 Std.), über die Pazifikstraße. Abfahrten 8, 11 und 12.30 Uhr.
TOTONICAPAN (30 km, 1 Std.), alle 10 Min. von 6–20.30 Uhr, Abfahrt Rotonda, Calzada Independencia oder von der Terminal de Toto, 2. C. und 6. Av., Zona 1.
Von der Ecke 9. Av. und 10. Calle, Zona 1, werden folgende Ziele angesteuert:
ALMOLONGA, Baños Los Vahos (6 km, 10 Min.), jeweils halbstündige Abfahrten.
ZUNIL (10 km, 20 Min.), jeweils halbstündige Abfahrten.

Nördlich von Quetzaltenango

Olintepeque, Salcajá und San Andrés Xecul

Entlang der alten Route nach Huehuetenango liegt **Olintepeque**, ein ruhiges Dorf, das von Landwirtschaft und Weberei lebt. Weniger ruhig war es hier im Jahr 1524, als Spanier und Quichés in einer alles entscheidenden Schlacht aufeinandertrafen: Der Fluss Xequijel soll sich vom Blut der getöteten Quichés rot gefärbt haben. Heute kommen Pilger hierher, um den Heiligen San Pascual in einer kleinen Kapelle neben der Kirche zu verehren.

QUETZALTENANGO UMGEBUNG

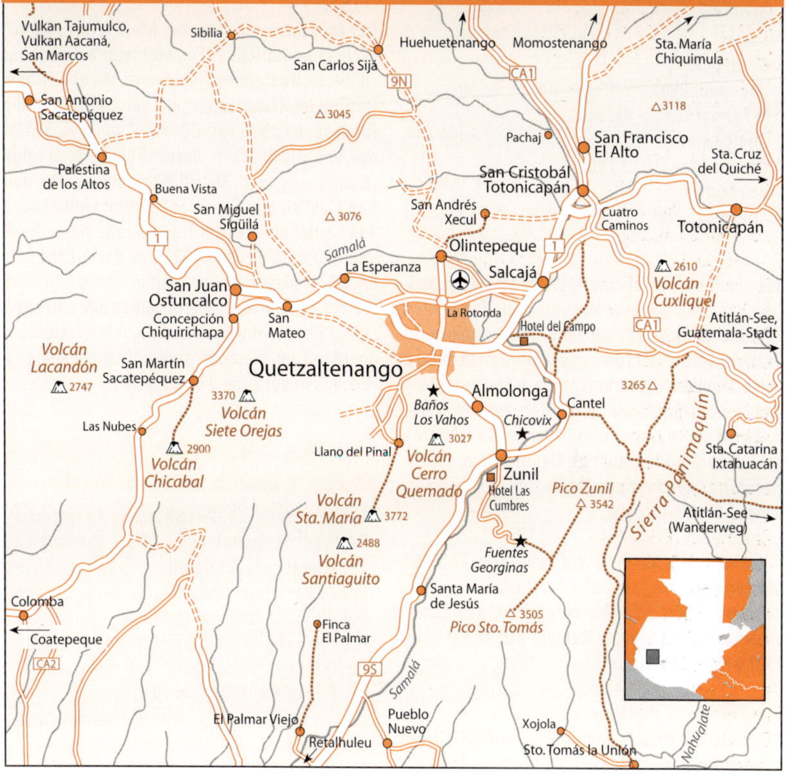

Auf der Hauptstraße zwischen Quetzaltenango und der Kreuzung Cuatro Caminos passiert man **Salcajá**. Der Ort nimmt für sich in Anspruch, die erste Siedlung der Spanier auf guatemaltekischem Boden gewesen zu sein. Dafür spricht u. a., dass die katholische Kirche hier das (nicht mehr erhaltene) erste Gotteshaus Guatemalas errichtete. Für die Gegenwart bedeutsamer ist das Kunsthandwerk, und zwar besonders die Färberei, die die Salcajeños perfekt beherrschen. Bei der Jaspe-Technik werden die aufgespannten Baumwollfäden an vorher bestimmten Stellen zusammengebunden und dann gefärbt. So ergibt sich das typische Muster für die Röcke, das anschließend auf Fußwebstühlen verfeinert wird. Zu den in Salcajá nach Hausrezept hergestellten alkoholische Spezialitäten gehören ein Eierlikör *(rompopo)* und ein Rumtopf aus Früchten der Saison *(caldo de frutas)*.

Wer von Quetzaltenango Richtung Cuatro Caminos fährt, passiert kurz vor Erreichen der Interamericana linker Hand die Abzweigung zum unscheinbaren Dorf **San Andrés Xecul**. Erst wenn man auf der Plaza vor der Kirche aus dem 16. Jh. angelangt ist, sieht man die Besonderheit des Ortes: Überrascht blickt der Besucher auf die bunteste Kirchenfassade Guatemalas. Auf knallgelbem Hintergrund ist die Vorderseite mit

Feste und Märkte in der Umgebung

Ort	Fiesta	Markttag
Almolonga	29. Juni	Mi und Sa
Cantel	15. August	So
Concepción Chiquirichapa	8. Dezember	Do und So
El Palmar	25. Juli	So
Olintepeque	24. Juni	Di und Sa
Ostuncalco	2. Februar	So
San Martín Sacatepéquez	11. November	So

plastischen Engelsfiguren, Weinranken und naiven Verzierungen aller Art versehen. Die Farben und Muster entsprechen denen der Huipiles der Frauen. In den Bergen oberhalb der ebenfalls bunt bemalten Kalvarienkapelle gibt es mehrere Maya-Kultstätten, an denen Schamanen regelmäßig Riten durchführen. Auch in San Andrés gibt es einen Maximón. Im Gegensatz zu jenem von Zunil oder Santiago Atitlán besucht ihn allerdings kaum ein Tourist.

Übernachtung

Da alle drei Orte sehr nahe bei Quetzaltenango liegen, sollte bevorzugt dort übernachtet werden. In **Salcajá** gibt es einfache Hospedajes.

Transport

Nach OLINTEPEQUE und SAN ANDRÉS XECUL fahren regelmäßig **Busse** vom Terminal. Ein ca. 4 km langer Fußweg verbindet Olintepeque mit San Andrés Xecul.
Nach SALCAJÁ kann man alle Busse nehmen, die zur Kreuzung Cuatro Caminos fahren.

Südöstlich von Quetzaltenango

Zwei Straßen verlassen Quetzaltenango in Richtung Pazifikküste. Im Süden führt die etwas kürzere Route über Almolonga nach Zunil, während die östliche Route am Ortseingang Richtung Salcajá abzweigt und über Cantel durch das Samalá-Tal schließlich ebenfalls Zunil erreicht. Hier vereinigen sich beide Routen zur Hauptstraße Richtung Retalhuleu und zur Kreuzung El Zarco.

Cantel

Der Dorfname soll sich vom Maya-Wort „Cantil" (Schlange) herleiten. Ein wichtiger Arbeitgeber ist die große Baumwollspinnerei, die seit 1876 in Betrieb ist. Etwas unterhalb der Fabrik liegt die Produktionsstätte von **COPAVIC**, einer Kooperative von Glasbläsern, deren Besuch sich lohnt (s. unten, Kasten). Die Abzweigung zu den heißen Quellen von Chicovix befindet sich südlich von Cantel entlang der Hauptstraße nach Zunil. Von hier sind es rund 600 m zu der Anlage, die über Einzelkabinen zum Baden und ein großes Freibecken verfügt. Nach Cantel fahren regelmäßig Busse vom Busterminal in Quetzaltenango. Man kann sie auch an der Bushaltestelle La Rotonda in der Zone 2 besteigen.

Die Glasbläser von Cantel

1976 gründeten 17 Glasbläser die Kooperative COPAVIC in Cantel. Obwohl sie über wenig Startkapital und keinerlei betriebswirtschaftliche Kenntnisse verfügten, riskierten sie den Schritt in die Unabhängigkeit: Die Nachfrage nach den originellen Glaskreationen aus 100 % Altglas von COPAVIC wuchs ständig, sodass der Exportanteil heute bei 70 % liegt.
Inzwischen setzt die Kooperative jährlich rund US$200 000 um. Besonders die Sozialleistungen für die rund 50 Arbeiter können sich im Landesvergleich sehen lassen: Alle Angestellten erhalten 14 Monatsgehälter, 15 bis 20 Tage Urlaub und eine Lebensversicherung, deren Kosten der Betrieb vollständig übernimmt.
Wer die Glasbläser in Aktion erleben möchte, sollte vormittags kommen, denn gearbeitet wird von 5–13 Uhr. Der angeschlossene Lagerverkauf ist Mo–Fr von 8–17 und Sa 8–12 Uhr geöffnet, ✆ 77638131, 💻 www.copavic.com. Alle Glasprodukte werden bruchsicher verpackt. Glasarbeiten von COPAVIC bekommt man auch in Deutschland bei 💻 www.gepa.de, in Österreich bei 💻 www.weltlaeden.at und in der Schweiz bei 💻 www.claro.ch.

Indígenas verkaufen Palmkreuze für die Fiesta de la Cruz.

Almolonga

Das idyllisch wirkende Obst- und Gemüse-Anbaugebiet hat ein Problem: Riesige Müllberge liegen stinkend und schwelend am Wegesrand, halbherzig hinter einer viel zu niedrigen Mauer versteckt. Ein Teil wird in der Regenzeit von den Wassermassen weggespült, der andere rottet vor sich hin. Die Ursachen des Müllproblems: ein rasant gewachsenes Dorf, wenig Platz und viel Ignoranz. Es scheint, als ob die geschäftstüchtigen Bewohner sich eher dem Gemüseverkauf im Hochland als den Umweltproblemen vor ihrer eigenen Haustür widmen.

Um Almolonga herum liegen mehrere Thermalquellen, die von der einheimischen Bevölkerung stark frequentiert werden. Wer keine allzu großen Ansprüche an Hygiene und Wasserqualität stellt, sollte eine dieser Badegelegenheiten ausprobieren, die mit Namen wie **Los Baños**, **Los Chorros** oder **Aguas Amargas** locken.

Um zum natürlichen Dampfbad **Los Vahos** zu gelangen, nimmt man einen Bus Richtung Almolonga, lässt sich auf halber Strecke beim Schild „Los Vahos" absetzen und läuft auf der Erdstraße rund 2,3 km bergauf (Abzweigung nach rechts nach etwa einem Kilometer). Einige Bäder sind während der starken Regenfälle 2010 beschädigt worden. Vor Ort nach dem aktuellen Stand erkundigen!

Transport

Vom Terminal in Xela aus fahren **Busse** viertelstündlich nach ALMOLONGA. Wer möchte, kann auch an der 9. Av., Ecke 10. C., zusteigen. Nach einem kurzen Halt in Almolonga fahren einige der Busse direkt zu den heißen Quellen LOS BAÑOS. Der letzte Bus zurück nach Quetzaltenango verlässt den Ort gegen 19 Uhr.

Zunil

In einem üppig bewachsenen Tal unterhalb der Orte Almolonga und Zunil liegt das Quiché-Dorf Santa Catarina Zunil. Es ist unschwer zu erraten, wovon die Einwohner leben, denn auf jedem freien Zentimeter Erde sieht man kleine, terrassierte Parzellen, auf denen Obst und Gemüse wachsen. Zusammen mit Almolonga gehört Zunil auf diesem Sektor zum bedeutendsten Anbauzentrum im Hochland. Das Wasser, mit dem die Felder bewässert werden, stammt teilweise aus dem völlig verschmutzten Río Salamá. Auch der Umgang mit Pestiziden wird recht sorglos gehandhabt.

Anzuschauen lohnt zunächst der reizvoll oberhalb des Dorfes gelegene Friedhof und die Kolonialkirche, vor deren kalkweißer Fassade jeden Montag ein bunter **Markt** stattfindet, auf dem die Frauen in ihren lila-roten Trachten ein besonders hübsches Bild abgeben. Wer sich für Webarbeiten interessiert, ist in der **Cooperativa de Tejedoras Santa Ana** unterhalb der Kirche gut aufgehoben. In dieser Webereikooperative, die 1970 gegründet wurde, sind inzwischen rund 550 Frauen organisiert. Mit einem Teil der Verkaufserlöse fördern die Frauen Bildungs- und Gesundheitsprojekte im Dorf. ◷ 7–18 Uhr.

Der **Maximón von Zunil** ist ein Spektakel für sich. Ähnlich wie ihre „Kollegen" in San Andrés Itzapa (s. S. 229) oder Santiago Atitlán (s. S. 270) empfängt die modern gekleidete Holzpuppe, die Zigarre raucht und Schnaps trinkt, in Begleitung der für sie zuständigen Laienbruderschaft Bittsteller und Touristen gegen Zahlung von ein paar Quetzales (Fotos kosten extra). Das Geschäft läuft nicht schlecht. Selbst die Zigarrenasche wird noch als Mittel gegen Schlaflosigkeit verhökert. Am ersten November eines jeden Jahres wechselt Maximón seinen Wohnsitz. Ihn zu finden ist kein Problem: Jeder im Ort weiß, wo er für das nächste Jahr seinen „Dienst" verrichtet.

8 km außerhalb von Zunil liegen die **Thermalquellen Fuentes Georginas**, deren heißes Schwefelwasser der Flanke des Vulkans Zunil entspringt. Wegen eines massiven Erdrutsches sind die Thermalquellen allerdings voraussichtlich bis mind. Mitte 2011 geschlossen!

Die Thermalquellen sind der Ausgangspunkt für die Besteigung der beiden **Vulkane** Zunil (3542 m, Gehzeit hin und zurück etwa 6 Std.) und Santo Tomás (3505 m, Gehzeit hin und zurück etwa 8 Std.), die nur mit einem einheimischen Begleiter unternommen werden sollte.

1,5 km südlich von Zunil befindet sich das gut ausgestattete **Hotel Las Cumbres**, ✆ 53042102, 💻 www.lascumbres.com.gt, das über eigene Thermalquellen, Sauna und Spa verfügt. ❼–❽ inkl. Saunabenutzung.

Transport

Busse nach Zunil fahren vom Terminal in QUETZALTENANGO halbstündlich ab. Zusteigemöglichkeit auch an der 9. Av., Ecke 10. C. (über Almolonga) und dem Kreisverkehr La Rotonda (über Cantel). Gegen 18 Uhr geht es letztmals von Zunil zurück. Von Zunil aus zweigt der Weg zu den heißen Quellen FUENTES GEORGINAS an der Straße nach Cantel ab (Gehzeit 2–2 1/2 Std.). **Pick-ups** fahren von der Kirche in Zunil zu den Quellen, oder man wartet an der Abzweigung. Fahrpreis je nach Anzahl der Passagiere, ungefähr Q10 p. P. einfache Strecke. Las Fuentes Georginas Tours, 5. C. 14-14, Zona 1, ✆ 77630596 💻 www.lasfuentesgeorginas.com, und Adrenalina Tours (s. S. 286), bieten einen **Shuttle-Service** zu den Quellen an.

Westlich von Quetzaltenango

In Richtung Westen erreicht man über **San Mateo** nach 15 km das wohlhabende Dorf **San Juan Ostuncalco**. In diesem landwirtschaftlichen Zentrum, in dem schon nicht mehr Quiché, sondern bereits Mam gesprochen wird, werden Kartoffeln angebaut und Holzmöbel hergestellt. Der Virgen del rosario in der Kirche werden wundersame Kräfte nachgesagt. Nur 2 km entfernt liegt an der Straße zur Pazifikküste das Dorf **Concepción Chiquirichapa**. Ein Besuch lohnt sich, wenn am 7. und 8. Dezember mit viel Böllerei die Fiesta zu Ehren der Virgen de concepción (Jungfrau der heiligen Empfängnis) begangen wird.

Nach der Überquerung eines Passes sieht man bald darauf **San Martín Sacatepéquez** in

Bei Vollmond auf den Santa María

Die gemeinnützige Organisation **Quetzaltrekkers** in Quetzaltenango (s. S. 286) veranstaltet Vollmondwanderungen auf den Vulkan Santa María.

Mystischer Ausflug zum Vulkan Chicabal

Das 2490 m hoch gelegene San Martín ist Ausgangspunkt der Wanderung zum wunderschönen Kratersee des Vulkans Chicabal. Sie liegt auf einer Höhe von 2712 m, während sich der Gipfel des Vulkans, in dichtem Wald versteckt, in 2900 m Höhe befindet. Richtung Süden folgt man zunächst rund 1 Std. lang einem breiten Weg, der einen Bergrücken überquert und schöne Blicke auf das Tal von San Martín erlaubt. Auf der anderen Seite geht es ein Stück bergab bis zu einem kleinen Kassenhäuschen, wo Q15 p. P. zur Unterhaltung des Naturschutzgebietes zu entrichten sind. Durch die ständige Feuchtigkeit des Nebelgebietes hat sich eine reichhaltige Flora herausgebildet, die vor Abholzung bewahrt werden soll.

Ab hier beginnt der Aufstieg Richtung Kratersee, der rund 45 Min. dauert. Am Rand des Kraters hat man bei schönem Wetter einen herrlichen Blick auf die türkisblaue Wasserfläche (Durchmesser ca. 0,5 km, ca. 300 m tief) und den Vulkan Santa María im Osten. An dieser Stelle hat die Parkverwaltung eine kleine Campingfläche hergerichtet und Holzbänke für ein Picknick aufgestellt. Hier beginnt der steile Abstieg über Holzstufen zum See, der zu Fuß umrundet werden kann.

Ein zweiter Weg führt ohne Stufen vom Seeufer zurück zum Eingang. Am Ufer trifft man gelegentlich auf Stein- oder Holzkreuze, die für die Maya-Bevölkerung heilige Orte darstellen und deshalb nicht berührt werden sollten. Besonders an Christi Himmelfahrt und am 3. Mai, dem Día de la cruz (Tag des Kreuzes), pilgern die Bewohner der umliegenden Dörfer zur Lagune, um vor den dort errichteten Kreuzen, einem wichtigen Maya-Symbol, zu beten. Dabei sollte man sich mit dem Fotografieren zurückhalten.

einer Talmulde vor sich liegen. Früher war die Gegend Anbaugebiet für grüne Paprika, weshalb der Ort auch **San Martín Chile Verde** genannt wird. Heutzutage überwiegt allerdings der Kartoffelanbau.

Oftmals stauen sich hier die Wolken, die von der warmen Küste hochziehen, an den umliegenden Bergrücken und überziehen das Tal mit einer dichten Nebelschicht.

Wenige Kilometer weiter in Richtung Pazifikküste wird die Landschaft immer grüner, und das tiefer gelegene Dörfchen **Colomba** liegt bereits mitten in der Bocacosta, dem Kaffeegürtel Guatemalas.

Übernachtung

In San Juan Ostuncalco und San Martín Sacatepéquez kann man in einfachen Herbergen übernachten.

Camping ist am Kraterrand der **Lagune Chicabal** auf der dafür vorgesehenen Fläche möglich. Trinkwasser und einen guten Schlafsack mitnehmen! Alle nicht benötigten Wertsachen sollten im Hotelsafe in Quetzaltenango bleiben.

Transport

Siehe Quetzaltenango, Transport, S. 289.

Vulkan Santa María, Vulkan Santiaguito und El Palmar Viejo

Im Süden von Quetzaltenango erhebt sich der mächtige Kegel des Vulkans Santa María. Von der Stadt aus sieht man nur die 3772 m hohe Spitze, aber von fast überall im Tal aus ist der alles beherrschende Koloss in voller Pracht zu sehen.

Auf- und Abstieg sind an einem Tag zu schaffen, doch um den Sonnenauf- und -untergang erleben zu können, sollte man eine Nacht auf dem Gipfel verbringen. Zwar sind Kälte, Wind und Höhenlage alles andere als angenehm, aber der Blick vom Gipfel entschädigt für alle Mühen. Insgesamt zehn Vulkane sind von hier oben zu sehen: Der Acatenango, Fuego, Atitlán, Tolimán, San Pedro, Zunil und Santo Tomás im Osten, der Tajumulco und Tacaná im Westen und der aktive Santiaguito im Südwes-

Von Mais und Menschen

Der Mais war und ist die Lebensgrundlage der Maya – doch ob er es auch in Zukunft noch sein wird, wissen allein die Götter. Ohne Mais können die Nachfahren der Maya in Guatemala nicht leben. Die für sie göttliche Pflanze ist ihnen Lebensursprung und tägliche Nahrungsquelle zugleich.

Das Geschick und Überleben von Mensch und Maiskorn ist untrennbar miteinander verbunden: Der Mais kann sich nicht ohne den Menschen fortpflanzen. Und der Mensch braucht die gelben und weißen Maiskolben zum Überleben. Diese Symbiose ist uralt; sie begann vor etwa 4000 Jahren, als die ersten Siedler in den Hochtälern Mexikos die Urform des Mais züchteten. Sie domestizierten die Pflanze, und dies führte zu ertragreicheren Ernten, die ihrerseits wiederum nicht unwesentlich zur Blüte der Maya beitrugen. Doch der Wohlstand führte zu einem Anstieg der Bevölkerung, was die Entwicklung neuer landwirtschaftlicher Techniken erforderlich machte, um alle Familien mit Mais versorgen zu können. So wurden Terrassen und Bewässerungssysteme angelegt – doch für die Maya gehörte noch mehr zu einer gelungenen Ernte. Denn der Mais war und ist ihnen heilig, und nur wer die Götter ehrte und respektierte, durfte mit einer reichhaltigen Ernte rechnen. So zentral war die Bedeutung des Mais im Leben der Maya, dass sie sich einen eigenen Maisgott schufen, dessen Kopf ein von Blättern umhüllter Maiskolben schmückt. Doch dann kamen die Spanier und zwangen den Indígenas ihren eigenen Glauben auf. Der alte Maisgott hatte damit ausgedient: Von nun an war es der Gott der Christen, der den Mais erschaffen hatte, und die Maya glaubten, sein Sohn Jesus Christus habe den Kolben die Farben Gelb, Weiß, Schwarz und Rot gegeben.

Der Mais ist noch immer die wichtigste Nahrungsquelle der Maya-Nachfahren; aus ihm werden über 80 % der täglichen Nahrung zubereitet. Doch der ewige Kreislauf von Aussaat und Ernte scheint in Gefahr zu sein. Zu wenig Land, erodierte und schlechte Böden sowie unkontrolliertes Bevölkerungswachstum haben dazu geführt, dass der Mais knapp geworden ist. Guatemala muss ihn inzwischen importieren, und kaum ein Bauer auf dem Lande kann ohne Zukauf überleben. Alternativen sind keine in Sicht – für Menschen und Götter brechen daher schwere Zeiten an.

ten. Bei klarem Wetter reicht die Sicht bis zum Pazifik und weit hinein ins guatemaltekische Hochland, das morgens oftmals von einer Wolkenschicht überzogen ist.

Besteigung des Santa María

(Alle Zeitangaben bezüglich Auf- und Abstieg beziehen sich auf Wanderer mit kompletter Ausrüstung für eine Übernachtung auf dem Gipfel. Wer eine Tagestour unternimmt, kann den Vulkan deutlich schneller besteigen). Der Aufstieg beginnt im Dorf Llano del Pinal, ca. 20 Busminuten von Xela entfernt. Pick-ups und Busse fahren zwischen 7 und 17.30 Uhr ca. alle 30 Min. vom Busterminal oder vor der Kalvarienkirche am Parque Calvario ab.

An der Kreuzung, an der man das Fahrzeug verlässt, folgt man der breiten Dorfstraße Richtung Vulkan. Nach ca. 45 Min. zweigt ein Pfad Richtung Vulkan links ab und windet sich durch Felder und Bäume auf ein grasbewachsenes Hochplateau *(La Meseta)*, das nach rund 2 Std. erreicht ist. Wer spät gestartet ist, sollte hier die Nacht verbringen. Vom Hochplateau aus biegt ein schmaler Weg rechts zum Vulkan ab. Er windet sich zunächst durch Hochlandgras und führt dann in einen Wald. Der Pfad wird nun zunehmend steiler und rutschiger. Rechts und links zweigen weitere Wege ab, die jedoch immer wieder auf den Hauptweg zurückführen. Nach weiteren 2 Std. erreicht man den kahlen Gipfel, der nur wenig oberhalb der Baumgrenze liegt. Hier oben werden einige kleine Altäre von den Indígenas für Opferzeremonien benutzt.

Zum Zelten sollte man sich einen Platz auf der Nordseite des Vulkans suchen, um so sicher wie möglich vor einem eventuellen Ascheregen des Santiaguito auf der Südseite zu sein. Der Abstieg auf der gleichen Route ist in 2–2 1/2 Std. zu schaffen. Wer auf dem Santa María übernachten will, sollte neben einem Zelt einen guten Schlafsack und etwa 4–5 l Wasser pro Person mitbringen. Damit die Höhe keine Beschwerden verursacht, empfiehlt sich vor dem Aufstieg ein mehrtägiger Aufenthalt in Quetzaltenango.

Auf dem Santa María ist es gelegentlich zu Überfällen auf Wanderer gekommen, weshalb man nicht allein gehen und vor einer Besteigung die aktuelle Lage erfragen sollte. Infos über Tagestouren bekommt man bei Sprachschulen sowie Tourenanbietern in Quetzaltenango. Näheres zum Ausrüstungsverleih S. 286, Quetzaltenango.

Der nur 2500 m hohe Vulkan **Santiaguito**, der am 29. Juli 1922 durch einen Ausbruch an der Südwestflanke des Santa María entstand, liegt 15 km südlich von Xela und gehört aufgrund seiner ständigen Eruptionen zu den gefährlichsten Vulkanen des Landes. Von einer Besteigung ist daher dringend abzuraten. Man sollte sich mit dem Blick vom Gipfel des Santa María begnügen. Einige Veranstalter bieten Touren zu Aussichtspunkten in der Nähe des Santiaguitos an. Der Weg dorthin führt ebenfalls über Llano del Pinal.

Südlich des Santiaguito liegt **El Palmar Viejo**, ein Dorf, das 1998 als Folge des Hurrikans Mitch von einer Schlammlawine zerstört wurde. Zu den Überresten des Dorfes, das über die Hauptstraße nach Retalhuleu erreichbar ist, bieten Tourveranstalter in Quetzaltenango Ausflüge an.

Provinz San Marcos

Nur rund 50 km westlich von Quetzaltenango liegt San Marcos, Hauptstadt der gleichnamigen Provinz. Die Straße windet sich auf über 3000 m hoch, durchquert das kleine Dorf **Palestina de los Altos**, in dem regelmäßig ein kleiner Viehmarkt stattfindet, und fällt in das U-förmige Tal der Schwesterstädte **San Marcos** und **San Pedro Sacatepéquez** ab. Beide Städte bilden das Herz einer wenig bekannten Provinz der landschaftlichen Superlative, die kulturell vom benachbarten Mexiko beeinflusst ist.

Aufgrund seiner Abgeschiedenheit ist San Marcos bislang nicht sehr touristisch, bietet aber gerade dem Wander- und Trekkingfreund gute Bedingungen.

Das Landschaftsbild der Provinz San Marcos reicht von meterhohen Wellen und Mangrovenwäldern am Pazifik bei **Tilapa** (s. S. 482) bis zu den Palmölplantagen der Küstenebene. Weiter oben, an der Bocacosta, wird an den fruchtbaren Vulkanhängen Kaffee angebaut. Und im zerklüfteten Hochgebirge der Sierra Madre ziehen *campesinos* auf Kleinparzellen Mais, Bohnen und Gemüse und verarbeiten Schafswolle und Leder.

Das Altiplano wird von den zwei höchsten Vulkanen Mittelamerikas, dem 4220 m hohen **Tajumulco** und dem 4093 m hohen **Tacaná**, überragt; beide sind Teil der guatemaltekischen Vulkankette.

Die Provinz gehört zu der am dichtesten besiedelten Region Guatemalas. Die Einwohnerzahl des Departamento San Marcos hat sich seit den 1970er-Jahren auf ca. 900 000 verdoppelt. Besonders in den Landkreisen entlang der Grenze ist der Einfluss mexikanischer Kultur spürbar, während die übrige Provinz kulturell überwiegend von den Mam-Indígenas geprägt ist. In größeren Städten lebt eine wohlhabende Ladino-Schicht, die es mit ausgedehnten Ländereien zu Geld und Ansehen gebracht hat. Doch soziale Ungerechtigkeit und Armut führten hier, wie auch in anderen Teilen des Hochlands, zu einer hohen Guerilla-Präsenz. Inzwischen aber hat die Provinz mit anderen Problemen, wie illegalem Drogenanbau, Grenzschmuggel und Migrationsbewegungen Richtung USA, zu kämpfen. Die abgeschiedene Lage vieler Täler begünstigt Aktivitäten dieser Art.

Die beiden Grenzübergänge nach Mexiko, **El Carmen** und **Tecún Umán**, sind inzwischen soziale Brennpunkte.

San Marcos und San Pedro Sacatepéquez

Bis zum heutigen Tage besteht eine Rivalität zwischen San Marcos und der inzwischen größeren Schwesterstadt San Pedro Sacatepéquez, einem ehemaligen Vorort von San Marcos, in dem vorwiegend Indígenas lebten. Heute sind beide Städte durch eine breite, baumbestandene Allee verbunden, werden aber unabhängig voneinander verwaltet. Dabei läuft das wohlhabender wirkende San Pedro der Provinzhauptstadt San Marcos immer mehr den Rang als Handelszentrum ab.

Die Zentren beider Städte sind grundlegend verschieden. Während die Plaza von San Pedro modern und großflächig gestaltet wurde, ist in San Marcos ein Stadtzentrum nur schwer erkennbar. Kurios ist der **Palacio Maya**, in dem die Stadtverwaltung von San Marcos untergebracht ist. Der Palast, der zwischen beiden Orten liegt, ist unter anderem mit Maya-Symbolen, Glyphen und einer Uhr mit Maya-Zahlen und Schlangenkopf versehen. Die **Patronatsfeste** finden am 29. Juli in San Pedro und am 25. April in San Marcos statt.

Übernachtung und Essen

In San Marcos gibt es bessere Hotels als in San Pedro. Das Essen ist in beiden Orten sehr bescheiden und beschränkt sich auf einfache Comedores und das eine oder andere Pizzarestaurant.

Hotel Fairmont, 10. C. 8-74, Zona 1, San Pedro, ✆ 77604893. Sauber und ordentlich, mit Restaurant. ❹

Transport

GUATEMALA-STADT (253 km, 5 Std.), mit Transportes Marquensita, ✆ 77601245. Die Gesellschaft besitzt ein eigenes Büro an der C. Real, ihre Busse kommen aber auch am Terminal vorbei. Abfahrten um 2, 3, 6.30, 8.30, 10.45 und 11.45 Uhr. Die Busse von Transportes Tacaná fahren halbstündlich (3–13.30 Uhr) vom Busterminal in Tacaná über San Marcos und Quetzaltenango nach Guatemala-Stadt.

EL CARMEN (mexikanische Grenze über Malacatán, ca. 2–2 1/2 Std.), regelmäßiger Busverkehr.

Nach Tecún Umán an der mexikanischen Grenze gibt es dagegen keine direkten Verbindungen – in Malacatán muss man umsteigen!

Nach QUETZALTENANGO (ca. 90 Min.) fahren regelmäßig Busse zwischen 2 und 16 Uhr.

Auch nach SIBINAI (Vulkan Tacaná) fahren regelmäßig Busse.

Zum Vulkan TAJUMULCO kann man jeden Bus Richtung Tacaná nehmen. Transportes Tacaná fahren die Strecke halbstündlich. Ausstieg zur Vulkanbesteigung bei der Abzweigung nach Tuichán, Fahrtdauer 30–45 Min. Zum Dorf Tajumulco fährt ein Bus um 12 und um 13 Uhr vom Terminal in San Marcos.

Zu den Vulkanen Tajumulco und Tacaná

In Richtung Nordwesten gelangt man in die entlegensten Hochlandregionen der Provinz, wenn nicht sogar des ganzen Landes. Nach rund 11 km zweigt eine Straße nach rechts zum Dorf **San Lorenzo** ab. Hier wurde der ehemalige Präsident Justo Rufino Barrios (1835–1885) geboren. Sein Geburtshaus wurde zum nationalen Monument erklärt.

Die Straße zu den Vulkanen, die überwiegend asphaltiert ist, steigt weiter kontinuierlich an und nähert sich der Ostflanke des **Vulkans Tajumulco**. Bei den Mam-Indianern heißt der Vulkan *Chman*, was „Herz der dreizehn Dinge bedeutet". Der Legende nach stammen alle Dinge, die man zum Leben braucht, aus dem Inneren dieses Berges. Als beobachtet wurde, wie ein Specht immer wieder im Innern des Vulkans verschwand, folgte man ihm. Neben Mais und Bohnen fand man elf weitere nützliche Dinge. Von hier aus verbreitete sich dieser Erzählung zufolge also auch der Mais in Guatemala.

In weiteren Verlauf zweigt eine Nebenstraße zum **Dorf Tajumulco** ab, das versteckt in einer Talmulde in 2050 m Höhe liegt. Doch die Hauptstraße führt noch tiefer in die atemberaubende, hier kaum noch besiedelte Bergwelt. Kahle Gebirgsgrate, tiefe Täler und vom Wind verdrehte Äste, unterbrochen von weit auseinanderliegenden Lehmziegelhäusern und den weißgrauen Punkten der Schaf- und Ziegenherden, bestimmen das Bild.

Im Hochgebirgsdorf **Ixchiguán** legen die Busse in über 3000 m Höhe eine Pause ein, bevor sie sich über den 3400 m hohen Pass **Cumbre de Cotzil** quälen und den langen Abstieg nach **Tacaná** (2400 m Höhe) bewältigen. Die Bewohner dieses dicht an der mexikanischen Grenze gelegenen Ortes haben starke Bindungen zu ihren Nachbarn auf der anderen Seite entwickelt. Hier wie dort werden Decken und Schals aus Wolle hergestellt, Kerzen gezogen und Holzmöbel produziert.

Der Aufstieg auf den 4093 m hohen **Vulkan Tacaná**, der zuletzt 1855 ausbrach, führt über das kleine Dorf **Sibinal**, das etwa 75 km von San Marcos entfernt auf rund 2500 m Höhe liegt. Die Besteigung des Vulkans dauert 6–8 Std. Nach rund 2 Std. Aufstieg wird das kleine Dorf **La Haciendita** auf 3140 m erreicht, wo man sein Zelt aufschlagen kann. Hier bekommt man einfache Erfrischungsgetränke und kleine Snacks. Für den Abstieg müssen weitere 4–5 Std. eingeplant werden. In jedem Fall sollte ein lokaler Führer, den man in Sibinal organisieren kann, sowie mind. 5 l Wasser mitgenommen werden. Näheres zum Transport s. unter San Marcos, S. 298.

Besteigung des Tajumulco

Der Aufstieg auf den höchsten Gipfel Zentralamerikas beginnt bei der Abzweigung zum kleinen Weiler **Tuichán**, rund 25 km von San Marcos entfernt. Die Einstiegsstelle in rund 3000 m Höhe befindet sich gegenüber einem Schild mit der Aufschrift „Tuichán 2 km" und ist mit grünen Pfeilen gekennzeichnet. Nach kurzem Anstieg sieht man bereits den Gipfel des Tajumulco. Der Weg ist leicht zu finden und bietet – abgesehen von der Höhe – keinerlei Schwierigkeiten. In rund 4 Std. wandert man durch lichte Zypressenwäldchen, über Geröll und Hochgebirgsweiden und gelangt dann zu einer kleinen, bewaldeten Ebene, die auf ca. 4000 m zwischen den beiden Hauptgipfeln liegt und sich hervorragend zum Campen eignet. Linker Hand erhebt sich der kleine Gipfel des Tajumulco, der Cerro de Concepción, mit rund 4100 m, während rechter Hand der Hauptgipfel mit seinem Krater in 4220 m Höhe liegt. Insgesamt sollten für den Aufstieg 5–6 Std. und für den Abstieg 3 Std. eingeplant werden.

Nachts fallen die Temperaturen vor allem von November bis Januar bis weit unter 0 °C. Der Veranstalter Quetzaltrekkers aus Quetzaltenango (s. S. 286) organisiert regelmäßig Touren.

Zur mexikanischen Grenze

Westlich von San Marcos beginnt sich die Straße durch endlose Kaffeeplantagen und über Serpentinen zur Küste hinabzuwinden. Immer wieder bieten sich grandiose Ausblicke. Nach knapp 50 km erreicht man **Malacatán**, das bereits in der heißen Tiefebene liegt. Die große Anzahl von Hotels resultiert aus der unmittelbaren Nähe zum guatemaltekischen Grenzort **El Carmen**.

Die Grenze ist laut offiziellen Angaben rund um die Uhr geöffnet, worauf man sich aber nicht verlassen sollte. Die beste Zeit für einen Grenzübertritt mit Busanschluss ist der Vormittag. Der mexikanische Grenzort heißt **Talismán**. In El Carmen gibt es Hotels, Restaurants, Banken und Taxis.

Übernachtung und Essen

Hotel Adalmar, 6. C. 2-48, Zona 1. ❷
La Estancia, 3. C. 3-43, Zona 1, ✆ 77769382, mit Restaurant. ❺

Transport

Die meisten **Busse** fahren über den südlicher liegenden und deutlich stärker frequentierten Grenzort TECÚN UMÁN (s. S. 482) und weiter entlang der Pazifikstraße. Wer nach QUETZALTENANGO möchte, muss entweder in Malacatán, Coatepeque oder Retalhuleu umsteigen. Auf mexikanischer Seite fahren Kleinbusse bis spät abends nach TAPACHULA.

Zwischen SAN MARCOS und Malacatán verkehren stdl. Busse von 5–17 Uhr. Von Malacatán aus fahren Minibusse alle halbe Stunde zur Grenze. Von 3–17 Uhr fahren Camionetas direkt von San Marcos bis zur Grenze. Von der Grenze kann man **Pullman-Busse** nach GUATEMALA-STADT (275 km, 5–6 Std.) nehmen. Sie benutzen die Pazifikstraße CA 2.

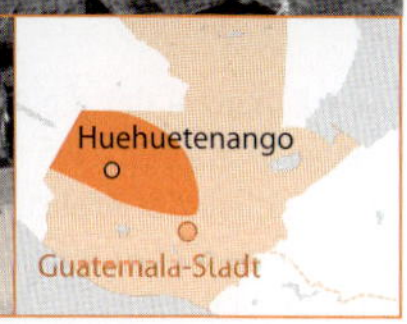

Nordwestliches Hochland

Stefan Loose Traveltipps

San Francisco El Alto Den Trubel auf dem größten Indianermarkt des Landes kann man in aller Ruhe vom Kirchendach beobachten. S. 305

6 **Cuchumatanes-Berge** Ein Ritt auf 3000 m Höhe über den Wolken durch reizvolle Berglandschaft. S. 313

7 **Todos Santos Cuchumatán** An Allerheiligen findet hier ein spektakuläres Pferderennen statt. S. 314

Ixil-Dreieck Eine Wanderung von Nebaj in das sattgrüne Tal von Acul, wo es leckeren Käse zu probieren gibt. S. 325

Provinz Totonicapán

Mit gerade einmal rund 1 % der Landesfläche gehört Totonicapán zu den kleinsten Departamentos Guatemalas. Die Bevölkerungsdichte ist mit rund 340 Bewohnern pro Quadratkilometer extrem hoch, obwohl die Provinz zur kältesten des Landes zählt: Fast alle acht Landkreise liegen in der Sierra Madre in Höhen zwischen 2000 und 3000 m. Nur ganz im Norden der Provinz werden etwas geringere Höhen erreicht. Die Bewohner des Departamentos sind zu 95 % Quiché-Indianer.

Totonicapán

Die Hauptstadt der gleichnamigen Provinz liegt in einer Höhe von 2495 m am Ende eines Tales, 12 km östlich der Kreuzung Cuatro Caminos. Sie ist auf drei Seiten eingerahmt von bewaldeten Bergen und Hügelketten. Die ursprüngliche Siedlung Totonicapáns befand sich oberhalb des heutigen Standorts und war nach Utatlán die zweitwichtigste Stadt der Quiché-Indianer. Sie nannten sie Chuimekená, was mit „Ort über den heißen Quellen" übersetzt wird. Im Tal von Totonicapán verlaufen zahlreiche Heißwasseradern, die noch heute an verschiedenen Stellen an die Oberfläche treten.

Die Spanier gründeten San Miguel Totonicapán 1544. Immer wieder begehrte die indianische Bevölkerung gegen die Kolonialherren auf. So weigerte sich 1816 der indianische Bürgermeister **Anastasio Tzul**, Steuern an die spanische Krone abzuführen.

Vier Jahre später kam es zur offenen Rebellion in Totonicapán und in den umliegenden Dörfern. Nach der Vertreibung der verhassten Spanier wurde Tzul zum neuen König der Quichés gewählt. Seine Amtszeit dauerte nur 29 Tage, dann beendeten königliche Truppen aus Quetzaltenango den Aufstand, verhafteten Tzul und seine Gefolgsleute und stellten sie vor Gericht. Ihr weiteres Schicksal ist in den Wirren des Unabhängigkeitskampfes verloren gegangen. Auch heute noch gilt Tzul, besonders unter der indianischen Bevölkerung, als Volksheld – auf der Plaza von Totonicapán hat man ihm ein Denkmal

DAS NORDWESTLICHE

HOCHLAND
N
0
20 km
Laguna Yolnabaj
Gracias a Dios
Playa Grande
Xacibal
San Mateo Ixtatán
Barillas
Altamirano
△ 3335
Co. Bobí
Ixcán
Tzéa
Catarina
Panila
San Sebastián Coatán
Sta. Eulalia
Reserva de Biósfera Visis - Caba
San Miguel Acatán
San
Miguel
San
Juan
Jacaltenango
San Pedro Soloma
Concepción Huista
△ 3381
San Juan Ixcoy
Cordillera de los Cuchumatanes
s. Detailplan Umg. Nebaj S. 330
△ 3318
Co. Sumal
Laguna Magdalena
Palop
Limón
Quilén
Santiago Chimaltenango
3873 △
La Torre
El Salvador
Todos Santos Cuchumatán
En Tuj Xiolek
3518
Salquil Grande
Chajul
3828
Cinabal
San Juan Atitán
Tuilán
La Ventosa
Tres Caminos
San Nicolás
Cotzal
Colotenango
△ 3325
San Juan Cotzal
San Sebastián Huehuetenango
3443 △
9N
La Capellanía
Acul
Nebaj
Chortiz
Xexocom
Mirador de los Cuchumatanes
Chancol
3351
San Gaspar Ixchil
CA1
Chiantla
Zaculeu
Uspantán
7W
Cunén
Huehuetenango
Aguacatán
Blanco
7W
Cobán
7W
Sacapulas
San Lorenzo
La Estancia
Negro
Negro
Malacatancito
Vega
Sipacapa
CA1
Chilil
Cuilco
Ixchol
Cal
Cacá
San Bartolomé Jocotenango
15
San Andrés Sajcabajá
Sta. Lucía la Reforma
Ekcá
San Pedro Jocopilas
San Bartolo
San Antonio Ilotenango
Cabricán
Momostenango
Sta. Cruz del Quiché
Chinique
Zacualpa
Pologuá
Sta. María Chiquimula
Utatlán
Chiché
Joyabaj
San Antonio Sacatepéquez
San Carlos Sijá
Cocoyá
9N
San Francisco El Alto
Palestina de los Altos
Chichicastenango
San Cristóbal
Quetzaltenango
Gu.-Stadt
Totonicapán
Cuatro Caminos
Los Encuentros, San Martín
Motagua
Olintepeque
△3403

gesetzt sowie Schulen und Brücken nach ihm benannt.

Jedes Jahr kommen am Vorabend des 15. September, dem Tag der Unabhängigkeit von Spanien, Indígenas von nah und fern nach Totonicapán. Sie entzünden Fackeln am Denkmal von Anastasio Tzul, die sie ihm zu Ehren in einem Stafettenlauf zu ihren Dörfern tragen, begleitet von einem lärmenden Autokorso.

Totonicapán ist bekannt für sein vielfältiges Angebot an traditionellem Kunsthandwerk, das man in vielen kleinen Werkstätten besichtigen kann. Ähnlich wie in Salcajá werden Röcke in der Jaspe-Technik hergestellt, Huipiles gewebt und bemalte Keramik angefertigt. Aber auch die Leder- und Holzprodukte sind von hoher Qualität.

In der **Casa de la Cultura**, 8. Av. 2-17, Zona 1, ✆ 77661575, befindet sich die Morería Nimá K'iché, wo traditionelle Masken und Tanzkostüme produziert und verliehen werden. Die ältesten hier aufbewahrten Kostüme sind rund 60 Jahre alt, ⌚ Mo–Fr 8–16 Uhr, Q35. Hier bekommt man auch Informationen zu einem Programm, das Touristen ermöglicht, einheimische Künstler und ihre Familien sowie Entwicklungsprojekte und Maya-Stätten der Umgebung kennenzulernen. Der Besuch einer Werkstätte kostet Q50.

Jedes Jahr (meist Ende März) veranstalten die Bewohner des Ortes ein **Tanzfestival**, bei dem man außer den bekanntesten prähispanischen und kolonialen Tänzen und der dazugehörigen Musik auch einen Kunsthandwerksmarkt, Theateraufführungen, lokale Küche sowie Auftritte einer Laienbruderschaft geboten bekommt. Auch während der Fiesta zu Ehren des Erzengels Michael am 29. September werden diverse traditionelle Tänze aufgeführt. Am Mittwoch und Donnerstag der Karwoche wird außerdem das Leben, Leiden und der Tod Jesu Christi dargestellt.

Die Stadt selbst weist keine größeren touristischen Sehenswürdigkeiten auf, besitzt aber einige architektonische Details. Am Ortseingang, aus Richtung Cuatro Caminos kommend, steht der **Tanque de los Dragones**, der „Drachentank". Der Brunnen, der als Waschstelle dient, ist von gotischen Säulen umrundet und wird aus vier Fischmäulern gespeist, die Drachen ähneln.

1991 begann das Kulturhaus von Toto, wie der Ort auch kurz genannt wird, die alten Straßennamen auf Mayolica-Kacheln (Glasurkeramik) anzubringen. So findet man heute wieder Namen wie „Straße der Lungenentzündung" oder „Avenida der Todsünde", und während auf Ersterer der kalte Wind besonders stark bläst, treffen sich auf Letzterer Liebespaare. Auch auf dem **Friedhof** sind auf den Grabmalen glasierte Kacheln zu bewundern.

An der Plaza steht das neoklassizistische **Theater**, das der Konstruktion des Theaters von Quetzaltenango ähnelt. Wegen fehlender Geldmittel zogen sich die Bauarbeiten allerdings von 1911 bis 1924 hin. Den Grundstein für die benachbarte **Kirche** legte Bischof Marroquín 1545. Nach Bränden und Erdbeben wurde die Kirche mehrfach modernisiert, und nur die Sakristei hat den originalen Barockstil bewahrt. Im Inneren der Kirche befindet sich eine Holzskulptur des Erzengels Michael, des Schutzpatrons der Stadt. Der Konvent beherbergt ein kleines Museum mit religiösen Gemälden, historischen Büchern und archäologischen Fundstücken der Region.

Bei den Einheimischen beliebt sind die Thermalquellen **Aguas Calientes**, auch kurz *Guaca* genannt, die im Süden der Stadt, an der Verlängerung der 10. Avenida, liegen. *Guaca* bezeichnet auch einen Anislikör, den die Indígenas gern trinken.

Übernachtung

Hospedaje San Miguel, 8. Av. 7-49, Zona 1, ✆/℻ 77661452. Saubere Zimmer, zentrale Lage. Zimmer ohne Bad sind einiges günstiger, TV, Parkplatz, Cafeteria. ❹

Hotel Totonicapán, 8. Av. 8-15, Z. 4, ✆ 79311700, ✉ reservaciones@hoteltotonicapan.com, ansprechende Zimmer mit Bad, TV, Konferenzräume, Parkplatz. ❻

Transport

Ständige Abfahrten der **Busse** Richtung CUATRO CAMINOS und weiter entweder nach GUATEMALA-STADT oder QUETZALTENANGO (letzter Bus gegen 18.30 Uhr). Es gibt eine Verbindung über eine schlechte Straße in das 44 km entfernte SANTA CRUZ DEL QUICHÉ, Fahrtzeit ca. 2 Std.

Die Umgebung von Totonicapán

San Cristóbal Totonicapán

Die Gemeinde liegt im Tal von Quetzaltenango, wenige hundert Meter von der Kreuzung Cuatro Caminos entfernt. Der Río Salamá, der über einen spektakulären Wasserfall oberhalb des Ortes in ein enges Tal fließt, teilt das Städtchen in zwei Hälften. Anziehungspunkt ist die große Franziskanerkirche aus dem 16. Jh., die später restauriert wurde und eindrucksvolle, silberverzierte Altäre und Holzfiguren beherbergt. Mehr noch als in die Provinzhauptstadt kommen Indígenas aus dem ganzen Hochland nach San Cristóbal, um sich bei den Kostümverleihern *(morerías)* Trachten und Kostüme für traditionelle Tänze auszuleihen. In der Umgebung des Ortes befinden sich einige kleinere Thermalbäder mit Namen wie Los Naranjalitos, Fray Bernadino oder Agua Tibia. Der sonntägliche Markt ist gut besucht, ebenso wie die Fiesta Ende Juli. Übernachten sollte man vorzugsweise in Quetzaltenango.

Da San Cristóbal Totonicapán nur wenige hundert Meter von Cuatro Caminos entfernt liegt, ist es mit jedem beliebigen Bus zu erreichen, der diese Kreuzung passiert. Vom Busbahnhof in Quetzaltenango fahren mehrmals täglich Busse direkt nach San Cristóbal.

San Francisco El Alto

Der Ort ist allein schon wegen seiner Lage in 2630 m Höhe einen Besuch wert. Da er auf einem Hügel liegt, bietet sich von San Francisco ein fantastisches Panorama, das sich bis zum Vulkan Santa María auf der anderen Talseite erstreckt. Hinzu kommt jeweils freitags einer der größten Hochlandmärkte, der trotz steigender Touristenzahlen weitaus authentischer als der Markt von Chichicastenango ist. Fast alle der angebotenen Waren sind auf die Bedürfnisse der einheimischen Bevölkerung zugeschnitten und rein touristische Verkaufsstände sind (noch) die Ausnahme. Besonders günstig lassen sich hier Wollteppiche erstehen. Sehenswert ist der Viehmarkt auf dem Fußballplatz. Von dem ständigen Schubsen und Drängeln in den engen, überfüllten Gassen sollte man sich die gute Laune nicht verderben lassen – es gehört hier einfach dazu. Vorsicht vor Taschendieben ist allerdings angebracht!

Der Markt aus der Vogelperspektive

Am ruhigsten und sichersten lässt sich das Marktgeschehen vom Dach der barocken **Franziskanerkirche** aus dem Jahr 1725 beobachten. Der Aufstieg ist gegen einen kleinen Obulus vom Konvent aus möglich, der wiederum durch die Kirche zu erreichen ist. Von hier oben hat man den besten Blick auf Markt und Umgebung, und die weiß getünchten Glockentürmchen passen als Kulisse in jeden Italowestern. Bitte nicht auf die baufälligen Dachkuppeln steigen, sondern am Rand des Dachs entlanglaufen!

San Francisco oder Chusiguán, wie der Ort früher genannt wurde, ist bei den Indígenas für seine religiösen Zeremonien sehr bedeutend. Viele Maya-Priester suchen die Opferplätze der Umgebung wie Las Nueve Sillas oder El Quemadero auf und zelebrieren dort die Jahrhunderte alten Costumbres. Die große Fiesta findet jährlich am 4. Oktober statt.

Übernachtung

Die Herbergen und Restaurants sind wenig anheimelnd und eher auf Marktteilnehmer als auf Touristen eingestellt.

Hotel Vista Hermosa, 3. C. 2-64, ✆ 77384010. Einfache, aber große Zimmer, zum Teil mit Talblick, heiße Dusche. ❸

Transport

Vom Terminal in QUETZALTENAGO fahren **Direktbusse** nach San Francisco (ca. 1 Std.). Alternativ kann man jeden Bus in Richtung HUEHUETENANGO oder LA MESILLA nehmen, an der Abzweigung nach San Francisco aussteigen und ca. 1 km zu Fuß in den Ort laufen.

Momostenango

Nördlich von San Francisco el Alto führt eine asphaltierte Straße durch eine steppenartige Landschaft über einen Bergkamm, durchquert einen Kiefernwald und endet in einem breiten Tal auf 2204 m Höhe. Dort liegt das ein wenig verschlafen wirkende Momostenango mit seinen rund 25 000 Einwohnern, das aber das Zentrum der Wollproduktion des guatemaltekischen Hochlands ist: Hier werden u. a. die besten Wolldecken *(chamarras)* des Landes hergestellt. Vor allem bei den Indígenas besteht eine große Nachfrage nach Wollartikeln aus Momostenango. Die Männer aus Nahualá kaufen z. B. ihre Überröcke hier.

Vielleicht ist die Abgeschiedenheit mit verantwortlich für die Tatsache, dass der Ort seine Traditionen und kulturelle Vergangenheit weitestgehend bewahrt hat. So strömen auch heutzutage zehntausende Indígenas am Wajshakib Batz, dem „Tag der acht Affen", zu den Opferstätten **Chuit mesabal** und **Nim mesabal**, um mittels eines Schamanen *(chuchkajau)* zu den Göttern zu beten. Dieser Tag markiert den Anfang des Tzolkin, des religiösen 260-Tage-Kalenders der Maya (s. S. 159).

Tongefäße werden zerschlagen, Weihrauch liegt in der Luft, Kerzen brennen allerorten, und vom geopferten Schnaps gönnen sich alle selbst ein kleines Schlückchen – und dies Tag und Nacht. Mit lauter Stimme rufen die Schamanen die Götter an und übermitteln die Wünsche ihrer Schutzbefohlenen. Selbst die katholische Kirche integriert sich in die heidnischen Festivitäten, indem sie am Vorabend eine Messe feiert.

Da man als Tourist von alldem wenig mitbekommt – kaum jemand kennt den genauen Termin des Festes, das gemäß dem Ritualkalender jedes Jahr zu einem anderen Zeitpunkt stattfindet – lohnt es eher, den sonntäglichen Markt oder das Patronatsfest am 25. Juli zu besuchen.

Wer sich für die Sitten und Gebräuche der Maya interessiert, kann die Maya-Mission **Takiliben May Wajshakib Batz**, 3. Av. "A" 6-85, Zona 3, ✆ 77365537, 🖳 www.kachina.net/~alunajoy/wajshakib-batz.html, besuchen. Der Maya-Priester Rigoberto Itzep Chanchavac veranstaltet Workshops, erstellt Maya-Horoskope, stellt Guides zur Verfügung, heizt die traditionelle Sauna *(chuj)* an und erklärt die Sitten und Gebräuche *(costumbres)* der Region. Ein kleiner Spaziergang in die Umgebung von Momostenango führt zu den **Riscos**, einer bizarren Felsformation, die durch Erosion entstanden ist. Den Weg dorthin kennt jeder Einwohner.

Übernachtung und Essen

Hotel Estiver, 1. C. 4-15, Zona 4. Größtes und bestes Hotel des Ortes, einfache Zimmer, schöner Blick vom Dach, Parkplatz. ❷
Weitere sehr einfache Hospedajes und Comedores in Plaza-Nähe, z. T. ohne Duschen.
Akzeptables Essen mit Blick gibt es im Restaurant **La Cascada**, 1. C. 1-35, Zona 2, 1. Stock.

Transport

Busse nach GUATEMALA-STADT verlassen die Plaza ca. alle 30 Min. von 3–15 Uhr. Nach QUETZALTENANGO ca. alle 30 Min. zwischen 5 und 17 Uhr, Fahrtzeit ca. 90 Min. Alle Busse fahren über San Francisco El Alto und die Kreuzung Cuatro Caminos.

Von Cuatro Caminos nach Huehuetenango

Die einzige asphaltierte Verbindung zwischen der Kreuzung Cuatro Caminos und Huehuetenango ist die Interamericana, die bis zur mexikanischen Grenze führt. Von der Kreuzung aus steigt die Strecke stetig an, passiert zunächst die Abzweigung nach San Francisco El Alto und später jene nach San Carlos Sija. Kurz darauf wird ein Plateau erreicht, auf dem verstreut Felder und Häuser liegen. Der einzige Ort auf diesem Teilstück ist **Pologuá**, wo es einen kleinen Wochenmarkt und eine bescheidene Pension gibt. Eine Erdstraße, die kurz vor dem Ort nach rechts abzweigt, führt östlich nach Momostenango.

Hinter Pologuá erreicht die Hauptstraße ihren höchsten Punkt und windet sich sodann in lang gezogenen Kurven den Hang hinab ins Tal von Huehuetenango. Immer wieder bieten sich schöne Blicke auf das Massiv der Cuchumatanes-Berge. **Malacatancito**, ein Ladino-Dorf, liegt bereits im trockenen, erodierten Becken von Huehuetenango. Hier kam es 1825 zu einer ersten Auseinandersetzung zwischen Mam-Indianern und Spaniern.

Provinz Huehuetenango

Das Departamento Huehuetenango gehört mit rund 7 % der Landesfläche zu den größten des Hochlands. Der Gebirgszug der **Cuchumatanes** zieht sich alles beherrschend von West nach Ost durch die Provinz und verzweigt sich in unzählige Nebengebirge, Täler und Schluchten. Die Bergregion im Zentrum der Provinz erreicht Höhen von bis zu 3800 m. Hier spielt neben der Schafzucht die traditionelle Landwirtschaft mit einer reichen Palette von Anbauprodukten wie Kartoffeln, Mais, Hafer, Weizen oder Saubohnen eine große Rolle. Die Gebiete im Westen der Provinz an der Grenze zu Mexiko weisen nur noch Höhen zwischen 600 und 1200 m auf. Damit eignet sich die Region hervorragend für den Kaffee-Anbau, der hier in größerem Stil betrieben wird. In den Dschungelgebieten im äußersten Nordosten des Departamento werden Bananen und Zuckerrohr angebaut.

Während der Kolonialzeit war Huehuetenango Teil der Provinz Totonicapán und gehörte nach der Unabhängigkeit von 1838 bis 1840 dem unabhängigen sechsten Staat des Hochlands an, der sich von Guatemala getrennt hatte. Anfang des 20. Jhs. bildete sich in der Provinz eine Keimzelle des Widerstands gegen Diktator Cabrera. Die Entlegenheit sowie die geografischen Unterschiede haben zu einer großen Sprachenvielfalt und zur Aufrechterhaltung der kulturellen Identität unter den Indígenas geführt, die rund 85 % der Bevölkerung der Provinz stellen. So werden neben dem Spanischen sieben Indianersprachen gesprochen, von denen **Mam** die mit Abstand wichtigste ist. Bei den anderen handelt es sich um regionale Idiome, die zum Teil nur noch von wenigen tausend Indígenas gesprochen werden. In vielen Bergdörfern tragen Männer wie Frauen noch Trachten.

Doch auch die konservativsten Dorfgemeinschaften sehen sich mit modernen Entwicklungen konfrontiert. Neue Straßen bahnen sich ihren Weg bis in die entlegensten Dörfer, viele Jugendliche wandern in die Städte ab oder versuchen ihr Glück in den USA. Vom zunehmenden Touristenstrom profitieren finanziell nur wenige, während die kulturellen Veränderungen und eine Zunahme der Kriminalität sich auf die gesamte Gemeinde auswirken. Rund 80 % der Bevölkerung leben auf dem Land, wo die Armut besonders groß ist: Ein hohes Analphabetentum (rund 50 %), Landknappheit und eine hohe Geburtenrate sind einige der Ursachen. Wie schlecht es um die medizinische Versorgung bestellt ist, kann man daran erkennen, dass Erkältung, Lungenentzündung und Unterernährung weiterhin zu den häufigsten Todesursachen gehören.

Huehuetenango

Die geschäftige Provinzhauptstadt, die nur rund 80 km von der mexikanischen Grenze entfernt in einer Höhe von 1900 m liegt, hat rund 90 000 Einwohner. Die engen Gassen und Straßen können den schnell wachsenden Autoverkehr nicht mehr aufnehmen, dennoch geht das Leben einen ruhigen Gang, wenn man einmal von der Marktgegend und dem Busterminal absieht.

Huehuetenango ist ein Agrarzentrum mit einem bedeutenden Markt, der von weither besucht wird. Die Kaffeeverarbeitung und -vermarktung wird ebenfalls über die Provinzhauptstadt abgewickelt. Einen besonders guten Ruf genießen die Gitarrenbauer, die Instrumente in hervorragender Qualität herstellen. In Huehuetenango leben vor allem Ladinos, und wenn man Indígenas in ihren typischen Trachten sieht, handelt es sich meist um Bewohner umliegender Gemeinden.

Die mexikanischen Söldner der Spanier gaben der Stadt den Namen Ahuehuetlenango, was „Ort der Alten" bedeutet. Doch wie im Rest des Landes auch ist die Bevölkerung heutzutage im Durchschnitt äußerst jung. Außer der recht ansehnlichen Plaza bietet der Ort wenig Sehenswertes, aber die Nähe zu den beeindruckenden Cuchumatanes-Bergen macht Huehuetenango zu einer guten Ausgangsbasis für Exkursionen in die gesamte Provinz.

Der **Parque Central**, das Zentrum der Stadt, ist klein, aber gemütlich. Viele Bänke laden zum Verweilen ein, und ein kleines Modell gibt einen Überblick über die Topografie der Provinz. Nebenan, an der runden Pergola inmitten der Plaza, sitzt ein Heer von Schuhputzern und wartet auf Kundschaft. Umrahmt wird die Plaza von

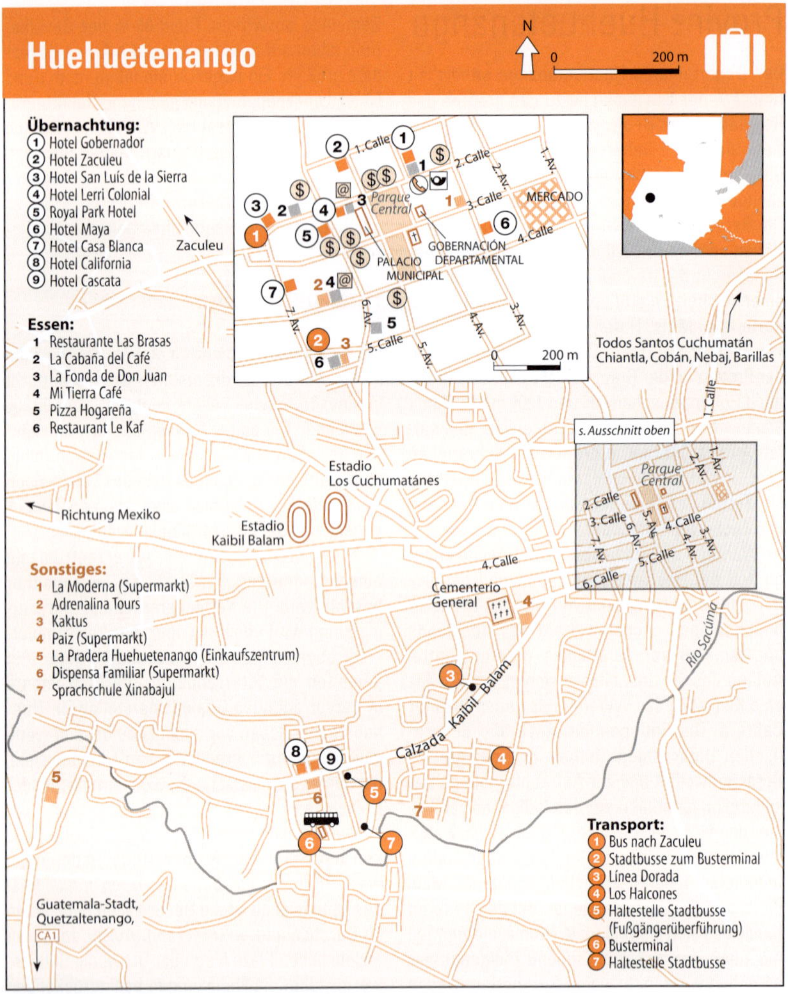

den üblichen Gebäuden. Die neoklassizistische **Kathedrale** stammt aus dem Jahr 1874. Der ihr schräg gegenüber liegende **Stadtpalast** (Palacio Municipal), in dem der Bürgermeister residiert, nimmt die ganze Westseite der Plaza ein und besitzt im zweiten Stock einen muschelförmigen Musikpavillon.

Ein Turm mit einer Uhr, die in alle vier Himmelsrichtungen zeigt, schmückt den Sitz der **Provinzverwaltung** (Gobernación Departamental) auf der Ostseite. Nur wenige Blocks weiter östlich verändert sich das saubere, gepflegte Stadtbild: Die Gegend ist schmutzig und wirkt vernachlässigt. Der Marktbereich wird von einem bunten Menschengemisch aus Reisenden, Händlern, Einkäufern und Betrunkenen bevölkert, und dementsprechend sieht auch die nähere Umgebung aus. Das kommerzielle Zentrum verlagert sich aber in zunehmendem Maße an die Calzada Kaibil Balam, die Ausfallstraße Richtung Guatemala-Stadt. Neben vielen Baustoffhändlern, Tankstellen Autowerkstätten und einigen Hotels befindet sich hier der Busterminal, das für guatemaltekische Verhältnisse bestens organisiert ist.

Übernachtung

Das Stadtzentrum (Zona 1) ist ruhiger und sicherer als die Gegend um den rund 2,5 km entfernten Busbahnhof.

Hotel Lerri Colonial, 2. C. 5-49, ✆ 77641526. Sehr einfache Zimmer, aber annehmbar für den Preis; einige Zimmer mit Kabel-TV. Restaurant und Parkplatz. ❷

Hotel Gobernador, 4. Av. 1-45, ✆ 77641197. Zimmer in unterschiedlichen Größen und Preisen, wahlweise mit/ohne Bad und mit/ohne TV. ❸

Hotel Cascata, Calzada Kaibil Balam 4-42, Zona 5, ✆ 77641188, 🖳 www.hotelcascata.ya.st. 15 gemütliche Zimmer mit Kabel-TV direkt gegenüber dem Busbahnhof. WLAN, Parkplatz, Restaurant, Bar, Sauna, Wäscherei, Euro-Wechsel. ❸.

Hotel Maya, 3. Av. 3-55, ✆ 77640369, 🖳 www.mayahotelhue.com.gt. Gutes Hotel mit sauberen Zimmern, die im 2. Stock. sind größer, Parkplatz, Kabel-TV. DZ mit Bad. ❹

Hotel California, 3. Av. 4-25, Zona 5, ✆ 77690500. Beim Busbahnhof an der Fußgängerüberquerung. Einfache preiswerte Zimmer mit Kabel-TV und WLAN. Preiswerte Mahlzeiten. ❹.

Hotel San Luís de la Sierra, 2. C. 7-00, ✆ 77649216, ✉ hsanluis@gmail.com. Hotel mit sauberen Zimmern, aber ohne Atmosphäre. Restaurant serviert Frühstück und Abendessen. ❹

Hotel Zaculeu, 5. Av. 1-14, ✆ 77641086. Gute Lage in Plazanähe. Renovierte Zimmer um einen schönen, üppig begrünten Patio, zur Straße hin sehr laut. Frühstück im Preis inbegriffen, Kabel-TV, Parkplatz, WLAN, Wäscherei, Restaurant. ❺

Hotel Casa Blanca, 7. Av. 3-41, ✆ 77690777, ✉ casablancahuehue@yahoo.com. Zweitbestes Hotel im Zentrum, Kolonialstil, Restaurant auch zum Draußensitzen, Kabel-TV, WLAN, Parkplatz. Räume im 3. Stock sind heller. ❻

Royal Park Hotel, 6. Av. 2-34, ✆ 77627774, ✉ royalparkhotel@itelgua.com. Das eleganteste Hotel in Huehue mit WLAN, Kabel-TV, Restaurant, Reisebüro, Wäscherei und Parkplatz. 3-stöckiges Gebäude mit schönen Blicken auf die Stadt und großen Räumen mit Kachelboden und Plasma-Bildschirmen. ❻

Essen

Restaurant im Hotel Casa Blanca, 7. Av. 3-41. Nicht ganz billig, aber gute Auswahl und nettes Ambiente. So Frühstücksbuffet von 8–11 Uhr.

Restaurante Las Brasas, 4. Av. 1-55. Chinesisch-guatemaltekische Küche, Meeresfrüchte und Gegrilltes, große Portionen.

Mi Tierra Café, 4. C. 6-46. Nettes Café, Treffpunkt vieler Einheimischer, serviert Snacks wie Salate, Grillkartoffeln, aber auch Pizzas. 🕒 Mo–Sa 7–21, So bis 12 Uhr.

La Cabaña del Café, 2. C. 6-50. Gute Kaffeeauswahl, u. a. Cappuccino, Kuchen, Snacks, WLAN. 🕒 Mo–Sa 8–21, So 15–21 Uhr.

La Fonda de Don Juan, 2. C. 5-35, Pizzeria, Frühstück ab 6 Uhr.

Pizza Hogareña, 6. Av. 4-49. Neben Pizzas auch Fleischgerichte sowie Salate, Sandwiches und Nudelgerichte. 🕒 Di–So 10–22 Uhr.

Restaurant Le Kaf, 6. C. 6-40. Breites Speisenangebot, dazu Sa und So Marimba-Klänge. 🕒 10–23 Uhr, Di geschl.

Unterhaltung

Das Nachtleben ist dürftig; selbst am Wochenende werden die Bürgersteige recht früh hochgeklappt. **Kaktus**, Diskothek direkt neben dem Restaurant Le Kaf. 🕒 Fr und Sa 21–1 Uhr.

Sonstiges

Fahrräder

Räder kann man in der Sprachschule **Xinabajul** leihen.

Feste

3. Mai: Día de la Cruz, Fiesta zu Ehren des gekreuzigten Jesus in der Kalvarienkapelle.

16. Juli: Patronatsfest im Rahmen der Fiestas Julias.
7. Dez: Fiesta mit viel Feuerwerk zu Ehren der Virgen de Concepción.

Geld

Banken mit Geldautomaten sind um den Parque Central herum nicht zu übersehen. **Banrural**, 5. C. 4-78, Zona 1, hat einen 5B-Geldautomaten, an dem man mit Master- und Visacard Geld abheben kann. Ein weiterer Geldautomat befindet sich im Paiz-Supermarkt, 6. C., Ecke 10. Av.

Internet

Internet kostet rund Q4–5 pro Std.

Lebensmittel

Außer dem Markt gibt es die Supermärkte **La Moderna**, 3. Av., Ecke 3. C.; **Dispensa Familiar** an der Fußgängerüberquerung beim Busbahnhof; **Paiz**, Nähe Friedhof, an der 10. Av., und die Shopping Mall **La Pradera Huehuetenango** an der Ausfahrt nach Guatemala-Stadt.

Mexikanisches Konsulat

Das mexikanische Konsulat befindet sich in Quetzaltenango, s. dortigen Serviceteil.

Post

2. C. 3-54.

Sprachunterricht

Spanish Academy Xinabajul, 4. Av. 14-14, Zona 5, ✆ 77646631, ✉ academyxinabajul@hotmail.com.

Taxis

Am Parque Central, am Busterminal, am Abfahrtsort der Busse nach Zaculeu (s. Transport) und in der Nähe des Supermarktes Paiz.

Telefon

Telgua, 2. C., neben der Post.

Touren

Adrenalina Tours, 4. C. 6-54, Zona 1., im Büro der Buslinie Línea Dorada, ✆ 57621903, 💻 www.adrenalinatours.com, Kontaktperson: Mario Martínez.

Transport

Der **Busterminal** liegt ca. 2,5 km vom Stadtzentrum entfernt an der Ausfallstraße Richtung Interamericana. Es besteht ein ständiger Minibusverkehr in beide Richtungen. Busse zum Busbahnhof mit der Aufschrift „Terminal" ab Zentrum, Haltestelle an der 4. C., Ecke 4. Av., oder in der 6. Av. zwischen 2. und 3. C. Taxis nehmen überzogene Q30 für eine einfache Fahrt.
Einige der Busgesellschaften, die nach Guatemala-Stadt fahren, haben einen eigenen Busterminal in der Zone 1. Sie machen aber meist noch Halt am Busterminal. Wer einen Sitzplatz haben möchte, sollte schon am Vortag ein Ticket kaufen.
GUATEMALA-STADT (270 km, 5–6 Std.), über Cuatro Caminos, Los Encuentros, Chimaltenango mit:
Línea Dorada, Calzada Kaibil Balám, Zona 1, Colonia Santa Elisa, ✆ 77681566, tgl. 3, 14.30, 23.15 und 24 Uhr.
Los Halcones, 10. Av. 9-12, Zona 1, ✆ 77657986, Busse fahren um 2.15, 4.30, 7, 10.15, 14 Uhr, So um 7, 8.30, 10.15, 14, 15.30 Uhr.
Transportes Velásquez, Terminal, stdl. von 2–15 Uhr.
El Cóndor, Terminal, Abfahrten 4–13 Uhr.
AGUACATÁN (22 km, 45 Min.), Kleinbusse alle 15 Min.
BARILLAS (139 km, ca. 5 Std.), Busse um 2, 7.15, 9.20, 10 und 23 Uhr.
COBÁN (142 km), Bus nach Sacapulas, umsteigen Richtung Uspantán und dort umsteigen nach Cobán (bei frühem Start möglich an einem Tag).
GRACIAS A DIOS (mexikanische Grenze, ca. 90 Min.), tgl. um 5 und 12.30 Uhr.
LA MESILLA (mexikanische Grenze, 84 km, 1 1/2–2 Std.), halbstündig von 5–19 Uhr.
NEBAJ, kein Direktbus, umsteigen in SACAPULAS.
NENTÓN, CUILCO, Busse um 4.45, 6, 9, 10, 12, 13.30 und 16 Uhr.
QUETZALTENANGO (90 km, 2 Std.), alle 15 Min. von 3–14 Uhr.

Zaculeu

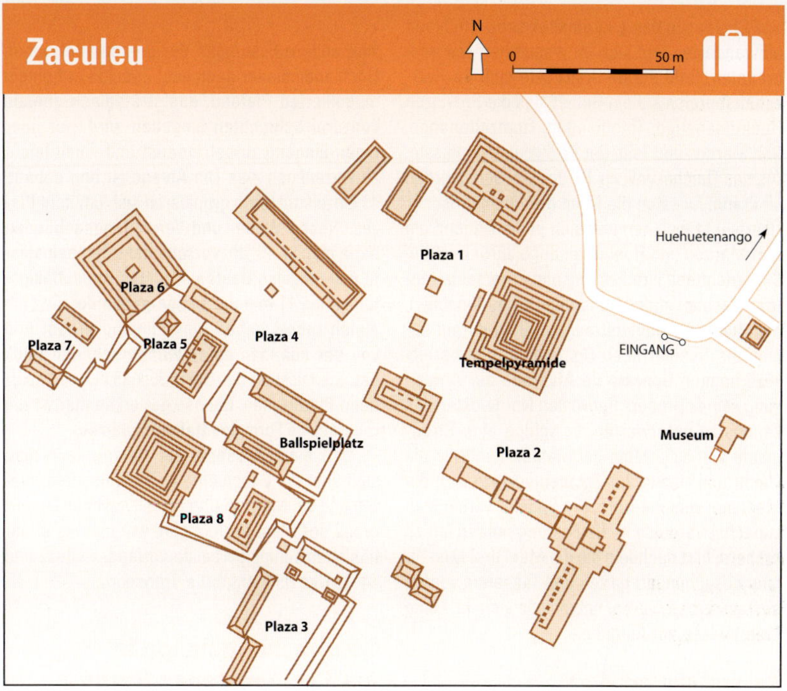

SACAPULAS (62 km, 1 Std. 20 Min.), 11.30 und 13.30 Uhr, oder einen Bus Richtung Santa Cruz del Quiché nehmen.
SAN MATEO IXTATÁN (111 km, 4 Std.), s. Barillas.
SAN PEDRO LA LAGUNA (180 km, 5 1/2 Std.), Busse um 10, 12, 12.30 und 15 Uhr.
SANTA CRUZ DEL QUICHÉ (173 km, 2 Std), Busse alle 30 Min. von 5–16 Uhr.
SOLOMA (70 km, 2 Std.), ständige Abfahrten von 2–22 Uhr.
TODOS SANTOS (40 km, 2–2 1/2 Std.), verschiedene Anbieter, darunter Flor de María, Chicoyera und Mendoza, Abfahrtszeiten 10.20, 11.20, 14 und 15 Uhr; einige Busse am Nachmittag fahren weiter bis SAN MARTÍN und JACALTENANGO.
ZACULEU (5 km, 20 Min.), Busse mit der Aufschrift „Ruinas Zaculeu" fahren ungefähr alle 10 Min. von 7–19 Uhr ab der 7. Av., Ecke 2. C, zwei Blocks westlich der Plaza von Huehue, ab.

Nach PANAJACHEL und ANTIGUA gibt es keine Direktverbindungen. Für beide Reiseziele Busse nach Guatemala-Stadt nehmen, für Pana an der Kreuzung nach Sololá bzw. Los Encuentros und für Antigua in Chimaltenango umsteigen.

Die Ruinen von Zaculeu

Rund 5 km nordwestlich von Huehuetenango erreicht man über eine staubige Piste die Überreste der Ruinenstätte Zaculeu, der ehemaligen Hauptstadt der Mam-Indianer. Der Name bedeutet „weiße Erde" und nimmt Bezug auf die kalkhaltige Struktur der Cuchumatanes-Berge, die hinter der Anlage aufragen.

Geschichte

Das Plateau von Zaculeu wurde seit ungefähr 400 n. Chr. durch verschiedene Volksgruppen besiedelt. Man glaubt, dass die Mam im 13. Jh.

aus Chiapas in das guatemaltekische Hochland einwanderten und sich im westlichen Teil ausbreiteten. Bald darauf erstreckte sich ihr Herrschaftsbereich auf ein Gebiet, das die Provinzen Huehuetenango, Totonicapán, Quetzaltenango, San Marcos und Teile der Pazifikküste umfasste. Als das Quiché-Volk im 15. Jh. aus dem Norden eindrang, mussten die Mam deren militärischer Übermacht weichen und sich in die Gegend um San Marcos und Huehuetenango zurückziehen. Sie errichteten ihre Festung und Zeremonialzentrum Zaculeu in der Nähe des Dorfes Xinabajul, dem heutigen Huehuetenango. Bald darauf kamen die Spanier nach Guatemala, und bereits 1525 begann **Gonzalo de Alvarado** auf Anweisung seines Bruders Pedro den Nordwesten des Landes zu unterwerfen. Er schlug eine Streitmacht von 5000 Mam bei Malacatancito in die Flucht und rückte auf Zaculeu vor, wo sich die Mam nun verschanzten. Die Spanier versuchten zunächst vergeblich, die Festung militärisch zu erobern. Erst nachdem sie die Mam drei Monate lang ausgehungert hatten und Tausende von ihnen gestorben waren, entschloss sich ihr König **Caibil Balam** zur Aufgabe.

Ausgrabungsarbeiten

Der amerikanische Diplomat und Reisende John Lloyd Stephens kam in Begleitung des Zeichners Frederick Catherwood auf seiner Reise in den Jahren 1838/39 nach Zaculeu. Er fand mehrere Hügel vor, die von Gras und Gestrüpp überwuchert waren, doch kleinere Ausgrabungen brachten nur Knochenreste und Fragmente von Tonkeramik zum Vorschein. Umfassende Ausgrabungsarbeiten fanden erst zwischen 1946 und 1950 statt, finanziert von der United Fruit Company. Mit derartigen Aktionen war die Bananenfirma bemüht, ihr angekratztes Image in Guatemala aufzupolieren. Die Arbeiten waren wohl etwas zu gründlich, denn man hüllte die ganze Anlage in eine Zementschicht, die sie kühl und künstlich erscheinen lässt. Von eventuell einst vorhandenen Farben oder architektonischen Feinheiten ist infolgedessen nichts mehr zu erkennen. Nur noch wenige Hügel liegen unverändert unter einer Grasdecke. Durch fehlende Instandhaltung befindet sich die Anlage inzwischen in einem bemitleidenswerten Zustand.

Besuch der Anlage

Wie andere Festungen der guatemaltekischen Hochlandindianer auch liegt Zaculeu auf einem modellierten Plateau, das strategisch günstig von drei Schluchten umgeben wird, nur über einen Eingang zu betreten ist und somit leicht zu verteidigen war. Die Anlage ist eng bebaut, 43 Einzelstrukturen gruppieren sich um acht Plazas. Neben Wohn- und Verwaltungsgebäuden hatte man im 15. Jh. verschiedene Tempelpaläste und religiöse Bauten errichtet. Am auffälligsten ist die 11 m hohe **Tempelpyramide**, die sich gleich rechts neben dem Eingang erhebt und von der aus man einen wunderschönen Blick hat. Sie misst an der Basis 35 x 35 m und besitzt neun Plattformen. Ebenso gut erkennbar ist die rechteckige Form des **Ballspielplatzes**.

Im kleinen **Museum** der Anlage kann man sich über die Geschichte von Zaculeu informieren und die Nachbildung eines typischen Urnengrabs der Mam besichtigen, wie man es in der höchsten Tempelpyramide vorfand, 🕓 8–12 und 14–16 Uhr, Q50. Anfahrt s. Transport.

Von Huehuetenango in die Cuchumatanes-Berge

Wie eine natürliche Wand erhebt sich im Norden Huehuetenangos das Gebirgsmassiv der Cuchumatanes-Berge. Wer etwas über die Nachfahren der Maya, ihre Sprachenvielfalt, traditionelle Lebensweise und Kultur erfahren möchte, der sollte einen Abstecher wagen. Zudem ist das Gebirge ein Trekking-Paradies mit tollen Wandermöglichkeiten. Eine einzige Straße überquert die Bergkette und führt mit diversen Abzweigungen zu den isolierten Dörfern im Norden. Sie ist inzwischen ein gutes Stück asphaltiert, befindet sich aber, je weiter man kommt, in immer schlechterem Zustand. Das Reisen ist langsam und mühselig, die Busse sind überfüllt, die Unterkünfte und Restaurants spartanisch, aber all dies wird von der einmaligen Landschaft, den Menschen und Märkten dort oben mehr als wettgemacht.

Der Name Cuchumatan leitet sich von den Mam-Wörtern „vereinen" *(cucuj)* und „höhere Kraft" *(matan)* ab. Der nicht vulkanische Bergzug wurde vor Jahrmillionen aus dem Meer gehoben, was zahlreiche Meeresfossilien belegen, die hier gefunden wurden. Wasserlose, verkarstete Hochflächen mit niedrigem Pflanzenwuchs, stufige Hänge und bizarre Felsformationen charakterisieren das Gebirge, das sich bis in die Provinz Quiché im Osten erstreckt und Höhen von bis zu 3800 m erreicht. Aufgrund der harten klimatischen Bedingungen und des geringen landwirtschaftlichen Potenzials leben viele Bewohner der Region in abgeschiedenen Seitentälern, die feucht und nebelig sein können.

Chiantla

Die kunsthandwerkliche Spezialität des kleinen Ortes, der nur 5 km nördlich der Provinzhauptstadt an der Straße in die Cuchumatanes-Berge liegt, sind Bronzearbeiten. Ende des 19. Jhs. kehrten zwei Chiantlecos aus Comitán in Mexiko zurück, wo sie dieses Handwerk erlernt hatten. Heute gibt es rund 30 Werkstätten, die Gebrauchsgegenstände und Kunstwerke aus Bronze anfertigen.

Chiantla war eine präkolumbianische Siedlung mit Namen Talbín, was in Mam „Wasser, das man trinkt" bedeutet. Die erste spanische Siedlung wurde 1540 von Dominikanern gegründet. Um 1600 übernahmen die Mercedarier den Pfarrkreis und bauten 1723 die Kirche, die eine Statue der Patronin des Ortes, **Nuestra Señora de Candelaria**, beherbergt. Der Jungfrau werden wundersame Kräfte nachgesagt. Sie ist besonders zweimal im Jahr, am 2. Februar und am 8. September, Ziel Tausender Pilger aus nah und fern. Einst rettete sie einem spanischen Minenbesitzer das Leben, worauf er ihr zum Dank einen Silberumhang stiftete.

Ode an die Berge

Juan Diéguez Olaverris Ode an seine geliebten Berge besitzt insgesamt neun Strophen. Hier die erste Strophe des in Stein gemeißelten Gedichts:

A los Cuchumatanes	**Ode an die Cuchumatanes**
Oh cielo de mi Patria!	Oh Himmel meines Vaterlands!
Oh caros horizontes!	Geliebte Horizonte!
Oh azules altos montes,	Ihr Berge, blau und hoch,
Oidme desde allí!	Hört, was ich Euch sage:
La alma mía os saluda,	Ich grüße euch mit ganzer Seele,
Cumbres de la alta Sierra,	Ihr Gipfel der hohen Sierra,
Murallas de esta tierra	Ihr Mauern dieser Erde,
Donde la luz yo vi!	Die ihr das Licht mir gabt.

Übernachtung und Transport

Es gibt zwar einfache Hospedajes, besser ist es jedoch, in Huehuetenango zu übernachten. **Busse** fahren alle 15 Min. zwischen 6 und 18.30 Uhr vom Terminal in HUHUETENANGO nach Chiantla. Sie halten auch am Ortsausgang an der Kalvarienkapelle.

6 HIGHLIGHT

Mirador Cuchumatanes

Nach vielen steilen Serpentinen oberhalb Chiantlas gelangt man in rund 3000 m Höhe an einen der spektakulärsten Aussichtspunkte des guatemaltekischen Hochlands: Tief unten sind Chiantla und Huehuetenango zu erkennen. Im Hintergrund ragen die Spitzen der Vulkankette empor, gut zu sehen sind von links nach rechts die weit entfernten Spitzen der Vulkane Antiguas, der Vulkan Santa María und der Vulkan Tajumulco.

Der Mirador ist **Juan Diéguez Olaverri** gewidmet, einem guatemaltekischen Dichter, der 1864 an einer gescheiterten Verschwörung gegen den damaligen Präsidenten Rafael Carrera beteiligt war und der zwei Jahre später nach Mexiko verbannt wurde. Dort schrieb er die Ode an seine geliebten Berge, die am Aussichtspunkt in neun Strophen auf kleinen Steinpyramiden verewigt ist.

Auf dem Hochplateau oberhalb des Mirador erlebt der Besucher ein anderes Guatemala. Die Landschaft ist karg, dünn besiedelt, und Bäume stehen nur noch vereinzelt. Vor allem der eher kleinwüchsige Huite mit seinen bizarren Ästen sticht ins Auge. Die Luft ist kalt, aber extrem klar, und der Himmel zeigt sich fast immer in einem tiefen Dunkelblau. Die Straßen sind gesäumt von Feuerlilien und Agaven, deren Fruchtstämme oft meterhoch in die Luft ragen. In dieser Höhe gedeiht kein Mais, sodass sich die Bewohner auf den Anbau von Kartoffeln, Kürbis, Möhren und Hafer spezialisiert haben. Wohlstand drückt sich bei den wenigen Menschen hier oben in der Größe ihrer Schafherden aus. Erst vor einigen Jahren haben sie im Zuge eines Infrastrukturprojekts der EU Strom, Latrinen und neue Schulgebäude erhalten. Doch die Lebensbedingungen bleiben rau und ungemütlich: Während der Trockenzeit sinken nachts die Temperaturen unter den Gefrierpunkt, und tagsüber brennt eine erbarmungslose Sonne vom Himmel, die die Haut der Bewohner schon früh ledrig gerbt.

Etwas oberhalb des Aussichtspunktes gelangt man beim Dorf La Capellanía an eine Kreuzung. Ostwärts erreicht man nach rund 6 km die Überreste der alten **Hacienda Chancol**, die ihre Blütezeit im 18. Jh. erlebte, als hier Tausende von Schafen weideten. Nebenan befindet sich die Pferdefarm **Unicornio Azul** (s. Kasten).

Von der Hochebene aus erreicht man über eine schlechte Straße nach etwa 18 km die reizvolle **Laguna Magdalena**. Dazu nimmt man im Dorf Paquix die Abzweigung Richtung Siete Pinos. Unicornio Azul bietet Reittouren zur Lagune an, der Veranstalter Adrenalina Tours (s. Huehuetenango) fährt mit Allradfahrzeugen dorthin.

Die Pferdefarm Unicornio Azul

Die einmalige, ruhige Lage in der Hochebene, die angenehme Unterkunft aus Lehmziegeln, Reitstunde und Frühstück inkl., sowie die gute Qualität der Reittiere machen den Aufenthalt zu einem echten Erlebnis. Die französisch-guatemaltekischen Besitzer verfügen über hervorragende Reit- und Ortskenntnisse. Angeboten werden Ausritte für Anfänger und Fortgeschrittene, darunter organisierte Mehrtagestrips bis ins Ixil-Dreieck. Alternativ kann man auch wandern, mountainbiken oder Vögel beobachten. Wer über kein eigenes Transportmittel verfügt, sollte die Besitzer kontaktieren. Sie können die An- bzw. Abreise organisieren, ✆ 52059328, 💻 www.unicornioazul.com. ❼, Hochsaison ❾

7 HIGHLIGHT

Todos Santos Cuchumatán

Vorbei am urigen, aber kalten Comedor de los Cuchumatanes und dem kleinen Ort El Portrerillo, wo freitags ein sehenswerter Markt stattfindet, zweigt wenige Kilometer weiter am Weiler **Tres Caminos** links die Straße nach Todos Santos Cuchumatán ab. Die Hauptstraße führt geradeaus weiter nach Barillas. Nach einem leichten Anstieg wird bei der Siedlung **La Ventosa** das Ende des Plateaus erreicht. Bei guten Wetterverhältnissen reicht der Blick bis weit nach Mexiko zur Talsperre Presa de la Angostura, die rund 3000 m tiefer im Tal liegt. Von hier aus schlängelt sich die Straße in vielen Kurven hinab nach Todos Santos. Wer gerne wandert, kann an dieser Stelle den Bus verlassen und von hier nach Todos Santos laufen. Man folgt dem Weg, der deutlich sichtbar links unterhalb des Scheitelpunkts der Straße verläuft. Ab hier beträgt die Gehzeit bis Todos Santos entlang des **Río Limón** rund 3 Std., wobei es fast nur noch bergab geht.

Wie so oft in den Dörfern des Hochlands, lebt auch hier ein großer Teil der Bevölkerung weit verstreut an den Berghängen. Nur etwa 10 % der rund 30 000 Bewohner des Landkreises Todos Santos leben im Ort selbst. Trotz der abgeschiedenen Lage in einem Seitental der Cuchumatanes gelangten bereits zu Kolonialzeiten Reisende nach Todos Santos, da der Ort an der Route nach Chiapas im Norden lag. Auch heute noch ist Todos Santos dasjenige Dorf der Cuchumatanes, das die meisten Besucher zählt.

Neben der wunderschönen Lage ist es aber besonders die einmalige **Tracht** der Bewohner, die die Touristen in ihren Bann zieht. Nur hier tragen die Männer rot-weiß gestreifte Hosen mit einem geschlitzten Überrock aus schwarzer Wolle. Die dünn gestreiften Hemden haben einen bunt gewobenen Kragen, und den Kopf ziert ein Strohhut mit rotem Lederband, das mit einem blauen Stoffband umwickelt ist. Viele der älteren Männer tragen einen Tzut anstelle eines Hutes. Die Tracht der Frauen besteht aus einem blauen Rock, einer roten Schärpe um die Hüfte und einem Huipil, bei dem rote und lila Farbtöne dominieren. Die Frauen tragen denselben Hut wie die Männer.

In Todos Santos findet am 1. November eine der außergewöhnlichsten Fiestas des ganzen Landes statt, deren Höhepunkt ein rasantes Pferderennen ist (s. S. 318). Sehenswert ist der **Markt** an jedem Samstag, der allerdings gegen Mittag oftmals in ein mittelgroßes Besäufnis ausartet. Das **Museo Balam** ist ein kleines, aber feines im Ort gelegenes Museum, das alte Trachten und Gebrauchsgegenstände ausstellt. Oberhalb des Dorfes – vorbei am Comedor Katy – gelangt man zu den Überresten der Maya-Ruinen von **Tuj kman txu'n**. Sie bestehen allerdings nur noch aus überwucherten Grashügeln. Der Ort ist den Indígenas heilig, gelegentlich halten hier Schamanen ihre Zeremonien ab.

Die meisten Besucher des in 2470 m Höhe liegenden Dorfes sind Tagesgäste, die am Markttag in Charterbussen von Huehuetenango kommen. Der eine oder andere Rucksacktourist bleibt länger, um die sehenswerte Gegend um Todos Santos zu Fuß zu erkunden, an freiwilligen Projekten teilzunehmen oder eine Spanisch-Sprachschule zu besuchen.

Beim Thema Tourismus scheiden sich die Geister im Ort. Während die einen den Strom ausländischer Gäste als zusätzliche Einnahmequelle begrüßen und auf eine generelle Modernisierung setzen, befürchten andere den Verlust traditioneller Lebensweisen und ihrer Identität.

Die Agave

Die Agave stammt aus Mexiko, wo ihr 1753 der Botaniker Carlos Linneo ihren Namen gab. Dieser stammt aus dem Griechischen und bedeutet so viel wie „nobel, bewundernswert," und das ist die Agave, zu deren Gattung in Guatemala 20 Arten gehören, angesichts ihrer vielseitigen Verwendungsmöglichkeiten in der Tat: Aus den Fasern werden Seile, Taschen, Netze, Hängematten, Kleidung und Saiten für Violinen hergestellt. Aus Agavensaft wird Pulque (vergorener Agavensaft, Nationalgetränk Mexikos), Tequila, Mezcal, Wein, Sirup und Honig gewonnen. Die Blätter werden als Baumaterial, Ablage für frisch gemahlenen Mais und getrocknet als Brennmaterial genutzt. Die harten Spitzen der Blätter nimmt man mit der daran hängenden Faser als grobe Nadel und Faden zum Nähen. Aus dem Fruchtstamm macht man Balken, Wasserrinnen, Leiter und Abzäunungen.

Übernachtung und Essen

Über die Sprachschulen (s. Sonstiges) wird Unterbringung bei Familien vermittelt.
Im ganzen Dorf ist der offene Verkauf von Alkohol verboten.
Hotel Mam, ✆ 51921794, vor dem Comedor Katy links abbiegen. Schlafsaal und einfache Zimmer ohne Bad. ❷
Hotel y Restaurante Todos Santos, gleicher Weg wie zum Hotel Mam, ✆ 77830603. Akzeptable Zimmer mit und ohne Bad. Restaurantservice von 6–20 Uhr. ❷
Casa Familiar, 40 m oberhalb der Plaza, ✆ 55809579, ✉ romanstoop@yahoo.com. Immer noch eine der besten Unterkünfte. Schlafsaal und Zimmer ohne Bad, heißes Wasser, Sauna (auch für Nicht-Gäste) und Verkauf von Kunsthandwerk. Restaurant mit Terrasse, die einen schönen Blick ins Tal ermöglicht, bietet neben einheimischer Küche auch selbst gemachten Joghurt, Müsli und leckeres Bananenbrot. ❹
Zehn Gehminuten entfernt oberhalb des Ortes bietet Casa Familiar Zimmer in einem Holzhaus mit Alphüttenstimmung, Gemeinschaftsküche und -bad, p. P. Q80.
Comedor Katy, etwas oberhalb der Plaza auf der linken Seite. Uriges Esslokal, man kann sich das Essen zeigen lassen, das in großen Töpfen auf dem Holzfeuer kocht.
Comedor Margarita, gegenüber dem Hotel Mam, ebenfalls einfacher Comedor.

Sonstiges

Bank und **Post** befinden sich an der Plaza. Es gibt immer noch keinen Geldautomaten und

Zu Fuß vom Hochplateau der Cuchumatanes-Berge ins Ixil-Dreieck

Die landschaftlich abwechslungsreiche Strecke führt vom Hochplateau der Cuchumatanes-Berge in drei Tagen in das niedriger gelegene Ixil-Dreieck weiter östlich.

1. Tag: Start am frühen Nachmittag an der Abzweigung zur Hacienda Chancol (la Capellanía), ca. 5 Fahrminuten oberhalb des Mirador Cuchumatanes. Ab dort wandert man in nordöstlicher Richtung über die Hochebene über San Nicolas bis nach Arenal. Dort sollte man die Bauern fragen, ob man auf ihrem Grundstück übernachten kann. Start- und Übernachtungsort liegen auf rund 3000 m Höhe. Am ersten Tag sind rund 330 Höhenmeter zu überwinden, Gehzeit ca. 3 Std. (nachts sind besonders in den Monaten Dezember bis Februar Temperaturen unter 0 °C möglich!).

2. Tag: Der Weg verläuft zunächst in nördlicher Richtung über El Salvador und Quilén. Danach geht es in östlicher Richtung durch ein lang gezogenes Tal, an dessen Ende man einen ersten Blick in die Senke des Ixil-Dreiecks hat. Nach einem teilweise steilen, aber landschaftlich sehr schönen Abstieg wird das kleine Dorf Palop auf rund 2450 m Höhe erreicht. Zelten kann man an der kleinen Laguneta Verde am Ortsrand. Gehzeit insgesamt ca. 5–6 Std., 800 Höhenmeter, ca. 1400 Höhenmeter bergab.

3. Tag: Morgens gilt es, den Bergrücken östlich von Vivitz zu überqueren (2260 m hoch), bis man auf eine Erdstraße trifft, der man rechter Hand folgt, bis man nach rund 2 Std. in Salquil Grande ankommt (linker Hand geht es nach Vivitz). Gehzeit 5–6 Std., ca. 800 Höhenmeter. Von Salquil Grande gelangt man mit dem Bus in rund 2 1/2 Std. nach Nebaj (oder man steigt an der Kreuzung nach Acul aus und wandert von dort in rund 3 Std. bis Nebaj). Alternativ kann man noch einen Wandertag dranhängen. Die Route führt über Parramos Grande, Xexocom und Acul nach Nebaj. Ausrüstung: Zelt, guter Schlafsack und Wanderschuhe sind unerlässlich, außerdem Kopfbedeckung, Sonnencreme und Wasserflasche, die bei jeder Gelegenheit aufgefüllt werden sollte.

Alternativroute ins Ixil-Dreieck für geübte Wanderer über Chortiz, Xexocom, Acul bis Nebaj:

Vom selben Ausgangspunkt läuft man via San Nicolas nach Pericon und überquert den Badefluss Quilin Novillo (600 Höhenmeter, langer Ab- und wieder Aufstieg). Nachdem man auf der anderen Talseite den Weiler Canton Primero passiert hat, gelangt man auf eine unbesiedelte Hochebene und erreicht schließlich Chortiz auf 3200 m (einfachste Übernachtungsmöglichkeit für Q20 p. P. ohne Strom in einem Gästezimmer der Gemeinde).

Über Chuatuj (schöner Aussichtspunkt oberhalb der Schule) führt ein Serpentinenpfad rund 1200 Höhenmeter bergab bis nach Xexocom. Kurz darauf wird bei Xexuxcap die Straße erreicht, der man bis Acul folgt, S. 331.

Diese Wanderung kann in zwei langen Tagesmärschen durchgeführt werden. Entspannter sind allerdings drei Wandertage, an denen man dann auch bis Nebaj gelangt.

Sicherheit: Es ist eine ruhige Gegend, man sollte aber immer mind. zu zweit gehen und sich auch unterwegs bei den Einheimischen nach dem Stand der Dinge erkundigen.

Zelten sollte man in Nähe der Dörfer und man sollte den von den Einheimischen zugewiesenen Zeltplatz immer akzeptieren, z. B. ein Schulgebäude. Nachts muss man sich vor den aggressiven Hunden in Acht nehmen.

Kartenmaterial: Hilfreich bei der Wanderung sind die folgenden Detailkarten, die man beim Instituto Geográfico Nacional in Guatemala (S. 176, Guatemala-Stadt) erhält: IGN Kartenblätter 1 : 50 000, Blatt 1962 III (Chiantla), Blatt 1962 IV (Soloma) und Blatt 1962 II (Nebaj).

Tourveranstalter: Entweder mit Quetzaltrekkers (Büro in Quetzaltenango, S. 286), ab Todos Santos mit dem Schweizer Roman Stoop (S. 315) oder in umgekehrter Richtung (anstrengender, da mehr Höhenmeter!) ab Nebaj, verschiedene Anbieter, S. 334.

Faszinierender Blick vom Mirador Cuchumatanes

niemand akzeptiert Kreditkarten, aber man kann Travellerschecks tauschen.

Informationen

Kontakt zu Anbietern von Wandertouren über die Casa Familiar, den Handarbeitsladen Grupo de mujeres (s. Kunsthandwerk) oder über die Spanischschule Hispanomaya (s. Sprachunterricht).

Internet

Internetcafés (etwas langsam) an der Hauptstraße und gegenüber dem Hotel Mam (Q6/Std.).

Kunsthandwerk

Der Handarbeitsladen Grupo de mujeres verkauft traditionelle Handarbeiten, bietet Webdemonstrationen und zeigt kostenlos einen preisgekrönten Dokumentarfilm über Todos Santos auf Englisch aus dem Jahre 1979. Der Laden befindet sich rund 40 m oberhalb des Parque Central.

Sprachunterricht

Die Qualität des Unterrichts ist nicht mit der in Antigua oder Quetzaltenango zu vergleichen, weil die Lehrer Spanisch selbst nur als Fremdsprache gelernt haben.

Escuela Hispanomaya, in einer Gasse unterhalb der Hauptstraße Richtung Museum, 150 m von der Plaza entfernt, 🖳 www.academiahispanomaya.org. Preis pro Woche ca. Q1240 inkl. 25 Std. Einzelunterricht, Essen und Unterkunft bei einer Familie.

Transport

Busse fahren mehrmals tgl. zwischen 4.45 Uhr morgens und 8 Uhr sowie zur Mittagszeit nach HUEHUETENANGO (40 km, 2–2 1/2 Std.). Gelegentlich fährt auch ein Bus um 16 Uhr.

Jeweils um 5.30 und 16 Uhr fährt aus Huehuetenango kommend ein Bus nach San Martin, Concepción Huista und Jacaltenango (ca. 3 Std.)

Wandern in der Umgebung von Todos Santos

Die Gegend um Todos Santos lädt aufgrund der reizvollen alpinen Berglandschaft zum Wandern ein – zumal man dabei viele Details entdeckt, die einem auf den hektischen Busfahrten entgehen. Obwohl man die meisten Strecken mit Unterstützung der Bauern, die man unterwegs immer wieder trifft, auch allein finden kann, sollte man vorzugsweise einen Guide aus Todos Santos mitnehmen (Infos in Hotels und Sprachschulen). Die Wanderungen sind aufgrund der topografischen Verhältnisse anstrengend, daher sollte man sich Zeit nehmen und früh starten. Als Überblick über die Region empfiehlt sich der Kartenausschnitt *Cuilco* Blatt ND 15-3, Maßstab 1 : 250 000 des IGN in der Hauptstadt.

Eine beliebte Route führt südlich von Todos Santos in 5–6 Std. nach **San Juan Atitán**. Dort kann man in einer einfachen Hospedaje übernachten und am nächsten Morgen nach Huehuetenango weiterfahren. Sehr sehenswert sind die Trachten. Donnerstag ist dort Markttag. Alternativ kann man von San Juan nach **Santiago Chimaltenango** und **San Pedro Necta** weiterlaufen. Es gibt auch einen Weg direkt von Todos Santos nach Santiago Chimaltenango.

Durch den Bau der Straße hat die Strecke talabwärts Richtung **Jacaltenango** über **San Martín**

Allerheiligen in Todos Santos

Der 1. November ist überall in Guatemala ein besonderer Feiertag, aber die Fiesta von Todos Santos ist im ganzen Land einmalig und ein bizarres Spektakel.

Schon mehrere Tage vor dem Fest begeben sich Schamanen und Mitglieder der Cofradías auf den Friedhof, um die Seelen der Verstorbenen einzuladen, an den Feierlichkeiten zu Allerheiligen teilzunehmen. Bis Ende Oktober werden dann dorfintern die Reiter ausgewählt, die am berühmten Pferderennen teilnehmen. In der Zwischenzeit arbeiten die Frauen mit Feuereifer daran, die neue Kleidung fertigzustellen, an der sie bereits monatelang gearbeitet haben und die – so verlangt es die Tradition – am 1. November getragen werden muss. Schließlich werden die Marimbas aufgestellt, und das Fest kann beginnen. Die Reiter bringen sich am Abend des 31. Oktober mit Schnaps und rituellen Tänzen in Stimmung und feiern die ganze Nacht durch. Am nächsten Morgen schwanken sie in Richtung Rennbahn, einem abgesperrten Stück Straße von rund 250 m Länge. Verkäufer, die gefüllte Maisklöße, Bier, Erdnüsse oder Schnaps anbieten, rangeln um die besten Plätze, während die Menschentrauben entlang der Rennstrecke immer dichter werden. Wild preschen die betrunkenen Reiter die Strecke hinauf und hinunter. Manche stürzen samt Pferd, andere reiten über sie hinweg. Ein Reiter fällt in die Menschenmenge und reißt Frauen und Kinder um; ein anderer schafft es vor lauter Trunkenheit nicht mehr, sich auf den Sattel zu schwingen. Chaos allerorten, irreale Stimmung. Frauen und Männer trinken gleichermaßen bis zur Besinnungslosigkeit. Beim Rennen gibt es keine Sieger. Was zählt, ist sich auf dem Pferd zu halten und so viele Runden wie möglich mitzureiten – den ganzen Tag lang. Das Rennen, das eigentlich keines ist, heißt auf Mam *skach koyl*, was „mit den Pferden spielen" bedeutet. Verletzte, ja sogar Tote werden bei dem wilden Schauspiel in Kauf genommen, glaubt man doch, dass jedes Menschenopfer zu einer guten Ernte beiträgt. Meistens gehen die halsbrecherischen Stürze jedoch glimpflich ab. Alkohol und Müdigkeit scheinen die Knochen der Reiter weich und elastisch zu machen.

Am 2. November klingt die große Sause aus. Die Feier hat sich samt Essen und Musik auf den Friedhof verlagert, wo gleichzeitig getrauert und gelacht wird und Böller die Gebete zum Himmel begleiten. Die Touristen sind schon lange weg, wenn die Dorfbewohner langsam aus ihrem Rausch erwachen und zur gewohnten Routine übergehen.

Über die Fiesta wird noch lange geredet, mind. so lange, bis die Planungen für das nächste Jahr beginnen.

In Todos Santos trägt bereits der Nachwuchs stolz die typische Tracht.

und **Concepción Huista** ein wenig an Attraktivität verloren, doch noch immer kann man einem alten Fußweg folgen, der die Straße mehrmals kreuzt. Für die Wanderung benötigt man einen ganzen Tag (s. auch den folgenden Abschnitt).

Bei **La Ventosa** auf der Hochebene beginnt der Aufstieg nach **La Torre**, dem höchsten Punkt der Cuchumatanes-Berge und gleichzeitig höchstem nichtvulkanischen Punkt Zentralamerikas (3873 m, Gehzeit rund 2 Std.). Auf der anderen Seite von La Ventoza können über den Hügelzug **Tuilán** (toller Aussichtspunkt und Maya-Zeremonialstätte) in rund 2 Std. alte **Bleiminen** besucht werden. Dem Hügelzug folgend gelangt man in rund 4 Std. nach Todos Santos. Für die beiden zuletzt genannten Wanderungen steht Don Jeronimo aus La Ventosa, ✆ 50428970, als Führer zur Verfügung.

Auf halbem Weg zwischen Todos Santos und La Ventosa befindet sich **En Tuj Xiolek**, ein lokaler Opferplatz, der auch Las Cuevas genannt wird. Große Felspfeiler umrahmen eine kleine Grotte und einen Bach. Um dorthin zu gelangen, nimmt man einen Bus Richtung Huehuetenango bis nach La Maceta (rund 30 Min. Fahrt). Ab dort folgt man den zum Teil abgebrochenen Pfeilen des Sendero ecológico etwa 1 Std. aufwärts. Von La Maceta sind es rund zwei Gehstunden nach Todos Santos.

Von Todos Santos nach Jacaltenango

Wer von Todos Santos aus in Richtung mexikanische Grenze möchte oder einen alternativen Rückweg nach Huehuetenango sucht, kann über Jacaltenango reisen. Die langsame, aber landschaftlich einmalige Busfahrt erfolgt über **San Martín**, ein Ladino-Dorf, auf dessen Freitagsmarkt auch die Mam-Indianer von Todos Santos präsent sind.

Nach weiteren 11 km erreicht die Straße nach einem spektakulären Schlussanstieg den ziemlich schäbigen Ort **Concepción Huista**.

Eine relativ neue Straße führt von hier aus bergab nach **Jacaltenango**, das auf einem Plateau liegt. Hier wird die regionale Indianersprache Jacalteko gesprochen. Das wohlhabende Dorf wird aber zunehmend von Ladinos dominiert, deren Kaffeeplantagen sich in der Umgebung befinden. Von hier aus gibt es regelmäßige Busverbindungen nach Huehuetenango oder (mit Umsteigen an der Interamericana) nach La Mesilla an der mexikanischen Grenze; einfache Unterkunftsmöglichkeiten sind vorhanden.

Nentón und Gracias a Dios

Nach Nentón gelangt man entweder auf einer asphaltierten Straße, die von der Interamericana bei Camojá Grande abzweigt, oder von Todos Santos aus über Jacaltenango.

Im Landkreis von Nentón sind diverse Höhlen, Grotten und Lagunen sowie kleinere archäologische Stätten zu besichtigen. Von Huehuetenango aus fahren mehrere Busse täglich in rund 3 Std. nach Nentón. Nördlich von Nentón besteht die Möglichkeit über das Dorf Gracias a Dios nach Mexiko zu gelangen, nahe bei den Lagunas de Montebello. Den Einreisestempel für Mexiko muss man sich aber wahlweise in Comitán oder San Cristóbal de las Casas besorgen. In Gracias a Dios gibt es einfache Unterkünfte.

Von Huehuetenango nach Barillas und Playa Grande

Wer auf der Hochebene der Cuchumatanes-Berge die Abzweigung nach Todos Santos passiert hat, muss sich einige Stunden gedulden und mehrere Ortschaften durchfahren, bevor er auf der anderen Seite der Berge nach Barillas gelangt. Die Gegend wird aufgrund ihrer Abgeschiedenheit selten von Touristen besucht.

Etwa 62 km von Huehuetenango entfernt, liegt in einem Tal der Ort **San Juan Ixcoy**, der für seine guten Äpfel bekannt ist. Einmal jährlich gedenken die Indígenas, die hier Chuj sprechen, der Ermordung vieler ihrer Vorfahren. Diese hatten am 17. Juli 1898 nach einem Streit um Lohnzahlungen die gesamte Ladino-Population des Ortes umgebracht. Die Antwort der Amtsgewalt war äußerst blutig – für jeden toten Ladino starben zehn Indígenas. Die Nacht ist unter dem Namen „das Blutbad" *(La degollación)* in die Geschichte eingegangen.

Der nächste Ort entlang der Strecke ist **San Pedro Soloma**, wo Kanjobal gesprochen wird. Die langen weißen Huipiles der Frauen ähneln jenen aus San Mateo Ixtatán und können heute meist nur noch an den Markttagen Donnerstag und Sonntag bewundert werden.

Hinter Soloma steigt die Straße erneut an, durchquert das kalte Bergdorf Santa Eulalia, in dem die besten Marimbas Guatemalas aus dem Holz des Hormigo-Baums gebaut werden, und erreicht schließlich nach rund 80 km **San Mateo Ixtatán**, einen der ursprünglichsten Orte auf der Route nach Barillas. Neben Landwirtschaft und Bergbau leben die Indígenas hier seit unzähligen Generationen von salzhaltigen Quellen, die oberhalb des Dorfes in den Bergen liegen. Das Schöpfen des Salzwassers wird als heilige Tätigkeit betrachtet, bei der göttlicher Beistand erforderlich ist und die von rituellen Zeremonien an Naturaltären begleitet wird. Die beeindruckend schönen Huipiles der Frauen, weiß und beidseitig filigran mit Rot, Gelb und Blau bestickt, sowie die wollenen Umhänge der Männer *(capixay)* sind in ihrer ganzen Pracht auf der Fiesta am 21. September zu bewundern. Während dieses Ereignisses werden außerdem zahlreiche traditionelle Tänze aufgeführt. Außer an den Markttagen Donnerstag und Sonntag wirkt das Dorf allerdings wie ausgestorben.

Außerhalb von San Mateo führt die Straße ständig abwärts Richtung Osten, bis 153 km von Huehuetenango das unscheinbare **Barillas** (1400 m) erreicht wird. Hier beginnt der Großgrundbesitz, der von Ladinos dominiert wird und auf Kaffee- und Zuckerrohranbau ausgerichtet ist. Weiter östlich sinkt das Gelände weiter in dichte Dschungelregionen ab, die in den Ixcán führen. Das Reisen in diesem Gebiet ist äußerst abenteuerlich und langwierig. Eine akzeptable Übernachtungsmöglichkeit in Barillas ist das saubere **Hotel Sol**, Terminal de Buses, Zona 6. ❷

Seit einiger Zeit gelangt man per Bus, Pick-up oder Allradfahrzeug von Barillas nach **Playa Grande** im Ixcán. Die Strecke führt über Altamirano am Río Ixcán, Mayalan am Río Piedras Blancas und Veracruz. Für die rund 80 km sind etwa 5–6 Std. einzuplanen (bei Regenwetter deutlich länger!). Die Strecke ist aufgrund gelegentlicher Überfälle nicht ungefährlich; das Klima ist heiß und schwül.

Von Huehuetenango zur mexikanischen Grenze

Einen Großteil der 79 km bis zum Grenzort La Mesilla folgt die Straße dem wunderschönen Tal des Río Selegua. Wer Zeit hat, sollte den einen oder anderen Abstecher zu kleineren Orten am Rande der Strecke machen, die zwar meist keine großen Sehenswürdigkeiten zu bieten haben, aber oftmals landschaftlich reizvoll liegen. In vielen dieser Dörfer tragen die Bewohner außerordentlich schöne Trachten. Wenige Kilometer außerhalb von Huehuetenango zweigt rechts eine steile Straße in das Gebirgsdorf **San Juan Atitán** ab, das auch zu Fuß von Todos Santos zu erreichen ist.

Vorbei an San Sebastián, in dessen Nähe die Überreste der alten Siedlung Toj-Joj liegen, die 1891 vom Selegua-Fluss weggespült wurde, erreicht man **Colotenango**. Hier zweigt linker Hand eine Straße in eine landschaftlich reizvolle Gegend mit den Dörfern **San Gaspar Ixchil**, **Ixtahuacán** und **Cuilco** ab. Zurück auf der Hauptstraße passiert man kurz vor Erreichen der Grenze bei Camoa Grande die Abzweigung nach **Jacaltenango** und **Nentón** (s. S. 320). Wer es nicht mehr rechtzeitig zur Grenze schafft, kann im Ort **La Democracia** übernachten, der nur 14 km von La Mesilla entfernt ist.

La Mesilla

Die Grenze ist täglich von 6–22 Uhr geöffnet. Der mexikanische Grenzort Ciudad Cuauhtémoc ist 4 km von La Mesilla entfernt und wird von Kleinbussen und Taxis bedient. Der Grenzübertritt gestaltet sich für Rucksacktouristen relativ problemlos. An Wochenenden kann allerdings viel Betrieb herrschen. In La Mesilla gibt es Hotels, eine Polizeistation, eine Bank und Geldwechsler.

Auf mexikanischer Seite fahren regelmäßig Busse nach Comitán (1 1/4 Std.) und San Cristóbal de las Casas (2 1/2 Std.). Der letzte Bus Richtung Comitán verlässt die Grenze gegen 17 Uhr.

Auf guatemaltekischer Seite startet der letzte Bus ebenfalls gegen 17 Uhr von La Mesilla in das ca. 2 1/2 Std. entfernte Huehuetenango.

Von Huehuetenango nach Osten in den Quiché

Kurz vor Chiantla zweigt rechter Hand eine asphaltierte Straße ostwärts ab. Sie führt über 22 km entlang der Südseite der Cuchumatanes-Berge in das fruchtbare **Aguacatán**. Unterwegs überquert man einige alte Steinbrücken, die noch aus der Zeit des Diktators Ubico (1931–1945) stammen.

Aguacatán, dessen Name „Überfluss an Avocados" bedeutet, ist ein geschäftiger Ort, der sich nicht auf den Anbau von Avocados, sondern auf Lauchzwiebeln und Knoblauch spezialisiert hat. Das Dorf existierte bereits vor der Ankunft der Spanier unter dem Namen Koakutek und wurde später in Chalchitán, „Ort der Smaragde", umbenannt. Tatsächlich sollen hier Edelmetalle, darunter Gold, gefördert worden sein. Als die Indígenas jedoch die endlose Gier der Spanier bemerkten, zerstörten sie die Eingänge zu den Minen.

Aguacatán liegt auf einer Höhe von 1670 m, und das im Vergleich zu Huehuetenango mildere Klima ist sofort spürbar. Ein Großteil der Bevölkerung spricht Awakateko, eine Variante des Mam. Der größte Trubel herrscht während des sonntäglichen Marktes. Die auffälligen Trachten der Frauen bestehen aus einem schwarzen Rock, durchsetzt mit dünnen, bunten Fäden, einem weißen Huipil mit besticktem Halsstück und einem farbenfrohen Halsband *(lana')*.

Einen Abstecher wert ist die Quelle *(nacimiento)* des **Río Blanco**, auch San Juan genannt, an der große Mengen kalten, klaren Wassers aus einer Felswand sprudeln. Der Ort ist besonders an Wochenenden ein beliebtes Ziel für einen Familienausflug. Die Quelle befindet sich rund 20 Gehminuten außerhalb des Ortes Richtung Osten. Im weiteren Verlauf windet sich die Straße aus dem Tal von Aguacatán Richtung Osten auf ein trockenes Hochplateau, bevor der Abstieg in das heiße Tal von Sacapulas (s. S. 324) beginnt, das bereits in der Provinz Quiché liegt. Die Entfernung zwischen Aguacatán und Sacapulas beträgt 38 km.

Provinz Quiché

Die Provinz Quiché gehört mit ihren 8378 km^2 zu den größten des guatemaltekischen Hochlands. Sie liegt eingekeilt zwischen den Departamentos Huehuetenango und Alta Verapaz. Das Gebiet ist landschaftlich abwechslungsreich und beginnt im Süden in der Nähe des Atitlán-Sees. Hier prägen fruchtbare Ebenen und Täler das Bild. Weiter nördlich entspringt in der Nähe von Chichicastenango (s. S. 238) der **Río Motagua**, der den Quiché von West nach Ost durchquert und dessen östlicher Teil die Grenze zur Provinz Chimaltenango markiert. Zwischen der Provinzhauptstadt **Santa Cruz del Quiché** (s. S. 322) und **Sacapulas** (s. S. 324) liegt ein trockenes Gebiet, das durch tiefe Schluchten stark zerklüftet ist. Hinter Sacapulas, das am Río Negro liegt, erheben sich die Ausläufer der Cuchumatanes-Berge, deren Gipfel hier meist unter 3000 m liegen. In den wasserreichen Tälern des **Ixil-Dreiecks** (s. S. 325) liegen außer dem Städtchen **Nebaj** (s. S. 327) Kaffee-Fincas und unzählige kleine indianische Dörfer verstreut in teils schwer zugänglicher Lage. Ganz im Norden der Provinz zieht sich das undurchdringliche Regenwaldgebiet des **Ixcán** (s. S. 363) bis zur mexikanischen Grenze. Diese Region gehört zu den regenreichsten der Provinz.

Das Departamento ist nach den Quiché-Indígenas benannt, der größten indianischen Volksgruppe in Guatemala. Die Vorfahren der Quiché sind wahrscheinlich im 11. Jh. aus dem mexikanischen Tula in das Hochland von Guatemala eingewandert, wo sie sich militärisch gegen die Indianervölker, die bereits hier lebten, durchsetzen konnten. Ihre Vorherrschaft wurde erst von den Spaniern gebrochen, die ihre zahlenmäßige Unterlegenheit durch geschicktes Ausspielen der verfeindeten indianischen Volksgruppen wettmachten. Für die Eroberer war die Provinz allerdings aufgrund des unwegsamen Geländes und fehlender Bodenschätze von geringer Bedeutung. Erst gegen Mitte des 19. Jhs. wuchs das Interesse an der Provinz, als für die aufkommende Plantagenwirtschaft an der Pazifikküste billige Arbeitskräfte gebraucht wurden. Aus Bauern wurden zwangsweise Wanderarbeiter. Auch heute noch ziehen viele Familien für mehrere Monate an die Küste, um für ein mageres Entgelt auf den großen Zuckerrohr- und Kaffee-Fincas zu schuften. Ihre kleinen Parzellen zu Hause reichen nicht aus, um die stark wachsenden Familienverbände zu ernähren.

Ungerechte Landverteilung und zunehmende Armut waren der Zündstoff, der dafür sorgte, dass die Guerilla besonders im Quiché während des Bürgerkriegs große Unterstützung unter der indianischen Bevölkerung fand. Hier entstanden Bauernbewegungen wie beispielsweise das Komitee der Bauerneinheit CUC. Die Antwort des Militärs bestand in einem Ausrottungsfeldzug, der an Kaltblütigkeit und Grausamkeit unübertroffen ist. Ein Großteil aller Gräueltaten des 36-jährigen Bürgerkriegs wurde in der Provinz Quiché verübt, Schwerpunkt war das Ixil-Dreieck.

Auch der Name Quiché, der übersetzt „Waldland" bedeutet, wird wohl bald nicht viel mehr als eine Hommage an vergangene Zeiten darstellen, denn die Baumbestände nehmen rapide ab. Hierfür verantwortlich sind ein hoher Bevölkerungszuwachs und kommerzielle Gier.

Obwohl evangelische Religionsgemeinschaften die kulturellen Gepflogenheiten mancherorts aufgeweicht haben, sind viele Quiché-Indígenas ihren traditionellen Sitten und Gebräuchen treu geblieben. Wer daher die aktuelle Lebensweise der Menschen im Quiché kennenlernen möchte, sollte über Chichicastenango hinaus in die nördlichen Bergregionen der Provinz reisen, wo ihn ungewöhnliche Menschen und Landschaften erwarten.

Santa Cruz del Quiché

Die Hauptstadt der Provinz Quiché liegt nur 19 km von Chichicastenango entfernt. Kurz vor dem Ort passiert man die kleine Laguna Lemoa.

Sie ist der Legende nach aus den Tränen der Quiché-Frauen entstanden, die um ihre von den Spaniern ermordeten Männer trauerten. Santa Cruz ist ein wichtiger Handelsplatz und Verkehrsknotenpunkt der Provinz Quiché, hat aber für Touristen wenig Anziehendes. Die meisten Besucher sind nur auf der Durchreise oder machen einen Abstecher von Chichicastenango aus, um die Ruinen von Utatlán (Q'umarkaaj, S. 323) zu besuchen.

An der Plaza von Santa Cruz steht neben dem Verwaltungsgebäude der Provinzregierung die mächtige, weiß getünchte **Dominikanerkirche** aus dem 17. Jh. Im Inneren befindet sich ein Denkmal für die Priester, die dem bewaffneten Konflikt in den 70er- und 80er-Jahren zum Opfer fielen. Das Denkmal vor dem Gotteshaus ist Tecún Umán gewidmet, dem Quiché-Häuptling, der Pedro de Alvarado 1524 entgegentrat, von diesem aber in der entscheidenden Schlacht bei Quetzaltenango getötet wurde. Neben der Kirche befindet sich der über mehrere Straßenzüge verteilte **Markt** der Stadt, der fast ausschließlich auf die Bedürfnisse der einheimischen Bevölkerung zugeschnitten ist.

Während der Fiesta am 18. August zu Ehren der heiligen Elena wird der Baile de la Culebra aufgeführt, ein Tanz, bei dem eine lebende Schlange im Mittelpunkt steht.

Übernachtung

Hotel Las Vegas, 3. Av. 4-19, Zona 1, freundliches Ambiente, geräumige Zimmer. ❸

Hotel Rey K'iche, 8. C. 0-39, Zona 5, 3 Blocks nordwestlich des Busterminals, ✆ 77550827. Saubere, große Zimmer, Kabel-TV, Parkplatz. ❹

Hotel El Sitio, 9. C. 0-41, Zona 5, ✆ 77553656, ✉ elsitiohotel@hotmail.com. Moderne Zimmer mit Bad und Kabel-TV. Das Hotel verfügt über Restaurant, Bar und eigenen Parkplatz. ❺

Essen

Das Restaurant im Hotel Rey K'iche ist nicht schlecht. Preisgünstig kann man sich auf dem Markt neben und hinter der Kathedrale verpflegen. Am Busterminal gibt es einige Stände mit gutem Essen.

Café la Torre, schräg gegenüber der Kathedrale. Frühstück und günstiges Mittagsmenü.

Panadería y Café San Miguel, 2. Av. 4-42, Zona 1. Bietet Herzhaftes, Brot und süße Stückchen zu niedrigen Preisen.

Café Acuario, 5. C., Zona 1, halber Block vom Parque. Snacks, Hamburger, typische Gerichte.

El Portal de la Cruz, westlich des Parque in der 4. C. Lokales Essen. ◷ tgl. 8–19 Uhr.

Pizza Argentina, 6. C. 3-31, ✆ 77550553, westlich des Parque. Preiswerte Pizza, Bringdienst. ◷ tgl. 9–21 Uhr.

Sonstiges

Am Parque Central gibt es **Banken** und Geldautomaten. Die **Post** befindet sich in der 3. C., zwischen 0. Av. und 1. Av., Zona 5.

Transport

Der **Busterminal** liegt an der Kreuzung von 10. C. und 1. Av. der Zone 5. Inzwischen fahren auf allen wichtigen Routen auch Kleinbusse.

GUATEMALA-STADT (163 km, 3 1/2 Std.), über Chichi und Los Encuentros; alle 15 Min. von 3–17 Uhr.

CHICHICASTENANGO (19 km, 30 Min.), s. Guatemala-Stadt.

JOYABAJ (52 km, rund 90. Min.), alle 15 Min.

HUEHUETENANGO (173 km, 2 Std.), alle 30 Min. zwischen 5 und 17 Uhr.

NEBAJ (84 km, 2 Std.), tgl. 11.30, 13.30, 15.30 und 16.30 Uhr, oder Kleinbus mit Umsteigen in Sacapulas, alle 30 Min.

PAZIFIKKÜSTE (COCALES), (ca. 4 Std.), stdl. über Panajachel mit Transportes Quiroa, stdl. über die Kreuzung Las Trampas mit La Hoyita.

SACAPULAS (50 km, 1 Std.), alle Busse und Kleinbusse nach Uspantán und Nebaj.

SAN ANTONIO ILOTENANGO (20 km, 30 Min.), Kleinbusse und Pick-ups von der 10. C., Zona 1, stadtauswärts, 6–17 Uhr.

USPANTÁN (90 km, 2 1/2 Std.), alle 30 Min. Abfahrten zwischen 6.30 und 20 Uhr.

Ruinen von Utatlán (Q'umarkaaj)

Nur rund 5 km westlich von Santa Cruz kann man die Ruinen der ehemaligen Hauptstadt der Quiché-Maya besichtigen. Die Anlage ist nicht restau-

Tunnelgang in Utatlán

Einen Abstecher wert ist der etwa 100 m lange **Tunnel** an der Nordwestseite der Anlage, in dem Maya-Priester auch heute noch Zeremonien abhalten. Innen befinden sich mehrere Nischen und Reste von Opfergaben wie Hühnerfedern, Kerzen, Schnapsflaschen und Blumen. Es ist nicht bekannt, zu welchem Zweck der Tunnel einst gegraben wurde, doch könnte er Frauen und Kindern als Versteck vor den Spaniern gedient haben. Wer den unterirdischen Gang besichtigen möchte, sollte dem kleinen Schild: „a la cueva" folgen und eine Taschenlampe mitnehmen. Manchmal ist der Gang auch mit kleinen Teelichtern beleuchtet, die dem Ort eine geheimnisvolle Aura verleihen. Vorsicht beim Herumklettern, da es einige tiefe Löcher gibt.

riert, und so ist die Geschichte ihrer Eroberung interessanter als die Ruinenstätte selbst.

Vor der Ankunft der Spanier dominierten die Quiché-Indianer das guatemaltekische Hochland und erbauten um 1400 ihre Hauptstadt Q'umarkaaj. Unter ihrem König Q'uikab (1425–1475) expandierte das Königreich der Quiché in alle Richtungen. Nach dem Sieg von Alvarado über die Quiché bei Quetzaltenango wurden er und seine Männer nach Q'umarkaaj eingeladen; die Indianer hatten vor, den Eroberer heimlich umzubringen. Der misstrauische Spanier aber lockte seinerseits die Anführer der Quiché mit einer List aus der Stadt und ermordete sie. Die Stadt, von den Spaniern auch Utatlán genannt, ließ er von seinen Truppen bis auf die Grundmauern niederbrennen.

1840 vermaßen der amerikanische Reisende John L. Stephens und der britische Zeichner Frederick Catherwood die Anlage. Der Archäologe Alfred P. Maudslay, der 1878 nach Utatlán kam, konnte die ausschweifenden Berichte spanischer Chronisten über die Pracht der Stadt nicht bestätigen. Er wies nach, dass das von tiefen Schluchten umgebene Plateau nur wenigen Gebäuden Platz bot. Sie waren ähnlich wie in Iximché mit mehreren Stuckschichten verkleidet. Auf einer Anlage aus Stein, die etwas erhöht erbaut worden war, wurden wahrscheinlich Menschenopfer dargebracht.

Nach Utatlán gelangt man mit einem Kleinbus Richtung San Antonio Ilotenango (s. Transport), mit dem Taxi (etwa Q100 inkl. Wartezeit) oder zu Fuß. Der Weg folgt der 10. Calle, Zona 1, stadtauswärts und führt direkt zu den Ruinen, ◷ 8–17 Uhr, Q30.

Von den Ruinen gelangt man auf einer einsamen Hochlandpiste über San Antonio Ilotenago nach **Totonicapán** (s. S. 302).

Von Santa Cruz del Quiché nach Rabinal

Östlich von Santa Cruz führt eine gut ausgebaute Straße in rund 52 km über Zacualpa nach **Joyabaj**, einem ehemals wichtigen Handelsposten an der königlichen Straße nach Mexiko. Der Ort wurde vom Erdbeben 1976 vollständig zerstört, hat sich aber heute wieder zu einem relativ wohlhabenden, aber immer noch traditionellen Dorf mit einem lohnenswerten Sonntagsmarkt entwickelt. Wer Joyabaj Mitte August besucht, sollte sich die Fiesta mit ihren traditionellen Tänzen, unter anderem den Palo volador, nicht entgehen lassen. Von Joyabaj führt eine gute Straße Richtung Osten über Pachalum (Abstecher zu den Ruine Mixco Viejo, S. 196), Granados und El Chol nach Rabinal (s. S. 339) in der Provinz Baja Verapaz. In allen erwähnten Orten gibt es einfache Hotels und zahlreiche einfache Comedores.

Transport

Regelmäßiger Busverkehr zwischen JOYABAJ und GUATEMALA-STADT mit Halt in Zacualpa. Weitere Busse Richtung Panajachel und über Godinez nach COCALES im pazifischen Tiefland. Nach Osten einige Busse tgl. nach Pachalum, von wo Busse zu den Ruinen von Mixco Viejo fahren. Zwischen PACHALUM und RABINAL ist verkehren meist nur wenige Fahrzeuge pro Tag.

Sacapulas

Eine Asphaltstraße führt von Santa Cruz del Quiché Richtung Norden in das 50 km entfernte Sacapulas. Der Ort liegt strategisch günstig am Kreuzungspunkt der Ost-West-Achse Cobán –

Huehuetenango und der Nord-Süd-Achse Nebaj – Santa Cruz del Quiché. Hier, in einer Höhe von nur noch 1196 m im Tal des **Río Negro**, ist das Klima heiß und trocken. Wie eine Oase liegt das Städtchen inmitten einer kargen Hügellandschaft am Fluss, der weiter östlich den Stausee **Chixoy** speist.

Lange vor der Eroberung durch die Spanier war der Ort Sitz des indianischen Fürstengeschlechts der Sakapulteken. Sie waren wie die Quiché toltekischen Ursprungs. Hauptgrund für die Ansiedlung waren neben der strategischen Lage und der Flussnähe die **Salzlager**, die sich in der Nähe des Ortes befinden. 1530 eroberten die Spanier unter Francisco de Castellanos das Gebiet von Sacapulas. Sie bereicherten sich während der Kolonialzeit am schwarzen Salz, das beinahe dem Wert von Silber gleichkam und wichtiges Handels- und Tauschgut war. Da die Salzproduktion heutzutage nicht mehr besonders rentabel ist, bauen nur noch einige wenige Familien Salz ab, um ihre bescheidenen Einkommen aus der Landwirtschaft aufzubessern.

Sacapulas ist ein sehr ruhiger Ort, besonders um die Mittagszeit, wenn die Hitze die Menschen in ihre Häuser, an den Fluss oder unter die zwei riesengroßen Ceiba-Bäume an der Plaza treibt. Lebensader ist die Brücke über den Fluss, der allerdings in der Trockenzeit auch durchfahren werden kann. Sie ist nach de Las Casas benannt und wurde bereits mehrfach durch Überschwemmungen zerstört und immer wieder aufgebaut.

Übernachtung, Essen, Sonstiges

Hospedaje Black River, an der Brücke. Einfache Zimmer mit Gemeinschaftsbad und nur kaltem Wasser, Restaurant. ❷
Hospedaje Tujaal, hinter der Kirche. Zimmer mit Bad, warmer Dusche, Kabel-TV, Restaurant. ❸ Ohne Bad ❷
Am Parque Central befindet sich eine Filiale von **Banrural**.

Transport

Direktbusse nach GUATEMALA-STADT (213 km, ca. 4 1/2 Std.) fahren um 12.30, 1, 2 und 3 Uhr morgens am Parque Central ab; sonst umsteigen in Santa Cruz del Quiché.
HUEHUETENANGO (50 km, 2 1/2 Std.), Abfahrt alle 30 Min. an der Nordseite der Brücke, 4.30–17.30 Uhr.
NEBAJ (34 km, 1 1/2 Std.), mehrmals tgl. ab 9.30 Uhr, Abfahrt s. Santa Cruz del Quiché.
SANTA CRUZ DEL QUICHÉ (50 km, 1 Std.), Abfahrt ab 1.30 Uhr stdl. am Parque Central bis ungefähr 17.30 Uhr.
USPANTÁN (50 km, 2 Std.), 10.30, 11.30, 14.30, 16 und 16.30 Uhr, Abfahrt am Parque Central.

Von Sacapulas ins Ixil-Dreieck

Im Norden von Sacapulas ragt die mächtige Bergkette der Cuchumatanes auf, die von den Bussen und Lastwagen in zahlreichen, steilen Serpentinen mühsam erklommen werden muss. Je höher man kommt, desto spektakulärer wird der Blick, der im Süden über das ganze Tal des Río Negro reicht. Im Osten taucht eine Bergkette nach der anderen auf. Nach rund 10 km erreicht man eine Kreuzung namens **El Entronque**. Rechter Hand führt die Straße weiter nach Uspantán und Cobán, linker Hand nach Nebaj und in das Ixil-Dreieck.

Auf der Nordseite der Berge wird die Landschaft zunehmend grüner und die Luft feuchter. Vorbei an mehreren kleinen Dörfern, deren Häuser meist aus Lehmblöcken und roten Ziegeldächern bestehen, erreicht man nach 20 km Nebaj, das tief unten im Tal auf 1906 m liegt. Hier beginnt das Ixil-Dreieck, das durch die drei Eckpunkte Nebaj, Chajul und San Juan Cotzal gebildet wird und das zwischen den Cuchumatanes-Bergen und den westlichen Ausläufern der Sierra de Chamá eingebettet ist.

Es wird vom Volk der Ixil bewohnt, einer Untergruppe der Mam, die sich aufgrund der räumlichen Abgeschiedenheit ihre Sprache und Kultur bis auf den heutigen Tag weitestgehend bewahren konnte.

Geschichte des Ixil-Dreiecks

Nachdem die Spanier die Region in drei blutigen Expeditionen erobert und 1530 die Hauptstadt Nebaj niedergebrannt hatten, zogen sie sich zurück, da ihnen die Gegend keinerlei Möglichkeit zur Bereicherung bot. Daher blieben die Ixil-Indi-

Wandern im Ixil-Dreieck

Eine der Hauptattraktionen der Region ist die hügelige Berglandschaft, durchzogen von klaren Bergbächen, die geradezu zum Wandern auffordert. Inzwischen hat man sich in Nebaj auf die steigende Nachfrage nach Trekkingtouren eingestellt. Verschiedene Anbieter offerieren organisierte Wanderungen, von einfachen Tages- bis zu Mehrtagestouren mit Maultieren.

Beliebte Tagestouren führen unter anderem nach Acul, zur Cascada de Plata oder zum Río Azul über Cocop. Anspruchsvollere Routen umfassen die dreitägige Wanderung zur Laguna Tzalbal über Xeo und Cotzol (nicht zu verwechseln mit Cotzal) oder die Viertagestour nach Xexocom und Parramos Grande.

Einige Veranstalter bieten eine fünf- bis sechstägige Wanderung von Nebaj nach Todos Santos Cuchumatanes an. Die reizvolle, aber anstrengende Wanderung führt durch unterschiedliche Klimazonen bis auf Höhen von rund 3300 m.

Für die organisierten Wandertouren benötigt man weder Zelt noch Schlafsack, da in einfachen Herbergen *(posadas comunitarias)*, die von Einheimischen geführt werden, übernachtet wird. Für diese Touren muss man mit US$35–50 pro Tag und Person rechnen, alles inklusive. Wer alleine loszieht und in den Posadas Comunitarias übernachten möchte, zahlt dort zwischen Q15 und Q25 pro Nacht und Person.

In Nebaj bieten folgende Agenturen Wandertouren an:

Pablo's Tours, neben El Descanso, ✆ 40904924, ✉ deleonmanuela7@gmail.com.

Laval Iq', 6. Av. Ecke 8. C., Cantón Vitzal, 💻 www.regionixil.com, ✆ 77558337. Zusammenschluss von Führern, die Wanderungen in die umliegenden Dörfer und in die Cuchumatanes anbieten. Die Tour nach Todos Santos dauert drei Tage und kostet Q1200 (mehr als vier Teilnehmer Q800 p. P.) inkl. Guide, Verpflegung und Unterkunft.

aner in den fruchtbaren, wasserreichen Tälern jahrhundertelang nahezu unberührt von äußeren Einflüssen, und auch die spärlichen Besuche der Vertreter von Kirche und spanischer Krone während der Kolonialzeit änderten hieran nicht viel.

Erst gegen Ende des 19. Jhs. kamen im Zuge der liberalen Revolution die ersten Ladinos in das Ixil-Dreieck. Sie bemächtigten sich dort mit Gewalt, Betrug und Unmengen von Alkohol großer landwirtschaftlicher Flächen für den Zuckerrohranbau und später für Kaffee-Plantagen. Die Indígenas wurden per Gesetz zur Zwangsarbeit auf den Latifundien verpflichtet. Um der verhassten Reise an die moskitoverseuchte Pazifikküste zu entgehen und um die gesetzlich vorgeschriebene Stundenzahl an Zwangsarbeit zu absolvieren, akzeptierten viele Ixils die Arbeit auf einer örtlichen Finca, oftmals bei dem *patrón*, der ihnen ihr eigenes Land weggenommen hatte. Ein starkes Bevölkerungswachstum führte zu einer Pro-Kopf-Anbaufläche, die sich konstant verringerte – von ca. 19 ha im Jahr 1893 bis auf 7,5 ha im Jahr 1950 (der Trend setzte sich fort, sodass 1989 nur noch durchschnittlich 3,3 ha pro Kopf zur Verfügung standen).

Die daraus resultierende Armut und Unzufriedenheit waren der ideale Nährboden für die Guerilla, deren Splittergruppe EPG 1972 ins Ixil-Dreieck kam und durch spektakuläre Hinrichtungen von unbeliebten Finca-Besitzern von sich reden machte. Die Antwort der Regierung ließ nicht lange auf sich warten: Bodentruppen durchkämmten jeden Winkel der Region, brannten Dörfer nieder, massakrierten die Zivilbevölkerung und zerstörten Maisfelder. Die Ixils fanden sich unversehens mitten in einem Krieg, den sie nicht gewollt hatten. Doch Neutralität zu wahren war unmöglich, zu stark war der Druck der beiden Kriegsparteien. Wer Glück hatte, rettete sein nacktes Leben auf tagelangen Märschen in die unwegsamen Dschungelgebiete des nördlichen Quiché oder nach Mexiko in ein Flüchtlingslager. Die Zurückgebliebenen wurden von den Militärs indoktriniert: Man zog sie in Modelldörfern zusammen, setzte sie Umerziehungsprogrammen aus und zwang sie, sich in Zivilpatrouillen gegenseitig zu bespitzeln. Erst im Laufe der 90er-Jahre kehrte ein wenig Normalität im Ixil-Dreieck ein. Das Armeekontingent wurde stark reduziert, Familien kehrten zurück, die Zivilpatrouillen wurden abgeschafft und Hilfsorganisationen starteten Programme zum Wiederaufbau des Gebietes.

Auch wenn der Bürgerkrieg auf den ersten Blick keine sichtbaren Spuren hinterlassen hat, so hat für die betroffene Bevölkerung heute erst die Verarbeitung der grausamen Geschehnisse begonnen. Immer noch werden Massengräber gefunden, die alte Wunden aufbrechen lassen. Die vielen kleinen Papierkreuze mit den Namen von Verschwundenen und Ermordeten, die im Inneren der Kirchen angebracht sind, sprechen ebenfalls für sich.

Die alten Probleme, wie z. B. das der Landverteilung, sind immer noch nicht gelöst, und für die Bewältigung neuer Schwierigkeiten, etwa ökologische Probleme, haben die Menschen hier weder Zeit noch Geld. Die wunderschöne Landschaft steht im starken Kontrast zur bitteren Armut großer Teile der Ixil-Bevölkerung.

Nebaj

Santa María Nebaj, die größte Stadt im Ixil-Dreieck, sieht auf den ersten Blick nicht besonders attraktiv aus. Inzwischen stellt man sich aber auf den wachsenden Strom von Touristen ein, den viele dem Ort vorhersagen. Zeichen dafür sind die neue Asphaltstraße Richtung Sacapulas, ein verbessertes Hotelangebot und vielfältige Ausflugsmöglichkeiten. Bislang besuchen nur wenige Rucksacktouristen die Region. Die meisten Ausländer, die man hier trifft, arbeiten für eine der zahlreichen Religionsgemeinschaften oder internationalen Hilfsorganisationen, die das Ixil-Dreieck in den 90er-Jahren geradezu überschwemmt haben. In kurzer Zeit kennt man den ganzen Ort, der keine größeren Sehenswürdigkeiten bietet, aber die optimale Ausgangsbasis für Ausflüge in die Umgebung darstellt.

Hinter der Kirche befindet sich der Markt, der besonders donnerstags und sonntags stark frequentiert wird. Nicht zu übersehen sind die wunderschönen Trachten der Ixil-Frauen. Sie bestehen aus einem roten Rock mit gelben und weißen Streifen, einem weißen Huipil, der mit neun verschiedenen Farben bestickt ist, und einem Kopfschmuck mit verschiedenen bunten Quasten.

Webarbeiten kann man im **Centro Cultural y Mercado de Artesanías Mayas Ixiles**, Ecke 7. C. 2. Av., ✆ 55229750, erwerben. Dort befindet sich auch das kleine **Museo Ixil**, das wenige, aber interessante Informationen zur Region, Kultur und traditionellen Textilien bietet. ◷ Mo–Sa 8–18, So 8–12 Uhr, gratis.

Übernachtung

Popi's Restaurant y Hospedaje, 5. Av., 3-35, ✆ 77560092. 🖳 www.mayanhope.org (s. Volunteering). Einfache Schlafsäle und Zimmer mit Gemeinschaftsbad, Q30 p. P. Gewinne gehen an behinderte Kinder und Projekte im Umland.

Hostel Media Luna Medio Sol, 3. C. 6-15, neben dem El Descanso, ✆ 58474747, 🖳 www.laregionixil.com. Einfache Schlafsäle und Zimmer mit Gemeinschaftsbad, TV-Zimmer, Maya-Sauna, Tischtennis und Dartboard. ❷ Schlafsaal Q35 p. P.

Hotel Ilebal Tenam, Calzada 15 de Septiembre, Straße Richtung Chajul, ✆ 77558039. Großes Hotel mit Neubau, große, ruhige Zimmer mit und ohne Privatbad, TV, Parkplatz, gutes Preis-Leistungs-Verhältnis. ❷

Posada de Don Genaro, Calle al Calvario, ✆ 77558269. Renoviertes Hotel mit angenehmen Zimmern, Parkplatz. ❷

Hotel del Centro Naa'ba, 3. C. 3-18, ✆ 57226736, ✉ naabacentro@yahoo.com.mx. Saubere DZ mit und ohne Bad, Kabel-TV, Restaurant, Parkplatz. ❸

Hotel Ixil, 2. Av., Ecke 9. C., ✆ 77560036. Alle Zimmer mit Privatbad, sauber, Kabel-TV, auf Wunsch Mahlzeiten, familiäre Atmosphäre. Gelegentlich laut, da sich eine evangelische Kirche gegenüber befindet. ❸

Hotel Shalom, Calzada 15 de Septiembre, 2 Blocks nördlich des Parque Central, ✆ 77558028. Saubere Zimmer mit Bad und heißem Wasser, Kabel-TV. ❸

Hotel Turansa, 6. Av., Ecke 5. C., ✆ 41447609. Kleine Zimmer mit Bad, Kabel-TV, Elektrodusche. ❸

Hotel Villa Nebaj, Calzada 15 de Septiembre 2-37, ✆ 77560005. Bestes Hotel am Platz, moderne Zimmer mit und ohne Bad, TV, Parkplatz. ❺

Spezialität der Region

Wer an einer Fiesta im Ixil-Dreieck teilnimmt, sollte sich die leckeren *boxboles* nicht entgehen lassen. Sie bestehen aus gekochtem Maisbrei, der zu Kugeln geformt wird. Diese werden mit einer würzig-scharfen Chili-Erdnuss-Soße verfeinert und in ein grünes Chayote- oder Güisquil-Blatt gewickelt.

Essen und Unterhaltung

Neben solider guatemaltekische Hausmannskost bekommt man auch Pizzas und Hamburger. Die meisten Comedores schließen um 20 Uhr. Eine angenehme Ausnahme ist der Travellertreff El Descanso.

Brotladen, Calzada 15 de Septiembre, Nähe Hotel Ilebal Tenam, gutes Vollkornbrot, Sesam- und Körnerbrötchen, Café.

Café Café, Westseite des Parque Central. Café und Internet mit gemütlichem Patio und einfachen, lokalen Mahlzeiten, Reiseinfos. ⌚ Mo–Sa 8–19 Uhr, So geschl.

Comedor Elsim, an der Westseite des Parque Central, solide guatemaltekische Küche, Frühstück, Mittag- und Abendessen. ⌚ tgl. 7–21 Uhr.

El Descanso, 3a. C., Zona 1. 2-stöckige Bar und Restaurant, bei Touristen sehr beliebt. Gute Speisenauswahl zu günstigen Preisen, Frühstück, Internet. Ein Teil der Gewinne fließt in den Unterhalt einer Bibliothek für Jugendliche und Kinder, in der man auch als Freiwilliger arbeiten kann.

Popi's Restaurant y Hospedaje, s. Übernachtung. Gemischte Speisekarte, außerdem hausgemachtes Brot, Kuchen und Kekse.

Restaurante Maya Ixil, direkt am Parque. Freundlich aufgemacht, internationale Küche und traditionelles Essen.

Pizza del César, 2. Av., zwischen 4. u. 5. C. Der lokale Fastfood-Tempel, in dem man jeden Touristen während seines Aufenthalts wenigstens einmal trifft. Geboten werden solide Pizza und Wein.

An Abendlokalen scheint es noch keinen großen Bedarf zu geben. Außer im **El Descanso** und ein paar heruntergekommenen Cantinas ist nichts los.

Sonstiges

Feste

Neben der Osterwoche finden in Nebaj folgende Feiern statt: 14. Juni: San Antonio, 7-tägige Feier mit Marimba, Tamales, viel Schnaps und typischen Trachten; 15. Aug: Patronatsfest zu Ehren der Virgen de la Asunción; 7. Dez: Virgen de Concepción, Mariä Empfängnis.

Freiwilligenarbeit

Info im Restaurant **El Descanso**.

Geld

Banrural, 2. Av. 46, wechselt US$ in bar sowie Reiseschecks und hat einen Visa-Geldautomaten.

Informationen

Erhält man im Internet unter 💻 www.nebaj.com, 💻 www.laregionixil.com und bei den Trekking-veranstaltern (S. 326, Wandern im Ixil-Dreieck).

Internet

Im Restaurant **El Descanso**, rund Q8/Std., auch im **Café Café** (billiger mit Discountkarte) oder **Tulvi.com** am Parque, Q6.

Medizinische Hilfe

Ein **Krankenhaus** befindet sich am Ortseingang Richtung Sacapulas.

Polizei

Im Gebäude der Stadtverwaltung an der Plaza.

Post

5. Av., Ecke 4. C.

Radio Ixil

Der 1992 gegründete Radiosender in der 5. Av., Ecke 2. C., versorgt die entlegenen Dörfer des Ixil-Dreiecks mit spiritueller Nahrung, sprich: der Verbreitung des Evangeliums, aber auch mit kulturellen und pädagogischen Programmen auf Ixil. Er sendet gegen Entgelt Nachrichten in alle Dörfer der Region und stellt auch im Handyzeitalter für viele Bewohner des Ixil-Dreiecks die einzige Form der Kommunikation dar.

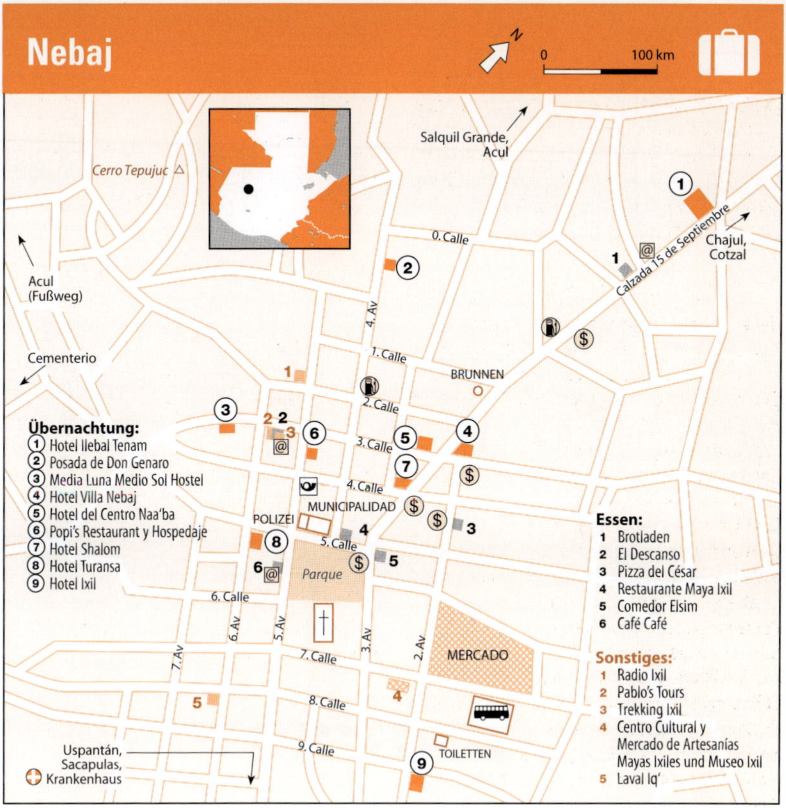

Sprachunterricht

Nebaj Language School, Spanisch- und Ixil-Unterricht, 🖳 www.nebaj.com. Infos im Restaurant **El Descanso**.

Touren

Siehe S. 326, Wandern im Ixil-Dreieck, und s. u., die Umgebung von Nebaj.

Transport

Der **Busterminal** befindet sich zwischen der 1./2. Av. und 7./8. C. In aller Regel geht es früh los; nach 11 Uhr vormittags fahren meist nur noch Kleinbusse.

GUATEMALA-STADT (247 km, ca. 5 Std.), Rutas Clavellina, Mitternacht, und Blanca Estela, 5 Uhr. Kleinbusse alle 30 Min. ab 3 Uhr, umsteigen in SANTA CRUZ DEL QUICHÉ. Dort von 3–15 Uhr alle 15 Min.

ACUL (ca. 12 km, 45 Min.), Kleinbusse von 7–16 Uhr.

CHAJUL (28 km, 1 Std.), Kleinbusse alle 15 Min. zwischen 6 und 16 Uhr.

COTZAL (21 km, 1 Std.), Kleinbusse alle 15 Min. zwischen 6 und 16.30 Uhr.

COBÁN (114 km, 5–6 Std.), (meist sehr volle) Direktbusse aus Chajul passieren die Plaza von Nebaj gegen 5 und 7 Uhr (rechtzeitig warten!) und fahren über Uspantán, Cobán nach San Pedro Carchá. Alternativ Kleinbus zur Kreuzung El Entronque, umsteigen in Kleinbus nach

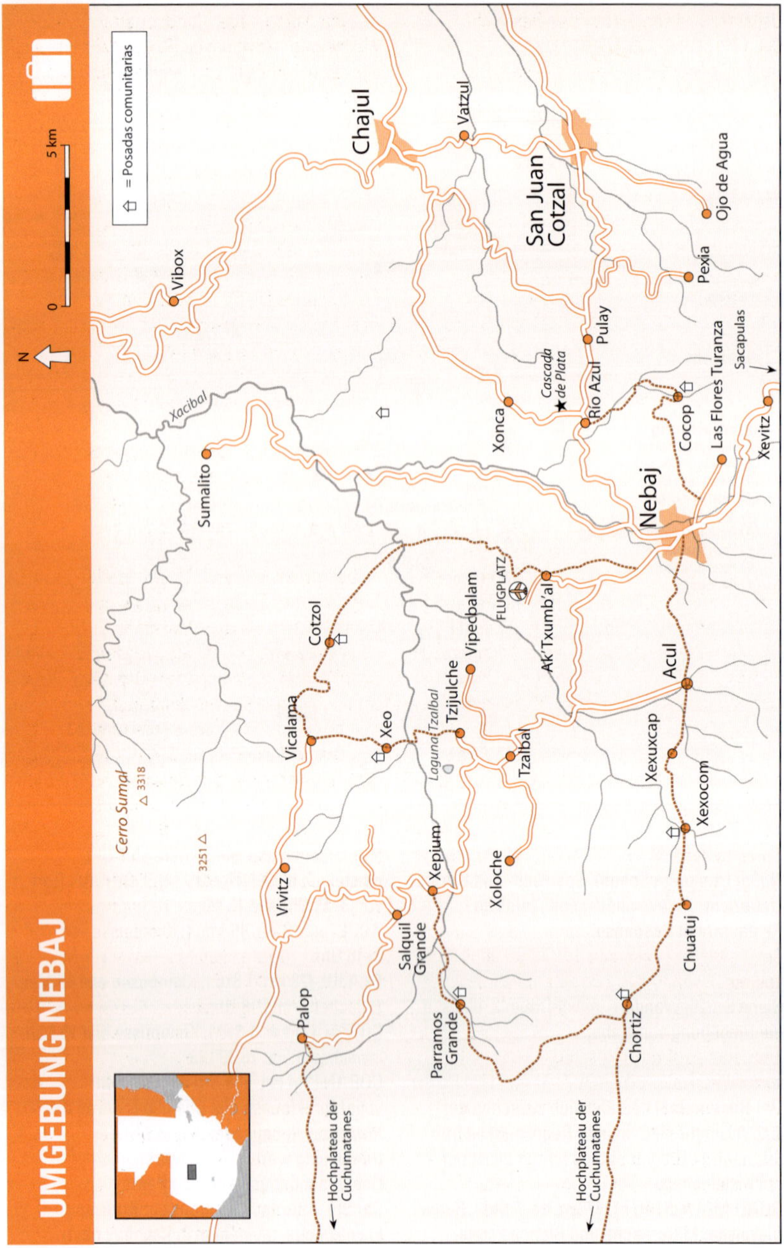
UMGEBUNG NEBAJ
= Posadas comunitarias
0
5 km
N
Chajul
Vatzul
San Juan Cotzal
Ojo de Agua
Pexia
Pulay
Vibox
Xacibal
Sumalito
Xonca
Cascada de Plata
Rio Azul
Cocop
Las Flores Turanza
Sacapulas
Xevitz
Nebaj
FLUGPLATZ
Ak'Txumb'al
Vipecbalam
Cotzol
Vicalama
Xeo
Laguna Tzalbal
Tzijulche
Tzalbal
Acul
Xexuxcap
Xexocom
Cerro Sumal
3318
3251
Vivitz
Xepium
Xoloche
Salquil Grande
Palop
Parramos Grande
Chuatuj
Chortiz
Hochplateau der Cuchumatanes
Hochplateau der Cuchumatanes

Uspantán und von dort stdl. weiter nach Cobán.
HUHUETENANGO (84 km, 4 1/2–5 Std.), bis SACAPULAS s. Santa Cruz, dort umsteigen; ein Bus verlässt die Brücke in Sacapulas um 4.30 und 5.30 Uhr morgens. Danach Kleinbusse alle 30 Min. bis 15 Uhr.
SACAPULAS (30 km, 1 1/2 Std.), alle Busse und Kleinbusse nach Santa Cruz del Quiché und Huehuetenango.
SALQUIL GRANDE (25 km, 2 Std.), mehrere Abfahrten zwischen 4 und 16 Uhr.
USPANTÁN (44 km, ca. 3–4 Std.), alle Busse nach Sacapulas bis zur Kreuzung El Entronque, dort umsteigen (Kleinbusse von Santa Cruz kommen dort halbstündlich bis ca. 16 Uhr vorbei), s. auch Cobán.

Die Umgebung von Nebaj

Am besten lernt man das Ixil-Dreieck zu Fuß kennen. Dabei können Wanderungen verschiedener Länge unternommen werden. Die Gegend ist inzwischen sehr sicher, doch wer längere Touren plant, sollte in einer kleinen Gruppe gehen und sich einen lokalen Guide besorgen. Oftmals warten sie bereits bei der Ankunft der Busse auf Touristen. Ansonsten können die Hotels weiterhelfen. Alle Übernachtungsmöglichkeiten außerhalb von Nebaj sind äußerst einfach; ein Schlafsack leistet hier gute Dienste. Wer nur einen Spaziergang unternehmen möchte, kann zum **Friedhof** von Nebaj laufen, der im Westen der Stadt liegt, und den Blick über den Ort genießen.

Etwa 6 km außerhalb von Nebaj Richtung Chajul liegt die **Cascada de Plata**, ein Wasserfall, der besonders in der Regenzeit sehenswert ist. Man erreicht ihn, indem man der Straße nach Chajul und Cotzal folgt, bis man nach rund 3 km an eine Kreuzung an einer kleinen Brücke kommt. Hier biegt man links ab und steht nach etwa 1 km vor dem Wasserfall. Der Ausflug lässt sich gut mit einem Besuch von Chajul und Cotzal verbinden, indem man bei der Rückkehr von diesen beiden Dörfern an der Kreuzung aussteigt, den Wasserfall besucht und nach Nebaj zurückläuft.

Eine kurze, aber landschaftlich reizvolle Wanderung (Achtung: bei Regen sehr rutschig!) führt zum Dorf **Acul**, das in einem der schönsten Täler der Region liegt. Von der Plaza in Nebaj folgt man der 5. Calle (vor der Polizei) Richtung Westen. Nach wenigen Metern erreicht man in einer kleinen Senke eine Kreuzung, an der man den mittleren der drei möglichen Wege nimmt (markiert durch eine kleine bemalte Kachel mit der Aufschrift „B'ey Ak'ul Diagonal 1, Cantón Xevac"). Dieser Weg zieht sich in langen Serpentinen den Berghang hoch, wobei die Ausblicke immer grandioser werden. Auf der anderen Seite geht es steil bergab nach Acul. Die gesamte Gehzeit für die einfache Strecke beträgt rund 90 Min. Acul ist ein Modelldorf der ersten Generation, das die Militärs in den frühen 80er-Jahren errichteten, um die Bevölkerung besser kontrollieren zu können. Man erkennt die planmäßige Struktur auch heute noch an den quadratisch angelegten Straßenzügen und den gleichartigen Häusern.

Der Ort ist auf drei Seiten von Hügelketten umgeben; das Tal hat somit nur einen Ausgang. Einige hundert Meter talauswärts befindet sich linker Hand inmitten saftiger Wiesen eine kleine urige **Käserei**, die hervorragenden Käse (Quesos Chancol) herstellt. Unbedingt probieren! Inzwischen gibt es dort zwei ausgezeichnete Übernachtungsmöglichkeiten. Direkt an der Käserei liegt die **Hacienda San Antonio**, ✆ 53056240, 💻 www.laregionixil.com/posadasanantonio, rustikale Zimmer mit Bad, ❻–❼, und nur wenige hundert Meter davon entfernt die **Bungalows de Mil Amores**, ✆ 57044817, vier nett eingerichtete, geräumige Bungalows mit Bad und Kamin, ❼. Beide Herbergen organisieren Reit- und Wanderausflüge, Mahlzeiten kosten Q35–45. In Acul gibt es zudem die einfache **Posada Doña Magdalena**, ✆ 57820891, ❷–❸, Schlafsaal Q30 p. P., die von einer einheimischen Familie geführt wird. Frühstück und Abendessen Q15, Mittagessen Q20. Wer es nicht nach Acul schafft, bekommt den Chancol-Käse auch in Nebaj in kleinem Laden ganz in der Nähe des Hotels Villa Nebaj.

Folgt man zu Fuß der bergab verlaufenden Straße aus dem Tal heraus, erreicht man nach rund 45 Min. die Hauptstraße zwischen Nebaj und Salquil Grande. Von dort gelangt zurück nach Nebaj. Schöner ist es aber der Rückweg von Acul nach Nebaj auf demselben Weg, den man gekommen ist. Alternativ fahren Kleinbusse regelmäßig von der Plaza in Acul zurück nach Nebaj.

Ein Ausflug mit dem Bus bringt einen in rund 2 Std. von Nebaj nach **Salquil Grande**, dem größten Dorf des westlichen Ixil-Dreiecks. An den Markttagen herrscht hier buntes Treiben.

Chajul

28 km nordwestlich von Nebaj liegt Chajul, der wohl traditionellste Ort der drei Eckpunkte des Ixil-Dreiecks. Die Dorfstraße, gesäumt von Adobehäusern mit von offenen Feuern rußgeschwärzten Ziegeldächern, führt geradewegs zur mächtigen **Wallfahrtskirche San Gaspar**. Dort wartet der Christus von Golgatha auf die Pilger, die ihn besonders zahlreich in der Vorosterzeit aufsuchen. Wie fast alle Orte des Ixil-Dreiecks litt auch Chajul während des Bürgerkriegs unter der Willkür der Guerilla und der Militärs. Mitte der 1980er-Jahre ließ sich der italienische Pfarrer Rosolino in die Gemeinde versetzen. Er beließ es nicht bei Gebeten, sondern krempelte die Ärmel hoch: 1988 half er, die Asociación Chajulense Va'l Vaq Quyol zu gründen, eine Genossenschaft, der mittlerweile rund 2500 Familien angehören.

Sie haben es mit Hilfe des *padres* geschafft, ihr wichtigstes Anbauprodukt – den Kaffee – selbstständig zu verarbeiten und zu vermarkten. Inzwischen befindet sich im Verwaltungsgebäude der Genossenschaft unterhalb der Kirche ein kleiner Laden, in dem man die wunderschönen Stoffe und Kaffee aus Chajul kaufen kann. Besonders stolz ist man auf eine kleine Berufsschule, in der junge Männer zu Zimmerleuten, Imkern oder Öko-Landwirten ausgebildet werden. Die Asociación besitzt eine schöne eigene Unterkunft, die **Posada Chajulense Vetz K'aol**, ✆ 57845502, ✉ e_du_arim5@hotmail.com, ❹, ohne Bad ❸.

Etwa 10 km nördlich von Chajul befindet sich das geplante **Biosphärenreservat Visis-Caba**, das 45 000 ha umfasst und die unberührte Waldlandschaft um den 2700 m hohen Cerro Visis schützen soll. Im Süden des Dorfes kann man auf einer hügeligen Straße in ca. 3 Std. nach Cotzal wandern. Auf dieser wenig befahrenen Strecke existiert kein Busverkehr. Neben den regelmäßig, bis in den frühen Nachmittag verkehrenden Bussen von und nach Nebaj nehmen Lastwagen und Pick-ups fast immer Passagiere mit.

San Juan Cotzal

Der Ort hatte seine Blütezeit in den 20er und 30er-Jahren des 20. Jhs., als er sogar bedeutender als Nebaj war. Von hier aus wurden die weiter nördlich und östlich gelegenen Gebiete für die Landwirtschaft erschlossen. Nachdem 1940 eine Straße nach Nebaj gebaut worden war, sank Cotzal allerdings schnell in die Bedeutungslosigkeit.

Heutzutage stellen die Bewohner einfache Tonkeramik und Produkte aus Agavefasern her oder widmen sich der Landwirtschaft. Markttage sind Mittwoch und Samstag, die Fiesta ist am 24. Juni. Es gibt zwei einfache Unterkünfte: das **Hotel Don Polo**, hinter der Kirche, sehr einfach mit Gemeinschaftsbad ❷, und das **Hotel y Comedor El Maguey**, gegenüber der Polizei. Letzteres hat ordentliches Essen und akzeptable Zimmer mit Gemeinschaftsbad ❷. Nach Nebaj verkehren regelmäßig Busse bis in den frühen Nachmittag.

Von Nebaj in die Provinzen Alta und Baja Verapaz

Wer von Nebaj nach Cobán in der Provinz Alta Verapaz reisen möchte, muss zunächst zurück zur Kreuzung El Entronque und hier auf einen Bus oder Kleinbus warten, der bis Uspantán fährt. Die Straße windet sich zunächst steil zum Dorf **Cunén** herab und dann noch weitere 25 km durch eine grandiose Berglandschaft bis nach **Uspantán**, dem einzigen größeren Ort auf der Route in die Provinz Alta Verapaz. Die wenig befahrene Strecke von Uspantán nach San Cristóbal Verapaz bietet auf rund 50 km vielseitige Berglandschaften, die zunächst trocken und dann in der Provinz Alta Verapaz immer feuchter und grüner werden. Unterwegs durchfährt man kleinere Dörfer ohne Übernachtungsmöglichkeiten. Von der Kreuzung hinter San Cristóbal gelangt man in nördlicher Richtung nach Cobán (13 km) und Richtung Süden in die Provinz Baja Verapaz.

Rigoberta Menchú Tum

Mein Vater sagte: Einigen ist es bestimmt, ihr Blut zu geben, anderen, ihre Kraft. Geben wir also, solange wir noch können, unsere Kraft.

Rigoberta Menchú Tum, „Leben in Guatemala", 1983

Einfach hatte sie es in ihrem Leben nie: Ein Teil ihrer Familie wurde während des Bürgerkriegs ermordet, sie selbst musste für viele Jahre ins Exil, und auch heute noch sieht sie sich immer wieder Demütigungen und Morddrohungen ausgesetzt. Doch die Quiché-Maya setzt sich weiterhin für ihr Volk ein.

Rigoberta Menchú Tum wurde 1959 in dem kleinen Weiler Laj Chimel in der Provinz Quiché geboren, neun Fußstunden von der Kreishauptstadt Uspantán entfernt. Hier verbrachte sie auch ihre Kindheit. Weil die Ernte der Familie nicht zum Überleben reichte, begab sie sich notgedrungen an die Pazifikküste. Dort lernte Menchú bereits in jungen Jahren die entwürdigenden Arbeitsbedingungen auf den Zuckerrohr- und Kaffeefincas am eigenen Leibe kennen. Spanisch lernte sie erst während ihrer Zeit als Dienstmädchen in der Hauptstadt. Wieder zurück im Hochland, musste sie mit ansehen, wie Großgrundbesitzer und Militärs das Land ihres Volkes raubten. 1979 trat sie der Bauernvereinigung CUC bei, die von ihrem Vater gegründet worden war. In der schlimmsten Phase des Bürgerkriegs zu Beginn der 80er-Jahre fand ihr Leben im Untergrund statt. Ihre Eltern und ein Bruder wurden vom Militär grausam ermordet, Menchú floh nach Mexiko. Ihr dort 1983 erschienenes Buch „Leben in Guatemala" *(Yo, Rigoberta Menchú)* machte sie weltweit bekannt. Sie setzte sich in den Folgejahren unermüdlich für die Rechte ihres unterdrückten Volkes ein und erhielt genau 500 Jahre nach der „Entdeckung" Amerikas 1992 den Friedensnobelpreis. Mehrere Universitäten zeichneten sie mit der Ehrendoktorwürde aus. Menchú kehrte kurz darauf nach Guatemala zurück, wo sie in Gedenken an ihren Vater die Stiftung Vincente Menchú gründete.

Überraschend ließ sich Rigoberta Menchú als Kandidatin für die Präsidentschaftswahlen am 9. September 2007 nominieren. Sie und ihre Partei Encuentro por Guatemala (EG) landeten allerdings abgeschlagen mit 3,03 % der abgegebenen Stimmen auf dem 6. Platz.

Kontakt: Fundación Rigoberta Menchú Tum, Av. Simeón Cañas 4-04, Zona 2, Guatemala-Stadt, ✆ 22302431, 🖳 www.frmt.org.

Uspantán

Das angenehme Klima in 1826 m Höhe am Südrand der Cuchumatanes-Berge zog verschiedene Einwanderergruppen an, die um das Jahr 1800 aus Jutiapa im Osten und Joyabaj im Quiché kamen. Eine zweite Welle rollte 1872 aus Totonicapán an. Bei ihr handelte es sich um Quichés, die im Zuge der liberalen Reformen unter Präsident Barrios enteignet worden waren und neues Land suchten. Eine gegenteilige Entwicklung ergab sich dann zwischen 1981 und 1983, als eine große Anzahl Familien Uspantán in der schlimmsten Phase des Bürgerkriegs verließ.

Das Städtchen macht heute einen überraschend gepflegten, sauberen und wohlhabenden Eindruck. Alle Wege des Ortes sind betoniert, und die Gebäude befinden sich in einem guten Zustand. Uspantán verfügt auch über ein erstaunliches Hotelangebot. Nur noch wenige Tausend beherrschen das Uspanteko, eine Indianersprache, die von einer Urform des Quiché abstammt.

Aus dem kleinen Weiler Laj Chimel stammt die berühmteste Bürgerin des Landkreises Uspantán – Rigoberta Menchú. Die Friedensnobelpreisträgerin von 1992 hat die Zeit der Gewalt hautnah miterlebt. Viele ihrer Familienangehörigen kamen ums Leben. Sie kämpft weiterhin unermüdlich für die Rechte der indigenen Völker Guatemalas (s. Kasten S. oben).

Übernachtung und Essen

Hotel Montana, 5. Av. 6-43, ✆ 79518025. Zimmer mit und ohne Bad, Kabel-TV, WLAN, Wäscherei, Parkplatz, Barküche, Tourinfo, sauber, angenehm. ❷

Cooperativa Integral Textiles Cotzalense

Die rund 30-köpfige Frauengruppe aus Cotzal, deren Mitglieder alle unter dem 36-jährigen Bürgerkrieg gelitten haben, versucht mit selbst produzierten Textilien und Tourismus Einnahmen zu erzielen, um das Überleben ihrer Familien und den Schulbesuch der Kinder zu ermöglichen. Auf geführten Touren besucht man die Frauen zu Hause, sieht wie sie weben, Essen zubereiten oder Kerzen ziehen. Übernachtet werden kann in einfachen Verhältnissen bei den Familien oder in einem Hotel in Cotzal oder Nebaj. Kontakt: Pedro Marroquín Chamay, ✆ 54288218, 💻 www.tejidoscotzal.org.

Hotel Posada Doña Leonor, 6. C. 4-25, ✆ 79518041, 79518045. Gute Zimmer mit Privatbad, heißer Dusche, Kabel-TV, Parkplatz, Garküche, sauber. ❸
Cafe y Restaurant San José, 7. C. 4-32. Bestes Restaurant am Ort. Zur Auswahl steht Grillfleisch, aber auch Vegetarisches, und es gibt Spirituosen. Sa und So Marimbamusik. 🕒 tgl. 12–22 Uhr.
Comedor Kevin, 5. C. 0-259, Zona 1. Serviert wird solide, guatemaltekische Küche.
Am **Markt** befinden sich verschiedene Comedores, die für eine Mahlzeit Q20–25 nehmen.

Sonstiges

Eine Filiale von **Banrural** befindet sich an der Plaza, ebenso wie die **Tourismusinformation** (Oficina Municipal de Turismo), ✆ 79518575.
Die **Polizei** liegt gegenüber der Kirche, die **Post** in der in der 6. C. 5-19. **Telefonieren** kann man an der Plaza, gegenüber der Bank.

Touren

Nördlich von Uspantán befindet sich der Aussichtspunkt Mirador del cerro Xoqoneeb. In der Nähe liegt eine Höhle, die den Quiché-Maya als Zeremonialzentrum dient, außerhalb sieht man Opferaltäre.
Im 25 km entfernten **Laj Chimel** können Besucher bei Maya-Familien leben und den Nebelwald der Region erkunden. Mehr Infos bei der Fundación Rigoberta Menchú Tum, s. Kasten S. 333.

Transport

Der **Busterminal** befindet sich am Ende der 6. C., Richtung Nebaj.
COBÁN (77 km, 2 Std.), von 4.30–16 Uhr fahren alle 30 Min. Minibusse und gelegentlich Pick-ups.
NEBAJ, Bus Richtung Santa Cruz, umsteigen an der Kreuzung El Entronque oder ca. 30 Min. länger bis Sacapulas fahren und dort umsteigen, was die Chancen auf einen Sitzplatz erhöht.
Nach SANTA CRUZ DEL QUICHÉ über Sacapulas (90 km, 3 Std.) geht es mehrmals tgl. zwischen 3 und 16 Uhr.

Zentrales Guatemala

Stefan Loose Traveltipps

Salto de Chilascó Der höchste Wasserfall des Landes, der über zwei Stufen in die Tiefe stürzt. S. 340

8 Quetzal Der scheue Nationalvogel lässt sich mit etwas Glück in den Nebelwäldern Chicacnab und Chelemhá blicken. S. 341

Orchideen Die größte private Zucht des Landes entfaltet ihre ganze Pracht in Cobán. S. 349

9 Semuc Champey Die türkis-grünen Naturpools der Kalksteinbrücke laden zum Eintauchen ein. S. 355

Río Cahabón Eine abenteuerliche, mehrtägige Raftingtour von Lanquín zum Izabal-See. S. 356

Cancuén Bedeutende, aber selten besuchte Maya-Ruinen am Río de la Pasión. S. 360

Cuevas de Candelaria Ein riesiger Höhlenkomplex, in dem die Maya Spuren hinterlassen haben. S. 360

10 Nationalpark Laguna Lachuá Eine Erfrischung nach der Wanderung durch den Regenwald in der kristallklaren Dschungellagune. S. 361

ALTA VERAPAZ UND BAJA VERAPAZ

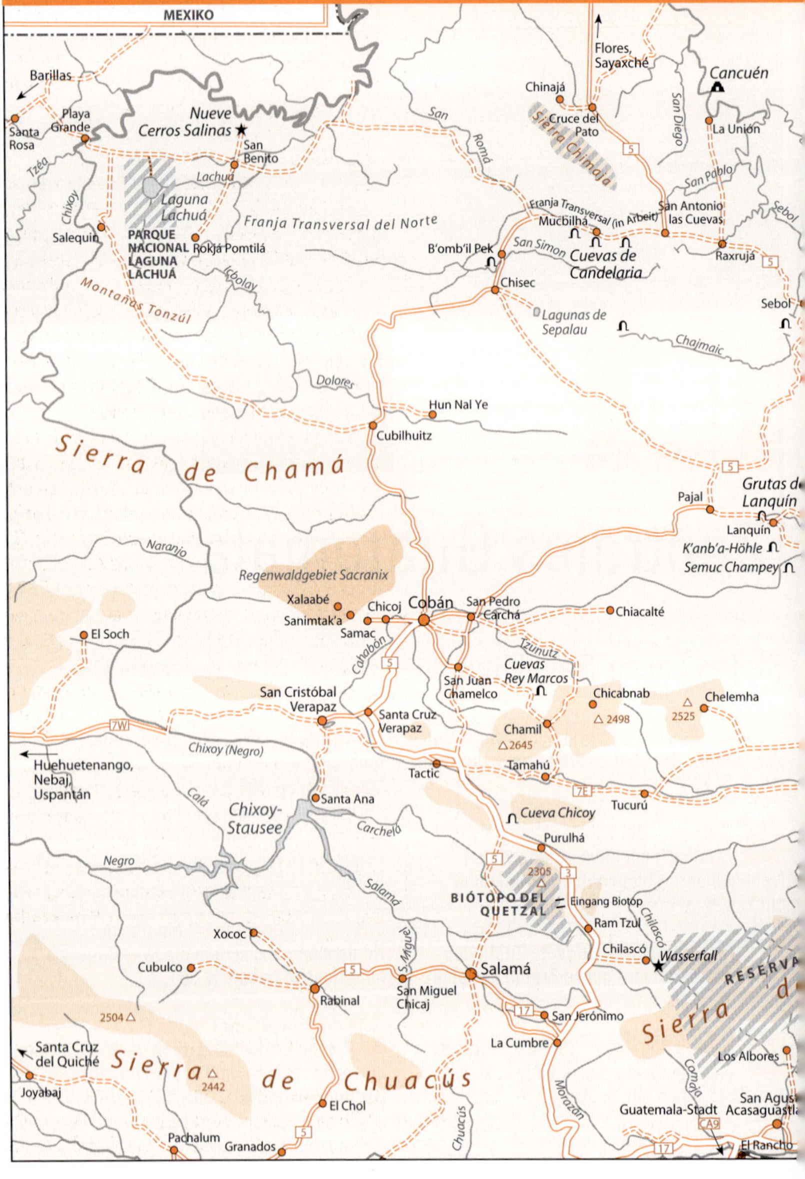

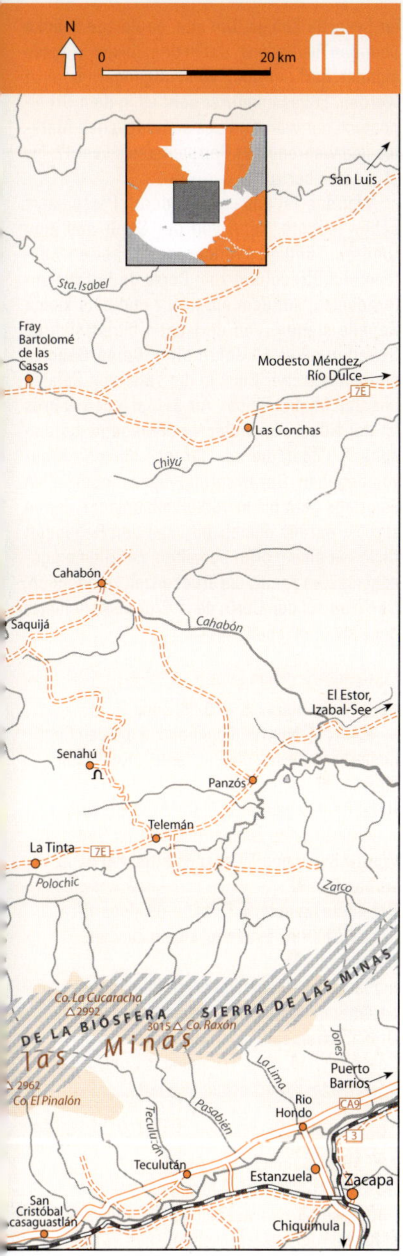

Nördlich der Hauptstadt, im Herzen Guatemalas, liegen die Provinzen Alta Verapaz und Baja Verapaz. Sie bilden eine geografische Übergangszone zwischen dem rauen, kalten Hochland im Westen und der warmen, feuchten Karibik im Osten.

Aufgrund des heftigen Widerstands der hier ansässigen Achí-Indianer, nannten die Spanier die einst unzugängliche Region zunächst Tezututlán, was „Land des Krieges" bedeutet. Doch bereits 1537 war der Dominikaner Fray Bartolomé de Las Casas (s. S. 359) mit einigen Ordensbrüdern in das Gebiet nördlich der Hauptstadt aufgebrochen, wo es ihm in wenigen Jahren gelang, die Indianer friedlich und ohne Blutvergießen zu christianisieren. Schon bald bekam die Region, zu der damals der Petén, das heutige Belize und Teile der Provinz Izabal gehörten, einen neuen Namen. Fortan hieß sie Verapaz, was „wahrer Frieden" bedeutet. 1877 wurde die Provinz in die Departamentos Alta Verapaz und Baja Verapaz aufgeteilt.

Von der Hauptstadt aus sind beide Provinzen am bequemsten und schnellsten über die Atlantikstraße CA 9 zu erreichen, die bei KM 84 den Motagua-Fluss überquert. Kurz darauf zweigt im heißen El Rancho eine gute, asphaltierte Straße linker Hand in Richtung Verapaces ab. Sie steigt kontinuierlich an und erreicht nach rund 50 km inmitten dichter Kiefernwälder die Abzweigung La Cumbre. Tief unten im Tal liegt Salamá, die Hauptstadt der Provinz Baja Verapaz.

Die landschaftlich reizvollere, aber wesentlich abenteuerlichere Route führt nördlich von Guatemala-Stadt über das Rückgrat der Sierra de Chuacús und die Orte San Juan Sacatepéquez, El Chol und Granados nach Salamá. Nur wenige Busse befahren diese Strecke, die in der Regenzeit teilweise unpassierbar ist. Von der Abzweigung La Cumbre aus verläuft die asphaltierte Hauptstraße weiter Richtung Norden bis Cobán, der Hauptstadt der Provinz Alta Verapaz.

Baja Verapaz

Die relativ unbekannte und eher selten besuchte Provinz Baja Verapaz grenzt im Süden an das Departamento Guatemala-Stadt. Die **Sierra de**

Chuacús, ein Ausläufer der Sierra Madre, durchquert den Baja Verapaz von West nach Ost. Seine Gipfel sind mit bis zu 2500 m Höhe niedriger als die Bergzüge des Hochlands. Im Osten grenzt die Provinz an die unwegsame **Sierra de las Minas**. Das Klima ist in weiten Teilen der Provinz heiß und trocken – Wälder sind selten geworden. Lediglich ganz im Norden, der feuchter und grüner ist, gibt es noch zusammenhängende Gebiete mit Nebelwald. Sie sind der Lebensraum des Quetzal, des Nationalvogels Guatemalas, der durch die fortschreitende Abholzung stark gefährdet ist.

Im Norden befindet sich das Wasserkraftwerk **Chixoy**, das rund 50 % des landesweiten Energiebedarfs deckt. Der Baja Verapaz ist mit 65 Einwohnern pro km^2 vergleichsweise dünn besiedelt. Der Anteil der Indígenas an der Gesamtbevölkerung der Provinz beträgt rund 57 %. Es handelt sich dabei überwiegend um Achí- und Pokomchí-Indianer. Ganz im Süden leben darüber hinaus einige Cakchiqueles.

Haupterwerbszweige sind Landwirtschaft (Zuckerrohr, Gemüse, Mais, Getreide) und Kunsthandwerk (Webarbeiten, Keramik, Kalebassengefäße, Korbflechterei, Holzmasken u. a.).

Wer über die Atlantikroute in die Provinz Baja Verapaz gelangt, hat bereits an der Abzweigung **La Cumbre** links einen spektakulären Blick hinunter auf das große Tal von Salamá, das mehrere hundert Höhenmeter unterhalb der Abzweigung zu sehen ist.

Salamá

Die kleine, ruhige Provinzhauptstadt, in der überwiegend Ladinos leben, liegt 17 km von La Cumbre entfernt in einem breiten Becken am Fuß der Sierra de Chuacús auf 940 m Höhe. Die Jahresdurchschnittstemperatur beträgt angenehme 22,5 °C. Der Name des Ortes leitet sich vom indianischen *Tz'alam Há* ab, was so viel wie „Planken über dem Wasser" bedeutet. Während der Kolonialzeit entstanden einige Bauwerke, deren Überreste auch heute noch zu sehen sind. Die **Kirche** von Salamá aus dem 17. Jh. lohnt einen Besuch. Ihre elf handgeschnitzten Altäre stammen vom Kolonialkünstler Evanista Zuñiga. Die alte, baufällige **Brücke** über den Río Salamá, der in den Chixoy-Stausee mündet, darf nur noch von Fußgängern benutzt werden. Etwas munterer geht es in dem Ort eigentlich nur während des sonntäglichen **Marktes** und während des Patronatsfests vom 17. bis 21. September zu.

Wer das Tal aus einer anderen Perspektive sehen möchte, kann von der Stadt aus eine rund einstündige Wanderung vorbei an Kakteen und Sträuchern zum **Cerro de la Cruz** unternehmen, auf dem ein Kreuz und eine kleine Kapelle stehen. Von dort oben bietet sich im Schatten eines 60 Jahre alten **Ceiba-Baumes** ein fantastischer Blick in die Täler von Salamá und San Miguel Chicaj. Am 3. Mai jeden Jahres ist der Hügel Ziel vieler – vorwiegend indianischer – Pilger, die den Tag des heiligen Kreuzes begehen. Der Ursprung dieses inoffiziellen Feiertags geht bis in vorkolumbianische Zeiten zurück. Bereits damals bat man den Regengott Chac mit einem grün bemalten, mit Blumen geschmückten Kreuz, die Trockenzeit zu beenden. Der Weg auf den Cerro de la Cruz beginnt hinter der Kalvarienkapelle.

Übernachtung und Essen

Hospedaje Juarez, 5. C. 8-98, Zona 1, ✆ 79401114. Nur für diejenigen, die jeden Cent umdrehen müssen. Kleine, laute, etwas muffige Zimmer. ❶

Hotel Real Legendario, 8. C. "A", 3-57, Zona 1, ✆ 79400501. Alle Zimmer mit sind mit Bad, Warmwasser und TV ausgestattet, Parkplatz vorhanden. ❸

Hotel San Ignacio, 4. C. "A" 7-09, Zona 1, ✆/℻ 79400186. Einfache, kleine Zimmer, Restaurant. ❹.

In Plaza-Nähe liegen mehrere Comedores, darunter die **Cafetería Central**, 9. Av., Ecke 5. C. Ordentlich ist auch das **Restaurante La Cascada**, 2-18, Zona 1, Colonia el Centro, das guatemaltekisches Essen serviert.

Transport

Alle **Busse** halten an der Plaza.

GUATEMALA-STADT (140 km, ca. 3 Std.), Abfahrtsort 6. C. zwischen der 11. und 12 Av., ständige Abfahrten zwischen 3 und 17 Uhr

entlang der asphaltierten CA 14 über LA CUMBRE und EL RANCHO.
Nur etwa 84 km sind es nach Guatemala-Stadt entlang der RN 5 über Rabinal und El Chol. Auf der teilweise asphaltierten Strecke ist man aber mindestens 6 Std. unterwegs. Nach Rabinal, San Jerónimo und zur Abzweigung La Cumbre verkehren regelmäßig Kleinbusse.

San Jerónimo

Wenige Kilometer südöstlich von Salamá liegt abseits der Straße San Jerónimo am Ostende des Tals von Salamá eingebettet in sanfte Hügel und fruchtbare Felder. Dominikaner gründeten bereits 1601 hier die älteste Zuckermühle Mittelamerikas und bauten die Hacienda San Jerónimo zu einem erfolgreichen Unternehmen aus, das zeitweise über tausend Arbeiter beschäftigte, Wein anbaute und Rum exportierte. Zur besseren Wasserversorgung errichteten die Mönche im 17. Jh. ein **Aquädukt** mit 124 Bögen. 1829 wurde der Besitz säkularisiert, bis 1893 von einem Engländer geführt, bevor das Anwesen schließlich verfiel.

In den letzten Jahren hat die prosperierende Zuckerindustrie das Gelände in das sehenswerte **Museo del Trapiche** umgewandelt, ✆ 79402908, ✉ trapichetour@hotmail.com, ⏲ tgl. 8–16, Sa, So 10–16 Uhr, Q15. In der Nähe kann man im **Hotel Hacienda Real El Trapiche** übernachten, ✆ 77410200, ❹, oder etwas weiter entfernt im Hotel y Restaurante **La Posada de los Frailes**, Barrio Arriba, ✆ 77235735. Bequeme Zimmer mit TV, Restaurant. ❸

Rabinal

Die Straße von Salamá Richtung Westen ist bis Rabinal asphaltiert. Am Fuße der Ausläufer der Sierra de Chuacús passiert man nach 10 km das kleine Dorf **San Miguel Chicaj**, in dem bereits *Achí* – eine Quiché-Sprache – gesprochen wird. 20 km weiter erreicht man auf steilen Wegen Rabinal, das auch „Wiege der nationalen Folklore" genannt wird. Während der jährlichen **Fiesta** vom 17. bis 25. Januar (Haupttag 25. Jan.) werden nicht weniger als 20 verschiedene traditionelle Tänze aufgeführt, darunter das einzige präkolumbianische Tanzdrama – das **Rabinal Achí**. Es erzählt etwas langatmig in vier Akten und fast 3000 Versen vom Krieg der Quiché gegen die Achí. Letztere nehmen einen Häuptlingssohn der Quiché gefangen und opfern ihn. Abbé Brasseur de Bourbourg aus Paris, der auch das Popol Vuh übersetzt hatte, beschrieb im 19. Jh. das Tanzdrama, das aus dem 13. Jh. stammen soll. Ob Rabinal Achí aufgeführt wird oder nicht, scheint heutzutage eine Geldfrage zu sein, da die Kostüme aufwendig und teuer sind.

In der Region wachsen hervorragende **Orangen**, die man donnerstags und sonntags auf dem **Markt** kaufen kann. Überreste einiger präkolumbianischer Anlagen liegen in der Umgebung des Ortes, z. B. **Kaj-Yup** im Norden, eine ehemalige Festung der Pokomchí-Indianer.

Lohnenswert ist ein Besuch des **Museo Comunitario**, 2. C., Ecke 4. Av., Zona 3, ✆ 79688721. Zu sehen sind lokales Kunsthandwerk und Dokumente der Gewalt des Bürgerkriegs, der hier rund 4000 Maya-Achís zum Opfer fielen – etwa 20 % der gesamten Bevölkerung der Region, ⏲ 8–12 und 14–17 Uhr, Eintritt frei, Spenden willkommen.

Übernachtung

Pensión Motagua, 1. C. 2-40, Zona 3, ein Block von der Kirche entfernt. Billig, die Ausstattung ist dementsprechend. DZ ohne Bad Q30,50. ❶
Hospedaje Caballeros, 1. C. 4-02, Zona 3. Saubere Zimmer, Restaurant/Cafeteria. ❷ Ohne Bad ❶
Hospedaje Las Palmas, 4. Av. 1-55, Zona 2, ✆ 79388139. Saubere Zimmer, TV. ❷
Posada San Pablo, 3. Av. 1-50, Zona 1, ✆ 79388025. Sauber, mit Restaurant. ❷ Ohne Bad ❶

Kunsthandwerk

Das Kunsthandwerk von Rabinal kann sich sehen lassen: Neben Webarbeiten werden verschiedene Keramiken hergestellt.
Die Töpfer sind in der Laienbruderschaft Cofradía de la Santa Cruz del barro organisiert, die den Verkauf der Tonerde organisiert.

Mit den Einnahmen wird die jährliche Feier zum Tag des heiligen Kreuzes am 3. Mai finanziert. Im Museo Comunitario können **Führungen** zu Kunsthandwerkstätten in Rabinal und Umgebung gebucht werden (nach Joaquín Caj Bom fragen).

Guacales

Nur noch in Rabinal findet man bemalte *jícaras* oder *guacales*, Trink- bzw. Essgefäße aus der Frucht des Kalebassenbaums *(palo de morro)*, die zum Teil mit Naturfarben bemalt werden. Sie gibt es bei **Alvarado Pérez**, 9. Av. 2-60, Zona 2, in der Nähe des Calvario.

Töpferei

Ceramica Artesanal Decorativa Fernando, 4. C. 2-46, Zona 3, im Hinterhof.

Webarbeiten

Familie Cortéz Chén, 4. C. 2-39, Zona 4, Barrio Martí.

Transport

Busse verkehren regelmäßig nach SALAMÁ. Nach GUATEMALA-STADT vom Busterminal auf der RN 5 über El Chol und SAN JUAN SACATEPEQUEZ um 9.30 Uhr in 5 Std., in der Trockenzeit auch um 3 Uhr morgens und einmal nachmittags.

Die Corrida del Niño

Einen schönen Brauch hat sich Rabinal zu Weihnachten erhalten. Am 25. Dezember startet ein Gruppe Läufer in typischer Achí-Tracht in den Außenbezirken des Ortes gegen 6 Uhr morgens und verkündet – eine Plastikpuppe im Arm – die frohe Botschaft der Geburt Jesu. Ständig „Nació el niño, nació el niño" („das Kind ist geboren") rufend, passieren sie nach und nach alle Häuser des Ortes. Überall, wo die Läufer vorbeikommen, werden Böller gezündet sowie Essen und Trinken gereicht. Erst gegen Mitternacht treffen die erschöpften Läufer, die sich unterwegs auch schon mal einen Schnaps zur Stärkung gönnen, an der Kirche im Zentrum von Rabinal ein.

Cubulco

Hügelketten umgeben diesen etwa 15 km westlich von Rabinal isoliert liegenden Ort, der mehrheitlich von Ladinos bewohnt wird. Am 25. Juli findet die **Fiesta** statt, während der neben vielen traditionellen Folkloretänzen der *palo volador* aufgeführt wird. Bei dieser nicht ungefährlichen Darbietung lassen sich mehrere Männer, an einem Seil kreisend, von einem ca. 20 m hohen Stamm herab. Bei diesem präkolumbianischen Ritual stürzen immer wieder Betrunkene zu Tode.

Von Cubulco gelangt man über eine 6 km lange Straße zum Stausee **Chixoy**. In Chubulco bestehen einfache Übernachtungsmöglichkeiten. Busse verkehren regelmäßig zwischen Cubulco und Guatemala-Stadt über Rabinal und Salamá.

Chilascó

Von der Straße Richtung Cobán zweigt bei KM 145 rechts eine gut befahrbare Erdstraße ab, die durch einen Kiefernwald zur 12 km entfernten Gemeinde Chilascó in einem waldreichen Gebiet auf ca. 1800 m an den westlichen Ausläufern der Sierra de la Minas führt. Größte Attraktion ist der **Salto de Chilascó**, der höchste, aber nicht unbedingt beeindruckendste Wasserfall Mittelamerikas, denn seine Wassermenge ist recht gering. Er besitzt zwei Fallstufen mit einer Höhe von 70 bzw. 130 m. Am meisten Wasser führt er in den Monaten Mai bis Dezember. 1995 gründete das Dorf mit Unterstützung der Naturschutzorganisation Defensores de la Naturaleza (s. S. 417), ein Komitee, um das Naturwunder touristisch zu erschließen. Das Comité del Salto hat ein eigenes Büro, ✆ 53018928, in der Nähe des Gesundheitspostens. Dort müssen Q35 bezahlt werden, die auf Wunsch einen Guide mit einschließen. Auf dem Weg zum Wasserfall (rund 3 km, etwa 90 Min.) kann man von Mitte März bis Mitte Mai mit etwas Glück Quetzal-Vögel beobachten. Für den Besuch des Wasserfalls empfiehlt sich festes Schuhwerk, lange Kleidung und eine Kopfbedeckung. Im Dorf gibt es eine einfache Hospedaje, ❸.

Quetzal-Beobachtung

Einen Quetzal zu beobachten, ist kein leichtes Unterfangen, und die meisten Besucher verlassen das Biotop, ohne den Nationalvogel gesehen zu haben.
Die **besten Chancen** bieten sich beim Morgengrauen (5.30–6.30 Uhr) und in der Abenddämmerung (16.30–18.30 Uhr), wenn der Vogel auf Futtersuche ist. Die Parkaufseher weisen Besucher auf die aktuellen Futterbäume des Quetzals hin. Das Lieblingsfutter des Vogels, die wilde Avocado *(aguacatillo)* aus der Familie der Lorbeergewächse *(lauraceae)*, wächst von September bis Januar/Februar und die Frucht des guarumo, die der Quetzal ebenso schätzt, von Juni bis August. Auch während der Paarungszeit im März und April sowie während der Aufzucht der Jungen im Mai und Juni ist der Vogel häufiger zu sehen. Der Besitzer der Hospedaje Ranchitos del Quetzal (s. Übernachtung) hat Aguacatillobäume angepflanzt, in denen der Quetzal relativ häufig beobachtet werden kann. Die **besten Orte** um Quetzale zu beobachten sind die Nebelwaldschutzgebiete **Chicacnab** und **Chelemhá**. Man sollte die Monate März bis Juni ausnutzen, wenn die Männchen ihre Schauflüge machen. Im Mai und Juni gibt es Nistbäume, an denen der Quetzal mit fast 100 %-iger Sicherheit beobachtet werden kann.

Transport

Zwischen 10.30 und 15 Uhr fahren rund 5 **Busse** in rund 2 Std. von Salamá nach CHILASCÓ, der letzte Bus zurück fährt gegen 17 Uhr.

Quetzal-Biotop

Noch vor dem Quetzal-Biotop passiert man bei KM 158 den Eingang zum privaten Nebelwaldschutzgebiet **Ram Tzul**, ✆ 23351805, ℻ 22351802, ✉ ramtzul@intelnet.net.gt, mit Wander- und Bademöglichkeiten. Eine Wanderung durch einen Zypressenforst zu einem 20 Min. entfernten Wasserfall kostet Q35. Dem spektakulären Hotel, ❼, aber sehr mäßigen Restaurant (Proviant mitbringen!) sind eine kleine Kunstgalerie und ein Souvenirladen angeschlossen.

Im weiteren Verlauf der Straße Richtung Cobán erreicht man bei KM 160,5 das von der San Carlos Universität verwaltete **Biotopo del Quetzal**. In dem 1022 ha großen Gebiet wird der Lebensraum des Quetzals geschützt. Zudem umfasst das Biotop mit Nebelwald eines der kleinsten und ungewöhnlichsten Ökosysteme des Landes. Auf einer Höhe von 1500–2300 m hat die konstante Feuchtigkeit eine üppig-grüne Vegetation entstehen lassen. Wasserfälle, Moose, Palmen, Farne sowie Bäume voller Bromelien und Orchideen prägen das Bild. Neben dem Quetzal leben hier eine Reihe anderer Vogelarten und Affen, die allerdings im recht dunklen Wald schwer auszumachen sind.

Das Biotop wurde 1977 von Mario Dary Rivera – dem ehemaligen Rektor der San Carlos Universität – gegründet, der 1981 von Unbekannten ermordet wurde. Es kann auf zwei mit Schautafeln versehenen **Rundwanderwegen** erkundet werden, die eine Länge von 1,8 km (Sendero Los Helechos; Gehzeit: 30–60 Min.) bzw. 3,6 km (Sendero Los Musgos; Gehzeit: 1–2 Std.) haben. Sehenswert ist auf der längeren Wanderung der 450-jährige **Großvaterbaum Xia Gua Liché**. Führungen sind möglich.

Übernachtung und Essen

Auf dem Gelände des Biotops kann auf einem kleinen **Campingplatz** mit Erlaubnis des Centro de Estudios Conservacionistas (CECON), der zur San Carlos-Universität gehört, übernachtet werden, ✆ 23310904, Guatemala-Stadt ℻ 23347664, ✉ cecon@usac.edu.gt.
Gegenüber dem Eingang des Quetzal-Biotops liegt das **Restaurant Biotopin**, ✆ 52020528, das einfaches Frühstück, Mittagessen und für Gruppen auch Abendessen serviert. 🕒 Fr–So

Der Quetzal

Der männliche Quetzal ist beeindruckend schön: grün schillernde Kopfhaube, blutroter Brustfleck, bläulich-grünes Federkleid und obendrein grüne Schwanzfedern, die mehr als 1 m Länge erreichen können. Sein Lebensraum ist der Nebelwald Mittelamerikas – vom mexikanischen Chiapas bis nach Panama. Doch hier in Guatemala ist aus dem auffälligsten Vertreter der Trogon-Familie ein nationales Symbol geworden. Schon die Maya-Fürsten werteten ihren protzigen Kopfschmuck mit Quetzal-Federn auf. Sie ließen die Tiere fangen und rupfen, denn sie wussten, dass die Federn nachwachsen würden. Es war jedoch bei Todesstrafe verboten, den heiligen Vogel zu jagen. 1871 wurde der Quetzal zu Beginn der liberalen Revolution zum Symbol der Freiheit auf dem guatemaltekischen Nationalwappen. Zwar ist es ein Mythos, dass er in Gefangenschaft nicht überleben kann, allerdings ist bislang kein Fall bekannt, in dem er sich unter diesen Bedingungen vermehrt hätte.

Der Vogel des großen Lichts – so die Übersetzung seines lateinischen Namens *pharomachrus* – fällt nicht nur durch sein schillerndes Äußeres, sondern auch durch seinen ungewöhnlichen Flug auf: Um andere Männchen in der Nistzeit zu beeindrucken, fliegt er mit hektischen Flügelschlägen in horizontalen Wellenbewegungen. Aufgrund seines weichen Schnabels nistet er in abgestorbenen, morschen Baumstämmen, die er mind. 5 m über dem Boden aushöhlt. Die Brutplätze sind begrenzt und werden von den Männchen mit spiralförmigen Drohflügen verteidigt. Gelegentlich benutzt das Quetzal-Pärchen auch verlassene Spechthöhlen zur Aufzucht seiner Jungen. Diese schlüpfen nach 17–18 Tagen und besitzen bereits nach drei Wochen ihr komplettes Federkleid. Während sich die Eltern überwiegend von Früchten ernähren, frisst der Nachwuchs auch Insekten, Eidechsen und sogar kleine Frösche. Ein Mysterium bleibt, warum sich der Vogel seine Nahrung nur im Flug holt und nicht wenn er ruhig daneben sitzt. Um an die wilden Avocados zu gelangen, wandert er je nach Saison in höher- oder tiefer gelegene Wälder ab und legt dabei beträchtliche Entfernungen zurück.

Der scheue Vogel benötigt ein großes, intaktes Waldgebiet zum Überleben. Neben seinen natürlichen Feinden Wiesel, Nasenbären und Raubvögel ist es vor allem der Mensch, der seinen Lebensraum einschränkt. Dank der Bemühungen zahlreicher Naturschutzorganisationen ist der prachtvolle Vogel inzwischen nicht mehr vom Aussterben bedroht.

Quetzalbeobachtung: s. S. 341.

6–19 Uhr. Sie verfügen über Unterkunftsmöglichkeiten in der Nähe des Restaurants. ❸
In **Purulhá**, einem kleinen Dorf nur wenige Kilometer nördlich des Biotops, kann man im **Hotel El Descanso**, ✆ 79417426, übernachten. Es liegt im Barrio El Centro, einen Block von der Schule entfernt. ❸–❹
Hospedaje Ranchitos del Quetzal, ca. 100 m unterhalb des Biotops, ✆ 24345919, dem Biotop am nächsten gelegen. Neuere Zimmer mit Bad, aber dicht an der Hauptstraße und dementsprechend laut. Es gibt einen kleinen Comedor. Da es zu Einbrüchen gekommen ist, sollte man seine Wertsachen nicht im Zimmer lassen. ❸
Posada Montaña del Quetzal, KM 156,5 an der Hauptstraße nach Cobán, 4,5 km vom Quetzal-Biotop entfernt, ✆ 58000454, 💻 www.hposada quetzal.com. Hotelkomplex mit Pool und Restaurant. ❻
Country Delight, KM 166,5 an der Hauptstraße nach Cobán, ✆ 55140955. Gemütliche Anlage mit Restaurant, in der man zelten ❷, im DZ mit Bad nächtigen ❼ oder einen komplett ausgestatteten Bungalow für Q770 mieten kann. Kleiner Pool, Sauna, Wandermöglichkeit und Vogelbeobachtung.

Sonstiges

Informationen

Ein kleines Besucherzentrum veranschaulicht das Leben im Nebelwald und zeigt Fotos vom Quetzal. 🕓 7–16 Uhr, Q25.

Reisezeit

Am besten werktags, wenn sich im Biotop deutlich weniger Besucher aufhalten.

Transport

Busse halten auf Wunsch an allen genannten Unterkünften sowie am Biotop selbst. Von der Hauptstraße sind es mehrere hundert Meter ins Zentrum von Purulhá.

Cueva Chicoy

Ein kleines Schild bei KM 169 weist den Weg zur Höhle Chicoy, die 1,5 km entfernt liegt. Es handelt sich eigentlich nur um einen Hohlraum im Felsen, dessen Decke eingestürzt ist. Nachdem man Q5 Eintritt bezahlt und rund 10 Min. zu Fuß durch einen Kiefernwald zurückgelegt hat, steht man am Rand eines immensen dunklen Lochs. Beim glitschigen Abstieg ändert sich die Atmosphäre mit jedem Schritt. Das Licht verblasst, die Luft wird kühl und feucht, und die Wassertropfen hallen merkwürdig von den Wänden wider. Unten stehen brennende Kerzen und Steinkreuze, die eine ungewöhnliche Stimmung erzeugen, der man sich nur schwer entziehen kann. Maya-Priester halten hier gelegentlich Zeremonien und Rituale ab.

Alta Verapaz

Hauptmann Martín Alfonso Tonilla, Bürgermeister der Provinz Verapaz, klagte schon 1635, dass es neun Monate im Jahr regnen würde und nur von Februar bis April trocken sei. Bis vor wenigen Jahren hatte sich daran nicht viel geändert. Der feine Nieselregen, *Chipi-Chipi*, wirkte wie ein gigantisches Bewässerungssystem, das die hügelige Karstlandschaft ergrünen ließ. Die steilen, fruchtbaren Anbauflächen waren nur selten von Erosionsschäden durch heftige Regengüsse bedroht.

Doch der Chipi-Chipi scheint der Vergangenheit anzugehören – ebenso wie die neunmonatige Regenzeit. Besorgt beobachten die Bewohner die Klimaveränderungen, die sie teilweise selber provoziert haben. Als Hauptursache nennen Experten die katastrophalen Abholzungen der vergangenen Jahre, bei der Motorsägen ganze Arbeit geleistet haben: Komplette Landstriche wurden wegen des steigenden Holzbedarfs und für Plantagen gerodet. Mit den Bäumen verschwinden die Feuchtigkeit und zwei nationale Symbole: der Quetzal und die *monja blanca*, die Nationalorchidee. Der Lebensraum ist für beide knapper geworden.

Doch inzwischen gibt es in Alta Verapaz einige Naturschutzgebiete. Vor allem der von Cobanern und Deutschen gegründete Verein **Proeval-Raxmu**, 💻 www.proeval-raxmu.org, hat inzwischen Waldflächen von der doppelten Größe des Nationalparks Bayerischer Wald geschützt. Auch das Forstministerium INAB mit seinem großen Aufforstungs- und Waldschutzprogramm hat es geschafft, dass sich die Entwicklung in Alta Verapaz umgekehrt hat und dieses grüne Herz Guatemalas weiterhin schlagen wird.

Die gewaltigen Kalkstein-Ablagerungen der **Sierra de Chamá**, der Ausläufer der Cuchumatanes-Berge, sind geprägt von Höhlen, Trichterdolinen, unterirdischen Flüssen und Wasserfällen. Während der zentrale Teil des Departamentos mit seinen grünen, saftigen Wiesen und Kiefernwäldern stellenweise den Voralpen ähnelt, verändert sich die Vegetation Richtung Norden zusehends. Die Sierra de Chamá fällt sanft über 1000 Höhenmeter ab und läuft im flachen Kalksteinplateau des Petén aus. Dabei geht der feuchte Nebelwald mit seinen charakteristischen Farnen, Bromelien und Orchideen in einen subtropischen Feuchtwald über, der den gesamten Norden der Provinz bedeckt. Die vielfältigen Klimazonen und Bodenverhältnisse ermöglichen den Anbau verschiedener Feldfrüchte. Die wichtigsten sind Kaffee und Kardamom.

Der Alta Verapaz ist nur um Cobán dicht besiedelt, während die Bevölkerungsdichte nach Norden hin immer mehr abnimmt. Die Bevölkerung besteht zu 90 % aus Indígenas – Kekchí und Pokomchí – sowie zu 10 % aus Ladinos und anderen. Wie keine andere Einwanderergruppe haben die Deutschen der Region ihren Stempel aufgedrückt. Mitte bis Ende des 19. Jhs. kamen Hunderte von deutschen Auswanderern – vorwiegend Männer – nach Guatemala. Angelockt von Steuervergünstigungen und niedrigen Landpreisen ließen sich viele im Alta Verapaz nieder und gründeten Kaffee-Fincas. Zu Beginn des 20. Jhs. wurde über ein Drittel des guatemaltekischen Kaffees von Deutschen erzeugt. Während der Erste Weltkrieg ohne größere Auswirkungen auf die deutschen Agrarbetriebe blieb, wurden viele Deutsche im Zweiten Weltkrieg enteignet und teilweise sogar in den USA interniert. Nach Beendigung des Krieges kehrte so manch einer nach Guatemala zurück, um seine Finca zurückzuerlangen.

Neben der asphaltierten Hauptroute von Cobán über den Baja Verapaz nach Guatemala-Stadt gibt es einige reizvolle Nebenstrecken, auf denen man viel vom Land zu sehen bekommt, denn die Busse fahren langsam und machen viele Stopps. Die Hauptroute in den Petén über Chisec, Raxrujá und Sayaxché ist inzwischen durchgehend asphaltiert. Seltener befahren ist die alternative Route über Fray Bartolomé und San Luis.

Eine neue Straße, die auf der Aspaltstraße nach Chisec bei Cubilhuitz abzweigt, führt direkt nach Playa Grande im Ixcán und verkürzt die Anfahrt zum Nationalpark Laguna Lachuá beträchtlich. Landschaftlich sehr reizvoll ist die Querverbindung in das westliche Hochland. Von Uspantán gelangt man Richtung Nordwesten nach Nebaj oder Richtung Südwesten über Sacapulas nach Huehuetenango oder Santa Cruz del Quiché. In die Karibik folgt man dem Verlauf des Río Polochic über Panzós nach El Estor und weiter zum Río Dulce.

Tactic

Wenige Kilometer nördlich des Quetzal-Biotops verläuft die Hauptstraße entlang der Grenze zwischen den Provinzen Alta und Baja Verapaz durch ein grünes, alpines Tal mit Holstein-Rindern. Bei KM 180,5 beginnt die Straße 7E Richtung Osten nach El Estor am Izabal-See. Von dort gelangt man weiter bis zum Río Dulce (s. S. 411).

Kurz darauf ist die südliche Einfahrt von Tactic erreicht. Die Menschen leben von der Milchwirtschaft, Viehzucht und der Produktion von etwas Kunsthandwerk. Das Pokomchí-Dorf ist bei Gläubigen im ganzen Land bekannt. Diese pilgern besonders am 15. Januar zur **Kapelle Chi-Ixim** oberhalb des Ortes. Der *Señor de las Misericordias* (Der Barmherzige Christus) soll Wunder wirken, was die Dankestafeln an den Wänden zu bestätigen scheinen. Auch die barocke **Kolonialkirche** des Dorfes mit ihrem vergoldeten Altar ist sehenswert. Ein kühles Bad kann man auf der anderen Seite der Hauptstraße im **Balneario Cham-Ché** nehmen, Q10.

Übernachtung

Pensión Central, 3. C. 4-10, Zona 1, ✆ 79539202. Einfach, ohne warmes Wasser, sauber. ❷
Ohne Bad ❶

Eco Hotel Chi'Ixim, KM 182,5, am Ortseingang, ✆/📠 79539198, ✉ chiximecohotel@gmail.com. Zimmer mit Kamin in kleinen Bungalows, Restaurant. ❹

Mansión La Cañada, 2. C. 11-08, Zona 1, ✆/📠 79539267, 💻 www.actiweb.es/hotelyrestaurantemansion/index.html. Sehr gepflegtes Hotel mit vielen Pflanzen in den Zimmern und im Innenhof. ❻

Transport

Regelmäßige **Busverbindungen** nach COBÁN oder GUATEMALA-STADT. Alle Busse halten im Ort bei der Kirche.

San Cristóbal Verapaz

Im weiteren Verlauf der Straße Richtung Norden passiert man rund 20 km vor Cobán die Abzweigung zum **Chixoy-Staudamm**. Der enorme künstliche See, der ca. 50 km lang ist und an seiner breitesten Stelle 1,4 km misst, wird von einem 250 m breiten Damm gestaut. Das 1978–82 erbaute Großprojekt wurde überwiegend mit Weltbank-Krediten finanziert. Eine Reihe von Skandalen begleitete die Bauphase, wie die gewaltsame Vertreibung und Ermordung von Anwohnern, die am heutigen Damm im Dorf Río Negro lebten. Als sie sich Anfang der 1980er-Jahre gegen Umsiedlungsmaßnahmen wehrten, erschoss – laut einem Bericht der Menschenrechtsorganisation Witness for Peace – die Militärpolizei 376 Protestierende.

Auch die Abholzung der Ufer zeigt negative Auswirkungen: Durch die erhöhte Erosion lagert sich immer mehr Sand ab, so dass die fünf Turbinen, die für eine Maximalleistung von 300 Megawatt ausgelegt sind, nicht auf vollen Touren laufen können.

13 km südlich von Cobán zweigt die 7 km lange Straße nach San Cristóbal Verapáz (1393 m) ab, wo überwiegend Pokomchí-Indígenas leben. Wer aus dem Quiché kommt, spürt die Veränderung, denn die trockene und heiße Landschaft des östlichen Quiché geht in das üppige, feuchte Grün der Verapaces über.

Einen schönen Blick auf das nette Städtchen erhält man von der **Kalvarienkapelle**. Am Karfreitag gestalten die Bewohner des Orts voller religiöse Hingabe einen Blumenteppich, der von hier oben 1200 m weit bis zur Kirche reicht. Westlich des Hügels liegt eine große Schuhfabrik, Hauptarbeitgeber und Hauptumweltverschmutzer gleichermaßen.

Die Abwässer werden ungeklärt in die **Laguna Chichoj** geleitet, die inzwischen so kontaminiert ist, dass hier niemand mehr schwimmt oder fischt. Mehr als die Hälfte ihrer einstigen Größe von 107 ha sind inzwischen mit Wasserpflanzen bedeckt, die ihr immer mehr Sauerstoff entziehen.

Außer der **Kathedrale**, die kostbare Silberarbeiten enthält, lohnt ein Besuch des kleinen **Museums Katinamit** in der 0 Calle 0-33, Zona 3, Calle del Calvario, ✆ 79504039, 🕒 Mo–Fr 8.30–12 und 14–17, Sa, So 9–12 Uhr, Q10, mit Führung Q20. Die kleine, interessante ethno-historische Ausstellung vermittelt einen Einblick in das Leben der hiesigen Pokomchí-Indianer.

Das Geburtsritual ch'up

Bekommt eine Kekchí-Indígena ein Kind, ist in der Regel eine Hebamme *(comadrona)* anwesend, die sich um Mutter und Neugeborenes kümmert. Sie pflegt beide mit Kräutern, dankt Gott für die Geburt und zertrennt die *ch'up* – die Nabelschnur.

Diese muss an einem speziellen Ort platziert werden, um dem Nachwuchs ein glückliches und langes Leben zu garantieren. Bei einem Jungen wird die Nabelschnur bevorzugt in die oberen Äste eines hohen Baumes gehängt. Damit vermeidet man Unglück und erreicht, dass aus dem Kind eines Tages ein guter Weber und starker Baumkletterer wird. Im Falle einer Tochter legt die Mutter die *ch'up* unter ihr Kopfkissen, oder der Ehemann vergräbt sie dicht am Haus – in der Hoffnung, dass die Tochter nach der Heirat in der Nähe der Eltern bleibt. Das Ritual wird mit einem guten Mahl beendet, bei dem oftmals ein Hahn geschlachtet wird. Die junge Mutter erhält eine kräftigende Brühe mit reichlich scharfem Chili und einen belebenden Schnaps, um sich von den Anstrengungen der Geburt zu erholen.

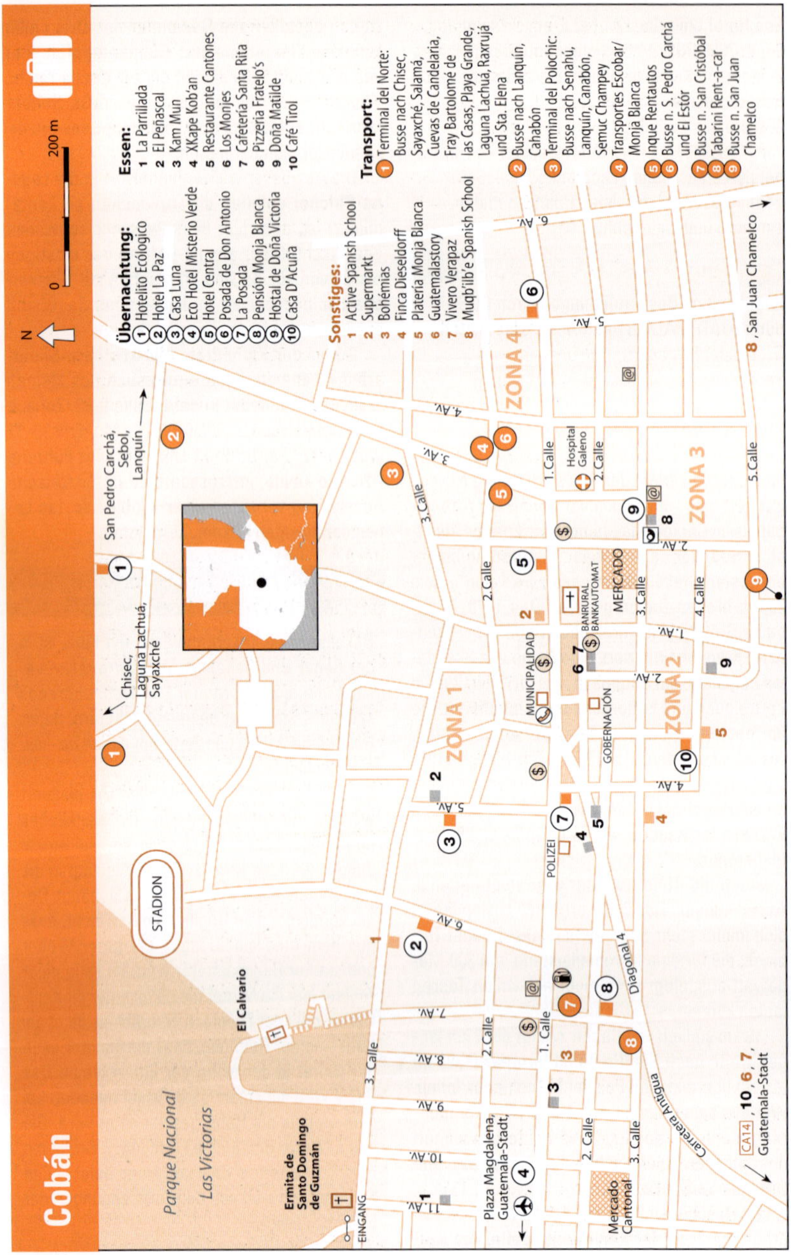
Cobán
0 200 m
N
Übernachtung:
1 Hotelito Ecológico
2 Hotel La Paz
3 Casa Luna
4 Eco Hotel Misterio Verde
5 Hotel Central
6 Posada de Don Antonio
7 La Posada
8 Pensión Monja Blanca
9 Hostal de Doña Victoria
10 Casa D'Acuña
Essen:
1 La Parrillada
2 El Peñascal
3 Kam Mun
4 XKape Kob'an
5 Restaurante Cantones
6 Los Monjes
7 Cafetería Santa Rita
8 Pizzería Fratelo's
9 Doña Matilde
10 Café Tirol
Sonstiges:
1 Active Spanish School
2 Supermarkt
3 Bohémias
4 Finca Dieseldorff
5 Platería Monja Blanca
6 Guatemalastory
7 Vivero Verapaz
8 Muqb'ilb'e Spanish School
Transport:
1 Terminal del Norte: Busse nach Chisec, Sayaxché, Salamá, Cuevas de Candelaria, Fray Bartolomé de las Casas, Playa Grande, Laguna Lachuá, Raxrujá und Sta. Elena
2 Busse nach Lanquín, Cahabón
3 Terminal del Polochic: Busse nach Senahú, Lanquín, Canabón, Semuc Champey
4 Transportes Escobar/ Monja Blanca
5 Inque Rentautos
6 Busse n. S. Pedro Carchá und El Estór
7 Busse n. San Cristóbal
8 Tabarini Rent-a-car
9 Busse n. San Juan Chamelco
Parque Nacional Las Victorias
Ermita de Santo Domingo de Guzmán
El Calvario
EINGANG
STADION
Chisec, Laguna Lachuá, Sayaxché
San Pedro Carchá, Sebol, Lanquín
Plaza Magdalena, Guatemala-Stadt,
Mercado Cantonal
CA14, 10, 6, 7, Guatemala-Stadt
Carretera Antigua
Diagonal 4
8, San Juan Chamelco
ZONA 1
ZONA 2
ZONA 3
ZONA 4
MUNICIPALIDAD
BANRURAL BANKAUTOMAT
MERCADO
GOBERNACIÓN
POLIZEI
Hospital Galeno
1. Calle
2. Calle
3. Calle
4. Calle
5. Calle
1. Av.
2. Av.
3. Av.
4. Av.
5. Av.
6. Av.
7. Av.
8. Av.
9. Av.
10. Av.
11. Av.

Das Museum wird vom **Centro Comunitario Educativo Pokomchí** verwaltet. Sie sitzen im 2. Stock über dem Museum und managen ebenfalls das **Pokomchí-Language Center**, wo man Spanisch oder Pokomchí lernen kann. Der wöchentliche Preis von US$140 umfasst 20 Std. Einzelunterricht und die Unterbringung in einer Familie inkl. aller Mahlzeiten, ✆ 79504039, 🖳 www.ajchicho.50g.com.

Übernachtung und Essen

Im Ort

Hotel und Café El Manantial, 5A 2-50, Zona 4, ✆ 79504464. Parkplatz. ❸ Ohne Bad ❷

Hotel San Sebastián, 4C. 1-67, Zona 3, ✆ 79504320. 20 Zimmer mit oder ohne Bad, TV, Parkplatz. ❸

Café El Museo. Am Ortsausgang von Santa Cruz Richtung San Cristóbal rechts liegt das idyllische Café in einer schön renovierten alten Mühle. Die Kaffeeverarbeitungsanlage ist als Museum hergerichtet. Vom Café blickt man auf einen tiefgrünen Stausee samt Mühlrad. ◷ tgl. 7–17 Uhr, Mo geschl.

An der Hauptstraße nach Cobán

Hotel Real Majestic, KM 197, ✆ 79520507. An der Straße und entsprechend laut. ❹

Park Hotel, KM 196,5, an der Abzweigung von der Hauptstraße nach San Cristóbal, ✆ 79520831, 📠 79520807, 🖳 www.parkhotelresort.com. Großer Hotelkomplex mit Restaurant, Bar, Fitnesszentrum, kleinem Zoo und Konferenzräumen. ❻–❽

Transport

Es bestehen regelmäßige **Busverbindungen** nach COBÁN.

Cobán

Die Hauptstadt der Provinz Alta Verapaz, die rund 50 000 Einwohnern zählt, liegt in einer regenreichen Senke der **Sierra de Chamá**, einem Ausläufer der Cuchumatanes-Berge, rund 213 km von der Hauptstadt entfernt auf 1323 m Höhe. Umgeben von üppigen Wäldern und saftig-grünen Feldern, wirkt der Ort wie ein zu groß gewordenes Bergdorf. Manchmal gibt ihm das feuchte Klima – der Name Cobán bedeutet so viel wie „bewölkter Ort" – ein etwas trostloses Aussehen. Dieses macht er allerdings locker wett durch die Freundlichkeit der Menschen, sein gutes Hotel- und Restaurantangebot sowie seine Ausflugsmöglichkeiten in eine unvergleichliche Landschaft.

Gegründet wurde das Städtchen 1538 von Bartolomé de las Casas. Als Anerkennung für die friedliche Missionierung durch die Dominikaner verlieh Karl V. der Siedlung 1558 die Stadtrechte mit einem Wappen und den Titel „kaiserliche Stadt". Cobán blühte allerdings erst auf, als Mitte des 19. Jhs. die ersten deutschen Auswanderer in die Region kamen und Kaffee anpflanzten. Die kleine Siedlung entwickelte sich in wenigen Jahrzehnten zu einem geschäftigen Zentrum deutscher Finca-Besitzer. Hier hatten sie ihre Herrenhäuser, trafen sich im deutschen Club, pflegten Traditionen und Sitten ihrer fernen Heimat. Auch heute noch sieht man in Cobán Nachfahren indianisch-deutscher Verbindungen mit dunkler Hautfarbe und hellen Augen.

Im Rahmen des Patronatsfestes am 4. August findet jährlich das bekannte **Nationale Folklorefestival** statt. Es erstreckt sich über fünf Tage und kann mit zahlreichen Veranstaltungen aufwarten. Auf dem Programm stehen offizielle Festakte, Aufführungen traditioneller Tänze und Konzerte sowie Messen und Prozessionen. Höhepunkt ist die Wahl der indianischen Schönheitskönigin – der Rabin Ajau.

Sehenswürdigkeiten

Ungewöhnlich ist die dreieckige Plaza, in deren Mitte der Musikpavillon einen missratenen Versuch einer Modernisierung darstellt. Das Denkmal dahinter ist **Manuel Tot** gewidmet. Der Indígena, der in Cobán geboren wurde, nahm 1813 an einer Verschwörung gegen die spanischen Kolonialherren teil, die jedoch aufgedeckt wurde. Die Spanier nahmen Tot auf der Flucht in seine Heimatstadt gefangen und folterten ihn kurz darauf zu Tode. Dadurch wurde er zum Märtyrer der Unabhängigkeitsbewegung, selbst wenn er de facto nichts bewegt hat.

Weitere Gebäude an der Plaza von Cobán sind die **Kathedrale** zu Ehren von Santo Domingo de Guzmán, dem Schutzpatron der Stadt, sowie schräg gegenüber das Gebäude der Provinzverwaltung. Hinter der Kirche findet täglich ein Markt statt.

Von der 3. Calle in westlicher Richtung führen 134 Stufen hinauf zur **Ermita del Calvario**, einer kleinen Friedhofskapelle, die ein beliebtes Ziel der indianischen Bevölkerung ist. Von oben hat man einen guten Blick über die Stadt. Die Indígenas entzünden Kerzen an den vielen kleinen Nischen, die auf dem Weg zur Kapelle in den Seitenmauern eingelassen sind, opfern Weihrauch, Federn und Tierhaare. Damit huldigen sie Tzul Taká, dem Herrn des Hügels Chupanek. Nur er kann ihre Tiere von bestimmten Krankheiten befreien. Oben angekommen, verehrt man mit gleicher Inbrunst den **Begrabenen Christus** *(cristo sepultado)*. Die Christusfigur darf die Kapelle allerdings nicht mehr verlassen, denn jedes Mal, wenn sie an einer Prozession teilnahm, habe es stark zu regnen begonnen und sei es zu Überschwemmungen gekommen.

Zwei Blocks von der Kapelle entfernt beginnt der 82 ha große **Parque Nacional Las Victorias** – Cobans grüne Lunge – auf dem Gelände einer ehemaligen deutschen Finca. Der Besitzer wurde während des Zweiten Weltkriegs enteignet und das Grundstück sich selber überlassen. Heute führen Wege durch das stellenweise zugewachsene Areal und bieten Spaziergängern und Joggern exzellente Bedingungen, ⏲ 8–17 Uhr, Eintritt Q6. Ein Campingplatz mit Toiletten und Waschgelegenheit (keine Dusche), Q20 p. P., ist eine Alternative zu den Hotels der Stadt. Es hat leider in letzter Zeit einige Überfälle gegeben, so dass man vorzugsweise in einer kleinen Gruppe in den Park gehen sollte.

Wer auf den Spuren deutscher Kaffeepflanzer wandeln möchte, sollte der **Finca Dieseldorff**, 3. C. 4-12, Zona 2, ✆ 79513067, nur wenige Blocks vom Stadtzentrum entfernt, einen Besuch abstatten. Hier werden informative Führungen zum Thema Kaffeeanbau und -weiterverarbeitung veranstaltet. Erwin Paul Dieseldorff gründete sein kleines Imperium im Jahr 1888, und bis heute exportiert die Finca Spitzenkaffee nach Europa, in die USA und den Nahen Osten. 45-minütige Führungen auch auf Englisch Mo–Fr 8.30–11.30 und 14–16 Uhr, Q30.

Entlang der alten Hauptstraße Richtung Guatemala-Stadt liegt rund 3 km vom Zentrum entfernt der **Vivero Verapaz**, ✆ 57007722, ein Muss für Orchideenfreunde. Im großen Garten sind rund 650 verschiedene Orchideenarten zu bewundern, darunter die **Monja Blanca** *(Lycaste Skinneri Alba)* – die Nationalblume Guatemalas. 1989 startete der mittlerweile verstorbene Otto Mittelstaedt seine Orchideen-Rettungsstation auf dem Grundstück einer ehemaligen Kaffee-Finca, um die Vielfalt der blütenprächtigen Pflanzen zu erhalten. Obwohl immer irgendeine Orchidee im Vivero Verapaz blüht, sind die Monate November bis Februar die beste Zeit für einen Besuch. Auf dem Gelände des Vivero hat sich das Café Tirol angesiedelt (s. Restaurants). ⏲ tgl. 7–16 Uhr, Q20.

Übernachtung

Überraschend groß und gut ist das Hotelangebot in der mittleren Preiskategorie. Die Auswahl bei Budgethotels ist hingegen gering und der Standard oft erschreckend schlecht. Viele Hotels haben gute Restaurants und bieten zudem Touren in die Umgebung an.

Hotel La Paz, 6. Av. 2-19, Zona 1, ✆ 79521358. Saubere, helle Zimmer, gutes Preis-Leistungs-Verhältnis, Cafeteria. ❷ Ohne Bad etwas günstiger

Hotelito Ecológico, 4. Av. "A" 6-27, Zona 11, ✆ 79529592, ✉ hotelitoecologico@hotmail.com. Kleine, saubere Zimmer mit Gemeinschaftsbad, Das sehr ruhige Hotel liegt in der Nähe des neuen Busterminals „del Norte“. Von ökologisch hat das Hotel außer dem Namen nichts. ❷

Eco Hostal Misterio Verde, 2. C. 14-26, Zona 1, Nähe Plaza Magdalena, ✆ 79521047, ✉ ecohostal@misterioverde.com. Schöner, blitzsauberer Schlafsaal mit komfortablen Stockbetten und großen Schließkästen für die Rucksäcke, Internet, Frühstück inkl., Quetzalbeobachtungstouren s. S. 341. ❸ Ohne Frühstück Q20 weniger

Casa Luna, 5. Av. 2-28, Zona 1, ✆ 79513528, 💻 www.cobantravels.com. Kleine, familiengeführte Pension mit einem sehr reichhaltigen, leckeren Frühstück (inkl.), Restaurant und Reisebüro. Alle der geräumigen Zimmer mit

Cobán: Provinzhauptstadt mit Dorfcharakter

Gemeinschaftsbad, Internet. ❸ Schlafsaal Q60 p. P.

Casa D'Acuña, 4. C. 3-11, Zona 2, ✆ 79510484, 💻 www.casadeacuna.com. Schlafsaal und saubere Mehrbettzimmer mit Gemeinschaftsbad in angenehmem Ambiente. Gutes, aber teures Restaurant, Tourveranstalter, Internet. ❸ Schlafsaal Q50 p. P.

Hotel Central, 1. C. 1-79, Zona 4, ✆ 79521442, 💻 www.hotelcentralcoban.com. Günstige Lage, mit Cafeteria. Trotz einiger neuer Zimmer, die dementsprechend besser, aber auch etwas teurer sind, wirkt das Hotel ein wenig ungemütlich. ❹

Hostal de Doña Victoria, 3. C. 2-38, Zona 3, ✆ 40348723, 💻 www.hotelescoban.com. Geschmackvoll eingerichtetes Hotel mit schönem Garten im Innenhof. Angeblich das älteste Gebäude aus der Gründerzeit der Stadt, das sowohl als Konvent als auch als Finca diente. Zimmer teilweise mit Doppelstockbetten, Holzfußboden und TV. Restaurant, Trips in die Umgebung, Internetanschluss. ❺

Pensión Monja Blanca, 2. C. 6-30, Zona 2, ✆ 79521712. Seit 1880 bestehendes Hotel, sehr saubere, renovierte Zimmer mit und ohne Bad, schöner Innenhof. Wegen der angrenzenden Veranstaltungshalle kann es an Wochenenden etwas lauter werden. ❺ Ohne Bad ❸

Posada de Don Antonio, 5. Av. 1-51, Zona 4, ✆ 79514287, 💻 www.hotelposadadedonantonio.com. Auf alt getrimmtes Hotel, das von der Atmosphäre her der La Posada nicht das Wasser reichen kann, dafür aber etwas günstiger ist, Frühstück inkl. ❼

La Posada, 1. C. 4-12, Zona 2, ✆ 79521495, 💻 www.laposadacoban.com. Immer noch das Beste, was Cobán zu bieten hat, allerdings liegen die Zimmer direkt an einer befahrenen Straße. Die ehemalige Finca ist zu einem attraktiven Hotel im Kolonialstil umgewandelt worden, mit zwei großen Patios, gutem Restaurant und Café, WLAN in der Lobby. Gediegene, leicht snobistische Atmosphäre. ❼

Kardamom

Weihnachten ohne Lebkuchen und Spekulatius – kaum vorstellbar. Doch erst Kardamom *(lat. Elettaria cardamomum)* gibt den süßen Leckereien den vertrauten Geschmack. Das Gewürz aus der Ingwerfamilie wächst als 2–3 m hohe Pflanze vorwiegend in der Provinz Alta Verapaz. Es gehört nach Safran und Vanille zu den teuersten Gewürzen der Welt. Grund ist die aufwendige Ernte der Früchte, die nur schwer zugänglich als Kapseln dicht über dem Boden wachsen. Anfang der 1980er-Jahre suchte man in Guatemala nach einem weiteren wirtschaftlichen Standbein in Ergänzung zum Kaffee und begann mit dem Anbau von Kardamom. In nur zwei Jahrzehnten stieg Guatemala mit einer Produktion von rund 32 000 t neben Indien zum weltweit größten Exporteur dieses wunderbar riechenden Gewürzes auf. Die Exporterlöse, die Anfang der 1990er-Jahre bei US$29 Mio. lagen, konnten bis auf rund US$300 Mio. im Jahr 2009 gesteigert werden. Mehr als 200 000 Menschen leben in Guatemala vom Kardamom-Anbau. 80 % der Ernte geht an arabische Länder, die ihr Kaffeemehl mit Kardamom versetzen. Aber auch in Wurstwaren, Likören und Currymischungen findet man das teure Gewürz.

Essen und Unterhaltung

Preiswert, aber gut kann man in Cobán am Mercado Cantonal, 2. C. Zona 2, oder abends am Parque essen. Günstig sind auch die Rüben-Tostadas von **Doña Matilde**, 2. Av. 3-11, Zona 1, ◷ Mo–Sa 8–18 Uhr, und das Grillfleischrestaurant **La Parrillada**, 11. Av. 2-11, Zona 1, ◷ tgl. 12–16 und 18.30–23 Uhr, So nur abends, in denen man für Q20 satt wird.

Café Tirol, im Vivero Verapaz an der alten Straße nach Guatemala, über 50 Kaffee-Spezialitäten, von denen einige wirklich gut sind. Dazu Kuchen, Sandwiches und andere Snacks. Der Service ist auch für guatemaltekische Verhältnisse zu langsam. ◷ tgl. außer So 7.30–17 Uhr.

Restaurant im **Hostal Casa D'Acuña**. Sehr gutes, teures Restaurant, Brot und Kuchen aus eigener Herstellung. ◷ tgl. 6.30–22 Uhr.

Restaurant und Café im Hotel **La Posada**. Bestes Restaurant und bester Kuchen in Cobán. ◷ tgl. 7–21 Uhr.

Solide chinesische Hausmannskost bei **Kam Mun**, 1. C. 8-12, Lieferservice ✆ 79521109, ◷ tgl. 12–22 Uhr, und im **Restaurante Cantones**, Diagonal 4, 4-24, Zona 2. ◷ tgl. 12–22 Uhr.

XKape Kob'an, Diagonal 4, 5-13, Zona 2. Gemütliches Café mit Internet und einer guten Auswahl an Kunsthandwerk der Region. ◷ tgl. 7–20 Uhr.

Café Misterio Verde, 2. C. 14-26, Zona 1, im Hotel Misterio Verde. Hervorragender Kaffee aus einer Espresso-Maschine, gute Plätzchen und salzige Häppchen nach schwedischen Rezepten. ◷ tgl. 16–20 Uhr.

Los Monjes, 2. C. 1-36, Zona 2, Südseite des Parque neben Banrural, Café und Restaurant. ◷ tgl. 7–22 Uhr.

La Abuelita, Einkaufszentrum Plaza Magdalena, hervorragende guatemaltekische Spezialitäten für jedes Budget. ◷ tgl. 9–21 Uhr.

El Peñascal, 5. Av. 2-61 Zona 1, leckere guatemaltekische Hausmannskost. ◷ 7–21, So 8–21 Uhr.

Cafetería Santa Rita, 2. C., an der Plaza. Billig und gut, Frühstück ab 7 Uhr. ⏲ 7–21 Uhr.
Pizzería Fratelo's, 3. C., Zona 3, zwischen Post und Hostal de Doña Victoria. Kleines Restaurant mit solider italienischer Küche. ⏲ tgl. 11–21 Uhr.
Eine beliebte Disco ist **Bohemias**, Ecke 8. Av./2. C., Zona 2.

Touren

Cobán ist der strategische Ausgangspunkt für Touren in der Provinz Alta Verapaz. Einige Sehenswürdigkeiten sind nur schwer mit öffentlichen Verkehrsmitteln zu erreichen. Wer wenig Zeit hat, sollte daher die Offerten der ansässigen Agenturen in Anspruch nehmen.
Das **Hostal Casa D'Acuña** (s. Hotels), ☏ 79510482, bietet gut organisierte Touren in kleinen Gruppen an.
Aventuras Turísticas (gehört zum Hostal Doña Victoria), 3. C. 2-38, Zona 3, ☏ 79514213, 💻 www.aventurasturisticas.com. Seit 1994 tätige Agentur mit einem breiten Programm.
Mayach Expeditions, 1. C. 4-11, Zona 1, direkt am Parque, ☏ 56586778. Preiswerter Anbieter. ⏲ tgl. 10–22 Uhr.
Casa Luna, 5. Av. 2-28, Zona 1, im gleichnamigen Hotel, ☏ 79513528, 💻 www.cobantravels.com. Diverse Touren und Shuttle-Service nach Tikal, Antigua und Semuc Champey.
Ungewöhnliche Touren zu den Kekchí-Gemeinden Chicoj, Samac und Sanimtak'a im **Regenwaldgebiet Sacranix** unweit von Cobán sind auf S. 353 beschrieben.

Ökologisch verträgliche Touren

Die Veranstalter **Guatemalastory**, an der alten Straße nach Guatemala, 400 m oberhalb des Vivero Verapaz, ☏ 79523762, 💻 www.guatemalastory.com, und **Misterio Verde**, 2. C. 14-36, Zona 1, ☏ 79521047, ✉ ecohostal@misterioverde.com, organisieren mehrtägige Alles-inklusive-Touren in die nahen Nebelwälder **Chicabnab** (3 Tage) und **Chelemhá** (2–4 Tage), die Wanderungen (u. a. von Chelemhá nach Semuc Champey) und einfache Übernachtungen bei Kekchí-Familien einschließen. Ziel ist der Schutz der verbleibenden Wälder und die gleichzeitige Schaffung von Einkommensalternativen für die einheimische Bevölkerung. Diese Touren bieten zudem eine gute Gelegenheit Quetzal-Vögel und Brüllaffen zu beobachten. Beste Reisezeit ist Januar bis September. Die Kosten liegen bei etwa US$25–30 pro Tag und Person.
Direkt im Naturschutzgebiet **Chelemhá** liegt die teure, aber empfehlenswerte **Maya Cloud Forest Lodge**, die von Schweizern geführt wird, ☏ 79417674, 💻 www.chelemha.org (2 Nächte inkl. Mahlzeiten US$150 p. P.).

Sonstiges

Autovermietungen

Tabarini, 7. Av. 2-27, Zona 2, ☏ 79521504.
Inque Rentautos, 3. Av. 1-18, Zona 4, ☏ 79521994.

Feste

Patronatsfest zu Ehren von Santo Domingo Guzmán vom 31. Juli bis 6. August (Haupttag 4. Juli).
Festival Folklórico Nacional im Juni/Juli, seit 1969 stattfindendes Festival mit Tänzen, Musik, u. a. Wahl der Rabín Ajau, der indianischen Schönheitskönigin.

Geld

Verschiedene Banken an der Plaza.
Banrural hat dort einen Visa- und Mastercard-Geldautomat. Weitere Banken entlang der 1. Calle zwischen Parque Central und Polizei.

Informationen

Es gibt keine feste Touristeninformation. Die besten Infos bekommt man bei 💻 www.guatemalastory.com, Tourveranstaltern (s. o.), und außerdem in der Casa D'Acuña und im Hostal de Doña Victoria.

Internet

Fast alle Internetcafés haben sonntags geschlossen, mit Ausnahme des **Café Internet** (Q10/Std.) an der Plaza. **PC Club**, 6. C. 1-12, Zona 1. ⏲ tgl. 8–22 Uhr, Q6/Std.

Kunsthandwerk

Der Laden der **Asociación Artesanal de La Verapaz Aj K'uub'anenel** befindet sich im Café XKape Kob'an (s. S. 350). Dort bekommt man eine sehr schöne Auswahl an Kunsthandwerk der gesamten Region.

Platería y Joyería Monja Blanca, 4. C. 3-12, Zona 2, traditioneller Silberschmuck.

Unterhalb des Gouverneurspalastes am Parque befindet sich die **Casa de Artesanias**, 2. C. 2-11, Zona 2, ⌚ Mo–Fr 8–18 Uhr. Auch unter den Arkaden des Gouverneurspalastes wird Kunsthandwerk verkauft.

Lebensmittel

Dispensa Familiar, 1. C., zwischen 1. und 2. Av. ⌚ tgl. 7–19 Uhr.

Paiz, in der Plaza Magdalena, 2. C. ⌚ tgl. 8–21 Uhr.

Medizinische Hilfe

Privatklinik **Centro Médico Galeno**, 2. C. 2-08, Zona 3, ✆ 79513175.

Polizei

1. C. 5-12, Zona 2, ✆ 79512010.

Post

3. C. 2-02, Zona 3. ⌚ Mo–Fr 8.30–17.30, Sa 9–13 Uhr.

Sprachunterricht

Wie auch in anderen weniger touristischen Städten kann man sich hier ganz der Sprache widmen. Mehr Infos gibt es unter 🖳 www.guatemala365.com.

Active Spanish School, 3. C. 6-12, Zona 1, ✆ 79417123, ✉ nirspanishschool@hotmail.com, nach Nirma Macz fragen.

Muqb'ilb'e Spanish School, 6. Av. 5-39, Zona 3, ✆ 79512459, 🖳 www.spanishschoolscoban.com. Kleine Schule in einem schönen Innenhof, liebevolle Betreuung.

Taxis

An der Plaza. Q15 für eine Fahrt in der Innenstadt.

Telefon/Fax

Telgua, an der Plaza, Kartentelefone.

Transport

GUATEMALA-STADT (219 km, 4 1/2 Std.), Transportes Escobar/Monja Blanca, 2. C. 3-77, Zona 4, ✆ 79513571, alle 30 Min. von 2–16 Uhr. Die **Busse** fahren in der Regel über Tactic. Mehrmals tgl. fahren vollklimatisierte Busse, die nur wenig mehr kosten als die normalen Busse.

BIOTOPO DEL QUETZAL (58 km, 1 Std.), jeder beliebige Bus Richtung Guatemala-Stadt und Salamá hält hier auf Anfrage.

EL ESTOR (167 km, 6 Std.), fünf Busse zwischen 5.30 und 13.30 Uhr. Gegenüber Monja Blanca, s. Guatemala-Stadt.

LANQUÍN (61 km, 1 1/2–2 Std.), Asociación de Transportistas, Terminal an der 3. Av., 5-11, Zona 4, Busse stdl. zwischen 5 und 17 Uhr. Fahren weiter nach CAHABÓN (insgesamt 85 km, 3 Std.). Terminal del Polochic, Ecke 3. Av. 3-16, Zona 4: Abfahrten um 5.45, 8, 9 und 11 Uhr.

SAN CRISTÓBAL (30 Min.), Parqueo El Sitio, 7. Av., Zona 2, alle 10 Min. von 5.30–21 Uhr.

SAN JUAN CHAMELCO (1/4 Std.), ständige Abfahrten an der Puente Chichun.

SAN PEDRO CARCHÁ (6 km, 15 Min.), Minibusse fahren ständig zwischen 6 und 20.30 Uhr gegenüber vom Monja Blanca-Terminal, 2. C. 3-77, Zona 4.

SEMUC CHAMPEY (73 km, 2 1/2 Std.), Terminal del Polochic, Ecke 3. Av. 3-16, Zona 4, 5.45 und 11 Uhr.

SENAHÚ (6 Std.), Terminal del Polochic, Transportes Brenda Mercedes, Abfahrt um 10.30, 13 Uhr.

Vom **Terminal del Norte** (s. Stadtplan S. 347) fahren ab:

CANDELARIA-HÖHLEN (100 km, 2 Std.), alle Busse mit Endziel Raxrujá, Sayaxché, Santa Elena passieren die Höhlen.

CHISEC (45 km, 1 Std.), ständige Abfahrten, alle Busse nach Raxrujá, Sayaxché, Santa Elena und Playa Grande (über Chisec) passieren den Ort.

FRAY BARTOLOMÉ DE LAS CASAS (via San Pedro Carchá 101 km, 3 Std. oder via Chisec 121 km, 3 Std.), halbstündlich zwischen 5 und 18.30 Uhr.

LAGUNA LACHUÁ, s. Playa Grande via Chisec.

NEBAJ (ca. 3 1/2 Std.), tgl. 13 Uhr. Ansonsten s. USPANTÁN.
PANZÓS (4 1/2 Std.), Microbusse alle 20 Min.
PLAYA GRANDE via Salaquín (4 Std.), alle 90 Min.
PLAYA GRANDE via Chisec (4 Std.), stdl. von 3–17 Uhr. Der Eingang zum Nationalpark Laguna Lachuá wird nach rund 3 1/2 Std. passiert.
RAXRUJÁ (110 km, 2 1/2 Std.), alle 20 Min. von 5–18 Uhr.
ROKJÁ POMTILÁ (145 km, 4 Std.), um 11 Uhr (nach Goyo fragen).
SALAMÁ über Tactic, Purulhá (2 1/2 Std.), Transportes Alvarado, alle 30 Min.
SANTA ELENA/Flores (4 Std.), einen stdl. verkehrenden Minibus nach Sayaxché und dort an der anderen Flussseite einen Minibus nach Flores nehmen.
SAYAXCHÉ (3 Std.), ständiger Kleinbusverkehr.
USPANTÁN (70 km, 3 Std.), Transportes Masheñita, tgl. von 4–17 Uhr, stdl. Abfahrt. Von Uspantán besteht Anschluss nach Nebaj, Sacapulas und Huehuetenango.

Die Umgebung von Cobán

San Juan Chamelco

Im Süden Cobans liegt das Dorf Chamelco, das regelmäßig von Bussen angefahren wird. Der Ort gilt als eine der wichtigsten Kekchí-Siedlungen der Region. Während der Fiesta am 24. Juni findet eine Prozession statt, bei der verkleidete Teilnehmer die Kekchí-Kultur und Natur feiern. Die Kostüme reichen von alten Maya-Gewändern bis zu Darstellungen der lokalen Tierwelt. Die **Kirchenglocke** soll Kaiser Karl V. dem indianischen Führer Juan Matalbatz geschenkt haben.

Wer sich für Höhlen interessiert und hinterher ein Bad in einem klaren Bach nehmen möchte, sollte das **Balneario Cecilinda** und die **Grutas Rey Marcos** besuchen. Die wunderschöne Anlage mit Zeltplatz, Hängematten und rustikaler Verpflegung liegt ungefähr 6 km entfernt am kleinen Río Cecil. Hier werden samstags und sonntags von 8–17.30 Uhr einstündige geführte Touren in die feuchte, glitschige Höhle für Q20 p. P. angeboten. Guide, Helm und Stirnlampe sind im Besichtigungspreis inbegriffen. Während der Woche kostet die Tour ab drei Teilnehmern Q120 p. P. und schließt den Transport ab Cobán und einen Snack mit ein. Informationen bei Reiseagenturen in Cobán (S. 351, Touren) oder bei der Bäckerei Pan Ranchero, 0 Av. 0-26, Zona 2, San Juan Chamelco, ✆ 79512756.

Übernachtung

Don Jeronimo's, Aldea Chajaneb, ca. 5 km von Chamelco an der Straße zum Balneario Cecilinda, zu erreichen per Bus oder Pick-up ab der Kirche in Chamelco, ✆ 53013191,

Gemeinden in Sacranix unterstützen

Nordwestlich von Cobán liegt das Regenwaldgebiet **Sacranix**. Es ist eine der unzugänglichsten Gegenden Guatemalas, vormals ein Hotspot im Guerillakrieg. Hier bieten die Kekchí-Gemeinden Chicoj, Samac und Sanimtak'a Führungen an.
Im Ort **Chicoj** befindet sich eine Kaffeekooperative, die eine Kaffeetour und einen kleinen Drahtseilrutsch über einem tropischen Wasserreservoir im Programm hat, ✆ 53551682, Q60, Mahlzeit Q25.
In **Samac** lässt sich eine schöne Halbtageswanderung durch eine ehemals deutsche Finca und Zeremonialhöhlen unternehmen, ✆ 53773239, Führung Q60, Mahlzeit Q15–30, Übernachtung Q30.
Sanimtak'a liegt in einer riesigen Doline direkt im Nebelwald. Die Naturschutzorganisation Proeval-Raxmu hat hier einheimische Vogelkundler ausgebildet, die über 200 Vogelarten am Gesang erkennen. Die Wanderung mit schönen Ausblicken führt durch den Nebelwald, mit etwas Glück kann der Quetzal beobachtet werden, ✆ 53773239, Führung Q50, Mahlzeit Q15–20, Übernachtung in einer Gastfamilie Q20. Die Orte sind per Kleinbus erreichbar, zusteigen beim Hotel Casa Luna, wo auch mehr Infos erhältlich sind. Die Busse fahren alle 30 Min. nach Chicoj (Fahrtzeit 20 Min.) und stdl. nach Samac (Fahrtzeit 1 Std.). Von Samac muss man zu Fuß nach Sanimtak'a gehen, Dauer 1 1/2 Std.

💻 www.dearbrutus.com/donjeronimo. Übernachtung in einem Landgasthaus inkl. vegetarischer Vollpension. Der Besitzer Jeronimo Makransky organisiert Ausflüge in die wunderschöne Umgebung. ❼

Ecohotel y Balneario Xucaneb, KM 218 an der Straße von Cobán nach Chamelco, 📞 79500341, ✉ ecohotelxucaneb@hotmail.com. Hotel im Grünen mit einem Privatsee. ❸

Im **Balneario Cecilinda** (S. 353) kann gezeltet werden.

San Pedro Carchá

Schon in präkolumbianischen Zeiten bestand 6 km östlich von Cobán eine Siedlung. Carchá wird namentlich im Popol Vuh und den Annalen der Cakchiqueles erwähnt. Hier ist der Anteil der Kekchí-Indianer höher als in Cobán, und der **Markt** ist dem der Provinzhauptstadt in puncto Größe ebenbürtig.

Carchá hat sich zu einem bedeutenden Zentrum der **Silberverarbeitung** entwickelt, wobei die Produkte überwiegend in Cobán vermarktet werden. Überreste aus der Kolonialzeit sind neben der **Dominikanerkirche** einige massive **Steinbrücken**, die den Río Cahabón überspannen.

Etwas außerhalb liegt das beliebte **Balneario Las Islas**, dessen Pool von einem kleinen Wasserfall gespeist wird. Man übernachtet am besten in Cobán. Alternativ kann man im **Hotel Central** schlafen, 7. Av. 4-17, Zona 1, 📞 79515222, ❷. Es besteht ständiger Busverkehr nach Cobán.

Sebol und Umgebung

In **San Pedro Carchá** endete früher der Asphalt, der sich inzwischen bis ins 44 km weiter westlich gelegene **Pajal** vorgeschoben hat. Was dann folgt, ist eine jener guatemaltekischen Holperstrecken, auf denen das Vorwärtskommen sehr langsam und mühselig ist. Die Straßen sind je nach Jahreszeit schlammig oder staubig, und die überfüllten Busse stellen die Nerven auf eine echte Belastungsprobe. Wer einen Fensterplatz ergattert, den entschädigt zumindest das landschaftliche Panorama. Vorbei an Kaffee- und Kardamom-Fincas sowie kleineren Kekchí-Siedlungen öffnet sich das Tal nach wenigen Kilometern und gibt den Blick frei auf die charakteristische, von üppiger Vegetation überzogene Kegelkarstlandschaft des Alta Verapaz.

Die Ruta Nacional 5 führt nach **Sebol**, einem landschaftlich schön gelegenen Verkehrsknotenpunkt.

Östlich von Sebol gelangt man auf der RN 5, vorbei an **Fray Bartolomé de las Casas** – eine junge Gründung indianischer Siedler –, nach **Modesto Méndez (Cardenas)**. Der kleine Ort markiert die Grenze zwischen den Provinzen Petén und Izabal. Hier halten Busse in beiden Richtungen. Kurz hinter Fray Bartolomé de las Casas zweigt linker Hand eine raue, wenig befahrene Piste nach **San Luis** im Petén ab.

Nordwestlich von Sebol fahren gelegentlich Busse bis nach **Raxrujá**, einem beschaulichen Dörfchen, das aber Ausgangspunkt für Besuche der Ruinenstätte Cancuén (S. 360, Kasten)

Öko-Oase Chiyú

Es ist einer dieser Plätze an denen man den Rest der Welt vergisst und sich einfach nur wohfühlt. Das kleine Paradies liegt zwischen Fray Bartolomé de las Casas und Modesto Méndez beim Dorf **Las Conchas** an einer Reihe sehr schöner Wasserfälle und Badepools des Río Chiyú. Die rustikale **Oasis Chiyú** verfügt über einfache Zimmer, einen Bungalow, einen Schlafsaal, Zeltmöglichkeiten und Hängematten. Alles mit gemeinschaftlich genutzten Duschen und Kompost-Toiletten. Es gibt weder Strom noch Telefon oder Internet, aber eine Bar und ein Restaurant. Das Essen stammt aus dem eigenen Biogarten oder von den Bauern der Umgebung, die von der Lodge durch zahlreiche Aktivitäten unterstützt werden. Angeboten werden zahlreiche Ausflüge und Outdoor-Aktivitäten, darunter Trekkings, Bade- und Höhlentouren.

Wie die Lodge zu erreichen ist, wird auf der Website erklärt, 💻 www.naturetoursguatemala.com, keine Reservierung notwendig. ❺–❻ Schlafsaal Q60 p. P., Camping Q30 p. P. Mitzubringen sind eine Taschenlampe und Handtücher. Freiwilligenarbeit ist möglich.

und der Candelaria-Höhlen ist (s. S. 360). Übernachten kann man in Raxrujá im sauberen **Hotel Cancuén**, Calle Principal, ✆ 79830792, ❸ mit Ventilator, ❹ mit AC.

Von Raxrujá geht es überwiegend per Pickup oder Lkw 26 km bis zur Kreuzung **El Pato**. Hier zweigt die Straße Richtung Norden nach **Sayaxché** und Richtung Westen zum **Nationalpark Laguna Lachuá** und nach **Playa Grande** ab.

Infrastrukturprojekte der letzten Jahre haben das Reisen im lebensfeindlichen, kaum von Touristen besuchten Nordosten der Provinz etwas erleichtert. Trotz verkürzter Reisezeiten sollte man – besonders in der Regenzeit – mit unvorhergesehenen Zwischenstopps rechnen. Etwas Proviant und Trinkwasser gehören daher zur Standardausrüstung. Um unnötige Wartezeiten zu vermeiden, ist es sinnvoll, jede sich bietende Transportmöglichkeit zu ergreifen. In allen erwähnten Orten gibt es sehr einfache Unterkünfte. Busse fahren meist nur in den frühen Morgenstunden.

9 HIGHLIGHT

Lanquín und Semuc Champey

In **Pajal**, 44 km von San Pedro Carchá entfernt an der Straße nach Sebol, beginnt rechts der steile Abstieg nach **Lanquín**. Nach 12 km erreicht man inmitten einer ungewöhnlich reizvollen tropischen Landschaft dieses kleine Kekchí-Dorf, das rund tausend Höhenmeter tiefer als Cobán liegt. Der Ort selbst wäre kaum der Rede wert, befänden sich nicht zwei Naturwunder in seiner Nähe, die man sich auf keinen Fall entgehen lassen sollte.

Schon 2 km vor dem Ort weist ein Schild den Weg zu den **Grutas de Lanquín**, die nach wenigen Gehminuten erreicht sind. Aus dem Höhlensystem, das sich angeblich über 100 km erstreckt, schießt ein unterirdischer Fluss hervor, in dem es sich herrlich baden lässt. Der türkisfarbene Strom mündet einige Kilometer flussabwärts in den Río Cahabón. Vor der Höhle befinden sich ein Kassenhäuschen und ein furchtbar lauter Dieselgenerator, der die Höhle mit Licht versorgt. Das Innere kann über mehrere hundert Meter begangen werden. Trotz einiger Steighilfen ist der Untergrund lehmig und äußerst glitschig.

Fledermäuse ohne Höhle

Wer sich nur die Fledermäuse anschauen will, die abends zu Tausenden aus der Höhle fliegen, kann sich das Eintrittsgeld für die Lanquín-Höhle sparen, wenn er nach 17.30 Uhr kommt. Dann nämlich ist der Wärter meist weg. Die Höhle kann dann natürlich nicht mehr besichtigt werden.

Die Szenerie ist beeindruckend: Riesige Tropfsteine, große dunkle Löcher und enorme Dome lassen die Außenwelt vergessen. Leider haben ignorante Besucher Stalaktiten abgebrochen, Wände bemalt und Abfall hinterlassen. Unter Kekchí-Indígenas gilt die Höhle als heiliger Ort, wo traditionelle Riten zelebriert werden. Ein besonderes Spektakel kann man beim Sonnenuntergang am Höhleneingang erleben: Dann verlassen Tausende von Fledermäusen zur Futtersuche die Höhle, die zu diesem Zeitpunkt offiziell bereits geschlossen ist. Man sollte bei der Stadtverwaltung in Lanquín um Erlaubnis fragen, oder aber den Höhlenwärter mit einem Trinkgeld überreden, die Öffnungszeit etwas auszudehnen, denn am Höhleneingang jenseits der Eingangstür sieht man den Flug am besten. Außerhalb der Höhle befindet sich ein kleines überdachtes Picknickareal, an dem Zelten erlaubt ist, ◷ 7.30–12 und 13–16.30 Uhr, Q30.

Noch spektakulärer ist der Ausflug zur natürlichen Kalksteinbrücke **Semuc Champey**, unter der der Río Cahabón auf einer Länge von rund 200 m hindurchfließt. Ein kleiner Nebenfluss überspült die Sinterterrassen mit glasklarem Wasser. Seine türkis-grünliche Farbe erhält das Wasser hauptsächlich durch Kalziumkarbonat, das aus dem Kalkstein gewaschen wird. Umgeben sind die Pools von mit dichtem Grün bewachsenen Steilwänden.

Ein ausgeschilderter, steiler, rutschiger Rundweg führt auf einen lohnenswerten Aussichtspunkt mit tollen Ausblicken auf die Becken der Kalksteinbrücke.

Rafting von Lanquín zum Izabal-See

Eine abenteuerliche und landschaftlich einmalige Art und Weise, um von Lanquín an den **Izabal-See** zu gelangen, ist eine dreitägige **Raftingtour** auf dem Río Cahabón. Unterwegs passiert man neben einigen Klasse III- und IV-Stromschnellen kleine Kekchí-Gemeinden, verschiedene Wasserfälle, Höhlen und heiße Quellen. Der Trip endet in Cahaboncito, rund 30 km westlich von El Estor. Übernachtet wird in Zelten.

Dieses unvergessliche, aber nicht ganz billige Erlebnis wird von Maya-Expeditions, 15. C. "A" 14-07, Zona 10, Guatemala-Stadt, ☏ 23634955, 📠 23681248, 💻 www.mayaexpeditions.com, angeboten, dem erfahrensten Rafting-Veranstalter Guatemalas (Kosten pro Tag etwa US$100). Günstigere Anbieter sind **Guatemalarafting** in der El Retiro Lodge in Lanquín, ☏ 79833056, www.guatemalarafting.com (ca. US$70 pro Tag). Lohnend und noch günstiger ist das Rafting, das die Kekchí-Gemeinde **Saquijá** kurz hinter Lanquín anbietet, ☏ 50693518, 💻 www.guaterafting.com (ab US$20).

Das kleine Naturparadies ist allerdings bedroht: Immer näher schieben sich die Felder an den Canyon heran. Die Abholzung im Oberlauf des Cahabón reduziert die Wassermenge in der Trockenzeit drastisch, während der Fluss die Naturbrücke in der Regenzeit gelegentlich mit seinen lehmig-braunen Fluten komplett überschwemmt. Eine weitere Bedrohung sind die vielen Besucher, die Mengen an Müll hinterlassen. Die Pläne, in der Nähe ein Hotel und einen Hubschrauberlandeplatz zu bauen, sind zunächst auf Eis gelegt worden. Vorsicht ist beim Baden und Barfußlaufen geboten: Auf den Terrassen kann man sich an vielen scharfen Ecken und Kanten leicht verletzen. Wer, wie bereits einigen Touristen passiert, in das große Loch fällt, in dem der Río Cahabón unter der Brücke verschwindet, braucht sich um seine Rente keine Sorgen mehr zu machen. Also Abstand halten! 🕓 7–17 Uhr, Q30, Parkplatz Q10, Camping erlaubt.

Wer in der El Retiro Lodge (S. 357, Übernachtung) wohnt, kann sich für Q20 zu den Höhlen fahren lassen und sich von dort auf einem Reifen auf dem türkisfarbenen Wasser entlang dem wild bewachsenen Ufer rund 45 Min. bis zum Hotel treiben lassen.

Ein besonderes Abenteuer ist der Besuch der **K'anb'a-Höhle**, kurz vor Semuc Champey. Die Höhle ist teilweise mit Wasser gefüllt und darf nur mit einem Führer betreten werden. Mit Badesachen und Kerze ausgerüstet kann man die tiefen Becken durchschwimmen und an den kleinen Wasserfällen entlangklettern. Vor der gelben Brücke aussteigen und wenige Gehminuten dem Río Cahabón flussaufwärts folgend gelangt man zum Kassenhäuschen. Geeignete Schuhe kann man sich gratis vor der Höhle leihen, 🕓 7–18 Uhr, Q50. Touren werden von den Hotels Las Marias, Posada Casa el Sapote oder El Retiro Lodge angeboten (s. Übernachtung und Essen).

Semuc Champey – übersetzt: „der Ort, wo sich die Wasser verstecken" – befindet sich 12 km von Lanquín entfernt. Auf der schlechten, hügeligen Straße verkehren Kleinbusse und Pick-ups. Reiseagenturen in Cobán bieten Ausflüge nach Semuc Champey an. Sie sind allerdings nicht billig und finden oftmals nur mit einer Mindestteilnehmerzahl statt. Wer nicht mit einem Geländewagen unterwegs ist, sollte sein Fahrzeug in Lanquín stehen lassen.

Zu Fuß sind in der tropisch-feuchten Schwüle für die schöne, aber anstrengende Strecke 3 Std. zu kalkulieren – genug Wasser mitnehmen! Die Straße verläuft an der Kirche vorbei Richtung Süden. Entlang einfacher Siedlungen sowie kleiner Bananen-, Kaffee-, Achiote- und Kardamom-Plantagen geht es dann mit einigen starken Steigungen zum Río Cahabón. Hier überquert man eine breite Hängebrücke, der gelegentlich Planken fehlen. Kurz darauf erreicht man nach einem weiteren Anstieg den Parkplatz und das Kassenhäuschen, von dem aus man nach ca. 10 Min. bei der Kalksteinbrücke angelangt ist.

Von Lanquín sind es 24 km Richtung Osten nach **Cahabón**, wo es einfachste Übernachtungsmöglichkeiten gibt. Von dort gibt es extrem schlechte und unzuverlässige Verbindungen nach **Senahú** und **Panzós** mit Pick-up-Trucks durch eine fantastische Berglandschaft. Eine regelmäßige Verbindung besteht nach **El Estor** am Izabal-See. Die Busse des Transportunternehmens Ana Ellen fahren allerdings gegen 3 bis 4 Uhr morgens los, was eine Übernachtung in Cahabón unumgänglich macht. Die Fahrtzeit bis El Estor beträgt rund 3 Std.

Übernachtung und Essen

In Lanquín

Im Ort befinden sich sehr einfache Unterkünfte mit Gemeinschaftsbad und teilweise sehr durchgelegenen Matratzen wie z. B.

La Divina Providencia oder **Hotel Rabin Itza**. Beide mit Gemeinschaftsbad, kaltes Wasser. ❶

Hotel Posada Lanquín Ilobal, Schild: Back Packers Room, ✆ 79830014. Freundlich, sauber, preiswert, mit Gemeinschaftsbad. ❷

El Retiro Lodge, am Ortsausgang Richtung Cahabón, ✆ 79830009. Beliebter Travellertreff direkt am Fluss. Bungalows mit Gemeinschaftsbad, gutes Restaurant, Internet, Reservierung sinnvoll, Tourangebote und Reiseinfos. ❹, ohne Bad ❸, Hängematte mit Moskitonetz Q20 p. P.

El Recreo, kurz vor dem Ortseingang, ✆ 79830057, 📠 79830056. Großer Holzbau und kleiner Bungalow nebenan mit weiteren Zimmern, Restaurant 🕒 7–20.30 Uhr. ❹

In Semuc Champey oder auf dem Weg dorthin

Posada Casa el Sapote, zwischen Lanquín und Semuc Champey, ✆ 57770784, ✉ olche4@hotmail.com. Mehrbett- und Doppelzimmer, Restaurant. ❸, ohne Bad ❷, Camping Q10 p. P.

Posada Las Marias, 15 Gehminuten vor Semuc Champey, ✆ 78612209, 💻 www.posadalasmarias.com. Ruhiges Hotel am Fluss mit Mehrbettzimmern und Campingmöglichkeit. Restaurant, Ausflüge. Dreibettzimmer mit Bad Q150 ❸, ohne Bad ❷, Schlafsaal Q35 p. P.

Hostal El Portal de Champey, direkt am Parkeingang, ✆ 53196848. Idyllisch über dem Fluss gelegene Bungalows, Kardamomplantage und Restaurant. ❹ Ohne Bad ❷

Transport

CAHABÓN (24 km, 1 Std.), stdl. Abfahrten.
COBÁN (56 km, ca. 1 1/2 Std.), Abfahrt jede volle Stunde bis 9 Uhr, danach um 12 und 16 Uhr (Abfahrt in Cahabón ca. 1 Std. früher). Tgl um 6 Uhr startet ein Shuttle von der El Retiro Lodge nach Cobán, von wo es wahlweise nach FLORES (8 Std.) oder ANTIGUA (8 Std.) weitergeht, Q150. Shuttles nach El Estor bei mind. 4 Pers.
SEMUC CHAMPEY (12 km, ca. 30 Min.), stdl. Abfahrten.
Um von Lanquín über SEBOL nach RAXRUJÁ oder FRAY BARTOLOMÉ zu gelangen, muss man zurück bis zur Abzweigung El Pajal. Verschiedene Busse passieren die Abzweigung in den frühen Morgenstunden.
Um von Lanquín nach FLORES/TIKAL weiterzureisen, empfiehlt es sich, nach Cobán zurückzufahren und von dort aus in rund 4 Std. über Sayaxché nach Flores zu fahren.

Durch das Polochic-Tal zum Izabal-See

Wer von Cobán zum Izabal-See möchte, kein Geld für eine mehrtägige Rafting-Tour hat und sich den langen Rückweg über El Rancho ersparen will, hat eine zusätzliche Option: 50 km südlich von Cobán nahe Tactic zweigt bei KM 180,5 eine noch ungeteerte, aber gute Straße ab und folgt dem Lauf des Río Polochic über El Estor zur Brücke über den Río Dulce.

Der natürliche Wasserweg zum Golf von Honduras war vor der Fertigstellung der Atlantikstraße CA 9 die wichtigste Verkehrsverbindung zur Karibik. Vor allem deutsche Einwanderer beförderten über diese Route Importe aus dem Heimatland nach Cobán und ihre Kaffee-Ernte vom Bergland an die Karibikküste. Dampfschiffe fuhren den Polochic stromaufwärts bis Panzós, zudem gab es die private Eisenbahnlinie Ferrocarril Verapaz. Den steilen Anstieg nach Cobán bewältigten Ochsenkarren.

Die Eisenbahn gehört längst der Vergangenheit an, und auch Ochsenkarren sind selten geworden. Aus den regelmäßig verkehrenden Bussen heraus kann man schön verfolgen, wie die Kaffeeplantagen der oberen Tal-Regionen ins tropische, von Viehzucht, Bananen und Zuckerrohr geprägte Tiefland übergehen.

Eingerahmt von den mächtigen Höhenzügen der **Sierra de Santa Cruz** im Nordosten und der **Sierra de las Minas** im Süden verliert sich der

Polochic vor seiner Mündung in den Izabal-See in einem breiten Delta. Dieses enorme Feuchtgebiet, **Bocas del Polochic**, wurde 1996 zum Naturschutzgebiet erklärt und ist Refugium für eine große Anzahl Wasservögel. Auf der Fahrt durch das Polochic-Tal passiert man viele indianische Dörfer.

Im Oberlauf des Polochic liegen 13 bzw. 29 km von der Abzweigung bei Tactic entfernt die kleinen, nicht besonders anziehenden Pokomchí-Dörfer **Tamahú** und **Tucurú**. Im schwer zugänglichen Nebelwald nördlich von Tucurú haben Wissenschaftler die höchste Quetzal-Dichte des Landes ermittelt.

Unterhalb von Tucurú wird es deutlich ebener. Hinter dem Dorf **La Tinta**, in dem samstags ein großer Markt stattfindet, erreicht man nach 79 km das Kekchí-Dorf **Telemán**, das nur noch auf 30 m Höhe liegt und dementsprechend tropisch wirkt. Hier wird unter anderem Reis angebaut. Bei guter Sicht hat man einen Blick auf die spitzen Gipfel der Sierra de las Minas. 2 km vor dem Ort zweigt eine Straße nach **Senahú** ab und windet sich steil Richtung Norden aus dem Polochic-Tal heraus. Auf der anderen Seite der Bergkette fällt sie entlang endloser Reihen von Kaffeepflanzungen in das Tal von Senahú (1000 m) ab.

Das landwirtschaftliche Zentrum bietet selbst nicht viel, aber die spektakuläre Landschaft lädt zu Spaziergängen und Wanderungen ein. Es gibt eine mit Geländefahrzeug befahrbare Straße von Senahu nach Cahabón. Alternativ kann man auch über Chijolom und die Finca Arenal nach Semuc Champey wandern. Die Wanderung dauert mind. drei Tage und sollte mit einem einheimischen Guide durchgeführt werden. Gut übernachten kann man im Hotel Senahú, ✆ 79831637, ❸–❹. Günstiger und einfacher ist die Hospedaje Edison, ❷. Vom Busterminal in Cobán wird Senahú mehrmals täglich angefahren. Alternativ gelangt man per Pick-up von Telemán nach Senahú.

> **Sicher ins Tal des Río Polochic reisen**
>
> Auf der Strecke in das Polochic-Tal ist es zu gelegentlichen Überfällen auf Busse gekommen. Wer sich für diese Route entscheidet, sollte sich vor Ort über die aktuelle Sicherheitslage informieren.

Nach weiteren 15 km ist **Panzós** erreicht. Der „Ort der grünen Gewässer" an den Ausläufern des wasserreichen Mündungsdeltas des Río Polochic erlangte traurige Berühmtheit, als Soldaten am 29. Mai 1978 über 150 Frauen, Männer und Kinder umbrachten. Die Militärs hatten das Feuer gegen Campesinos eröffnet, die friedlich gegen die Vertreibung von ihrem Land protestierten. Auftraggeber des Massakers sollen angeblich Großgrundbesitzer und Viehbarone gewesen sein. Auch General Lucas García, der im Juli desselben Jahres das Präsidentschaftsamt übernahm, besaß große Ländereien in der Region. Selbst heftige nationale und internationale Proteste konnten die Militärs nicht dazu veranlassen, ihre Vorgehensweise gegenüber der Landbevölkerung zu ändern.

Einzige Übernachtungsmöglichkeit in Panzos ist die saubere und freundliche **Hospedaje Rummler**, ❶–❷. Von Panzós fährt tgl. ein Bus um 14 Uhr nach Cahabón (in ca. 3 1/2 Std.). Die breite Brücke über den Río Cahabón, die bei **Cahaboncito** überquert wird, gehört bereits zur Provinz Izabal. Kurz darauf wird El Estor erreicht.

Chisec und Umgebung

Eine durchgehend asphaltierte Strecke führt von Cobán ins etwa 40 km nördlich gelegene Chisec. Rund 20 Min. nördlich von Cobán befindet sich bei KM 244 das Balneario **Sataña**. Die naturnahen Schwimmbäder liegen am Río Sachichaj, der sich von einem riesigen Gumpen aus unter großen Urwaldbäumen immer tiefer zwischen Kalksteinfelsen dahinwindet, ✆ 79511666, ⏲ Mo–So 9–18 Uhr, Q20.

Nach der Hälfte des Weges ist der Ort **Cubilhuitz** erreicht, ein Warenumschlagplatz, in dem eine interessante Mischung aus Menschen verschiedener Ethnien und Regionen lebt. Ein paar Kilometer hinter Cubilhuitz überquert die Straße den Río Dolores.

Rechts führt eine 11,5 km lange Schotterstraße zum Naturpark **Hun Nal Ye**, ✆ 55140800, 💻 www.parquehunnalye.com, US$14 inkl. Cam-

Bartolomé de las Casas (1474–1566)

Der Dominikaner Bartolomé de las Casas war einer der wenigen, der die Unterdrückung der einheimischen Bevölkerung in der frühen Kolonialzeit erkannte, anprangerte und sich jahrzehntelang für die Christianisierung der Urbevölkerung mit friedlichen Mitteln einsetzte. Nach einem Theologie- und Jurastudium in Spanien begleitete de las Casas seinen Vater, ein enger Freund von Kolumbus, Anfang des 16. Jhs. auf die Karibikinsel Hispaniola (Dominikanische Republik). Hier wurde er 1511 zum Priester geweiht und führte das Leben eines *encomendero*, eines Mannes, der von der Arbeitskraft seiner ihm zugeteilten Sklaven profitierte. Dies dauerte bis zu dem Zeitpunkt, als er, der Legende zufolge, folgenden Satz in der heiligen Schrift las: „Der Arme hat nichts denn wenig Brot; wer ihn darum bringt ist ein Mörder …"

De las Casas begann das Unrechtssystem Kolonialismus zu durchschauen und beschloss fortan, mit friedlichen Mitteln für die Rechte der Indianer zu kämpfen. Er verzichtete auf seine Besitztümer und Sklaven und begann eine mehrjährige Reise durch die neuen Kolonien. Im Jahr 1539 ließ er sich vorübergehend in einer Gegend nördlich des heutigen Guatemala-Stadt nieder, die später unter dem Namen Provinz Verapaz (wahrer Frieden) Teil der Republik Guatemala werden sollte. Hier bekehrte er die Indígenas gewaltfrei, überzeugt sie seien vor Gott allen anderen Menschen gleichgestellt. 1542 verfasste er eines seiner wichtigsten Dokumente, den „Kurzgefassten Bericht über die Zerstörung der westindischen Länder". Darin beschrieb er millionenfaches Leid der Indígenas und klagte die Machenschaften ihrer Peiniger an. Mit Erfolg: Das Buch war für Kaiser Karl V. Anlass, das Encomienda-System zu verbieten. Allerdings sollte das Verbot wenig bewirken: Aufgebrachte Kolonisten der gesamten Neuen Welt weigerten sich vehement, die neuen Gesetze zu akzeptieren. Der Plan de las Casas' war gescheitert. Dennoch gab er sich nicht geschlagen und nützte seine Zeit als Bischof von Chiapas sowie seine letzten Jahre in Spanien, um mit Veröffentlichungen und Streitgesprächen für die Unterdrückten in Amerika einzutreten. Die wahren Ausmaße der Kolonialisierung erkannte Bartolomé de las Casas jedoch erst kurz vor seinem Tod. In seinem Testament schreibt er: „Und aufgrund der Güte und des Erbarmens Gottes, der es für gut hielt, mich unverdientermaßen für seinen Dienst zu erwählen, um alle jene Völker, die wir Indios nennen und die Eigentümer und Besitzer jener Reiche und Länder waren, vor Übel und Schaden von nie gekanntem Ausmaß zu schützen, die wir – die Spanier – entgegen jeglicher Vernunft und Gerechtigkeit angerichtet haben, haben wir uns darum zu sorgen, sie in ihre ursprüngliche Freiheit zurückzuführen, um sie von dem gewaltsamen Tod zu befreien, den sie immer noch erleiden".

Auch heute noch, beinahe 450 Jahre nach dem Tod von de las Casas, sind Angehörige indigener Völker leider für viele nur zweitklassige Wesen.

ping. Die dort angebotenen Aktivitäten reichen von Canopy, Reiten, Tubing, Kajakfahren bis zu Tauchen, Fischen, Höhlenbesuchen und Vogelbeobachtung. Übernachtet werden kann in luxuriösen Bungalows (K9, inkl. Parkeintritt). Um die Reservierung zu garantieren, sollte man die Unterkunft im Voraus im Büro von Hun Nal Ye bei KM 218,4 zwischen Cobán und San Pedro Carchá bezahlen, ✆ 79515921.

Das heiße, mehrheitlich von Kekchí-Indianern bewohnte **Chisec** breitet sich lang gezogen an der Hauptstraße aus. Gut übernachten lässt es sich im vierstöckigen **Hotel La Estancia de la Virgen**, entlang der Straße am nördlichen Ortsausgang, ✆ 55147444, ✉ magandysierra@hotmail.com. Zimmer mit Privatbad und auf Wunsch AC, Pool und Restaurant. ❹

Die Region ist inzwischen aus ihrem touristischen Dornröschenschlaf erwacht und vermarktet sich mit Hilfe internationaler Gelder als „Puerta al Mundo Maya". Die Tür zur Maya-Welt – so die Übersetzung – lockt mit einer Reihe von Naturattraktionen, die durchaus einen Abstecher lohnen. Infos unter 💻 www.puertamundomaya.

Sensationeller Fund in Cancuén

Archäologen kennen die Ruinenstätte Cancuén, knapp 20 km nördlich von Raxrujá im Süden der Provinz Petén, seit beinahe 100 Jahren. Dennoch erlebten sie dort im September 2000 eine große Überraschung: Bei Ausgrabungen fiel der Expeditionsleiter Dr. Arthur Demarest von der amerikanischen Vanderbilt University in ein Loch, das sich als der versteckte Innenhof eines der größten Paläste der gesamten Maya-Welt herausstellte. Das 20 m hohe Bauwerk besteht aus 170 Zimmern, elf Terrassen und wurde in den Jahren 765–790 n. Chr. erbaut. Der Wissenschaftler fand heraus, dass Cancuén rund 20 Mal größer ist als ursprünglich angenommen. Somit rückt die Ausgrabungsstätte in die Kategorie der bedeutsamsten Maya-Städte. Der „Ort der Schlangen" – so der indianische Name Cancuéns – diente reichen Kaufleuten und Herrschern als Residenz. Von hier wurde der Handel auf dem Río de la Pasión abgewickelt.

Bis der Palast mit der dazugehörigen Stadt ausgegraben ist, werden noch einige Jahre vergehen. In den letzten Jahren haben die Archäologen bereits interessante Funde gemacht: So entdeckten sie im Jahr 2004 die Überreste des letzten Königs von Cancuén, dem Sohn oder Enkel des Palastbauers Taj Chan Ahk. Ein Jahr später stießen die Wissenschaftler bei Ausgrabungen auf ein Massengrab: Es soll sich um Mitglieder der Königsfamilie handeln, die – so vermutet man – Opfer eines Überfalls wurden.

Um zur inzwischen teilweise restaurierten Stätte von Cancuén zu gelangen, nimmt man zunächst einen Kleinbus von Cobán (ca. 2 1/2 Std.) oder einen von Sayaxché nach Raxrujá (ca. 2 Std.). Von dort weiter um 6, 7 oder 9 Uhr mit einem Pick-up über La Isla nach La Unión (12 km, ca. 30–40 Min.), wo man ein Boot chartern muss.

Die Preise liegen bei mind. Q500, schwanken aber je nach Gruppenstärke. Der Eintritt in Cancuén beträgt Q50, und man kann dort für Q20 p. P. zelten (Zeltverleih Q25) sowie für Q25–40 pro Mahlzeit essen.

Ein gutes Mückenmittel ist empfehlenswert.

Der letzte Pick-up von La Unión nach Raxrujá fährt in der Regel gegen 15 Uhr (bei der Hinfahrt nachfragen). Einen Pick-up zu chartern kostet rund Q200.

com.gt. Am südlichen Ortseingang von Chisec zweigt – aus Cobán kommend – rechter Hand eine Straße zu den **Lagunas de Sepalau** ab, die nach 8 km erreicht sind. Vier türkisblaue Lagunen, umgeben von dichter Vegetation, laden zum Baden ein. Der Eintritt kostet Q40 und schließt eine Führung mit einem lokalen Guide sowie die Benutzung der sanitären Anlagen mit ein. Eine Kanutour kostet Q20/Std. und Zelten Q10 p. P. Parkplatz Q10 p. P.

Rund 2 km nördlich von Chisec liegt beim KM 293 der **Höhlenkomplex B'omb'il Pek**. Ausgebildete einheimische Guides führen einen in zwei Höhlen, in die man sich auch abseilen kann. Die komplette Ausrüstung und zusätzlich der Besuch der Höhle **Jul Iq'** sind im Preis von Q110 bereits inbegriffen, ⏲ tgl. 8–16 Uhr.

Die größte Sehenswürdigkeit der Region sind zweifelsohne die **Cuevas de Candelaria** – eines der guatemaltekischen Naturwunder und inzwischen zum Nationalpark erklärt. Die Höhlen befinden sich in der Nähe von **Raxrujá** und sind über eine gute Asphaltstraße leicht zu erreichen. Das weit verzweigte Höhlensystem wurde Ende der 60er-Jahre von einem französischen Forscherteam entdeckt und kartografiert. Insgesamt fanden die Spezialisten rund 200 Höhlen auf einer Länge von ca. 30 km, die teilweise miteinander verbunden sind. Der Río de la Candelaria durchfließt das System und taucht aus den Haupthöhlen auf, die an manchen Stellen bis zu 75 m hoch und über 100 m breit sind. Wie in vielen anderen Höhlen fand man auch hier Maya-Keramik und Wandmalereien. Selbst der Jaguar hat Spuren hinterlassen.

Aufgrund des schwankenden Wasserstands ist die beste Zeit für einen Besuch in den Monaten Februar bis Mai. Die Karsthöhlen sind feucht und glitschig. Für eine Erkundung zu Fuß, die in einigen kleineren Höhlen möglich ist, braucht man daher gutes, festes Schuhwerk und eine Taschenlampe.

Es gibt mehrere Zugangsmöglichkeiten zum Höhlenkomplex: Eine Höhle befindet sich im Privatbesitz des Franzosen Daniel Dreux, der mitten im Regenwald eine traumhaft schöne, aber völlig überteuerte Bungalow-Anlage errichtet hat. Von dort aus sind geführte Ausflüge im Schlauchboot oder zu Fuß in das spektakuläre Höhlensystem möglich. Wer auf eigene Faust und unangemeldet anreist, muss damit rechnen, dass die Anlage eventuell von einer Reisegruppe belegt ist.

Complejo Cultural y Ecoturístico Cuevas de Candelaria, wenige Kilometer südlich von Raxrujá, Parkplatz an der Hauptstraße, von dort 10 Min. zu Fuß zur Hotelanlage, ✆ 40350566. Verschiedene Unterkünfte, Bungalow ❼, mit Vollpension ❿, Schlafsaal US$15 p. P. Das Restaurant ist Mo geschl. ⌚ Höhlentouren tgl. von 8–16 Uhr, Q30 p. P. inkl. Guide (mind. 2 Teilnehmer).

Beim KM 315 im Dorf **Mucbilhá I** kann man die große Höhle **Venado Seco** besuchen. Lokale Führer zeigen den Besuchern die Sehenswürdigkeit für Q40 p. P. (inkl. Taschenlampe). Übernachtet wird in der einfachen **Ecolodge Peña del Tigre**, die von der Gemeinde verwaltet wird, ❷. Ein Paket, das eine Übernachtung mit Vollpension, die Höhlenbesichtigung und Parkplatz mit einschließt, kostet Q200 p. P.

Bei KM 309 (Candelaria Camposanto) kann man drei verschiedene Höhlen mit einheimischen Führern besichtigen, Q40 p. P. (inkl. Taschenlampe). Bei entsprechendem Wasserstand kann man sich für Q50 auf einem Gummireifen durch eine der Höhlen treiben lassen *(Cave tubing)*.

Auf der weiterhin guten Asphaltstraße Richtung Norden passiert man **Cruce El Pato** und gelangt vorbei an der **Sierra de Chinajá** in das Tiefland des Petén.

10 HIGHLIGHT

Nationalpark Laguna Lachuá

Versteckt im Nordwesten der Provinz Alta Verapaz liegt der wunderschöne Nationalpark Laguna Lachuá. Eine neue Straße, die die Anfahrtszeit von Cobán aus auf wenige Stunden reduziert, sowie eine verbesserte Infrastruktur im Park machen Lachuá attraktiver denn je. Die Mühen der Hinfahrt sind ohnehin schnell vergessen, so-

Das Massaker von Xamán

Es war noch hell, als sich am 5. Oktober 1995 eine Militärpatrouille einer Ansiedlung von Rückkehrern näherte, die sich auf dem Gelände der Finca Xamán in der Nähe von Chisec niedergelassen hatte. Die etwa 500 Bewohner der Siedlung „Aurora 8 de octubre 1994" waren erst vor einem Jahr aus Mexiko zurückgekehrt, wo sie 15 Jahre als Flüchtlinge gelebt hatten. Nun wollten sie hier einen Neubeginn wagen. Als sie sich weigerten, die Soldaten an den Feierlichkeiten zum ersten Jahrestag der Gründung ihrer Gemeinde teilnehmen zu lassen, begannen die Militärs in die versammelte Menge zu schießen. Die Bilanz: elf Tote, darunter drei Minderjährige, und 27 Verletzte.

Die Empörung im Land war enorm: Der Verteidigungsminister trat zurück und der Kommandeur der Militärzone 21 wurde entlassen. Doch es sollten rund zweieinhalb Jahre vergehen, bis die Justiz das Verfahren gegen die Mitglieder der Militärpatrouille, die einwandfrei identifiziert worden waren, offiziell eröffnete. Obwohl die Friedensnobelpreisträgerin Rigoberta Menchú als Nebenklägerin auftrat, kam es während des Prozesses zu einer Reihe von Skandalen: Beweismaterial verschwand, Zeugen wurden bestochen, und die Kläger erhielten Morddrohungen.

Im Dezember 1999 verurteilte das Berufungsgericht Alta Verapaz elf Mitglieder der Militärpatrouille zu einer Gefängnisstrafe von zwölf Jahren. Die übrigen 15 Soldaten, darunter der befehlshabende Leutnant, wurden freigesprochen. Sie hätten während des Massakers nicht geschossen, lautete die Begründung des Gerichts. Die Staatsanwaltschaft hatte für alle Angeklagten die Todesstrafe gefordert. Über die Drahtzieher der Tat, die in Militärkreisen vermutet werden, ist bis heute nichts bekannt.

bald man, verschwitzt von der Wanderung durch den beeindruckenden Regenwald, ein Bad in der warmen, kristallklaren Lagune nimmt. Dem türkisfarbenen, etwas schwefelhaltigen Wasser hat der Park auch seinen Namen zu verdanken: In der Indianersprache Kekchí bedeutet *Li chu ha* so viel wie „übel riechendes Wasser". Das 14500 ha große Naturschutzgebiet liegt auf einer Höhe von 173 m. Das Klima ist feucht-schwül und es regnet das ganze Jahr über. Lachuá beherbergt eine reichhaltige Flora und Fauna. Rund die Hälfte aller in Guatemala registrierten Vogelarten kommt hier vor. In der 400 ha großen und 222 m tiefen Lagune tummeln sich unzählige Fischarten. Schwimmt man an einen der Felsen heran, die aus dem Wasser ragen, könnte man glauben an einem Korallenriff im Meer zu sein. Die Parkhüter erzählen, dass mit dem ersten Morgenlicht die *sábalos*, bis zu 1,50 m lange Fische, über das Wasser des Sees springen.

In den letzten Jahren hat die Parkverwaltung, ✆ 78610086, mit Hilfe ausländischer Spendengelder ca. 5 km Wege durch den Regenwald angelegt, einen Aussichtspavillon und einen Badesteg gebaut sowie ein Besucherzentrum inklusive rustikaler Unterkünfte errichtet. Es gibt Toiletten, Trinkwasser, Grillstellen und sogar Licht, das mit Solarenergie erzeugt wird. Essen müssen die Besucher mitbringen und den Müll selbst entsorgen. Ein kleiner Wermutstropfen sind Moskitos und Stechfliegen. Ein gutes Schutzmittel ist ratsam.

Lage, Übernachtung und Transport

Zu erreichen ist der Nationalpark Laguna Lachuá, 114 km von Cobán, über die Straße nach Sayaxché über Chisec. Bei KM 301,5 zweigt die ungeteerte Straße nach Lachuá ab, die den Eingang zum Nationalpark direkt passiert.

Die zweite, etwas umständlichere Variante führt vom Dorf **Cubilhuitz** auf einer Schotterstraße in nordwestlicher Richtung zur Verbindungsstraße zwischen Lachuá und **Playa Grande**. An der Abzweigung biegt man rechts ab und erreicht

Verstecktes Juwel – die Lagune Lachuá

Franja Transversal del Norte

Der wichtige Verkehrsknotenpunkt Playa Grande liegt im nördlichen Quersaum, der Franja Transversal del Norte, kurz FTN genannt. Dieser beginnt nördlich des 15. Breitengrades und reicht von der Provinz Izabal über den Alta Verapaz und den Quiché bis in die Provinz Huehuetenango hinein. Die FTN umfasst ein Gebiet von 9140 km^2 und wird westlich des Río Negro allgemein Ixcán genannt. Die Zone wurde 1970 von der Regierung geschaffen, um landlose Bauern anzusiedeln. Schon in den 60er- und 70er-Jahren waren vorwiegend indianische Siedler – überwiegend Kekchís – aus dem Hochland in dieses Gebiet gezogen. Mit Hilfe der katholischen Kirche und Mitteln der Regierung gründeten sie Genossenschaften, die kollektive Landtitel erhielten und auf den fruchtbaren Böden erfolgreich wirtschafteten.

Doch Ende der 70er-Jahre verstärkte das Militär seine Präsenz im Ixcán. Es sah in den Kooperativen die soziale Basis der Guerilla, die im Ixcán operierte. Im gleichen Maße, wie die Armee zu Beginn der 80er-Jahre ganze Dörfer und Kooperativen zerstörte, Bewohner ermordete oder vertrieb, eigneten sich die Generäle ihrerseits immer mehr Land in der Konfliktregion an. 1984 begann das Wiederaufbauprogramm der Militärs für den gesamten Ixcán, aus dem ein sogenannter Entwicklungspol mit Modelldörfern und Zivilpatrouillen (S. 118 und 123) wurde. Doch die Lage im Ixcán blieb weiter gespannt. Anfang der 90er-Jahre kehrten die ersten Flüchtlinge aus Mexiko zurück, und es kam zu Konflikten über den Landbesitz, die teilweise bis heute andauern. Die entlegene Region entwickelte sich in den letzten Jahren zu einem idealen Betätigungsfeld für Holzschmuggel oder Drogenanbau. Nun soll zumindest die Infrastruktur mithilfe des Megaprojekts „Franja Transversal del Norte (FTN)" verbessert werden. Seit 2010 wird an der rund 300 km langen asphaltierten Ost-West-Achse gebaut, die einmal Karibik- und Pazifikküste verbinden soll. Umweltschützer zeigen sich besorgt. Besonders das Naturschutzgebiet der Laguna Lachuá wird ihrer Meinung nach von der neuen Straße negativ betroffen sein.

den Eingang zum Nationalpark nach weiteren 5 km. Nach links führt die Straße nach ca. 10 km nach Playa Grande, der Hauptstadt des Ixcán.

Vom Eingang zum Nationalpark an der Straße (Eintritt Q40) führt ein 2,4 km langer Wanderweg geradeaus durch den Regenwald zur Lagune. Weitere 1,8 km entlang des Sees führen zur Badestelle, dem Besucherzentrum und den Unterkünften. Eine Übernachtung in einem der vier spartanischen Holzzimmer kostet Q50 p. P., das Zelten unter Palmdach Q15 p. P.

Die Busverbindungen haben sich in dieser Gegend in den letzten Jahren verbessert. Inzwischen passieren Kleinbusse den Parkeingang im stündlichen Rhythmus (s. S. 352, Transport Cobán, Playa Grande). Wer wenig Zeit hat, sollte sich in Cobán einen Geländewagen mieten (s. S. 351).

Unweit der Laguna Lachuá lohnt ein Ausflug zum kristallklaren, türkisblauen Dschungelfluss **Río Ikb'olay**, zu dem man von der Gemeinde **Rokjá Pomtilá** aus gelangt. Einheimische Guides zeigen einem unter anderem den Ort, an dem der Fluss aus vielen vulkanartig sprudelnden Quellen entspringt und sein eigenes Bett zementiert. Die Tour umfasst eine Bootsfahrt, eine Waldwanderung und eine Höhlenbesichtigung (Kosten: Guide Q50, Eintritt Q30, Boot ca. Q175 für mehrere Personen). Gegen Aufpreis kann man die Rückfahrt paddelnd auf einem Lastwagenschlauch unternehmen. Der Trip kann über Guatemalastory oder Misterio Verde (s. S. 351, Cobán/Touren) gebucht werden. Auf eigene Faust: Ein Kleinbus fährt tgl. von der Terminal del Norte in Cobán gegen 10 Uhr nach Rokjá Pomtilá (Rückfahrt ab dort um 4 Uhr morgens!). Es sind schöne Bungalows bei einheimischen Familien vorhanden.

Ein weiteres Highlight ist **Nueve Cerros Salinas**, eine um einen Salzstock gelegene Maya-Stadt, die gerade von amerikanischen Archäologen ausgegraben wird. Von San Benito führt eine Schotterstraße nördlich zur gleichnamigen Finca, an der die Wächter bereitwillig Auskunft geben. Der 200 m hohe Salzstock ist bewaldet und hat sieben Lagunen, an seinem Fuss entspringt ein Bach, salziger als das Meer. Die Maya förderten hier mehrere tausend Tonnen Salz im Jahr und bauten eine 30 km^2 große Stadt. Der Besuch und Kontakt mit den Archäologen ist lohnenswert, Camping ist möglich.

Von Playa Grande zur mexikanischen Grenze

Der Río Negro, der sich weiter nördlich mit dem Río de la Pasión zum mächtigen Río Usumacinta vereinigt, markiert die Grenze zwischen den Provinzen Quiché und Alta Verapaz.

7 km westlich des Flusses liegt die Siedlung **Playa Grande**, die auch Ixcán genannt wird. Sie besteht lediglich aus ein paar einfachen Wellblechhütten und Geschäften sowie rauen Bars und Bordellen. Von Playa Grande fahren regelmäßig Kleinbusse zum 25 km entfernten **Grenzort Ingenieros**. Wer in Playa Grande früh startet, kann es auf der mexikanischen Seite auf dann asphaltierten Straßen an einem Tag bis nach **Palenque** schaffen.

Die Strecke nach Barillas in der Provinz Huehuetenango bewältigen Pick-ups und gelegentliche Busse in 5–6 Std. Es kommt hin und wieder zu Überfällen! Unterwegs und in Playa Grande gibt es einfache Übernachtungsmöglichkeiten.

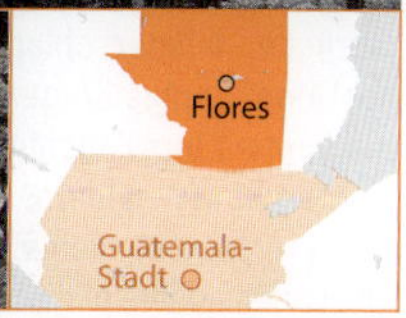

Der Norden

Stefan Loose Traveltipps

Aguateca Eine Bootsfahrt zur Ruinenstätte an der Lagune Petexbatún. S. 372

11 **Flores und Petén Itzá-See** Relaxte Inselatmosphäre in der Provinzhauptstadt auf einer Insel im See. S. 375

El Mirador Trekkingabenteuer zu einem Maya-Zentrum im dichten Regenwald. S. 385

El Zotz Die Wanderung auf alten Gummisammlerpfaden nach Tikal. S. 387

12 **Tikal** Von den gewaltigen Tempelpyramiden schweift der Blick weit über den Regenwald. S. 391

Yaxhá Restaurierte Maya-Ruinen an der gleichnamigen Lagune in ruhiger, traumhaft schöner Lage. S. 402

Finca Ixobel Die Touristenfarm bei Poptún ist ideal, um auf Höhlentour zu gehen. S. 408

Das ganz im Norden Guatemalas liegende Departamento Petén umfasst mit 35 854 km^2 rund ein Drittel der Landesfläche. Geologisch gesehen gehört das Gebiet zum Kalksteinplateau der Halbinsel **Yucatán**. Ähnlich wie im Departamento Alta Verapaz hat sich eine hügelige Karstlandschaft ausgebildet. Die Ebene wird in Ost-West-Richtung von vier Hügelketten durchzogen, die bei Poptún Höhen von bis zu 500 m erreichen. Begrenzt wird die Tiefebene im Nordwesten parallel des Río Usumacinta bis nach Tenosique in Mexiko von der **Sierra del Lacandón**. Im Süden erstrecken sich Ausläufer der **Sierra de Chamá** bis nach Belize, wo sie Maya-Berge *(Montañas Mayas)* genannt werden. Das feucht-heiße Klima mit Durchschnittstemperaturen um 25 °C und jährlichen Niederschlagsmengen um 2000 mm hat eine üppige Vegetation hervorgebracht. Sie besteht aus Feuchtgebieten, Savannen und dichten Regenwäldern. Die Regenzeit im Petén dauert erfahrungsgemäß länger als in den übrigen Landesteilen, nämlich von Mai/Juni bis Ende Dezember/Anfang Januar.

Der Petén wird immer mehr in die nationale Ökonomie integriert, obwohl er bislang nur in geringem Maße zum Bruttoinlandsprodukt beiträgt. Die Haupterzeugnisse sind neben Mais und Bohnen *Chicle* (Kaugummi), *Xate*-Palmen (Zierpflanze aus der Familie der *Chamaedoreae)*, *Pimienta dioica* (Nelkenpfeffer oder Piment), Kakao, Palmöl, Rindfleisch, Reis und Erdnüsse. Ein wichtiger Wirtschaftsfaktor ist die Erdölförderung im Nordwesten. Auch der Tourismus hat steigende Zahlen vorzuweisen. Er konzentriert sich allerdings weitgehend auf den Petén Itzá-See, Tikal und Yaxhá.

Das Tiefland des Petén ist das Kernland der **Maya**, das während der Blütezeit im 7. und 8. Jh. von mehreren Millionen Menschen bevölkert war. Rund 200 archäologische Stätten, davon 80 größere Zentren, sind bis heute registriert worden – die meisten sind von Dschungel überwuchert. Doch die mächtigen Städte der Maya waren Ende des 1. Jts. verlassen und die Bewohner nach Yucatán oder in das guatemaltekische Hochland abgewandert (S. 105, Geschichte). Die **Spanier** zeigten wenig Interesse an den undurchdringlichen Wäldern, und so blieb der Petén jahrhundertelang eine fast unbewohnte

EL PETÉN

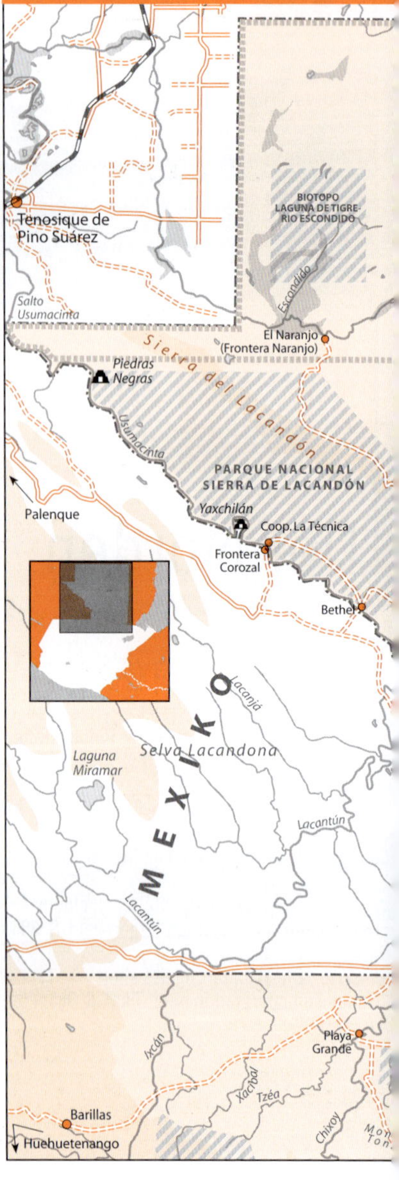

N
0
40 km
s. Detailplan El Mirador S. 387
El Mirador
PARQUE NACIONAL MIRADOR - DOS LAGUNAS - RIO AZUL
Nakbé
Dos Lagunas
Rio Azul
San Bartolo
Azul
El Tintal
RESERVA DE BIÓSFERA MAYA
Carmelita
Uaxactún
s. Detailplan Petén Itzá-See und Umgebung S. 376
El Perú
Paso Caballos
San Pedro
Paso Caballos
San Pedro
El Zotz
Tikal
Tikal
Nakum
Naranjo
San Miguel
BIÓTOPO EL ZOTZ - SAN MIGUEL - LA PELOTADA
PARQUE NACIONAL TIKAL
Xunantunich
Laguna Perdida
Laguna Sacnab
Yaxhá
Belize City
San Román
Laguna Yaxhá
San José
El Remate
Sacpuy
Lago Petén Itzá
Macanché
CA13
San Andrés
El Cruce
El Zapote
Flores
San Benito
Santa Elena
Melchor de Mencos
Benque Viejo del Carmen
Santa Ana
La Libertad
Santa Rita
San Francisco
Mopán
5
Nuevo Horizonte
El Subín
El Subín
Benemérito de las Américas
Río de la Pasión
El Ceibal
La Amelia
El Ceibal
Sayaxché
Dolores
PARQUE NACIONAL EL ROSARIO
Altar de los Sacrificios
Dos Pilas
Tamarindito
San Juan
Machaquilá
CA13
Laguna Petexbatún
Aguateca
Río de la Pasión
Machaquilá
Las Pozas
RESERVA MACHAQUILÁ
Poptún
Finca Ixobel
Naj Tunich
Salinas
San Luís
BELIZE
5
Chinajá
Cruz El Pato
Cancuén
La Unión
Sierra Chinajá
Sebol
San Antonio las Cuevas
Laguna Lachuá
Franja Transversal del Norte
PARQUE NACIONAL LAGUNA LACHUÁ
Grutas de Candelaria
Raxrujá
Fray Bartolomé de las Casas
Modesto Méndez
Sarstún
Cobán
Chisec
Cobán
Chajmaic
Sebol
Río Dulce

Wildnis. 1882 trat Guatemala nach Grenzstreitigkeiten rund 6400 km^2 des Petén westlich des Río Usumacinta und nördlich der heutigen Staatsgrenze an Mexiko ab. In den 30er- und 40er-Jahren des vergangenen Jahrhunderts zog der Kaugummi-Boom *(Chicle)* einen wirtschaftlichen Aufschwung nach sich (s. S. 389).

Damals lebten nur wenige tausend Menschen im Petén; die Bevölkerungsdichte lag unter einer Person pro km^2. Dies änderte sich Ende der 1950er-Jahre, als die guatemaltekische Regierung auf den Bevölkerungsdruck im Hochland mit der Gründung der Landverteilungsbehörde FYDEP (Empresa Nacional de Fomento y Derarrollo Económico del Petén) reagierte. Der Straßenbau wurde forciert, und Bauern begannen damit, im Tiefland Brandrodungsfeldbau zu betreiben. Bis 1973 vervierfachte sich die Bevölkerung auf 26 000 Einwohner. Im Jahr 2010 lebten bereits 600 000 Menschen im Petén – Tendenz steigend. Noch immer ziehen jede Woche Hunderte von landlosen Bauern mit ihren Familien Richtung Norden, um ein Stück der scheinbar unerschöpflichen, fruchtbaren Regenwälder zu roden. Doch was zurück bleibt, ist eine dünne Humusschicht, die in wenigen Jahren ausgelaugt ist. Es folgen die Viehzüchter, sodass dem Boden keine Zeit bleibt, sich zu regenerieren. Vor Beginn der Regenzeit zieht der Rauch von unzähligen Waldbränden über den Petén und verschleiert die Sonne. Mit dem Wald verschwindet eine vielfältige Flora und Fauna: 800 Baum- und 500 Orchideenarten haben Wissenschaftler bisher entdeckt, 450 Vogelarten, darunter 100 Zugvögel. 57 Schlangen- und fünf Wildkatzenarten bevölkern eine Region, in der sich einst der zweitgrößte Tropenwald nach Amazonien erstreckte.

Mittlerweile ist sich die guatemaltekische Regierung des Ausmaßes der Zerstörung bewusst, die der Siedlerstrom in den Norden auslöst. 1990 richtete sie die Biósfera Maya – das Maya-Biosphärenreservat – auf einer Fläche von 1845 km^2 ein und stellte damit den gesamten Norden des Petén unter Naturschutz, richtete Nationalparks und Biotope ein.

Allzu viel hat dies nicht gebracht: Die meisten Konzessionen zur Erdölförderung wurden bereits vor 1990 erteilt, die Abholzung nimmt zu, und die *repatriados* – aus Mexiko zurückgekehrte Flüchtlinge – besetzen gelegentlich auch Gebiete innerhalb der Parks. Zudem fehlen den Nationalparkbehörden die finanziellen Mittel zu einer effektiven Überwachung des riesigen Areals. Selbst das Militär, das zum Schutz der Ressourcen Stützpunkte im Regenwald errichtet hat, soll angeblich in den Edelholz- und Drogenhandel verwickelt sein.

Der Westteil des Maya-Biosphärenreservats ist inzwischen in der Hand des mexikanischen Drogenkartells „Los Zeta". Die Bande kaufte Landeigentümern unter Androhung von Gewalt ihre Fincas ab. In der Nähe der Laguna del Tigre sind zahlreiche klandestine Landebahnen eingerichtet worden. Hier trifft Kokain aus den Anden auf dem Luftweg ein und wird mit Geländewagen über illegale Urwaldpisten nach Mexiko gebracht.

Sayaxché

Kaum hat man die bergige Provinz Alta Verapaz hinter sich gelassen, breitet sich das Tiefland des Petén vor dem Besucher aus. Auf einer asphaltierten Straße gelangt man von **Cruce El Pato** auf 80 beinahe schnurgeraden Kilometern vorbei an gerodeten Waldflächen, die nun überwiegend der Viehzucht dienen, zum **Río de la Pasión**. Am Ufer des breiten Stroms, der weiter westlich in den Usumacinta mündet, liegt Sayaxché. Das kleine Städtchen, das in den letzten Jahren stark angewachsen ist, dient als Versorgungszentrum der weit verstreut lebenden Bevölkerung, die sich hauptsächlich von Holzwirtschaft, Ackerbau und Viehzucht ernährt. Da sich in der Umgebung zahlreiche Ruinenstätten, hübsche Lagunen und Flüsse befinden, kommen zunehmend Touristen hierher. Die Binnenschifffahrt auf dem Río de la Pasión und anderen Flüssen verliert durch den fortschreitenden Straßenbau an Bedeutung. Dennoch können einige Siedlungen immer noch nur per Boot erreicht werden.

Rund 4 km östlich von Sayaxché liegt der **Parque Nacional El Rosario**, der eine Regenwaldfläche von 11 km^2 schützt. An einer kleinen Lagune kann man baden, picknicken oder zelten, 🕓 tgl. 6–18 Uhr.

Übernachtung

Hotel Mayapan, 1. Straße links nach Hotel Guayacán, ✆ 79286428. Die neueren und besseren Zimmer liegen im 1. Stock. DZ mit Bad, TV und Ventilator. ❸ Ohne Bad ❷
Posada Segura, Hauptstraße, nahe dem Hotel Petexbatún, ✆ 79286162. Saubere, angenehme Zimmer mit Bad und AC. ❺ Mit Ventilator ❹
Hotel Guayacán, direkt am Fluss, ✆ 79286111. Saubere Zimmer mit Flussblick, wahlweise mit oder ohne AC. Mit Bad und AC ❺ Ohne AC ❹

Essen

Das Essen in Sayaxché beschränkt sich auf guatemaltekische Hausmannskost.
An der Anlegestelle der Fähre auf der Seite von Sayaxché liegen das atmosphärische **Café del Río** und direkt am Río de la Pasión das **Restaurante Yax Kin**.

Sonstiges

Geld

Mehrere Banken mit Geldautomaten am Park und in Parknähe.

Touren

Veranstalter bieten ab Flores oder Sayaxché Ausflüge an. Sayaxché ist Ausgangspunkt für den Besuch der Maya-Stätten El Ceibal, Yaxchilan, Aguateca und Dos Pilas oder für Bootstouren zur Laguna Petexbatún bzw. auf dem Río de la Pasión. In der Trockenzeit können Aguateca und Dos Pilas auch mit dem Geländewagen angefahren werden, oder es kann ein Ausritt gebucht werden.
Viajes Don Pedro, am Flussufer, ✆ 79286109, ✉ servlanchasdonpedro@hotmail.com. Komplettes Tourangebot, vornehmlich per Boot.
Viajes Turísticos La Gaviota, ✆ 59136012. Komplettes Tourangebot.

Transport

Busse

Alle Busse Richtung Süden halten an der Texaco-Tankstelle, einen Block oberhalb des Flusses.
GUATEMALA-STADT (ca. 10 Std., in etwa gleich für beide nachfolgend erwähnten Varianten), keine Direktverbindung, entweder mit Kleinbus nach Cobán und dort umsteigen oder mit Kleinbus nach Santa Elena und dort umsteigen über Rio Dulce.
COBÁN (200 km, 3 1/2 Std.), ständiger Kleinbusverkehr.
DOS PILAS (ca. 2 Std., nur in der Trockenzeit), Allradtaxis nehmen ca. US$60, das letzte Stück (ca. 30 Min.) zur Ruinenstätte muss zu Fuß zurückgelegt werden.
EI CEIBAL (17 km, ca. 45 Min.), Taxis kosten rund US$35.
RAXRUJÁ (ca. 100 km, 1 1/2 Std.), ständiger Kleinbusverkehr.
SANTA ELENA, FLORES (61 km, ca. 90 Min.), gute Busverbindungen mit Kleinbussen, ständige Abfahrten vom nördlichen Flussufer. Bus von Fuente del Norte, ✆ 79262999, fährt gegen 11 Uhr ab.

Boote

Eine Auto- und Personenfähre verkehrt auf dem Río de la Pasión. Am Fluss können jede Menge Boote gechartert werden. Sie sind in der Regel recht teuer, sodass man sich mit ein paar Leuten zusammentun sollte.
Ein Boot nach AGUATECA oder EL CEIBAL und zurück für bis zu 5 Pers. kostet je US$70.

Von Sayaxché per Boot nach Mexiko

Ein Charterboot nach Benemérito de las Àmericas (Mexiko) kostet rund US$200–250. Eine wesentlich günstigere Alternative sind Handelsboote, die zwar Passagiere mitnehmen, aber nur noch selten verkehren (am Hafen nachfragen!) In Pipiles, dem guatemaltekischen Grenzort, bekommt man einen Ausreisestempel. Von Benemérito bestehen regelmäßige Busverbindungen nach Palenque.

El Ceibal

Der Río de la Pasión war ein wichtiger Transportweg der Maya, und somit verwundert es nicht, dass eine große Anzahl von Handels- und Zeremonialzentren seine Ufer säumen. Rund 17 km östlich von Sayxché liegt die teilweise freige-

Deutscher Diplomat gegen Exxon

1989 waren die Ruinen von El Ceibal von der Zerstörung bedroht. Die guatemaltekische Regierung hatte dem Ölmulti Exxon (Esso) Probebohrungen im Nationalpark der Ruinenstätte gestattet. Trotz heftiger Proteste der Kulturministerin, von Umweltschutzorganisationen und der Öffentlichkeit sowie archäologischer Gutachten rückten die ersten Bulldozer an. Sie wurden zunächst vom Wachpersonal gestoppt, das die Zufahrtsstraße blockierte.

Es ging um viel Geld, denn an den erwarteten Erlösen von rund US$200 Mio. sollte die guatemaltekische Regierung zur Hälfte beteiligt werden. Als der damalige deutsche Botschafter in Guatemala, Peter Bensch, von der Sache erfuhr, kündigte er in den Medien an, einen zugesagten Kredit in Höhe von US$80 Mio., der für nachhaltige Projekte im Petén vorgesehen war, einzufrieren.

Die Offensive zeigte Erfolg: Das Parlament widerrief die Genehmigung einstimmig, doch Peter Bensch erhielt Morddrohungen und sein Fahrzeug wurde gerammt. Das Auswärtige Amt zog ihn deswegen vorsichtshalber aus Guatemala ab. Auch wenn die Ölkonzerne inzwischen weite Teile des Petén fest in ihrer Hand haben, so bleibt zumindest die Ruinenstätte El Ceibal verschont.

legte und restaurierte Maya-Stätte El Ceibal am Ufer des Río de la Pasión, die nach den vielen Ceiba-Bäumen im umliegenden Regenwald benannt wurde. Die Anlage liegt strategisch günstig auf einem Hügel und erstreckt sich rund 3 km entlang des Flusses. Wissenschaftler nehmen an, dass die sehenswerte Maya-Stadt zu einer geschlossenen Gruppe von mind. sieben Maya-Stätten um die Lagune Petexbatún gehörte.

Archäologische Funde beweisen, dass bereits um 800 v. Chr. die ersten Siedlungen bestanden haben. Dennoch begann die Blütezeit der Stadt erst im 8. Jh. n. Chr., als sich El Ceibal zu einem bedeutenden Handelszentrum am Ufer des Río de la Pasión entwickelte.

Auf den Beginn des 9. Jhs. werden Stelen und Skulpturen datiert, die nicht wie die vorangegangenen Jahrhunderte der Maya-Kultur zuzurechnen sind, sondern von toltekisch beeinflussten Schriftzeichen und Reliefs dominiert werden. Wie es zu diesem Einfluss kommen konnte und welche kulturellen Veränderungen daraus in den folgenden Jahren resultierten, ist bis heute nicht geklärt.

Ende des 19. Jhs. führte Teobert Maler in El Ceibal die ersten wissenschaftlichen Untersuchungen durch. 1963–1969 restaurierte die Harvard Universität einige Gebäude der gepflegten Anlage, die strategisch günstig auf einem Hügel liegt und sich rund 3 km entlang des Río de la Pasión erstreckt.

Sehenswert sind weniger die Gebäude als die Stelen, die vorwiegend aus dem 9. und 10. Jh. stammen. Sie sind gut erhalten und stellen Herrscher, Götter, Krieger und Ballspieler dar.

Die größte Ansammlung von steinernen Monumenten besitzt die Gruppe A im Nordwesten, in der Nähe des Eingangs. Auf der alten Maya-Straße Richtung Osten gelangt man zu den kaum ausgegrabenen Gruppen C und D. Etwa auf halber Strecke, zweigt in Höhe der interessanten Stele 14 ein Weg Richtung Süden ab und verläuft an einem Ballspielplatz vorbei zur etwas abseits liegenden Gruppe B. Dort fallen ein seltener Rundtempel und der daneben stehende Altar in stilisierter Tierform auf.

Ähnliche Altäre errichteten die Maya auch in Copán und Quiriguá.

Übernachtung

Zelten ist im Eingangsbereich mit eigener Ausrüstung in Absprache mit den Aufsehern möglich. Mit einer ordentlichen Anzahl hungriger Moskitos muss zu jeder Jahreszeit gerechnet werden.

Eine Hotelanlage in Ruinennähe befindet sich im Bau (Info Martsam Tour & Travel, s. Flores).

Transport

El Ceibal ist vorzugsweise mit dem **Boot** auf dem Río de la Pasión in ca. 60–90 Min. zu

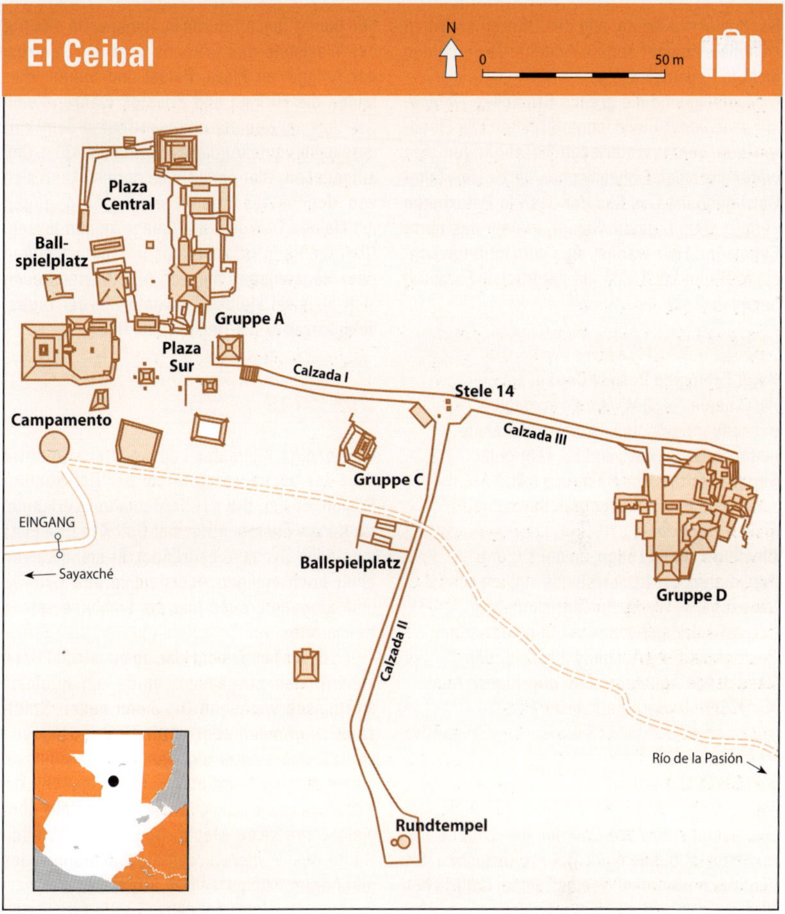

erreichen. Vom Flussufer führt ein stetig ansteigender Dschungelpfad in ca. 30 Min. zur Ausgrabungsstätte.

Die Straßen sind in der Regenzeit oft unpassierbar. Auch in der übrigen Zeit ist ein Geländewagen empfehlenswert. 9 km südlich von Sayxché zweigt links eine 8 km lange, unbefestigte Straße nach El Ceibal ab, ⏲ 8–17 Uhr, zurzeit gratis, geplant sind Q40.

Gegen ein Trinkgeld zeigen Parkmitarbeiter die Ruinenstätte.

Laguna Petexbatún

Der Río Petexbatún mündet bei Sayaxché aus dem Süden kommend in den Río de la Pasión. Folgt man seinem weiteren Verlauf über mehrere Flussschleifen, erreicht man nach etwa 1 Std. Bootsfahrt die wunderschöne Lagune Petexbatún. Unterwegs bietet sich die Gelegenheit die einheimische Tierwelt zu beobachten: Entlang des Flusses sieht man Wasserschildkröten, Leguane, Reiher und gelegentlich noch den einen oder anderen Kaiman. An der Lagune lauern

Fischadler auf Beute, und des Öfteren schwingt sich die eine oder andere Affenherde durch den dichten Regenwald.

Auffällig sind die grauen Bromelien *(Tillandsia usneoides)*, die in langen Bahnen wie Flechten von den Urwaldriesen herabhängen. Sie werden von den Einheimischen *barba vieja* (alter Bart) genannt. Das Südufer des Río Petexbatún verliert sich in einem Sumpf, in dem das harte Campeche-Holz wächst. Aus dem niedrigwüchsigen Baum lässt sich ein natürlicher Farbstoff gewinnen.

Übernachtung und Essen

Hotel Ecológico Posada Caribe, am Río Petexbatún, ✆ 53041745, ✉ ecologico.posadacaribe@hotmail.com. Angenehme einfache Bungalows und EZ, sehr guter Service vor Ort. Übernachtung inkl. 3 Mahlzeiten und Bootstransport ab Sayaxché, mind. 2 Pers. ❽

Chimino's Island Lodge, an der Lagune Petexbatún, ca. 1 Bootsstunde südlich von Sayaxché, 💻 www.chiminosisland.com. Luxus-Dschungel-Lodge mit Bungalows und Restaurant. Gute Ausgangsbasis für den Besuch von Aguateca, aber übertrieben teuer. ❿ US$220, in der Hauptsaison US$270

Aguateca

Die Ruinenstätte am Südufer der Laguna Petexbatún ist bequem per Boot zu erreichen. Sie liegt hoch über dem See auf einem natürlichen Plateau, das eine ideale Kontrolle über das Umland ermöglichte. Die Anlage selbst hat bis auf Überreste von Stelen, deren schönsten Reliefs gestohlen wurden, keine nennenswerten Sehenswürdigkeiten zu bieten. Ihre Lage inmitten des üppigen Regenwalds und ihre besonderen landschaftlichen Eigenheiten machen einen Besuch aber dennoch lohnenswert.

Quer durch die Anlage zieht sich ein tiefer Graben, über den eine natürliche, von Menschen ausgebaute Brücke aus Kalkstein führt. Die bis zu 70 m tiefe Schlucht kann an einigen Stellen erwandert werden. Die um einige Grad kühlere Luft stellt eine willkommene Abwechslung zu den hohen Temperaturen im Regenwald dar. Auf der Westseite des Grabens liegt das Zentrum der Anlage mit Plaza, Palast und Stelen. Hier lebten die Fürsten und Priester, während sich das Volk am Seeufer und verstreut in den Wäldern ausbreitete. Aguateca wurde um 830 n. Chr. aufgegeben. Wer ohne Guide anreist, kann sich von den anwesenden Parkwächtern gegen ein kleines Trinkgeld die Anlage zeigen lassen. Übernachtung ist kostenlos in eigenen Zelten oder Hängematten möglich (die Wärter freuen sich über ein kleines Trinkgeld), 🕓 bei Tageslicht, zurzeit gratis, geplant sind Q40.

Dos Pilas

Nur wenige Kilometer von Aguateca entfernt liegt das wichtigste Zentrum der Petexbatún-Region, das ab 645 n. Chr. Bedeutung erlangte, als König Feuerstein-Himmel-Gott K in Don Pilas eine neue Dynastie begründet. Er stammte von einer hochrangigen Adelsfamilie aus Tikal ab und verwandte auch hier die Embleme seines Heimatortes.

Es ist bis heute nicht klar, ob er von den Herrschern Tikals ausgesandt wurde, um an einem strategisch wichtigen Ort einen neuen Stadtstaat zu gründen oder ob er Tikal in Ungnade verließ und seinen eigenen Machtbereich in dieser Region begründete. Durch geschickte Heiratsallianzen konsolidierte er jedenfalls über viele Jahre seine Macht. Doch in der zweiten Hälfte des 8. Jhs. wurden die Nachfahren des mächtigen Königs selber attackiert. Sie versuchten, Dos Pilas mit einem hastig errichteten Schutzwall vor Eindringlingen zu schützen. Waren es verfeindete Maya oder eventuell Tolteken, die ihren Machtbereich ausweiten wollten? Der Widerstand der Stadt erlahmte, und die Könige von Dos Pilas mussten fliehen. Ihre steinernen Geschichtstafeln ließen sie fortan in Aguateca und anderen Nachbarorten errichten. Die letzte Inschrift aus Dos Pilas findet sich auf einer Stele in El Ceibal aus dem Jahr 807.

Seinen Namen verdankt Dos Pilas zwei Quellen, die auf dem 2 km^2 großen Gelände sprudeln. Die Anlage liegt in einem schwer zugänglichen Gebiet westlich der Lagune Petexbatún. Sie ist zu Fuß, zu Pferd oder in der Trockenzeit mit einem Geländewagen zu erreichen. Der anstrengende, 12 km lange Dschungelpfad, den man nur mit Guide, Gummistiefeln und Mückenschutz antreten sollte, beginnt beim Paso Caribe in der Nähe der Posada Caribe. Das Personal kann auch Pferde organisieren, die für den Ausflug nach Dos Pilas etwa US$10 p. P. kosten.

Auf halber Strecke passiert man die vom Dschungel überwucherte Ruinenstätte **Arroyo de Piedra**, die ebenfalls von Dos Pilas dominiert wurde. Nur 3 km von Arroyo de Piedra entfernt liegt **Tamarindito**, eine weitere Maya-Stadt des Spätklassikums, die bereits um 500 n. Chr. besiedelt war. Der Ort ist zu Fuß, per Pferd (ab Paso Caribe, Q100 pro Pferd und Q100 für den Pferdeguide) oder in der Trockenzeit mit dem Allradfahrzeug erreichbar (s. Sayaxché, Touren und Transport), ◷ bei Tageslicht, zurzeit gratis, geplant sind Q40.

La Amelia und Altar de los Sacrificios

Wer den Río de la Pasión flussabwärts bereist, hat die Gelegenheit, 10 km vor Altar de los Sacrificios die kleine Maya-Ruine **La Amelia** zu besichtigen. Die archäologische Stätte, die um 760 von Dos Pilas dominiert wurde, kann mit Wandreliefs, beschrifteten Treppen und Stelen aufwarten.

Am Zusammenfluss des Río de la Pasión und Río Salinas zum breiten Río Usumacinta steht die Ruinenstätte **Altar de los Sacrificios** (Opferaltar). Bereits seit 900 v. Chr. lebten dort einfache Siedler, bevor 475 n. Chr. die erste Stele errichtet wurde. Der Ort geriet immer wieder in den Einflussbereich der Nachbarstadt Dos Pilas, bevor er um 850 n. Chr. aufgegeben wurde. Entdeckt wurde die Stätte 1895 vom deutschen Maya-Forscher Teobert Maler. Hier gibt es die mit am besten erhaltenen Stelen der Maya-Welt. Beeindruckend sind auch die steinernen Rundaltäre, nach denen die Stätte benannt ist. Viele Monumente sind zu ihrem besseren Schutz zugeschüttet worden. In Altar de los Sacrificios wurden einige der schönsten polychromen Gefäße der Maya-Welt gefunden.

Am Río Usumacinta und Río San Pedro

Die knapp 70 km von Sayaxché bis zur Provinzhauptstadt Flores können auf einer fast durchgehend asphaltierten Straße in kurzer Zeit bewältigt werden. Unterwegs zweigen Pisten in den westlichen Teils des Petén ab. Über den Río Usumacinta gelangt man zu den Maya-Stätten Yaxchilán und Piedras Negras sowie nach Mexiko.

Frontera Corozal (Mexiko)

Etwa 13 km nördlich von Sayxché zweigt am Río Subín die 80 km lange Piste Richtung Westen nach **Bethel** am Río Usumacinta ab. Die Route über Bethel hat sich inzwischen zu einer beliebten Alternative entwickelt, um nach Palenque in Mexiko zu gelangen. Boote bringen die Reisenden zum mexikanischen Grenzort Frontera Corozal. Wer eine der seltenen Mitfahrgelegenheiten von Bethel zum kleinen Dorf **La Técnica Agropecuaria**, 17 km flussabwärts, erwischt, kann Geld sparen. Das Boot nach Frontera Corozal ist hier wesentlich günstiger als in Bethel. Wer ohne große Zeitverluste für die Bootssuche nach Palenque möchte, sollte sich in Flores ein Ticket für die gesamte Strecke besorgen (s. S. 384, Flores, Transport).

Wer den Trip alleine organisiert, kann gegebenenfalls auch in Frontera Corozal übernachten, z. B. im **Hotel Escudo Jaguar**, in Guatemala ✆ 53535637 (Luís Arcos), 💻 www.escudojaguarhotel.com, Palmendachbungalows. ❹ Mit Gemeinschaftsbad ❸ (in Pesos oder US$ bezahlen, sonst 40 % teurer).

Die Cooperative **Nueva Alianza**, ✆ 53531395, ✉ ctnuevaalianza@hotmail.com, bietet schöne Bungalows und ein luftiges Restaurant an. ❺ Ohne Bad ❸, Zelten Q20. Der letzte Bus von dort nach Palenque startet gegen 16 Uhr, ca. 3 Std. Fahrtzeit.

Transport

San Juan Travel und Exploradores de la Cultura Maya (s. Transport Flores) bieten ab Flores die komplette Route inkl. Abholung am Hotel, Bus

Der Norden

und Boot bis nach Palenque an. Abfahrt tgl. um 5 Uhr, US$40.
Im Dorf Bethel lassen sich am Fluss *lanchas* für die Fahrt ins mexikanische Frontera Corozal organisieren, ✆ 53286967. Sie kosten je nach Auslastung und Verhandlungsgeschick etwa Q375 (bis zu 8 Pers.) für die 40-minütige Bootsfahrt. Öffentliche Busse von Transportes Pinita fahren für Q70 alle 2 Std. zwischen 6 und 16 Uhr vom Terminal in Santa Elena in rund 3–4 Std. nach Bethel.

Yaxchilán (Mexiko)

Yaxchilán war um 250 n. Chr. eine bäuerliche Siedlung, die sich vier Jahrhunderte später zur führenden Metropole im Einzugsgebiet des Usumacinta entwickelte. Einen großen Anteil am Aufstieg der Stadt hatten die Herrscher Schild-Jaguar I., Vogel-Jaguar und Schild-Jaguar II. von 681–800. In dieser Phase gelang es ihnen durch geschickte Heiratspolitik und über militärische Bündnisse mit Tikal und Palenque, ihren Einflussbereich in der Region stark auszuweiten. Doch vom Kollaps der Stadtstaaten des Petén blieb auch Yaxchilán nicht verschont. Das letzte bekannte Datum einer Inschrift stammt aus dem Jahre 808. Die Anlage wurde 1888 vom britischen Archäologen Maudslay entdeckt. Teobert Maler besuchte sie drei Mal gegen Ende des 19. Jhs. Seine Nomenklatur der Gebäude und Stelen ist heute noch gültig. Ab 1937 wurden immer wieder Expeditionen organisiert, um die zahlreichen Inschriften zu entschlüsseln oder eines der über 120 Gebäude allein im zentralen Bereich zu untersuchen.

Die Ruinenstätte liegt in einer großen Schleife des Río Usumacinta, die in ihrer Form dem griechischen Omega ähnelt. Die Hauptgruppe liegt am Flussufer. Bekannt wurde die Anlage durch ihre fein gearbeiteten Stelen, die sehr gut erhaltenen Reliefs der Türstürze und die hoch aufragenden Dachkämme einiger Tempel, in deren Nischen heute Fledermäuse hausen.

Wer genügend Zeit mitbringt, sollte seinen Guide bitten, ihn zu den Gebäuden 39 bis 41 südlich der Hauptgruppe zu führen. Der mit einem schweißtreibenden Anstieg verbundene Ausflug lohnt sich: Von dort hat man einen sehr schönen Blick auf die umliegenden waldbedeckten Hügelketten, 🕓 tgl. 8–16 Uhr, 50 Pesos, So gratis.

Transport

Yaxchilán kann mit dem **Boot** von BETHEL aus besichtigt werden. Kosten für Hin- und Rückfahrt rund Q900 für 1–8 Pers. Günstiger wird es, wenn man von Frontera Corozal aus startet und sich mit etwas Glück einer Reisegruppe aus Palenque anschließt. In allen Fällen sollte man den Reisepass mitnehmen. Martsam Travel in Flores bietet eine Tour nach Palenque für US$175 p. P. an (mind. 2 Teilnehmer; ab 4 Pers. US$125), die den Besuch der Ruinenstätten Yaxchilán und des ebenfalls in Mexiko liegenden Bonampak – bekannt für seine spektakulären Wandmalereien – einschließt.

Piedras Negras

Versteckt in der Nordwestecke des Petén liegt Piedras Negras, die Maya-Stadt der schwarzen Steine. Viel zu sehen gibt es hier nicht, da ein Großteil der Stelen und steinernen Reliefplatten sowie ein Kalksteinthron ins Archäologische Museum nach Guatemala-Stadt geschafft wurden. Andere Ausgrabungsfunde wurden geraubt. Größere archäologische Arbeiten konnten bisher aus Geldmangel nicht durchgeführt werden. Dennoch ist die Anlage in Fachkreisen bekannt, denn anhand der hiesigen Stelen wies die russisch-amerikanische Forscherin Tatiana Proskouriakoff 1960 nach, dass es sich bei den Inschriften nicht – wie bisher geglaubt – um astronomische Daten, sondern um historische Aufzeichnungen über das Leben der jeweiligen Herrscher handelt.

Piedras Negras erhielt seinen Namen aufgrund der hier gefundenen schwarzen Steine. Ab etwa 400 n. Chr. entstanden erste Plätze und Tempel. Im Laufe der Jahrhunderte entwickelte sich der Ort zu einem wichtigen Verwaltungs- und Handelszentrum und erreichte im 7. und 8. Jh. seine Blütezeit. Damals besaß Piedras Negras rund 5000 Einwohner. Das letzte bekannte Datum stammt aus dem Jahr 795.

Transport

Piedras Negras (Eintritt Q50) ist aufgrund seiner Abgeschiedenheit nur mit dem **Boot** über den Río Usumacinta zu erreichen (ca. Q4000 pro Boot und Tag für 1–8 Pers.)

Maya Expeditions, 15. C. "A" 14-07, Zona 10, Guatemala-Stadt, ✆ 23634955, 💻 www.mayaexpeditions.com, bietet eine 5-tägige Rafting-Tour auf dem Río Usumacinta nach Piedras Negras für US$619 an.

Von La Libertad nach El Naranjo

Auf halber Strecke zwischen Sayaxché und Flores liegt der wenig attraktive Ort **La Libertad**. Er wurde Ende des 18. Jhs. von Indígenas gegründet. Später ließen sich hier Viehbarone aus Chiapas nieder. Auch heute noch wird in der vergleichsweise trockenen Region viel Viehzucht betrieben. In der Nähe des Ortes befindet sich eine Erdölraffinerie.

Von La Libertad gelangt man auf einer holprigen Piste in etwa 3 Std. nach **El Naranjo (Frontera Naranjo)** am Río San Pedro. Der Ort besteht aus ein paar Geschäften, billigen Herbergen, der Einwanderungsbehörde und einem Militärstützpunkt entlang der Straße zum Fluss. Die Brücke über den Río San Pedro ist fertig, es befindet sich hier ein Grenzposten. Dies ist die schnellste und günstigste Möglichkeit, um vom Petén nach Palenque zu gelangen.

Übernachtung

Hotel y Restaurante Oriental, Barrio El Centro, La Libertad, ✆ 40615034. Ruhig gelegen, sauber, mit Parkplatz und Restaurant, Zimmer mit Kabel-TV, Bad und AC. ❸ Ohne AC ❷

Mit etwas Glück kommt man im **CECON**-Hauptquartier für das Biotop Laguna del Tigre in El Naranjo unter. Die Schlafsäle liegen 150 m flussabwärts auf der gegenüberliegenden Seite der Bootsanlegestelle.

Transport

Vom Terminal in Santa Elena, ✆ 53305431, fahren von 4.20–18.30 Uhr alle 20 Min. **Kleinbusse** über La Libertad nach El Naranjo.

11 HIGHLIGHT

Flores und Petén Itzá-See

Rund 500 km von Guatemala-Stadt entfernt, liegt Flores, die Hauptstadt des Departamento Petén, auf einer kleinen Insel im Petén Itzá-See rund 127 m über dem Meeresspiegel. Sie misst nur wenige hundert Meter im Durchmesser, sodass sie gut zu Fuß erkundet werden kann. War das Städtchen bis zur Mitte des 20. Jhs. nur per Boot erreichbar, so verbindet heutzutage ein asphaltierter Dammweg den Ort mit seiner Schwesterstadt Santa Elena auf dem Festland. Flores ähnelt mit seinen engen, gepflasterten Straßen und bunt bemalten Häusern einem südeuropäischen Dorf.

Geschichte

Das Volk der Itzá gelangte im 12. Jh. in den nördlichen Petén. Es war ursprünglich aus Mexiko nach Yucatán eingewandert, hatte sich mit den dort lebenden Maya vermischt und im 11. Jh. die Metropole Chichén Itzá gegründet. Als diese im 13. Jh. vom großen Rivalen Mayapán zerstört wurde, zogen viele Itzá in mehreren Wellen Richtung Süden. An den Ufern des Petén Itzá-Sees gründeten sie schließlich ihre Metropole Tayasal auf der Halbinsel, die Flores gegenüberliegt. Sie war eine der ersten Siedlungen, die von den Spaniern in Guatemala besucht wurde, aber die letzte, die sie eroberten.

Schon 1525 gelangte Hernán Cortés auf seinem Weg nach Honduras in die Hauptstadt der Itzá. Ein altersschwaches Pferd, das er dort zurückließ, wurde von den Itzá wie eine Gottheit verehrt, starb aber bald darauf. Franziskanermönche, die Tayasal 1618 aufsuchten, zerstörten eine Pferdestatue, die von den Itzá angebetet wurde. Kurze Zeit später errichteten die Indígenas eine weitere steinerne Nachbildung des verehrten Tieres, die bei einem Transport in den See fiel. Dort soll sie heute noch liegen. Die Itzá leisteten in den Folgejahren der Missionierung und Unterwerfung erbitterten Widerstand. Erst 1697 besiegte Martín de Ursúa das rebellische Maya-Volk. Die Kolonialherren errichteten eine Festung auf der Insel, die lange als Gefängnis

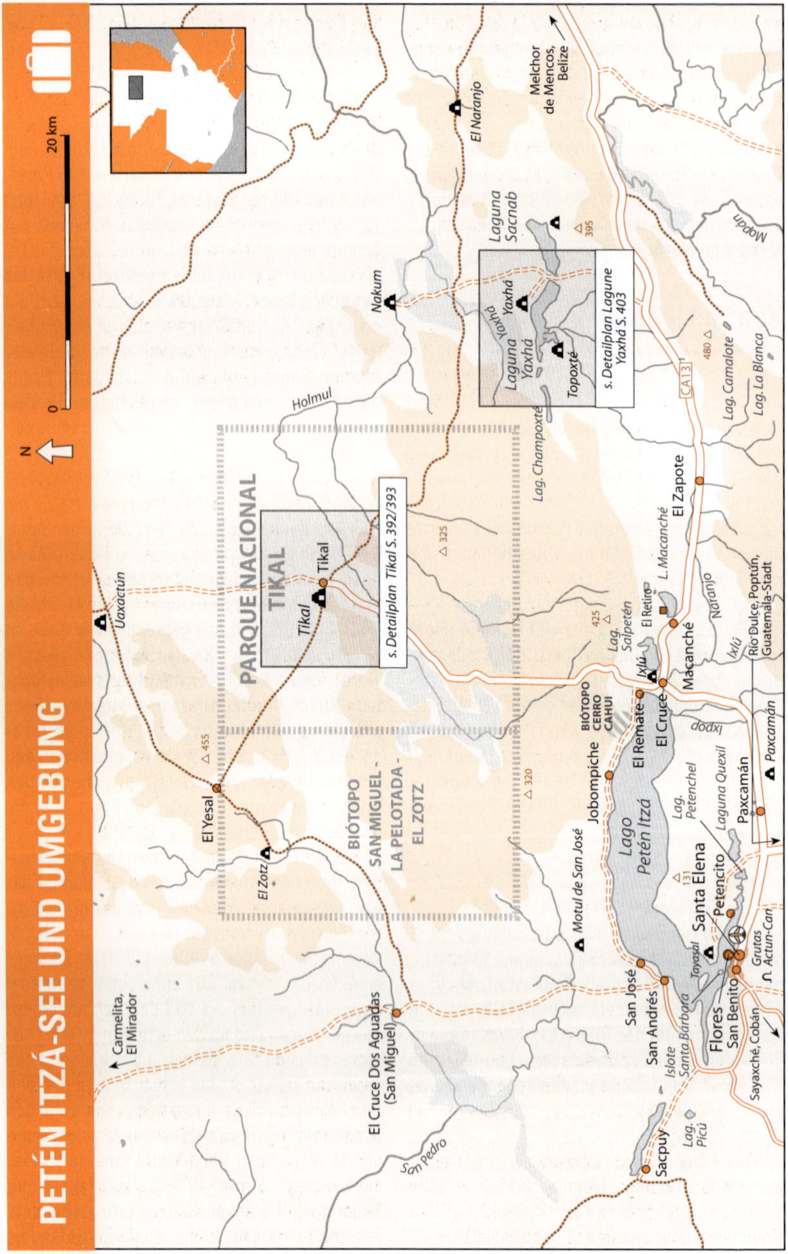
PETÉN ITZÁ-SEE UND UMGEBUNG
0
20 km
N
Carmelita, El Mirador
Uaxactún
El Yesal
455
El Zotz
El Cruce Dos Aguadas (San Miguel)
San Pedro
PARQUE NACIONAL TIKAL
Tikal
s. Detailplan Tikal S. 392/393
Holmul
Nakum
El Naranjo
325
BIÓTOPO SAN MIGUEL - LA PELOTADA - EL ZOTZ
320
Motul de San José
Jobompiche
BIÓTOPO CERRO CAHUI
Lago Petén Itzá
El Remate
El Cruce
Ixlú
Lag. Salpetén
425
El Retiro
L. Macanché
Macanché
El Zapote
Lag. Champoxté
Laguna Yaxhá
Yaxhá
Topoxté
s. Detailplan Lagune Yaxhá S. 403
Laguna Sacnab
395
Melchor de Mencos, Belize
CA13
480
Lag. Camalote
Lag. La Blanca
Mopán
Naranjo
Ixlú
Río Dulce, Poptún, Guatemala-Stadt
Ixpop
Paxcamán
Laguna Quexil
Lag. Petenchel
131
Santa Elena
Petencito
Grutas Actun-Can
Tayasal
San José
San Andrés
Santa Bárbara
Flores
San Benito
Sayaxché, Cobán
Islote Santa Bárbara
Lag. Picú
Sacpuy

diente. Ihren Namen erhielt die kleine Provinzhauptstadt 1831 im Gedenken an den ehemaligen Vizepräsidenten Cirilo Flores, der sein Amt 1824 antrat und 1826 heimtückisch ermordet wurde. Aufgrund der abgeschiedenen geografischen Lage, blieb Flores lange Zeit vom Rest Guatemalas isoliert und richtete sich mehr nach Mexiko und Belize aus. Dieses änderte sich erst kürzlich mit der besseren Verkehrsanbindung an Guatemala-Stadt.

Flores

Heute wird die kleine Inselhauptstadt eindeutig vom Tourismus dominiert. Dennoch hat sie sich ihre ruhige Atmosphäre weitgehend erhalten können. Lohnenswert ist ein Abstecher zum erhöht gelegenen **Parque Central**. Auf der Anhöhe im Zentrum der Insel erhebt sich wie eine Krone die weißgetünchte **Kirche**.

Hier befindet sich auch der Centro de Información sobre la Naturaleza, Cultura y Artesanías de Petén (CINCAP), ✆ 79260718, ein Informationszentrum im **Castillo de Arismendi**, der ehemaligen Festung. Zusätzlich kann man verschiedene Produkte der Region erstehen wie Honig, Tee, Heilkräuter oder Holzschnitzarbeiten, ⌚ Mo–Fr 9–17.30, Sa, So 17–21 Uhr.

Santa Elena und San Benito

Hektischer geht es auf dem Festland zu, wo Santa Elena und San Benito praktisch zu einer Gemeinde verschmolzen sind. Hier befinden sich Banken, Bushaltestellen, der interessante Markt und etwas außerhalb der Flughafen.

Rund 2,5 km südlich von Santa Elena liegt die Tropfsteinhöhle **Actun Can**, auch **La Cueva de la Serpiente** (Schlangenhöhle) genannt, ⌚ 8–17 Uhr, Q10. Sie ist zu Fuß oder mit dem Taxi (ca. Q15–20) zu erreichen. Aus Sicherheitsgründen sollte man mit einem Führer oder in Gruppen zur Höhle gehen. Man folgt der 6. Av. in Santa Elena (Verlängerung des Dammwegs) Richtung Süden. An ihrem Ende biegt man links ab und kurz darauf am Elektrizitätswerk rechts auf die Straße zur Höhle.

Das **Museo Santa Bárbara** zeigt auf einer kleinen, San Benito vorgelagerten Insel eine Sammlung archäologischer Keramikfunde der Umgebung. Die Anfahrt erfolgt mit dem Boot ab San Benito oder Flores für ca. Q15, ⌚ 8–12 und 14–17 Uhr, Q10.

Auf der Halbinsel **Tayasal** gegenüber von Flores lohnt sich ein Abstecher zum Aussichtspunkt **Rey Kanek**. Von dort hat man einen schönen Blick auf Flores und den See.

Ein paar Kilometer östlich liegt der **Petencito**, ein Naherholungsgebiet mit steilen Wasserrutschen, Picknicktischen, etwas Wald und einem Zoo. In viel zu kleinen Käfigen wird ein Teil der einheimischen Fauna präsentiert. Das Areal ist per Boot oder mit dem Auto in 20–30 Min. zu erreichen. Von der Straße nach Flores bei KM 8 links Richtung Hotel Villa Maya abbiegen. Der Weg ist in der Regenzeit nur mit dem Geländewagen befahrbar, ⌚ 8–17 Uhr, Q20.

Petén Itzá-See

Nur wer an einem klaren Tag mit dem Flugzeug in Santa Elena landet, bekommt einen Eindruck von der wirklichen Größe des Sees, denn vom Boden aus ist der Blick auf einen Hauptteil des Sees von der Halbinsel Tayasal verdeckt. Der Wasserspiegel des See, der normalerweise eine Ausdehnung von 99 km^2 und eine Tiefe von bis zu 50 m hat, unterliegt Schwankungen um mehrere Meter. So waren im Jahr 1992 die unteren Stockwerke der Hotels am Seeufer komplett überschwemmt. Momentan ist der Pegel deutlich abgesunken, aber starker Regen und unterirdische Zu- bzw. Abflüsse können in kurzer Zeit erneut zu Schwankungen führen. Der Fischreichtum des Sees gehört der Vergangenheit an. Im Jahr 2001 wurde sogar ein mehrmonatiges Fangverbot verhängt, um die Bestände zu sichern. Auch der zunehmende Tourismus hat seinen Teil zu dieser Situation beigetragen.

San Andrés und San José

Die beiden interessanten Dörfer am Nordufer des Sees, nur wenige Kilometer voneinander entfernt, sind mit dem Bus oder Boot zu erreichen. Hier sprechen nur noch wenige hundert Einwohner Itzá, eine Maya-Sprache, die vom Aussterben bedroht ist. Besonders in San José haben sich traditionelle Lebensweisen erhalten, die vor allem während der religiösen Feiern zum Ausdruck kommen. Ansonsten präsentiert sich der Ort für guatemaltekische Verhältnisse äu-

Auf die richtige Stelle kommt es an

Flores bietet spektakuläre Sonnenauf- und untergänge. Wer diese von seinem Hotelzimmer aus erleben möchte, sollte entsprechend eine Unterkunft auf der Ost- bzw. Westseite der Insel wählen.

ßerst modern und verfügt inzwischen sogar über ein gemeindeeigenes Erlebnis-Freibad.

Vom 10.–19. März findet das Patronatsfest statt, beim dem zwei überlebensgroße Figuren (*la chatona,* das Mädchen, und *el caballito,* das Pferdchen) von Marimba-Musik begleitet durch den Ort tanzen. In der Nacht zum 1. November wird einer der drei Totenköpfe auf einem samtenen Kissen aus der Kirche herausgetragen und in einer Prozession zu ausgewählten Familien gebracht. Diese bieten ihm Opfergaben dar, denn er soll Segen bringen. Zudem werden alle Teilnehmer der Prozession ausgiebig mit Speis und Trank bewirtet.

Außerhalb von San José Richtung El Remate zweigt links ein 3,5 km langer Weg zur Ruinenstätte **Motul de San José** ab.

Übernachtung

Die ruhige Inselhauptstadt ist deutlich angenehmer zum Übernachten, aber auch teurer als das laute und heißere Santa Elena. Viele Hotels erhöhen ihre Preise über Weihnachten und Ostern. Billigunterkünfte sind potenziell diebstahlgefährdet. Aufpassen!

Flores

Hostal Los Amigos, C. Central, ✆ 78675075, 💻 www.amigoshostel.com. Beliebte Travellerabsteige, die von einem Holländer geleitet wird. Günstige Zimmer mit Gemeinschaftsbad (wahlweise auch Hängematte oder Schlafsaal), Internet, Restaurant (vegetarisches Essen) und Wäscherei. ❷ Schlafsaal mit Gemeinschaftsbad Q30 p. P.

Hotel Posada Tayazal, Nordwestseite, ✆ 79262058, passable Alternative zu Doña Goya (s. u.). ❷

Hotel La Unión, Nordwestseite, ✆ 78675531, ähnlich wie Doña Goya (s. u.). ❷

Hotel Mirador del Lago I+II, Haus I liegt im Osten, Haus II im Norden, ✆ 78675409, 💻 www.hotelmiradordellago.com, sehr beliebt, gutes Preis-Leistungs-Verhältnis, könnte sauberer sein; Restaurant, Bar, Internet, Wäscherei, Reiseshop, Dachterrasse mit Hängematten. Einige Zimmer mit Balkon, nicht alle haben Seeblick. ❸ Ohne Seeblick ❷

Hotel Casablanca, am Ortseingang, kein Telefon, Zimmer mit Bad, TV und Ventilator, Nr. 6+7 mit Seeblick. 🕓 Restaurant ab 4 Uhr morgens. ❸

Hospedaje Doña Goya II, Nordseite, ✆ 78675516, ✉ hospedajedonagoya@yahoo.com. Dachterrasse mit Hängematten, Frühstück erhältlich, AC. ❸ Ohne Seeblick ❷

Hotel El Peregrino, Av. La Reforma, ✆ 78675115, ✉ h_peregrino@hotmail.com. Mehrstöckiges Gebäude, dessen saubere Zimmer mit Bad, TV nach innen gerichtet sind, Restaurant. ❺ Ohne AC ❸

Hospedaje Doña Goya, Nordseite, ✆ 78675513, ✉ hospedajedonagoya@yahoo.com. Freundliche, familiäre Unterkunft. Günstige Zimmer mit Gemeinschaftsbad und Ventilator. Frühstück erhältlich. Mit AC und Seeblick ❹ Mit Gemeinschaftsbad ❷

Hotel Villa del Lago, im Südosten, ✆ 78675131, 💻 www.hotelvilladelago.com.gt. Saubere Zimmer mit TV und AC. Schöne Terrasse mit Seeblick. Die Zimmer Nr. 201 und 301 besitzten einen eigenen Balkon. ❻ Mit Seeblick Q40 teurer

Hotel Sabana, im Norden, ✆ 78675100, 💻 www.hotelsabana.com. Relativ geräumige Zimmer mit TV und AC, Pool, Restaurant. DZ mit Bad, TV und AC. ❻ Aufschlag Hochsaison Q80

Guest House & Hotel Casa Azul, im Norden, ✆ 78675451, 💻 www.corpetur.com. Geräumige, gepflegte Zimmer. Zur Ausstattung gehören ein kleiner Kühlschrank, AC und TV, schöner Seeblick. ❻ Zuschlag Hauptsaison Q35

Hotel Casa Amelia, Calle La Unión, ✆ 78675430, 💻 www.hotelcasamelia.com. Angenehme Zimmer mit AC oder Ventilator, Kabel-TV, WLAN. Restaurant mit schönem Seeblick. ❼

Hotel Santana, im Südwesten, ✆ 78675123, 💻 www.santanapeten.com. Großes Hotel an

Flores / Santa Elena
N
0 200 m
Übernachtung
FLORES:
1 Guest House & Hotel Casa Azul
2 Hotel Sabana
3 Hotel Mirador del Lago II
4 Hospedaje Doña Goya
5 Hospedaje Doña Goya II
6 Hotel La Unión
7 Hotel Posada Tayazal
8 Hotel Casa Amelia
9 La Casona de la Isla
10 Hostal Los Amigos
11 Hotel Mirador del Lago I
12 Hotel El Peregrino
13 Hotel Villa del Lago
14 Hotel Santana
15 Hotel Casablanca
16 Gran Hotel de la Isla
SANTA ELENA:
17 La Casona del lago
18 Hotel Sac-Nicté
19 Hotel Del Patio Tikal
20 Hotel Santander
21 Hotel Mayaland Plaza
22 Hotel Alonzo
23 Hotel Continental
Essen:
1 Las Brisas
2 Bar Restaurant La Luna
3 Capitán Tortuga
4 Las Puertas
5 Café Arqueológico Yax-Ha
6 Pizzería Picasso
7 Adictos
8 Restaurante Rodeo
Sonstiges:
1 Dos Mundos Spanish School
2 CINCAP
3 Martsam Travel
4 INGUAT
5 Casa del Jade
6 Explore (Reisebüro)
7 San Juan Travel (Reisebüro)
8 Mayaland Plaza
Transport:
1 Charterboote
2 Taxis (Flores)
3 Bus nach Santa Elena, Flughafen, San Benito
4 Taxis (Santa Elena)
5 Terminal de Autobuses Santa Elena
Flores
Calle Fraternidad
Av. La Libertad
Avenida Flores
Calle Unión
Parque Central
C. 10 deNoviembre
Calle 30 de Junio
Av. La Reforma
Av. Barrios
C. Central
Av. Sta. Ana
C. 15 de Septiembre
Calle Centroamérica
Lago de Petén Itzá
San Benito
1. Calle
2. Calle "A"
2. Calle
Parque Central
3. Calle
Sayaxché, Cobán
4. Calle (Calle Principal)
Tikal, Belize, Guatemala-Stadt
4. Calle "A"
4. Avenida
MERCADO
5. Avenida
6. Avenida
5. Calle
7. Avenida
8. Avenida
Santa Elena
Calzada Virgilio Rodríguez Macal
Grutas Actun-Can

Der Norden

der Anlegestelle der Boote nach San Andrés und San Benito; schöne Zimmer, z. T. mit kleinem Balkon, AC, TV, Telefon und Zimmersafe; kleiner Pool und Restaurant. ❼

La Casona de la Isla, im Westen, ✆ 78675200, 💻 www.corpetur.com. Beliebtes Hotel mit Mini-Schwimmbad, Whirlpool und Bar, kleine Zimmer mit TV und AC, viele Gruppen. ❼ Hochsaison Q40 Aufschlag

Gran Hotel de la Isla, im Süden, ✆ 78675202, 💻 www.granhoteldeflorespeten.com. Enormer, auf einer Aufschüttung konstruierter Hotelkomplex mit Restaurant, zwei Schwimmbädern, WLAN, Fitnesscenter etc. DZ mit Bad, TV und AC, Frühstück inkl. ❾

Santa Elena

Hotel Alonzo, 6. Av. 4-99, Zona 1, ✆ 79262319. Akzeptable Billigunterkunft, z. T. mit Privatbad und AC. ❷ Ohne Bad Q20 billiger

Hotel Santander, 4. C. 3-39, Zona 1, ✆ 79260574. Große, ruhige Zimmer, obwohl die Hauptstraße nahe ist. Sehr gutes Preis-Leistungs-Verhältnis. Ausstattung: Bad, TV und Ventilator. ❷ Ohne Bad billiger

Hotel Sac-Nicté, 1. C. "A" 4-45, Zona 1, in Seenähe, ✆ 79262356. Hat schon bessere Zeiten gesehen, dennoch geräumige Zimmer mit TV; die im 2. Stock mit Seeblick sind etwas teurer. ❷

Hotel Continental, 6. Av., Nähe Calzada Macal, ✆ 79261017, 💻 www.hotelcontinentalpeten.com. Großes Hotel mit einfachen Zimmern, wahlweise mit Bad und TV oder AC. Kein warmes Wasser. Mit AC ❹ Ohne AC ❸

Hotel Mayaland Plaza, 6. Av., Ecke 4.C, ✆ 79264977, ✉ mayalandplazahotel@yahoo.com. An einer viel befahrenen Kreuzung in Santa Elena gelegen, mit Schwimmbad. Schöne, großzügige eingerichtete Zimmer mit TV und AC. ❻

Hotel Del Patio Tikal, 8. Av., Ecke 2. C., ✆ 79260104. Sehr schön um einen Innenhof gruppierte Zimmer, ruhige Lage, Pool, Bar und Restaurant, empfehlenswert. DZ mit Bad, TV und AC. ❽

Flores liegt auf einer Insel im Petén Itzá-See.

La Casona del lago, am Seeufer, ✆ 79528700, 💻 www.hotelesdepeten.com. Luxushotel mit Reisebüro und schönem Blick auf den See. ❾

San Andrés

Villa Benjamin, ✆ 50999474, 💻 www.villa-benjamin.com. Von einer Deutschen geführtes Hotel direkt am Seeufer. Zimmer mit Balkon und Seeblick, Frühst. inkl.; Restaurant. Spezielle Wochenend- und Familienpakete. ❺

Hotel Ni'tun, ✆ 52010759, 💻 www.nitun.com, liegt etwa 3 km westlich von San Andrés am Seeufer. Die luxuriöse, geschmackvolle Bungalowanlage mit Restaurant ist die Basis des Veranstalters Monkey Eco Tours, der Ausflüge in gehobener Preisklasse zu allen bekannten Ruinenstätten des Petén anbietet. ❾ inkl. Vollpension und Flughafentransfer.

San José

Bahía Taitzá, ✆ 79288125, 💻 www.taitza.com. Hotel direkt am Seeufer mit schönem Strand, geschmackvoll eingerichteten und dekorierten Zimmern sowie Restaurant und WLAN. ❼

Essen

Die Restaurants in den Hotels sind durchaus akzeptabel, wenn auch etwas teuer. Wer Fisch mag, sollte den *Blanco* probieren. Während der Osterwoche kann man verschiedene Spezialitäten kosten, die aus Palmherzen und Fisch zubereitet werden.

Bar Restaurant La Luna, C. 30 de Junio, Ecke C. 10 de Noviembre, Flores. Nette Atmosphäre, umfangreiche Speisekarte mit guter Pasta und vegetarischen Optionen. 🕒 tgl. 12–24 Uhr.

Café Arqueológico Yax-Ha, Calle 15 de Septiembre, 💻 www.cafeyaxha.com. Authentisch präkolumbianisches Essen in passendem Ambiente, besonders empfohlen wird das Maya-Fischfilet. Außer sonntags jeden Tag um 17.30 Uhr ein Live-Vortrag oder wissenschaftliche Dokumentationen. 🕒 tgl. 6.30–22 Uhr.

Capitán Tortuga, an der Westseite der Insel, ✆ 78675089. Gute Speisenauswahl, Pizza-Bringdienst, WLAN. So abends Live-Marimba. 🕒 tgl. 11–22 Uhr.

Las Puertas, Av. Santa Ana, Ecke Callejón El Crucero, Flores. Beliebte Kneipe mit breitem Angebot an Speisen, gute Sandwiches, auch Frühstück, gelegentlich Livemusik. 🕒 tgl. außer So.

Restaurante Las Brisas, Calle Unión im Nordwesten, ✆ 78675503. Guatemaltekische Küche und Fisch, WLAN. 🕒 tgl. 5–22 Uhr.

Pizzería Picasso, Flores. Pizza, Pasta und Salate zu vernünftigen Preisen. 🕒 tgl. außer Mo.

In **Santa Elena** kann man sich am Markt verpflegen oder im **Restaurante Rodeo**, 1. C., günstige, einheimische Küche probieren.

> **Finger weg von Urwald-Spezialitäten!**
>
> Einige Restaurants bieten einheimisches Wild an und lassen dafür die Regenwälder plündern. Wer Tiere in freier Wildbahn beobachten möchte, sollte daher auf Schildkrötensuppe, Alligatorensteaks oder Hirschgerichte verzichten.

Unterhaltung

Das Nachtleben beschränkt sich auf einige wenige Bars. Die meisten Touristen gehen früh ins Bett, da die meisten Touren sehr früh beginnen. In allen Bars bekommt man auch etwas zu essen.

Beliebt sind die Kneipen **Las Puertas** (zeigt auch Filme), die Bar **Adictos** im Südwesten der Insel und östlich davon das etwas weniger laute **Trópico**. Im **Café Arqueológico Yax-Ha** finden tgl. außer sonntags Lesungen zum Thema Archäologie statt.

Touren

Café Arqueológico Yax-Ha, Calle 15 de Septiembre, ✆ 58302060, 💻 www.cafeyaxha.com. Authentisch präkolumbisches Essen in passendem Ambiente; leckerer Fisch! 🕒 tgl. 6.30–22 Uhr. Neu: Über dem Café werden sechs geräumige Doppelzimmer mit Bad, einige mit Seeblick, vermietet.

Explore, 2. C. 3-55, Zona 1, Santa Elena, zwischen dem Parque von Santa Elena und dem Stadium Macoción, ✆ 792623750, ✉ info@exploreguate. com. Zuverlässige Agentur, die alle Maya-Ruinen ansteuert. Spezialist für El Ceibal, Aguateca und die Lagune Petexbatún. Tgl. Abfahrten nach Tikal.

Der Norden

Martsam Travel, Calle 30 de Junio, Flores, ✆ 78675093, 🖳 www.martsam.com. Sehr gute Wahl in Flores und Santa Elena, u. a. mit Touren nach Tikal, El Mirador, Wanderung über El Zotz nach Tikal, Wanderung von Yaxhá über Nakum nach Tikal, Ceibal-Dos Pilas-Aguateca, El Perú und Estación Biológica Las Guacamayas (s. S. 388).

San Juan Travel, 6. Av. 1-67, Zona 1, Santa Elena, ✆ 79260042, Reisebüro, Tourveranstalter und Shuttleservice (Leistungen schriftlich bestätigen lassen!). Das dazugehörige Hotel kann man getrost vergessen. Tagestouren nach Tikal, Yaxha, Uaxactún und Ceibal mit Transport, Eintritt in den Park, Führer und Lunch-Paket. Transport im „Colectivo" nach Tikal Q80 p. P. inkl. Rückfahrt. Transport hin und zurück nach Yaxha US$80 p. P. mit Guide, Transport im „Colectivo" nach Palenque US$40 p. P., Abfahrt um 5 Uhr. Shuttles nach Belice-City und Chetumal (s. Transport).

Exploradores de la Cultura Maya, im Terminal Santa Elena, ✆ 58954398, „Colectivos" nach Tikal (Hin- und Rückfahrt Q80), Yaxha (Q150), Chetumal (Q225), Palenque (Q265), 5-tägige Tour nach El Mirador (US$300). Alle Preise p. P.

Canopy-Touren

Wie Tarzan von Baum zu Baum zu schwingen, ist auch im Petén beliebt. Die **Canopy Tour Tikal** liegt am Parkeingang von Tikal, ✆ 79264270, 🖳 www.canopytikal.com, ⏲ 7–17 Uhr, US$30 p. P., mit Transport ab Flores US$35.

Im **Parque Natural Ixpanpajul**, KM 468 auf der Straße nach Guatemala-Stadt, ✆ 41467557, 🖳 www.ixpanpajul.com, kann man neben der Canopy-Tour (US$25) auch zelten, Vögel beobachten und reiten. ⏲ tgl. 7–16 Uhr.

Sonstiges

Autovermietungen

Die meisten Anbieter befinden sich in der Ankunftshalle des Flughafens oder gegenüber. **Tabarini**, ✆ 79260277; **Hertz**, ✆ 79260415.

Freiwilligenarbeit

Asocación de Rescate y Conservación de Vida Silvestre (ARCAS), in der Nähe des Petencito, in Guatemala-Stadt ✆ 52080968, Rettungsstation für Wildtiere. Kostenbeitrag für Unterkunft und Verpflegung US$100/Woche.

Cooperativa de Plantas Medicinales, San José, ✆ 79288142. Frauenkooperative, die sich auf den Anbau von Heilkräutern spezialisiert hat. Kostenbeitrag pro Woche ca. US$100. Kontakt: Alba, ✉ albahuex@hotmail.com.

Volunteer Petén, eine beliebte Bibliothek für Kinder und ein kleiner Naturpark in San Andrés, der mit alternativen Anbaumethoden experimentiert, ✆ 57110040, 🖳 www.volunteerpeten.com.

Geld

In Flores gibt es eine Filiale von **Banrural** in der Nähe der Plaza, die Geld tauscht. Geldautomaten (Visa und Mastercard) befinden sich in Santa Elena entlang der 4. Calle. Ein paar Dollar kann man auch in den meisten Hotels und Reisebüros (z. B. Martsam) zu einem mäßigen Kurs tauschen. Am Flughafen gibt es keine offizielle Wechselmöglichkeit mehr. Umtausch ist dort aber in der Cafetería Aeropuerto möglich.

Informationen

INGUAT in Flores, Av. Santa Ana.

Internet

Viele Hotels und einige Restaurants/Bars bieten ihren Gästen inzwischen Internetzugang an. In Flores und Santa Elena gibt es zahlreiche Internetcafés, z. B. in der C. Centroamérica (Flores) oder an der Ecke 4. C./6. Av. (Santa Elena). Preise liegen bei rund Q10/Std.

Jade

Casa del Jade, Calle 30 de Junio (Westseite), ✆ 54218752. Jadeschmuck, Monatsglyphen und exakte Nachbildungen (Einzelstücke) verschiedener Maya-Stätten wie dem bekannten „Tänzer" Tikals oder dem Reh aus La Blanca.

Lebensmittel

Frisches Obst und Gemüse ist auf dem Markt in Santa Elena erhältlich.

Medizinische Hilfe

Centro Médico Maya, 2. Av., Ecke Calle Principal, Santa Elena, ✆ 79260180.

Das Eingangstor von Flores

Post
In Flores, Av. Barrios, südlich des Parque Central. In Santa Elena, 4. C. 7-05.

Sprachunterricht
Infos zu den nachfolgend aufgeführten Schulen unter 💻 www.guatemala365.com.
In Flores, San Andrés und San José gibt es Sprachschulen, die neben dem Spanischunterricht Unterkunftsmöglichkeiten bei einheimischen Familien organisieren. Darüber hinaus werden Ausflüge und freiwillige Aktivitäten in den Bereichen Maya-Kultur und Umweltschutz angeboten.
Bio-Itzá – Escuela Ecológico-Cultural de Idioma Español San José, im Ort San José am nördlichen Seeufer, 📞 79288056, ✉ escuelabioitza@hotmail.com. Im Moment die beste Wahl im Petén, alternativ zu einem Zimmer bei einer einheimischen Familie besteht die Möglichkeit zu campen oder in einer Gemeinschaftsunterkunft zu übernachten; Küchenbenutzung inkl.
Dos Mundos Spanish School, Calle Fraternidad, Flores, 📞 58302060, 💻 www.flores-spanish.com, unter deutscher Leitung. Gut ausgebildete Lehrer, freundliche Gastfamilien, Studieren in einem schattigen grünen Innenhof in Flores. Freiwilligenarbeit im Waisen- und Altersheim.
Eco-Escuela San Andrés, Kontakt in Flores, 📞 59401235, 💻 www.ecoescuelaespanol.org. Die Schule ist Anfang 2007 abgebrannt und nun dabei, sich von Folgen zu erholen. Unterricht findet ganz normal statt. Spenden für den Wiederaufbau erwünscht.

Taxis
Stehen in Flores dort, wo der Dammweg beginnt, und in Santa Elena am Park an der 6. Av. oder am Markt, **TucTucs** kosten Q10/Fahrt. Für Nachtfahrten oder Abholdienst empfiehlt sich **Rotativo Sánchez**, 📞 40393372. 🕒 tgl. 24 Std.

Telefon/Fax
Telgua, 5. C., Santa Elena, nur Kartentelefone. Verschiedene Internetcafés (z. B. in der

C. Centroamérica), Hotels und Reisebüros in Flores bieten einen Telefon- und Faxservice an.

Transport

Busse

Alle Busse starten inzwischen vom neuen Busterminal in Santa Elena. Luxusbusse fahren in der Regel abends los. Es gibt gute Verbindungen nach Belize und weiter nach Mexiko. Da viele Hauptrouten jetzt asphaltiert sind, hat sich die Fahrtzeit auf vielen Strecken deutlich reduziert. Einen Tag vor der Abfahrt sollte man sich nach den aktuellen Abfahrtszeiten erkundigen.
Vorsicht: Bustickets nur in Reisebüros und den Busterminals kaufen!
GUATEMALA-STADT über Poptún und Río Dulce (488 km, 8 Std.)
Fuente del Norte, ✆ 79262999, 💻 www.grupofuentedelnorte.com, über 15 Abfahrten tgl. zwischen 3.30 und 22.30 Uhr, ihre Luxusbusse „Transportes Maya de Oro" fahren um 10, 14, 21 und 22 Uhr; Preise zwischen Q100 und 160.
Linea Dorada, ✆ 59831163, Abfahrten 10, 21 und 22 Uhr, alles Direktbusse, der Luxus-Doppeldeckerbus fährt um 21 Uhr, Q180, die anderen beiden kosten Q145. Tickets am Vortag kaufen.
ADN, ✆ 79248131, 💻 www.adnautobusesdelnorte.com, tgl. um 21 und 23 Uhr, der 21-Uhr-Luxusdoppelstockbus kostet ca. Q200 inkl. Decken, AC, Toiletten und Filmen.
Rapidos del Sur, ✆ 79248072, relativ günstig, aber die Busse halten unterwegs, um Passagiere aufzunehmen, 10 und 23 Uhr, Q120.
Transportes Rosita, ✆ 79260630, neben Fuente del Norte die billigste Variante, nach Guatemala-Stadt zu reisen; Abfahrten um 18.30 Uhr, Q100.
BETHEL/mexikanische Grenze (127 km, 3–4 Std.), Pinita, Abfahrten um 5, 10, 13 und 14 Uhr.
Carmelita, Ausgangspunkt für Touren nach El Mirador, Bus hält auch in San Andrés (75 km, ca. 2–3 1/2 Std.), Pinita, Abfahrt um 5 und 12.30 Uhr, Q40.
COBÁN (5 Std.), Transportes ADN, tgl. um 6 und 13.30 Uhr, Q80. Alternativ Colectivo nach Sayaxché (s. u.) nehmen und dort umsteigen.
EL NARANJO/Río San Pedro (140 km, 4 Std.), Colectivos fahren alle 20 Min. von 4.20–18 Uhr vom Terminal ab, Q35.
EL REMATE (38 km, 3/4 Std.), alle Busse Richtung Tikal; Busse nach Melchor de Mencos halten an der Kreuzung Puente Ixlú, 2 km südlich von El Remate. Colectivos fahren ständig, Q20.
ESQUIPULAS über Chiquimula (438 km, ca. 8 1/2 Std.), Transportes María Elena, ✆ 51732515, um 6, 10 und 14 Uhr, Q110.
JUTIAPA (9 Std.), Fuente del Norte, tgl. um 5 Uhr, Q100.
LA TÉCNICA/mexikanische Grenze (140 km, 5 Std.), ein Kleinbus fährt tgl. um 5 und 13 Uhr, Q60.
MELCHOR DE MENCOS/Grenze Belize (101 km, 1 1/2 Std.), Kleinbusse alle 30 Min.; Transportes Rosita fährt um 5, 11, 14 Uhr, Q15.
POPTÚN (113 km, 2 Std.), beliebiger Bus oder Minibus Richtung Río Dulce/Guatemala-Stadt, Q35.
PUERTO BARRIOS, keine Direktbusse. Bus nach Guatemala-Stadt nehmen und an der Kreuzung La Ruidosa umsteigen, Gesamtpreis Q95.
RAXRUJÁ (161 km, ca. 3–4 Std.), Kleinbus nach Sayaxché (s. u.) nehmen, von dort weiter alle 15 Min., Gesamtpreis Q35.
RÍO DULCE (208 km, 3–4 Std.), mit allen Bussen nach Guatemala-Stadt oder nach Esquipulas, Q60.
SAN ANDRÉS, SAN JOSÉ (20 bzw. 25 km, ca. 30 bzw. 45 Min.), Kleinbusse fahren ständig, Q12.
SAYAXCHÉ (61 km, 1 1/2 Std.), mit Kleinbussen von 5.30–18 Uhr, alle 15 Min., Q20.
SEMUC CHAMPEY, Exploradores de la Cultura Maya fahren tgl. um 9 Uhr, Q150.
TIKAL (63 km, 1 1/2 Std.), Kleinbusse von San Juan Travel und Exploradores de la Cultura Maya fahren hin stdl. von 6–10 Uhr und zurück ab 14–18 Uhr, hin und zurück Q80. Wer es landestypischer (langsamer, voller, billiger) möchte, kann den Bus nach Uaxactún über Tikal nehmen.
UAXACTÚN über Tikal (83 km, ca. 3 Std.), ab Terminal um 13 Uhr mit Pinita, zurück um 6 Uhr. San Juan Travel bietet organisierte Touren für US$80 an, inkl. Transport, Eintritt, englischsprachiger Guide und Mittagessen.

YAXHA, Exploradores de la Cultura Maya, ✆ 58954398, 7 Uhr, zurück 12 Uhr, Q150.

Belize
BELIZE-STADT (222 km, 5 Std.)
San Juan Travel, ✆ 79260042, um 5 und 7.30 Uhr, Q160; US$7 für den Grenzübergang bereithalten; Anschluss nach Caye Caulker und Ambergis Caye.
Exploradores de la Cultura Maya, ✆ 58954398, 5 und 7.30 Uhr. Q160.
Linea Dorada, 7 Uhr, Q160; Fuente del Norte 5 Uhr.
Billiger, dafür langsamer, ist es, einen Bus zur Grenze Melchor de Mencos (s. u.) zu nehmen und auf der anderen Seite in einen belizianischen Bus einzusteigen.

Honduras
SAN PEDRO SULA s. San Salvador. Fuente del Norte, 5.45 Uhr, Q220.

Mexiko
CHETUMAL (350 km, ca. 7–8 Std.), San Juan Travel und Linea Dorada, Abfahrt um 5 Uhr (umsteigen in Belize City) und 7.30 Uhr (direkt), Q225, bzw. 7 Uhr, Q210; von Chetumal Anschlüsse nach Cancún, Mérida und Mexiko-Stadt.
PALENQUE via Bethel (ca. 6 Std.), Exploradores de la Cultura Maya und San Juan Travel inkl. Bootsfahrt, tgl. 5 Uhr, US$40.

El Salvador
SAN SALVADOR (9–10 Std.), Fuente del Norte, tgl. um 5.45 Uhr über San Pedro Sula, Honduras, Q220.

Boote
Es gibt keinen regelmäßigen Bootsverkehr mehr auf dem See. Er beschränkt sich somit auf Charterfahrten. Seit der Dammweg renoviert worden ist, legen die meisten Boote dort ab. Eine weitere Anlegestelle findet man an der Südseite der Insel. Eine 1-stündige Bootsfahrt kostet ca. US$30 (1–8 Pers.).

Flüge
Der **Aeropuerto Internacional Mundo Maya** liegt rund 2 km östlich von Santa Elena entlang der Straße nach Tikal. Flüge nach Tikal existieren nicht. Die Strecke FLORES–GUATEMALA-STADT (ca. 1 Std. Flugzeit) wird tgl. von immer weniger Airlines angeboten. In der Regel kommen die Flugzeuge früh morgens aus Guatemala an und fliegen nachmittags in die Hauptstadt zurück. Weitere Optionen ab Flores sind Flüge nach Belize-Stadt oder nach Cancún.
TAG (Transportes Aéreos Guatemaltecos), Flughafen, ✆ 79260653, 💻 www.tag.com.gt., fliegt tgl. um 16.40 Uhr nach Guatemala-Stadt, einfacher Flug US$125, Hin- und Rückflug US$225.
Taca, ✆ Guatemala-Stadt 24708222, 💻 www.taca.com, Abflug tgl. 8.05 und 19.55 Uhr, einfach US$155, hin und zurück US$260.
Tropic Air, ✆ 79260348, 💻 www.tropicair.com, Fluggesellschaft aus Belize, die tgl. um 8.45 und 16.15 Uhr zum Belize Internat. Airport fliegt, Flugzeit ca. 45 Min., US$115 plus US$33 Flughafensteuern.

Nach El Mirador

Carmelita
Nördlich von San Andrés gelangt man auf einer ca. 82 km langen Schotterpiste in das kleine Chiclero-Dorf Carmelita. Die Fahrtzeit, die während der Trockenzeit rund 2 1/2 Std. beträgt, kann sich in der Regenzeit verdoppeln. Hier beginnen fünftägige Wandertouren mit Mauleseln durch den Regenwald (zwei Tage hin, ein Tag Aufenthalt bei den Ruinen und zwei Tage zurück) zur Ruinenstätte El Mirador, die vorzugsweise in der Trockenzeit durchgeführt werden. In Carmelita gibt es nur einfachste Unterkunftsmöglichkeiten; eine Hängematte leistet in dieser Gegend hervorragende Dienste. Alternativ lassen sich die Ruinen auch über einen dreitägigen Fußmarsch von Uaxactún (s. S. 400) erreichen.

El Mirador
Nur 7 km südlich der mexikanischen Grenze liegt überwuchert von dichtem Regenwald El Mirador, ein Maya-Zeremonialzentrum der Superlative. Es liegt in einem 2169 km² großen Tieflandbecken, das ein natürliches Dreieck formt und bis nach

Mexiko reicht. Die Region ist das letzte intakte Regenwaldgebiet Mesoamerikas.

In diesem Gebiet hat das Team des amerikanischen Archäologen Dr. Richard Hansen bisher 51 Städte identifiziert und teilweise ausgegraben, die durch bis zu 40 m breite und 4 m hohe befestigte Handels- und Zeremonialwege (Sacbes) verbunden waren.

El Mirador und die umliegenden Städte werden von vielen Forschern als möglicher Ursprungsort der Maya-Kultur des Tieflandes bezeichnet. So soll sich von hier unter anderem das Schriftsystem der Maya über den Petén verbreitet haben. Die Blütezeit El Miradors war 350 v. Chr.–150 n. Chr. Die Maya schufen eine blühende Landwirtschaft in dieser sumpfigen Gegend, deren wirtschaftlicher Reichtum auf dem Anbau von Mais, Kürbis, Kakao und Bohnen basierte. Einst sollen im Becken von El Mirador rund 1 Mio. Menschen gelebt haben.

Die Stadt wurde nach 150 n. Chr. aus bislang ungeklärten Umständen verlassen und erst zwischen 600 und 900 n. Chr. kam es zu einer neuen – wenn auch wesentlich bescheideneren – Besiedlung.

El Mirador erstreckt sich inklusive der Randbezirke auf einer Fläche von 16 km². Nähert man sich der Anlage zu Fuß, fallen einem Dutzende von Hügeln auf, allesamt Gebäude, die noch nicht ausgegraben wurden. Leider wurden viele bereits geplündert. Besonders beeindruckend sind zwei gigantische Komplexe, die sich mit jeweils mehr als 60 m Höhe weit über das Blätterdach des Regenwaldes erheben. Hierzu zählt zum einen La Danta, eine der größten Pyramiden der Welt mit einer Seitenlänge von 300 x 600 m. Nicht minder beeindruckend ist El Tigre, ein 18-stöckiges Bauwerk, das größer ist als Tikals Tempel 1+2, die Akropolis und die zentrale Plaza von Tikal zusammen!

So ist denn auch alle Mühsal der Wanderung vergessen, sobald man den besten Aussichtspunkt der Anlage erklommen hat: Von der Tempelpyramide La Danta gleitet der Blick soweit das Auge reicht über die Baumwipfel eines unberührten Regenwaldes. In der Ferne ragen weitere Ruinen aus dem dichten Grün auf. Brüllaffen, Tukane und andere Tiere tun ein Übriges, um aus dem Trip ein unvergessliches Erlebnis werden zu lassen. Weitere Infos auf Englisch zu El Mirador und den aktuellen Ausgrabungen unter 💻 www.miradorbasin.com.

Touren

Ein Trip nach El Mirador (Eintritt Q50) lässt sich vor Ort organisieren, was aber in der Regel einen Zeitverlust von einem Tag bedeutet. Organisierte Touren sind teurer, sparen aber Zeit und Nerven. In der Trockenzeit ist der Zugang zu den Ruinen mit einem Geländewagen von Uaxactún aus möglich.

In **Carmelita** führt die Organización de Guías Touren nach El Mirador durch. Ein lokaler Guide kostet rund US$10–20 tgl. (unabhängig von der Gruppenstärke). Ein Maultier für den Gepäcktransport oder zum Reiten schlägt mit etwa US$10/Tag zu Buche, Verpflegung US$10 pro Tag. Kontakt ✆ 77833811.

Martsam Travel veranstaltet organisierte Touren ab **Flores** für US$470 p. P. (US$335 ab 5 Pers.) für 5 Tage und US$424 p. P. (ab 5 Pers.) für 7 Tage inkl. Essen, Transport, Übernachtung in Hängematten mit Moskitonetz und lokalem Guide.

Exploradores de la Cultura Maya bieten die Reise für 5 Tage ab US$300 p. P. an (s. Flores, Touren).

Eine Trekkingtour nach El Mirador ist kein Spaziergang, sondern ein anstrengendes Dschungelabenteuer mit allen Risiken. Man befindet sich tagelang im dichten Regenwald, fernab jeder Zivilisation. Die Tagesetappen sind lang, die Moskitos und Zecken zahlreich (hoher DEET-Schutz empfehlenswert), und die einfachen Camps haben weder Toiletten noch Duschen.

Wer in der Regenzeit nach El Mirador wandert, sollte auf jeden Fall in Gummistiefeln laufen und auf anstrengende Tagesetappen (viel Schlamm und zum Teil hüfttiefes Wasser!) vorbereitet sein.

Nakbé

Bei den längeren El Mirador-Touren steht oft auch ein Besuch der Ruinen von Nakbé, rund 10 km südöstlich, auf dem Programm. Der Ort, der schon um 500 v. Chr. besiedelt war, besitzt über 100 Tempel und andere Gebäude. Nakbé war ein wichtiger Handelsposten auf der Route

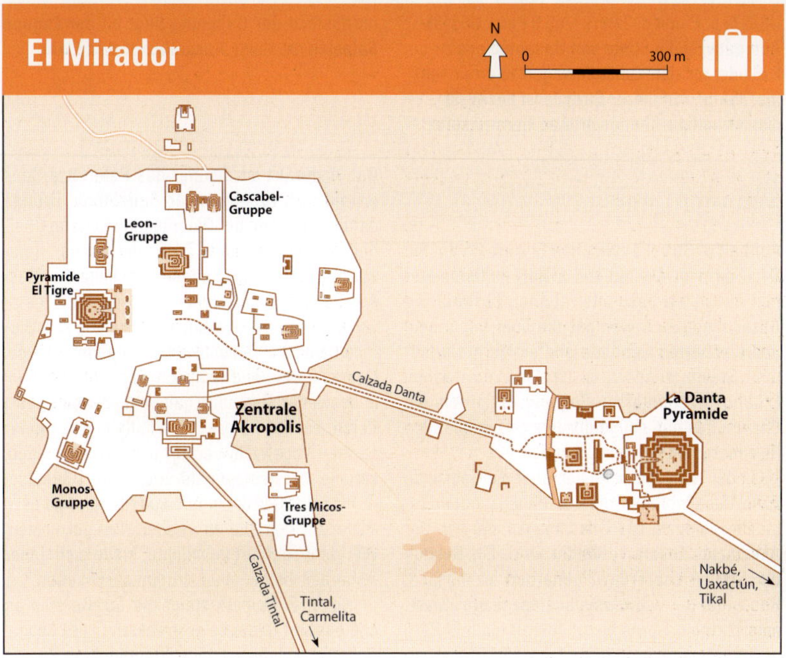

von oder in Richtung Yucatán, wurde aber in der späten Vorklassik 100 v. Chr.–250 n. Chr. zugunsten dynamisch wachsender Städte wie Uaxactún oder El Mirador aufgegeben. In der späten Klassik erlebte der Ort eine Renaissance.

1992 entdeckte der nordamerikanische Archäologe Hansen eine 10 m hohe und 5 m breite Steinskulptur einer Maya-Gottheit. Der Kopf weist olmekische Einflüsse auf und stammt aus der Zeit um 300 v. Chr. Bislang glaubten die Wissenschaftler, dass es in dieser Epoche hier nur eine sehr einfache Kultur gegeben habe.

Biotopo El Zotz – San Miguel – La Pelotada

Das Biotop, in dem eine begrenzte Waldnutzung gestattet ist, dient als Pufferzone für den Tikal-Nationalpark. El Zotz ist zudem ein Schutzgebiet für Flussotter und Zehntausende von Fledermäusen, die hier zur Dämmerung oder im Morgengrauen auf Futtersuche gehen. Die kleine Ruinenstätte **El Zotz** innerhalb des Naturschutzgebiets wurde nach diesen Fledermäusen benannt. Die Anlage besteht aus vier nicht restaurierten Tempeln. Von der Tempelpyramide *El Diablo* hat man einen fantastischen Blick bis nach Tikal. Immer beliebter wird die dreitägige Wanderung von Dos Aguadas über El Zotz nach Tikal.

Touren

Nach El Zotz gelangt man in der Trockenzeit mit dem Geländewagen oder zu Fuß ab San Miguel, auch El Cruce Dos Aguadas genannt, an der Straße nach Carmelita. Der Ort liegt ca. 20 km südwestlich der Ruinen.

Die 3 Tage/2 Nächte-Wanderung nach Tikal wird von Martsam Travel in Flores angeboten. Am 1. Tag ca. 5 Std. Wanderung auf einem alten Chiclero-Weg bis El Zotz, am 2. Tag weiter nach El Yesal (ca. 4 Std. Gehzeit), und am 3. Tag wird nach rund 4 Std. Tikal erreicht. An den Tagen 2 und 3 wandert man komplett im Regenwald,

US$275 p. P. (mind. 2 Pers.), ab 5 Pers. US$185. Alternativ ist die Stätte von **Uaxactún** aus zu Fuß oder mit dem Geländewagen zu erreichen (ca. 35 km). Auf dieser Strecke ist der Wald dichter und die Chance größer, Tiere zu sehen.

El Perú

Auf halber Strecke zwischen El Naranjo am Río San Pedro im Westen und El Zotz im Osten stehen die selten besuchten Ruinen El Perú. Die Attraktionen sind weniger die vom Dschungel überwucherten Gebäude und einige gut erhaltene Stelen, sondern es ist der Weg dorthin. Er führt durch intakten Regenwald, in dem die Chance besteht, einige der letzten freilebenden Riesenaras Guatemalas zu sehen.

In der Nähe (zu erreichen über die Gemeinde Paso Caballos) liegt die Forschungsstation Estación Biológica Las Guacamayas, die von der Asociación Balam verwaltet wird. Ein Besuch der Station und Freiwilligenarbeit ist möglich, Info unter 💻 www.lasguacamayas.org. Martsam Travel in Flores bietet Touren nach El Perú und zur Forschungsstation für US$ 266 p. P. an (2 Tage/1 Nacht, Guide, mind. 2 Pers.; ab 5 Pers. US$ 150 p. P.; teurer mit englischsprachigem Guide, auch Touren 3 Tage/2 Nächte möglich).

Von Flores nach Tikal

Auf den 63 km nach Tikal kann man einige interessante Stopps einlegen. Nach rund 8 km erreicht man die Abzweigung der asphaltierten Hauptstraße Richtung Poptún und Río Dulce. Die Schotterpiste gegenüber führt zum schön an der Lagune Petenchel gelegenen Luxushotel **Villa Maya**, Reservierungen ✆ 22235000, 💻 www.villasdeguatemala.com, wo es sich lohnt, auf ein Bier zum Sonnenuntergang vorbeizuschauen.

Im weiteren Verlauf der unbefestigten Straße gelangt man zum **Zoo Petencito** und der **Rettungsstation für Wildtiere ARCAS** (s. Flores/Freiwilligenarbeit). Auf der Hauptstraße erreicht man nach 30 km die Gabelung **El Cruce**. Rechts geht es zur Grenze nach Belize und zu den Ruinen von Yaxjá und links nach 1 km nach El Remate. 200 m nordöstlich der Gabelung liegt an der **Lagune Salpetén** die kleine Ausgrabungsstätte **Ixlú**.

El Remate

Der kleine Ort am Ostufer des Petén Itzá-Sees erfreut sich zunehmender Beliebtheit. Gründe dafür gibt es einige: Die günstige Lage auf halber Strecke zwischen Tikal und Flores, preiswerte Unterkünfte, Bademöglichkeiten im See, Ausritte, Bootstouren zum Río Ixpop, Ausflüge zu verschiedenen Maya-Ruinen, die Nähe zum Biotopo Cahuí und fantastische Sonnenuntergänge. Dementsprechend hat sich das Hotelangebot ausgeweitet. Das nahe gelegene **Biotopo Cerro Cahuí**, ein 650 ha großes Waldgebiet mit einer reichen Vogelwelt, verfügt über Wanderwege, schöne Aussichtspunkte und einen Badesteg, 🕒 7–17 Uhr, Q40. Im Inneren des Biotops ist es in letzter Zeit des Öfteren zu Überfällen gekommen. Wer dennoch dorthin möchte, sollte sich daher sicherheitshalber einer Gruppe anschließen.

Hinter El Remate steigt die Straße steil an und passiert den lang gestreckten Ort **El Caoba**. Auffällig sind die vielen weißgetünchten Regenwasserzisternen, die im Rahmen eines Entwicklungshilfeprojektes an den meisten Häusern errichtet wurden. Trotz teils heftiger Regenfälle während der Regenzeit ist das Wasser schnell im Kalkboden versickert und daher Mangelware. Ähnlich ist die Situation in den Dörfern **El Porvenir** und **Zocotzal**, die ebenfalls an der Straße nach Tikal liegen. Bei KM 46,5 wird dann der Eingang zum Nationalpark erreicht.

Übernachtung und Essen

El Remate

Hier haben sich einige Aussteiger niedergelassen. Es gibt inzwischen in und um El Remate mehrere kleine, einfache Herbergen, die sich in Preis und Ausstattung ähneln, z. B. Hotel y Restaurante **Casa de Don Juan**, ✆ 40255090, **Bruno's Place**, ✆ 79288080, **Sunbreeze Hotel**, ✆ 79288044, oder **Sac Luc** ✆ 54945925. ❷–❸

Posada Filín, im Ort östlich der Teerstraße, ✆ 59087506. Kleines, günstiges Hotel mit leicht stickigen Zimmern, einer kühlen Zement-

Aus Chicle macht man Kaugummi

In den 30er-Jahren des 20. Jhs. streckten die US-Firmen Wrigleys und Adams ihre Fühler nach Guatemala aus. Sie waren auf der Suche nach *chicle*, der Grundsubstanz für Kaugummi, denn dieser stand damals hoch im Kurs als nervenberuhigender, verdauungsfördernder Durstlöscher. Zwischen 1939 und 1949 kam es zu einem regelrechten „Run" auf die weiße Flüssigkeit, von der bis zu 1500 t jährlich hauptsächlich in die USA exportiert wurden. Doch die Nachfrage brach so schnell zusammen, wie sie entstanden war – synthetischer Gummi ersetzte das Naturprodukt *chicle* immer mehr. Mittlerweile hat sich die Produktion bei einer Jahresmenge von 100 t stabilisiert. Hauptabnehmer ist Japan.

Um das Leben der *chicleros* – der Gummisammler – ranken sich viele Legenden. Monatelang streifen sie einsam durch die tiefen Regenwälder des Petén, den sie in- und auswendig kennen. Viele Maya-Ruinen sind von ihnen entdeckt worden. Der Alltag der Männer ist schwer, und die Arbeitsbedingungen sind hart. Zu Beginn der Regenzeit, im Juni/Juli, brechen sie mit schwer bepackten Maultieren in vorher zugewiesene Wälder auf. Etwa 10–25 Männer errichten ein provisorisches Lager, von dem aus sie ihre Streifzüge unternehmen. Sie sind auf der Suche nach Chicozapote-Bäumen *(Manilkara achras)*, die den begehrten Saft enthalten. Wenn sie einen Baum gefunden haben, erklettern sie ihn – mit Seilen gesichert – und ritzen vorsichtig v-förmige Einschnitte in die Rinde. Am Fuß des Baumes befestigen die *chicleros* eine Schale, die den herabtropfenden Saft aufnimmt. Am nächsten Tag wird der flüssige Kautschuk eingesammelt und ins Lager gebracht, über einem Holzfeuer aufgekocht und in einer Holzform erhärtet. Die kleinen, rechteckigen Ballen, die dabei entstehen, markiert jeder Gummisammler zur späteren Identifikation mit seinem Zeichen. Sie werden dann von Maultieren zurück in die Dörfer gebracht. Die Erntezeit endet im Januar/Februar, wenn die Bäume während der Trockenzeit keine Flüssigkeit mehr absondern.

Inzwischen kontrolliert die guatemaltekische Regierung das Geschäft mit dem weißen Gold, und ein Chicle-Gesetz reguliert die Preise und Löhne. Der *chiclero* erhält nur noch 48 % der Erlöse seiner harten Arbeit – wovon die meisten nicht leben können. So streifen nur noch rund 100 von ihnen durch die Wälder. Die Gummibäume sind seltener geworden, und kürzere Regenperioden haben dazu geführt, dass sie weniger Saft enthalten.

Vorbei sind die Zeiten, als die Männer nach ihrer Rückkehr aus den Wäldern rauschende Feste feierten. Aus dieser Epoche stammt noch der Spruch: *„El chiclero no pide vuelto"* – Der *chiclero* nimmt kein Wechselgeld, denn Cash hatten die Gummisammler in dieser Zeit im Überfluss.

Veranda und Hängematten; Küchenbenutzung. ❷ Ohne Bad ❶

El Mirador del Duende, oberhalb des Sees, gegenüber der Holzschnitzer-Kooperative, ✆ 53001896, ✉ elmiradordelduende@gmail.com. Schöner Seeblick, organische Architektur, offene Bungalows, oder Hängematten, Gemeinschaftsbad, billig, aber etwas schmuddelig, vegetarische Küche. ❷ Camping Q25 p. P.

Hospedaje La Casa Yaikan, Ortskern neben der katholischen Kirche, ✆ 59096999. Man schläft zwischen luftigen Stoffbahnen, allerdings unter Wellblech. ❷

Las Gardenias, an der Hauptstraße, schräg gegenüber von der Casa de Don David, ✆ 79288377, 💻 www.hotelasgardenias.com. Einfache, saubere Unterkunft mit Restaurant und Internet. Mit AC ❺ Mit Ventilator ❸

Holznutzung mit Köpfchen

Über die Landesgrenzen hinaus hat sich die Holzschnitzer-Kooperative **Cooperativa Artesanal de Productos Los Unidos** einen Namen gemacht. Über hundert Familien nutzen das Holz, das der Brandrodung zum Opfer fällt und schnitzen daraus eine Vielzahl von nützlichen und dekorativen Gegenständen. Dabei kann man ihnen zuschauen. Von einem großen Baum kann eine Familie ein ganzes Jahr leben. Somit verringert sich entscheidend die Notwendigkeit weiterer Brandrodung. Wer mehr erfahren möchte, sollte vor Ort nach Rolando Soto fragen. Die Produkte der Holzschnitzer werden in El Remate in kleinen Pavillons am Seeufer angeboten.

La Casa de Don David, an der Abzweigung zum Nordufer, ✆ 79288469, 🖳 www.lacasadedon david.com. Angenehmes Ambiente. Der Besitzer David ist eine gute Informationsquelle. Leckeres Essen, alle Zimmer mit AC. Zugang zum See, Hängematten, Reiseservice, auf Wunsch Abholservice, Ausflüge. ❼ inkl. einer Mahlzeit, wahlweise Box Lunch, Frühstück. Mittag- oder Abendessen

La Mansión del Pajaro Serpiente, ✆ 79288498, neben Mirador del Duende, 🖳 www.30minutes fromtikal.com. Selten komplett belegtes Hotel, nett eingerichtete Bungalows mit Ventilator und Seeblick, Pool, Restaurant. Der hohe Preis kann heruntergehandelt werden. Mit AC ❽, ohne AC ❼

Hotel Palomino Ranch, KM 30, ✆ 24740758, 🖳 hotelpalominoranch.com, Pferderanch am Seeufer mit geschmackvollen eingerichteten Zimmern, die über AC, TV und warmes Wasser verfügen. Schöner Pool, Restaurant mit tgl. Pferdeshow, außerdem Reittouren und Ausflüge nach Tikal und Yaxhá. ❽

Richtung Jobompiche (Nordostufer)

La Casa Roja, ca. 700 m nordwestlich von El Remate, ✆ 54911581, ✉ turismoremate@ hotmail.com. Unterkünfte mit Gemeinschaftsbad und Palmdächern, Camping oder Hängematte, sehr gutes guatemaltekisch-französisches Restaurant El Barco, Fahrrad- und Kanuverleih, Dschungeltouren und mehr. ❷

Casa de Doña Tonita, ✆ 51522002, ✉ adaramirez @yahoo.es. Günstige Zimmer mit Gemeinschaftsbad, ❷. Dicht dran liegt das Restaurante **Las Orquideas** mit guter italienischer Küche.

Hotel Jardín Maya, an der Uferstraße Richtung „Gringo Perdido“, ✆ 58040603, ✉ hoteljardin maya@yahoo.com. Luftig zwischen den Bäumen gelegene kleine Unterkunft mit Seeblick, Restaurant, Verandas und Hängematten. Guter Service, sauber, einfach. ❸

Hotel y Restaurante Mon Ami, 1 km Richtung „Gringo Perdido“, ✆ 77288413, ✉ hotmanami@ hotmail.com. An die Hitze angepasste Bauweise mit kühlem Zementboden und Palmendächern, Restaurant. ❹

El Gringo Perdido, ca. 3 km von El Remate, ✆ 23342305 (Guatemala-Stadt), 🖳 www. gringo-perdido.blogspot.com. Direkt am See, viel Grün. Hier lohnt allerdings nur Camping, die Unterkünfte sind völlig überteuert. Restaurant, Kanutouren. Camping für US$5 p. P., sonst ❾ inkl. Halbpension, ❽ mit Gemeinschaftsbad.

Auf dem Weg Richtung Jobompiche liegen die Luxushotels **Westin Camino Real**, ✆ 79260204, 🖳 www.caminorealtikal.com.gt, ❿ US$132, und das Filmregisseur Francis Ford Coppola gehörende **La Lancha**, ✆ 79288331, sehenswerte Website 🖳 www.coppolaresorts. com/lalancha, ❿ US$280.

Transport

Kleinbusse fahren vom Markt in SANTA Elena stdl. nach EL REMATE (38 km, ca. 3/4 Std.). Nach Jobompiche fahren Busse mehrmals tgl. vom Busterminal in Santa Elena. Sie passieren die am Nordufer liegenden Unterkünfte ca. 1 Std. später. Wer von El Remate nach Melchor de Mencos möchte, steigt an der Kreuzung Puente Ixlú um, ca. 2 km südlich von El Remate.

Bescheidene Wasserqualität, keine Bank

Badeplätze sollte man sich abseits des Ortes suchen, da die Abwässer hier ungefiltert in den See geleitet werden. An genug Bargeld denken, denn es gibt keine Bank in El Remate!

12 HIGHLIGHT

Tikal

Die Maya-Stätte im Norden Guatemalas ist ein Erlebnis der Sonderklasse: Hoch aufragende Tempel, gewaltige Paläste und unzählige kleinere Gebäude liegen in dichtem Regenwald versteckt – dem Reich des Jaguars, der Heimat von Brüllaffen und Tukanen. Das Natur- und Kulturwunder (Unesco Kultur- und Naturerbe) ist relativ leicht zu erreichen und einfach zu begehen. Der 1955 gegründete, 576 km^2 große Nationalpark umgibt die Ausgrabungsstätte weiträumig. Tikal, „der Ort, an dem die Geisterstimmen ertönen", hat etwas Magisches. Es ist die einmalige Kombination aus (noch) intakter Flora und Fauna sowie teilweise restaurierten Bauwerken.

Sie erschließt sich dem Besucher am besten von einer der fünf großen Tempelpyramiden herab, die die Baumwipfel überragen. Der Ausblick über den endlos scheinenden Regenwald und die gewaltige Dimensionen der Gebäude erzeugt Ehrfurcht und Respekt vor dieser Zivilisation, die imstande war, ohne Eisenwerkzeug und das Rad eine solch beeindruckende Kulturleistung hervorzubringen. Intensiver ist der Eindruck früh morgens oder spät nachmittags, wenn sich weniger Besucher in der Anlage aufhalten. Dann vermeint man wirklich Geisterstimmen zu hören.

Für Tikal sollte man genügend Zeit einplanen. Will man mehr als nur das Allerwichtigste sehen, ein Gefühl für die Größe der Anlage bekommen und den wunderschönen Regenwald genießen, reicht ein Tag nicht aus. Wer wenig Zeit zur Verfügung hat, sollte früh aufbrechen. Dies empfiehlt sich ohnehin wegen der hohen Mittagstemperaturen. Ein klarer Himmel am frühen Morgen ist allerdings keine Selbstverständlichkeit. Gerade morgens liegt oft Nebel über der Anlage, der aber ebenfalls eine reizvolle Atmosphäre schafft. Um die Mittagszeit treffen viele Gruppen auf der Großen Plaza ein, um zum Essen die Anlage gemeinsam zu verlassen.

Der „Jaguartempel" (Tempel 1) ist leider nur von unten zu bewundern.

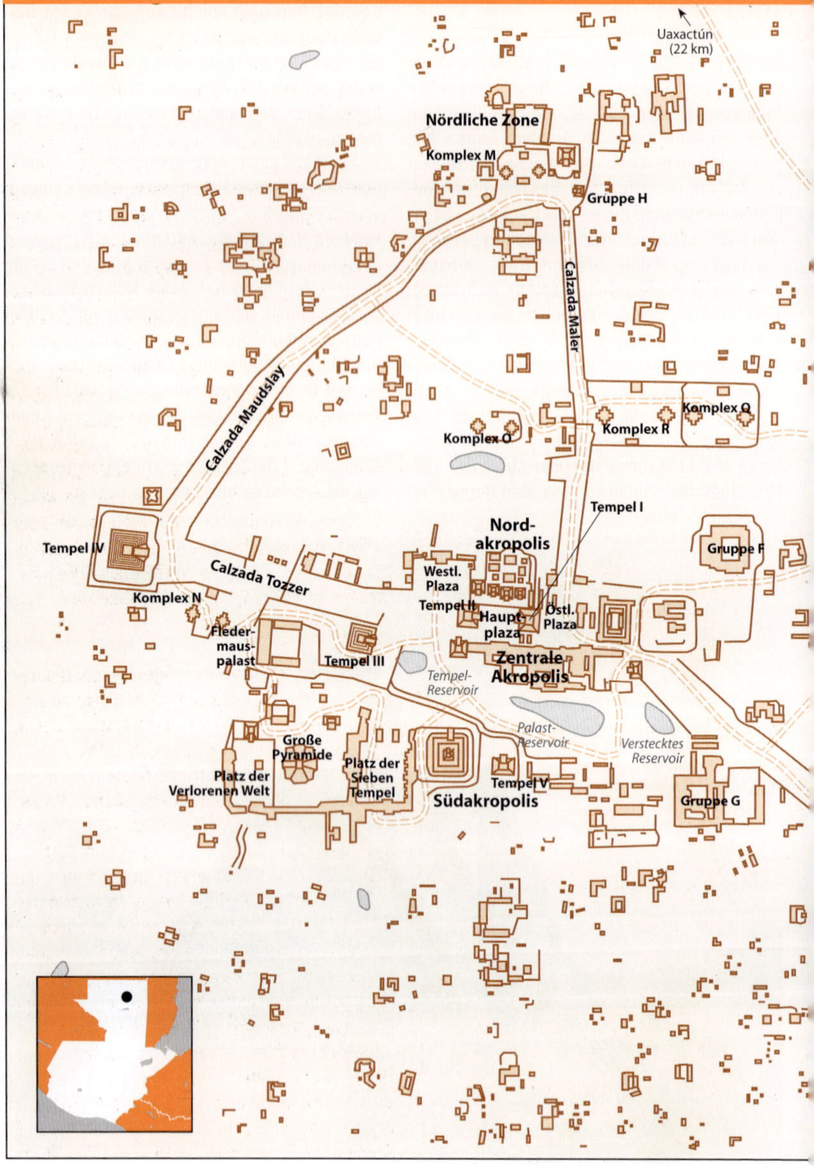
Uaxactún (22 km)
Nördliche Zone
Komplex M
Gruppe H
Calzada Maler
Calzada Maudslay
Komplex Q
Komplex R
Komplex O
Tempel I
Nord-akropolis
Gruppe F
Tempel IV
Calzada Tozzer
Westl. Plaza
Tempel II
Haupt-plaza
Östl. Plaza
Komplex N
Fleder-maus-palast
Tempel III
Zentrale Akropolis
Tempel-Reservoir
Palast-Reservoir
Verstecktes Reservoir
Große Pyramide
Platz der Sieben Tempel
Platz der Verlorenen Welt
Tempel V
Südakropolis
Gruppe G

Klima und Vegetation

Tikal liegt 250 m über dem Meersspiegel und damit rund doppelt so hoch wie Flores. Das Klima ist tropisch, sodass im Jahresmittel die Temperaturen kaum schwanken. Sie erreichen tagsüber 28–38 °C und fallen nachts auf 15–22 °C, im Januar gelegentlich sogar bis auf 10 °C ab. Die Trockenzeit ist kürzer als im guatemaltekischen Hochland und dauert von Dez/Jan bis April. Obwohl die monatliche Niederschlagsmenge während der Regenzeit 250–300 mm beträgt, gibt es viele regenfreie Tage. Bei bis zu 150 m tiefen Brunnenbohrungen konnten keine Wasseradern gefunden werden. Da aufgrund des porösen Kalksteins auch Flüsse fehlen, kann sich Wasser nur in Senken und Tonkuhlen, sogenannten *aguadas*, sammeln. Diese Becken wurden in Tikal bewusst als Wasserspeicher angelegt. Tiefer gelegene Regionen werden periodisch überschwemmt, trocknen aber immer wieder aus.

In Tikal kommen zwei Typen von sommergrünem Regenwald vor: der Bergwald mit bis zu 50 m hohen Bäumen, dunklem Boden und wenig Unterwuchs, wo Edelhölzer wie Mahagoni oder Zedern wachsen. In tieferen Regionen überwiegen niedrige Bäume, die von dichtem Dornengestrüpp und Schlingpflanzen umgeben sind.

Geschichte

Tikal hat während seiner langen, bewegten Geschichte die gesamte Maya-Welt beeinflusst. Doch der Weg zur Macht war zunächst steinig und dauerte viele Jahrhunderte. Die ersten Bauern ließen sich in Tikal um 600 v. Chr. nieder, denn in dem von Sümpfen umgebenen Gebiet gab es reiche Feuersteinvorkommen. Neben der Herstellung von Werkzeugen und Waffen, war Feuerstein ein beliebtes Tauschobjekt. Um 200 v. Chr. hatten die Bewohner damit begonnen, an der Stelle der heutigen Nordakropolis steinerne Plattformen und Gebäude zu errichten. In den Grabkammern der herrschenden Elite aus dem 1. Jh. v. Chr. fand man nicht nur Opfergaben wie Keramiken, Jade oder Lebensmittel, sondern gelegentlich auch mit schwarzen Linien auf rotem Grund gezeichnete Darstellungen von Gesichtern. In der wachsenden Stadt verfeinerte sich in den folgenden Jahrhunderten die Kunst und Architektur. Dennoch lagen Tikal und das 24 km

Die Entdeckung und Restaurierung Tikals

Die spanischen Eroberer zeigten wenig Interesse an den Regenwäldern des Petén, doch den Einheimischen war die Existenz der Maya-Stadt bekannt.

1696 Der spanische Missionar **Andreas Avendano** verirrt sich in der Region und berichtet von einer zugewachsenen Ruinenstätte. Ob es sich dabei um Tikal handelte, ist fraglich.

1848 Eine Expedition unter der Leitung von Colonel **Modesto Méndez**, begleitet von Ambrosio Tut und dem Zeichner Eusebio Lara, gelangt nach Tikal.

1877 Der Schweizer Botaniker **Gustav Bernoulli** lässt die Türstürze aus Chicozapote-Holz der Tempel I und IV in das Museum für Völkerkunde nach Basel bringen.

1881/82 Der britische Forscher **Alfred P. Maudslay** fertigt einen ersten Übersichtsplan von Tikal mit Zeichnungen und Fotografien an.

1895 und 1904 Der deutsche Forscher **Teobert Maler** fotografiert die Anlage und veröffentlicht einen detaillierten Bericht über die Anlage *(Memoirs of the Peabody Museum)*.

1911 Der amerikanische Archäologe **A. Tozzer** veröffentlicht eine Studie über die Maya-Stadt.

1914–37 Der renommierte Maya-Forscher **Sylvanus G. Morley** arbeitet für das Carnegie Institute, Washington, in Tikal und entdeckt Uaxactún.

1937 Erste Luftaufnahmen lassen die wahren Ausmaße der Anlage erkennen.

1956–69 Beginn des Tikal-Projekts: Ausgrabungen des Museums der University of Pennsylvania.

1959 Entdeckung der Stele 29 aus dem Jahr 292 n. Chr., der ältesten bekannten Zeitangabe der Maya-Welt.

1969 Abschluss der Restaurierungsarbeiten unter dem Archäologen **William R. Coe**.

Ab 1970 Weitere Restaurierungsarbeiten durch das Instituto Guatemalteco de Antropología e Historia.

1991–96 Es werden Restaurierungsarbeiten am Tempel I ausgeführt, finanziert durch die Cooperación Española.

1997–2003 Restaurierungsarbeiten am Tempel V werden ausgeführt.

Ab 2004 Restaurierungsarbeiten an der Südakropolis und dem Platz der Sieben Tempel.

2010 Restaurierungsarbeiten am Tempel IV werden aufgenommen.

entfernte **Uaxactún**, das eine ähnlich dynamische Entwicklung vollzog, zunächst im Schatten des übermächtigen Nachbarn **El Mirador**.

Als El Mirador zum Ende des Frühklassikums zerfiel, standen Tikal und Uaxactún in den Startlöchern, um das politische Erbe anzutreten. Doch die geografische Nähe machte einen bewaffneten Kampf zwischen beiden Städten um die endgültige Vorherrschaft im Petén unausweichlich. Am 16. Januar 378 n. Chr. kam es zur Entscheidungsschlacht. Mit einer innovativen Kriegsführung, die zum ersten Mal Speerwerfer einsetzte, besiegte Tikals siebter Herrscher **Große Pranke** das Heer des Königs von Uaxactún. Als Belohnung setzte er seinen erfolgreichen Feldherrn **Rauchfrosch**, der möglicherweise sein Bruder war, als neuen Regenten in Uaxactún ein. Dieser ließ als Zeichen seines Sieges eine Stele errichten und die eroberte Stadt überbauen. Noch 126 Jahre später gedachte ein späterer Herrscher von Uaxactún dieser Eroberung.

Mit dem spektakulären Sieg etablierte sich Tikal als einzige Großmacht der frühklassischen Periode und dominierte über einen Zeitraum von 180 Jahren die Region. Mit der politischen Dominanz des Königreichs, in dem 300 000–500 000 Menschen lebten, ging eine Phase wirtschaftlicher Prosperität einher. Sie manifestierte sich in vielen Neubauten und dem Ausbau wirtschaftlicher Beziehungen mit den Verbündeten Kaminaljuyú im guatemaltekischen Hochland und Teotihuacán in Mexiko.

Währenddessen hatte sich **Caracol** südöstlich von Tikal auf dem Gebiet des heutigen Belize zu einem mächtigen Stadtstaat entwickelt. Nach dem ersten misslungenen Versuch im Jahre 556, besiegte Caracol unter der Führung von König **Wasserlord** am 1. Mai 562 das mächtige Tikal. Damit war die Vormachtsstellung des einstigen

Giganten gebrochen, obwohl nicht genau bekannt ist, wie lange Caracol Tikal dominierte. Bis heute haben Archäologen in Tikal keine Stelen aus der Zeit von 557–692 gefunden. Stelen, die vor der Eroberung der Stadt errichtet worden waren, wurden von den Siegern zerstört. Auch die eingeschränkte Bautätigkeit dieser „Hiatus" genannten Epoche und die ärmlich ausgestatteten Grabkammern zeugen von dem Niedergang. Neben **Caracol** waren die neuen Supermächte **Calakmul** im Norden (heute Mexiko), **Naranjo** im Osten und das weniger bedeutungsvolle **Yaxchilán** im Westen. Die meisten ihrer oft brüchigen Allianzen richteten sich gegen den Erzrivalen Tikal. Dieser benötigte mehrere Jahrzehnte, um die Schmach der Niederlage vergessen zu machen.

Erst die Thronbesteigung des Herrschers **Ah Cacau** im Jahre 682 leitete in Tikal eine Renaissance ein. Er missachtete das Verbot Caracols, Stelen aufzustellen, ließ ältere Gebäude restaurieren und neue errichten. Auf diversen Kriegszügen machte er hochrangige Gefangene. All dies führte zur Wiedergeburt der machtvollen Herrscherdynastie, und Tikal gehörte wieder zu den bedeutenden Städten des Maya-Reiches. **Caan Chac**, der Sohn des großen Ah Cacau, würdigte die Leistungen seines Vaters, indem er ihn im prächtigen **Tempel I** begraben ließ. Er selbst bestieg 734 den Thron. Alle großen Tempel entstanden in den folgenden hundert Jahren, und bis zum Ende des 9. Jhs. herrschte eine rege Bautätigkeit. Das letzte in eine Stele gemeißelte Datum stammt aus dem Jahr 879.

Der darauf folgende Niedergang bleibt wie in den übrigen Regionen der Maya-Welt weitgehend ein Mysterium. Waren es soziale Umbrüche, Kriege, Naturkatastrophen oder die Überlastung der natürlichen Ressourcen? Inzwischen gibt es auch gute Belege für eine 200-jährige Trockenzeit, die der Maya-Kultur ihre landwirtschaftliche Grundlage entzog. Wahrscheinlich war es eine komplexe Verknüpfung verschiedener Faktoren, die eine Entwicklung in Gang setzte, die unaufhaltsam zum Verlassen der riesigen Städte führte. Diese Abwanderung vollzog sich über einen Zeitraum von Dutzenden von Jahren. Aber auch danach fand man in Tikal bei Ausgrabungen Plattformen und Opferaltäre aus der nachklassischen Zeit. Selbst im 15. Jh. sollen noch gelegentlich Pilger die verlassene Stätte aufgesucht haben, wie Funde von Weihrauchgefäßen und Keramiken belegen.

Die Zukunft Tikals

Auch wenn es paradox erscheint: Besucher, die mit ihrem Eintrittsgeld zum Erhalt der Anlage beitragen, zerstören sie langfristig. Obwohl jährlich rund 150 000 Menschen die Ausgrabungsstätte besuchen, reichen die Einnahmen nicht einmal aus, um den Verfall der restaurierten Gebäude aufzuhalten. So mussten bereits der Tempel I, III und die obere Etage von Tempel IV für Touristen gesperrt werden, denn sie hielten dem Besucherandrang nicht stand. Was aber geschieht mit den Eintrittsgeldern von rund US$1 Mio. jährlich? Ein Großteil der Einnahmen fließt in eine verfilzte, personalintensive Bürokratie, die von Korruption gebeutelt ist, und nur ein Bruchteil der Gelder kommt ihrer eigentlichen Bestimmung zugute. Zudem hat sich der Druck auf den Nationalpark immer mehr erhöht. Parkwächter konnten Ende der 1990er-Jahre das Fällen von Edelhölzern in der Nähe der Ruinen gerade noch verhindern. Die Bäume waren bereits markiert worden.

Wenn keine drastischen Gegenmaßnahmen ergriffen werden, rücken die Felder immer dichter an den Nationalpark heran. Auch gegen Räuber, die archäologische Stätten professionell im großen Stil plündern, oder Tierhändler müsste mehr und besser bewaffnetes Personal eingesetzt werden. Doch dies alles kostet viel Geld, das angeblich nicht vorhanden ist. So ertönen bereits die ersten Rufe nach der Armee, aber so lange diese, wie zu hören ist, selber an illegalen Geschäften im Petén beteiligt ist, käme man auf diese Art und Weise nur vom Regen in die Traufe. Wenn Tikal in Zukunft nicht von der Unesco-Liste des Weltkulturerbes der Menschheit verschwinden soll, auf der es seit 1979 steht, ist dringend Handlungsbedarf angesagt.

Sehenswertes

Auf einer Fläche von 16 km² kartografierten die Archäologen 3000 Gebäude und 121 Stelen. Rund 70 % der ausgedehnten Ruinenstätte sind immer noch vom Regenwald überwuchert. Ein Rundgang beginnt am Eingangshäuschen nahe des sehenswerten **Ceiba-Baumes**, nicht weit vom

Besucherzentrum entfernt. Die archäologischen Sehenswürdigkeiten sind über vier breite Zeremonialstraßen *(calzadas)*, die bereits von den Maya erbaut wurden, zu erreichen. Man hat ihnen Namen von bekannten Forschern und Entdeckern gegeben. Drei verbinden das Zentrum, **La Gran Plaza**, mit der Nordgruppe **(Calzada Maler)**, dem Tempel IV im Westen **(Calzada Tozzer)** und dem Tempel VI im Südosten **(Calzada Méndez)**. Die **Calzada Maudslay** führt von der Nordgruppe zum Tempel IV.

Es bietet sich an, gelegentlich einen der schmalen Dschungelpfade zu nehmen, um Tiere in freier Wildbahn beobachten zu können. Mit etwas Glück bekommt man Klammeraffen, Brüllaffen, Tukane oder gelegentlich sogar einen Graufuchs zu sehen. Der Petén-Truthan ist meist nahe dem Eingang zu sehen. Überall wo viele Menschen sind, treiben sich kleine Herden von Nasenbären *(pizotes)* herum. Obwohl die putzigen Tiere geradezu zum Füttern einladen, sollte man gerade dies nicht tun.

Die Komplexe Q und R

Auf dem Weg vom Eingang nach rechts erreicht man schon bald die auf großen künstlichen Plattformen errichteten Zwillingspyramiden. Während Komplex R noch immer vom Regenwald überwuchert ist, wurde Komplex Q restauriert. Die niedrigen benachbarten Pyramiden wurden in Ost-West-Richtung erbaut. Zwischen beiden ließ der 29. Herrscher von Tikal zum Ende seines 20-jährigen Zyklus *(Katun)* im Jahre 771 die Stele 22 mit dem Altar 10 errichten. Sie zeigt den Regenten während einer Opferzeremonie. Auf dem Altar sind Gefangene dargestellt. Vor der östlichen Pyramide stehen glatte Stelen, von denen man nicht eindeutig weiß, ob sie einmal beschriftet gewesen sind. Der Komplex R mit Stele 19 wurde 790 ebenfalls zu Zeremonialzwecken gebaut.

Gruppe H

Über die Calzada Maler erreicht man die Gruppe H im Norden, die aus den Komplexen P und M besteht. Die aus dem Spätklassikum stammenden Gebäude sind kaum restauriert. Bei Komplex P handelt es sich um eine weitere Zwillingspyramide. Komplex M wurde anscheinend von den Bewohnern Tikals selbst teilweise zerstört, um Baumaterial für eine der großen Zeremonialstraßen zu gewinnen. Die interessante Stele 20 aus dem Jahr 751 steht im Museum in Guatemala-Stadt. Dieser Bereich lohnt sich für alle, die dem Rummel im Zentrum entfliehen wollen, viel Zeit haben oder gerne im Regenwald wandern.

Tempel IV – Tempel der doppelköpfigen Schlange

Von der Gruppe H führt die lange Calzada Maudslay direkt zum höchsten Bauwerk Tikals. Mit seinen 64 m überragt es das Dach des Regenwalds und ermöglicht einen tollen Blick auf die anderen Tempel. Der Aufstieg ist inzwischen problemlos über zwei solide Holztreppen möglich, wodurch das Gedränge vor diesem gigantischen Bauwerk weitgehend der Vergangenheit angehört.

Tempel IV wurde um 741 in der Regierungszeit von Caan Chac, dem Sohn von Ah Cacau, erbaut. Die Türstürze oben auf dem Tempel wurden durch Nachbildungen ersetzt.

Die Originale sind in Basel und Guatemala-Stadt zu bewundern. Die auf ihnen dargestellte doppelköpfige Schlange gaben dem Tempel seinen Namen.

Komplex N und Fledermauspalast – Palacio de los Murciélagos

Die Zwillingspyramiden des Komplexes N an der Calzada Tozzer wurden zum Ende des 14. Katun und 9. Batun (= 711 n. Chr.) von Ah Cacau, dem 26. Herrscher von Tikal, errichtet. Er selber ist auf Stele 16 in voller Pracht mit Kopfschmuck aus Quetzalfedern und Zepter abgebildet. Daneben steht Altar 5, der zwei Priester mit asiatisch wirkenden Hüten und Tiermasken inmitten eines Hieroglyphenkreises zeigt. Beide Monumente sind Replikas.

Die Originale befinden sich im Museo Nacional de Arqueología y Etnología in Guatemala-Stadt. Der gewaltige Fledermauspalast liegt nur wenige Meter südöstlich vom Komplex N. Nur das Hauptgebäude dieses riesigen Palastes wurde bisher restauriert. Während man im ersten Stock des hufeisenförmigen Baus mehrere Zimmer vorfindet, besteht die zweite Etage nur aus einem Raum. Durch eine Vielzahl von Öffnun-

Hauptplaza und Zentralakropolis – das Herz Tikals

gen an der Rückwand, in der heute Fledermäuse hausen, war das Gebäude lichtdurchlässiger als sonst üblich. Daher wird das Bauwerk auch „Palast der Fenster" genannt.

Tempel III – Der Tempel des Jaguarpriesters

Etwas weiter östlich erreicht man den 55 m hohen Tempel III. Er befindet sich im Originalzustand und darf derzeit nicht bestiegen werden. Ein Türsturz zeigt einen rundlichen Priester im Jaguarfell, umgeben von weiteren Persönlichkeiten.

Der Holzbalken ist heute im Museo Nacional in der Hauptstadt ausgestellt. Anhand von Stele 24 konnte das Baudatum auf 810 festgelegt werden. Somit ist die Tempelpyramide eines der letzten großen Bauwerke Tikals.

Verlorene Welt – Mundo Perdido

Südlich des Tempels III gelangt man zur Verlorenen Welt, einem Stadtteil mit viel Atmosphäre. Hier stehen Gebäude, die zum Teil aus der frühesten Besiedlungsphase stammen. Im Zentrum ragt die 32 m hohe **Große Pyramide** empor. Obwohl von allen vier Seiten Aufgänge emporführen, ist sie nur über die Westseite begehbar. Tunnel, die in das Gebäude gegraben wurden, brachten vier Überbauungen zum Vorschein – die älteste stammt aus der Zeit um 700 v. Chr. Damit gehört die Pyramide zu den ältesten Bauwerken Tikals. Von der oberen Plattform, die von den Maya für astronomische Beobachtungen genutzt wurde, hat man einen schönen Blick. Andere Gebäude der Verlorenen Welt aus unterschiedlichen Epochen zeigen Einflüsse aus Teotihuacán in Mexiko.

Die Archäologen hoffen durch weitere Ausgrabungen mehr über die frühe Geschichte der Stadt zu erfahren.

Platz der Sieben Tempel – Plaza de los Siete Templos

Westlich der verlorenen Welt stößt man auf eine große Plaza, die von sieben kleinen, nebeneinander aufgereihten Tempeln begrenzt wird. Sie wurden im 8. und 9. Jh. errichtet. Auf dem Relief des mittleren Tempels sind gekreuzte Knochen und Totenschädel zu sehen, die Forscher mit dem rituellen Ballspiel der Maya assoziieren. Diese These scheint auch der dreifache Ballspielplatz am Nordrand des Komplexes zu untermauern. Dieser Bereich ist gerade frisch restauriert worden.

Südakropolis und Tempel V

Im Süden der großen Plaza und westlich der sieben Tempel liegt noch unter einem von Wurzeln und Lianen überwucherten Hügel der enorme Bau der Südakropolis begraben, der rund 2 ha einnimmt. Die obersten Paläste stammen aus der spätklassischen Zeit, doch frühere Konstruktionen reichen rund tausend Jahre zurück. Westlich der Südakropolis liegt der 58 m hohe Tempel V. Er wurde von der Cooperación Española restauriert und kann über eine Holztreppe bestiegen werden. Die Tempelpyramide wurde im Jahr 750 erbaut. Zwischen der Südakropolis und der nördlichen Zentralakropolis breiten sich das Tempel- und das Palastreservoir aus – zwei große Senken, die den Bewohnern als Wasserspeicher dienten. Außerdem sollen sie in frühen Zeiten als Steinbruch gedient haben.

Die Hauptplaza – Gran Plaza

Eingerahmt von zwei beeindruckenden Tempelpyramiden, der enormen Nord- und der Zentralakropolis, breitet sich das geschichtsträchtige Herz der Stadt vor dem staunenden Besucher aus. Über Jahrhunderte lebten und regierten hier Herrscher, die über das Schicksal Hunderttausender von Menschen entschieden. Ihre Priester führten zudem an dieser Stelle ihre heiligen Zeremonien durch.

Begrenzt wird die Plaza im Westen und Osten von Tempel I und II. Der 44 m hohe **Jaguartempel**, wie **Tempel I** auch genannt wird, ist sicherlich eines der beliebtesten Fotomotive und auf unzähligen Postkarten verewigt. Er erhielt seinem Namen von der Abbildung eines Jaguars auf einem Türsturz, der sich im Völkerkundemuseum in Basel befindet. Der Tempel wurde im 8. Jh. vom Herrscher Ah Cacau errichtet, der sich auch hier im Jahr 734 mit allen Würden aufwendig begraben ließ. In seiner luxuriösen Grabstätte fanden Archäologen unter anderem 180 Jadeobjekte, Perlen und Dutzende Knochen, in die Hieroglyphen eingeritzt waren. Auf einer Plattform, zu der eine steile Treppe hinaufführt, erhebt sich ein Gebäude mit drei Räumen und dem charakteristischen steil aufragenden Dachkamm. Der Tempel, der zu Beginn der 90er-Jahre restauriert wurde, ist für die Öffentlichkeit gesperrt.

Hinter Tempel I liegt die **Ostplaza**, ein großer Platz mit einem kleinen Ballspielplatz und einem Schwitzbad. Das Terrain wurde wohl vornehmlich als Marktplatz benutzt. Ein weiterer Ballspielplatz liegt an der Südseite des Tempels.

Auf der Westseite der Plaza liegt das Pendant des Jaguartempels. **Tempel II**, der wegen seiner kunstvoll dekorierten Fassade auch **Tempel der Masken** genannt wird. Er ist mit 38 m nur unwesentlich kleiner als sein Gegenüber. Die Stuckmasken sind allerdings durch die Verwitterung stark zerstört worden. Er besitzt wie Tempel I leicht abgerundete Ecken und kann über eine Holztreppe bestiegen werden.

Auf der gesamten Nordseite der Plaza erstreckt sich eines der komplexesten Gebäude der Maya-Welt – die **Nordakropolis**. Über hundert Strukturen konnten die Archäologen identifizieren. Viele wurden überbaut, abgerissen, erneuert und ausgebessert. So wuchs der enorme Komplex im Laufe der Jahrhunderte auf eine Seitenlänge von rund 100 m bei einer Höhe von 13 m an. Die ständigen Aktivitäten dienten vornehmlich einem Zweck: Grabstätten für die Herrscher zu errichten. An einigen Stellen haben die Forscher Teile der Überbauungen freigelegt. Zum Vorschein kommen große Stuckmasken, die Grabkammern schmückten. Sie sind heute auch noch unter einem Palmdach und in einem kleinen Tunnel (Taschenlampe!) zu sehen. Vor dem Gebäudekomplex sieht man zwei lange Reihen mit Stelen und Altären ohne Hieroglyphen, die ursprünglich rot bemalt waren. Die Wissenschaftler nehmen an, dass sich die Herrscher auf ihnen verewigten, sich ihrer Taten rühmten und ihre Dynastie priesen. Ein Teil der steinernen Monumente weist Spuren der Zerstörung auf, die wahrscheinlich von Eroberern aus Caracol begangen wurden, um das besiegte Tikal zu demütigen. Ab 686 wurden die Stelen renoviert.

Bei Ausgrabungsarbeiten entdeckten Forscher die gut erhaltene, reich verzierte Stele 31, die im Museum von Tikal ausgestellt ist.

Tikal von A bis Z

Ausrüstung Eine Wasserflasche und ein Mückenmittel gehören ebenso wie festes Schuhwerk zur Standardausrüstung. Wer alle Sehenswürdigkeiten besuchen möchte, muss 8–10 km zu Fuß zurücklegen.

Besucherzentrum Hier befinden sich eine kleine Post, der Standort der Tikal-Guides und das Museo Lítico. Außerhalb gelangt man zum Campingplatz, den Hotels, kleineren Comedores und einem weiteren Museum. Telefone sucht man vergebens.

Eintritt Der Eintritt für Tikal beträgt Q150/Tag.

Führungen Guides in Tikal bieten Touren auf Spanisch, Englisch oder Französisch an. Touren kosten für bis zu 8 Teilnehmer US$50 und US$5 für jede weitere Person. Ein sehr empfehlenswerter deutschsprachiger Guide (mind. US$60 pro Führung) ist Luís Ramirez, der auch Touren zu anderen Ruinenstätten veranstaltet. Er ist allerdings lange im Voraus ausgebucht, daher empfiehlt es sich, ihn früh zu kontaktieren, ✆ 50388405, ✉ servitours2001@yahoo.com. Ein anderer deutschsprachiger Guide ist Peter Kirschstein, ✆ 51787141.

Informationen 17 km vom Eingang des Nationalparks entfernt ist das Besucherzentrum. Hier steht ein Gipsmodell der Anlage, das einen guten Überblick ermöglicht.

Wer die Stätte auf eigene Faust erkunden möchte, kann an den Souvenirständen den Tikal-Führer von William R. Coe erwerben, den es auch in deutscher Sprache gibt. Vogelbeobachtern sei das Buch *Birds of Tikal* von Frank B. Smithe empfohlen.

Internet 💻 www.tikalpark.de (deutsch). Dort finden sich auch die Parkregeln unter 💻 www.tikalpark.de/parkreg.htm.

Museen Im Besucherzentrum hat das Museo Lítico während der allgemeinen Besuchszeiten geöffnet, Q10. Es stellt über ein Dutzend Stelen und steinerne Monumente aus. Sehenswert sind die Fotografien von den Ausgrabungsarbeiten, die anschaulich verdeutlichen, unter welch schwierigen Bedingungen die ersten Archäologen arbeiteten und welche Meisterleistung Männer wie Maler, Maudsley oder Coe mit der Dokumentation und Restauration vollbrachten. Im Museo Silvanus G. Morley, das auch Museo Tikal genannt wird, sind polychrome Keramikgefäße, Jadeschmuck, Knochen mit Hieroglyphenritzungen und Skulpturen ausgestellt. Herausragend sind die Stele 31 aus dem Jahr 428 und eine Nachbildung der Grabkammer des Herrschers Ah Cacau. ⏱ Mo–Fr 9–17, Sa und So 9–16 Uhr, Q10.

Öffnungszeiten Tikal ist offiziell von 6–18 Uhr geöffnet. Wer im Nationalpark übernachtet, kann diese Zeiten etwas ausdehnen. Die meisten Touristen kommen zwischen 8 und 16 Uhr. In der übrigen Zeit liegt Tikal oftmals wie ausgestorben da.

Reisezeit Am meisten Betrieb herrscht in den Monaten Dezember bis Februar, April und Juli/August. Allerdings verstreuen sich die Massen auf dem riesigen Areal, sodass es nur auf dem Tempel IV, der großen Pyramide der „Verlorenen Welt" und der Hauptplaza gelegentlich richtig voll wird.

Tiere Auch wenn es schwerfällt: Tiere, wie z. B. die possierlichen und recht zahmen Nasenbären *(pizote)*, sollten nicht gefüttert werden. Tikal ist kein Zoo, sondern ein Naturschutzgebiet!

Allerdings können selbst die schönsten Stelen nicht mit denen von Copán oder Quiriguá konkurrieren.

Westlich der Nordakropolis liegt die **Westplaza**, deren Gebäude allerdings im Regenwald verborgen sind. Auf der Südseite wird die Plaza von der **Zentralakropolis** begrenzt. Die verwinkelte Anlage diente Herrschern, hochgestellten Adligen, Gelehrten und Priestern als Wohnort. Im Verlauf der Jahrhunderte wurde der Komplex ständig umgebaut und erweitert, um ihn den jeweiligen Bedürfnissen anzupassen. Unzählige kleine Patios, Häuser und Treppen, ein Gerichtshof, ein Zauberhaus und Unterkünfte für die Bediensteten finden sich in der fünffach überbauten Gruppe. Sie entstand im Laufe von 600 Jahren und wurde bis zum Beginn des 9. Jhs. genutzt. Der in Deutschland geborene Archäologe Teobert Maler nutzte ein Gebäude an der Plaza 2 während seiner Aufenthalte als Unterkunft. Noch heute ist dort seine in den Stuck gravierte Unterschrift zu sehen.

Tempel VI – Tempel der Inschriften

Der etwas abseits am Ende der Calzada Méndez liegende Tempel wird selten besucht. Obwohl er nicht so hoch ist wie die anderen fünf Tempelpyramiden Tikals, besitzt er einen beeindruckenden, 12 m hohen Dachkamm und zahlreiche Hieroglyphen auf seiner Rückseite. Er wurde erst 1951 entdeckt und stammt aus dem Jahr 766.

Übernachtung

Alle Hotels im Nationalpark sind ziemlich teuer. Vor allem in der Hauptsaison und während der Ferienwochen ist eine Reservierung ratsam. Der von einem Dieselaggregat erzeugte Strom wird gegen 22 Uhr abgeschaltet. Es gibt daher keine AC und auch Ventilatoren und warmes Wasser funktionieren nur während dieser Zeit. Das Wasser muss mit Tanklastwagen nach Tikal geschafft werden und ist entsprechend kostbar! Günstiger ist der öffentliche Campingplatz (Q40 p. P.), der aus einer Rasenfläche mit Schutzdächern aus Palmwedeln und Betonbasen besteht. Dort kann man zelten oder seine Hängematte aufhängen. Zelten kann man auch beim Hotel Jaguar Inn, s. u. Wertgegenstände sollten zu keiner Zeit unbeaufsichtigt im Zelt zurückgelassen werden. Übernachten auf den Tempelpyramiden ist offiziell nicht gestattet.

Hotel Jaguar Inn, ✆ 79260002, 💻 www.jaguartikal.com. Ordentliche DZ mit Ventilator, Restaurant. Zelten (Q50 p. P.) und Übernachten in der Hängematte (Q40 p. P.) möglich. Bestes Restaurant in Tikal, Internet. ❽

Hotel Tikal Inn, ✆ 79260065, ✉ tikalinn@yahoo.com. Restaurant und Pool. ❽ Bungalows ❾

Hotel Jungle Lodge, ✆ 24768775, 💻 www.junglelodgetikal.com. Das größte und teuerste Hotel Tikals mit Bungalows, Restaurant und Swimmingpool, ziemlich arrogantes Personal. ❾ Mit Gemeinschaftsbad ❻

Essen

Neben den Hotelrestaurants und dem teuren Restaurant im Besucherzentrum gibt es noch einige billige Comedores schräg gegenüber. Am Tempel IV und an der Großen Plaza bieten Getränkeverkäufer Wasser und Softdrinks an. Hier gibt es auch Toiletten und Picknickplätze. Den Abfall nimmt man am besten wieder mit.

Uaxactún

Die 24 km nördlich von Tikal gelegene Ruinenstätte ist bei Weitem nicht so spektakulär wie der bekanntere Nachbarort. Ein Großteil der Anlage ist vom Regenwald überwuchert. Allerdings gibt es hier einige interessante Gebäude, die Maya-Fans begeistern werden. Hinzu kommt, dass nur wenige Touristen Uaxactún besuchen und man somit weitgehend ungestört umherstreifen kann.

Der Ort wurde Anfang des vergangenen Jahrhunderts von Chicleros entdeckt. Der Archäologe Sylvanus G. Morley gab der Anlage 1916 den Namen „Acht Steine" in Anspielung auf eine Stele aus dem Jahr 327 n. Chr., deren Datumsangabe mit einer Acht beginnt. Ausgrabungen der 20er- und 30er-Jahre des 20. Jhs. förderten Wandmalereien und den Beweis zutage, dass auf einigen der Tempelpyramiden Gebäuden aus vergänglichen Materialien (Holz, Palmdächer) standen.

Der Aufstieg Uaxactúns zu einem bedeutenden Zeremonienzentrum vollzog sich im gleichen

Uaxactún

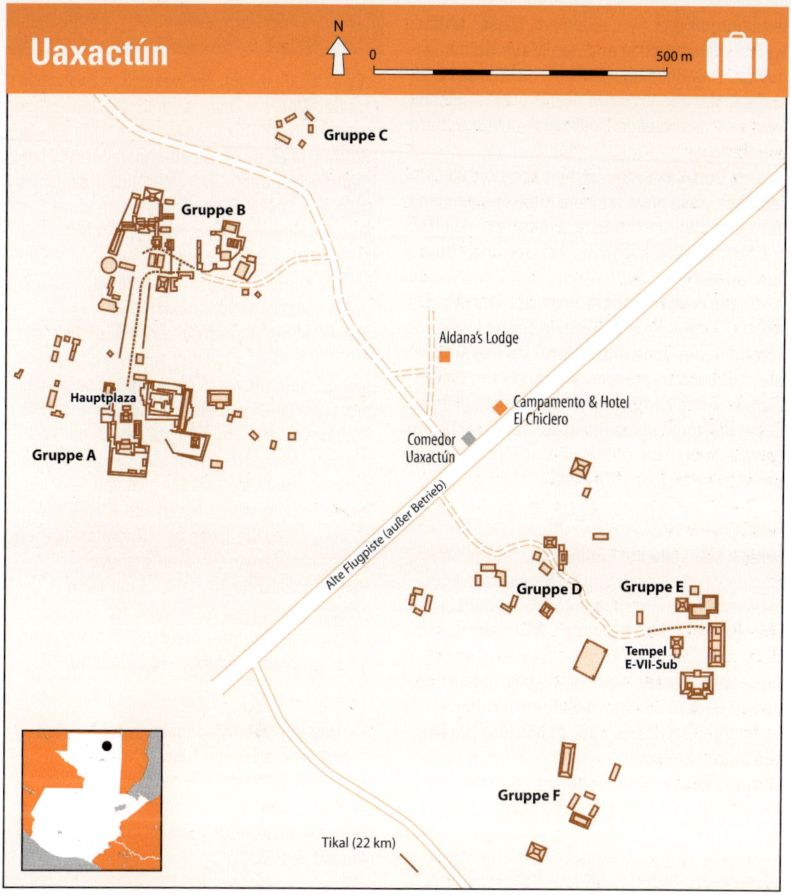

Zeitraum wie der Tikals, doch schien Uaxactún in der späten Frühklassik sogar architektonisch weiter entwickelt gewesen zu sein. Beide Städte wuchsen in den folgenden Jahrhunderten zu Rivalen heran. In einer alles entscheidenden Schlacht im Jahr 378 n. Chr. unterlag Uaxactún und wurde für Jahrhunderte von Tikal unterjocht. Erst 711 ließ ein Herrscher aus Uaxactún eine Stele errichten, die sich auf die Gründer der Dynastie bezieht und die Unabhängigkeit demonstrierte. Das letzte Datum in Uaxactún stammt aus dem Jahr 889. Anhand von Bodenuntersuchungen konnten Wissenschaftler zum Ende der klassischen Periode starke Erosionen nachweisen. Ein Großteil des Waldes war verschwunden und die dünne Schicht von Mutterboden weggewaschen worden. An Skeletten von Angehörigen der Unterschicht, die im benachbarten Tikal gefunden wurden, sind Zeichen von Unterernährung festgestellt worden.

Die Anlage ist in acht Gruppen westlich (A, B und C) und östlich (D–H) der ehemaligen Landebahn unterteilt. Am interessantesten sind drei Tempel der **Gruppe E**, die als Observatorium dienten. An den Tagen der Sonnenwende und der Tagundnachtgleiche ging die Sonne je hinter einer der drei Pyramiden auf. Dieses Muster wurde später auch in anderen Maya-Stätten gefunden. Eine Besonderheit stellt der **Tempel E-VII sub** dar. An den Wänden dieser präklassischen Pyramide sind riesige Stuckmasken von Göttern angebracht.

Das **Dorf Uaxactún** existiert seit rund 80 Jahren. Hier leben etwa tausend Menschen entlang der ehemalige Landepiste. Früher exportierten sie hauptsächlich *chicle*, das sie über Belize vermarkteten.

Später kamen andere Produkte des Waldes wie die *Xate*-Palme, Nelkenpfeffer und schließlich auch der Tourismus hinzu. Da das Dorf im Maya-Biosphärenreservat liegt, dürfen die Bewohner keine Landwirtschaft betreiben. Für das Recht im Naturschutzgebiet zu leben, zahlt jede Familie monatlich Q50 Pacht an die nationale Umweltkommission (CONAMA).

Übernachtung

Hotel y Campamento El Chiclero, kein Telefon. Begann 1992 als einfaches Hängemattenlager. Mittlerweile sind stabile Unterkünfte gebaut worden, einfache Mahlzeiten, ❸ Camping US$5 p. P. Es gibt ein kleines Keramikmuseum. Außerdem werden Ausritte, Wanderungen und Jeepsafaris zu den Maya-Stätten der Umgebung organisiert, z. B. nach El Mirador, Río Azul, Nakbé und El Zotz.

Aldana's Lodge, Weg Richtung Gruppe A+B, kein Telefon. Einfache Unterkunft ❷, Camping möglich ❶

Eintritt

Der Weg nach Uaxactún führt immer über Tikal. Wer nur Uaxactún besichtigen möchte, braucht die **Q150 Eintritt** in Tikal nicht zu entrichten. In diesem Fall bekommt man bei der Parkverwaltung (in der Nähe des Tikal Museums) ein Ticket für **Q50**, das ausschließlich zum Besuch von Uaxactún berechtigt. Lokale, spanischsprachige **Guides** bekommt man über das Hotel y Campamento El Chiclero. Ca. US$20 für eine Führung. Die Ruinenstätte ist **immer** geöffnet.

Transport

Pinita fährt 1x tgl. um 13 Uhr ab dem Terminal in SANTA ELENA die 83 km in 3 Std., Zustieg in Tikal gegen 14.30 Uhr möglich, zurück gegen 6 Uhr morgens (Zeitplan ist nicht immer verlässlich, besonders in der Regenzeit).

Alle Veranstalter bieten Tagesausflüge von Flores nach Uaxactún an, ca. US$80–90, alles inklusive, s. S. 381.

Das Wandgemälde von San Bartolo

„Es ist als ob man in der westlichen Zivilisation ein Gemälde von Da Vinci entdeckt und vorher nur moderne Kunst gekannt hätte." Mit diesen Worten beschrieb Expeditionsleiter William Saturno von der Universität New Hampshire (USA) die 2005 erfolgte Entdeckung eines 9 m breiten und 1 m hohen Wandgemäldes in der Maya-Stätte San Bartolo, einem rund 8 km² großen Komplex mit mehreren Gebäuden, rund 47 km nordöstlich von Uaxactún.

Die Forscher datierten das Fundstück auf 150–100 v. Chr. Es handelt sich um das größte bisher gefundene Wandgemälde und das erste größere Fundstück dieser Art seit 1946. Kunstvolle, fehlerfreie Darstellungen der Weltordnung, Maya-Herrscher und Datumsglyphen beweisen, dass sich die Maya-Kultur früher als bisher angenommen entwickelte. Bisher glaubte man, dass die frühesten Schriften (gegen 300 v. Chr.) von den Olmeken stammten.

San Bartolo ist für Touristen leider nicht zu besichtigen, denn der Schutz der fragilen Zeichnungen hat Priorität. Mehr Infos zum Projekt unter 💻 www.sanbartolo.org (englisch).

Yaxhá

Eine inzwischen fast durchgängig asphaltierte Straße führt durch dünn besiedeltes Gebiet rund 100 km von Flores bis zum Grenzposten Melchor de Mencos. Leider ist ein Großteil der Wälder der Brandrodung zum Opfer gefallen. Zunächst geht es auf der Straße Richtung Tikal bis El Cruce. Dann verläuft die Straße entlang der Lagunen **Salpetén** und **Macanché**. Nach weiteren 32 km ist die Abzweigung der recht guten, 8 km langen Piste nach Norden zur Lagune Yaxhá, dem „grünen Wasser", erreicht.

LAGUNE YAXHÁ

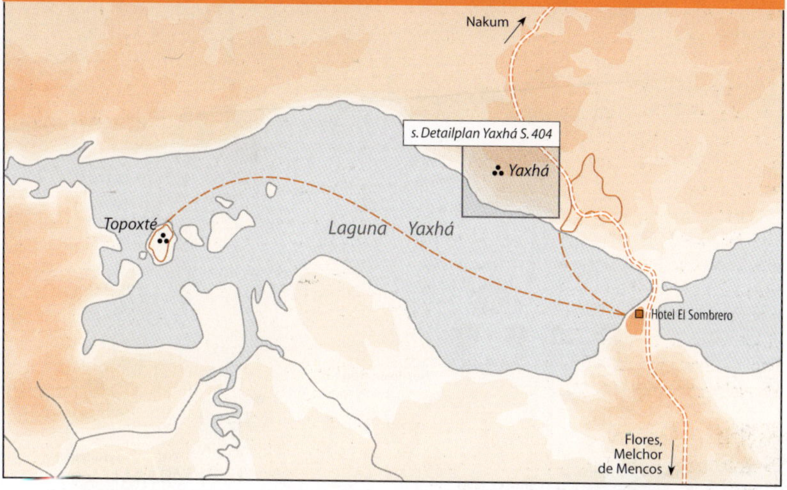

Die weitläufige Anlage an ihrem nordöstlichen Ufer auf einem Hügel mag nicht so spektakulär sein wie Tikal, hat aber ihre eigene geheimnisvolle Atmosphäre. Yaxhá sei denjenigen empfohlen, die eine wenig besuchte Ruinenstätte in einem Wald an einer traumhaft schönen Lagune genießen wollen. Zusammen mit den Ruinen **Nakum** im Norden und **Naranjo** im Osten wird Yaxhá durch ein 1200 km² großes Naturschutzgebiet vor der Zerstörung bewahrt.

Entdeckt wurde die Maya-Stadt 1904 von Teobert Maler, dem großen Tikal-Forscher. Seit 1987 finden hier Ausgrabungen und Restaurierungsarbeiten statt, die zu einem Großteil von der Kreditanstalt für Wiederaufbau (KFW) finanziert werden.

Die Anlage mit ihren neun Akropolen und über 500 registrierten Strukturen zählt zu einer der größten Maya-Stätten in Guatemala. Die meisten Gebäude wurden in der klassischen Periode zwischen 300 und 900 n. Chr. errichtet. Auffällig ist die urbane Gestaltung, die bei den Maya selten ist. So besitzt Yaxhá ein Straßennetz, das von Gebäuden gesäumt war. Diese Art der Stadtanlage stammt wahrscheinlich aus Teotihuacán im Norden Mexikos und hat ihren Weg über Kaminalyujú im guatemaltekischen Hochland in den nördlichen Petén gefunden.

Yaxhá wurde des Öfteren von seinen kriegerischen Nachbarn angegriffen. Es litt besonders unter den Attacken der Herrscher von Naranjo, die den Ort im 8. Jh. mehrfach heimsuchten. 734 geriet die Stadt unter den Einfluss von Tikal. Die neuen Herrscher errichteten den **Zwillingspyramidenkomplex der Gruppe A**, der charakteristisch für das weiter westlich gelegene Tikal ist.

An der Plaza C erheben sich **3 Tempel**, die ähnlich wie in Uaxactún für astronomische Beobachtungen errichtet wurden. Der sicherlich schönste Platz der Anlage ist aber die **Tempelpyramide 216**, die zur Ostakropolis gehört. Von ihrer Spitze, die über eine Treppe zu erklimmen ist, bietet sich ein eindrucksvoller Blick über den Wald und die benachbarten Lagunen Yaxhá und Sacnab. Hier kann man fantastische Sonnenuntergänge sowie gelegentlich Tukane und Brüllaffen beobachten (an die Taschenlampe für den Rückweg durch den stockdunklen Wald denken).

Martsam Travel (s. S. 382) bietet eine 2-Tagestour Yaxhá/Nakum für US$240 p. P. (mind.

Yaxhá

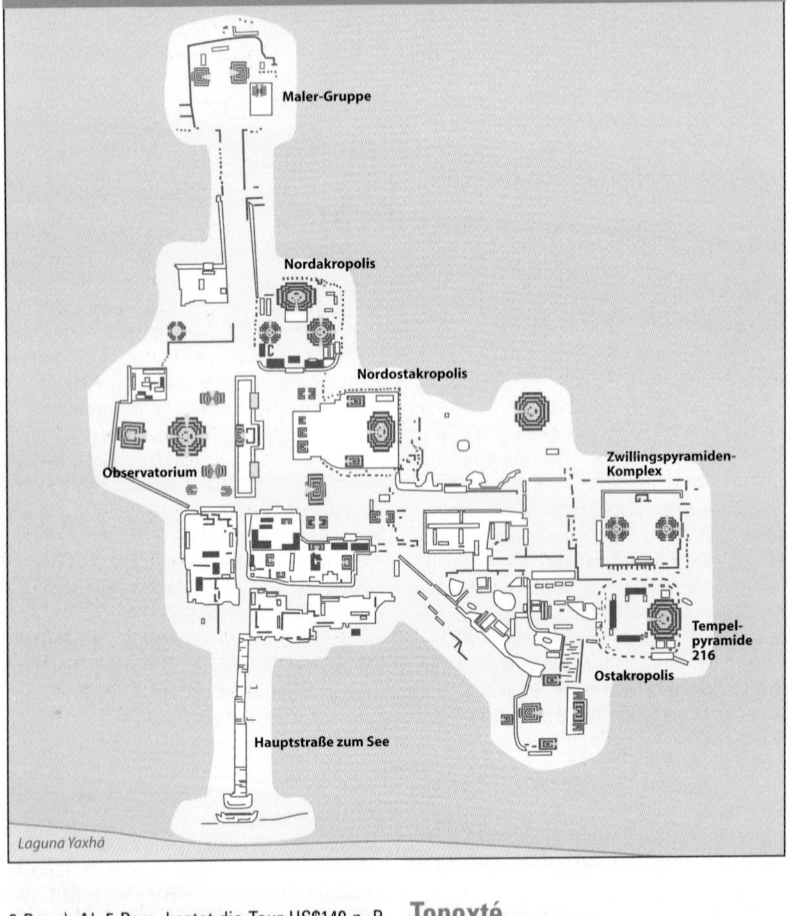

2 Pers.). Ab 5 Pers. kostet die Tour US$140 p. P. Die 3-tägige Tour Yaxhá/Nakum/Tikal kostet US$360 p. P. (mind. 2 Pers.). Ab 5 Pers. kostet diese Tour US$220 p. P.

Vom **Café Yax-Há** in Flores veranstaltete Tagestouren nach Yaxhá kosten US$85 p. P. (2 Pers.) oder US$39 p. P. (5 Pers.) und schließen ein Mittagessen in einer Gastfamilie mit ein.

Der **Eintritt** zur Ruinenstätte beträgt Q80 p. P., 🕓 6–17 Uhr.

Topoxté

Die inzwischen zur Halbinsel verlandete Ruinenstätte an der Lagune Yaxhá lässt sich bequem in einer kurzen Bootsfahrt vom Campingplatz oder der Ecolodge El Sombrero (teuer) erreichen. In der Trockenzeit kann man zu Fuß gehen. Die Ruinenstätte ist eines der am besten erhaltenen postklassischen Zentren. Wissenschaftler fanden heraus, dass die Insel bis zur Mitte des

15. Jhs. bewohnt war. Sie vermuten, dass hier das Volk der Itzá gelebt haben könnte. 1831 entdeckten Forscher drei Strukturen, die in Nord-Süd-Richtung angelegt waren.

Auf den beiden kleineren Nachbarinseln **Canté** und **Paxté** fanden Archäologen ebenfalls Spuren menschlicher Besiedlung. Das durch Klimaeinwirkungen und Räuber arg mitgenommene Topoxté ist im Rahmen eines millionenschweren deutsch-guatemaltekischen Entwicklungsprojektes zusammen mit Yaxhá restauriert worden. Die Beteiligten hoffen damit mehr Besucher in die bisher wenig beachtete Zone zu locken. Am Seeufer liegt in der Nähe der Hütten der Parkwächter ein kleines **Museum**.

Übernachtung und Essen

Der kostenlose **Campingplatz** am Seeufer in der Nähe des Museums bietet offene, überdachte Holzhütten und ein paar Latrinen. Essen und Trinkwasser müssen mitgebracht werden. Dafür entschädigt der Blick auf die Lagune, die Klangkulisse des Regenwaldes und die Tierwelt. Besonders Vogelfreunde kommen auf ihre Kosten.

Die **Ecolodge El Sombrero**, ✆ 41476380, 💻 www.ecolodgeelsombrero.com, bietet eine luxuriösere Übernachtungsmöglichkeit. Sie liegt traumhaft schön an der Ostseite der Lagune Yaxhá und offeriert einfache, saubere Zimmer mit Gemeinschaftsbad ❹, Hauptsaison ❺. Die privaten Bungalows sind teurer ❼, Hauptsaison ❽. Das Restaurant ist ebenfalls nicht billig. Die Besitzer der Lodge veranstalten Bootsausflüge zur Insel Topoxté und mehrtägige Ausritte über Nakum nach Tikal.

An der Lagune Macanché (ca. 3 km von der Hauptstraße entfernt) liegt das **Santuario Ecológico El Retiro**, eine Unterkunft direkt am Wasser mit privatem Naturschutzgebiet. Wer Ruhe und Einsamkeit schätzt, ist hier richtig, ✆ 57511876, 💻 www.retiro-guatemala.com. Einfache, etwas überteuerte Bungalows (für bis zu 4 Pers.) mit Privatbad und warmem Wasser, Restaurant, Bootsvermietung, Dschungeltouren. ❽, Zelten völlig überzogene US$20 p. P.

Vorsicht: echte Kaimane!

Das Baden in der Lagune sollte man sich verkneifen, denn es leben immer noch einige große – und durchaus hungrige – Kaimane in Ufernähe, was sich bei einem nächtlichen Spaziergang mit der Taschenlampe überprüfen lässt. Es ist bereits zu Zwischenfällen gekommen!

Nakum

Für die 17 km von Yaxjá nach Nakum braucht man eine gute Kondition, ein Pferd oder einen Geländewagen. Das sumpfige Tiefland *(bajos)* zwischen Yaxhá und Nakum ist in der Regenzeit überschwemmt. Die Ruinenstätte, 20 km nördlich von Yaxjá am Ufer des Río Holmul, ist weitgehend vom Dschungel überwuchert. Hier wurden über ein Dutzend gut erhaltener Stelen mit Datumsangaben von 771–849 gefunden. Außerdem entdeckten die Archäologen Gebäude, die astronomischen Zwecken gedient haben müssen. Der verkehrsgünstig gelegene Ort diente als Handelsposten zwischen den weiter westlich gelegenen Zentren und der Karibik.

Wer die Stätte besuchen will, sollte eine Tour in Flores oder über die Ecolodge El Sombrero in Yaxhá buchen. In der Anlage sind einfache Übernachtungsmöglichkeiten vorhanden. Martsam Travel in Flores (s. S. 382) bietet während der Trockenzeit eine dreitägige Wanderung von Nakum nach Tikal an.

Melchor de Mencos

Der heiße und wenig interessante Grenzort zu Belize lädt nicht gerade zum Verweilen ein. Größte Attraktion ist der breite und klare **Río Mopan**. Wer ein wenig Zeit hat, sollte sich ein erfrischendes Bad gönnen.

Ein paar Kilometer vor dem Ort zweigt links eine schlechte Piste durch den Regenwald ab. Sie führt zur 22 km nordwestlich liegenden Maya-Stätte **Naranjo** (nicht zu verwechseln mit dem weiter östlich gelegenen Ort El Naranjo am Río San Pedro). In der ausgedehnten Anlage, in der man zahlreiche Stelen fand, führen Archäo-

Dauerspannung: Guatemala – Belize

Eigentlich müsste das Thema „Belize" längst von der politischen Agenda verschwunden sein, doch das Gegenteil ist der Fall. Noch immer versucht der guatemaltekische Staat sich Teile der verlockenden 23 000 km² im Nordosten des Landes einzuverleiben, und immer wieder kommt es zu Grenzstreitigkeiten, die auf diplomatischer und politischer Ebene ihre Fortsetzung finden.

Warum erhebt Guatemala Anspruch auf belizisches Staatsgebiet? Die spanische Krone hatte an dem unbesiedelten Gebiet jahrhundertelang so gut wie kein Interesse gezeigt und gewährte England ab der zweiten Hälfte des 18. Jhs. das Recht, dort Holz zu schlagen und zu exportieren. Nach der Unabhängigkeit reklamierte die junge Nation Guatemala das Gebiet für sich, ohne zuvor jemals irgendeine Form von Autorität oder Kontrolle über die englischen Siedlungen ausgeübt zu haben. Erst im Grenzvertrag von 1859 erkannte Guatemala das heutige Belize als britisches Interessengebiet an. Als Gegenleistung verpflichtete sich England, eine Straße von Guatemala-Stadt nach Belize-Stadt zu bauen. Um die Unabhängigkeit von Guatemala zu untermauern, erklärte England 1871 das Gebiet zur Kronkolonie Britisch-Honduras. 1940 erklärte die guatemaltekische Regierung offiziell den Vertrag von 1859 als ungültig, da die Briten ihr Versprechen zum Bau der Straße nicht eingehalten hatten. All dies nützte wenig, da Britisch-Honduras 1964 das Recht auf Selbstverwaltung erhielt, 1973 offiziell in Belize umbenannt wurde und 1981 als vollwertiges Mitglied des Commonwealth in die Unabhängigkeit entlassen wurde. Obwohl die guatemaltekische Regierung den jungen Staat 1991 offiziell anerkannte, sorgten einflussreiche Kreise dafür, dass diese Entscheidung 1994 rückgängig gemacht wurde – genau zu dem Zeitpunkt, an dem die Engländer ihre letzten Truppen aus Belize abzogen.

Ende 1999 bezog die guatemaltekische Regierung einen neuen Standpunkt, der nunmehr auf einen englisch-spanischen Vertrag aus dem 18. Jh. verwies.

Darin sei das Staatsgebiet des heutigen Belize auf weniger als die Hälfte der heutigen Fläche festgelegt worden. Je hartnäckiger Guatemala versucht, territoriale Ansprüche anzumelden, desto energischer formiert sich Widerstand in Belize. So weigert sich der Kleinstaat mit seinen 300 000 Einwohnern, ein internationales Schlichtungsgericht mit dem Fall zu betrauen, wie es Guatemala fordert. Ungeachtet dessen fühlt sich das bunte Völkergemisch in Belize aufgrund kultureller und wirtschaftlicher Beziehungen ohnehin mehr zum karibischen Raum hingezogen als zum Ladino- und Indígena-Staat Guatemala, dessen Militärdiktatur und Menschenrechtsverletzungen auf die Einwohner des überwiegend friedlichen Nachbarlandes mehr als abschreckend wirken. Inzwischen glaubt eigentlich so gut wie niemand mehr in Guatemala ernsthaft an einen guatemaltekischen Verhandlungserfolg. Bestes Zeichen dafür ist die Tatsache, dass Belize auf offiziellen Landkarten Guatemalas nicht mehr als eigene Provinz eingezeichnet wird.

logen seit 1999 Ausgrabungen durch. Viel zu sehen gibt es bisher noch nicht. Der kriegerische Stadtstaat, der wie Tikal von Caracol besiegt worden war, machte Ende des 7. und Anfang des 8. Jhs. durch zahlreiche Eroberungen unter seinem jungen Herrscher Rauch-Eichhörnchen von sich reden.

Übernachtung und Essen

Rio Mopan Lodge, nur 50 m von der Grenzstation in üppiger Vegetation am Río Mopan gelegen, ✆ 79265196, 💻 www.tikaltravel.com/mopan.htm. Große, angenehm kühle Zimmer mit Flussblick, Restaurant, Tourangebot. ❻

Hotel y Restaurante La Cabaña, in Nähe der Plaza, ✆ 79265205. Teure Zimmer mit AC, WLAN, Warmwasser und TV. Schwimmbad. ❼ Mit Gemeinschaftsbad ❺

Transport

SANTA ELENA (101 km, 1 1/2 Std.), Kleinbusse fahren alle 15 Min. von 5.30–18.00 Uhr.

Ein **Taxi** von der Grenze nach FLORES kostet rund US$50.

Von Flores zum Río Dulce

Lange Zeit war diese Straße nach Süden die Albtraum-Strecke aller Guatemala-Touristen, da man in vollgestopften Bussen stundenlang durchgerüttelt wurde und häufig lästigen Militärkontrollen ausgesetzt war. Dies alles gehört der Vergangenheit an. Seit Januar 2000 ist die Asphaltstraße mit Seitenstreifen und Verkehrsschildern fertiggestellt. Bequeme Luxusbusse, die auch nachts verkehren, haben die ehemals sechs- bis achtstündige Fahrtzeit zum Río Dulce auf die Hälfte verkürzt, und die Soldaten sind seit dem Friedensschluss von 1996 von der Straße verschwunden. Amüsant, aber gleichzeitig auch ein wenig nachdenklich stimmen die Warnschilder vor allen möglichen wilden Tieren, die angeblich die Straße kreuzen sollen. Die meisten von ihnen sind schon lange vor dem Straßenbau aus der Region verschwunden.

An der Straße wurde die Siedlung **Nuevo Horizonte** nördlich von Santa Ana Vieja errichtet. In der gleichförmigen Wohnkolonie leben seit Februar 1998 *demobilizados* – Ex-Guerillamitglieder, die nach ihrer Demobilisierung im zivilen Leben einen neuen Anfang versuchen. Ihre Lage ist nicht allzu rosig, da die Produktion auf dem kargen Land, das sie mit Hilfe eines Kredits erworben haben, nicht ausreicht um ihre Schulden zu begleichen. Somit sind die Männer wieder gezwungen, sich ihren Lebensunterhalt auf den Nachbarfarmen als billige Arbeitskräfte zu sichern. Dieses ungerechte System von Ausbeutung und Unterdrückung war für viele aber einer der Gründe, der Guerilla während des Bürgerkrieges beizutreten.

Vorbei an den wichtigen lokalen Warenumschlagplätzen **El Chal** und **Dolores**, in denen es einfache Übernachtungsmöglichkeiten und ein neues Maya-Museum gibt (Dolores, Eintritt Q30), überquert man wenige Kilometer nördlich von Poptún den glasklaren **Río Machaquilá**. Hier lohnt ein Badestopp.

Übernachtung und Essen

Wer die nähere Umgebung des Río Machaquilá erkunden möchte, sollte in der **Villa de los Castellanos**, direkt an der Brücke beim KM 387,8 einkehren, ✆ 78674773, ✉ ecovilla@intelnet.net.gt. Wunderschöne Bungalowanlage mit üppigem Garten und eigenem Zugang zum meist kristallklaren Río Machaquilá. Etwas dunkle, dafür angenehm kühle Zimmer, Restaurant, Hängematten. ❻

Legale Abzocke an der Grenze zu Belize?

Bei der Ausreise von Belize nach Guatemala zahlt man US$18,75 an Gebühren! Bei der Einreise nach Belize fallen US$7 an. Dagegen sind die willkürlich festgelegten und nicht immer erhobenen Q10–20 bei der Ein- bzw. Ausreise nach bzw. aus Guatemala geradezu ein Schnäppchen. Immer eine Quittung *(recibo, comprobante de pago)* verlangen. ◷ Die Grenze ist tgl. von 6–21 Uhr geöffnet. Von der Grenze benötigen Busse rund 3 Std. nach Belize-Stadt, nach Flores sind es rund 90 Min.

Poptún

Umgeben von Kiefernwäldern liegt Poptún in den Ausläufern der Maya-Berge auf gemäßigten 500 m Höhe. Noch in den 40er-Jahren des vergangenen Jahrhunderts gab es hier nur ein einsames Camp der Gummisammler. Damals, so erzählen die *chicleros*, soll es dort große Mengen Riesenaras gegeben haben. Sie hätten so viel Lärm gemacht, dass man manchmal sein eigenes Wort nicht verstanden habe. Mitte der 1940er-Jahre wurde eine landwirtschaftliche Kooperative gegründet, aus der sich das heutige Poptún entwickelte. Die größte Siedlung zwischen Flores und Río Dulce ist in den letzten Jahrzehnten stark angewachsen. Es gibt Telefon und Banken. In Poptún befindet sich außerdem das Ausbildungslager der militärischen Spezialeinheit Kaibiles. In der „Hölle Poptuns", so die Inschrift über dem Lagereingang, werden die Einzelkämpfer auf ihre wenig menschenfreundlichen Einsätze vorbereitet.

Östlich von Poptún, in der Nähe der Grenze zu Belize, liegt die **Höhle Naj Tunich**. Die Maya betrachteten sie als den Eingang zur Unterwelt. Naj Tunich enthält in ihrem Inneren über 400 Maya-Hieroglyphen, Wandmalereien mit religiösen

Darstellungen und Ballspiel-Szenen. Nach einem rund 20-minütigen Fußmarsch durch den Urwald kann der eindrucksvolle Eingangsbereich besichtigt werden. In einer 5 Min. entfernt gelegenen Höhle wurden gute Repliken der Wandzeichnungen angebracht. Das Hotel Villa de los Castellanos in Machaquilá und die Finca Ixobel veranstalten Führungen.

Übernachtung, Essen, Sonstiges

Einfache Übernachtungsmöglichkeiten beim Markt oder in der Nähe der Shell-Tankstelle. **Restaurant Fonda Ixobel**, im Zentrum, bereitet brauchbares Essen zu. Es gibt einen Geldautomaten und mehrere **Banken**.

Transport

So gut wie alle **Busse** halten an der Shell-Tankstelle. Von Poptún sind es rund 2 Std. Fahrtzeit bis FLORES und ca. 90 Min. zum RÍO DULCE.

San Luís

Südlich von Poptún wird die Landschaft hügeliger und die Straßen kurviger. Der Ort San Luís, in dem Mopán- und Kekchí-Indígenas gleichermaßen leben, ist von wenig touristischer Bedeutung, bietet aber notfalls einfache Unterkünfte. Hier zweigt eine selten benutzte Piste in südwestlicher Richtung in die Provinz Alta Verapaz ab. An der Grenze zur Provinz Izabal liegt der kleine Ort **Modesto Méndez**, benannt nach dem offiziellen Entdecker Tikals.

Ganz in der Nähe verläuft die Grenze zu Belize. Auf den Hügelketten im Osten kann man Militärposten sehen. Ein Polizeiposten kontrolliert die Papiere der durchreisenden Fahrzeuge. Eine regelmäßig befahrene Schotterpiste führt westwärts nach Fray Bartolomé de las Casas im Alta Verapaz. Wer der Hauptstraße Richtung Süden folgt, erreicht nach weiteren 40 km den Río Dulce.

Touristenparadies zwischen Flores und Río Dulce

Der mit Abstand beste Ort, um die Fahrtstrecke zwischen Flores und Río Dulce zu unterbrechen, ist die **Finca Ixobel**, rund 5 km südlich von Poptún, ✆ 54104307, www.fincaixobel.com. Seit Jahren führt Carole deVine den Betrieb mit großem Elan und zunehmendem Erfolg – und dies, obwohl ihr Mann Mike 1990 von Militärs unter nie ganz geklärten Umständen ermordet wurde.

Die **Unterkünfte** sind vielfältig und reichen von Camping, Q25 p. P., über Baumhäuser, ❷–❺, und einen Schlafsaal, Q35 p. P., bis zu Privatzimmern ohne Bad, ❸–❹, mit Bad, ❺, und Bungalows ❻.

Das **Essen** ist einmalig gut, Brot wird selbst gebacken und das Gemüse ökologisch vor Ort angebaut. Das Abendessen besteht aus einem abwechslungsreichen Buffet (Q30–60), von dem man, um zu sparen, auch nur einen Teller bestellen kann. Frühstück (Q14–56) und Mittagessen (Q19–50) sind à la carte. Jeder schreibt an, was er konsumiert hat. Das System basiert also auf Ehrlichkeit! Beim Zahlen sollte man auch an ein Trinkgeld für die zahlreichen unsichtbaren Geister denken, die oftmals als Freiwillige für freie Kost und Logis arbeiten und den Farmbetrieb aufrechterhalten.

Die Finca Ixobel ist der ideale Ort um auszuspannen und abwechslungsreiche **Ausflüge** in die Umgebung zu unternehmen. Drei Höhlentrips stehen zur Auswahl (Q35–75), Reitausflüge kosten Q100 für 2 Std., Q175 für die Tagestour und Q400 für die 2-Tages-Tour. Für Q200 kann man sich auf dem Río Machaquilá mit einem Reifen treiben lassen. Außerdem kann man Vögel beobachten, wandern oder Volleyball spielen. Auf dem Gelände der Finca befinden sich ein kleiner Naturpool, eine Bücherei, in der auch Bücher getauscht werden können, und ein Internetcafé mit WLAN.

Anreise: Alle Busse, die zwischen Flores und Río Dulce verkehren, passieren den Abzweig zur Finca Ixobel (dem Busfahrer Bescheid geben). Von der Hauptstraße sind es rund 1,5 km zu Fuß, Mototaxis zur Finca Ixobel kosten etwa Q15, ein Taxi nimmt Q30. Alternativ kann man auch in Poptún aussteigen und sich im Restaurant Fonda Ixobel ein Taxi bestellen, das einen zur Finca bringt.

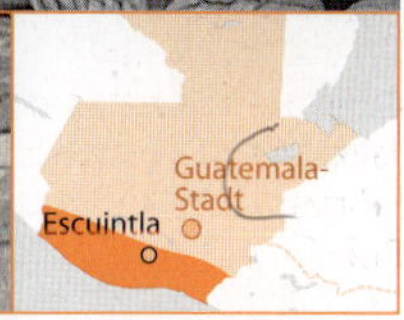

Das karibische Tiefland

Stefan Loose Traveltipps

13 Río Dulce und Lago de Izabal Eine Fahrt durch grüne Schluchten zur Karibikmündung. S. 411

Canyon El Boquerón Eine Wanderung mit Klettertour und Badespaß zwischen engen Felswänden. S. 415

Bocas del Polochic Das Naturschutzgebiet ist vor allem ein Vogelparadies, aber auch Manatís, Krokodile, Brüllaffen und Wildkatzen leben hier. S. 417

14 Livingston In der Garifuna-Stadt, die nur per Boot zu erreichen ist, wird ausgelassen Punta getanzt. S. 418

15 Quiriguá Die höchsten Stelen der Maya-Welt, Zeugnisse der alten Herrscher. S. 432

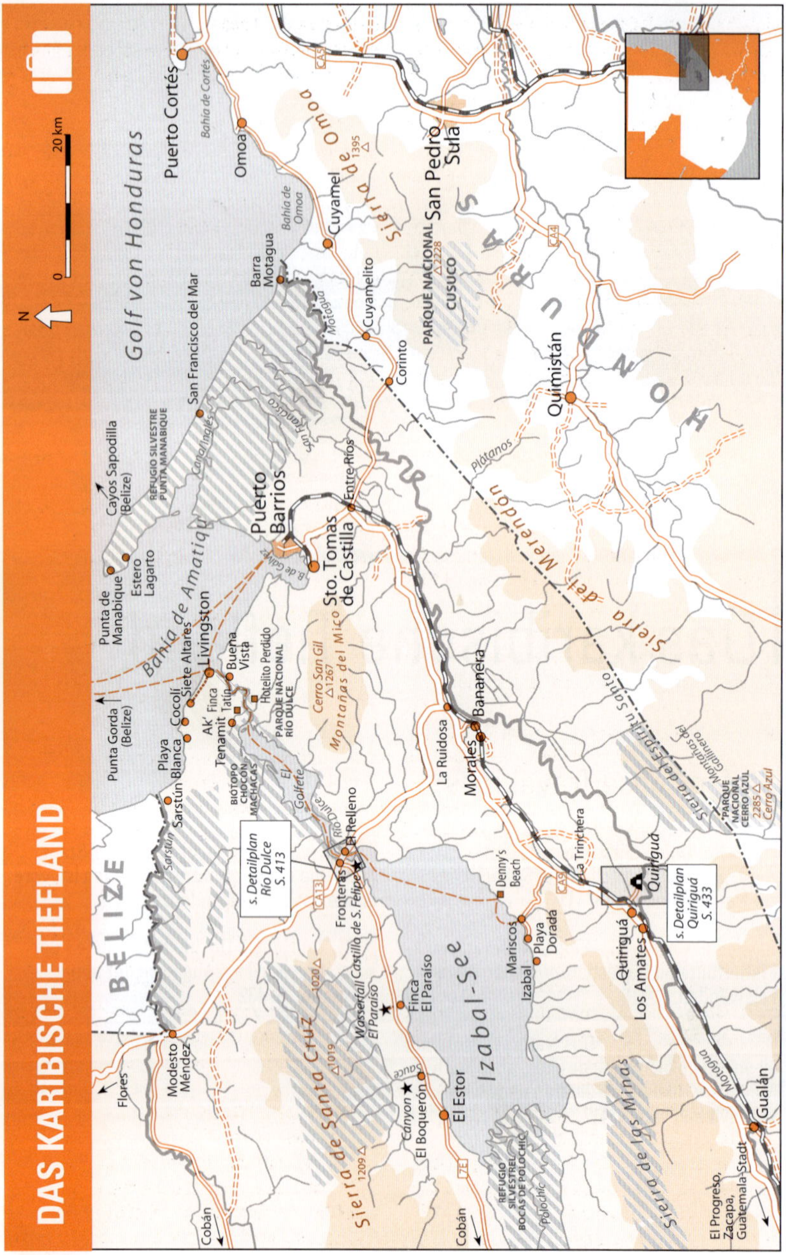
DAS KARIBISCHE TIEFLAND
N
0
20 km
Golf von Honduras
Puerto Cortés
Bahía de Cortés
Omoa
Bahía de Omoa
Cuyamel
Sierra de Omoa
1395
San Pedro Sula
Barra Motagua
Motagua
Cuyamelito
Corinto
PARQUE NACIONAL CUSUCO
2228
Quimistán
H O N D U R A S
Plátanos
Sierra del Merendón
San Francisco del Mar
San Francisco
Cayos Sapodilla (Belize)
REFUGIO SILVESTRE PUNTA MANABIQUE
Canal Inglés
Punta de Manabique
Estero Lagarto
Puerto Barrios
Entre Ríos
B. de Gálvez
Sto. Tomas de Castilla
Bahía de Amatique
Livingston
Siete Altares
Buena Vista
Hotelito Perdido
PARQUE NACIONAL RÍO DULCE
Finca Tatín
Ak' Tenamit
Cocolí
Playa Blanca
Punta Gorda (Belize)
Cerro San Gil
1267
Montañas del Mico
Bananera
Morales
La Ruidosa
Sierra del Espíritu Santo
Montañas del Gallinero
PARQUE NACIONAL CERRO AZUL
2285
Cerro Azul
BIOTOPO CHOCÓN MACHACAS
El Golfete
Río Dulce
El Relleno
Sarstún
BELIZE
s. Detailplan Río Dulce S. 413
Fronteras
Castillo de S. Felipe
CA13
Denny's Beach
La Trinchera
CA9
Quiriguá
s. Detailplan Quiriguá S. 433
Mariscos
Playa Dorada
Izabal
Los Amates
Izabal-See
Finca El Paraíso
Wasserfall El Paraíso
1020
Sierra de Santa Cruz
1019
1209
Modesto Méndez
Flores
Sauce
Canyon
El Boquerón
El Estor
7E
REFUGIO SILVESTRE BOCAS DE POLOCHIC
Polochic
Sierra de las Minas
Motagua
Gualán
El Progreso, Zacapa, Guatemala-Stadt
Cobán
Cobán
CA4
CA5

Viele berühmte Reisende und sogar die spanischen Eroberer berichteten enthusiastisch über die vielen Naturwunder der Provinz Izabal. Das zweitgrößte Departamento des Landes erstreckt sich im Osten des Landes über eine Fläche von 9038 km². Umrahmt von drei Gebirgszügen, die Höhen von bis zu 2000 m erreichen, liegt der **Izabal-See** im Zentrum der Provinz. Mit 48 km Länge und 24 km Breite ist er der größte See des Landes. Der mächtige **Río Polochic** mündet im Westen in den See. Am Abfluss des Izabal-Sees in den **Río Dulce** liegt das **Castillo de San Felipe**, eine alte spanische Festung. Der Río Dulce verbreitert sich zunächst in seinem weiteren Lauf Richtung Atlantik, bevor er nach einer weiten Schleife durch eine tiefe Schlucht bei **Livingston** in die Karibik fließt.

Dort hat sich ein buntes Völkergemisch niedergelassen. Unter anderem leben hier und in **Puerto Barrios** die einzigen Schwarzen des Landes. Sie stammen aus der Karibik. Westlich von Puerto Barrios liegt **Santo Tomás de Castilla**, der wichtigste Hafen des Landes. Die **Punta de Manabique**, ein nur per Boot erreichbares Mangrovengebiet, umschließt die Bahía de Amatique. Ebenfalls in das Karibische Meer mündet der **Río Motagua**, der größte Fluss im südöstlichen Guatemala. In seiner fruchtbaren Schwemmlandebene werden überwiegend Bananen angebaut. Er ist in seinem Unterlauf schiffbar und war ein wichtiger Transportweg der Maya. Sie bevölkerten die Karibik-Region und errichteten wichtige Zentren wie **Quiriguá**. Hier können die höchsten Stelen der Maya-Welt bewundert werden.

Nach dem Untergang ihrer Kultur blieb die sumpfige, regenreiche, moskitoverseuchte Izabal-Region lange Zeit weitgehend unberührt. Die spanischen Eroberer versuchten lediglich, den strategisch wichtigen Zugang zum Atlantik gegen ständige Attacken englischer Piraten zu verteidigen. Die Erschließung der Provinz setzte Ende des 19. Jhs. ein.

Mit dem Bau des Hafens und der Eisenbahn gelangte ein buntes Rassengemisch in die Region. Die verbesserte Infrastruktur ermöglichte wenige Jahre später den Aufbau riesiger Bananenplantagen, deren Besitz sich fest in nordamerikanischen Händen befand. Über mehrere Jahrzehnte bestimmte die United Fruit Company die Geschicke des Landes. Nach ihrem Niedergang diversifizierte man die Landwirtschaft, Bananen bleiben aber bis heute das Hauptanbauprodukt der Region.

Weitere wichtige landwirtschaftliche Erzeugnisse sind Palmöl, Reis, Zuckerrohr, Kakao und die Viehzucht, der große Waldflächen zum Opfer gefallen sind. Der groß angelegte Abbau von Rohstoffen wie Erdöl oder Nickel scheiterte bisher. Vor wenigen Jahren geplante Probebohrungen im Izabal-See konnten gerade noch rechtzeitig verhindert werden, ebenso wie die Pläne einer Holzfirma, Plantagenholz in riesigen Barkassen den Río Dulce hinab zu verschiffen. Hingegen wird die Gegend am und um den Izabal-See sowie am Río Dulce in zunehmendem Maße touristisch genutzt.

Das Klima der Provinz Izabal ist feuchtschwül und heiß. Es gibt keine ausgeprägte Trockenzeit, und das ganze Jahr über fällt Regen. Meist sind es kurze, kräftige Tropenschauer, nach denen die Sonne wieder schnell scheint.

13 HIGHLIGHT

Río Dulce und Lago de Izabal

Etwas unterhalb des Abflusses des Izabal-Sees in den Río Dulce überspannt eine große Betonbrücke den breiten Fluss. An beiden Ufern liegen kleine, geschäftige Siedlungen, die vom Durchgangsverkehr leben. Die meisten Aktivitäten spielen sich auf der Nordseite der Brücke in **Fronteras** ab. Hier liegen die meisten Hotels und hier fahren Busse und Boote ab. Dahinter erstreckt sich der **Markt**. Einige hundert Meter nördlich zweigt links die Straße nach El Estor (s. S. 415) und zum Castillo de San Felipe de Lara ab. **El Relleno** an der Südseite der Brücke ist hingegen merklich kleiner und ruhiger.

Castillo San Felipe de Lara

Das spanische Fort ist von einer gepflegten Parklandschaft mit sehenswerten tropischen Bäumen umgeben. An Wochenenden ist es ein beliebtes Ausflugsziel der Einheimischen, die hier baden und picknicken. Man kann die kleine

Segeln am Río Dulce

Wer auf einer Jacht gegen Arbeit mitsegeln möchte, sollte an den einschlägigen Seglertreffs wie Bruno's Marina oder Mario's Marina nachfragen. Gelegentlich finden sich auch Angebote unter 💻 www.riodulcechisme.com. Ein- oder mehrtägige touristische Segeltörns mit Skipper auf dem Río Dulce und dem Izabal-See bietet Aventuras Vacacionales, 💻 www.sailing-diving-guatemala.com, an.

Festung per Boot oder auch mit dem Auto oder zu Fuß über die Straße nach El Estor erreichen.

Im 16. und 17. Jh. erbauten die Spanier die verwinkelte Anlage mit vielen kleinen Räumen, Türmen und einer richtigen Zugbrücke. Im zermürbenden Kampf versuchten sie mit allen Mitteln, eindringende englische Piraten abzuwehren, und zogen sogar eine Bronzekette durch den Fluss. Genützt hat das ebenso wenig wie die üppige Ausstattung mit Kanonen. Die Festung wurde mehrere Male niedergebrannt. Erst 1957 erbarmte man sich der trostlosen Ruine und restaurierte sie liebevoll. Im Eintrittspreis ist ein Informationsblatt (wahlweise in Englisch oder Spanisch) enthalten, auf dem die abwechslungsreiche Geschichte des Castillo beschrieben ist, 🕓 tgl. 8–17 Uhr, Q10.

Übernachtung

In der Umgebung der Brücke liegt eine Reihe von Hotels, die in einigen Fällen nur per Boot zu erreichen sind. Die entsprechenden Hotels bieten bei Buchung einen kostenlosen Abholservice an. Die Boote der Hotels landen an der Anlegestelle beim Restaurant Río Bravo und nicht an der öffentlichen Bootsanlegestelle. Zusätzlich finden sich weitere Unterkünfte entlang der Hauptstraße in Fronteras und am Castillo de San Felipe.

Hotel Don Humberto, ✆ 79305051, günstige Übernachtungsmöglichkeit in Nähe des Castillo San Felipe; einfach, aber sauber. Zimmer mit Bad, Kabel TV und Ventilator. ❷ **Hotel Café Sol**, an der Straße nach Flores, ✆ 52202499, günstiges Travellerhotel. Ordentliche Zimmer mit Bad, Kabel-TV und Ventilator. ❷

Hotel Backpackers, El Relleno, unterhalb der Brücke, ✆ 79305169, 💻 www.hotelbackpackers.com. Einfache Zimmer mit Ventilator auf einer Holzkonstruktion über dem Wasser, unterschiedliche Preise. Restaurant und Internetservice. Mit den Gewinnen des Hotels wird ein Projekt für verlassene und missbrauchte Kinder gefördert, Infos unter 💻 www.casa-guatemala.org. ❸ mit Bad, ❷ ohne Bad, Schlafsaal Q40 p. P.

Hotel Río Dulce, Fronteras, unterhalb der Brücke, ✆ 79305179. Gute, saubere Zimmer mit Bad und AC. Parkplatz vorhanden. ❸ mit Ventilator, ❺ mit AC

Hotel Costa Azul, etwa 800 m nördl. der Brücke, ✆ 79305205. Kleines Hotel mit schönen Zimmern. Ventilator, Kabel-TV, Parkplatz und Tourinformationen. ❸

Hotel Posada del Río, Fronteras, unterhalb der Brücke, ✆ 79305429. Saubere, renovierte Zimmer mit Bad, die etwas laut sein können, wahlweise mit Ventilator oder AC, Restaurant, Internetservice (Q10/Std.). ❸ Mit AC ❺

Casa Perico, rund 5 Bootsmin. flussabwärts an einem kleinen Nebenarm gelegen, ✆ 59090721. Beliebte Backpackerabsteige, von Schweizern geführt. Nur per Boot zu erreichen, kostenloser Abholservice, WLAN, Restaurant, Reiseinformationen. ❹, ohne Bad ❸, Schlafsaal Q45 p. P.

Hotel La Fonda Escondida, ✆ 79305254, Calle Principal Richtung Schule, etwas abseits der Hauptstraße in Fronteras, daher wohltuend ruhig. Pool, der für Q30 auch von Nicht-Gästen benutzt werden kann, und gutes Restaurant. ❹, mit Ventilator rund Q20 günstiger.

Hotel Costa Grande II, etwa 800 m nördlich der Brücke, ✆ 79305163. Zimmer mit Bad, AC, TV, schön eingerichtete Bungalows, Parkplatz und Restaurant. ❹, Bungalow für bis zu 4 Pers. ❼

Hotel & Restaurante Suli, 100 m vor der Brücke in El Relleno, ✆ 79305097, ✉ hores.suli@gmail.com. Hygienisch und ruhig, Zimmer mit Bad, TV und AC. Restaurant mit guten Fischgerichten. ❻ mit AC, ❹ mit Ventilator

Hotel Viñas del Lago, ✆ 79305053, 💻 www.vinasdelago.com. Große Anlage mit Pool und Restaurant an den Ufern des Izabal-Sees nahe

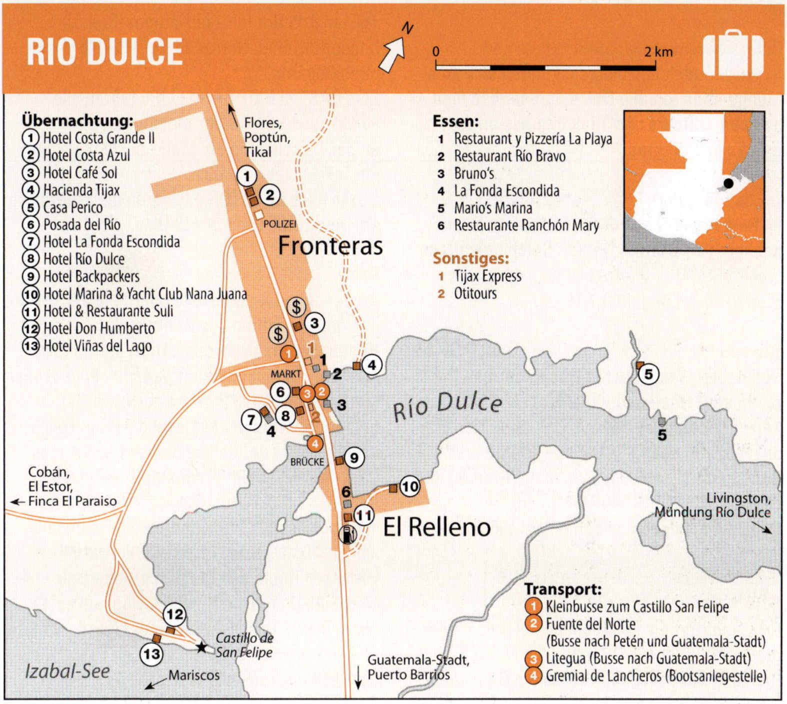

dem Castillo. Zimmer mit Kabel-TV, WLAN, AC, kleiner Zoo, Parkplatz. ❼

Hacienda Tijax, ca. 2 Bootsmin. von Fronteras entfernt (auch mit dem Auto erreichbar), ✆ 79305505, 💻 www.tijax.com. Öko-Farm mit Gummiplantage und Wiederaufforstungsprojekt. Kostenloser Transport von der Brücke zum Hotel, Kontakt über Tijax Express. Rustikale Unterkünfte, die von einfachen Zimmern über Cabañas bis zu luxuriöseren Bungalows reichen. Pool und gutes, aber teures Restaurant. Ausflugsangebot s. Sonstiges/Touren. ❾ mit AC, ❼ mit Ventilator, ❺ ohne Bad

Hotel Marina & Yacht Club Nana Juana, am Fluss bei El Relleno, ✆ 79305230, 💻 www.hotelmarinananajuana.com. Luxuriöses Hotel und Jachthafen mit Restaurant, Pool und Canopy-Touren, Bergtouren, Reiten, Parkplatz. Zimmer mit Bad, Kabel-TV, AC, Waschmöglichkeit, Internet. ❾

Essen

Zu empfehlen sind die Restaurants der **Hacienda Tijax** (teuer) und des Hotels **La Fonda Escondida**.

Im **Restaurant Río Bravo**, in bester Lage an der Bootsanlegestelle in Fronteras, trifft man sich vor der Bootsfahrt oder wartet auf den Bus. Spezialität Pizza, zäher Service.

Die Segler essen und treffen sich bei **Bruno's** unterhalb der Brücke oder in **Mario's Marina** südöstlich von der Casa Perico.

Restaurante Ranchon Mary, unter der Brücke in El Relleno, u. a. Meeresfrüchte.

Sonstiges

Geld

Banrural und **Banco Industrial** an der Hauptstraße in Fronteras mit einem Visa- und Mastercard-Geldautomaten. In der **Banco Azteca** kann man Euros wechseln.

Informationen

Unter 🖳 www.mayaparadise.com und 🖳 www.riodulcechisme.com finden sich eine Menge Infos zum Río Dulce. Infos erhält man auch bei **Otitours** und **Tijax Express** an der Brücke in Fronteras.

Telefon/Internet

Im **Restaurant Río Bravo**, bei **Tijax**, im **Backpackers** und **Captain Nemo's Communications** (neben Bruno's). Internet ist sehr teuer; die Stunde kostet ungefähr Q15–20.

Touren

Das Ausflugsangebot der Hacienda Tijax reicht von Reiten und Vogelbeobachtung bis zu Kajak- und Canopy-Touren. Das Hotel Nana Juana bietet ebenfalls Canopy-Touren an. Für Bootstouren kann man sich an die **Gremial de Lancheros ASOCOLMORAN** an der Bootsanlegestelle wenden, ✆ 55619657.

Transport

Busse

Richtung Norden gelangt man in 3 Std. auf der guten Straße über POPTÚN nach FLORES. Richtung Süden ist nach 34 km die Gabelung LA RUIDOSA erreicht. Von hier führt die Straße links nach PUERTO BARRIOS und rechts nach GUATEMALA-STADT. Shuttle-Busse verkehren zwischen ANTIGUA und Río Dulce (Info bei Atitrans, Otiturs und Tijax Express an der Brücke in Fronteras). Alle Busse und Shuttles halten in Fronteras an der Brücke. Wer in El Relleno aussteigen möchte, sollte dem Busfahrer rechtzeitig Bescheid geben.

GUATEMALA-STADT (277 km, ca. 4–5 Std.), Litegua, in Fronteras an der Brücke, ✆ 79305251, hat von 3–15.15 Uhr alle 2 Std. Busse. Alle Busse von Flores in die Hauptstadt halten in Fronteras, sind aber meistens voll. Wer einen Sitzplatz möchte, sollte diesen bereits am Vortag reservieren.

Fuente del Norte, Büro gegenüber von Litegua, ✆ 22513817, Busse fahren halbstündl. (nachts stdl.) rund um die Uhr in die Hauptstadt.

FLORES (211 km, ca. 4 Std.), halbstündl. (nachts stdl.) rund um die Uhr kommen Busse von Fuente del Norte durch Fronteras.

Tgl. um 8.45 Uhr fährt ein Litegua-Bus zur honduranischen Grenze EL FLORIDO (Strecke nach Copán).

Zum CASTILLO DE SAN FELIPE fahren alle 30 Min. von 5.50–18 Uhr Kleinbusse, die man an der Abzweigung am Markt besteigen kann. Ein Taxi kostet rund Q30.

Busse nach EL ESTOR passieren die Kreuzung am Markt stdl. von 5.30–18 Uhr.

Boote

An der neuen Anlegestelle unterhalb der Brücke in Fronteras fahren alle Boote ab (außer private Booten der Hotels, s. dort). Um 9 und 13 Uhr fährt ein öffentliches Boot *(lancha pública)* nach LIVINGSTON, Q125 (hin und zurück Q200), unterwegs werden das Castillo de San Felipe vom Wasser aus, die Isla de Aves und Aguas Calientes besichtigt (Badestopp), Fahrtzeit ca. 2–2 1/2 Std. Durch das letzte spektakuläre Teilstück des Río Dulce fahren die Boote langsamer. Außer zu den festen Abfahrtterminen verlassen Boote den Río Dulce, sobald sie voll sind. Eine Charterfahrt nach Livingston kostet bis zu max. 8 Passagieren rund US$110. Weitere Charterpreise sind: Castillo de San Felipe US$20 bis zu 8 Pers. und inkl. Wartezeit; Finca El Paraiso US$110; Denny's Beach/Mariscos US$110; Biotopo Chocón-Machacas US$80. Den Preis und die Stopps vorher genau abklären!

Vom Río Dulce nach El Estor

Entlang der neu asphaltierten Straße Richtung El Estor lohnt sich besonders für Wasserfreunde der eine oder andere Stopp. Nach rund 26 km taucht rechter Hand der Eingang zum **El Paraíso-Wasserfall** auf. Von hier aus sind es rund 10 Min. Gehzeit bis zur kleinen Kaskade, deren warmes

Sicherheitsinfo Canyon El Boquerón

Das Gebiet ist momentan für Einzelreisende aus Sicherheitsgründen nicht empfehlenswert, am besten in kleinen Gruppen oder mit Führer reisen! Im **Café Portal**, ✆ 50091538, findet man lokale Guides, die Besucher begleiten.

Wasser sich in einem großen Becken mit einem kalten Fluss vermischt. Wer möchte, kann dem kalten Fluss stromaufwärts bis zur Höhle folgen, aus der er heraustritt. El Paraíso ist täglich von 7–17 Uhr geöffnet und kostet Q20 Eintritt. Am Wochenende ist es hier definitiv zu voll. Gegenüber vom Parkplatz zweigt ein Feldweg zur **Finca Paraíso**, ✆ 79497131, ab, die am Seeufer liegt und über ansprechende, aber nicht ganz billige Unterkünfte verfügt, ❻ mit AC, ❺ mit Ventilator. Die Anlage hat ein Restaurant und ist auch per Boot zu erreichen.

Rund 8 km vor El Estor wird der Eingang zum **Canyon El Boquerón** erreicht. Für Q10 p. P. kann man sich in kleinen Holzkanus in die Verengung des Río Sauce hineinpaddeln lassen. Auf einmal reichen die Wände über 250 m steil nach oben, hängen Moose und Flechten von den Bäumen herab. Gelegentlich zeigt sich eine Herde Brüllaffen. Vorbei an kleinen Sandbänken gelangt man zu einer kleinen Serie von Stromschnellen. Von hier aus lässt sich der Canyon noch ein ganzes Stück zu Fuß erkunden. Wagemutige lassen sich im klaren Flusswasser zurücktreiben, das nach einem Regenguss schon einmal milchkaffeebraun sein kann. Ein abenteuerlicher Pfad steigt links des Boquerón zwischen Copalharz-Bäumen zum Canyon-Rand auf. Nur 500 m weiter bietet der kalte und klare **Río Zarco** eine erste erfrischende Badegelegenheit.

El Estor

Am Nordwestufer des Izabal-Sees liegt das heiße El Estor. Der indianische Name des Orts lautete *Sekenel*, was soviel wie „mahlende Frau" bedeutet. Früher siedelten hier indianische Frauen, die Mais mahlten, Tortillas backten und sie an die Holzfäller der Region verteilten. Der heutige Name hat einen banaleren Ursprung: Ende des 19. Jhs. betrieben der deutsche Carl Rudolf Klee und der Engländer George Skinner einen Laden, der als „The Store" bekannt war. Die Einheimischen machten daraus im Laufe der Jahre „Estor". Vier Blocks nördlich der Plaza befindet sich eine **Webschule** für Kekchí-Indianerinnen (Asocación Femenina Q'eqchí) aus den umliegenden Dörfern. Sie leben für ein Jahr auf dem Gelände, wo sie in die Geheimnisse der traditionellen Webkunst eingeweiht werden. Jede Frau, die den Kurs erfolgreich absolviert, erhält einen Hüftwebstuhl, den sie mit in ihr Dorf nehmen kann, um wiederum andere Frauen zu unterrichten. Wer möchte, kann den Frauen bei ihrer Arbeit zuschauen.

Nach etwa 45 Gehminuten von der Plaza in El Estor Richtung Norden erreicht man auf einer Anhöhe zu Füßen der Sierra de Santa Cruz den Aussichtspunkt **Mirador la Cruz**, von dem aus sich ein fantastischer Blick über den See bietet.

Rohstoffgier am Izabal-See

Außerhalb von El Estor liegt eine ausländische Investitionsruine, umgeben von leer stehenden Reihenhäusern. Bis 1997 hatte das Unternehmen EXMIBAL, eine Tochter der Nickel Company of Canada, hier Nickel abgebaut, bevor die Anlage aufgrund technischer Probleme und fallender Nickelpreise geschlossen wurde.

Inzwischen hat die Minengesellschaft Compañia Guatemalteca de Niquel die Schürfrechte der EXMIBAL erworben und plant rund US$530 Mio. in das Abbauprojekt Fénix zu investieren.

Trotz starker Proteste der Bevölkerung und fehlender Umweltstudien hat das guatemaltekische Energieministerium dem Unternehmen am 17. April 2006 die Genehmigung erteilt, in einem Gebiet von 50 km² in der Nähe von El Estor Nickel, Eisen, Chrom und Magnesium zu fördern. Lokale Umweltorganisationen setzen sich gegen die mit der Minenaktivität einhergehende Zerstörung der Natur ein. Denn um an die Nickel tragenden Schichten zu gelangen, müssen Waldgebiete und landwirtschaftliche Nutzflächen geopfert werden.

Der Dokumentarfilm „Nickelabbau im Land der Maya: Das Projekt Fénix" von Kristina Hille und Mariano Aiello berichtet von der guatemaltekischen Ökoaktivistin Eloyda Mejía, die inzwischen aufgrund mehrerer Morddrohungen von freiwilligen Helfern der Internationalen Friedensbrigaden geschützt wird.

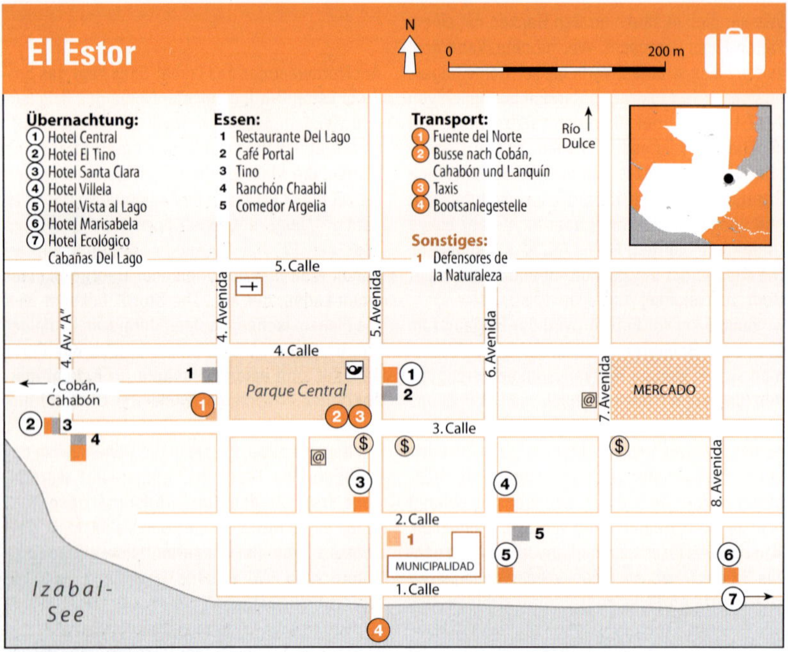

Übernachtung

Hotel Villela, 6. Av. 2-06, Zona 1, ✆ 79497214. Zimmer mit Ventilator, TV. Kleine Badezimmer. ❸

Hotel Santa Clara, 5. Av. 2-11, Zona 1, ✆ 79497244. Saubere, billige Zimmer mit Bad, Ventilator, z. T. mit Seeblick. ❸

Hotel Ecológico Cabañas Del Lago, Barrio La Coroza, ✆ 40376235, ✉ ecohotelhugo@hotmail.com. Familien-Bungalows mit Ventilator, TV, Bad. Restaurant mit Fischgerichten und vegetarischem Essen, Internet, Parkplatz und Tourinformation. Hat ein kleines Wäldchen mit Brüllaffen und einen Strand. ❹

Hotel Central, 5. Av. 3-60, Zona 1, ✆ 79497497, ✉ hotelcentralelestor@hotmail.com. Gehört denselben Besitzern wie Santa Clara. Etwas neuere und somit auch teurere Zimmer mit TV, AC, sauber, empfehlenswert. ❹

Hotel Marisabela, 1. C./8. Av., Zona 1, ✆ 79497206. Am Seeufer gelegen, mit Restaurant und Terrasse. Zimmer mit warmem Wasser und auf Wunsch mit TV. ❺

Hotel Vista al Lago, 6. Av. 1-13, Zona 1, ✆ 79497205, ✉ vistalago@intelnett.com. Schöner, alter Holzbau mit z. T. kleinen Zimmern, im 2. Stock schöner Seeblick. Kulturelle und ökologische Tourangebote. ❺

Hotel El Tino, 4. Av., Ecke 3. C., Zona 1, ✆ 79497326. Gute DZ mit Bad, TV und AC. Bademöglichkeit am See; Restaurant. ❺

Essen

Das Angebot ist bescheiden, aber es gibt sehr leckeren Fisch.

Solides Frühstück, Mittag- und Abendessen, auch vegetarische Gerichte, bekommt man im **Café Portal** am Parque Central. Darüber hinaus Touristeninfos. ◷ tgl. 6.30–22 Uhr.

Empfehlenswerte Comedores sind **Tino** und **Ranchón Chaabil**.

Comedor Argelia, hinter dem Rathaus, preiswert und gut. ◷ tgl. 6–21 Uhr.

Restaurante del Lago am Parque im 2. Stock über einem Motorradgeschäft, ✆ 79497881.

Meeresfrüchte und Tapado. ⌚ tgl. 8–14 und 18–22 Uhr.

Sonstiges

Geld

Banrural am Parque mit Visa-/Mastercard-Geldautomaten, wechselt auch Euros.
Banco Agromercantil und **Banco Industrial** haben Geldautomaten.

Internet

Zona X, 7. Av., gegenüber dem Markt, Q10/Std.

Post

Am Parque Central.

Taxis

Am Parque Central.

Transport

Busse

GUATEMALA-STADT über Río Dulce (216 km, ca. 6 Std.), s. Río Dulce.
CAHABÓN/LANQUÍN (3 Std.), Ana Ellen, Abfahrt am Parque Central, tgl. um 9 und 11 Uhr, bei wenigen Passagieren fährt nur der 11-Uhr-Bus; in Cahabón kann man in einen Kleinbus nach Lanquín umsteigen.
COBÁN (168 km, ca. 6–7 Std.), Brenda Mercedes, am Parque Central, Abfahrten um Mitternacht und 3 Uhr.

Westwärts Richtung Cobán

Die Strecke von El Estor nach Cobán durch das Tal des Río Polochic ist ab S. 417 in umgekehrter Richtung beschrieben.

RÍO DULCE (ca. 45 km, ca. 1 Std.), Fuente del Norte, 4. Av., am Parque Central, ✆ 55314106, stdl. von 6–16 Uhr. Die Brücke am Río Dulce passieren regelmäßig Busse nach Guatemala-Stadt und in den Petén.

Boote

Keine regelmäßigen Fährverbindungen nach Mariscos, lediglich **Charterboote**.

Auf dem Río Dulce nach Livingston

Eine Bootsfahrt auf dem Río Dulce gehört zu den besonderen Erlebnissen einer Guatemala-Reise. Sie führt durch den gleichnamigen Nationalpark, einem 7200 ha großen Naturschutzgebiet, das sich vom Abfluss aus dem Izabal-See am Castillo de San Felipe bis zur rund 38 km entfernten Karibikmündung bei Livingston erstreckt. Eigentlich kann man nur den Unterlauf des Flusses, der zu einer besonders geschützten Zone gehört, einen Nationalpark nennen, denn im Bereich um die Brücke ist von Naturschutz nichts zu spüren.

Tiervielfalt am Río Polochic

Ganz im Westen des Sees erstreckt sich das 1996 gegründete **Wildreservat Bocas de Polochic** in der Schwemmlandebene des Río Polochic. Dort leben über 250 Vogelarten, mehr als 50 Fischarten, Manatis, Flussotter, Krokodile, Brüllaffen und Wildkatzen, darunter der Jaguar. Die Naturschutzorganisation Defensores de la Naturaleza, die das Reservat verwaltet, unterhält eine biologische Station im Reservat (Estación Científica Selempím), in der man auch übernachten kann.
An-/Abreise: Das Reservat und die Station sind nur per Boot zu erreichen.
Mo, Mi und Sa fährt jeweils um 12 Uhr ein öffentliches Boot nach Selempím. Rückfahrt Mo, Mi, Sa um 6 Uhr morgens, Q25 für Hin- und Rückfahrt. Ein Charterboot für 3–12 Pers. kostet Q300–800.
Eintritt: US$5 p. P.
Übernachtung: einfache Holzhütte mit Palmdach, ✆ 46724773, US$7 p. P., Zelten US$4 p. P.
Ausflüge: zwei Wanderrouten, eine Höhle, Bootsausflüge.
Kontakt: Defensores de la Naturaleza, 5. Av., zwischen 1. und 2. C., in El Estor, ✆ 79497237, ✉ hgarcia@defensores.org.gt.

Hier wimmelt es von Hotels, Bootsanlegestellen und luxuriösen Ferienhäusern. Es scheint, als ob es Standard für Ex-Präsidenten und ehemalige Generäle sei, hier ein Grundstück zu besitzen. Doch viele Wochenendhäuser reicher Guatemalteken oder Ausländer sind illegal in der Schutzzone errichtet worden. Unter der Verschmutzung des Flusses durch den zunehmenden Motorbootverkehr und der Einleitung von Abwässern leidet besonders die artenreiche Fauna.

Wenige hundert Meter östlich der Brücke verbreitert sich der Río Dulce auf mehrere Kilometer und ähnelt mehr einem See denn einem Fluss. Die Nordseite dieser **El Golfete** genannten Ausbuchtung gehört zu einem weiteren Naturschutzgebiet.

Das 6265 ha große **Biotopo Chocón-Machacas** wurde für die vom Aussterben bedrohten *manatis* (Seekühe) eingerichtet. Es umfasst tropischen Regenwald, Mangroven, Inseln mit Vogelbrutgebieten und Lagunen. Außer wenigen Seekühen bietet das Biotop Leguanen, Ottern, Flussschildkröten und verschiedenen Fischarten einen Lebensraum. Es ist nur per Boot zu erreichen. Der Eingang befindet sich am nordöstlichen Ende des Golfete. Oberhalb der Bootsanlegestelle liegt ein kleines **naturkundliches Museum**, an das sich ein kurzer **Lehrpfad** durch das Feuchtgebiet anschließt. Übernachtungen sind auf einem kleinen Campingplatz möglich, Eintritt Q20.

Östlich des Biotops verengt sich der Río Dulce. Kekchí-Indianer, die sich vorwiegend vom Fischfang ernähren und im Hinterland ein wenig Mais anbauen, leben in einfachen, palmstrohgedeckten Häusern am Flusslauf. Vorbei an einer heißen Schwefelquelle am Flussufer passiert man den romantischen Nebenfluss **Río Tatín**. Dort hat die Hilfsorganisation **Ak' Tenamit** ein Besucherzentrum gebaut, wo man Kunsthandwerk der dort lebenden Kekchí-Indianer kaufen kann. Die meisten Boote legen hier einen kurzen Stopp ein.

Nun gelangt man zum spektakulärsten Teilabschnitt der Bootsfahrt durch einen von tropischem Grün überwucherten Canyon. Steil ragen nun auf beiden Seiten des Flusses die Wände empor. Pelikane und *garzas* (große, weiße Flussreiher) kreuzen den Weg. Hinter jeder Biegung präsentiert sich die Natur noch üppiger und verschwenderischer. Schließlich mündet der Río Dulce bei Livingston in die Karibik.

Adios Zivilisation

Mal wirklich weit weg und nur per Boot erreichbar sein? Diesen Traum kann man sich am Río Dulce für wenig Geld erfüllen. **Finca Tatín**, ca. 20–30 Bootsminuten (8 km) von Livingston und 45 Bootsminuten von Fronteras, Río Dulce, an einem Nebenarm des Río Dulce gelegen, ✆ 41483332, 💻 www.fincatatin.centramerica.com. Gemütliches B&B; Wanderungen und Kanutouren, diverse Ausflugsmöglichkeiten und Spanischunterricht. Schlafsaal Q45 p. P., Zimmer ohne Bad ❸ und Bungalows ❹. Am besten vorher anrufen, dann kann man meist umsonst ab Livingston mit ihnen fahren.

Nur rund 5 Bootsminuten von der Finca Tatín entfernt liegt am Río Lampara das sympathische **Hotelito Perdido**, ✆ 57251576, 💻 www.hotelitoperdido.com, das sich mit Solarenergie versorgt und Regenwasser zum Duschen sammelt. Schwimmen, paddeln, relaxen und diverse Ausflugsmöglichkeiten, Spanischunterricht. Reservierung sinnvoll, da der Platz begrenzt ist. Schlafsaal Q45 p. P., Bungalow mit Gemeinschaftsbad ❸, Bungalows mit Bad ❹.

14 HIGHLIGHT

Livingston

Einen der kuriosesten Orte Guatemalas erreicht man nur per Boot. Livingston ist anders als der Rest des Landes, und darauf sind seine Bewohner stolz. Sobald man das Boot verlassen hat, glaubt man, in einem karibischen Städtchen gelandet zu sein. Alte Holzhäuser, an denen teilweise die Farbe abgeblättert ist, versprühen einen tropisch-kolonialen Charme. Es ist schwülwarm, und Reggae-Klänge dringen durch die wenigen Straßen des Ortes. Die Hauptstraße führt zum Hafen, eine Abzweigung verläuft entlang des Río Dulce und eine weitere Richtung

Manatis

Entlang der Karibikküste Guatemalas und in den ruhigen, seichten Flusslagunen des Río Dulce lebt ein ungewöhnliches Säugetier: Es ähnelt einer Riesenrobbe, wiegt bis zu 800 kg und kann 3–4 m lang werden. Die Rede ist vom Manati, besser bekannt als Seekuh *(Trichecus manatus)*. Sie besitzt eine glatte, graue Haut, kleine, runde Augen und zwei Atemlöcher an der Spitze des Kopfes. Große Wülste befinden sich am Kopf und an den ruderförmigen Seitenflossen, die ebenso wie der flache, rundliche Schwanz zur Fortbewegung eingesetzt werden. Der schwimmende Fleischberg ernährt sich rein vegetarisch und muss täglich ein Fünftel seines Körpergewichts an Wasserpflanzen zu sich nehmen. Manatis sind gute Schwimmer und brauchen nur alle 10–20 Min. kurz aufzutauchen.

Seekühe bringen nur alle drei bis fünf Jahre Junge zur Welt. Das Weibchen paart sich mit mehreren Männchen (Seebullen). Nach etwas mehr als einem Jahr kommt ein einziges Junges zur Welt, das für die nächsten zwei Jahre von der Mutter durch die Zitzen unter den Seitenflossen gesäugt wird. Seekühe haben keine natürlichen Feinde.

Da sie aber seit Jahrhunderten vom Menschen wegen ihres Fleisches und Fetts gejagt wurden, hat sich ihr Bestand in Guatemala auf rund 100 Exemplare verringert. Die scheuen Tiere, deren Lebensraum (Verbreitungsgebiet von Florida bis Brasilien) sich durch Wasserverschmutzung und den Bootsverkehr ständig verkleinert, sind sehr selten zu sehen.

Die besten Chancen hat man in der Regel frühmorgens mit einem Kanu in den unbewohnten, seichten Flusslagunen des Río Dulce und außerdem immer öfters im Delta des Wildreservats Bocas de Polochic.

Friedhof und Fußballplatz. Alles ist bequem zu Fuß zu erreichen, doch inzwischen verkehren in den einst so ruhigen Straßen zahlreiche Autos und Pick-up-Trucks, die für teures Geld per Fähre nach Livingston gebracht werden müssen. Seinen aktuellen Namen bekam Livingston im Jahr 1837 zu Ehren von Edward Livingston, Gouverneur von Louisiana, der sich für die Abschaffung der Sklaverei in den USA eingesetzt hatte und dessen Gesetzestexte für mehrere Jahre übernommen wurden.

Livingston ist nicht jedermanns Sache. Während es den einen zu schmuddelig und unorganisiert ist, empfinden andere die entspannte, gelassene Atmosphäre als äußerst angenehm. Doch Livingston ist kein karibischer Badeort mit weißem Sandstrand, im Gegenteil: Der Strand ist schmal und das Wasser in der Nähe des Ortes verschmutzt. Große Sehenswürdigkeiten sucht man vergebens. Allerdings kann man einige interessante Ausflüge zu lohnenswerten Zielen in der Umgebung unternehmen. Reizvoll sind die isolierte Lage von Livingston, sein buntes Völkergemisch und seine ursprüngliche Kultur. Neben Kekchí-Indianern und Ladinos leben in Guatemala nur hier und in Puerto Barrios die Garífuna, Afrokariben mit einer ungewöhnlichen Geschichte.

Die Garífuna

Die Besiedlung Livingstons begann um 1800, als eine Gruppe Garífuna sich an der Mündung des Río Dulce niederließ und den Ort zunächst La Buga nannte. Sie stammten von der Karibikinsel San Vincent (kleine Antillen) ab. Dort waren sie als Schiffbrüchige eines 1636 gesunkenen Sklavenschiffes gestrandet. Im Laufe der Jahre vermischten sie sich mit der einheimischen indianischen Bevölkerung. Als die Engländer ihre Zuckerrohrplantagen im 18. Jh. ausweiteten, kam es zum bewaffneten Konflikt mit den frei lebenden Garífuna. Diese verloren 1797 die entscheidende Schlacht unter ihrem Anführer Joseph Chatoyer und wurden zur Strafe nach Roatán, einer Honduras vorgelagerten Insel, deportiert. Vielen von ihnen gelang die Flucht Richtung Festland. Von dort breiteten sie sich entlang der Küste bis nach Belize und Nicaragua aus.

Ende des 19. Jhs. arbeiteten viele schwarze Bewohner Livingstons beim Bau des Hafens in

Puerto Barrios mit. Einige von ihnen kämpften während des Zweiten Weltkriegs auf der Seite der USA, wo die meisten von ihnen nach Kriegsende blieben. Auch in den Folgejahren wanderten viele Garífuna nach Nordamerika ab. Im Landkreis Livingston leben heutzutage nur noch einige Tausend Afrokariben. Dort stellen sie nach den Kekchís die zweitstärkste ethnische Gruppe. Während Letztere bevorzugt Mais und Bohnen im Hinterland von Livingston anbauen, gehen viele Garífunas fischen, ernähren sich von Maniok und Kokosnüssen. Doch dies allein reicht nicht zum Leben aus. Der überwiegende Teil der arbeitenden Bevölkerung schlägt sich mit Gelegenheitsjobs durch. Der Tourismus ist zwar eine weitere wichtige Einnahmequelle, von der aber nur wenige profitieren.

Die **Sprache** der Garífuna, die sich selbst *Garinagu* – „Maniok-Esser" – nennen, basiert auf der afrikanischen Phonetik, durchsetzt mit Kreolisch, Englisch, Französisch und Spanisch. Der Mischmasch entwickelte sich über Jahrhunderte zur heutigen Sprache, die ebenfalls Garífuna heißt, und vom überwiegenden Teil der Bevölkerung gesprochen wird. Obwohl man überall einheimische Musik hört, sind mündliche Überlieferungen traditioneller Texte seltener geworden. Früher waren es besonders die Großmütter, die sich täglich mit ihren Töchtern und Enkelinnen trafen, um die Lieder an die nächste Generation weiterzugeben. Laut der „Organisation der Schwarzen Guatemalas" ONEGUA gibt es heutzutage nur noch wenige dieser Sängerinnen. Inzwischen haben Musikaufnahmen in CD-Qualität die Aufgaben der alten Damen übernommen.

Die **schwarze Kultur** Guatemalas lebt vor allem von der Kombination aus Musik, Tanz und Gesang. Wichtigste Musikinstrumente sind alle Arten von Trommeln, die von Rasseln, mit Hirschgeweih geschlagenen Schildkrötenpanzern und Riesenmuscheln (Blasinstrument) unterstützt werden. Der *ritmo Garífuna* besteht aus einem fesselnden, hypnotisch wirkenden, rasant schnellen Trommelrhythmus. Der bekannteste und beliebteste Tanz ist *punta*, der inzwischen in elektronischer Form als **Punta-Rock** im karibischen Raum Erfolge feiert. Es handelt sich dabei um einen Fruchtbarkeitstanz zwischen Mann und Frau, der mit eindeutigen, wippenden Bewegungen aus der Hüfte heraus getanzt wird. Weitere bekannte Tänze sind der *yankunu*, ein Kriegstanz, der an Weihnachten nur von Männern in Frauenkleidern und mit Masken getanzt wird, und die Festtänze *chumba* und *sambay*.

Ähnlich wie bei den verschiedenen Maya-Ethnien hat es in den letzten Jahren bei den Afrokariben Bemühungen gegeben die **kulturelle Identität** zu stärken. Die Bewegung ist allerdings im Nachbarland Belize deutlich fortgeschrittener, wo der Bevölkerungsanteil der Garífuna deutlich höher liegt. In Guatemala werden die Karibikschwarzen zwar nicht so offen diskriminiert wie Indígenas, dennoch kann von Integration keine Rede sein. Garífunas werden von der Gesellschaft misstrauisch beäugt, und ignorante, mangelhaft informierte Mitbürger sagen ihnen immer noch gerne Kannibalismus oder Vodoo-Rituale nach.

Übernachtung

Hotel Villa Del Mar, Barrio Barique, ✆ 79470260. Komfortables und sehr günstiges Hotel auf dem Weg zur Playa Barique an der Hauptstraße. ❷ Ohne Bad ❶

Hotel Waba, etwas abseits im Nordwesten des Ortes gelegen, ✆ 79470193. Einfache, saubere Zimmer mit Bad. Die Cafetería serviert solide Garífuna-Kost. ❷

Hotel California, an der Straße, die zwischen Happy Fish und Bahía Azul abzweigt, ✆ 79470176. Saubere Zimmer, Bad, Ventilator. ❷

Hotel Garífuna, rechts nahe der Café-Bar Ubafu, ✆ 79470183, ✉ quiqueboss@hotmail.com. Sauber, ruhig, empfehlenswert. Zimmer mit Bad und Ventilator. ❷

National Flag Hotel, schräg gegenüber dem Hotel Waba im Nordwesten des Ortes, ✆ 79470386. Gute geflieste Zimmer mit Bad, Ventilator und TV. ❸

Hotel Río Dulce, an der Hauptstraße bei der Migración gelegen, ✆ 40228689, ✉ mespaderos@hotmail.com. Ältestes Hotel in Livingston, direkt an der Hauptstraße. Holzhaus mit großer Veranda, beliebt bei jungen Travellern, gutes Restaurant, Tourinfo. ❸ ohne Bad, ❹ Bungalows, Schlafsaal Q40 p. P.

Hostal Casa de la Iguana, rund 500 m südlich der Anlegestelle am Río Dulce gelegen, ✆ 79470064.

Saubere Holzbungalows mit Bad und Ventilator oder Schlafsaal und Camping-Bereich. Cafeteria und Bar, WLAN. Spanischunterricht auf Anfrage. ❸ ohne Bad, Bungalows Q40 teurer, Schlafsaal Q40 p. P., Camping, Q20 p. P.

Flowas Café, Barrio Campoamor, ca. 700 m vom Zentrum, erreichbar zu Fuß am Strand entlang Richtung Siete Altares oder Taxi bis zum Callejón Flowas, ab dort ca. 5 Gehminuten, ✆ 79470376, 💻 www.flowascafe.com, sehr relaxte Unterkunft direkt am Meer mit vier einfachen Holzbungalows und Palmdach. Gutes Essen, auch vegetarische Optionen, gelegentlich Livemusik, Kajaks. ❹ günstiger Mai/Juni/Okt

Hotel La Casa Rosada, rund 500 m südlich der Anlegestelle am Río Dulce, ✆ 79470303, 💻 www.hotelcasarosada.com. Saubere, kleine Bambushütten mit Palmdach und Gemeinschaftsbad, Bootssteg, Wäscherei, WLAN, Bar und sehr gutes Restaurant. ❹

Hotel Doña Alida, nördlich vom Villa Caribe, ✆ 79470027, ✉ hotelalida@yahoo.es. Komfortable Zimmer mit Bad und Ventilator, besonders reizvoll sind die mit Balkon und Blick über die Bucht von Livingston, gutes Restaurant, WLAN. ❻

Villa Caribe, in der Nähe des Hauptdocks, entlang der Hauptstraße, ✆ 79470072,

💻 www.villasdeguatemala.com. Luxushotel mit traumhaft schönem Blick auf den Fluss und das Meer. Pool, eigene Anlegestelle, Zimmersafe, Restaurant. Der Pool kann für Q25 (inkl. Handtuch) auch von externen Besuchern genutzt werden. ⑩, US$104, Nebensaison April–Juni ⑨

Essen

Die Küche der Garífunas hat ein paar Spezialitäten aufzuweisen (s. S. 40). So gut wie überall bekommt man frische Meeresfrüchte und fruchtige Licuados zu trinken. Ein guter Tapado (Meeresfrüchteeintopf in Kokosmilch gekocht) sollte vorbestellt werden, da er viel Zeit zum Kochen benötigt. Nachmittags wird auf der Straße frisches Kokosnussbrot verkauft.

La Casa Rosada, im gleichnamigen Hotel. Sehr gute vegetarische und regionale Gerichte. 🕓 6.30–21 Uhr.

Bahía Azul, an der Hauptstraße. Restaurant, das Meeresfrüchte und regionale Gerichte serviert, Informationsbörse, Reiseagentur und Treffpunkt in einem, Livemusik Do–So. Restaurant 🕓 tgl. 7–22.30 Uhr.

Beliebte Restaurants sind außerdem

El Malecón, Hauptstraße. Meeresfrüchte und regionale Gerichte (auch Brot und Kuchen). 🕓 Mo–Sa 8–2, So 7–14 Uhr.

Happy Fish, an der Hauptstraße bei der Migración gelegen. Meeresfrüchte, Tapado und einheimische Gerichte. 🕓 tgl. 7–22 Uhr.

Margoth, Calle de la Iglesia. Meeresfrüchte, chinesisches und einheimisches Essen. 🕓 tgl. 9–15 und 18.30–22 Uhr.

Mc Tropic, Hauptstraße. Vegetarisches Essen, gegrillte Meeresfrüchte, Garifuna-Küche und Thai Curry. Tgl. Happy Hour.

Unten an der Bootsanlegestelle, direkt am Pier auf der rechten Seite, hat das große Restaurant **Bugamama** geöffnet (Spezialität Meeresfrüchte), mit Kunsthandwerkladen und **Café La Buga**, serviert Thai-Suppen und abwechslungsreiche Snacks. Es wird von der Organisation Ak' Tenamit betrieben. Das Personal besteht aus jungen Kekchí-Indígenas, die hier den praktischen Teil einer Tourismusausbildung absolvieren. 🕓 tgl. 12–22 Uhr.

Feste feiern in Livingston

1. Jan: Zu **Neujahr** (Año Nuevo) wird der populäre Yankunu getanzt.
6. Jan: **Heilige Drei Könige** (Día de los Reyes Magos), Messe und Yankunu.
14. Feb: **Valentinstag** (Día de los Enamorados), in den Schulen werden die neuen Schüler begrüßt und Geschenke ausgetauscht; abends gehen Paare und Familien aus.
März/April: **Aschermittwoch** (Miercoles de Ceniza), man bewirft sich und andere mit Mehl, Eiern, Wasser.
März/April: In der **Osterwoche** (Semana Santa) trägt während der Passionsspiele ein schwarzer Jesus das Kreuz.
15. Mai: Die Feierlichkeiten zu Ehren des **Heiligen San Isidro Labrador** finden unter starker Beteiligung der indianischen Bevölkerung statt. Die Garífunas nennen diesen Feiertag **Yurumein** im Gedenken an ihre afrikanischen Wurzeln. An diesem Tag besuchen auch andere Garífuna-Gemeinden Livingston.
29. Sep: Prozession zu Ehren des **Erzengels Michael** (Arcángel San Miguel).
7. Okt: Große Feier zu Ehren der **Jungfrau des Rosenkranzes** (Virgen del Rosario).
24. Okt: Prozession zu Ehren des **Erzengels San Rafael** (Arcángel San Rafael).
26. Nov: Der **Nationale Garífuna-Tag** (Día Nacional del Garífuna) ist ein Folklore-Festival mit viel Musik und Tanz bis spät in die Nacht.
12. Dez: Beim Fest zu Ehren der **Jungfrau von Guadalupe** (Virgen de Guadalupe) kann man Garífunas in indianischen Trachten sehen.
25. Dez: **Weihnachten** (Navidad), auf den Straßen wird der Yankunu getanzt.
28. Dez: Haupttag des **Stadtfestes** (Feria Titular de Livingston), diverse kulturelle, religiöse und sportliche Aktivitäten sowie Tänze (lokaler Feiertag).
31. Dez: **Silvester** (Día de San Silvestre) wird mit viel Essen und Trinken überwiegend im Familienkreis gefeiert.

Traditionelles Holzhaus in Livingston – das Hotel Río Dulce

Restaurante Ashley, Barrio el Centro. Einheimisches Essen, Fisch und Tapado. 🕒 8–22 Uhr.

Tilingo Lingo, Playa Barique, indisch/mexikanische Küche. Die aus Mexiko stammende Besitzerin hat lange in Kalkutta gelebt. Auch Tapado, Travellerfood und Frühstück. 🕒 7–22.30 Uhr.

Unterhaltung

Livingston geht unter der Woche früh schlafen. Am Wochenende geht es etwas lebhafter zu. Am Strand im Norden liegen einige einfache Bars und Discos, die meist nur am Wochenende geöffnet haben. Da es dort sehr dunkel ist, sollte man besser nicht alleine hingehen. Es ist schon zu Überfällen gekommen.

In der **Café-Bar Ubafu** wird öfters live getrommelt. Tanzen kann man im **Tropicool**, neben dem Restaurant Bahía Azul.

Sonstiges

Freiwilligenarbeit

Ak' Tenamit, ☎ 59083392. Schulprojekt für Kekchí-Indianer, etwa 10 km von Livingston flussaufwärts am Barra Lampara. Büro in Guatemala-Stadt ☎ 22541560, 💻 www.aktenamit.org.

Geld

Im Zentrum befindet sich eine Filiale von **Banrural** (Mastercard- und Visa-Geldautomat). Wechselt Euros.

Informationen

In der **Bahía Azul**, bei **Happy Fish Travel** sowie zu den Abfahrtszeiten der lanchas an der Bootsanlegestelle. **Centro de Información Turística**, im Bugamama an der Bootsanlegestelle, ☎ 79470361, organisiert Touren und Freiwilligenarbeit in der Region und gibt bereitwillig Auskunft.

Migración

Das Büro der Migración befindet sich schräg gegenüber dem Hotel Villa Caribe; laut Aussage des Beamten ist es immer geöffnet; 🕒 offiziell von 8–18 Uhr. Wer nach Guatemala einreist oder das Land verlässt, muss sich hier einen Stempel besorgen. Die Ausreise über

Sicherheit in Livingston

In Livingston laufen einige zwielichtige Gestalten herum, die sich darauf spezialisiert haben, Touristen abzuzocken. Bootsfahrten und andere Ausflüge sollten daher nur über die offiziellen Stellen organisiert werden.
Die allgemeine Sicherheitslage ist in der Vergangenheit wesentlich besser geworden, seit die Touristenpolizei an den Siete Altares Präsenz zeigt. Frauen sollten die Wanderung dorthin aber besser nicht alleine unternehmen. Es ist schon zu Überfällen und Vergewaltigungen gekommen! Die Wertsachen sollte man ohnehin im Hotel lassen.
Wer Problemen mit Drogen aus dem Weg gehen will, lehnt die zahlreichen Angebote dankend ab.

das Meer nach Belize oder Honduras kostet Q80.

Polizei

Zwei Blocks östlich der Hauptstraße im Barrio La Loma, ✆ 79480120. **Touristenpolizei**, neben der Polizei im Barrio La Loma, ✆ 53143219. ⏱ 24 Std.

Telefon/Post

Telgua bei der Villa Caribe (Kartentelefone); hier befindet sich auch die **Post**.

Touren

Centro de Información Turística, siehe unter Informationen.
Exotic Travel, im Restaurant Bahía Azul, ✆ 79470151, 💻 www.bluecaribbeanbay.com. Sehr zuverlässige Allround-Agentur, die neben der beliebten Jungle&Culture Tour (S. 425, Kasten) u. a. auch Trips zu den Cayos in Belize oder zur Punta Manabique anbietet.
Nach Punta Gorda: Di und Fr um 7 Uhr.
Happy Fish Travel, gegenüber von Mc Tropical, ✆/📠 79470271, ähnlich umfangreiches Angebot wie Exotic Travel. Beide Reisebüros reservieren kostenlos Sitzplätze in Bussen in den Petén oder nach Guatemala-Stadt ab der Brücke über den Río Dulce.

Schutz vor Wasser

Wer mit den kleinen Booten *(tiburoneras)* reist, sollte sein Gepäck wasserdicht verpacken, denn mit Spritzwasser und einem gelegentlichen Tropenschauer während der Fahrt ist immer zu rechnen.

Wäscherei

Im Hotel **La Casa Rosada** kann man waschen lassen.

Transport

Nach Livingston gelangt man nur mit dem **Boot** entweder über PUERTO BARRIOS, den RÍO DULCE oder von PUNTA GORDA in Belize aus (von Livingston fahren Boote am Di und Fr um 7 Uhr nach PUNTA GORDA; dort Anschlussmöglichkeit mit dem Bus nach Placencia und Belize-Stadt). Der Bootsbesitzer wartet gelegentlich an der Migración (Q175).
Exotic Travel bietet eine Boot/Bus-Kombination (mind. 6 Pers., US$45 p. P.) an, um nach La Ceiba in Honduras zu gelangen. Abfahrt 7.30 Uhr und Ankunft in La Ceiba rechtzeitig, um die Fähre zu den Bay Islands am selben Tag zu erwischen.
Die alte Fähre von Livingston nach PUERTO BARRIOS tut noch immer ihren Dienst; Abfahrten um 5 und 14 Uhr, ca. 1 1/2 Std., Q20. Zusätzlich pendeln ständig Schnellboote zwischen beiden Orten, 30–40 Min., Q35–Q50. Abfahrt um 6.30, 7.30, 9, 11, 14, 15, 17 Uhr.
Nach RÍO DULCE (einfach Q125, Q200 mit Rückfahrt) fährt ein öffentliches Boot *(lancha pública)* tgl. um 9.30 und bei Bedarf auch um 13.30 Uhr.
Informationen zu den aktuellen Abfahrzeiten bekommt man an der Hauptanlegestelle (Muelle Municipal) bei der Vereinigung der Bootsführer **Asotranslali**, ✆ 79470870, ✉ asotranslali@yahoo.es, oder bei den Reisebüros.
Charterboote werden zum Río Dulce, zur Punta Manabique, zur Playa Blanca und den Cayos de Belize angeboten.

Die Umgebung von Livingston

Von Livingston aus lassen sich einige interessante Ausflüge unternehmen. Beliebt ist die ca. 7 km lange Wanderung am Strand entlang zu den **Siete Altares** (Sieben Altäre), das letzte Stück kann allerdings sehr matschig sein. Die im Tropenwald liegenden hübschen Kaskaden mit kristallklarem Wasser sind am schönsten, wenn es vorher geregnet hat und ordentlich Wasser fließt. In der Trockenzeit wirken sie etwas langweilig. Wer bis zur siebten Stufe klettern will, muss stellenweise durch den Fluss laufen.

Beim Baden sollte man seine Wertsachen nicht aus den Augen lassen, da es bereits zu Diebstählen gekommen ist, Q10.

Auf dem Weg zu den Siete Altares überquert man den Río Quehueche auf einer Hängebrücke. Neben der Hängebrücke liegt direkt am Meer das ruhige **Hotel und Restaurant Salvador Gaviota** (✆ 79470874, 10 Min. im Taxi von Livingston. Familienbungalows, Restaurant, WLAN, Tourinfo, Spanischunterricht. ❸ ohne Bad, ❺ mit Bad, ❽ Bungalows).

Der Trip kann auch mit einer Bootsfahrt zur **Playa Blanca**, dem schönsten Strand von Livingston, kombiniert werden.

Wer keine Zeit hat nach Belize zu reisen, kann einen Bootsausflug zu den **Cayos Sapodilla** unternehmen. Die kleinen Tropeninseln, die bereits zu Belize gehören, bieten gute Schnorchelmöglichkeiten, weiße Sandstrände und Palmen (Bootspreise s. S. 424, Transport. Zu buchen über Exotic Travel, Happy Fish oder Asotranslali).

Jungle&Culture Tour von Exotic Travel

Diese Tour ist inzwischen ein Klassiker. Mit einem einheimischen Guide geht es zunächst durch Livingstons „Hinterhöfe". Auf einem verschlungenen Pfad durch Felder und Wälder erreicht man den **Río Quehueche**, den man auf schwankenden Holzkanus bis zur Mündung herab paddelt. Ab dort geht es weiter zu den **Siete Altares**, natürlichen Badefelsen im Regenwald. Die Rückkehr erfolgt zu Fuß entlang des Strandes. Dauer: ungefähr 7 Std. Kosten: US$10, inkl. Boxlunch. Inzwischen bieten auch andere Veranstalter diese Tour an, aber das Original stammt eben von Exotic Travel.

Puerto Barrios

Am Ende der Atlantikfernstraße CA 9, rund 300 km von Guatemala-Stadt entfernt, liegt die Hafenstadt Puerto Barrios. Sie wurde von ihrem Namensgeber, dem liberalen Reformer Justo Rufino Barrios (1835–1885), geplant. Noch vor seinem Tod initiierte er den Eisenbahnbau von der Hauptstadt an die Karibikküste. 1895 wur-

Punta de Manabique

Eine außergewöhnliche, wenn auch nicht billige Erfahrung ist ein Besuch der Halbinsel **Punta de Manabique**, die sich wie ein Zeigefinger in die Bahía de Amatique schiebt und nur mit dem Boot erreichbar ist. Wer den Aufwand nicht scheut, bekommt unverdorbene Karibikstrände, dichte Mangrovenwälder, Kanäle, Lagunen und Tiere (235 Vogelarten, Krokodile, Brüllaffen, Tapire, Wildschweine, Schildkröten und mit viel Glück auch Manatis) geboten.

Zelten und günstig bei Einheimischen unterkommen kann man im Weiler **Estero Lagarto** im Süden der Halbinsel (**Hotel Estero Lagarto**, kein Telefon, einfache Bungalows, ❷)

In Estero Lagarto kann man mit den Dorfbewohnern fischen gehen oder Bootstouren durch die Mangroven- und Sumpflandschaft unternehmen.

Lohnend ist ein Ausflug zum beeindruckenden **Canál Inglés** (ein mangrovengesäumter Kanal, der die Bahía de Amatique mit dem offenen Meer verbindet). Auf jeden Fall ein gutes Mückenmittel mitnehmen!

Erreichbar ist die Punta de Manabique per Boot ab Livingston oder Puerto Barrios von den dortigen Bootsanlegestellen (siehe jeweils im Kapitel Transport). Kosten für eine Tagestour etwa Q900 (4 Pers.) oder Q1000 (8 Pers.).

den Stadt und Hafen an der Bahía de Amatique offiziell gegründet, die erste Eisenbahn verband den Ort seit 1908 mit dem Hochland. Schon ein paar Jahre zuvor hatte die neu gegründete United Fruit Company (s. S. 431) damit begonnen, scheinbar wertloses Land zu Niedrigpreisen für den Bananenanbau aufzukaufen. Sie gelangte zudem in den Besitz von Konzessionen für die Eisenbahn und den Hafen und dominierte bald nicht nur das Bananengeschäft, sondern beeinflusste auch über Jahrzehnte die Geschichte Guatemalas. Puerto Barrios war ihr Brückenkopf, den auch deutsche Kaffeepflanzer eifrig zum Export ihres Kaffees nutzten. Mit dem endgültigen Niedergang des Bananenimperiums in den 60er-Jahren des vergangenen Jahrhunderts begann auch die Hafenstadt in die Bedeutungslosigkeit zurückzukehren.

Obwohl am **Hafen** noch immer Bananenschiffe abgefertigt werden, sich Mengen von Containern stapeln, und eine Ölraffinerie am Ortsausgang ihren Dienst verrichtet, tut sich sonst nicht mehr allzu viel. Die für Guatemala untypisch breiten Straßen sind von Schlaglöchern übersät, und viele der einst schmucken karibischen Holzhäuser sind zerfallen. Dass Puerto Barrios eine Hafenstadt ist, merkt der Besucher spätestens abends, wenn zahlreiche zwielichtige Bars, Kneipen und Bordelle öffnen. Daher versuchen die meisten Touristen am Tag ihrer Ankunft so schnell wie möglich weiterzureisen, sei es per Boot nach Livingston oder per Bus Richtung Río Dulce, nach Honduras oder in die Hauptstadt.

Die Orientierung in der 60 000 Einwohner zählenden Stadt fällt anfangs etwas schwer. Die Hauptstraße aus Guatemala-Stadt, die Calzada Justo Rufino Barrios, verläuft diagonal zum üblichen Schachbrettmuster bis ins Zentrum in Höhe der 9. C. und 5. Av. Sie führt am interessanten **Friedhof** vorbei, auf dem ein indisches Mausoleum im Taj Mahal-Stil Zeugnis von der multikulturellen Vergangenheit der Stadt ablegt.

Sicherheit in Puerto Barrios

Wer abends noch spät unterwegs ist, sollte vorsichtshalber ein Taxi zum Hotel nehmen, statt zu laufen.

In Höhe der 14. C. steht das etwas unscheinbare Denkmal des schwarzen Bananenarbeiters, **El Muñecon**, der gerade eine schwere Staude schleppt. Folgt man der 13. C. Richtung Meer und geht einen Block nach Norden, erreicht man die **Muelle Municipal**, von der aus die Boote Richtung Livingston und Punta Gorda starten. Dort, wo die Atlantikfernstraße CA 9 endet, zweigt am Kreisverkehr die Straße zum neuen Hafen **Santo Tomás de Castilla** ab, der westlich von Puerto Barrios liegt. Mit wenigen Ausnahmen wird der Schiffsverkehr über den Atlantik inzwischen von diesem Hafen abgewickelt. Der Ort wurde 1604 von den Spaniern gegründet. 1843 ließen sich hier vorübergehend belgische Siedler nieder. Einen erstaunlichen Fund machte man 1864 mit der Entdeckung der sogenannten Leydener Platte, einem Kleiderschmuck aus dem Jahr 320 n. Chr. Sie soll den 5. Fürsten Tikals bei seiner Amtsübernahme zeigen. Die archäologische Kostbarkeit aus Jade ist im Museum von Leyden in den Niederlanden zu bewundern. Die Platte erbrachte den Beweis, dass sich schon damals Maya in dieser Region aufhielten und diese die Bucht wahrscheinlich ebenfalls als Hafen nutzten.

Heute dominieren in Santo Tomás de Castilla moderne Hafenanlagen, saubere Wohnviertel und gepflegte Parks für Arbeiter und Angestellte. Wer sich hier umschauen möchte, benötigt eine Erlaubnis von der Marinebasis *(base naval)*.

Übernachtung

Hotel Xelajú, 9. C., zwischen 6. und 7. Av., gegenüber dem Markt, ✆ 79480482. Einfache, saubere und sichere Zimmer mit und ohne Bad, nach vorne etwas laut. ❸ Ohne Bad ❷

Hotel Ensenada, 4. Av., zwischen 10. und 11. C., ✆ 79480861. Kleine, aber saubere Zimmer mit Bad, TV und AC, Parkplatz, WLAN. ❸

Hotel y Restaurante La Caribeña, 4. Av., zwischen 10. und 11. C., ✆ 79480384, ✉ vernonzaida@hotmail.com. Zimmer wahlweise mit Ventilator, TV oder AC, Restaurant. ❷ mit Ventilator, ❹ mit AC

Hotel Europa CA, 3. Av., zwischen 11. und 12. C., sehr günstige Lage bei der Migración und dem Abfahrtort der Boote nach Livingston, ✆ 79481292. Ordentliche, Zimmer mit AC oder Ventilator, Parkplatz, WLAN, Internet.

Puerto Barrios
N
0
300 m
Übernachtung:
1 Hotel del Norte
2 Hotel Xelajú
3 Hotel Ensenada
4 Hotel y Restaurante La Caribeña
5 Hotel Europa CA
Essen:
1 Restaurante Safari
2 Restaurante Meme
3 Container
4 Hotel y Restaurante La Caribeña
Sonstiges:
1 Quinto's Travel
2 Dispensa Familiar (Supermarkt)
3 Migración
Transport:
1 Kleinbusse nach Corinto (Honduras)
2 Busse nach Guatemala-Stadt
3 Busse nach Chiquimula
4 Bootsanlegestelle (Muelle Municipal); Boote nach Livingston, Punta Gorda (Belize)
1. Calle
2. Calle
3. Calle
4. Calle
5. Calle
6. Calle
7. Calle
8. Calle
9. Calle
10. Calle
11. Calle
12. Calle
13. Calle
14. Calle
15. Calle
1. Av.
2. Av.
3. Av.
4. Av.
5. Av.
6. Av.
7. Av.
8. Av.
9. Av.
Parque Tecún Umán
Parque Reina Barrios
POLIZEI
MUNICIPALIDAD
MERCADO
CONTAINER-HAFEN
Texaco-Tankstelle
Calzada Justo Rufino Barrios
El Muñecón
Río Escondido
Bahía de Amatique
Friedhof, Guatemala-Stadt, Santo Tomás de Castilla

Abholservice vom Bus, wenn vorher gebucht wurde. ❸ mit Ventilator, ❹ mit AC

Hotel del Norte, 7. C./1. Av., ✆ 79482116, 📠 79480087. Wunderschöner, etwas in die Jahre gekommener Holzbau am Meer mit viel karibischem Flair. Zimmer im Anexo haben AC und sind dementsprechend teurer. Restaurant, Schwimmbad, Parkplatz. ❸ mit Ventilator, ❻ mit AC

Essen

Das Restaurant im **Hotel La Caribeña**, 4. Av., zwischen 10. und 11. C., serviert gute Mahlzeiten. ⏲ 6.30–22 Uhr.

Von Puerto Barrios nach Honduras

Der noch vor wenigen Jahren abenteuerliche Grenzübertritt nach **Omoa** und **Puerto Cortés** in Honduras ist mittlerweile problemlos und eine zeitsparende Alternative, um von der Provinz Izabal ins Nachbarland zu gelangen. Colectivos der Vereinigung ASUMATUCA fahren in stündlichen Abständen vom Markt zwischen 5 und 18 Uhr auf einer asphaltierten Straße bis zum honduranischen Grenzort **Corinto**, Q35. Die Abzweigung zur Grenze, die inzwischen rund um die Uhr geöffnet ist, erfolgt an der Kreuzung Entre Ríos. Insgesamt beträgt die Fahrtstrecke zur Grenze rund 40 km, ca. 1 1/4 Std.

Von der guatemaltekischen Grenze (Q10 Ausreisegebühr) fahren Pick-ups zum honduranischen Grenzposten (ca. US$1–3 Einreisegebühr) und ein weiteres Fahrzeug bringt einen nach Corinto, von wo die Weiterreise nach Omoa, Puerto Cortéz, San Pedro Sula oder La Ceiba möglich ist. Die Straße auf honduranischer Seite ist nur teilweise asphaltiert. Wer ganz früh in Puerto Barrios startet, kann mit etwas Glück die 15-Uhr-Fähre von La Ceiba nach Roatán erreichen und ziemlich sicher die 16.30-Uhr-Fähre von La Ceiba nach Utila.

Schneller und bequemer ist es, ein Taxi für den Grenzübergang zu benutzen, das für rund Q50–60 p. P. von Puerto Barrios bis Corinto fährt. Meist warten bereits Taxis an der Bootsanlegestelle nach und von Livingston sowie der Migración.

Restaurante Safari, 1. C. und 5. Av. Bekanntes und beliebtes Lokal am Meer. Guter Fisch und Meeresfrüchte, nicht ganz billig. Gelegentlich Livemusik.

Restaurante Meme, 6. Av., zwischen 6. und 7. C. Fleisch und Meeresfrüchte, abends gelegentlich Livemusik.

Container, am Ende der 7. C., besteht lediglich aus zwei übereinandergestapelten, ausrangierten Frachtcontainern, die nach allen Seiten offen sind. Snacks und kaltes Bier.

Sonstiges

Geld

Entlang der 7. C., zwischen 5. und 7. Av., Visa- und Mastercard-Geldautomat an der 9. C., Ecke 8. Av. (Banrural).

Lebensmittel

Supermarkt **Dispensa Familiar**, 8. C., nahe 6. Av. Der Laden der **Texaco-Tankstelle** an der 13. C., Ecke 6. Av., ist 24 Std. geöffnet.

Migración

Büro der Einwanderungsbehörde, 12. C., zwischen 3. und 4. Av., angeblich 24 Std. geöffnet. Wenn doch geschlossen, einfach klopfen.

Post

6. Av., zwischen 5. und 6. C.

Reisebüro

Quinto's Travel, 6. Av., zwischen 6. und 7. C., ✆ 79486180. Flugtickets für AA, Delta, Taca, United, Continental und Copa. Autovermietung.

Taxis

Am Markt, bei den Bussen, an der Bootsanlegestelle und gelegentlich vor der Migración, keine Festtarife, im Ort ca. Q15–20. Fahrt nach Corinto (Honduras) ca. Q50–60 p. P.

Telefon/Fax

Telgua, an der 8. Av., zwischen 10. und 11. C.

Transport

Busse

GUATEMALA-STADT (307 km, ca. 5–6 Std.), Litegua, ✆ 79481172, hat rund 20 Abfahrten tgl.,

Busse von 1–16 Uhr, Q65. Um 2, 7.30 und 10 Uhr fahren 1. Klasse-Busse, die doppelt so teuer sind. Die *directo*-Busse sparen den halbstündigen Umweg über Morales.
Der **Terminal** befindet sich am Beginn der Calzada Justo Rufino Barrios, zwischen der 5. und 6. Av.
CHIQUIMULA (192 km, 4 Std.), ständige Abfahrten gegenüber von Litegua von 4–16 Uhr.
HONDURAS, s. Kasten.
RÍO DULCE, einen beliebigen Bus Richtung Guatemala-Stadt (vorher abchecken, ob der Litegua-Bus unterwegs hält) oder Chiquimula bis zur Kreuzung La Ruidosa nehmen (ungefähr 1 Std.). Dort rechts ab jeden beliebigen Bus oder Minibus nehmen (ca. 40 Min.).

Boote

Der gesamte Personenbootsverkehr wird an der Muelle Municipal am Ende der 12. C. abgewickelt.
LIVINGSTON, noch bedient die langsame, altersschwache, aber sehr gemütliche Fähre die Route um 10.30 und 17 Uhr in 1 1/2 Std. für Q20 (30 Min. vorher auf das Boot gehen!). Ansonsten warten die schnellen Tiburoneras (30–40 Min.), die ablegen, sobald sie voll sind, ab 6.30 Uhr, Q35.
PUNTA GORDA/Belize, Schnellboote tgl. um 10 und 14 Uhr, in 1–1 1/2 Std. für Q125 p. P. (vorher bei der Migración Ausreisestempel besorgen und US$10 Ausreisesteuer zahlen!).
Für alle Bootsfahrten sollte man sein Gepäck vorsichtshalber wasserdicht verpacken.

Naturschutzgebiet Cerro San Gil

Zwischen der Bahía de Amatique und dem Río Dulce liegt die Bergkette **Montañas del Mico** mit dem **Cerro San Gil** (1267 m) als höchstem Punkt. Der hier vorhandene immerfeuchte tropische Regenwald wird von rund 4000 mm Niederschlag – verteilt auf ca. 200 Tage im Jahr – gespeist.

Das 19 335 ha große Reservat ist die Heimat von zahlreichen vom Aussterben bedrohten Tierarten wie dem Jaguar oder Tapir. 350 Vogelarten haben Naturschützer gezählt. Daneben versorgt die Reserva Protectora de Manantiales Cerro San Gil die Hafenstädte Puerto Barrios und Santo Tomás de Castilla über den Río de las Escobas mit sauberem Trinkwasser.

Die Naturschutzorganisation FUNDAECO hat seit Ende der 1980er-Jahre die meisten der im Reservat lebenden Menschen mit dem Waldschutz vertraut gemacht. Dadurch konnte das Gebiet bisher vor einer ausufernden Abholzung bewahrt werden. Das Reservat kann mit der Genehmigung von FUNDAECO besucht werden. Übernachtet wird in einfachen Hütten mit mehreren Betten, das Essen wird in einem benachbarten Dorf zubereitet. Auf Wanderwegen kann ein kleiner Teil des Reservats besichtigt werden. Informationen bei: FUNDAECO, ✆ 22534994, 💻 www.fundaeco.org.gt.

Die Corozopalme

Auf den kahlen Weiden in der Provinz Izabal fällt einem gelegentlich eine Baumart auf, die von den Rinderbaronen vor dem Abholzen bewahrt wurde – die Corozopalme, die im Deutschen unter dem Namen Cohunepalme *(Orbignya cohune)* bekannt ist. Dieses verdankt sie ihren vielseitigen Verwendungsmöglichkeiten. So werden aus ihren essbaren, stark ölhaltigen Früchten Speise- und Schmieröle gewonnen. Aus den Schalen lässt sich Holzkohle und aus den Samen Seife herstellen. Mit den Blättern der Palme können Dächer gedeckt werden, obwohl hierfür geeignetere Palmarten existieren. Überdies wird die Corozopalme von Vögeln als Nistplatz und ihre Samen als Nahrungsquelle geschätzt. Und sollte der Baum eines Tages doch gefällt werden, so zeigt er sich auch hier von seiner nützlichen Seite: Palmherz, das zarte Innere, ist eine Delikatesse, und lässt man Zucker im jungen Stumpf gären, fermentiert die Flüssigkeit zu alkoholhaltigem Palmwein.

Von Puerto Barrios nach Quiriguá

Etwa 15 km südlich von Puerto Barrios an der Kreuzung **Entre Ríos** passiert man die Abzweigung der neuen Straße nach Honduras und bei

KM 244,5 in **La Ruidosa** die Abzweigung der Hauptstraße CA 13 in Richtung Norden zum Río Dulce und weiter in den Petén.

Morales und Bananera

Etwa 1500 m weiter westlich zweigt von der Atlantikstraße die 3 km lange Zufahrt zu den beiden Gemeinden Morales und Bananera ab, die im Laufe der Jahre zusammengewachsen sind. Hier befand sich einst das Hauptquartier der berüchtigten **United Fruit Company** (s. S. 431). Auch heute noch erstrecken sich außerhalb der beiden Orte jede Menge Bananenplantagen, die inzwischen den Besitzer gewechselt haben.

In Morales und Bananeras gehört es bereits zu den aufregendsten Aktivitäten, den Bus zu wechseln. Wer hier übernachten muss, findet ein paar passable Unterkünfte.

Übernachtung

Mansión del Viajero, Calle de atrás s/n, bei der Farmacia del Centro rechts von der Hauptstraße in Morales abbiegen, ✆ 79478940. Günstige Zimmer mit oder ohne AC und TV. ❸ Mit AC ❹

Hotel La Fuente, an der Hauptstraße in Morales, schräg gegenüber von Fuente del Norte, ✆ 79477073, ✉ hyrlafuente@gmail.com. Sauberes Hotel mit TV und AC, Restaurant, Wäscherei, WLAN. ❼

Transport

Die **Busgesellschaften** Fuente del Norte und Litegua unterhalten jeweils ein Büro an der Hauptstraße in Morales.

GUATEMALA-STADT (245 km, 4 Std.), Fuente del Norte fährt mehrmals tgl. zwischen 8.30 und 17 Uhr, ebenso wie Litegua, deren Busse zwischen 2.30 und 15.30 Uhr in Morales halten.

SANTA ELENA, Petén (ca. 4 Std.), mehrere Fuente del Norte-Busse zwischen 6 und 19.30 Uhr.

JUTIAPA (4 Std.), um 9 und 9.30 Uhr mit Fuente del Norte.

EL SALVADOR (rund 9 Std.) via JUTIAPA und Grenzübergang San Cristóbal, 1x tgl. mit Fuente del Norte um 10.30 Uhr.

Sonst kann man auch mit einem Microbus bis zur Atlantikstraße fahren und einen beliebigen Bus in beide Richtungen nehmen.

Weißer Sandstrand am Izabal-See

Nur ein paar Bootsminuten nordöstlich von Mariscos an der Punta Brava liegt das Strandhotel **Denny's Beach**, ✆ 53980908, 💻 www.dennysbeach.com. Die Anlage mit Bar und Restaurant (Frühstück Q30–40, Mittag-, Abendessen Q30–60) verfügt über eine breite Palette an Unterkünften, von der Luxusvilla für 14 Pers. (US$600 pro Nacht) bis zum Schlafsaal (Q78 p. P.). Wer möchte, kann reiten, segeln, schwimmen, mit dem Wakeboard fahren, ein Kajak mieten oder Bootsausflüge in die Umgebung unternehmen.

Mariscos und Playa Dorada

Im weiteren Streckenverlauf ist der Regenwald überwiegend großen Weiden und Bananenplantagen gewichen. Die Atlantikstraße folgt dem Unterlauf des Río Motagua in mehr oder weniger großem Abstand durch das breite, fruchtbare Schwemmland. Ein lohnenswerter Abstecher führt von **La Trinchera**, 28 km westlich von **La Ruidosa**, über eine asphaltierte Straße nach 14 km vorbei an Gummiplantagen zum Izabal-See.

Das kleine Fischerdörfchen **Mariscos** ist unter der Woche eine Oase der Ruhe – anders an Wochenenden, wenn einheimische Familien jeden freien Fleck am Seeufer besetzen.

Dies gilt auch für das 4 km weiter westlich gelegene **Playa Dorada**, das ebenfalls über eine asphaltierte Straße zu erreichen ist. Der größte Teil des „goldenen Strandes" ist in Privatbesitz und der Öffentlichkeit nicht mehr zugänglich.

Übernachtung und Essen

Hotel Karilinda, entlang der Hauptstraße am Seeufer, ✆ 53069421. Einfache Zimmer, z. T. nur mit dünnen Wänden. Teures Restaurant. ❸

Hotel Marinita, an der Hauptstraße am Seeufer, ✆ 79497104. Kleine Zimmer mit und ohne Bad, Restaurant am See. ❸

Transport

Zwischen der Atlantikstraße und Mariscos verkehren **Kleinbusse** alle 30 Min. Es gibt keine regelmäßige Fährverbindung zwischen Mariscos und El Estor. Ein **Charterboot** kostet rund US$70 für bis zu 4 Pers.

Nach Quiriguá

Bei KM 204,5 zweigt eine Erdstraße zur 4 km entfernten Ruinenstätte Quiriguá ab. Nach wenigen hundert Metern überquert sie die Überreste der ehemaligen Eisenbahnverbindung zwischen Puerto Barrios und der Hauptstadt. Heute wird der überwucherte Schienenstrang fast ausschließlich von Fußgängern benutzt. Hinter der stillgelegten Bahnlinie betritt man das Reich der Bananen. Kilometerweit erstreckt sich die **Del-Monte-Plantage** in alle Richtungen.

Die Geschichte der United Fruit Company

Die Geschichte der Bananenfirma begann im Jahr 1885, als Schiffskapitän Baker und Hafenspediteur Preston im gleichnamigen Ort die Boston Fruit Company gründeten. Sie verkauften in den USA Bananen aus Jamaika, Kuba und der Dominikanischen Republik. Da die Nachfrage recht bald das Angebot überstieg, beschlossen die Geschäftsleute, Land für eigene Bananenplantagen in Mittelamerika zu kaufen, um so einen konstanten Nachschub der begehrten Früchte zu gewährleisten. 1899 schlossen sich die Boston Fruit Company und Minor Keith zur United Fruit Company zusammen. Keith, Eisenbahnkonstrukteur in Mittelamerika, brachte Konzessionen für Eisenbahnlinien und die Postbeförderung sowie einen großen Landbesitz mit ein. Land war im unerschlossenen karibischen Tiefland in jener Zeit günstig zu haben; die Regierungen waren froh, überhaupt etwas dafür zu bekommen.

Das Betriebskapital der United Fruit Company wuchs in den folgenden Jahrzehnten auf über US$200 Mio. an, und die Firma hatte sich neben Honduras, Nicaragua, Panama und Kolumbien vor allem in Guatemala ausgebreitet. Außer mit Bananen handelte die UFCO noch mit anderen Früchten, mit Zucker, Tropenhölzern und Bodenschätzen. In Guatemala besaß sie über 100 000 ha fruchtbares Land und kontrollierte das Post- und Telefonwesen. Darüber hinaus brachte sie Häfen und den Schiffsverkehr, Eisenbahnlinien sowie die Stromversorgung unter ihre Kontrolle. Zudem brauchte *la frutera*, wie sie genannt wurde, keine Steuern zu zahlen. Als das Unternehmen im Jahr 1930 auch noch den Besitz ihres größten Konkurrenten Samuel Zamurrey aufkaufte, war sie schon seit Langem größter Arbeitgeber, Landbesitzer und größter Exporteur Guatemalas. Während der Weltwirtschaftskrise Anfang der 1930er-Jahre schaffte es der charismatische Zamurrey, sich an die Spitze des Unternehmens zu setzen und den Einfluss der UFCO, die jetzt *el pulpo* (die Krake) genannt wurde, weiter zu vergrößern.

Erste dunkle Wolken zogen für den Monopolisten nach der Oktoberrevolution in Guatemala im Jahr 1944 am Horizont auf. Der Unmut der Bevölkerung und der Arbeiter gegen die Machenschaften der UFCO wuchs. Dem Volk aus der Seele sprach der damalige Arbeits- und Wirtschaftsminister der Regierung Arbenz: „Die United Fruit Company ist der Hauptfeind des Fortschritts in Guatemala, seiner Demokratie und aller auf seine wirtschaftliche Befreiung gerichteten Anstrengungen." Steuerforderungen der Regierung hatten die prompte Entlassung von 4000 Arbeitern zur Folge. Die Lage eskalierte, als die Regierung Arbenz 1953/54 brachliegendes Land der UFCO im Zuge der Landreform und als Garantie für nicht erfüllte Lohnforderungen entlassener Arbeiter beschlagnahmte. Das Erstaunliche dabei: Nicht das Unternehmen selbst protestierte gegen diese Maßnahmen, sondern das Außenministerium der USA. Dies zeigte auf eindrucksvolle Weise, wie die wirtschaftlichen Interessen einflussreicher US-Politiker mit den Geschicken der United Fruit Company verflochten waren. 1954 organisierten höchste politische Kreise in den USA den Sturz der Regierung Arbenz, indem sie Söldner nach Guatemala einmarschieren ließen. Doch unter internationalem Druck begannen sich die USA von der United Fruit Company zu distanzieren: Das US-Justizministerium initiierte ein Anti-Trust-Verfahren gegen die Monopolgesellschaft. Die Prozesse, die sich bis 1958 hinzogen, führten schließlich zur Auflösung der Firma. Die UFCO musste einen Großteil ihres Grundbesitzes an einheimische Firmen abtreten und verlor die Rechte an der Eisenbahnlinie zwischen der Hauptstadt und Puerto Barrios.

Bananen

Die Pflanzen benötigen sieben bis neun Monate, bevor sie Früchte tragen, die dann noch weitere drei Monate reifen müssen. Danach stirbt die Pflanze ab. Die Stämme sind untereinander mit Seilen festgezurrt, um starken Stürmen besseren Widerstand entgegensetzen zu können. Ein Plastiksack schützt die Staude und lässt sie schneller reifen. Verschiedenfarbige Bändchen markieren den unterschiedlichen Reifegrad der Bananen, die das ganze Jahr über geerntet werden.

Auf dem Weg zu den Ruinen kreuzt wenig später eine Art Mini-Schwebebahn den Weg. Eine Schranke senkt sich, und ein Arbeiter, der auf einem Stuhl sitzt, zieht mit Hilfe eines kleinen Dieselmotors eine lange Reihe Bananenstauden zur Verpackungsanlage. Hier werden die Stauden zerteilt, sortiert, in Desinfektionslösung gewaschen, mit einem Konservierungsmittel besprüht, etikettiert, gewogen, verpackt und verladen, das Ganze im Akkordtempo bei schwül-heißen Temperaturen. Befragt man die Arbeiter und Arbeiterinnen zu ihren Arbeitsbedingungen, kommt wenig Kritik: Alle sind froh in wirtschaftlich schwierigen Zeiten einen Job zu haben, bei dem sie einen Lohn erhalten, der ungefähr doppelt so hoch wie der Mindestlohn ist (s. S. 136, Wirtschaft). Die Del-Monte-Verpackungsanlage kann kostenlos besichtigt werden. Fotografieren ist zwar erlaubt, Filmen hingegen nicht.

15 HIGHLIGHT

Die Ruinen von Quiriguá

Wie eine grüne Oase liegen die Ruinen von Quiriguá im letzten Waldstück weit und breit. Das Besondere der Anlage sind weniger die eher bescheidenen Bauwerke als die fantastischen Stelen. Die steinernen Bildsäulen gehören zu den größten der gesamten Maya-Welt und sind definitiv ihr Eintrittsgeld wert.

Geschichte

Quiriguá war schon in der Frühklassik um 250 v. Chr. besiedelt. Davor waren wahrscheinlich bereits Stämme aus dem Norden Mexikos entlang der Karibikküste in die Region gelangt und hatten sich mit den hier lebenden Gruppen vermischt. In Stelen und Altäre eingravierte Details zeigen Einflüsse aus El Tajín in Veracruz und aus Cotzumalguapa an der guatemaltekischen Pazifikküste.

Erste Monumente aus der klassischen Phase datieren aus dem 5. Jh. Man glaubt, dass Quiriguá im Jahr 426 durch einen Vertreter des ersten Königs von Copán gegründet wurde, diese honduranische Ruinenstätte (s. S. 449) befindet sich nur 50 km Luftlinie entfernt. Quiriguá entwickelte sich zu einem wichtigen Handelszentrum, das Warenströme zwischen Copán, der Karibik, dem Hochland und dem Petén koordinierte. Zusätzliche Bedeutung erlangte der Ort durch den Vertrieb von Jade aus den Steinbrüchen im Motagua-Tal. Für rund 300 Jahre stand Quiriguá mit seinen rund 2000 Bewohnern unter dem Einfluss seines weitaus größeren Nachbarn Copán.

Diese Abhängigkeit ging allerdings seinem Ende entgegen mit der Machtübernahme von Donnerhimmel, dem 14. Herrscher von Quiriguá. Obwohl er selbst durch die Dynastie von Copán eingesetzt worden war, etablierte er Beziehungen zu Calakmul, einem Erzfeind Copáns und seines Verbündeten Tikal. Die Beziehungen beider Orte verschlechterten sich rapide. Es kam zu einem bewaffneten Konflikt, aus dem Quiriguá als Sieger hervorging. Am 23. April 738 nahm Donnerhimmel den Herrscher von Copán, Achtzehn Kaninchen, gefangen. Wenige Tage später werden die Ereignisse auf den Stelen in beiden Städten unterschiedlich bewertet. Während man

Buchklassiker mit Bildern aus Quiriguá

Das zweibändige, von John Lloyd Stephens auf Englisch verfasste Werk **Incidents of Travel in Central America, Chiapas and Yucatan** aus dem Jahr 1841 enthält Frederick Catherwoods fantastischen Zeichnungen von Maya-Ruinen, darunter auch Quiriguá.

in Quiriguá von einer öffentlichen Opferzeremonie auf der großen Plaza berichtet, heißt es in Copán, der König sei im Kampf gefallen.

Die siegreiche Rebellion erzeugte eine wirtschaftliche und politische Freiheit, die sich in massiver Bautätigkeit sowie der Errichtung von Stelen und Skulpturen äußerte. In der Folgezeit versuchte Quiriguá seine wachsende Macht durch neue Bündnisse und Heiratsallianzen zu konsolidieren.

Obwohl Quiriguá während mehrerer Dekaden aufblühte, war es nicht immun gegen die gewaltigen Änderungen, die die Welt der Maya bedrohten. Das letzte skulptierte Datum stammt aus dem Jahr 810. Zu Beginn des 10. Jhs. lag die Stadt verlassen da. Ihre Bewohner waren nach und nach Richtung Norden abgewandert. Anhand eines Fundstücks konnten Forscher nachweisen, dass um die Mitte des 10. Jhs. eine Gruppe Einwanderer aus dem Norden vorübergehend in Quiriguá lebte, wenig später aber in Richtung Honduras aufbrach.

1840 entdeckten der amerikanische Diplomat Stephens und der Zeichner Catherwood die Ruinen, die sie ähnlich wie jene von Copán käuflich erwerben wollten. Im festen Glauben, die US-Regierung stecke hinter der Kaufabsicht, forderte der Besitzer des Grundstücks eine völlig überzogene Summe. Das Geschäft kam nie zustande. Zusätzlich bekannt wurde Quiriguá durch die Fotografien des britischen Archäologen Alfred Maudslay, dessen Bilder zum Ende des 19. Jhs. veröffentlicht wurden. Zwischen 1910 und 1914 führte die Carnegie Institution in Washington Ausgrabungsarbeiten durch, die von der United Fruit Company unterstützt wurden, und von 1974–1979 waren die Archäologen der Pennsylvania University mit systematischen Ausgrabungen beschäftigt.

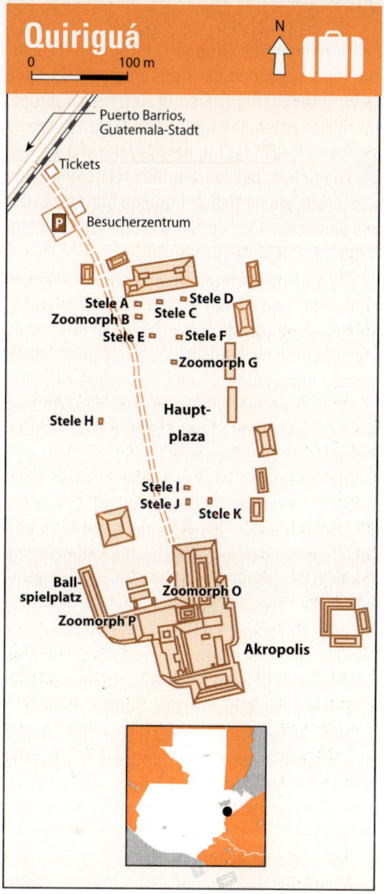

Sehenswertes

Die drei in Quiriguá gefundenen Baugruppen stammen aus verschiedenen Epochen. Die Zentren A und B liegen jeweils mehrere hundert Meter weit vom Hauptteil der Anlage – der Gruppe C – entfernt. Sie stammen aus der frühen Besiedlungszeit des Ortes und sind kaum restauriert.

In der **Gruppe A** fanden Archäologen 1922 die **älteste Stele** der gesamten Anlage aus dem Jahr 692, die allerdings nur 2 m misst. Die Gruppe B besteht aus drei kleinen Hügeln, die ehemalige Fundamente andeuten. Freigelegt wurden nur eine Plattform und eine Stele. Im Osten der **Gruppe C** liegt die **Hauptplaza** mit Stelen und Steinquadern sowie die vierfach überbaute **Akropolis**.

In Quiriguá hat man inzwischen ein **Besucherzentrum** und kleines **Museum** gebaut. In ihm sind einige Originalstücke ausgestellt. Am Eingang zu den Ruinen befinden sich einige einfache Comedores, ein Parkplatz und Toiletten. Es regnet oft in Quiriguá, auch ein Mückenmittel leistet gute Dienste, ⏲ 8–16.30 Uhr, Q80.

Stelen

Erst nachdem die Gruppe C fertiggestellt worden war, begannen die Herrscher von Quiriguá damit, regelmäßig Stelen in Auftrag zu geben. 751–805 wurden alle fünf Jahre Stelen errichtet (nur von 771–775 betrug der Abstand vier Jahre). Die länglichen, bebilderten Steinmonumente bestehen aus einem rötlich-braunen Sandstein, der aus einem ca. 4 km entfernten Steinbruch in der Nähe des Río Motagua stammt.

Die tonnenschweren Quader wurden von den Maya über Holzrollen zu ihrem Bestimmungsort transportiert. Die Stelen, die den jeweiligen Machthabern als Medium der politischen Selbstdarstellung dienten, erreichten Höhen von über 10 m bei einem Gewicht von über 50 t. Ähnlich wie in Copán wurden die Stelen auf der **Hauptplaza** der Gruppe C errichtet.

Die Stelen A, C, D, E, F, H und J zeigen Herrscher Donnerhimmel. **Stele A** und **C** wurden gleichzeitig im Jahr 705 errichtet. **Stele D**, sicherlich eines der schönsten Beispiele altamerikanischer Steinmetzkunst, ist auf der guatemaltekischen 10-Centavo-Münze abgebildet. Sie zeigt auf ihrer Nord- und Südseite den Herrscher. Auf der Ost- und Westseite sieht man Datumsangaben, Hieroglyphentexte zur Geschichte und zur Beziehung des Königs zu den Göttern.

Stele E aus dem Jahr 771 ist mit 10,67 m und 65 t die größte und schwerste Stele der gesamten Maya-Welt. Auf **Stele F** ist der 14. Herrscher von Quiriguá mit einem Spitzbart zu erkennen. **Stele H** ließ er 751 als erstes Steinmonument seiner Amtszeit errichten. **Stele J** stammt aus dem Jahr 756 und scheint als Vorlage für **Stele I** (804) gedient zu haben. Auf Letzterer und auf der ebenfalls recht kleinen **Stele K** (805) ist der Herrscher Jadehimmel zu sehen, der im Jahr 802 den Thron bestieg.

Zoomorphe

Ab 780 ging man über zur Setzung von großen Steinblöcken, sogenannten Zoomorphe. Die 3–4 m langen Steinquader zeigen mythische Wesen mit charakteristischen Zügen einzelner Tiere. So ist auf **Zoomorph B** aus dem Jahr 780 ein riesiges Tier in Form einer Schildkröte abgebildet. Oftmals stellen die Steinblöcke eine dynastische Erbfolge dar. Aus dem Rachen des Erdungeheuers, auch kosmisches Monster genannt, kommt der Herrscher als Symbol für seine Thronbesteigung hervor. Zu sehen ist auch, wie der verstorbene König als tanzende Figur mit einer Jaguarmaske (Symbol der nächtlichen Sonne) in die Erde eintaucht, während sein Nachfolger in Vogelgestalt (Symbol der Tagsonne) aus ihr emporsteigt.

Himmelsende, der Sohn von Donnerhimmel, ließ 785 den **Zoomorph G** in Gedenken an seinen Vater errichten. Sehenswert sind auch die **Zoomorphen O und P** am Ostrand der Plaza unterhalb der Akropolis. Sie stammen aus den Jahren 790 bzw. 795. Vor ihnen ist jeweils ein reich verzierter Altarstein aufgestellt.

Übernachtung und Essen

Alle Unterkünfte liegen im etwas heruntergekommenen kleinen Ort Quiriguá, rund 4 km von den Ruinen entfernt. Früher befand sich hier ein international bekanntes Tropenhospital der United Fruit Company.

Hotel Royal, C. Principal, ✆ 79473639. Brauchbare Zimmer mit oder ohne Bad. Zimmer mit warmem Wasser im Bau. Das Hotel hat ein ganz ordentliches Restaurant, das auch Vegetarisches serviert. ❸

Hotel Santa Mónica, am KM 200 der Atlantikstraße, bei der Tankstelle, Einfahrt zum Ort Los Amates, ✆ 79473838, ✉ info@hotelsantamonica.com.gt. Zimmer mit Bad, TV, und Ventilator, AC, Restaurant und Schwimmbad. DZ mit AC. ❻

Transport

Wer über ein eigenes Fahrzeug verfügt, biegt bei KM 204,5 zur Ruinenstätte ab.

Der Ort Quiriguá besitzt einen separaten Eingang, nicht weit davon entfernt.

Alle **Busse** entlang der Atlantikstraße halten auf Wunsch an der Abzweigung nach Quiriguá. Von hier fahren in unregelmäßigen Abständen Busse, Pick-ups und Traktoren zur Ruinenstätte, die auch in etwa 45 staubigen oder schlammigen Minuten zu Fuß zu erreichen ist. Wer vom Ort Quiriguá zu Fuß zur Ruinenstätte möchte, braucht nur den Gleisen Richtung Puerto Barrios rund 1 km zu folgen und trifft dann auf die Straße zur Anlage. Für **Taxis** nach Quiriguá im Hotel Royal nachfragen.

Der Osten und Copán (Honduras)

Stefan Loose Traveltipps

Río Pasabién Der kühle Fluss lädt zu einem erfrischenden Bad im heißen Motagua-Tal. S. 438

Sierra de las Minas Fantastischer Urwald mit Gelegenheit, den Nationalvogel Quetzal zu erspähen. S. 439

Estanzuela Das paläontologische Museum lockt mit einer Menge Überraschungen. S. 440

Esquipulas Pilgertour in den bekannten Wallfahrtsort mit dem schwarzen Christus. S. 443

16 **Copán** Die Ruinen der Maya-Stadt im Nachbarland Honduras, eine herausragende Sehenswürdigkeit. S. 451

Vulkan Ipala Eine Nacht im Zelt am Rand der herrlichen Kraterlagune. S. 458

DER OSTEN

Der Osten des Landes – der Oriente – gehört noch immer zu den weißen Flecken auf der touristischen Landkarte. Wer mehr als nur einen oberflächlichen Eindruck von der Vielfalt Guatemalas bekommen möchte, sollte auch in dieser Region ein paar Tage verbringen. So gut wie alle sehenswerten Orte sind dank der guten Straßen und des dichten Busnetzes einfach zu erreichen. Ein Ausflug nach Honduras zu den sehenswerten Maya-Ruinen von **Copán** rundet eine mehrtägige Erkundungstour durch Guatemalas Osten ab.

Zum Oriente zählen die fünf Departamentos **El Progreso**, **Zacapa**, **Chiquimula**, **Jalapa** und **Jutiapa**. Das gebirgige Land, das nicht mehr die Höhen des *altiplano* erreicht, wird von drei Bergzügen dominiert: Im Westen sind es die Ausläufer der **Sierra Madre**, im Norden ist es die **Sierra de las Minas** und im Osten die **Sierra del Merendón**. Die stark erodierten Vulkane im Übergangsgebiet zum pazifischen Flachland erreichen nur noch Höhen von 1000–2000 m.

Der Osten gehört zu den trockensten und heißesten Gebieten des Landes und ähnelt besonders in den Monaten Januar bis Mai zum Teil einer Wüstenlandschaft.

Während der Regenzeit und kurz danach präsentiert sich das Gebiet hingegen in sattem Grün. Daher eignen sich besonders die Monate Juli/August und November/Dezember für einen Besuch.

Im Oriente leben fast ausschließlich Ladinos. Der indianische Bevölkerungsanteil liegt unter 5 %. Enklaven von einigen tausend Pokomchí-Indianern befinden sich in der Provinz Jalapa, und in der Provinz Chiquimula leben isoliert einige Chortís.

Alle fünf Ostprovinzen sind traditionell landwirtschaftlich ausgerichtet. Es ist das Land der *Vaqueros* – der Cowboys. Nirgendwo sonst in Guatemala sieht man so viele Lederstiefel und Cowboyhüte. Stierkämpfe und Pferdeshows stehen auf dem Programm der meisten größeren Fiestas.

Den Ladinos und Ladinas des Oriente wird besonders viel Temperament nachgesagt, und der Machismo ist hier besonders ausgeprägt.

N
0
20 km
Quiriguá
Quiriguá
Los Amates
RESERVA DE LA BIÓSFERA SIERRA DE LAS MINAS
Sierra de las Minas
Panimá
Matanzas
Sto. Toribio
Tinajas
Tzé
2035
Co. La Cucaracha
2992
3015
Co. Raxón
Co. El Pinalón
2962
Teculután
Jones
La Lima
Pasabién
Motagua
Gualán
Rio Hondo
CA9
3
Los Albores
Hato
Comaja
Santa Cruz
Teculután
Estanzuela
Zacapa
San Agustín Acasaguastlán
San Cristobál Acasaguastlán
La Unión
1716
1690
San Pedro Sula
El Rancho
San Vicente
El Progreso (Guastatoya)
CA10
Grande
CA11
Copán Ruinas
El Florido
Copán
Jocotán
Camotán
Chiquimula
1800
Jalapa
San Diego
1839
Tacó
San Juan Ermita
HONDURAS
19
2176
Volcán Jumay
Los Chorros
San José
Vado Hondo
Olopa
Jalapa
1560
San Luís Jilotepeque
San Pedro Pinula
Montaña de Pinula
Jalapa
18
18
Ipala
Quetzaltepeque
Colima
Volcán de Ipala
1650
1874
Padre Miguel Junction
Esquipulas
CA10
Miramundo
Agua Caliente
Santa Rosa de Copán
2045
Volcán Alzatate
Volcán Tahual
1716
Santa Catarina Mita
Agua Blanca
Frio
Co. Montechristo
2350
Volcán Suchitán
2042
Ayarza
1940
Anguiatú
Nueva Ocotepeque
PARQUE NACIONAL TRIFINO
19
El Progreso
Asunción Mita
CA12
Jutiapa
La Palma
CA1
CA1
Lago de Guija
El Amate
1446
Lag. de Ates Catempa
EL SALVADOR
San Cristóbal Frontera
1776
Volcán Chingo
1662
Moyuta
Valle Nuevo
CA1
CA12
Chalachuapa
Santa Ana
Ahuachapan
Sierra Apaneca Ilamatepec
Cd. Pedro de Alvarado
Volcán de Santa Ana
Lago de Coatepeque
La Hachadura
CA8
CA12
2365
San Salvador
1910
Volcán de Izalco
San Salvador

Von Quiriguá nach Río Hondo

Nur rund 4 km von Quiriguá entfernt passiert man den wenig interessanten Ort **Los Amates**, ein großes Agrarzentrum ohne touristisches Angebot. Wenige Kilometer westlich von Los Amates erreicht man die Provinz Zacapa. Die Landschaft wird merklich trockener, die ersten Kakteen tauchen auf.

Zwischen der Ortschaft **Gualán** und Río Hondo liegen beiderseits der Straße große Felsbrocken über mehrere Kilometer verteilt. Es sind die Überreste einer gewaltigen Gerölllawine, die sich vor Jahrtausenden aus der mächtigen **Sierra de las Minas** (s. S. 439) löste. Der imposante Gebirgszug, der parallel zur Atlantikfernstraße verläuft, erstreckt sich über mehrere Provinzen. Die Flüsse aus den Bergen, die in regelmäßigen Abständen zu überqueren sind, verwandeln sich während der Regenzeit immer wieder in reißende Ströme und spülen oftmals Teile der Hauptstraße weg.

Bei KM 136 wird die Abzweigung **Río Hondo** erreicht. Hier zweigt die Landstraße CA 10 Richtung Honduras und El Salvador in die Provinzhauptstädte Zacapa und Chiquimula sowie zur Pilgerstätte Esquipulas ab. Über eine Nebenstrecke gelangt man zu den sehenswerten Ruinen von Copán in Honduras. An der Abzweigung gibt es jede Menge einfacher Comedores und ein paar schlichte Herbergen. Regelmäßiger Busverkehr besteht in alle Richtungen.

Von Río Hondo nach Guatemala-Stadt

Nur wenige Kilometer in Richtung Guatemala-Stadt passiert man den **Río Pasabién**. Aufgrund der günstigen Lage zwischen der Hauptstadt, der Karibikküste sowie Copán und Esquipulas haben sich hier um den KM 126 beim Dorf Santa Cruz einige sehr komfortable Hotels angesiedelt. Die meisten verfügen über große Pools sowie Wasserrutschen und eignen sich daher besonders für Familien. Man kann die Pools auch nutzen, ohne in den jeweiligen Hotels zu übernachten. An Wochenenden empfiehlt sich eine Reservierung.

Der beste Rum

Etwas außerhalb von Santa Cruz befindet sich die **Licorera Zacapaneca**. In der modernen Destillationsanlage wird der beste Rum des Landes produziert. Der rund 20 Jahre gereifte Zacapa Centenario hat schon viele internationale Auszeichnungen erhalten. Kaufen kann man den Rum in gut sortierten Supermärkten und am Flughafen in Guatemala-Stadt.

Folgt man dem Río Pasabién rund 3 km flussaufwärts, gelangt man nach wenigen hundert Metern zu einer offiziellen Badestelle *(balneario)*, an der man sich im kalten, erfrischenden Flusswasser abkühlen kann, ⏲ tgl. 8–18 Uhr, Q2, regelmäßiger Bus- und Taxiverkehr.

Übernachtung

Hotel Longarone, KM 126,5 Atlantikstraße, ✆ 79330488, 💻 www.hotel-longarone.com. Weitläufige Bungalowanlage, Zimmer mit Kühlschrank, wahlweise mit AC, TV, zwei Pools und Restaurant. Gäste können den benachbarten Aquapark benutzen. ❼–❾
Weitere Hotels am gleichen Ort mit ähnlicher Ausstattung, aber günstiger als das Longarone sind das **Hotel El Atlántico**, ✆ 79330598, 💻 www.hotelelatlanticoguate.com, ❼, und das **Hotel Nuevo Pasabién**, ✆ 79330606, 💻 www.hotelpasabien.com, ❼.

Teculután

Die schnurgerade Straße passiert wenig später bei KM 120 die Tankstellen, Obststände, Restaurants und einige Hotels des Ortes Teculután, dessen Zentrum etwas abseits liegt. In der Umgebung werden auf bewässerten Feldern Tabak und Honigmelonen angebaut. In Guatemala ist dies – neben einem kleinen Gebiet außerhalb von Antigua – die einzige Region, in der Weintrauben wachsen. Sie kommen als Obst auf den Markt und werden nicht zu Wein verarbeitet.

San Agustín Acasaguastlán

Die Landschaft wird nun immer trockener, und am Straßenrand sind immer öfter **Kakteen** und kleine **Kalebassenbäume** *(jícaro, palo de morro)* zu sehen. Letztere erkennt man an den grünen, kugelförmigen Früchten, die direkt am Stamm und an den Ästen wachsen.

Etwa 4 km vor El Rancho entfernt zweigt eine 4 km lange Straße zum kleinen Dorf San Agustín Acasaguastlán ab. Das hübsche Dorf, das bereits zur Provinz El Progreso gehört, lag zu Kolonialzeiten auf der Handelsroute zwischen dem Hochland und der Karibik.

Rund 1 km vom Ort entfernt liegen die **Ruinen von Guaytán**, dem wichtigsten Jadezentrum der Maya. Der Inhalt eines Herrschergrabes befindet sich im Prähistorischen Museum in Estanzuela (s. S. 440).

Übernachten kann man im **Turicentro Guaytán**, ✆ 78204125, 💻 www.guaytan.spaces.live.com. Großes Hotel mit Pool und viel Betrieb am Wochenende. ❺

Transport

Busse nach GUATEMALA-STADT verlassen San Agustín zwischen 3 und 7 Uhr morgens sowie um 12 Uhr ab dem Parque Central. Kleinbusse verkehren ständig zur Atlantikstraße. Die unregelmäßigen Transportmöglichkeiten in die Sierra de las Minas beschränken sich auf Pick-ups und Lastwagen.

Sierra de las Minas

San Agustín Acasaguastlán ist der Ausgangspunkt für Ausflüge in die einmaligen Nebelwälder der Sierra de las Minas im Norden.

Der Gebirgszug mit einer Länge von etwa 130 km und einer Breite von bis zu 30 km stellt die natürliche Barriere zwischen den Flusstälern des Río Polochic im Norden und dem Río Motagua im Süden dar. Er umfasst zahlreiche Vegetationszonen, die von wenigen hundert Metern bis knapp über 3000 m reichen (Cerro Raxón 3015 m). Hier leben rund 70 % aller in Guatemala vorkommenden Tierarten, darunter fünf Raubkatzenarten und der Nationalvogel Quetzal. Aufgrund der hohen Niederschlagsmengen von bis zu 4000 mm jährlich hat sich eine abwechslungsreiche Flora und Fauna entwickelt. Die Sierra de las Minas ist das größte Wasserreservoir des Landes. 63 Flüsse entspringen hier und versorgen insbesondere die Bewässerungsanlagen der trockenen Südseite mit dem Leben spendenden Nass. Ihren Namen erhielt die Bergkette aufgrund ihrer Jade- und Marmorvorkommen, die bereits von den Maya abgebaut wurden.

Heute ist das 140 300 ha große Naturschutzgebiet, das der guatemaltekische Kongress 1990 zum **Biosphärenreservat** erklärte, durch Brandrodung und illegalen Holzeinschlag in seiner Existenz bedroht. Dass weite Teile des einmaligen Waldgebietes noch stehen, ist überwiegend den unermüdlichen Bemühungen der Naturschutzorganisation Defensores de la Naturaleza (s. u.) zu verdanken, die unter anderem mit Spendengeldern des WWF die Sierra de las Minas verwaltet. Inzwischen ist das Gebiet an zwei Stellen für Besucher zugänglich. Der erste Eingang befindet sich im Westen und ist über den Ort **Chilascó** in der Provinz Baja Verapaz (s. S. 340) zu erreichen, der zweite rund 22 km nördlich von San Agustín heißt **Los Albores**.

Der Ort ist auch während der Trockenzeit nur mit dem Geländewagen zu erreichen. Besonders in der Regenzeit ist das hoch in den Bergen gelegene Dorf manchmal ganz von der Außenwelt abgeschnitten. Die beste Zeit für einen Besuch sind daher die Monate Januar bis Mai. Defensores de la Naturaleza hat im Schutzgebiet auf 2540 m Höhe eine wissenschaftliche Station **(La Cabaña)** aufgebaut, in der man auch in Mehrbettzimmern übernachten kann. Nachts kann es dort oben sehr kalt werden.

Die Station ist von gigantischen Eichen umgeben. Hier hat man beste Aussichten, den Nationalvogel Quetzal oder den seltenen, aber zutraulichen Zapfenguan zu beobachten. Mit Niederschlägen ist das ganze Jahr über zu rechnen. Erfahrene Wanderer mit guter Ausrüstung und Guide können in zwei bis drei Tagen von Los Albores bis nach Chilascó (oder umgekehrt) durch eines der ursprünglichsten Waldgebiete Mittelamerikas wandern.

Seit die wissenschaftliche Station im Jahr 2005 ausgeraubt wurde, ist der Tourismus nicht mehr gefördert worden. Wer die abenteuerliche Wanderung trotzdem machen möchte, sollte das Büro von Defensores de la Naturaleza in San Agustín Acasaguastlán, Barrio El Centro, ✆ 79360161, ✉ amyrodriguez32@hotmail.com, kontaktieren.

El Rancho

Bei KM 85 trifft die Straße aus dem Alta Verapaz bei El Rancho auf die Atlantikfernstraße. Die Abzweigung ist eine geschäftige Umsteigestation mit Tankstellen und jeder Menge Essenständen. Eine Spezialität, die alle fliegenden Händler anbieten, sind Cashew-Nüsse. In der Gegend um El Rancho kann man inmitten der ausgedörrten Landschaft gelegentlich noch den einen oder anderen **Guajakbaum** *(Guayacán;* lat. *Guaiaucum sanctum)* mit seinen auffälligen lila Blüten und extrem harten Holz bewundern.

El Progreso

Hinter El Rancho beginnt der lange Aufstieg aus dem Motagua-Tal Richtung Guatemala-Stadt. Langsame Lastwagen blockieren den Verkehr, gewagte Überholmanöver zerren an den Nerven. Nach dem ersten Anstieg bei KM 75 liegt unten im Tal die Hauptstadt der gleichnamigen Provinz El Progreso wie eine Oase in der trockenen Umgebung. Der alte Name des Städtchens Guastatoya ist weiterhin sehr gebräuchlich. Die Gegend, in der zu Beginn der Kolonialzeit verschiedene indianische Ethnien lebten, wird heute zu 98 % von Ladinos dominiert. Die heiße Provinzhauptstadt hat sich zu einem properen, wenn auch touristisch uninteressanten Städtchen mit einem modernen, sauberen **Parque Central** gemausert. Übernachtung ist möglich im **Hotel Casa Guastatoya**, Parque Central, ✆ 79451589, große Zimmer, AC, TV, Restaurant, Pool. ❸ **Busse** nach Guatemala-Stadt fahren alle 30 Min. zwischen 4 und 17 Uhr.

Sanarate

Der weitere Verlauf der landschaftlich eintönigen Strecke Richtung Guatemala-Stadt bringt wenig Sehenswertes. Nach der Abzweigung Richtung Jalapa bei Sanarate passiert man die größten Zementwerke des Landes, die Cementos El Progreso. Der Fortschritt, wie sich El Progreso übersetzt, geht in diesem Gebiet mit großflächiger Umweltzerstörung einher. Die Zementwerke, die ihre Monopolstellung im Land bisher erfolgreich verteidigen konnten, haben ganze Berge abtragen lassen. Zum fragwürdigen Ausgleich legten sie entlang der Straße Eukalyptuspflanzungen an.

Von Río Hondo nach Chiquimula

Wenige hundert Meter südlich der Abzweigung überquert man auf der CA 10 den **Río Motagua**. Bei KM 139 steht eine **Gedenktafel** für die Opfer des schweren Bebens von 1976, dessen Epizentrum im Motagua-Graben lag (s. Kasten).

Estanzuela

Der kleine Ort bei KM 141 wäre nicht weiter erwähnenswert, befände sich hier nicht ein wenig beachtetes, aber umso sehenswerteres Museum. Das **Museo de Paleontolgía, Arqueología y Geología** stellt neben dem 3,60 m hohen Skelett eines *Mastodonten* – einem Vorfahren des Elefanten – weitere Überreste von Säugetieren aus prähistorischen Zeiten aus. Zusätzlich wurde eine Maya-Grabstätte aus der Umgebung nachgebaut. Das Museum befindet sich in gutem Zustand und wird leider viel zu selten besucht. Vom Ortseingang in Estanzuela folgt man der Straße durch den Ort, die nach ca. 10 Min. direkt zum Museum führt, ✆ 79336108, 🕒 tgl. 8–17 Uhr, Eintritt frei.

Zacapa

Die Provinzhauptstadt Zacapa liegt 3 km östlich der Hauptstraße CA 10. Seine Blütezeit hatte der Ort vor etwas mehr als hundert Jahren am Kreuzungspunkt der Eisenbahnlinie Puerto Barrios – Guatemala und der Nebenstrecke Zacapa – El Salvador. 1898 fuhr die erste Eisenbahn durch Zacapa, doch die goldenen Zeiten des Schienenverkehrs sind lange vorbei, und Zacapa ist in seiner wirtschaftlichen Bedeutung längst vom nahe gelegenen Chiquimula übertroffen worden. In der gesamten Provinz leben überwiegend Ladinos. Dank der künstlichen Bewässerung gedeiht in der heißen und trockenen Region eine Vielzahl von Feldfrüchten. Hauptanbauprodukt ist Tabak, daneben produziert die Provinz Obst, Zuckerrohrschnaps, Rindfleisch und Milcherzeugnisse. In geringem Umfang wird Jadeit und Marmor abgebaut. In den letzten Jahren hat sich Zacapa leider einen unrühmlichen Ruf als Drogenumschlagplatz gemacht. In der Provinzhauptstadt auf 230 m Höhe, die zu den heißesten Städten Guatemalas zählt (Rekordtemperatur 45 °C), gibt

Erdbeben

Immer wieder zerstört die unruhige Erdkruste das Land und sorgt für immense Schäden. Grund hierfür ist die Lage Guatemalas auf drei verschiedenen tektonischen Platten. Während die im Pazifik liegende Kokosplatte unter die nordamerikanische und karibische Platte driftet, verschieben sich diese beiden im Landesinneren gegeneinander, wodurch in Ost-West-Richtung verlaufende Gräben entstehen. Der bekannteste ist der Motagua-Graben. Er war das Epizentrum des schweren Erbebens vom 4. Februar 1976 mit einem Wert von 7,5 auf der Richterskala, bei dem etwa 25 000 Menschen starben, rund 80 000 verletzt und über 1 Mio. obdachlos wurden.
Im Januar 2001 erschütterten mehrere schwere Beben die Region. Während der Schaden in Guatemala gering blieb, waren im Nachbarland El Salvador über 800 Tote zu beklagen.

es keine besonderen Sehenswürdigkeiten. Für Eisenbahnfreaks lohnt das **Museo del Ferrocarril**, das im Bahnhof untergebracht ist und mit liebevollen Details versucht, längst vergangene Zeiten wieder lebendig zu machen, 🕒 Di–So 9–17 Uhr, Eintritt frei.

Übernachtung und Essen

Die Auswahl ist in Chiquimula um einiges größer.
Hotel de León, 16. Av. 11-07, Zona 1, in der Nähe des Busterminals, ✆ 79410265. Billig, sauber, Zimmer mit Ventilator; Cafetería/Restaurant. ❷

Transport

Alle **Busse** fahren vom Busterminal am Ortseingang ab. Aus Sicherheitsgründen sollte man nur tagsüber reisen. Kleinbusse bringen einen jederzeit zur Hauptstraße CA 10, von der aus man nach COPÁN über CHIQUIMULA oder nach RÍO HONDO gelangt. Der letzte Bus aus ESQUIPULAS Richtung Hauptstadt passiert die Abzweigung nach Zacapa gegen 18 Uhr.
CHIQUIMULA (23 km, 30–40 Min.), Kleinbusse alle 15 Min. von 5.30–18.30 Uhr.
GUATEMALA-STADT (156 km, 3 Std.), halbstündlich zwischen 3 und 17 Uhr.
PUERTO BARRIOS (182 km, 4 Std.), tgl. mehrere Busse von 11.30–13 Uhr.

Chiquimula

Hinter Zacapa überquert die Straße einen kleinen Pass, bevor sie in das weite Tal von Chiquimula hinabführt. Das quirlige, umtriebige Städtchen auf 370 m Höhe hat sich in den letzten Jahren zu einem wichtigen Handelsplatz mit einem täglichen **Markt** gemausert (besondere Markttage Do und So). Die strategische Lage macht den vorwiegend von Ladinos bewohnten Ort zur wichtigsten Stadt der Region. Von hier gelangt man über gut ausgebaute Straßen südwestlich zum Vulkan Ipala (s. S. 458) und weiter nach Jutiapa oder Jalapa. Richtung Osten bestehen Verbindungen nach Copán in Honduras, und südlich von Chiquimula kann man nach Esquipulas, Honduras oder El Salvador weiterreisen. Da viele Reisende hier übernachten, hat sich ein reichhaltiges Hotelangebot entwickelt. Sehenswert ist die beim Erdbeben von 1976 eingestürzte **Kirche**, ein Lehmziegelbau mit noch stehender Kuppel an der Teerstraße nach Esquipulas.

Übernachtung

Zimmerpreise inkl. AC, mit Ventilator günstiger.
Hotel Posada Doña Eva, 2. C. 9-61, Zona 1, ✆ 79424956. Zentral, ruhig, familiär, netter Innenhof, Zimmer mit Kabel-TV, sauber und preiswert. ❸–❹ Mit Ventilator ❷
Hotel Posada Don Adán, 8. Av. 4-30, Zona 1, ✆ 79420549. Gepflegt, ruhig, manchmal von Gruppen belegt. ❹
Hotel Cortesía, Ecke 9. Av. 2. C., Zona 1, ✆ 79421299. 3-stöckiger Betonbau mit schönem Blick und frischer Luft auf der Dachterrasse, Zimmer mit Bad und Kabel-TV. ❹–❺ Mit Ventilator ❸
Hotel Hernández, 3. C. 7-41, Zona 1, ✆ 79420708, ✉ chapin54@yahoo.com. Sauber, ruhig, mit WLAN, kleinem Schwimmbad und Parkplatz. ❹ Mit Ventilator ❸
Hostal María Teresa, 6. C. 6-21, Zona 1, Parque El Calvario, ✆ 79420177. Nobles Hotel im Kolonialstil mit schattigem Innenhof, Parkplatz, WLAN, Kabel-TV und AC, nachts ruhig. ❻–❼

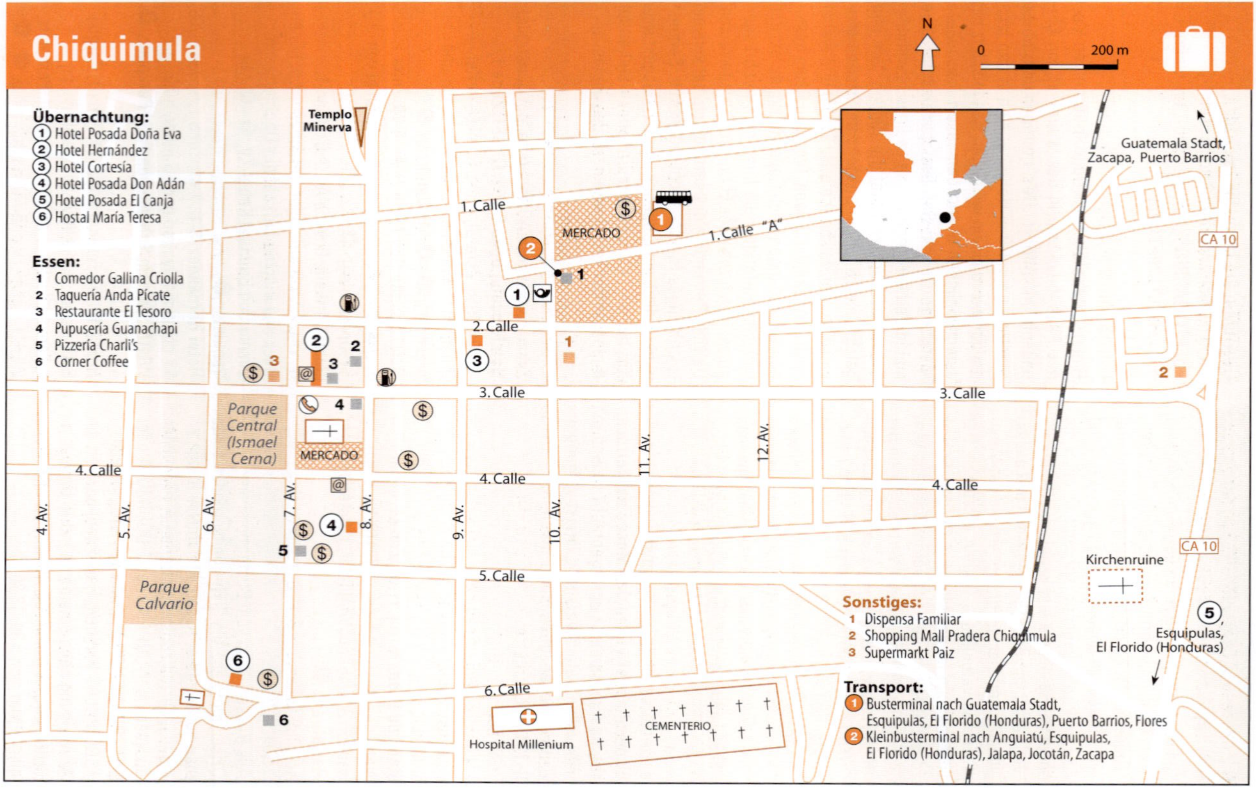
Chiquimula
N
0
200 m
Übernachtung:
1 Hotel Posada Doña Eva
2 Hotel Hernández
3 Hotel Cortesía
4 Hotel Posada Don Adán
5 Hotel Posada El Canja
6 Hostal María Teresa
Essen:
1 Comedor Gallina Criolla
2 Taquería Anda Pícate
3 Restaurante El Tesoro
4 Pupusería Guanachapi
5 Pizzería Charli's
6 Corner Coffee
Sonstiges:
1 Dispensa Familiar
2 Shopping Mall Pradera Chiquimula
3 Supermarkt Paiz
Transport:
1 Busterminal nach Guatemala Stadt, Esquipulas, El Florido (Honduras), Puerto Barrios, Flores
2 Kleinbusterminal nach Anguiatú, Esquipulas, El Florido (Honduras), Jalapa, Jocotán, Zacapa
Templo Minerva
MERCADO
Parque Central (Ismael Cerna)
Parque Calvario
CEMENTERIO
Hospital Millenium
Kirchenruine
Guatemala Stadt, Zacapa, Puerto Barrios
Esquipulas, El Florido (Honduras)
CA 10
1. Calle
1. Calle "A"
2. Calle
3. Calle
4. Calle
5. Calle
6. Calle
4. Av.
5. Av.
6. Av.
7. Av.
8. Av.
9. Av.
10. Av.
11. Av.
12. Av.

Hotel Posada El Canja, KM 169,5 an der Straße nach Esquipulas, ✆ 79422235, 💻 www.hotelposadaelcanja.tk. Weitläufiges Hotel am Ortsausgang mit Schwimbad und Sportplätzen, Restaurant. ❼ Mit Ventilator ❻

Essen

Die Einheimischen haben eine Vorliebe für Steaks und gefüllte Tortillas *(Pupusas)*.
Billig isst man wie immer in den Comedores am Markt.
Am Bus-Terminal gibt es beim **Comedor Gallina Criolla** Freilandhühner *(gallina criolla)* in Portionen zu Q15.
Restaurante El Tesoro, 3. C. 7-61, Zona 1. Chinese und Steak-House mit moderaten Preisen. 🕓 tgl. 11–21 Uhr.
Pupusería Guanachapi, Ecke 3.C./8. Av. Witziger rosa Kiosk, in dem man gefüllte Tortillas und Fruchtsäfte bekommt. 🕓 tgl. 6–19 Uhr.
Corner Coffee, 6. C. 6-70, Zona 1, am Parque El Calvario. Gute Auswahl an Smoothies, Pasta, Steaks und Burgern, etwas stickig. 🕓 tgl. 6.30–22 Uhr.
Taquería Anda Pícate, 8. Av. 2-62, Zona 1. Offener Bau mit Parkplatz, beliebter Treffpunkt, preiswerte Tacos. 🕓 tgl. 8–21 Uhr.
Pizzería Charli's, 7. Av. 5-47, Zona 1, ✆ 79438559. Klimatisierte Pizzeria mit Bringdienst. 🕓 7–21 Uhr.
Supermarkt Paiz, an der Nordseite der Plaza, **Dispensa Familiar** in der 10. Av., 3. C., Zona 1, Shopping Mall **Pradera Chiquimula** an der Umgehungsstraße nach Esquipulas.

Sonstiges

Medizinische Versorgung

Hospital Milenium, 6. C. Ecke 9. Av., Zona 1, ✆ 79427333.

Transport

Busse starten an der 11. Av. zwischen 1. und 2. Calle, ein Kleinbusterminal liegt an der 10. Av. Ecke 1. Calle "A".
GUATEMALA-STADT (169 km, 3 Std.), Rutas Orientales, ✆ 79426529, und Transportes Guerra, ✆ 79420564, beide vom Busterminal in der 11. Av. zw. 1. und 2. Calle, alle 30 Min. von 3–16 Uhr.
ANGUIATÚ, Grenze nach El Salvador (54 km, 1 Std.), Minibusse fahren alle 15 Min. von 5–18 Uhr vom Kleinbusterminal am Markt ab.
EL FLORIDO, Grenze nach Honduras, Copán (58 km, 1 1/2 Std.), vom Bus- und Kleinbusterminal alle 30 Min. von 5.30 bis ca.16.30 Uhr. Ein Taxi zur Grenze kostet rund Q200.
ESQUIPULAS (52 km, 3/4 Std.), Kleinbusse fahren alle 10 Min. vom Kleinbusterminal von 5–20 Uhr.
FLORES (385 km, 6 Std.), Transportes María Elena fährt um 6, 10 und 15 Uhr vom Busterminal. Alle Busse passieren die Brücke am Río Dulce.
JALAPA über Ipala (78 km, 3 Std.), stdl. Abfahrten vom Kleinbusterminal bis ca. 16 Uhr am Markt. Fahrtzeit nach Ipala ca. 1 1/2 Std.

Von Chiquimula nach Esquipulas

Folgt man der CA 10 Richtung Süden, gelangt man nach 9 km nach **Vado Hondo**. Links zweigt eine Straße ab, die über **Jocotán** zur Grenze nach Honduras und weiter zu den Ruinen von **Copán** führt (s. S. 351).

Geradeaus passiert man nach 22 km die Abzweigung nach Ipala. Kurz darauf ist der kleine Ort **Quetzaltepeque** – übersetzt: „Quetzalhügel" – auf 650 m Höhe erreicht. Hier leben Chortí-Indianer (s. S. 447), die Kaffee und Zuckerrohr auf fruchtbaren Böden anbauen.

Nach rund 35 km ist die Gabelung **Padre Miguel Junction** erreicht. Rechts sind es 19 km zur Grenze nach El Salvador (Grenzstation: **Anguiatú**), links gelangt man nach 14 km auf einer kurvenreichen Strecke nach **Esquipulas**.

Sobald man den Ausläufer der **Sierra del Merendón** überquert hat, gelangt man in das breite Tal von Esquipulas.

Esquipulas

Wer den tief im Osten gelegenen Ort auf 950 m Höhe aufsucht, tut dies in der Regel nur, um die beliebteste Pilgerstätte in Zentralamerika zu besuchen. Schon von Weitem sind die vier weißen

Türme der imposanten **Basílica de Esquipulas** über den Dächern zu erkennen. Aus der Nähe betrachtet lässt sich die Existenzberechtigung des geschäftigen, kleinen Ortes auf eine unscheinbare Holzfigur zurückführen, den Cristo negro – den schwarzen Christus –, der Gläubige in Scharen anzieht.

Mitte Januar erreicht das etwas grotesk wirkende Spektakel seinen Höhepunkt. Am Haupttag, dem 15. Januar, bevölkern Tausende Pilger *(romeristas)* den Ort. Der große, gepflegte Park vor der Kirche verwandelt sich in eine Zeltstadt, in der Familien unter einfachen Plastikdecken hausen. Die Basilika ist überfüllt. Über die Treppenstufen rutschen dicht gedrängt Pilger auf Knien in das geräumige Bauwerk. In seinem Inneren stehen, sitzen oder knien die Menschen dicht gedrängt vor den Heiligenbildern und entzünden Kerzen, um ihren Bitten Gehör zu verschaffen. Am Seiteneingang warten die Menschen geduldig in einer mehrere hundert Meter langen Schlange, bis sie zur schwarzen Christusfigur gelangen, die hinter dem silbernen Altar in einer Glasvitrine zu sehen ist. Kaum haben sie sich verbeugt und bekreuzigt, schieben von hinten bereits die nächsten Pilger nach – spirituelle Massenabfertigung.

Nachdem die Gläubigen die Basilika verlassen haben, decken sie sich mit den üblichen Mitbringseln ein, dem bunten Strohhut, der mit künstlichen Blumen und Früchten verziert ist, etwas heiligem Lehm (s. Kasten) und ein paar Girlanden, *gusanos* (Würmer) genannt, die sich vor allem Autofahrer kaufen. Im bunt geschmückten, gesegneten Fahrzeug geht es dann unter dem Schutz der Heiligen zurück nach Hause – Pilgerfahrt statt Unfallversicherung.

Während die einen noch beten, wenden sich die anderen bereits den leiblichen Genüssen zu. Überall werden Speisen und Süßigkeiten angeboten, der Markt, die Hotels und Restaurants sind zum Bersten gefüllt.

Schon in den vergangenen Jahrhunderten war der Ort eine beliebte Wallfahrtsstätte. Forscher vermuten, dass hier schon vor der spanischen Eroberung ein indianisches Heiligtum stand. Damals lebten Payaqui-Indianer im Tal des Río Lempa, deren Anführer Esquipulas sich den Spaniern 1530 freiwillig ergab und so Namensgeber des Orts wurde.

Gegen Ende des 16. Jhs. erteilten die Spanier dem berühmten Bildhauer **Quirio Cataño** den Auftrag, eine Christusfigur aus schwarzem Holz zu schnitzen. 1595 präsentierte er sein Meisterwerk, das mit seinem dunklen Teint helfen sollte, mehr Indígenas in die Kirche zu locken. Richtig „kultig" wurde Esquipulas ab dem Jahr 1737, als die wundersame Christusfigur den Bischof von Guatemala, Luís Pardo de Figueroa, von einer chronischen Krankheit befreite. Dieser ließ zum Dank die 1759 vollendete Kirche errichten und sich selbst unter ihrem Altar beisetzen.

Bereits Mitte des 19. Jhs., so berichtete der Diplomat und Reisende John Lloyd Stephens, versammelten sich in friedlichen Zeiten regelmäßig rund 80 000 Menschen am 15. Januar in Esquipulas. 1961 erhob Papst Johannes

Zuckerrohrmelasse

In Quetzaltepeque kann man noch immer beobachten, wie *panela* (Zuckerrohrmelasse) traditionell hergestellt wird. Zunächst wird der in Mühlen abgepresste Zuckerrohrsaft in Holzöfen erhitzt. Die dabei entstehende dicklichbraune Flüssigkeit wird in Holzformen *(tablones)* gegossen. Abgekühlt werden die runden oder viereckigen Klumpen als Süßmittel auf den Märkten verkauft. Die *tablones* sind ein beliebtes Souvenir und werden auf allen Touristenmärkten angeboten.

der XXIII. das Bauwerk zur Basilika, 💻 www.basilicadeesquipulas.org, 🕓 5.45–20 Uhr.

Doch die Pilgerstätte ist nicht nur wegen des schwarzen Christus bekannt. Seit 1986 trafen sich mehrmals die Präsidenten aller mittelamerikanischen Staaten zu Friedensgesprächen in Esquipulas. Die daraus resultierenden Abkommen Esquipulas I und II dienten der wirtschaftlichen Integration und Demokratisierung. Heute werden von Esquipulas aus gemeinsame Drei-Länder-Projekte im Grenzgebiet zwischen Guatemala, Honduras und El Salvador koordiniert. Dazu gehört beispielsweise die Verwaltung des 8000 ha großen Parque Nacional Trifino.

Wer Esquipulas ruhiger erleben möchte, sollte den Ort unter der Woche aufsuchen. Außer dem 15. Januar werden noch folgende Festtage begangen: Am 9. März wird die Fertigstellung der Christus-Statue gefeiert und am 25. Juli das Patronatsfest des heiligen Apostels Jakobus.

Wer etwas mehr Zeit mitbringt, kann außer der Basilika den **Parque Ecológico Cueva de Las Minas** besuchen. Der Eingang befindet sich ein paar hundert Meter südlich hinter dem Friedhof an der Straße nach Honduras. Von hier sind es rund 500 m bis zu einer kleinen Höhle und dem **Río Milagro**. In dem angeblich Wunder wirkenden Wasser baden viele Einheimische. In der Höhle soll Silber gefunden worden sein, als man es dringend für den Bau der Basilika brauchte. Hier gibt es ein Restaurant, Zoo und Sportplätze.

Wer Richtung Honduras unterwegs ist, gelangt nach rund 10 km zur Grenzstation **Agua Caliente**. Auf honduranischer Seite kann man über Nueva Ocotepeque und Santa Rosa de Copán zu den Ruinen von Copán fahren. Der Weg ist deutlich länger als die Strecke über Vaho Hondo, führt aber durch eine sehenswerte Berglandschaft.

Heiliger Lehm

Ein beliebtes Mitbringsel aus Esquipulas für alle Daheimgebliebenen ist „Gesegnete Erde" *(tierra bendita)*. Aus einer nahe gelegenen Tonkuhle wird feiner, heller Lehm in kleine Barren gepresst, die mit Figuren verziert werden. Von den Priestern gesegnet, werden sie als Mittel gegen Magenbeschwerden aller Art empfohlen. Der Ton, der hauptsächlich Kieselerde, Eisenoxid und Aluminium enthält, kann verkocht oder aber roh verzehrt werden.

Übernachtung

Angesichts der Größe des Ortes ist das Zimmerangebot enorm. Die Unterkünfte sind allerdings alle überteuert, und die Qualität ist bescheiden. Erhöhte Preise an Wochenenden sind normal. Während der Hauptpilgerzeit um den 15. Januar ist eine vorherige Reservierung unbedingt notwendig!

Pensión Santa Rosa, Ecke 10. C. und 1. Av., brauchbare Billigunterkunft. ❸ Ohne Bad ❷

Posada Santiago, 2. Av., ✆ 79432023. Zimmer mit Ventilator, TV und gegen Aufpreis mit AC. Am Wochenende Q25 teurer. ❹–❺ inkl. AC

Hotel Los Angeles, 2. Av., an der Basilika, ✆ 79431254. Recht geräumige Zimmer mit Ventilator, TV. ❹–❺

Hotel Payaquí, 2. Av. 11-56, direkt an der Basilika, ✆ 79431143, 💻 www.hotelpayaqui.com. Angenehme Zimmer mit Telefon, Minibar, TV und AC; WLAN, Pool, Sauna, Spa, Restaurant, Parkplatz, Tour Information. Fr, Sa Q35 teurer. (K 7) Mit Ventilator ❻–❼

Hotel Gran Estefania, Plaza Santa Fé, schräg gegenüber vom Friedhof. Mehrstöckiger neuer Bau im Hochzeitstorten-Stil, Kabel-TV, Küchenbenutzung, Parkplatz, Pool, kein AC. ❼

Essen

Gutes und preiswertes Essen gibt es im **Steakhouse La Hacienda**, 2. Av. Ecke 10. C. Zona 1, 🕓 tgl. 7–21 Uhr, und in **La Rotonda** neben der Shell-Tankstelle (unten Fast Food, oben Restaurant). Einfach und billig isst man beim Chinesen **Quan Lee**, schräg gegenüber der Tankstelle. Gut, billig und reichhaltig frühstücken lässt es sich an den Ständen direkt an der Basilika. Das Restaurant **Jupilingo** im Hotel Payaquí (s. o.) ist ein typisches einheimisches Familienrestaurant, guter Kaffee, 🕓 Mo–Do 9–21, Fr–So 7–22 Uhr.

Transport

GUATEMALA-STADT (222 km, 5 Std.), Rutas Orientales fährt stdl. von 2–17 Uhr. Die **Busse** um 5.30, 14.30 und 16 Uhr haben AC und kommen 1 Std. früher an (Q10 Aufpreis).

AGUA CALIENTE, honduranische Grenze (10 km, 30 Min.), Taxis fahren ständig, wenn sie voll sind (Q15 p. P.), Chartertaxi ca. Q50 zur Grenze nach Honduras.

ANGUIATÚ, Grenze El Salvador (33 km, 1 Std.), Transportes Karlita, 5. Av., alle 30 Min. zwischen 6 und 18 Uhr.

CHIQUIMULA (52 km, 3/4 Std.), Kleinbusse fahren ständig an der 11. C. zwischen 5 und 18 Uhr ab.

FLORES, Petén (437 km, ca. 8–9 Std.), Transportes María Elena, 11. C., Abfahrten um 4, 8 und 13 Uhr.

Von Vado Hondo nach Honduras

9 km südlich von Chiquimula zweigt bei Vado Hondo eine Nebenstraße zur Grenzstation **El Florido** ab. Die landschaftlich reizvolle und komplett asphaltierte Strecke führt ungefähr auf halbem Weg an den Schwesterdörfern **Jocotán** und **Ca-**

motán vorbei, die überwiegend von Chortí-Indianern bewohnt werden. Beide Orte liegen am Río Copán, der weiter nördlich Río Grande genannt wird, und der in den Río Motagua mündet.

Ein Besuch von Jocotán lohnt sich besonders sonntags, am Markttag. Dann sieht man noch gelegentlich Frauen in einheimischen Trachten. Die bunten Röcke und Blusen sind nicht wie sonst üblich gewebt, sondern genäht. Die Männer tragen eine einfache weiße Hose zu einem weißen, langärmeligen Hemd. Auf dem Markt findet sich ein breites Sortiment an handwerklichen Produkten aus Agaven- und Palmfasern – unter anderem Seile, Körbe, Taschen, Hängematten und Besen. Bevorzugtes Anbauprodukt der Region ist neben Zuckerrohr der Tabak.

Auf dem Weg zur Grenze erstreckt sich linker Hand eine kleine Kaschu-Plantage, wo die bei uns als Cashew bekannten Nüsse geerntet werden. Aus den Früchten, den Kaschuäpfeln, wird ein herb-säuerliches Erfrischungsgetränk und aus den Nussschalen Öl hergestellt.

Übernachtungsmöglichkeit besteht im **Hotel Katu Sukchij**, Jocotán, Nähe Parque Central, sauber, mit Restaurant. ❷

Grenzformalitäten

Die Grenze bei El Florido ist 24 Std. geöffnet. Aufgrund der gemeinsamen Zollunion mit Honduras gibt es keinen Ausreisestempel mehr (das guatemaltekische 90-Tage-Visum kann man durch die Ausreise und erneute Einreise nicht mehr erneuern. Eine Verlängerung der Aufenthaltsgenehmigung ist in Guatemala-Stadt möglich oder man reist nach Mexiko bzw. Belize aus. Trotzdem werden US$5 für die Einreise nach Honduras fällig. Man erhält ein Touristenvisum für 90 Tage in den Pass gestempelt. Es ist möglich, dass man bei der Rückkehr nach Guatemala wieder $5 bezahlen muss!

An der Grenze stehen **Geldwechsler** bereit. Der Kurs ist nicht umwerfend, aber hier wird man seine restlichen Quetzales am einfachsten los. Quetzales werden in Copán als Zahlungsmittel akzeptiert – der Kurs ist allerdings schlecht.

Mietwagen: Wer mit einem guatemaltekischen Mietwagen über die Grenze nach Copán fahren möchte, benötigt offiziell eine spezielle Erlaubnis seiner Mietwagenfirma. Ohne diese Erlaubnis muss man sein Fahrzeug an der Grenze stehen lassen und mit öffentlichen Verkehrsmitteln das kurze Stück nach Copán Ruinas fahren. In der Praxis wird man aber inzwischen oft einfach durchgewunken.

Lempira

Die honduranische Währung heißt Lempira und ist nach dem gleichnamigen Lenca-Indianerhäuptling benannt (ca. 1499–1537).

1 €	=	27 Lempira
10 Lempira	=	0,36 €
1 US$	=	19 Lempira
10 Lempira	=	0,53 US$

Die Chortí – die vergessenen Maya

Im äußersten Südosten der Provinz Zacapa, in der Provinz Copán (Honduras) und im Nordosten der Provinz Chiquimula leben isoliert und wenig beachtet die Chortí-Maya. Ihre Sprache, die sie selber Tcor tí, nennen, stammt vom Chol ab, einem Idiom, das heute nur noch von Maya-Gruppen in den mexikanischen Provinzen Tabasco und Chiapas gesprochen wird. Aufgrund unzureichender archäologischer Funde ist bis heute nicht eindeutig geklärt, woher die Chortí kommen und wann sie in ihr heutiges Siedlungsgebiet gelangt sind. Daher ist es auch nicht völlig auszuschließen, dass sie – wie von manchen Wissenschaftlern behauptet – die Gründer der Maya-Städte Copán und Quiriguá sind. Zumindest zum Zeitpunkt der spanischen Eroberung bevölkerten Chortí das Tal von Copán. Ihr ursprüngliches Siedlungsgebiet, das vom Río Motagua bis nach El Salvador reichte, schrumpfte während der Kolonialzeit zusehends. Heute leben etwa 50 000 Chortí in Guatemala. Die rund 4000 Chortí, die auf honduranischer Seite überwiegend im Copán-Tal wohnen, haben ihre eigene Sprache inzwischen verloren.

Copán Ruinas (Honduras)
N
0 200 m
Übernachtung:
1 Mirador El Cuartel
2 Hotel Buena Vista
3 Terramaya
4 Mary's Hotel
5 Manzana Verde
6 Hotel Patty
7 Hotel Los Gemelos
8 Hotel Posada
9 Hotel Café Via Via
10 Iguana Azul Hostel
11 La Casa de Café B&B Inn
12 Hacienda San Lucas
Essen:
1 Comedor im Hotel Calle Real
2 Comedor Antojitos
3 La Casa de Todo
4 Café Welchez
5 Espresso Americano
6 Llama del Bosque
7 Churrasquería Momo's
8 B'alam Café
9 Café Via Via
10 Comedor y Pupusería Mary
11 Twisted Tanya's
12 Carnitas Nia Loloa
Sonstiges:
1 Guacamaya Spanish Academy
2 Mercado de Artesanía
3 Büro Finca El Cisne
4 Ixbalanque Spanish School
5 Maya Connections
Transport:
1 Busse nach Entrada, San Pedro Sula
2 Kleinbusse nach Guatemala
3 Hedman Alas Busterminal
Aussichtspunkt
Macaw Mountain Bird Park (2,5 km), Finca El Cisne (24 km)
Calle Yaruga
Fußballplatz
Fußweg zu den Ruinen ca. 20 min
Av. Sesemil
Av. Copán
Av. Centroamericano
Av. La Cuesta
Av. Mirador
Av. Los Jaguares
Av. Rosalia
Calle 18 Conejo
Calle De La Plaza
Calle Independencia
Calle Rosalia
Casa K'inich
Parque Central
Katholische Kirche
Palacio Municipal
MERCADO
Museo Regional de Arqueología
POLIZEI
Guatemala (10 km)
Enchanted Wings Butterfly Farm
CA 11
Ruinen von Copán (1,5 km), Sta. Rita de Copán, S. Pedro Sula, Hacienda El Jaral
(5 km)

Transport

Die billigste Variante, um zur Grenzstation EL FLORIDO zu gelangen, ist ein **Bus** von GUATEMALA-STADT mit Umsteigen in CHIQUIMULA (s. S. 441).
Ab GUATEMALA-STADT fährt tgl. um 5 und 9 Uhr ein Bus von Hedman Alas (s. S. 190, Transport Guatemala-Stadt) für US$36 nach Copán Ruinas (mit Zubringer ab Antigua – Hotel La Posada de Don Rodrigo, s. Hotels Antigua – um 3.30 und 6.30 Uhr, US$42). 1. Klasse: US$10 Aufpreis, erste 9 Sitze im selben Bus.
Von ANTIGUA gibt es auch die Möglichkeit, mit Shuttle-Bussen direkt nach Copán zu gelangen (S. 225, Transport Antigua).

Copán Ruinas

Im ehemaligen Tabakdorf (1998 schwemmte Hurrikan „Mitch" die Tabakfelder weg), das 12 km von der Grenze nach Guatemala und 1 km von den Ruinen von Copán entfernt liegt, dreht sich inzwischen fast alles um den Tourismus. Dennoch hat sich Copán mit seinen gepflasterten Straßen und den roten Ziegeldächern seine beschauliche, koloniale Atmosphäre bewahren können. Nach einem Besuch der Ruinen lohnt sich ein Ruhetag in dem sympathischen Ort mit seinen steilen Straßen und rund 6000 Einwohnern. Vom **Mirador El Cuartel**, einem ehemaligen Militärstützpunkt vier Blocks nördlich der Plaza, hat man einen schönen Blick in die Umgebung. An der Plaza liegt das **Museo Regional de Arqueología**, das nach der Ruinenbesichtigung die Eindrücke mit weiteren archäologischen Stücken komplettiert, ⏲ tgl. Mo–So 8–16 Uhr, US$3.

Die **Casa K'inich** an der Plaza, ✆ 26514105, ist ein interaktives Archäologisches Museum, das pädagogisch ausgerichtet und daher besonders Kindern zu empfehlen ist, ⏲ Di–So 8–12, 13–17 Uhr, Eintritt nur für Erw. US$1. Lohnend ist auch die 2009 vom Peabody Museum gestiftete Fotoausstellung **Memorias Fragiles**, im Palacio Municipal am Parque Central. Sie zeigt die Geschichte der Ausgrabungen in Copán und die Lebensbedingungen, unter denen die ersten Expeditionen stattfanden, ⏲ Mo–Fr 8–16 Uhr, Eintritt frei.

Copán Ruinas und Ruinas de Copán

Das kleine Städtchen rund 1 km östlich der Maya-Ruinen heißt Copán Ruinas, während sich die Ausgrabungsstätte Ruinas de Copán nennt.

Übernachtung

Mirador El Cuartel, vier Blocks nördlich der Plaza. Im ehemaligen Gefängnis kann man gegen ein Trinkgeld im Innenhof auf Kiesboden campen. Badbenutzung (ohne Dusche), der tolle Blick entschädigt für die spartanische Nacht.
Manzana Verde, eineinhalb Blocks nördl. des Parque, ✆ 26514652. Preiswerte Zimmer mit Stockbetten, Küchenbenutzung, empfehlenswert. ❷
Hotel Los Gemelos, einen Block unterhalb der Banco de Occidente, ✆ 26514077. Langzeitfavorit unter Travellern; Gemeinschaftsbad, sehr sauber. ❷
Iguana Azul, etwas abseits im Südwesten der Stadt gelegen, ✆ 26514620, 💻 www.iguanaazulcopan.com. Beliebte Travellerunterkunft, Schlafsaal und 3 Zimmer, alle mit Gemeinschaftsbad. Jede Menge Extras, u. a. gratis Trinkwasser und WLAN. ❷ Schlafsaal US$6 p. P.
Hotel Café Via Via, anderthalb Blocks westl. des Parque, ✆ 26514652, 💻 www.viaviacafe.com. Kleines, von Belgiern geführtes Hotel. 5 saubere Zimmer mit Bad und Ventilator, allerdings ist vor 24 Uhr an Schlaf nicht zu denken (s. Essen und Unterhaltung). ❸
Hotel Patty, Ortsausgang Richtung Ruinen, ✆ 26514021. 2-stöckiges Hotel mit Parkplatz im Innenhof, schönem Comedor mit Blick auf der Dachterrasse, WLAN, Wäscherei, Zimmer mit Bad, Kabel-TV und Ventilator. ❹
Hotel Posada, gegenüber dem Hotel Marina Copán, ✆ 26514059, 💻 www.laposadacopan.com. Große, angenehme Zimmer, zum Teil mit Bad. Parkplatz, WLAN, Kaffee gratis. ❺
Mary's Hotel, zweieinhalb Blocks nordöstl. des Parque, ✆ 26514910, ✉ pupuseriamary@yahoo.com. Schmuckes Hotel mit Parkplatz, sauberen Zimmern mit Kabel-TV, WLAN, Ventilator und

AC. Wäscherei und Bringdienst der leckeren Pupusas aus dem Comedor Mary. ❻
Hotel Buena Vista, vier Blocks nördl. des Parque, ✆ 26514657, 💻 www.buenavistacopan.com. Renoviertes Hotel mit schmuckem Innenhof und Schwimmbad. Ruhig, mit Kabel-TV und AC. ❼
La Casa de Café Bed&Breakfast Inn, 4 Blocks südwestlich der Plaza, ✆ 26514620, 💻 www.casadecafecopan.com, Zimmer mit Bad, Deckenventilatoren und schönem Blick, gutes Frühstück inkl. Vermietet werden auch zwei eingerichtete Häuser. ❽
Terramaya, drei Blocks nördl. des Parque, ✆ 26514623, 💻 www.terramayacopan.com. Kleines Wohlfühlhotel mit schönem Blick, Massageangebot, Freiluftdusche, Hängematten, Bibliothek, Garten und Tourinfos, Zimmer mit WLAN, AC, Schreibtisch etc., köstliches Frühstück inkl. ❾
Hacienda San Lucas, 2,5 km südöstl. des Zentrums, s. Umgebung von Copán, S. 458.

Essen und Unterhaltung

B'alam Café, 1 Block südl. des Parque Central. Gute Kaffees und Gebäck. 🕓 tgl. 7–19 Uhr.
Café Via Via, im gleichnamigen Hotel (s. o.), Tagesgerichte mit vegetarischen Optionen, eigenes Brot und biologisch angebauter Kaffee. Sozialer Mittelpunkt Copáns in der Welt der Reisenden. 🕓 tgl. 7–21 Uhr.
Café Welchez, nordwestl. des Parque Central, sehr guter Cappuccino von der eigenen Kaffeefinca, Snacks, Kuchen und eine Zigarren-Bar (im Oberstock). 🕓 tgl. 7–21 Uhr.
Churrasquería Momo's, 1 Block südöstl. des Parque Central, Steakhouse im netten Garten eines Privathauses, beliebt bei Einheimischen. Gute und preiswerte Steaks. 🕓 tgl. 9–22 Uhr.

Honduranische Spezialitäten

Wer in Copán ist, sollte unbedingt einen Anafre, eine Art Käse-/Bohnen-Fondue, probieren. Auch die Baleada, eine mit Zwiebelfleisch gefüllte Tortilla, die während eines Schusswechsels („Baleada") erfunden wurde, ist ein exotischer Genuss.

Comedor Antojitos, nordöstl. des Parque Central, frisch zubereitetes preiswertes lokales Essen. 🕓 tgl. 8–18 Uhr.
Comedor im Hotel Calle Real, drei Blocks nördl. des Parque. Günstig und gut, u. a. *baleadas* (Tortillas mit Zwiebelfleisch) und Pfannkuchen.
Comedor y Pupusería Mary, anderthalb Blocks südwestl. des Parque Central. Das beste einheimische Essen in Copán. Für US$3 isst man sich satt. 🕓 tgl. 6–21 Uhr.
Espresso Americano, direkt am Parque. Neues Café mit Espressomaschine, verschiedene Kaffees zur Auswahl. 🕓 tgl. 9–19 Uhr.
La Casa de Todo, anderthalb Blocks nordöstl. des Parque Central. Nette Gartenatmosphäre, Internet, Wäscherei, Restaurant, Buchtausch, WLAN. 🕓 tgl. 7–21 Uhr.
Llama del Bosque, anderthalb Blocks westl. des Parque Central. Alteingesessenes Spezialitätenrestaurant, viel Platz, zuverlässige Qualität, preiswert. 🕓 tgl. 6.30–22 Uhr.
Twisted Tanya's, 2 Blocks südwestl. des Parque Central. Trendy Restaurant und Bar, Traveller-Treff und Infobörse. Von 16–18 Uhr Gourmet-3-Gang-Tagesmenü für US$6 und 2 Cocktails für den Preis von einem. 🕓 Mo–Sa 10–22 Uhr.
Abends ist im **Carnitas Nia Loloa** (zwei Blocks südlich der Plaza), im **Café Via Via** und ab Mitternacht in der Reggaebar **Pachanga's** (etwas außerhalb) und der Disco des **Hotels Camino Maya** (Südwestseite der Plaza) was los. Das Cafe Via Via zeigt gelegentlich Filme.

Sonstiges

Geld

Unibanc, Geldautomat (Visa und Mastercard) bei der **Banco Credomatic**, **Banco de Occidente** und der **Banco Atlándida**, wo man auch Geld und Schecks tauschen kann. Alle Banken liegen am Parque Central.

Informationen

Oficina de Turismo, am Besucherzentrum der Ruinen von Copán, 💻 www.copanhonduras.org. 🕓 tgl. 8–16 Uhr.

Internet

Copán Net, Nähe Maya Connections. Internet kostet ungefähr US$1–1,50/Std.

Maya Connections, ein Block südlich vom Park, bietet Telefon-, Fax- und Internetservice sowie eine Wäscherei, Kopien und Bücher.

Kunsthandwerk

Mercado de Artesanía, gegenüber dem Hotel Yat Balam. Strohhüte, Schnitzarbeiten, Hängematten und vieles andere mehr.

Markt

Der kleine Markt liegt unweit der Plaza. Hier werden neben Obst und Gemüse auch einfache Zigarren im Bündel verkauft.

Post

Westlich der Plaza.

Sprachunterricht

Guacamaya Spanish Academy, ✆ 26514360, 💻 www.guacamaya.com.
Ixbalanque Spanish School, ✆ 26514432, 💻 www.ixbalanque.com.

Telefon

In den Internetcafés.

Touren

Die Auswahl ist groß und reicht von Wander- und Mountainbiktouren über Canopy, Tubing und Kajakfahrten auf dem Copán-Fluss, Reiten und Vögelbeobachtung bis zum Besuch von heißen Quellen, Kaffeefarmen, Wasserfällen und indianischen Dörfern. Empfohlene Veranstalter sind **Basecamp Outdoor Adventures** (gegenüber Café Via Via), ✆ 26514695, 💻 www.basecampcopan.wordpress.com, und **Yaragua Tours**, (1 Block südöstl. des Parque Central), ✆ 26514147, 💻 www.yaragua.com.
Copán Connections ✆ 26514182, 💻 www.copanconnections.com (unterhalb Twisted Tanya's, selbe Besitzer), verkauft Bus-, Fähr- und Airline-Tickets zu Zielen innerhalb von Honduras.
Reiten kann man auf den Fincas (s. Umgebung Copán) oder von der Straße am Eingang zu den Ruinen aus. Eine ca. **3-stündige Reittour**, die die Maya-Ruinen Las Sepulturas und das Maya-Dorf La Pintada (Kunsthandwerk) einschließt, kostet US$15.

Wäschereien

Maya Connections und **Casa de Todo**.

Transport

GUATEMALA-STADT (240 km, 5 Std.), Hedmann Alas, eigener Terminal in Copán, südwestlich der Stadt, Bus mit AC und Bordservice, tgl. 13.30 und 18 Uhr, US$36, mit Anschluss bis Antigua US$42 (nur 13.30 Uhr-Bus). Ansonsten mit Umsteigen in Chiquimula.
ANTIGUA (285 km, 6 Std.), direkt nur mit Shuttle-Bussen (ca. US$15–20), buchbar in allen Agenturen (z. B. mit Basecamp Outdoor Adventures, tgl. 5.30, 12 Uhr). Ansonsten mit Umsteigen in Guatemala-Stadt (s. o.) oder mit Umsteigen in Chiquimula und Guatemala-Stadt.
CHIQUIMULA (70 km, 2 1/2 Std.), Minibus bis zur Grenze, ab dort mit ständig verkehrenden Minibussen nach Chiquimula. Ab dort weiter nach Guatemala-Stadt, s. S. 443.
EL FLORIDO, Grenze nach Guatemala (12 km, 20–30 Min.), etwa alle 45 Min. oder wenn voll, ab 5.30 bis ca. 18 Uhr.
Weitere Ziele in Honduras, u. a. SAN PEDRO SULA, TEGUCIGALPA, LA CEIBA, sind mit Hedman Alas erreichbar. Mit Kleinbussen und Umsteigen in LA ENTRADA gelangt man nach SANTA ROSA DE COPÁN und GRACIAS LEMPIRA.
Basecamp Outdoor Adventures (s. Touren) fährt am Wochenende mit Shuttlebussen direkt nach San Salvador, der Hauptstadt El Salvadors (rund US$18).

16 HIGHLIGHT

Die Ruinen von Copán

Die Maya-Stadt Copán gehört zu den herausragenden Sehenswürdigkeiten Honduras'. Aufgrund ihrer Nähe zu Guatemala und der inzwischen guten Verkehrsanbindung sollte ein Besuch Copáns auf keiner Reise fehlen. Die sehr gut restaurierte Stätte beeindruckt weniger durch ihre Größe, als vielmehr durch eine Fülle von bildhauerischen Kostbarkeiten, die ihresgleichen suchen.

Copán von A bis Z

Besuchszeit Die beste Zeit für einen Besuch der Anlage ist frühmorgens, bevor die Reisegruppen eintreffen und so lange die Temperaturen noch erträglich sind. Für einen gründlichen Rundgang sollten 2–3 Std. veranschlagt werden.

Eingang Der Eingang zur Anlage liegt an der Hauptstraße, ca. 20 Gehminuten von Copán Ruinas entfernt. Man kann auch mit dem Mototaxi oder einem Minibus zur Anlage gelangen. Vom Besucherzentrum führt ein 500 m langer Weg zum Eingangshäuschen an der Nordwestseite der Anlage, wo die Eintrittskarten kontrolliert werden und sich die Besucher in ein Register eintragen.

Eintritt US$15, inkl. Las Sepulturas (s. S. 457). Tunnel US$15, Museo de Escultura US$7.

Guides Im Besucherzentrum warten Guides der Asociación de Guías de Copán, ✆ 26514018, ✉ guiascopan@yahoo.com, die Rundgänge in verschiedenen Sprachen (auch auf Deutsch) anbieten. Eine zweistündige Führung kostet rund US$20.

Museum Im Skulpturenmuseum **Museo de Escultura** am Parkplatz sind in einer riesigen Halle Originalskulpturen, Stelen, Reliefs und andere Kostbarkeiten zu sehen. In der Mitte steht eine originalgetreue Nachbildung des Rosalila-Tempels.

Öffnungszeiten ⏲ täglich 8–16 Uhr, Tunnel ⏲ 8–15.30 Uhr.

Infrastruktur An den Ruinen gibt es ein Besucherzentrum, ein kleines Restaurant, Toiletten und einen Souvenirshop.

Verhalten Das Berühren der Stelen und das Sitzen auf Altären ist verboten!

Der Bedeutung Copáns war sich schon John L. Stephens, der bekannte Diplomat und Reisende, bewusst, der Copán im Jahr 1839 besuchte. Beim Anblick der ersten kunstvoll gearbeiteten Stele, die er im Dickicht des Regenwaldes fand, wurde ihm schlagartig klar, dass es sich bei den Ureinwohnern des amerikanischen Kontinents nicht um Wilde gehandelt haben konnte. Stephens kaufte Copán damals inklusive aller Bauten für US$50. Der Besitzer hielt ihn ob des hohen Preises für verrückt und willigte ohne Zögern ein.

Mehr als anderthalb Jahrhunderte später schlagen Eintritt, eine geführte Tour, eine Tunnelbesichtigung und der Museumsbesuch fast mit demselben Betrag zu Buche. Zehntausende von Touristen strömen jährlich in das Tal von Copán, um die eindrucksvollen Errungenschaften einer vergangenen Kultur zu bewundern. 1980 erklärte die Unesco die Ruinenstätte zum Weltkulturerbe der Menschheit.

Geschichte

Das Copán-Tal wurde bereits im 1. Jt. v. Chr. besiedelt. Es bot den damaligen Bewohnern mit seinem milden Klima ideale Lebensbedingungen. Jedes Jahr überschwemmte der Copán-Fluss das Tal und lagerte fruchtbaren Schlamm ab, der reichhaltige Ernten sicherstellte. Obsidian- und Lehmvorkommen ermöglichten die Herstellung von Werkzeugen und Keramiken. Die Jadesteinbrüche des Motagua-Tals lagen in der Nähe, und die gesamte Gegend war dicht bewaldet.

Erst mit der Gründung der Dynastie von Copán im Jahr 426 n. Chr. durch den Herrscher Blauer-Quetzal-Papagei begann der Aufstieg Copáns zur wichtigsten Stadt im Süden des Maya-Gebiets. Alle seine Nachfolger bezogen sich in numerischer Reihenfolge auf diesen ersten König. 16 Herrscher folgten Blauer-Quetzal-Papagei auf den Thron und regierten Copán während der darauf folgenden 400 Jahre. Große Bedeutung erlangte der 12. Herrscher, Rauch-Ixim-Gott-K, der Copán 67 Jahre lang von 628–695 regierte. Er verwandelte Copán in eine Großmacht innerhalb des Maya-Reichs. Unter seiner Herrschaft erreichte der Einflussbereich der Dynastie seine größte Ausdehnung.

Achtzehn Kaninchen, sein Nachfolger, gelangte 695 als 13. Herrscher an die Macht. Er schien hauptsächlich damit beschäftigt gewesen zu sein, sich gegen den aufbegehrenden Adel in seinem Königreich zu behaupten. Jener Adel begann nämlich die Notwendigkeit eines göttlichen Herrschers infrage zu stellen, indem er sich – wenn auch nicht auf öffentlichen Plätzen –

Die Ruinen von Copán

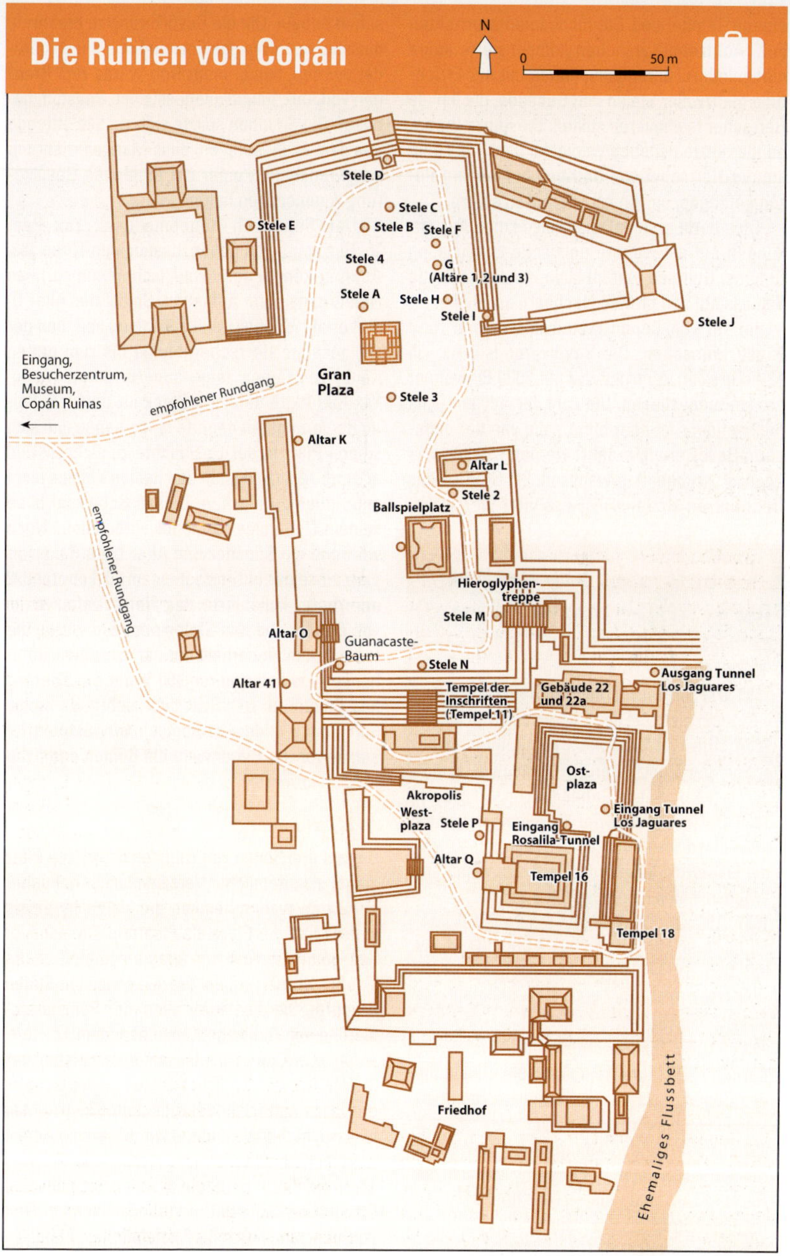

eigene Tempel und Steinmonumente errichten ließ. Achtzehn Kaninchen kompensierte seine mangelnden Führungsqualitäten mit der Errichtung glanzvoller Stelen und Gebäude, die ihn als Herrscher legitimieren sollten. Die ganze Propaganda nützte dennoch wenig: Im Jahr 738 nahm ihn der Herrscher von **Quiriguá** bei einem Feldzug gefangen, um ihn kurz darauf zu opfern.

Dies hatte erstaunlicherweise keine Auswirkungen auf die weitere politische Entwicklung Copáns. Quiriguá war zu klein, um längerfristig Einfluss auf den großen Nachbarn auszuüben.

Im Tal von Copán lebten inzwischen rund 20 000 Menschen. Die Bevölkerungsdichte im 12 ha großen Zentrum war auf 3000 Einwohner pro km² angestiegen. Die Zahl der Adligen – mit politischem Amt oder ohne – die von der einfachen Bevölkerung ernährt werden musste, war ebenso sprunghaft gewachsen. Ein Großteil des fruchtbaren Bodens in Flussnähe war inzwischen bebaut. Um die Bevölkerung zu ernähren, mussten auch Waldgebiete an Steilhängen gerodet werden. Immer mehr Holz wurde zum Brennen von Kalk, einem unerlässlichen Baustoff, benötigt. Die Situation spitzte sich zu: Skelettfunde aus dem 8. Jh. belegen, dass Mangelernährung und Krankheiten unter der einfachen Bevölkerung zugenommen hatten.

Der Sohn von Rauchmuschel, Yax Pac, 16. Herrscher von Copán, bestieg den Thron 763. Auch er konnte den ökologischen und sozialen Niedergang nicht aufhalten. Selbst der Altar Q, den er als Machtsymbol anfertigen ließ, und der die gesamte Herrscherabfolge bis zum ersten König von Copán zeigt, änderte daran wenig. Yax Pac hatte dennoch Glück im Unglück: Seine Regierungszeit dauerte lange genug, um sich seinen Platz in der Geschichte zu sichern, und er starb rechtzeitig, um den finalen Kollaps nicht miterleben zu müssen. Dieses Schicksal blieb seinem Thronfolger U-Cit-Tok vorbehalten: Noch während ein Künstler den Altar L am Ballspielplatz zu seiner Inthronisation am 10. Februar 822 anfertigte, kollabierte das Herrschaftssystem von Copán, und das Steinmonument wurde nie fertiggestellt. Innerhalb der nächsten zwei Jahrhunderte wanderten rund 90 % der Bevölkerung aus Copán ab. Der Rest hielt sich noch einige Jahrzehnte in dem ökologisch verwüsteten Tal auf, bevor der Regenwald die Ruinen endgültig für sich eroberte.

Entdeckung und Restaurierung der Ruinen

1576 Bericht des Spaniers **Don Diego García de Palacio** an König Philip II., in dem er die überwucherten Ruinen beschreibt.
1689 Der Historiker **Francisco Antonio Fuentes y Guzmán** entdeckt den Bericht von García.
1834 Offizielle Expedition der guatemaltekischen Regierung unter der Leitung des eingebürgerten Iren **Juan Galindo** (John Gallagher).
1839 Der amerikanische Forschungsreisende **John Lloyd Stephens** und der englische Zeichner **Frederick Catherwood** halten sich mehrere Wochen in den Ruinen auf.
1881 Aufgrund der Berichte von Stephens stattet der britische Archäologe **Alfred Maudslay** der Anlage einen kurzen Besuch ab.
1885–1902 Maudslay startet ein mehrjähriges Ausgrabungsprojekt.
1935 Ein Forschungsprojekt des Washington Carnegie Institute beinhaltet die Umleitung des Copán-Flusses, um die Anlage vor Überschwemmungen zu bewahren.
1975 Weitere Ausgrabungs- und Restaurierungsarbeiten durch das Peabody Museum der Harvard University und dem Instituto Hondureño de Antropología e Historia.

Gran Plaza

Der auf drei Seiten von Tribünen umgebene Platz diente als öffentlicher Versammlungsort. Redner benutzten wahrscheinlich die kleine Pyramide in der Mitte der Plaza als Plattform. Da man hier das gemeine Volk am ehesten beeindrucken konnte, wurden auf der Plaza die meisten **Stelen** errichtet. Sie diente vor allem der Selbstinszenierung von Achtzehn Kaninchen, dem 13. Herrscher von Copán. Er ist auf den meisten der Stelen verewigt. Lediglich **Stele I** an der Ostseite der Plaza hatte sein Vater im Jahr 677 errichten lassen. An der Westseite steht ein wenig erhöht auf einer kleinen Plattform die **Stele E** (618) des 11. Herrschers. Bei **Stele H** soll es sich um eine Darstellung der aus Quiriguá stammenden Frau von Achtzehn Kaninchen handeln.

Eine von zahlreichen Stelen, den Herrschern von Copán gewidmet

Der Ballspielplatz von Copán ist bestens erhalten.

Der Ballspielplatz

Vorbei an **Stele 3** des 12. Herrschers, gelangt man am Südende der Plaza zum Ballspielplatz. Er ist der größte und am besten erhaltene seiner Art in Mittelamerika. Hier liegt der unvollendete **Altar L**, der mit dem Jahr 822 das letzte Datum Copáns trägt. Die Anlage, die dem rituellen Ballspiel diente (s. S. 156), wurde mehrfach überbaut. Die sichtbare Version stammt von Achtzehn Kaninchen aus dem Jahr 738. Von oben kann man sehr schön die drei Papageienköpfe auf beiden Seiten sehen, die wahrscheinlich als Treffersteine benutzt wurden.

Die Hieroglyphentreppe

Das Bauwerk südlich des Ballspielplatzes gehört zu den herausragenden Besonderheiten Copáns. Auf 63 Steintreppen ist der längste bekannte Hieroglyphentext der Maya-Welt verewigt. 200 Jahre Stadtgeschichte Copáns von 544–744 finden sich auf rund 2200 Glyphen wieder. Das monumentale Werk gab der 15. Herrscher Rauchmuschel während seiner Amtszeit in Auftrag. In regelmäßigen Abständen ließ Rauchmuschel lebensgroße Porträts seiner Vorgänger in der Mitte der Treppe errichten.

Bisher konnten die Forscher allerdings nur das untere Drittel der Steinstufen originalgetreu rekonstruieren. Zum Schutz vor klimatischen Einflüssen hat man ein riesiges Stoffdach über der Treppe angebracht. An ihrem Fuß steht die **Stele M** aus dem Jahr 756, die möglicherweise Rauchmuschel selber darstellt.

Tempel 11 und die Ostplaza

An der Südwestseite der Plaza kann man einen Teil des **Drainagesystems** der Plaza Richtung Copán-Fluss und einen riesigen **Guanacaste-Baum** bewundern. Dahinter halten die gewaltigen Stämme einer jahrhundertealten **Ceiba** das Mauerwerk der zerfallenen Gebäude mit riesigen Wurzeln zusammen.

Auf einer Treppe gelangt man zunächst zu **Tempel 11** und dann zur **Ostplaza**. Die letzte Überbauung der Struktur ließ Yax Pak im Jahr 769 anfertigen. Das Gebäude wird auch Tempel der Inschriften genannt, da seine Türrahmen allesamt mit Hieroglyphen bedeckt sind.

Östlich dieses Tempels steht an der Nordseite der Ostplaza das **Gebäude 22a**, Versammlungs- bzw. Rathaus *(popol na)* der Herrscher von Copán. Das nebenan liegende **Gebäude 22** ist mit eindrucksvollen Göttermasken versehen. Und diente dem 13. Herrscher wahrscheinlich als Thronsaal.

Auf der **Ostplaza** sind zwei tanzende Steinjaguare auf der Westtreppe zu sehen. Deutlich sind die Vertiefungen auf ihren Körpern auszumachen, die einst mit Obsidianplättchen ausgefüllt waren, um die Flecken auf der Haut nachzustellen.

Die Westplaza

Eingerahmt von Tempel 16 auf der Ostseite und Tempel 11 auf der Nordseite, zeigt die Westplaza eine Vielzahl interessanter Altäre und Stelen. Herausragend ist **Altar Q**, den Yax Pak 776 direkt vor der Haupttreppe des Tempels 16 aufstellen ließ. Er zeigt auf seinen vier Seiten die gesamte Herrscherfolge der Dynastie von Copán. Unter dem Altar fand man die Skelette von 15 Jaguaren und von Papageien.

Bei einer Untersuchung von **Tempel 16** stießen die Wissenschaftler auf ein sehr gut erhaltenes Bauwerk, das sie in Anlehnung an seine Bemalung **Rosalila-Tempel** nannten. Eine komplett bemalte Nachbildung des Tempels ist der zentrale Blickfang des Skulpturenmuseums.

Zwei **Tunnel** wurden für Besucher geöffnet, um Einblicke in Überbauungen, Grabräume und Stuckmasken zu geben. Der **Túnel Rosalila** führt von der Südwestseite der Ostplaza tief unter den Tempel 16 bis zum Original Rosalila-Tempel. Zu sehen sind Reste der einstigen Bemalung und eine Sonnengottmaske über dem Eingang. Der **Túnel de los Jaguares**, der an der Ostseite des Tempels 16 beginnt, ist mit 700 m der längere von beiden. In ihm gelangt man zum **Galindo-Grab**, das 1834 entdeckt wurde.

Las Sepulturas

Eine interessante Ergänzung eines Copán-Besuchs ist der Abstecher zum Wohnkomplex Las Sepulturas, rund 2 km nordöstlich der Hauptgruppe. Die Anlage, die durch eine Zeremonialstraße mit dem Stadtzentrum verbunden war, erhielt ihren Namen durch die vielen Gräber, die man hier fand. Bestattet wurden Maya-Fürsten einst in Embryonalstellung in Steinbetten.

Weitere Monumente

In der Umgebung von Copán finden sich noch weitere Monumente mit Namen wie **El Bosque** (2 Std. Rundwanderung), **Los Sapos** (2–3 Std. Rundwanderung) oder **La Pintada** (3–4 Std. zu Pferd). Auch wenn die Orte unter archäologischen Aspekten weniger interessant sind, lohnen sie als Ausflugsziel, denn sie warten mit schönen Ausblicken oder Naturerlebnissen auf.

Die Umgebung von Copán

Enchanted Wings Butterfly Farm

Rund 1 km westlich der Plaza entlang der Straße Richtung Guatemala liegt das Naturzentrum, das neben Schmetterlingen auch zahlreiche tropische Pflanzenarten, darunter 200 Orchideenarten, zu bieten hat. Außerdem Cafeteria und Souvenirverkauf, ✆ 26514133, ✉ battsubelus@gmail.com, ⌚ tgl. 8–16.30 Uhr, US$6.

Finca El Cisne

Wenn man ein paar Tage auf dem Land mit Reiten, Baden und Kaffebau verbringen will, ist die Öko-Finca El Cisne 24 km nördl. von Copán, ✆ 26514695, 🖳 www.fincaelcisne.com, der richtige Ort, ⌚ tgl. 8–18 Uhr, Transport vom Büro in Copán aus. Eine Tagestour zu der Kaffeefinca, die auch mit Kardamom- und Kakaoplantagen sowie einem Besuch der nahen Thermalquellen aufwarten kann, kostet US$35, mit Übernachtung US$45. Da auf der Finca Jagen verboten ist, kann man – ebenso wie in Copán – eine reichhaltige Vogelwelt beobachten.

Finca Santa Isabel

Café Welchez bietet eine lohnenswerte Kaffee-Tour zur Finca Isabel an. Der Ausflug beinhaltet Transport, englischsprachige Führung und eine Mahlzeit. Neben der Besichtigung der Kaffeeplantagen steht auch die Überquerung einer Hängebrücke in ein vogelreiches Urwaldgebiet auf dem Programm. Tgl. 2x ab Café Welchez um

9 und 14 Uhr für US$30, ✆ 26514202, 🖳 www.cafehonduras.com.

Macaw Mountain Bird Park

Ein wenig auf nordamerikanischen Geschmack abgestimmtes privates Schutzgebiet, rund 2,5 km nördlich von Copán Ruinas. Das Projekt beabsichtigt die roten Riesenaras zu schützen, die man auf einer geführten Tour hautnah erleben kann, ebenso wie andere Vogelarten, ✆ 26514245, 🖳 www.macawmountain.com, ⏱ tgl. 9–17 Uhr, US$10 (inkl. Führung). Auf dem Gelände befinden sich ein Restaurant und ein Souvenirverkauf.

Hacienda El Jaral

Die große Bungalow-Ferienanlage (11 km östlich von Copán Ruinas), die sich besonders für Familien eignet, verfügt über einen kleinen Wasserpark, ein Kino, eine kleine Shopping Mall, einen Spielplatz und mehrere Restaurants. Die luxuriösen Zimmer (DZ US$100) haben AC, TV, Kühlschrank und eine eigene Terrasse, und das Frühstück ist inklusive. Geboten werden außerdem viele Freizeitmöglichkeiten, ✆ 26657091, 🖳 www.hotelhaciendaeljaral.com. ⏱ Di–Fr 9–17, Sa, So 9–18 Uhr.

Ipala

Rund 90 Busminuten südlich von Chiquimula liegt der kleine Ort Ipala, ein wichtiger Verkehrsknotenpunkt. Von hier führen Straßen in die Provinzen Jalapa und Jutiapa. Während Ipala selbst nur von wenig Interesse ist, befindet sich wenige Kilometer entfernt ein von ausländischen Touristen bisher wenig beachtetes landschaftliches Juwel: Der einfach zu erreichende Vulkan Ipala besitzt einen schönen Kratersee und an seiner Ostseite einen dichten subtropischen Trockenwald.

Übernachtung und Essen

Hospedaje Ipala Real, 2. C./2. Av. 1-96, Zona 3, ✆ 79428001, 10 Min. zu Fuß vom Zentrum, nahe der Bahnlinie. Ruhig, sauber, wegen des Ziegeldachs angenehm kühl. Parkplatz, Taxi zum Hotel Q15. ❷

Hacienda San Lucas: Für Genießer

Rund 5 km südlich der Stadt und auf der anderen Flussseite liegt an einem Berghang mit bester Aussicht die wunderschön restaurierte Hacienda San Lucas, ein ehemaliges Kaffegut. Auch wenn man hier nicht übernachten sollte (❿, US$145), lohnt ein Besuch. Tagsüber kann man reiten, an einer Canopy-Tour teilnehmen (US$35) oder die archäologische Stätte Los Sapos erkunden, die auf dem Gelände der Finca liegt.

Wer auf romantische Candlelight-Dinner und sehr gutes Essen steht, sollte abends kommen (vorher reservieren), ✆ 26514495, 🖳 www.haciendasanlucas.com.

Restaurante El Scheick, nahe des Zentrums. Guatemaltekische Küche.

Transport

Am Ortseingang fahren **Kleinbusse** regelmäßig nach CHIQUIMULA, JALAPA und JUTIAPA.

Vulkan Ipala

Der 1650 m hohe Vulkan besitzt einen wunderschönen Kratersee. Er liegt auf 1493 m Höhe, hat einen Durchmesser von rund 600 m und ist ca. 15 m tief. Der Aufstieg beginnt bei KM 165 an der Hauptstraße Richtung Jutiapa auf der Westseite des Vulkans. An der Bushaltestelle bei der Einfahrt zum Dorf El Sauce zweigt auf 840 m Höhe ein Weg ab. Die erste Hälfte des Aufstiegs erfolgt entlang einer neuen Asphaltstraße zum Dorf **Chagüitón** auf 1100 m Höhe. Bis dorthin fahren auch Minibusse. Der Parkplatz befindet sich am oberen Dorfende (Q10 pro Auto und Tag). Ab hier folgt man den weißen Markierungen, die zunächst geradeaus und weiter oben in Serpentinen zum See führen. Gehzeit insgesamt 2–2 1/2 Std.

Eine alternative Route beginnt im Dorf **Agua Blanca** südlich des Vulkans. Von dort kann man mit dem Geländewagen in 45 Min. über den Weiler La Parada fast unmittelbar an den Kraterrand fahren (zu Fuß nicht empfehlenswert). Das Kontrollhäuschen der Umweltbehörde CONAMA, die den 2012 ha großen Naturpark verwaltet, liegt direkt am Kraterrand. Die engagierten Parkwächter begleiten Besucher auf Wunsch durch den Wald um den See (Gehzeit etwa 2 Std.). Der Wald mit seinen vom Wind verkrüppelten Bäumen und von großen Bromelien und Orchideen überfrachteten Ästen ist ein Erlebnis, ebenso der Ausblick auf den kreisrunden blauen See. Der Kraterbereich ist ein beliebter Platz zum Zelten. Besonders an Wochenenden übernachten hier Scharen von Einheimischen. Unter der Woche ist es wesentlich ruhiger. Der Eintritt zum Vulkan kostet Q10, ✆ 79428431, ✉ adisoipala@hotmail.com. Ein aus gehauenen Steinen gefertigtes Quartier wird für Q100 vermietet (4 einfache Betten, Bettwäsche selbst mitbringen).

Von Ipala nach Jalapa

Auf der teilweise asphaltierten Straße passiert man nach rund 14 km **San Luís Jilotepéque** und nach weiteren 18 km **San Pedro Pinula**. In beiden Dörfern wird *Pokomam* gesprochen. Sehenswert ist die Plaza in San Luís mit ihren großen Ceiba-Bäumen und den Nachbildungen von Stelen aus Copán. Sonntags findet hier ein großer Markt statt.

Rund 3 km außerhalb des schmucken San Pedro Pinula zweigt bei einer himmelblau gestrichenen Kirche ein Weg zur beliebtesten Badestelle der Provinz Jalapa ab: **Los Chorros** besteht aus mehreren Becken, über die sich ein klarer Fluss ergießt. Von der Hauptstraße zur Badestelle sind rund 1 1/2 km zurückzulegen. Die Entfernung von San Pedro nach Jalapa beträgt 17 km. In beiden Dörfern gibt es einfache Übernachtungsmöglichkeiten. Zwischen Ipala und Jalapa verkehren regelmäßig Kleinbusse.

Jalapa

Die ruhige, sympathische Provinzhauptstadt liegt in einem breiten Tal auf 1362 m Höhe. Jalapa war nach der Zerstörung Antiguas als mögliche neue Hauptstadt im Gespräch. Die unzureichende Wasserversorgung machte diese Pläne jedoch zunichte.

Der Vulkan Ipala mit seinem schönen Kratersee

Guatemaltekischer Kaffee

Guatemala bietet ideale Bedingungen für den Kaffeeanbau. Auf den fruchtbaren Vulkanböden gedeihen vor allem qualitativ hochwertige Arabica-Sorten, die international besonders gefragt sind. Die größten Anbaugebiete befinden sich an der Bocacosta (dem „Kaffeegürtel" Guatemalas), am Atitlán-See, in der Provinz Alta Verapaz, Huehuetenango und im Osten des Landes. Nach Angaben des nationalen Kaffeeverbands ANACAFE besitzt Guatemala mit seinen rund 800 Mio. Kaffeebäumen auf einer Fläche von 262 000 ha den größten von Menschen angelegten Wald Mittelamerikas. Er produziert täglich rund 5 Mio. t Sauerstoff.

Kaffee ist eine sehr empfindliche Pflanze, die keinen Frost verträgt, in Guatemala bis auf max. 2000 m angebaut wird und die das ganze Jahr über gepflegt werden muss. Während der Monate September bis März wird Kaffee in verschiedenen Etappen *(cortes)* geerntet und in einem aufwendigen Prozess verarbeitet. Die roten Kaffeekirschen werden von Hand gepflückt und in einem Entpulper *(beneficio húmedo)* vom Fruchtfleisch *(pulpa)* befreit und gewaschen. Das Fruchtfleisch wird meist als organischer Dünger wiederverwertet.

Nachdem die Bohnen mehrere Tage in der Sonne (in großen Betrieben auch in Öfen) getrocknet und maschinell von einem Silberhäutchen befreit wurden, erhält man Rohkaffee *(café en oro)*, der dann exportiert werden kann. Der guatemaltekische Kaffeemarkt wird von gut organisierten Großunternehmen beherrscht, die vor allem während der Erntezeit mehr als eine Million Menschen beschäftigen. Fast der gesamte Kaffee wird exportiert.

Nur ein geringer Teil der jährlichen Kaffeemenge stammt aus der Produktion von Kleinbauern. Dennoch ist die Qualität ihres Kaffees oftmals sehr hoch, da sie ihre kleinen Parzellen besonders intensiv pflegen. Das Hauptproblem vieler Kleinbauern sind die ungleichen Verarbeitungs- und Vermarktungsstrukturen. Daher sind viele von ihnen auf Zwischenhändler *(coyotes)* angewiesen, die den Kaffee zum Teil deutlich unter Marktpreis abkaufen.

Durch die Mitgliedschaft in einer Fairhandelsorganisation hat sich für einige Kaffee-Kooperativen die Situation verbessert, indem sie einen garantierten Abnahmepreis erhalten, der über dem Weltmarktniveau liegt. Noch höhere Einnahmen lassen sich mit Bio-Kaffee erzielen. Positiver Nebeneffekt: Keine Ausgaben für Kunstdünger und Schädlingsbekämpfungsmittel und somit Schonung der Umwelt.

Weniger erfreulich ist das Schicksal Hunderttausender von Wanderarbeitern und ihrer Familien, die während der Erntezeit für einen Hungerlohn auf den großen Kaffee-Fincas schuften. Sehr eindringlich hat Rigoberta Menchú, die guatemaltekische Trägerin des Friedensnobelpreises, das harte Leben der Pflücker und Pflückerinnen in ihrem Buch Leben in Guatemala beschrieben (s. Bücherliste im Anhang S. 495).

Das Städtchen liegt 90 km östlich der Hauptstadt, inmitten von schroffen Bergketten und weiten Tälern. Aufgrund der unterschiedlichen Höhenlagen kann ein breites Spektrum an landwirtschaftlichen Produkten geerntet werden. Hier gedeihen neben Kaffee, Kartoffeln, Mais und Bohnen auch Bananen, Maniok, Tabak und Zuckerrohr. Eine weitere wichtige Einnahmequelle ist die Viehzucht. Der Hartkäse und die Butter aus Jalapa genießen einen guten Ruf. Unter den kunsthandwerklichen Produkten sind die Palmflechtarbeiten und die glasierte Keramik hervorzuheben.

Das spielerische Temperament der Jalapeños kommt bei den verschiedenen **Fiestas** zum Ausdruck. Man misst sich beim Rodeo *(jaripeo)* und beim Stierkampf, spielt Karten oder verwettet sein Geld beim Hahnenkampf. Das Patronatsfest von Jalapa findet vom 2. bis 5. Mai statt. In **Monjas** steigt während der Fiesta vom 7. bis 9. Februar ein überregional bekanntes Rodeo.

Übernachtung und Essen

Hotel Casa del Viajero, 1. Av. 0-70, ✆ 79224086. Angenehmes und günstiges Hotel mit eigenem Restaurant. ❸

Hotel Villa Plaza I, 1. C. 0-70, Zona 2, gute Zimmer, heißes Wasser, TV, Restaurant. AC gegen Aufpreis. ❹

Transport

Jalapa kann von der Hauptstadt aus auf gut asphaltierten Straßen über SANARATE (91 km) oder JUTIAPA (173 km) angefahren werden. Die westlich von Jalapa verlaufende Piste über MATAQUESCUINTLA Richtung SAN JOSÉ PINULA wird selten befahren und ist sehr zeitintensiv.

Der **Busterminal** liegt neben dem Markt. Nach GUATEMALA-STADT bestehen von 3–17 Uhr halbstündliche Verbindungen via Jutiapa oder Sanarate. In der Hauptstadt fahren die Busse nach Jalapa an der 22. C., zwischen 1. und 2. Av. der Zone 1 ab.

Jutiapa

Für die meisten Besucher ist das südöstlichste Departamento Guatemalas wenig mehr als eine Durchgangsstation. Trotz seiner reizvollen Landschaft hat die Provinz kaum touristische Sehenswürdigkeiten zu bieten. Jutiapa besitzt ausgedehnte Täler, acht Vulkane und mehrere Seen. Obwohl die Provinz bis an den Pazifischen Ozean reicht, führt keine Straße ans Meer. Von großer verkehrspolitischer Bedeutung sind die drei Grenzübergänge in das benachbarte El Salvador.

Vor der Konquista war das Gebiet von Pipil- und Xinka-Indianern besiedelt, die während der Kolonialzeit ausgerottet wurden. Lediglich das Xinka besitzt noch ein paar Dutzend Sprecher. Der Anteil der Indígenas an der Gesamtbevölkerung des Departamento beträgt nur rund 5 %. Ähnlich wie in der Provinz Jalapa hat sich in Jutiapa eine vielfältige Landwirtschaft etabliert, die in ihrer Bedeutung nur von der Viehzucht und der Milchproduktion übertroffen wird.

Die nicht gerade attraktive Provinzhauptstadt Jutiapa auf einer Höhe von 906 m dient vorwiegend als Handelsplatz und lokaler Verkehrsknotenpunkt. Wer gerne wandert, sollte den **Vulkan Suchitán** rund 20 km nordöstlich von Jutiapa besteigen. Herausragende Eigenschaften des 2042 m hohen, erloschenen Vulkans sind seine zahlreichen Gipfel und sein dichter Nebelwald im Gipfelbereich – und dies in einer der heißesten und waldärmsten Gegenden Guatemalas. Der von ausländischen Touristen selten besuchte Vulkan kann über Jutiapa erreicht werden. Von dort führt eine Straße nach El Progreso (ca. 12 km) und weitere 7 km zum Dorf Suchitán, von wo aus der rund dreistündige Anstieg am kleinen Parque Central beginnt. Die Dorfbewohner können den Weg zum Vulkan zeigen, oder man fragt nach einem Guide.

Der Aufstieg führt zunächst durch Felder, bevor man auf der dem Ort Suchitán abgewandten Seite des Vulkans in den Nebelwald mit seinen Farnen, Bromelien und Orchideen eintaucht. Dieser Ausflug ist eine gute Gelegenheit für abenteuerlustige Traveller, abseits der bekannten Routen zu wandern. Die An- bzw. Abreise muss selbst organisiert werden. Wer früh von Guatemala-Stadt startet, kann den Trip an einem Tag machen. Sinnvoller sind allerdings zwei Tage mit einer Übernachtung in Jutiapa. Mind. 2 l Wasser p. P. sowie lange Hosen, festes Schuhwerk und ein warmes Kleidungsstück mitbringen.

Übernachtung

Hotel Glorymar, 5. Av. 3-54, Zona 3, ✆/📠 78441956. Netter Innenhof, etwas kleine Zimmer mit Kabel-TV und Ventilator. ❹

Hotel Los Arcos, 2. C. 5-44, Zona 3, ✆ 78441736. Sauber, Zimmer mit Kabel-TV und Ventilator. ❹

Cuilapa

Eine Abfahrt bei KM 61 und eine weitere bei KM 65 führen nach Cuilapa, der Hauptstadt der Provinz Santa Rosa, die einige Kilometer abseits der Interamericana CA 1 liegt. Das **Denkmal** mit dem großen Bogen weist den Ort als angeblichen geografischen Mittelpunkt von ganz Amerika aus. Dadurch wird er allerdings nicht sehenswerter. In der Umgebung des Ortes befinden sich durchaus lohnende Ausflugsziele, die jedoch mit öffentlichen Verkehrsmitteln nur umständlich zu erreichen sind. Direkt hinter KM 65 führt die wenig befahrene Nationalstraße 16 Richtung **Chiquimulilla** und an den Pazifik.

Nach etwa 17 km passiert man bei KM 85 die Abzweigung einer Schotterpiste zum **Ixpaco-See** am Fuß des knapp 2000 m hohen Vulkans **Tecuamburro**. In den 60er-Jahren hatte hier ein amerikanisches Unternehmen Schwefel abgebaut und dabei den See und seine heißen Quellen zwischenzeitlich ausgetrocknet. Heute hat er seinen ursprünglichen Wasserpegel wieder erreicht. Das Wasser und der mineralhaltige Lehm sind in der Region als Heilmittel bekannt.

Die wunderschöne **Laguna Ayarza** liegt nordöstlich von Cuilapa in einer zerklüfteten Bergregion und ist über **Barberena** und **Nueva Santa Rosa** zu erreichen. In der Regenzeit gelangt man nur mit dem Geländewagen dorthin. Pick-ups und einige wenige Busse verkehren zwischen Nueva Santa Rosa und **Ayarza**, der größten Siedlung am See.

Übernachtungsmöglichkeit besteht in der **Posada K-Luy**, Cuilapa, gegenüber der Schule, ✆ 78865372, sauber, ordentlich, Parkplatz, TV. ❷–❸ Es gibt ständigen Busverkehr entlang der Hauptstraße in alle Richtungen.

Von Cuilapa nach El Salvador

In **El Molino**, wenige Kilometer östlich von Cuilapa, gabelt sich die Straße. Die CA 1 führt über Jutiapa und Asunción Mita zur Grenzstation **San Cristóbal Frontera**. Sie ist Teil der Interamericana. Der etwas heruntergekommene Ort **Asunción Mita** war bereits vor der Ankunft der Spanier gegründet worden. In der Kolonialzeit diente er als Handelsposten auf dem Camino Real nach Panamá. Kurz vor Erreichen der Grenze passiert man die **Laguna Atescatempa**.

Über die südlicher verlaufende, schnellere CA 8 gelangt man nach **Valle Nuevo** und über die CA 2 parallel zum Pazifik über Taxisco und Escuintla zum Grenzort **Ciudad Pedro de Alvarado**. Alle Grenzübergänge sind in der Regel tgl. von 6–21 Uhr geöffnet.

Transport

Über die CA 8: **Busse** aus GUATEMALA-STADT erreichen die Grenze bis etwa 20 Uhr. Zurück geht es alle 30 Min. in rund 3 Std. über Jalpatagua, Cuilapa und Barberena.
Über die CA 1: Der letzte Bus in die Hauptstadt verlässt den Grenzort gegen 15 Uhr.
Über die CA 2: Es fahren ständig Busse von 4–16 Uhr in die Hauptstadt; Fahrtzeit etwa 4 Std.

Von Cuilapa nach Guatemala-Stadt

Bei KM 54 durchfährt man das recht wohlhabende Dorf **Barbarena**. Ganz in der Nähe befindet sich die kleine **Laguna El Pino**. Das Naherholungsgebiet bei KM 47,5 mit Picknickplätzen und Grünanlagen liegt 1,5 km von der Hauptstraße entfernt.

Schon 15–20 km vor Guatemala-Stadt erstrecken sich rechts und links der Straße neue Vororte, die mit guter Luft, viel Grün und Sicherheit werben. Tatsächlich sind in den letzten zwei Jahrzehnten viele betuchte Hauptstädter in dieses Gebiet gezogen.

Nach **Fraijanes** passiert man die Abzweigung zur umstrittenen Strafvollzugsanstalt Pavón. Kurz darauf ist Guatemala-Stadt erreicht.

Besonders nachts beeindruckt der Blick auf das endlose Lichtermeer, bevor sich die Straße in langen Kurven in die Hauptstadt hinabwindet. Den besten Blick hat man auf der rechten Seite des Busses.

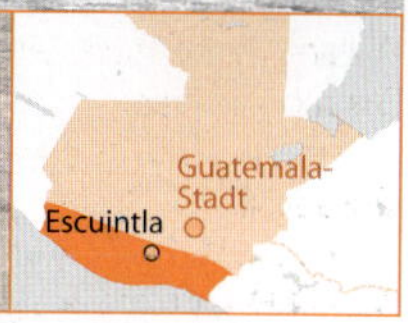

Das pazifische Tiefland

Stefan Loose Traveltipps

17 **Monterrico** Beliebter Badeort am Pazifik, wo Freiwillige sich am Schutz der bedrohten Schildkröten beteiligen können. S. 468

Sipacate Surfabenteuer in der wilden Pazifikbrandung. S. 474

Xetulul und Xocomil Zwei Freizeitparks, die Disneyland à la Guatemala für Vergnügen sorgen. S. 478

Comunidad Nueva Alianza Freiwilligenarbeit auf der von Campesinos geführten Kooperative bei der Ernte von Kaffee oder Macadamia-Nüssen. S. 478

Takalik Abaj Frühklassische Ruinenstätte bei Retalhuleu mit ungewöhnlichen Steinskulpturen. S. 480

Tilapa Eine Bootsfahrt durch die tierreichen Mangrovenwälder. S. 482

DAS PAZIFISCHE TIEFLAND

Auf den ersten Blick präsentiert sich die rund 250 km lange und bis zu 80 km breite pazifische Tieflandebene – Costa Sur genannt – wenig spektakulär. Der heiße, tropisch grüne Küstengürtel, der von der Grenze zu El Salvador im Südosten bis nach Mexiko im Nordwesten reicht, verläuft parallel zur Vulkankette des Hochlands und bildet eine natürliche Grenze zwischen diesen beiden geografischen Zonen. Äußerst fruchtbare Böden und kilometerlange schwarze Sandstrände an der Küste verdanken ihre Existenz vulkanischen Ablagerungen. Auf den trocken gelegten Sumpfgebieten und abgeholzten Regenwäldern der Feuchtsavanne wurden große Ländereien, charakterlose Städte und wenig attraktive Ferienorte angelegt.

Die guatemaltekische Pazifikküste wurde um 1500 v. Chr. von Völkern aus dem heutigen Mexiko besiedelt. Diese Übergangskulturen zwischen den Olmeken, einer Hochkultur an der mexikanischen Golfküste, und den Maya hatten bereits erstaunliche Fähigkeiten in der Bearbeitung von Stein und der Herstellung von Keramiken entwickelt und besaßen ein Kalender- und Schriftsystem.

Mitte des 1. Jts. n. Chr. überrannten die **Pipiles**, ein kriegerisches nordmexikanisches Volk, die Küste und drückten der Region ihren Stempel auf. Die Überreste ihrer Zivilisation zeigten den Archäologen, dass sie ein aus Mexiko stammendes Kalendersystem benutzten und von dort übernommene Götter verehrten. Sie errichteten kleinere Zeremonialzentren mit niedrigen aufgeschütteten Pyramiden.

In präkolumbianischen Zeiten war **Kakao** das wichtigste Anbauprodukt des pazifischen Tieflands. Er wurde als Getränk der Götter verehrt, und seine Bohnen dienten den Maya auch als Währung. Kakao war auch in der Kolonialzeit neben dem Farbstoff Indigo ein bedeutendes

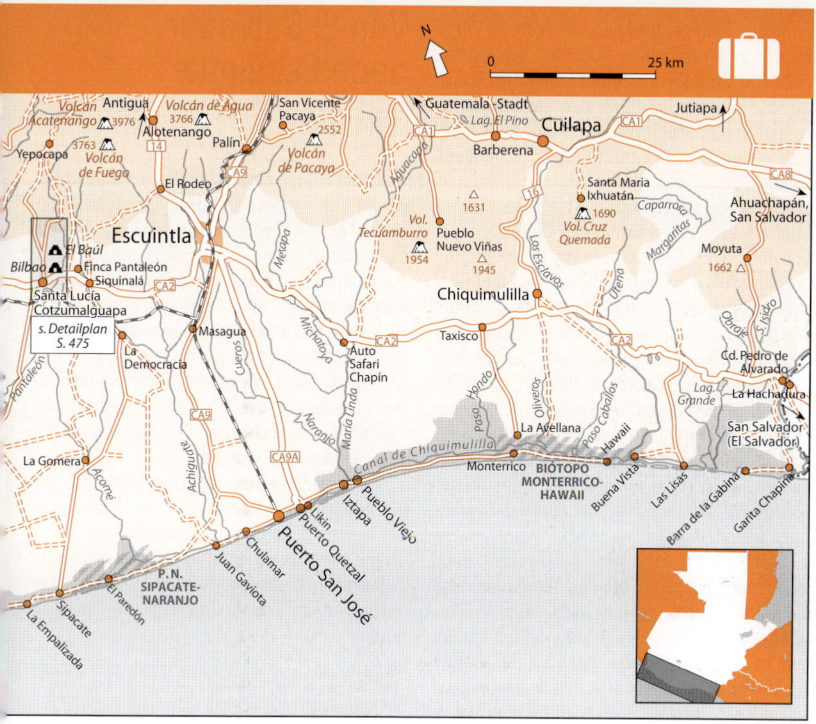

Exportprodukt, doch das tropische Klima und die damit einhergehenden Krankheiten verhinderten eine Produktion größeren Ausmaßes. Die eigentliche Erschließung der Region begann erst Mitte des 19. Jhs. mit dem einsetzenden **Kaffeeboom**.

Besonders an den Südabhängen der Vulkane, der sogenannten Bocacosta, wurden große Kaffeeplantagen angelegt. Später setzten sich **Bananen**, **Baumwolle** und **Zuckerrohr** in der Tiefebene durch. Die exportorientierte Landwirtschaft rechtfertigte 1880 den Bau einer Eisenbahnverbindung zwischen dem Pazifikhafen San José und Guatemala-Stadt.

Heute hat sich das fruchtbare pazifische Tiefland zu einem der wichtigsten Devisenbringer des Landes entwickelt. Nachdem die Produktion von Baumwolle wegen Krankheitsbefall inzwischen gänzlich eingestellt wurde und sich die Bananenproduktion überwiegend auf die Karibikseite verlagert hat, wurde die Lücke vor allem durch den Anbau von Zuckerrohr geschlossen. Guatemala zählt inzwischen zu den weltweit größten Zuckerproduzenten. Hinzu kommen Agrarprodukte wie Gummi und Palmöl sowie eine große Anzahl tropischer Früchte wie Ananas, Mango und Papaya. Die Landwirtschaft, zumeist auf ladino-dominiertem Großgrundbesitz, kann nur mithilfe indianischer Wanderarbeiter überleben. Jahr für Jahr kommen Hunderttausende Indígenas aus dem Hochland in das pazifische Tiefland, um die Kaffee- und Zuckerrohrernte einzubringen. Sie leben meist für mehrere Monate mit ihren Familien auf den Fincas der Großgrundbesitzer.

Große Flächen Küstenregenwald wurden Maisfeldern, großen Rinderherden und endlosen Zuckerrohrplantagen geopfert. Heute zeugen nur noch ein paar mächtige Ceiba- und Conacaste-Bäume am Straßenrand von seiner einstigen Pracht.

Immer häufiger beeinflussen auch die Waldzerstörungen im nahen Hochland die Pazifikebene: In der Regenzeit können die vielen Flüsse auf der Pazifikseite die infolge der Erosion zu schnell abfließenden Wassermassen nicht mehr aufnehmen, sodass es zu Überschwemmungen kommt.

Die wenig sehenswerten Städte der Küstenebene haben ihren kolonialen Charakter fast vollständig verloren. Viele sind in den letzten Jahren explosionsartig angewachsen und wurden ausschließlich funktional ausgerichtet. Auch an den Stränden wird kräftig gebaut. Der Pazifik ist für viele guatemaltekische Familien zum **Ferienziel** geworden, an dem man Wochenenden und Urlaub verbringt. Zurück bleiben enorme Müllberge, die jedoch niemanden wirklich zu stören scheinen. Begünstigt wurde der zunehmende Strom urlaubsbedürftiger Guatemalteken auch durch das sehr gute Straßennetz der Tieflandebene.

Hauptattraktion ist der Pazifische Ozean, der seinem Namen allerdings überhaupt keine Ehre machen will, denn er gebärdet sich überwiegend wild. Wegen der meterhohen Wellen und starken Unterströmungen ist das Baden gefährlich. Dafür sind die Surfbedingungen ausgezeichnet. Neben den langen, breiten Sandstränden bietet das Tiefland am Pazifik weitere lohnenswerte Ziele. Sie reichen vom Besuch archäologischer Stätten und von Mangrovenwäldern bis hin zu Aktivitäten wie Hochseefischen und Rafting.

Sandinsel Isleta de Gaia

Nur per Boot über den Chiquimulilla-Kanal ist dieses kleine Inselparadies zu erreichen, mit Blick auf den wilden Pazifik auf der einen und auf eine ruhige, mangrovengesäumte Lagune auf der anderen Seite. Die Bungalows (1- oder 2-stöckig, für 2–6 Pers.) verfügen über Bad, Balkon, Hängematte und Ventilator. Das Restaurant hat ein reichhaltiges Speisenangebot, und Freizeitangebote wie Relaxen am 100-m²-Pool, Kajak- und Boogieboard-Verleih oder Angelausflüge runden den Aufenthalt ab. ✆ 78850044, 💻 www.isleta-de-gaia.com. ❾

Von El Salvador nach Escuintla

Las Lisas

Wer vom guatemaltekischen Posten Ciudad Pedro de Alvarado an der Grenze nach El Salvador aus auf der CA 2 Richtung Westen fährt, erreicht nach rund 20 km die Abzweigung nach Las Lisas. Auf dieser schnurgeraden, asphaltierten Straße kommt man nach 18 km zu einigen Hütten an der Nordseite des **Canal de Chiquimulilla**, wo der Bus wendet und man sein Fahrzeug parkt. Der ca. 100 km lange künstliche Wasserweg, der in den 30er-Jahren des 20. Jhs. angelegt wurde, verläuft von Sipacate in der Provinz Escuintla bis zur Grenze nach El Salvador.

Ein kleines Motorboot bringt Besucher auf die andere Seite nach Las Lisas. Das kleine, am breiten Pazifikstrand liegende Fischerdorf strahlt eine wohltuende Ruhe aus, ideal zum Schwimmen, Sonnenbaden und Meeresfrüchte essen. Nur das dumpfe Grollen der Wellen ist zu hören.

Übernachtung und Essen

Während der Osterwoche verdoppeln sich die Zimmerpreise!

Hotel Barillas, nicht direkt am Meer, kleine, einfache Zimmer mit Gemeinschaftsbad. ❷

Am Strand befinden sich einfache Restaurants, die Meeresfrüchte und Fisch zu moderaten Preisen anbieten. An die Hygiene darf man keine zu großen Ansprüche stellen. Süßwasser ist hier ein kostbares Gut.

Transport

Jede Stunde fährt ein **Bus** die 18 km bis zur CA 2 und weiter bis nach CHIQUIMULILLA. An der Kreuzung kommen regelmäßig Busse von oder nach GUATEMALA-STADT vorbei.

Chiquimulilla

Von Las Lisas zurück auf der CA 2 passiert man rechter Hand nach rund 37 km die Abzweigung zur Ruta Nacional 16. Die wenig befahrene Verbindung in das östliche Hochland bietet schöne Ausblicke und führt zunächst nach Chiquimulilla. Der touristisch unbedeutende Ort ist ein wichtiger regionaler Warenumschlagplatz und Verkehrsknotenpunkt. Wer hier landet und etwas Zeit vor der Weiterfahrt hat, sollte sich auf dem **Markt** umsehen, denn dort werden qualitativ hochwertige Lederarbeiten wie Machetenscheiden oder Reitsättel angeboten.

Übernachtung

Wer in Chiquimulilla übernachten möchte, findet hier einfache Unterkünfte.

Transport

Vom kleinen Terminal in Plaza-Nähe verkehren stdl. **Busse** nach GUATEMALA-STADT über Taxisco und Escuintla sowie zur Grenze nach El Salvador oder nach Cuilapa über die landschaftlich reizvolle RN 16.

Taxisco

Taxisco, 10 km westlich von Chiquimulilla am südlichen Fußende des 1945 m hohen Vulkans **Tecuamburro** gelegen, ist ein ruhiges landwirtschaftlich geprägtes Dorf. Während der Kolonialzeit ging es hier lebhafter zu, da der Ort an der Handelsroute nach El Salvador lag. Wer mit öffentlichen Verkehrsmitteln zum beliebten Badeort Monterrico fahren möchte, muss hier in der Regel umsteigen (letzter Bus nach Monterrico gegen 18 Uhr, ungefähr 30 Min. Fahrtzeit).

Zwischen Taxisco und Escuintla liegt bei KM 87,5, ca. 30 km südöstlich von Escuintla, der **Club Auto Safari Chapín**, www.autosafarichapin.com. Der private Safaripark mit einheimischer und internationaler Tierwelt ist beliebtes Wochenendausflugsziel guatemaltekischer Familien, die hier picknicken, im Pool der Anlage baden und die exotische Tierwelt bestaunen, Di–So 9.30–17 Uhr, Q60, Kinder Q50.

Klassische Überquerung des Río María Linda trotz Brücke

17 HIGHLIGHT

Monterrico

In beide Richtungen erstreckt sich ein kilometerlanger schwarzer Sandstrand, zudem der grandiose Blick über die Weiten des Pazifischen Ozeans mit einer eindrucksvollen Brandung und im Hinterland das große Naturschutzgebiet mit Mangroven, Wasservögeln und unzähligen kleinen Kanälen – fantastische Sonnenuntergänge und ein einfaches, sympathisches Fischerdorf: Das ist Monterrico, ein idealer Ort, um ein paar Tage auszuspannen.

Doch ein Geheimtipp ist das beschauliche Örtchen am tosenden Pazifik schon längst nicht mehr. Vor allem an Wochenenden tummeln sich hier viele Einheimische, und die Unterkünfte sind rasch belegt. Wer es ruhig und einsam mag, der sollte unter der Woche kommen.

Besonders in der Regenzeit von Mai bis November benötigen Monterrico-Besucher ein Mückenmittel, eventuell auch ein Moskitonetz, denn die Netze in den Zimmern einiger Hotels sind oftmals löchrig. Auch sei vor der starken Brandung gewarnt, in der jedes Jahr einige Besucher umkommen.

Während eines Besuchs von Monterrico sollte man es nicht versäumen, dem **Biotópo Monterrico-Hawaii** einen Besuch abzustatten. Das 2800 ha große Naturschutzgebiet besteht zu 70 % aus Wasser. Das übrige umfasst Mangrovenwälder, Schilfgras und einen Sandstreifen. Das Biotop bietet u. a. Wasservögeln, Fischen, Garnelen, Schildkröten, Leguanen und Kaimanen einen einmaligen Lebensraum. Für wenig Geld lässt sich eine Bootstour arrangieren (s. Sonstiges/Touren S. 471). Wer Vögel beobachten und der Hitze entfliehen möchte, sollte früh aufstehen.

Das kleine **Besucherzentrum** nördlich der Hotels wird vom Centro de Estudios Conservacionistas der San-Carlos-Universität unterhalten (CECON-USAC), ⌚ 7–17 Uhr, Q40.

Neben einer kleinen Bibliothek und einigen Schautafeln enthält es Zuchtbecken mit kleinen Kaimanen, Leguanen und Schildkröten.

Übernachtung

Mit der Beliebtheit des kleinen Badeorts hat in den letzten Jahren auch das Zimmerangebot zugenommen. Dennoch empfiehlt sich besonders an Wochenenden und in den Ferienwochen eine Reservierung. So gut wie alle Hotels erhöhen am Wochenende (Fr und Sa) die Preise.

Entlang der Calle Principal

Posada Don Sebastián, ✆ 78481759, ✉ posadadonsebastian@yahoo.com. Einfache, kühle Zimmer mit Bad, Ventilator und Moskitonetz, TV, Pool ❷–❸

La Palma B&B, ✆ 78481622, 💻 www.lapalmahotelmonterrico.com, B&B mit netter Familienatmosphäre, AC. Patricia verwöhnt ihre Gäste mit guter italienischer Küche. Preis verhandelbar, Frühstück inkl. ❼–❽

Westlich der Calle Principal

Hotel El Delfín, am Strand, ✆ 57026701. Enge Anlage mit Pool und Restaurant, die gegenwärtig verschönert wird und preisgünstig ist. ❸ Ohne Bad ❷

Café del Sol, am Strand, ✆ 58100821, 💻 www.cafe-del-sol.com. Unter guatemaltekisch-schweizerischer Leitung. Ordentliche Zimmer mit Moskitonetzen und Ventilator, Nr. 5 mit Meerblick, Pool. Gutes Restaurant mit schweizerischer Küche. ❻

Hotel Atelie del Mar, schräg gegenüber vom Café del Sol, 50 m zum Strand, ✆ 57525528, 💻 www.hotelateliedelmar.com. Komfortable, saubere Zimmer mit Moskitonetzen und Ventilator, großer Pool, Restaurant, Bar und kleine Kunstgalerie der finnischen Besitzerin. ❽–❼ Am Wochenende ❾

Östlich der Calle Principal

Hotel Long Beach, ✆ 78481577, 💻 www.hotellongbeach.galeon.com, nicht am Strand, dafür günstig. Einfache Zimmer mit Ventilator, einige mit AC, Pool. ❷–❸ Mit AC ❺–❻

Hotel Kaiman, am Strand zwischen Baule Beach und Johnny's Place, ✆ 78481750, ✉ guatecol@gmail.com. Etwas dunkle Zimmer mit Ventilator; Pool, Restaurant mit Holzofenpizza, Bar, jeden Sa Disco. ❸

El Mangle, am Strand, ✆ 55146517. Saubere Zimmer mit Moskitonetz und Ventilator, auf Wunsch mit AC und TV. Garten, Pool, Restaurant, Aussichtsplattform mit Hängematten. Aufpreis am Wochenende ca. Q50. ❸

Brisa del Mar, ✆ 55171142. Angenehme Zimmer mit Moskitonetzen, 50 % Aufpreis für AC. Pool, Restaurant und Bar mit Dachterrasse. ❸–❹

Dulce y Salado, am Strand, rund 500 m östlich des Hotels Pez de Oro, ✆ 41540252, 💻 www.dulceysaladoguatemala.com. Gemütliche, von Italienern geführte Anlage mit Pool und geräumigen, sauberen Zimmern mit Ventilator und Moskitonetz, am Wochenende nur Halbpension. 🕓 Sonntagabend und Mo geschl. (außer bei Reservierung); gutes italienisches Restaurant. ❹ Am Wochenende teurer

Johnny's Place, am Strand, ✆ 58120409, 💻 www.johnnysplacehotel.com, Bungalows für 4 Pers. oder einfache Zimmer mit kleinen Pools davor. Bar, Restaurant, Beachvolleyball. ❺ Bungalows für 4 Pers. Q400, Aufpreis für AC 100 %; am Wochenende Aufpreis von 20 %

Hotel Pez de Oro, am Strand, ✆ 52329534, 💻 www.pezdeoro.com. Eine der angenehmsten Unterkünfte. Das schönste Zimmer befindet sich im 2. Stock und hat eine Veranda sowie Blick aufs Meer. Pool, Hängematten, italienisches Restaurant. ❼ Am Wochenende ❽

Hotel Dos Mundos Pacific Resort, direkt neben Hotel Dulce y Salado, ✆ 78481407, 💻 www.dosmundospacific.com. Die luxuriöseste Hotelanlage in Monterrico, sehr beliebt, alle Zimmer mit AC. Pool, italienisches Restaurant und Bar. ❿ US$90, am Wochenende US$122.

Schwere Zeiten für Meeresschildkröten

Drei Arten Meeresschildkröten, darunter die bis zu 2 m lange und 900 kg schwere Lederrücken-Schildkröte *(Dermochelys coriace)*, legen am Strand von Monterrico zwischen Juni und Februar – Hauptmonate sind August und September – bis zu 150 Eier pro Tier ab. So gut wie alle Eier werden das Opfer von Plünderern, was inzwischen die Existenz der Tiere bedroht. An manchen Tagen sind nachts mehr Menschen am Strand unterwegs als tagsüber.

Als Freiwilliger kann man den Naturschutzorganisationen helfen, den Plünderern zuvorzukommen oder ihnen die Eier abzukaufen, um sie an geschützten Strandabschnitten ausbrüten zu lassen. An Wochenenden kann man eine kleine Schildkröte, die in der Zuchtstation des Biotops ausgebrütet wurde, gegen eine kleine Spende „adoptieren" und sie kurz darauf in einem Wettlauf gegen ihre Artgenossen ins Meer entlassen.

Die bei Touristen beliebte Hilfsaktion nützt zwar den veranstaltenden Naturschutzorganisationen, ihre schmalen Budgets aufzustocken, den Schildkrötenbabys allerdings weniger, denn sie werden oftmals tagelang in Plastikbehältern gefangen gehalten. Dabei verbrauchen sie die für das Überleben im Meer so dringend gebrauchte Energie. Frisch geschlüpfte Schildkröten schwimmen bis zu 24 Std. ohne Pause, um an einen sicheren Nahrungsplatz zu gelangen. Zudem vermindert das Aussetzen der Schildkröten bei Tageslicht ihre Überlebenschancen, da die Tiere leichte Beute von Vögeln und Raubfischen werden.

Wer die Tiere bei der Eiablage beobachten möchte, sollte auf Taschenlampe und Blitzlicht verzichten. Grelles Licht stört die Orientierung der Tiere und setzt sie unnötigem Stress aus.

Wer den Schildkröten im Biotópo Monterrico-Hawaii wirklich helfen möchte, hat dazu zwei Möglichkeiten:

Beim etwas verschlafenen Centro de Estudios Conservacionistas (CECON), ✆ 59783588, in Monterrico und beim aktiveren Arcas in Hawaii, ✆ 50009556, ⏲ tgl 9–21 Uhr (s. S. 472), kann man als Freiwilliger bei der Aufzucht von Schildkröten helfen (Kosten für Übernachtung und Küchenbenutzung US$10 pro Tag). Beide Organisationen entlassen zusammen Jahr für Jahr rund 50 000 junge Schildkröten ins Meer.

Essen und Unterhaltung

In den einfachen Comedores im Ort gibt es sehr guten, billigen Fisch. Preiswerte und gute Meeresfrüchte serviert das **Divino Maestro** an der Hauptstraße. Fisch und Shrimps sind hier frisch, es dauert aber oft, da Don Rogelio sie erst einkaufen muss. ⏲ tgl. 7–22 Uhr.

Die meisten Hotels am Strand haben ein eigenes Restaurant. Im Hotel **El Mangle** ist ständig ein Holzofen in Betrieb, in dem die beste Pizza Monterricos gebacken wird. Hier gibt es auch ein gutes Frühstück. ⏲ Di–So 8–21 Uhr.

Ebenfalls gut ist das Essen in den italienischen Restaurants der Hotels **La Palma B&B**, **Pez de Oro** und **Dulce y Salado**. Schweizer Küche bekommt man im **Café del Sol**.

Mit am besten isst man in der **Taverna El Pelícano**, hinter Johnny's Place. Fisch und Meeresfrüchte sind nicht ganz billig. ⏲ Mi–Sa 12–14, 17–22, So 12–15, 18–22 Uhr, Mo/Di geschl.

Gutes Essen mit bestem Meeresblick und Bar gibt es im Oberstock der **Mañanitas Beach Lounge** am Strand. ⏲ Mo–Do, So 11–19, Fr, Sa 11–22 Uhr.

Das Nachtleben findet in Monterrico nur an Wochenenden statt. Momentan ist in der **Mañanitas Beach Lounge** (Fr und Sa) und im **Kaiman** (Sa) am meisten los.

Sonstiges

Freiwilligenarbeit

Centro de Estudios Conservacionistas (CECON), ✆ 59783588, in Monterrico. Mind. 12 Tage, einmalige Zahlung von Q400.

Arcas in Hawaii, ✆ 54893679, US$70 pro Woche.

Geld

Bei **Banrural**, ✆ 78481668, kann man zu landesüblichen Kursen US$ und Euros umtauschen. ⏲ Mo–Fr 8.30–17, Sa 9–13 Uhr.

Informationen
Sprachschule Proyecto Lingüistico Monterrico, ✆ 54751265. ⌚ tgl. 8–19 Uhr. Hier kann man auch Shuttles buchen.

Internet
An der Hauptstraße zwischen der Straße nach Iztapa und der Bootsanlegestelle gibt es ein Internetcafé, Q10/Std., sowie im **Hotel El Delfín**.

Medizinische Hilfe
Eine kleine **Gesundheitsstation** (puesto de salud) liegt an der Calle Principal. Empfehlenswert ist die **Apotheke** hinter der katholischen Kirche.

Sprachunterricht
Proyecto Lingüistico Monterrico, an der C. Principal, ✆ 54751265, US$150 inkl. Familienaufenthalt (sonst US$90) und 20 Std. Unterricht pro Woche. Unterkunft in Bungalow für 2 Pers. möglich.

Telefon
Es gibt keine öffentlichen Telefone, allerdings ist der Handyempfang ausgezeichnet. In einigen Geschäften kann man das Telefon nutzen. Auch im Internetcafé kann man telefonieren.

Touren
Kanutouren
Zu buchen über das **Proyecto Lingüistico Monterrico**, den Veranstalter **Iguana Tours** im CECON-Besucherzentrum und bei **Mangroves Tours** gegenüber von der Polizei. Die Preise für Kanutouren im Reservat liegen bei etwa Q50 p. P. Die Touren beginnen je nach Sonnenaufgang zwischen 5 und 5.30 Uhr. Dauer ca. 90 Min.

Reiten
Über das Café del Sol oder an Wochenenden direkt am Strand organisieren, etwa Q60/Std.

Fahrradverleih
Im **Proyecto Lingüistico Monterrico**, Q30/Std.

Schildkrötenbeobachtung (Juli–Nov)
Über **CECON** oder **Proyecto Lingüistico Monterrico**, Q40.

Transport
Die meisten Besucher benutzen **Shuttle-Busse** ab Antigua (US$10 einfache Strecke), die Monterrico direkt ansteuern und die Touristen in ihren Hotels einsammeln. Bucht man die Rückfahrt direkt über ein Hotel oder im Proyecto Lingüistico in Monterrico, fahren die Shuttles auch dort ab. Antigua–Monterrico, tgl. 8 Uhr, US$10, Don Quijote, ✆ 56733435. Rückfahrt tgl. um 16 Uhr.

Monterrico ist auf **zwei Strecken** zu erreichen:
Strecke 1: Mit dem Bus von Guatemala-Stadt (CENMA) über Taxisco nach LA AVELLANA (Abfahrt CENMA alle 20 Min. von 4.30–17 Uhr). Hier wartet ein Boot *(lancha)*, das Reisende in weniger als einer halben Stunde für Q10 nach Monterrico bringt. Eine *viaje express* (Charter) kostet Q80, stdl. Abfahrten zwischen 7.30 und 18.30 Uhr. Wer mit dem eigenen Fahrzeug unterwegs ist, kann es entweder in La Avellana auf einem überdachten Parkplatz (Q40) abstellen oder per Autofähre (Q100) nach Monterrico mitnehmen. Der letzte Bus nach La Avellana verlässt TAXISCO um 18 Uhr (Fahrtzeit ca. 30 Min.). Falls von La Avellana kein Boot mehr nach Monterrico fahren sollte, kann immer eins gechartert werden. Von Monterrico zurück fahren stdl. Lanchas zwischen 7 und 15.30 Uhr nach LA AVELLANA ab, wo ein Anschlussbus wartet, der nur bis TAXISCO fährt (zwischen 7.30 und 16.30 Uhr). Dort kann man Richtung GUATEMALA-STADT umsteigen (alle 20 Min. von 2.30–16.30 Uhr). Um 4 und 6 Uhr morgens verlässt LA AVELLANA ein Direktbus Richtung Guatemala-Stadt.
Strecke 2: Auf der komplett asphaltierten Strecke über IZTAPA und die Brücke des Río María Linda (Mautgebühr für Pkw) gelangt man schnell und bequem nach Monterrico.

Guides in Monterrico
Touren sollten ausschließlich mit lokalen Guides gemacht werden, die durch CECON-USAC autorisiert sind und sich dementsprechend ausweisen können. Alle Zahlungen sollten nur direkt in den Büros der Veranstalter (s. Sonstiges/Touren) getätigt werden.

Von Guatemala-Stadt (CENMA) fahren Direktbusse um 11 und 14 Uhr nach Monterrico. Von dort fahren sie um 2 und 5 Uhr morgens zurück in die Hauptstadt. Fahrtdauer ca. 3 1/2 Std., Q40.

Hawaii

Nur rund 20 km östlich von Monterrico liegt das kleine Fischerdorf Hawaii, das bislang vom Hoteltourismus verschont geblieben ist. Allerdings werden gerade die ersten Anlagen errichtet. Hier ist der Sitz von **ARCAS**, 💻 www.arcasguatemala.com, einer Organisation, die sich um die Aufzucht von Schildkröten bemüht und in der man als Freiwilliger arbeiten kann (s. S. 470). Nach Hawaii fahren tgl. vier Busse auf einer Sandpiste, Fahrtzeit ca. 30 Min.

Escuintla

Die mit rund 110 000 Einwohnern größte Stadt des pazifischen Tieflands liegt am Kreuzungspunkt der Pazifikstraße CA 2 und der Hauptstraße von Guatemala-Stadt zum Pazifikhafen San José. Escuintla wurde auf den Überresten einer alten Siedlung der Pipiles errichtet, wird aber heute gänzlich von Ladinos dominiert.

Die Hauptstadt der gleichnamigen Provinz liegt im Zentrum eines der wirtschaftlich aktivsten Gebiete des Landes. Neben der Leichtindustrie, einer kleinen Raffinerie, der Rinderzucht und dem Obstanbau trägt in besonderem Maße das Zuckerrohr dazu bei. Über 70 % der landesweiten Produktion werden hier angebaut. Aufgrund seiner strategischen Lage hat sich Escuintla zu einem wichtigen Handelsplatz und Verkehrsknotenpunkt entwickelt. Übernachten sollte man hier allerdings nur, wenn nicht anders möglich. Die Stadt ist heiß, dreckig und nicht besonders sicher.

Übernachtung und Essen

Hotel Texas, Av. Centro América 15-04, Zona 3, ✆ 78896728. Angenehme Zimmer mit TV, AC, Restaurant. ❹

Hotel y Restaurante Sarita, Av. Las Américas 15-32, Zona 3, direkt am Kreisverkehr, unweit des Busterminals, ✆ 78881959. Komfortable Zimmer mit TV und AC. Pool, gutes Restaurant und leckeres Eis. ❽

Mangroven

Die an beiden Küsten Guatemalas vorkommenden Mangroven (Familie der *Rhizophoracea*) leben außerhalb der Brandungsbereiche an periodisch überfluteten Standorten, an denen sich Salz- mit Süßwasser mischt. Sie sind die Kinderstube für viele Muschel-, Krebs- und Fischarten, Brutplätze vieler Vögel und bilden einen natürlichen Schutzwall gegen das Meer. Häufig kommt die rote Mangrove *(mangle rojo)* vor; sie kann Höhen von 8–10 m erreichen. Ihr Wurzelgeflecht fängt Schlamm und Pflanzenreste auf. Die markanten Stelzwurzeln entspringen dem Stamm und wachsen bogenförmig in den Boden, wo sie Nährwurzeln bilden.
Leider gibt es nur noch wenige tausend Hektar Mangrovenwälder. Das harte Holz ist als Baumaterial und seines hohen Gerbstoffanteils wegen beliebt. In Mangrovengebieten wird bevorzugt Garnelenzucht betrieben, was zur Zerstörung weiterer Waldstücke geführt hat. Die schönsten Mangroven sind in Monterrico (Biotopo Monterrico-Hawaii) und Tilapa (Reserva Natural Manchón-Guamuchal) zu sehen.

Transport

Der **Busterminal** liegt an der 4. Av., ca. 300 m vor dem großen Kreisverkehr beim Hotel Sarita (s. Übernachtung). Von hier starten Busse in alle Richtungen.
Busse zur mexikanischen Grenze passieren die Stadt im Norden und halten an der Esso-Tankstelle gegenüber der Banco Uno.
GUATEMALA-STADT (60 km, 60 Min.), alle 15 Min. von 4.30–19.30 Uhr. Abfahrtsort: McDonald's.

Puerto San José

Eine neue zweispurige Autobahn führt von Escuintla schnurgerade ins rund 50 km entfernte Puerto San José an der Pazifikküste. Der 1853 gegründete, ehemals wichtigste Hafen des Landes hat an wirtschaftlicher Bedeutung verloren. Im- und Export werden inzwischen über den wenige Kilometer östlich gelegenen Containerhafen **Puerto Quetzal** abgewickelt. Noch immer kann man am Hafen die weit ins Meer ragende, baufällige Hafenmole begehen und von dort einen Blick auf das zerfallene ehemalige Bahnhofs- und Zollgebäude werfen. Wenn es auch unter der Woche ziemlich ruhig zugeht, so ändert sich das an Wochenenden und während der Weihnachts- bzw. Osterferien. Dann bevölkern Familien aus den Städten die schwarzen Sandstrände, füllen Hotels und Restaurants. Der **Wasserpark Aqua Magic** liegt links von der Av. 30 de Junio am Strand.

In östlicher Richtung erreicht man nach 5 km die Ferienanlage **Likin**, ein angelegtes Resort mit privaten Wochenendhäusern, Straßen und Kanälen. 5 km westlich von San José liegt der Badeort **Chulamar** mit einem guten Strand und einem teuren Luxushotel.

Übernachtung und Essen

Großes – auf guatemaltekischen Geschmack ausgerichtetes – Angebot wenig einladender Unterkünfte. Der Preisanstieg an Wochenenden und während der Ferien ist völlig überzogen.

Posadas del Quetzal I&II, (I) Av. 30 de Junio, Zona 1, in der Stadt ✆ 78811892, **(II)** Barrio Miramar, am Strand, ✆ 78811892, 🖳 www.posadadelquetzal.com. Holzbungalows für bis zu 4 Pers. mit Ventilator, Bar, Restaurant. ❾ Am Wochenende ❿

Guten Fisch und Meeresfrüchte gibt es im **Papillon** und im **Costa Grande** am Strand.

Transport

Busse verkehren alle 30 Min. zwischen GUATEMALA-STADT (CENMA) und der Plaza in Puerto San José (120 km, ca. 3 Std.). Viele fahren von San José an Likin vorbei und weiter nach Itzapa.

Iztapa

Der Ort 13 km östlich von Puerto San José an der Mündung des Río María Linda diente den Spaniern unter Pedro de Alvarado im 16. Jh. als Hafen. Mit dem Bau des Hafens in San José versank Iztapa recht schnell in der Bedeutungslosigkeit. Auch hier lebt man vorwiegend vom Fischfang und lokalen Tourismus. Außerdem hat sich der Ort einen Namen bei Hochseesportfischern gemacht. Am Río María Linda kann man hierfür Boote chartern. Der nur per Boot erreichbare Strand ist nicht so überlaufen wie der von Puerto San José. Wer die neue Brücke über den Río María Linda zum Schwesterort **Pueblo Viejo** überquert (Mautgebühr für Autos), erreicht von dort nach etwa 30 km Monterrico.

Übernachtung

Billig, aber basic schläft man im **Hotel Brasilia** ❷. Ordentliche Qualität bieten das **Villas de Michatoya** ❹ und das **Hotel Sol y Playa Tropical** (mit Pool, teurer). ❹. Alle Hotels liegen unweit der Plaza.

Eisenhaltiger Sand am Pazifik – Reichtum oder Ökodesaster?

In Guatemala sollen nach Schätzungen rund 12 % der weltweiten Eisenreserven lagern. Der überwiegende Teil hiervon befindet sich im schwarzen Vulkansand der Pazifikküste. Dort ist der Abbau von eisenhaltigem Sand geplant. Konzessionen für die Exploration der Böden auf einer Fläche von 300 km² wurden 2009 an die Firma Tikal Minerals, eine Tochter der australischen Minenfirma Mayan's Iron Corp, für die Gebiete um Champerico, Sipacate und Puerto San José vergeben. Rund 10 Mio. t Eisen sollen jährlich aus dem schwarzen Pazifiksand gewonnen werden. Lediglich 1 % der Gewinne, die mehr als US$100/t ausmachen, müsste an den Staat abgeführt werden. Der ökologische Schaden könnte deutlich höher liegen. Negative Auswirkungen werden auf die sensiblen Meeresschildkröten befürchtet, die jährlich zur Eiablage an die Strände kommen. Auch der Tourismus und die einheimische Fischindustrie könnten betroffen sein. Die Firma Tikal Minerals hat bislang noch keine Umweltstudien vorgelegt.

Von Escuintla nach Retalhuleu

La Democracia

Rund 25 km westlich von Escuintla zweigt im wenig interessanten **Siquinalá** eine asphaltierte Straße Richtung Pazifikküste ab. Sie erreicht nach weiteren 11 km den Ort La Democracia, mitten in einem großen Zuckerrohranbaugebiet gelegen. Verwundert erblicken Besucher rund um die Plaza massive Steinskulpturen mit dicken Bäuchen und kindlichen Gesichtern. Sie wurden nicht weit vom Ort entfernt auf einem Privatgelände in **Monte Alto** und **El Transito** ausgegraben. Die „dicken Jungs", wie sie von den Einheimischen genannt werden, ähneln auf verblüffende Weise Olmekenskulpturen aus der viel weiter nördlich gelegenen Region um Villahermosa am Golf von Mexiko. Wie und wann sie nach Guatemala gelangten, wird in Expertenkreisen weiterhin heftig diskutiert. Weitere Fundstücke aus der Region sind im **Museo de Arqueología** an der Plaza zu besichtigen, ⌚ Di–Sa 9–16 Uhr, Q30.

Es gibt nur sehr einfache **Unterkünfte** in La Democracia, man übernachtet daher besser in Escuintla, Santa Lucía Cotzumalguapa oder am Strand in Sipacate. Zu erreichen ist La Democracia mit jedem Bus, der entlang der Pazifikküstenstraße verkehrt. Umsteigen in Siquinalá an der Abzweigung nach Sipacate.

Sipacate

Das kleine Fischerdorf liegt rund 45 km südwestlich von La Democracia und ist bekannt für seine guten Surfwellen (beste Zeit Dez–April). Einmal jährlich werden hier sogar internationale Surfmeisterschaften ausgetragen. Zur Playa Sipacate gelangt man nur mit dem Boot. Da der Chiquimulilla-Kanal hier endet, ist der Strand des rund 4 km weiter westlich liegenden Dorfes **La Empalizada** allerdings nur mit dem Pkw oder zu Fuß zu erreichen.

Rund 8 km östlich von Sipacate gelangt man zum bei Einheimischen beliebten Strand **El Paredón**, der ebenfalls nach einer kurzen Bootsfahrt erreicht wird. Sipacate liegt am westlichen Ende des **Nationalparks Sipacate-Naranjo**, einem 2000 ha großen Mangrovenschutzgebiet, in das Charterboottouren angeboten werden.

Übernachtung

El Paredón Surf Camp, am Strand El Paredón, ✆ 45932490, 💻 surfguatemala.net84.net.
Günstige Schlafsäle (max. 4 Pers.) oder deutlich teurere Privatzimmer mit Gemeinschaftsbad. Zelten ist möglich. Restaurant und Verleih von Surfbrettern und Kajaks. ❻ Schlafsaal US$5 p. P., Zelt US$ 2,50 p. P.

Paredón Surf House, am Strand El Paredón, ✆ 49941842, 💻 www.paredonsurf.com.
Nette Surflodge direkt am Strand, rustikale Unterkünfte mit Privatbad, Restaurant, Pool. ❻–❼

Rancho Carrillo, am Strand gelegen und nach kurzer Bootsfahrt von Sipacate aus zu erreichen, ✆ 55171069, 💻 www.marmaya.com.
Bungalows in verschiedenen Qualitätsstufen, z. T. mit AC, Pool, Restaurant. ❼–❾ Günstiger in der Regenzeit

Noch im Aufbau befand sich zum Zeitpunkt der Recherche die **Salty Beaver Lodge** an der Playa Rama Blanca, die einem kanadischen Surffan gehört und bereits über einen Pool verfügt. Zimmer sind vorgesehen. Infos unter ✆ 46486987.

Transport

Sipacate wird mehrmals tgl. von Siquinalá aus mit **Bussen** und Kleinbussen angefahren. Zum Strand El Paredón fahren ebenfalls regelmäßig Kleinbusse von Sipacate aus.

Santa Lucía Cotzumalguapa

Folgt man dem weiteren Verlauf der Pazifikküstenstraße CA 2, gelangt man 33 km westlich von Escuintla nach Santa Lucía Cotzumalguapa. Das Zentrum des kleinen Städtchens liegt nördlich der Hauptstraße. Ursprünglich siedelten Pipil-Indianer in dieser Region. Sie wurden noch vor der Ankunft der Spanier von den Cakchiqueles vertrieben, die wie andere Hochlandvölker ein Auge auf die fruchtbaren Böden der pazifischen Tiefebene geworfen hatten. Den spanischen Eroberern, die sich zunächst mit den Cakchiqueles verbündeten, folgten Missionare des Franziskanerordens. Zu jener Zeit entstanden eine Reihe neuer Kirchen und Siedlungen. Der wirtschaftliche Aufschwung des Gebiets um Santa Lucía Cotzumalguapa wurde, wie auch in anderen Pazifikregionen, Mitte des 20. Jhs. durch den großflächigen Anbau von Zuckerrohr eingeläutet. Nur wenige Kilometer östlich des Ortes liegt an der alten Hauptstraße die größte Zuckerfabrik ganz Mittelamerikas, der **Ingenio Pantaleón**. Die Anlage erzeugt rund ein Drittel des guatemaltekischen Zuckers.

Doch Santa Lucía Cotzumalguapa allein wäre wohl kaum der Erwähnung in einem Reiseführer wert, wenn sich in seiner Umgebung nicht einige Sehenswürdigkeiten befänden, die vor allem das Herz von Archäologen und Freunden alter Kulturen höherschlagen lassen: Versteckt auf den enormen Feldern der Zuckeroligarchie finden sich die Überreste vergangener Zivilisationen, und zwar auf den Grundstücken der Finca El Baúl, der Finca Bilbao und der Finca Las Ilusiones (s. S. 477.). Auch auf der **Plaza** von Santa Lucía C. sind einige Steinmonumente zu bewundern.

Übernachtung und Essen

Hospedaje Reforma, 4. Av. 4-71, in der Nähe der Plaza, freundlicher Besitzer. Sehr einfache, günstige Zimmer mit Ventilator und Gemeinschaftsbad. ❷

Hotel Santiaguito, KM 90,5 der CA 2, ✉ hsantiaguito@yahoo.com.mx, ✆ 78825435. Beliebtes Durchgangshotel mit gutem Restaurant (günstige Mittagsmenüs), geräumige Zimmer mit AC, Pool (Nicht-Gäste zahlen Q20), Reservierung sinnvoll. ❸

Transport

Einige **Pullman-Busse**, die zwischen GUATEMALA-STADT und der mexikanischen Grenze verkehren, nehmen die Route entlang der alten CA 2 und halten bei Bedarf an Kreuzungen und Tankstellen. Von der alten CA 2 bei der 3. Av. bis zum Ortskern von Santa Lucía Cotzumalguapa sind es etwa 15 Gehminuten. **Camionetas** verlassen den Ort regelmäßig Richtung Guatemala-Stadt (90 km, rund 2 Std.).

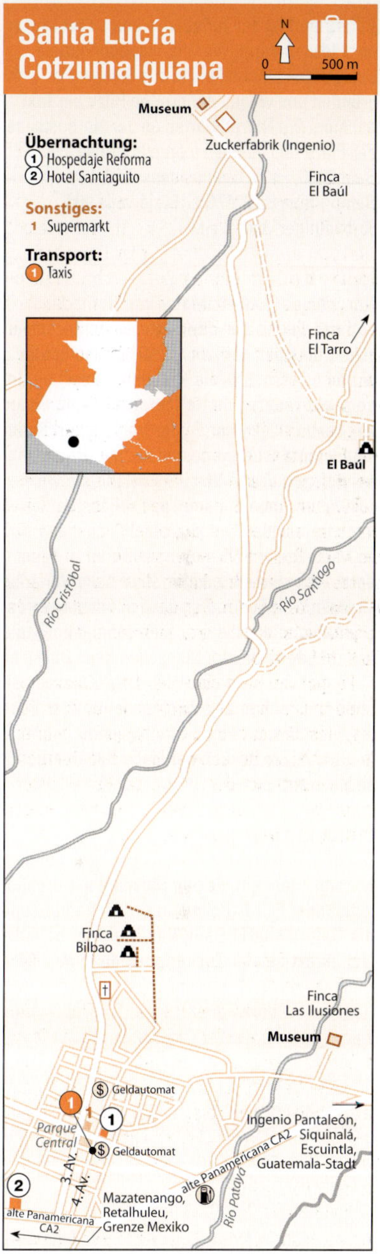

Das pazifische Tiefland

Abfahrtsort ist der Terminal, wenige Blocks von der Plaza entfernt. Wer die Umgebungsziele besichtigen möchte, sollte aus Sicherheitsgründen und wegen der großen Hitze ein **Taxi** nehmen. Die Fahrer warten an der Nordostseite der Plaza und nehmen folgende Preise: Finca El Baúl Q100; Finca Las Ilusiones Q 50; La Democracia (s. S. 474) Q150, jeweils inkl. 30-minütiger Wartezeit.

Finca Bilbao

Nur wenige hundert Meter von Santa Lucía C. entfernt liegen die Überreste eines Zeremonialzentrums aus der Zeit um 600 n. Chr. Entdeckt wurde es erst 1860, als man den tropischen Regenwald rodete, um Kaffee anzubauen. Einige der beim Pflügen der Felder freigelegten **Steinmonumente** wurden gestohlen, andere gelangten auf offiziellem Weg ins Ausland. So wurden 1880 unter anderem neun der schönsten Stelen nach Deutschland verkauft. Acht von ihnen sind im Museum für Völkerkunde in Berlin zu bewundern, während die neunte Stele beim Verladen im Hafen von Puerto San José auf dem Meeresgrund versank. Alle weiteren Monumente, auf denen unter anderem Menschen beim Ballspiel, Kakaobohnen (damalige Währung), Kalenderzeichen und Zahlsymbole zu erkennen sind, wurden ins Museum der Finca Las Ilusiones gebracht (s. S. 477). Ein Besuch der Finca Bilbao erübrigt sich hiermit.

Finca El Baúl

Auf dem Gelände der Finca liegen zwei Sehenswürdigkeiten: ein kleines **Museum** mit archäologischen Fundstücken aus der Region und die Opferstätte El Baúl. Das Museum befindet sich direkt bei der Zuckerfabrik der Finca. Man erreicht sie nach 6 km, wenn man der 3. Av. Richtung Norden folgt. Nach 3,3 km hält man sich an einer Gabelung links (die Straße zur Rechten führt zur Finca El Tarro). An der Finca meldet man sich beim Pförtner, ⌚ Mo–Fr 8–16, Sa 8–12 Uhr, Eintritt frei. Gelegentlich verkehren Kleinbusse zwischen der Finca und Santa Lucía C. Ansonsten ist man auf Taxis angewiesen oder steigt in den Bus nach Rio Santiago bzw. Colonia Maya und fragt den *ayudante* nach dem weiteren Weg.

Den Bus kann auch nehmen, wer zur **Opferstätte El Baúl**, der zweiten Attraktion der Finca, möchte. Wer sich auf dem Rückweg vom „Museum" nach Santa Lucía C. befindet, sieht nach dem Überqueren der Brücke über den Río Cristóbal linker Hand einen unbefestigten Feldweg durch Zuckerrohrfelder abzweigen. Diesem folgt man 1,1 km und überquert die Asphaltstraße zur Finca El Tarro. Nach weiteren 300 m taucht ein kleiner, bewaldeter Hügel auf (wer direkt von Santa Lucía C. zur Opferstätte möchte, nimmt an der oben beschriebenen Gabelung den rechten Weg zur Finca El Tarro, folgt diesem ca. 1,5 km und biegt rechts auf den Feldweg ein, danach weiter wie oben beschrieben). Der Aufstieg auf die künstliche Plattform erfolgt von der Südseite her.

Oben angelangt sieht man eine **Steinplatte**, die an einen Baum gelehnt ist. Auf dem Flachrelief ist eine Figur abgebildet, die von kreisförmigen Datumsangaben umgeben ist. Ihr gegenüber steht ein halb im Erdboden versunkener, rußgeschwärzter **Steinkopf**. Er besitzt zwei große, leere Augenhöhlen, Augenbrauen und ein breites kerzenwachsverkrustetes Stirnband. Dieses Monument nennen die Einheimischen *Dios Mundo* (Weltgott). Vor beiden Monumenten stehen kleine Altäre, auf denen Einheimische Weihrauch, Kerzen und gelegentlich auch Hühnerblut opfern. Nach El Baúl kommen vor allem Indígenas, die auf den Zuckerrohrplantagen als Erntehelfer arbeiten, und die den Ort als Naturaltar für ihre religiösen Rituale benutzen. Oft sind es Frauen, die neben einer guten Ernte auch für zahlreichen Nachkommen und eine reibungslose Geburt beten. Wer Gelegenheit hat, ein solches Ritual zu beobachten, sollte sich respektvoll im Hintergrund halten und nur mit Zustimmung der Anwesenden fotografieren.

Sicherheitshinweis

Da es in den Zuckerrohrfeldern und im Gebiet um die Opferstätte El Baúl wiederholt zu Überfällen auf Touristen gekommen ist, sollte man sich beim Besuch der Gegend auf die Museen beschränken oder zumindest in einer größeren Gruppe mit einheimischer Begleitung unterwegs sein.

Die Opferstätte El Baúl dient als Altar für religiöse Rituale.

Finca Las Ilusiones

Zur bislang nicht beschilderten Finca gelangt man, wenn man der Hauptstraße aus dem Ort Richtung Osten zur CA 2 folgt. Beim KM 87 biegt man links ab und nimmt kurz darauf den ersten unbefestigten Weg rechter Hand, der direkt zur Finca führt. Dort befindet sich das **Museo Cultura Cotzumalguapa**. Hier sind Hunderte kleiner Steinmonumente und Keramiküberreste ausgestellt. Wer den Aufseher mit dem Schlüssel nicht antrifft, kann einige Steinmetzarbeiten und Stelen bewundern, die im Freien auf dem Platz vor dem Museumsgebäude stehen, 🕓 Mo–Fr 7–13, 14–16, Sa 7–11 Uhr, Q25. Die Finca Las Ilusiones ist von der Plaza in Santa Lucía C. zu Fuß in ca. 30 Min. oder mit dem Taxi (s. Transport) zu erreichen.

Provinz Suchitepéquez

Wenige Kilometer westlich von Santa Lucía Cotzumalguapa beginnt die kleine Provinz Suchitepéquez. Schon während der Kolonialzeit war die Region bekannt für ihre fruchtbare Erde, und auch heute noch werden hier Kaffee, Kardamom und Kakao, Mais, Bohnen und Reis sowie Zuckerrohr, Bananen und Kautschuk geerntet. Die Provinz ist stark ladino-geprägt, nur in den nördlichen Höhenlagen dominieren Quichés bzw. etwas weiter östlich einige zugewanderte Cakchiqueles. Die Pazifikküste wird vorwiegend von einheimischen Touristen frequentiert.

Die bekanntesten der schwarzen Sandstrände heißen **Tecojate**, **El Semillero** und **El Tulate**. Bei allen drei handelt es sich um kleine, heiße Fischerdörfer, die neben einer enormen Brandung und leckeren Meeresfrüchten wenig Interessantes bieten. Die Übernachtungs- und Essmöglichkeiten sind einfach, allerdings verkehren Busse regelmäßig zur Pazifikstraße CA 2. Mitten in der weiten Tieflandebene der Provinz Sacatepéquez liegt **Pueblo Nuevo Tiquisate**, das ehemalige Hauptquartier der United Fruit Company, heute ein unbedeutender, für Touristen langweiliger Ort.

Rund 23 km westlich von Santa Lucía Cotzumalguapa zweigt eine wichtige Verbindungsstraße an der Kreuzung **Cocales** in das Hochland zum Atitlán-See ab. Eine Alternative zu dieser Route ist eine weiter westlich verlaufende, weniger befahrene und teilweise unbefestigte Straße über die indianische Siedlung **Chicacao** nach Santiago Atitlán. Ganz im Westen der Provinz Suchitepéquez liegt bei KM 160 die Hauptstadt **Mazatenango**. Das hektische und heiße Handelszentrum, das etwas abseits der Pazifikstraße liegt, lohnt den Abstecher mangels Sehenswürdigkeiten nicht. Wer im Februar oder März in Mazatenango sein sollte, kann den einzigen Karneval Guatemalas erleben, der eine Woche lang feuchtfröhlich und mit einem großen Umzug gefeiert wird.

Übernachtung und Essen

Zum Übernachten bietet sich das nur rund 25 km entfernte Retalhuleu an. An der Pazifikstraße liegt bei KM 158 das Einkaufszentrum Plaza Americas, das mit einema Supermarkt, einer Bank, einem Kino und einigen Fastfood-Ketten ausgestattet ist. Wenige hundert Meter weiter kann man im Restaurant der Kette Sarita gut essen (WLAN).

Transport

Busse in alle Richtungen verkehren regelmäßig ab dem Busterminal in der Nähe des Marktes. Pullman-Busse halten an den Tankstellen entlang der Pazifikstraße CA 2 gegenüber vom Restaurant Sarita und beim Einkaufszentrum Plaza Americas.

Retalhuleu

Die Hauptstadt der gleichnamigen Provinz ist mit rund 40 000 Einwohnern der bedeutendste Ort im westlichen Teil des pazifischen Tieflands. Der Ort entstand 1825 infolge der Zusammenlegung der benachbarten Dörfer San Antonio Retalhuleu und Santa Catarina Sacatepéquez. Heute wird er oftmals schlicht „Reu" genannt. Die Atmosphäre ist ruhig und gelassen, die Plaza im Zentrum ist schmuck.

Wer sich für archäologische Funde interessiert, sollte dem **Museo de Arqueología y Etnología** im Rathaus *(municipalidad)* einen Besuch abstatten. Neben den Stein- und Keramikfunden, die verschiedenen Epochen zugeordnet sind, lohnt sich ein Blick auf die Fotoausstellung im ersten Stock mit Aufnahmen, die bis ins 19. Jh. zurückreichen, ⏲ Mo–Fr 8.30–17.50, Sa 8.30–12.30 Uhr, Q15.

Retalhuleu ist ein guter Ausgangsort für Ausflüge in die Umgebung. Dazu gehört ein Besuch des Pazifikhafens Champerico ebenso wie ein Abstecher zur Ausgrabungsstätte Takalik Abaj (s. S. 480).

Wer mit Kindern unterwegs ist oder einfach eine Abkühlung braucht, findet wenige Kilometer nördlich von Retalhuleu entlang der Straße nach Quetzaltenango bei KM 180,5 den Wasserpark **Parque Acuático Xocomil**, 💻 www.irtra.org.gt, ⏲ Do–So 9–17 Uhr, Eintritt Q100, Kinder 5–12 J. Q50, darunter frei.

Nebenan liegt der noch pompösere Themenpark **Parque de Diversiones Xetulul**, 💻 www.irtra.org.gt, ⏲ Do–So 10–18 Uhr, Q100, Kinder 5–12 J. Q50, darunter gratis, ein guatemaltekisches Disneyland. 9 km nordöstlich von Retalhuleu liegt beim KM 175 die Abzweigung El Zarco Junction. Hier beginnt die landschaftlich reizvol-

Comunidad Nueva Alianza

Die Fair-Trade-Kaffee- und Macadamianuss-Farm wird von 40 Kleinbauernfamilien geführt, die einst als Angestellte auf der Finca arbeiteten. Als der Agrobetrieb Pleite machte, nutzten sie die Gunst der Stunde und übernahmen die Farm. Inzwischen kann man die Finca besichtigen, dort übernachten, an Workshops zu ihrer Geschichte teilnehmen oder als Freiwilliger arbeiten. Die Lage der Farm ist grandios, mit tollen Ausblicken und einem Wasserfall in der Nähe. Die Comunidad Nueva Alianza, ☎ 45323063, 💻 www.comunidadnuevaalianza.org, kann man von Retalhuleu mit Transportes Hochen erreichen (Abfahrt 1x tgl. gegen Mittag vom Busterminal), ❺, ohne Bad ❹, Schlafsaal Q65 p. P., Mahlzeiten Q20–50, Freiwillige zahlen weniger. Alternativ ist die Farm von Quetzaltenango aus im Rahmen eines zweitägigen Ausflugs (hin immer Sa, zurück So, zu erreichen. Kontakt: Entremundos oder Café Conciencia in Quetzaltenango.

Im Rathaus von Retalhuleu befindet sich das Archäologiemuseum.

le Strecke Richtung Norden durch das Tal des Río Salamá ins Hochland. Die Straße überwindet auf ihren 47 kurvigen Kilometern bis Quetzaltenango mehr als 2000 Höhenmeter.

Übernachtung

Hotel Astor, 5. C 4-60, Zona 1, ✆ 77710475, ✉ hotelastor@intelnett.com. Schönes Hotel mit Schwimmbad, Restaurant, Parkplatz und WLAN, Zimmer mit AC und TV. ❻

La Quinta, 5. Av., Ecke zum Parque, ✆ 77714182, 💻 www.hotellaquintaguatemala.com. Günstige, aber etwas laute Zimmer mit Kabel-TV und wahlweise AC oder Ventilator. Außerdem Parkplatz, WLAN und Frühst. inkl. ❻ Mit AC ❼

Hostal Casa Santa María, 4. C. 4-23, 4. Av., Zona 1, 2 Blocks vom Parque, ✆ 77716136, 💻 www.hostalcasasantamaria.com. Kleines, familiäres Hotel in ehemaligem Kolonialhaus mit Pool. Zimmer mit oder ohne AC. ❻ Mit AC ❼

Hotel Posada de Don José, 5. C. 3-67, Zona 1, ✆ 77710180, 💻 hotelposadadedonjose.com. Beliebtes Hotel mit Pool, Restaurant und WLAN, Zimmer mit AC, Frühst. inkl. ❼

Essen

Ordentliches Essen bekommt man im **Hotel Posada de Don José**. Einfaches Essen und Frühstück servieren das Restaurant **La Luna**, 5. C. 4-97, und das **Lo de Chaz**, 5. C. 4-83. Direkt neben La Luna (gleiche Besitzer) bekommt man leckere Licuados.

Sonstiges

Geld

An der Plaza gibt es mehrere Banken und hinter der Kirche einen Geldautomaten der Banco Industrial.

Internet

Gegenüber der Polizei am Parque und an der Ecke 5. C. und 4. Av.

Mexikanisches Konsulat
Im Hotel Posada de Don José, ⌚ Mo–Fr 8–12, 14–18 Uhr. Information zu Visaformalitäten. Ein Visum wird aber nur in Quatzaltenango erteilt. Deutsche, Österreicher und Schweizer benötigen kein Visum zur Einreise nach Mexiko.

Post
An der Plaza, neben dem Museum.

Supermarkt
La Torre, 5. Av., am Park.

Touren
Der Tourveranstalter **Reuextreme**, ✆ 52028180, 💻 www.reuxtreme.com, veranstaltet Mountainbike- und Kajaktouren sowie Ausflüge nach Takalik Abaj, zu den Freizeitparks Xetulul und Xocomil sowie dem privaten Schutzgebiet der **Finca Patrocinio** (Vogelbeobachtung und Canopy).

Transport

Pullman-Busse fahren ständig von La Galera (Mototaxi nehmen, Q5) nach GUATEMALA-STADT (186 km, ca. 3 Std.) und zur mexikanischen Grenze, CIUDAD TECÚN UMÁN (78 km, ca. 1 1/2 Std.). Auch die Camionetas nach Quetzaltenango fahren von dort ab.
Alle anderen **Busse**, z. B. nach Champerico, El Tulate oder El Asintal (Takalik Abaj), fahren regelmäßig von La Terminal in der Zone 5 im Süden der Stadt.

Champerico

Wer der Kälte Quetzaltenangos entfliehen möchte und den schnellstmöglichen Weg zum Meer wählt, der landet über Retalhuleu in Champerico. Die letzten 38 km führen dabei von Retalhuleu auf einer schnurgeraden Straße direkt an die Küste.

Von der Geschäftigkeit gegen Ende des 19. Jhs., als der aufblühende Kaffeehandel den jungen Hafen belebte, ist heutzutage wenig zu spüren. Nur noch ein paar Fischer werfen ihre Netze von der rostigen Hafenmole aus, die einen interessanten Blick auf den endlos erscheinenden schwarzen Sandstrand und die Palmdächer der Strandrestaurants bietet. Am Wochenende wird Champerico lebendiger: Dann bevölkern guatemaltekische Familien den Strand, dessen entlegene Stellen man meiden sollte, da es zu Überfällen gekommen ist. Vorsichtig sollte man beim Baden sein – es gibt eine starke Unterströmung!

Übernachtung und Transport

Hotel Miramar, ✆ 77737231, 2. C./Av. Coatepeque, einfache Zimmer mit Bad und Ventilator. ❸
Busse verkehren regelmäßig zwischen Champerico und QUETZALTENANGO bzw. RETALHULEU. Der letzte Bus nach Retalhuleu fährt gegen 18 Uhr in Champerico ab.

Von Retalhuleu zur mexikanischen Grenze

Takalik Abaj

Nur 15 km nordwestlich von Retalhuleu liegt in einem kleinen subtropischen Wäldchen auf ca. 600 m Höhe der **Parque Arqueológico Takalik Abaj**. Kaffee-Fincas, Kautschukplantagen und Zuckerrohrfelder umgeben die Ausgrabungsstätte, die inzwischen bequem über eine asphaltierte Straße zu erreichen ist. Das 9 km² große Gelände wurde 1888 entdeckt. Aber erst nachdem der Besitzer der Finca Margarita der Regierung ein 7,7 ha großes Stück Land zur Verfügung stellte, konnte ein Archäologenteam des Nationalinstituts für Kultur und Anthropologie mit den Ausgrabungsarbeiten beginnen. Der Name der Anlage stammt aus der Quiché-Sprache und bedeutet „stehender Stein".

Die Geschichte Takalik Abajs reicht bis in die mittlere Präklassik (800–300 v. Chr.) zurück. Die Siedlung war ein wichtiges Handelszentrum zwischen der Küste und dem Hochland. Olmekisch beeinflusste Vorfahren der Maya haben Takalik Abaj im 1. Jh. n. Chr. erreicht. Die älteste datierte Stele (Nr. 5) stammt aus dem Jahr 126 n. Chr. und ist damit 166 Jahre älter als das älteste Mo-

Takalik Maya Lodge

Statt die Finca während der Kaffeekrise zu Beginn des Jahrtausends zu verkaufen, Arbeiter zu entlassen oder alternative Produkte anzubauen, entschieden sich die Besitzer für den Tourismus. Somit konnte der Lebensunterhalt von 17 Familien gesichert werden. Nebenher werden weiterhin Macadamia-Nüsse, Kautschuk und Kaffee produziert, dessen Weiterverarbeitung mit Hilfe eines historischen Wasserrads man sich von September bis Dezember anschauen kann. Aus einem 11 ha großen Wäldchen wurde ein privates Schutzgebiet, in dem über 120 Vogelarten zu beobachten sind.

Die Green-Deal-zertifizierte (s. S. 138) Lodge verfügt über sieben rustikale Holzzimmer (ehemalige Gebäude der Finca, die restauriert wurden), drei Bungalows, Restaurant und Pool. Am schönsten badet es sich am kleinen Wasserfall unterhalb des Aussichtspunkts. Eine Piste in mäßigem Zustand führt zur Lodge, die 2,5 km oberhalb der Ruinenstätte Takalik Abaj liegt. Touristen werden nach vorheriger Reservierung kostenlos von der Ruinenstätte abgeholt, sonst ein Pick-up oder Taxi ab El Asintal nehmen, ✆ 23347694, 💻 www.takalik.com. ❽–❾ Bungalows ❿.

nument dieser Art, das in Tikal gefunden wurde (Stele Nr. 29 aus dem Jahr 292). Man nimmt an, dass Takalik Abaj eine der ersten Orte an der Pazifikküste war, an dem die Bewohner bearbeitete Steinskulpturen zu einer öffentlichen und religiösen Kunstform entwickelten.

Obwohl die gesamte Anlage neun künstlich angelegte, in die Landschaft eingepasste **Plattformen** (Terrassen), 71 künstliche **Hügel** sowie 204 bearbeitete **Monumente** aus vulkanischem Andesit und Basalt umfasst, ist von ihr nicht mehr allzu viel zu sehen. Die Überreste der empfindlichen Lehmbauten befinden sich z. T. in einem sehr schlechten Zustand, und die starken Regenfälle tun ein Übriges. Interessant sind hingegen die ungewöhnlichen **Steinskulpturen**. Sie zeigen Darstellungen mit olmekischen und präklassischen Aspekten der Maya-Kultur. Ihre dickbauchigen Motive stellen Frösche und Kröten (Symbole der Fruchtbarkeit), eine Eule (Symbol für Unterwelt und Tod), einen Alligator und einen Olmekenkopf mit dem Kosenamen „Babyface" dar. Darüber hinaus stammen einige einmalige Fundstücke aus Takalik Abaj: **Jademasken** in Gesichtsgröße, die in einem polychrom bemalten, zylindrischem Gefäß auf der Anlage gefunden worden sind. Drei dieser Masken sind im Museo Nacional de Arqeología y Etnología in Guatemala-Stadt zu sehen.

Unterhalb der Ausgrabungsstätte wurde mit dem Bau eines **Museums** begonnen. Zur Zeit der Recherche herrschte ein Baustopp. Die Parkwächter stellen sich gegen ein kleines Trinkgeld bereitwillig als Führer durch die Anlage zur Verfügung, ⏲ tgl. 7–17 Uhr, Q50.

Übernachtung

In Asintal gibt es hinter dem Parque ein einfaches Hotel. Einige hundert Meter vor Erreichen des Orts liegt bei KM 192 das

Hotel y Restaurante Don Ignacio, ✆ 77568931, 🖳 www.hotelyrestaurantedonignacio.com, mit großem Pool. Die etwas dunklen und schlichten Zimmer sind sehr geräumig ❸.
Besonders stilvoll übernachtet es sich in der **Takalik Maya Lodge**, s. Kasten.

Transport

Bei KM 190,5 der Pazifikstraße CA 2 zweigt eine asphaltierte Straße zur 9 km entfernten Ruinenstätte Takalik Abaj ab. Etwa auf halber Strecke wird der kleine Ort El Asintal passiert, den man mit einem **Pick-up** oder **Kleinbus** ab der Kreuzung bei KM 190,5 oder mit einen Bus vom Terminal in Retalhuleu erreicht (alle 30 Min. von 5–18 Uhr). Von El Asintal aus verkehren etwa 2-stündig Pick-ups (Abfahrt Plaza) zum Eingang der Anlage, ca. 4,5 km, Q5. Ein Taxi kostet für die einfache Strecke rund Q50.

Coatepeque

Dieses wichtige Zentrum der Kaffeeverarbeitung ist der letzte größere Ort vor der mexikanischen Grenze. Der „Schlangenhügel", so die Übersetzung des Ortsnamens, ist ein hektisches, schwül-heißes Durcheinander von Menschen, Fahrzeugen und Waren. Man übernachtet vorzugsweise in Retalhuleu.

Transport

Es bestehen Busverbindungen nach QUETZALTENANGO über Colomba und San Martín Sacatepéquez, zu den Grenzorten EL CARMEN und TECÚN UMÁN sowie nach RETALHULEU und GUATEMALA-STADT. Außerdem halten alle Pullman-Busse am Terminal.

Tilapa

Bei **Tecún Umán**, nur rund 14 km vor der Grenze nach Mexiko, zweigt östlich von Pajapita eine asphaltierte Straße Richtung Pazifik nach Tilapa ab. Ein Besuch des Küstenstreifens lohnt besonders für Naturliebhaber. Auf einer Fläche von 1243 ha erstreckt sich entlang der Pazifikküste das private Naturschutzgebiet **La Chorrera-Manchón Guachumal**. Das Naturschutzgebiet umschließt wichtige Eiablagestätten der Meeresschildkröten, Sümpfe und sehenswerte Mangrovenwälder, die einer Vielzahl von Tieren Nahrung und Heimat bieten. Der Tourismus in Tilapa steckt noch in den Kinderschuhen, doch wer etwas herumfragt, findet immer einen Bootsmann, der durch die Kanäle und Lagunen fährt. Einfachste Übernachtungsmöglichkeiten sind vorhanden. Busse fahren regelmäßig und mehrmals täglich von Tilapa nach Coatepeque und zurück. Von Tilapa aus kann man sich mit dem Boot ins trostlose **Ocos** an der Mündung des Río Naranjo bringen lassen. Von dort gelangt man per Bus direkt zur Grenzstadt Tecún Umán und weiter nach Mexiko.

Tecún Umán

Das geschäftige Grenzstädtchen liegt am Río Suchiate. Die Atmosphäre mit billigen Hotels und Bars, Geldwechslern und einer Menge zwielichtiger Gestalten ist typisch für viele Grenzübergänge. Dreirädrige Fahrradtaxis, die im Zentrum die Taxis ersetzen, bahnen sich ihren Weg durch den chaotischen Verkehr. Die etwa 3 km außerhalb der Stadt liegende Grenze ist 24 Std. geöffnet. Man erreicht sie per Fahrradtaxi. Auf mexikanischer Seite **(Ciudad Hidalgo)** fahren Kleinbusse bis ca. 19 Uhr in das 38 km entfernte Tapachula (rund 45 Min. Fahrtzeit).

Informationen zur Grenze **El Carmen** im Kapitel Westliches Hochland, S. 299.

Übernachtung

Hotel Don José, 3. Av. 2-14, Zona 1, ✆ 77768164. Gepflegtes Hotel mit Parkplatz, Zimmer mit Bad, TV und AC. ❸
Viele günstige Hotels und Hospedajes befinden sich entlang der 3. Av. und in den kreuzenden Seitenstraßen.

Transport

Pullman-Busse fahren ständig (bis etwa 18 Uhr) nach GUATEMALA-STADT mit Halt in allen größeren Städten entlang der Pazifikstraße CA 2. **Direktbusse** bis Quetzaltenango bis ca. 14 Uhr. Ansonsten bis Retalhuleu fahren und dort umsteigen.

Anhang

Sprachführer Spanisch S. 484
Glossar S. 492
Bücher S. 493
Reisemedizin zum Nachschlagen S. 496
Index S. 501
Bildnachweis S. 510
Impressum S. 511
Kartenverzeichnis S. 512

Sprachführer Spanisch

Aussprache

Die Aussprache der **Vokale** entspricht dem Deutschen.

c vor **e**, **i** mit stimmlosem „s“ wie in Bus: *centro, cinco;* vor **a**, **o**, **u** wie „K“ in Kind: *cola, casa*

ch stimmlos wie in Qua**tsch**: *cheque, cucaracha*

g vor **a**, **o**, **u**, wie deutsches „G“ in Gans: *ganso, golpe, gusano;* vor **e**, **i** wie deutsches ch in Fach: *genio, gigante*

gu wie „g“, vor **a** wird das **u** ausgesprochen: *guardia*

h ist immer stumm

j wie „ch“ in Fach: *junta, Japón*

ll Einheitslaut von „l“ und „j“ wie in Familie: *llamada, pollo*

n am Wortende wie „ng“ in Hang: *solución, revolución*

ñ wird „nj“ gesprochen wie im französischen Champa**gn**er: *campaña, mañana*

qu vor den Vokalen **e** und **i** wird **qu** wie in **K**eil (ohne „u“) ausgesprochen: *quema, quien* ansonsten wie im Deutschen

r gerolltes Zungenspitzen-r: *carril, tigre, tragar*

s besonders zwischen den Vokalen scharf wie in „besser“: *grasa.* Weiche Aussprache vor den Konsonanten **b**, **d**, **g**, **l**, **m**, **n**, **r** und **v**: *asma, ósmosis*

ü wird nach **g** wie u ausgesprochen: *cigüeña*

v wie ein schwaches „b“: *vaya, venado*

x vor Vokalen meist wie „gs“: *exacto.* Vor Konsonanten meist wie scharfes „s“: *experto;* Ortsbezeichnungen in Guatemala wie „sch“ in Schuhe: *Xela* (Quetzaltenango)

y am Wortende wie „i“: *hay.* Sonst wie „j“: *coyote*

z stimmloses „s“ wie „ß“: *zopilote*

Betonung

- Im Spanischen wird die vorletzte Silbe betont, wenn das Wort auf einen **Vokal**, **n** oder **s** endet: *vaso, farmacia, joven*
- Alle anderen mehrsilbigen Wörter werden auf der letzten Silbe betont: *cantar, sondeo*
- Ein Akzent markiert die zu betonenden Silben aller Ausnahmen der beiden vorangegangenen Regeln: *día, revolución*
- Zur Unterscheidung von gleichen Wörtern werden einige Wörter mit Akzent geschrieben: *está* (er, sie ist) – *esta* (diese), *sí* (ja) – *si* (wenn), *tú* (Du) – *tu* (Dein).
- Fragewörter schreibt man mit Akzent: *quién? cuándo? cómo?*

Satzzeichen

Frage- und Ausrufesätze werden im Spanischen mit einem umgekehrten Frage- bzw. Ausrufezeichen begonnen und beendet: *¿donde estás?*

Rechtschreibung

Im Spanischen werden grundsätzlich alle Wörter klein geschrieben.

Ausnahmen: der Satzanfang, Eigennamen und Titel, Namen von öffentlichen Gebäuden, Plätzen u. Ä.

Außerdem Bezeichnungen für Gott und verwandte Begriffe sowie Haupt- und Eigenschaftswörter in Überschriften und Buchtiteln.

Wörter und Wendungen

Das Allerwichtigste

ja / nein	*sí / no*
bitte / danke	*por favor / gracias*
Verzeihung	*Perdón*
Entschuldigen Sie bitte!	*Disculpe!*
Darf ich?	*Con permiso?*
Tut mir Leid.	*Lo siento.*
Willkommen.	*Bienvenidos.*
Hallo!	*Hóla!*
Guten Tag! (bis mittags)	*Buenos días.*
Guten Tag! (bis zur Dunkelheit)	*Buenas tardes.*
Guten Abend!	*Buenas noches.*
Wie geht's?	*Que tal? Como está?*
… gut / sehr gut	*… bien / muy bien*

… mäßig / schlecht	*… regular / mal*
Bis später.	*Hasta luego.*
Bis morgen.	*Hasta mañana.*
Auf Wiedersehen.	*Adiós.*
Ich spreche kein Spanisch.	*No hablo español.*
Ich heiße …	*Me llamo …*
Ich bin	*Soy*
Deutsche(r)	*alemán/alemana*
Österreicher(in)	*austriaco/austriaca*
Schweizer(in)	*suizo/suiza*
mit / ohne	*con / sin*
wo / wann	*donde / cuando*
Es gibt …	*Hay …*

Orientierung und Transport

Wo ist der Busbahnhof?
Donde está la terminal de buses?
Wie weit ist es bis zum Hotel?
A que distancia encuentra el hotel?
Wie weit ist es bis zum Markt?
Cuánto tarda hasta el mercado?

Es ist weit / nah	*Está lejos / cerca*
um die Ecke / zurück	*a la vuelta / atrás*
hier / dort	*aqui / allí*

Das Restaurant befindet sich zwei (Straßen-) Blocks von hier.
El restaurante está a dos cuadras de aqui.

links	*a la izquierda*
rechts	*a la derecha*
geradeaus	*recto*
Haltestelle	*parada*
Ich möchte aussteigen.	*Quiero bajar.*
Stadtzentrum	*centro*
Stockwerk	*piso*
Gebäude	*edificio*
Keller	*sótano*
Ampel	*semáforo*
Kreuzung	*cruce*
geöffnet / geschlossen	*abierto / cerrado*
Straße (meist in Ost-West-Richtung)	*calle*
(Pracht-) Straße, Allee (meist Nord-Süd Richtung)	*avenida*

Im Hotel

Haben Sie ein Zimmer frei?
Hay cuartos / tiene habitaciónes?

… mit Einzelbett	*… con cama sencilla*
… mit zwei Betten	*… con dos camas*
… mit einem breiten Bett für zwei Personen	*… con una cama matrimonial*
… mit Privatbad	*… con baño privado*
… Gemeinschaftsbad	*… con baño general*

Alles belegt / alles voll.
Todo ocupado / todo lleno.

Ja, es gibt noch Platz	*Sí, hay espacio*
… für eine Nacht	*… para una noche*

Wie teuer ist die Übernachtung?
Cuanto cuesta la noche?
Kann ich das Zimmer sehen?
Puedo ver el cuarto?
Könnten Sie mir ein anderes Zimmer zeigen?
Me podría enseñar otra habitación?
Das Zimmer ist nicht gereinigt worden.
No arreglaron el cuarto.
Die Toilette / die Dusche funktioniert nicht.
El inodoro / la ducha no funciona.
Es gibt kein heißes Wasser.
No hay agua caliente.
Geben Sie mir bitte noch eine Decke.
Déme otro poncho (chamarra), por favor.

Im Restaurant

Die Karte, bitte.
La carta, por favor.
Gibt es ein Tagesgericht?
Hay un menu del día?
Einen Tisch für vier Personen, bitte.
Una mesa paracuatro personas, por favor.
Ich möchte ein Bier trinken.
Quiero tomar una cerveza.
Ich esse kein Fleisch.
No como carne.
Nur eine Portion Reis, bitte.
Una orden de arroz solamente, por favor.
Ist das alles?
Solamente; es todo?
Noch einen Ananassaft ohne Eis, bitte.
Otro jugo de piña sin hielo, por favor.
Gibt es Nachtisch?
Hay postre?
Die Rechnung, bitte.
La cuenta, por favor.
… inklusive Trinkgeld
… servicio incluido

Prost!	*Salud!*
Guten Appetit!	*Buen provecho!*
Messer	*cuchillo*
Gabel	*tenedor*
Löffel	*cuchara*

Wo ist die Toilette, bitte?
Donde está el baño, por favor?
Es gibt kein Toilettenpapier.
Se acabó el papel higiénico.
Es gibt keine Seife.
No hay jabón.

Beim Einkaufen

kaufen / verkaufen	*comprar / vender*
billig / teuer	*barato / caro*
Wie viel kostet das?	*Cuanto vale esto?*
Das ist zu teuer.	*Es demasiado caro.*
handgemacht	*hecho a mano*
Preisnachlass	*rebaja*
Qualität	*calidad*
Menge	*cantidad*

Kann ich dieses Hemd anprobieren?
Puedo probar esta camisa?
… tauschen, wechseln *… cambiar*

Polizei, Bank, Post, Telefon und Behörden

Man hat mich überfallen.
Me asaltaron.
Man hat mir mein Geld und mein Gepäck gestohlen
Me han robado mi dinero y mi equipaje.
Ich habe meinen Reisepass verloren.
Perdi mi pasaporte.
Ich brauche eine Bescheinigung für meine Versicherung
Necesito una constancia para mi seguro.

Dieb	*ladrón*
Polizei	*policía*
Vergewaltigung	*violación*
Bank	*banco*
Geld	*dinero*
Bargeld	*dinero en efectivo*
Reisescheck	*cheque de viaje*
Wechselkurs	*tasa de cambio*
Konto	*cuenta*
Überweisung	*transferencia*
Schalter	*ventanilla*
Münze	*moneda*
Schein	*billete*
Post	*correos*
Brief	*carta*
Postkarte	*tarjeta postal*
Paket	*paquete*
Gewicht	*peso*
Briefmarke / Stempel	*sello*
Telefonanruf	*llamada telefónica*
R-Gespräch	*llamada por cobrar*

Wie viel kostet ein dreiminütiger Anruf in die Schweiz?
Cuanto cuesta una llamada de tres minutos a Suiza?

Büro	*oficina*
Dokument	*documento*
Visum	*visa*
Reisepass	*pasaporte*
Personalausweis	*cédula de vecindad*
Name / Nachname	*nombre / apellido*
Geburtsdatum	*fecha de nacimiento*
Unterschrift	*firma*
Botschaft	*embajada*

Beim Arzt

Ich fühle mich schlecht.
Me siento mal.
Ich hatte einen Unfall.
Tuve un accidente.
Hier tut es mir sehr weh.
Aqui me duele mucho.
Ich brauche ein Medikament.
Necesito un medicamento.
Ich brauche einen Arzt.
Necesito un doctor.
Wo ist das Krankenhaus?
Donde está el hospital (la clinica)?
Gibt es hier eine Privatklinik?
Hay una clinica privada por aquí?
Wo gibt es eine Apotheke?
Donde hay una farmacia?
Ich benötige eine ärztliche Bescheinigung für meine Versicherung.
Necesito un informe médico para mi seguro.

Fieber	*fiebre, temperatura*
Durchfall	*diarrea*
Kopfschmerzen	*dolor de cabeza*
Bauchschmerzen	*dolor de estomago*

Infektion	*infección*
Schwangerschaft	*embarazo*
Erkältung / Schnupfen	*resfrio*
Husten	*tos*
sich übergeben	*vomitar*

Zahlen

1	*uno, una*
2	*dos*
3	*tres*
4	*cuatro*
5	*cinco*
6	*seis*
7	*siete*
8	*ocho*
9	*nueve*
10	*diez*
11	*once*
12	*doce*
13	*trece*
14	*catorce*
15	*quince*
16	*dieciséis*
17	*diecisiete*
18	*dieciocho*
19	*diecinueve*
20	*veinte*
21	*veintiuno*
22	*veintidos*
30	*treinta*
31	*treintayuno*
40	*cuarenta*
50	*cincuenta*
60	*sesenta*
70	*setenta*
80	*ochenta*
90	*noventa*
100	*cien*
101	*cientouno*
200	*doscientos*
300	*trescientos*
400	*cuatrocientos*
500	*quinientos*
600	*seiscientos*
700	*setecientos*
800	*ochocientos*
900	*novecientos*
1000	*mil*
1001	*miluno*
2000	*dos mil*
10000	*diez mil*

Ordnungszahlen

1.	*primero*
2.	*segundo*
3.	*tercero*
4.	*cuarto*
5.	*quinto*
6.	*sexto*
7.	*séptimo*
8.	*octavo*
9.	*noveno*
10.	*décimo*

Wochentage

Montag	*lunes*
Dienstag	*martes*
Mittwoch	*miércoles*
Donnerstag	*jueves*
Freitag	*viernes*
Samstag	*sábado*
Sonntag	*domingo*

Monate

Januar	*enero*
Februar	*febrero*
März	*marzo*
April	*abril*
Mai	*mayo*
Juni	*junio*
Juli	*julio*
August	*agosto*
September	*septiembre*
Oktober	*octubre*
November	*noviembre*
Dezember	*diciembre*

Zeit und Datum

Wie spät ist es?	*Que hora es?*
Es ist ein Uhr.	*Es la una.*
Es ist vier Uhr.	*Son las cuatro.*
Es ist viertel nach drei.	*Son las tres y cuarto.*
Es ist halb sechs.	*Son las cinco y media.*
Es ist viertel vor sechs.	*Son las seis menos cuarto.*
heute / morgen / übermorgen	*hoy / mañana / pasado mañana*
gestern / vorgestern	*ayer / anteayer*

jetzt / später *ahora / más tarde*
früh / spät *temprano / tarde*
sofort / gleich *inmediato / ahorita*
Datum *fecha*
Was für ein Datum haben wir heute?
Que fecha tenemos hoy?

Typisch Guatemaltekisches

In Guatemala wird die zweite Person Plural (Ihr, Euch) nicht verwendet. Stattdessen wird die dritte Person Plural *(ustedes)* verwendet. Selbst Eltern sprechen ihre Kinder oftmals mit *usted / ustedes* an. Unter Freunden ist die Anrede *vos* anstelle des *tu* (Du) gebräuchlich. Handelt es sich um mehrere Personen, wird der Ausdruck *muchá* verwendet.

canche Blonde(r), Spitzname der Guerilla
chafa Angehöriger des Militärs
chicle Kaugummi
choca 25-Centavo-Münze
chompipe Truthahn
chucho Hund
chulo schön, hübsch
chupar einen heben, sich besaufen
chingar ärgern, belästigen
comida típica einheimisches Essen
cómo no! Natürlich! Selbstverständlich!
cusha illegal gebrannter Schnaps
fíjese! Stellen Sie sich mal vor!
(Sätze, die auf diese Art und Weise beginnen, deuten an, dass etwas nicht funktioniert hat oder funktionieren wird und dienen meist als vorweggenommene Entschuldigung.)

huevón Faulpelz
jalón Mitfahrgelegenheit
gancho Haarnadelkurve
len ein Centavo (kleinste Geldeinheit)
maldito! Verflucht! Verdammt!
para servirles / a sus ordenes zu Ihren Diensten
patojo kleiner Junge
patoja kleines Mädchen
pilas! Klasse! Super!
pisto Geld
puchica! Ausruf des Erstaunens, etwa: Menschenskinder!
pobrecito! Der Ärmste!

Anhang

Indianische Sprachen

Deutsch	Quiché	Cakchiquel	Kekchí	Mam
Guten Tag zu einem Mann	*Saqarik tat*	*Xsaqër tata*	*Ch'owo'*	*Qlax teye tat*
zu einer Frau	*Saqarik nan*	*Xsaqër nan*	*Ch'ona'*	*Qlax teye nan*
Wie geht's?	*A utz awach*	*La ütz awäch*	*Chan xawil* *Ma sa laach'ool*	*Tze'n ta'ye*
Gut, danke.	*Utz, maltiox*	*Ütz maltiox*	*Sa linch'ool b'aniox*	*B'a'n chjonte*
Ich heiße …	*A Lu'nub'i' in …*	*Nub'i a Luu' …*	*Aj Lu' link' ab'a' …*	*… nb'i' y*
ja	*Je'*	*Ja'*	*Hehe'*	*Ja'ko*
nein	*Je'taj*	*Manäq*	*Ink'a'*	*Mi'jo*
danke	*Maltiox*	*Matiox*	*B'aniox*	*Chjonte*
bitte	*Chab'ana'toq'ob*	*Tab'ana' utzil*	*B'aanu usilal*	*Najsame*
Entschuldigung	*Chakuya' numac*	*Takuyu' jub'a*	*Chakuy inmaak*	*Najsame*
Adios / Tschüss	*Kinb'e na*	*Ta chajij awi'*	*Chawil awib'*	*Noj peet*
lecker	*Ko'l ki'*	*Ützki'*	*Saasa*	*Txu'txj*
Eins	*Jun*	*Jun*	*Jun*	*Jun*
Zwei	*Keb'*	*Ka'i'*	*K'iib'*	*Kab'e*
Drei	*Oxib'*	*Oxi'*	*Oxib'*	*Oxe*
Vier	*Kajib'*	*Kaji'*	*Kaahib'*	*Kiaje*

qué le vaya bien!	Auf Wiedersehen, wörtlich: Dass es Ihnen gut gehen möge.
qué onda?	Was geht ab? Was ist los? Was machst Du gerade?
seño	Abkürzung für señora (Frau)
socado	volltrunken
tener leche	Glück haben
vaya!	In Ordnung! Okay!

Kulinarisches Wörterbuch

Allgemeines

comida	Essen
desayuno	Frühstück
almuerzo	Mittagessen
cena	Abendessen
entrada	Vorspeise
plato fuerte	Hauptgericht
postre	Nachtisch
ensalada	Salat
harina	Mehl
trigo	Weizen
pan (integral)	(Vollkorn-) Brot
mantequilla	Butter
menú	Speisekarte, Menü
queso	Käse
carne	Fleisch
pescado	Fisch
sopa	Suppe
verduras	Gemüse

Eiergerichte

huevos revueltos	Rühreier
huevos tibios	weiche Eier
huevos duros	hart gekochte Eier
huevos con …	Eier mit
jamón	Schinken
tocino	Speck
huevos fritos/ estrellados	Spiegeleier
huevos rancheros	Eier mit Tomaten-, Paprika-, Zwiebelsoße

Fisch und Meeresfrüchte

almejas	Muscheln
bacalao	Dorsch
camarónes	Garnelen
cangrejo, jaiba	Krebs
concha	Venusmuschel
corvina	Meerrabe
langosta	Languste
mojarra	beliebter Flussspeisefisch
róbalo	Wolfsbarsch
tiburón	Haifisch

Fleischgerichte

bistec	Beefsteak
cabra	Ziege
carne de res	Rindfleisch
carne molida	Hackfleisch
cerdo	Schwein
chuleta	Kassler
conejo	Kaninchen
cordero	Lamm
costilla	(Schweine-)Rippchen
guisado	Eintopf
higado	Leber
lengua	Zunge
lomo, lomito	Steak
pato	Ente
pavo	Truthahn
pechuga	Brust
pollo	Hähnchen
ternera	Kalb

Gemüse

aguacate	Avocado
apio	Sellerie
ayote	eine Kürbisart
cebolla	Zwiebel
chilacayote	Riesenkürbis
chile pimiento	süße Paprika
col / repollo	Kohl
col de Bruselas	Rosenkohl
coliflor	Blumenkohl
elote	Maiskolben
flor de Izote	Blüte der Riesenpalmlilie
frijoles	schwarze Bohnen
güicoy	eine Kürbisart
güisquil	birnenförmiges, an Ranken wachsendes Gemüse
haba	Saubohne (wird u. a. auch geröstet verzehrt)
hongos	Pilze
lechuga	Kopfsalat
maíz	Mais

miltomate	kleine, grüne Tomatenart
pacaya	bitteres Gemüse der gleichnamigen Palme
papa	Kartoffel
pepino	Gurke
plátano	Koch- oder Mehlbanane
rábano	Radieschen
remolacha	Rote Beete
tomate	Tomate
tomate de arbol	Baumtomate
yuca / casava	Maniok
zanahoria	Möhre

Getränke

agua	Wasser
agua mineral	Mineralwasser
agua, gaseosa	Softdrink (Coca-Cola etc.)
aguardiente	Zuckerrohrschnaps
atól	Heißgetränk aus Mais oder Reis, mit Zucker und Zimt
café con leche	Milchkaffee
café negro	schwarzer Kaffee
caldo de frutas	Rumtopf mit Früchten aus Salcajá (Nähe Quetzaltenango)
cerveza	Bier
... del barril	... vom Fass
chicha	lokal gebrauter Alkohol aus vergärten Früchten
chocolate caliente	heißer Kakao (meist mit Wasser zubereitet)
cuba libre	Coca-Cola mit Zuckerrohrschnaps
cusha	illegal gebrannter Schnaps
horchata	süßes Reiswasser mit Zimt
jugo	Fruchtsaft
licuado	Fruchtsaft mit Milch oder Wasser
pinol	mit Wasser aufgekochter, gerösteter Mais, mit Rohrzucker versüßt
ponche de frutas (con piquete)	Fruchtpunsch, der zur Weihnachtszeit getrunken wird (mit einem Schuss Zuckerrohrschnaps)
refresco	dünnes Erfrischungsgetränk aus kaltem Früchtetee oder -sirup
rompopo	Eierlikör aus Salcajá
ron	Rum
tascalate	Getränk aus Reis und Schokolade
té	Tee
vino	Wein

Gewürze, Kräuter, Essig, Öl

aceite	Öl
aceitunas	Oliven
achiote	Orleansbaum (Gewürz zum Einfärben von Speisen)
ajo	Knoblauch
albahaca	Basilikum
canela	Zimt
cardamomo	Kardamom
culantro	Koriander
hierbabuena	Pfefferminz
manzanilla	Kamille
perejil	Petersilie
pimienta	Pfeffer
pimienta española	Paprikagewürz
pimienta gorda	Nelkenpfeffer
sal	Salz
vinagre	Essig

Nachtisch und Süßes

arroz en leche	Milchreis
azúcar	Zucker
borrachos	Kuchen in Alkohol
buñuelos	süße Teigkugeln mit Honig
champurradas	Sesamkekse
chicle	Kaugummi
ensalada de frutas	Obstsalat
flan	Karamellpudding
galletas	Kekse
helado	Speiseeis
manjar blanco	eine Art Karamellspeise
miel	Honig
panqueques	Pfannkuchen
pastel	Kuchen
plátanos en mole	Kochbananen in würziger Schokoladensoße

Obst

anona	Anone / Zimtapfel
banano	Banane
cacao	Kakao
carambola	Sternfrucht
cereza	Kirsche

chicozapote	kleine Breiapfelfrucht
ciruela	kleine Pflaumenart
coco	Kokosnuss
durazno	Pfirsich
frambuesa	Himbeere
fresa	Erdbeere
granadilla	Passionsfrucht
guanabana	Riesenanone
guayaba	Guave
higo	Feige
jocote	Jocote-Pflaume
limón	Limone
macadamia	Macadamianuss
mango	Mango
manzana	Apfel
marañon	Kaschufrucht (Cashewnuss)
melón	Honigmelone
mora	Brombeere
naranja	Orange
níspero	Mispelfrucht
pan de arbol	Brotfrucht
papaya	Papaya
pera	Birne
perote	Birnenapfel
piña	Ananas
pitaya	Kaktusfrucht
sandia	Wassermelone
tamarindo	Tamarinde
toronja	Grapefruit
tuna	Kaktusfrucht
uva	Weintraube
zapote	Breiapfelfrucht

Spezialitäten

albóndigas Fleischklöße

bacalao Dorsch in Anchovi-, Oliven-, Tomatensoße (nur freitags während der Fastenzeit)

ceviche roher Fisch, Garnelen oder Muscheln in einer Limonen-Zwiebel-Marinade

chile rellenos mit Hackfleisch gefüllte Paprika

chirmol Tomatensoße, mit Zwiebeln, Limone, Knoblauch, Koriander oder Minze gewürzt

ejote grüne Bohnen mit Ei paniert

empanadas gefüllte Teigtaschen (süß oder pikant)

enchilada gerollte, weiche Tortilla mit Hähnchen- oder Fleischfüllung

fiambre riesengroßer Salat mit über 40 Zutaten, Fleisch, Würsten und Meeresfrüchten (nur an Allerheiligen, 1. November)

frijoles schwarze Bohnen: als Mus *(frijoles volteados)* oder ganz serviert *(frijoles parados)*

guacamole Avocadopüree

kak'ik würzige Truthahnsuppe (vorwiegend Provinz Alta Verapaz)

pacaya Gemüse der Pacaya-Palme, mit Ei paniert

paches eine Art Tamal (s. u.) aus Kartoffeln mit oder ohne Chili

pepián de pollo Hühnchen in einer dunklen, aromatischen Soße aus über 10 Zutaten

sopa de frijoles negros schwarze Bohnensuppe mit Zwiebeln, Knoblauch und Kräutern

taco knusprige Tortilla mit geschnetzeltem Fleisch und etwas Salat

tamal gekochter und mit Huhn oder Truthahn gefüllter Maiskloß

tapado Meeresfrüchteeintopf mit Kokosmilch (nur an der Küste)

tortillas aus Maisteig hergestellte, kurz über dem Feuer gebackene Fladen, die zu jeder Mahlzeit gehören

Suppen

caldo	(Rind-)Fleischbrühe
consomé	Hühnerbrühe
cremas	Tütensuppen
sancocho	Fleischeintopf
sopa de …	…-Suppe
arroz / fideos / lentejas / tomate / verduras	Reis- / Nudel- / Linsen- / Tomaten- / Gemüse-

Zubereitung

a la parilla	gegrillt
al ajillo	in Knoblauch gebraten
al horno	gebacken
asado, frito	gebraten
bien cocido	Fleisch: gut durch
cocido / crudo	gekocht / roh
empanizado	paniert
picante	scharf
rico, sabroso, delicioso	lecker, schmackhaft
salado	versalzen
termino medio	Fleisch: medium

Glossar

Adobe luftgetrocknete Lehmziegel, die zum Hausbau dienen, oft mit Stroh vermischt

Aguardiente starker Alkohol, der aus Zuckerrohr destilliert wird

Aguas übergeordneter Begriff für alle Softdrinks (Coca-Cola, Pepsi, Sprite etc.)

Alcalde Bürgermeister

Amate mexikanischer Feigenbaum *(Ficus spp.)*, die getrocknete Rinde diente den Maya als Papier

Aldea kleine Siedlung, Dorf

Altiplano Hochland Guatemalas

Atole beliebtes warmes Getränk mit prähispanischer Tradition, das oft aus Maismehl, Zucker, Salz und etwas Milch hergestellt wird

Ayudante Gehilfe des Busfahrers, der das Geld einsammelt und das Fahrziel ausruft

Azulejo glasierte Zierkachel

Balneario Badeanstalt

Barranco Schlucht

Barrio Stadtviertel, Häuserblock

Barrio marginado Slumviertel

Boca Costa immergrüne Vegetationszone (Höhenangabe!) zwischen der Vulkankette im Osten und der Pazifikebene im Westen, Hauptkaffeeanbaugebiet des Landes

Brujo wörtlich: Hexer, Schamane, Maya-Priester, der auch die dunkle Seite der Magie beherrscht

Cabecera Provinzhauptstadt

Cacique Anführer, Stammeschef

Campesino Kleinbauer

Camioneta 2.-Klasse-Bus

Cantina keine Kantine, in der man Mittagessen bekommt, sondern eine Art Bar, in der heftig getrunken wird

Caracol Meeresschnecke *(Strombus giga)*, Blasinstrument, das auch zur Übermittlung von Nachrichten diente

Cayuco Einbaum, Kanu

Chapín Spitzname der Guatemalteken, der auf der Figur Juan Chapín aus dem Roman *Un viaje al otro mundo* von Jose Millá (1822–82) basiert

Ceiba Nationalbaum Guatemalas *(Ceiba petandra)*, gehört zur Gattung der Wollbaumgewächse

Chac Regengott der Maya

Champa einfache Wellblechhütte

Chicle Kaugummirohstoff aus dem Saft des Chicozapote-Baums *(Manilkara achras)*

Chujkajau Schamane

Cofradía religiöse, hierarchisch aufgebaute Bruderschaft, die über einen bestimmten Heiligen wacht. Dabei verschmelzen christliche und heidnische Praktiken. Die C. hat auch Einfluss im zivilen Bereich.

Comal runde Platte aus Ton oder Metall, auf der Tortillas gebacken werden

Comedor einfaches Esslokal, meist ohne Speisekarte

Conquista Eroberung Amerikas durch die Spanier

Costumbre Traditionen und Rituale der Hochland-Indianer mit religiös-kultureller Bedeutung

Departamento Provinz

Don, Doña intimere, respektvollere Anrede für Herr bzw. Frau

Encomienda durch die spanische Krone an verdiente Eroberer erteiltes Recht, in einem festgelegten Gebiet frei über die indianischen Arbeitskräfte zu verfügen und von diesen Tribute einfordern zu können. Im Gegenzug war der *encomendero,* der Besitzer dieses Rechts, verpflichtet, die ihm zugeteilten Indígenas zu zivilisieren und christianisieren.

Finca großes Landgut

Garífuna Nachfahren karibischer Indios und afrikanischer Sklaven. Sie wurden nach einer Revolte von der Insel St. James nach Roatán deportiert. Von dort verbreiteten sie sich an der Karibikküste von Belize bis Nicaragua. Sie selbst nennen sich Garinagu und nennen ihre eigene kreolische Sprache Garífuna

Glyphe Schriftzeichen der Maya in Bildform

Gringo allgemeine Bezeichnung für weißhäutige Ausländer, die nur selten als Beleidigung gebraucht wird

Ha'ab Sonnenjahr der Maya mit 365 Tagen

Hospedaje einfaches Hotel

Huipil traditionelle Bluse der Indígena-Frauen

Indígenas Bezeichnung für die Nachfahren der Maya in Guatemala

Indio, Indito abwertende Bezeichnung für die Nachfahren der Maya

I.V.A. Impuesto al Valor Agregado: guatemaltekische Mehrwertsteuer, zurzeit 12 %
Jaspe spezielle Färbetechnik der Indígenas, bei der bestimmte Stellen des Stoffes vor dem Eintauchen in das Färbebad abgebunden werden; somit ergibt sich ein Muster
Kopal Harz des Kopalbaumes, das als Weihrauch bei religiösen Handlungen verbrannt wird
Ladinos Mestizen, spanisch-indianische Mischlinge
Machete Buschmesser
Machismo, Macho übersteigertes Männlichkeitsgefühl, Mann mit diesem Gefühl
Marimba eine Art Xylophon, guatemaltekisches Nationalinstrument
Maximón in verschiedenen Hochlanddörfern verehrter Heiliger in Form einer Holzpuppe
Mecapal Stirngurt aus Leder, mit dem Lasten getragen werden
Metate Granitroller, um Maiskörner zu Maismasse zu verarbeiten
Milpa Maisfeld
Morería Produktions- sowie Verleihstätte von Kostümen und Masken für traditionelle Tänze
Municipio Gemeindebezirk, Landkreis
Nahual heiliger Schutzgeist der Indígenas in Form eines Tieres
Naturales andere Bezeichnung für Indígenas
Panela zu Klumpen gegossene Zuckerrohrmelasse, die als Zuckerersatz benutzt wird
Parque Central, Plaza Mayor das Zentrum in fast jedem Ort
Patio (Innen-) Hof
Patrón Chef, Arbeitgeber, Aufseher eines Großgrundbesitzers
Repartimiento von den Spaniern in der Kolonialzeit verwendetes Verteilungssystem von vorwiegend indianischen Arbeitskräften
Señor, Señora, Señorita Herr, Frau, Fräulein
Stele meist länglicher, frei stehender Stein, der an einer oder mehreren Seiten mit Darstellungen verziert ist
Tejido Webarbeit
Temascal indianisches Schwitzbad
Terrateniente Landbesitzer
Tienda Laden, kleines Geschäft
Típicas Oberbegriff für traditionelles Kunsthandwerk, das an Touristen verkauft wird
Traje traditionelle Bekleidung, Tracht
Tzolkin Wahrsagekalender der Maya mit einem Zyklus von 260 Tagen
URNG Unidad Revolucionaria Nacional Guatemalteca: ehemalige Dachorganisation der vier Guerillagruppen Guatemalas, nach dem Friedensschluss 1996 demontiert und in eine politische Partei verwandelt, die inzwischen aufgelöst wurde

Bücher

Sachbücher

Guatemala. Journalistische Streifzüge (Andreas Boueke, Horlemann 2006) In fünf Recherchejahren sind 16 interessante Reportagen zu gesellschaftspolitisch interessanten Themen entstanden, die u. a. von Maya-Kultur, Drogengewalt, Kaffeekrise, Kriegserinnerungen und dem Anbau von Weihnachtssternen handeln.

Erinnerungsarbeit und Vergangenheitspolitik in Guatemala (Anika Oettler, Schriftenreihe des Instituts für Iberoamerika-Kunde Hamburg, Bd. 60, Frankfurt 2004) Dissertation zu den zwei Berichten der Wahrheitskommissionen (Memorial del Silencio und Guatemala – nunca más) aus den 90er-Jahren. Die Autorin untersucht die Entstehung, Eigenart und Auswirkung der Dokumente.

Guatemala. Ein Land auf der Suche nach Frieden (versch. Hrsg., Brandes&Apsel/Südwind, 2. Auflage 2004) Sehr umfassender Blick hinter die Kulissen eines Landes, das versucht die Wunden eines 30-jährigen Bürgerkriegs zu schließen. Die meisten der Autoren haben in Guatemala gelebt und/oder in der Entwicklungszusammenarbeit bzw. Guatemala-Solidarität gearbeitet.

Guatemala. Der Krieg und die Kinder (verschiedene Autoren, Lamuv 2003) Das Deutsche Komitee des Kinderhilfswerks der Vereinten Nationen (Unicef) dokumentiert die systematische Verfolgung, Verschleppung und Ermordung von Kindern während des Bürgerkriegs in Guatemala.

Kampf der Kleinsten. Kinder in Lateinamerika. 21 Reportagen aus Guatemala (Andreas

Boueke, Horlemann 1998) Erschütternde Kinderschicksale aus einer Welt, die Kinder in Europa so nicht kennen.

Die Erben der Maya – Indianischer Aufbruch in Guatemala (Raimund Allebrand Hrsg., Horlemann 1997) Ein Muss für alle, die sich über die heutige Situation der Nachfahren der Maya informieren wollen. Zunächst wird die Geschichte und Kultur der Maya beleuchtet, dann der politische Aufbruch der indigenen Bevölkerung Guatemalas analysiert. Abgerundet wird das Buch mit dem Vortrag eines Maya-Intellektuellen, der für sein Volk politische Rechte einfordert.

Myrna und Helen (José Flores, Atlantik Verlag 1999) Auch heute noch kämpft Helen Mack vor guatemaltekischen Gerichten für die Verurteilung der Mörder ihrer Schwester Myrna, die den Militärs zum Opfer fiel.

Guatemala. Ende ohne Aufbruch, Aufbruch ohne Ende? (Fridolin Birk Hrsg., Vervuert 1995) Der Schwerpunkt der verschiedenen Beiträge zu Gesellschaftspolitik, Wirtschaft und Kultur in Guatemala liegt auf den Lebensumständen der indigenen Bevölkerung.

Die offenen Adern Lateinamerikas (Eduardo Galeano, Hammer 2009) Klassiker, der die Geschichte Lateinamerikas bis zur Gegenwart kritisch beleuchtet.

Aufstand der Kulturen – Konfliktregion Zentralamerika: Guatemala, El Salvador, Nicaragua (Leo Gabriel, dtv 1992) Strukturanalyse des Krisenherdes Zentralamerika, aufgelockert durch persönliche Erlebnisberichte.

Romane und Erzählungen

Die Henker des Friedens (Rodrigo Rey Sosa, Wagenbach 2003) Spannender Roman über die Folgen des guatemaltekischen Bürgerkriegs.

Die verlorene Rache (Rodrigo Rey Sosa, Zürich 2000) Thriller, der sich um die Entführung eines reichen guatemaltekischen Unternehmersohns dreht, der seinen Entführer viele Jahre später stellt.

Das Kind aus Guatemala. Geschichte einer Adoption (Hans-Uwe Jürgensen, Berlin 1998) Ein deutsches Paar muss einen Anwalt einschalten, bevor es ihm gelingt, das vorgesehene Adoptivkind in Guatemala zu finden und mit nach Deutschland zu nehmen.

Sturm (Miguel Angel Asturias, Lamuv 1993) Erster Teil der Bananentrilogie, in der Asturias die Machenschaften der United Fruit Company als Teil des US-amerikanischen Imperialismus in Guatemala beschreibt. Zu dieser Reihe gehören auch **Der grüne Papst** (2. Teil) und **Die Augen der Begrabenen** (3. Teil).

Die Maismenschen (Miguel Angel Asturias, Lamuv 1992) Mit dem von ihm eingeführten Stilmittel des „magischen Realismus" stellt Asturias den Konflikt zwischen der mystischen Welt der Maya-Nachfahren und den kapitalistischen Interessen der Großgrundbesitzer dar.

Weekend in Guatemala (Miguel Angel Asturias, Rotpunkt, Zürich 1988) In diesem Roman verarbeitet der Autor die tragischen Ereignisse des Jahres 1954, als der gewaltsame Sturz der Regierung Arbenz die aufblühende Demokratie in Guatemala beendete.

Maya

Maya. Gottkönige im Regenwald (Nikolai Grube, Ullmann/Tandem 2007) Populärwissenschaftliche, aber exakte und aktuelle Darstellung des bekannten Maya-Forschers Grube zum aktuellen Stand der Maya-Forschung mit einer gelungenen Mischung aus Bild und Text.

Guatemala, Belize, Honduras und El Salvador (Wolfgang Gockel, Frank Herrmann, DuMont Kunstreiseführer, 2006) Der Schwerpunkt des Buches liegt auf Guatemala und seinen Maya-Stätten.

Maya-Textilien aus Guatemala (Peter R. Gerber, Gitta Hassler, Stuttgart 2006) Einziges aktuelles deutschsprachiges Werk, das sich mit den Textilien der Maya befasst.

Die Maya. Weber der Zeit, Spieler des Universums (Magda Wimmer, Goldmann 2000) Wird im ersten Teil des Buches auf die mythologische Vorstellungswelt, die Geschichte sowie Prophezeiungen und Spiritualität der Maya eingegangen, so befasst sich der zweite Teil mit praktischen Informationen zum Kalendersystem. Mit einem Vorwort von Rigoberta Menchú Tum.

Der heilige Kalender der Maya (Pietro Bandini, Heyne 1998) Ausführliche Erklärung der verschiedenen Kalendersysteme, der Bedeutung der Glyphen für Tage, Monate usw. und der Zusammenhänge zwischen Kalender und Mythologie bei den Maya.

Das Geheimnis der Maya-Schrift. Ein Code wird entschlüsselt (Michael D. Coe, Hamburg 1997) Spannend und gleichzeitig unterhaltsam rollt der Autor die lange Suche nach der Decodierung der Maya-Zeichen auf.

Die Maya. Geschichte, Kultur, Religion (Berthold Riese, C.H. Beck 2006) Kompakte Einführung zum Thema Maya im praktischen Reiseformat.

Die Welt der Maya (Geo Special Nr. 5/Oktober 1993) Guter Einstieg in das Leben der Maya von damals und ihrer Nachfahren von heute mit sehenswerten Fotos.

Die unbekannte Welt der Maya. Das Geheimnis ihrer Kultur entschlüsselt (Linda Schele, David Freidel, München 1999) Wenn die beiden ultimativen Maya-Experten ihre neuesten Forschungsergebnisse veröffentlichen, dann werden Zusammenhänge deutlich, und es wird die mysteriöse Vergangenheit der Maya lebendig.

Welt und Umwelt der Maya. Aufstieg und Untergang einer Hochkultur (Herbert Wilhelmy, München 1993). Der Autor befasst sich mit den Umständen, die den Maya ein Leben im Tiefland ermöglichten, und analysiert unterschiedliche Ursachen für den Zusammenbruch ihrer Kultur.

Chactun – Die Götter der Maya (Christian Rätsch Hrsg., Eugen Diederichs Verlag 1998) Einführung in die Kosmologie und die Götterwelt der Maya.

Rigoberta Menchú

Enkelin der Maya (Rigoberta Menchú, Lamuv 1999) Autobiografisches Werk der Friedensnobelpreisträgerin.

Das Mädchen aus Chimel (Rigoberta Menchú, Peter Hammer Verlag 2007) Die Friedensnobelpreisträgerin erzählt von ihren Kinderjahren im kleinen Weiler Chimel.

Leben in Guatemala (Rigoberta Menchú, Lamuv 1998) Der 1983 im Original erschienene Bericht stammt aus einem Interview der Quiché-Indígena mit der venezolanischen Autorin Elisabeth Burgos-Debray. Darin erzählt Menchú von ihrem Leben, von Traditionen, harter Arbeit und den leidvollen Erfahrungen während des Bürgerkriegs. Pflichtlektüre für Guatemala-Besucher.

Klage der Erde – der Kampf der Campesinos in Guatemala (Rigoberta Menchú, Lamuv 1996) Geschichte der Bauerngewerkschaft CUC, deren Vorsitzende die Autorin 1993 war.

Märchen, Erzählungen und Legenden

Legenden der Maya (Antonio Medíz Bolio, manesse im dtv 1997) Ein Maya-Nachfahre erzählt sieben alte Geschichten aus Yucatán.

Der Zwergenkönig von Uxmal – Im Märchenland der Maya (Hans Siwik, Susanne Schwarz, Herder 1994) Zehn wunderschöne Maya-Märchen, versehen mit stimmungsvollen Fotografien.

Legenden aus Guatemala (Miguel Angel Asturias, Suhrkamp 1973) Ein Klassiker des guatemaltekischen Literaturnobelpreisträgers.

Historische Berichte

Kurzgefasster Bericht von der Verwüstung der Westindischen Länder (Bartolomé de las Casas, M. Sievernich, U. Kunzmann Hrsg., Insel Verlag 2005) Deutsche Übersetzung des Berichts de la Casas' an die spanische Krone aus dem 16. Jh. Darin beschreibt der Dominikanermönch schonungslos die schlechte Behandlung der Ureinwohner Amerikas durch die spanischen Eroberer während der Kolonialzeit.

Bericht aus Yucatán (Diego de Landa, Reclam 2007) Der Franziskanermönch schrieb diesen Bericht im Jahr 1566, nachdem er selbst angeordnet hatte, alle Schriftstücke der Maya zu verbrennen.

Incidents of Travel in Central America, Chiapas and Yucatan, Vol. I+II (John Lloyd Stephens, Dover Publications, New York 1969, Original 1841) Reisebuchklassiker des 19. Jhs. mit fantastischen Zeichnungen von Frederick Catherwood.

Natur

Annotated Checklist of the Birds of Guatemala (Knut Eisermann, Claudia Avendaño, Lynx Edicions 2007) Ein sehr umfangreicher englisch/spanischer Vogelführer mit einer Checkliste aller 725 in Guatemala registrierten Vogelarten.

Farbatlas Tropenpflanzen. Zier- und Nutzpflanzen (Andreas Bärtels, Ulmer 2002) Die wichtigsten Tropenpflanzen werden mit Kurzsteckbrief und Foto vorgestellt.

Zum Beispiel „Kaffee" (Günter Neuberger u. a., Lamuv 1999) Ein lehrreicher Blick hinter die Kulissen des wichtigsten traditionellen Anbauprodukts Guatemalas.

Quetzal (Thor Janson, Editorial Artemis Edinter 1992) Der Nationalvogel Guatemalas, dargestellt in vielen schönen Fotos (in Guatemala erhältlich).

The Birds of Tikal (Frank B. Smithe, Natural History Press 1966) Sehr ausführlicher und gut illustrierter Vogelführer (in Guatemala erhältlich).

Bildband

A Mayan Struggle. Portrait of a Guatemalan People in Danger (Vince Heptig, mit einem Vorwort von Rigoberta Menchú Tum, Maya Media Publishing, Fort Worth, Texas, USA 1997) Eindrucksvolle Bilder aus dem Leben der Maya-Nachfahren und des Bürgerkriegs (erhältlich in Guatemala).

Info-Zeitschriften

¡Fíjate!, s. S. 51
ila, s. S. 52

Videos

Bis auf „Die Tochter des Puma" sind alle nachfolgend erwähnten Videos über autofocus in Berlin zu beziehen, 💻 www.videowerkstatt.de.

Die Zivilisationsbringer. Deutschtum in Guatemala (Regie: Uli Stelzner und Thomas Walther, 1997) Sehenswerter Dokumentarfilm mit vielen Interviews über die zwiespältige Geschichte und Rolle der Deutschen in Guatemala.

Romper el cerco. Flüchtlinge eines verdeckten Krieges (Regie: Uli Stelzner und Thomas Walther, 1994) Film über Opfer, Flüchtlinge und Verfolgte des guatemaltekischen Bürgerkriegs.

Die Tochter des Puma (Regie: Ulf Hultberg, Kinder- und Jugendfilmzentrum in Deutschland, Mainz 1994) Dokumentarischer Spielfilm, dessen Geschichte auf dem Massaker beruht, das guatemaltekische Regierungstruppen im Juli 1982 auf dem Landgut San Francisco in der Provinz Huehuetenango verübten.

Ojalá. Hoffnung auf ein neues Land (Regie: Uli Stelzner und Thomas Walther, 1992) Der Dokumentarfilm beschreibt das Leben guatemaltekischer Bauern in mexikanischen Flüchtlingslagern und ihre Hoffnung auf Rückkehr in ihr Heimatland.

Reisemedizin zum Nachschlagen

Aids

Die Immunschwächekrankheit Aids (in Lateinamerika SIDA genannt) hat auch vor den Toren der konservativen und religiösen Gesellschaft Guatemalas nicht Halt gemacht. Im Vergleich zu Afrika und Asien sind die Zahlen jedoch (noch) relativ niedrig. Im Jahr 2010 registrierte das Nationale Zentrum der Epidemologie im gesamten Land 19 856 Aids-Infizierte. Die Vereinigung für Forschung, Entwicklung und Integrale Bildung (IDEI) spricht von mehr als 70 000 Aids-Fällen und die Panamerikanische Gesundheitsorganisation, eine Abteilung der Weltgesundheitsbehörde (WHO), geht von noch höheren Zahlen aus.

Die meisten Infizierten werden in der Hauptstadt und an den Grenzen zu Mexiko sowie Honduras registriert. Besorgniserregend ist die Zunahme von Aids-Fällen in Departamentos mit mehrheitlich indigener Bevölkerung, die unter anderem auf die soziale und wirtschaftliche Ungleichheit im Land und die fehlende Gesundheitsversorgung zurückzuführen sind.

Aufklärung und Prävention hinken den steigenden Infiziertenzahlen hinterher. Ein Kondom zu benutzen wird als unmännlich betrachtet, und breite Bevölkerungsschichten können sich diese Art von „Luxus" ohnehin nicht leisten. Prostitution ist zwar offiziell verboten, wird aber geduldet und ist vor allem in der Hauptstadt anzutreffen. Interessant ist der Zusammenhang zwischen Bildung und Aids. Während die Zahl der Aids-Infizierten bei Universitätsabsolventen unter 1 % lag, betrug sie bei Analphabeten mehr als 31 %.

Cholera

Die von starken Durchfällen begleitete Darminfektion tritt vor allem in dicht besiedelten Gebieten unter unhygienischen Bedingungen auf und wird meist von unreinem Trinkwasser ausgelöst. Die existierenden Impfstoffe sind in ihrer Wirkung umstritten und führen nicht selten zu unerwünschten Nebenwirkungen. Touristen kommen mit Cholera-Erregern nur unter extremen Bedingungen in Berührung. Cholera ist eine Krankheit der Armen, denen das Geld für eine medizinische Behandlung fehlt.

Wer sich dennoch infiziert, sollte darauf achten, den enormen Flüssigkeitsverlust aufgrund der ständigen Darmentleerungen aufzufangen (s. auch Durchfallerkrankungen) und so schnell wie möglich einen Arzt aufzusuchen.

Dengue-Fieber

Die von einer Mücke übertragene Viruskrankheit ist in Mittelamerika wieder auf dem Vormarsch. In Guatemala gibt es indes nur vereinzelte Fälle, die vor allem in tiefer gelegenen Gebieten während der Regenzeit auftreten. Symptome sind plötzliche starke Fieberanfälle, Kopf- und Muskelschmerzen. Nach drei bis fünf Tagen breitet sich ein Hautausschlag über den ganzen Körper aus. Während eine Erstinfektion in der Regel glimpflich verläuft und nach ein bis zwei Wochen abklingt, kann eine erneute Infektion gesundheitliche Komplikationen (u. a. innere und äußere Blutungen) mit sich bringen. Es gibt keine Impfung oder spezielle Behandlung. Schmerztabletten, fiebersenkende Mittel und kalte Wadenwickel lindern die Symptome. Wie bei der Malaria sind ein Moskitonetz und der Schutz vor Mückenstichen (entsprechende Kleidung und Mückenspray) die beste Vorsorge.

Durchfallerkrankungen

So gut wie niemand bleibt bei einem Mittelamerika-Aufenthalt von Montezumas Rache oder turista, wie der Reisedurchfall auch scherzhaft genannt wird, verschont. Ursachen für den Durchfall sind oftmals verdorbene oder rohe Lebensmittel, ungeschältes Obst, Salate, unreines Trinkwasser sowie Eiscreme. Aber bereits ein Klimawechsel kann bei sensiblen Verdauungsorganen zu Störungen führen. Statt gleich panisch zu reagieren, ist es ratsam, ein paar Tage abzuwarten, sich etwas Ruhe zu gönnen und viel zu trinken. Meistens beruhigt sich der Darmtrakt dann wieder.

Ohne schädliche Nebenwirkungen hilft Perenterol (Naturhefe). Vor längeren Fahrten und nur in absoluten Notfällen sollte auf Imodium (Loperamid) zurückgegriffen werden. Dieses Mittel legt die Darmtätigkeit lahm, bekämpft aber nur die Symptome. Wenn nach mehreren Tagen keine Besserung eingetreten ist oder sich Blut im Stuhl

Elektrolyt-Lösung selbst mischen

Bevor man zu Mitteln aus der Apotheke (z. B. Elotrans) greift, kann man sich eine Elektrolyt-Lösung, die verlorene Flüssigkeit und Salze ergänzt, selber herstellen. Man mische 1 l Wasser oder Fruchtsaft, 4 Teelöffel Zucker und 1/2 Teelöffel Salz. Dazu sollte man sich auf Reis, Bananen und Schwarzen Tee beschränken.

zeigt, sollte ein Arzt aufgesucht werden. Denn dann könnte es sich um eine bakterielle Infektion oder eine Amöben-**Ruhr** (Dysenterie) handeln.

Gegen **Verstopfungen** hilft der Verzehr von frischem Obst. Ideal sind z. B. Ananas, Avocados oder eine Portion Papaya (mit Kernen).

Erkältungen

Neben Durchfall immer noch eine der häufigsten Krankheiten in den Tropen. Meist entstehen Erkältungen durch plötzliche Temperaturwechsel, verursacht durch Klimaanlagen, Zugluft und durch starke Höhenunterschiede. Empfehlung: immer ein paar trockene Kleidungsstücke zum Wechseln greifbar haben.

Gelbsucht (Hepatitis)

Hepatitis A ist eine Vireninfektion, meist hervorgerufen durch mit Fäkalien verunreinigte Lebensmittel. Die Inkubationszeit beträgt ca. vier Wochen, nach denen sich die Krankheit durch allgemeines Unwohlsein (Übelkeit, Erbrechen, Fieber etc.) bemerkbar macht. Wenige Tage später färben sich Augäpfel und Haut gelb, der Urin dunkel und der Stuhlgang hell. Wer befürchtet, an Hepatitis A erkrankt zu sein, sollte einen Bluttest in einem Labor machen lassen. Da die Krankheit in der Regel nach weiteren zwei bis vier Wochen abklingt, sollte man dem Körper viel Ruhe gönnen und Alkoholgenuss bis sechs Monate nach Abklingen der Symptome absolut vermeiden. In schweren Fällen ist ein Arztbesuch bzw. Krankenhausaufenthalt notwendig. Als Vorbeugung ist eine Immunisierung durch Impfung empfehlenswert. Sie garantiert einen Langzeitschutz für bis zu zehn Jahre. Durchaus sinnvoll ist ein Antikörpertest, um festzustellen, ob Impfen überhaupt notwendig ist.

Wesentlich gefährlicher ist **Hepatitis B**, die durch Blut, Speichel oder Geschlechtsverkehr übertragen wird. Der Krankheitsverlauf ist ähnlich wie bei der Hepatitis A, dauert jedoch länger. Wenn man sich wie vor einer Infizierung durch das HIV-Virus schützt, gibt es kaum Ansteckungsgefahr. Gefährdete Personen (z. B. medizinisches Personal) können sich mit einem speziellen Impfstoff immunisieren. Weitere Hepatitis-Formen (C, D, E, G) kommen nur sehr selten vor.

Höhenkrankheit

Sie ist in Guatemala eigentlich nur für die Besteiger von Vulkanen ein Thema. Ab 2000 m können jedoch erste Anzeichen an Höhenbeschwerden auftreten, die sich ab Höhen von 3000 m häufen. Kopfschmerzen, Schwindel, Atemnot, Übelkeit, Schlafstörungen etc. sind die Symptome als Folge der Sauerstoffverarmung des Blutes. Bei anhaltenden Beschwerden ist der Abstieg auf eine niedrigere Höhe unumgänglich. Weitere Tipps: viel Flüssigkeit zu sich nehmen, Alkohol vermeiden und eventuell leichte Schmerzmittel nehmen.

Kinderlähmung (Polio)

Der irreführende Name wiegt viele Erwachsene in einer trügerischen Sicherheit, denn auch als Erwachsener kann man sich mit Polio anstecken. Ähnlich wie bei Tetanus sollte die Immunisierung alle zehn Jahre per Schluckimpfung aufgefrischt werden. In Erprobung sind Injektionsimpfstoffe, die als Kombinationspräparate mit Diphterie und Tetanus angeboten werden.

Malaria

In Guatemala ist keine Malariaprophylaxe vorgeschrieben. In den Regionen folgender Provinzen, die **unter 1500 m** liegen, existiert ein **mittleres Malariarisiko**: Huehuetenango, Petén, und Quiché. Im pazifischen und karibischen Tiefland existiert ein geringes Risiko. Im Hochland ab Höhenlagen von ca. 1500 m gibt es keine Malaria mehr.

Die gefährlichste Malariaform, die Malaria tropica, die vom Erreger Plasmodium falsiparum übertragen wird, kommt in Guatemala nur äußerst selten vor. Um sich vor dem Weibchen der Anopheles-Mücke zu schützen, das den Parasit überträgt, empfehlen sich folgende Maßnahmen: Ab Einbruch der Dämmerung bis zum Morgengrauen – dann sticht die nachtaktive Mücke –

schützen helle Kleidung, langärmelige Hemden, lange Hosen, engmaschige Socken und ein Mücken abweisendes Mittel. Sinnvoll ist außerdem in gefährdeten Gebieten ein großes, lückenlos dichtes Moskitonetz über dem Bett, falls der Schlafraum nicht mückendicht ist (Löcher mit Klebeband abdichten!). Auch der Einsatz von Räucherspiralen mindert das Risiko.

In den gefährdeten Gebieten wird zudem eine Malariaprophylaxe mit Chloroquin (Resochin) empfohlen. Diese wirkt jedoch nur, wenn es regelmäßig eingenommen wird: Beginn eine Woche vor der Reise und Einnahme der Tabletten bis vier Wochen nach der Ausreise aus dem gefährdeten Gebiet.

Wer sich dennoch infiziert hat, aber keinen Arzt in der Nähe findet, kann Resochin als Stand-by-Mittel nehmen. Als alternatives Stand-by-Mittel empfiehlt sich auch Mefloquin (Lariam), obwohl die Nebenwirkungen deutlich stärker sind. Die Dosierung ist vorher mit einem Facharzt abzusprechen, da sie von verschiedenen Faktoren, wie z. B. Körpergewicht und Alter, abhängig ist.

Nach der Rückkehr können ungeklärte Symptome wie Fieber und Kopfschmerzen auch noch sechs bis zwölf Monate später auf eine Erkrankung durch Malaria hindeuten. Dem Arzt vom Tropenaufenthalt berichten und einen Bluttest machen lassen!

Pilzinfektionen

Frauen sind im tropischen Klima häufiger von Pilzerkrankungen betroffen. Vor Reiseantritt sollten sie sich daher die entsprechenden Medikamente verschreiben lassen. Creme oder Kapseln sind hierbei Zäpfchen vorzuziehen, da Letztere bei der Hitze schmelzen. Stehende Gewässer, warme Quellen sowie ungepflegte Swimmingpools meiden!

Schlangen- oder Skorpionbiss

Schlangen kommen in fast allen Gebieten Mittelamerikas vor. Die größte Artenzahl befindet sich im tropischen Regenwald. Da es nur wenige giftige Arten gibt und Schlangen im Allgemeinen scheue Tiere sind, kommen Bisse selten vor. Meist beißen die Tiere in reiner Notwehr oder aber um ihren Nachwuchs zu verteidigen.

Die gefährlichste Schlange Guatemalas ist die bräunliche, bis zu 2 m lange **Lanzenotter** (Barba amarilla), eine Vipernart, die ein Eiweiß zersetzendes Gift absondert. Sie ist an ihrem pfeilartig geformten Kopf sowie rautenmusterartigen Körperrücken zu erkennen.

Erste Regel bei einem Biss ist: Ruhe bewahren und sich das Aussehen der Schlange merken. Die betroffene Stelle sollte sofort oberhalb der Bissstelle abgebunden werden, muss aber alle 10–15 Minuten etwas gelockert werden. Falls in 15–30 Minuten kein Arzt/Krankenhaus erreicht werden kann, sollte der Körperteil mit der Bissstelle nicht mehr bewegt werden. Wichtig ist, viel Flüssigkeit aufzunehmen und Alkohol zu meiden. Von Auf-, Ausschneiden oder Aussaugen der Bisswunde (vor allem mit dem Mund) ist abzuraten.

Bei Touren im Regenwald, in hohem Schilfgras und Ruinenstätten sollte hohes, festes Schuhwerk getragen werden. Ein Stock kann nützliche Dienste leisten. Schuhe sollten vor dem Anziehen ausgeschüttelt und überprüft werden, da Schlangen gern in ihnen übernachten.

Skorpione sind vor allem in der Gegend des Atitlán-Sees verbreitet. Sie sind schwarz, bis zu 5 cm groß und zählen zu den harmloseren Vertretern ihrer Art. Ein Stich ist zwar äußerst schmerzhaft, aber nicht lebensbedrohlich. Vorsicht ist beim wesentlich seltener anzutreffenden weißen Skorpion geboten. Er ist um einiges größer als sein Verwandter vom Atitlán-See und sein Biss kann zu Lähmungserscheinungen und bei kleinen Kindern sogar zum Tod führen. Wer gebissen wurde, sollte sich nicht bewegen, viel trinken und einen Arzt rufen. Kleidung und Schuhwerk vor dem Anziehen ausschütteln bzw. überprüfen.

Sonnenbrand und Hitze

Oftmals werden die Auswirkungen der tropischen Sonne unterschätzt. Wegen des steileren Strahleneinfalls und der geringeren atmosphärischen Filterung ist die Tropensonne viel intensiver als in unseren Breitengraden. Wer ein paar einfache Maßnahmen beherzigt, kann jedoch mit gesunder Haut aus dem Urlaub zurückkehren. Dazu gehört es, sich langsam an die starke Sonne zu gewöhnen, sich wenn möglich im Schatten aufzuhalten und eine Schutzcreme aufzutragen. Besonders stark ist die Strahlung im Hochland, am Wasser und während der Mittagsstunden.

Eine der Hauptursachen für Unwohlsein während einer Auslandsreise ist in den meisten Fällen Flüssigkeitsmangel. Durch die neuen Eindrücke abgelenkt, vergessen viele Reisende, genügend zu trinken. Hinzu kommt, dass der Körper in tropischen Gegenden mehr schwitzt und daher mehr Flüssigkeit und Mineralien benötigt. Regelmäßiges Trinken ist daher unerlässlich.

Typhus/Paratyphus

Die Symptome dieser bakteriellen Darminfektion, die durch eine Salmonellenart verursacht wird, sind mehrere Tage andauerndes hohes Fieber sowie Kopf- und Gelenkschmerzen. Eine Immunisierung ist bei Reisen in Länder mit einem niedrigen Hygienestandard zu erwägen. Neue Impfstoffe, die oral eingenommen oder als Injektion verabreicht werden, haben eine Wirkungsdauer von ca. drei Jahren. Zur Polio-Schluckimpfung ist ein Abstand von zwei Wochen einzuhalten. Die Impfung sollte ca. zehn Tage vor Reisebeginn abgeschlossen sein, da ein Abstand von drei Tagen zur Malariaprophylaxe eingehalten werden sollte.

Wundstarrkrampf (Tetanus)

Da eine Verletzungsgefahr nie auszuschließen ist, sollte man in seinem Impfpass nachschauen und ggf. seinen Tetanusschutz aktualisieren. Nach einer Grundimmunisierung, die durch zwei Impfungen in ca. vierwöchigem Abstand erfolgt, genügt eine Auffrischung alle zehn Jahre.

Index

A

Acatenango 228
Acul 316, 331
Affen 88
Afrokariben 420
Agave 315
Agua, Vulkan 228
Agua Blanca 458
Agua Caliente 445
Agua Escondida 277
Aguacatán 321
Aguateca 372
Ah Cacau 395
Ah Puch 158
Aids 496
Aktivitäten 59
Alkohol 41
Almolonga 293
Altar de los Sacrificios 373
Alta Verapaz 343
Alvarado, Gonzalo de 312
Alvarado, Pedro de 108, 200, 235
Álvarez Ovalle, Rafael 232
Amatitlán-See 192
Amphibien 92
Anguiatú 443
Anreise 34
Antigua 3, 199
  Essen 214
  Geschichte 200
  Informationen 222
  Kolonialgebäude 209
  Orientierung 203
  Osterprozessionen 3, 202
  Parque Central 204
  Sakralbauten 205
  Transport 224
  Übernachtung 210
  Unterhaltung 216
Apartments 73
Apotheken 50
Arana, Francisco Javier 115
Arana Osorio, Carlos 117
Arbeiten 54
Arbenz, Jacobo 115
Archäologische Fundstätten 23, *siehe auch* Ausgrabungsstätten
Arévalo Bermejo, Juan José 115
Armas, Castillo 116
Armut 102
Arroyo de Piedra 373
Ärzte 51
Arzú, Alvaro 119
Asturias, Miguel Ángel 152, 170
Asunción Mita 462
Atitlán-See 6, 246
Atitlán, Vulkan 247, 272
Aufenthaltsverlängerung 79
Ausgrabungsstätten
  Aguateca 372
  Cancuén 360
  Copán 14, 451
  Dos Pilas 372
  El Ceibal 369
  El Mirador 385
  Iximché 235
  Kaminaljuyú 177
  Mixco Viejo 196
  Nakum 405
  Quiriguá 13, 432
  Q'umarkaaj 323
  Takalik Abaj 480
  Tikal 10, 391
  Topoxté 404
  Uaxactún 400
  Utatlán 323
  Yaxhá 402
  Zaculeu 311
Außenhandel 135
Autofahren 69
Ayarza 462

B

Baden 59
Baja Verapaz 337
Ballspiel 156
Bananen 131, 431, 432
Bananera 430
Banken 47
Barberena 462
Barillas 320
Baumarten, charakteristische 85
Behinderungen, Reisende mit 57
Belize 406
  Botschaft 80
Benzin 70
Berger, Oscar 121
Bethel 373
Betteln 75
Bevölkerung 101
Bildung 103
Biosphärenreservate 93
  Maya 368
  Sierra de las Minas 439
  Visis-Caba 332
Biotope, geschützte 95
  Biotopo del Quetzal 341
  Cerro Cahuí 388
  Chocón-Machacas 418
  El Zotz 387
  Monterrico-Hawaii 468
Bocas del Polochic 358
Bocas de Polochic 417
Bolívar, Simón 112
B'omb'il Pek 360
Boote 71
Botschaften 35
Braden, Spruille 116
Bücher 493
Bürgerkrieg 116, 122
Busse 66

C

Caan Chac 395
CACIF 126
Cahabón 356
Cakchiqueles 197, 200, 231, 235, 238, 249, 251, 270
Calakmul 106, 395
Camotán 446
Camping 73
Canal de Chiquimulilla 466
Canál Inglés 425
Cancuén 360
Canopy-Touren 60
Canté 405
Cantel 292
Canyon El Boquerón 415

Anhang

Caracol 106, 394
Cardenas 354
Carmelita 385
Carrera, Rafael 112
Casas, Bartolomé de las 359
Cascada de Plata 331
Castillo San Felipe de Lara 411
Cataño, Quirio 204, 444
Catherwood, Frederick 312, 324, 432, 454
Cayos Sapodilla 425
Cerezo Arévalo, Vinicio 118
Cerna, Vincente 113
Cerro Cahuí 388
Cerro de Oro 274
Cerro San Gil 429
Chac 158
Chagüitón 458
Chajul 332
Champerico 480
Chiantla 313
Chicabal 295
Chichén Itzá 108, 375
Chichicastenango 4, 238
Chickenbus 67
Chicle 389
Chicoj 353
Chilascó 340
Chimaltenango 231
Chinautla 198
Chiquimula 436, 441
Chiquimulilla 466
Chisec 358
Chixoy-Staudamm 345
Chixoy-Stausee 338, 340
Chocón-Machacas 418
Cholera 497
Chortí 447
Chortiz 316
Chulamar 473
Churriguera, José 205
Ciudad Pedro de Alvarado 462
Ciudad Vieja 227
Coatepeque 482
Cobán 347
Cofradías 143, 239
Cohunepalme 429
Colóm, Álvaro 121
Colomba 295
Colotenango 321
Comalapa 232
Comedores 39
Concepción 246
Concepción Chiquirichapa 294
Concepción Huista 320
Conquista 108
Copán 14, 451
Copán Ruinas 449
Corazón del Bosque 279
Corinto 428
Corozopalme 429
Cortés, Hernán 108, 375
Costa Sur 464
Cuatro Caminos 279, 306
Cubilhuitz 358
Cubulco 340
Cuchumatanes-Berge 307, 312, 316, 325
Cueva Chicoy 343
Cuevas de Candelaria 360
Cuilapa 461
Cuilco 321
Cunén 332
Curuchich, Andrés 232

D

Dengue-Fieber 497
Díaz, Carlos Enrique 116
Diebstähle 58
Diéguez Olaverri, Juan 313
Dolores 407
Dos Pilas 372
Drogen 59
Durchfallerkrankungen 497

E

Ehe 75
Einkaufen 36
Einladungen 75
Einreisebestimmungen 79, 80
Eisenbahn 71
El Caoba 388
El Carmen 299
El Ceibal 369
El Chal 407
El Estor 415
El Florido 446
El Hato 226
El Mirador 105, 385
El Naranjo 375
El Palmar Viejo 295
El Paraíso, Wasserfall 414
El Perú 388
El Porvenir 388
El Progreso 436, 440
El Rancho 440
El Relleno 411
El Remate 388
El Salvador 462
  Botschaft 80
El Tejar 232
El Zotz 387
Elektrizität 55
Empfohlene Reiserouten 25
En Tuj Xiolek 319
Enchanted Wings Butterfly Farm 457
Encomienda-System 109
Energie 133
Entfernungen 68
Entwicklungshilfe 138
Erdbeben 441
Erkältungen 498
Erziehung 103
Escuintla 472
Esquipulas 443
Essen 38
Estanzuela 440
Estero Lagarto 425
Estrada Cabrera, Manuel 113, 152
Ethnien 102
Evangelische Religionsgemeinschaften 155

F

Fahrräder 70
Fair Reisen 42
Familie 75
Fauna 84
Fax 66
Feiertage 43
Fernsehen 56
Feste 43
Fiestas 43, 144
Finca Bilbao 476
Finca El Baúl 476

Finca El Cisne 457
Finca Las Ilusiones 477
Finca Santa Isabel 457
Fische 92
Fledermäuse 355
Flora 84
Flores 375, 377
Flüge
Inlandsflüge 71
nach Guatemala 34
Fotografieren 76
Fotoversicherung 78
Franja Transversal del Norte 363
Frauen 45
Fray Bartolomé de las Casas 354
Freiwilligenarbeit 24
Fremdenverkehrsämter 51
Frontera Corozal 373
Fronteras 411
Fuego, Vulkan 229
Fuentes, Ydígoras 116

G

García Granados, Miguel 113
Garífuna 102, 419
Küche 40
Geburtsritual ch'up 345
Gehälter 136
Gelbsucht 498
Geld 45
Geldautomaten 46
Geldüberweisungen 47
Geografie 82
Gepäck 48, 49
Gepäckversicherung 78
Gerardi, Juan 120
Geschichte 105
Gesellschaft 102
Gesundheit 49
Gesundheitswesen 104
Gewerkschaften 136
Gewichte 55
Glossar 492
Godínez 236, 277
Gracias a Dios 320
Gringo 76
Grutas de Lanquín 355
Gualán 438
Guatemala-Stadt 163
El Torre del Reformador 172
Essen 180
Geschichte 168
Informationen 186
Kaminaljuyú 177
Nahverkehr 187
Orientierung 164
Transport 188
Übernachtung 177
Universidad San Carlos 176
Unterhaltung 182
Zone 1 (Centro histórico) 169
Zone 2 168
Zone 3 173
Zone 4 173
Zone 9 174
Zone 10 174
Zone 13 175
Zone 14 175
Guatemaltekische Küche 38
Guaytán 439

H

Handeln 37
Handys 65
Hawaii 472
Heiligenfeste 44
Hepatitis 498
Höhenkrankheit 498
Höhlenwandern 60
Homosexualität 51
Honduras 428, 446
Botschaft 80
Hotels 72
Huehuetenango 307
Huelga de Dolores 176
Hun Nal Ye 358
Hunger 103

I

Impfungen 49
Indígenas 102, 139
Küche 39
Kultur 139
Industrie 133
Informationen 51
im Internet 52
Ingenieros 364
INGUAT 137
Insekten 92
Instrumente 146
Internet 53
Ipala 458
Ipala, Vulkan 458
Isleta de Gaia 466
Iturbide, Augustín de 112
Itzá 375
Itzamná 158
Ixcán 363
Ixchel 158
Ixchiguán 299
Ixil-Dreieck 316, 325
Iximché 108, 235
Ixpaco-See 462
Ixtahuacán 321
Izabal 411
Izabal-See 12, 356, 411
Iztapa 473

J

Jacaltenango 320
Jaibalito 260
Jalapa 436, 459
Jobben 54
Jocotán 446
Jocotenango 226
Joyabaj 324
Jugendherbergen 73
Jutiapa 436, 461

K

Kabáh 108
Kaffee 38, 40, 130, 460
Touren 61
Kajaktouren 61
K'anb'a-Höhle 356
Kardamom 350
Katholizismus 153
Kaugummi 389
Kautschuk 389
Kekchí 345, 353, 363, 420
Kinder 54
Kinderarbeit 121
Kinderlähmung 498
Kleidung 76
Klima 30

Klimawandel 34
Kolonialherrschaft 108
Kolumbus, Christoph 108
Konsulate 35
Krankenhäuser 51
Kreditkarten 46
Kulinarisches Wörterbuch 489
Kultur 139
Kunsthandwerk 37, 148

L

La Amelia 373
La Catarata, Wasserfall 246
La Chorrera-Manchón Guachumal 482
La Democracia 474
La Empalizada 474
La Haciendita 299
La Libertad 375
La Mesilla 321
La Pelotada 387
La Tinta 358
La Torre 319
La Ventosa 314, 319
Labná 108
Ladinos 102, 139
  Küche 39
  Kultur 151
Laguna Ayarza 462
Laguna El Pino 462
Laguna Lachuá 9, 361
Laguna Magdalena 314
Laguna Petexbatún 371
Lagunas de Sepalau 360
Laj Chimel 333
Landívar, Rafael 209, 210
Landkarten 53
Landverteilung 128
Landwirtschaft 128, 130
Lanquín 355
Las Conchas 354
Las Lisas 466
Laugerud García, Kjell 117
Léon Carpio, Ramiro de 119
Literatur 152
Livingston 12, 418
Löhne 136
Los Albores 439
Los Chorros 459
Lucas García, Romeo 117

M

Macaw Mountain Bird Park 458
Mais 296
Malacatán 299
Malacatancito 306
Malaria 498
Maler, Teobert 370, 373, 374, 400, 403
Mam 281, 311
Manatis 419
Mangroven 472
Marimba 146
Mariscos 430
Märkte 147
Masken 144
Massaker von Xamán 361
Maße 55
Maudslay, Alfred 374, 433, 454
Maximón 230, 270, 294
Maya 102, 139, 296, 360, 366, 369, 386, 391, 407, 432, 451, 494
  Götter 157
  Kalendersystem 159
  Kultur 156
  Kultur, klassische Phase 105
  Postklassik 108
  Religion 143
  Schrift 161
  Sprachen 140, 142
  Trachten 149
  Weltbild 162
Mayapán 108
Mazatenango 478
MCCA 126
Medien 56
Medikamente 50
Medizinische Versorgung 50
Mejía Víctores, Oscar Humberto 118
Melchor de Mencos 405
Menchú Tum, Rigoberta 119, 121, 333, 495
Menschenrechts-verletzungen 122
Mesoamerika 108
Mexiko
  Grenze 299, 321, 364, 480
  Botschaft 79
Mietwagen 70
Mirador Cuchumatanes 7, 313
Mirador Santa Catarina 277
Mirador Santo Tomás 238
Mixco Viejo 108, 196
Mobiltelefone 65
Modesto Méndez 354
Momostenango 305
Monjas 460
Montenegro, Julio Cesar 117
Monterrico 16, 468
Monterrico-Hawaii 468
Morales 430
Morazán, Francisco 112
Motorräder 70
Motul de San José 378
Mountainbiken 61
Mucbilhá I 361
Musa, Khalil 121
Musik 146

N

Nachhaltiger Tourismus 138
Nahualá 279
Nahverkehr 72
Naj Tunich 407
Nakbé 386
Nakum 405
Naranjo 395, 405
Nationalparks 93
  Cuevas de Candelaria 360
  El Rosario 368
  Laguna Lachuá 9, 361
  Río Dulce 417
  Sipacate-Naranjo 474
  Tikal 10, 391
  Vulkan Pacaya 192
Naturpark Hun Nal Ye 358
Naturreservate, private 95
Naturschutz 93
Naturschutzgebiete 93
Nebaj 327
Nentón 320
Notrufnummern 65
Nueva Santa Rosa 462

Nueve Cerros Salinas 363
Nuevo Horizonte 407

O

Öffnungszeiten 57
Olintepeque 290
Omoa 428
Orchideen 348

P

Pacaya, Vulkan 2, 192
Pachalum 198
Pajal 354, 355
Palestina de los Altos 297
Palín 196
Panajachel 251
Panchoy-Tal 200
Panzós 358
Paragliding 61
Paratyphus 500
Parque Ecológico Volcán San Pedro 265
Parque Naciones Unidos 191
Parque Regional Municipal Cerro Chuiraxamolo 264
Parramos 229
Parteiensystem 124
Patzicía 236
Patzún 236
Pauahtuns 158
Paxté 405
Peralta Azurdia, Enrique 117
Perén, Oscar 232
Petén 366
Petén Itzá-See 9, 375, 377
Pflanzen 84
Pick-ups 69
Piedras Negras 374
Pilzinfektionen 499
Pipiles 464
Playa Dorada 430
Playa Grande 320, 364
Pokomam 197, 198
Polio 498
Polizei 59
Polochic-Tal 357
Pologuá 306
Ponce Viades, Juan Frederico 114
Popol Vuh 157, 238, 240
Poptún 407
Portillo, Alfonso 120
Post 57
Preise 32, 72
Presse 56
Puerto Barrios 425
Puerto Corté 428
Puerto San José 472
Punta de Manabique 425
Punta-Rock 420

Q

Quetzal 8, 341, 342, 358
Quetzaltenango 281
  Essen 284
  Geschichte 281
  Informationen 286
  Nahverkehr 289
  Sehenswürdigkeiten 282
  Transport 289
  Übernachtung 283
Quetzaltepeque 443
Quiché 322
Quichés 235, 238, 281, 290, 302, 312, 322, 324
Quiriguá 13, 432
Q'umarkaaj 323

R

Rabinal 339
Rademann, Georg 251
Radio 57
Rafting 61, 356
Ram Tzul 341
Raxrujá 354, 360
Regenwald 386
Regenzeit 30
Regionalparks 95
Reiseapotheke 50
Reisegepäckversicherung 78
Reisekosten 32
Reisekrankenversicherung 77
Reisemedizin 496
Reiserouten 25
Reiserücktrittsversicherung 78
Reiseschecks 46
Reisezeiten 30
Reiseziele 23
Reiten 61
Religion 77
Reptilien 92
Reserva Natural Atitlán 253
Retalhuleu 478
Río Blanco 321
Río Cahabón 355
Río Chiyú 354
Río de la Pasión 368
Río Dulce 12, 411
Río Hondo 438
Río Ikb'olay 363
Río Limón 314
Río Machaquilá 407
Río Mopan 405
Río Motagua 322
Río Negro 325
Río Pasabién 438
Río Polochic 417
Río Quehueche 425
Río Samalá 281
Río San Pedro 373, 375
Río Tatín 418
Río Usumacinta 373, 374
Río Zarco 415
Ríos Montt, Efraín 118, 120
Rohstoffe 133
Rokjá Pomtilá 363
Rosenberg, Rodrigo 124
Routenvorschläge 25
Rufino Barrios, Justo 113, 168, 299, 425
Rum 438

S

Sacapulas 324
Sacranix 353
Sakapulteken 325
Salamá 338
Salcajá 290
Salquil Grande 332
Salto de Chilascó 340
Samac 353
San Agustín Acasaguastlán 438
San Andrés 377
San Andrés Itzapa 229
San Andrés Semetabaj 277
San Andrés Xecul 290

San Antonio Aguas Calientes 227
San Antonio Palopó 246, 278
San Bartolo 402
San Benito 377
San Cristóbal Frontera 462
San Cristóbal Totonicapán 305
San Cristóbal Verapaz 345
San Felipe de Jesús 226
San Francisco de Sales 192
San Francisco El Alto 305
San Gaspar Ixchil 321
San Jerónimo 339
San Jorge La Laguna 246, 259
San José 377
San José Chacayá 246
San Juan Atitán 318, 321
San Juan Chamelco 353
San Juan Cotzal 332
San Juan del Obispo 227
San Juan Ixcoy 320
San Juan La Laguna 264
San Juan Ostuncalco 294
San Juan Sacatepéquez 196
San Lorenzo 299
San Lucas Sacatepéquez 196
San Lucas Tolimán 274
San Luís 408
San Luís Jilotepéque 459
San Marcos 297
San Marcos La Laguna 261
San Martín 319
San Martín Jilotepeque 232
San Martín Sacatepéquez 294
San Mateo Ixtatán 320
San Miguel 387
San Miguel Chicaj 339
San Pablo La Laguna 263
San Pedro Ayampuc 198
San Pedro Carchá 354
San Pedro La Laguna 265
San Pedro Pinula 459
San Pedro Sacatepéquez 196, 298
San Pedro Soloma 320
San Pedro, Vulkan 247, 266
San Simón 230
San Vincente de Pacaya 192
Sanarate 440
Sanimtak'a 353
Santa Apolonia 235
Santa Catarina Ixtahuacán 279
Santa Catarina Palopó 277
Santa Clara La Laguna 264
Santa Cruz del Quiché 322
Santa Cruz La Laguna 260
Santa Elena 377
Santa Lucía Cotzumalguapa 474
Santa Lucía Utatlán 246
Santa María de Jesús 227, 228
Santa María Visitación 264
Santa María, Vulkan 295
Santiago Atitlán 270
Santiago Sacatepéquez 196
Santiaguito, Vulkan 295
Santo Tomás, Vulkan 294
Säugetiere 88
Sayaxché 368
Schattenwirtschaft 136
Schiffsverbindungen 71
Schildkröten 470, 482
Schlangen 499
Sebol 354
Seekühe 419
Segeln 62, 412
Semuc Champey 8, 355
Senahú 358
Serrano Elías, Jorge 118
Shuttle-Busse 69
Sibinal 299
Sicherheit 58
Sicherheitshinweise Auswärtiges Amt 58
Sierra de Chamá 344
Sierra de las Minas 439
Siete Altares 425
Sipacate 474
Skorpione 499
Sololá 245
Sonnenbrand 499
Spanier 108
Sport 59
Sprachführer Spanisch 484
Sprachkurse 62, 224
Staatsform 124
Staatshaushalt 134
Stephens, John Lloyd 312, 324, 432, 452, 454
Steuern 64
Suchitán, Vulkan 461
Suchitepéquez 477
Sumpango 197
Surfen 62

T

Tacaná, Vulkan 299
Tactic 344
Tageszeitungen 56
Tajumulco, Vulkan 299
Takalik Abaj 480
Talismán 300
Tamahú 358
Tamarindito 373
Tänze 144
Tanzen 63
Tarrales 277
Tauchen 62
Taxis 72
Taxisco 467
Tayasal 108, 375
Tecpán 235
Tecuamburro, Vulkan 462, 467
Teculután 438
Tecún Umán 482
Telefon 65
Telemán 358
Teotihuacán 106
Tetanus 500
Tiere 87
Tikal 10, 106, 391
Tilapa 482
Tocoyal 270
Todos Santos Cuchumatán 7, 314
Tolimán, Vulkan 247
Topografisches Profil 86
Topoxté 404
Toriello, Jorge 115
Tot, Manuel 347
Totonicapán 302
Tourismus 137
Trachten 149
Transport 66
Trekking 63
Tres Caminos 314

Anhang

Trinken 38
Trinkgeld 72
Trinkwasser 41
Trockenzeit 30
Tropenmedizinische
Institute 49
Tropenwald 85
Tucurú 358
Tuichán 299
Tuilán 319
Turcios Lima, Luis 117
Typhus 500
Tzolin 159
Tzul, Anastasio 302
Tzununá 261
Tzutujiles 235, 249, 251, 270

U

Uaxactún 400
Überfälle 58
Überlandbusse 66
Übernachtung 72
Preiskategorien 72
Ubico Castañeda, Jorge 114
Umweltbewusstes Reisen 34, 42, 98
Umweltorganisationen 100
Umweltprobleme 96
Umweltschutz 93
Unabhängigkeit 110
United Fruit Company 114, 431
Unterhaltung 74
Unterkünfte 72
Unterkunftspreise 72
Ursúa, Martín de 375
Uspantán 333
Utatlán 323
Uxmal 108

V

Vado Hondo 443
Valle Nuevo 462
Vegetationszonen 83
Vela, Francisco 169
Venado Seco 361
Verhaltenstipps 74
Verkehr 69
Versicherungen 77
Visa 79
Visis-Caba 332
Vögel 89
Vogelbeobachtung 63
Vorwahlen 65
Vulkanbesteigungen 64
Vulkane 64, 82
Acatenango 228
Agua 228
Atitlán 247, 272
Cerro de Oro 247
Chicabal 295
Fuego 229
Ipala 458
Pacaya 2, 192
San Pedro 247, 266
Santa María 295
Santiaguito 295
Santo Tomás 294
Suchitán 461
Tacaná 299
Tajumulco 299
Tecuamburro 462, 467
Tolimán 247
Zunil 294

W

Währung 45
Webarbeiten 149
Webkurse 64
Wechselkurse 46
Weiterreise 79
Weltbild der Maya 162
Wildreservate 95
Windsurfen 61
Wirtschaft 126
Wollherstellung 149
Wundstarrkrampf 500

X

Xexocom 316
Xinca 102
Xocomil 249

Y

Yaxchilán 374, 395
Yaxhá 402
Yepocapa 228
Yon Sosa, Marco Antonio 117
Yum Kaax 158

Z

Zacapa 436, 440
Zaculeu 108, 311
Zeit 80
Zimmer (mit Familienanschluss) 73
Zocotzal 388
Zoll 80
Zucker 131
Zuckerrohrmelasse 444
Zunil 293
Zunil, Vulkan 294

Notizen

Anhang

Notizen

Anhang

Bildnachweis

Umschlag

LOOK-foto/age fotostock: Titelfoto
LOOK-foto/age fotostock: Umschlagklappe vorn; Maya-Ruinen, Tikal
LOOK-foto/age fotostock: Umschlagklappe hinten; bunte Häuserzeile, Antigua

Farbteil

Frank Herrmann: S. 3 (2), 6, 7 (2), 9 (2), 12 (oben), 13, 16 (unten)
Getty Images/Kenneth Garret: S. 10/11
Getty Images/Panoramic Images: S. 4/5
Getty Imgages/Stuart Westmorland: S. 14/15
Interfoto/RSC/Gestione Archivi Alinari/Firenze: S. 12 (unten), 16 (oben)
Laif/Hemis: S. 16 (oben)
Mauritius/Urs Flüeler: S. 2
Okapia: S. 8 (2),

Schwarz-Weiß

alle **Frank Herrmann**, außer
Interfoto/RSC/Gestione Archivi Alinari/Firenze: S. 88
Volker Lehmann: S. 32, 33
Thomas Richter S. 150
Jim Sim: S. 483
David Unger: S. 342, 459
Viaventure: S. 101, 229

Impressum

Guatemala
Stefan Loose Travel Handbücher
4., vollständig überarbeitete Auflage **2011**

Gesamtredaktion und -herstellung
Bintang Buchservice GmbH
Zossener Str. 55/2, 10961Berlin
www.bintang-berlin.de
Redaktion: Gudrun Raether-Klünker, Thomas Rach
Karten: Katharina Grimm, Anja Krapat, Klaus Schindler
Grafisches Konzept: Groschwitz, Hamburg
Layout und Herstellung: Britta Dieterle (buchundgestaltung.de)
Farbseitengestaltung: Anja Linda Dicke, Anja Krapat
Umschlaggestaltung: Anja Linda Dicke, Anja Krapat

Printed in China

Kartenverzeichnis

Allgemein
Landnutzung 129
Naturschutzgebiete und Vulkane 94
Provinzen und Provinzhauptstädte 125
Sprachen 141
Topografisches Profil 86
Vegetationszonen 83

Reiserouten
Hauptreiserouten 27
Nebenrouten 29

Regionalkarten
Alta Verapaz und Baja Verapaz 336/337
Antigua 207
  Umgebung 201
  Zentrum 212
Atitlán-See 248
Chichicastenango 241
Chiquimula 442
Cobán 346
Copán Ruínas (Honduras) 448
  Die Ruinen von Copán 453
El Ceibal 371
El Estor 416
El Mirador 387
El Petén 366/367
Esquipulas 445
Flores / Santa Elena 379
Guatemala-Stadt 166/167
  Historisches Zentrum 178
  Übersicht 165
  Umgebung 193
Hochland, nordwestliches 302/303
Hochland, westliches 235
Huehuetanango 308
Iximché 237
Karibisches Tiefland 410
Lagune Yaxhá 403
Livingston 421
Monterrico 469
Nebaj 329
  Umgebung 330
Osten 436/437
Panajachel 252
Pazifisches Tiefland 464/465
Petén Itzá-See und Umgebung 376
Puerto Barrios 427
Quetzaltenango 280
  Zentrum 287
  Umgebung 291
Quriguá 433
Rio Dulce 413
San Lucas Tolimán 275
San Marcos La Laguna 263
San Pedro La Laguna 267
Santa Lucia Cotzumalguapa 475
Santiago Atitlán 271
Tikal 392/393
Uaxatún 401
Vulkan Pacaya 194
Yaxhá 404
Zaculeu 311